Walter Rolland

Kommentar zum 1. Eherechtsreformgesetz

Das neue Ehe- und Familienrecht

1. EheRG

Kommentar
zum 1. Eherechtsreformgesetz
von Dr. Walter Rolland

Luchterhand

CIP-Kurztitelaufnahme der Deutschen Bibliothek.
Rolland, Walter
Das neue Ehe- und Familienrecht:
1. EheRG;
Kommentar zum 1. Eherechtsreformgesetz.
1. Auflage.
Neuwied: Luchterhand, 1977.
ISBN 3-472-11042-2

Lektorat: Ingrid Burghardt-Falke.
Umschlag: Karl-Heinz Domning.
Typographische Einrichtung: Christian Honig.
Gesamtherstellung bei der
Druck- und Verlags-Gesellschaft mbH, Darmstadt.
Printed in Germany, April 1977.

Die vorliegenden Erläuterungen umfassen die Vorschriften über die Ehewirkungen (§§ 1353—1362), die Ehescheidung (§§ 1564—1568), das Scheidungsfolgenrecht einschließlich des Versorgungsausgleichs (§§ 1569—1587 p), das Verfahrensrecht in Ehesachen (§§ 606—630 ZPO), die HausratsVO sowie die unterhaltsrechtlichen Regelungen des bisher geltenden Rechts, die für Altehen fortgelten (§§ 58—72 EheG). Sozialversicherungsrechtliche und beamtenrechtliche Bestimmungen sind im Zusammenhang mit den Vorschriften des Versorgungsausgleichs angeführt, soweit sie für die Durchführung des Versorgungsausgleichs bedeutsam sind.

Erläutert werden, in diesem Rahmen, auch solche Vorschriften oder Teile von Vorschriften, die durch das 1. EheRG nicht oder nicht ausdrucklich geändert worden sind. Das erschien wegen des Sachzusammenhangs zwingend und im übrigen auch sachdienlich, um den praktischen Nutzen der Darstellung zu sichern. Andererseits sind Vorschriften ausgespart geblieben, die in einem nur losen Zusammenhang mit der Reform des Ehe- und Familienrechts stehen, z. B. die namensrechtlichen Vorschriften der §§ 1616 ff. International privatrechtliche Fragen, die das 1. EheRG in Fülle aufwirft, sind nicht behandelt; dafür sind nicht nur Zeitgründe maßgebend gewesen, auch die vage Hoffnung, daß es in absehbarer Zeit zu einer Kodifikation des IPR auf dem Gebiet des Familienrechts kommen wird, war bestimmend.

Die Darstellung ist in erster Linie für die Praxis bestimmt. Deshalb wird eingehend auf die Entstehungsgeschichte des Gesetzes nur insoweit eingegangen, als daraus Schlüsse für die Auslegung von Vorschriften zu ziehen sind. Nicht immer folgen die Ausführungen der Amtlichen Begründung und den Ausschußberichten. Verschiebungen in der Konzeption des 1. EheRG, aber auch neue Einsichten, haben Anlaß dazu gegeben. Die Kompliziertheit der Materie und die Notwendigkeit, Normenketten in unterschiedlichen Zusammenhängen darzustellen, haben zwangsläufig häufiger zu Redundanzerscheinungen geführt, als dies normalerweise vertretbar wäre.

Veröffentlichungen aus der Zeit nach dem 31. Dezember 1976 konnten nur noch teilweise berücksichtigt werden.* Die durch die Vereinfachungsnovelle eingetretenen Änderungen sind im Teil Verfahrensrecht eingearbeitet, im übrigen war dies nur noch vereinzelt möglich. Herrn Prof. Schlosser, der mir freundlicherweise Einsicht in seine noch nicht erschienene Kommentierung des 6. Buches der ZPO ermöglicht hat, habe ich zu danken.

* vgl. folgende Neuerscheinungen:
Festschrift für Bosch. 1977.
Dieckmann, Die Unterhaltsansprüche geschiedener und getrenntlebender Ehegatten nach dem 1. EheRG v. 14. Juni 1976, FamRZ 1977, 81; Diederichsen, Ehegattenunterhalt im Anschluß an die Ehescheidung nach dem 1. EheRG, NJW 1977, 353; Fischer, Die betriebliche Altersversorgung im Versorgungsausgleich nach dem 1. EheRG, DB 1976, 2351; Lange, Das neue Eherecht, JuS 1976, 684; Maier, Die Eherechtsreform als Zukunftsgesetz, DAngVers. 1976, 435; Vogt, Zur „Nachhaltigkeit“ der Unterhaltssicherung im künftigen Unterhaltsrecht, FamRZ 1977, 105.

Verlag und Autor haben sich Mühe gegeben, die Zahl der Druck- und Verweisungsfehler nicht über das statistische Mittel anwachsen zu lassen. Gleichwohl: Für Hinweise und Anregungen sind wir dankbar.

Paragraphen ohne Zusatz beziehen sich auf Vorschriften des BGB. Bei Verweisungen wird auf Randnummern Bezug genommen. Verweisungen ohne Angabe eines Paragraphen betreffen Bemerkungen im Rahmen desselben Paragraphen. Entscheidungen des BGH ohne Zusatz beziehen sich auf die Sammlung der Entscheidung des BGH in Zivilsachen. Soweit bei Literaturangaben nur der Verfasser angeführt wird, handelt es sich um Anmerkungen zu Entscheidungen. Die Amtliche Begründung zum 1. EheRG wird nach der Drucksache 7/650 zitiert, ebenso die Stellungnahme des Bundesrates zum Regierungsentwurf und die Gegenäußerung der Bundesregierung hierzu. Hinweise auf Stein-Jonas-Schlosser, ZPO, beziehen sich auf das Manuskript der 20. Auflage, wenn die Anmerkungen in arabischen Ziffern ausgewiesen sind, sonst (römische Zahlen) auf die 19. Auflage. Aufsätze und Entscheidungen werden im allgemeinen mit der Seitenzahl zitiert, mit der sie beginnen, Monographien mit der Seite, auf der die spezielle Frage behandelt wird. Bei der Behandlung versicherungsrechtlicher Fragen wird aus Gründen besserer Lesbarkeit jeweils nur auf die Vorschriften der RVO Bezug genommen; die Ausführungen gelten dann jeweils auch für die nicht angeführten Parallelbestimmungen im AVG und im RKnG.

a. A.	anderer Ansicht
a. a. O.	am angegebenen Ort
aB	allgemeine Bemessungsgrundlage
AcP	Archiv für zivilistische Praxis (Band und Seite)
AFG	Arbeitsförderungsgesetz
a. F.	alter Fassung
AG	Amtsgericht
AHKG	Gesetz der Alliierten Hohen Kommission
Altern.	Alternative
Amtl. Begr.	Amtliche Begründung zum 1. EheRG
Amtsbl.	Amtsblatt
AnfG	Gesetz betreffend die Anfechtung von Rechtshandlungen außerhalb des Konkursverfahrens
ArbPlSchG	Arbeitsplatzschutzgesetz
ArchBürgR	Archiv für bürgerliches Recht (Band und Seite)
ARVNG	Arbeiterrentenversicherungs-Neuregelungsgesetz
AVG	Angestelltenversicherungsgesetz
BAFöG	Bundesausbildungsförderungsgesetz
BayJMBl.	Bayerisches Justizministerialblatt
BayObLG	Bayerisches Oberstes Landesgericht (wenn nichts anderes bestimmt: Entscheidungssammlung, Jahr und Seite)
BayVerwGH	Bayerischer Verwaltungsgerichtshof
BAnz	Bundesanzeiger
BB	Der Betriebsberater (Jahr und Seite)
BBesG	Bundesbesoldungsgesetz
BBG	Bundesbeamtengesetz
BeamtVG	Beamtenversorgungsgesetz
BEG	Bundesentschädigungsgesetz
Betr.	Der Betrieb (Jahr und Seite)
BetrAVG	Gesetz zur Verbesserung der betrieblichen Altersversorgung
BeurkG	Beurkundungsgesetz
BezGrVO	Bezugsgrößenverordnung
BFH	Bundesfinanzhof (Entscheidungssammlung, Band und Seite)
BGBl.	Bundesgesetzblatt (Jahr, Teil und Seite)
BGH	Bundesgerichtshof (Entscheidungssammlung in Zivilsachen, Band und Seite)
BGHGrS	Bundesgerichtshof, Großer Senat
BGHSt	Bundesgerichtshof (Entscheidungssammlung in Strafsachen, Band und Seite)
BMA	Bundesminister für Arbeit- und Sozialordnung
BPolBG	Bundespolizeibeamtengesetz
BR	Bundesrat
BRAGebO	Bundesgebührenordnung für Rechtsanwälte
BRAO	Bundesrechtsanwaltsordnung
BSG	Bundessozialgericht
BSHG	Bundessozialhilfegesetz

BT	Deutscher Bundestag (Legislaturperiode und Nummer der Drucksache)
BVG	Bundesversorgungsgesetz
BVerfG	Bundesverfassungsgericht (Entscheidungssammlung, Band und Seite)
BVerwG	Bundesverwaltungsgericht (Entscheidungssammlung, Band und Seite)
DAVorm	Der Amtsvormund (Jahr und Seite)
DJ	Deutsche Justiz (Jahr und Seite)
DJT	Deutscher Juristentag
DNotZ	Deutsche Notar-Zeitschrift (Jahr und Seite)
DÖV	Die öffentliche Verwaltung (Jahr und Seite)
DR	Deutsches Recht (Jahr und Seite)
DRiZ	Deutsche Richterzeitung (Jahr und Seite)
DRentVers	Deutsche Rentenversicherung
DRZ	Deutsche Rechtszeitschrift (Jahr und Seite)
EGFGB	Einführungsgesetz zum Familiengesetzbuch der DDR
EheG	Ehegesetz v. 20. 2. 1946
1. EheRG	Erstes Gesetz zur Reform des Ehe- und Familienrechts
EheRK	Eherechtskommission beim Bundesministerium der Justiz
FamRÄndG	Gesetz zur Vereinheitlichung und Änderung familienrechtlicher Vorschriften
FamRZ	Zeitschrift für das gesamte Familienrecht (Jahr und Seite)
FGB	Familiengesetzbuch der DDR
FGG	Gesetz über die freiwillige Gerichtsbarkeit
GAL	Gesetz über eine Altershilfe für Landwirte
GBl	Gesetzblatt der DDR (Teil und Seite)
GG	Grundgesetz
GKG	Gerichtskostengesetz
GleichberG	Gesetz über die Gleichberechtigung von Mann und Frau auf dem Gebiet des bürgerlichen Rechts
Gruchot	Beiträge zur Erläuterung des Deutschen Rechts (Band und Seite)
GRUR	Gewerblicher Rechtsschutz und Urheberrecht (Jahr und Seite)
HausratsVO	Verordnung über die Behandlung der Ehewohnung und des Hausrats, 6. Durchführungsverordnung zum Ehegesetz
HKG	Heimkehrergesetz
h. M.	herrschende Meinung
HRR	Höchstrichterliche Rechtsprechung (Jahr und Nummer)
HwVG	Gesetz über eine Rentenversicherung der Handwerker
IPRRspr	Die deutsche Rechtsprechung auf dem Gebiete des internationalen Privatrechts
JMBl	Justizministerialblatt
JR	Juristische Rundschau (Jahr und Seite)
JuS	Juristische Schulung (Jahr und Seite)
JW	Juristische Wochenschrift (Jahr und Seite)
JWG	Jugendwohlfahrtsgesetz
JZ	Juristenzeitung (Jahr und Seite)

KG	Kammergericht
KGJ	Jahrbuch für Entscheidungen des Kammergerichts (Band und Seite)
KO	Konkursordnung
KostÄndG	Gesetz zur Änderung und Ergänzung kostenrechtlicher Vorschriften
KostO	Kostenordnung
KRABl	Amtsblatt des Kontrollrats in Deutschland
LAG	Lastenausgleichsgesetz
LG	Landgericht
LM	Nachschlagewerk des BGH in Zivilsachen, hrsg. von Lindenmaier und Möhring
LSozG	Landessozialgericht
LZ	Leipziger Zeitschrift für Deutsches Recht (Jahr und Seite)
MDR	Monatsschrift für Deutsches Recht
MiZi	Anordnung über Mitteilungen in Zivilsachen
m. w. N.	mit weiteren Nachweisen
NamÄndG	Gesetz über die Änderung von Familiennamen und Vornamen
NdsRpfl.	Niedersächsische Rechtspflege (Jahr und Seite)
NEhelG	Gesetz über die rechtliche Stellung der nichtehelichen Kinder
n. F.	neue Fassung
NJ	Neue Justiz (Jahr und Seite)
NJW	Neue Juristische Wochenschrift (Jahr und Seite)
OGH	Oberster Gerichtshof für die britische Zone (Entscheidungssammlung, Band und Seite)
OLG	Oberlandesgericht (auch Sammlung der Rechtsprechung der Oberlandesgerichte, Band und Seite)
OVG	Oberverwaltungsgericht
OWiG	Gesetz über Ordnungswidrigkeiten
pB	persönliche Bemessungsgrundlage
PStG	Personenstandsgesetz
Prot.	Protokoll
RAG	Reichsarbeitsgericht (Entscheidungssammlung, Band und Seite)
Recht	Das Recht (Band und Seite)
RegE	Entwurf eines Ersten Ehegesetzes zur Reform des Ehe- und Familienrechts (BT 7/650)
RG	Reichsgericht (Entscheidungssammlung in Zivilsachen, Band und Seite)
RGBl.	Reichsgesetzblatt
RGRK	Kommentar, hrsg. von Reichsgerichtsräten und Bundesrichtern
RGSt	Reichsgericht (Entscheidungssammlung in Strafsachen, Band und Seite)
RiA	Recht im Amt (Jahr und Seite)
RJA	Reichsjustizamt (Jahr und Seite)
RKnG	Reichsknappschaftsgesetz
RPflG	Rechtspflegergesetz
RuStAG	Reichs- und Staatsangehörigkeitsgesetz

RVO	Reichsversicherungsordnung
RzW	Rechtsprechung zum Wiedergutmachungsrecht (Jahr und Seite)
SchlHA	Schleswig-Holsteinische Anzeigen (Jahr und Seite)
SeuffA	Seufferts Archiv für Entscheidungen der obersten Gerichte in den deutschen Staaten (Band und Nummer)
SGB	Sozialgesetzbuch
SoldVersG	Soldatenversorgungsgesetz
St	Steigerungssatz
StAZ	Das Standesamt
str.	streitig
VersR	Versicherungsrecht (Jahr und Seite)
VerwVerfG	Verwaltungsverfahrensgesetz
VBL	Versicherungsanstalt des Bundes und der Länder
VG	Verwaltungsgericht
VJ	Versicherungsjahre
VVG	Versicherungsvertragsgesetz
WE	Werteinheiten
WarnRsp	Warneyer, Die Rechtsprechung des Reichsgerichts (Jahr und Nummer)
WeimRV	Weimarer Reichsverfassung
WM	Wohnungswirtschaft und Mietrecht (Jahr und Seite)
ZfRV	Zeitschrift für Rechtsvergleichung (Jahr und Seite)
ZfS	Zeitschrift für Sozialreform
ZMR	Zeitschrift für Miet- und Raumrecht
ZRP	Zeitschrift für Rechtspolitik (Jahr und Seite)
zutr.	zutreffend
ZZP	Zeitschrift für Zivilprozeß (Band und Seite)

Ergänzend wird auf das Abkürzungsverzeichnis 1974, hrsg. vom Bundesminister des Innern, Gem. Ministerialblatt 1975, 230, verwiesen. Wegen der Fundstellen der Gesetze und Verordnungen wird auf den Fundstellennachweis A Bezug genommen, der jedes Jahr vom Bundesminister der Justiz herausgegeben wird.

Erstes Gesetz
zur Reform des Ehe- und Familienrechts
(1. EheRG)

Vom 14. Juni 1976 (BGBl. I S. 1421)
[Änderungen auf Grund der Vereinfachungsnovelle sind eingearbeitet oder angemerkt]

Artikel 1
Änderung des Bürgerlichen Gesetzbuchs

Das Bürgerliche Gesetzbuch wird wie folgt geändert:

1. § 1353 erhält folgende Fassung:

»§ 1353

(1) Die Ehe wird auf Lebenszeit geschlossen. Die Ehegatten sind einander zur ehelichen Lebensgemeinschaft verpflichtet.

(2) Ein Ehegatte ist nicht verpflichtet, dem Verlangen des anderen Ehegatten nach Herstellung der Gemeinschaft Folge zu leisten, wenn sich das Verlangen als Mißbrauch seines Rechtes darstellt oder wenn die Ehe gescheitert ist.«

2. § 1355 erhält folgende Fassung:

»§ 1355

(1) Die Ehegatten führen einen gemeinsamen Familiennamen (Ehenamen).

(2) Zum Ehenamen können die Ehegatten bei der Eheschließung durch Erklärung gegenüber dem Standesbeamten den Geburtsnamen des Mannes oder den Geburtsnamen der Frau bestimmen. Treffen sie keine Bestimmung, so ist Ehename der Geburtsname des Mannes. Geburtsname ist der Name, der in die Geburtsurkunde der Verlobten zur Zeit der Eheschließung einzutragen ist.

(3) Ein Ehegatte, dessen Geburtsname nicht Ehename wird, kann durch Erklärung gegenüber dem Standesbeamten dem Ehenamen seinen Geburtsnamen oder den zur Zeit der Eheschließung geführten Namen voranstellen; die Erklärung bedarf der öffentlichen Beglaubigung.

(4) Der verwitwete oder geschiedene Ehegatte behält den Ehenamen. Er kann durch Erklärung gegenüber dem Standesbeamten seinen Geburtsnamen oder den Namen wieder annehmen, den er zur Zeit der Eheschließung geführt hat; die Erklärung bedarf der öffentlichen Beglaubigung.«

3. § 1356 erhält folgende Fassung:

»§ 1356

(1) Die Ehegatten regeln die Haushaltsführung im gegenseitigen Einvernehmen. Ist die Haushaltsführung einem der Ehegatten überlassen, so leitet dieser den Haushalt in eigener Verantwortung.

(2) Beide Ehegatten sind berechtigt, erwerbstätig zu sein. Bei der Wahl

und Ausübung einer Erwerbstätigkeit haben sie auf die Belange des anderen Ehegatten und der Familie die gebotene Rücksicht zu nehmen.«

4. § 1357 erhält folgende Fassung:
»§ 1357

(1) Jeder Ehegatte ist berechtigt, Geschäfte zur angemessenen Deckung des Lebensbedarfs der Familie mit Wirkung auch für den anderen Ehegatten zu besorgen. Durch solche Geschäfte werden beide Ehegatten berechtigt und verpflichtet, es sei denn, daß sich aus den Umständen etwas anderes ergibt.

(2) Ein Ehegatte kann die Berechtigung des anderen Ehegatten, Geschäfte mit Wirkung für ihn zu besorgen, beschränken oder ausschließen; besteht für die Beschränkung oder Ausschließung kein ausreichender Grund, so hat das Vormundschaftsgericht sie auf Antrag aufzuheben. Dritten gegenüber wirkt die Beschränkung oder Ausschließung nur nach Maßgabe des § 1412.

(3) Absatz 1 gilt nicht, wenn die Ehegatten getrennt leben.«

5. § 1360 erhält folgende Fassung:
»§ 1360

Die Ehegatten sind einander verpflichtet, durch ihre Arbeit und mit ihrem Vermögen die Familie angemessen zu unterhalten. Ist einem Ehegatten die Haushaltsführung überlassen, so erfüllt er seine Verpflichtung, durch Arbeit zum Unterhalt der Familie beizutragen, in der Regel durch die Führung des Haushalts.«

6. § 1360 a Abs. 2 Satz 2 erhält folgende Fassung:

»Die Ehegatten sind einander verpflichtet, die zum gemeinsamen Unterhalt der Familie erforderlichen Mittel für einen angemessenen Zeitraum im voraus zur Verfügung zu stellen.«

7. § 1361 erhält folgende Fassung:
»§ 1361

(1) Leben die Ehegatten getrennt, so kann ein Ehegatte von dem anderen den nach den Lebensverhältnissen und den Erwerbs- und Vermögensverhältnissen der Ehegatten angemessenen Unterhalt verlangen. Ist zwischen den getrennt lebenden Ehegatten ein Scheidungsverfahren rechtshängig, so gehören zum Unterhalt vom Eintritt der Rechtshängigkeit an auch die Kosten einer angemessenen Versicherung für den Fall des Alters sowie der Berufs- oder Erwerbsunfähigkeit.

(2) Der nichterwerbstätige Ehegatte kann nur dann darauf verwiesen werden, seinen Unterhalt durch eine Erwerbstätigkeit selbst zu verdienen, wenn dies von ihm nach seinen persönlichen Verhältnissen, insbesondere wegen einer früheren Erwerbstätigkeit unter Berücksichtigung der Dauer der Ehe, und nach den wirtschaftlichen Verhältnissen beider Ehegatten erwartet werden kann.

(3) Die Vorschrift des § 1579 Abs. 1 Nr. 2 bis 4, Abs. 2 über die Herabsetzung des Unterhaltsanspruchs aus Billigkeitsgründen ist entsprechend anzuwenden.

(4) Der laufende Unterhalt ist durch Zahlung einer Geldrente zu gewähren. Die Rente ist monatlich im voraus zu zahlen. Der Verpflichtete schuldet den vollen Monatsbetrag auch dann, wenn der Berechtigte im Laufe des Monats stirbt. § 1360 a Abs. 3, 4 und die §§ 1360 b, 1605 sind entsprechend anzuwenden.«

8. § 1378 Abs. 3 erhält folgende Fassung:

»(3) Die Ausgleichsforderung entsteht mit der Beendigung des Güterstandes und ist von diesem Zeitpunkt an vererblich und übertragbar. Eine Vereinbarung, die die Ehegatten während eines Verfahrens, das auf die Auflösung der Ehe gerichtet ist, für den Fall der Auflösung der Ehe über den Ausgleich des Zugewinns treffen, bedarf der notariellen Beurkundung; § 127 a findet auch auf eine Vereinbarung Anwendung, die in einem Verfahren in Ehesachen vor dem Prozeßgericht protokolliert wird. Im übrigen kann sich kein Ehegatte vor der Beendigung des Güterstandes verpflichten, über die Ausgleichsforderung zu verfügen.«

9. An § 1379 wird folgender Absatz 2 angefügt:

»(2) Hat ein Ehegatte die Scheidung beantragt oder Klage auf Aufhebung oder Nichtigerklärung der Ehe erhoben, gilt Absatz 1 entsprechend.«

10. § 1382 wird wie folgt geändert:

a) In Absatz 1, 3, 4 und 6 wird das Wort »Vormundschaftsgericht« jeweils ersetzt durch das Wort »Familiengericht«.
b) In Absatz 5 wird das Semikolon durch einen Punkt ersetzt; der letzte Halbsatz fällt weg.

11. § 1383 wird wie folgt geändert:

a) In Absatz 1 wird das Wort »Vormundschaftsgericht« ersetzt durch das Wort »Familiengericht«.
b) Folgender Absatz 3 wird angefügt:
»(3) § 1382 Abs. 5 gilt entsprechend.«

12. § 1384 erhält folgende Fassung:
»§ 1384

Wird die Ehe geschieden, so tritt für die Berechnung des Zugewinns an die Stelle der Beendigung des Güterstandes der Zeitpunkt der Rechtshängigkeit des Scheidungsantrags.«

13. § 1385 erhält folgende Fassung:
»§ 1385

Leben die Ehegatten seit mindestens drei Jahren getrennt, so kann jeder von ihnen auf vorzeitigen Ausgleich des Zugewinns klagen.«

14. § 1389 wird wie folgt geändert:

Die Worte »oder auf Nichtigerklärung, Scheidung oder Aufhebung der Ehe erhoben« werden durch die Worte », auf Nichtigerklärung oder Aufhebung der Ehe erhoben oder der Antrag auf Scheidung der Ehe gestellt,« ersetzt.

15. An § 1408 wird folgender Absatz 2 angefügt:

»(2) In einem Ehevertrag können die Ehegatten durch eine ausdrückliche Vereinbarung auch den Versorgungsausgleich ausschließen. Der Ausschluß ist unwirksam, wenn innerhalb eines Jahres nach Vertragsschluß Antrag auf Scheidung der Ehe gestellt wird.«

16. § 1414 Satz 2 erhält folgende Fassung:

»Das gleiche gilt, wenn der Ausgleich des Zugewinns oder der Versorgungsausgleich ausgeschlossen oder die Gütergemeinschaft aufgehoben wird.«

17. § 1478 wird wie folgt geändert:

a) Absatz 1 erhält folgende Fassung:
»(1) Ist die Ehe geschieden, bevor die Auseinandersetzung beendet ist, so ist auf Verlangen eines Ehegatten jedem von ihnen der Wert dessen zurückzuerstatten, was er in die Gütergemeinschaft eingebracht hat; reicht hierzu der Wert des Gesamtgutes nicht aus, so ist der Fehlbetrag von den Ehegatten nach dem Verhältnis des Wertes des von ihnen Eingebrachten zu tragen.«
b) Absatz 4 fällt weg.

18. In § 1509 wird nach Satz 1 folgender Satz eingefügt:

»Das gleiche gilt, wenn der Ehegatte auf Aufhebung der Ehe zu klagen berechtigt ist und die Klage erhoben hat.«

19. § 1561 wird wie folgt geändert:

a) Nach Absatz 2 Nr. 3 wird der Punkt durch einen Strichpunkt ersetzt und folgende Nummer 4 angefügt:
»4. zur Eintragung der Beschränkung oder Ausschließung der Berechtigung des anderen Ehegatten, Geschäfte mit Wirkung für den Antragsteller zu besorgen (§ 1357 Abs. 2).«
b) Absatz 3 fällt weg.

20. Im Ersten Abschnitt des Vierten Buches wird der Siebente Titel in folgender Fassung wieder eingefügt:

»Siebenter Titel
Scheidung der Ehe

I. Scheidungsgründe
§ 1564

Eine Ehe kann nur durch gerichtliches Urteil auf Antrag eines oder beider Ehegatten geschieden werden. Die Ehe ist mit der Rechtskraft des Urteils aufgelöst. Die Voraussetzungen, unter denen die Scheidung begehrt werden kann, ergeben sich aus den folgenden Vorschriften.

§ 1565

(1) Eine Ehe kann geschieden werden, wenn sie gescheitert ist. Die Ehe ist gescheitert, wenn die Lebensgemeinschaft der Ehegatten nicht mehr besteht und nicht erwartet werden kann, daß die Ehegatten sie wiederherstellen.

(2) Leben die Ehegatten noch nicht ein Jahr getrennt, so kann die Ehe

nur geschieden werden, wenn die Fortsetzung der Ehe für den Antragsteller aus Gründen, die in der Person des anderen Ehegatten liegen, eine unzumutbare Härte darstellen würde.

§ 1566

(1) Es wird unwiderlegbar vermutet, daß die Ehe gescheitert ist, wenn die Ehegatten seit einem Jahr getrennt leben und beide Ehegatten die Scheidung beantragen oder der Antragsgegner der Scheidung zustimmt.

(2) Es wird unwiderlegbar vermutet, daß die Ehe gescheitert ist, wenn die Ehegatten seit drei Jahren getrennt leben.

§ 1567

(1) Die Ehegatten leben getrennt, wenn zwischen ihnen keine häusliche Gemeinschaft besteht und ein Ehegatte sie erkennbar nicht herstellen will, weil er die eheliche Lebensgemeinschaft ablehnt. Die häusliche Gemeinschaft besteht auch dann nicht mehr, wenn die Ehegatten innerhalb der ehelichen Wohnung getrennt leben.

(2) Ein Zusammenleben über kürzere Zeit, das der Versöhnung der Ehegatten dienen soll, unterbricht oder hemmt die in § 1566 bestimmten Fristen nicht.

§ 1568

(1) Die Ehe soll nicht geschieden werden, obwohl sie gescheitert ist, wenn und solange die Aufrechterhaltung der Ehe im Interesse der aus der Ehe hervorgegangenen minderjährigen Kinder aus besonderen Gründen ausnahmsweise notwendig ist oder wenn und solange die Scheidung für den Antragsgegner, der sie ablehnt, auf Grund außergewöhnlicher Umstände eine so schwere Härte darstellen würde, daß die Aufrechterhaltung der Ehe auch unter Berücksichtigung der Belange des Antragstellers ausnahmsweise geboten erscheint.

(2) Absatz 1 ist nicht anzuwenden, wenn die Ehegatten länger als fünf Jahre getrennt leben.

II. Unterhalt des geschiedenen Ehegatten

1. Grundsatz

§ 1569

Kann ein Ehegatte nach der Scheidung nicht selbst für seinen Unterhalt sorgen, so hat er gegen den anderen Ehegatten einen Anspruch auf Unterhalt nach den folgenden Vorschriften.

2. Unterhaltsberechtigung

§ 1570

Ein geschiedener Ehegatte kann von dem anderen Unterhalt verlangen, solange und soweit von ihm wegen der Pflege oder Erziehung eines gemeinschaftlichen Kindes eine Erwerbstätigkeit nicht erwartet werden kann.

§ 1571

Ein geschiedener Ehegatte kann von dem anderen Unterhalt verlangen, soweit von ihm im Zeitpunkt

1. der Scheidung,
2. der Beendigung der Pflege oder Erziehung eines gemeinschaftlichen Kindes oder
3. des Wegfalls der Voraussetzungen für einen Unterhaltsanspruch nach den §§ 1572 und 1573

wegen seines Alters eine Erwerbstätigkeit nicht mehr erwartet werden kann.

§ 1572

Ein geschiedener Ehegatte kann von dem anderen Unterhalt verlangen, solange und soweit von ihm vom Zeitpunkt

1. der Scheidung,
2. der Beendigung der Pflege oder Erziehung eines gemeinschaftlichen Kindes,
3. der Beendigung der Ausbildung, Fortbildung oder Umschulung oder
4. des Wegfalls der Voraussetzungen für einen Unterhaltsanspruch nach § 1573

an wegen Krankheit oder anderer Gebrechen oder Schwäche seiner körperlichen oder geistigen Kräfte eine Erwerbstätigkeit nicht erwartet werden kann.

§ 1573

(1) Soweit ein geschiedener Ehegatte keinen Unterhaltsanspruch nach den §§ 1570 bis 1572 hat, kann er gleichwohl Unterhalt verlangen, solange und soweit er nach der Scheidung keine angemessene Erwerbstätigkeit zu finden vermag.

(2) Reichen die Einkünfte aus einer angemessenen Erwerbstätigkeit zum vollen Unterhalt (§ 1578) nicht aus, kann er, soweit er nicht bereits einen Unterhaltsanspruch nach den §§ 1570 bis 1572 hat, den Unterschiedsbetrag zwischen den Einkünften und dem vollen Unterhalt verlangen.

(3) Absätze 1 und 2 gelten entsprechend, wenn Unterhalt nach den §§ 1570 bis 1572, 1575 zu gewähren war, die Voraussetzungen dieser Vorschriften aber entfallen sind.

(4) Der geschiedene Ehegatte kann auch dann Unterhalt verlangen, wenn die Einkünfte aus einer angemessenen Erwerbstätigkeit wegfallen, weil es ihm trotz seiner Bemühungen nicht gelungen war, den Unterhalt durch die Erwerbstätigkeit nach der Scheidung nachhaltig zu sichern. War es ihm gelungen, den Unterhalt teilweise nachhaltig zu sichern, so kann er den Unterschiedsbetrag zwischen dem nachhaltig gesicherten und dem vollen Unterhalt verlangen.

§ 1574

(1) Der geschiedene Ehegatte braucht nur eine ihm angemessene Erwerbstätigkeit auszuüben.

(2) Angemessen ist eine Erwerbstätigkeit, die der Ausbildung, den Fähigkeiten, dem Lebensalter und dem Gesundheitszustand des geschiedenen Ehegatten sowie den ehelichen Lebensverhältnissen entspricht; bei den ehelichen Lebensverhältnissen sind die Dauer der Ehe und die Dauer der Pflege oder Erziehung eines gemeinschaftlichen Kindes zu berücksichtigen.

(3) Soweit es zur Aufnahme einer angemessenen Erwerbstätigkeit erforderlich ist, obliegt es dem geschiedenen Ehegatten, sich ausbilden, fortbilden oder umschulen zu lassen, wenn ein erfolgreicher Abschluß der Ausbildung zu erwarten ist.

§ 1575

(1) Ein geschiedener Ehegatte, der in Erwartung der Ehe oder während der Ehe eine Schul- oder Berufsausbildung nicht aufgenommen oder abgebrochen hat, kann von dem anderen Ehegatten Unterhalt verlangen, wenn er diese oder eine entsprechende Ausbildung sobald wie möglich aufnimmt, um eine angemessene Erwerbstätigkeit, die den Unterhalt nachhaltig sichert, zu erlangen und der erfolgreiche Abschluß der Ausbildung zu erwarten ist. Der Anspruch besteht längstens für die Zeit, in der eine solche Ausbildung im allgemeinen abgeschlossen wird; dabei sind ehebedingte Verzögerungen der Ausbildung zu berücksichtigen.

(2) Entsprechendes gilt, wenn sich der geschiedene Ehegatte fortbilden oder umschulen läßt, um Nachteile auszugleichen, die durch die Ehe eingetreten sind.

(3) Verlangt der geschiedene Ehegatte nach Beendigung der Ausbildung, Fortbildung oder Umschulung Unterhalt nach § 1573, so bleibt bei der Bestimmung der ihm angemessenen Erwerbstätigkeit (§ 1574 Abs. 2) der erreichte höhere Ausbildungsstand außer Betracht.

§ 1576

Ein geschiedener Ehegatte kann von dem anderen Unterhalt verlangen, soweit und solange von ihm aus sonstigen schwerwiegenden Gründen eine Erwerbstätigkeit nicht erwartet werden kann und die Versagung von Unterhalt unter Berücksichtigung der Belange beider Ehegatten grob unbillig wäre. Schwerwiegende Gründe dürfen nicht allein deswegen berücksichtigt werden, weil sie zum Scheitern der Ehe geführt haben.

§ 1577

(1) Der geschiedene Ehegatte kann den Unterhalt nach den §§ 1570 bis 1573, 1575 und 1576 nicht verlangen, solange und soweit er sich aus seinen Einkünften und seinem Vermögen selbst unterhalten kann.

(2) Einkünfte sind nicht anzurechnen, soweit der Verpflichtete nicht den vollen Unterhalt (§ 1578) leistet. Einkünfte, die den vollen Unterhalt übersteigen, sind insoweit anzurechnen, als dies unter Berück-

sichtigung der beiderseitigen wirtschaftlichen Verhältnisse der Billigkeit entspricht.

(3) Den Stamm des Vermögens braucht der Berechtigte nicht zu verwerten, soweit die Verwertung unwirtschaftlich oder unter Berücksichtigung der beiderseitigen wirtschaftlichen Verhältnisse unbillig wäre.

(4) War zum Zeitpunkt der Ehescheidung zu erwarten, daß der Unterhalt des Berechtigten aus seinem Vermögen nachhaltig gesichert sein würde, fällt das Vermögen aber später weg, so besteht kein Anspruch auf Unterhalt. Dies gilt nicht, wenn im Zeitpunkt des Vermögenswegfalls von dem Ehegatten wegen der Pflege oder Erziehung eines gemeinschaftlichen Kindes eine Erwerbstätigkeit nicht erwartet werden kann.

§ 1578

(1) Das Maß des Unterhalts bestimmt sich nach den ehelichen Lebensverhältnissen. Der Unterhalt umfaßt den gesamten Lebensbedarf.

(2) Zum Lebensbedarf gehören auch die Kosten einer angemessenen Versicherung für den Fall der Krankheit sowie die Kosten einer Schul- oder Berufsausbildung, einer Fortbildung oder einer Umschulung nach den §§ 1574, 1575.

(3) Hat der geschiedene Ehegatte einen Unterhaltsanspruch nach den §§ 1570 bis 1573 oder § 1576, so gehören zum Lebensbedarf auch die Kosten einer angemessenen Versicherung für den Fall des Alters sowie der Berufs- oder Erwerbsunfähigkeit.

§ 1579

(1) Ein Unterhaltsanspruch besteht nicht, soweit die Inanspruchnahme des Verpflichteten grob unbillig wäre, weil

1. die Ehe von kurzer Dauer war; der Ehedauer steht die Zeit gleich, in welcher der Berechtigte wegen der Pflege oder Erziehung eines gemeinschaftlichen Kindes nach § 1570 Unterhalt verlangen konnte,

2. der Berechtigte sich eines Verbrechens oder eines schweren vorsätzlichen Vergehens gegen den Verpflichteten oder einen nahen Angehörigen des Verpflichteten schuldig gemacht hat,

3. der Berechtigte seine Bedürftigkeit mutwillig herbeigeführt hat oder

4. ein anderer Grund vorliegt, der ebenso schwer wiegt wie die in den Nummern 1 bis 3 aufgeführten Gründe.

(2) Absatz 1 gilt nicht, solange und soweit von dem Berechtigten wegen der Pflege oder Erziehung eines gemeinschaftlichen Kindes eine Erwerbstätigkeit nicht erwartet werden kann.

§ 1580

Die geschiedenen Ehegatten sind einander verpflichtet, auf Verlangen über ihre Einkünfte und ihr Vermögen Auskunft zu erteilen. § 1605 ist entsprechend anzuwenden.

3. Leistungsfähigkeit und Rangfolge

§ 1581

Ist der Verpflichtete nach seinen Erwerbs- und Vermögensverhältnissen unter Berücksichtigung seiner sonstigen Verpflichtungen außerstande, ohne Gefährdung des eigenen angemessenen Unterhalts dem Berechtigten Unterhalt zu gewähren, so braucht er nur insoweit Unterhalt zu leisten, als es mit Rücksicht auf die Bedürfnisse und die Erwerbs- und Vermögensverhältnisse der geschiedenen Ehegatten der Billigkeit entspricht. Den Stamm des Vermögens braucht er nicht zu verwerten, soweit die Verwertung unwirtschaftlich oder unter Berücksichtigung der beiderseitigen wirtschaftlichen Verhältnisse unbillig wäre.

§ 1582

(1) Bei Ermittlung des Unterhalts des geschiedenen Ehegatten geht im Falle des § 1581 der geschiedene Ehegatte einem neuen Ehegatten vor, wenn dieser nicht bei entsprechender Anwendung der §§ 1569 bis 1574, § 1576 und des § 1577 Abs. 1 unterhaltsberechtigt wäre. Hätte der neue Ehegatte nach diesen Vorschriften einen Unterhaltsanspruch, geht ihm der geschiedene Ehegatte gleichwohl vor, wenn er nach § 1570 oder nach § 1576 unterhaltsberechtigt ist oder die Ehe mit dem geschiedenen Ehegatten von langer Dauer war. Der Ehedauer steht die Zeit gleich, in der ein Ehegatte wegen der Pflege oder Erziehung eines gemeinschaftlichen Kindes nach § 1570 unterhaltsberechtigt war.

(2) § 1609 bleibt im übrigen unberührt.

§ 1583

Lebt der Verpflichtete im Falle der Wiederheirat mit seinem neuen Ehegatten im Güterstand der Gütergemeinschaft, so ist § 1604 entsprechend anzuwenden.

§ 1584

Der unterhaltspflichtige geschiedene Ehegatte haftet vor den Verwandten des Berechtigten. Soweit jedoch der Verpflichtete nicht leistungsfähig ist, haften die Verwandten vor dem geschiedenen Ehegatten. § 1607 Abs. 2 ist entsprechend anzuwenden.

4. Gestaltung des Unterhaltsanspruchs

§ 1585

(1) Der laufende Unterhalt ist durch Zahlung einer Geldrente zu gewähren. Die Rente ist monatlich im voraus zu entrichten. Der Verpflichtete schuldet den vollen Monatsbetrag auch dann, wenn der Unterhaltsanspruch im Laufe des Monats durch Wiederheirat oder Tod des Berechtigten erlischt.

(2) Statt der Rente kann der Berechtigte eine Abfindung in Kapital verlangen, wenn ein wichtiger Grund vorliegt und der Verpflichtete dadurch nicht unbillig belastet wird.

§ 1585 a

(1) Der Verpflichtete hat auf Verlangen Sicherheit zu leisten. Die Verpflichtung, Sicherheit zu leisten, entfällt, wenn kein Grund zu der An-

nahme besteht, daß die Unterhaltsleistung gefährdet ist oder wenn der Verpflichtete durch die Sicherheitsleistung unbillig belastet würde. Der Betrag, für den Sicherheit zu leisten ist, soll den einfachen Jahresbetrag der Unterhaltsrente nicht übersteigen, sofern nicht nach den besonderen Umständen des Falles eine höhere Sicherheitsleistung angemessen erscheint.

(2) Die Art der Sicherheitsleistung bestimmt sich nach den Umständen; die Beschränkung des § 232 gilt nicht.

§ 1585 b

(1) Wegen eines Sonderbedarfs (§ 1613 Abs. 2) kann der Berechtigte Unterhalt für die Vergangenheit verlangen.

(2) Im übrigen kann der Berechtigte für die Vergangenheit Erfüllung oder Schadensersatz wegen Nichterfüllung erst von der Zeit an fordern, in der der Unterhaltspflichtige in Verzug gekommen oder der Unterhaltsanspruch rechtshängig geworden ist.

(3) Für eine mehr als ein Jahr vor der Rechtshängigkeit liegende Zeit kann Erfüllung oder Schadensersatz wegen Nichterfüllung nur verlangt werden, wenn anzunehmen ist, daß der Verpflichtete sich der Leistung absichtlich entzogen hat.

§ 1585 c

Die Ehegatten können über die Unterhaltspflicht für die Zeit nach der Scheidung Vereinbarungen treffen.

5. Ende des Unterhaltsanspruchs

§ 1586

(1) Der Unterhaltsanspruch erlischt mit der Wiederheirat oder dem Tod des Berechtigten.

(2) Ansprüche auf Erfüllung oder Schadensersatz wegen Nichterfüllung für die Vergangenheit bleiben bestehen. Das gleiche gilt für den Anspruch auf den zur Zeit der Wiederheirat oder des Todes fälligen Monatsbetrag.

§ 1586 a

(1) Geht ein geschiedener Ehegatte eine neue Ehe ein und wird die Ehe wieder aufgelöst, so kann er von dem früheren Ehegatten Unterhalt nach § 1570 verlangen, wenn er ein Kind aus der früheren Ehe zu pflegen oder zu erziehen hat. Ist die Pflege oder Erziehung beendet, so kann er Unterhalt nach den §§ 1571 bis 1573, 1575 verlangen.

(2) Der Ehegatte der später aufgelösten Ehe haftet vor dem Ehegatten der früher aufgelösten Ehe.

§ 1586 b

(1) Mit dem Tod des Verpflichteten geht die Unterhaltspflicht auf den Erben als Nachlaßverbindlichkeit über. Die Beschränkungen nach § 1581 fallen weg. Der Erbe haftet jedoch nicht über einen Betrag hinaus, der dem Pflichtteil entspricht, welcher dem Berechtigten zustände, wenn die Ehe nicht geschieden worden wäre.

(2) Für die Berechnung des Pflichtteils bleiben Besonderheiten auf Grund des Güterstandes, in dem die geschiedenen Ehegatten gelebt haben, außer Betracht.

III. Versorgungsausgleich

1. Grundsatz

§ 1587

(1) Zwischen den geschiedenen Ehegatten findet ein Versorgungsausgleich statt, soweit für sie oder einen von ihnen in der Ehezeit Anwartschaften oder Aussichten auf eine Versorgung wegen Alters oder Berufs- oder Erwerbsunfähigkeit der in § 1587 a Abs. 2 genannten Art begründet oder aufrechterhalten worden sind. Außer Betracht bleiben Anwartschaften oder Aussichten, die weder mit Hilfe des Vermögens noch durch Arbeit der Ehegatten begründet oder aufrechterhalten worden sind.

(2) Als Ehezeit im Sinne der Vorschriften über den Versorgungsausgleich gilt die Zeit vom Beginn des Monats, in dem die Ehe geschlossen worden ist, bis zum Ende des Monats, der dem Eintritt der Rechtshängigkeit des Scheidungsantrags vorausgeht.

(3) Für Anwartschaften oder Aussichten, über die der Versorgungsausgleich stattfindet, gelten ausschließlich die nachstehenden Vorschriften; die güterrechtlichen Vorschriften finden keine Anwendung.

2. Wertausgleich von Anwartschaften oder Aussichten auf eine Versorgung

§ 1587 a

(1) Ausgleichspflichtig ist der Ehegatte mit den werthöheren Anwartschaften oder Aussichten auf eine auszugleichende Versorgung. Dem berechtigten Ehegatten steht als Ausgleich die Hälfte des Wertunterschiedes zu.

(2) Für die Ermittlung des Wertunterschiedes sind folgende Werte zugrunde zu legen:

1. Bei einer Versorgung oder Versorgungsanwartschaft aus einem öffentlich-rechtlichen Dienstverhältnis oder aus einem Arbeitsverhältnis mit Anspruch auf Versorgung nach beamtenrechtlichen Vorschriften oder Grundsätzen ist von dem Betrag auszugehen, der sich im Zeitpunkt des Eintritts der Rechtshängigkeit des Scheidungsantrags als Versorgung ergäbe. Dabei wird die bis zu diesem Zeitpunkt zurückgelegte ruhegehaltfähige Dienstzeit um die Zeit bis zur Altersgrenze erweitert (Gesamtzeit). Maßgebender Wert ist der Teil der Versorgung, der dem Verhältnis der in die Ehezeit fallenden ruhegehaltfähigen Dienstzeit zu der Gesamtzeit entspricht. Unfallbedingte Erhöhungen bleiben außer Betracht. Insofern stehen Dienstbezüge entpflichteter Professoren Versorgungsbezügen gleich und gelten die beamtenrechtlichen Vorschriften über die ruhegehaltfähige Dienstzeit entsprechend.
2. Bei Renten oder Rentenanwartschaften aus den gesetzlichen Rentenversicherungen, die den gesetzlichen Rentenanpassungen unterliegen, ist der Betrag zugrunde zu legen, der sich bei Eintritt der

Rechtshängigkeit des Scheidungsantrags aus den in die Ehezeit fallenden anrechnungsfähigen Versicherungsjahren als Altersruhegeld ergäbe; seine Ermittlung richtet sich im einzelnen nach den Vorschriften über die gesetzlichen Rentenversicherungen.

3. Bei Leistungen, Anwartschaften oder Aussichten auf Leistungen der betrieblichen Altersversorgung ist,

   a) wenn bei Eintritt der Rechtshängigkeit des Scheidungsantrags die Betriebszugehörigkeit andauert, der Teil der Versorgung zugrunde zu legen, der dem Verhältnis der in die Ehezeit fallenden Betriebszugehörigkeit zu der Zeit vom Beginn der Betriebszugehörigkeit bis zu der in der Versorgungsregelung vorgesehenen festen Altersgrenze entspricht, wobei der Betriebszugehörigkeit gleichgestellte Zeiten einzubeziehen sind; die Versorgung berechnet sich nach dem Betrag, der sich bei Erreichen der in der Versorgungsregelung vorgesehenen festen Altersgrenze ergäbe, wenn die Bemessungsgrundlagen im Zeitpunkt des Eintritts der Rechtshängigkeit des Scheidungsantrags zugrunde gelegt würden;

   b) wenn vor dem Eintritt der Rechtshängigkeit des Scheidungsantrags die Betriebszugehörigkeit beendet worden ist, der Teil der erworbenen Versorgung zugrunde zu legen, der dem Verhältnis der in die Ehezeit fallenden Betriebszugehörigkeit zu der gesamten Betriebszugehörigkeit entspricht, wobei der Betriebszugehörigkeit gleichgestellte Zeiten einzubeziehen sind.

   Dies gilt nicht für solche Leistungen oder Anwartschaften auf Leistungen aus einem Versicherungsverhältnis zu einer zusätzlichen Versorgungseinrichtung des öffentlichen Dienstes, auf die Nummer 4 Buchstabe c anzuwenden ist. Für Anwartschaften oder Aussichten auf Leistungen der betrieblichen Altersversorgung, die im Zeitpunkt des Erlasses der Entscheidung noch nicht unverfallbar sind, finden die Vorschriften über den schuldrechtlichen Versorgungsausgleich Anwendung.

4. Bei sonstigen Renten oder ähnlichen wiederkehrenden Leistungen, die der Versorgung wegen Alters oder Berufs- oder Erwerbsunfähigkeit zu dienen bestimmt sind, oder Anwartschaften oder Aussichten hierauf ist,

   a) wenn sich die Rente oder Leistung nach der Dauer einer Anrechnungszeit bemißt, der Betrag der Versorgungsleistung zugrunde zu legen, der sich aus der in die Ehezeit fallenden Anrechnungszeit ergäbe, wenn bei Eintritt der Rechtshängigkeit des Scheidungsantrags der Versorgungsfall eingetreten wäre;

   b) wenn sich die Rente oder Leistung nicht oder nicht nur nach der Dauer einer Anrechnungszeit und auch nicht nach Buchstabe d bemißt, der Teilbetrag der vollen bestimmungsmäßigen Rente oder Leistung zugrunde zu legen, der dem Verhältnis der in die Ehezeit fallenden, bei der Ermittlung dieser Rente oder Leistung zu berücksichtigenden Zeit zu deren voraussichtlicher Gesamtdauer bis zur Erreichung der für das Ruhegehalt maßgeblichen Altersgrenze entpricht;

c) wenn sich die Rente oder Leistung nach einem Bruchteil entrichteter Beiträge bemißt, der Betrag zugrunde zu legen, der sich aus den für die Ehezeit entrichteten Beiträgen ergäbe, wenn bei Eintritt der Rechtshängigkeit des Scheidungsantrags der Versorgungsfall eingetreten wäre;

d) wenn sich die Rente oder Leistung nach den für die gesetzlichen Rentenversicherungen geltenden Grundsätzen bemißt, der Teilbetrag der sich bei Eintritt der Rechtshängigkeit des Scheidungsantrags ergebenden Rente wegen Alters zugrunde zu legen, der dem Verhältnis der in die Ehezeit fallenden Versicherungsjahre zu den insgesamt zu berücksichtigenden Versicherungsjahren entspricht.

5. Bei Renten oder Rentenanwartschaften auf Grund eines Versicherungsvertrages, der zur Versorgung des Versicherten eingegangen wurde, ist,

a) wenn es sich um eine Versicherung mit einer über den Eintritt der Rechtshängigkeit des Scheidungsantrags hinaus fortbestehenden Prämienzahlungspflicht handelt, von dem Rentenbetrag auszugehen, der sich nach vorheriger Umwandlung in eine prämienfreie Versicherung als Leistung des Versicherers ergäbe, wenn in diesem Zeitpunkt der Versicherungsfall eingetreten wäre. Sind auf die Versicherung Prämien auch für die Zeit vor der Ehe gezahlt worden, so ist der Rentenbetrag entsprechend geringer anzusetzen;

b) wenn eine Prämienzahlungspflicht über den Eintritt der Rechtshängigkeit des Scheidungsantrags hinaus nicht besteht, von dem Rentenbetrag auszugehen, der sich als Leistung des Versicherers ergäbe, wenn in diesem Zeitpunkt der Versicherungsfall eingetreten wäre. Buchstabe a Satz 2 ist anzuwenden.

(3) Bei Versorgungen oder Anwartschaften oder Aussichten auf eine Versorgung nach Absatz 2 Nr. 4, deren Wert nicht in gleicher oder nahezu gleicher Weise steigt wie der Wert der in Absatz 2 Nr. 1 und 2 genannten Anwartschaften, sowie in den Fällen des Absatzes 2 Nr. 5 gilt folgendes:

1. Werden die Leistungen aus einem Deckungskapital oder einer vergleichbaren Deckungsrücklage gewährt, ist das Altersruhegeld zugrunde zu legen, das sich ergäbe, wenn der während der Ehe gebildete Teil des Deckungskapitals oder der auf diese Zeit entfallende Teil der Deckungsrücklage als Beitrag in der gesetzlichen Rentenversicherung entrichtet würde;

2. werden die Leistungen nicht oder nicht ausschließlich aus einem Deckungskapital oder einer vergleichbaren Deckungsrücklage gewährt, ist das Altersruhegeld zugrunde zu legen, das sich ergäbe, wenn ein Barwert der Teilversorgung für den Zeitpunkt des Eintritts der Rechtshängigkeit des Scheidungsantrags ermittelt und als Beitrag in der gesetzlichen Rentenversicherung entrichtet würde. Das Nähere über die Ermittlung des Barwertes bestimmt die Bun-

desregierung durch Rechtsverordnung mit Zustimmung des Bundesrates.

(4) Bei Leistungen oder Anwartschaften oder Aussichten auf Leistungen der betrieblichen Altersversorgung nach Absatz 2 Nr. 3 findet Absatz 3 Nr. 2 Anwendung.

(5) Bemißt sich die Versorgung nicht nach den in den vorstehenden Absätzen genannten Bewertungsmaßstäben, so bestimmt das Familiengericht die auszugleichende Versorgung in sinngemäßer Anwendung der vorstehenden Vorschriften nach billigem Ermessen.

(6) Stehen einem Ehegatten mehrere Versorgungsanwartschaften im Sinne von Absatz 2 Nr. 1 zu, so ist für die Wertberechnung von den sich nach Anwendung von Ruhensvorschriften ergebenden gesamten Versorgungsbezügen und der gesamten in die Ehezeit fallenden ruhegehaltfähigen Dienstzeit auszugehen; sinngemäß ist zu verfahren, wenn die Versorgung wegen einer Rente oder einer ähnlichen wiederkehrenden Leistung einer Ruhens- oder Anrechnungsvorschrift unterliegen würde.

(7) Für die Zwecke der Bewertung nach Absatz 2 bleibt außer Betracht, daß eine für die Versorgung maßgebliche Wartezeit, Mindestbeschäftigungszeit, Mindestversicherungszeit oder ähnliche zeitliche Voraussetzungen im Zeitpunkt des Eintritts der Rechtshängigkeit des Scheidungsantrags noch nicht erfüllt sind; Absatz 2 Nr. 3 Satz 3 bleibt unberührt. Dies gilt nicht für solche Zeiten, von denen die Anrechnung beitragsloser Zeiten oder die Rente nach Mindesteinkommen in den gesetzlichen Rentenversicherungen abhängig ist.

(8) Bei der Wertberechnung sind die in einer Versorgung, Rente oder Leistung enthaltenen Zuschläge, die nur auf Grund einer bestehenden Ehe gewährt werden, sowie Kinderzuschläge und ähnliche familienbezogene Bestandteile auszuscheiden.

§ 1587 b

(1) Hat ein Ehegatte in der Ehezeit Rentenanwartschaften in einer gesetzlichen Rentenversicherung im Sinne des § 1587 a Abs. 2 Nr. 2 erworben und übersteigen diese die Anwartschaften im Sinne des § 1587 a Abs. 2 Nr. 1, 2, die der andere Ehegatte in der Ehezeit erworben hat, so überträgt das Familiengericht auf diesen Rentenanwartschaften in Höhe der Hälfte des Wertunterschiedes. Das Nähere bestimmt sich nach den Vorschriften über die gesetzlichen Rentenversicherungen.

(2) Hat ein Ehegatte in der Ehezeit eine Anwartschaft im Sinne des § 1587 a Abs. 2 Nr. 1 gegenüber einer der in § 6 Abs. 1 Nr. 2, § 8 Abs. 1 des Angestelltenversicherungsgesetzes genannten Körperschaften oder Verbände erworben und übersteigt diese Anwartschaft allein oder zusammen mit einer Rentenanwartschaft im Sinne des § 1587 a Abs. 2 Nr. 2 die Anwartschaften im Sinne des § 1587 a Abs. 2 Nr. 1, 2, die der andere Ehegatte in der Ehezeit erworben hat, so begründet das Familiengericht für diesen Rentenanwartschaften in einer gesetzlichen Rentenversicherung in Höhe der Hälfte des nach Anwendung von Absatz 1 noch verbleibenden Wertunterschiedes. Das Nähere be-

stimmt sich nach den Vorschriften über die gesetzlichen Rentenversicherungen.

(3) Soweit der Ausgleich nicht nach Absatz 1 oder 2 vorzunehmen ist, hat der ausgleichspflichtige Ehegatte für den Berechtigten als Beiträge zur Begründung von Anwartschaften auf eine bestimmte Rente in einer gesetzlichen Rentenversicherung den Betrag zu zahlen, der erforderlich ist, um den Wertunterschied auszugleichen; dies gilt nur, solange der Berechtigte die Voraussetzungen für ein Altersruhegeld aus einer gesetzlichen Rentenversicherung noch nicht erfüllt. Das Nähere bestimmt sich nach den Vorschriften über die gesetzlichen Rentenversicherungen. Nach Absatz 1 zu übertragende oder nach Absatz 2 zu begründende Rentenanwartschaften sind in den Ausgleich einzubeziehen; im Wege der Verrechnung ist nur ein einmaliger Ausgleich vorzunehmen.

(4) Würde sich die Übertragung oder Begründung von Rentenanwartschaften in den gesetzlichen Rentenversicherungen voraussichtlich nicht zugunsten des Berechtigten auswirken oder wäre der Versorgungsausgleich in dieser Form nach den Umständen des Falles unwirtschaftlich, soll das Familiengericht den Ausgleich auf Antrag einer Partei in anderer Weise regeln; § 1587 o Abs. 1 Satz 2 gilt entsprechend.

(5) Der Monatsbetrag der nach Absatz 1 zu übertragenden oder nach Absatz 2, 3 zu begründenden Rentenanwartschaften in den gesetzlichen Rentenversicherungen darf zusammen mit dem Monatsbetrag der in den gesetzlichen Rentenversicherungen bereits begründeten Rentenanwartschaften des ausgleichsberechtigten Ehegatten den in § 1304 a Abs. 1 Satz 4, 5 der Reichsversicherungsordnung, § 83 a Abs. 1 Satz 4, 5 des Angestelltenversicherungsgesetzes bezeichneten Höchstbetrag nicht übersteigen.

§ 1587 c

Ein Versorgungsausgleich findet nicht statt,

1. soweit die Inanspruchnahme des Verpflichteten unter Berücksichtigung der beiderseitigen Verhältnisse, insbesondere des beiderseitigen Vermögenserwerbs während der Ehe oder im Zusammenhang mit der Scheidung, grob unbillig wäre; hierbei dürfen Umstände nicht allein deshalb berücksichtigt werden, weil sie zum Scheitern der Ehe geführt haben;

2. soweit der Berechtigte in Erwartung der Scheidung oder nach der Scheidung durch Handeln oder Unterlassen bewirkt hat, daß ihm zustehende Anwartschaften oder Aussichten auf eine Versorgung, die nach § 1587 Abs. 1 auszugleichen wären, nicht entstanden oder entfallen sind;

3. soweit der Berechtigte während der Ehe längere Zeit hindurch seine Pflicht, zum Familienunterhalt beizutragen, gröblich verletzt hat.

§ 1587 d

(1) Auf Antrag des Verpflichteten kann das Familiengericht anordnen, daß die Verpflichtung nach § 1587 b Abs. 3 ruht, solange und soweit der Verpflichtete durch die Zahlung unbillig belastet, insbesondere

außerstande gesetzt würde, sich selbst angemessen zu unterhalten und seinen gesetzlichen Unterhaltspflichten gegenüber dem geschiedenen Ehegatten und den mit diesem gleichrangig Berechtigten nachzukommen. Ist der Verpflichtete in der Lage, Raten zu zahlen, so hat das Gericht ferner die Höhe der dem Verpflichteten obliegenden Ratenzahlungen festzusetzen.

(2) Das Familiengericht kann eine rechtskräftige Entscheidung auf Antrag aufheben oder ändern, wenn sich die Verhältnisse nach der Scheidung wesentlich geändert haben.

§ 1587 e

(1) Für den Versorgungsausgleich nach § 1587 b gilt § 1580 entsprechend.

(2) Mit dem Tode des Berechtigten erlischt der Ausgleichsanspruch.

(3) Der Anspruch auf Entrichtung von Beiträgen (§ 1587 b Abs. 3) erlischt außerdem, sobald der schuldrechtliche Versorgungsausgleich nach § 1587 g Abs. 1 Satz 2 verlangt werden kann.

(4) Der Ausgleichsanspruch erlischt nicht mit dem Tode des Verpflichteten. Er ist gegen die Erben geltend zu machen.

3. Schuldrechtlicher Versorgungsausgleich

§ 1587 f

In den Fällen, in denen

1. die Begründung von Rentenanwartschaften in einer gesetzlichen Rentenversicherung mit Rücksicht auf die Vorschrift des § 1587 b Abs. 3 Satz 1 zweiter Halbsatz nicht möglich ist,

2. die Übertragung oder Begründung von Rentenanwartschaften in einer gesetzlichen Rentenversicherung mit Rücksicht auf die Vorschrift des § 1587 b Abs. 5 ausgeschlossen ist,

3. der ausgleichspflichtige Ehegatte die ihm nach § 1587 b Abs. 3 Satz 1 erster Halbsatz auferlegten Zahlungen zur Begründung von Rentenanwartschaften in einer gesetzlichen Rentenversicherung nicht erbracht hat,

4. in den Ausgleich Leistungen der betrieblichen Altersversorgung auf Grund solcher Anwartschaften oder Aussichten einzubeziehen sind, die im Zeitpunkt des Erlasses der Entscheidung noch nicht unverfallbar waren,

5. das Familiengericht nach § 1587 b Abs. 4 eine Regelung in der Form des schuldrechtlichen Versorgungsausgleichs getroffen hat oder die Ehegatten nach § 1587 o den schuldrechtlichen Versorgungsausgleich vereinbart haben,

erfolgt insoweit der Ausgleich auf Antrag eines Ehegatten nach den Vorschriften der §§ 1587 g bis 1587 n (schuldrechtlicher Versorgungsausgleich).

§ 1587 g

(1) Der Ehegatte, dessen auszugleichende Versorgung die des anderen

übersteigt, hat dem anderen Ehegatten als Ausgleich eine Geldrente (Ausgleichsrente) in Höhe der Hälfte des jeweils übesteigenden Betrags zu entrichten. Die Rente kann erst dann verlangt werden, wenn beide Ehegatten eine Versorgung erlangt haben oder wenn der ausgleichspflichtige Ehegatte eine Versorgung erlangt hat und der andere Ehegatte wegen Krankheit oder anderer Gebrechen oder Schwäche seiner körperlichen oder geistigen Kräfte auf nicht absehbare Zeit eine ihm nach Ausbildung und Fähigkeiten zumutbare Erwerbstätigkeit nicht ausüben kann oder das fünfundsechzigste Lebensjahr vollendet hat.

(2) Für die Ermittlung der auszugleichenden Versorgung gilt § 1587 a entsprechend. Hat sich seit Eintritt der Rechtshängigkeit des Scheidungsantrags der Wert einer Versorgung oder einer Anwartschaft oder Aussicht auf Versorgung geändert oder ist eine bei Eintritt der Rechtshängigkeit des Scheidungsantrags vorhandene Versorgung oder eine Anwartschaft oder Aussicht auf Versorgung weggefallen oder sind Voraussetzungen einer Versorgung eingetreten, die bei Eintritt der Rechtshängigkeit gefehlt haben, so ist dies zusätzlich zu berücksichtigen.

(3) § 1587 d Abs. 2 gilt entsprechend.

§ 1587 h

Ein Ausgleichsanspruch gemäß § 1587 g besteht nicht,

1. soweit der Berechtigte den nach seinen Lebensverhältnissen angemessenen Unterhalt aus seinen Einkünften und seinem Vermögen bestreiten kann und die Gewährung des Versorgungsausgleichs für den Verpflichteten bei Berücksichtigung der beiderseitigen wirtschaftlichen Verhältnisse eine unbillige Härte bedeuten würde. § 1577 Abs. 3 gilt entsprechend;

2. soweit der Berechtigte in Erwartung der Scheidung oder nach der Scheidung durch Handeln oder Unterlassen bewirkt hat, daß ihm eine Versorgung, die nach § 1587 auszugleichen wäre, nicht gewährt wird;

3. soweit der Berechtigte während der Ehe längere Zeit hindurch seine Pflicht, zum Familienunterhalt beizutragen, gröblich verletzt hat.

§ 1587 i

(1) Der Berechtigte kann vom Verpflichteten in Höhe der laufenden Ausgleichsrente Abtretung der in den Ausgleich einbezogenen Versorgungsansprüche verlangen, die für den gleichen Zeitabschnitt fällig geworden sind oder fällig werden.

(2) Der Wirksamkeit der Abtretung an den Ehegatten gemäß Absatz 1 steht der Ausschluß der Übertragbarkeit und Pfändbarkeit der Ansprüche nicht entgegen.

(3) § 1587 d Abs. 2 gilt entsprechend.

§ 1587 k

(1) Für den Ausgleichsanspruch nach § 1587 g Abs. 1 Satz 1 gelten die §§ 1580, 1585 Abs. 1 Satz 2, 3 und § 1585 b Abs. 2, 3 entsprechend.

(2) Der Anspruch erlischt mit dem Tod des Berechtigten; § 1586 Abs. 2 gilt entsprechend. Soweit hiernach der Anspruch erlischt, gehen die nach § 1587 i Abs. 1 abgetretenen Ansprüche auf den Verpflichteten über.

§ 1587 l

(1) Ein Ehegatte kann wegen seiner künftigen Ausgleichsansprüche von dem anderen eine Abfindung verlangen, wenn dieser hierdurch nicht unbillig belastet wird.

(2) Für die Höhe der Abfindung ist der nach § 1587 g Abs. 2 ermittelte Zeitwert der beiderseitigen Anwartschaften oder Aussichten auf eine auszugleichende Versorgung zugrunde zu legen.

(3) Die Abfindung kann nur in Form der Zahlung von Beiträgen zu einer gesetzlichen Rentenversicherung oder zu einer privaten Lebens- oder Rentenversicherung verlangt werden. Wird die Abfindung in Form der Zahlung von Beiträgen zu einer privaten Lebens- oder Rentenversicherung gewählt, so muß der Versicherungsvertrag vom Berechtigten auf seine Person für den Fall des Todes und des Erlebens des fünfundsechzigsten oder eines niedrigeren Lebensjahres abgeschlossen sein und vorsehen, daß Gewinnanteile zur Erhöhung der Versicherungsleistungen verwendet werden. Auf Antrag ist dem Verpflichteten Ratenzahlung zu gestatten, soweit dies nach seinen wirtschaftlichen Verhältnissen der Billigkeit entspricht.

§ 1587 m

Mit dem Tod des Berechtigten erlischt der Anspruch auf Leistung der Abfindung, soweit er von dem Verpflichteten noch nicht erfüllt ist.

§ 1587 n

Ist der Berechtigte nach § 1587 l abgefunden worden, so hat er sich auf einen Unterhaltsanspruch gegen den geschiedenen Ehegatten den Betrag anrechnen zu lassen, den er als Versorgungsausgleich nach § 1587 g erhalten würde, wenn die Abfindung nicht geleistet worden wäre.

4. Parteivereinbarungen

§ 1587 o

(1) Die Ehegatten können im Zusammenhang mit der Scheidung eine Vereinbarung über den Ausgleich von Anwartschaften oder Anrechten auf eine Versorgung wegen Alters oder Berufs- oder Erwerbsunfähigkeit (§ 1587) schließen. Durch die Vereinbarung können Anwartschaftsrechte in einer gesetzlichen Rentenversicherung nach § 1587 b Abs. 1 oder 2 nicht begründet oder übertragen werden.

(2) Die Vereinbarung nach Absatz 1 muß notariell beurkundet werden. § 127 a ist entsprechend anzuwenden. Die Vereinbarung bedarf der Genehmigung des Familiengerichts. Die Genehmigung soll nur ver-

weigert werden, wenn unter Einbeziehung der Unterhaltsregelung und der Vermögensauseinandersetzung offensichtlich die vereinbarte Leistung nicht zur Sicherung des Berechtigten für den Fall der Erwerbsunfähigkeit und des Alters geeignet ist oder zu keinem nach Art und Höhe angemessenen Ausgleich unter den Ehegatten führt.

5. Schutz des Versorgungsschuldners
§ 1587 p

Sind durch die rechtskräftige Entscheidung des Familiengerichts Rentenanwartschaften in einer gesetzlichen Rentenversicherung auf den berechtigten Ehegatten übertragen worden, so muß dieser eine Leistung an den verpflichteten Ehegatten gegen sich gelten lassen, die der Schuldner der Versorgung bis zum Ablauf des Monats an den verpflichteten Ehegatten bewirkt, der dem Monat folgt, in dem ihm die Entscheidung zugestellt worden ist.«

21. Nach § 1604 wird folgende Vorschrift eingefügt:
»§ 1605

(1) Verwandte in gerader Linie sind einander verpflichtet, auf Verlangen über ihre Einkünfte und ihr Vermögen Auskunft zu erteilen, soweit dies zur Feststellung eines Unterhaltsanspruchs oder einer Unterhaltsverpflichtung erforderlich ist. Über die Höhe der Einkünfte sind auf Verlangen Belege, insbesondere Bescheinigungen des Arbeitgebers, vorzulegen. Die §§ 260, 261 sind entsprechend anzuwenden.

(2) Vor Ablauf von zwei Jahren kann Auskunft erneut nur verlangt werden, wenn glaubhaft gemacht wird, daß der zur Auskunft Verpflichtete später wesentlich höhere Einkünfte oder weiteres Vermögen eworben hat.«

22. In § 1610 wird folgender Absatz 3 angefügt:

»(3) Verlangt ein eheliches Kind, das in den Haushalt eines geschiedenen Elternteils aufgenommen ist, von dem anderen Elternteil Unterhalt, so gilt als Bedarf des Kindes bis zur Vollendung des achtzehnten Lebensjahres mindestens der für ein nichteheliches Kind der entsprechenden Altersstufe festgesetzte Regelbedarf. Satz 1 ist entsprechend anzuwenden, wenn die Eltern nicht nur vorübergehend getrennt leben oder ihre Ehe für nichtig erklärt worden ist.«

23. § 1616 erhält folgende Fassung:
»§ 1616

Das eheliche Kind erhält den Ehenamen seiner Eltern.«

24. § 1617 erhält folgende Fassung:
»§ 1617

(1) Das nichteheliche Kind erhält den Familiennamen, den die Mutter zur Zeit der Geburt des Kindes führt. Als Familienname gilt nicht der gemäß § 1355 Abs. 3 dem Ehenamen vorangestellte Name.

(2) Eine Änderung des Familiennamens der Mutter erstreckt sich auf den Geburtsnamen des Kindes, welches das fünfte Lebensjahr vollendet hat, nur dann, wenn es sich der Namensänderung anschließt. Ein in der Geschäftsfähigkeit beschränktes Kind, welches das vierzehnte Lebens-

jahr vollendet hat, kann die Erklärung nur selbst abgeben; es bedarf hierzu der Zustimmung seines gesetzlichen Vertreters. Die Erklärung ist gegenüber dem Standesbeamten abzugeben; sie muß öffentlich beglaubigt werden.

(3) Eine Änderung des Familiennamens der Mutter infolge Eheschließung erstreckt sich nicht auf das Kind.

(4) Ist der frühere Geburtsname zum Ehenamen des Kindes geworden, so erstreckt sich die Namensänderung auf den Ehenamen nur dann, wenn die Ehegatten die Erklärung nach Absatz 2 Satz 1 und 3 gemeinsam abgeben. Für den Namen von Abkömmlingen des Kindes gelten Absatz 2 und Absatz 4 Satz 1 entsprechend.«

25. § 1618 erhält folgende Fassung:

»§ 1618

(1) Die Mutter und deren Ehemann können dem Kinde, das einen Namen nach § 1617 führt und eine Ehe noch nicht eingegangen ist, ihren Ehenamen, der Vater des Kindes seinen Familiennamen durch Erklärung gegenüber dem Standesbeamten erteilen. Als Familienname gilt nicht der gemäß § 1355 Abs. 3 dem Ehenamen vorangestellte Name. Die Erteilung des Namens bedarf der Einwilligung des Kindes und, wenn der Vater dem Kinde seinen Familiennamen erteilt, auch der Einwilligung der Mutter.

(2) Ein in der Geschäftsfähigkeit beschränktes Kind, welches das vierzehnte Lebensjahr vollendet hat, kann seine Einwilligung nur selbst erteilen. Es bedarf hierzu der Zustimmung seines gesetzlichen Vertreters.

(3) Die Erklärungen nach Absatz 1 und 2 müssen öffentlich beglaubigt werden.

(4) Ändert sich der Familienname des Vaters, so gilt § 1617 Abs. 2 bis 4 entsprechend.«

26. § 1629 Abs. 2 wird durch folgende Vorschriften ersetzt:

»(2) Der Vater und die Mutter können das Kind insoweit nicht vertreten, als nach § 1795 ein Vormund von der Vertretung des Kindes ausgeschlossen ist. Leben die Eltern getrennt oder ist die Scheidung ihrer Ehe beantragt, so kann, wenn eine Regelung der Sorge für die Person des Kindes noch nicht getroffen ist, der Elternteil, in dessen Obhut sich das Kind befindet, Unterhaltsansprüche des Kindes gegen den anderen Elternteil geltend machen. Das Vormundschaftsgericht kann dem Vater und der Mutter nach § 1796 die Vertretung entziehen.

(3) Ist die Scheidung der Ehe der Eltern beantragt, so kann ein Elternteil, solange die Scheidungssache anhängig ist, Unterhaltsansprüche des Kindes gegen den anderen Elternteil nur im eigenen Namen geltend machen. Ein von einem Elternteil erwirktes Urteil und ein zwischen den Eltern geschlossener gerichtlicher Vergleich wirken auch für und gegen das Kind.«

27. In § 1632 Abs. 2 und § 1634 Abs. 2 Satz 1 wird jeweils das Wort »Vormundschaftsgericht« durch das Wort »Familiengericht« ersetzt.

28. § 1671 wird wie folgt gefaßt:

»§ 1671

(1) Wird die Ehe der Eltern geschieden, so bestimmt das Familiengericht, welchem Elternteil die elterliche Gewalt über ein gemeinschaftliches Kind zustehen soll.

(2) Von einem gemeinsamen Vorschlag der Eltern soll das Familiengericht nur abweichen, wenn dies zum Wohle des Kindes erforderlich ist.

(3) Haben die Eltern keinen Vorschlag gemacht oder billigt das Familiengericht ihren Vorschlag nicht, so trifft es die Regelung, die unter Berücksichtigung der gesamten Verhältnisse dem Wohle des Kindes am besten entspricht.

(4) Die elterliche Gewalt soll in der Regel einem Elternteil allein übertragen werden. Erfordert es das Wohl des Kindes, so kann einem Elternteil die Sorge für die Person, dem anderen die Sorge für das Vermögen des Kindes übertragen werden.

(5) Das Familiengericht kann die Sorge für die Person und das Vermögen des Kindes einem Vormund oder Pfleger übertragen, wenn dies erforderlich ist, um eine Gefahr für das geistige oder leibliche Wohl oder für das Vermögen des Kindes abzuwenden.

(6) Die vorstehenden Vorschriften gelten entsprechend, wenn die Ehe der Eltern für nichtig erklärt oder aufgehoben worden ist. Haben die Eltern innerhalb von zwei Monaten nach Rechtskraft des Urteils, durch das die Ehe für nichtig erklärt oder aufgehoben worden ist, keinen Vorschlag gemacht, so trifft das Familiengericht die Regelung, die unter Berücksichtigung der gesamten Verhältnisse dem Wohle des Kindes am besten entspricht.«

29. § 1672 wird wie folgt gefaßt:

»§ 1672

Leben die Eltern nicht nur vorübergehend getrennt, so bestimmt das Familiengericht, welchem Elternteil die elterliche Gewalt über ein gemeinschaftliches Kind zustehen soll. Das Gericht entscheidet nur auf Antrag eines Elternteils. Die Vorschriften des § 1671 Abs. 2 bis 4 gelten entsprechend.«

30. In § 1678 Abs. 2 wird das Wort »Vormundschaftsgericht« durch das Wort »Familiengericht« ersetzt.

31. § 1681 Abs. 2 Satz 3 wird wie folgt gefaßt:

»Ist seine Ehe durch Wiederverheiratung seines Ehegatten aufgelöst, so gilt § 1671 Abs. 1 bis 5 entsprechend.«

32. § 1695 wird wie folgt gefaßt:

»§ 1695

(1) Das Vormundschaftsgericht und das Familiengericht haben vor

einer Entscheidung, welche die Sorge für die Person oder das Vermögen des Kindes betrifft, die Eltern zu hören. Sie dürfen hiervon nur aus schwerwiegenden Gründen absehen.

(2) Die Gerichte können mit dem Kind persönlich Fühlung nehmen.«

33. § 1696 wird wie folgt gefaßt:
»§ 1696

Das Vormundschaftsgericht und das Familiengericht können während der Dauer der elterlichen Gewalt ihre Anordnungen jederzeit ändern, wenn sie dies im Interesse des Kindes für angezeigt halten.«

34. § 1697 wird aufgehoben.

35. Nach § 1719 wird folgender neuer § 1720 eingefügt:
»§ 1720

Der nach § 1355 von den Eltern zu führende Ehename erstreckt sich auf den Geburtsnamen eines Abkömmlings, welcher das vierzehnte Lebensjahr vollendet hat, nur dann, wenn er sich der Namensänderung durch Erklärung anschließt. Ist der frühere Geburtsname zum Ehenamen eines Abkömmlings geworden, so erstreckt sich die Namensänderung auf den Ehenamen nur dann, wenn die Ehegatten die Erklärung nach Satz 1 gemeinsam abgeben. § 1617 Abs. 2 Satz 2 und 3 gilt entsprechend.«

36. Nach § 1736 wird folgender neuer § 1737 eingefügt:
»§ 1737

Das Kind erhält den Familiennamen des Vaters. Als Familienname gilt nicht der gemäß § 1355 Abs. 3 dem Ehenamen vorangestellte Name. Ändert sich der Familienname des Vaters, so gilt § 1617 Abs. 2 bis 4 entsprechend.«

37. In § 1740 f werden folgende Absätze 2 und 3 angefügt:

»(2) Das Kind erhält den Familiennamen des überlebenden Elternteils. Das Vormundschaftsgericht hat dem Kind auf seinen Antrag mit Zustimmung des überlebenden Elternteils den Familiennamen des verstorbenen Elternteils zu erteilen. Als Familienname gilt nicht der gemäß § 1355 Abs. 3 dem Ehenamen vorangestellte Name. Der Antrag kann nur in dem Verfahren über den Antrag auf Ehelicherklärung gestellt werden.

(3) Führt das Kind den Familiennamen des überlebenden Elternteils und ändert sich dieser Name, so gilt § 1617 Abs. 2 bis 4 entsprechend.«

38. § 1740 g erhält folgende Fassung:
»§ 1740 g

Im Falle des § 1740 f Abs. 2 Satz 2 bis 4 hat das Vormundschaftsgericht dem überlebenden Elternteil auf dessen Antrag den Familiennamen des Kindes zu erteilen. Die Erteilung ist ausgeschlossen, wenn der überlebende Elternteil nach dem Tode des anderen Elternteils eine Ehe eingegangen ist.«

39. § 1758 erhält folgende Fassung:
»§ 1758

(1) Das Kind erhält als Geburtsnamen den Familiennamen des Annehmenden. Als Familienname gilt nicht der gemäß § 1355 Abs. 3 dem Ehenamen vorangestellte Name. In den Fällen des § 1757 Abs. 2 erhält das Kind als Geburtsnamen den Ehenamen der Ehegatten. Ist der frühere Geburtsname zum Ehenamen des Kindes geworden, so erstreckt sich die Namensänderung auf den Ehenamen nur dann, wenn dies mit dem Ehegatten des Kindes im Annahmevertrag vereinbart ist.

(2) Ist der neue Name kein Doppelname, so darf das Kind diesem durch Erklärung gegenüber dem Standesbeamten seinen früheren Namen hinzufügen, sofern nicht in dem Annahmevertrag etwas anderes bestimmt ist. § 1617 Abs. 2 Satz 2 und 3 gilt entsprechend. Die Erklärung muß öffentlich beglaubigt werden.

(3) Ändert sich der Familienname des Annehmenden, so gilt § 1617 Abs. 2 bis 4 entsprechend.«

40. § 1758 a wird aufgehoben.

41. In § 1762 Satz 2 wird der Punkt durch ein Semikolon ersetzt und folgender Halbsatz angefügt:

»§ 1617 Abs. 2 bis 4 bleibt unberührt.«

42. § 1848 fällt weg.

43. § 1933 erhält folgende Fassung:
»§ 1933

Das Erbrecht des überlebenden Ehegatten sowie das Recht auf den Voraus ist ausgeschlossen, wenn zur Zeit des Todes des Erblassers die Voraussetzungen für die Scheidung der Ehe gegeben waren und der Erblasser die Scheidung beantragt oder ihr zugestimmt hatte. Das gleiche gilt, wenn der Erblasser auf Aufhebung der Ehe zu klagen berechtigt war und die Klage erhoben hatte. In diesen Fällen ist der Ehegatte nach Maßgabe der §§ 1569 bis 1586 b unterhaltsberechtigt.«

44. § 2077 wird wie folgt geändert:

a) Absatz 1 Satz 2 erhält folgende Fassung:
»Der Auflösung der Ehe steht es gleich, wenn zur Zeit des Todes des Erblassers die Voraussetzungen für die Scheidung der Ehe gegeben waren und der Erblasser die Scheidung beantragt oder ihr zugestimmt hatte.«
b) In Absatz 1 wird nach Satz 2 folgender Satz 3 angefügt:
»Das gleiche gilt, wenn der Erblasser zur Zeit seines Todes auf Aufhebung der Ehe zu klagen berechtigt war und die Klage erhoben hatte.«

45. § 2268 Abs. 2 erhält folgende Fassung:

»(2) Wird die Ehe vor dem Tode eines der Ehegatten aufgelöst oder liegen die Voraussetzungen des § 2077 Abs. 1 Satz 2 oder 3 vor, so bleiben die Verfügungen insoweit wirksam, als anzunehmen ist, daß sie auch für diesen Fall getroffen sein würden.«

46. In § 2331 a Abs. 2 Satz 2 zweiter Halbsatz wird das Wort »Vormundschaftsgerichts« durch das Wort »Familiengerichts« ersetzt.

47. § 2335 erhält folgende Fassung:

»§ 2335

Der Erblasser kann dem Ehegatten den Pflichtteil entziehen:

1. wenn der Ehegatte dem Erblasser oder einem Abkömmling des Erblassers nach dem Leben trachtet;
2. wenn der Ehegatte sich einer vorsätzlichen körperlichen Mißhandlung des Erblassers schuldig macht;
3. wenn der Ehegatte sich eines Verbrechens oder eines schweren vorsätzlichen Vergehens gegen den Erblasser schuldig macht;
4. wenn der Ehegatte die ihm dem Erblasser gegenüber gesetzlich obliegende Unterhaltspflicht böswillig verletzt.«

Artikel 2
Änderung des Einführungsgesetzes zum Bürgerlichen Gesetzbuch

Artikel 17 Abs. 3 erhält folgende Fassung:

»(3) Für das Scheidungsbegehren der Frau sind die deutschen Gesetze auch dann maßgebend, wenn in dem Zeitpunkt, in dem die Entscheidung ergeht, nur die Frau die deutsche Staatsangehörigkeit besitzt.«

Artikel 3
Änderung des Ehegesetzes

1. § 4 Abs. 2, § 6 Abs. 1, §§ 19, 22, 26, 27, 37 Abs. 2, § 39 Abs. 2 Satz 2, §§ 41 bis 47, 48 Abs. 1 und 3, §§ 49 bis 70, 72, 73, 76 des Gesetzes Nr. 16 des Kontrollrats (Ehegesetz) vom 20. Februar 1946 (Amtsblatt des Kontrollrats in Deutschland S. 77, 294) verlieren ihre Wirksamkeit. Dies gilt nicht im Land Berlin.

2. In § 4 Abs. 3 Satz 1 werden die Worte »und Geschlechtsgemeinschaft« gestrichen.

3. § 6 Abs. 2 und § 48 Abs. 2 werden aufgehoben.

4. Nach § 13 wird folgender § 13 a eingefügt:

»§ 13 a

(1) Der Standesbeamte soll die Verlobten vor der Eheschließung befragen, ob sie eine Erklärung darüber abgeben wollen, welchen Ehenamen sie führen werden.

(2) Haben die Ehegatten die Ehe außerhalb des Geltungsbereichs die-

ses Gesetzes geschlossen, ohne einer Erklärung nach § 1355 Abs. 2 Satz 1 des Bürgerlichen Gesetzbuchs abgegeben zu haben, so können sie diese Erklärung nachholen. Die Erklärung ist abzugeben, wenn die Eintragung des Ehenamens in ein deutsches Personenstandsbuch erforderlich wird, spätestens jedoch vor Ablauf eines Jahres nach Rückkehr in den Geltungsbereich dieses Gesetzes.

(3) Ergibt sich aus einer Erklärung nach Absatz 2 eine Änderung gegenüber dem bisher von den Ehegatten geführten Namen, so erstreckt sich die Namensänderung auf den Geburtsnamen eines Abkömmlings, welcher das vierzehnte Lebensjahr vollendet hat, nur dann, wenn er sich der Namensänderung durch Erklärung anschließt. Ist der frühere Geburtsname zum Ehenamen eines Abkömmlings geworden, so erstreckt sich die Namensänderung auf den Ehenamen nur dann, wenn die Ehegatten die Erklärung nach Satz 1 gemeinsam abgeben. Die Erklärungen sind spätestens vor Ablauf eines Jahres nach Abgabe der Erklärung nach Absatz 2 abzugeben.

(4) Auf die Erklärungen ist § 1617 Abs. 2 Satz 2 und 3 des Bürgerlichen Gesetzbuchs entsprechend anzuwenden.«

5. Nach § 24 wird folgende Vorschrift eingefügt:

»§ 26

(1) Die vermögensrechtlichen Folgen der Nichtigkeit einer Ehe bestimmen sich nach den Vorschriften über die Folgen der Scheidung.

(2) Hat ein Ehegatte die Nichtigkeit der Ehe bei der Eheschließung gekannt, so kann der andere Ehegatte binnen sechs Monaten, nachdem die Ehe rechtskräftig für nichtig erklärt ist, durch Erklärung gegenüber dem Ehegatten die für den Fall der Scheidung vorgesehenen vermögensrechtlichen Folgen für die Zukunft ausschließen. Gibt er eine solche Erklärung ab, ist insoweit die Vorschrift des Absatzes 1 nicht anzuwenden. Hat auch der andere Ehegatte die Nichtigkeit der Ehe bei der Eheschließung gekannt, so steht ihm das in Satz 1 vorgesehene Recht nicht zu.

(3) Im Falle des § 20 stehen dem Ehegatten, der die Nichtigkeit der Ehe bei der Eheschließung gekannt hat, Ansprüche auf Unterhalt und Versorgungsausgleich nicht zu, soweit diese Ansprüche entsprechende Ansprüche des Ehegatten der früheren Ehe beeinträchtigen würden.«

6. An § 37 Abs. 1 wird folgender Absatz 2 angefügt:

»(2) Hat ein Ehegatte in den Fällen der §§ 30 bis 32 die Aufhebbarkeit der Ehe bei der Eheschließung gekannt oder ist in den Fällen der §§ 33 und 34 die Täuschung oder Drohung von ihm oder mit seinem Wissen verübt worden, so kann der andere Ehegatte ihm binnen sechs Monaten nach der Rechtskraft des Aufhebungsurteils erklären, daß die für den Fall der Scheidung vorgesehenen vermögensrechtlichen Folgen für die Zukunft ausgeschlossen sein sollen. Gibt er eine solche Erklärung ab, findet insoweit die Vorschrift des Absatzes 1 keine Anwendung. Hat im Falle des § 30 auch der andere Ehegatte die Aufhebbarkeit der Ehe bei der Eheschließung gekannt, so steht ihm das in Satz 1 vorgesehene Recht nicht zu.«

7. An § 39 Abs. 2 werden folgende Sätze angefügt:

»Im übrigen bestimmen sich die Folgen der Aufhebung nach § 37 Abs. 1. Hat der beklagte Ehegatte bei der Eheschließung gewußt, daß der für tot erklärte Ehegatte die Todeserklärung überlebt hat, so findet § 37 Abs. 2 Satz 1, 2 entsprechende Anwendung.«

Artikel 4
Änderung sozialversicherungsrechtlicher Vorschriften

1. Die Reichsversicherungsordnung wird wie folgt geändert und ergänzt:

a) In § 592 Abs. 1 wird folgender Satz angefügt:

»Beruhte der Unterhaltsanspruch auf den §§ 1572, 1573, 1575 oder 1576 des Bürgerlichen Gesetzbuchs, so wird die Rente gewährt, solange die frühere Ehefrau ohne den Arbeitsunfall unterhaltsberechtigt gewesen wäre.«

b) In § 1265 werden hinter den Worten »mit dem Versicherten« die Worte »vor dem 1. Juli 1977« eingefügt.

c) Nach § 1265 wird folgender § 1265 a eingefügt:

»§ 1265 a

(1) Einem unverheirateten früheren Ehegatten, dessen Ehe nach dem 30. Juni 1977 geschieden, für nichtig erklärt oder aufgehoben ist, wird nach dem Tode seines früheren Ehegatten für die Zeit der Erziehung mindestens eines waisenrentenberechtigten Kindes eine Rente aus eigener Versicherung gewährt, wenn der Berechtigte vor dem Tode des früheren Ehegatten eine Versicherungszeit von sechzig Kalendermonaten zurückgelegt hat und keine Beschäftigung oder Erwerbstätigkeit gegen ein Entgelt oder Arbeitseinkommen ausübt, das durchschnittlich im Monat drei Zehntel der für Monatsbezüge geltenden Beitragsbemessungsgrenze (§ 1385 Abs. 2) überschreitet, und eine solche Beschäftigung oder Erwerbstätigkeit wegen der Kindererziehung nicht erwartet werden kann. Die Rente ist nach § 1253 Abs. 2 zu berechnen, solange der Berechtigte mindestens drei waisenrentenberechtigte Kinder oder zwei waisenrentenberechtigte Kinder unter sechs Jahren erzieht und keine Beschäftigung oder Erwerbstätigkeit gegen ein Entgelt oder Arbeitseinkommen ausübt, das durchschnittlich im Monat ein Achtel der für Monatsbezüge geltenden Beitragsbemessungsgrenze überschreitet, und eine solche Beschäftigung oder Erwerbstätigkeit wegen der Kindererziehung nicht erwartet werden kann; im übrigen ist die Rente nach § 1253 Abs. 1 zu berechnen. Der Erziehung eines waisenrentenberechtigten Kindes steht die Sorge für ein waisenrentenberechtigtes Kind mit körperlichen oder geistigen Gebrechen gleich. Eine nach § 1253 Abs. 1 berechnete Rente gilt als Rente wegen Berufsunfähigkeit, eine nach § 1253 Abs. 2 berechnete Rente gilt als Rente wegen Erwerbsunfähigkeit.

(2) Trifft eine Rente nach Absatz 1 mit einer Rente nach §§ 1246, 1247 oder 1248 zusammen, ist die höhere Rente zu gewähren.

(3) Die Rente nach Absatz 1 fällt mit Ablauf des Monats weg, in dem ihre Voraussetzungen entfallen. Sie lebt vom Ablauf des Monats wieder auf, in dem ihre Voraussetzungen wieder erfüllt sind; § 1290 Abs. 3 Satz 3 zweiter Halbsatz gilt entsprechend. Eine nach § 1253 Abs. 2 berechnete Rente ist mit Ablauf des Monats, in dem die Voraussetzungen des Absatzes 1 Satz 2 erster Halbsatz entfallen, in eine nach § 1253 Abs. 1 zu berechnende Rente umzuwandeln.«

d) In § 1303 werden folgende Absätze 9 und 10 angefügt:

»(9) Der sich nach Absatz 1 ergebende Betrag ist bei Versicherten, von denen Rentenanwartschaften nach § 1587 b Abs. 1 des Bürgerlichen Gesetzbuchs an ihren früheren Ehegatten übertragen sind, um die Hälfte des Betrages zu mindern, der bei Eintritt der Rechtskraft der Entscheidung des Familiengerichts über den Versorgungsausgleich nach § 1304 a Abs. 6 als Beitrag zum Ausgleich der im Zeitpunkt der Beitragserstattung noch bestehenden Minderung der Rentenanwartschaften zu entrichten gewesen wäre. Bei Versicherten, denen Rentenanwartschaften nach § 1587 b Abs. 1 des Bürgerlichen Gesetzbuchs übertragen oder für die Rentenanwartschaften nach § 1587 b Abs. 2 des Bürgerlichen Gesetzbuchs oder nach § 1304 b Abs. 1 begründet sind, ist der sich nach Absatz 1 ergebende Betrag um die Hälfte des Betrages zu erhöhen, der bei Eintritt der Rechtskraft der Entscheidung des Familiengerichts über den Versorgungsausgleich nach § 1304 b Abs. 1 Satz 2 als Beitrag für die insgesamt übertragenen und begründeten Rentenanwartschaften zu entrichten gewesen wäre.

(10) Eine Beitragserstattung erfolgt nicht an Versicherte, die nach § 1229 oder § 6 des Angestelltenversicherungsgesetzes versicherungsfrei oder die nach den §§ 1230 oder 1231, den §§ 7 oder 8 des Angestelltenversicherungsgesetzes oder § 32 des Reichsknappschaftsgesetzes von der Versicherungspflicht befreit sind, wenn die Wartezeit von sechzig Kalendermonaten durch die sich nach § 1304 a Abs. 5 ergebende Zahl an Monaten allein oder zusammen mit Beitragszeiten erfüllt ist.«

e) Nach § 1303 wird folgender Unterabschnitt eingefügt:

»V. Rentenanwartschaften
und Ansprüche früherer Ehegatten
§ 1304

(1) Zur Ermittlung des für den Wertausgleich von Rentenanwartschaften nach § 1587 a Abs. 2 des Bürgerlichen Gesetzbuchs maßgebenden Betrages an Renten und Rentenanwartschaften aus den gesetzlichen Rentenversicherungen ist der Monatsbetrag des Altersruhegeldes einschließlich der für die bis zum Versicherungsfall anzusetzenden Werteinheiten für eine bisher angerechnete Zurechnungszeit ohne Kinderzuschuß, Steigerungsbeträge für Beiträge der Höherversicherung und Leistungen nach § 1260 a zu berechnen. Dabei gilt als Zeitpunkt des Versicherungsfalles das Ende der

sich aus § 1587 Abs. 2 des Bürgerlichen Gesetzbuchs ergebenden Ehezeit.

(2) Der sich nach Absatz 1 ergebende Monatsbetrag des Altersruhegeldes ist mit dem Verhältnis zu vervielfältigen, in dem die Summe der bei der Ermittlung der für den Versicherten maßgebenden Rentenbemessungsgrundlage zugrunde gelegten Verhältniswerte (Werteinheiten) für in die Ehezeit fallende und nach Absatz 1 berücksichtigte Zeiten zu der Summe der insgesamt zugrunde gelegten Werteinheiten steht. Fallen Ehezeiten in einen Zeitraum, für den ein Entgelt bescheinigt worden ist, so bestimmt sich das Entgelt für die Ehezeit nach dem Anteil der Ehezeit zur Gesamtzeit dieses Zeitraumes. Bei der Berechnung des Verhältnisses bleiben Werteinheiten nach Artikel 2 §§ 14 und 55 a des Arbeiterrentenversicherungs-Neuregelungsgesetzes unberücksichtigt. Im übrigen gilt § 1255 Abs. 3 Buchstabe b Satz 2 entsprechend. Der sich hiernach ergebende Betrag ist um Steigerungsbeträge für Beiträge der Höherversicherung und Leistungen nach § 1260 a zu erhöhen, soweit sie auf die Ehezeit entfallen; § 1297 Satz 1 gilt entsprechend. Der Betrag, der nicht den gesetzlichen Rentenanpassungen unterliegt, ist getrennt auszuweisen.

(3) Ist in dem nach Absatz 1 ermittelten Monatsbetrag des Altersruhegeldes ein Leistungsanteil aus der knappschaftlichen Rentenversicherung enthalten, ist auf den Leistungsanteil, der nicht auf die knappschaftliche Rentenversicherung entfällt, Absatz 2 und auf den Leistungsanteil aus der knappschaftlichen Rentenversicherung § 96 Abs. 2 des Reichsknappschaftsgesetzes entsprechend anzuwenden.

§ 1304 a

(1) Sind auf Grund einer rechtskräftigen Entscheidung des Familiengerichts Rentenanwartschaften nach § 1587 b Abs. 1 des Bürgerlichen Gesetzbuchs übertragen, wird zur Ermittlung von Werteinheiten der Monatsbetrag der übertragenen Rentenanwartschaften, soweit sie in dem als Versicherungsfall geltenden Zeitpunkt beim Verpflichteten vorhanden waren, durch die allgemeine Bemessungsgrundlage geteilt, die für das Jahr des als Versicherungsfall geltenden Zeitpunkts (§ 1304 Abs. 1 Satz 2) maßgebend und mit 0,0000125 vervielfältigt ist. § 1255 Abs. 3 Buchstabe b Satz 2 gilt entsprechend. Die sich nach den Sätzen 1 und 2 ergebenden Werteinheiten sind nur insoweit zu berücksichtigen, als sie in dem als Versicherungsfall geltenden Zeitpunkt beim Berechtigten zusammen mit den sich aus dem Monatsbetrag der bereits begründeten Rentenanwartschaften des Berechtigten ergebenden Werteinheiten nicht zu einer Überschreitung der Anzahl von Werteinheiten führen, die sich bei entsprechender Anwendung der Sätze 1 und 2 aus dem Höchstbetrag nach den Sätzen 4 und 5 ergeben. Höchstbetrag ist der Betrag, der sich ergibt, wenn die für das Kalenderjahr, in dem der Versicherungsfall als eingetreten gilt, bestimmte allgemeine Bemessungsgrundlage mit der Zahl der auf die Ehezeit entfallenden Kalendermonate und dem Faktor 0,0002083 vervielfältigt wird. Der Monatsbetrag der Rentenanwartschaften des Be-

rechtigten bleibt außer Betracht, soweit er auf Steigerungsbeträgen aus Beiträgen der Höherversicherung und auf Leistungen beruht, die wie Steigerungsbeträge aus Beiträgen der Höherversicherung zu behandeln sind.

(2) Soweit in dem nach § 1304 ermittelten Betrag ein Leistungsanteil aus der knappschaftlichen Rentenversicherung enthalten war, ist der Monatsbetrag der übertragenen Rentenanwartschaften entsprechend den jeweiligen Leistungsanteilen aufzuteilen. Auf den Monatsbetrag der übertragenen Rentenanwartschaften ohne den auf die knappschaftliche Rentenversicherung entfallenden Anteil ist Absatz 1 Sätze 1 und 2, auf den auf die knappschaftliche Rentenversicherung entfallenden Anteil § 96 a Abs. 1 Sätze 1 und 2 des Reichsknappschaftsgesetzes entsprechend anzuwenden.

(3) Soweit von einem Versicherten der knappschaftlichen Rentenversicherung an einen Versicherten der Rentenversicherung der Arbeiter Rentenanwartschaften übertragen sind, sind in der Rentenversicherung der Arbeiter an Stelle der für die knappschaftliche Rentenversicherung festgesetzten Werteinheiten die sich in entsprechender Anwendung des Absatzes 1 ergebenden Werteinheiten festzusetzen.

(4) Der Jahresbetrag der Rente (§§ 1253, 1254) mindert oder erhöht sich um den Betrag, der sich ergibt, wenn die nach den Absätzen 1 bis 3 ermittelten Werteinheiten mit der der Rentenberechnung zugrunde liegenden allgemeinen Bemessungsgrundlage und bei einer Rente nach § 1253 Abs. 2 oder § 1254 mit 0,00015 oder bei einer Rente nach § 1253 Abs. 1 mit 0,0001 vervielfältigt werden. Besteht bei Eintritt der Rechtskraft der Entscheidung des Familiengerichts über den Versorgungsausgleich ein Anspruch auf eine Rente, erfolgt eine Minderung der Rente des Verpflichteten erst, wenn

a) für ihn eine Rente aus einem späteren Versicherungsfall
oder
b) aus der Versicherung des Berechtigten eine Rente

zu gewähren ist. Solange nicht aus der Versicherung des Berechtigten eine Rente zu gewähren ist, ist im Falle des Buchstaben a mindestens der bisherige monatliche Rentenzahlbetrag zu gewähren. Findet bei dem Berechtigten § 1254 Abs. 1 a Anwendung, ist die Anzahl der nach den Absätzen 1 bis 3 ermittelten Werteinheiten für jeden zuschlagsfähigen Kalendermonat um 0,6 vom Hundert zu erhöhen; § 1255 Abs. 3 Buchstabe b Satz 2 gilt entsprechend. Ist eine nach § 1269 Abs. 1 zu berechnende Vollwaisenrente zu gewähren, bleibt eine Minderung und Erhöhung nach Satz 1 und ein Ausgleich nach Absatz 6 unberücksichtigt.

(5) Bei dem Berechtigten wird für die Erfüllung der Wartezeiten einschließlich der nach § 1248 Abs. 7 Satz 1 erforderlichen Versicherungszeit von einhundertachtzig Kalendermonaten die Zahl hinzugerechnet, die sich ergibt, wenn die Werteinheiten nach den Absätzen 1 bis 3 durch 6,25 geteilt werden und die sich ergebende Zahl auf die nächste volle Zahl nach oben gerundet wird, höch-

stens jedoch insoweit, als die sich ergebende Zahl zusammen mit der Zahl der in die Ehezeit fallenden mit Beiträgen belegten Kalendermonate und anrechenbaren Ersatzzeiten die Gesamtzahl der in die Ehezeit fallenden Kalendermonate nicht übersteigt. Bei der Ermittlung der nach § 1248 Abs. 7 Satz 1 erforderlichen Anzahl an anrechnungsfähigen Versicherungsjahren bleiben in die Ehezeit fallende anrechenbare Ausfallzeiten nach § 1259 Abs. 1 insoweit außer Betracht, als die Summe der sich nach Satz 1 ergebenden Zahl und der Zahl der in die Ehezeit fallenden mit Beiträgen belegten Kalendermonate und anrechenbaren Ersatzzeiten zusammen mit der Zahl dieser Ausfallzeiten die Gesamtzahl der in die Ehezeit fallenden Kalendermonate übersteigt.

(6) Der Verpflichtete kann die Minderung seiner Rentenanwartschaften ganz oder teilweise durch Entrichtung von Beiträgen ausgleichen; Absatz 1, § 1233 Abs. 2 und 2 a und § 1304 b Abs. 1 Sätze 2 und 3 gelten entsprechend.

§ 1304 b

(1) Ist auf Grund einer rechtskräftigen Entscheidung des Familiengerichts oder einer zwischen den geschiedenen Ehegatten getroffenen und nach § 1587 o Abs. 2 des Bürgerlichen Gesetzbuchs von dem Familiengericht genehmigten Vereinbarung als Beiträge zur Begründung von Anwartschaften auf eine bestimmte Rente in einer gesetzlichen Rentenversicherung ein Betrag zu zahlen, gilt § 1304 a Abs. 1 entsprechend. Als Beitrag ist für je einhundert Werteinheiten der Betrag zu entrichten, der sich aus der Anwendung des im Zeitpunkt der Entrichtung geltenden Beitragssatzes auf das zuletzt in den Rechtsverordnungen der Bundesregierung nach § 1256 Abs. 1 Buchstabe c bestimmte durchschnittliche Bruttoarbeitsentgelt ergibt. Der Entrichtung der Beiträge steht eine Bereiterklärung gleich, wenn die Beiträge unverzüglich entrichtet werden; die Bereiterklärung kann vor Feststellung der Ausgleichsverpflichtung erfolgen. § 1233 Abs. 2 gilt entsprechend.

(2) Sind auf Grund einer rechtskräftigen Entscheidung des Familiengerichts Rentenanwartschaften nach § 1587 b Abs. 2 des Bürgerlichen Gesetzbuchs begründet, gilt § 1304 a Abs. 1 entsprechend. Die Aufwendungen, die dem Versicherungsträger auf Grund der nach § 1587 b Abs. 2 des Bürgerlichen Gesetzbuchs begründeten Rentenanwartschaften entstehen, werden von dem zuständigen Träger der Versorgungslast erstattet.

(3) § 1304 a Abs. 4 Sätze 1 und 4 und Abs. 5 gilt für die auf die entrichteten Beiträge oder begründeten Rentenanwartschaften entfallenden Werteinheiten entsprechend.

§ 1304 c

(1) Hat der Berechtigte keine Beiträge zu einer gesetzlichen Rentenversicherung entrichtet und sind Rentenanwartschaften auf Grund einer rechtskräftigen Entscheidung des Familiengerichts nach § 1587 b Abs. 1 oder 2 des Bürgerlichen Gesetzbuchs auf ihn übertragen oder für ihn begründet, gilt er als in dem Zweig der ge-

setzlichen Rentenversicherung versichert, in dem das Konto des Verpflichteten geführt wird. Wird das Konto des Verpflichteten in der knappschaftlichen Rentenversicherung geführt oder hat der Verpflichtete keine Beiträge zu einer gesetzlichen Rentenversicherung entrichtet, steht dem Berechtigten, der keine Beiträge zu einer gesetzlichen Rentenversicherung entrichtet hat, die Wahl zwischen der Rentenversicherung der Arbeiter und der Rentenversicherung der Angestellten frei. Hat der Berechtigte zuletzt Beiträge zur knappschaftlichen Rentenversicherung entrichtet und sind Rentenanwartschaften auf Grund einer rechtskräftigen Entscheidung des Familiengerichts nach § 1587 b Abs. 2 des Bürgerlichen Gesetzbuchs für ihn begründet, steht ihm die Wahl zwischen der Rentenversicherung der Arbeiter und der Rentenversicherung der Angestellten frei. Sind auf Grund einer rechtskräftigen Entscheidung des Familiengerichts oder auf Grund einer zwischen den geschiedenen Ehegatten getroffenen und nach § 1587 o Abs. 2 des Bürgerlichen Gesetzbuchs von dem Familiengericht genehmigten Vereinbarung Rentenanwartschaften zu begründen, sind die Sätze 1 bis 3 entsprechend anzuwenden.

(2) Das Wahlrecht nach Absatz 1 kann vor der von dem Familiengericht zu treffenden Entscheidung ausgeübt werden. Wird das Wahlrecht nicht innerhalb einer von dem Familiengericht bestimmten Frist ausgeübt, so entscheidet das Familiengericht.

(3) Der Bundesminister für Arbeit und Sozialordnung gibt bis zum 31. Dezember jeden Jahres für das folgende Kalenderjahr für die Umrechnung der zu begründenden Rentenanwartschaften in Werteinheiten, für die Ermittlung der für Werteinheiten zu zahlenden Beiträge, für die Ermittlung von Werteinheiten, die gezahlten Beiträgen entsprechen (§ 1304 a Abs. 1 und § 1304 b Abs. 1 Satz 2), und für die Ermittlung des in § 1304 a Abs. 1 Satz 4 bestimmten Höchstbetrages Werte bekannt.«

f) In § 1402 wird nach Absatz 7 folgender Absatz 8 angefügt:

»(8) Sind Rentenanwartschaften nach § 1587 b Abs. 2 des Bürgerlichen Gesetzbuchs begründet worden, sind die nach Absatz 2 für die Ehezeit im Sinne des § 1587 Abs. 2 des Bürgerlichen Gesetzbuchs zugrunde zu legenden Entgelte in dem Verhältnis zu kürzen, in dem die begründeten Rentenanwartschaften zu dem sich nach § 1587 a Abs. 2 Nr. 1 des Bürgerlichen Gesetzbuchs ergebenden Werte stehen. Satz 1 gilt nicht, soweit die Kürzung der Versorgungsbezüge durch Zahlung eines Kapitalbetrages an den Dienstherrn abgewendet worden ist. § 1304 a Abs. 6 gilt entsprechend.«

2. Das Angestelltenversicherungsgesetz wird wie folgt geändert und ergänzt:

a) In § 42 werden hinter den Worten »mit dem Versicherten« die Worte »vor dem 1. Juli 1977« eingefügt.

b) Nach § 42 wird folgender § 42 a eingefügt:

»§ 42 a

(1) Einem unverheirateten früheren Ehegatten, dessen Ehe nach

dem 30. Juni 1977 geschieden, für nichtig erklärt oder aufgehoben ist, wird nach dem Tode seines früheren Ehegatten für die Zeit der Erziehung mindestens eines waisenrentenberechtigten Kindes eine Rente aus eigener Versicherung gewährt, wenn der Berechtigte vor dem Tode des früheren Ehegatten eine Versicherungszeit von sechzig Kalendermonaten zurückgelegt hat und keine Beschäftigung oder Erwerbstätigkeit gegen ein Entgelt oder Arbeitseinkommen ausübt, das durchschnittlich im Monat drei Zehntel der für Monatsbezüge geltenden Beitragsbemessungsgrenze (§ 112 Abs. 2) überschreitet, und eine solche Beschäftigung oder Erwerbstätigkeit wegen der Kindererziehung nicht erwartet werden kann. Die Rente ist nach § 30 Abs. 2 zu berechnen, solange der Berechtigte mindestens drei waisenrentenberechtigte Kinder oder zwei waisenrentenberechtigte Kinder unter sechs Jahren erzieht und keine Beschäftigung oder Erwerbstätigkeit gegen ein Entgelt oder Arbeitseinkommen ausübt, das durchschnittlich im Monat ein Achtel der für Monatsbezüge geltenden Beitragsbemessungsgrenze überschreitet, und eine solche Beschäftigung oder Erwerbstätigkeit wegen der Kindererziehung nicht erwartet werden kann; im übrigen ist die Rente nach § 30 Abs. 1 zu berechnen. Der Erziehung eines waisenrentenberechtigten Kindes steht die Sorge für ein waisenrentenberechtigtes Kind mit körperlichen oder geistigen Gebrechen gleich. Eine nach § 30 Abs. 1 berechnete Rente gilt als Rente wegen Berufsunfähigkeit, eine nach § 30 Abs. 2 berechnete Rente gilt als Rente wegen Erwerbsunfähigkeit.

(2) Trifft eine Rente nach Absatz 1 mit einer Rente nach §§ 23, 24 oder 25 zusammen, ist die höhere Rente zu gewähren.

(3) Die Rente nach Absatz 1 fällt mit Ablauf des Monats weg, in dem ihre Voraussetzungen entfallen. Sie lebt vom Ablauf des Monats wieder auf, in dem ihre Voraussetzungen wieder erfüllt sind; § 67 Abs. 3 Satz 3 zweiter Halbsatz gilt entsprechend. Eine nach § 30 Abs. 2 berechnete Rente ist mit Ablauf des Monats, in dem die Voraussetzungen des Absatzes 1 Satz 2 erster Halbsatz entfallen, in eine nach § 30 Abs. 1 zu berechnende Rente umzuwandeln.«

c) In § 82 werden folgende Absätze 9 und 10 angefügt:

»(9) Der sich nach Absatz 1 ergebende Betrag ist bei Versicherten, von denen Rentenanwartschaften nach § 1587 b Abs. 1 des Bürgerlichen Gesetzbuchs an ihren früheren Ehegatten übertragen sind, um die Hälfte des Betrages zu mindern, der bei Eintritt der Rechtskraft der Entscheidung des Familiengerichts über den Versorgungsausgleich nach § 83 a Abs. 6 als Beitrag zum Ausgleich der im Zeitpunkt der Beitragserstattung noch bestehenden Minderung der Rentenanwartschaften zu entrichten gewesen wäre. Bei Versicherten, denen Rentenanwartschaften nach § 1587 b Abs. 1 des Bürgerlichen Gesetzbuchs übertragen oder für die Rentenanwartschaften nach § 1587 b Abs. 2 des Bürgerlichen Gesetzbuchs oder nach § 83 b Abs. 1 begründet sind, ist der sich nach Absatz 1 ergebende Betrag um die Hälfte des Betrages zu erhöhen, der bei Eintritt der Rechtskraft der Entscheidung des Familiengerichts über den Versorgungsausgleich nach § 83 b Abs. 1 Satz 2 als Beitrag für die insgesamt übertragenen und begründeten Rentenanwartschaften zu entrichten gewesen wäre.

(10) Eine Beitragserstattung erfolgt nicht an Versicherte, die nach § 6 oder § 1229 der Reichsversicherungsordnung versicherungsfrei oder die nach den §§ 7 oder 8, den §§ 1230 oder 1231 der Reichsversicherungsordnung oder § 32 des Reichsknappschaftsgesetzes von der Versicherungspflicht befreit sind, wenn die Wartezeit von sechzig Kalendermonaten durch die sich nach § 83 a Abs. 5 ergebende Zahl an Monaten allein oder zusammen mit Beitragszeiten erfüllt ist.«

d) Nach § 82 wird folgender Unterabschnitt eingefügt:

»V. Rentenanwartschaften und Ansprüche
früherer Ehegatten

§ 83

(1) Zur Ermittlung des für den Wertausgleich von Rentenanwartschaften nach § 1587 a Abs. 2 des Bürgerlichen Gesetzbuchs maßgebenden Betrages an Renten und Rentenanwartschaften aus den gesetzlichen Rentenversicherungen ist der Monatsbetrag des Altersruhegeldes einschließlich der für die bis zum Versicherungsfall anzusetzenden Werteinheiten für eine bisher angerechnete Zurechnungszeit ohne Kinderzuschuß, Steigerungsbeträge für Beiträge der Höherversicherung und Leistungen nach § 37 a zu berechnen. Dabei gilt als Zeitpunkt des Versicherungsfalles das Ende der sich aus § 1587 Abs. 2 des Bürgerlichen Gesetzbuchs ergebenden Ehezeit.

(2) Der sich nach Absatz 1 ergebende Monatsbetrag des Altersruhegeldes ist mit dem Verhältnis zu vervielfältigen, in dem die Summe der bei der Ermittlung der für den Versicherten maßgebenden Rentenbemessungsgrundlage zugrunde gelegten Verhältniswerte (Werteinheiten) für in die Ehezeit fallende und nach Absatz 1 berücksichtigte Zeiten zu der Summe der insgesamt zugrunde gelegten Werteinheiten steht. Fallen Ehezeiten in einen Zeitraum, für den ein Entgelt bescheinigt worden ist, so bestimmt sich das Entgelt für die Ehezeit nach dem Anteil der Ehezeit zur Gesamtzeit dieses Zeitraumes. Bei der Berechnung des Verhältnisses bleiben Werteinheiten nach Artikel 2 §§ 14 und 54 b des Angestelltenversicherungs-Neuregelungsgesetzes unberücksichtigt. Im übrigen gilt § 32 Abs. 3 Buchstabe b Satz 2 entsprechend. Der sich hiernach ergebende Betrag ist um Steigerungsbeträge für Beiträge der Höherversicherung und Leistungen nach § 37 a zu erhöhen, soweit sie auf die Ehezeit entfallen; § 74 Satz 1 gilt entsprechend. Der Betrag, der nicht den gesetzlichen Rentenanpassungen unterliegt, ist getrennt auszuweisen.

(3) Ist in dem nach Absatz 1 ermittelten Monatsbetrag des Altersruhegeldes ein Leistungsanteil aus der knappschaftlichen Rentenversicherung enthalten, ist auf den Leistungsanteil, der nicht auf die knappschaftliche Rentenversicherung entfällt, Absatz 2 und auf den Leistungsanteil aus der knappschaftlichen Rentenversicherung

§ 96 Abs. 2 des Reichsknappschaftsgesetzes entsprechend anzuwenden.

§ 83 a

(1) Sind auf Grund einer rechtskräftigen Entscheidung des Familiengerichts Rentenanwartschaften nach § 1587 b Abs. 1 des Bürgerlichen Gesetzbuchs übertragen, wird zur Ermittlung von Werteinheiten der Monatsbetrag der übertragenen Rentenanwartschaften, soweit sie in dem als Versicherungsfall geltenden Zeitpunkt beim Verpflichteten vorhanden waren, durch die allgemeine Bemessungsgrundlage geteilt, die für das Jahr des als Versicherungsfall geltenden Zeitpunkts (§ 83 Abs. 1 Satz 2) maßgebend und mit 0,0000125 vervielfältigt ist. § 32 Abs. 3 Buchstabe b Satz 2 gilt entsprechend. Die sich nach den Sätzen 1 und 2 ergebenden Werteinheiten sind nur insoweit zu berücksichtigen, als sie in dem als Versicherungsfall geltenden Zeitpunkt beim Berechtigten zusammen mit den sich aus dem Monatsbetrag der bereits begründeten Rentenanwartschaften des Berechtigten ergebenden Werteinheiten nicht zu einer Überschreitung der Anzahl von Werteinheiten führen, die sich bei entsprechender Anwendung der Sätze 1 und 2 aus dem Höchstbetrag nach den Sätzen 4 und 5 ergeben. Höchstbetrag ist der Betrag, der sich ergibt, wenn die für das Kalenderjahr, in dem der Versicherungsfall als eingetreten gilt, bestimmte allgemeine Bemessungsgrundlage mit der Zahl der auf die Ehezeit entfallenden Kalendermonate und dem Faktor 0,0002083 vervielfältigt wird. Der Monatsbetrag der Rentenanwartschaften des Berechtigten bleibt außer Betracht, soweit er auf Steigerungsbeträgen aus Beiträgen der Höherversicherung und auf Leistungen beruht, die wie Steigerungsbeträge aus Beiträgen der Höherversicherung zu behandeln sind.

(2) Soweit in dem nach § 83 ermittelten Betrag ein Leistungsanteil aus der knappschaftlichen Rentenversicherung enthalten war, ist der Monatsbetrag der übertragenen Rentenanwartschaften entsprechend den jeweiligen Leistungsanteilen aufzuteilen. Auf den Monatsbetrag der übertragenen Rentenanwartschaften ohne den auf die knappschaftliche Rentenversicherung entfallenden Anteil ist Absatz 1 Sätze 1 und 2, auf den auf die knappschaftliche Rentenversicherung entfallenden Anteil § 96 a Abs. 1 Sätze 1 und 2 des Reichsknappschaftsgesetzes entsprechend anzuwenden.

(3) Soweit von einem Versicherten der knappschaftlichen Rentenversicherung an einen Versicherten der Rentenversicherung der Angestellten Rentenanwartschaften übertragen sind, sind in der Rentenversicherung der Angestellten an Stelle der für die knappschaftliche Rentenversicherung festgesetzten Werteinheiten die sich in entsprechender Anwendung des Absatzes 1 ergebenden Werteinheiten festzusetzen.

(4) Der Jahresbetrag der Rente (§§ 30, 31) mindert oder erhöht sich um den Betrag, der sich ergibt, wenn die nach den Absätzen 1 bis 3 ermittelten Werteinheiten mit der der Rentenberechnung zugrunde liegenden allgemeinen Bemessungsgrundlage und bei einer

Rente nach § 30 Abs. 2 oder § 31 mit 0.00015 oder bei einer Rente nach § 30 Abs. 1 mit 0,0001 vervielfältigt werden. Besteht bei Eintritt der Rechtskraft der Entscheidung des Familiengerichts über den Versorgungsausgleich ein Anspruch auf eine Rente, erfolgt eine Minderung der Rente des Verpflichteten erst, wenn

a) für ihn eine Rente aus einem späteren Versicherungsfall oder

b) aus der Versicherung des Berechtigten eine Rente

zu gewähren ist. Solange nicht aus der Versicherung des Berechtigten eine Rente zu gewähren ist, ist im Falle des Buchstaben a mindestens der bisherige monatliche Rentenzahlbetrag zu gewähren. Findet bei dem Berechtigten § 31 Abs. 1 a Anwendung, ist die Anzahl der nach den Absätzen 1 bis 3 ermittelten Werteinheiten für jeden zuschlagsfähigen Kalendermonat um 0,6 vom Hundert zu erhöhen; § 32 Abs. 3 Buchstabe b Satz 2 gilt entsprechend. Ist eine nach § 46 Abs. 1 zu berechnende Vollwaisenrente zu gewähren, bleibt eine Minderung und Erhöhung nach Satz 1 und ein Ausgleich nach Absatz 6 unberücksichtigt.

(5) Bei dem Berechtigten wird für die Erfüllung der Wartezeiten einschließlich der nach § 25 Abs. 7 Satz 1 erforderlichen Versicherungszeit von einhundertachtzig Kalendermonaten die Zahl hinzugerechnet, die sich ergibt, wenn die Werteinheiten nach den Absätzen 1 bis 3 durch 6,25 geteilt werden und die sich ergebende Zahl auf die nächste volle Zahl nach oben gerundet wird, höchstens jedoch insoweit, als die sich ergebende Zahl zusammen mit der Zahl der in die Ehezeit fallenden mit Beiträgen belegten Kalendermonate und anrechenbaren Ersatzzeiten die Gesamtzahl der in die Ehezeit fallenden Kalendermonate nicht übersteigt. Bei der Ermittlung der nach § 25 Abs. 7 Satz 1 erforderlichen Anzahl an anrechnungsfähigen Versicherungsjahren bleiben in die Ehezeit fallende anrechenbare Ausfallzeiten nach § 36 Abs. 1 insoweit außer Betracht, als die Summe der sich nach Satz 1 ergebenden Zahl und der Zahl der in die Ehezeit fallenden mit Beiträgen belegten Kalendermonate und anrechenbaren Ersatzzeiten zusammen mit der Zahl dieser Ausfallzeiten die Gesamtzahl der in die Ehezeit fallenden Kalendermonate übersteigt.

(6) Der Verpflichtete kann die Minderung seiner Rentenanwartschaften ganz oder teilweise durch Entrichtung von Beiträgen ausgleichen; Absatz 1, § 10 Abs. 2 und 2 a und § 83 b Abs. 1 Sätze 2 und 3 gelten entsprechend.

§ 83 b

(1) Ist auf Grund einer rechtskräftigen Entscheidung des Familiengerichts oder einer zwischen den geschiedenen Ehegatten getroffenen und nach § 1587 o Abs. 2 des Bürgerlichen Gesetzbuchs von dem Familiengericht genehmigten Vereinbarung als Beiträge zur Begründung von Anwartschaften auf eine bestimmte Rente in einer gesetzlichen Rentenversicherung ein Betrag zu zahlen, gilt § 83 a Abs. 1 entsprechend. Als Beitrag ist für je einhundert Werteinheiten der Betrag zu entrichten, der sich aus der Anwendung des im Zeit-

punkt der Entrichtung geltenden Beitragssatzes auf das zuletzt in den Rechtsverordnungen der Bundesregierung nach § 33 Abs. 1 Buchstabe c bestimmte durchschnittliche Bruttoarbeitsentgelt ergibt. Der Entrichtung der Beiträge steht eine Bereiterklärung gleich, wenn die Beiträge unverzüglich entrichtet werden; die Bereiterklärung kann vor Feststellung der Ausgleichsverpflichtung erfolgen. § 10 Abs. 2 gilt entsprechend.

(2) Sind auf Grund einer rechtskräftigen Entscheidung des Familiengerichts Rentenanwartschaften nach § 1587 b Abs. 2 des Bürgerlichen Gesetzbuchs begründet, gilt § 83 a Abs. 1 entsprechend. Die Aufwendungen, die dem Versicherungsträger auf Grund der nach § 1587 b Abs. 2 des Bürgerlichen Gesetzbuchs begründeten Rentenanwartschaften entstehen, werden von dem zuständigen Träger der Versorgungslast erstattet.

(3) § 83 a Abs. 4 Sätze 1 und 4 und Abs. 5 gilt für die auf die entrichteten Beiträge oder begründeten Rentenanwartschaften entfallenden Werteinheiten entsprechend.

§ 83 c

(1) Hat der Berechtigte keine Beiträge zu einer gesetzlichen Rentenversicherung entrichtet und sind Rentenanwartschaften auf Grund einer rechtskräftigen Entscheidung des Familiengerichts nach § 1587 b Abs. 1 oder 2 des Bürgerlichen Gesetzbuchs auf ihn übertragen oder für ihn begründet, gilt er als in dem Zweig der gesetzlichen Rentenversicherung versichert, in dem das Konto des Verpflichteten geführt wird. Wird das Konto des Verpflichteten in der knappschaftlichen Rentenversicherung geführt oder hat der Verpflichtete keine Beiträge zu einer gesetzlichen Rentenversicherung entrichtet, steht dem Berechtigten, der keine Beiträge zu einer gesetzlichen Rentenversicherung entrichtet hat, die Wahl zwischen der Rentenversicherung der Angestellten und der Rentenversicherung der Arbeiter frei. Hat der Berechtigte zuletzt Beiträge zur knappschaftlichen Rentenversicherung entrichtet und sind Rentenanwartschaften auf Grund einer rechtskräftigen Entscheidung des Familieingerichts nach § 1587 b Abs. 2 des Bürgerlichen Gesetzbuchs für ihn begründet, steht ihm die Wahl zwischen der Rentenversicherung der Angestellten und der Rentenversicherung der Arbeiter frei. Sind auf Grund einer rechtskräftigen Entscheidung des Familiengerichts oder auf Grund einer zwischen den geschiedenen Ehegatten getroffenen und nach § 1587 o Abs. 2 des Bürgerlichen Gesetzbuchs von dem Familiengericht genehmigten Vereinbarung Rentenanwartschaften zu begründen, sind die Sätze 1 bis 3 entsprechend anzuwenden.

(2) Das Wahlrecht nach Absatz 1 kann vor der von dem Familiengericht zu treffenden Entscheidung ausgeübt werden. Wird das Wahlrecht nicht innerhalb einer von dem Familiengericht bestimmten Frist ausgeübt, so entscheidet das Familiengericht.

(3) Der Bundesminister für Arbeit und Sozialordnung gibt bis zum 31. Dezember jeden Jahres für das folgende Kalenderjahr für die Umrechnung der zu begründenden Rentenanwartschaften in Wert-

einheiten, für die Ermittlung der für Werteinheiten zu zahlenden Beiträge, für die Ermittlung von Werteinheiten, die gezahlten Beiträgen entsprechen (§ 83 a Abs. 1 und § 83 b Abs. 1 Satz 2), und für die Ermittlung des in § 83 a Abs. 1 Satz 4 bestimmten Höchstbetrages Werte bekannt.«

e) In § 124 wird nach Absatz 7 folgender Absatz 8 angefügt:

»(8) Sind Rentenanwartschaften nach § 1587 b Abs. 2 des Bürgerlichen Gesetzbuchs begründet worden, sind die nach Absatz 2 für die Ehezeit im Sinne des § 1587 Abs. 2 des Bürgerlichen Gesetzbuchs zugrunde zu legenden Entgelte in dem Verhältnis zu kürzen, in dem die begründeten Rentenanwartschaften zu dem sich nach § 1587 a Abs. 2 Nr. 1 des Bürgerlichen Gesetzbuchs ergebenden Werte stehen. Satz 1 gilt nicht, soweit die Kürzung der Versorgungsbezüge durch Zahlung eines Kapitalbetrages an den Dienstherrn abgewendet worden ist. § 83 a Abs. 6 gilt entsprechend.«

3. Das Reichsknappschaftsgesetz wird wie folgt geändert und ergänzt:

a) In § 65 werden hinter den Worten »mit dem Versicherten« die Worte »vor dem 1. Juli 1977« eingefügt.

b) Nach § 65 wird folgender § 65 a eingefügt:

„§ 65 a

(1) Einem unverheirateten früheren Ehegatten, dessen Ehe nach dem 30. Juni 1977 geschieden, für nichtig erklärt oder aufgehoben ist, wird nach dem Tode seines früheren Ehegatten für die Zeit der Erziehung mindestens eines waisenrentenberechtigten Kindes eine Rente aus eigener Versicherung gewährt, wenn der Berechtigte vor dem Tode des früheren Ehegatten eine Versicherungszeit von sechzig Kalendermonaten zurückgelegt hat und keine Beschäftigung oder Erwerbstätigkeit gegen ein Entgelt oder Arbeitseinkommen ausübt, das durchschnittlich im Monat drei Zehntel der für Monatsbezüge geltenden Beitragsbemessungsgrenze der Reichsversicherungsordnung (§ 1385 Abs. 2) überschreitet, und eine solche Beschäftigung oder Erwerbstätigkeit wegen der Kindererziehung nicht erwartet werden kann. Die Rente ist nach § 53 Abs. 3 zu berechnen, solange der Berechtigte mindestens drei waisenrentenberechtigte Kinder oder zwei waisenrentenberechtigte Kinder unter sechs Jahren erzieht und keine Beschäftigung oder Erwerbstätigkeit gegen ein Entgelt oder Arbeitseinkommen ausübt, das durchschnittlich im Monat ein Achtel der für Monatsbezüge geltenden Beitragsbemessungsgrenze der Reichsversicherungsordnung (§ 1385 Abs. 2) überschreitet, und eine solche Beschäftigung oder Erwerbstätigkeit wegen der Kindererziehung nicht erwartet werden kann; im übrigen ist die Rente nach § 53 Abs. 2 zu berechnen. Der Erziehung eines waisenrentenberechtigten Kindes steht die Sorge für ein waisenrentenberechtigtes Kind mit körperlichen oder geistigen Gebrechen gleich. Eine nach § 53 Abs. 2 berechnete Rente gilt als Knappschaftsrente wegen Berufsunfähigkeit, eine nach § 53 Abs. 3

berechnete Rente gilt als Knappschaftsrente wegen Erwerbsunfähigkeit.

(2) Trifft eine Rente nach Absatz 1 mit einer Rente nach §§ 45, 46, 47 oder 48 zusammen, ist die höhere Rente zu gewähren.

(3) Die Rente nach Absatz 1 fällt mit Ablauf des Monats weg, in dem ihre Voraussetzungen entfallen. Sie lebt vom Ablauf des Monats wieder auf, in dem ihre Voraussetzungen wieder erfüllt sind; § 82 Abs. 3 Satz 3 zweiter Halbsatz gilt entsprechend. Eine nach § 53 Abs. 3 berechnete Rente ist mit Ablauf des Monats, in dem die Voraussetzungen des Absatzes 1 Satz 2 erster Halbsatz entfallen, in eine nach § 53 Abs. 2 zu berechnende Rente umzuwandeln.«

c) In § 95 werden folgende Absätze 9 und 10 angefügt:

»(9) Der sich nach Absatz 1 ergebende Betrag ist bei Versicherten, von denen Rentenanwartschaften nach § 1587 b Abs. 1 des Bürgerlichen Gesetzbuchs an ihren früheren Ehegatten übertragen sind, um die Hälfte des Betrages zu mindern, der bei Eintritt der Rechtskraft der Entscheidung des Familiengerichts über den Versorgungsausgleich nach § 96 a Abs. 6 als Beitrag zum Ausgleich der im Zeitpunkt der Beitragserstattung noch bestehenden Minderung der Rentenanwartschaften zu entrichten gewesen wäre. Bei Versicherten, denen Rentenanwartschaften nach § 1587 b Abs. 1 des Bürgerlichen Gesetzbuchs übertragen sind, ist der sich nach Absatz 1 ergebende Betrag um die Hälfte des Betrages zu erhöhen, der bei Eintritt der Rechtskraft der Entscheidung des Familiengerichts über den Versorgungsausgleich nach § 96 a Abs. 6 Satz 2 als Beitrag für die insgesamt übertragenen Rentenanwartschaften zu entrichten gewesen wäre.

(10) Eine Beitragserstattung erfolgt nicht an Versicherte, die nach § 1229 der Reichsversicherungsordnung oder § 6 des Angestelltenversicherungsgesetzes versicherungsfrei oder die nach § 32, den §§ 1230 oder 1231 der Reichsversicherungsordnung oder den §§ 7 oder 8 des Angestelltenversicherungsgesetzes von der Versicherungspflicht befreit sind, wenn die Wartezeit von sechzig Kalendermonaten durch die sich nach § 96 a Abs. 5 ergebende Zahl an Monaten allein oder zusammen mit Beitragszeiten erfüllt ist.«

d) Nach § 95 wird folgender Unterabschnitt eingefügt:

»6. Rentenanwartschaften und Ansprüche früherer Ehegatten

§ 96

(1) Zur Ermittlung des für den Wertausgleich von Rentenanwartschaften nach § 1587 a Abs. 2 des Bürgerlichen Gesetzbuchs maßgebenden Betrages an Renten und Rentenanwartschaften aus den gesetzlichen Rentenversicherungen ist der Monatsbetrag des Knappschaftsruhegeldes einschließlich der für die bis zum Versicherungsfall anzusetzenden Werteinheiten für eine bisher angerechnete Zurechnungszeit ohne Kinderzuschuß und Leistungen nach § 58 a zu berechnen. Dabei gilt als Zeitpunkt des Versicherungsfalles das

Ende der sich aus § 1587 Abs. 2 des Bürgerlichen Gesetzbuchs ergebenden Ehezeit.

(2) Der sich nach Absatz 1 ergebende Monatsbetrag des Knappschaftsruhegeldes ist mit dem Verhältnis zu vervielfältigen, in dem die Summe der bei der Ermittlung der für den Versicherten maßgebenden Rentenbemessungsgrundlage zugrunde gelegten Verhältniswerte (Werteinheiten) für in die Ehezeit fallende und nach Absatz 1 berücksichtigte Zeiten zu der Summe der insgesamt zugrunde gelegten Werteinheiten steht. Fallen Ehezeiten in einen Zeitraum, für den ein Entgelt bescheinigt worden ist, so bestimmt sich das Entgelt für die Ehezeit nach dem Anteil der Ehezeit zur Gesamtzeit dieses Zeiraumes. Bei der Berechnung des Verhältnisses bleiben Werteinheiten nach Artikel 2 § 9 Abs. 2 und § 10 a des Knappschaftsrentenversicherungs-Neuregelungsgesetzes unberücksichtigt. Im übrigen gilt § 54 Abs. 3 vorletzter Satz entsprechend. Der sich hiernach ergebende Betrag ist um Leistungen nach § 58 a zu erhöhen, soweit sie auf die Ehezeit entfallen; § 89 Abs. 1 gilt entsprechend. Der Betrag, der nicht den gesetzlichen Rentenanpassungen unterliegt, ist getrennt auszuweisen.

(3) Ist in dem nach Absatz 1 ermittelten Monatsbetrag des Knappschaftsruhegeldes ein Leistungsanteil aus der Rentenversicherung der Arbeiter oder der Angestellten enthalten, ist auf den Leistungsanteil, der auf die knappschaftliche Rentenversicherung entfällt, Absatz 2 und auf den Leistungsanteil aus der Rentenversicherung der Arbeiter oder der Angestellten § 1304 Abs. 2 der Reichsversicherungsordnung oder § 83 Abs. 2 des Angestelltenversicherungsgesetzes entsprechend anzuwenden.

§ 96 a

(1) Sind auf Grund einer rechtskräftigen Entscheidung des Familiengerichts Rentenanwartschaften nach § 1587 b Abs. 1 des Bürgerlichen Gesetzbuchs übertragen, wird zur Ermittlung von Werteinheiten der Monatsbetrag der übertragenen Rentenanwartschaften, soweit sie in dem als Versicherungsfall geltenden Zeitpunkt beim Verpflichteten vorhanden waren, durch die allgemeine Bemessungsgrundlage geteilt, die für das Jahr des als Versicherungsfall geltenden Zeitpunkts (§ 96 Abs. 1 Satz 2) maßgebend und mit 0,0000167 vervielfältigt ist. § 54 Abs. 3 vorletzter Satz gilt entsprechend. Die sich nach den Sätzen 1 und 2 ergebenden Werteinheiten sind nur insoweit zu berücksichtigen, als sie in dem als Versicherungsfall geltenden Zeitpunkt beim Berechtigten zusammen mit den sich aus dem Monatsbetrag der bereits begründeten Rentenanwartschaften des Berechtigten ergebenden Werteinheiten nicht zu einer Überschreitung der Anzahl von Werteinheiten führen, die sich bei entsprechender Anwendung der Sätze 1 und 2 aus dem Höchstbetrag nach § 1304 a Abs. 1 Sätze 4 und 5 der Reichsversicherungsordnung ergeben.

(2) Soweit in dem nach § 96 ermittelten Betrag ein Leistungsanteil aus der Rentenversicherung der Arbeiter oder der Angestellten enthalten war, ist der Monatsbetrag der übertragenen Rentenanwart-

schaften entsprechend den jeweiligen Leistungsanteilen aufzuteilen. Auf den Monatsbetrag der übertragenen Rentenanwartschaften, der auf die knappschaftliche Rentenversicherung entfällt, ist Absatz 1 Sätze 1 und 2, auf den nicht auf die knappschaftliche Rentenversicherung entfallenden Anteil ist § 1304 a Abs. 1 Sätze 1 und 2 der Reichsversicherungsordnung oder § 83 a Abs. 1 Sätze 1 und 2 des Angestelltenversicherungsgesetzes entsprechend anzuwenden.

(3) Soweit von einem Versicherten der Rentenversicherung der Arbeiter oder der Angestellten an einen Versicherten der knappschaftlichen Rentenversicherung Rentenanwartschaften übertragen sind, sind in der knappschaftlichen Rentenversicherung anstelle der für die Rentenversicherung der Arbeiter oder der Angestellten festgesetzten Werteinheiten die sich in entsprechender Anwendung des Absatzes 1 ergebenden Werteinheiten festzusetzen.

(4) Der Jahresbetrag der Rente (§ 53) mindert oder erhöht sich um den Betrag, der sich ergibt, wenn die nach den Absätzen 1 bis 3 ermittelten Werteinheiten mit der der Rentenberechnung zugrunde liegenden allgemeinen Bemessungsgrundlage und bei einer Rente nach § 53 Abs. 3 und 4 mit 0,0002, bei einer Rente nach § 53 Abs. 2 Satz 1 erster Halbsatz mit 0,00012 und bei einer Rente nach § 53 Abs. 2 Satz 1 zweiter Halbsatz mit 0,00018 vervielfältigt werden. Besteht bei Eintritt der Rechtskraft der Entscheidung des Familiengerichts über den Versorgungsausgleich ein Anspruch auf eine Rente, erfolgt eine Minderung der Rente des Verpflichteten erst, wenn

a) für ihn eine Rente aus einem späteren Versicherungsfall oder
b) aus der Versicherung des Berechtigten eine Rente

zu gewähren ist. Solange nicht aus der Versicherung des Berechtigten eine Rente zu gewähren ist, ist im Falle des Buchstaben a mindestens der bisherige monatliche Rentenzahlbetrag zu gewähren. Findet bei dem Berechtigten § 53 Abs. 4 a Anwendung, ist die Anzahl der nach den Absätzen 1 bis 3 ermittelten Werteinheiten für jeden zuschlagsfähigen Kalendermonat um 0,6 vom Hundert zu erhöhen; § 54 Abs. 3 vorletzter Satz gilt entsprechend. Ist eine nach § 69 Abs. 6 zu berechnende Vollwaisenrente zu gewähren, bleibt eine Minderung und Erhöhung nach Satz 1 und ein Ausgleich nach Absatz 6 unberücksichtigt.

(5) Bei dem Berechtigten wird für die Erfüllung der Wartezeiten einschließlich der nach § 49 Abs. 3 Satz 1 erforderlichen Versicherungszeit von einhundertachtzig Kalendermonaten die Zahl hinzugerechnet, die sich ergibt, wenn die Werteinheiten nach den Absätzen 1 bis 3 durch 4,63 geteilt werden und die sich ergebende Zahl auf die nächste volle Zahl nach oben gerundet wird, höchstens jedoch insoweit, als die sich ergebende Zahl zusammen mit der Zahl der in die Ehezeit fallenden mit Beiträgen belegten Kalendermonate und anrechenbaren Ersatzzeiten die Gesamtzahl der in die Ehezeit fallenden Kalendermonate nicht übersteigt. Bei der

Ermittlung der nach § 49 Abs. 3 Satz 1 erforderlichen Anzahl an anrechnungsfähigen Versicherungsjahren bleiben in die Ehezeit fallende anrechenbare Ausfallzeiten nach § 57 insoweit außer Betracht, als die Summe der sich nach Satz 1 ergebenden Zahl und der Zahl der in die Ehezeit fallenden mit Beiträgen belegten Kalendermonate und anrechenbaren Ersatzzeiten zusammen mit der Zahl dieser Ausfallzeiten die Gesamtzahl der in die Ehezeit fallenden Kalendermonate übersteigt.

(6) Der Verpflichtete kann die Minderung seiner Rentenanwartschaften ganz oder teilweise durch Entrichtung von Beiträgen ausgleichen; Absatz 1 und § 54 Abs. 10 gelten entsprechend. Als Beitrag ist für je einhundert Werteinheiten der Betrag zu entrichten, der sich aus der Anwendung des im Zeitpunkt der Entrichtung geltenden Beitragssatzes auf das zuletzt in den Rechtsverordnungen der Bundesregierung nach § 55 Abs. 1 Buchstabe c bestimmte durchschnittliche Bruttoarbeitsentgelt ergibt. Der Entrichtung der Beiträge steht eine Bereiterklärung gleich, wenn die Beiträge unverzüglich entrichtet werden; die Bereiterklärung kann vor Feststellung der Ausgleichsverpflichtung erfolgen.

§ 96 b

Der Bundesminister für Arbeit und Sozialordnung gibt bis zum 31. Dezember jeden Jahres für das folgende Kalenderjahr für die Ermittlung der für Werteinheiten zu zahlenden Beiträge und für die Ermittlung von Werteinheiten, die gezahlten Beiträgen entsprechen (§ 96 a Abs. 1 und Abs. 6 Satz 2), Werte bekannt.«

4. In § 3 Abs. 5 Satz 1 des Gesetzes über eine Altershilfe für Landwirte in der Fassung der Bekanntmachung vom 14. September 1965 (Bundesgesetzblatt I S. 1448), zuletzt geändert durch das Gesetz über die Kaufmannseigenschaft von Land- und Forstwirten und den Ausgleichsanspruch des Handelsvertreters vom 13. Mai 1976 (Bundesgesetzbl. I S. 1197), werden nach dem Wort »ihm« die Worte »vor dem 1. Juli 1977« eingefügt.

Artikel 5
Änderung des Gerichtsverfassungsgesetzes

Das Gerichtsverfassungsgesetz wird wie folgt geändert:

1. § 23 a wird wie folgt geändert:

a) Nummer 2 erhält folgende Fassung:
»2. Streitigkeiten, die eine durch Ehe oder Verwandtschaft begründete gesetzliche Unterhaltspflicht betreffen;«.

b) Nach Nummer 3 werden der Punkt durch einen Strichpunkt ersetzt und folgende Nummern 4 und 5 angefügt:
»4. Ehesachen;
5. Streitigkeiten über Ansprüche aus dem ehelichen Güterrecht, auch wenn Dritte am Verfahren beteiligt sind.

2. Nach § 23 a werden folgende §§ 23 b, 23 c eingefügt:

»§ 23 b

(1) Bei den Amtsgerichten werden Abteilungen für Familiensachen (Familiengerichte) gebildet. Familiensachen sind:

1. Ehesachen;
2. Verfahren über die Regelung der elterlichen Gewalt über ein eheliches Kind, soweit nach den Vorschriften des Bürgerlichen Gesetzbuchs hierfür das Familiengericht zuständig ist;
3. Verfahren über die Regelung des persönlichen Verkehrs des nicht sorgeberechtigten Elternteils mit dem Kinde;
4. Verfahren über die Herausgabe des Kindes an den anderen Elternteil;
5. Streitigkeiten, die die gesetzliche Unterhaltspflicht gegenüber einem ehelichen Kinde betreffen;
6. Streitigkeiten, die die durch Ehe begründete gesetzliche Unterhaltspflicht betreffen;
7. Verfahren, die den Versorgungsausgleich betreffen;
8. Verfahren über die Regelung der Rechtsverhältnisse an der Ehewohnung und am Hausrat (Verordnung über die Behandlung der Ehewohnung und des Hausrats – Sechste Druchführungsverordnung zum Ehegesetz vom 21. Oktober 1944, Reichsgesetzbl. I S. 256);
9. Streitigkeiten über Ansprüche aus dem ehelichen Güterrecht, auch wenn Dritte am Verfahren beteiligt sind;
10. Verfahren nach den §§ 1382 und 1383 des Bürgerlichen Gesetzbuchs.

(2) Sind wegen des Umfangs der Geschäfte oder wegen der Zuweisung von Vormundschaftssachen mehrere Abteilungen für Familiensachen zu bilden, so sollen alle Familiensachen, die denselben Personenkreis betreffen, derselben Abteilung zugewiesen werden. Wird eine Ehesache rechtshängig, während eine andere Familiensache bei einer anderen Abteilung im ersten Rechtszug anhängig ist, so ist diese von Amts wegen an die Abteilung der Ehesache abzugeben.

(3) Die Abteilungen für Familiensachen werden mit Familienrichtern besetzt. Ein Richter auf Probe darf Geschäfte des Familienrichters nicht wahrnehmen.

§ 23 c

Die Landesregierungen werden ermächtigt, durch Rechtsverordnung einem Amtsgericht für die Bezirke mehrerer Amtsgerichte die Familiensachen sowie ganz oder teilweise die Vormundschaftssachen zuzuweisen, sofern die Zusammenfassung der sachlichen Förderung der Verfahren dient oder zur Sicherung einer einheitlichen Rechtsprechung geboten erscheint. Die Landesregierungen können die Ermächtigungen auf die Landesjustizverwaltungen übertragen.«

3. In § 72 werden nach dem Wort »Kindschaftssachen« die Worte »und der Familiensachen« eingefügt.

4. § 119 wird wie folgt geändert:

a) In den Nummern 1 und 2 werden nach dem Wort »Kindschaftssachen« jeweils die Worte »und in Familiensachen« eingefügt.

b) Folgender Absatz 2 wird angefügt:
»(2) § 23 b Abs. 1, 2 gilt entsprechend.«

5. In § 133 Nr. 2 wird nach der Verweisung »des § 519 b Abs. 2« die Verweisung »und des § 621 e Abs. 2« eingefügt.
[Geändert: Art. 2 Nr. 3 der Vereinfachungsnovelle]

6. § 138 Abs. 2 Satz 1 wird wie folgt gefaßt:

»Vor der Entscheidung des Großen Senats für Strafsachen oder der Vereinigten Großen Senate sowie in Entmündigungssachen und in Rechtsstreitigkeiten, welche die Nichtigerklärung einer Ehe, die Feststellung des Bestehens oder Nichtbestehens einer Ehe oder die Anfechtung einer Todeserklärung zum Gegenstand haben, ist der Generalbundesanwalt zu hören.«

7. § 170 wird wie folgt gefaßt:
»§ 170

Die Verhandlung in Familien- und Kindschaftssachen ist nicht öffentlich. Dies gilt für die Familiensachen des § 23 b Abs. 1 Satz 2 Nr. 5, 6, 9 nur, soweit sie mit einer der anderen Familiensachen verhandelt werden.«

8. § 200 wird wie folgt geändert:

a) Absatz 2 Nr. 2 erhält folgende Fassung:
»2. Arrestsachen sowie die eine einstweilige Verfügung oder eine einstweilige Anordnung nach den §§ 127 a, 620, 621 f der Zivilprozeßordnung betreffenden Sachen;«.

b) In Absatz 2 Nr. 5 a wird nach dem Wort »Unterhaltspflicht« der Satzteil », soweit sie nicht mit einer Scheidungssache zu verhandeln sind,« eingefügt.

Artikel 6
Änderung der Zivilprozeßordnung

Die Zivilprozeßordnung wird wie folgt geändert:

1. An die Überschrift des Ersten Titels des Ersten Abschnitts im Ersten Buch werden die Worte angefügt: »und Wertvorschriften«.

2. § 2 wird wie folgt gefaßt:
»§ 2

Kommt es nach den Vorschriften dieses Gesetzes oder des Gerichtsverfassungsgesetzes auf den Wert des Streitgegenstandes, des Beschwerdegegenstandes, der Beschwer oder der Verurteilung an, so gelten die nachfolgenden Vorschriften.«

3. In § 3 fallen die Worte »des Streitgegenstandes« weg.

4. § 4 Abs. 1 wird wie folgt gefaßt:

»(1) Für die Wertberechnung ist der Zeitpunkt der Einreichung der Klage, in der Rechtsmittelinstanz der Zeitpunkt der Einlegung des Rechtsmittels, bei der Verurteilung der Zeitpunkt des Schlusses der mündlichen Verhandlung, auf die das Urteil ergeht, entscheidend; Früchte, Nutzungen, Zinsen und Kosten bleiben unberücksichtigt, wenn sie als Nebenforderungen geltend gemacht werden.«

5. § 6 Satz 1 erhält folgende Fassung:

»Der Wert wird bestimmt: durch den Wert einer Sache, wenn es auf deren Besitz, und durch den Betrag einer Forderung, wenn es auf deren Sicherstellung oder ein Pfandrecht ankommt.«

6. § 52 Abs. 2 wird aufgehoben.

7. § 78 wird wie folgt geändert:

a) In Absatz 1 wird folgender Satz 2 angefügt:
»Das gleiche gilt vor den Familiengerichten
1. für Ehesachen,
2. für Folgesachen von Scheidungssachen,
3. für solche Familiensachen des § 621 Abs. 1 Nr. 8, die nicht als Folgesachen von Scheidungssachen anhängig sind, wenn in diesen der Gegenstand an Geld oder Geldeswert die Summe von dreitausend Deutsche Mark übersteigt;

die Parteien können sich im ersten Rechtszug auch durch einen beim übergeordneten Landgericht zugelassenen Rechtsanwalt vertreten lassen.«

b) Absatz 3 wird wie folgt gefaßt:
»(3) Ein Rechtsanwalt, der nach Maßgabe des Absatzes 1 zur Vertretung berechtigt ist, kann sich selbst vertreten.«

8. Folgender neuer § 78 a wird eingefügt:

»§ 78 a

(1) In Familiensachen des § 621 Abs. 1 Nr. 8, die nicht als Folgesachen von Scheidungssachen anhängig gemacht werden, geht das Gericht für den Anwaltsprozeß von den Streitwertangaben in der Klageschrift aus, soweit es nicht anderweitig entscheidet.

(2) Reicht eine Partei im Anwaltsprozeß die Klage ein, ohne ordnungsgemäß vertreten zu sein, so lehnt das Gericht die Terminbestimmung und die Zustellung der Klage ab.

(3) Ist die Terminbestimmung nicht abzulehnen, so kann das Gericht bis zum Beginn der mündlichen Verhandlung in der Hauptsache eine von den Angaben in der Klageschrift abweichende Entscheidung zum Anwaltsprozeß treffen. Auf Antrag des Beklagten hat das Gericht hierüber zu entscheiden. Der Antrag kann nur binnen zwei Wochen nach dem Hinweis gemäß § 621 b Abs. 2 gestellt werden; er kann vor der Geschäftsstelle zu Protokoll erklärt werden.

(4) Der Beschluß nach Absatz 3 kann ohne mündliche Verhandlung

ergehen. Er ist unanfechtbar und kann durch das Gericht nicht geändert werden. Rechtshandlungen, welche die nicht vertretene Partei vorher vorgenommen hat, bleiben wirksam.

(5) Stellt das Gericht durch Beschluß in der mündlichen Verhandlung fest, daß im Anwaltsprozeß zu verhandeln ist, so hat es zugleich einen neuen Termin zur mündlichen Verhandlung zu bestimmen, wenn eine der Parteien nicht durch einen Rechtsanwalt vertreten, aber in der Verhandlung anwesend oder durch einen anderen Bevollmächtigten vertreten ist.

(6) Erhöht sich der Wert des Streitgegenstandes infolge einer Änderung oder Erweiterung des Klageantrages auf mehr als dreitausend Deutsche Mark, so gelten die Absätze 3 bis 5 entsprechend. Vermindert sich der Wert des Streitgegenstandes auf einen Betrag von dreitausend Deutsche Mark oder weniger, so wird das Gebot, sich durch Rechtsanwälte vertreten zu lassen, nicht berührt.

(7) Für das Verfahren, das sich an ein Mahnverfahren nach Erhebung des Widerspruchs oder Einlegung des Einspruchs anschließt, gelten die Absätze 1 bis 5 entsprechend.«

9. Der bisherige § 78 a wird § 78 b.

10. § 93 a wird wie folgt gefaßt:

»§ 93 a

(1) Wird auf Scheidung einer Ehe erkannt, so sind die Kosten der Scheidungssache und der Folgesachen, über die gleichzeitig entschieden wird oder über die nach § 627 Abs. 1 vorweg entschieden worden ist, gegeneinander aufzuheben; die Kosten einer Folgesache sind auch dann gegeneinander aufzuheben, wenn über die Folgesache infolge einer Abtrennung nach § 628 Abs. 1 Satz 1 gesondert zu entscheiden ist. Das Gericht kann die Kosten nach billigem Ermessen anderweitig verteilen, wenn eine Kostenverteilung nach Satz 1 einen der Ehegatten in seiner Lebensführung unverhältnismäßig beeinträchtigen würde oder wenn eine solche Kostenverteilung im Hinblick darauf als unbillig erscheint, daß ein Ehegatte in Folgesachen der in § 621 Abs. 1 Nr. 4, 5, 8 bezeichneten Art ganz oder teilweise unterlegen ist. Haben die Parteien eine Vereinbarung über die Kosten getroffen, so kann das Gericht sie ganz oder teilweise der Entscheidung zugrunde legen.

(2) Wird ein Scheidungsantrag abgewiesen, so hat der Antragsteller auch die Kosten der Folgesachen zu tragen, die infolge der Abweisung gegenstandslos werden; dies gilt auch für die Kosten einer Folgesache, über die infolge einer Abtrennung nach § 623 Abs. 1 Satz 2 oder nach § 628 Abs. 1 Satz 1 gesondert zu entscheiden ist. Das Gericht kann die Kosten anderweitig verteilen, wenn eine Kostenverteilung nach Satz 1 im Hinblick auf den bisherigen Sach- und Streitstand in Folgesachen der in § 621 Abs. 1 Nr. 4, 5, 8 bezeichneten Art als unbillig erscheint.

(3) Wird eine Ehe aufgehoben oder für nichtig erklärt, so sind die Kosten des Rechtsstreits gegeneinander aufzuheben. Das Gericht kann die Kosten nach billigem Ermessen anderweitig verteilen, wenn eine Kostenverteilung nach Satz 1 einen der Ehegatten in seiner Lebensführung unverhältnismäßig beeinträchtigen würde oder wenn eine solche

Kostenverteilung im Hinblick darauf als unbillig erscheint, daß bei der Eheschließung ein Ehegatte allein in den Fällen der §§ 30 bis 32 des Ehegesetzes die Aufhebbarkeit oder die Nichtigkeit der Ehe gekannt hat oder ein Ehegatte durch arglistige Täuschung oder widerrechtliche Drohung seitens des anderen Ehegatten oder mit dessen Wissen zur Eingehung der Ehe bestimmt worden ist.

(4) Wird eine Ehe auf Klage des Staatsanwalts oder im Falle des § 20 des Ehegesetzes auf Klage des früheren Ehegatten für nichtig erklärt, so ist Absatz 3 nicht anzuwenden.«

11. In § 97 wird folgender Absatz 3 angefügt:

»(3) Absatz 1 und 2 gelten entsprechend für Familiensachen der in § 621 Abs. 1 Nr. 1 bis 3, 6, 7, 9 bezeichneten Art, die Folgesachen einer Scheidungssache sind.«

12. Die Überschrift des Siebenten Titels im Zweiten Abschnitt im Ersten Buch erhält folgende Fassung:

»Siebenter Titel
Armenrecht und Prozeßkostenvorschuß«.

13. In § 116 b Abs. 1 Satz 1 wird

a) die Verweisung »§ 78 a« durch die Verweisung »§ 78 b« ersetzt,

b) der Punkt durch ein Semikolon ersetzt und folgender Halbsatz angefügt:
»§ 78 Abs. 1 Satz 2 zweiter Halbsatz gilt entsprechend.«

14. § 118 Abs. 2 Satz 2 wird durch folgende Sätze 2 und 3 ersetzt:

»Für Personen, die unter Vormundschaft oder Pflegschaft stehen, kann das Zeugnis auch von dem Vormundschaftsgericht oder dem Jugendamt ausgestellt werden. Will ein minderjähriges unverheiratetes Kind einen Unterhaltsanspruch geltend machen, so bedarf es des Zeugnisses nicht; das gleiche gilt, wenn ein minderjähriges unverheiratetes nichteheliches Kind die Feststellung der Vaterschaft begehrt.«

15. Nach § 127 wird folgender § 127 a eingefügt:
»§ 127 a

(1) In einer Unterhaltssache kann das Prozeßgericht auf Antrag einer Partei durch einstweilige Anordnung die Verpflichtung zur Leistung eines Prozeßkostenvorschusses für diesen Rechtsstreit unter den Parteien regeln.

(2) Die Entscheidung nach Absatz 1 ist unanfechtbar. Im übrigen gelten die §§ 620 a bis 620 g entsprechend.«

16. In § 233 Abs. 1 werden die Worte »oder der Revision« durch die Worte », der Revision oder der Beschwerde nach den §§ 621 e, 629 a Abs. 2« ersetzt.

17. § 324 wird wie folgt gefaßt:
»§ 324

Ist bei einer nach den §§ 843 bis 845 oder §§ 1569 bis 1586 b des Bürgerlichen Gesetzbuchs erfolgten Verurteilung zur Entrichtung einer

Geldrente nicht auf Sicherheitsleistung erkannt, so kann der Berechtigte gleichwohl Sicherheitsleistung verlangen, wenn sich die Vermögensverhältnisse des Verpflichteten erheblich verschlechtert haben; unter der gleichen Voraussetzung kann er eine Erhöhung der in dem Urteil bestimmten Sicherheit verlangen.«

18. § 328 Abs. 2 wird wie folgt gefaßt:

»(2) Die Vorschrift der Nummer 5 steht der Anerkennung des Urteils nicht entgegen, wenn das Urteil einen nichtvermögensrechtlichen Anspruch betrifft und nach den deutschen Gesetzen ein Gerichtsstand im Inland nicht begründet war oder wenn es sich um eine Kindschaftssache (§ 640) handelt.«

19. § 511 a wird wie folgt geändert:

a) Absatz 2 fällt weg.

b) Absatz 3 wird Absatz 2.

20. In § 546 Abs. 2 Satz 1 wird das Semikolon durch einen Punkt ersetzt; der zweite Halbsatz fällt weg.

21. § 569 Abs. 2 Satz 2 wird wie folgt gefaßt:

»Sie kann auch durch Erklärung zu Protokoll der Geschäftsstelle eingelegt werden, wenn der Rechtsstreit im ersten Rechtszug nicht als Anwaltsprozeß zu führen ist oder war, wenn die Beschwerde einen Beschluß nach § 78 a Abs. 2 oder das Armenrecht betrifft oder wenn sie von einem Zeugen oder Sachverständigen erhoben wird.«

22. In § 572 Abs. 1 wird die Verweisung »619« durch die Verweisung »613« ersetzt. [Geändert: Art. 1 Nr. 80 der Vereinfachungsnovelle]

23. In der Überschrift des Sechsten Buches und in der Überschrift des Ersten Abschnitts wird jeweils das Wort »Ehesachen« durch das Wort »Familiensachen« ersetzt.

24. Die §§ 606 bis 630 werden durch folgende Vorschriften ersetzt:

»Erster Titel
Allgemeine Vorschriften für Ehesachen
§ 606

(1) Für Verfahren auf Scheidung, Aufhebung oder Nichtigerklärung einer Ehe, auf Feststellung des Bestehens oder Nichtbestehens einer Ehe zwischen den Parteien oder auf Herstellung des ehelichen Lebens (Ehesachen) ist das Familiengericht ausschließlich zuständig, in dessen Bezirk die Ehegatten ihren gemeinsamen gewöhnlichen Aufenthalt haben. Fehlt es bei Eintritt der Rechtshängigkeit an einem solchen Aufenthalt im Inland, so ist das Familiengericht ausschließlich zuständig, in dessen Bezirk einer der Ehegatten mit den gemeinsamen minderjährigen Kindern den gewöhnlichen Aufenthalt hat.

(2) Ist eine Zuständigkeit nach Absatz 1 nicht gegeben, so ist das Familiengericht ausschließlich zuständig, in dessen Bezirk die Ehegatten ihren gemeinsamen gewöhnlichen Aufenthalt zuletzt gehabt haben, wenn einer der Ehegatten bei Eintritt der Rechtshängigkeit im Bezirk dieses Gerichts seinen gewöhnlichen Aufenthalt hat. Fehlt ein solcher

Gerichtsstand, so ist das Familiengericht ausschließlich zuständig, in dessen Bezirk der gewöhnliche Aufenthaltsort des Beklagten oder, falls ein solcher im Inland fehlt, der gewöhnliche Aufenthaltsort des Klägers gelegen ist. Haben beide Ehegatten das Verfahren rechtshängig gemacht, so ist von den Gerichten, die nach Satz 2 zuständig wären, das Gericht ausschließlich zuständig, bei dem das Verfahren zuerst rechtshängig geworden ist; dies gilt auch, wenn die Verfahren nicht miteinander verbunden werden können. Sind die Verfahren am selben Tage rechtshängig geworden, so ist § 36 entsprechend anzuwenden.

(3) Ist die Zuständigkeit eines Gerichts nach diesen Vorschriften nicht begründet, so ist das Familiengericht beim Amtsgericht Schöneberg in Berlin ausschließlich zuständig.

§ 606 a

Die Vorschriften des § 606 stehen der Anerkennung einer von einer ausländischen Behörde getroffenen Entscheidung nicht entgegen,

1. wenn der Beklagte eine fremde Staatsangehörigkeit besitzt,
2. wenn der Beklagte seinen gewöhnlichen Aufenthalt im Ausland hat

   oder wenn die Ehegatten ihren gemeinsamen gewöhnlichen Aufenthalt zuletzt im Ausland gehabt haben oder
3. wenn der Beklagte die Anerkennung der Entscheidung beantragt.

§ 606 b

Besitzt keiner der Ehegatten die deutsche Staatsangehörigkeit, so kann von einem deutschen Gericht in der Sache nur entschieden werden,

1. wenn der gewöhnliche Aufenthaltsort des Mannes oder der Frau im Inland gelegen ist und nach dem Heimatrecht des Mannes die von dem deutschen Gericht zu fällende Entscheidung anerkannt werden wird oder auch nur einer der Ehegatten staatenlos ist;
2. wenn die Frau zur Zeit der Eheschließung deutsche Staatsangehörige war und sie auf Aufhebung oder Nichtigerklärung der Ehe oder auf Feststellung des Bestehens oder Nichtbestehens der Ehe oder der Staatsanwalt auf Nichtigerklärung der Ehe klagt.

§ 607

(1) In Ehesachen ist ein in der Geschäftsfähigkeit beschränkter Ehegatte prozeßfähig; dies gilt jedoch insoweit nicht, als nach § 30 des Ehegesetzes nur sein gesetzlicher Vertreter die Aufhebung der Ehe begehren kann.

(2) Für einen geschäftsunfähigen Ehegatten wird das Verfahren durch den gesetzlichen Vertreter geführt. Der gesetzliche Vertreter ist jedoch zur Erhebung der Klage auf Herstellung des ehelichen Lebens nicht befugt; für den Scheidungsantrag oder die Aufhebungsklage bedarf er der Genehmigung des Vormundschaftsgerichts.

§ 608

Für Ehesachen gelten im ersten Rechtszug die Vorschriften über das Verfahren vor den Landgerichten entsprechend.

§ 609

Der Bevollmächtigte bedarf einer besonderen, auf das Verfahren gerichteten Vollmacht.

§ 610

(1) Die Verfahren auf Herstellung des ehelichen Lebens, auf Scheidung und auf Aufhebung können miteinander verbunden werden.

(2) Die Verbindung eines anderen Verfahrens mit den erwähnten Verfahren, insbesondere aurch die Erhebung einer Widerklage anderer Art, ist unstatthaft. § 623 bleibt unberührt.

§ 611

(1) Bis zum Schluß der mündlichen Verhandlung, auf die das Urteil ergeht, können andere Gründe, als in dem das Verfahren einleitenden Schriftsatz vorgebracht worden sind, geltend gemacht werden.

(2) Die Vorschriften des § 275 Abs. 1 Satz 1, Abs. 3, 4 und des § 276 sind nicht anzuwenden.

§ 612

(1) Die Vorschrift des § 272 Abs. 3 ist nicht anzuwenden.

(2) Der Beklagte ist zu jedem Termin, der nicht in seiner Gegenwart anberaumt wurde, zu laden.

(3) Die Vorschrift des Absatzes 2 ist nicht anzuwenden, wenn der Beklagte durch öffentliche Zustellung geladen, aber nicht erschienen ist.

(4) Das Versäumnisurteil gegen den Beklagten ist unzulässig.

(5) Die Vorschriften der Absätze 2 bis 4 sind auf den Widerbeklagten entsprechend anzuwenden.

§ 613

(1) Das Gericht soll das persönliche Erscheinen der Ehegatten anordnen und sie anhören; es kann sie als Parteien vernehmen. Ist ein Ehegatte am Erscheinen vor dem Prozeßgericht verhindert oder hält er sich in so großer Entfernung von dessen Sitz auf, daß ihm das Erscheinen nicht zugemutet werden kann, so kann er durch einen ersuchten Richter angehört oder vernommen werden.

(2) Gegen einen zur Anhörung oder zur Vernehmung nicht erschienenen Ehegatten ist wie gegen einen im Vernehmungstermin nicht erschienenen Zeugen zu verfahren; auf Ordnungshaft darf nicht erkannt werden.

§ 614

(1) Das Gericht soll das Verfahren auf Herstellung des ehelichen Lebens von Amts wegen aussetzen, wenn es zur gütlichen Beilegung des Verfahrens zweckmäßig ist.

(2) Das Verfahren auf Scheidung soll das Gericht von Amts wegen aussetzen, wenn nach seiner freien Überzeugung Aussicht auf Fortsetzung der Ehe besteht. Leben die Ehegatten länger als ein Jahr getrennt, so darf das Verfahren nicht gegen den Widerspruch beider Ehegatten ausgesetzt werden.

(3) Hat der Kläger die Aussetzung des Verfahrens beantragt, so darf das Gericht über die Herstellungsklage nicht entscheiden oder auf Scheidung nicht erkennen, bevor das Verfahren ausgesetzt war.

(4) Die Aussetzung darf nur einmal wiederholt werden. Sie darf insgesamt die Dauer von einem Jahr, bei einer mehr als dreijährigen Trennung die Dauer von sechs Monaten nicht überschreiten.

(5) Mit der Aussetzung soll das Gericht in der Regel den Ehegatten nahelegen, eine Eheberatungsstelle in Anspruch zu nehmen.

§ 615

(1) Angriffs- und Verteidigungsmittel, die nicht rechtzeitig vorgebracht werden, können zurückgewiesen werden, wenn ihre Zulassung nach der freien Überzeugung des Gerichts die Erledigung des Rechtsstreits verzögern würde und die Verspätung auf grober Nachlässigkeit beruht.

(2) §§ 527, 528 sind nicht anzuwenden.

§ 616

(1) Das Gericht kann auch von Amts wegen die Aufnahme von Beweisen anordnen und nach Anhörung der Ehegatten auch solche Tatsachen berücksichtigen, die von ihnen nicht vorgebracht sind.

(2) Im Verfahren auf Scheidung oder Aufhebung der Ehe oder auf Herstellung des ehelichen Lebens kann das Gericht gegen den Widerspruch des die Auflösung der Ehe begehrenden oder ihre Herstellung verweigernden Ehegatten Tatsachen, die nicht vorgebracht sind, nur insoweit berücksichtigen, als sie geeignet sind, der Aufrechterhaltung der Ehe zu dienen.

(3) Im Verfahren auf Scheidung kann das Gericht außergewöhnliche Umstände nach § 1568 des Bürgerlichen Gesetzbuchs nur berücksichtigen, wenn sie von dem Ehegatten, der die Scheidung ablehnt, vorgebracht sind.

§ 617

Die Vorschriften über die Wirkung eines Anerkenntnisses, über die Folgen der unterbliebenen oder verweigerten Erklärung über Tatsachen oder über die Echtheit von Urkunden, die Vorschriften über den Verzicht der Partei auf die Beeidigung der Gegenpartei oder von Zeugen und Sachverständigen und die Vorschriften über die Wirkung eines gerichtlichen Geständnisses sind nicht anzuwenden.

§ 618

§ 317 Abs. 1 Satz 3 gilt nicht für Urteile in Ehesachen.

§ 619

Stirbt einer der Ehegatten, bevor das Urteil rechtskräftig ist, so ist das Verfahren in der Hauptsache als erledigt anzusehen.

§ 620

Das Gericht kann im Wege der einstweiligen Anordnung auf Antrag regeln:

1. die elterliche Gewalt über ein gemeinschaftliches Kind;
2. den persönlichen Verkehr des nicht sorgeberechtigten Elternteils mit dem Kinde;
3. die Herausgabe des Kindes an den anderen Elternteil;
4. die Unterhaltspflicht gegenüber einem Kinde im Verhältnis der Ehegatten zueinander;
5. das Getrenntleben der Ehegatten;
6. den Unterhalt eines Ehegatten;
7. die Benutzung der Ehewohnung und des Hausrats;
8. die Herausgabe oder Benutzung der zum persönlichen Gebrauch eines Ehegatten oder eines Kindes bestimmten Sachen;
9. die Verpflichtung zur Leistung eines Prozeßkostenvorschusses.

Im Falle des Satzes 1 Nr. 1 kann das Gericht eine einstweilige Anordnung auch von Amts wegen erlassen.

§ 620 a

(1) Der Beschluß kann ohne mündliche Verhandlung ergehen.

(2) Der Antrag ist zulässig, sobald die Ehesache anhängig oder ein Gesuch um Bewilligung des Armenrechts eingereicht ist. Der Antrag kann zu Protokoll der Geschäftsstelle erklärt werden. Der Antragsteller soll die Voraussetzungen für die Anordnung glaubhaft machen.

(3) Vor einer Anordnung nach § 620 Satz 1 Nr. 1, 2 oder 3 soll das Jugendamt angehört werden; ist dies wegen der besonderen Eilbedürftigkeit nicht möglich, so soll das Jugendamt unverzüglich nach der Anordnung gehört werden. § 1695 Abs. 2 des Bürgerlichen Gesetzbuchs gilt entsprechend.

(4) Zuständig ist das Gericht des ersten Rechtszuges, wenn die Ehesache in der Berufungsinstanz schwebt, das Berufungsgericht.

§ 620 b

(1) Das Gericht kann auf Antrag den Beschluß aufheben oder ändern. Das Gericht kann von Amts wegen entscheiden, wenn die Anordnung die elterliche Gewalt über ein gemeinschaftliches Kind betrifft oder wenn eine Anordnung nach § 620 Satz 1 Nr. 2 oder 3 ohne vorherige Anhörung des Jugendamts erlassen worden ist.

(2) Ist der Beschluß oder die Entscheidung nach Absatz 1 ohne mündliche Verhandlung ergangen, so ist auf Antrag auf Grund mündlicher Verhandlung erneut zu beschließen.

(3) Schwebt die Ehesache in der Berufungsinstanz, so ist das Berufungsgericht auch zuständig, wenn das Gericht des ersten Rechtszuges die Anordnung oder die Entscheidung nach Absatz 1 erlassen hat.

§ 620 c

Hat das Gericht des ersten Rechtszuges auf Grund mündlicher Verhandlung die elterliche Gewalt über ein gemeinschaftliches Kind geregelt, die Herausgabe des Kindes an den anderen Elternteil angeordnet oder die Ehewohnung einem Ehegatten ganz zugewiesen, so findet die sofortige Beschwerde statt. Im übrigen sind die Entscheidungen nach den §§ 620, 620 b unanfechtbar.

§ 620 d

In den Fällen der §§ 620 b, 620 c sind die Anträge und die Beschwerde zu begründen; das Gericht entscheidet durch begründeten Beschluß.

§ 620 e

Das Gericht kann in den Fällen der §§ 620 b, 620 c vor seiner Entscheidung die Vollziehung einer einstweiligen Anordnung aussetzen.

§ 620 f

Die einstweilige Anordnung tritt beim Wirksamwerden einer anderweitigen Regelung sowie dann außer Kraft, wenn der Scheidungsantrag oder die Klage zurückgenommen wird oder rechtskräftig abgewiesen ist oder wenn das Eheverfahren nach § 619 in der Hauptsache als erledigt anzusehen ist. Auf Antrag ist dies durch Beschluß auszusprechen. Gegen die Entscheidung findet die sofortige Beschwerde statt.

§ 620 g

Die im Verfahren der einstweiligen Anordnung entstehenden Kosten gelten für die Kostenentscheidung als Teil der Kosten der Hauptsache; § 96 gilt entsprechend.

Zweiter Titel
Verfahren in anderen Familiensachen

§ 621

(1) Für Familiensachen, die

1. die Regelung der elterlichen Gewalt über ein eheliches Kind, soweit nach den Vorschriften des Bürgerlichen Gesetzbuchs hierfür das Familiengericht zuständig ist,
2. die Regelung des persönlichen Verkehrs des nicht sorgeberechtigten Elternteils mit dem Kinde,
3. die Herausgabe des Kindes an den anderen Elternteil,
4. die gesetzliche Unterhaltspflicht gegenüber einem ehelichen Kinde,
5. die durch Ehe begründete gesetzliche Unterhaltspflicht,
6. den Versorgungsausgleich,
7. die Regelung der Rechtsverhältnisse an der Ehewohnung und am Hausrat (Verordnung über die Behandlung der Ehewohnung und des Hausrats – Sechste Durchführungsverordnung zum Ehegesetz – vom 21. Oktober 1944, Reichsgesetzbl. I S. 256),

8. Ansprüche aus dem ehelichen Güterrecht, auch wenn Dritte am Verfahren beteiligt sind,

9. Verfahren nach den §§ 1382 und 1383 des Bürgerlichen Gesetzbuchs

betreffen, ist das Familiengericht ausschließlich zuständig.

(2) Während der Anhängigkeit einer Ehesache ist das Gericht ausschließlich zuständig, bei dem die Ehesache im ersten Rechtszug anhängig ist oder war. Ist eine Ehesache nicht anhängig, so richtet sich die örtliche Zuständigkeit nach den allgemeinen Vorschriften.

(3) Wird eine Ehesache rechtshängig, während eine Familiensache der in Absatz 1 genannten Art bei einem anderen Gericht im ersten Rechtszug anhängig ist, so ist diese von Amts wegen an das Gericht der Ehesache zu verweisen oder abzugeben. § 281 Abs. 2, 3 Satz 1 gilt entsprechend.

§ 621 a

(1) Für die Familiensachen des § 621 Abs. 1 Nr. 1 bis 3, 6, 7, 9 bestimmt sich, soweit sich aus diesem Gesetz oder dem Gerichtsverfassungsgesetz nichts Besonderes ergibt, das Verfahren nach den Vorschriften des Gesetzes über die Angelegenheiten der freiwilligen Gerichtsbarkeit und nach den Vorschriften der Verordnung über die Behandlung der Ehewohnung und des Hausrats. An die Stelle der §§ 2 bis 6, 8 bis 11, 13, 14, 16 Abs. 2, 3 und des § 17 des Gesetzes über die Angelegenheiten der freiwilligen Gerichtsbarkeit treten die für das zivilprozessuale Verfahren maßgeblichen Vorschriften.

(2) Wird in einem Rechtsstreit über eine güterrechtliche Ausgleichsforderung ein Antrag nach § 1382 Abs. 5 oder nach § 1383 Abs. 3 des Bürgerlichen Gesetzbuchs gestellt, so ergeht die Entscheidung einheitlich durch Urteil. § 629 a Abs. 2 gilt entsprechend.

§ 621 b

(1) In Familiensachen des § 621 Abs. 1 Nr. 8 soll die Klageschrift, wenn der Streitgegenstand nicht in einer bestimmten Geldsumme besteht, die Angabe des Wertes des Streitgegenstandes enthalten.

(2) Mit der Zustellung der Klageschrift oder, wenn ein Mahnverfahren vorausgegangen ist, mit der Zustellung der Anspruchsbegründung ist der Beklagte auf die Voraussetzungen, unter denen der Anwaltsprozeß stattfindet, und auf das Antragsrecht nach § 78 a Abs. 3 Satz 2, 3 hinzuweisen.

(3) Ist der Rechtsstreit als Anwaltsprozeß zu führen, so gelten die Vorschriften über das Verfahren vor den Landgerichten entsprechend.

§ 621 c

§ 317 Abs. 1 Satz 3 ist auf Endentscheidungen in Familiensachen nicht anzuwenden.

§ 621 d

(1) Gegen die in der Berufungsinstanz erlassenen Endurteile über Familiensachen des § 621 Abs. 1 Nr. 4, 5, 8 findet die Revision nur statt,

wenn das Oberlandesgericht sie in dem Urteil zugelassen hat; § 546 Abs. 1 Satz 2, 3 gilt entsprechend.

(2) Die Revision findet ferner statt, soweit das Berufungsgericht die Berufung als unzulässig verworfen hat.

§ 621 e

(1) Gegen die im ersten Rechtszug ergangenen Endentscheidungen über Familiensachen des § 621 Abs. 1 Nr. 1 bis 3, 6, 7, 9 findet die Beschwerde statt.

(2) In den Familiensachen des § 621 Abs. 1 Nr. 1 bis 3, 6 findet die weitere Beschwerde statt, wenn das Oberlandesgericht sie in dem Beschluß zugelassen hat; § 546 Abs. 1 Satz 2, 3 gilt entsprechend. Die weitere Beschwerde findet ferner statt, soweit das Oberlandesgericht die Beschwerde als unzulässig verworfen hat. Die weitere Beschwerde kann nur darauf gestützt werden, daß die Entscheidung auf einer Verletzung des Gesetzes beruht.

(3) Die Beschwerde wird durch Einreichung der Beschwerdeschrift bei dem Beschwerdegericht eingelegt. Die §§ 516, 517, 519 Abs. 1, 2, §§ 552, 554 Abs. 1, 2, § 577 Abs. 3 gelten entsprechend.

(4) Für die weitere Beschwerde müssen die Beteiligten sich durch einen beim Bundesgerichtshof zugelassenen Rechtsanwalt als Bevollmächtigten vertreten lassen.

§ 621 f

(1) In einer Familiensache des § 621 Abs. 1 Nr. 1 bis 3, 6 bis 9 kann das Gericht auf Antrag durch einstweilige Anordnung die Verpflichtung zur Leistung eines Kostenvorschusses für dieses Verfahren regeln.

(2) Die Entscheidung nach Absatz 1 ist unanfechtbar. Im übrigen gelten die §§ 620 a bis 620 g entsprechend.

Dritter Titel
Scheidungs- und Folgesachen
§ 622

(1) Das Verfahren auf Scheidung wird durch Einreichung einer Antragsschrift anhängig.

(2) Die Antragsschrift muß vorbehaltlich des § 630 Angaben darüber enthalten, ob

1. gemeinschaftliche minderjährige Kinder vorhanden sind,
2. ein Vorschlag zur Regelung der elterlichen Gewalt unterbreitet wird,
3. Familiensachen der in § 621 Abs. 1 bezeichneten Art anderweitig anhängig sind.

Im übrigen gelten die Vorschriften über die Klageschrift entsprechend.

(3) Bei der Anwendung der allgemeinen Vorschriften treten an die Stelle der Bezeichnungen Kläger und Beklagter die Bezeichnungen Antragsteller und Antragsgegner.

§ 623

(1) Soweit in Familiensachen des § 621 Abs. 1 eine Entscheidung für den Fall der Scheidung zu treffen ist und von einem Ehegatten rechtzeitig begehrt wird, ist hierüber gleichzeitig und zusammen mit der Scheidungssache zu verhandeln und, sofern dem Scheidungsantrag stattgegeben wird, zu entscheiden (Folgesachen). Wird bei einer Familiensache des § 621 Abs. 1 Nr. 8 ein Dritter Verfahrensbeteiligter, so wird diese Familiensache abgetrennt.

(2) Das Verfahren muß bis zum Schluß der mündlichen Verhandlung erster Instanz in der Scheidungssache anhängig gemacht sein. Satz 1 gilt entsprechend, wenn die Scheidungssache nach § 629 b an das Gericht des ersten Rechtszuges zurückgewiesen ist.

(3) Für die Regelung der elterlichen Gewalt über ein gemeinschaftliches Kind und für die Durchführung des Versorgungsausgleichs in den Fällen des § 1587 b des Bürgerlichen Gesetzbuchs bedarf es keines Antrags. Eine Regelung des persönlichen Verkehrs mit dem Kinde soll im allgemeinen nur ergehen, wenn ein Ehegatte dies anregt.

(4) Die vorstehenden Vorschriften gelten auch für Verfahren, die nach § 621 Abs. 3 an das Gericht der Ehesache übergeleitet worden sind, soweit eine Entscheidung für den Fall der Scheidung zu treffen ist.

§ 624

(1) Die Vollmacht für die Scheidungssache erstreckt sich auf die Folgesachen.

(2) Eine Bewilligung des Armenrechts für die Scheidungssache erstreckt sich auf die Folgesachen, soweit sie nicht ausdrücklich ausgenommen werden.

(3) Die Vorschriften über das Verfahren vor den Landgerichten gelten entsprechend, soweit in diesem Titel nichts Besonderes bestimmt ist.

(4) Vorbereitende Schriftsätze, Ausfertigungen oder Abschriften werden am Verfahren beteiligten Dritten nur insoweit mitgeteilt oder zugestellt, als das mitzuteilende oder zuzustellende Schriftstück sie betrifft. Dasselbe gilt für die Zustellung von Entscheidungen an Dritte, die zur Einlegung von Rechtsmitteln berechtigt sind.

§ 625

(1) Hat in einer Scheidungssache der Antragsgegner keinen Rechtsanwalt als Bevollmächtigten bestellt, so ordnet das Prozeßgericht ihm von Amts wegen zur Wahrnehmung seiner Rechte im ersten Rechtszug hinsichtlich des Scheidungsantrags und der Regelung der elterlichen Gewalt über ein gemeinschaftliches Kind einen Rechtsanwalt bei, wenn diese Maßnahme nach der freien Überzeugung des Gerichts zum Schutz des Antragsgegners unabweisbar erscheint; § 116 b Abs. 1 Satz 1, Abs. 3 gilt sinngemäß. Vor einer Beiordnung soll der Antragsgegner persön-

 lich gehört und dabei besonders darauf hingewiesen werden, daß die Familiensachen des § 621 Abs. 1 gleichzeitig mit der Scheidungssache verhandelt und entschieden werden können.

(2) Der beigeordnete Rechtsanwalt hat die Stellung eines Beistandes.

§ 626

(1) Wird ein Scheidungsantrag zurückgenommen, so gilt § 269 Abs. 3 auch für die Folgesachen. Erscheint die Anwendung des § 269 Abs. 3 Satz 2 im Hinblick auf den bisherigen Sach- und Streitstand in den Folgesachen der in § 621 Abs. 1 Nr. 4, 5, 8 bezeichneten Art als unbillig, so kann das Gericht die Kosten anderweitig verteilen. Das Gericht spricht die Wirkungen der Zurücknahme auf Antrag eines Ehegatten aus.

(2) Auf Antrag einer Partei ist ihr durch Beschluß vorzubehalten, eine Folgesache als selbständige Familiensache fortzuführen. Der Beschluß bedarf keiner mündlichen Verhandlung. In der selbständigen Familiensache wird über die Kosten besonders entschieden.

§ 627

(1) Beabsichtigt das Gericht, von einem übereinstimmenden Vorschlag der Ehegatten zur Regelung der elterlichen Gewalt über ein gemeinschaftliches Kind abzuweichen, so ist die Entscheidung vorweg zu treffen.

(2) Über andere Folgesachen und die Scheidungssache wird erst nach Rechtskraft des Beschlusses entschieden.

§ 628

(1) Das Gericht kann dem Scheidungsantrag vor der Entscheidung über eine Folgesache stattgeben, soweit

1. in einer Folgesache nach § 621 Abs. 1 Nr. 6 oder 8 vor der Auflösung der Ehe eine Entscheidung nicht möglich ist,

2. in einer Folgesache nach § 621 Abs. 1 Nr. 6 das Verfahren ausgesetzt ist, weil ein Rechtsstreit über den Bestand oder die Höhe einer auszugleichenden Versorgung vor einem anderen Gericht anhängig ist, oder

3. die gleichzeitige Entscheidung über die Folgesache den Scheidungsausspruch so außergewönnlich verzögern würde, daß der Aufschub auch unter Berücksichtigung der Bedeutung der Folgesache eine unzumutbare Härte darstellen würde.

Hinsichtlich der übrigen Folgesachen bleibt § 623 anzuwenden.

(2) Will das Gericht nach Absatz 1 dem Scheidungsantrag vor der Regelung der elterlichen Gewalt über ein gemeinschaftliches Kind stattgeben, so trifft es, wenn hierzu eine einstweilige Anordnung noch nicht vorliegt, gleichzeitig mit dem Scheidungsurteil eine solche einstweilige Anordnung.

§ 629

(1) Ist dem Scheidungsantrag stattzugeben und gleichzeitig über Fol-

gesachen zu entscheiden, so ergeht die Entscheidung einheitlich durch Urteil.

(2) Absatz 1 gilt auch, soweit es sich um ein Versäumnisurteil handelt. Wird hiergegen Einspruch und auch gegen das Urteil im übrigen ein Rechtsmittel eingelegt, so ist zunächst über den Einspruch und das Versäumnisurteil zu verhandeln und zu entscheiden.

(3) Wird ein Scheidungsantrag abgewiesen, so werden die Folgesachen gegenstandslos. Auf Antrag einer Partei ist ihr in dem Urteil vorzubehalten, eine Folgesache als selbständige Familiensache fortzusetzen. § 626 Abs. 2 Satz 3 gilt entsprechend.

§ 629 a

(1) Gegen Urteile des Berufungsgerichts ist die Revision nicht zulässig, soweit darin über Folgesachen der in § 621 Abs. 1 Nr. 7 oder 9 bezeichneten Art erkannt ist.

(2) Soll ein Urteil nur angefochten werden, soweit darin über Folgesachen der in § 621 Abs. 1 Nr. 1 bis 3, 6, 7, 9 bezeichneten Art erkannt ist, so ist § 621 e entsprechend anzuwenden. Wird nach Einlegung der Beschwerde auch Berufung oder Revision eingelegt, so gelten § 623 Abs. 1, § 629 Abs. 1 entsprechend.

§ 629 b

(1) Wird ein Urteil aufgehoben, durch das der Scheidungsantrag abgewiesen ist, so ist die Sache an das Gericht zurückzuweisen, das die Abweisung ausgesprochen hat, wenn bei diesem Gericht eine Folgesache zur Entscheidung ansteht. Dieses Gericht hat die rechtliche Beurteilung, die der Aufhebung zugrunde gelegt ist, auch seiner Entscheidung zugrunde zu legen.

(2) Das Gericht, an das die Sache zurückverwiesen ist, kann, wenn gegen das Aufhebungsurteil Revision eingelegt wird, auf Antrag anordnen, daß über die Folgesachen verhandelt wird.

§ 629 c

Wird eine Entscheidung auf Revision oder weitere Beschwerde teilweise aufgehoben, so kann das Gericht auf Antrag einer Partei die Entscheidung auch insoweit aufheben und die Sache zur anderweitigen Verhandlung und Entscheidung an das Berufungs- oder Beschwerdegericht zurückverweisen, als dies wegen des Zusammenhangs mit der aufgehobenen Entscheidung geboten erscheint.

§ 629 d

Vor der Rechtskraft des Scheidungsausspruchs werden die Entscheidungen in Folgesachen nicht wirksam.

§ 630

(1) Für das Verfahren auf Scheidung nach § 1565 in Verbindung mit § 1566 Abs. 1 des Bürgerlichen Gesetzbuchs muß die Antragsschrift eines Ehegatten auch enthalten:

1. die Mitteilung, daß der andere Ehegatte der Scheidung zustimmen oder in gleicher Weise die Scheidung beantragen wird;

2. den übereinstimmenden Vorschlag der Ehegatten zur Regelung der elterlichen Gewalt über ein gemeinschaftliches Kind und über die Regelung des persönlichen Verkehrs des nicht sorgeberechtigten Elternteils mit dem Kinde;

3. die Einigung der Ehegatten über die Regelung der Unterhaltspflicht gegenüber einem Kinde, die durch die Ehe begründete gesetzliche Unterhaltspflicht sowie die Rechtsverhältnisse an der Ehewohnung und am Hausrat.

(2) Die Zustimmung zur Scheidung kann bis zum Schluß der mündlichen Verhandlung, auf die das Urteil ergeht, widerrufen werden. Die Zustimmung und der Widerruf können zu Protokoll der Geschäftsstelle oder in der mündlichen Verhandlung zur Niederschrift des Gerichts erklärt werden.

(3) Das Gericht soll dem Scheidungsantrag erst stattgeben, wenn die Ehegatten über die in Absatz 1 Nr. 3 bezeichneten Gegenstände einen vollstreckbaren Schuldtitel herbeigeführt haben.«

25. Nach § 630 wird folgende Überschrift eingefügt:

»Vierter Titel
Verfahren auf Nichtigerklärung
und auf Feststellung des Bestehens
oder Nichtbestehens einer Ehe«.

26. In § 636 Satz 1 wird die Verweisung »§ 628« durch die Verweisung »§ 619« ersetzt.

27. § 640 Abs. 1 wird wie folgt gefaßt:

»(1) In Kindschaftssachen sind die Vorschriften der §§ 609, 611 Abs. 2, §§ 612, 613, 615, 616 Abs. 1, §§ 617, 618, 619, 635 entsprechend anzuwenden.«

28. In § 640 g Abs. 1 Satz 1 wird die Verweisung »§ 628« durch die Verweisung »§ 619« ersetzt.

29. In § 670 Abs. 1 wird die Verweisung »§§ 617, 618, 622 Abs. 1« durch die Verweisung »§§ 612, 616 Abs. 1 und des § 617« ersetzt.

30. In § 697 wird folgender Absatz 3 angefügt:

»(3) Ist ein Anspruch erhoben, der vor das Familiengericht gehört, so gelten, wenn bei dem Amtsgericht kein Familiengericht gebildet ist, die Absätze 1, 2 entsprechend.« [Geändert: Art. 1 Nr. 95 Vereinfachungsnovelle]

31. In § 709 Nr. 4 fällt der zweite Halbsatz weg.
[Geändert: jetzt § 708 Nr. 11 i. d. F. der Vereinfachungsnovelle]

32. In § 750 Abs. 1 wird folgender Satz 2 angefügt:

»Eine Zustellung durch den Gläubiger genügt auch, wenn das Urteil von Amts wegen zuzustellen ist.« [Geändert und ergänzt: Art. 1 Nr. 103 Vereinfachungsnovelle]

33. In § 794 Abs. 1 wird folgende Nummer 3 a eingefügt:

»3 a. aus einstweiligen Anordnungen nach den §§ 127 a, 620, 620 b, 621 f;«.

34. In § 850 d Abs. 2 Buchstabe a wird vor den Worten »das Vollstreckungsgericht kann das Rangverhältnis« eingefügt:

»für das Rangverhältnis des Ehegatten zu einem früheren Ehegatten gilt jedoch § 1582 des Bürgerlichen Gesetzbuchs entsprechend;«.

Artikel 7
Änderung des Gesetzes über die Angelegenheiten der freiwilligen Gerichtsbarkeit

Das Gesetz über die Angelegenheiten der freiwilligen Gerichtsbarkeit wird wie folgt geändert:

1. § 43 a Abs. 3 wird wie folgt gefaßt:

»(3) für die Ehelicherklärung auf Antrag des Kindes und die Verfügung, durch die dem überlebenden Elternteil nach § 1740 g des Bürgerlichen Gesetzbuchs der Name des Kindes erteilt wird, gelten die vorstehenden Vorschriften entsprechend. An die Stelle des Vaters tritt jedoch bei der Ehelicherklärung der überlebende Elternteil oder, wenn beide Eltern gestorben sind, das Kind, bei der Namenserteilung der überlebende Elternteil.«

2. In § 44 a Abs. 1 Satz 1 werden die Worte »und Geschlechtsgemeinschaft« gestrichen.

3. § 44 b fällt weg.

4. § 45 Abs. 1 wird wie folgt gefaßt:

»(1) Wird in einer Angelegenheit, welche die persönlichen Rechtsbeziehungen der Ehegatten oder der geschiedenen Ehegatten zueinander, das eheliche Güterrecht oder den Versorgungsausgleich betrifft, eine Tätigkeit des Vormundschaftsgerichts oder des Familiengerichts erforderlich, so ist das Gericht zuständig, in dessen Bezirk die Ehegatten ihren gemeinsamen gewöhnlichen Aufenthalt haben oder zuletzt gehabt haben.«

5. In § 53 Abs. 1 Satz 1 werden die Worte »der Schlüsselgewalt« durch die Worte »der Berechtigung des Ehegatten, Geschäfte mit Wirkung für den anderen Ehegatten zu besorgen (§ 1357 Abs. 2 Satz 1 des Bürgerlichen Gesetzbuchs),« ersetzt.

6. Nach § 53 a werden folgende §§ 53 b bis 53 g eingefügt:

»§ 53 b

(1) In den Verfahren nach § 1587 b und nach § 1587 f des Bürger-

lichen Gesetzbuchs soll das Gericht mit den Beteiligten mündlich verhandeln.

(2) In den Fällen des § 1587 b Abs. 1, 2 des Bürgerlichen Gesetzbuchs hat das Gericht die Träger der gesetzlichen Rentenversicherungen, in den Fällen des § 1587 b Abs. 2 des Bürgerlichen Gesetzbuchs auch die Träger der Versorgungslast zu beteiligen. Im Verfahren über den Versorgungsausgleich kann das Gericht über Grund und Höhe der Versorgungsanwartschaften bei den hierfür zuständigen Behörden, Rentenversicherungsträgern, Arbeitgebern, Versicherungsgesellschaften und sonstigen Stellen Auskünfte einholen. Die in Satz 2 bezeichneten Stellen sind verpflichtet, den gerichtlichen Ersuchen Folge zu leisten.

(3) Die Entscheidung des Gerichts über den Versorgungsausgleich ist zu begründen.

(4) Kommt eine Vereinbarung zustande, so ist hierüber eine Niederschrift aufzunehmen; die Vorschriften, die für die Niederschrift über einen Vergleich in bürgerlichen Rechtsstreitigkeiten gelten, sind entsprechend anzuwenden.

§ 53 c

(1) Besteht Streit unter den Beteiligten über den Bestand oder die Höhe einer Anwartschaft oder einer Aussicht auf eine Versorgung, so kann das Gericht das Verfahren über den Versorgungsausgleich aussetzen und einem oder beiden Ehegatten eine Frist zur Erhebung der Klage bestimmen. Wird die Klage nicht vor Ablauf der bestimmten Frist erhoben, so kann das Gericht im weiteren Verfahren das Vorbringen eines Beteiligten, das er mit einer Klage hätte geltend machen können, unberücksichtigt lassen.

(2) Das Gericht hat das Verfahren auszusetzen, wenn ein Rechtsstreit über eine Anwartschaft oder eine Aussicht auf eine Versorgung anhängig ist. Ist die Klage erst nach Ablauf der nach Absatz 1 Satz 1 bestimmten Frist erhoben worden, so steht die Aussetzung im Ermessen des Gerichts.

§ 53 d

Eine Entscheidung über den Versorgungsausgleich nach § 1587 b des Bürgerlichen Gesetzbuchs findet insoweit nicht statt, als die Ehegatten den Versorgungsausgleich nach § 1408 Abs. 2 des Bürgerlichen Gesetzbuchs ausgeschlossen oder nach § 1587 o des Bürgerlichen Gesetzbuchs eine Vereinbarung geschlossen haben und das Gericht die Vereinbarung genehmigt hat. Die Verweigerung der Genehmigung ist nicht selbständig anfechtbar.

§ 53 e

(1) In der Entscheidung nach § 1587 b Abs. 3 Satz 1 erster Halbsatz des Bürgerlichen Gesetzbuchs ist der Träger der gesetzlichen Rentenversicherungen, an den die Zahlung zu leisten ist, zu bezeichnen.

(2) Ist ein Ehegatte auf Grund einer Vereinbarung, die das Gericht nach § 1587 o Abs. 2 des Bürgerlichen Gesetzbuchs genehmigt hat, verpflichtet, für den anderen Zahlungen zur Begründung von Rentenan-

wartschaften in einer gesetzlichen Rentenversicherung zu leisten, so wird der für die Begründung dieser Rentenanwartschaften erforderliche Betrag (§ 1304 b Abs. 1 Satz 1, 2 in Verbindung mit der Bekanntmachung auf Grund des § 1304 c Abs. 3 der Reichsversicherungsordnung oder § 83 b Abs. 1 Satz 1, 2 in Verbindung mit der Bekanntmachung auf Grund des § 83 c Abs. 3 des Angestelltenversicherungsgesetzes) gesondert festgesetzt. Absatz 1 gilt entsprechend.

(3) Werden die Berechnungsgrößen geändert, nach denen sich der Betrag, der nach § 1587 b Abs. 3 Satz 1 erster Halbsatz des Bürgerlichen Gesetzbuchs oder nach Absatz 2 Satz 1 zu leisten ist, errechnet (§ 1304 b Abs. 1 Satz 1, 2 in Verbindung mit der Bekanntmachung auf Grund des § 1304 c Abs. 3 der Reichsversicherungsordnung oder § 83 b Abs. 1 Satz 1, 2 in Verbindung mit der Bekanntmachung auf Grund des § 83 c Abs. 3 des Angestelltenversicherungsgesetzes), so wird der zu leistende Betrag auf Antrag neu festgesetzt.

§ 53 f

Soweit der Versorgungsausgleich nach § 1587 f Nr. 3 des Bürgerlichen Gesetzbuchs stattfindet, hebt das Gericht die auf § 1587 b Abs. 3 des Bürgerlichen Gesetzbuchs gegründete Entscheidung auf.

§ 53 g

(1) Entscheidungen, die den Versorgungsausgleich betreffen, werden erst mit der Rechtskraft wirksam.

(2) Gegen Entscheidungen nach § 1587 d, § 1587 g Abs. 3, § 1587 i Abs. 3, § 1587 l Abs. 3 Satz 3 des Bürgerlichen Gesetzbuchs sowie nach § 53 e Abs. 2, 3 ist die weitere Beschwerde ausgeschlossen.

(3) Rechtskräftige Entscheidungen und gerichtliche Vergleiche, die den Versorgungsausgleich betreffen, werden nach den Vorschriften der Zivilprozeßordnung vollstreckt.«

7. § 56 b Abs. 1 wird wie folgt gefaßt:

»(1) Eine Verfügung, durch die das Vormundschaftsgericht ein nichteheliches Kind auf seinen Antrag für ehelich erklärt, wird erst mit der Rechtskraft wirksam.«

8. § 57 a fällt weg.

9. § 63 a wird wie folgt gefaßt:

»§ 63 a

In Verfahren, die den persönlichen Umgang des Vaters mit dem nichtehelichen Kinde zum Gegenstand haben (§ 1711 Abs. 1 des Bürgerlichen Gesetzbuchs), ist die weitere Beschwerde ausgeschlossen.«

10. Nach § 64 wird folgender § 64 a eingefügt:

»§ 64 a

(1) Für die dem Familiengericht obliegenden Verrichtungen sind die Amtsgerichte zuständig.

(2) Wird eine Ehesache rechtshängig, so gibt das Familiengericht im ersten Rechtszug bei ihm anhängige Verfahren der in § 621 Abs. 1

 Nr. 1 bis 3, 9 der Zivilprozeßordnung bezeichneten Art von Amts wegen an das Gericht der Ehesache ab. § 281 Abs. 2, 3 Satz 1 der Zivilprozeßordnung gilt entsprechend.

(3) In Angelegenheiten, die vor das Familiengericht gehören, gelten die Vorschriften des Zweiten und des Dritten Titels des Ersten Abschnitts im Sechsten Buch der Zivilprozeßordnung sowie § 119 Abs. 1 Nr. 1, 2, § 133 Nr. 2 des Gerichtsverfassungsgesetzes. Soweit § 621 a der Zivilprozeßordnung vorsieht, daß Vorschriften des Gesetzes über die Angelegenheiten der freiwilligen Gerichtsbarkeit anzuwenden sind, tritt an die Stelle des Vormundschaftsgerichts das Familiengericht. § 57 Abs. 2 dieses Gesetzes gilt entsprechend für die Beschwerde nach den §§ 621 e, 629 a Abs. 2 der Zivilprozeßordnung, steht jedoch der Beschwerdeberechtigung des Jugendamts nicht entgegen.«

Artikel 8
Änderung des Rechtspflegergesetzes

Das Rechtspflegergesetz vom 5. November 1969 (Bundesgesetzbl. I S. 2065), zuletzt geändert durch das Gesetz zur Änderung des Gerichtskostengesetzes, des Gesetzes über Kosten der Gerichtsvollzieher, der Bundesgebührenordnung für Rechtsanwälte und anderer Vorschriften vom 20. August 1975 (Bundesgesetzbl. I S. 2189), wird wie folgt geändert:

1. In § 3 Nr. 2 Buchstabe a werden nach dem Wort »Gerichtsbarkeit« die Worte »und Angelegenheiten, die im Bürgerlichen Gesetzbuch dem Familiengericht übertragen sind«, eingefügt.

2. § 14 wird wie folgt geändert:

a) Die Eingangsworte erhalten folgende Fassung:
»Von den Angelegenheiten, die dem Vormundschaftsgericht und im Bürgerlichen Gesetzbuch dem Familiengericht übertragen sind, bleiben dem Richter vorbehalten.«

b) Die Nummern 1, 2 und 2 a werden wie folgt gefaßt:
»1. die Aufhebung einer Beschränkung oder Ausschließung der Berechtigung des Ehegatten, Geschäfte mit Wirkung für den anderen Ehegatten zu besorgen (§ 1357 Abs. 2 Satz 1 des Bürgerlichen Gesetzbuchs);
2. die Entscheidung über die Stundung der Ausgleichsforderung im Falle des § 1382 Abs. 5 des Bürgerlichen Gesetzbuchs sowie die Übertragung bestimmter Vermögensgegenstände unter Anrechnung auf die Ausgleichsforderung im Falle des § 1383 Abs. 3 des Bürgerlichen Gesetzbuchs;
2 a. der Versorgungsausgleich mit Ausnahme
a) des Festsetzungsverfahrens nach § 53 e Abs. 2, 3 des Gesetzes über die Angelegenheiten der freiwilligen Gerichtsbarkeit und
b) der Entscheidung über Anträge nach § 1587 d des Bürgerlichen Gesetzbuchs, sofern ein Verfahren nach §§

1587 b, 1587 f des Bürgerlichen Gesetzbuchs nicht anhängig ist;«.

c) Nummer 13 fällt weg.

d) Nummer 14 wird wie folgt gefaßt:
»14. die Genehmigung für den Scheidungsantrag und für die Erhebung der Eheaufhebungsklage durch den gesetzlichen Vertreter eines geschäftsunfähigen Ehegatten (§ 607 Abs. 2 Satz 2 der Zivilprozeßordnung);«.

e) In Nummer 15 fallen die Worte »und nach § 37 des Ehegesetzes« weg.

f) Nummer 18 wird wie folgt gefaßt:
»18. die Befreiung vom Erfordernis der Ehemündigkeit und von dem Eheverbot wegen Schwägerschaft (§§ 1, 4 des Ehegesetzes);«.

Die Buchstaben c und f gelten nicht, soweit und solange die §§ 6, 57 des Ehegesetzes ihre Wirksamkeit behalten.

3. In § 20 Nr. 14 fällt die Verweisung »§ 627 b Abs. 4 Satz 1,« weg.

Artikel 9
Änderung des Personenstandsgesetzes

1. § 11 Abs. 1 wird wie folgt geändert:

a) Nach Nummer 3 wird folgende Nummer 4 eingefügt:
»4. der Ehename, den die Ehegatten in der Ehe führen werden.«;

b) Nummer 4 wird Nummer 5.

2. In § 12 Abs. 2 Nr. 1 werden die Worte »die Vor- und Familiennamen der Ehegatten« durch die Worte »die Vornamen der Ehegatten und die von ihnen vor und nach der Eheschließung geführten Familiennamen« ersetzt.

3. § 15 Abs. 1 Satz 2 erhält folgende Fassung:

»Hierbei sind der Familienname und die Vornamen der Kinder sowie Ort und Tag ihrer Geburt anzuführen.«

4. § 15 c erhält folgende Fassung:
»§ 15 c

(1) Die Erklärung, durch die ein Ehegatte seinen Geburtsnamen oder den zur Zeit der Eheschließung geführten Namen dem Ehenamen voranstellt, sowie die Erklärung, durch die ein verwitweter oder geschiedener Ehegatte seinen Geburtsnamen oder den zur Zeit der Eheschließung geführten Namen wieder annimmt, kann auch von den Standesbeamten beglaubigt oder beurkundet werden.

(2) Zur Entgegennahme der Erklärungen ist der Standesbeamte zuständig, der das Familienbuch der Ehegatten führt; er nimmt auf Grund der Erklärungen die Eintragung in das Familienbuch vor. Wird ein Familienbuch nicht geführt, so ist der Standesbeamte, der die Ehe-

 schließung beurkundet hat, und, falls die Ehe nicht im Geltungsbereich dieses Gesetzes geschlossen ist, der Standesbeamte des Standesamts I in Berlin (West) zuständig.«

5. Nach § 15 c wird folgender § 15 d eingefügt:

»§ 15 d

(1) Die Erklärung über den Ehenamen von Ehegatten, die ihre Ehe außerhalb des Geltungsbereichs dieses Gesetzes geschlossen haben, ohne eine Erklärung nach § 1355 Abs. 2 Satz 1 des Bürgerlichen Gesetzbuchs abgegeben zu haben, kann auch von den Standesbeamten beglaubigt oder beurkundet werden. Gleiches gilt für die Erklärung, durch die ein Kind und sein Ehegatte die Namensänderung der Eltern des Kindes auf ihren Ehenamen erstrecken.

(2) Für die Entgegennahme der Erklärungen gilt § 15 c Abs. 2 entsprechend.«

6. § 21 Abs. 1 Nr. 4 erhält folgende Fassung:

»4. die Vornamen und der Familienname des Kindes,«.

7. In § 30 Abs. 1 wird folgender Satz angefügt:

»Außerdem ist ein Randvermerk einzutragen, wenn dem überlebenden Elternteil eines auf eigenen Antrag für ehelich erklärten Kindes der neue Name des Kindes erteilt worden ist.«

8. § 31 a Abs. 1 wird wie folgt gefaßt:

»(1) Die Erklärung, durch die

1. ein Kind sich der Änderung des Familiennamens der Eltern oder eines Elternteils anschließt,

2. die Mutter eines nichtehelichen Kindes und deren Ehemann diesem ihren Ehenamen erteilen,

3. der Vater eines nichtehelichen Kindes diesem seinen Familiennamen erteilt,

4. ein an Kindes Statt angenommenes Kind dem neuen Namen seinen früheren Familiennamen hinzufügt,

5. ein an Kindes Statt angenommenes Kind sich der Änderung des Familiennamens des Annehmenden anschließt,

sowie die zu den Nummern 2 und 3 erforderlichen Einwilligungserklärungen des Kindes und die zu Nummer 3 erforderliche Einwilligung der Mutter können auch von den Standesbeamten beglaubigt oder beurkundet werden. Gleiches gilt für die etwa erforderliche Zustimmung des gesetzlichen Vertreters zu einer in Satz 1 genannten Erklärung.«

9. In § 63 Nr. 1 werden die Worte »die Vor- und Familiennamen der Ehegatten« durch die Worte »die Vornamen der Ehegatten und die von ihnen vor und nach der Eheschließung geführten Familiennamen« ersetzt.

10. In § 70 wird folgende Nummer 3 a eingefügt:

»3 a. die Übertragung von besonderen Aufgaben auf den Standesbeamten des Standesamts I in Berlin (West), die sich daraus ergeben, daß diesem im Rahmen der ihm durch dieses Gesetz übertragenen Zuständigkeiten Mitteilungen oder Erklärungen über Vorgänge zugehen, die in ein Personenstandsbuch einzutragen wären,«.

Artikel 10
Änderung von Kostengesetzen

1. Das Gerichtskostengesetz wird wie folgt geändert:

a) § 1 wird wie folgt geändert:
   aa) Folgender Absatz 2 wird eingefügt:
   »(2) Die Vorschriften dieses Gesetzes über die Erhebung von Kosten für das Verfahren vor den ordentlichen Gerichten nach der Zivilprozeßordnung gelten auch für Familiensachen des § 621 Abs. 1 Nr. 1 bis 3, 6, 7 und 9 der Zivilprozeßordnung, die Folgesachen einer Scheidungssache sind.«
   bb) Der bisherige Absatz 2 wird Absatz 3.

b) In der Überschrift des Zweiten Abschnitts werden nach den Worten »Bürgerliche Rechtsstreitigkeiten« die Worte »und Scheidungsfolgesachen« eingefügt.

c) § 12 wird wie folgt geändert:
   aa) In der Überschrift werden nach den Worten »bürgerlichen Rechtsstreitigkeiten« die Worte »und Scheidungsfolgesachen« angefügt.
   bb) In Absatz 1 werden nach den Worten »bürgerlichen Rechtsstreitigkeiten« die Worte »und in den in § 1 Abs. 2 genannten Scheidungsfolgesachen« eingefügt.
   cc) In Absatz 2 Satz 3 wird der Punkt durch ein Komma ersetzt und folgender Satzteil angefügt:
   »in einer Scheidungsfolgesache nach § 623 Abs. 1, 4, § 621 Abs. 1 Nr. 1, 2 oder 3 der Zivilprozeßordnung von 1500 Deutsche Mark.«

d) Nach § 17 wird folgender § 17 a eingefügt:

»§ 17 a
Versorgungsausgleich

Im Verfahren über den Versorgungsausgleich sind maßgebend
1. in den Fällen des § 1587 b des Bürgerlichen Gesetzbuchs der Jahresbetrag der Rente, die den zu übertragenden oder zu begründenden Rentenanwartschaften entspricht, mindestens jedoch 1000 Deutsche Mark,
2. im Falle des § 1587 g Abs. 1 des Bürgerlichen Gesetzbuchs der Jahresbetrag der Geldrente, mindestens jedoch 1000 Deutsche Mark.«

e) Nach § 19 wird folgender § 19 a eingefügt:

»§ 19 a
Scheidungssachen und Folgesachen

Die Scheidungssache und die Folgesachen (§ 623 Abs. 1, 4, § 621 Abs. 1 der Zivilprozeßordnung) gelten als ein Verfahren, dessen Gebühren nach dem zusammengerechneten Wert der Gegenstände zu berechnen sind. Eine Scheidungsfolgesache nach § 623 Abs. 1, 4, § 621 Abs. 1 Nr. 1, 2 oder 3 der Zivilprozeßordnung ist auch dann als ein Gegenstand zu bewerten, wenn sie mehrere Kinder betrifft. § 12 Abs. 3 ist nicht anzuwenden.«

f) § 20 Abs. 2 wird wie folgt gefaßt:

»(2) Ist in einem Verfahren nach § 620 Satz 1 Nr. 4, 6 oder in einem Verfahren nach § 641 d der Zivilprozeßordnung die Unterhaltspflicht zu regeln, so wird der Wert nach dem sechsmonatigen Bezug berechnet. Im Verfahren nach § 620 Satz 1 Nr. 7 der Zivilprozeßordnung bestimmt sich der Wert, soweit die Benutzung der Ehewohnung zu regeln ist, nach dem dreimonatigen Mietwert, soweit die Benutzung des Hausrats zu regeln ist, nach § 3 der Zivilprozeßordnung.«

g) § 49 wird wie folgt geändert:
   aa) In der Überschrift werden nach den Worten »in bürgerlichen Rechtsstreitigkeiten« die Worte »und in Scheidungsfolgesachen« eingefügt.
   bb) Satz 1 wird wie folgt gefaßt:
   »In bürgerlichen Rechtsstreitigkeiten und in den in § 1 Abs. 2 genannten Scheidungsfolgesachen, in Verfahren vor Gerichten der Verwaltungsgerichtsbarkeit und der Finanzgerichtsbarkeit ist Schuldner der Kosten derjenige, der das Verfahren der Instanz beantragt hat.«

h) In § 61 werden nach den Worten »In bürgerlichen Rechtsstreitigkeiten« die Worte »einschließlich der Familiensachen nach § 621 Abs. 1 Nr. 4, 5 und 8 der Zivilprozeßordnung« eingefügt.

i) § 65 wird wie folgt geändert:
   aa) In Absatz 1 Satz 1 fallen die Worte »mit Ausnahme der Anfechtungsklagen in Entmündigungssachen nach §§ 664, 679, 684, 686 der Zivilprozeßordnung« weg.
   bb) Folgender Absatz 2 wird eingefügt:
   »(2) Absatz 1 gilt nicht für Scheidungsfolgesachen und für Anfechtungsklagen in Entmündigungssachen nach §§ 664, 679, 684, 686 der Zivilprozeßordnung.«
   cc) Die bisherigen Absätze 2 bis 6 werden Absätze 3 bis 7.
   dd) In dem neuen Absatz 7 werden die Worte »Die Absätze 1 bis 5« ersetzt durch die Worte »Die Absätze 1, 3 bis 6«.
   [vgl. auch Art. 8 Nr. 1 der Vereinfachungsnovelle]

k) Das Kostenverzeichnis (Anlage 1) wird wie folgt geändert:
   aa) In der Überschrift des Abschnitts A werden nach den Worten »Bürgerliche Rechtsstreitigkeiten« die Worte »und Scheidungsfolgesachen« eingefügt.
   bb) Nach der Nummer 1097 wird folgender neuer Unterabschnitt V eingefügt:

Nr.	Gebührentatbestand	Gebührenbetrag in DM oder Satz der Gebühr nach der Tabelle der Anlage 2
	»V. Verfahren in Scheidungssachen und Folgesachen	
	1. Verfahren erster Instanz	
1110	Verfahren im allgemeinen	1
1111	Zurücknahme des Antrags oder der Klage vor Ablauf des Tages, an dem entweder eine Anordnung nach § 272 b ZPO unterschriftlich verfügt oder ein Beweisbeschluß unterschrieben ist, und vor Beginn des Tages, der für die mündliche Verhandlung vorgesehen war; Erledigungserklärungen nach § 91 a ZPO stehen der Zurücknahme nicht gleich . .	Gebühr 1110 entfällt
1113	Grundurteil (§ 304 ZPO), Vorbehaltsurteil (§§ 302, 599 ZPO)	1/2
1114	Endurteil, soweit ihm ein Grundurteil oder ein Vorbehaltsurteil vorausgegangen ist, mit Ausnahme des Anerkenntnisurteils, Verzichtsurteils und Versäumnisurteils gegen die säumige Partei . . .	1/2
1115	Endurteil, soweit ihm kein Vorbehaltsurteil oder Grundurteil vorausgegangen ist, mit Ausnahme des Anerkenntnisurteils, Verzichtsurteils und Versäumnisurteils gegen die säumige Partei . . .	1
1118	Beschluß nach § 91 a ZPO, soweit nicht bereits eine Gebühr nach Nummern 1114, 1115 entstanden ist	1
	2. Berufungsverfahren, Beschwerden nach § 621 e Abs. 1, § 629 a Abs. 2 ZPO	
1120	Verfahren im allgemeinen	1 1/2
1121	Zurücknahme der Berufung, der Beschwerde, des Antrags oder der Klage vor Ablauf des Tages, an dem entweder eine Anordnung nach § 272 b ZPO unterschriftlich verfügt, ein Beweisbeschluß unterschrieben oder ein Termin zur mündlichen Verhandlung unterschriftlich bestimmt ist; Erledigungserklärungen nach § 91 a ZPO stehen der Zurücknahme nicht gleich	Gebühr 1120 ermäßigt sich auf 1/2
1123	Grundurteil (§ 304 ZPO), Vorbehaltsurteil (§§ 302, 599 ZPO)	3/4
1124	Urteil, das die Instanz abschließt, soweit	

Nr.	Gebührentatbestand	Gebührenbetrag in DM oder Satz der Gebühr nach der Tabelle der Anlage 2
	ihm ein Grundurteil oder Vorbehaltsurteils nach Nummer 1123 vorausgegangen ist, mit Ausnahme des Anerkenntnisurteils, Verzichtsurteils und Versäumnisurteils gegen die säumige Partei	3/4
1125	Urteil, das die Instanz abschließt, soweit ihm kein Grundurteil oder Vorbehaltsurteil nach Nummer 1123 vorausgegangen ist, mit Ausnahme des Anerkenntnisurteils, Verzichtsurteils und Versäumnisurteils gegen die säumige Partei	1 1/2
1126	Beschluß in den in § 1 Abs. 2 genannten Scheidungsfolgesachen, der die Instanz abschließt	1 1/2
1128	Beschluß nach § 91 a ZPO, soweit nicht bereits eine Gebühr nach Nummern 1124, 1125 entstanden ist	1
	3. Revisionsverfahren, Beschwerden nach § 621 a Abs. 2, § 629 a Abs. 2 ZPO	
1130	Verfahren im allgemeinen	2
1131	Zurücknahme der Revision, der weiteren Beschwerde, des Antrags oder der Klage, bevor die Schrift zur Begründung der Revision oder der weiteren Beschwerde bei Gericht eingegangen ist; Erledigungserklärungen nach § 91 a ZPO stehen der Zurücknahme nicht gleich	Gebühr 1130 ermäßigt sich auf 1/2
1135	Urteil, das die Instanz abschließt, mit Ausnahme des Anerkenntnisurteils, Verzichtsurteils und Versäumnisurteils gegen die säumige Partei	2
1136	Beschluß in den in § 1 Abs. 2 genannten Scheidungsfolgesachen, der die Instanz abschließt	2
1138	Beschluß nach § 91 a ZPO	1«.

cc) Der bisherige Unterabschnitt V wird Unterabschnitt VI; die bisherigen Nummern 1100 bis 1112 werden Nummern 1140 bis 1152.

dd) Der bisherige Unterabschnitt VI wird Unterabschnitt VII und erhält folgende Fassung:

Nr.	Gebührentatbestand	Gebührenbetrag in DM oder Satz der Gebühr nach der Tabelle der Anlage 2
	»VII. Einstweilige Anordnungen	
1160	Entscheidung über einen Antrag nach § 127 a ZPO . . . . Mehrere Entscheidungen innerhalb eines Rechtszuges gelten als eine Entscheidung.	1/2
1161	Entscheidung über einen Antrag nach § 620 Satz 1 Nr. 4, 6 bis 9 ZPO . . . . Mehrere Entscheidungen innerhalb eines Rechtszuges gelten als eine Entscheidung.	1/2
1162	Entscheidung über einen Antrag nach § 621 f ZPO . . . . Mehrere Entscheidungen innerhalb eines Rechtszuges gelten als eine Entscheidung.	1/2
1163	Entscheidung über einen Antrag nach § 641 d ZPO . . . . Mehrere Entscheidungen innerhalb eines Rechtszuges gelten als eine Entscheidung.«	1/2

ee) Der bisherige Unterabschnitt VII wird Unterabschnitt VIII; die bisherigen Nummern 1125 bis 1128 werden Nummern 1165 bis 1168.

ff) Der bisherige Unterabschnitt VIII wird Unterabschnitt IX; die bisherige Nummer 1130 wird Nummer 1170; die Verweisung »den §§ 627, 627 b Abs. 1« wird durch Verweisung »§ 620« ersetzt.

gg) Der bisherige Unterabschnitt IX wird Unterabschnitt X; die bisherige Nummer 1140 wird Nummer 1175.

hh) Der bisherige Unterabschnitt X wird Unterabschnitt XI und erhält folgende Fassung:

Nr.	Gebührentatbestand	Gebührenbetrag in DM oder Satz der Gebühr nach der Tabelle der Anlage 2
	»XI. Beschwerdeverfahren	
1180	Verfahren über Beschwerden nach § 71 Abs. 2, § 91 a Abs. 2, § 99 Abs. 2, § 271 Abs. 3, § 620 c Satz 1, § 620 f Satz 3, § 641 d Abs. 3 ZPO sowie über Beschwerden gegen die Zurückweisung eines Antrags auf Anordnung eines Arrestes oder einer einstweiligen Verfügung . .	1
1181	Verfahren über in den Nummern 1096, 1097, 1126, 1136 und 1180 nicht aufgeführte Beschwerden: Soweit die Beschwerde verworfen oder zurückgewiesen wird	1«.

ii) Der bisherige Unterabschnitt XI wird Unterabschnitt XII; die bisherige Nummer 1160 wird Nummer 1185.

2. Die Kostenordnung wird wie folgt geändert:

a) § 94 wird wie folgt geändert:
   aa) In der Überschrift werden die Worte »und des Familiengerichts« angefügt.
   bb) In Absatz 2 Satz 2 fallen die Worte »des Vormundschaftsgerichts« weg.
   cc) In Absatz 3 Satz 2 erster Halbsatz wird das Wort »Vormundschaftsgericht« durch das Wort »Gericht« ersetzt.

b) In § 97 werden in der Überschrift nach dem Wort »Vormundschaftsgerichts« die Worte »oder des Familiengerichts« eingefügt.

c) § 97 a Abs. 1 wird wie folgt gefaßt:
»(1) Die volle Gebühr wird erhoben für die Befreiung vom Erfordernis der Ehemündigkeit und die Befreiung vom Eheverbot wegen Schwägerschaft (§§ 1, 4 des Ehegesetzes).«

d) Nach § 98 wird folgender § 99 eingefügt:

»§ 99
Versorgungsausgleich bei Scheidung, Nichtigerklärung oder Aufhebung einer Ehe

(1) Für das Verfahren über den Versorgungsausgleich nach § 1587 b oder nach § 1587 g Abs. 1 des Bürgerlichen Gesetzbuchs wird die volle Gebühr erhoben. Kommt es zum Versorgungsausgleich durch richterliche Entscheidung nach § 1587 b oder nach § 1587 g Abs. 1 des Bürgerlichen Gesetzbuchs, so erhöht sich die Gebühr auf das Dreifache der vollen Gebühr. Wird im Falle des § 1587 g Abs. 1 des Bürgerlichen Gesetzbuchs der Antrag zurückgenommen, bevor es zu einer Entscheidung oder einer vom Gericht vermittelten Einigung gekommen ist, so ermäßigt sich die Gebühr auf die Hälfte der vollen Gebühr.

(2) Die volle Gebühr wird erhoben

1. für Entscheidungen nach § 1587 d Abs, 1, § 1587 i Abs. 1, § 1587 l Abs. 1, 3 Satz 3 des Bürgerlichen Gesetzbuchs, sofern der Antrag nicht in einem der in Absatz 1 aufgeführten Verfahren gestellt worden ist,
2. für die Aufhebung oder Änderung von Entscheidungen nach § 1587 d Abs. 1, § 1587 g Abs. 3, § 1587 i Abs. 3 des Bürgerlichen Gesetzbuchs,
3. für die Entscheidung über den Antrag auf Neufestsetzung des zu leistenden Betrages nach § 53 e Abs. 3 des Gesetzes über die Angelegenheiten der freiwilligen Gerichtsbarkeit.

(3) Für den Geschäftswert sind maßgebend

1. im Verfahren nach § 1587 b des Bürgerlichen Gesetzbuchs der Jahresbetrag der Rente, die den zu übertragenden oder zu begründenden Rentenanwartschaften entspricht, mindestens jedoch 1000 Deutsche Mark,

2. im Verfahren nach § 1587 g Abs. 1 des Bürgerlichen Gesetzbuchs der Jahresbetrag der Geldrente, mindestens jedoch 1000 Deutsche Mark,

3. im Verfahren nach § 1587 l Abs. 1 des Bürgerlichen Gesetzbuchs der Jahresbetrag der Geldrente, die durch die Abfindungssumme abgegolten wird, mindestens jedoch 1000 Deutsche Mark,

4. im Verfahren zur Neufestsetzung des zu leistenden Betrages nach § 53 e Abs. 3 des Gesetzes über die Angelegenheiten der freiwilligen Gerichtsbarkeit 200 Deutsche Mark.

Im übrigen bestimmt sich der Geschäftswert nach § 30.«

e) In § 124 Abs. 1 wird nach der Verweisung »260,« eingefügt: »1580 Satz 2, § 1587 e Abs. 1, § 1587 k Abs. 1, § 1605 Abs. 1 Satz 3, §§«.

f) In § 131 Abs. 3 werden nach dem Wort »Vormundschaftsgerichts« die Worte »oder des Familiengerichts« eingefügt.

g) Nach § 131 wird folgender § 131 a eingefügt:

»§ 131 a

Beschwerden in Versorgungsausgleichssachen

In Verfahren über Beschwerden in Versorgungsausgleichssachen nach § 621 e der Zivilprozeßordnung werden die gleichen Gebühren wie im ersten Rechtszug erhoben.«

3. Die Bundesgebührenordnung für Rechtsanwälte wird wie folgt geändert:

a) In § 7 wird folgender Absatz 3 angefügt:
»(3) Eine Scheidungssache und die Folgesachen (§ 623 Abs. 1, 4, § 621 Abs. 1 der Zivilprozeßordnung) gelten als dieselbe Angelegenheit im Sinne dieses Gesetzes.«

b) In § 8 Abs. 2 wird folgender Satz 3 angefügt:
»Betrifft die Tätigkeit eine einstweilige Anordnung der in § 620 Satz 1 Nr. 1, 2 oder 3 der Zivilprozeßordnung bezeichneten Art, so ist von einem Wert von 1000 Deutsche Mark auszugehen.«

c) In § 15 wird folgender Absatz 2 angefügt:
»(2) In den Fällen des § 629 b der Zivilprozeßordnung bildet das weitere Verfahren vor dem Familiengericht mit dem früheren einen Rechtszug.«

d) § 31 wird wie folgt geändert:
  aa) In Absatz 1 Nr. 3 werden die Worte »Parteivernehmung nach § 619 der Zivilprozeßordnung« durch die Worte »Anhörung oder Vernehmung einer Partei nach § 613 der Zivilprozeßordnung« ersetzt.
  bb) Folgender Absatz 3 wird angefügt:
  »(3) Absätze 1 und 2 gelten auch für Scheidungsfolgesachen nach § 623 Abs. 1, 4, § 621 Abs. 1 Nr. 1 bis 3, 6, 7 und 9 der Zivilprozeßordnung.«

e) In § 36 Abs. 2 werden die Worte »Klage auf Scheidung oder« durch die Worte »Scheidungssache oder eine Klage auf« und die Worte »eine solche Klage« durch die Worte »ein solches Verfahren« ersetzt.

f) Nach § 36 wird folgender § 36 a eingefügt:

»§ 36 a
Beigeordneter Rechtsanwalt

(1) Der Rechtsanwalt, der nach § 625 der Zivilprozeßordnung dem Antragsgegner beigeordnet ist, kann von diesem die Vergütung eines zum Prozeßbevollmächtigten bestellten Rechtsanwalts verlangen; er kann jedoch keinen Vorschuß fordern.

(2) Ist der Antragsgegner mit der Zahlung der Vergütung im Verzug, so kann der Rechtsanwalt eine Vergütung aus der Landeskasse verlangen. Die Vorschriften des Zwölften Abschnitts gelten sinngemäß.«

g) In § 37 Abs. 6 werden die Worte angefügt:

»die Festsetzung des für die Begründung von Rentenanwartschaften in einer gesetzlichen Rentenversicherung zu leistenden Betrages nach § 53 e Abs. 2 des Gesetzes über die Angelegenheiten der freiwilligen Gerichtsbarkeit;«.

h) § 41 wird wie folgt gefaßt:

»§ 41
Einstweilige Anordnungen

(1) Die Verfahren nach
a) § 127 a,
b) §§ 620, 620 b Abs. 1, 2,
c) § 621 f,
d) §§ 641 d, 641 e Abs. 2, 3
der Zivilprozeßordnung gelten jeweils als besondere Angelegenheit. Für mehrere Verfahren, die unter einem Buchstaben genannt sind, erhält der Rechtsanwalt die Gebühren in jedem Rechtszug nur einmal.

(2) Bei einer Einigung der Parteien erhält der Rechtsanwalt die Prozeßgebühr nur zur Hälfte, wenn ein Antrag nach den in Absatz 1 genannten Vorschriften nicht gestellt worden ist. Dies gilt auch, soweit lediglich beantragt ist, eine Einigung der Parteien zu Protokoll zu nehmen.«

i) § 42 fällt weg.

k) Nach § 61 wird folgender § 61 a eingefügt:

»§ 61 a
Beschwerde in Scheidungsfolgesachen

Bei Scheidungsfolgesachen erhält der Rechtsanwalt im Verfahren über die Beschwerde nach § 621 e Abs. 1 und § 629 a Abs. 2 der Zivilprozeßordnung sowie über die weitere Beschwerde nach § 621 e Abs. 2 und § 629 a Abs. 2 der Zivilprozeßordnung die in § 31 bestimmten Gebühren. Die Gebühren richten sich nach § 11 Abs. 1 Satz 2, 3.«

l) In § 63 Abs. 1 Nr. 1, Abs. 3 werden die Worte »nach der Scheidung« jeweils gestrichen.

Artikel 11
Änderung sonstiger Vorschriften

1. § 2 des Gesetzes über die Rechtswirkungen des Ausspruchs einer nachträglichen Eheschließung vom 29. März 1951 (Bundesgesetzbl. I S. 215) wird aufgehoben.

2. Die §§ 16, 17, 18 Satz 2 bis 4 und § 19 Abs. 2 der Verordnung zur Durchführung und Ergänzung des Gesetzes zur Vereinheitlichung des Rechts der Eheschließung und der Ehescheidung (Ehegesetz) vom 27. Juli 1938 (Reichsgesetzbl. I S. 923), zuletzt geändert durch das Familienrechtsänderungsgesetz vom 11. August 1961 (Bundesgesetzblatt I S. 1221), die §§ 15, 16, 17 Satz 2 bis 4 und § 18 Abs. 2 der Verordnung zur Ausführung des Ehegesetzes vom 20. Februar 1946 (Kontrollratsgesetz Nr. 16) vom 12. Juli 1948 (Verordnungsblatt für die Britische Zone S. 210), geändert durch das Familienrechtsänderungsgesetz vom 11. August 1961 (Bundesgesetzbl. I S. 1221), sowie Artikel 5 Abschnitt VI §§ 14, 15, 16 Satz 2 bis 4 und § 17 Abs. 2 des Rechtsangleichungsgesetzes vom 22. Dezember 1956 (Amtsblatt des Saarlandes S. 1667), geändert durch das Familienrechtsänderungsgesetz vom 11. August 1961 (Bundesgesetzblatt I S. 1221), werden aufgehoben.

3. Die Verordnung über die Behandlung der Ehewohnung und des Hausrats nach der Scheidung (Sechste Durchführungsverordnung zum Ehegesetz) vom 21. Oktober 1944 (Reichsgesetzbl. I S. 256), zuletzt geändert durch das Familienrechtsänderungsgesetz vom 11. August 1961 (Bundesgesetzbl. I S. 1221), wird wie folgt geändert:

a) In der Überschrift der Verordnung werden die Worte »nach der Scheidung« gestrichen.

b) § 1 wird wie folgt geändert:
   - aa) In Absatz 1 werden die Worte »Können sich nach der Scheidung einer Ehe die bisherigen Ehegatten« ersetzt durch die Worte »Können sich die Ehegatten anläßlich der Scheidung«.
   - bb) Absatz 2 wird wie folgt gefaßt:
     »(2) Die in Absatz 1 genannten Streitigkeiten werden nach den Vorschriften dieser Verordnung und den Vorschriften des Zweiten und des Dritten Titels des Ersten Abschnitts im Sechsten Buch der Zivilprozeßordnung behandelt und entschieden.«

c) In § 2 Satz 2 werden die Worte »sowie die Ursachen der Eheauflösung« gestrichen.

d) In § 3 Abs. 1, § 5 Abs. 2 Satz 1, § 6 Abs. 1 Satz 1 fällt das

Wort »bisherigen« jeweils weg. In § 5 Abs. 2 Satz 1 wird das Wort »Bestand« durch das Wort »Besteht« ersetzt.

e) § 11 wird wie folgt gefaßt:

»§ 11
Zuständigkeit

(1) Zuständig ist das Gericht der Ehesache des ersten Rechtszuges (Familiengericht).
(2) Ist eine Ehesache nicht anhängig, so ist das Familiengericht zuständig, in dessen Bezirk sich die gemeinsame Wohnung der Ehegatten befindet. § 606 Abs. 2, 3 der Zivilprozeßordnung gilt entsprechend.
(3) Wird, nachdem ein Antrag bei dem nach Absatz 2 zuständigen Gericht gestellt worden ist, eine Ehesache bei einem anderen Familiengericht rechtshängig, so gibt das Gericht im ersten Rechtszug das bei ihm anhängige Verfahren von Amts wegen an das Gericht der Ehesache ab. § 281 Abs. 2, 3 Satz 1 der Zivilprozeßordnung gilt entsprechend.«

f) In § 12 werden die Worte »nicht innerhalb eines Jahres« durch die Worte »später als ein Jahr« ersetzt.

g) § 13 Abs. 1 wird wie folgt gefaßt:

»(1) Das Verfahren ist unbeschadet der besonderen Vorschrift des § 621 a der Zivilprozeßordnung eine Angelegenheit der freiwilligen Gerichtsbarkeit.«

h) § 14 wird wie folgt gefaßt:

»§ 14
Rechtsmittel

Eine Beschwerde nach § 621 e der Zivilprozeßordnung, die sich lediglich gegen die Entscheidung über den Hausrat richtet, ist nur zulässig, wenn der Wert des Beschwerdegegenstandes fünfhundert Deutsche Mark übersteigt.«

i) In § 18 Abs. 1 Satz 1 und in § 23 wird jeweils das Wort »Amtsgericht« durch das Wort »Familiengericht« ersetzt.

k) § 19 fällt weg.

4. Das Gesetz für Jugendwohlfahrt wird wie folgt geändert:

a) § 14 Abs. 1 Nr. 7 wird wie folgt gefaßt:
»7. ein Vormundschaftsrichter, ein Familienrichter oder ein Jugendrichter.«.

b) Nach § 52 wird folgender § 52 a eingefügt:

»§ 52 a

Für die Anwendung der vorstehenden Vorschriften tritt das Familiengericht hinsichtlich der ihm obliegenden Verrichtungen an die Stelle des Vormundschaftsgerichts.«

5. In Artikel 7 § 1 Abs. 6 Satz 4 des Familienrechtsänderungsgesetzes vom 11. August 1961 (Bundesgesetzbl. I S. 1221) wird nach der Verweisung » §§ 25, eingefügt: »28 Abs. 2, 3, §«.

6. § 48 Abs. 1 der Bundesrechtsanwaltsordnung wird wie folgt geändert:

a) Nach den Worten »die Vertretung einer Partei« wird eingefügt: »oder die Beistandschaft«.

b) In Nummer 2 wird die Verweisung »§ 78 a« durch die Verweisung »§ 78 b« ersetzt.

c) Folgende neue Nummer 3 wird eingefügt:
»3. wenn er dem Antragsgegner auf Grund des § 625 der Zivilprozeßordnung als Beistand beigeordnet ist;«.

d) Die bisherige Nummer 3 wird Nummer 4.

Artikel 12
Übergangs- und Schlußvorschriften

1. Für die persönlichen Rechtsbeziehungen der Ehegatten zueinander gelten, soweit im folgenden nichts anderes bestimmt ist, die Vorschriften dieses Gesetzes, auch wenn die Ehe vor seinem Inkrafttreten geschlossen worden ist.

2. Der Anwendung des § 1355 Abs. 3 des Bürgerlichen Gesetzbuchs steht nicht entgegen, daß die Ehefrau nach den bisher geltenden Vorschriften dem Ehenamen ihren Mädchennamen hinzugefügt hat.

3. Für die Scheidung der Ehe und die Folgen der Scheidung gelten die Vorschriften dieses Gesetzes auch dann, wenn die Ehe vor seinem Inkrafttreten geschlossen worden ist.
Der Unterhaltsanspruch eines Ehegatten, dessen Ehe nach den bisher geltenden Vorschriften geschieden worden ist, bestimmt sich auch künftig nach bisherigem Recht. Unterhaltsvereinbarungen bleiben unberührt.
Die §§ 1587 bis 1587 p des Bürgerlichen Gesetzbuchs in der Fassung von Artikel 1 Nr. 20 sind auf Ehen, die nach den bisher geltenden Vorschriften geschieden worden sind, nicht anzuwenden. Das gleiche gilt für Ehen, die nach dem Inkrafttreten dieses Gesetzes geschieden werden, wenn der Ehegatte, der nach den Vorschriften dieses Gesetzes einen Ausgleichsanspruch hätte, von dem anderen vor Inkrafttreten dieses Gesetzes durch Übertragung von Vermögensgegenständen für künftige Unterhaltsansprüche endgültig abgefunden worden ist oder wenn die nach den Vorschriften dieses Gesetzes auszugleichenden Anwartschaften oder Aussichten auf eine Versorgung Gegenstand eines vor Inkrafttreten dieses Gesetzes abgeschlossenen Vertrages sind. Soweit die Vorschriften über den Versorgungsausgleich auch für Ehen gelten, die vor dem Inkrafttreten dieses Gesetzes geschlossen worden sind, kann das Familiengericht auf Antrag des Ausgleichsverpflichteten den Ausgleichsanspruch herabsetzen, wenn die Ehe allein wegen des Widerspruchs des anderen Ehegatten (§ 48 Abs. 2 des Ehegesetzes) nicht geschieden werden durfte und die uneingeschränkte Durchführung des Ausgleichs für ihn auch unter Berücksichtigung

der Interessen des anderen Ehegatten grob unbillig wäre. Der Ausgleichsanspruch darf um nicht mehr als die Hälfte des auf die Trennungszeit entfallenden gesetzlichen Anspruchs herabgesetzt werden.

4. Artikel 1 Nr. 17 ist auf Ehen, die nach den bisher geltenden Vorschriften geschieden worden sind, nicht anzuwenden.

5. Artikel 3 Nr. 5, 6, 7 gilt nicht für Ehen, die nach den bisher geltenden Vorschriften für nichtig erklärt oder aufgehoben worden sind; auf solche Ehen sind die bisher geltenden Bestimmungen anzuwenden.

6. § 592 Abs. 1 Satz 3 der Reichsversicherungsordnung gilt auch, wenn der Arbeitsunfall nach dem 30. Juni 1963 eingetreten und die Ehe nach dem 30. Juni 1977 geschieden, für nichtig erklärt oder aufgehoben ist.

7. Für einen Rechtsstreit in Ehesachen, der vor Inkrafttreten dieses Gesetzes anhängig geworden ist, gelten die folgenden besonderen Vorschriften:

   a) Eine mündliche Verhandlung, die vor dem Inkrafttreten dieses Gesetzes in einem Verfahren auf Scheidung, Aufhebung oder Nichtigerklärung einer Ehe oder auf Herstellung des ehelichen Lebens geschlossen worden ist, ist wieder zu eröffnen.
   Ist eine Scheidungssache noch im ersten Rechtszug anhängig, so ist die Sache durch Beschluß zur Fortsetzung oder Wiedereröffnung der mündlichen Verhandlung an das für sie zuständige Familiengericht zu verweisen.

   b) Tatsachen, die erst durch dieses Gesetz erheblich geworden sind, können noch in der Revisionsinstanz vorgebracht werden. Das Revisionsgericht verweist die Sache an das Berufungsgericht zurück, wenn bezüglich der neuen Tatsachen eine Beweisaufnahme erforderlich wird.

   c) Ist ein Verfahren auf Scheidung, Aufhebung oder Nichtigerklärung einer Ehe bei Inkrafttreten dieses Gesetzes in der Rechtsmittelinstanz anhängig, so ist, wenn die Ehe aufgelöst wird, in der ersten Entscheidung, die nach dem Inkrafttreten dieses Gesetzes ergeht, über die Kosten des gesamten Verfahrens nach Maßgabe des § 93 a Abs. 1, 3, 4 der Zivilprozeßordnung zu entscheiden.

   d) Werden innerhalb eines Monats nach Inkrafttreten dieses Gesetzes Folgesachen der in § 621 Abs. 1 der Zivilprozeßordnung bezeichneten Art anhängig, während die Scheidungssache in der Rechtsmittelinstanz anhängig ist, so wird der Scheidungsausspruch nicht wirksam, bevor nicht über die Folgesachen erstinstanzlich entschieden ist; das Familiengericht kann den Scheidungsausspruch vorher für wirksam erklären, wenn die Voraussetzungen des § 628 Abs. 1 Satz 1 der Zivilprozeßordnung gegeben sind.

e) Ein Verfahren auf Nichtigerklärung einer Ehe auf Grund des § 19 oder des § 22 des Ehegesetzes ist als in der Hauptsache erledigt anzusehen. § 91 a der Zivilprozeßordnung ist entsprechend anzuwenden.

8. Ein Urteil in einer Ehesache, das auf Grund der bisher geltenden Vorschriften ergangen ist, steht der Berufung auf solche Tatsachen nicht entgegen, die erst durch dieses Gesetz erheblich geworden sind.

9. Ist eine Ehe nach den bisher geltenden Vorschriften für nichtig erklärt, aufgehoben oder geschieden worden, so ist § 850 d Abs. 2 Buchstabe a der Zivilprozeßordnung in der bisher geltenden Fassung anzuwenden.

10. Verfahren nach § 57 des Ehegesetzes und nach § 44 b des Gesetzes über die Angelegenheiten der freiwilligen Gerichtsbarkeit, die sich erledigen, sind gerichtsgebührenfrei.

11. Wo auf Vorschriften verwiesen wird, die durch dieses Gesetz aufgehoben oder geändert werden, erhält die Verweisung ihren Inhalt aus den entsprechenden neuen Vorschriften. Einer Verweisung steht es gleich, wenn die Anwendbarkeit der in Satz 1 bezeichneten Vorschriften stillschweigend vorausgesetzt wird.

12. Dieses Gesetz gilt nach Maßgabe des § 13 Abs. 1 des Dritten Überleitungsgesetzes vom 4. Januar 1952 (Bundesgesetzbl. I S. 1) auch im Land Berlin. Rechtsverordnungen, die auf Grund dieses Gesetzes erlassen werden, gelten im Land Berlin nach § 14 des Dritten Überleitungsgesetzes.

13. a) Dieses Gesetz tritt vorbehaltlich der Buchstaben b und c am 1. Juli 1977 in Kraft.

b) Folgende Vorschriften treten am 1. Juli 1976 in Kraft:
Artikel 1 Nr. 2, Nr. 23 bis 25, Nr. 35 bis 41, Artikel 3 Nr. 4, Artikel 7 Nr. 1, Nr. 7 und 8, Artikel 8 Nr. 2 Buchstabe c, Artikel 9; Artikel 3 Nr. 1, soweit die §§ 54 bis 57 des Ehegesetzes ihre Wirksamkeit verlieren;
Artikel 12 Nr. 2 und Artikel 12 Nr. 10, soweit die Vorschrift Verfahren nach § 57 des Ehegesetzes betrifft.

c) Folgende Vorschriften treten am Tage nach der Verkündung des Gesetzes in Kraft:

1. § 1587 a Abs. 3 Nr. 2 letzter Satz des Bürgerlichen Gesetzbuchs in der Fassung von Artikel 1 Nr. 20;

2. Artikel 3 Nr. 1, soweit § 4 Abs. 2, § 6 Abs. 1 und § 19 des Ehegesetzes ihre Wirksamkeit verlieren, und Artikel 3 Nr. 2;

3. § 1304 c Abs. 3 der Reichsversicherungsordnung in der Fassung von Artikel 4 Nr. 1 Buchstabe e;

4. § 83 c Abs. 3 des Angestelltenversicherungsgesetzes in der Fassung von Artikel 4 Nr. 2 Buchstabe d;

5. § 96 b des Reichsknappschaftsgesetzes in der Fassung von Artikel 4 Nr. 3 Buchstabe d;
6. § 23 c des Gerichtsverfassungsgesetzes in der Fassung von Atikel 5 Nr. 2;
7. Artikel 7 Nr. 2 und 3;
8. Artikel 8 Nr. 2 Buchstabe f;
9. Artikel 12 Nr. 10, soweit die Vorschrift Verfahren nach § 44 b des Gesetzes über die Angelegenheiten der freiwilligen Gerichtsbarkeit betrifft.

Literatur:

Böckle, Die Reform der Ehescheidungsgesetze in der Bundesrepublik Deutschland, Zum katholischen Diskussionsbeitrag, Ehe, 1971, 62; *Boehmer,* Probleme der Brautkinder im deutschen und schweizerischen Recht, NJW 1963, 1945; *Bosch,* Familienrechtsreform, 1952; Ehe und Familie in der Rechtsordnung, FamRZ 1966, 57; *Brusiin,* Zum Ehescheidungsproblem, 1959; *Dombois,* Kirche und Eherecht (Sammelband), 1974; *Eichmann-Mörsdorf,* Lehrbuch des Kirchenrechts, 1951; *Erle,* Die Ehe im Naturrecht des 17. Jahrhunderts, 1952; *Evers,* Zum unkritischen Naturrechtsbewußtsein in der Rechtsprechung der Gegenwart, JZ 1961, 241; *Hesse,* Evangelisches Ehescheidungsrecht in Deutschland, 1960; *v. Hippel,* Schadensersatz bei Ehestörung, NJW 1965, 664; *Hübner,* Eheschließung und allgemeine Wirkungen der Ehe als dogmatisches Problem, FamRZ 1962, 1; *Jayme,* Die Familie im Recht der unerlaubten Handlungen, 1971; *Kaufmann,* Recht und Sittlichkeit, 1964; Die ontologische Struktur des Rechts in Die ontologische Begründung des Rechts hsg. v. Kaufmann, 1965, S. 470 ff.; Zur rechtsphilosophischen Situation der Gegenwart, JZ 1963, 137; Durch Naturrecht und Rechtspositivismus zur juristischen Hermeneutik, JZ 1975, 337; *Klein,* Der Beschluß des Bundesverfassungsgerichts zur Ehegattenbesteuerung in verfassungsrechtlicher Sicht, DÖV 1957, 567; *Koenig,* Die Familie der Gegenwart, 1974; *Larenz,* Methodenlehre der Rechtswissenschaft, 1969; Zur »Institution Ehe«, JZ 1968, 96; *Lüderitz,* Empfiehlt es sich, Gründe und Folgen der Ehescheidung neu zu regeln, 48. DJT., 1970; *Mikat,* Rechtsgeschichtliche und rechtspolitische Erwägungen zum Zerrüttungsprinzip, IV. Teil, FamRZ 1963, 65; *Mörsdorf,* Der hohe Preis der zivilen Ehe, FamRZ 1954, 123; *Müller-Freienfels,* Ehe und Recht, 1962; *Nörr,* Bürgerliches Eheauflösungsrecht und Religion, JZ 1966, 545; *Neuhaus,* Zur Reform des deutschen formellen Eheschließungsrechts, FamRZ 1972, 59; *Pawlowski,* Das Studium der Rechtswissenschaft, 1969; *Peters,* Kuppelei bei Verlobten, FamRZ 1954, 96; *Ridder,* Vom allzu zeitigen Ausverkauf der Grundrechte, JZ 1953, 249; *Schmaus,* Katholische Dogmatik, 1952; *Schwab,* Zum Eheverständnis der Eherechtsreform, Stimmen der Zeit 1975, 313; *Streck,* Generalklausel und unbestimmter Rechtsbegriff im Recht der allgemeinen Ehewirkungen, 1970; *Weinkauff,* Der Naturrechtsgedanke in der Rechtsprechung des Bundesgerichtshofes, NJW 1960, 1689; *Welzel,* Naturrecht und materielle Gerechtigkeit, 1962; *Werner,* Ehestörung und Gattenrecht, 1968; *Wieacker,* Rechtsprechung und Sittengesetz, JZ 1961, 337; *Wilkens,* Theologische Erwägungen zur Ehescheidung, FamRZ 1969, 57; *Wolf-Lüke-Hax,* Scheidung und Scheidungsrecht, 1959; *Wolf,* Zur »Institution Ehe«, JZ 1967, 749; Der Begriff Familienrecht, FamRZ 1968, 493.

Rdnr.

1 Überblick über den 5. Titel in der Fassung des 1. EheRG (§§ 1353 bis 1362)

1 Die Änderungen im 5. Titel des BGB auf Grund des 1. EheRG beruhen auf zwei Erwägungen. Einmal sollte die Gleichberechtigung von Mann und Frau, die bereits im GleichBerG Anlaß zur Änderung von Vorschriften über die Ehewirkungen gegeben hatte, fortentwickelt werden, zum anderen waren Folgeänderungen wegen des Wegfalls des Verschuldensprinzips im Ehescheidungsrecht notwendig.

2 § 1353 stellt den Grundsatz der Verpflichtung zur ehelichen Lebensgemeinschaft in Form einer Generalklausel auf. Die Generalklausel bedarf der Ausfüllung auf der Grundlage eines vorgegebenen Eheverständnisses (vgl. Rdnr. 6 ff.). Sie wird ergänzt durch einzelne konkrete Pflichten, die in den folgenden Bestimmungen geregelt sind. § 1353 befaßt sich mit Fragen des Getrenntlebens und der sog. Herstellungsklage (vgl. auch § 888 Abs. 2 ZPO). § 1355 behandelt Probleme des Ehe- und Familiennamens, während § 1356 die Haushaltsführung und die Erwerbstätigkeit der Ehegatten regelt. § 1357 regelt die Schlüsselgewalt, § 1359 die Haftungsbeschränkung unter Ehegatten. Unterhaltsfragen bei intakter Ehe (§§ 1360 bis 1360 b) und im Falle des Getrenntlebens (§ 1361) sowie vermögensrechtliche Fragen bei Getrenntleben (§ 1361a) und Eigentumsvermutungen (§ 1362) beschließen den 5. Titel. Die nicht erwähnten §§ 1354 und 1358 gelten seit dem GleichBerG nicht mehr.

3 Die Änderungen im 1. EheRG, die die persönlichen Rechtsbeziehungen der Ehegatten zueinander regeln, gelten auch für Ehen, die vor dem Inkrafttreten des Gesetzes geschlossen worden sind (vgl. Art 12 Nr. 1 des 1. EheRG). Zur Übergangsregelung im Namensrecht vgl. Art. 12 Nr. 2 des 1. EheRG; wegen der Auswirkungen der Rückbeziehung von Änderungen nach dem GleichBerG vgl. *Erman-Heckelmann.* Vor § 1353, 3, 4.

3 Eheliche Lebensgemeinschaft

4 Die Verpflichtung zur ehelichen Lebensgemeinschaft bedarf einer inhaltlichen Konkretisierung, die sich an einem Eheverständnis orientieren muß.

3.1 Gesetzliches Ehemodell

5 Der Begriff der Ehe wird im BGB nicht umschrieben, er wird vorausgesetzt. Der Versuch, die Ehe aus den geltenden gesetzlichen Vorschriften über Ehe und Familie inhaltlich zu bestimmen, stößt auf Schwierigkeiten, zumal im Zuge der Rechtsentwicklung selbst die Konturen eines gesetzlichen Leitbildes weitgehend verlorengegangen sind. Konnte z. B. aus den §§ 1356 Abs. 1 Satz 1, 1357, 1360 Satz 2 a. F. noch das Leitbild einer Hausfrauenehe angenommen werden, so ist diese Möglichkeit seit dem Inkrafttreten des 1. EheRG entfallen. Die Scheidungstatbestände nach dem Recht des BGB ergaben spiegelbildlich wesentliche Merkmale der »richtigen« Ehe. Das Zerrüttungsprinzip gewährt wegen seines formalen Charakters solche Hilfen nicht. Die verfassungsrechtlichen Grundnormen geben gewisse Anhaltspunkte für ein Leitbild der Ehe (z. B. Gleichberechtigung nach Art. 3 Abs. 2 GG), eine umfassende inhaltliche Konkretisierung ermöglichen sie nicht. Die Scheidung, vom Gesetz als Ausnahmeregelung gedacht, läßt den Schluß zu, daß die Ehe auf Lebenszeit angelegt ist, mehr nicht. Verfehlt wäre es, diese Entwicklung zu bedauern, nur muß man sich im klaren sein, daß das Fehlen gesetzlicher Orientierungshilfen höhere Anforderungen an die Gesetzesanwendung stellt.

3.2 Ehelehren

6 Die Versuche, ein gesetzliches Ehemodell aus religiösen und säkularen Ehelehren abzuleiten, und dadurch das »Vorgegebene« zu bestimmen, sind nicht ermutigend. Das Bild ist so bunt wie die Ehelehren zahlreich (zur geschichtlichen Entwicklung vgl. *Müller-Freienfels* S. 4 ff.; *Schwab,* Stimmen der Zeit 1975, 313). Die religiösen Ehelehren sind zur Fixierung rechtlicher Inhalte in einem säkularisierten Staat wenig geeignet (vgl. für die katholische Kirche *Eichmann-Mörsdorf* Bd. 2 S. 310; *Schmaus* Bd. 4 S. 10; *Böckle,* Ehe 1971, 62; für die evangelische Kirche *Brusiin,* Zum Ehescheidungsproblem, S. 17 ff., Helsinki 1959; *Dombois* S. 259; *Hesse,* Evangelisches Ehescheidungsrecht in Deutschland, 1960;

Müller-Freienfels S. 80 m. w. N.; *Mikat* FamRZ 1962, 81, 273, 497; 1963, 65 ff.; *Wilkens* FamRZ 1969, 57).

7 Auch »naturrechtliche« Ehelehren sind nicht hilfreich. Die Inhaltsbestimmung der Ehe aus dem Naturrecht setzt die Möglichkeit einer Aussage zu dem Gegenstand aus einem allgemeingültigen naturrechtlichen Veständnis der Ehe voraus (Schwab, Stimmen der Zeit 1975, 313); daran fehlt es. Ein bemerkenswertes Beispiel für einen mißlungenen Versuch der naturrechtlichen Begründung eines Eheinhalts ist die Entscheidung des Großen Senats in BGHSt 6, 46. Der BGH schloß aus einer »vorgegebenen und hinzunehmenden Ordnung der Werte», daß der »Verkehr der Geschlechter grundsätzlich in der Einehe sich vollziehe, weil der Sinn und die Folge des Verkehrs das Kind ist«. Allein der Umstand, daß die »Verpflichtung zur Nachkommenschaft« nach vorherrschender Meinung nicht mehr zu den unabdingbaren Pflichten nach § 1353 gehört, zeigt die Relativität solcher »naturrechtlichen« Aussagen und damit ihre Unbrauchbarkeit für eine naturrechtliche Inhaltsbestimmung vgl. *Dölle* § 5 I Fn. 5; *Kaufmann,* Recht und Sittlichkeit, S. 41; *Müller-Freienfels* S. 66; *Streck,* S. 40; *Welzel,* Naturrecht und materielle Gerechtigkeit, S. 226; *Boehmer* NJW 1963, 1945; *Evers* JZ 1961, 241; *Kaufmann* JZ 1963, 137; *Wieacker* JZ 1961, 337; zustimmend zur Entscheidung des Großen Senats: *Hoffmann-Stephan* Einl. 4 und § 43, 8; RGRK, EheG, Einl. 1; *Peters* FamRZ 1954, 96; *Weinkauff* NJW 1960, 1689).

8 Mitunter wird versucht, die Ehe als »Institution« zu begreifen (vgl. *Dölle* § 5 I 2; *Dombois* S. 102; *Bosch* FamRZ 1966, 61; *Larenz* JZ 1968, 96; *Mikat* FamRZ 1963, 65; *Weinkauff* JZ 1968, 15) und von daher inhaltlich zu bestimmen. Mit der Charakterisierung der Ehe als Institution ist nicht mehr ausgesagt, als daß die Ordnung der Ehe als Rechtseinrichtung über die wechselseitigen Beziehungen der Ehegatten hinaus rechtlich relevant ist (vgl. *Bosch,* Familienrechtsreform S. 45; *Dombois* S. 99; *Gernhuber* § 3, 3; *Jayme* S. 41; *Müller-Freienfels* S. 74; *Wolf-Lüke-Hax* S. 242 ff.; *Larenz* JZ 1968, 96; *Wolf* JZ 1967, 749). Über den Inhalt der Institution gibt die Lehre keinen Aufschluß; er kann aus religiösen, naturrechtlichen oder anderen Wertordnungen abgeleitet sein. Der formale Begriff der Institution erweist sich trotz seines hohen Anspruchs als zur Inhaltsbestimmung der Ehe ungeeignet (*Streck* S. 46). Allenfalls läßt sich aus dem Institutionscharakter eine gewisse Zurückhaltung in bezug auf die Verfügbarkeit über die Ehe und in bezug auf den Bestandsschutz ableiten, Umstände, die in Anbetracht der Scheidbarkeit der Ehe nur bedingte Bedeutung haben. Soweit aus dem institutionellen Charakter Verantwortlichkeiten des Einzelnen abgeleitet werden, handelt es sich in Wirklichkeit um Ableitungen aus der Institution vorgegebenen Wertungen (*Dombois* a.a.O. S. 102, *Mikat* FamRZ 1963, 65).

9 Interindividuelle Ehelehren verneinen den Institutionscharakter der Ehe. Inhalt und Auswirkungen hängen vom Grad der Verrechtlichung der personalen Beziehungen ab. Ordnet man die Ehe

dem bürgerlich rechtlichen Vertragsrecht zu, wie dies durch das rationale Naturrecht des 17. und 18. Jahrhunderts geschehen ist, so folgt daraus die Verfügbarkeit über die Ehe in doppelter Hinsicht. Der Staat kann die »Ehe« regeln wie er bürgerliches Vertragsrecht regeln kann, und die Ehegatten können über die Ehe wie die Partner eines bürgerlich-rechtlichen Dauerschuldverhältnisses verfügen (vgl. *Erle* S. 259; *Schwab*, Stimmen der Zeit 1975 S. 313). Begreift man die Beziehung der Ehegatten als die ihnen gegebene Möglichkeit, ihre privaten Erwartungen ohne Rechtszwang zu erfüllen, wie dies in neuerer Zeit vestärkt gesehen wird (vgl. *Pawlowski* S. 313 ff.; *Wolf* JZ 1967, 749; FamRZ 1968, 493), verflüchtigen sich bei der Bestimmung des Inhalts der Ehe die rechtlichen Bezüge weitgehend; allenfalls wird noch die Pflicht zu gemeinsamen Entscheidungen und die Pflicht in räumlicher Zuordnung zu leben (vgl. *Gernhuber* § 3, 4) anerkannt. In letzter Konsequenz führen die interindividuellen Ehelehren zur Aufhebung des Eherechts (vgl. *Streck* S. 50).

10 Die evidenten Schwierigkeiten, das Leitbild der Ehe aus einem vorgegebenen anerkannten Wertsystem abzuleiten, haben zu einer gewissen Ernüchterung geführt. Man bescheidet sich zunehmend mit einer Orientierung am tatsächlichen Erscheinungsbild der Ehe in einer vorgegebenen sozialen Wirklichkeit. Normativer Inhalt ist, was in bezug auf die Ehe den allgemeinen Vorstellungen entspricht und gelebt wird (*BVerfG.* 15, 328; *Beitzke* § 6; *Schwab* S. 313, der in diesem Zusammenhang vom bürgerlichen Eheverständnis spricht; *Gernhuber* § 3, 5). Hier zeigen sich Berührungspunkte zu rein soziologischen Bestimmungen der Ehe (vgl. *König* S. 73).

11 Die Orientierung an der sozialen Wirklichkeit erweckt den Eindruck, als werde dem Eherecht nur noch funktionaler Charakter zugebilligt. Das ist nicht der Fall. Es wird angenommen, daß die Ehe in der sozialen Wirklichkeit auch eine Berücksichtigung ihrer historischen Entwicklung zuläßt (*Kaufmann*, Die ontologische Struktur des Rechts, S. 492; *Schwab* S. 313), ebenso selbstverständlich wird davon ausgegangen, daß sie Strukturelemente aus der Natur der Sache aufweist, deren Veränderung in der sozialen Wirklichkeit als ausgeschlossen betrachtet wird, z. B. die Einehe, die Geschlechtsgemeinschaft und ihre Exklusivität. Nur auf diese Weise bleibt diesem Eheverständnis die Auseinandersetzung mit der Möglichkeit eines Konflikts zwischen Eherecht und sozialer Wirklichkeit in zentralen Grundfragen erspart. Zugleich wird deutlich, daß der Bezugspunkt eine durch geschichtliche Erfahrung und ontologische Elemente bereicherte Wirklichkeit ist (*Müller-Freienfels* S. 87). Die Schwäche dieses Eheverständnisses (vgl. die zutreffende Kritik von *Streck* S. 45) wird aufgewogen durch ein hohes Maß an Praktikabilität (*Gernhuber* § 3, 5), die aus einer Mischung von Wandlungsfähigkeit und Stabilität, in letzterer Hinsicht bezogen auf nicht bezweifelte elementare Strukturen, resultiert. Das Bild wäre einseitig, bliebe die Rückwirkung unerwähnt, die das Recht auf die Wirklichkeit ausübt. Daraus ergibt

sich ein fruchtbares Spannungsverhältnis im Sinne eines hermeneutischen Zirkels (vgl. *Larenz* S. 163; *Kaufmann* JZ 1975, 337).

3.3 Eheverständnis des 1. EheRG

12 Der Versuch, die Ergebnisse des 1. EheRG auf ein bestimmtes Eheverständnis zurückzuführen, müßte scheitern. Unterschiedliche Einflüsse und Elemente sind nachzuweisen, auch Widersprüchliches. Bemerkenswert ist die Betonung des interindividuellen Aspektes im Eheführungsrecht. Charakteristisch ist die Scheu, den Inhalt ehelicher Pflichten und Rechte auch nur im Ansatz anzudeuten. Die §§ 1353, 1356 BGB sind weitgehend auf die formale Verpflichtung zum Konsens reduziert (vgl. *Schwab* S. 313). Die Ehescheidungsregeln haben dogmatisch keinerlei vertragsrechtliche Bezüge. Das gilt auch für die »einverständliche Scheidung«. Nicht der Konsens führt zur Scheidung, sondern die Feststellung der Zerrüttung auf Grund einer Vermutung. Auch die Irrelevanz schuldhaften Verhaltens in der Ehe steht der Annahme vertragsrechtlicher Züge entgegen. Dasselbe gilt für die vermögensrechtlichen Auswirkungen der Scheidung. Die nicht erst seit dem 1. EheRG bestehende Unsicherheit in bezug auf den tragenden Grund des nachehelichen Unterhaltsrechts überhaupt kennzeichnet auch den Versuch, die Regelung des Unterhaltsrechts auf ein vorgegebenes Eheverständnis zurückzuführen. Eine Art Veranlasserhaftung auf Grund der eingegangenen interindividuellen Beziehung versagt als Erklärung jedenfalls in den Fällen, in denen die Unterhaltsbedürftigkeit nicht ehebedingt ist. Die Ehebedingtheit wird im Unterhaltsrecht nicht immer vorausgesetzt. Insoweit bestünden selbst bei der Annahme eines institutionellen Eheverständnisses Zuordnungsschwierigkeiten. Was bleibt, ist die Annahme, daß in der sozialen Wirklichkeit die Gewährung eines Unterhaltsanspruchs in diesen Fällen als gerecht und billig angesehen wird. Ob diese Erwartung in den Grenzbereichen des Unterhaltsrechts (z. B. bei der Anwendung der Härteklausel nach § 1579) trägt, dürfte fraglich sein.

3.4 Das »sittliche« Wesen der Ehe

13 Rechtsprechung und Rechtslehre charakterisieren Verpflichtungen aus der ehelichen Lebensgemeinschaft häufig als »sittliche« Pflichten, ohne eine Konkretisierung des Begriffs »sittlich« zu geben (*BGH* 6, 360; 37, 38; *OLG Hamburg* FamRZ 1967, 103; *OLG München*, FamRZ 1967, 394; *Erman-Heckelmann* § 1353, 1; *Dölle* § 33, I). Mitunter ersetzt der Hinweis auf den sittlichen Gehalt von Rechten und Pflichten die Begründung (*Streck* S. 28). Der Begriff »sittlich« wird unterschiedlich verwendet. Einmal soll er besagen, daß die Rechte und Pflichten aus der ehelichen Lebensgemeinschaft ihren Inhalt nicht aus der konkreten Norm erhalten, sondern von Sitte und Herkommen zu bestimmen sind (vgl. *Jayme* S. 43). Zum anderen soll damit zum Ausdruck gebracht werden, daß die ehelichen Beziehungen eine Kommerzialisierung nicht vertragen (vgl. *RG* 72, 128; *BGH*, FamRZ 1972, 33 *»Die Ehe steht außerhalb der Rechtsverhältnisse, deren Verletzung all-*

gemeine Ansprüche auf Ersatz von Vermögensschäden auslösen kann«; OLG München, JR 1956, 61 mit Nachw.). Schließlich werden die Verpflichtungen aus der ehelichen Lebensgemeinschaft mit Rücksicht auf das »sittliche Wesen« der Ehe als nicht oder nur bedingt justitiabel angesehen. Es besteht insoweit ein partiell rechtsfreier Raum. Als Beweis dafür wird der Ausschluß der Zwangsvollstreckung nach § 888 Abs. 2 ZPO angeführt. Die unkritische Berufung auf das sittliche Wesen der Ehe führt dazu, daß an die Stelle eines an der objektiven sozialen Wirklichkeit orientierten Eheverständnisses subjektive Anschauungen über das Wesen der Ehe treten (vgl. *Gernhuber* § 3, 5; *Jayme* S. 42; *Streck* S. 29; *Wolf-Lüke-Hax* S. 276 ff.).

4 Der verfassungsrechtliche Schutz der ehelichen Lebensgemeinschaft (Art. 6. Abs. 1 GG)

4.1 Geltungsbereich

14 Art. 6 Abs. 1 GG ist ein allgemeines (universales) Grundrecht. Er schützt Ehe und Familie ohne Rücksicht auf die Staatsangehörigkeit der Mitglieder. Der Schutz beschränkt sich auf die von der Rechtsordnung anerkannten Ehen. Andere Verbindungen (faktische Ehen) sind nicht unzulässig, sie genießen aber nicht das Privileg des Art. 6 Abs. 1 GG (*BVerwG* 15, 306; *Maunz-Dürig-Herzog* Art. 6, 15).

4.2 Institutsgarantie

15 Art. 6 Abs. 1 GG hat die Bedeutung einer Institutsgarantie (*BVerfG* 6, 55; 6, 386; 9, 237; 24, 119). Ein Zusammenhang mit institutionellen Ehelehren (vgl. Rdnr. 8) besteht nicht. Die Wirksamkeit einer Institutsgarantie beschränkt sich darauf, die völlige Abschaffung, Beseitigung oder Vernichtung der geschützten Rechtseinrichtung zu verhindern (vgl. *Gernhuber* § 5 I). Gemeint ist nicht eine abstrakte Institution der Ehe, sondern eine Ehe in der Ausgestaltung, die den heutigen herrschenden Anschauungen entspricht (*BVerfG* 15, 328). Der Schutz erstreckt sich nur auf den Kernbereich der Ehe, so daß Entwicklungen nicht ausgeschlossen werden. Zu den Grundstrukturen gehören: Freiheit der Eheschließung, Einehe, grundsätzliche lebenslange Dauer der Ehe (BVerfG 10, 59). Der Schutz des Art. 6 Abs. 1 steht auch getrennt lebenden Ehegatten zu (*Gernhuber* § 5 III 2; bedenklich: *BFH* NJW 1960, 79).

4.3 Wertentscheidende Grundsatznormen

16 Art. 6 Abs. 1 GG hat eine über die Institutsgarantie hinausgehende Bedeutung. Er ist zugleich eine wertentscheidende Grundsatznorm mit unmittelbarer Wirkung für die staatlichen Organe (*BVerfG* 19, 394; 6, 55; 12, 151; 24, 119). Dagegen hat er keine

unmittelbare Drittwirkung für privatrechtliche Beziehungen (vgl. Rdnr. 19 ff.).

17 Die Grundsatznorm verpflichtet den Staat zu ehe- und familienfreundlichem Verhalten. Sie ist wenig praktikabel, da es dem Ermessen des Staates überlassen ist, mit welchen Mitteln er seiner Förderungspflicht genügt (*BVerfG* 21, 1; *Wolf-Lüke-Hax* S. 238). Negativ hat sich der Staat aller Maßnahmen zu enthalten, die Ehe und Familie schädigen (*BVerfG* 6, 55; 21, 1; *Maunz-Dürig-Herzog* Art. 6, 17). Schließlich gibt die verfassungsrechtliche Wertentscheidung des Art. 6 Abs. 1 GG auch den Maßstab für eine Abgrenzung von Regelungen, bei denen Ehe oder Familie relevant sind. Die verfassungsrechtliche Qualifikation von Ehe und Familie verbietet daher grundsätzlich, Ehegatten und Familienangehörige im Vergleich zu Alleinstehenden schlechter zu behandeln. Das Bundesverfassungsgericht hat solche nachteiligen Regelungen im Steuerrecht (*BVerfG* 6, 55; 18, 97; 26, 321) und auf anderen Rechtsgebieten für verfassungswidrig erklärt (vgl. *Schmidt-Bleibtreu-Klein* Art. 6, 7).

4.4 Freiheitsgarantie

18 Art. 6 Abs. 1 GG verbürgt außerdem den Schutz gewisser privater Lebensgestaltungen in Ehe und Familie. Der Staat kann in den privaten Lebensbereich von Ehe und Familie nur regelnd eingreifen, wenn sich hierfür eine zwingende Notwendigkeit ergibt (vgl. *BVerfG* 6, 55; 10, 59; 21, 329).

4.5 Individualrechte nach Art. 6 Abs. 1 GG

19 In dem dargelegten Rahmen entstehen bei Verletzung des Art. 6 Abs. 1 GG Ansprüche der Ehegatten und Familienmitglieder. Nach Inhalt und Abwehrrichtung des Grundrechts richtet sich der Anspruch gegen den Staat (vgl. *BVerfG* 6, 386; *Maunz-Dürig-Herzog* Art. 6, 8; *Gernhuber* § 5 III 1; *Jayme* S. 42; *Klein* DÖV 1957, 567; *Scheffler* – eingeschränkt – in *Bettermann-Nipperdey-Scheuner*, IV 1, 273; *Wolf-Lüke-Hax* S. 239, 240). Ob und in welchem Umfang aus Art. 6 Abs. 1 GG auch unmittelbar Folgerungen für privatrechtliche Beziehungen (der Ehegatten untereinander und im Verhältnis zu Dritten) hergeleitet werden können, ist umstritten. Aus der dargelegten Abwehrrichtung des Grundrechts und der Tatsache, daß der Inhalt des Grundrechts einen anderen Bezugspunkt hat, je nachdem, ob er zur Verteidigung gegenüber dem Staat oder zur Abgrenzung privatrechtlicher Interessen gegenüber einer anderen Privatperson dient, ist die unmittelbare Drittwirkung des Art. 6 Abs. 1 GG in privatrechtlichen Verhältnissen zu verneinen (*BGH* 26, 223; *Werner* S. 27; *Beitzke* § 12 III 3 c; *Gernhuber* § 17 I 1; *v. Hippel* NJW 1965, 664; *Jayme* S. 254 Anm. 156; *Lüderitz* B 56; *Ridder* JZ 1953, 249; *Maunz-Dürig-Herzog* Art. 6, 8; *Wolf-Lüke-Hax* S. 238 – a. A.: *OLG Celle* FamRZ 1955, 46; FamRZ 1963, 295; *KG* FamRZ 1965, 329, die Art. 6 Abs. 1 GG als Schutzgesetz nach § 823 Satz 2 BGB ansehen und damit die Drittwirkung bejahen; vgl.

auch *Ramm* S. 18). Verneint man die Drittwirkung des Art. 6 Abs. 1 GG, so ist damit keine Entscheidung darüber gefällt, ob und in welchem Umfang ein Ehegatte gegen den anderen oder gegen Dritte Ansprüche wegen Verletzung der ehelichen Lebensgemeinschaft erheben kann. Solche Ansprüche können unter Umständen auf zivilrechtliche Rechtsgrundlagen (§§ 823, 1353, 1004) gestützt werden, ohne daß es des Grundrechts nach Art. 6 Abs. 1 GG bedarf. Das schließt nicht aus, daß zur inhaltlichen Bestimmung der Ansprüche die verfassungsrechtliche Wertung von Ehe und Familie beitragen kann. Zur Ehestörungsklage vgl. Rdnr. 58 ff. zu § 1353.

5 Die bürgerliche Ehe

5.1 Begriff

20 Die an der sozialen Wirklichkeit orientierte Ehevorstellung wird durch die gesetzliche Regelung verrechtlicht und damit zur bürgerlichen Ehe. Die bürgerliche Ehe des BGB kann danach als die von der Rechtsordnung anerkannte Verbindung von Mann und Frau zur grundsätzlich lebenslangen Lebensgemeinschaft angesehen werden (vgl. *BVerfG* 10, 59; *Gernhuber* § 3, 6). In der Definition liegt die Abgrenzung der bürgerlichen Ehe zu religiösen Eheformen. Die staatliche Ordnung respektiert diese (§ 1588). Sie sind aber nicht Gegenstand der bürgerlich-rechtlichen Ordnung. Nicht zu billigen ist daher der Versuch, den Inhalt der bürgerlichen Ehe vom religiösen Eheverständnis zu bestimmen (vgl. *BGH* 18, 13; 40, 239; *BVerwG* 9, 354; *Bosch* FamRZ 1966, 57). Damit wird nicht verkannt, daß Elemente der bürgerlichen Ehe säkularisierte Inhalte religiöser Ehevorstellungen sein können (*Gernhuber* § 3, 2; *Müller-Freienfels* S. 19, 20; *Nörr* JZ 1966, 545).

5.2 Eheschließung durch Vertrag

21 Die Eheschließung ist ein Vertrag, die geschlossene Ehe selbst ist dagegen ein familienrechtliches Gemeinschaftsverhältnis (*Beitzke* § 6; *Dölle* § 5 I; *Gernhuber* § 24 I 3; vgl. eingehend *Hübner* FamRZ 1962, 1). Die Ehe wird auf Lebenszeit geschlossen (§ 1353 Abs. 1 Satz 1).

5.3 Obligatorische Zivilehe

22 Die bürgerliche Ehe kann im Inland nur vor einem Standesbeamten (Ausnahme für Nichtdeutsche § 15 a EheG) geschlossen werden. Es herrscht der Grundsatz der obligatorischen Zivilehe (vgl. § 67 PStG, § 11 EheG). Die obligatorische Zivilehe verstößt nicht gegen Art. 4 GG, da die kirchliche Ehe unberührt bleibt (§ 1588 BGB; *Beitzke* § 7 I 1; *Dölle* § 16 III 1; *Gernhuber* § 11 I 2 m. w. N.; a. A.: *Bosch*, Familienrechtsreform S. 23; *Mörsdorf* FamRZ 1954, 123; Neuhaus FamRZ 1972, 59).

(1) Die Ehe wird auf Lebenszeit geschlossen.
Die Ehegatten sind einander zur ehelichen Lebensgemeinschaft verpflichtet.

(2) Ein Ehegatte ist nicht verpflichtet, dem Verlangen des anderen Ehegatten nach Herstellung der Gemeinschaft Folge zu leisten, wenn sich das Verlangen als Mißbrauch seines Rechtes darstellt oder wenn die Ehe gescheitert ist.

Literatur:

Beitzke, MDR 1957, 408; *Berg*, Zur Schadensersatzpflicht des Ehebrechers, DRiZ 1952, 115; *Berg*, Ehestörungsklage und Schadensersatzansprüche wegen Ehestörung, JuS 1961, 137; *Bergerfurth*, Die negative Herstellungsklage im Eheprozeß, FamRZ 1965, 585; *Boehmer*, Zur Ehestörungsklage AcP 155, 181; Ersatzansprüche des »gesetzlichen« Vaters wegen Unterhaltsleistungen an das nachträglich für unehelich erklärte Kind?, NJW 1955, 210; Die neueste Rechtsprechung zur Frage der »Ehestörungsklage«, FamRZ 1957, 196; Einige Fragen zu der sog. Vinkulierung des Hausrats in § 1369 BGB n. F., FamRZ 1959, 1; *Bosch*, Bemerkungen zum »Gleichberechtigungsgesetz« (GlbG), FamRZ 1957, 189; FamRZ 1957, 259; FamRZ 1957, 422; FamRZ 1958, 101; *Brühl*, FamRZ 1957, 259; Coing, JZ 1952, 689; NJW 1952, 1336; *Dieckmann*, Scheinvater-Vater-Kind, JuS 1969, 101, 156; *Erdsiek*, Umwelt und Recht, NJW 1959, 2007; *Fabricius*, Zur Dogmatik des »sonstigen Rechts«, AcP 160, 273; *Geilen*, Garantiepflichten aus ehelicher und eheähnlicher Gemeinschaft, FamRZ 1961, 147; *Gernhuber*, Das eheliche Vermögensrecht und die Verpflichtung zur ehelichen Lebensgemeinschaft, FamRZ 1959, 465; Eheliche Gewalt heute, FamRZ 1962, 89; *Hagemeyer*, Das Familienrecht seit dem 1. April 1953, NJW 1953, 601; *Hanisch*, Ehewohnungsprobleme getrennt lebender Ehegatten, NJW 1963, 1033; *v. Hippel*, Schadensersatz bei Ehestörung, NJW 1965, 664; *Jayme*, Die Familie im Recht der unerlaubten Handlungen, 1971; *Johansson*, Das absolute Recht im persönlichen Ehebereich und sein Schutz durch Schadensersatz-, Unterlassungs- und Beseitigungsklage, Diss. 1966; *Kremer*, Der Besitz der Ehegatten an der ehelichen Wohnung und an den gemeinsam benutzten Hausratsgegenständen, FamRZ 1954, 186; *Künkel*, Kostenerstattungs- und Schadensersatzanspruch im Ehelichkeitsanfechtungsrechtsstreit, FamRZ 1966, 176; *Magis*, Schadensersatz- und Unterlassungsanspruch bei Verletzung der ehelichen Treue, 1935; *Marloh*, Familienrechtliche Abgrenzungsfragen, FamRZ 1956, 264; *Müller-Freienfels*, Die Gesellschaft zwischen Ehegatten in Eranion für Maridakis, 1963; Kernfragen des Gleichberechtigungsgesetzes, JZ 1957, 683; Zur Scheidung wegen Glaubenswechsels, JZ 1964, 305, 344; *Nathan*, NJ 1951, 36; *Padrutt*, Die Ehestörungsklage, 1954; *Pawlowski*, Das Studium der Rechtswissenschaft, 1961; *Ramm*, Gleichberechtigung und Hausfrauenehe, JZ 1968, 41, 90; Grundgesetz und Eherecht, 1972; *Reinicke*, NJW 1955, 217; *Sauer*, Durchsetzung der steuerlichen Zusammenveranlagung von Ehegatten durch Gerichtsurteil, FamRZ 1969, 458; *Schmidt*, Erstattung der Detektivkosten im Ehescheidungsprozeß, MDR 1965, 714; *Schrade*,

Die Grundzüge des Verwandtenunterhalts nach dem Inkrafttreten des Gleichberechtigungsgesetzes, FamRZ 1957, 342; *Schwab*, Ehestörungsklage und Schadensersatzansprüche wegen Ehestörung, JuS 1961, 142; *Schwab*, NJW 1956, 1149; *Streck*, Generalklausel und unbestimmter Begriff im Recht der allgemeinen Ehewirkungen, 1970; *Struck*, »Räumlich-gegenständlicher Bereich der Ehe« oder Gemeinsamkeit der Wohnung?, JZ 1976, 160; *Thiele*, Miteigentumserwerb der Ehegatten an dem während der Ehe angeschafften Hausrat, FamRZ 1958, 115; *Wägenbaur*, Zur Frage der vermögensrechtlichen Ansprüche des mitarbeitenden Ehegatten, FamRZ 1958, 398; *Wagner*, NJW 1972, 577; *Wolf*, Der Begriff Familienrecht, FamRZ 1968, 493; Ehe, Zerrüttung und Verschulden, NJW 1968, 1497; Dogmatische Grundlagen einer Reform des Ehescheidungsrechts, JZ 1970, 441. 89

Überblick

1 Rechtsentwicklung

1.1 Allgemeines

1 Der Wortlaut des § 1353 war durch das GleichberG nicht geändert worden. Eine Inhaltsänderung hatte er mittelbar dadurch erfahren, daß besondere Regelungen der ehelichen Lebensgemeinschaft ersatzlos gestrichen wurden oder nur partiell fortgalten; die Generalklausel des § 1353 mußte dann eine Ersatzfunktion übernehmen. Typisches Beispiel ist der ersatzlos gestrichene § 1354, der die Entscheidungsbefugnis in der Ehe regelte. Diese Frage ist nunmehr unmittelbar aus § 1353 zu lösen. Durch das 1. EheRG ist Abs. 2 des § 1353 geändert worden. Die Änderung ist eine (in dieser Ausgestaltung nicht zwingende – vgl. Rdnr. 39) Folge des Übergangs zum Zerrüttungsprinzip im Scheidungsrecht. § 1353 Abs. 1 S. 1 wurde eingefügt; er sieht vor, daß die Ehe auf Lebenszeit geschlossen wird (vgl. Rdnr. 3).
Nicht verwirklicht worden sind die Vorschläge, die Verpflichtungen aus der ehelichen Lebensgemeinschaft über die bestehenden Einzelregelungen (§ 1356 ff.) hinaus zu konkretisieren. Eine Aufzählung einzelner Rechte und Pflichten hätte notwendigerweise unvollständig bleiben müssen; sie würde unzutreffende Schlüsse in bezug auf ihre Wertigkeit im Verhältnis zu anderen nicht genannten Rechten und Pflichten ermöglichen. Sie schien auch nicht opportun, um weitere Entwicklungen offenzuhalten (vgl. *Erman-Heckelmann* § 1353, 2). Im Gesetz ungelöst geblieben ist das Problem der Ehestörungsklage (vgl. Rdnr. 58 ff.).

2 Nicht angetastet worden ist die Herstellungsklage, obwohl über ihre geringe Bedeutung bereits vor dem Inkrafttreten des 1. Ehe*RG* kein Zweifel bestand. Nach dem Übergang zum Zerrüttungsprinzip im Scheidungsrecht hat sie allenfalls als Mittel, das Leitbild der Ehe sichtbar zu machen, eine gewisse Berechtigung (vgl. Rdnr. 50).

3 Im Lauf des Gesetzgebungsverfahrens ist die Vorschrift des des § 1353 Abs. 1 S. 1 neu aufgenommen worden. Die Regelung hat deklaratorischen Charakter. Bereits für das bisher geltende Recht war es unstreitig, daß die Ehe auf Lebenszeit geschlossen wird (*Dölle* § 5 I 1; *Gernhuber* § 3, 6). Das folgt aus § 13 Abs. 2 EheG, der eine Eheschließung unter Bedingung oder Zeitbestimmung nicht zuläßt. Es fällt auf, daß der Wortlaut des § 1353 Abs. 1 S. 1 an die Eheschließung anknüpft, nicht an die Ehe selbst. Die in den Beratungen erwogene Formel, die Ehe sei auf Lebenszeit »angelegt«, die einen stärkeren Bezug zum Wesen der Ehe aufweist, ist nicht Gesetz geworden. Die Vorschrift enthält schon deshalb keine grundsätzliche Aussage zur Auflöslichkeit der Ehe und deren Voraussetzungen. Sie gewährt für sich gesehen keinen verstärkten Bestandschutz für die Ehe. Eine einschränkende Auslegung der §§ 1564 ff. mit Rücksicht auf die neu eingefügte Bestimmung wäre sachfremd.

2 Gleichberechtigung

4 § 1353 enthält keine für Mann und Frau unterschiedlichen Regelungen. Soweit solche Regelungen in den §§ 1355 ff. enthalten waren, sind sie durch das 1. EheRG an den Gleichheitsgrundsatz nach Art. 3 Abs. 2 GG angepaßt worden. Der Umstand, daß das Gesetz Rechte und Pflichten der Ehegatten »gleichberechtigt« gestaltet, bedeutet allerdings nicht, daß der Schutz des § 1353 sich nur auf »gleichberechtigte« Ehen erstreckt. Die Art und Weise, wie die Ehegatten ihre konkrete Ehe ausgestalten, steht zu ihrer gemeinsamen Disposition (vgl. Rdnr. 2 ff. zu § 1356). So erhebt das Gesetz die Hausfrauenehe nicht (mehr) zum gesetzlichen Ehemodell, verwehrt ihr den Schutz des § 1353 aber nicht, wenn die Ehegatten dieser Gestaltung den Vorzug geben (vgl. aber *Ramm* JZ 1968, 41, 90 der von der Unvereinbarkeit der Hausfrauenehe mit Art. 3 Abs. 2 GG ausgeht).

3 Rechtsnatur der Verpflichtungen zur ehelichen Lebensgemeinschaft

5 Die Verpflichtung der Ehegatten zur ehelichen Lebensgemeinschaft ist die Summe der einzelnen Ehepflichten, die sich aus der Ehe ergeben (*Beitzke* § 12 III; *Dölle* § 33 I; *Gernhuber* § 18 I; *Jayme* S. 253). Der Rechtsnormcharakter der Pflichten läßt sich in Anbetracht der Klagbarkeit (ohne Vollstreckungszwang, § 888 Abs. 2 ZPO) für das geltende Recht nicht ernsthaft bestreiten (*BGH* 37, 38).

6 Die Verpflichtung zur ehelichen Lebensgemeinschaft umfaßt sowohl die persönlichen als auch die vermögensrechtlichen Beziehungen der Ehegatten (h. M. *Beitzke* 12 III 2; *Boehmer* AcP 155, 181; *Dölle* § 33 I 4; *Gernhuber* FamRZ 1959, 465; *Hanisch* NJW 1963, 1033; *Jayme* S. 252; *Streck* S. 83). Die abweichende Meinung von *Wägenbaur* (FamRZ 1958, 398) überzeugt nicht. Die Regelung der vermögensrechtlichen Beziehungen der Ehegatten im bürgerlichen Recht hat keinen abschließenden Charakter. Gerade wegen der lückenhaften Ausgestaltung der vermögensrechtlichen Einzelvorschriften ist § 1353 auch für diesen Bereich unentbehrlich. Das gilt insbesondere für die inhaltliche Orientierung der vermögensrechtlichen Beziehungen an dem Grundsatz des § 1353 (vgl. *BGH* 34, 80; 37; 38).

5 Pflichtenkatalog

5.1 Geschlechtsgemeinschaft

7 Die Ehegatten sind grundsätzlich zur Geschlechtsgemeinschaft verpflichtet. Einschränkungen können sich aus gesundheitlichen Gründen eines oder beider Ehegatten ergeben. Die Ehegatten sind gehalten, vorhandene Hinderungsgründe zu beheben, wenn dies gefahrlos geschehen kann (z. B. durch Operation, vgl. *RG* HRR 1932 Nr. 1216). Altersbedingte Reduktionen sind hinzunehmen (*RG*Recht 1920 Nr. 3393; *OLG Königsberg*, HRR 1937, 1085). Generell wird man eine besondere gegenseitige Rücksichtnahme voraussetzen müssen. Bedenklich in seiner Radikalität ist die Auffassung des *BGH*, der Ehegatte sei verpflichtet, den Verkehr in »Zuneigung und Opferbereitschaft« zu gewähren und dürfe »Gleichgültigkeit oder Widerwillen« nicht zur Schau tragen, auch wenn er keine Befriedigung finde (*BGH* FamRZ 1967, 210). Rücksichtnahme ist sicher geboten; Opferbereitschaft als Rechtspflicht übersteigt jedoch das Maß an Rücksichtnahme, das vorausgesetzt werden kann (einschränkend auch *Gernhuber* § 18 II 1).

8 Religiöse Gründe geben grundsätzlich kein Verweigerungsrecht (*RG* JW 1924, 45; *Dölle* § 33 I 1).
Ob dies auch uneingeschränkt gilt, wenn beide Ehegatten in voller Kenntnis der religiösen Einschränkungen die Ehe geschlossen haben, ist zweifelhaft (vgl. Rdnr. 35).

5.2 Exklusivität der Geschlechtsgemeinschaft

9 Die Exklusivität der Geschlechtsgemeinschaft gehört zu den Grundelementen der ehelichen Lebensgemeinschaft. Der Wegfall des strafrechtlichen Schutzes (Streichung des § 172 StGB – Strafbarkeit des Ehebruchs) stellt keine Minderung dieser Pflicht dar. Im weiteren Sinne gehört dazu auch die Pflicht, Verhaltensweisen im Vorfeld der Untreue zu unterlassen und den »bösen Schein« zu meiden (*RG* 138, 73).

10 Umstritten ist, ob aus § 1353 die unabdingbare Verpflichtung zur Zeugung und zum Empfang von Kindern folgt. Die Verweigerung der Nachkommenschaft war im EheG 38 ein absoluter Scheidungsgrund (§ 48), woraus der Rückschluß zu ziehen ist, daß § 1353 damals »ein Recht auf Kinder« gewährte. Nach Wegfall dieser »bevölkerungspolitischen« Vorschrift wird die Auffassung vertreten, eine solche Pflicht ergebe sich aus dem Wesen der Ehe; Vereinbarungen der Ehegatten, keine Kinder haben zu wollen, sei deshalb (wenn keine Rechtfertigungsgründe vorliegen) nichtig *RG* 170, 193; *RG* HRR 1942 Nr. 780; (vgl. *Hoffmann-Stephan* § 43 EheG, 104; *Palandt-Diederichsen* § 1353, 2; *RGR*-K § 43 EheG, 44 ff.; *Soergel-Lange* § 1353, 19; vgl. auch *BGH* (Großer Senat) 6, 46). Dieser Auffassung kann nicht gefolgt werden. Sie beruht auf einem Ehebild, das nicht mehr als Leitbild der Ehe in der sozialen Wirklichkeit anerkannt wird. (*Gernhuber* § 18 I 4; *Wolf-Lüke-Hax* S. 262; *Ramm* JZ 1968, 41, 90; *Wolf* NJW 1968, 1497; einschränkend *Beitzke* § 6; *Dölle* § 5 I 3, die die Gewinnung von Nachwuchs als ehewesentlich, aber nicht ehenotwendig ansehen und vertragliche Abreden nicht zulassen.) Kein Ehegatte kann von dem anderen unter Berufung auf den Pflichtkatalog des § 1353 die Zeugung oder den Empfang von Kindern verlangen. Ist es in der Frage der Nachkommenschaft zu einem Konsens der Ehegatten gekommen, so hat keiner der Ehegatten das Recht, das gemeinsam Gewollte und Vereinbarte ohne triftigen Grund in Frage zu stellen (vgl. *Streck* S. 88; *Ramm* JZ 1968, 41, 90.)

5.4 Häusliche Gemeinschaft

11 Zur ehelichen Lebensgemeinschaft gehört die häusliche Gemeinschaft der Ehegatten (allg. M. Vgl. Motive IV, 124; *RG* 137, 102; *BGH,* NJW 1957, 300; *Beitzke* § 12 III 2; *Gernhuber* § 18 III 1). Darunter fällt die Wahl des gemeinsamen Wohnsitzes und die nähere Ausgestaltung der Wohngemeinschaft. Diese Entscheidung haben die Ehegatten gemeinsam zu treffen; sie sind verpflichtet, sich um eine für beide Teile tragbare Regelung zu bemühen (vgl. *OLG Celle* NJW 1954, 1526; *OLG Schleswig* FamRZ 1957, 420; *OLG München* FamRZ 1967, 394; Dabei spielen Fragen wie Arbeitsplatz der Ehegatten, Schulbesuch der Kinder u. ä. eine Rolle. (*Hagemeier* NJW 1953, 601). Die Pflicht zur häuslichen Gemeinschaft schließt eine *getrennte Haushaltsführung nicht grundsätzlich* aus. Eine zumindest vorübergehende Eheführung ohne häusliche Gemeinschaft, z. B. aus beruflichen Gründen, ist mit § 1353 zu vereinbaren (Motive IV, 124; *RG* 151, 159, ebenso eine vorübergehende Trennung der Ehegatten zur abschließenden Prüfung, ob sie die Ehe fortführen wollen. Daß die Ehegatten die Verpflichtung zur häuslichen Gemeinschaft durch Vereinbarung wirksam ausschließen oder einschränken können, wird von der herrschenden Meinung (*RG* 109, 137; BGH FamRZ 1958, 126; *Gernhuber* § 18 I 4; *Dölle* § 33 IV) als unvereinbar mit dem sittlichen Wesen der Ehe verneint. Eine differenziertere Betrachtungsweise dürfte angemessen sein (vgl. Rdnr. 35).

12 Aus der Pflicht zur häuslichen Gemeinschaft folgt, daß jeder Ehegatte gehalten ist, dem anderen Ehegatten ohne Rücksicht auf die Eigentumsverhältnisse und den Güterstand die Mitbenutzung der ehelichen Wohnung und des Hausrats zu gestatten (allg. M. *BGH* 12, 380; BGH 37, 38; *OLG München* FamRZ 1969, 151; *Beitzke* § 12 III, 2 g; *Dölle* § 33, I, 3; *Gernhuber* FamRZ 1959, 465). Die Verpflichtung entfällt, wenn ein Ehegatte den Mitbesitz an der Wohnung aufgegeben hat mit der Absicht, die eheliche Lebensgemeinschaft nicht wieder herzustellen (BGH FamRZ 1971, 633). Nicht gerechtfertigt ist die *Beschränkung* eines Ehegatten auf Teile der Räumlichkeiten, auch wenn diese groß genug sind (*OLG Bremen* FamRZ 1965, 77, wo das Recht auf Mitbenutzung eines neuen Einfamilienhauses anerkannt wird, auch wenn die bisherige Wohnung zur Verfügung steht). Die *Veräußerung* eines Wohngrundstücks oder die Kündigung der Wohnung können im Verhältnis zum anderen Ehegatten unzulässig sein, wenn sie der häuslichen Gemeinschaft die Grundlage entziehen würden (*OLG München* FamRZ 1969, 92; FamRZ 1969, 151; sehr weitgehend *LG Bamberg* FamRZ 1957, 258; *LG Detmold* MDR 1969, 576; *LG München* FamRZ 1970, 84).
Das ist nicht der Fall, wenn eine *andere Wohnung* zur Verfügung gestellt wird, die als Ehewohnung geeigne ist (*BGH* FamRZ 1972, 363: Ein Ehegatte kann sich der Aufhebung der Erbbaugemeinschaft an der ehelichen Wohnung nicht widersetzen, wenn der andere eine angemessene Wohnung zur Verfügung stellt und auch sonst kein triftiger Grund besteht, dort die eheliche Lebensgemeinschaft nicht fortzusetzen).

13 Die Verpflichtung besteht unabhängig von den Unterhaltspflichten; beide können konkurrieren (vgl. *Gernhuber* § 18 III 5). Da die Mitbenutzung der Wohnung und des Hausrats nach § 1353 oder auf Grund einer Unterhaltspflicht (§ 1360) erfolgt, besteht kein Bedürfnis, für die Beziehung der Ehegatten insoweit eine Art »Leihe« zu konstruieren (so noch *BGH* 12, 380; *Palandt-Diederichsen* Vor § 1414, 1; zutreffend dagegen: *OLG Hamm* NJW 1956, 1681; *Dölle* § 33, I, 3; *Gernhuber* § 18 III 5 und FamRZ 1959, 465; *Kremer* FamRZ 1954, 186; *Marloh* FamRZ 1956, 264). Es handelt sich in Wirklichkeit um Anwendungsfälle im Bereich der Regulativfunktion (vgl. Rdnr. 30).

14 Die Verpflichtung der Ehegatten, einander Wohnung und Hausrat zur Mitbenutzung zu überlassen, wirkt im *Verhältnis zu Dritten*, soweit der Dritte nach den Grundsätzen über die Haftung eines Ehestörers verantwortlich ist (vgl. Rdnr. 58 ff.; *OLG München* FamRZ 1969, 92, 151). Die Einbeziehung des Dritten kann auch in der Weise mittelbar eintreten, daß das Rechtsgeschäft zwischen ihm und dem Ehegatten wegen Verstoßes gegen § 138 BGB als nichtig anzusehen ist (*Gernhuber* § 18 III 5). Die Auffassung, daß der Dritte (als Vermieter oder Käufer zur Hausgemeinschaft gehörender Gegenstände) *generell* sich das »Fehlverhalten« eines Ehegatten zurechnen lassen muß, wenn die »familienfeindliche Tendenz« erkennbar war, überzeugt nicht (vgl. *Hanisch* NJW 1963, 1033; vgl. auch *LG Bamberg* mit Anm.

Bosch FamRZ 1957, 258). Erst recht abzulehnen ist die Auffassung von *Brühl* (FamRZ 1957, 259), eine Drittwirkung sei selbst dann anzunehmen, wenn dem Dritten der familienfeindliche Aspekt nicht erkennbar sei. Für eine derart weitgehende Drittwirkung findet sich im Gesetz keine Stütze. Für die Abwehr solcher gegen die häusliche Gemeinschaft gerichteter Angriffe stehen dem betroffenen Ehegatten die Klagemöglichkeit nach den allgemeinen Vorschriften und der Weg der einstw. Verfügung offen; die Vollstreckung unterliegt keine durch die Ehe bedingten Einschränkungen (vgl. *OLG München* FamRZ 1969, 92, 151). Der Ehegatte ist also nicht auf die Klage auf Herstellung der ehelichen Gemeinschaft beschränkt.

15 Die Verpflichtung zur häuslichen Gemeinschaft umfaßt auch die Pflicht, Umstände, die ihrer Aufnahme oder Wiederaufnahme entgegenstehen, zu beseitigen; so ist der Ehegatte gehalten, z. B. einen Wohnraum oder eine Zuzugsgenehmigung zu besorgen, einen Wohnungswechsel zu veranlassen u. ä. (vgl. *OGH* 1, 405; *OLG Celle* NJW 1956, 1842). Auch die Beseitigung von Umständen, die in der Person des Ehegatten liegen, und die der häuslichen Gemeinschaft entgegenstehen, können darunter fallen, z. B. Ausheilung von Krankheiten oder psychischer Leiden (*RG* 59, 256; *BGH* FamRZ 1963, 173). Die Verpflichtung der Ehegatten, einander Wohnung und Hausrat zu überlassen, besteht nicht unbegrenzt. Sie endet, wenn die beabsichtigte Maßnahme im Rahmen ordnungsgemäßer Wirtschaftsführung notwendig ist, oder wenn sie durch sonstige sachliche Gründe geboten erscheint (vgl. auch § 1361 a).

5.5 Beistandspflichten

16 Aus der Verpflichtung zur ehelichen Lebensgemeinschaft folgen *Beistands- und Fürsorgepflichten.* Dazu gehört, alles zu tun oder zu unterlassen, das dem anderen Ehegatten hilft, das Leitbild der Ehe zu verwirklichen. Ein Fehlverhalten des anderen Ehegatten entbindet nicht ohne weiteres von der eigenen Pflicht. Eine »Leistungsverweigerung« mangels Gegenseitigkeit ist im allgemeinen nicht berechtigt (*BGH* FamRZ 1967, 324). Die Beistandspflicht kann sich auf die Person des anderen Ehegatten (*BGH* FamRZ 1967, 324: Hilfe bei Erkrankung), auf die Kinder (*OLG Hamburg* FamRZ 1967, 103: Bemühen um ein gutes Verhältnis zu den Kindern und um deren Erziehung), aber auch auf das Vermögen beziehen. Aus der gegenseitigen Beistands- und Fürsorgepflicht folgt, daß die Ehegatten einander vor *vermögensrechtlichen* Schäden zu bewahren haben. Eine Unterstützungspflicht in vermögensrechtlichen Angelegenheiten kann insbesondere in Betracht kommen, wenn Maßnahmen notwendig werden, um das Vermögen zu mehren (z. B. Steuerveranlagung insoweit ablehnend mit nicht überzeugender Begründung *OLG Nürnberg* FamRZ 1971, 434; vgl. *LG Saarbrücken* MDR 1976, 144 und *Sauer* FamRZ 1969, 458); sie wird auch anzunehmen sein, wenn ein Ehegatte über besondere Fähigkeiten verfügt, derer der andere zur Besorgung seiner Vermögensangelegenheiten bedarf (Mit-

wirkung bei der Vermögensverwaltung oder in Steuersachen vergl. *BFH* NJW 1958, 648; 1970, 912). Allerdings wird man keine unzumutbaren Opfer verlangen dürfen. Eine unentgeltliche Mitwirkung darf einen zumutbaren Rahmen nicht überschreiten, dessen Grenzen sich nach den Umständen des Einzelfalles richten müssen. Die Opfergrenze ist sicher überschritten, wenn von einem Ehegatten der Einsatz eigenen Vermögens erwartet wird, um den Konkurs des anderen abzuwenden (vgl. *Gernhuber* § 18 III 4). Zweifelhaft kann sein, ob die Eröffnung eines Konkurrenzgeschäftes der gebotenen Rücksichtnahme auf die Vermögensverhältnisse des anderen Ehegatten entgegensteht (vgl. *BGH* FamRZ 1967, 611).

17 Die Beistands- und Unterhaltspflicht kann dazu führen, daß ein Ehegatte in der Ehe auf Grund veränderter Verhältnisse eine Rolle zu übernehmen hat, die ihm nach den Vorstellungen der Ehegatten ursprünglich nicht zugedacht war (z. B. Wechsel zwischen Erwerbs- und Haushaltstätigkeit wegen Erkrankung; zur Miterwerbspflicht im Haushalt allgemein vgl. *BGH* JZ 1960, 371; *OLG Stuttgart* NJW 1961, 2113).

18 Ob und in welchem Umfang ein Ehegatte verpflichtet ist, im Beruf oder Geschäft des anderen Ehegatten zu arbeiten, ist ebenfalls nach § 1353 zu beurteilen. § 1356 Abs. 2 a. F., der eine solche besondere Verpflichtung vorsah »soweit dies nach den Verhältnissen der Ehegatten üblich« war, ist insoweit entfallen. Damit ist nicht beabsichtigt gewesen, die wechselseitige Arbeitspflicht generell zu streichen (Amtl. Begr. S. 41). Sie hat lediglich ihre spezielle Normierung verloren; ihre Rechtsgrundlage ist nunmehr ausschließlich § 1353. Grund und Umfang einer solchen Arbeitspflicht sind nach den Umständen des Einzelfalles zu beurteilen. Die Verhältnisse, in denen die Ehegatten leben, können in Anbetracht des § 1356 Abs. 2, der die Wahl des Arbeitsplatzes grundsätzlich jedem Ehegatten freistellt, nur am Rande berücksichtigt werden. Entscheidend kommt es darauf an, ob die Bedürfnisse in der konkreten Ehe die Mitarbeit erforderlich machen, ob die Mitarbeit – gerade bei dem anderen Ehegatten – notwendig ist, ob die Tätigkeit der Vorbildung des betroffenen Ehegatten angemessen ist, ob und inwieweit sie ihm sonstige berufliche Entfaltungsmöglichkeiten nimmt u. a. m. Zur Frage, wie die Rechtsbeziehung des Mitarbeitenden zum anderen Ehegatten zu beurteilen sind (vgl. Rdnr. 12 ff. zu § 1356).

19 Eine mit Rücksicht auf die möglichen Folgen gesteigerte Fürsorgepflicht ist anzunehmen, wenn dem anderen Ehegatten Gefahr für Leib und Leben droht, insbesondere bei Unfällen, Selbstmord und anderen Gefahrsituationen (vgl. z. B. *RGSt* 69, 321; *RG* 70, 48; *RG* HRR 1933 Nr. 1624; *BGH* St 2, 150). Allerdings wird man auch hier eine Selbstaufopferung des helfenden Ehegatten nicht verlangen können (*BSG* NJW 1957, 1943; *RG* WarnR 1931 Nr. 110). Ist die Ehe gescheitert, so sind die Anforderungen an die Fürsorgepflicht entsprechend zu reduzieren. Das gilt insbesondere bei völliger Trennung der Ehegatten (vgl. *BGHSt* 7, 268). Zur

wechselseitigen Fürsorgepflicht gehört auch die Verpflichtung, den anderen Ehegatten von strafbaren Handlungen abzuhalten. Die Rechtsprechung neigt dazu, dem Ehegatten eine Art Garantenstellung aufzubürden und ihn bei strafbaren Handlungen des anderen Ehegatten für die Tat mitverantwortlich zu machen, z. B. bei Abtreibung, Körperverletzung (*BGH* NJW 1953, 591; *BGH* FamRZ 1956, 81; *OLG Bremen* NJW 1957, 72). Diese Auffassung ist abzulehnen (*Soergel-Lange* § 1353, 17; *Gernhuber* § 18 III 4; *Geilen* FamRZ 1961, 147). Die Verpflichtungen aus § 1353 bestehen nur im Verhältnis der Ehegatten zueinander; es entspricht nicht der partnerschaftlichen Zuordnung der Ehegatten, jedem von ihnen eine »vormundschaftliche« Position mit »Außenwirkung« über den anderen Ehegatten zu vermitteln. Die – vermeintlich einschränkende – Entscheidung *BGH* NJW 1954. 1818 ist nicht sehr hilfreich. Sie schränkt die Verantwortlichkeit des Ehegatten mit Rücksicht auf die Trennung der Eheleute und die eingeleitete Ehescheidung ein. Das ändert aber an der prinzipiellen Verantwortlichkeit nichts, gegen die sich die grundsätzlichen Bedenken richten. Nicht weniger bedenklich ist es, einen Ehegatten nach den Grundsätzen über die Verkehrssicherungspflicht zivilrechtlich zur Verantwortung zu ziehen, wenn sein nichtzurechnungsfähiger Ehegatte Schäden anrichtet (so aber *RG* 70, 48).

5.6 Ehefreundliches Verhalten

20 Die eheliche Lebensgemeinschaft verpflichtet zur gegenseitigen Achtung und Rücksichtnahme. Das Bemühen, das Zusammenleben zumindest erträglich zu gestalten, erfordert, daß jeder Teil Beleidigungen, Beschimpfungen und sonstiges liebloses Verhalten unterläßt. Zu den Verstößen in diesem Rahmen zählen insbesondere Mißhandlungen, Bedrohungen, Trunksucht, Rauschgiftsucht, strafbare Handlungen, aber auch dauernde Unverträglichkeiten und Zanksucht sowie herabsetzende Äußerungen gegenüber Dritten, unabhängig vom Wahrheitsgehalt der Aussage, Plaudereien aus der Intimsphäre und anderes mehr (vgl. eingehend *Hoffmann-Stephan* § 43, 84 ff. und 127 ff.). Ehefreundliches Verhalten setzt ein Mindestmaß an Offenheit voraus. Das bedeutet aber nicht, daß jeder Ehegatte verpflichtet ist, seinen Persönlichkeitsbereich völlig transparent zu machen (vgl. Rdnr. 24). Unzumutbar ist, von ihm die Offenbarung eigener Untreue zu verlangen. Das dürfte auch gelten, wenn der andere Ehegatte vertrauensvoll ein Testament zugunsten des Partners errichtet (bedenklich *BGH* 49, 155). Geboten ist eine Unterrichtung über Vermögensverschiebungen (*BGH* FamRZ 1976, 516).

21 An der gebotenen Rücksichtnahme gegenüber dem anderen Ehegatten fehlt es auch, wenn ein Ehegatte seine Pflichten gegenüber den gemeinsamen Kindern nicht erfüllt, z. B. durch Vernachlässigung, Mißhandlungen, fortgesetzte Lieblosigkeit, systematisches Entfremden im Verhältnis zum anderen Ehegatten. Ob die Erziehung der Kinder in einer bestimmten Religion gegen den Willen des anderen Ehegatten eheunfreundlich ist, kann nur nach den Umständen des Einzelfalls beurteilt werden (*Hoffmann-Stephan*

§ 43, 80, 81). Dabei kann es eine Rolle spielen, ob die Ehegatten Abreden über die religiöse Erziehung des Kindes getroffen und welche Einstellung die Ehegatten zu religiösen Fragen allgemein haben.

22 Die Rücksichtnahme auf den anderen Ehegatten gebietet auch, dessen besondere Beziehungen zu Dritten zu achten, so z. B. zu dessen Kindern aus früheren Ehen oder nichtehelichen Kindern (*RG* JW 1930, 986) sowie zu Verwandten. Andererseits kann die Pflicht zur ehelichen Lebensgemeinschaft es notwendig machen, Beziehungen zu Verwandten zu lösen, wenn sie zu einer Gefährdung der Lebensgemeinschaft führen können (*RG* HRR 1933 Nr. 307; *RG* 124, 54; *Dölle* § 33, I, 4; *Gernhuber* § 18 III 2).

23 Ehefreundliches Verhalten haben die Ehegatten auch bei der Ausübung ihrer Rechte walten zu lassen. So kann die Entziehung der Schlüsselgewalt nach § 1357 Abs. 2 nur letztes Mittel sein, da sie das Ansehen des Ehegatten nach außen schädigt (*RG* 60, 12). Zweifelhaft ist, unter welchen Voraussetzungen Strafanzeigen gegen den anderen Ehegatten den Vorwurf der Ehewidrigkeit verdienen. Eine generelle Regel läßt sich nicht aufstellen. Für die Beurteilung im Einzelfall können folgende Überlegungen von Bedeutung sein: Handelt es sich um strafbare Handlungen, die allgemein anzeigepflichtig sind (§ 138 StGB), wird man eine Anzeige, ungeachtet der persönlichen Strafausschließungsgründe nach § 139 Abs. 3 StGB, nicht als ehewidrig ansehen können, es sei denn, daß der Anzeige sachfremde Motive zugrunde liegen. Hier dürfte in Anbetracht der Schwere solcher Taten das Interesse der Allgemeinheit dominieren. Eine Anzeige wird als letztes Mittel gerechtfertigt sein, wenn der anzeigende Ehegatte oder die Familie Opfer der Tat sind, insbesondere auch dann, wenn weitere Straftaten zu befürchten sind (*BGH* FamRZ 1963, 515 *BGH* FamRZ 1964, 493). Nicht gerechtfertigt ist die Anzeige, wenn das Strafverfahren dazu dienen soll, dem Ehegatten den Beweis eines Scheidungsgrundes zu verschaffen (*RG* JW 1913, 990). Von den dargelegten Fällen abgesehen, wird in der Regel eine Strafanzeige gegen die Verpflichtung zum ehefreundlichen Verhalten verstoßen.

5.7 Achtung eines persönlichen Freiheitsraumes

24 Die Eheschließung zwingt den Ehegatten, seine eigene Position zugunsten der des anderen Ehegatten zu relativieren. Andererseits gibt er damit nicht seine persönliche Eigenart auf. Daraus folgt, daß die eheliche Lebensgemeinschaft Raum lassen muß für einen persönlichen Bereich, den der andere Partner zu respektieren hat (*Gernhuber* § 18 I 2). Einschränkungen in Richtung auf eine totale wechselseitige Abhängigkeit führen zu Denaturierung der ehelichen Lebensgemeinschaft (*Müller-Freienfels* JZ 1964, 305).

25 Der Freiheitsraum umfaßt insbesondere das religiöse Bekenntnis. Die Konversion kann für sich allein deshalb kein Verstoß gegen § 1353 sein; ein eheunfreundliches Verhalten kann dagegen in der Art und Weise liegen, wie der Glaubenswechsel vollzogen wird

oder auch in einer gegenüber der Familie rücksichtslosen Art der Ausübung, so z. B. durch sektiererisches Verhalten, das dem andern Teil oder den Kindern Lebensbedingungen zumutet, die im allgemeinen nicht als typisch angesehen werden (*BVerfG* NJW 1964, 1174; *BGH* 33, 145; 38, 317; *KG* FamRZ 1954, 145; *OLG Stuttgart* FamRZ 1955, 256; *OLG Nürnberg* FamRZ 1960, 64 und 1962, 524; *Gernhuber* § 18 I 2; *Hoffmann-Stephan* § 43, 92, 93; *Müller-Freienfels* JZ 1964, 305; a. A. mit nicht überzeugender Begründung *Erdsiek* NJW 1959, 2007).

26 Jeder Ehegatte muß weiter die Möglichkeit haben (bei gehöriger Rücksichtnahme auf die sonstigen Pflichten aus der ehelichen Lebensgemeinschaft), seinen Neigungen zu leben, seine Interessen zu pflegen, kurz seine Persönlichkeit zu entfalten. Dazu gehört auch die Freiheit, über seinen Umgang mit Dritten zu bestimmen. Der andere Ehegatte hat nicht das Recht, kontrollierend einzugreifen, insbesondere kann er nicht Einblick in die persönliche Korrespondenz des anderen beanspruchen, auch darf er nicht ohne dessen Zustimmung Telefongespräche mithören (*LG Bonn* FamRZ 1967, 678 mit Anm. *Bosch; Gernhuber* § 18 I 2).

5.8 Pflicht zur gemeinsamen Entscheidung

27 Zu den elementaren Pflichten aus der ehelichen Lebensgemeinschaft gehört die Verpflichtung, eheliche Angelegenheiten gemeinsam zu entscheiden und sich um einen Konsens zu bemühen. Ein Entscheidungsvorrecht des Mannes besteht nicht mehr. Der Stichentscheid des Ehemannes nach § 1354 a. F. ist durch das GleichberG (Art. 1 Nr. 5) aufgehoben worden. Den Entscheidungsvorrang in Angelegenheiten, die gemeinsame Kinder betreffen (§§ 1628, 1629 Abs. 1 i. d. F. des GleichberG), hat das Bundesverfassungsgericht für verfassungswidrig wegen Verstoßes gegen Art. 3 Abs. 2 GG erklärt (*BVerfG* 10, 59). Die Ehegatten sind daher, wenn sie eine Einigung anstreben, nicht durch gesetzliche Vorgaben belastet. Auch aus einer vorgegebenen natürlichen Funktionsteilung (*Bosch* FamRZ 1957, 189; FamRZ 1957, 422) läßt sich ein Entscheidungsvorrang des Ehemannes nicht ableiten (*Gernhuber* § 18 IV 1).

28 Die Verpflichtung, sich um einvernehmliches Verhalten zu bemühen, bezieht sich grundsätzlich auf alle Bereiche der ehelichen Lebensgemeinschaft. Einschränkungen kommen in Betracht bei höchstpersönlichen Angelegenheiten, die sich im Rahmen des jedem Ehegatten vorbehaltenen persönlichen Freiheitsraumes bewegen (vgl. Rdnr. 24). Ähnlich verhält es sich, wenn einem Ehegatten ein Bereich zur selbständigen Verwaltung überlassen ist, z. B. die Haushaltsführung nach § 1356 Abs. 1 (vgl. Rdnr. 4 zu § 1356). Die Vereinbarung der Ehegatten, in bestimmter Weise einvernehmlich zu verfahren, hat grundsätzlich keine Außenwirkungen. Haben die Ehegatten z. B. vereinbart, daß von der Schlüsselgewalt in bestimmter Weise nicht Gebrauch gemacht werden soll, so schließt das einen Vertragsabschluß mit einem Dritten unter Anwendung des § 1357 nicht aus. Der Konsens,

einen bestimmten Wohnsitz zu begründen, nimmt dem Ehegatten nicht die Rechtsmacht, abweichend davon einen Wohnsitz zu begründen. Drittwirkung kann solches Fehlverhalten nur haben, wenn der Dritte als »Ehestörer« verantwortlich ist (vgl. Rdnr. 61 ff.).

29 Führen die Einigungsbemühungen nicht zum Erfolg, hat im allgemeinen kein Partner das Recht, seine Vorstellungen einseitig zu realisieren. Das gilt nicht für unaufschiebbare Geschäfte, wohl aber auch, wenn das Verhalten des anderen Teils erkennbar mißbräuchlich ist (*Beitzke* § 12 III 2 a; *Gernhuber* § 18 IV 7). Kommt zwischen den Ehegatten in Angelegenheiten der ehelichen Lebensgemeinschaft eine Einigung nicht zustande, hat es dabei sein Bewenden. Eine Befugnis zur vollziehbaren Fremdentscheidung kennt das Gesetz nicht. Unbenommen bleibt jedem der Ehegatten die Möglichkeit, wegen behaupteter Verletzungen der Verpflichtung zur ehelichen Lebensgemeinschaft die Herstellungsklage zu erheben (*Streck* S. 162; *Gernhuber* § 18 IV 3; *OLG Düsseldorf* FamRZ 1969, 153 schließt – mißverstanden von Gernhuber – die Herstellungsklage nicht grundsätzlich aus, hält sie nur im gegebenen Fall wegen einer bindenden Vereinbarung für unbegründet).

5.9 Regulativfunktion des § 1353

30 § 1353 ist in erster Linie eine allgemeine Rechtsgrundlage für einzelne Rechte und Pflichten der Ehegatten. Die Vorschrift hat aber eine weitergehende Bedeutung. Die Ehegatten sind in ihrer Lebensgemeinschaft nicht isoliert. Sie unterhalten auch andere Rechtsbeziehungen untereinander und (einzeln oder gemeinsam) Rechtsbeziehungen zu Dritten, die nicht oder nicht notwendigerweise mit ihrem Status als Eheleute zusammenhängen. Sie können Gesellschafter, Mieter, Vermieter, Käufer, Verkäufer sein. Diese Rechtsbeziehungen werden von der Verpflichtung zur ehelichen Lebensgemeinschaft überlagert und damit beeinflußt. Die regulative Funktion (*Gernhuber* § 18 I 3 und II 2 3: Regulativ- und Schrankenfunktion; beide unterscheiden sich nicht in ihrer Qualität; *Dölle* § 33 I 4; *Streck* S. 104: »Modal- und Schrankenfunktion«) kann darin bestehen, daß die Ausübung vorhandener Ansprüche ganz oder teilweise zu unterbleiben hat oder (ehefreundlich) modifiziert wird. In Betracht kommen auch Fälle, in denen außereheliche Rechtspflichten aus der Pflicht zur ehelichen Lebensgemeinschaft erweitert werden. So können sich z. B. erweiterte Aufklärungspflichten bei Rechtsgeschäften zwischen Ehegatten oder aus einem Gesellschaftsverhältnis ergeben. Im Einzelfall mögen auch an die Pflicht zur Rechnungslegung mindere Anforderungen zu stellen sein als unter nur geschäftlich verbundenen Partnern (*BGH* 8, 249; *BGH* FamRZ 1962, 357; sehr extensiv *Streck* S. 106). Die Verpflichtung zur ehelichen Lebensgemeinschaft kann Einfluß auf die Ausübung der Rechte der Ehegatten als Gesellschafter einer gemeinsamen Gesellschaft haben. So kann ein nach allgemeinen Vorschriften gegebenes Kündigungsrecht ausgeschlossen sein, wenn die Gesellschaft die Grundlage für die

berufliche Tätigkeit der Ehegatten darstellt, die mit der Auseinandersetzung entfiele (*BGH* 34, 80 mit Anm. *Müller-Freienfels* in JZ 1961, 579; *Dölle* § 33 I 4; *Gernhuber* § 18 II 3).

31 Die Rechtsausübung kann weiter ausgeschlossen sein zum Zwecke der Beendigung einer zwischen den Ehegatten bestehenden Bruchteilsgemeinschaft, wenn der Gegenstand in die Verwirklichung der ehelichen Lebensgemeinschaft einbezogen ist, z. B. bei einem gemeinsamen Haus, einer gemeinsamen Wohnung (*BGH* 37, 38; *OLG München* FamRZ 1969, 151; *LG Detmold* MDR 1969, 576; vgl. auch Rdnr. 11 ff.). Allerdings wird man nicht davon ausgehen können, daß in dem Spannungsverhältnis Eigentum–eheliche Lebensgemeinschaft die Entscheidung uneingeschränkt zugunsten der letzteren fallen muß. Sie kann vielmehr nur das Ergebnis einer Interessenabwägung sein (*BGH* 37, 38; *BGH* FamRZ 1972, 363; hat der Ehegatte eine angemessene Ersatzwohnung als gemeinschaftliche Wohnung beschafft, ist die Notwendigkeit, die Erbbaurechtsgemeinschaft bestehen zu lassen, verneint worden: *OLG Stuttgart* NJW 1970, 101; *LG Karlsruhe* FamRZ 1966, 355; *LG Duisburg* NJW 1962, 1301 mit ablehnender Anm. von *Dunz; LG Karlsruhe* FamRZ 1954, 223; *Dölle* § 33 I 4; *Gernhuber* § 18 II 3; zum Teil abweichend *OLG Dresden* DR 1943, 694). Auch die Geltendmachung von Herausgabeansprüchen kann dem Grundsatz der ehelichen Lebensgemeinschaft entgegenstehen, wenn es sich um Gegenstände handelt, die der ehelichen Lebensgemeinschaft zu dienen bestimmt sind (z. B. Möbel, Arbeitsgerät – *OLG Celle* FamRZ 1971, 28; dasselbe gilt für die Geltendmachung von Schadensersatzansprüchen (vgl. Rdnr. 6 zu § 1359).

32 Gegenüber dem Herausgabeanspruch (§ 985) wirkt das Recht zur Mitbenutzung auf Grund der ehelichen Lebensgemeinschaft als Besitzrecht nach § 986 (*Erman-Heckelmann* § 1353, 17; *Gernhuber* § 18 II 3; *Streck* S. 107). Hauptanwendungsfälle sind Herausgabeansprüche eines Ehegatten, der sich aus der ehelichen Lebensgemeinschaft löst und den ihm gehörenden, gemeinsam benutzten Hausrat oder die eheliche Wohnung beansprucht (*RG* JW 1924, 678; *BGH* FamRZ 1954, 73; *OLG München* HRR 1938 Nr. 1162; *KG* DR 1941, 2000; *OLG Stuttgart* NJW 1970, 101; *LG Karlsruhe* FamRZ 1954, 223; *LG Wiesbaden* NJW 1955, 225; *LG Berlin* FamRZ 1956, 55; *Dölle* § 33 I 4). Die Rechtsprechung stützt das Abwehrrecht in der Regel nicht auf § 986, sondern auf das Wesen der Ehe, also wohl unmittelbar auf § 1353. Zur Hausrataufteilung bei Getrenntleben vgl. § 1361 a.

33 Die Relativierung bestehender vermögensrechtlicher Beziehungen der Ehegatten mit Rücksicht auf die eheliche Lebensgemeinschaft steht zur Disposition der Ehegatten. Die Ehegatten können ihre wirtschaftlichen Beziehungen von dem Überbau familienrechtlicher Normen freihalten. Eine Notwendigkeit dafür wird in der Regel bestehen, wenn Rechte Dritter in das Beziehungssystem unmittelbar einwirken, so z. B. bei einer Gesellschaft der Ehegatten unter Beteiligung Dritter (*Gernhuber* § 18 I 3 und FamRZ 1959, 465; *Streck* S. 106; *Müller-Freienfels* Eranion II S. 357). Die

Regulativfunktion spielt nicht nur bei vermögensrechtlichen Beziehungen der Ehegatten eine Rolle. Sie kann sich auch in allen anderen Bereichen inhaltsändernd auf Rechtspositionen auswirken. So wird z. B. mit Rücksicht auf die eheliche Lebensgemeinschaft bei Notwehrhandlungen eines Ehegatten gegen den anderen ein strenger Maßstab an die Erforderlichkeit der Mittel anzulegen sein (*BGH* NJW 1969, 802).

34 Die Regulativfunktion wirkt sich, da sie der Verpflichtung zur ehelichen Lebensgemeinschaft entspringt, grundsätzlich nur zwischen den Ehegatten aus. Sie tritt zurück, sobald Dritte in das bilaterale Beziehungssystem eintreten. In Praxis und Rechtslehre wird der Regulativfunktion dagegen häufig eine Relevanz im Verhältnis zu Dritten zugesprochen, die nicht unbedenklich erscheint. Das gilt insbesondere für die Güterzuordnung. So wird bei Erwerbsgeschäften ein Übereignungsvorgang zugunsten des Ehegatten konstruiert, der die Mittel bereitgestellt hat, ohne Rücksicht darauf, ob dieser Ehegatte der erwerbende Teil war (*KG* JW 1932, 3009; *LG Göttingen* NJW 1955, 1359 mit Anm. *Reinicke; Bosch* FamRZ 1954, 149; *Thiele* FamRZ 1958, 115). Eine derartige rechtliche »Einbeziehung« Dritter ohne besondere Rechtsgrundlage (vgl. §§ 1357, 1369, 1370) läßt sich aus der Verpflichtung der Ehegatten zur ehelichen Lebensgemeinschaft kaum ableiten (so zutr. *Gernhuber* § 18 II 4; *Müller-Freienfels* JZ 1957, 683).

6 Dispositionsfreiheit der Ehegatten in der ehelichen Lebensgemeinschaft, Zulässigkeit von Vereinbarungen

35 Nach h. M. ist § 1353 zwingendes Recht mit der Folge, daß abweichende Vereinbarungen der Ehegatten grundsätzlich keine rechtliche Verbindlichkeit haben (vgl. *RG* 61, 50; 109, 137; *RG* 158, 294; *RG* DJ 1941, 712; *BGH* LM Nr. 13 zu § 48 EheG; *BGH* FamRZ 1958, 126; *Soergel-Lange* § 1353, 2; *Beitzke* § 12 III; *Dölle* § 33 IV).

Diese aus dem »sittlichen Wesen« der Ehe gezogene Schlußfolgerung wird – nicht ganz konsequent – für einzelne Pflichten aus der ehelichen Lebensgemeinschaft relativiert. So wird z. B. die Verpflichtung zur häuslichen Gemeinschaft unter bestimmten Voraussetzungen (Pflege entfernt wohnender Angehöriger, Berufsausübung) als suspendierbar angesehen. Die Frage der Zulässigkeit von Vereinbarungen bedarf einer grundsätzlichen Überprüfung. Das Eheverständnis der Gegenwart erfordert es nicht, den Ehegatten die Dispositionsfreiheit in dem von Rechtsprechung und Rechtslehre vorgezeichneten Umfang zu nehmen. Sicher wird man einen Kernbereich ausschließen müssen, zu dem vor allem die Exklusivität der Geschlechtsgemeinschaft und die partnerschaftliche Zuordnung der Ehegatten gehören. In beiden Fällen handelt es sich um elementare Ehebezüge, deren Aufgabe einer Denaturierung der Ehe gleichkäme. Das kann aber nicht ohne weiteres für die Gesamtheit der Rechtspflichten nach § 1353 gelten. Die Rechtsordnung sollte tolerant genug sein, ohne Verzicht auf Leitbilder auch Außenseitern für ihren engsten persönlichen Bereich die Möglichkeit auf gegenseitigem Vertrauen aufgebauter rechtswirksamer Abreden nicht zu entziehen (vgl. *Gernhuber* § 18 I 4; *Streck* S. 98). So wird z. B. bei Abreden über die häusliche Gemeinschaft, die Aufnahme von Verwandten, die Zeugung und die Empfängnis von Kindern Zurückhaltung bei der Annahme der Nichtigkeit geboten sein.

36 Das gilt insbesondere, wenn im Zusammenhang mit der einvernehmlichen Gestaltung eherechtlicher Verhältnisse auch vermögensrechtliche Abreden getroffen werden, deren Wirksamkeit dann jedenfalls gefährdet ist (*RG* 158, 294; *RG* 68, 322: verneint für einen gleichzeitig abgeschlossenen güterrechtlichen Vertrag). Geht man davon aus, daß die Ehegatten wirksam das Getrenntleben vereinbaren können, so wird man die Wirksamkeit einer Abrede über die vermögensrechtlichen Voraussetzungen nicht in Zweifel ziehen müssen (so noch *RG* JW 1920, 640). Nicht anerkannt werden kann, daß Vereinbarungen dieser Art, auch wenn sie wirksam sind, keinerlei Verbindlichkeit haben sollen (so *Wolf* NJW 1968, 1497; JZ 1970, 441; mit Einschränkungen auch *Streck* S. 98). Soweit sie nicht vermögensrechtlicher Natur sind, wird ihnen freilich in der Regel die Vollstreckungsmöglichkeit fehlen (§ 888 Abs. 2 ZPO). Vereinbarungen im Rahmen des § 1353 können ganz oder teilweise obsolet werden, wenn sich die bei Abschluß relevanten Umstände nicht unerheblich geändert haben (*Dölle* § 34 II). Dann kann sich aber die Verpflichtung ergeben, an einer neuen Regelung mitzuwirken. Es liegt nahe, die Grundsätze über den Wegfall der Geschäftsgrundlage anzuwenden.

7 Die eheliche Lebensgemeinschaft als »Rechtsgrund« für Leistungen

37 Eheleute nehmen häufig Vermögensverschiebungen vor in der Erwartung, daß ihre Ehe von Dauer sein wird. Typische Fälle sind: Mitarbeit im Geschäft des anderen Ehegatten, Zuwendungen, die über die Unterhaltspflicht hinausgehen, z. B. für Ausbildungszwecke, Sicherung der Altersversorgung durch Abschluß von Verträgen oder Erwerb von Gütern. Nach Scheitern der Ehe ist häufig eine Rechtsabwicklung dieser Zuwendungen notwendig. Streitig ist, nach welchen Grundsätzen sie zu erfolgen hat (vgl. Rdnr. 32 ff. zu § 1356).

8 Wegfall der Pflicht zur ehelichen Lebensgemeinschaft (§ 1533 Abs. 2)

38 Ein Ehegatte kann die Herstellung der ehelichen Lebensgemeinschaft ablehnen, wenn das Verlangen sich als Rechtsmißbrauch darstellt (1. Altern.) oder wenn die Ehe gescheitert ist (2. Altern.).

39 Die 2. Altern. ist durch das 1. EheRG gefaßt worden (bisher: »berechtigt ist, auf Scheidung zu klagen«). Entgegen der Amtl. Begr. (S. 38) handelt es sich nicht nur um eine Folgeänderung aus der Ablösung des Verschuldensprinzips. Nach bisherigem Recht kam eine Weigerung, die eheliche Lebensgemeinschaft herzustellen, nur in Betracht, wenn der Ehegatte berechtigt war, auf Scheidung wegen Verschuldens zu klagen, nicht aber, wenn er die Scheidung wegen objektiver »Zerrüttung der Ehe« (z. B. aus § 48 EheG) begehren konnte (h. M.: *RG* 162, 32; *BayObLG* FamRZ 1958, 284; *Gernhuber* § 18 V 3 m. w. N.). Der Wegfall der Verschuldensscheidung hätte konsequenterweise zur ersatzlosen Streichung führen müssen. § 1353 Abs. 2, 2. Altern. überträgt dagegen die bisher nur für die Verschuldensscheidung anwendbar gewesene Regelung auf die »Zerrüttungsscheidung« nach dem 1. EheRG. Außerdem wird nicht darauf abgestellt, ob der beklagte Ehegatte die Scheidung wegen Scheiterns der Ehe begehren kann, sondern lediglich auf die Tatsache des Scheiterns der Ehe. Nach dem Wortlaut des § 1353 Abs. 2 wird angenommen werden müssen, daß die Ablehnung auch dann zulässig ist, wenn das Scheidungsbegehren nicht zum Erfolg führen würde, weil der beklagte Ehegatte mit Erfolg die Härteklausel (§ 1568) geltend machen kann. Das führt dazu, daß ein Ehegatte entgegen dem Wunsch des ehewilligen Ehegatten ein Recht zum Getrenntleben haben kann, ohne daß er die Möglichkeit hätte, die Eheauflösung selbst zu verlangen.

40 Zum Begriff des Scheiterns vgl. § 1565. Beruft der Beklagte sich auf das Scheitern der Ehe, kann er die Vermutung des § 1566 Abs. 2 für sich streiten lassen.

41 Die 1. Altern. des § 1353 Abs. 2 (Mißbrauch des Herstellungsverlangens) ist durch das 1. Ehe*RG* nicht geändert worden. Diese Regelung ist ein Fremdkörper, weil sie entgegen der Tendenz des 1. EheRG die Möglichkeit impliziert, Verschuldenstatbestände aus dem Bereich der ehelichen Lebensgemeinschaft bei der Herstellungsklage zu berücksichtigen.

42 Das Herstellungsverlangen setzt einen ernstlichen Willen zur Aufnahme der ehelichen Lebensgemeinschaft voraus; fehlt er, dann ist das Verlangen mißbräuchlich (h. M. vgl. *OLG München* FamRZ 1966, 199; nach *Gernhuber* § 18 V 2, liegt kein wirksames »Verlangen« vor). Das ist aber nicht notwendigerweise der Fall, wenn der klagende Partner in erster Linie die Scheidung und hilfsweise die Herstellung begehrt (*RG* Warn Rspr. 1919, 116).

43 Der Mißbrauchseinwand setzt kein Verschulden des klagenden Ehegatten voraus. Nicht vorwerfbares Verhalten oder auch objektive Umstände können das Verlangen mißbräuchlich erscheinen lassen. Das kann z. B. der Fall sein, wenn die Ehe absolut gescheitert ist, so daß eine Grundlage für ein Zusammenleben von vornherein nicht gegeben wäre (*RG* 162, 32 – hier ist eine Überschneidung mit der 2. Altern. des § 1353 Abs. 2 möglich).

44 Ein Mißbrauch kann weiter vorliegen, wenn die Verhältnisse bei dem klagenden Partner der Wiederherstellung einer ehelichen Lebensgemeinschaft entgegenstehen oder diese dem anderen Teil aus anderen Gründen nicht zugemutet werden kann. So dürfte eine Ablehnung gerechtfertigt sein, wenn nicht gewisse Mindestvoraussetzungen hinsichtlich Lebensbedarf und Wohnung erfüllt sind (*RG* HRR 1933 Nr. 1085; vgl. aber *OGH* 1, 405: ein Zimmer bei Angehörigen ausreichend; *RG* JW 1908, 406). Ein Mißbrauch kann weiter gegeben sein, wenn der klagende Teil körperlich oder geistig erkrankt ist, wobei es sehr zweifelhaft ist, wo die Grenze der Aufopferung liegt (Mißbrauch verneint: Hysterie der Frau, *RG* JW 1911, 765; Verfolgungswahn des Mannes, *OLG Braunschweig OLG* 1936, 196; bejaht: bei Geschlechtskrankheit oder begründetem Verdacht, *RG* JW 1907, 178; *RG* LZ 1923, 278; geistiger Erkrankung, befürchtetem Gesundheitsschaden, *RG* JW 1913, 378).

45 Eine Ehegatte kann die Herstellung der ehelichen Lebensgemeinschaft nicht verlangen, wenn sein eigenes Verhalten den Anforderungen der ehelichen Lebensgemeinschaft widerspricht. Darunter können fallen: begründeter Verdacht der Untreue (*RG* HRR 1931, 941); hartnäckige vorwerfbare Verletzung der Unterhaltspflicht (*RG* LZ 1931, 1073); grober Verstoß gegen (zulässige) Abreden über die Art und Weise der Gestaltung der ehelichen Lebensgemeinschaft (*RG* JW 1906, 21); Weigerung, pflegebedürftige Kinder des Partners aufzunehmen (*RG* Recht 1924, 1124).

46 Zweifelhaft ist, ob und in welchem Umfang früheres eheliches Fehlverhalten des Ehegatten seinem Herstellungsverlangen entgegensteht. Bestehen Zweifel, ob das Fehlverhalten beendet ist, so kann dies ein Anlaß sein, die Ernsthaftigkeit des Verlangens zu überprüfen. Davon abgesehen kann nicht unterstellt werden, daß früheres Fehlverhalten den Mangel ehelicher Gesinnung und künftiges Fehlverhalten indiziert. Die Frage hat an Bedeutung verloren, nachdem durch den Übergang zum Zerrüttungsprinzip die Herstellungsklage als Mittel, den bis dahin schuldlosen Partner durch seine Weigerung, die eheliche Lebensgemeinschaft herzustellen, ins Unrecht zu setzen und so einen Scheidungsgrund zu schaffen, ihre Wirkung eingebüßt hat (vgl. für das bisherige Recht
47 *RG* JW 1925, 353; *KG* FamRZ 1964, 507). Ob ein Mißbrauch vorliegt, hat das Gericht von Amts wegen zu prüfen; der Beklagte braucht keinen »Mißbrauchseinwand« zu erheben (*RG* DR 1940, 1054). Er ist aber gehalten, im Streitfall die zugrunde liegenden Tatsachen zu beweisen (*Erman-Heckelmann* § 1353, 28). Ob ein bestimmtes Verhalten als Mißbrauch zu qualifizieren ist, ist Rechtsfrage und deshalb auch in der Revisionsinstanz nachprüfbar (*RG* Recht 1923, 333).

48 Eine Ehegatte, der (noch) berechtigt ist, die Aufhebung der Ehe zu verlangen, kann dies dem die Herstellung der ehelichen Lebensgemeinschaft begehrenden Ehegatten entgegenhalten. Die Herstellung der ehelichen Lebensgemeinschaft würde als Bestätigung (z. B. § 30 Abs. 2 EheG) anzusehen sein. Es dürfte der Re-

gelung in § 35 EheG widersprechen, wenn der Ehegatte durch eine Herstellungsklage gezwungen wird, die Aufhebungsklage zu erheben, um eine Bestätigung zu vermeiden (h. M.: *BayObLG* NJW 1949, 221). Auch ein Nichtigkeitsgrund kann gegenüber der Herstellungsklage eingewendet werden, es sei denn, daß eine Heilung der Ehe (z. B. § 18 Abs. 2 EheG) eingetreten ist. Entgegen der h. M. dürfte dies für das bisher geltende Recht auch im Fall der Namensehe anzunehmen gewesen sein (vgl. *Erman-Heckelmann* § 1353, 29). Die Frage ist durch den ersatzlosen Wegfall des § 19 EheG gegenstandslos geworden.

9 Die Herstellungsklage

9.1 Klage auf Herstellung des ehelichen Lebens

49 Verletzt ein Ehegatte eine persönliche Verpflichtung zur ehelichen Lebensgemeinschaft, so kann der andere Teil auf »Herstellung des ehelichen Lebens« klagen. Die Klage kann sich auf jede der aus § 1353 folgenden Verpflichtungen beziehen (*RG* 137, 103; *Erman-Heckelmann* § 1353, 22; die Bemerkung *Gernhubers* § 23, 2, der »Umkreis« werde nicht von § 1353 bestimmt, sondern von »der Weite des Gedankens, der ihn schuf« ist eher literarische Floskel als sachliche Feststellung; als Generalklausel soll § 1353 gerade alle denkbaren Möglichkeiten ehelicher Beziehungen umfassen). Mit der Herstellungsklage kann z. B. auch Unterrichtung über den Bestand des Vermögens bei bestehender Zugewinngemeinschaft begehrt werden (*OLG Schleswig* FamRZ 1975, 164; *BGH* FamRZ 1976, 516).

50 Die Herstellungsklage hat den Zweck, die Verpflichtung zur ehelichen Lebensgemeinschaft in einem Gerichtsverfahren sichtbar zu machen und die Berechtigung zum Getrenntleben zur Entscheidung zu bringen (vgl. *Bergerfurth* FamRZ 1965, 585). Da der Vollstreckungszwang ausgeschlossen ist (§ 888 Abs. 2 ZPO), hat die Herstellungsklage nur geringe praktische Bedeutung. Vor dem Inkrafttreten des EheG 38 wurde sie meist zur Vorbereitung der Scheidungsklage nach § 1567 a. F. erhoben. Nach Wegfall dieses besonderen Scheidungsgrundes diente sie primär einer Klärung des Rechts zum Getrenntleben und mittelbar der Vorbereitung der Scheidung nach § 43 EheG; mittelbar deshalb, weil die Rechtskraft des Herstellungsurteils sich nicht auf die Weigerungsgründe erstreckte (h. M.: *RG* JW 1915, 657). Mit dem Übergang zum Zerrüttungsprinzip wird die Herstellungsklage weiter an Bedeutung verlieren.

51 Die mangelnde »Verwertbarkeit« des Herstellungsurteils ist ohne Einfluß auf die Frage des Rechtsschutzbedürfnisses. Das Rechtsschutzbedürfnis kann insbesondere nicht deshalb verneint werden, weil vorauszusehen ist, daß der beklagte Ehegatte der Verpflichtung im Urteil nicht nachkommen werde (*RG* 163, 380; *OLG Köln* NJW 1966, 1864).

52 Die Herstellungsklage ist Ehesache (§ 606 ZPO). Zuständig ist das Familiengericht. Streitig ist, ob mit der Klage allgemein die Herstellung des ehelichen Lebens begehrt werden kann, oder ob sie sich auf eine konkrete Pflicht beziehen muß. Entgegen der wohl h. M. (vgl. *OLG Köln* NJW 1966, 1864; *Soergel-Lange* § 1353, 30; *Beitzke* § 12 III 3; *Dölle* § 33 III 1) dürfte ein allgemein gehaltener Antrag genügen, da die Zwangsvollstreckung, die ohne Konkretisierung des Tenors nicht auskommt, ohnehin nicht in Betracht kommt und die Pflichtverletzung sich für die Beteiligten aus den Urteilsgründen ergibt (*RG* 137, 102; *BGH* MDR 1957, 540 mit abl. Anm. *Beitzke; OLG Stuttgart,* JW 1929, 2292; *OLG Hamburg* FamRZ 1967, 100; *Gernhuber* § 23, 3).

53 Zweifelhaft ist, ob die Herstellungsklage nur den Antrag auf positives Tun zum Gegenstand haben kann oder auch die Verurteilung zur Unterlassung ermöglicht. Das RG hat sie nicht zugelassen mit der Begründung, dadurch würde entgegen dem Gedanken des § 888 Abs. 2 ZPO in Angelegenheiten der ehelichen Lebensgemeinschaft die Möglichkeit der Zwangsvollstreckung (§ 890 ZPO) eröffnet (*RG* 151, 159). Diese Ansicht überzeugt nicht. Näher liegt es, die Unterlassungsklage einzubeziehen und die Zwangsvollstreckung in entsprechender Anwendung des § 888 Abs. 2 ZPO auszuschließen, was bereits im Urteil ausgesprochen werden kann (zutr. *OLG Celle* FamRZ 1964, 300; FamRZ 1965, 507).

54 Das Urteil auf Herstellung der ehelichen Lebensgemeinschaft kann nicht vollstreckt werden (§ 888 Abs. 2 ZPO). Das Vollstreckungsverbot darf nicht dadurch umgangen werden, daß die Herstellungsklagen in die Form gewöhnlicher Leistungsklagen gekleidet werden. Die Abgrenzung ist schwierig, da für vermögensrechtliche Verpflichtungen, mögen sie auch in der ehelichen Lebensgemeinschaft gründen, die allgemeine Klage zulässig it (z. B. Unterhaltsansprüche, Taschengeld, es sei denn, daß die Art und Weise der Leistung gerügt wird; zur Ehestörungsklage vgl. Rdnr. zu 58 ff.). Mittelbarer, unzulässiger Vollstreckungszwang dürfte auch vorliegen, wenn einem Ehegatten im Strafverfahren (§ 170 b StGB) die Auflage gemacht wird, zu seiner Familie zurückzukehren (so unzutr. *OLG Nürnberg* FamRZ 1959, 165), wenn eine Vertragsstrafe versprochen wird (*RG* 158, 294), oder wenn die Herstellung der ehelichen Lebensgemeinschaft mit den Mitteln der (vollstreckbaren) Ehestörungsklage angestrebt wird (*OLG Frankfurt* NJW 1974, 2325).

9.2 Klage auf Feststellung des Rechts zum Getrenntleben

55 Gegenstück zur Herstellungsklage ist die negative Feststellungsklage, daß der Kläger zum Getrenntleben berechtigt ist (vgl. eingehend *Bergerfurth* FamRZ 1965, 585). Sie ist zulässig, sofern ein Feststellungsinteresse gegeben ist, z. B. wenn der andere Ehegatte das Recht zum Getrenntleben bestreitet oder anzweifelt; die Feststellungsklage ist im Eheverfahren (§§ 606 ff.) zu führen (*RG* 150, 70; *BGH* FamRZ 1964, 38; *KG* FamRZ 1964, 507;

OLG Düsseldorf FamRZ 1967, 629; *OLG Celle* FamRZ 1968, 165; *OLG Hamburg* FamRZ 1970, 487; *OLG Hamm* FamRZ 1970, 83; a. A.: *OLG Koblenz* NJW 1962, 350; *OLG Nürnberg* FamRZ 1965, 150, 508: Feststellungsinteresse nur in besonders gelagerten Ausnahmefällen gegeben).

9.3 Gestattung des Getrenntlebens

56 Nach § 620 Nr. 5 ZPO kann das Familiengericht, wenn eine Ehesache anhängig oder das Armenrecht hierfür beantragt ist (§ 620 a Abs. 2 ZPO) auf Antrag das Getrenntleben der Ehegatten anordnen. Voraussetzung ist das Rechtsschutzbedürfnis; es fehlt, wenn die Ehegatten bereits getrennt leben und die Trennung fortsetzen wollen (*KG* FamRZ 1968, 394; vgl. Rdnr. 34 zu § 620 ZPO).

10 Folgen des Getrenntlebens

57 Mit der Aufhebung der häuslichen Gemeinschaft entfällt die Grundlage für »kollektive« Regelungen der Beziehungen in der Familie. Das bedeutet, daß Rechtsverhältnisse individualisiert oder neu begründet werden müssen. Zu den wichtigsten Folgen zählen: Der Anspruch auf Familienunterhalt wird abgelöst durch den auf Befriedigung individueller Bedürfnisse gerichteten Rentenanspruch nach § 1361. Die Ehegatten können eine Verteilung des Hausrats nach § 1361 a verlangen. Die Vorschriften über die Schlüsselgewalt der Ehegatten sind suspendiert (§ 1357). Die Fristen für die Vermutung des Scheiterns der Ehe (§ 1566) und für die Geltendmachung des vorzeitigen Ausgleichs des Zugewinns beginnen zu laufen. Gerichtliche Entscheidungen über die gemeinsamen Kinder können in Betracht kommen (§ 1672, Übertragung der elterlichen Gewalt; § 1634 Regelung des Verkehrsrechts). Jeder Ehegatte kann u. U. Unterhaltsansprüche der Kinder allein geltend machen (§ 1629).

11 Ehestörungsklage

58 Umstritten ist, ob und in welchem Umfang neben der Klage auf Herstellung der ehelichen Lebensgemeinschaft Unterlassungsklagen und Schadensersatzansprüche wegen Ehestörung gegen den anderen Ehegatten und den beteiligten Dritten zulässig sind. Das RG verneinte in ständiger Rechtsprechung solche Ansprüche (*RG* 71, 85; 151, 159). Es war der Auffassung: die ehelichen Beziehungen seien im wesentlichen sittlicher Natur und unterlägen deshalb nicht dem Vollstreckungszwang. Ein solcher Zwang dürfe auch nicht mittelbar ausgeübt werden. Die Zuerkennung von Schadensersatzansprüchen würde außerdem zu einer dem sittlichen Wesen der Ehe widersprechenden Kommerzialisierung der ehelichen Gemeinschaft führen. Im übrigen seien die Rechtsfolgen von Ehestörungen im Familienbereich abschließend geregelt; die An-

wendung der allgemeinen Schadensersatzbestimmungen sei deshalb ausgeschlossen. Auch reiche der strafrechtliche Schutz der Ehe aus (*RG* DJ 1941, 738).

59 Der *BGH* ist, was die Geltendmachung von Schadensersatzansprüchen angeht, der Rechtsprechung des Reichsgerichts gefolgt. Unterlassungsansprüche läßt der *BGH* dagegen zu, soweit sie Störungen im »räumlich-gegenständlichen Bereich« der Ehe betreffen (*BGH* 6, 360). Die Rechtsprechung im übrigen und die Rechtslehre sind uneinheitlich; eine Tendenz, Ansprüchen weiteren Umfang zuzubilligen, ist erkennbar.

11.1 Verletzung absoluter Rechte im Zusammenhang mit Ehestörungen

60 Unproblematisch sind die Fälle, in denen ein Ehegatte allein oder im Zusammenwirken mit einem Dritten durch ehewidriges Verhalten ein sonstiges absolutes Recht verletzt. In Betracht kommen vor allem Körperverletzung, Eigentumsdelikte, Besitzstörungen, Verletzungen des Namensrechts (§ 12). Insoweit bestehen Ansprüche nach allgemeinem Recht unabhängig von der Frage, ob die eheliche Lebensgemeinschaft als solche oder ein bestimmter Bereich davon den Charakter eines absoluten Rechts hat. Der Zusammenhang mit der ehelichen Lebensgemeinschaft schließt solche Ansprüche nicht aus (*RG* 74, 224; *RG* 85, 335; *OLG Celle* NJW 1953, 1789; *OLG Karlsruhe* FamRZ 1961, 375; *Erman-Heckelmann* § 1353, 22; *Gernhuber* § 17 III 4 – vgl. auch § 23, 2; *Jayme* S. 262). Einschränkend verhält sich *BGH* 23, 279, wo Ansprüche wegen Körperverletzung nicht zugesprochen wurden, da die Gesundheitsschädigung aus der Zerrüttung der Ehe resultierte. Diese einer überspitzten Tabuisierung der ehelichen Lebensgemeinschaft huldigende Auffassung ist abzulehnen. Die Verweigerung des Rechtsschutzes in solchen Fällen mit Rücksicht auf ein anspruchsvolles Leitbild der ehelichen Lebensgemeinschaft läßt den Hilfsbedürftigen ohne Schutz und begünstigt die Rücksichtslosigkeit (vgl. *Beitzke* § 12 III 3 c und *MDR* 1957, 407).

11.2 Unterlassungsansprüche wegen Ehestörung

11.2.1 Ehestörungen im »räumlich-gegenständlichen Bereich« der Ehe

61 Der *BGH* hat, abweichend von der Rechtsprechung des Reichsgerichts, *Unterlassungsansprüche* der Ehefrau *wegen Ehestörungen* zugelassen, und zwar sowohl gegen den Ehegatten als auch gegen den Drittstörer. Die Beschränkung der Klagemöglichkeit auf die Ehefrau (*BGH* 6, 360) ist wegen Art. 3 Abs. 2 GG nicht vertretbar. Daher ist von einer für Mann und Frau gleichermaßen gegebenen Klagemöglichkeit auszugehen (*LG Saarbrücken* FamRZ 1967, 288; *Beitzke* § 12 III 3 a; *Boehmer* AcP 155, 181). Voraussetzung des nach allgemeinen Vorschriften zu vollstreckenden Anspruchs (§ 890 ZPO) sind Störungen im »räumlich-gegenständlichen« Bereich der Ehe, einem Bereich, der in Gegensatz zu dem »sittlich-persönlichen« Bereich gestellt wird (*BGH* 6, 30; 34, 80;

35, 302; *BGH* FamRZ 1956, 50; *BGH* FamRZ 1961, 432; *BGH* NJW 1962, 1244; *BGH* FamRZ 1963, 553). Der *BGH* hat offengelassen, ob der Anspruch auf § 823 Abs. 1 oder unmittelbar auf Art. 6 GG beruht. Soweit er Ehestörungsansprüche verneint hat, ist er der Begründung des Reichsgerichts gefolgt (vgl. Rdnr. 58).

62 Die Instanzgerichte, die zum Teil bereits vor dem BGH Ehestörungsansprüche zugebilligt hatten (vgl. z. B. *OLG Köln* SJZ 1949, 623; *KG* JR 1949, 51; *OLG Schleswig* JR 1951, 629) haben sich mit unterschiedlicher Begründung dem BGH angeschlossen (*OLG Celle* FamRZ 1955, 46; *OLG München* FamRZ 1973, 93; *LG Duisburg* NJW 1962, 1301; FamRZ 1964, 265; *LG Wuppertal* MDR 1955, 165; *LG Zweibrücken* FamRZ 1964, 266 und 1967, 288; *KG* FamRZ 1965, 329; *OLG Bremen* NJW 1963, 395). Die Fälle, mit denen sich die Rechtsprechung zu befassen hatte, zeigen typische Merkmale. In der Regel handelt es sich um den »Einbruch« eines Dritten in den »räumlich-gegenständlichen Bereich« der Ehe, wobei einer der Ehegatten mitwirkt. Bei den »Störungen« durch Dritte wird nicht vorausgesetzt, daß zwischen dem anderen Ehegatten und dem Dritten geschlechtliche Beziehungen bestehen. Es wird als ausreichend angesehen, wenn der Ehegatte eine Einbuße seiner Stellung im räumlich-gegenständlichen Bereich der Ehe erleidet.

Aus der Rechtsprechung: Unterbringung der Geliebten in der ehelichen Wohnung (*BGH* 6, 360; *OLG Celle* FamRZ 1955, 64; *OLG Schleswig* JR 1951, 629); Aufnahme einer Haushälterin in die eheliche Wohnung, die die Ehefrau »entsetzt« (*BGH* FamRZ 1956, 50; *LG Zweibrücken* FamRZ 1964, 266); Bewirtschaftung eines Hofes durch die Geliebte. (*LG Hannover* Nds. Rpfl. 1949, 18); Beschäftigung der Geliebten in eigener Werkstatt oder in Geschäftsräumen, in denen die Ehefrau mitarbeitet (*BGH* 34, 80; 35, 302; *LG Wuppertal* MDR 1955, 165). Bei gewerblichen Räumen wird darauf abgestellt, ob sie mit den Wohnräumen so verbunden sind, daß eine Trennung der Lebensbereiche nicht in Betracht kommt; Rechtsschutz wird in jedem Fall gewährt, wenn der betroffene Ehegatte in den gewerblichen Räumen seinen beruflichen Mittelpunkt hat (*BGH* FamRZ 1961, 432; *OLG Celle* FamRZ 1963, 295; *LG Hamburg* FamRZ 1964, 265).

63 Der Schutz ist auch bejaht worden im Fall des Getrenntlebens der Ehegatten in verschiedenen Räumen einer Wohnung (*OLG Celle* FamRZ 1955, 46), aber auch, wenn die Ehegatten verschiedene Wohnungen auf einem Grundstück hatten (*LG Zweibrücken* FamRZ 1964, 266). Allgemein ist festzustellen, daß der Begriff des »räumlich-gegenständlichen Bereichs« nicht kleinlich ausgelegt wird, so z. B. in dem Fall, wo die Geliebte in die Wohnung aufgenommen worden ist, nachdem die (grundsätzlich zur Rückkehr bereite) Ehefrau diese verlassen hatte (*BGH* FamRZ 1963, 553). Besonders deutlich zeigt sich diese Tendenz in KG FamRZ 1965, 329, wo ein Anspruch bejaht wurde, obwohl die von dem Ehegatten und seiner Geliebten gemietete Wohnung nicht die Ehewohnung gewesen ist. Die Entscheidung ist aber im Ergebnis vertretbar, da die neue Wohnung und die frühere eheliche Wohnung in

demselben Haus lagen (vgl. aber *OLG Nürnberg* FamRZ 1956, 109). Nicht überzeugend ist die Begründung der Entscheidung *BGH* FamRZ 1961, 112: mißbräuchliche Geltendmachung eines auf Grund des Gesellschaftsvertrages bestehenden Rechts, den Gesellschaftsanteil der Ehefrau zu kaufen, wenn sie dadurch aus ihrem langjährigen Wirkungskreis verdrängt würde. Die im Ergebnis zu billigende Entscheidung läßt sich zwanglos mit der Regulativfunktion der Verpflichtung zur ehelichen Lebensgemeinschaft oder unter Berufung des Rechtsmißbrauchs nach § 242 begründen. Nicht zugesprochen worden ist der Anspruch, einen Untermieter der Ehefrau aus der Wohnung zu entfernen, da ein wichtiges Interesse der Ehefrau an einem Verbleiben anzunehmen war (*OLG Bremen* NJW 1963, 395). Anders als in *BGH* FamRZ 1963, 553 ist eine neue Wohnung zutreffend nicht zum »räumlich-gegenständlichen Bereich« der Ehe gerechnet worden, die nie gemeinsam benutzt wurde und auf die die Ehefrau keinen Anspruch hatte (*OLG Nürnberg* FamRZ 1966, 511). Zutreffend wird ein Anspruch verneint, Kontakte zum Ehegatten auf der Straße zu unterlassen (*OLG Oldenburg* NJW 1968, 1140); Anspruch bejaht bei völlig unberechtigten Nachforschungen: *OLG Dresden* HRR 1939 Nr. 5; hier fehlt jeder Zusammenhang mit dem räumlich-gegenständlichen Bereich der Ehe.
Ein Ehestörungsanspruch ist verneint worden, wenn in Wirklichkeit nicht das Fernhalten des Ehestörers beabsichtigt ist, sondern mittelbar die Wiederherstellung der ehelichen Lebensgemeinschaft erstrebt wird (*OLG Frankfurt* NJW 1974, 2325).

64 Die Rechtslehre teilt im Ergebnis überwiegend die Auffassung des *BGH* (vgl. z. B. *Erman-Heckelmann* § 1353, 221; *Palandt-Diederichsen* Vor § 1353, 1; *Soergel-Lange* § 1353, 36; *Gernhuber* § 17 II 2; *Berg* JuS 1961, 137; *Boehmer* FamRZ 1959, 1; FamRZ 1957, 196; *Coing* JZ 1952, 689). Mitunter werden weitergehende Ansprüche ohne Beschränkung auf den räumlich-gegenständlichen Bereich der Ehe bejaht (*Beitzke* § 12, 3 a; *Jayme* S. 266; *Johannsson* S. 84, 91; vgl. auch *Streck* S. 161).

11.2.2 Unterlassungsansprüche wegen Ehestörung, Rechtsgrundlage und Umfang

65 Zweifelhaft ist die *Rechtsgrundlage* von Ehestörungsansprüchen. Der *BGH* hat offengelassen, ob Art. 6 GG unmittelbar anzuwenden sei, oder ob § 823 Abs. 1 als Anspruchsgrundlage in Betracht kommt. Rechtsprechung und Rechtslehre zeigen kein einheitliches Bild. Art. 6 GG ist als Anspruchsgrundlage weder im Verhältnis der Ehegatten zueinander noch im Verhältnis zu Dritten anwendbar. Das Grundrecht hat keine Drittwirkung für den zivilrechtlichen Bereich (vgl. Rdnr. 19 vor § 1353). Die Anwendbarkeit der §§ 823 Abs. 1, 1004 bereitet keine Schwierigkeiten auf der Grundlage der institutionellen Ehelehre. Die Zuordnung der ehelichen Lebensgemeinschaft zu den absoluten Rechten ist jedoch auch möglich, wenn der institutionelle Charakter der Ehe verneint wird. Die Beziehungen der Ehegatten zueinander sind individueller Natur. Das schließt nicht aus, daß ihnen im Außen-

verhältnis weitergehender Rechtsschutz zugebilligt wird. Die Rechtsordnung ist frei, bestimmten Rechtsbeziehungen den Charakter eines gegen jedermann wirkenden Rechts (absolutes Recht) zu geben. So läßt der Begriff der »sonstigen Rechte« in § 823 Abs. 1 die Einbeziehung von schutzwürdigen individuellen Rechtspositionen zu. Es liegt nahe, ein solches Recht anzunehmen, wenn die individuellen Rechtsbeziehungen eine organisatorische Verfestigung erfahren haben und das Schutzbedürfnis dieser »Gemeinschaft« unter Berücksichtigung ihrer Wertigkeit im Normensystem zu bejahen ist. In bezug auf die eheliche Lebensgemeinschaft kann man das zwanglos annehmen. Das führt zu der sog. relativ-absoluten Theorie, die der Außenwirkung der relativen Rechtsbeziehungen der Ehegatten einen absoluten Grad zuerkennt (*Soergel-Lange* Vor § 1353, 3; *Beitzke* § 12 III 3; *Dölle* § 32 I; *Gernhuber* § 17, 1; *Jayme* S. 256; *Johansson* S. 37; *Magis* S. 25; *Padrutt* S. 41; *Berg* JuS 1961, 137; *Boehmer* FamRZ 1955, 7; FamRZ 1957, 196; *v. Hippel* NJW 1965, 664; *Schwab* NJW 1956, 1149; JuS 1961, 142; abl. *Pawlowsky* S. 313; *Wolf* FamRZ 1968, 493 – beide folgerichtig auf Grund der interindividuellen Ehelehre, vgl. Rdnr. 9 Vor § 1353; *Nathan* NJ 1951, 36 für die DDR – vgl. auch *OG DDR* NJ 1964, 480).

66 Zweifelhaft und streitig ist die Abgrenzung der absoluten Außenwirkung des Rechts auf eheliche Lebensgemeinschaft. Eine uneingeschränkte Ausdehnung des Schutzes auf alle Verstöße im Bereich der ehelichen Lebensgemeinschaft (so *Beitzke* § 12, 3 b) ist nicht gerechtfertigt. Die Einbeziehung auch der höchstpersönlichen Bereiche würde der erkennbaren Tendenz des Gesetzes (vgl. § 888 Abs. 2 ZPO) widersprechen, so daß eine Beschränkung notwendig ist. Die Rechtsprechung hat eine Vielzahl von Abgrenzungsformeln entwickelt, z. B.: Recht auf ungestörten Fortbestand der ehelichen Lebensgemeinschaft oder – allgemein – Recht der ehelichen Lebensgemeinschaft (*OLG Düsseldorf* FamRZ 1958, 104; *OLG Schleswig* JR 1051, 629; *Erman-Heckelmann* § 1353, 30; *Staudinger-Hübner* Vor § 1353, 58; *Berg* DRiZ 1952, 115); Recht auf den äußeren Bereich der Ehe (*LG Wuppertal* FamRZ 1955, 138); Ehefrieden (*LG Berlin* FamRZ 1957, 137); Rechtsverhältnisse der Ehe als solcher (*OLG Celle* FamRZ 1964, 366); Intimsphäre der Ehegatten im familienrechtlichen Bereich (*Palandt-Thomas* § 823, 6 f.); Wahrung der Stellung als Ehegatte (*Johansson* S. 37); die personenrechtliche Zuordnung als solche und die Verbindung der Ehegatten zur geschlechtlichen Treue (*Gernhuber* § 17 I 2); Gemeinsamkeit der Wohnung (*Struck* JZ 1976, 160).

67 Der *BGH* a. a. O. gewährt Abwehransprüche zum Schutz des »räumlich-gegenständlichen« Bereichs der Ehe. Diese Abgrenzung ist – ungeachtet von Auslegungsschwierigkeiten im Einzelfall – sachgerecht. Sie verhindert, daß die persönlichen Beziehungen der Ehegatten zum Gegenstand des Vollstreckungszwangs werden, gibt aber andererseits dem verletzten Ehegatten die Möglichkeit, seinen äußeren ehelichen Besitzstand zu verteidigen.

68 Die Klage gegen den Dritten ist keine Ehesache; sie richtet sich vielmehr nach allgemeinen Vorschriften (§§ 823 Abs. 1, 1004). Vollstreckungszwang ist nicht ausgeschlossen (§ 890 ZPO).

11.2.3 Unterlassungsansprüche gegen den Ehegatten

69 Die Ehestörungsklage ist auch im Verhältnis der Ehegatten zueinander zulässig. Zweifelhaft ist ihre Rechtsgrundlage. Auf das absolute Recht auf »Ungestörtheit der ehelichen Lebensgemeinschaft im räumlich-gegenständlichen Bereich« kann sie nicht gestützt werden, da das Innenverhältnis die Qualität eines absoluten Rechts nicht besitzt. Das folgt zwingend aus der absolut-relativen Auffassung (vgl. Rdnr. 65 sowie *OLG Hamburg* MDR 1970, 507; *Beitzke* § 12, 3 a; *Gernhuber* § 17 II und FamRZ 1962, 89; *Magis* S. 25; *Boehmer* FamRZ 1957, 196; *Schwab* NJW 1956, 1149; einschränkend *v. Hippel* NJW 1965, 664). Dasselbe muß aber wohl auch gelten, wenn man von der institutionellen Ehelehre ausgeht, da das absolute Recht der ehelichen Lebensgemeinschaft kein Beherrschungsrecht des einen Partners über den anderen sein kann (vgl. *Beitzke* § 12 3 a; *Gernhuber* § 17 I 4; *Jayme* S. 260).

70 Im Verhältnis der Ehegatten zueinander sind die § 823 Abs. 1 und 1004 zur Abwehr von Verletzungen der Pflicht zur ehelichen Lebensgemeinschaft daher nicht anwendbar. Die Ansprüche richten sich unmittelbar nach § 1353. Dabei sind zwei Möglichkeiten zu unterscheiden. Handelt es sich um Verletzungen, die den räumlich-gegenständlichen Bereich betreffen, so ist die Klage nach allgemeinen Vorschriften (keine Ehesache) zu beurteilen. Vollstrekkungszwang ist möglich, § 888 Abs. 2 ZPO nicht anwendbar. Die Auffassung, § 1353 (als Anspruchsgrundlage) und § 888 Abs. 2 ZPO (als Vollstreckungsregel) korrespondierten im Sinne einer abschließenden Wechselbeziehung, ist nicht zwingend. § 888 Abs. 2 ZPO kann schon nach seinem Normzweck nur solche unvertretbaren Handlungen betreffen, die von dem Ehegatten persönlich, und zwar mit Rücksicht auf den Status als Ehegatte notwendigerweise persönlich vorgenommen werden können (*Gernhuber* § 23, 2; *Streck* S. 168). Darunter fallen nicht Verletzungen im Rahmen des räumlich-gegenständlichen Bereichs. Der verletzte Ehegatte kann also sowohl gegen den Ehegatten als auch gegen den Drittstörer (gegen diesen nach §§ 1004, 823 Abs. 1) einheitlich vorgehen.
Unberührt bleibt die Möglichkeit, gegen den anderen Ehegatten die Herstellungsklage (§ 606 ZPO) ohne Vollstreckungszwang (§ 888 Abs. 2 ZPO) zu erheben.

11.3 Verletzung des Namensrechts des Ehegatten

71 Entgegen seiner sonstigen Zurückhaltung bei Ehestörungsansprüchen gewährte das Reichsgericht Beseitigungs- und Unterlassungsansprüche gegen den Partner und den Drittstörer, wenn sie den Familiennamen des verletzten Ehegatten benutzten (*RG* 108, 230; *RG* WarnR 1930 Nr. 2). Das Reichsgericht sah darin eine Ver-

letzung des absoluten Rechts auf den Namen (§ 12). Zunehmend wird die Auffassung vertreten, daß es sich dabei ebenfalls um einen Ehestörungsanspruch handelt, der nach den hierfür entwikkelten Grundsätzen zu behandeln ist (*Gernhuber* § 17 II 3; *Johannsson* S. 35). Die Ansprüche sind nicht deckungsgleich. So versagt § 12, wo eine Verletzung des Namensrechts nicht in Betracht kommt, weil Drittstörer und ungetreuer Ehegatte unter falschem Namen sich als Ehepaar ausgeben. Andererseits fehlt es an den Voraussetzungen für einen Ehestörungsanspruch, wenn die Verletzung des Namensrechts sich außerhalb des »räumlich-gegenständlichen« Bereichs der ehelichen Lebensgemeinschaft vollzieht. Deshalb ist es sachgerechter, beide Ansprüche nebeneinander zuzulassen.

11.4 Schadensersatzansprüche

72 Störungen der ehelichen Lebensgemeinschaft können materielle Schäden verursachen (z. B. Kosten einer Scheidungsklage, Kosten der Klage wegen Anfechtung der Ehelichkeit eines Kindes, Unterhaltsleistung an das »Ehebruchskind«, Kosten einer Heilbehandlung, wenn physische oder psychische Schäden im Zusammenhang mit der Ehe entstanden sind, entgangene Vorteile im Falle der Scheidung u. a. m.). Nicht problematisch sind die Fälle, in denen die Störung zugleich die Verletzung eines anderen nach § 823 Abs. 1 geschützten Rechtsgutes oder eines Schutzgesetzes nach § 823 Abs. 2 darstellt (z. B. Körperverletzung, Eigentumsdelikte; vgl. *Jayme* S. 262; unzutreffend: *BGH* 23, 279, der eine Einschränkung vornehmen will, wenn die Verletzung des Rechtsgutes lediglich zum Gesundheitsschaden geführt hat. Dagegen zutreffend *Beitzke* MDR 1957, 407).

73 Zweifelhaft ist, ob und in welchem Umfang ein Ehegatte von dem Partner oder von einem Dritten Schadensersatz verlangen kann, wenn der Schaden allein auf Grund einer Beeinträchtigung der ehelichen Lebensgemeinschaft entstanden ist. Das Reichsgericht (*RG* 72, 128), der Bundesgerichtshof (*BGH* 23, 215; 26, 217; FamRZ 1972, 33; Anm. von *Wagner*: NJW 1972, 577; vgl. auch BGH NJW 1973, 991 und Rdnr. 81) und Teile der Rechtsprechung (*OLG Koblenz* FamRZ 1960, 368; *OLG München* JR 1956, 61; *LG Mönchen-Gladbach* FamRZ 1955, 48; *LG Limburg* MDR 1966, 507; *LG Karlsruhe* MDR 1970, 51) sowie der Rechtslehre (*Dieckmann* JuS 1969, 101, 156; *Berg* JuS 1961, 137) lehnen Schadensersatzansprüche aus Ehestörungen im allgemeinen ab (einschränkend: *Eman-Heckelmann* § 1353, 36; *Soergel-Lange* § 1353, 39, die Ansprüche nach § 826 zulassen).

74 Der BGH ist der Auffassung, die Folgen einer Verletzung der Verpflichtungen aus der ehelichen Lebensgemeinschaft hätten im Gesetz eine abschließende Regelung gefunden; Schadensersatzansprüche seien generell nicht vorgesehen; das Fehlen solcher Ansprüche im Verhältnis der Ehegatten zueinander stehe Ansprüchen gegen den Dritten entgegen. Andernfalls würde der Ehegatte dem Dritten im Wege der Ausgleichspflicht Ersatz zu leisten haben,

obwohl er im Innenverhältnis dazu nicht verpflichtet sei. Der *BGH* betont das »sittliche Wesen« der Ehe, das nicht kommerzialisiert werden dürfe; er befürchtet weiter eine uferlose Ausweitung der Schadensersatzansprüche, wenn das Prinzip durchbrochen werde. Eine praktikable Begrenzung der Ansprüche hält er nicht für möglich.

75 Die Auffassung überzeugt nicht. Das »sittliche Wesen« der Ehe besagt für sich gesehen nichts über die Schadensverteilung. Daß der an der Ehestörung unbeteiligte Ehegatte entstandenen Schaden allein tragen soll, den der andere Ehegatte unter Verstoß gegen die Verpflichtung zur ehelichen Lebensgemeinschaft verschuldet hat, kann kaum mit dem sittlichen Wesen der Ehe begründet werden (*Jayme* S. 251 Fn. 141; *Beitzke* § 12 III 3 c). Die Erwägung, die Schadensersatzansprüche ließen sich nicht begrenzen, hält einer Nachprüfung nicht stand. Der Haftungsumfang kann einmal nach dem Schutzzweck der verletzten Norm begrenzt werden; zum anderen können gesetzliche Einzelregelungen, deren abschließender Charakter außer Zweifel steht (z. B. Unterhalt geschiedener Ehegatten, Zugewinnausgleich) der Geltendmachung von Schadensersatzansprüchen insoweit entgegenstehen. Die Auffassung, die gesetzliche Regelung von Ansprüchen im Ehe- und Familienrecht habe abschließenden Charakter, ist nicht zwingend (vgl. dazu ausführlich *Jayme* S. 256; *Johannsson* S. 45; *Fabricius* AcP 160, 273; *Wagner* NJW 1972, 577).

76 Die vom *BGH* beschworene Gefahr einer Kommerzialisierung der Ehe steht im Widerspruch zu der Tendenz, bei Verletzung des Persönlichkeitsrechts selbst den immateriellen Schaden zu ersetzen (*Beitzke* § 12 III 3 c). Es ist nicht einzusehen, weshalb bei Verletzung ideeller Werte in dem einen Fall der immaterielle Schaden ersetzt wird, im anderen Fall dagegen sogar der Ersatz des materiellen Schadens verweigert werden soll. Die Überlegung, der ehestörende Dritte dürfe wegen eines evtl. Ausgleichsanspruchs im Verhältnis zum anderen Ehegatten nicht haften, überzeugt nicht, wenn man die Möglichkeit einer Haftung auch des an der Störung beteiligten Ehegatten bejaht. Teilt man diese Auffassung nicht, so schließt das eine Begrenzung der Ausgleichspflicht nicht aus; ein Gleichlauf zwischen Haftung und Ausgleichspflicht besteht nicht notwendigerweise (*Gernhuber* § 17 III 4 m. w. N.).

77 Streitig ist, ob Schadensersatzansprüche (soweit sie überhaupt für zulässig erachtet werden) wegen »Ehestörung« nur gegen den Drittstörer oder auch gegen den an der Störung beteiligten Ehegatten gegeben sind (nur gegen Drittstörer: *OLG Celle* FamRZ 1964, 366; *LG Arnsberg* FamRZ 1967, 630; *LG Düsseldorf* FamRZ 1967, 480; *LG Berlin* FamRZ 1968, 652; *Palandt-Diederichsen* Vor § 1353, 1; *Staudinger-Hübner* Vor § 1353, 54; *Schwab* NJW 1956, 1149. Für eine Haftung des Ehegatten und des Drittstörers: *OLG Oldenburg* MDR 1953, 170; *Beitzke* § 12 III 3 c; und MDR 1957, 408; *Gernhuber* § 17 III 4; *Jayme* S. 260; *Johansson* S. 44; *Künkel* FamRZ 1966, 176. Offengelassen *OLG Düsseldorf* FamRZ 1958, 104; *OLG Karlsruhe* FamRZ 1961, 375;

für eine Haftung (auch) des Ehegatten, aber erst nach Auflösung der Ehe: *Boehmer* AcP 155, 181; und FamRZ 1955, 7; *v. Hippel* NJW 1965, 664; vgl. auch *OLG Celle* FamRZ 1964, 366).

78 Die »Freistellung« des Ehegatten von Schadensersatzansprüchen überzeugt nicht. Die Geltendmachung von Schadensersatzansprüchen zwischen Eheleuten ist im BGB nicht prinzipiell ausgeschlossen. Das folgt zweifelsfrei aus § 1359, der sonst überflüssig wäre (*Beitzke* § 12 III 3 c). § 888 Abs. 2 ZPO steht der Geltendmachung nicht entgegen, da er auf die Vollstreckung von Schadensersatzansprüchen nicht anwendbar ist (*Jayme* S. 261 m. w. N.). Seine Nichtanwendbarkeit kann auch nicht generell als Umgehung des Vollstreckungszwanges angesehen werden (*Gernhuber* § 17 III 4). Der Gefahr einer Umgehung des Vollstreckungszwanges (z. B. Geltendmachung immateriellen Schadens) kann durch Beschränkung oder Ausschluß der Ansprüche begegnet werden, ohne daß es notwendig wäre, die Zulässigkeit solcher Ansprüche generell zu verneinen.

79 Wenig einleuchtend ist es, den Ersatz von Schadensersatzansprüchen gegen den anderen Ehegatten bis nach der Scheidung hinauszuschieben. Die Geltendmachung von Schadensersatzansprüchen dürfte nicht weniger »ehezerrüttend« wirken als der Umstand, daß der Ehegatte, der für den Schaden nicht verantwortlich ist, belastet wird. Auch dürfte es nicht sinnvoll sein, den Ehegatten zu zwingen, die Auflösung der Ehe zu betreiben, um Ersatz seines Schadens zu erlangen.

80 Der Anspruch auf Schadensersatz gegen den Drittstörer richtet sich nach § 823 Abs. 1 BGB. Gegen den Ehegatten ist § 823 BGB nur anwendbar, wenn, abgesehen von der Ehestörung, die im Verhältnis der Ehegatten zueinander kein absolutes Recht verletzt (vgl. Rdnr. 69, 70), eines der in § 823 Abs. 1 geschützten Rechtsgüter oder ein Schutzgesetz nach § 823 Abs. 2 verletzt wird. Der Schadensersatzanspruch gegen den Ehegatten, der ausschließlich auf Ehestörung beruht, ist unmittelbar nach §§ 1353, 276 gegeben (*Beitzke* § 12 III 3 c; *Gernhuber* § 17 III 4; *Jayme* S. 260).

11.5 Umfang des Schadensersatzanspruchs wegen Ehestörung

81 Die vom *BGH* (vgl. Rdnr. 74) beschworene Gefahr, Schadensersatzansprüche gegen den Ehegatten und den Dritten ließen sich nicht sinnvoll eingrenzen, besteht nicht. Ungeachtet unterschiedlicher dogmatischer Ausgangspunkte zur Frage der Begrenzung (vgl. *Gernhuber* § 17 III 2, 3; *Jayme* S. 256; *Johansson* S. 78) besteht im Ergebnis weitgehend Übereinstimmung in Literatur und Rechtsprechung, soweit Schadensersatzansprüche zugelassen werden.

82 Das Eherecht geht von der Scheidbarkeit der Ehe aus. Es regelt bestimmte Folgen der Scheidung abschließend. Soweit das der Fall ist, können weitergehende Ansprüche nicht gestellt werden. Die güterrechtlichen Regelungen nach der Scheidung, die Unterhaltsverpflichtungen (§§ 1570 ff.) sind typische Beispiele. Da ein An-

spruch auf den Fortbestand der Ehe in Anbetracht ihrer Auflösbarkeit nicht besteht, können nach dem Normzweck des Eherechts auch keine durch den Wegfall der ehelichen Lebensgemeinschaft entgangenen Vorteile als Schaden geltend gemacht werden. Nicht zu ersetzen sind weiter Vorteile, die Dritte mit Rücksicht auf die bestehende Ehe gewährt haben, ebenso wenig der Verlust, der durch Wegfall des Partners als Mitarbeiter im Haus und im Betrieb, bei der Kindererziehung usw. entstanden ist; ein Ersatz steht also nicht zu, wenn der betrogene Ehemann höhere Aufwendungen für den Haushalt hat, weil die Ehefrau ihn grundlos verlassen hat (vgl. *Jayme* S. 258; *Padrutt* S. 130). Bei Fortbestand der Ehe zu erwarten gewesene Zuwendungen (z. B. Lebensversicherung, Einsetzung als Alleinerbe) geben ebenfalls keinen Schadensersatzanspruch, ebenso wenig die entgangenen Vorteile, die aus dem Verlust eines bestimmten Lebensstandards resultieren.

83 Nicht zu ersetzen ist weiter der *immaterielle* Schaden (§ 847). Im Verhältnis der Ehegatten zueinander kommt ein Anspruch nach § 847 schon deshalb nicht in Betracht, weil die §§ 823 ff. insoweit keine Anwendung finden. Auch im Verhältnis zum Drittstörer ist aber ein Schmerzensgeldanspruch aus dem Normzweck der Regelung zu verneinen (allg. M.: vgl. *BGH* NJW 1973, 991; mit Anm. von *Löwisch* JZ 1973, 668; *OLG Bamberg* FamRZ 1972, 564; *Dölle* § 32 III 5; einschränkend: *v. Hippel* NJW 1965, 664). Die vom BGH befürchtete (und im allgemeinen überbewertete) Gefahr der »Kommerzialisierung« der Ehe wäre hier, im Falle der Zuerkennung eines immateriellen Anspruchs, zu besorgen. Die bereits für das geltende Recht allgemein abgelehnte Zuerkennung von Schmerzensgeldansprüchen wegen Ehestörung muß erst recht für das Scheidungsrecht nach Übergang zum Zerrüttungsprinzip gelten. Mit dem Zerrüttungsgrundsatz unvereinbar wäre es, wenn ein Ehegatte entgegen der Tendenz des Gesetzes die Schuldfrage im Zusammenhang mit dem Scheitern der Ehe auf dem Umweg über die Geltendmachung eines immateriellen Schadens wegen schuldhafter Verletzung des absoluten Rechts auf Ungestörtheit der ehelichen Lebensgemeinschaft einführen könnte. Ein solcher Anspruch kann auch nicht im Gewand eines Schadensersatzanspruchs wegen Verletzung des Persönlichkeitsrechts anerkannt werden (*BGH* NJW 1973, 991; *OLG Bamberg* FamRZ 1972, 564). Andererseits wird man eine vom Drittstörer an den geschiedenen Ehegatten geleistete Zahlung zum Ausgleich eines ihm zugefügten immateriellen Schadens nicht notwendigerweise als sittenwidrig ansehen müssen (*BGH* FamRZ 1955, 358). Unter Berücksichtigung des dargelegten Ansatzes für die Begrenzung von Schadensersatzansprüchen lassen sich typische Schadensersatzansprüche ableiten.

11.5.1 Kosten des Ehelichkeitsanfechtungsprozesses

84 Der sog. Scheinvater (§§ 1591, 1593) muß als Zweitschuldner die Kosten des Rechtsstreites über die Anfechtung der Ehelichkeit einschließlich der eigenen Anwaltskosten tragen, wenn das beteiligte Kind hierzu nicht in der Lage ist. Nach den o. a. Grund-

sätzen (vgl. Rdnr. 80) haben der wirkliche Vater des Kindes (nach § 823 Abs. 1) und die Ehefrau und Mutter (nach §§ 1353, 267) diese dem Scheinvater durch die Anfechtung der Ehelichkeit entstandenen Aufwendungen zu ersetzen (*Beitzke* § 12 III 3 c; *Boehmer* AcP 155, 181; *Dölle* § 32 III 2 b; *Gernhuber* § 17 III 3; *Schwab* JuS 1961, 142; *Fabricius* AcP 160, 273; *Jayme* S. 257; *Johansson* S. 67; *v. Hippel* NJW 1956, 664; *Wagner* NJW 1972, 577; *OLG Oldenburg* MDR 1953, 170; *OLG Düsseldorf* FamRZ 1958, 104; *OLG Celle* FamRZ 1964, 366; *LG Aurich* NJW 1952, 145; *LG Aachen*Fam RZ 1957, 213; *LG Frankenthal* FamRZ 1957, 136; *LG Berlin* NJW 1957, 544 und FamRZ 1968, 653; *LG Offenburg* FamRZ 1965, 275; *LG Düsseldorf* FamRZ 1967, 480; *LG Arnsberg* FamRZ 1967, 6; *LG Augsburg* FamRZ 1971, 170; a. A.: *LG Hildesheim* NJW 1969, 1670). Das Verschulden des Drittstörers für den Anspruch nach § 823 Abs. 1 wird anzunehmen sein, wenn er wußte oder hätte wissen müssen, daß es sich um eine Ehefrau handelt (vgl. *Johansson* S. 69; *LG Aachen* FamRZ 1957, 213).

85 Der *BGH* gewährt einen Anspruch auf Erstattung der genannten Kosten des Anfechtungsprozesses aus § 1615 b i. V. m. §§ 1615 a, 1601 (*BGH* FamRZ 1972, 33; so auch *OLG Köln* FamRZ 1963, 584; *OLG Celle* FamRZ 1964, 366; *LG Bonn* NJW 1966 2119 m. Anm. *Beitzke*; *LG Bielefeld* FamRZ 1968, 655; *LG Kassel* FamRZ 1971, 200; *LG Wuppertal* MDR 1969, 927; *Erman-Heckelmann* § 1353, 37; *Staudinger-Göppinger* § 1709, 76; *Schrade* FamRZ 1957, 342). Nach dieser Auffassung gehören die Kosten eines Rechtsstreits, der einer Klarstellung der Rechtsposition des Kindes dient, zum angemessenen Unterhalt (§ 1610). Soweit der Scheinvater anstelle des wirklichen Vaters den Unterhalt (hier: Prozeßkosten) gewährt hat, geht der Anspruch auf ihn über. Rechtsgrundlage ist der durch das NEG eingefügte § 1615 b Abs. 1. Für die Zeit vor dem Inkrafttreten des NEG beschränkte der *BGH* mit Rücksicht auf die gegenüber § 1615 b Abs. 1 engere Fassung des aufgehobenen § 1709 Abs. 2 einen Ausgleich nur auf Beträge, die der Scheinvater dem Kind als Prozeßkostenvorschuß gezahlt hatte (*BGH* FamRZ 1964, 558; FamRZ 1968, 78).

86 Die Rechtsprechung des *BGH* trägt, wie die Begründung in FamRZ 1972, 33 zeigt, alle Merkmale einer Verlegenheitslösung (vgl. dazu *Wagner* NJW 1972, 577). Die besondere Schwäche liegt darin, daß im Bereich der Ehestörung ohne systematische Ordnung Ansprüche auf unterschiedlicher Rechtsgrundlage kasuistisch gewährt werden, obwohl kein erkennbarer Grund für eine rechtliche Differenzierung besteht. Das zeigt sich besonders deutlich bei den weiteren Ansprüchen auf Schadensersatz.

11.5.2 Kosten der Entbindung

87 Die vom *BGH* für die Erstattung der Prozeßkosten angenommene Rechtsgrundlage versagt im Fall der Erstattung der Entbindungskosten, für die der Ehemann und Scheinvater aufgekom-

men ist. Der in § 1615 b Abs. 1 vorgesehene Forderungsübergang auf den Dritten, der für den wirklichen Vater Leistungen erbracht hat, findet keine Anwendung auf die Leistung der Entbindungskosten (§ 1615 k), die nicht als Unterhalt anzusehen sind (vgl. *Palandt-Diederichsen* § 1615 k, 2; für analoge Anwendung nach altem Recht: *Bosch* FamRZ 1958, 101). Der *BGH* hat mit einem Bereicherungsanspruch nach § 812 des Scheinvaters gegen den wirklichen Vater, der »eigentlich« die Kosten zu tragen gehabt hätte (§ 1615 k; § 1715 a. F.) zu helfen versucht (*BGH* 26, 217). Die Begründung überzeugt nicht; eine Differenzierung danach, ob ein »gewöhnlicher« Dritter die Entbindungskosten bezahlt (kein Erlöschen des Anspruchs der Frau gegen den Erzeuger) oder der Ehemann (Erlöschen des Anspruchs der Frau gegen den Erzeuger und damit Bereicherung des Erzeugers auf Kosten des Ehemannes) erscheint willkürlich (*Bosch* FamRZ 1958, 101).

88 Der Anspruch auf Ersatz der Entbindungskosten vom Drittstörer ist nach den Grundsätzen über die Haftung wegen Ehestörung zu behandeln (§ 823 Abs. 1); im Verhältnis der Ehegatten zueinander richtet sich der Anspruch nach §§ 1353, 267. Voraussetzung ist, daß die Ehelichkeit mit Erfolg angefochten worden ist (vgl. Rdnr. 91).

11.5.3 Kosten für den Unterhalt des Kindes

89 Bis zur Feststellung der Nichtehelichkeit des Kindes ist der Scheinvater dem Kind zum Unterhalt verpflichtet (§ 1601). Bereits vor Inkrafttreten des NEG wurde in entsprechender Anwendung des § 1709 Abs. 2 a. F. oder nach § 823 oder § 826 ein Anspruch des Scheinvaters gegen den wirklichen Vater auf Erstattung dieser Kosten angenommen (*RG* 152, 397; *RG* DR 1944, 334; *BGH* FamRZ 1957, 167; *BGH* 26, 217; *OLG Braunschweig* MDR 1947, 33; *OLG Düsseldorf* NJW 1952, 1336, nach § 826 mit Anm. *Coing; OLG Oldenburg* MDR 1953, 170; *OLG Koblenz* NJW 1955, 1189 und FamRZ 1960, 365; *OLG Nürnberg* FamRZ 1960, 165; *LG Stade* NJW 1953, 1790; *LG Aachen* FamRZ 1957, 213; *LG Bielefeld* FamRZ 1960, 242; *Erman-Heckelmann* § 1353, 37; *Beitzke* § 24 V b; *Dölle* § 32 III 2 b; *Gernhuber* § 17 III 3; *Bosch* FamRZ 1958, 101; *v. Hippel* NJW 1965, 664; *Schwab* JuS 1961, 142). Seit Inkrafttreten des NEG folgt ein solcher Anspruch aus der cessio legis nach § 1615 b Abs. 1).

90 Der Anspruch nach § 823 Abs. 1 wegen Störung der ehelichen Lebensgemeinschaft gegen den Drittstörer (wirklichen Vater des Kindes) ist neben dem kraft Gesetzes übergegangenen Unterhaltsanspruch des Kindes gegen den Vater gegeben. Dieser abgeleitete Unterhaltsanspruch ist keine lex specialis zu dem deliktischen Anspruch; das folgt schon aus der Tatsache, daß der übergegangene Unterhaltsanspruch und der Schaden, den der Scheinvater durch Unterhaltszahlung an das Kind (als eheliches Kind) erlitten hat, nicht identisch sind und der Höhe nach unterschiedlich sein können (vgl. eingehend *Jayme* S. 257; *Johansson* S. 73).

91 Beide Ansprüche können erst geltend gemacht werden, wenn der Scheinvater die Ehelichkeit des Kindes mit Erfolg angefochten hat und die Nichtehelichkeit rechtskräftig festgestellt ist. Die vor diesem Zeitpunkt nach § 1593 unzulässige Geltendmachung der Nichtehelichkeit liegt auch vor, wenn Ansprüche geltend gemacht werden, deren Voraussetzung die Nichtehelichkeit ist. Das ist bei dem abgeleiteten Unterhaltsanspruch gegen den wirklichen Vater und dem Schadensersatzanspruch der Fall (h. M.: *BGH* FamRZ 1954, 245 *OLG Koblenz* NJW 1955, 1189; a. A.: noch *RG* 152, 397; *OLG Hamm* JZ 1953, 757). Hat der Drittstörer den Scheinvater durch sein Verhalten daran gehindert, die Anfechtungsklage (rechtzeitig) zu erheben, so kann er sich auf die unterbliebene Anfechtung nicht berufen (str.: vgl. *RG* 152, 397; *KG* DR 1940, 115; *Dölle* § 32 III 2 b; *Johansson* S. 73; *Boehmer* NJW 1955, 210; *Coing* NJW 1952, 1336; *Reinicke* NJW 1955, 217).

11.5.4 Kosten des Ehescheidungsverfahrens

92 Der Partei, die eine Ehescheidungsklage betreibt, entstehen notwendigerweise Unkosten im Zusammenhang mit dem Rechtsstreit. Nach bisherigem Recht wurden die Kosten des Rechsstreites im Fall der Verschuldensscheidung dem unterliegenden Teil auferlegt. Konnte der obsiegende Teil die Kosten nicht von dem beklagten Partner beitreiben, lag es nahe, sie von dem Drittstörer zu fordern, der für den »Scheidungsgrund« verantwortlich war. Der *BGH* lehnt aus den dargelegten Gründen einen Erstattungsanspruch gegen den Drittstörer ab (*BGH* FamRZ 1956, 180; ebenso *OLG München* JR 1956, 61; *LG Mönchen-Gladbach* FamRZ 1955, 48). Die Rechtsprechung im übrigen und die Rechtslehre erkannten zutreffend einen solchen Anspruch an (*OLG Nürnberg* BayJMBl. 1956, 61; *LG Aurich* NJW 1952, 145; *LG Würzburg* MDR 1952, 40; *LG München* FamRZ 1954, 83; *LG Verden* FamRZ 1955, 107; *AG Köln* FamRZ 1957, 137; *Dölle* § 32 III 4; *Gernhuber* § 17 III 3; *Jayme* S. 257; *Johansson* S. 75; *Berg* DRiZ 1952, 115; *Fabricius* AcP 160, 273; *v. Hippel* NJW 1965, 664; *Schwab* JuS 1961, 142).

93 Zweifelhaft ist, ob der für das bisher geltende Recht zutreffend bejahte Anspruch gegen den Drittstörer auf Erstattung der Kosten der Ehescheidung auch nach Übergang zum Zerrüttungsprinzip aufrechterhalten werden kann. Nach § 93 a ZPO i. d. F. des 1. EheRG werden die Kosten des Ehescheidungsverfahrens grundsätzlich gegeneinander aufgehoben. Soweit Ausnahmen zugelassen sind (z. B. Berücksichtigung wirtschaftlicher Verhältnisse der Ehegatten) ist dies keine Folge ehewidrigen Verhaltens. Daraus und aus der grundsätzlichen Abkehr vom Verschuldensprinzip ergibt sich, daß ein Kostenausgleich unter dem Gesichtspunkt schuldhaften Verhaltens nicht stattfinden soll. Ein nachträglicher Kostenausgleich nach den Grundsätzen der Verschuldensscheidung würde der Tendenz des 1. EheRG widersprechen. Das gilt sowohl im Verhältnis zum Ehegatten als auch im Verhältnis zum Drittstörer. Aus diesem Grund wird man einen Schadensersatzanspruch

zum Ausgleich der Kosten des Rechtsstreites nicht mehr zulassen können.

11.5.5 Kosten der Vorbereitung des Ehescheidungsverfahrens

94 Nach dem Verschuldensgrundsatz des bisherigen Ehescheidungsrechts mußte ein Ehegatte in der Regel den Nachweis eines bestimmten Fehlverhaltens erbringen, um die Scheidung zu erreichen. Daraus folgte die Neigung und die Notwendigkeit, den Partner zu überführen. Die Rechtsprechung trug dem Rechnung, indem sie den Ersatz von Detektivkosten nach § 826 (*RG* Gruchot 70, 619) oder als Teil der Prozeßkosten (§ 91 ZPO; *OLG München* MDR 1970, 429, soweit die ermittelten Umstände in den Prozeß eingeführt waren; *OLG Nürnberg* FamRZ 1964, 370; *LG Frankfurt* NJW 1969, 1969; *v. Hippel* NJW 1965, 664; *Schmidt* MDR 1965, 714) gewährte (vgl. auch *OLG Nürnberg* FamRZ 1966, 104). Spielen konkrete Eheverfehlungen für sich gesehen keine Rolle, um eine Ehescheidung durchzusetzen, so kann ein Ehegatte auch nicht die Erstattung dieser für die Ehescheidung nicht relevanten Kosten verlangen. Ein hiervon unabhängiges allgemeines Bedürfnis, ein eheliches Fehlverhalten des anderen Teils zu ermitteln, um so das Scheitern der Ehe herbeizuführen, kann nicht anerkannt werden. Der Schutz der ehelichen Lebensgemeinschaft erfordert es nicht, daß ein Ehegatte ein für die Scheidung an sich nicht relevantes Fehlverhalten ermitteln läßt. Deshalb sollte auf Grund des Ehescheidungsrechts nach dem Zerrüttungsgrundsatz eine Erstattung der Detektivkosten nicht mehr in Betracht gezogen werden.

12 Ergänzende Bestimmungen

95 § 1353 wird ergänzt und konkretisiert durch §§ 1355–1362, die die allgemeinen privatrechtlichen Auswirkungen der Ehe regeln. Sie gelten unabhängig vom jeweiligen Güterstand und umfassen sowohl die persönlichen als auch die vermögensrechtlichen Beziehungen. Die güterrechtlichen Verhältnisse der Ehegatten richten sich nach §§ 1363 ff.

96 Keinen Einfluß hat die Ehe auf die Geschäfts- oder Prozeßfähigkeit eines Ehegatten. Ehe macht nicht mündig. Der nicht geschäftsfähige Ehegatte wird durch seinen gesetzlichen Vertreter nicht durch den Ehemann vertreten (§ 1633), allerdings steht diesem die tatsächliche Personensorge und das Recht auf Verwendung der Kindeseinkünfte nicht zu (§ 1649 Abs. 2 S. 2). Eine Aufsichtspflicht eines Ehegatten über den minderjährigen Partner (§ 832) besteht nicht.

Aus der ehelichen Lebensgemeinschaft folgt keine allgemeine wechselseitige Vertretungsbefugnis der Ehegatten; zur Vertretungsbefugnis kraft der Schlüsselgewalt vgl. § 1357.

97 Eine Reihe von Sondervorschriften des privaten und öffentlichen Rechts regelt die Auswirkungen der Ehe: Ansprüche aus einem

familienrechtlichen Verhältnis verjähren (für die Zukunft) nicht (§ 194 Abs. 2). Während des Bestehens der Ehe ist die Verjährung von Ansprüchen zwischen Ehegatten gehemmt (§ 204 S. 1). Zum Erb- und Pflichtteilsrecht von Ehegatten vgl. §§ 1931 bis 1934, 2077, 2303 Abs. 2. Ehegatten können ein gemeinschaftliches Testament errichten (§§ 2265, 2270) und unter erleichterten Bedingungen Erbverträge schließen (§§ 2275 Abs. 2, 2276 Abs. 2). Das Anfechtungs- und Konkursrecht weist eine Reihe von Besonderheiten auf (vgl. § 3 Nr. 2, 4, § 11 Abs. 2 Nr. 2 AnfG. §§ 2, 31 Nr. 2, § 40 Abs. 2 Nr. 2 KO).

98 Auch im Verfahrensrecht gelten (abgesehen von den Vorschriften über das Eheverfahren) Sonderregelungen. Die Ehe begründet ein Zeugnisverweigerungsrecht (§§ 52, 63 StPO; §§ 383 ff. ZPO. In der Zwangsvollstreckung steht der Besitz oder Gewahrsam eines Ehegatten an beweglichen Sachen der Zwangsvollstreckung gegen den anderen Ehegatten nicht entgegen (§ 739 ZPO), soweit die Vermutung des § 1362 greift. Im übrigen vgl. §§ 646, 739–745, 774, 850 c Abs. 2, d, 860, 999 ZPO). Die Eigenschaft als Ehegatte kann im Strafrecht relevant sein – vgl. §§ 170 b, 171, 247 StGB. Die Rechtsprechung folgert aus der Ehegatteneigenschaft eine Garantenstellung (vgl. Rdnr. 19).

99 Die Eheschließung kann zum erleichterten Erwerb der Staatsangehörigkeit führen (§ 9 RuStAG); die Vorschriften über den Verlust der Staatsangehörigkeit für die Frau (§ 17 Nr. 6) auf Grund der Eheschließung mit einem Ausländer sind wegen Unvereinbarkeit mit Art. 3 Abs. 2 GG entfallen.

13 Recht der DDR

100 Die allgemeinen Verpflichtungen zur ehelichen Lebensgemeinschaft sind in § 9 FGB geregelt, der lautet: *»(1) Die Ehegatten sind gleichberechtigt. Sie leben zusammen und führen einen gemeinsamen Haushalt. Alle Angelegenheiten des gemeinsamen Lebens und der Entwicklung des einzelnen werden von ihnen in beiderseitigem Einverständnis geregelt. (2) Die eheliche Gemeinschaft erfährt ihre volle Entfaltung und findet ihre Erfüllung durch die Geburt und die Erziehung der Kinder. Die Eltern üben das Erziehungsrecht gemeinsam aus.«*

In § 2 FamVerfO v. 17. 2. 1966 (GBl. II S. 171) war die Herführt. Auch in § 24 der neuen ZPO der DDR v. 19. 6. 1975 ist die Herstellungsklage nicht vorgesehen. Daraus ist zu schließen, daß die Herstellungsklage entfallen ist.

§ 1354

(aufgehoben)

§ 1354 sah eine Entscheidungsbefugnis des Mannes in gemeinschaftlichen ehelichen Angelegenheiten vor, die insbesondere die Bestimmung des Wohnortes und der Wohnung einschloß. Die mit Art. 3 Abs. 2 GG nicht zu vereinbarende Regelung ist durch das GleichberG (Art. 1 Nr. 5) aufgehoben worden (vgl. Überblick bei *Erman-Heckelmann* § 1354, 3). Die Entscheidungsbefugnis der Ehegatten richtet sich nunmehr im allgemeinen nach § 1353 (vgl. Rdnr. 27 zu § 1353).

(1) Die Ehegatten führen einen gemeinsamen Familiennamen (Ehenamen).

(2) Zum Ehenamen können die Ehegatten bei der Eheschließung durch Erklärung gegenüber dem Standesbeamten den Geburtsnamen des Mannes oder den Geburtsnamen der Frau bestimmen. Treffen sie keine Bestimmung, so ist Ehename der Geburtsname des Mannes. Geburtsname ist der Name, der in die Geburtsurkunde der Verlobten zur Zeit der Eheschließung einzutragen ist.

(3) Ein Ehegatte, dessen Geburtsname nicht Ehename wird, kann durch Erklärung gegenüber dem Standesbeamten dem Ehenamen seinen Geburtsnamen oder den zur Zeit der Eheschließung geführten Namen voranstellen; die Erklärung bedarf der öffentlichen Beglaubigung.

(4) Der verwitwete oder geschiedene Ehegatte behält den Ehenamen. Er kann durch Erklärung gegenüber dem Standesbeamten seinen Geburtsnamen oder den Namen wieder annehmen, den er zur Zeit der Eheschließung geführt hat; die Erklärung bedarf der öffentlichen Beglaubigung.

Literatur

v. Bernstorff, Das Recht des Familiennamens in der neueren Rechtsprechung, NJW 1961, 633; Der Familienname als Gegenstand des Gleichberechtigungsgrundsatzes, FamRZ 1963, 111; *Bökelmann* StAZ 1970, 257; *Diederichsen,* Der Ehe- und Familienname nach dem 1. EheRG, NJW 1976, 1169; *Eißer,* Die Anerkennung der Persönlichkeit der Ehefrau im neuen Eherecht, FamRZ 1959, 177; Engler, Der Familienname des nichtehelichen Kindes, FamRZ 1971, 77; *Göppinger,* Die Reform des Rechts der nichtehelichen Kinder, JR 1969, 405; *Gundrum,* Der Familienname der Frau nach dem Gleichberechtigungsgesetz, StAZ 1958, 253; *Krüger,* Der Name der Frau nach bürgerlichem Recht, AcP 156, 233; *Lange,* Das neue Nichtehelichenrecht, NJW 1970, 297; *Maßfeller,* Das Gleichberechtigungsgesetz mit Ausnahme des ehelichen Güterrechts, DNotZ 1957, 343; *Müller-Freienfels,* Kernfragen des Gleichberechtigungsgesetzes, JZ 1957, 685; *Ramm,* Gleichberechtigung und Ehe- und Familienname, FamRZ 1962, 281; Familienname und Grundgesetz, FamRZ 1963, 337; *Reichard,* Zur Eherechtsreform – die für den Standesbeamten wichtigen Teile, StAZ 1976, 177; *Ruthe,* Die Neuordnung des Namensrechts FamRZ 1976, 409; *Simitis,* Zum Namen der geschiedenen Frau, StAZ 1969, 275; *Sperling,* Die Wiedergabe russischer Namen in lateinischer Schrift, StAZ 1953, 255; *Voigt,* Namensrecht und Gleichheitssatz, FamRZ 1972, 187.

Überblick Rdnr.

1 Rechtsentwicklung

1 Nach der bisher geltenden Regelung des durch Artikel 1 Nr. 6 GleichberG neugefaßten § 1355 war der Ehe- und Familienname der Name des Mannes. Die Frau war berechtigt, dem Namen des Mannes ihren Mädchennamen *beizufügen.* Umstritten war die Verfassungsmäßigkeit des Vorrangs des Mannesnamens.

§ 1355 unterscheidet sich nicht unerheblich von dem Vorschlag im RegE zum 1. EheRG. Der RegE sah vor, daß die Ehegatten auch einen aus den Geburtsnamen beider Ehegatten zusammengesetzten Ehenamen sollten wählen können. § 1355 Abs. 2 i. d. F. des RegE lautete:

(2) Die Ehegatten bestimmen den Ehenamen bei der Eheschließung durch Erklärung gegenüber dem Standesbeamten. Zum Ehenamen können sie den Geburtsnamen des Mannes, den Geburtsnamen der Frau oder einen Doppelnamen bestimmen, der sich aus den Geburtsnamen beider Ehegatten zusammensetzt; Geburtsname ist der Name, der in die Geburtsurkunde der Verlobten zur Zeit der Eheschließung einzutragen ist. Der zusammengesetzte Name darf nicht aus mehr als zwei Einzelnamen bestehen.

2 Der Bundesrat hatte sich gegen die Möglichkeit, einen *Doppelnamen* zu wählen, gewandt und außerdem den *Erklärungszwang* abgelehnt. Für den Fall, daß die Ehegatten bei der Eheschließung keine Erklärung abgeben, sollte der *Name des Mannes* Ehename sein. Die namensrechtlichen Teile des 1. EheRG sind im Verlauf des Gesetzgebungsverfahrens aus dem einheitlichen Gesetz herausgelöst und als gesondertes »Gesetz über den Ehe- und Familiennamen« vom Bundestag verabschiedet worden. Die Vorlage ist gescheitert, da der Bundesrat die erforderliche Zustimmung verweigert hat. Im Vermittlungsverfahren zum 1. EheRG ist das Namensrecht wieder in das 1. EheRG zurückgeführt worden (vgl. BT 7/3119, 7/3268, 7/3358, 7/3504, 7/4509). Der auf Vorschlag des Vermittlungsausschusses gefundene Kompromiß berücksichtigt weitgehend die Vorschläge des BR (kein Erklärungszwang, keine Bildung von Doppelnamen; so schon die vom BT zunächst beschlossene Fassung, keine Rückwirkung der Vorschriften über den Ehenamen). Was die Bildung des persönlichen Namens nach § 1355 Abs. 3 angeht, so hat sich die Auffassung des Bundestages durchgesetzt (*Voranstellen* statt *Anfügen* des »eigenen« Namens an den Ehenamen).

2 Gemeinsamer Familienname (Ehename)

3 Nach § 1355 Abs. 1 führen die Ehegatten einen *gemeinsamen* Familiennamen (Ehenamen). Der Grundsatz der Namenseinheit in der Ehe bleibt demnach gewahrt. Diese Regelung ist, wie ein Blick in ausländische Rechte zeigt, nicht selbstverständlich, sie entspricht aber einer von langer Tradition geprägten Bewußtseinslage; dem trägt das Gesetz Rechnung.

Auch die im bisherigen Recht vorgesehene Unterscheidung zwischen dem Familiennamen und dem Ehenamen wird beibehalten. Ehename ist der Name, den die Ehegatten nach § 1355 Abs. 2 führen. Er ist zugleich der Familienname, den (außer den Ehegatten) die durch Namenseinheit verbundenen Kinder tragen (§ 1616). Der nach § 1355 Abs. 3 vorangestellte Name ist nicht Bestandteil des Ehe- und Familiennamens.

3 Bestimmung des Ehenamens durch Erklärung der Ehegatten

3.1 Erklärungen der Ehegatten

4 Abweichend vom bisher geltenden Recht wird *nicht* von vornherein ein bestimmter Name normativ zum Ehenamen erhoben; es ist vielmehr Sache der (künftigen) Ehegatten bei der Eheschließung eine Namenswahl vorzunehmen; die Wahlmöglichkeit ist beschränkt auf den Geburtsnamen des Mannes oder den Geburtsnamen der Frau. Geburtsname ist der Name, der in der Geburtsurkunde der Verlobten zur Zeit der Eheschließung einzutragen ist (§ 1355 Abs. 2 Satz 3). Er muß nicht mit dem vom Zeitpunkt der Geburt an geführten Namen identisch sein; spätere Namensänderungen (z. B. durch Adoption, Verwaltungsakt nach dem NamÄndG) sind zu berücksichtigen. Geburtsname ist nicht der auf Grund einer früheren Eheschließung (nach bisherigem Recht) erworbene oder (nach neuem Recht) bestimmte von dem früheren Ehegatten abgeleitete Name. Eine abweichende den Rückgriff auf einen *abgeleiteten* Namen aus einer geschiedenen oder durch Tod aufgelösten früheren Ehe zulassende Regelung ist nur bei der Bildung des persönlichen Namens (§ 1355 Abs. 3) und der Wiederannahme eines früheren Namens nach Beendigung der Ehe (§ 1355 Abs. 4) vorgesehen.

5 Die Bestimmung des Ehenamens erfolgt durch »Erklärung« der Ehegatten. Das Gesetz verwendet für das Wort Erklärung die Einzahl. Daraus kann nicht gefolgert werden, daß es sich um eine gemeinschaftliche oder gar durch förmlichen Konsens verbundene einheitliche Erklärung handeln muß. Inhaltsgleiche Einzelerklärungen genügen.

6 Die Namenswahl bewirkt, daß der gewählte Geburtsname zum Ehenamen wird. Der Geburtsname des anderen Ehegatten tritt zurück. Ein völliger Verlust des Geburtsnamens ist damit nicht verbunden. Dieser wird durch den Ehenamen lediglich überlagert (vgl. Dölle § 37 II 2 d) und kann aktualisiert werden, wenn der erworbene Ehename abgelegt wird (§ 1355 Abs. 4). Der Ehegatte kann den Ehenamen mit dem Zusatz »geborene(r)« (*KG* RJA 11, 113) führen, er muß es aber nicht; der andere Ehegatte kann nicht verlangen, daß der Geburtsname neben dem Ehenamen geführt wird. Ob der verheiratete Ehegatte verlangen kann, daß sein Geburtsname im Personenausweis *nicht* aufgeführt wird, ist zweifelhaft, aber jedenfalls dann zu bejahen, wenn die öffentlich-rechtlichen Bestimmungen die Angabe des Geburtsnamens im Personalausweis nicht ausdrücklich erfordern (nicht überzeugend daher *BVerfG* FamRZ 1961, 439; *Staudinger-Hübner* § 1355, 8). Der Geburtsname genießt uneingeschränkt den Schutz des § 12 BGB (*BVerwG* NJW 1960, 449; *RG* JW 1912, 338; 1925, 363; *Eißer* FamRZ 1959, 177). Gegen die Berichtigung des Geburtsnamens im Personenstandsregister kann der betroffene Ehegatte Beschwerde einlegen (*KG* DR 1939, 448).

3.2 Wirksamkeit der Erklärungen

7 Die Erklärungen sind rechtsgeschäftliche Willenserklärungen. Die allgemeinen Vorschriften über Willenserklärungen (§§ 116 ff.) finden Anwendung (einschränkend *Diederichsen* NJW 1976, 1169). Die Erklärungen sind gegenüber dem Standesbeamten abzugeben; eine besondere Form ist nicht vorgeschrieben, insbesondere bedürfen sie nicht der öffentlichen Beglaubigung. Es handelt sich nicht um amtsempfangsbedürftige Erklärungen nach § 130 Abs. 3, da sie nicht gegenüber einer Behörde, sondern gegenüber einer bestimmten funktional zuständigen Amtsperson abzugeben sind (vgl. *Soergel-Hefermehl* § 130, 29). Die Erklärungen werden in aller Regel mündlich abgegeben. Sie werden als Willenserklärungen unter Anwesenden (analog § 130 Abs. 1) wirksam, sobald der Standesbeamte sie zur Kenntnis genommen hat.

8 Die Erklärungen über den Ehenamen sind *»bei der Eheschließung«* abzugeben. Gemeint ist, daß sie vor dem Zeitpunkt der Eheschließung abgegeben und zu diesem Zeitpunkt noch wirksam sein müssen. Erklärungen, die nicht im Zusammenhang mit dem Vorgang der Eheschließung abgegeben werden, z. B. vorausgegangene schriftliche Mitteilungen an den Standesbeamten, sind bloße Ankündigungen, die rechtswirksam nur sind, wenn sie *»bei der Eheschließung«* aufrechterhalten werden (*Ruthe*, FamRZ 1976, 409; ebenso im Ergebnis *Diederichsen* NJW 1976, 1169). Bei der Eheschließung bedeutet im übrigen: spätestens bis zu dem Zeitpunkt, zu dem die Eheschließung wirksam wird (§ 13 Abs. 1 EheG). Das folgt aus § 1355 Abs. 2 S. 2, der die namensrechtlichen Folgen einer Eheschließung ohne vorausgegangene Bestimmung des Ehenamens regelt. Diese Folgen treten mit der Eheschließung kraft Gesetzes ein. Nachträgliche Erklärungen der Ehegatten sind wirkungslos (*Diederichsen* NJW 1976, 1169).

3.3 Widerruf der Erklärungen

9 Willenserklärungen sind im allgemeinen mit Wirksamwerden (§ 130 Abs. 1) unwiderruflich. Das gilt auch dann, wenn der mit der Willenserklärung bezweckte Erfolg noch nicht eingetreten ist. Anders verhält es sich mit der Erklärung über den Ehenamen. Geht man davon aus, daß die Namensbestimmung eine ebenso *höchstpersönliche* Angelegenheit ist wie die Eheschließung und berücksichtigt man, daß eine Bindung an den geäußerten Eheschließungswillen vor der Eheschließung nicht eintritt, liegt es nahe, der Erklärung bis zum Eintritt der Namensbestimmung ebenfalls keine Bindungswirkung zu geben. Damit wird die Entschließungsfreiheit jedes Ehegatten bei der Bestimmung des Namens in vollem Umfang gewahrt (vgl. *Reichard* StAZ 1976, 177; *Soergel-Lange* § 1355, 19, zum persönlichen Namen).

Eine abgegebene Erklärung über den Ehenamen ist deshalb bis zum Zeitpunkt der Eheschließung ohne weiteres widerruflich, danach nicht mehr (*Diederichsen* NJW 1976, 1169, 1171; *Ruthe* FamRZ 1976, 409). Auf die Eintragung des Ehenamens, den die Eheleute in der Ehe führen werden, in das Heiratsbuch kommt es nicht an (so unzutreffend *Amtl. Begr.* S. 217). Die Eintragung, zu der der Standesbeamte verpflichtet ist (§ 11 Abs. 1 Nr. 4 PStG), ist nicht konstitutiv. Sie erfolgt erst nach der Eheschließung, also zu einem Zeitpunkt, zu dem die Namensbestimmung entweder kraft Wahl oder kraft Gesetzes (§ 1355 Abs. 2 Satz 2) vollzogen ist. Widerrufen kann jeder Ehegatte, an etwaige Abreden ist er nicht gebunden (vgl. Rdnr. 12).

10 Die Erklärungen zur Bestimmung des Ehenamens unterliegen als rechtsgeschäftliche Willenserklärungen den Regeln über Willensmängel (§ 119 ff.; vgl. *Dölle* S. 462 für den insoweit gleich zu beurteilenden Fall nach § 1355 S. 2 a. F.: Erklärung über die Bildung eines persönlichen Namens). Jeder Ehegatte kann Willensmängel in bezug auf seine Erklärung geltend machen. Führt ein Willensmangel zur Nichtigkeit der Erklärung, dann liegt eine wirksame Namensbestimmung nicht vor; die Ehegatten führen dann den Namen des Mannes (§ 1355 Abs. 2 S. 2). Auf die Wirksamkeit der Eheschließung hat das keinen Einfluß. § 139 findet schon deshalb keine Anwendung, da die Folgen von Mängeln bei der Eheschließung gesondert (§§ 16 ff. EheG) abschließend geregelt sind. Die Voraussetzungen für eine Aufhebung der Ehe werden ebenfalls nicht vorliegen; insbesondere wird man in der Regel nicht annehmen können, daß eine Täuschung über die Namensbestimmung bei richtiger Würdigung des Wesens der Ehe den Ehegatten von der Eingehung der Ehe abgehalten hätte.

4 Bestimmung des Ehenamens kraft Gesetzes

11 Die Ehegatten sind nicht gezwungen, den Ehenamen nach § 1355 Abs. 2 Satz 1 zu bestimmen. Der sog. *Erklärungszwang*, der im RegE und in der vom Bundestag zunächst beschlossenen Fassung vorgesehen war (BT 7/3119, 7/3358) und der zur Folge gehabt hätte, daß eine Ehe ohne Abgabe einer Erklärung nicht hätte geschlossen werden können, ist auf Vorschlag des Vermittlungsausschusses entfallen (BT 7/4992). Geben die Ehegatten keine Erklärung über den Ehenamen ab, oder ist die Erklärung unwirksam, dann wird der Geburtsname des Mannes zum Ehenamen (§ 1355 Abs. 2 Satz 2). Die Regelung ist verfassungsrechtlich (Art. 3 Abs. 2 GG) vertretbar, da der Vorrang des Mannesnamens letztlich auf einem Konsens (negativen Inhalts) der künftigen Ehegatten beruht. Einem verfassungsrechtlichen Idealzustand näher läge eine Regelung ohne Vorrang des einen oder anderen Geburtsnamens, z. B. wenn ein aus den Geburtsnamen beider Ehegatten gebildeter Doppelname zum Ehenamen würde. Es dürfte aber im Rahmen des Ermessens des Gesetzgebers liegen, wenn er einer solchen als unpraktikabel angesehenen Regelung (vgl. BT 7/3119 S. 5) nicht den Vorzug gibt.

Der Standesbeamte soll die künftigen Ehegatten vor der Eheschließung befragen, ob sie eine Erklärung zur Bestimmung des Ehenamens abgeben wollen (§ 13 a Abs. 1 EheG). Unterbleibt eine solche Befragung, so hat das keinen Einfluß auf die Eheschließung. Die Ehegatten können die Erklärung nicht nachholen. Ein Irrtum über die Wirkungen der unterbliebenen Erklärung berechtigt nicht zur Anfechtung nach § 119, ebensowenig im Fall der arglistigen Täuschung oder Drohung nach § 123 (*Diederichsen* NJW 1976, 1169).

5 Vereinbarungen der Ehegatten über den Ehenamen

12 Vereinbarungen der künftigen Ehegatten über den zu führenden Ehenamen nach § 1355 Abs. 2 sind nicht bindend. Als höchstpersönliche »Nebenabreden« zur Eheschließung können sie keine stärkeren Rechtswirkungen entfalten als das Eheversprechen selbst (§ 1297). Hinzu kommt, daß die nach dem Sinn der Regelung vorausgesetzte Entschließungsfreiheit jedes Ehegatten in bezug auf die zu treffende Namenswahl nur gewahrt werden kann, wenn er bis zu dem Zeitpunkt, zu dem die Namensbestimmung erfolgt ist, nicht gebunden ist (vgl. Rdnr. 9).

Vereinbarungen über den Ehenamen haben daher bei der Eheschließung keine Relevanz, wenn sie nicht in die Erklärung der künftigen Ehegatten aufgenommen werden (*Reichard* StAZ 1976, 177; *Ruthe* FamRZ 1976, 409; im Ergebnis ebenso *Diederichsen* NJW 1976, 1169; vgl. auch *Soergel-Lange* § 1355, 19, zur Vereinbarung der Ehegatten über den anzufügenden Mädchennamen). Das gilt auch in bezug auf eine Vereinbarung, Erklärungen über den Ehenamen bei der Eheschließung nicht abzugeben.

6 Ehename bei Auslandsehen (§ 13 a Abs. 2 EheG)

13 Bei Eheschließungen im Ausland kann die Abgabe von Erklärungen zur Bestimmung des Ehenamens auf Schwierigkeiten stoßen. Um den Ehegatten auch in diesem Fall eine Namenswahl zu ermöglichen, sieht der neu eingefügte § 13 a Abs. 2 bis 4 EheG vor, daß die Namensbestimmung nachgeholt werden kann. Die Vorschriften lauten:

(2) Haben die Ehegatten die Ehe außerhalb des Geltungsbereichs dieses Gesetzes geschlossen, ohne eine Erklärung nach § 1355 Abs. 2 Satz 1 des Bürgerlichen Gesetzbuchs abgegeben zu haben, so können sie diese Erklärung nachholen. Die Erklärung ist abzugeben, wenn die Eintragung des Ehenamens in ein deutsches Personenstandsbuch erforderlich wird, spätestens jedoch vor Ablauf eines Jahres nach Rückkehr in den Geltungsbereich dieses Gesetzes.

(3) Ergibt sich aus einer Erklärung nach Absatz 2 eine Änderung gegenüber dem bisher von den Ehegatten geführten Namen, so erstreckt sich die Namensänderung auf den Geburtsnamen eines Abkömmlings, welcher das vierzehnte Lebensjahr vollendet hat, nur dann, wenn er sich der Namensänderung durch Erklärung anschließt. Ist der frühere Geburtsname zum Ehenamen eines Abkömmlings geworden, so erstreckt sich die Namensänderung auf den

Ehenamen nur dann, wenn die Ehegatten die Erklärung nach Satz 1 gemeinsam abgeben. Die Erklärungen sind spätestens vor Ablauf eines Jahres nach Abgabe der Erklärungen nach Absatz 2 abzugeben.

(4) Auf die Erklärungen ist § 1617 Abs. 2 Satz 2 und 3 des Bürgerlichen Gesetzbuchs entsprechend anzuwenden.«

6.1 Auslandsehe

14 Die Regelung gilt für Ehen, die außerhalb des Geltungsbereichs dieses Gesetzes geschlossen worden sind, d. h., außerhalb der Bundesrepublik einschließlich Berlin (West). Sie ist deshalb auf Ehen, die in der DDR geschlossen worden sind, anwendbar, obwohl die DDR nicht als Ausland anzusehen ist; der Begriff Ausland wird nachfolgend aus Vereinfachungsgründen als Synonym für den Bereich außerhalb des Geltungsbereichs verwendet. Es handelt sich um eine territoriale Abgrenzung. Nicht entscheidend ist, ob die Ehe im Ausland vor einem deutschen (vgl. § 8 KonsG) oder vor einem ausländischen Standesbeamten geschlossen wurde, ebensowenig kommt es darauf an, ob die Ehegatten die Möglichkeit hatten, eine Namenswahl vorzunehmen. Haben die Ehegatten allerdings eine den Anforderungen des § 1355 Abs. 2 S. 1 entsprechende Bestimmung des Ehenamens getroffen, dann hat es damit sein Bewenden; § 13 a Abs. 2 EheG findet in diesem Fall keine Anwendung. Das muß wohl auch dann gelten, wenn für die Bestimmung des Ehenamens ausländisches Recht maßgebend war und die Ehegatten von einer dem § 1355 Abs. 2 S. 1 *entsprechenden* Wahlmöglichkeit Gebrauch gemacht haben; denn § 13 a EheG will die aufgrund des Aufenthalts im Ausland als gegeben angenommenen Rechtsnachteile ausgleichen. Hierfür ist kein Raum, wenn die Ehegatten die dem § 1355 Abs. 2 entsprechenden Möglichkeiten tatsächlich wahrgenommen haben.

Im übrigen befaßt sich § 13 a EheG nicht mit der Namensführung vor dem Nachholen der Erklärung. Diese ist nach dem jeweils anwendbaren Recht zu beurteilen.

6.2 Nachträgliche Abgabe der Erklärungen und ihre Wirkung

15 Die Erklärungen sind Willenserklärungen (vgl. Rdnr. 7, 10). Sie sind gegenüber dem Standesbeamten abzugeben; erforderlich ist die öffentliche Beglaubigung (§ 13 a Abs. 4 EheG, § 1617 Abs. 2 Satz 3).

Wird ein Familienbuch nicht geführt, ist der Standesbeamte des Standesamtes I in Berlin (West) zuständig.

Die Erklärungen werden mit Zugang bei dem Standesbeamten wirksam. Sie sind von diesem Zeitpunkt an unwiderruflich. Die Erklärungen der Ehegatten über den Ehenamen bewirken konstitutiv die Änderung des Ehenamens wie bei einer Namensbestimmung nach § 1355 Abs. 2. Die Namensänderung hat, auch wenn der Wortlaut des § 13 a Abs. 2 EheG (Nachholen der Erklärung) dies nicht eindeutig zum Ausdruck bringt, keine rückwirkende Kraft.

6.3 Zeitpunkt für die Nachholung der Erklärungen

16 Für die nachträgliche Abgabe der Erklärungen über den Ehenamen sind *zwei Zeitpunkte* vorgesehen. Die äußerste Frist ist der *Ablauf eines Jahres* nach Rückkehr in den Geltungsbereich des Ehegesetzes. Der Begriff Rückkehr ist unscharf. Es wird nicht vorausgesetzt, daß die Ehegatten vorher jemals im Geltungsbereich dieses Gesetzes gewohnt haben. Die Vorschrift gilt auch im Fall einer erstmaligen Einreise. Ob eine Rückkehr im Sinne von § 13 a Abs. 2 EheG auch dann angenommen werden kann, wenn die Ehegatten sich nur vorübergehend in der Bundesrepublik aufhalten, ist fraglich, dürfte aber zu verneinen sein (in der *Amtl. Begr.* S. 181 wird der gewöhnliche Aufenthalt vorausgesetzt). Verlassen die Ehegatten das Gebiet vor Ablauf der Frist und kehren sie später wieder zurück, beginnt der Lauf der Frist von neuem. Eine Zusammenrechnung von Teilen der Frist findet nicht statt. Hatten die Ehegatten bei der Einreise den Entschluß, im Inland ihren gewöhnlichen Aufenthalt zu nehmen, noch nicht gefaßt, so ist der Zeitpunkt der Sinnesänderung der Zeitpunkt, in dem der Lauf der Frist beginnt. Die Regelung in § 13 a Abs. 2 EheG ist nur dann anwendbar, wenn *beide* Ehegatten in den Geltungsbereich dieses Gesetzes zurückkehren. Trifft das nur auf einen der Ehegatten zu, beginnt die Frist nicht zu laufen.

17 Das Recht, die Erklärung über den Ehenamen nachzuholen, endet nicht nur nach Ablauf der Jahresfrist nach Rückkehr in den Geltungsbereich dieses Gesetzes, sondern auch bei Unterbleiben einer Erklärung über die Namensbestimmung, wenn die *Eintragung des Ehenamens in ein deutsches Personenstandsbuch* erforderlich wird. Wann das der Fall ist, beurteilt sich nach dem Personenstandsrecht einschließlich der zwischenstaatlichen Verträge auf diesem Gebiet (vgl. *Amtl. Begr.* S. 181, z. B. Legitimationsvermerk für ein in Deutschland geborenes voreheliches Kind zum Geburtseintrag).

18 Die Regelung ist in mehrfacher Hinsicht unvollkommen (vgl. *Reichard* StAZ 1976, 177, 180). Sie setzt nicht voraus, daß die Eintragung des Namens in ein deutsches Personenstandsbuch auf Antrag erfolgt. Wird sie von Amts wegen vorgenommen, ist offen, ob der Standesbeamte die Ehegatten, die von dem Vorgang möglicherweise nichts wissen, über den drohenden Rechtsverlust zu belehren hat (analog § 13 a Abs. 1 EheG) und bis zu welchem Zeitpunkt danach die Erklärung abgegeben sein muß. In der *Amtl. Begr.* (S. 181) wird davon ausgegangen, daß die Erklärung *»alsbald«* abzugeben ist. Selbst wenn man den Begriff nicht in dem engen Sinn von *»unverzüglich«* auffassen wollte, würde er sehr restriktiv wirken. Einen einleuchtenden Grund gibt es dafür nicht. Nimmt das Gesetz im Fall der Rückkehr in das »Inland« in Kauf, daß für die Dauer eines Jahres ungewiß bleibt, ob die Ehegatten ihren bisherigen Ehenamen behalten, so ist nicht recht ein-

zusehen, weshalb das im Fall einer Eintragung in ein Personenstandsbuch anders sein soll. Deshalb liegt es nahe, § 13 a Abs. 2 EheG dahin auszulegen, daß die Erklärung über den Ehenamen noch *ein Jahr* nach dem Zeitpunkt möglich ist, zu dem die Eintragung des Ehenamens in ein Personenstandsbuch erforderlich geworden ist.

6.4 Auswirkung der Namensänderung auf Abkömmlinge

19 Das Nachholen der Erklärung über die Namensbestimmung kann lange nach der Eheschließung der Ehegatten im Ausland aktuell werden. § 13 a Abs. 3 EheG regelt deshalb die Auswirkungen der nach § 13 a Abs. 2 EheG eingetretenen Namensänderung auf die *Abkömmlinge*. Die Regelung ist differenzierter als der Grundsatz des § 1616, den sie für Abkömmlinge bis zum 14. Lebensjahr übernimmt. Abkömmlinge, die älter sind, partizipieren an der Namensänderung nur, wenn sie sich ihr anschließen. Hat ein Abkömmling die Ehe geschlossen und ist sein Geburtsname zum Ehenamen geworden, kann er sich der Namensänderung seiner Eltern nur zusammen mit seinem Ehegatten anschließen (§ 13 a Abs. 2 Satz 2). Das gilt nicht nur, wenn der Abkömmling und sein Ehegatte bei der Eheschließung diesen Ehenamen gewählt haben, sondern auch dann, wenn die Bestimmung des Ehenamens kraft Gesetzes (§ 1355 Abs. 2 Satz 2) eingetreten ist.

Die Erklärung des Abkömmlings (und seines Ehegatten) muß spätestens *ein Jahr* nach Abgabe der Erklärung der Eltern abgegeben werden (§ 13 a Abs. 3 Satz 3; vgl. auch § 13 a Abs. 4 EheG und § 15 d Abs. 1 Satz 3 PersStG). Der Beginn des Laufs der Frist ist nicht davon abhängig, daß der Abkömmling aus dem Ausland zurückgekehrt ist oder eine Eintragung in ein deutsches Personenstandsbuch erforderlich geworden ist. Diese Voraussetzungen des § 13 a Abs. 2 EheG brauchen im Fall der Abkömmlinge nicht vorzuliegen.

Es kann nicht ausgeschlossen werden, daß ein Abkömmling i. S. des § 13 a Abs. 3 EheG seinerseits Abkömmlinge hat. Für die Frage, ob sie sich der Namensänderung anschließen, kann in gleicher Weise bedeutsam werden wie für ihre Eltern. Für diesen eine weitere Generation betreffenden Fall gibt das Gesetz keine ausdrückliche Regelung. Die Anwendung des § 1616 wäre, zumindest bei den Enkeln, die eine Ehe geschlossen haben und deren Geburtsname Ehename geworden ist, sachwidrig. Es liegt deshalb nahe, auf die Namensänderung der Abkömmlinge der Abkömmlinge § 13 a Abs. 3, 4 EheG analog anzuwenden. Die Frist von einem Jahr beginnt in diesem Fall von dem Zeitpunkt an zu laufen, zu dem die Eltern sich der Namensänderung ihrer Eltern angeschlossen haben. Die Enkel können sich einer nachgeholten Namensbestimmung ihrer Großeltern nicht unmittelbar anschließen; es bedarf der Vermittlung durch die Eltern.

Fraglich, aber wohl zu verneinen ist die Frage, ob die Erklärung nach § 1355 Abs. 2 Satz 1 noch nachgeholt werden kann (§ 13 a

Abs. 2 Satz 1 EheG), wenn die im Ausland geschlossene Ehe nicht mehr besteht.

7 Verfassungsrechtliche Fragen bei »Altehen«

20 § 1355 Abs. 2 gilt nur für Ehen, die nach dem Inkrafttreten dieser Bestimmung (1. Juli 1976, Art. 12, Nr. 13 b i. Verb. mit Art. 1 Nr. 2) geschlossen worden sind. Die im RegE und im Gesetz über den Ehe- und Familiennamen vorgesehen gewesene Möglichkeit der Namenswahl auch für Altehen ist auf Vorschlag des Vermittlungsausschusses (BT 7/4992) entfallen. Damit hat der Gesetzgeber verneint, daß es verfassungsrechtlich geboten ist, die Anpassung des § 1355 Abs. 2 an den Gleichberechtigungsgrundsatz *rückwirkend* (auf den Zeitpunkt seines Wirksamwerdens: 1. 4. 1953) vorzunehmen.

21 Die Verfassungsmäßigkeit des Vorrangs des Mannesnamens ist in Rechtsprechung und Rechtslehre für das bisher geltende Recht überwiegend bejaht worden, und zwar sowohl für die Zeit vom Inkrafttreten des Gleichberechtigungsgrundsatzes (1. 4. 1953) bis zur Neufassung des § 1355 Abs. 2 durch das GleichBerG (1. 7. 1958) als auch für die Zeit danach (*BVerwG* 9, 354; *OVG Koblenz* FamRZ 1954, 199; *OVG Hamburg* JZ 1956, 172; *Hess VGH* DÖV 1957, 220; *BGH* 25, 163; *Bay ObLG* FamRZ 1955, 22; *OLG Karlsruhe* FamRZ 1958, 326; *OLG Hamm* NJW 1967, 450; *Erman-Heckelmann* § 1355, 3; *Staudinger-Hübner* § 1355, 3; *Dölle* § 37 I; *v. Bernstorff* NJW 1961, 633, FamRZ 1963, 111; *Eißer* FamRZ 1959, 177; *Müller-Freienfels* JZ 1957, 685).

Der RegE (*Amtl. Begr.* S. 96) hat in Übereinstimmung mit einer Mindermeinung in Rechtsprechung und Rechtslehre (*VG Frankfurt* FamRZ 1955, 361; *Soergel-Lange* § 1355, 3; *Gernhuber* § 16 I; *Krüger* AcP 156, 233; *Ramm* FamRZ 1962, 281 und FamRZ 1963, 337; *Simitis* StAZ 1969, 275) die Verfassungswidrigkeit des Vorrangs des Mannesnamens angenommen. Überwiegende Gründe sprechen, jedenfalls bezogen auf den gegenwärtigen Zeitpunkt, für diese Auffassung. Die Ungleichbehandlung von Mann und Frau läßt sich mit einer angenommenen Ordnungsfunktion des Ehenamens nicht rechtfertigen, da der Name nicht nur Ordnungszwecken dient, sondern Ausfluß des Persönlichkeitsrechts des Ehegatten ist (*BVerfG* 19, 177; *BGH* 25, 163). Die Ungleichbehandlung wird durch die Möglichkeit, den Geburtsnamen vorangestellt als persönlichen Namen nach § 1355 Abs. 3 zu führen, schon deshalb nicht aufgewogen, weil der persönliche Name nicht an die gemeinsamen Kinder vererbt wird. Funktionale Unterschiede in bezug auf die Stellung von Mann und Frau in der Familie, die eine Anknüpfung an den Mannesnamen nahelegen würden, sind nicht erkennbar. Der Schutz der Familie mag die Notwendigkeit eines einheitlichen Familiennamens begründen (*BGH* 25, 163; *Ramm* FamRZ 1969, 281), das ist aber auch ohne Vorrang eines der Geburtsnamen erreichbar. Der Hinweis auf altes Herkommen ist nicht überzeugend, da das

Herkommen durchaus nicht alt ist und die Begründung einer neuen Tradition wegen der gesetzlichen Regelung nicht möglich war. Es läßt sich nicht feststellen, daß in der Gegenwart der Vorrang des Mannesnamens als ein vorgegebenes Merkmal der Familienstruktur allgemein anerkannt wäre.

22 Sollte das BVerfG die Verfassungswidrigkeit des Vorrangs des Mannesnamens (§ 1355 Satz 1 a. F.) mit Wirkung vom 1. 4. 1953 feststellen, dürfte es naheliegen, die dann entstehende Gesetzeslücke für den nicht abgedeckten Zeitraum bis zum 1. 7. 1976 entsprechend der in § 13 a EheG für Auslandsehen vorgesehenen Regelung (vgl. Rdnr. 13 ff.) zu schließen. Die Ehegatten können dann die Namenswahl innerhalb der dort vorgesehenen Fristen nachholen, ihre Abkömmlinge innerhalb der Nachfrist. Aus Gründen der Rechtssicherheit ist davon auszugehen, daß die Änderung des Ehenamens keine (auf den Zeitpunkt der Eheschließung bezogene) rückwirkende Kraft hat (vgl. Rdnr. 15).

8 Besonderheiten der Namensführung

8.1 Adelsbezeichnungen

23 Adelsbezeichnungen sind Bestandteil des Namens (Art. 109 Abs. 3 Satz 2 WeimRV). Auf sie finden deshalb die namensrechtlichen Bestimmungen Anwendung. Gewisse traditionelle Abweichungen hat die Rechtsprechung anerkannt. Während sonst eine unterschiedliche Namensführung zur Berücksichtigung weiblicher Ableitungsformen nur zurückhaltend beurteilt wird, ist sie bei Adelsprädikaten, die zum Namensbestandteil geworden sind, allgemein zugelassen. Das gilt insbesondere für die Freifrau, Gräfin und Fürstin, während die Ehefrau eines »Ritters von ...« sich mangels einer weiblichen Ableitung mit einem schlichten »von« begnügen muß (zum Problem der Adelsbezeichnungen vgl. *RG* 113, 107; *BayOLG*, BayJMBl. 1955, 210; *BayObLG* MDR 1967, 672).

8.2 Ausländische Abwandlungen des Namens

24 Ausländische Rechtsordnungen erkennen mitunter weibliche Ableitungen des Ehenamens an (zum Beispiel in Polen Endungen auf -ska oder -ka; in der Sowjetunion Endungen auf -a oder -kaja; in Bulgarien Endungen auf -owa oder -ewa; vgl. *KG* JR 1968, 426). Streitig ist, ob namensrechtliche Besonderheiten dieser Art zugelassen werden sollen. Die ältere Rechtsprechung hat dies unter Berufung auf das Erfordernis der *»inneren Einheit der Personenstandseintragungen«* verneint, wobei offenbar auch eine Differenzierung unter dem Gesichtspunkt, ob ausländisches Recht anwendbar war, nicht in Erwägung gezogen worden ist (*KGJ* 23 A 60; *KGJ* 27 A 35; *KGOLG* 28, 4; *KG* Recht 1907 Nr. 463; *KG* StAZ 1954, 273; *LG Bremen* StAZ 1964, 220; vgl. auch *Sperling* StAZ 1953, 255). Zutreffend hat dagegen das *KG* (JR 1968, 426) die Zulässigkeit namensrechtlicher Ableitungen bejaht, wenn eine

solche Namensführung aufgrund anwendbaren ausländischen Rechts zulässig ist (vgl. *Pennrich* StAZ 1965, 78 – Anm. zu *LG Bremen* a. a. O.; *Soergel-Lange* § 1355, 8; *Erman-Heckelmann* § 1355, 4; *Maßfeller-Hoffmann,* PStG § 2, 13; § 11, 32; unzutreffend *Staudinger-Hübner* § 1355, 5).

25 Eine andere ausländische Besonderheit der Namensführung, die Verwendung des sogenannten Vaternamens, hat die Rechtsprechung ohne Rücksicht auf anwendbares ausländisches Recht abgelehnt, da für die Eintragung des Vaternamens im deutschen Familienbuch kein Raum sei; auch würde durch die von Generation zu Generation sich ändernden Vaternamen der Familienname seinen Sinn als *»einheitliche Sippenbezeichnung«* verlieren (*KG* JR 1968, 426). Der letztere Gesichtspunkt ist zumindest seit der Einführung der Namenswahl nach § 1355 gegenstandslos.

Nicht überzeugend ist auch, daß die Berücksichtigung anwendbarer ausländischer Regeln an der formalen Ordnung des Familienbuchs soll scheitern können. Besonderheiten der Namensführung sind daher zu berücksichtigen, wenn dies nach dem anwendbaren Recht vorgesehen ist.

8.3 Pseudonym, Firma

26 Durch die Eheschließung wird den Ehegatten die Verwendung eines Pseudonyms (Deckname, Künstlername) nicht grundsätzlich verwehrt. Es kann sich um die Fortführung eines bereits angenommenen oder die Annahme eines neuen Decknamens handeln. Im Verhältnis der Ehegatten zueinander muß die Verwendung den Verpflichtungen zur ehelichen Lebensgemeinschaft entsprechen (§ 1353). Ein Verstoß kann insbesondere vorliegen, wenn die Verwendung des Pseudonyms zu einer völligen Verdrängung des Ehenamens führen würde. Die Rechtsverletzung kann nur im Wege der Herstellungsklage geltend gemacht werden.

27 Zweifelhaft ist, ob ein früherer Ehename als Pseudonym geführt werden kann, nachdem der Ehegatte diesen Namen nach § 1355 Abs. 4 aufgegeben hat (bejaht von *OLG München* GRUR 1961, 46; a. A. *von Bernstorff* NJW 1961, 633). Da die Wahl des Pseudonyms grundsätzlich frei ist, kann seine Verwendung nur untersagt werden, wenn sie eine über die Namensführung hinausgehende Beeinträchtigung der Rechte Dritter darstellt. Der Umstand, daß es sich um den früheren Ehenamen handelt, rechtfertigt keine andere Beurteilung.

Führt ein Ehegatte unter seinem Ehenamen ein Handelsgeschäft, kann er den Firmennamen beibehalten, auch wenn er den Ehenamen nicht mehr führt (§ 21 HGB).

9.1 Öffentlich-rechtliche Pflicht

28 Eine öffentlich-rechtliche Pflicht zur Namensführung gegenüber amtlichen Stellen folgt aus § 111 Abs. 1 OWiG (früher § 360 Abs. 1 Nr. 8 StGB). Eine weitergehende Pflicht besteht nicht. Aus §§ 11, 25 Nr. 5 PStG läßt sich eine Pflicht zur Namensführung nicht ableiten (unzutreffend *Soergel-Lange* § 1355, 11). Die Pflicht beginnt mit der Eheschließung. Die Beurkundung der vollzogenen Eheschließung ist daher mit dem Ehenamen zu unterzeichnen (§ 11 PStG).

Die öffentlich-rechtliche Pflicht zur Namensführung besteht nur bei der Verwendung des Namens für amtliche Zwecke. Im übrigen ist die Namensführung frei vorbehaltlich der Rechte Dritter. Freilich kann die Führung des nichtamtlichen Namens unter bestimmten Voraussetzungen strafrechtlich relevant sein (§§ 267, 271 StGB).

9.2 Privatrechtliche Pflicht zur Namensführung

29 Die privatrechtliche Verpflichtung der Ehegatten, den Ehenamen zu führen, folgt aus § 1353 (a. A. *Sorgel-Lange* § 1355, 12, der die Pflicht aus § 1355 ableitet; § 1355 regelt aber nur die Frage, welcher Name Ehename wird, er sagt nichts darüber, ob die Ehegatten ihn zu führen haben). Rechtsverletzungen sind mit der Herstellungsklage zu verfolgen. Das gilt auch, wenn ein Ehegatte unter seinem Geburtsnamen auftritt, um als unverheiratet zu erscheinen.

10 Recht zur Namensführung, Namensschutz

30 Der Ehename ist Name im Sinne des § 12 BGB. Er genießt uneingeschränkt den Schutz dieser Vorschrift. Darüber hinaus ist er Gegenstand des Persönlichkeitsrechts jedes der Ehegatten mit der Folge, daß Verstöße Sanktionen auch nach den allgemeinen Vorschriften (§ 823) auslösen können. Der Schutz wird nicht dadurch eingeschränkt, daß ein Ehegatte dem Ehenamen seinen Geburtsnamen vorangestellt hat (§ 1355 Abs. 3); er kann einen Mißbrauch nur des Ehenamens geltend machen.

31 Aus dem Recht auf den Ehenamen folgt, daß die Ehegatten jeden Mißbrauch im Zusammenhang mit der Namensführung zu unterlassen haben. Ein Mißbrauch liegt zum Beispiel vor, wenn ein Ehemann eine andere Frau unter dem Namen seiner Ehefrau im Hotel einträgt (*RG* 108, 230). Zur Abwehr wird in diesen Fällen die Klage nach allgemeinen Vorschriften zugelassen; der verletzte Ehegatte ist nicht auf die des Vollzugszwangs entbehrende Herstellungsklage beschränkt (*Erman-Heckelmann* § 1355, 7; *Soergel-Lange* § 1355, 14); es handelt sich um einen Anwendungsfall der Ehestörungsklage, vgl. § 1353.

32 Im Verhältnis zu Dritten besteht uneingeschränkter Rechtsschutz nach den allgemeinen Vorschriften. Jeder der Ehegatten kann den Schutz des Ehenamens gegenüber Dritten ohne Zustimmung oder Beteiligung des anderen Ehegatten geltend machen; das gilt auch, wenn der Ehename der Geburtsname des anderen Teils ist (*Eißer* FamRZ 1959, 177). Zweifelhaft ist, ob ein Ehegatte Rechtsschutz zugunsten seines verstorbenen Ehegatten geltend machen kann. Praktisch geworden sind Fälle, in denen auf dem Grabstein der gemeinsame Ehename ausgespart worden ist. Die Rechtsprechung hat Ansprüche des überlebenden Trägers des Ehenamens gegen die Veranlasser der Namensverletzung mit anfechtbarer Begründung bejaht (*OLG München* JW 1923, 132: Ehrverletzung; *OLG Königsberg* JW 1929, 3096: § 823 Abs. 1, wobei § 1355 als absolutes Recht angenommen wurde; *RG Opladen* FamRZ 1968, 205: Bewahrungsrecht analog § 1004 – ähnlich schon *Wieruszowski* JW 1929, 3096). Den berechtigten Bedürfnissen des überlebenden Ehegatten kann durch eine Anwendung des § 826 BGB Rechnung getragen werden; ein weitergehender Rechtsschutz läßt sich aus dem geltenden Recht nicht ableiten (zutreffend *Opet* JW 1923, 132; *OLG München* a. a. O.).

11 Änderung des gemeinsamen Familiennamens

33 Während der Ehe ist eine Änderung des gemeinsamen Familiennamens der Ehegatten nur nach dem NamÄndG möglich (wegen der Ausnahmen vgl. Rdnr. 13). Die Änderung des Ehenamens in bezug auf einen der Ehegatten ist unzulässig, da § 1355 Abs. 1 nur einen *gemeinsamen* Familiennamen (Ehenamen) gestattet (vgl. auch § 10 NamÄndG). Die Regelung des bisher geltenden Rechts, wonach eine Namensänderung des Mannes während der Ehe unmittelbar auch der Frau gegenüber wirkte, läßt sich auf das geltende Recht nicht übertragen. Der Ehegatte, dessen Geburtsname Ehename geworden ist, kann eine Namensänderung, die zur Änderung des Ehe- und Familiennamens führen würde, nicht betreiben. Eine Namensänderung nach dem NamÄndG kann nunmehr nur von *beiden* Ehegatten beantragt werden (vgl. *Diederichsen* NJW 1976, 1169). Die abweichenden Richtlinien der Bundesregierung vom 14. 12. 1960 (BAnz. 1960 Nr. 249 A Nr. 8 c) sind nicht mehr anzuwenden. Darin ist vorgesehen, daß zum Antrag auf Namensänderung grundsätzlich der Beitritt der Ehefrau erforderlich ist; ausnahmsweise soll eine Namensänderung aber auch gegen den Willen der Ehefrau möglich sein. Diese Verwaltungsvorschrift ist auch nicht in dem Sinne anwendbar, daß der bei der Bildung des Ehenamens nicht berücksichtigte Ehegatte die Stellung des Beitretenden nach dieser Regelung hat.

Nach den Vorschriften des Bürgerlichen Rechts vorgesehene Namensänderungen erstrecken sich generell nicht mehr ohne weiteres auf Kinder, die verheiratet sind (vgl. §§ 1617 Abs. 4, 1618 Abs. 1, 1758 Abs. 1).

34 Wird die Ehe durch Ehescheidung oder Tod eines Ehegatten aufgelöst, besteht die Möglichkeit, den Geburtsnamen oder den zur Zeit der Eheschließung geführten Namen anzunehmen (§ 1355 Abs. 4). Im Fall der Nichtigkeit der Ehe muß der Ehegatte den zum Zeitpunkt der Eheschließung geführten Namen beibehalten; das Recht zur Führung des Ehenamens aus der nichtigen Ehe erlischt. Voraussetzung ist, daß die Nichtigkeit der Ehe rechtskräftig festgestellt ist (§ 23 EheG).

Die Namensänderung durch Verwirkung (§§ 56, 57 EheG) ist entfallen (vgl. Art. 3 Nr. 1 des 1. EheRG).

12 Der persönliche Name nach § 1355 Abs. 3

12.1 Voranstellen des *eigenen* Namens

35 Nach bisher geltendem Recht war die Ehefrau berechtigt, dem zum Familiennamen gewordenen Mannesnamen ihren Mädchennamen hinzuzufügen. Mädchenname ist der Geburtsname.

Die einseitige Ausrichtung der Vorschrift auf die Ehefrau ist durch die Möglichkeit der Namenswahl gegenstandslos geworden. Folgerichtig knüpft § 1355 Abs. 3 an den Ehegatten an, dessen Geburtsname nicht Ehename wird. Abweichend vom geltenden Recht wird der persönliche Name nicht durch Hinzufügen, sondern durch Voranstellen des eigenen Namens gebildet. Dafür kann der Geburtsname oder der zur Zeit der Eheschließung geführte Name verwendet werden. Durch das Voranstellen des eigenen Namens tritt dieser optisch stärker hervor. Damit soll vor allem den berechtigten Wünschen Berufstätiger Rechnung getragen werden, die den zusammengesetzten Namen als Berufsnamen verwenden wollen (vgl. *DRiZ* 1971, 392). Was voranstellen konkret bedeutet, sagt das Gesetz nicht (vgl. *OVG Hamburg* JZ 1956, 172). Man wird davon ausgehen können, daß mangels einer ausdrücklichen Regelung das Gesetz an die geübte Praxis anknüpfen wollte. Üblich ist die Verbindung der Namensteile mit einem Bindestrich (vgl. *Staudinger-Hübner* § 1355, 13). Der vorangestellte Name kann entsprechend der Regelung des bisher geltenden Rechts ein Doppelname sein. Das gilt auch, wenn der Ehename seinerseits bereits Doppelname ist (anders § 1355 Abs. 3 des RegE).

36 Die Möglichkeit, den eigenen Namen anzufügen, statt voranzustellen, gewährt das geltende Recht nicht. Ein Wahlrecht ist nicht vorgesehen. Es kann auch nicht durch Vereinbarung der Ehegatten begründet werden.

37 Durch die Namensbildung nach § 1355 Abs. 3 wird der Familienname (Ehename) nicht verändert; es verbleibt bei dem nach § 1355 Abs. 2 durch Bestimmung der Ehegatten oder kraft Gesetzes festgelegten Namen. Der erweiterte Name nach § 1355 Abs. 3 ist nur persönlicher Name des Ehegatten, er wird insbesondere nicht

an die zweite Generation weitergegeben. Eine Erstreckung des persönlichen Namens auf die Kinder nach dem NamÄndG ist möglich. Ein wichtiger Grund im Sinne des § 3 NamÄndG ist von der Rechtsprechung angenommen worden, wenn es sich um einen sogenannten Sammelnamen gehandelt hat (*BVerwG* FamRZ 1965, 325 – mit Anm. *Mayer*), und zwar auch, wenn der angefügte Name ein Adelsname ist (*BVerwG* FamRZ 1965, 326: »Richter – von A.«). Die namensrechtliche Erhaltung des Hofnamens ist ebenfalls in der Regel als wichtiger Grund anerkannt worden (vgl. *OVG Münster* FamRZ 1960, 237; FamRZ 1969, 648). Ob die Rechtsprechung noch vertretbar ist, nachdem die Ehegatten die Möglichkeit haben, den Familiennamen nach § 1355 Abs. 2 zu bestimmen, dürfte zumindest für die nach dem Inkrafttreten des Gesetzes geschlossenen Ehen fraglich sein.

38 Vorangestellt werden kann der *Geburtsname* oder der *»zur Zeit der Eheschließung«* geführte Name. Geburtsname ist der Name, der in der Geburtsurkunde der Verlobten zur Zeit der Eheschließung einzutragen ist (§ 1355 Abs. 2 Satz 3; vgl. Rdnr. 4). Der zur Zeit der Eheschließung geführte Name ist der auf Grund einer früheren Ehe erworbene Name. Voraussetzung ist, daß er noch geführt werden darf. Das ist nicht der Fall, wenn der frühere Ehename nach § 1355 Abs. 4 aufgegeben oder nach §§ 56, 57 EheG *»aberkannt«* worden ist.

39 Zweifelhaft ist, welches der *»zur Zeit der Eheschließung«* geführte Name ist, wenn der Ehegatte in einer früheren Ehe von dem Recht nach § 1355 Abs. 3 Gebrauch gemacht hat und einen zusammengesetzen persönlichen Namen führt. Für das bisher geltende Recht ergaben sich keine Probleme; der persönliche Name erlosch mit der Wiederverheiratung, da die (alleinbetroffene) Ehefrau den Namen des Mannes erwarb und weil sie zur Neubildung eines persönlichen Namens nur ihren Mädchennamen verwenden durfte (*Palandt-Diederichsen* § 1355, 4). Nach § 1355 Abs. 3 RegE sollte der Ehegatte dem Ehenamen *»seinen Geburtsnamen oder einen anderen Namen«* anfügen können, *»den er vor der Eheschließung geführt hat, sofern der Ehename nicht bereits ein Doppelname ist;«*. Die *Amtl. Begr.* läßt nicht erkennen, daß damit die Möglichkeit eröffnet werden sollte, den persönlichen Namen zur Bildung eines neuen persönlichen Namens in einer weiteren Ehe zu verwenden. Andererseits enthält diese und die zum Gesetz gewordene Fassung des § 1355 Abs. 3 keine Elemente, die zwingen würden, die Verwendung des persönlichen Namens bei einer weiteren Namensbildung als prinzipiell ausgeschlossen zu betrachten. Bemerkenswert ist, daß in einem vergleichbaren Fall nach bisher geltendem Recht diese Möglichkeit in Betracht gezogen worden ist. Nach § 1617 Abs. 1 a. F. erhält das nichteheliche Kind den Familiennamen, den die Mutter zur Zeit der Geburt des Kindes führt. Es ist umstritten, ob das Kind, wenn die Mutter einen persönlichen Namen nach § 1355 Satz 2 a. F. führte, diesen persönlichen Namen erhielt (bejahend: *Soergel-Lade* § 1617, 1; *Göppinger* JR 1969, 405; *Lange* NJW 1970, 297 Anm. 44; zutreffend dagegen *Bökelmann* StAZ 1970, 257; *Engler* FamRZ

1971, 77 Anm. 6). Die Streitfrage ist nunmehr durch die Einfügung in § 1617 Abs. 1 Satz 2 bereinigt worden, die eine Anknüpfung an den persönlichen Namen ausschließt. Der Ausschluß des persönlichen Namens bei einer Namensbildung ist auch bei den anderen familienrechtlichen Namensbestimmungen vorgesehen (z. B. § 1618 Abs. 1 Satz 2, § 1740 f Abs. 2 Satz 3, § 1757 Abs. 1 Satz 2). Es liegt nahe anzunehmen, daß es sich um ein allgemeines namensrechtliches Prinzip handelt, dessen Anwendung auch in Fällen geboten ist, in denen eine ausdrückliche Ausschlußformel fehlt. Gegen die Zulassung des persönlichen Namens zur Neubildung eines anderen Namens spricht auch, daß sie, bei wiederholter Verheiratung, vielgliedrige Namenskombinationen ermöglichen würde, eine Möglichkeit, die das Gesetz, wie die Ablehnung der im RegE vorgesehenen Regelung über die Bildung von Doppelnamen zeigt (vgl. § 1355 Abs. 3 RegE), als unerwünscht ansieht. § 1355 Abs. 3 ist daher so zu verstehen, daß der persönliche Name aus der früheren Ehe nicht zur Bildung des persönlichen Namens in der neuen Ehe verwendet werden darf.

40 Zweifelhaft ist, ob ein Ehegatte nach § 1355 Abs. 3 eine Erklärung abgeben kann, einen persönlichen Namen *nicht* führen zu wollen. Ein Bedürfnis hierfür ist zu bejahen. Die Möglichkeit einer Negativerklärung ist im Gesetz nicht vorgesehen, sie dürfte aber zulässig sein. Der Ehegatte soll frei sein zu bestimmen, ob er einen persönlichen Namen annehmen will. Deshalb tritt vor dem Wirksamwerden der Namensbestimmung keine Bindung ein. Hat ein Ehegatte eine Entscheidung getroffen und die Erklärung abgegeben, dann ist er daran endgültig gebunden. Läßt man eine negative Wahl zu, dann wird die Entscheidungsfreiheit des Ehegatten nicht weitergehend eingeschränkt, als dies bei einer positiven Erklärung der Fall ist; er erhält lediglich die Möglichkeit, seine freigetroffene Entscheidung wirksam werden zu lassen (*Sorgel-Lange* § 1355, 19; a. A. *Staudinger-Hübner* § 1355, 12).

12.2 Erklärung des Ehegatten

41 Die Befugnis nach § 1355 Abs. 3 wird ausgeübt durch Erklärung des Ehegatten, dessen Name nicht zum Ehenamen geworden ist. Die Erklärung bedarf nicht der Einwilligung des anderen Ehegatten. Es handelt sich um eine Willenserklärung, auf die die allgemeinen Vorschriften über Willenserklärungen grundsätzlich Anwendung finden (vgl. *Dölle* § 37 I 2 c und Rdnr. 7, 10). Doch hat, da es sich um die Ausübung eines höchstpersönlichen Rechts handelt, ein in der Geschäftsfähigkeit beschränkter Ehegatte die Erklärung selbst abzugeben. Sie bedarf nicht der Einwilligung des gesetzlichen Vertreters (vgl. den rechtsähnlichen Fall des § 1758 Abs. 5 a. F. und dazu *Staudinger-Engler* § 1758, 27).

42 Die Erklärung kann zu jedem beliebigen Zeitpunkt abgegeben werden. Nicht vorausgesetzt wird, daß die Ehe noch besteht, so daß auch *nach dem Tod* des anderen Ehegatten oder *nach der Scheidung* der Ehe die Voranstellung des Namens wirksam begründet werden kann. Die Befugnis endet, wenn der Ehegatte

den Ehenamen nicht mehr führt (z. B. nach § 1355 Abs. 4 Satz 2 oder erneuter Eheschließung). Die Erklärung wird wirksam mit Zugang beim Standesbeamten (§ 130). Eine vor der Eheschließung abgegebene Erklärung kann bis zur Eheschließung zurückgenommen werden. Andernfalls würde die vom Gesetz erkennbar nicht gewollte Bindungswirkung eintreten (vgl. Rdnr. 9).

43 Vom Zeitpunkt der Eheschließung an wird die Erklärung unwiderruflich, sobald sie dem Standesbeamten zugegangen ist (vgl. *Maßfeller* DNotZ 1957, 342; *Eißer* FamRZ 1959, 177). Die Erklärung bedarf der öffentlichen Beglaubigung (§ 1355 Abs. 3 a. E.). Die Beglaubigung kann der Standesbeamte vornehmen (§ 15 c PStG). Es ist daher möglich, daß die Erklärung über den persönlichen Namen nach § 1355 Abs. 3 bei der Eheschließung vom Standesbeamten entgegengenommen und beglaubigt wird. Die Eintragung in das Heiratsbuch kann dann bereits mit dem Doppelnamen unterschrieben werden (*Gundrum* StAZ 1958, 253).

12.3 Vereinbarung der Ehegatten über den persönlichen Namen

44 Vereinbarungen der Ehegatten über die Ausübung der Befugnis nach § 1355 Abs. 3 sind nicht bindend. Sie können, wenn sie nicht zum Inhalt einer Erklärung nach § 1355 Abs. 3 gemacht werden, keine Wirkung entfalten. Das ergibt sich aus dem Sinn der Regelung. Der Ehegatte soll frei sein, von der Befugnis des § 1355 Abs. 3 Gebrauch zu machen. Diese Entscheidungsfreiheit würde eingeschränkt, wenn er, insbesondere im Zusammenhang mit einer bevorstehenden Eheschließung, sich durch Vereinbarung binden könnte. In aller Regel wird daher in einem Verstoß gegen eine solche Vereinbarung auch keine Verletzung der Verpflichtung nach § 1353 liegen. Eine ausnahmsweise angenommene Verletzung des § 1353 wäre nur mit der Herstellungsklage zu verfolgen.

12.4 Wirkungen des persönlichen Namens

45 Sobald die Erklärung über den vorangestellten Namen unwiderruflich geworden ist, führt der Ehegatte den zusammengesetzten Namen als persönlichen Namen. Der zusammengesetzte Name kann nur noch im Wege einer öffentlich-rechtlichen Namensänderung beseitigt werden (vgl. *Eißer* FamRZ 1959, 177; *Gundrum* StAZ 1958, 253). Der Ehegatte hat öffentlich-rechtlich das Recht und die Pflicht diesen Namen zu führen. Dieser genießt einschließlich der einzelnen Bestandteile vollen Namensschutz (vgl. *Eißer* a. a. O. S. 186). Die Möglichkeit, ein Pseudonym zu führen, bleibt im Rahmen der allgemeinen Grundsätze unberührt (vgl. Rdnr. 26). Im Verhältnis zum anderen Teil ist der Ehegatte nach § 1353 gehalten, den zusammengesetzten Namen zu führen (vgl. Rdnr. 29). Ein Verstoß ist nur mit der Herstellungsklage zu verfolgen.

46 Die Befugnis nach § 1355 Abs. 3, dem Ehenamen den eigenen Geburtsnamen voranzusetzen, ist an keinen bestimmten Zeitpunkt gebunden (vgl. Rdnr. 42). Sie steht auch der Ehefrau zu, deren Ehe vor dem Inkrafttreten der namensrechtlichen Vorschriften des 1. EheRG geschlossen worden ist; freilich kann sie nunmehr ihren Geburtsnamen dem Ehenamen nicht beifügen, sondern nur entsprechend der neuen Regelung voranstellen. Die Befugnis nach § 1355 Abs. 3 wird verbraucht durch ihre Ausübung (vgl. Rdnr. 45).

Das war auch nach bisher geltendem Recht der Fall, wenn die Ehefrau dem Ehenamen ihren Geburtsnamen hinzugefügt hatte. Um eine Anpassung des persönlichen Namens an die nunmehr geltende Regelung zu ermöglichen (Voranstellen, statt Hinzufügen) sieht Art. 12 Nr. 2 des 1. EheRG (der auf Vorschlag des Vermittlungsausschusses beschlossen worden ist – BT 7/4992), vor, daß die Befugnis nach § 1355 Abs. 3 ungeachtet der erfolgten Ausübung nach bisher geltendem Recht erneut ausgeübt werden kann. Die Vorschrift lautet:

»Der Anwendung des § 1355 Abs. 3 des Bürgerlichen Gesetzbuchs steht nicht entgegen, daß die Ehefrau nach den bisher geltenden Vorschriften dem Ehenamen ihren Mädchennamen hinzugefügt hat.«

Die Regelung gilt für Ehen, die vor dem Inkrafttreten der namensrechtlichen Vorschriften des 1. EheRG (Art. 12 Nr. 13 b: 1. Juli 1976) geschlossen worden sind. Die Erklärung, den Geburtsnamen voranstellen zu wollen, ist nach den zu § 1355 Abs. 3 geltenden Grundsätzen zu beurteilen.

Sie ist an keine Frist gebunden. Mit ihrem Wirksamwerden tritt die Namensänderung ein, die Reihenfolge *Ehename – Geburtsname* kehrt sich um in *Geburtsname – Ehename.* Die Wirkungen der Namensänderung sind dieselben, wie bei der Bildung eines persönlichen Namens in einer nach Inkrafttreten des § 1355 Abs. 3 i. d. F. d. 1. EheRG geschlossenen Ehe.

47 Zweifelhaft ist, ob die Befugnis nach Art. 12 Nr. 2 in Verbindung mit § 1355 Abs. 3 ausgeübt werden kann, wenn die Ehefrau vor dem Inkrafttreten der namensrechtlichen Vorschriften des 1. EheRG eine Erklärung abgegeben hat, einen persönlichen Namen *nicht* führen zu wollen (vgl. Rdnr. 40). Der Wortlaut des Art. 12 Nr. 2 spricht dagegen, der Normzweck dafür. Hält man eine derartige negative Erklärung nach § 1355 Abs. 3 für zulässig, dann liegt es nahe, sie in der Wirkung der positiven Erklärung gleichzusetzen. Man kann nicht unterstellen, daß die frühere Entscheidung der Ehefrau, ihren Geburtsnamen nicht hinzufügen zu wollen, zugleich eine endgültige Entscheidung gegen ein Voranstellen des Geburtsnamens bedeutet. Deshalb dürfte die erneute Ausübung der Befugnis nach § 1355 Abs. 3 auch in diesem Fall zulässig sein.

13 Der Name des verwitweten oder geschiedenen Ehegatten (§ 1355 Abs. 4)

13.1 Der Name des geschiedenen Ehegatten

13.2 Rechtsentwicklung

48 § 1355 Abs. 4 Satz 1 übernimmt den (dort auf die Ehefrau bezogenen) Grundsatz des § 54 EheG, wonach die Scheidung keine unmittelbaren namensrechtlichen Folgen zeigt. Abweichend vom bisher geltenden Recht ist die Annahme eines früheren Namens durch den geschiedenen Ehegatten geregelt; so läßt § 1355 Abs. 4 Satz 2 die Wiederannahme des bei der Eingehung der geschiedenen Ehe geführten Namens ohne die in § 55 Abs. 2 EheG vorgesehenen Einschränkungen (Nachkommenschaft aus dieser Ehe, kein überwiegendes Verschulden an der Scheidung) zu. Weggefallen sind die §§ 56, 57 EheG (Art. 3 Nr. 1 – 1. EheRG). Nach § 56 EheG konnte der Mann der allein oder überwiegend für schuldig erklärten Frau die Weiterführung seines Namens untersagen. § 57 EheG war eine Art Sanktion für Fehlverhalten nach der Ehescheidung; machte sich die Frau einer schweren Eheverfehlung gegen den Mann schuldig oder führte sie gegen seinen Willen einen ehrlosen oder unsittlichen Lebenswandel, so konnte ihr das Vormundschaftsgericht auf Antrag des Mannes die Weiterführung seines Namens untersagen. Künftig besteht keine Möglichkeit, den geschiedenen Ehegatten von der Führung des Ehenamens auszuschließen. Das gilt auch für »Altehen«, Art. 3 Nr. 1, Art. 12 Nr. 13 b. Anhängige Verfahren nach § 57 EheG werden gegenstandslos (vgl. Art. 12 Nr. 10).

13.3 Annahme eines früheren Namens; Folgen der Annahme

49 Der geschiedene Ehegatte behält grundsätzlich seinen Ehenamen. Er hat aber die Möglichkeit, durch Erklärung gegenüber dem Standesbeamten den Geburtsnamen (vgl. § 1355 Abs. 2 Satz 3) oder den Namen wieder anzunehmen, den er zur Zeit der Eheschließung geführt hat, also den Ehenamen aus einer vorausgegangenen Ehe; dazu gehört nicht der persönliche Name. Zur Rechtsnatur der Erklärung und den Voraussetzungen ihrer Wirksamkeit vgl. die Ausführungen zur Annahme eines persönlichen Namens (§ 1355 Abs. 3). Ein Zeitpunkt für die Abgabe der Erklärung ist nicht vorgesehen. Das bedeutet, daß sie zu jedem beliebigen Zeitpunkt nach der Scheidung erfolgen kann, auch noch nach einer erneuten Eheschließung, es sei denn, daß dieser Name zur Bildung eines persönlichen Namens nach § 1355 Abs. 3 verwendet worden ist. Denn damit dürfte die Befugnis, den Namen nach § 1355 Abs. 4 Satz 2 abzulegen, verbraucht sein. Zur Entgegennahme der Erklärung ist primär der Standesbeamte zuständig, der das Familienbuch der Ehegatten führt, hilfsweise der Standesbeamte, der die Eheschließung beurkundet hat, und äußerst hilfsweise der Standesbeamte in Berlin (West); er kann die erforderlichen Beglaubigungen der Erklärung selbst vornehmen (§ 15 c PStG).

Mit der wirksamen Annahme des früheren Namens nach § 1355 Abs. 4 verliert der geschiedene Ehegatte den Ehenamen endgültig; eine Wiederannahme dieses Namens ist nur noch nach dem NamÄndG möglich. Die Namensänderung nach § 1355 Abs. 4 hat keine Auswirkungen auf den Familiennamen der Kinder (§ 1616).

13.4 Der Name des verwitweten Ehegatten (§ 1355 Abs. 4)

50 Nach bisher geltendem Recht behielt der verwitwete Ehegatte entsprechend der Regelung in § 1355 Abs. 4 Satz 1 den Ehenamen. Eine Änderung des Namens konnte er nur im Wege der Namensänderung nach dem NamÄndG erreichen. Die Möglichkeit, den Geburtsnamen oder einen früheren Namen anzunehmen, war ihm verschlossen. Sie wird nunmehr in Anlehnung an die für geschiedene Ehegatten bereits vorgesehen gewesene Regelung (§ 55 Abs. 1 EheG) eröffnet (§ 1355 Abs. 4). Der RegE sah sie nicht vor; auch der Bundesrat hatte keine Vorschläge dazu unterbreitet. Die Lösung ist im Laufe des Gesetzgebungsverfahrens aufgenommen worden. Sie ist vertretbar, da ein praktisches Bedürfnis für die Regelung zu bejahen ist und die Rücksichtnahme auf die Namenseinheit in der Ehe nach dem Tod des anderen Ehegatten nicht mehr im Vordergrund steht. Die Annahme vollzieht sich nach denselben Regeln wie die Annahme eines früheren Namens nach der Scheidung. Die Ausführungen hierzu (vgl. Rdnr. 48) gelten daher entsprechend. Die Namensänderung ist möglich, auch wenn die Ehe vor dem Inkrafttreten des 1. EheRG durch Tod aufgelöst worden ist.

14 Recht der DDR

51 Nach § 7 Abs. 1 Satz 1 FGB der DDR führen die Ehegatten einen gemeinsamen Familiennamen. Sie können den Namen des Mannes oder den Namen der Frau wählen. Die Namenswahl ist bei der Eheschließung vorzunehmen. Es besteht Erklärungszwang. Eine gesetzliche Regelung für den Fall, daß die Ehe ohne eine Namenswahl geschlossen worden ist, fehlt. Die Übergangsregelung, die eine nachträgliche Namenswahl für Altehen vorsah, ist durch Ablauf der Frist (30. 6. 1966) gegenstandslos geworden (§ 3 EGFGB). Die Namenswahl ist in das Geburtenbuch einzutragen. Sie ist unwiderruflich. Eine dem § 1355 Abs. 3 entsprechende Bestimmung fehlt. Bei »berechtigtem Interesse« kann dem Ehegatten nach § 25 Abs. 2 PStG – DDR die Befugnis zuerkannt werden, seinen bisher geführten Namen anzufügen. Zuständig ist die Standesamtsbehörde (vgl. Kommentar Familienrecht der DDR S. 7, 3.2.1). Der Antrag kann nur im Zusammenhang mit der Eheschließung gestellt werden.

Nach der Scheidung behält jeder Ehegatte den Familiennamen, doch kann er durch Erklärung gegenüber dem Standesbeamten einen Familiennamen annehmen, den er vor der Ehe getragen hat (§ 28 FGB). Eine entsprechende Regelung für den verwitweten Ehegatten ist nicht vorgesehen.

(1) Die Ehegatten regeln die Haushaltsführung im gegenseitigen Einvernehmen. Ist die Haushaltsführung einem der Ehegatten überlassen, so leitet dieser den Haushalt in eigener Verantwortung.

(2) Beide Ehegatten sind berechtigt, erwerbstätig zu sein. Bei der Wahl und Ausübung einer Erwerbstätigkeit haben sie auf die Belange des anderen Ehegatten und der Familie die gebotene Rücksicht zu nehmen.

Literatur:

Boehmer, Schadensersatzansprüche wegen Verletzung oder Tötung des im Haushalt oder Geschäft mitarbeitenden Ehegatten, FamRZ 1960, 173; *Bosch,* Das neue Ehevermögensrecht, insbesondere das Ehegüterrecht, FamRZ 1958, 289; FamRZ 1966, 27; *Braga,* FamRZ 1960, 456; *Brüning,* Ehegatten-Innengesellschaft und Anfangsvermögen beim Ausgleich des Zugewinns, NJW 1974, 1802; *Burckhardt,* Der Ausgleich für die Mitarbeit eines Ehegatten im Beruf oder Geschäft des anderen, 1971; *Canaris,* Atypische faktische Arbeitsverhältnisse, BB 1967, 165; *Deubner,* Die Ehe – ein Rechtsgrund?, FamRZ 1968, 351; *Fenn,* Die juristische Qualifikation der Mitarbeit bei Angehörigen und ihre Bedeutung für die Vergütung, FamRZ 1968, 291; *Gernhuber,* Die Mitarbeit der Ehegatten im Zeichen der Gleichberechtigung, FamRZ 1958, 243; Das eheliche Vermögensrecht und die Verpflichtung zur ehelichen Lebensgemeinschaft, FamRZ 1959, 465; *Hartung,* Die Beweislast im Steuerverfahren, NJW 1959, 1903; *Henrich,* Schuldrechtliche Ausgleichsansprüche zwischen Ehegatten in der Rechtsprechung des Bundesgerichtshofes, FamRZ 1975, 533; *Klingsporn,* Der Schadensersatzanspruch wegen Tötung oder Verletzung des im Haushalt oder Geschäft mitarbeitenden Ehegatten, FamRZ 1961, 54; *Kropholler,* Die Rechtsnatur der Familienmitarbeit und die Ersatzpflicht bei Verletzung oder Tötung des mitarbeitenden Angehörigen, FamRZ 1969, 241; *Kühne,* Die Rückforderung von Vermögenszuwendungen zwischen Ehegatten bei Scheidung der Ehe unter besonderer Berücksichtigung des Bereicherungsrechts, FamRZ 1968, 356; Schenkungen unter Ehegatten, insbesondere ihre Rückabwicklung nach der Scheidung, im deutschen materiellen und internationalen Privatrecht, FamRZ 1969, 371; JR 1972, 245; JR 1975, 156; *Leuze-Ott,* Arbeitsverhältnisse zwischen Familienangehörigen, FamRZ 1965, 15; *Lieb,* Die Ehegattenmitarbeit im Spannungsfeld zwischen Rechtsgeschäft, Bereicherungsausgleich und gesetzlichem Güterstand, 1970; *Lorenz* JZ 1968, 382; *Müller-Freienfels,* Die Gesellschaft zwischen Ehegatten, Eranion für Maridakis, Bd. II, S. 357 ff.; *Ramm,* Gleichberechtigung und Hausfrauenehe, JZ 1968, 41, 90; *Wägenbaur,* Zur Frage der vermögensrechtlichen Ansprüche des mitarbeitenden Ehegatten, FamRZ 1958, 398; *Westermann,* Vertragsfreiheit und Typenmehrheit im Recht der Personengesellschaften, 1970.

Überblick Rdnr.

1 Rechtsentwicklung

1 Vor seiner Änderung durch das GleichberG (Art. 1 Nr. 6) regelte § 1356 das Verhältnis der Ehegatten zueinander streng nach dem Modell der Hausfrauenehe. Vorbehaltlich der allgemeinen Entscheidungsbefugnis des Mannes war die Frau berechtigt und verpflichtet, das gemeinschaftliche Hauswesen zu leiten. Die Verpflichtung, im Geschäft des anderen Ehegatten mitzuarbeiten, war auf die Ehefrau beschränkt. Das GleichberG hat diese ungleichen Regelungen gemildert. So ist die Verpflichtung, im Beruf oder Geschäft des anderen Ehegatten mitzuarbeiten, auf beide Eheleute ausgedehnt worden. Geblieben war jedoch die einseitige Zuordnung der Haushaltstätigkeit auf die Ehefrau. Ihr Recht, erwerbstätig zu sein, war zugunsten der Interessen der Familie relativiert; eine entsprechende Einschränkung zu Lasten des Mannes war nicht vorgesehen. Durch das 1. EheRG wird diese halbherzige Regelung (vgl. *Gernhuber* § 19 I 2; *Ramm* JZ 1968, 41, 90) zu einer völligen Gleichberechtigung von Mann und Frau in der Ehe fortentwickelt.

2 Zuordnung der Ehegatten in der Ehe

2.1 Kein Leitbild der Hausfrauenehe

2 Mit der Neufassung des § 1356 ist das gesetzliche Leitbild der Hausfrauenehe aufgegeben worden. Bereits für das bisher geltende Recht wurde zum Teil die Auffassung vertreten, daß die Ehegatten durch Vereinbarung ihre Verhältnisse abweichend von § 1356 Abs. 1 a. F. gestalten können (vgl. *Gernhuber* § 19 I 4, 5).

3 Das Gesetz stellt kein Leitbild der häuslichen Lebensgemeinschaft auf. Nicht vertretbar wäre es, auf der Grundlage anderer Rechtsvorschriften (z. B. Art. 6 GG i. V. m. Art. 3 Abs. 2 GG) oder einer angenommenen natürlichen »Funktionsteilung« in der Ehe bindende Ersatzleitbilder aufzustellen (z. B. »völlig« gleichberechtigte Ehe oder erneut die Hausfrauenehe). Die Ehegatten können über ihre Haushaltsangelegenheiten (in den Grenzen des § 1353) einvernehmlich entscheiden. Sie sind auf Grund der Verpflichtung zur ehelichen Lebensgemeinschaft gehalten, sich um ein Einvernehmen zu bemühen. Kommt eine Einigung nicht zustande, hat es dabei sein Bewenden. Eine verbindliche Konfliktregelung durch Dritte ist insoweit (mit Recht) nicht vorgesehen. Wohl kann aber auf Herstellung des ehelichen Lebens geklagt werden (vgl. Rdnr. 49 zu § 1353).

2.2 Funktionsteilung durch Vereinbarung

4 Es steht den Ehegatten frei, bei der Erledigung ihrer Angelegenheiten eine Funktionsteilung vorzunehmen. Für den Bereich der Haushaltsführung ist diese Möglichkeit in § 1356 Abs. 1 Satz 2 vorgesehen. Notwendig ist ein Einvernehmen der Ehegatten über die Aufgabenteilung. Eine förmliche Vereinbarung wird nicht vorausgesetzt; es genügt, wenn die Ehegatten ihre Lebensverhältnisse einverständlich so einrichten, daß auf einen stillschweigend zustande gekommenen Konsens geschlossen werden kann (Amtl. Begr. S. 98). Die Haushaltsführung kann vom Mann oder von der Frau übernommen werden. Wird die Haushaltsführung einem Ehegatten überlassen, so leitet dieser den Haushalt in eigener Verantwortung. Dies bedeutet, daß dieser Bereich aus der gemeinschaftlichen Entscheidungskompetenz herausgenommen wird (§ 1356 Abs. 1 Satz 1). Die »Geschäftsführung« im Haushalt obliegt nur diesem Ehegatten. Der andere ist nicht berechtigt, sich in die Angelegenheiten einzumischen, was nicht ausschließt, daß er in großen Zügen zu informieren ist. Der haushaltführende Ehegatte wird nicht im Auftrag des anderen tätig, sondern kraft eigenen Rechts (vgl. *Boehmer* FamRZ 1960, 173; *Klingsporn* FamRZ 1961, 54), er ist auch nicht dessen Erfüllungsgehilfe nach § 831.
Die Vereinbarung über die Haushaltsführung mit der Folge der Funktionsteilung hat keine Außenwirkung. Für das Verhältnis zu Dritten im rechtsgeschäftlichen Verkehr gilt § 1357.

5 Zweifelhaft ist, ob die Ehegatten eine Vereinbarung über eine Funktionsteilung nach § 1356 Abs. 1 Satz 2 treffen können mit der Maßgabe, daß die Eigenverantwortlichkeit der Haushalts-

führung ausgenommen wird. Die Frage ist zu verneinen. Sowohl der Wortlaut der Vorschrift als auch der Zweck der Regelung sprechen dagegen. Die Haushaltsführung soll so gestaltet sein, daß sie ein Gegengewicht zur regelmäßig vorliegenden Berufstätigkeit des anderen Ehegatten bildet. Das ist nur der Fall, wenn eine weitgehende Eigenständigkeit des haushaltführenden Ehegatten gewährleistet ist. Keine Bedenken dürften bestehen, wenn die Ehegatten den Umfang der Haushaltsführung und die Grundsätze festlegen. Die Ehegatten sind nicht gehalten, eine Funktionsteilung vorzunehmen. Es steht ihnen frei, den Haushalt gemeinsam zu leiten.

2.3 Verbindlichkeit von Vereinbarungen

6 Die Vereinbarung über die Überlassung der Haushaltsführung ist verbindlich. Verletzungen der Verpflichtungen daraus können mit der Herstellungsklage (ohne Vollstreckungszwang, § 888 Abs. 2 ZPO) verfolgt werden. Zweifelhaft ist, unter welchen Voraussetzungen ein Ehegatte sich von der Vereinbarung lösen kann. Abreden der Ehegatten werden beherrscht von dem wechselseitigen Vertrauen auf der Grundlage der ehelichen Lebensgemeinschaft nach § 1353 BGB. Das bedeutet, daß man nicht von einer Bindung im rechtsgeschäftlichen Sinne ausgehen kann, andererseits wird man davon ausgehen müssen, daß ein Abgehen von dem gemeinsam Vereinbarten ohne triftige Gründe unzulässig ist. Eine Bindung wird zu verneinen sein, wenn die für die getroffene Regelung maßgebenden Umstände bei Abschluß nicht vorgelegen oder sich später nicht unwesentlich geändert haben. Eine solche Änderung kann auch in der subjektiven Einstellung eines Ehegatten zur Erwerbstätigkeit gegeben sein. Bildet sich z. B. bei einem Ehegatten der Wunsch heraus, nach einer Zeit der Haushaltsführung, aus welchen Gründen auch immer, berufstätig zu sein, wird die Frage der Berufsausübung nicht allein nach Maßgabe der früheren Abrede zu beurteilen sein.

3 Haushaltsführung

7 Was unter Haushaltsführung zu verstehen ist, ist im Gesetz nicht ausdrücklich geregelt. Dazu gehört die Befriedigung aller Bedürfnisse der Familienangehörigen, die im Bereich des Haushalts realisiert werden. Intern sind es vor allem die notwendigen tatsächlichen Verrichtungen (Kochen, Waschen, Betreuen der Kinder), nach außen daneben auch der Abschluß von Verträgen für die Zwecke der Haushaltsführung. Die Art und Weise der Haushaltsführung kann, je nach Lebensstellung der Ehegatten, sehr unterschiedlich sein. Werden Hilfskräfte beschäftigt, tritt für den haushaltführenden Ehegatten an die Stelle tatsächlicher eigener Verrichtungen die Aufsicht über das Personal (vgl. *BGH* NJW 1960, 141).

8 Abweichend von der bisherigen Regelung (§ 1356 Abs. 1 Satz 2 a. F.), sieht § 1356 Abs. 2 Satz 1 vor, daß beide Ehegatten grundsätzlich berechtigt sind, erwerbstätig zu sein. Mit dieser nach Wegfall des Leitbildes der Hausfrauenehe konsequenten Regelung wird die ungleiche Behandlung von Mann und Frau bei der Berechtigung zur Erwerbstätigkeit beseitigt. Eingeschränkt wird der Grundsatz durch § 1356 Abs. 2 Satz 2. Danach haben die Ehegatten bei der Wahl und Ausübung ihrer Erwerbstätigkeit auf die Belange des anderen Ehegatten und der Familie die gebotene Rücksicht zu nehmen. Die auf »Wahl und Ausübung« beschränkte Regelung erweckt den Eindruck, als beziehe sie sich nur auf das »Wie«, nicht auf das »Ob« der Erwerbstätigkeit. Das trifft nicht zu. Die Rücksichtnahme auf den anderen Ehegatten und die Familie kann es notwendig machen, daß der Ehegatte auf eine Berufstätigkeit ganz verzichten muß.

9 Aus der grundsätzlichen Berechtigung beider Teile folgt, daß der andere Ehegatte seinerseits alle Anstrengungen machen muß, um dem Erwerbswilligen diese Erwerbsmöglichkeit nicht zu nehmen. So wird man ihm in der Regel zumuten können, sich zur Entlastung des anderen an häuslichen Arbeiten zu beteiligen. Zweifelhaft ist, ob ein Ehegatte die Voraussetzungen für seine »Erwerbsfähigkeit« dadurch schaffen kann, daß er die Einstellung von Personal für den Haushalt und eine evtl. Betreuung der Kinder veranlaßt. Es kommt darauf an, ob die Rücksichtnahme auf den Ehegatten und die Familie persönliche Leistungen erfordert. Sind kleine Kinder vorhanden oder ist der Ehegatte wegen Krankheit auf persönliche Dienstleistungen angewiesen, dann kann dies gegen die Aufnahme einer Erwerbstätigkeit sprechen. Nimmt ein Ehegatte unter Vertoß gegen § 1356 Abs. 2 Satz 2 eine Erwerbstätigkeit auf, dann hat dies keine Auswirkungen auf das Arbeitsverhältnis selbst. Der Regelung kommt keine Außenwirkung zu.

10 Wie im bisher geltenden Recht wird davon abgesehen, den Begriff der Familie zu definieren. Der Bundesrat (zu Art. 1 Nr. 3 S. 257) hatte vorgeschlagen, die Regelung auf Familienmitglieder zu beschränken, die in häuslicher Gemeinschaft mit den Ehegatten leben. Diese Auffassung hat sich mit Recht nicht durchgesetzt. Eine Abstufung je nach Grad der Zuordnung zur Kleinfamilie ist durch die relativierende Voraussetzung »gebotene Rücksicht« gewährleistet.

11 § 1356 Abs. 2 ist entsprechend anzuwenden auf ehrenamtliche, sportliche und sonstige Tätigkeiten, die keinen Erwerbscharakter haben (*Soergel-Lange* § 1356, 13). Eine analoge Anwendung ist gerechtfertigt, da § 1356 Abs. 2 lediglich eine Konkretisierung des Grundsatzes der ehelichen Lebensgemeinschaft ist.

5 Ausgleich vermögensrechtlicher Zuwendungen unter Ehegatten

5.1 Mitarbeit im Beruf oder Geschäft des anderen Ehegatten

12 § 1356 Abs. 2 a. F. sah die Verpflichtung jedes Ehegatten vor, im Beruf oder Geschäft des anderen mitzuarbeiten, soweit dies nach den Verhältnissen, in denen die Ehegatten lebten, üblich war. Die auf Grund von Art. 1 Nr. 6 GleichberG neu gefaßte Bestimmung hatte die entsprechende Regelung des BGB abgelöst, die einseitig u. a. eine Arbeitspflicht der Frau im Geschäft des Mannes vorsah. Streitig war, ob und in welchem Umfang die Mitarbeit unentgeltlich zu leisten war. Die h. M. ging davon aus, daß die Mitarbeit, soweit sie in Erfüllung der gesetzlichen Pflicht aus § 1356 Abs. 2 a. F. erfolgte, grundsätzlich unentgeltlich zu leisten war, im übrigen aber, d. h. soweit sie über das »übliche Maß« hinausging, einen Ausgleichsanspruch auslöste, dessen Rechtsgrundlage im einzelnen ebenfalls streitig war (vgl. dazu Überblick bei *Fenn* FamRZ 1968, 291; *Kühne* FamRZ 1968, 356; *Lieb* S. 174 ff.; *Burckhardt* S. 57 ff.; *Gernhuber* § 20 II).

5.1.1 Pflicht zur Mitarbeit

13 Mit dem ersatzlosen Wegfall des § 1356 Abs. 2 a. F., der die wechselseitige Pflicht zur Mitarbeit im Beruf oder Geschäft des anderen Ehegatten regelte, ist diese Pflicht nicht allgemein beseitigt worden. Sie hat lediglich ihre besondere Ausprägung in § 1356 Abs. 2 und die Anknüpfung an das nach den Verhältnissen der Ehegatten Übliche verloren. Ob ein Ehegatte zur Mitarbeit im Beruf oder Geschäft des anderen Ehegatten verpflichtet ist, beurteilt sich nunmehr nach den Grundsätzen der Verpflichtung zur ehelichen Lebensgemeinschaft (§ 1353). Die Pflicht zur Mitarbeit ist Ausdruck der allgemeinen Beistands- und Unterstützungspflicht, die partnerschaftliche Hilfe einschließt (vgl. Rdnr. 18 zu § 1353). Sie kann auch unterhaltsrechtlich geschuldet sein.

14 Erfordern es die Umstände, kann sie auch geschuldet sein, obwohl sie nach den Verhältnissen, in denen die Ehegatten leben, nicht üblich ist. Eine Mitarbeitspflicht wird man z. B. annehmen müssen, wenn der andere Teil wegen Krankheit oder sonstiger Abwesenheit vertreten werden muß, bei akutem Personalmangel, bei kritischer Geschäftslage, die eine Beschäftigung Dritter ausschließt. Eine Mitarbeitspflicht wird auch gegeben sein, wenn der Ehegatte seiner Unterhaltspflicht angemessen nur durch Mitarbeit im Beruf oder Geschäft des anderen Ehegatten nachkommen kann, weil er z. B. keiner anderen Erwerbstätigkeit nachgehen kann. Weigert sich der zur Mitarbeit verpflichtete Ehegatte, seiner Pflicht nachzukommen, steht dem anderen Teil die Klage auf Herstellung der ehelichen Lebensgemeinschaft zu. Schadensersatzansprüche sind ausgeschlossen (vgl. *BGH* NJW 1957, 670; vgl. auch § 1381 Abs. 2, § 1386 Abs. 1).

5.1.2 Recht auf Mitarbeit

15 Ob ein Ehegatte ein *Recht* hat, im Beruf oder Geschäft des anderen zu arbeiten, ist ebenfalls nach § 1353 zu beurteilen. Ein solches Recht ist zu bejahen, wenn sachliche Gründe für eine Mitarbeit sprechen und die Ablehnung mangelnde Rücksichtnahme auf den Ehegatten erkennen läßt (str. zutreffend *Gernhuber* § 20 I 7 m. w. N.).

5.1.3 Entgeltlichkeit der Mitarbeit

16 Die h. M. zu § 1356 Abs. 2 a. F. geht davon aus, daß die Mitarbeit, soweit sie sich im Rahmen des Üblichen hält, unentgeltlich zu leisten ist; sie lehnt deshalb Ausgleichsansprüche insoweit ab (vgl. *RG* 64, 323; *BGH* FamRZ 1967, 208; *BGH* FamRZ 1974, 526, 592 und FamRZ 1975, 35; *OLG Stuttgart* FamRZ 1955, 172; *LG Konstanz* FamRZ 1962, 260; *Erman-Heckelmann* § 1356, 6; *Soegel-Lange* § 1356, 23, 24; *Beitzke,* § 12 III 2 f; *Wägenbaur* FamRZ 1958, 398). Dem gegenüber wird zunehmend die Ansicht vertreten, daß die »Üblichkeit« der Mitarbeit nichts über ihre Entgeltlichkeit aussagt. Die Frage des Entgelts sei nicht ausdrücklich geregelt. Die Mitarbeit werde deshalb auch dann entgeltlich geleistet, wenn sie sich im Rahmen des § 1356 Abs. 2 a. F. halte; ausgenommen seien unbedeutende Hilfsleistungen (*Palandt-Diederichsen* § 1356, 3; *Dölle* § 35 V 2; *Gernhuber* § 20 II und FamRZ 1958, 243, FamRZ 1959, 465; *Bosch* FamRZ 1958, 289; *Kropholler* FamRZ 1969, 241, soweit die Mitarbeit nicht der Unterhaltspflicht dient; *Müller-Freienfels* in Eranion für Maridakis II 1963, 386). Für den Bereich des Steuerrechts hat das Bundesverfassungsgericht diese Auffassung bestätigt, indem es die über den Rahmen unbedeutender Hilfstätigkeit hinausgehende Mitarbeit als entgeltlich angesehen hat (*BVerfG* FamRZ 1962, 100). Dieser Auffassung ist zuzustimmen. Die dagegen vorgebrachten Bedenken überzeugen nicht. Der Einwand, die Ehe werde unangemessen kommerzialisiert (*Erman-Heckelmann* § 1356, 12) ist nicht überzeugend, wenn man die »Kommerzialisierung« der ehelichen Beziehungen bei einer Mitarbeit, die den Rahmen des Üblichen übersteigt, ohne weiteres hinzunehmen bereit ist. Im übrigen wird durch die Annahme der Unentgeltlichkeit der Mitarbeit die Kommerzialisierung nicht ausgeschlossen, es werden lediglich die wirtschaftlichen Vorteile der Mitarbeit ohne erkennbaren Grund dem einen Ehegatten einseitig zugeordnet. Der Einwand, die Entgeltlichkeit der Mitarbeit sei geeignet, die güterrechtliche Regelung zu unterlaufen (*Soergel-Lange* § 1356, 24), überzeugt aus denselben Gründen nicht (*Henrich* FamRZ 1975, 533).

Mit dem Wegfall der ausdrücklichen Regelung der Mitarbeitspflicht nach § 1356 Abs. 2 a. F. ist auch der Maßstab der »Üblichkeit« entfallen, der mit Anlaß für die Auffassung war, daß die Mitarbeit unentgeltlich zu leisten sei. Auf der Grundlage des neuen Rechts läßt sich diese Ansicht nicht mehr aufrechterhalten. Da ein Ehegatte nach § 1353 nicht grundsätzlich zur Mitarbeit verpflichtet ist, sondern nur, wenn die eheliche Lebensgemeinschaft im konkreten Fall sie erfordert, würde es von zufälligen Umständen abhängen, ob er entgeltlich oder unentgeltlich tätig wird. Dem Grundsatz der ehelichen Lebensgemeinschaft würde es allerdings widersprechen, wenn jede kleine Hilfe rechnerisch zu erfassen wäre. Deshalb ist mit der bereits für das bisher geltende Recht vertretenen Auffassung die Entgeltlichkeit bei unbedeutenden Hilfstätigkeiten zu verneinen, im übrigen aber zu bejahen.

5.2 Mitarbeit im Beruf oder Geschäft des anderen Ehegatten zur Erfüllung der Unterhaltspflicht

17 Die Verpflichtung der Ehegatten, die Familie u. a. durch Arbeit angemessen zu unterhalten (§ 1360), macht im Regelfall erforderlich, daß einer der Ehegatten oder beide einer Erwerbstätigkeit nachgehen. Das schließt auch die Möglichkeit ein, daß er eine Erwerbstätigkeit im Beruf oder Geschäft des anderen Ehegatten aufnimmt. In welchem Umfang der Ehegatte unterhaltspflichtig ist, bestimmt sich nach § 1360. Übersteigt der »Wert« der Mitarbeit den angemessenen Beitrag des Ehegatten zum Familienunterhalt, so handelt es sich um freies, erwirtschaftetes Vermögen des Ehegatten. Ist der überschießende »erwirtschaftete« Teil dem mitarbeitenden Ehegatten nicht zur Verfügung gestellt worden, kann er Gegenstand einer Ausgleichspflicht sein. Die Gegenleistung für die Mitarbeit bis zur Höhe der Unterhaltspflicht wird häufig in der Weise erfolgen, daß der andere Ehegatte die Gesamtaufwendungen für den Familienunterhalt (§ 1360 a) übernimmt. Das Entgelt liegt dann in der Entlastung des mitarbeitenden Ehegatten von der Leistung seines Unterhaltsbeitrags (vgl. *BGH* FamRZ 1966, 442). Die Auffassung, daß die Mitarbeit im Beruf oder Geschäft des anderen, die zugleich der Erfüllung der eigenen Unterhaltspflicht dient, unentgeltlich erfolge (*Kropholler* FamRZ 1969, 241), überzeugt deshalb nicht. Geschuldet wird ein Unterhaltsbeitrag nach § 1360, nicht die Arbeitsleistung als solche.

5.3 Mitarbeit als Arbeitnehmer

18 Es entspricht zwar nicht dem Idealbild einer partnerschaftlichen Zuordnung der Ehegatten in der ehelichen Lebensgemeinschaft, wenn ein Ehegatte Arbeitnehmer des anderen wird; Weisungsrecht und Organisationsgewalt sind nicht die Kriterien, die für die Beziehungen unter Ehegatten bestimmend sein sollten. Gleichwohl ist die Begründung eines Arbeitsverhältnisses zwischen Ehegatten nicht unzulässig (vgl. *BVerfG* FamRZ 1962, 100; NJW 1970, 1787; *Leuze-Ott* FamRZ 1965, 15). Bei der Annahme eines Arbeitsverhältnisses kann allerdings nicht außer Betracht bleiben, daß die Partner des Arbeitsvertrages Ehegatten sind und Verpflichtungen aus der ehelichen Lebensgemeinschaft haben. Zwischen den ehelichen und den arbeitsrechtlichen Anforderungen kann ein Spannungsverhältnis bestehen. Der Ausgleich muß durch Abwägung der Interessen im Einzelfall erfolgen. Die Verpflichtungen aus der ehelichen Lebensgemeinschaft können sich regulierend auf das Arbeitsverhältnis auswirken. Das kann im Einzel-

fall bis zum Ausschluß der Kündigung führen; in der Regel wird es sich auf der Ebene besonderer Rücksichtnahme, erhöhter Auskunftspflichten, reduzierter Kontrolle usw. bewegen. Der Ehegatte hat wie jeder andere Arbeitnehmer Anspruch auf Anmeldung zur Sozialversicherung (die gegenteilige Auffassung ist mit Recht für verfassungswidrig erklärt worden: *BVerfG* FamRZ 1965, 29).

19 Häufig arbeitet ein Ehegatte im Beruf oder Geschäft des anderen Ehegatten, ohne daß die Partner sich über den Charakter ihrer Rechtsbeziehungen klar sind. Erst nach Scheitern der Ehe wird der Versuch unternommen, nachträglich ein »Arbeitsverhältnis« zu konstruieren, um gerechtfertigt erscheinende Ausgleichspflichten zu begründen (vgl. *Fenn* FamRZ 1968, 291). Die Rechtsprechung ist zurückhaltend bei der Annahme eines konkludent abgeschlossenen Arbeitsvertrages. Sie neigt eher dazu, die vermögensrechtlichen Beziehungen der Ehegatten anderen, stärker genossenschaftlich-partnerschaftlich ausgerichteten Rechtsformen zuzuordnen, insbesondere der stillen Gesellschaft (vgl. Rdnr. 22).

20 In der Tat liegen in der Regel die Mindestvoraussetzungen für die Annahme eines stillschweigend abgeschlossenen Arbeitsvertrages nicht vor (vgl. z. B. *RAG* DR 1940, 1597; *LAG Freiburg* Betr. 1951, 840). Die Feststellungen, der Ehegatte habe wie ein vollberuflicher Arbeitnehmer fremdbestimmte Arbeit geleistet, es habe sich um mehr als gelegentliche Hilfeleistung gehandelt, Art und Umfang der Dienste legten es nahe, sie als entgeltliche Dienstleistungen anzusehen usw. haben sicher als Indizien einen gewissen Wert. In Anbetracht der Vielfalt der Motive, die einen Ehegatten veranlassen können, beim anderen Ehegatten tätig zu werden, reichen sie für sich gesehen nicht aus, um den stillschweigenden Abschluß eines Arbeitsvertrages zu konstruieren (eingehend *Fenn* FamRZ 1968, 291). Aussagekräftige Anhaltspunkte sind dagegen Verhaltensweisen des Arbeitgeber-Ehegatten, die arbeitsvertragliche Züge tragen, wie sie regelmäßig bei Arbeitsverhältnissen üblich sind, so z. B. regelmäßige Lohnzahlung, Abführung von Beiträgen zur Sozialversicherung. Nicht überzeugend sind schließlich auch die Versuche, die Mitarbeit nach den Grundsätzen faktischer Arbeitsverhältnisse auszurichten. In den meisten Fällen fehlen die Voraussetzungen. Läßt sich das Bestehen eines Arbeitsvertrages nicht feststellen, so kann ein faktisches Verhältnis nur angenommen werden, wenn die Vertragsparteien eine rechtliche Verpflichtung dieser Art zumindest angestrebt haben. Gerade das ist aber in der Regel zweifelhaft. Auch die Konstruktion eines »atypischen faktischen« Arbeitsverhältnisses (*Canaris* BB 1967, 165) führt nicht über Fiktionen hinaus (vgl. *Burckhardt* S. 424).

21 Von den Fällen einer nachträglichen »Entdeckung« eines Arbeitsverhältnisses zu unterscheiden sind die Fälle, in denen die Ehegatten die Mitarbeit des einen im Betrieb oder Geschäft des anderen bewußt als eine arbeitsvertragliche Regelung deklarieren möchten, um Vorteile zu erlangen. In der Regel spielen steuerliche Gründe eine Rolle. Dieser Tendenz, privatrechtliche Gestaltungs-

formen zu steuerlichen Zwecken zu nutzen, ist der *BFH* dadurch begegnet, daß er besonders strenge Anforderungen an das Vorliegen eines Arbeitsvertrages in solchen Fällen gestellt hat (*BFH* BB 1958, 146). Das *BVerfG* hat die Anforderungen auf das Normalmaß zurückgeführt (*BVerfG* FamRZ 1962, 100). Danach genügt für das Bestehen eines Arbeitsvertrages ein ernstgemeinter Vertragswille und die tatsächliche Erfüllung des Vertrages beider Seiten. Dabei ist insbesondere von Bedeutung, ob für den Ehegatten-Arbeitnehmer Lohnsteuer und Abgaben zur Sozialversicherung abgeführt werden und ob er einen Arbeitsplatz hat, der mit Arbeitsplätzen anderer dort beschäftigter Arbeitnehmer vergleichbar ist. Hatte ein Ehegatte bereits vor der Eheschließung den Arbeitsplatz inne, wird man in der Regel von einer Fortsetzung des arbeitsvertraglichen Verhältnisses ausgehen können (*BFH* Betr. 1967, 21). Ob eine tatsächliche Vertragserfüllung noch vorliegt, wenn die Vergütung abweichend vom üblichen Fälligkeitszeitpunkt (verneinend *BFH* NJW 1964, 1646) oder in nicht üblicher Weise (verzinsliches Darlehenskonto beim Arbeitgeber – bejaht *BFH* BB 1968, 1029) geleistet wird, ist zweifelhaft. Das ist der Fall, wenn die Vergütung wirtschaftlich dem Arbeitnehmer-Ehegatten zufließen soll und für ihn verwertbar ist. Zutreffend ist bei wechselseitigen Verpflichtungen, im Gewerbebetrieb des jeweils anderen Partners zu arbeiten, die steuerliche Anerkennung solcher »Arbeitsverträge« versagt worden (*BFH* Betr. 1969, 864). Zum Problem der Beweislast bei der steuerlichen Anerkennung von Ehegatten-Arbeitsverträgen vgl. *Hartung* NJW 1959, 1903. Wird das Bestehen eines Arbeitsvertrages bejaht, dann stehen dem Arbeitnehmer-Ehegatten Lohnansprüche nach allgemeinen Bestimmungen aus dem Arbeitsvertrag zu. Der Verjährung der Ansprüche während des Bestehens der Ehe steht § 204 Satz 1 entgegen. Die Haftung der Ehegatten aus dem Arbeitsverhältnis bestimmt sich nach allgemeinen Grundsätzen. § 1359 findet keine Anwendung.

5.4 Mitarbeit als »stiller Gesellschafter«

22 Die Mitarbeit im Beruf oder Geschäft des anderen Ehegatten kann in Form einer Gesellschaft erfolgen. Die gemeinsame Betätigung zu Erwerbszwecken entspricht durchaus der partnerschaftlichen Zuordnung der Ehegatten in der Ehe. Die Rechtsprechung hat demgemäß auch mit großer Unbefangenheit die Mitarbeit eines Ehegatten im Beruf oder Geschäft des anderen in die Rechtsform einer Gesellschaft (in der Regel einer Innengesellschaft) eingeordnet. Der Rechtsausschuß des Bundestages – Unterausschuß Familienrecht, Prot. Nr. 56 vom 29. September 1956 – hat diese Tendenz ermutigt, indem er die Mitarbeit nach § 1356 Abs. 2 (a. F.) geradezu als den klassischen Anwendungsfall einer Innengesellschaft bezeichnet hat. Ein besonderes Bedürfnis für die Annahme einer Gesellschaft unter Ehegatten wird im Fall der Gütertrennung gesehen, weil dann ein Ausgleich von Zuwendungen stattfindet, den das Güterrecht verwehrt.

Die von der Rechtsprechung entschiedenen Fälle behandeln denn auch in erster Linie – aber nicht ausschließlich – die Rückabwicklung von Zuwendungen unter Ehegatten, die im Güterstand der Gütertrennung gelebt haben. Die Rechtsprechung des BGH ist nicht geradlinig. So hat er zunächst die von ihm entwickelten Grundsätze über die Innengesellschaft nur angewendet, wenn die Ehegatten im Güterstand der Gütertrennung gelebt haben (vgl. *BGH* FamRZ 1954, 136). Später hat er unbedenklich eine Innengesellschaft angenommen, obwohl für die Ehegatten der gesetzliche Güterstand der Zugewinngemeinschaft maßgebend war (FamRZ 1967, 320; offengelassen hat er die Frage in FamRZ 1973, 22).

23 Keinen Raum für die Vereinbarung einer Innengesellschaft sehen *Müller-Freienfels* (Eranion für Maridakis II S. 384 ff.), *Dölle* (§ 64, 3), *Fenn* (FamRZ 1968, 291), wenn die Ehegatten im Güterstand der Zugewinngemeinschaft leben, weil die besondere Regelung des Zugewinnausgleichs abschließenden Charakter habe; die Zulassung von Vereinbarungen über eine Innengesellschaft würde, so heißt es, die güterrechtliche Regelung aushöhlen. Die Auffassung überzeugt nicht. Die Regelung der Zugewinngemeinschaft schließt nicht aus, daß die Ehegatten sich rechtsgeschäftlich betätigen und sich zu diesem Zweck der allgemein zugänglichen Formen des bürgerlichen Rechts bedienen. Es bestehen keine Bedenken, daß die Ehegatten einander als Mieter und Vermieter, Käufer oder Verkäufer, Arbeitnehmer und Arbeitgeber und vorzugsweise als Gesellschafter gegenüberstehen. Die besondere familienrechtliche Ausgestaltung des Zugewinnausgleichs würde nur dann unterlaufen, wenn der Ausgleich des Zugewinns und der von den Ehegatten erstrebte rechtsgeschäftliche Ausgleich dasselbe Ziel hätten oder einander ausschließen würden. Das ist nicht der Fall. Der Zugewinnausgleich soll eine Vermögensverteilung nach Beendigung des Güterstandes bewirken. Er geht (im allgemeinen) von dem Ergebnis des in der Ehe Erwirtschafteten aus ohne Rücksicht darauf, wie es zustande gekommen ist. Auf der Grundlage gesellschaftsrechtlicher Beziehungen kann dagegen ein wirtschaftlicher Ausgleich während der Ehe stattfinden, der in stärkerem Umfang den laufenden Gewinn und Verlust zu berücksichtigen vermag, als dies beim Saldieren im Zeitpunkt der Beendigung des Güterstandes möglich ist (*BGH* FamRZ 1960, 105). Es gibt keine Anhaltspunkte, daß ein vermögensrechtlicher Ausgleich unter Ehegatten während der Ehe allein deshalb unzulässig sein sollte, weil das Gesetz eine Ausgleichsregelung bezogen auf den Zeitpunkt der Beendigung des Güterstandes bereitstellt (*Henrich* FamRZ 1975, 533).

24 Im Ergebnis nicht überzeugend, wenn auch dogmatisch von Gewicht, ist schließlich auch der Einwand vor allem *Gernhubers* (§ 20 II 3 und FamRZ 1958, 243; vgl. auch *Beitzke* § 12 III 2 f; *Burkhardt* S. 262; *Braga* FamRZ 1960, 456), der Ausgleich zwischen Ehegatten nach gesellschaftsrechtlichen Grundsätzen werde in einer Scheinwelt durchgeführt, es fehle am erforderlichen Bindungswillen, die Abwicklung folge im übrigen auch nicht den ge-

sellschaftsrechtlichen Regeln. Es ist offenkundig, daß für die Annahme eines Gesellschaftsverhältnisses unter Ehegatten keine übermäßigen Anforderungen gestellt werden. So wird in der Rechtsprechung die Frage, ob die Parteien einen auf den Abschluß eines Rechtsgeschäftes gerichteten Willen überhaupt gehabt haben, kaum untersucht. Der rechtsgeschäftliche Wille wird mit Rücksicht auf das – allgemein als billig empfundene Ergebnis – weitgehend unterstellt (*BGH* FamRZ 1954, 136; FamRZ 1960, 104; FamRZ 1961, 212; FamRZ 1961, 519; FamRZ 1961, 522; FamRZ 1973, 22; FamRZ 1975, 35). Was gegenüber dieser dogmatisch anfechtbaren Rechtsprechung des *BGH* von *Gernhuber* als Alternative angeboten wird, ist aber nicht weniger problematisch. Er hält einen Ausgleich unmittelbar gestützt auf § 1353 für sachgerecht. Auch wenn grundsätzliche Bedenken gegen die Anwendbarkeit des § 1353 auf vermögensrechtliche Ansprüche nicht bestehen (vgl. Rdnr. 6 zu § 1353), muß bezweifelt werden, ob eine solche Regelung erkennbare Vorteile bringt. Erforderlich wäre eine auf den Ausgleich bezogene Konkretisierung der Generalklausel einschließlich der Ausgestaltung der Auseinandersetzungsregeln. Dies dürfte sich schwieriger gestalten, als ein Rückgriff auf die konstruktiv weitgehend abgesicherte Regelung des Ausgleichs über die Hilfskonstruktion der Innengesellschaft (*Erman-Heckelmann* § 1356, 18).

25 Erwägenswert ist dagegen der Vorschlag, die Beziehungen der Ehegatten nach familienrechtlichen Grundsätzen des § 1353 zu beurteilen, für die Auseinandersetzung selbst aber die gesellschaftsrechtlichen Regeln (§ 705 ff. BGB) entsprechend anzuwenden (*Lieb* S. 185; *Henrich* FamRZ 1975, 533). Das kommt im Ergebnis der Rechtsprechung des *BGH* gleich, vermieden werden die dogmatischen Schwierigkeiten bei der Konstruktion des Vertragsabschlusses. Es ist nicht zu verkennen, daß auch auf der Grundlage der Rechtsprechung des *BGH* besondere Umstände familienrechtlicher Art unter Anwendung der Grundsätze über die Regulativfunktion (§ 1353) zwanglos berücksichtigt werden können.

26 Die Abgrenzung zwischen einer gesellschaftsrechtlichen Verbindung der Ehegatten und einer »nur« familienrechtlichen Beziehung bereitet Schwierigkeiten, soweit es darum geht, den nach § 705 vorausgesetzten gesellschaftsrechtlichen Zweck zu definieren. Der *BGH* hat es zunächst für ausreichend gehalten, wenn die »Ehegatten sich zu einer gemeinsamen, sie beide ausfüllenden Tätigkeit verbunden (haben), in der sie zusammen lange Zeit hindurch für die eheliche Gemeinschaft ihre Arbeit geleistet haben« (*BGH* FamRZ 1960, 104). Dann hat er eine Verbindung zu einem nicht nur in der Verwirklichung der ehelichen Lebensgemeinschaft bestehenden Zweck verlangt (z. B. FamRZ 1974, 526), andererseits aber auch zugebilligt, daß die Sicherung des Familienunterhalts ein »Gesellschaftszweck« sein kann (FamRZ 1967, 320; vgl. auch *BGH* FamRZ 1973, 22), obwohl die gemeinsame Beschaffung des Unterhalts für die Familie zum Kernbereich der ehelichen Lebensgemeinschaft gehört.

27 In der neueren Judikatur verwendet der *BGH* eine mehr oder weniger stereotype Formel für die Abgrenzung der beiden Bereiche. Danach kann ein gesellschaftsrechtliches Verhältnis zwischen den Ehegatten angenommen werden, wenn sich feststellen läßt, daß sie abredegemäß durch beiderseitige Leistungen einen über den typischen Rahmen der ehelichen Lebensgemeinschaft hinausgehenden Zweck verfolgen, in dem sie etwa durch Einsatz von Vermögenswerten und Arbeitsleistungen gemeinsam ein Vermögen aufbauen oder eine berufliche oder gewerbliche Tätigkeit gemeinsam ausüben. Negativ wird zur Abgrenzung festgestellt, daß gesellschaftsrechtliche Beziehungen nicht anerkannt werden können, wenn es sich um eine Mitarbeit im Beruf oder Geschäft des anderen Ehegatten handelt, die nach den Verhältnissen, in denen die Ehegatten leben, üblich ist (vgl. *BGH* FamRZ 1974, 526; FamRZ 1975, 35).

28 Die Ausführungen des *BGH* enthalten, soweit sie die Einschränkungen des möglichen Gesellschaftszwecks betreffen, eine deutlich überschießende Tendenz, deren Vernachlässigung nicht nur auf der Grundlage des neuen Rechts geboten erscheint. Ob die gemeinsam gestellte Aufgabe über die Verwirklichung der täglichen ehelichen Lebensgemeinschaft hinausgeht, läßt sich in der Regel nur schwer beurteilen. Was im Rahmen der wirtschaftlichen Beziehungen der Ehegatten untereinander tägliche eheliche Lebensgemeinschaft ist, bestimmen die Ehegatten selbst. Wollte man sie zum Abgrenzungsmerkmal machen, würde dies zu willkürlichen Ergebnissen führen. Der *BGH* selbst hat zutreffend angenommen, daß z. B. die Sicherung des Familienunterhalts ein »Gesellschaftszweck« sein kann. Auch sind Zweifel angebracht, ob die vom *BGH* verwendete Formel von den jeweils gegebenen Gründen getragen wird, denn in den vom *BGH* entschiedenen Fällen hält sich der Zweck regelmäßig im Rahmen der ehelichen Lebensgemeinschaft (Vorsorge für das Alter, Beschaffung des Familienunterhalts; auch die gemeinsame Berufsausübung oder gemeinsamer Vermögenserwerb sind Zwecke im typischen Rahmen der ehelichen Lebensgemeinschaft). Entscheidend ist deshalb nicht, ob ein über die eheliche Lebensgemeinschaft hinausgehender Zweck verfolgt wird, sondern ob die Ehegatten einen Zweck in einer Art und Weise verfolgen, die auf ein partnerschaftlich-genossenschaftliches wirtschaftliches Zusammenwirken gerichtet ist. Maßgebend ist also nicht der Zweck, sondern die *Struktur* der wirtschaftlichen Beziehungen.

29 Ebenso wenig kommt es darauf an, ob die Mitarbeit der Ehegatten im Geschäft oder Beruf des anderen Ehegatten nach den Verhältnissen der Ehegatten üblich ist. Schon nach bisher geltendem Recht, auf dem diese Rechtsprechung aufbaut, war es zweifelhaft, ob gesellschaftsrechtliche Beziehungen unter Ehegatten verneint werden müssen, wenn die Mitarbeit nach Art und Umfang nicht über den Rahmen des § 1356 Absatz 2 a. F. hinausgeht (*BGH* FamRZ 1975, 35; vgl. aber auch *BGH* FamRZ 1962, 358 und *Soergel-Lange* § 1356, 28). Nach dem Wegfall der besonderen Verpflichtung zur Mitarbeit im Beruf oder Geschäft des anderen Ehegatten wird man eine solche prinzipielle Einschränkung nicht

mehr annehmen können; dabei ist auch zu beachten, daß § 1356 Abs. 2 keine Handhabe mehr bietet, von der Unentgeltlichkeit der Mitarbeit auszugehen (vgl. Rdnr. 16). Mit diesen Modifikationen ist den vom *BGH* entwickelten Grundsätzen zuzustimmen.

30 Die Voraussetzungen für eine Innengesellschaft unter Ehegatten sind bejaht worden: Mitarbeit in einer Metzgerei (*BGH* FamRZ 1960, 105); in einem Kleidergeschäft (*BGH* FamRZ 1961, 212); in einem kleinen Betrieb (*BGH* FamRZ 1961, 431); in einer Großhandlung (*BGH* FamRZ 1961, 519); in einem Lebensmittelgeschäft (*BGH* FamRZ 1961, 522); in einer Gastwirtschaft (*BGH* FamRZ 1967, 320); bei dem gemeinsamen Betrieb eines Hotels (*BGH* FamRZ 1975, 35). Als gewichtiges Indiz für das Bestehen einer Innengesellschaft wurde angesehen, wenn der Ehegatte das Geschäft, das der andere hauptberuflich weiterführt, in die Ehe eingebracht hat (*BGH* NJW 1960, 428; *BGH* FamRZ 1962, 357). Eine gewisse Zurückhaltung ist festzustellen in Fällen, wo der Beitrag des Ehegatten sich in einer bloßen finanziellen Zuwendung erschöpft. In der Regel wird es sich hier um die Vereinbarung eines Darlehens handeln, für die Annahme gesellschaftsrechtlicher Beziehungen müssen anderweitige eindeutige Anhaltspunkte vorhanden sein (vgl. *BGH* FamRZ 1962, 110; FamRZ 1963, 279; FamRZ 1965, 197; *BGH* FamRZ 1968, 245; *BGH* FamRZ 1974, 592). Ein gemeinschaftlicher Gesellschaftszweck ist zutreffend verneint worden, wenn sich die Gesellschaft auf den Erwerb und das Innehaben eines Wohnungsrechts beschränken sollte (*OLG Köln* DNotZ 1967, 501), ebenso beim Erwerb eines Grundstücks zu Wohnzwecken mit Mitteln auch des anderen Ehegatten (*BGH* FamRZ 1960, 59; *BGH* FamRZ 1963, 23), beim Erwerb von Wertpapieren zur gemeinsamen Alterssicherung der Eheleute, auch wenn gemeinsame Verfügungsbefugnis vereinbart wird (*BGH* JR 1972, 244 mit Anm. *Kühne*). Nicht unproblematisch sind die Entscheidungen *BGH* FamRZ 1961, 301 und *OLG Celle* FamRZ 1971, 28, in denen gesellschaftsrechtliche Beziehungen verneint worden sind bei einem gemeinschaftlichen Betrieb einer von der Ehefrau eingebrachten Landwirtschaft, ebenso wenig einleuchtend ist die Entscheidung *BGH* FamRZ 1969, 319 (Mitarbeit der Ehefrau in einem Transportunternehmen).

31 Wird einer der Ehegatten nach außen hin allein als Geschäftsinhaber tätig oder ist das Betriebsvermögen formal einem Ehegatten zugeordnet, liegt es nahe, eine sog. Innengesellschaft anzunehmen. Bei der Innengesellschaft wird kein Gesamthandsvermögen gebildet (h. M.: *BGH* FamRZ 1975, 35; *OLG Braunschweig* BB 1951, 266; *OLG Frankfurt* BB 1969, 1411; a. A.: *Westermann* S. 200 ff. m. w. N.).

Ist die Mitarbeit eines Ehegatten als gesellschaftsrechtliche Beteiligung zu qualifizieren, so erfolgt auch die Auseinandersetzung im allgemeinen nach den hierfür geltenden Vorschriften. Doch kann eine abweichende Art der Auseinandersetzung vereinbart werden, was auch stillschweigend geschehen kann (*BGH* FamRZ 1975, 35: Auseinandersetzungsanspruch in Geld statt Liquidation nach § 733 Abs. 3). Zur Berücksichtigung des Ausgleichsanspruchs aus der Ehegatten-Innengesellschaft im Zugewinnausgleich vgl. *Brüning* NJW 1974, 1802; zur Bestimmung des Geschäftswertes – auch des good will – einer Ehegatten-Innengesellschaft *OLG Hamburg* MDR 1966, 237.

Im Steuerrecht wird die Innengesellschaft zwischen Ehegatten nicht anerkannt. Der *BFH* hält die Innengesellschaft nach der Rechtsprechung des *BGH* nicht für eine »echte« Gesellschaft, sondern für eine Konstruktion zur »gerechten Vermögensteilung« zwischen Ehegatten nach Scheitern der Ehe (*BFH* NJW 1959, 70; *BFH* NJW 1966, 567; vgl. auch *BVerfG* FamRZ 1962, 100, wo ähnliche Erwägungen angestellt werden; zu den steuerrechtlichen Fragen der Innengesellschaft vgl. *Hartung* NJW 1959, 1903).

5.5 Schenkungen unter Ehegatten

32 Zuwendungen unter Ehegatten können ausdrücklich oder stillschweigend schenkungshalber erfolgen. Das gilt sowohl für die üblichen Anstandsschenkungen als auch für andere Zuwendungen. Bei der letzteren Gruppe ist besondere Zurückhaltung bei der Annahme einer stillschweigenden Schenkung geboten. Es genügt nicht, daß eine unmittelbare Gegenleistung nicht erkennbar ist. Eine Schenkung setzt nicht nur voraus, daß die Vermögensverschiebung stattfindet, ohne daß eine Gegenleistung erbracht wird, sie erfordert vielmehr auch eine Einigung über die Unentgeltlichkeit (§ 516 Abs. 1). Zumindest beim gebenden Teil wird man eine solche Einigungsabsicht nicht ohne weiteres unterstellen können; das Fehlen der Einigung über einen anderen Rechtsgrund macht die Zuwendung noch nicht zur Schenkung (vgl. *BGH* JR 1972, 244 mit Anm. *Kühne:* Schenkung verneint, wenn Ehemann aus seinem Verdienst Wertpapiere zur gemeinsamen Alterssicherung der Eheleute erwirbt und dabei mit seiner Frau gemeinsame Verfügungsbefugnis vereinbart; ebenso bei bloßer Beteiligung der mitarbeitenden Ehefrau an den Einkünften des Geschäfts, *BGH* FamRZ 1973, 22; vgl. auch *BGH* FamRZ 1966, 91; NJW 1972, 580; *OLG Düsseldorf* FamRZ 1976, 344; *Lieb* a. a. O. S. 124; *Deubner* FamRZ 1968, 351).

33 Ist der Schenkungscharakter der Zuwendung feststellbar, dann kann eine Rückabwicklung nach allgemeinen Vorschriften in Betracht kommen (§ 530). Die Sonderregelung für den Widerruf von Schenkungen nach der Scheidung (§ 73 EheG) ist ersatzlos gestrichen worden (Art. 3 Nr. 1 des 1. EheRG). Der Widerruf nach § 530 setzt nicht voraus, daß die Ehe geschieden ist. Wird er nach einem Scheidungsverfahren geltend gemacht, kann dies dazu führen, daß schuldhafte Verhaltensweisen zu prüfen sind, deren Einführung in den Scheidungsprozeß wegen des Übergangs zum Zerrüttungsprinzip nicht möglich war. Das Ergebnis mag nicht ganz befriedigen, es ist aber wohl unvermeidbar (vgl. *Kühne* JR 1972, 245).

34 Ist eine gesellschaftsrechtliche Beziehung der Ehegatten nicht anzunehmen, vor allem weil es an einem Gesellschaftszweck fehlt, kann als rechtsgeschäftlicher Grund der Zuwendung ein Auftrag oder eine atypische rechtsgeschäftliche Abrede in Betracht kommen. Zutreffend hat der BGH ein Auftragsverhältnis angenommen, wenn ein Ehegatte eigene Mittel dem anderen Ehegatten zum Bau oder Kauf eines für beide bestimmten Hauses zur Verfügung gestellt hat, aber nur der Zuwendungsempfänger als Eigentümer eingetragen worden ist (*BGH* FamRZ 1960, 58). In einem ähnlich gelagerten Fall hat der *BGH* (FamRZ 1968, 23) die Möglichkeit eines Auftragsverhältnisses (dort als Treuhandverhältnis bezeichnet) in Betracht gezogen, die Voraussetzungen aber verneint, ohne auf die Vorentscheidung einzugehen. Einen Auftrag wird man im allgemeinen annehmen können, wenn die – nicht unentgeltliche – Zuwendung des Ehegatten zu einem konkret abgrenzbaren Zweck erfolgt. Ist der Ehegatte, der die Zuwendung gemacht hat, an dem wirtschaftlichen Ergebnis nicht beteiligt worden, hat er einen Anspruch auf Herausgabe des Erlangten (§ 667). Die Abrede über die Beteiligung am Ergebnis des wirtschaftlichen Einsatzes der Mittel kann stillschweigend zustande kommen.

35 Haben die Ehegatten vertragliche Abreden über die Mitarbeit im Beruf oder Geschäft des anderen Ehegatten getroffen, kann mit Rücksicht auf die Scheidung eine Anpassung an die neuen Verhältnisse notwendig sein, die u. U. nach den Grundsätzen ergänzender Vertragsauslegung vorzunehmen ist (*BGH* FamRZ 1973, 22).

36 Mitunter kann in der Art und Weise, wie die Ehegatten ihre Wirtschaftsführung einvernehmlich gestalten, eine Vereinbarung über die Verwendung der nach Abzug der für den Familienunterhalt benötigten Mittel verbleibenden Ersparnisse liegen. So hat der *BGH* (FamRZ 1966, 442) eine Mitbeteiligung des Ehemannes am Sparkonto seiner Ehefrau auf Grund einer »Verrechnungsabrede« angenommen, nachdem die Einkünfte des Ehemannes für die gemeinsame Haushaltsführung verbraucht, die Einkünfte der Ehefrau dagegen ungeschmälert auf »ihr« Konto eingezahlt worden sind, mit dem Ziel, später eine Ehewohnung zu erwerben.

5.7 Ausgleich von Zuwendungen ohne vertraglichen Rechtsgrund (Bereicherung, Wegfall der Geschäftsgrundlage)

37 Mitunter kommt es unter Ehegatten zu Vermögensverschiebungen, die vertragsrechtlich nicht einzuordnen sind, auch wenn man, der Rechtsprechung folgend, die denkbar geringsten Anforderungen an den stillschweigenden Abschluß von Verträgen stellt. Zweifelhaft ist, nach welchen Rechtsgrundsätzen dann der Ausgleich dieser »unbenannten« Zuwendungen (*Lieb* a. a. O. S. 124) erfolgt, dessen Notwendigkeit unbestritten ist. Rechtsprechung und Rechts-

lehre bieten ein buntes Bild. In Betracht kommen vor allem Bereicherungsvorschriften und die Grundsätze über den Wegfall der Geschäftsgrundlage.

5.7.1 Ausgleich nach Bereicherungsgrundsätzen

38 Der *BGH* hat, der Rechtsprechung des Reichsgerichts folgend (*RG* 158, 380; vgl. auch *RAG* DR 1940, 1597), den bereicherungsrechtlichen Ansatz für die Rückabwicklung von Zuwendungen gebilligt oder zumindest als gangbaren Weg bezeichnet (vgl. *BGH* FamRZ 1968, 23, wo ein Anspruch nach § 812 Abs. 1 Satz 2, 1. Altern. auf Rückzahlung von Geld, das ein Ehegatte dem anderen zum Bau eines Hauses gewährt hatte, zugebilligt wurde; der weggefallene Rechtsgrund wurde in der ehelichen Lebensgemeinschaft gesehen; in *BGH* FamRZ 1966, 492 hat der *BGH* im Falle der Mitarbeit des Ehegatten im kleinen bäuerlichen Anwesen der Ehefrau den Bereicherungsanspruch prinzipiell für möglich gehalten, ihn im konkreten Fall aber verneint, da die Mitarbeit nicht ohne rechtlichen Grund, sondern als familienrechtliche Verpflichtung zur Dienstleistung erfolgt ist; in *BGH* FamRZ 1967, 320 wurde ein Bereicherungsanspruch aus Mitarbeit nach § 812 Abs. 1 Satz 2, 1. Altern. und 2. Altern. grundsätzlich anerkannt, im Ergebnis dann aber die Abwicklung über »eine Innengesellschaft« vorgenommen; vgl. außerdem zur Rückabwicklung von Zuwendungen unter sonstigen Verwandten und nahestehenden Personen *BGH* FamRZ 1960, 101; FamRZ 1965, 317; *BGH* FamRZ 1960, 119; *BGH* FamRZ 1965, 430; *OLG Düsseldorf* FamRZ 1975, 40).
Die Rechtsprechung des *BGH* überzeugt nicht (*OLG Düsseldorf* FamRZ 1976, 344). Soweit Ansprüche aus § 812 Absatz 1 Satz 2 1. Alternative in Betracht gezogen werden, fehlt es in den entschiedenen Fällen an dem vorausgesetzten Wegfall des Rechtsgrundes. Die »eheliche Lebensgemeinschaft« oder »die Ehe« können Rechtsgrund für Zuwendungen nur sein, wenn der Ehegatte zu der erbrachten Leistung verpflichtet ist. Gerade das ist nicht der Fall. Die Zuwendung wird in aller Regel zwar aus Anlaß der Ehe, aber doch ohne Rechtspflicht erbracht. Die freiwillige Leistung bedarf aber eines besonderen Rechtsgrundes (vgl. *Lieb* S. 110; *Deubner* FamRZ 1968, 351; *Henrich* FamRZ 1975, 533; *Kühne* FamRZ 1968, 356 und FamRZ 1969, 371; *Lorenz* JZ 1968, 381). Die Anwendung des Bereicherungsanspruchs nach § 812 Absatz 1 Satz 2, 2. Alternative (neben § 812 Absatz 1 Satz 2 1. Alternative) hat der *BGH* in dem o. a. Fall FamRZ 1967, 320 erwogen. § 812 Absatz 1 Satz 2 2. Alternative setzt voraus, daß mit der Zuwendung ein über die bloße Leistung hinausgehender zusätzlicher Zweck erstrebt wird (*Burkhardt* S. 414; *Lieb* S. 110; *Fenn* FamRZ 1968, 291; *Kühne* FamRZ 1968, 356). Deshalb ist die Entscheidung des *BGH* nur vertretbar, wenn man unterstellt, daß die Zuwendung den Zweck hatte, den Fortbestand der ehelichen Lebensgemeinschaft zu sichern. Nach dem Sachverhalt war das nicht ohne weiteres anzunehmen. Ein solcher atypischer Zweck hat in dem wenig befrie-

digend gelösten Fall *BGH* FamRZ 1966, 492 vorgelegen, wenn man davon ausgeht, daß der Ehemann auf dem Hof seiner Ehefrau unentgeltlich nur in der Erwartung gearbeitet hat, demnächst eine Gütergemeinschaft mit der Ehefrau eingehen zu können (*Henrich* FamRZ 1975, 533). Der *BGH* hat diese Möglichkeit nicht in Betracht gezogen.

Die Kritik am bereicherungsrechtlichen Ansatz rügt nicht nur die dogmatische Unsicherheit des Anspruchs, sondern auch seine »Schwäche« als Bereicherungsanspruch (*Erman-Heckelmann* § 1356, 14; *Bosch* FamRZ 1966, 27), sowie seine Inadäquanz für den Ausgleich im Rahmen familienrechtlicher Beziehungen (*Beitzke* § 12 III 2 f; *Gernhuber* FamRZ 1958, 243). Geht man davon aus, daß die Voraussetzungen des § 812 Absatz 1 Satz 2, 1. Alternative in der Regel nicht vorliegen werden, da die Ehe kein Rechtsgrund der Zuwendung ist, verbleibt eine geringe Zahl von Anwendungsfällen des § 812 Absatz 1 Satz 2, 2. Alternative, wenn mit der Zuwendung ein über die eheliche Lebensgemeinschaft hinausgehender Zweck erreicht werden soll. Insoweit besteht kein Anlaß, den Bereicherungsanspruch zu versagen. Korrekturmöglichkeiten ergeben sich insbesondere aus § 818 Absatz 3 (*Fenn* FamRZ 1968, 291).

5.7.2 Ausgleich nach den Grundsätzen über den Wegfall der Geschäftsgrundlage

39 Der *BGH* hat in der neueren Rechtsprechung (ab *BGH* FamRZ 1972, 201) die Rückabwicklung von Zuwendungen unter Ehegatten nach den Grundsätzen über den Wegfall der Geschäftsgrundlage vorgenommen (vgl. *BGH* FamRZ 1973, 22; FamRZ 1974, 526; FamRZ 1974, 592; so auch *OLG Düsseldorf* FamRZ 1976, 344). Die Möglichkeit der Rückabwicklung nach § 812 Absatz 1 Satz 2 ist nicht mehr in Betracht gezogen worden. Der *BGH* stellt darauf ab, ob die Zuwendung das Maß dessen übersteigt, was der Ehegatte für die eheliche Lebensgemeinschaft aufzubringen hat (soweit die Leistung in der Mitarbeit im Beruf oder Geschäft des anderen Ehegatten besteht, scheint der *BGH* aber an seiner Auffassung festzuhalten, daß die Mitarbeit im Rahmen des § 1356 Absatz 2 a. F. grundsätzlich unentgeltlich sei). Ist das der Fall, dann ist nach der Scheidung nach den Rechtsregeln über den Wegfall der Geschäftsgrundlage zu entscheiden, in welcher Weise die Zuwendung den veränderten Umständen anzupassen oder rückgängig zu machen ist. Typische Fälle sind: der Ehemann erwirbt aus seinem Verdienst Wertpapiere zur gemeinsamen Alterssicherung und vereinbart gemeinsame Verfügungsbefugnis (*BGH* FamRZ 1972, 201); Zuwendungen für den Erwerb eines auf den Namen des anderen Ehegatten eingetragenen Grundstücks (*BGH* FamRZ 1974, 526: im konkreten Fall ist der Anspruch verneint worden, weil der Geldausgleich nach Treu und Glauben nicht gerechtfertigt erschien); die Ehefrau leistet Geldbetrag zur Einrichtung einer Arztpraxis des anderen Ehegatten (*BGH* FamRZ 1974, 592). Die Rechtsprechung des *BGH* ist zu begrüßen (*Kühne* JR 1975, 156; *Henrich* FamRZ 1975, 533).

Allerdings wird man zumindest seit dem Inkrafttreten des 1. EheRG nicht mehr davon ausgehen können, daß die Mitarbeit im Geschäft oder Betrieb des anderen Ehegatten unentgeltlich ist (vgl. Rdnr. 16). Sie erfolgt entgeltlich; sowie es um die Rückabwicklung geht, ist aber zu berücksichtigen, daß die Mitarbeit einen Beitrag zum Familienunterhalt darstellen kann.

40 Die Anwendung der Grundsätze über den Wegfall der Geschäftsgrundlage führt nicht ohne weiteres zum Rückzahlungsanspruch in voller Höhe. Ob und in welchem Umfang eine Rückabwicklung in Betracht kommt, ist nach Treu und Glauben zu beurteilen, wobei die Umstände, die für die Zuwendung bestimmend waren, ebenso zu berücksichtigen sind wie ihre Verwendung während der ehelichen Lebensgemeinschaft und die persönlichen Verhältnisse der Ehegatten. Eine Rolle spielen kann die Dauer der Ehe, die wirtschaftlichen Verhältnisse der Parteien, das Maß der Beiträge zum Familienunterhalt, die Auswirkungen einer Rückabwicklung auf den anderen Ehegatten u. a. m. Zutreffend geht der BGH davon aus, daß die Frage, ob ein Ehegatte die Zerrüttung der Ehe verschuldet hat, für sich gesehen kein Umstand ist, der die Rücknahme der Vermögensverschiebung beeinflussen kann (*BGH* FamRZ 1972, 201: »Das Gesetz kennt selbst bei einem allein schuldig geschiedenen Ehegatten nicht allgemein eine Schlechterstellung durch Aberkennung von Ansprüchen«). Dieser Gesichtspunkt hat mit dem Wegfall der Verschuldensscheidung zusätzlich an Gewicht gewonnen.
Die weitere Entwicklung der Rechtsprechung des *BGH* ist seit der Entscheidung FamRZ 1976, 82 m. abl. Anm. v. *Kühne* in JZ 1976, 487 und der – wieder einschränkenden – Entscheidung FamRZ 1976, 334) nicht zu übersehen.

6 Recht der DDR

41 § 10 FGB sieht eine völlige Gleichberechtigung von Mann und Frau vor. Das gilt auch für die Haushaltsführung. § 10 lautet: »(1) Beide Ehegatten tragen ihren Anteil bei der Erziehung und Pflege der Kinder und der Führung des Haushalts. Die Beziehungen der Ehegatten zueinander sind so zu gestalten, daß die Frau ihre berufliche und gesellschaftliche Tätigkeit mit der Mutterschaft vereinbaren kann. (2) Ergreift der bisher nichtberufstätige Ehegatte einen Beruf oder entschließt sich ein Ehegatte, sich weiterzubilden oder gesellschaftliche Arbeit zu leisten, unterstützt der andere in kameradschaftlicher Rücksichtnahme und Hilfe das Vorhaben seines Ehegatten.« Die Vorschrift wird als Anweisung auch an Dritte verstanden, die Voraussetzungen für die praktische Durchführbarkeit zu schaffen (Komm. z. *FGB* §§ 9, 10 Anm. 2.2)

(1) Jeder Ehegatte ist berechtigt, Geschäfte zur angemessenen Deckung des Lebensbedarfs der Familie mit Wirkung auch für den anderen Ehegatten zu besorgen. Durch solche Geschäfte werden beide Ehegatten berechtigt und verpflichtet, es sei denn, daß sich aus den Umständen etwas anderes ergibt.

(2) Ein Ehegatte kann die Berechtigung des anderen Ehegatten, Geschäfte mit Wirkung für ihn zu besorgen, beschränken oder ausschließen; besteht für die Beschränkung oder Ausschließung kein ausreichender Grund, so hat das Vormundschaftsgericht sie auf Antrag aufzuheben. Dritten gegenüber wirkt die Beschränkung oder Ausschließung nur nach Maßgabe des § 1412.

(3) Absatz 1 gilt nicht, wenn die Ehegatten getrennt leben.

Literatur:

Arnold, Zur Neuregelung der Schlüsselgewalt, FamRZ 1958, 193; *Beißer,* Die Anerkennung der Persönlichkeit der Ehefrau im neuen Eherecht, FamRZ 1959, 177; *Beitzke,* Der Umfang der Schlüsselgewalt bei Abwesenheit des Ehemannes, DRZ 1949, 104; Wer schuldet das Arzthonorar für Behandlung einer Ehefrau?, MDR 1951, 262; *Bosch,* Eherecht in Gefahr?, FamRZ 1971, 57; *Büdenbender,* Die Neuordnung der „Schlüsselgewalt" in § 1357 n. F. *BGB,* FamRZ 1976, 662; *Döring,* Schlüsselgewalt und Arzthonorar, FamRZ 1958, 358; *Fabricius,* Die Zweckbindung des Wirtschaftsgeldes (§ 1360 a II 2 BGB) als Grundlage der sozialrechtlichen Deutung des § 1357, FamRZ 1963, 112; *Fahr,* Die Neuregelung der Schlüsselgewalt durch das Gleichberechtigungsgesetz, 1962; *Heesen,* Haftung der Ehefrau für das Arzthonorar, MDR 1948, 238; *Hobelmann,* Ausdehnung der Schlüsselgewalt durch das I. Eherechts-Reformgesetz?, FamRZ 1971, 499; *Kämmerer,* Die Rechtsnatur der Schlüsselgewalt, FamRZ 1968, 10; *Lange,* Zum Entwurf eines Ersten Gesetzes zur Reform des Ehe- und Familienrechts (1. EheRG), FamRZ 1971, 481; *Maßfeller,* Das Gleichberechtigungsgesetz mit Ausnahme des ehelichen Güterrechts, DNotZ 1957, 342; *Müller,* Gesetzliche Vertretung ohne Vertretungsmacht, AcP 168, 113; *Müller,* Zur Rechtsstellung der minderjährigen Ehefrau und Mutter, JR 1961, 121; *Ramm,* Grundgesetz und Eherecht, 1972; *Schlosser,* Inanspruchnahme des Mannes aus nichtrechtsgeschäftlichem Verhalten der Ehefrau im Haushalt, FamRZ 1961, 287; *Schwarzhaupt,* Die Wirkungen der Ehe im allgemeinen, FamRZ 1957, 33; *Seifert,* Die gegenseitige Vertretung der Ehegatten nach dem FGB, NJ 1972, 413; *Struck,* § 1357 *BGB* (Schlüsselgewalt) verstößt gegen Art. 6 Grundgesetz, MDR 1975, 449; *Waldeyer,* Schlüsselgewalt und Teilzahlungsgeschäft, NJW 1971, 20; *Weimar,* Die Bedeutung der Schlüsselgewalt für die Wohnungsmiete, JR 1972, 325; Eigentumserwerb des bösgläubigen Ehemannes bei Rechtsgeschäften seiner gutgläubigen Ehefrau gem. § 1357 *BGB*?, JR 1976, 318; *Westermann,* Die Bedeutung der Güterstände und der beschränkten Geschäftsfähigkeit für die Bankgeschäfte, FamRZ 1967, 645.

1 Rechtsentwicklung

1 Bis zum Wirksamwerden des Gleichberechtigungsgrundsatzes am 1. 4. 1953 war die Ehefrau unabhängig vom Güterstand berechtigt, im Rahmen ihres häuslichen Wirkungskreises die Geschäfte des Mannes für ihn zu besorgen und ihn zu vertreten. Rechtsgeschäfte, die sie innerhalb dieses Wirkungskreises vornahm, galten als im Namen des Mannes vorgenommen, wenn nicht aus den Umständen sich ein anderes ergab (§ 1357 Abs. 1 a. F.). Die Regelung war im Zusammenhang mit § 1356 Abs. 1 zu sehen, wonach die Frau berechtigt und verpflichtet war, das gemeinschaftliche Hauswesen zu leiten.

2 Nach dem Wirksamwerden des Gleichberechtigungsgrundsatzes wurde streitig, ob die einseitige, nur auf die Frau bezogene Ausgestaltung der Schlüsselgewalt gegen Art. 3 Abs. 2 GG verstoße. Die wohl h. M. nahm an, daß das nicht der Fall wäre, weil die Differenzierung nicht wegen der Verschiedenheit der Geschlechter erfolge, sondern das Ergebnis einer funktionalen Arbeitsteilung in der Ehe sei. Wohl wurde aber eine gesamtschuldnerische Mitverpflichtung der Ehefrau bei Geschäften im Rahmen der Schlüsselgewalt konstruiert, da die Frau insoweit nicht mehr nur Geschäfte des Mannes, sondern auch eigene Geschäfte besorge (vgl. Überblick bei *Erman-Heckelmann* § 1357, 4).

3 Die nunmehr durch das 1. EheRG geänderte Fassung war durch das GleichberG eingeführt worden. Sie wich von der Regierungsvorlage wesentlich ab, die eine Schlüsselgewalt für beide Ehegatten mit gegenseitiger Verpflichtungsbefugnis und gesamtschuldnerischer Haftung vorsah. Durch § 1357 n. F. wird die Schlüsselgewalt grundlegend umgestaltet. Der Bezug zur Haushaltsführung ist gelöst. Die Befugnis steht beiden Ehegatten zu, die auch beide aus der Geschäftsbesorgung verpflichtet werden. Der Umfang der Geschäfte ist erweitert (Lebensbedarf). Während des Gesetzgebungsverfahrens ist die Regierungsvorlage geändert worden. In Absatz 1 ist das Wort »angemessen« derart umgestellt worden, daß es sich nunmehr auf die Deckung des Lebensbedarfs bezieht, nicht auf den Lebensbedarf selbst. Damit sollte einer Anregung des Bundesrates Rechnung getragen werden (vgl. BT 7/650 S. 257).

2 Schlüsselgewalt für beide Ehegatten, Zweck der Schlüsselgewalt

4 § 1357 Abs. 1 verwirklicht die bereits im RegE zum GleichberG vorgeschlagene Erweiterung der Schlüsselgewalt auf *beide* Ehegatten. Die einseitige Zuordnung der Schlüsselgewalt an die Frau hat endgültig ihre Berechtigung verloren, nachdem das gesetzliche Modell der Hausfrauenehe in § 1356 Abs. 1 a. F. aufgegeben worden ist. Die Regelung in § 1357 Abs. 1 geht aber über eine bloße notwendige Anpassung hinaus; sie beschränkt sich nicht darauf, die Schlüsselgewalt dem jeweils haushaltführenden Ehegatten (§ 1356 Abs. 1 Satz 2) zuzuordnen. Die hierfür maßgebenden Gründe (Amtl. Begr. S. 99) sind stichhaltig. Der am Rechtsverkehr teilnehmende Dritte kann nicht erkennen, welcher der Ehegatten »haushaltführend« ist, so daß die Haushaltsführung als Anknüpfungspunkt nicht geeignet ist. Allerdings wäre es nicht zutreffend, die Erweiterung der Schlüsselgewalt im wesentlichen allein oder vorwiegend auf diesen mehr formalen Gesichtspunkt zurückzuführen. Mit der Aufgabe ihres Bezugs zur Haushaltsführung hat die Schlüsselgewalt ihren spezifisch funktionalen Charakter verloren (vgl. *Gernhuber* § 19 III 2; *Büdenbender* FamRZ 1976, 662); sie ist nunmehr ein Mittel, die wirtschaftliche Chancengleichheit in der Familie zu verwirklichen (vgl. *Ramm* S. 43). Denn sie verschafft dem nicht erwerbstätigen Ehegatten die Möglichkeit, den anderen Ehegatten zu verpflichten und so dessen Bonität im Rechtsverkehr zu nutzen. Damit wird der »Mangel« der wirtschaftlichen Unselbständigkeit des nicht verdienenden Ehegatten gemildert. Der Wandel in der Bedeutung der Schlüsselgewalt hat Auswirkungen auf die Auslegung des § 1357. Angemessen ist eine weite, kleinliche Restriktionen meidende Auslegung (kritisch zur Neuregelung: *Bosch* FamRZ 1971, 57; *Hobelmann* FamRZ 1971, 499; zum bisher geltenden Recht *Struck* MDR 1975, 449).

5 Die rechtliche Natur der Schlüsselgewalt ist umstritten. Nach einer überkommenen Ansicht, für die der Wortlaut des § 1357 vor dem Inkrafttreten des GleichberG Anhaltspunkte gab, soll es sich um eine gesetzliche Vertretungsmacht handeln (*Henrich* § 11 III 3; *Beißer* FamRZ 1959, 177; *Müller* AcP 168, 113). Diese Auffassung, die schon für das alte Recht bedenklich war, dürfte zumindest seit der Neufassung der Schlüsselgewalt durch das GleichberG ihre Grundlage verloren haben. Für die Annahme einer gesetzlichen Vertretungsmacht fehlt es an dem begrifflich vorausgesetzten Merkmal des Handelns in fremdem Namen. Die Schlüsselgewalt ist daher als ein Rechtsinstitut eigener Art mit Eigenwirkungen anzusehen (*Soergel-Lange* § 1357, 4; *Gernhuber* § 19 III 1; *Fabricius* FamRZ 1963, 112; *Kämmerer* FamRZ 1968, 10; *Maßfeller* DNotZ 1957, 347; *Schlosser* FamRZ 1961, 287). Die Notwendigkeit, in der Schlüsselgewalt eine Rechtsmacht eigener Art zu sehen, folgt allerdings weder aus der Familienbezogenheit der Regelung, die für sich gesehen nichts besagt, noch aus der veränderten Stellung der Frau in bezug auf die Haushaltsführung (vgl. *Fahr* S. 43 f.), sondern folgt aus der Einsicht, daß die Schlüsselgewalt nicht einem Rechtsinstitut zugeordnet werden kann, in dessen Grundmuster sie nicht paßt. Das schließt in Anbetracht der lückenhaften Ausgestaltung des § 1357 nicht aus, daß einzelne Vorschriften aus dem Recht der Stellvertretung analog angewendet werden. Als Entscheidungshilfe lassen sich auch Grundsätze verwerten, wie sie für Rechtsverhältnisse von Vermögensverwaltern, die im eigenen Namen auf Grund einer originären Rechtsmacht handeln, wie Testamentsvollstrecker, Konkursverwalter, gelten (*Beitzke* § 12 V 2; *Gernhuber* § 19 III 1). Die Neufassung des § 1357 gibt keinen Anlaß, diesen Standpunkt zu revidieren (a. A. *Büdenbender* FamRZ 1976, 662).

4 Persönliche Voraussetzungen der Schlüsselgewalt

4.1 Bestehen der Ehe

6 Die Schlüsselgewalt setzt eine *bestehende Ehe* voraus. Verlobten steht sie nicht zu. Das gilt auch, wenn es sich um Rechtsgeschäfte für die Zeit nach der Eheschließung handelt, wie Anschaffungen für die künftige eheliche Wohnung. Maßgebend ist nicht der wirtschaftliche Zweck des Rechtsgeschäfts, sondern der Zeitpunkt, zu dem die Willenserklärungen abgegeben werden.
Die Schlüsselgewalt endet mit der Auflösung der Ehe ohne Rücksicht auf den Auflösungsgrund. Im Fall der Nichtigkeit der Ehe ist § 1357 bis zur Rechtskraft des Nichtigkeitsurteils anwendbar (§ 23 EheG).

7 Zweifelhaft ist, ob und in welchem Umfang nach Auflösung der Ehe ein Fortbestehen der Schlüsselgewalt zum Schutz gutgläubiger Dritter fingiert werden kann. Zu denken ist an eine entspre-

chende Anwendung der Grundsätze der §§ 674, 169, 173 (so *Erman-Heckelmann* § 1357, 22). Abgelehnt wird die entsprechende Anwendung dieser Vorschriften mit der Begründung, der familienrechtliche Charakter der Schlüsselgewalt lasse das nicht zu (*Soergel-Lange* § 1357, 7). Die Begründung ist nicht überzeugend, da der Schutz gutgläubiger Dritter bei der Auswirkung familienrechtlicher Befugnisse nicht prinzipiell ausgeschlossen ist, wie die Regelung in den §§ 1698 a, 1893 zeigt. Gleichwohl ist der Auffassung im Ergebnis zuzustimmen. Die Schlüsselgewalt bevorrechtigt den Vertragspartner, da sie ihm einen zusätzlichen Schuldner verschafft. Eine über den Wortlaut des Gesetzes hinausgehende weitere Begünstigung würde dies noch verstärken. Hierfür besteht von der Interessenlage her kein Bedürfnis (vgl. *Gernhuber* § 19 III 2). Auch der neu eingefügte § 1357 Abs. 3 spricht gegen die analoge Anwendung der genannten Vorschriften. Danach kann die Schlüsselgewalt nicht ausgeübt werden, wenn die Ehegatten getrennt leben. Der gutgläubige Dritte, der vom Bestehen der häuslichen Gemeinschaft ausgeht, wird nicht geschützt. Das wurde bereits für das bisher geltende Recht angenommen (str. *OLG Hamburg* OLG 43, 46; *Gernhuber* § 19 III 4). Nachdem im Gesetz der Ausschluß der Schlüsselgewalt bei Getrenntleben ausdrücklich geregelt worden ist und Schutzvorschriften zugunsten des gutgläubigen Dritten nicht aufgenommen worden sind, kann ein solcher Schutz in vergleichbaren Fällen nicht unterstellt werden. Ist im Fall des bloßen Getrenntlebens der Ehegatten der Gutglaubensschutz Dritter zu verneinen, dann kann es nach Auflösung der Ehe nicht anders sein.

4.2 Geschäftsfähigkeit

8 § 1357 regelt nicht ausdrücklich, welche Folgen bei der Ausübung der Schlüsselgewalt eintreten, wenn ein Ehegatte *minderjährig* ist. Das Fehlen einer solchen Regelung wird als Mangel empfunden (*Lange* FamRZ 1971, 481). Das Problem bestand auch nach bisher geltendem Recht im Fall der subsidiären Haftung der Ehefrau nach § 1357 Abs. 1 Satz 2. Es konnte befriedigend gelöst werden. Die entwickelten Grundsätze sind für das neue Recht uneingeschränkt anwendbar.

Ein Minderjähriger kann rechtsgeschäftlich nur mit Einwilligung seines gesetzlichen Vertreters verpflichtet werden (§ 107). Der Schutz des Minderjährigen kann nicht dadurch außer Wirksamkeit gesetzt werden, daß die rechtsgeschäftliche Verpflichtung bei der Ausübung der Schlüsselgewalt eintritt. Anderenfalls würde der minderjährige Ehegatte für Geschäfte, die er außerhalb des Anwendungsbereichs von § 1357 schließt, den Schutz des § 107 genießen, für Geschäfte bei Ausübung der Schlüsselgewalt den Schutz entbehren. Die Differenzierung wäre nicht folgerichtig. Daraus ergibt sich, daß der minderjährige Ehegatte aus Geschäften im Rahmen der Schlüsselgewalt ohne Einwilligung des gesetzlichen Vertreters nicht verpflichtet wird (h. M. für das bisherige Recht: *LG Flensburg* FamRZ 1965, 145; *Soergel-Lange* § 1357, 28; *Beitzke* § 12 V 2; *Gernhuber* § 19 IV 1; a. A.: *Müller* JR 1961,

121). Das gilt sowohl für den Fall, daß der minderjährige Ehegatte selbst in Ausübung der Schlüsselgewalt Verpflichtungen eingeht, als auch für den Fall, daß der andere Ehegatte in dieser Eigenschaft auftritt und ihn verpflichtet.

9 Die Auffassung von *Lange* (FamRZ 1971, 481), der für das bisherige Recht zutreffende Standpunkt sei nicht mehr aufrechtzuerhalten, wenn »künftighin beide Ehegatten berechtigt und verpflichtet sein sollen«, überzeugt nicht. Die Begründung: *»Soll sie* (›die minderjährige Frau‹) *nun handlungsunfähig werden oder den Schutz der §§ 107, 108 einbüßen?«* deutet auf ein Mißverständnis hin. Die Haftungsfrage steht in keinem Zusammenhang mit der Handlungsfähigkeit. Der minderjährige Ehegatte soll sowohl den Schutz der §§ 107, 108 behalten als auch seine Handlungsfähigkeit. Wird ein minderjähriger Ehegatte in Ausübung der Schlüsselgewalt tätig, so übt er eine Rechtsmacht aus, die zu einer unmittelbaren Verpflichtung des anderen Ehegatten führt. Für diese »Handlungsfähigkeit« wird volle Geschäftsfähigkeit nicht vorausgesetzt. Der Rechtsgedanke des § 165 kann hier in demselben Umfang angewendet werden, wie dies für das bisher geltende Recht angenommen worden ist (vgl. *Soergel-Lange* § 1357, 28). Das bedeutet, daß ein minderjähriger Ehegatte uneingeschränkt berechtigt ist, die Schlüsselgewalt auszuüben; aus solchen Geschäften wird er nicht verpflichtet, wohl aber der andere Ehegatte (zutreffend *Büdenbender* FamRZ 1976, 662).

10 Der gesetzliche Vertreter des minderjährigen Ehegatten kann zu dem Rechtsgeschäft seine Einwilligung geben (§ 107). Die Zustimmung des gesetzlichen Vertreters zur Eheschließung bedeutet keine allgemeine Einwilligung zum Abschluß von Rechtsgeschäften des minderjährigen Ehegatten im Rahmen der Schlüsselgewalt (allg. M.: *Soergel-Lange* § 1357, 28). Ein geschäftsunfähiger Ehegatte wird aus seinen Geschäften im Rahmen der Schlüsselgewalt nicht verpflichtet. Er kann das Recht der Schlüsselgewalt nicht wirksam ausüben. Der Grundgedanke des § 165, der beim rechtsgeschäftlichen Handeln für einen anderen zumindest die beschränkte Geschäftsfähigkeit voraussetzt, trifft auch auf das Handeln im Rahmen der Schlüsselgewalt zu.

5 Geschäfte zur angemessenen Deckung des Lebensbedarfs

5.1 Lebensbedarf

11 Abweichend vom bisher geltenden Recht, knüpft § 1357 Abs. 1 nicht an den »häuslichen Wirkungskreis« an, um den gegenständlichen Bereich der Schlüsselgewalt zu bezeichnen, sondern an den Lebensbedarf selbst. Die im RegE vorgesehen gewesene Einschränkung auf den »angemessenen« Lebensbedarf ist entfallen. Die Angemessenheit bezieht sich nur noch auf die Deckung, nicht auf den Lebensbedarf selbst. Der Begriff des Lebensbedarfs ist unterhaltrechtlicher Natur. Im geltenden Recht wird er zur Bezeichnung der Gesamtheit der Bedürfnisse verwendet, die unterhaltsrechtlich

abgedeckt werden können (vgl. §§ 1610 Abs. 2, 1360 a Abs. 2). § 1578 Abs. 1 n. F. verwendet den Begriff in demselben umfassenden Sinne. Dazu gehören insbesondere Aufwendungen für den Haushalt, für die Wohnung und deren Einrichtung, für Krankheiten, Kuren, Ferienreisen, für persönliche Bedürfnisse der Ehegatten, für geistige, kulturelle und politische Zwecke, Liebhabereien, Erziehungs- und Ausbildungskosten für die gemeinsamen Kinder usw. Auch luxuriöse Ausgaben sind nicht ausgeschlossen (*Erman-Heckelmann* § 1360 a 4).

5.2 Angemessene Deckung des Lebensbedarfs

12 Die Geschäftsbesorgung im Rahmen der Schlüsselgewalt muß auf die Deckung des Lebensbedarfs gerichtet sein. Ist der Lebensbedarf gedeckt, dann kommt eine Besorgung im Rahmen der Schlüsselgewalt nicht in Betracht; das schließt Anschaffungen auf Vorrat nicht aus. Im übrigen ergibt sich aus dem Begriff Deckung für sich gesehen keine Einschränkung in bezug auf Art oder Gegenstand der Geschäftsbesorgung.

Die Schlüsselgewalt wirkt nur bei Geschäften zur *angemessenen Deckung*. Das Wort »angemessen« bezieht sich nicht auf den Lebensbedarf, sondern auf die *Deckung*. Darin liegt eine Einschränkung der Schlüsselgewalt in doppelter Hinsicht. Die Bedarfsdeckung muß den Lebensverhältnissen entsprechen und sie muß zum anderen in ihrer Art sich im Rahmen dessen halten, was üblicherweise ein Ehegatte allein zu besorgen pflegt.

13 Die Deckung des Lebensbedarfs ist im konkreten Fall angemessen, wenn sie den Lebensverhältnissen der Ehegatten entspricht. Für das bisher geltende Recht wurde allgemein angenommen, daß es dabei nicht auf die Einkommensverhältnisse der Ehegatten, also nicht auf die wirtschaftliche Leistungsfähigkeit ankommt, sondern auf den tatsächlichen Zuschnitt. Von diesem primär dem Schutz des Rechtsverkehrs dienenden Grundsatz wird man auch weiterhin jedenfalls dann ausgehen können, wenn es darum geht, eine »überschießende« Lebensführung der Ehegatten abzudecken, damit sie nicht zu Lasten des gutgläubigen Dritten geht. Anders kann es sich verhalten, wenn die Ehegatten einen Lebenszuschnitt haben, der unter ihren wirtschaftlichen Verhältnissen liegt. Geschieht das einvernehmlich, dann beschränkt sich die Schlüsselgewalt auf diesen begrenzten Rahmen. Ist das nicht der Fall, dann folgt aus einer einseitig verlangten Reduzierung des Lebenszzuschnitts keine Einschränkung. Der Umfang der Schlüsselgewalt orientiert sich am Lebensbedarf, der seinerseits von den wirtschaftlichen Verhältnissen abhängt. Dient die Schlüsselgewalt als Mittel der wirtschaftlichen Chancengleichheit in der Ehe, muß sie sich nach den wirtschaftlichen Möglichkeiten der Ehegatten ausrichten können, sofern diese nicht einvernehmlich eine andere Lebensführung bevorzugen.

14 Der auf die Deckung des Lebensbedarfs bezogene Begriff »angemessen« enthält weiter eine Einschränkung, die aus allgemeinen Grundsätzen der ehelichen Lebensgemeinschaft abzuleiten ist. Die

partnerschaftliche Zuordnung der Ehegatten erfordert es, daß diese in wichtigen Angelegenheiten einvernehmlich handeln. Deshalb ist eine Deckung des Lebensbedarfs nicht mehr angemessen, wenn sie Geschäfte zum Gegenstand hat, die nach den Verhältnissen der Ehegatten ein Ehegatte üblicherweise nicht allein vorzunehmen pflegt, und zwar auch dann, wenn er der erwerbstätige Ehegatte ist.

15 Legt man diese Maßstäbe zugrunde, dann zeigt sich, daß eine Anknüpfung an die Rechtsprechung zum bisher geltenden Recht nur mit Vorbehalten möglich ist, auch wenn man in Betracht zieht, daß der Begriff des »häuslichen Wirkungskreises« (§ 1357 a. F.) zum Teil bereits sehr weit ausgelegt worden ist. Nicht vertretbar ist es, bei der Auslegung des § 1357 darauf abzustellen, ob die finanzielle Bewegungsfreiheit des erwerbstätigen Ehegatten eingeengt wird (bedenklich *LG Duisburg* MDR 1962, 409; *AG Bremen* FamRZ 1968, 314), denn die wirtschaftliche Verfügungsbefugnis auf Grund des § 1357 soll gerade beiden Ehegatten gleichermaßen offenstehen. Ebenso wenig zu billigen ist es, wenn von vornherein bestimmte Geschäftsbereiche oder bestimmte Arten der Finanzierung von Geschäften ausgenommen werden. Deshalb kann z. B. die Ausstellung von Wechseln (*RG* Recht 1907, 840) ebenso wenig generell ausgeschlossen werden, wie die Aufnahme von Darlehen (*Waldeyer* NJW 1971, 20, der primär auf den – nicht mehr relevanten – fehlenden Zusammenhang mit dem häuslichen Wirkungskreis abstellt; dazu vgl. auch *Westermann* FamRZ 1967, 645) oder das Führen von Prozessen (OGH 1, 81; *OLG München* NJW 1953, 991 – besonders bedenklich, weil auch nach Auffassung des entscheidenden Gerichts der Gegenstand des Rechtsstreits unter § 1357 fiel und der Ehemann in Kriegsgefangenschaft war), die Einrichtung eines Sammelbestellkontos bei einem Versandhaus (*AG Lüdenscheid* MDR 1975, 843) oder der Abschluß von Gerichtsstandsvereinbarungen im Zusammenhang mit Kaufverträgen (*LG Düsseldorf* NJW 1966, 553; *AG München* MDR 1962, 572). Eine große Bedeutung in der forensischen Praxis nehmen Teilzahlungs- und andere Kreditgeschäfte ein. Die Rechtsprechung ist uneinheitlich. Zutreffend sind die Voraussetzungen der Schlüsselgewalt bejaht worden für den Einkauf von Lebensmittel auf »Anschreiben« und in diesem Zusammenhang abgegebene Schuldanerkenntnisse für die noch bestehende Schuld (*OLG Köln* FamRZ 1971, 435; *LG Karlsruhe* JW 1932, 1415 mit zustimmender Anmerkung von *Lehmann; LG Essen* NJW 1968, 1527; a. A. *LG Saarbrücken* FamRZ 1971, 172, das unzutreffend darauf abstellt, daß die Rückzahlung wegen der Höhe der aufgelaufenen Summe längere Zeit erfordern würde), von Kleidung für die Ehefrau (*RG* 61, 78), Kleidung für erwachsene, im Haushalt lebende Töchter (*KG OLG* 1934, 248), von Möbeln und Gebrauchsgegenständen (*OLG Hamburg* OLG 40, 65), bei entsprechenden Verhältnissen der Ankauf von Schmuck (*OLG Frankfurt* OLG 1916, 205) und von wertvollen Teppichen (*OLG Karlsruhe* OLG 1903, 13), von Lehrmitteln für die Kinder (*Soergel-Lange* § 1357, 15). Im allgemeinen wird auch die Bestellung eines

Fortbildungskurses unter § 1357 fallen (a. A. *LG Stuttgart* MDR 1967, 45); die Entscheidung ist nicht (mehr) zwingend, da die Ausbildungskosten zum Lebensbedarf gehören können (vgl. Rdnr. 8 zu § 1360 a). Nicht überzeugend ist die Rechtsprechung, soweit die Voraussetzungen des § 1357 bei der Anschaffung von Gegenständen auf Abzahlung für den Haushalt verneint worden sind (*LG Landshut* FamRZ 1958, 466: Badezimmereinrichtung im Wert von DM 400,– für einen Inspektoren-Haushalt; *LG Duisburg* MDR 1962, 409: Kühlschrank; *LG Stuttgart* FamRZ 1965, 567: Küchengerät; *AG Bremen* FamRZ 1968, 314: Wäscheschleuder). Regelmäßig wird die Anwendung des § 1357 auf Geschäfte beschränkt, deren Finanzierung im Verhältnis zum Einkommen des erwerbstätigen Ehegatten (ganz) geringe Aufwendungen erfordern. Weniger restriktiv verhält sich *LG Berlin* NJW 1975, 351, das darauf abstellt, ob die monatlichen Raten – bezogen auf das Familieneinkommen – eine unzumutbare Belastung darstellen. Das ist ein zutreffender Ansatz, da er eine Orientierung am Lebenszuschnitt ermöglicht. Daß die Schlüsselgewalt zur Bestellung einer Lesemappe ermächtigt, ist ernsthaft nicht in Zweifel zu ziehen (*LG Itzehoe* FamRZ 1964, 573). Unbefriedigend ist die Entscheidung *OLG Köln* Betr. 1965, 1554: Die im Gewerbebetrieb nach § 1356 mitarbeitende Ehefrau hatte eine Kundenzeitschrift bestellt; je nach der rechtlichen Zuordnung der Mitarbeit (vgl. Rdnr. 12 ff. zu § 1356) kommt zumindest eine rechtsgeschäftliche Vertretungsmacht in Betracht. Zutreffend ist die Einstellung und Entlassung von Personal für den Haushalt (*RG* JW 1906, 460) und das Untervermieten von Zimmern der ehelichen Wohnung (*KG* JW 1932, 3009; a. A. *Weimar* JR 1972, 325) als Ausübung der Schlüsselgewalt anerkannt worden. Entgegen *AG Münster* MDR 1970, 142 kann auch der Beitritt zu einem Mieterverein von der Schlüsselgewalt gedeckt sein, ebenso der Auftrag an einen Makler, eine geeignete Ehewohnung nachzuweisen (*LG München* II FamRZ 1975, 581); das muß jedenfalls dann gelten, wenn die Ehegatten einig sind, eine neue Ehewohnung zu beziehen (vgl. auch *LG Flensburg*, FamRZ 1973, 376). Streitig ist, inwieweit ein Ehegatte unter Anwendung des § 1357 die ehelichen Lebensverhältnisse betreffende Versicherungsverträge abschließen kann (bejaht: *AG Eschwege* VersR 1959, 1038; *AG Karlshafen* VersR 1965, 871; a. A. *LG Siegen* VersR 1951, 168; vgl. auch *OLG Nürnberg* VersR 1965, 723 zur Frage eines Vergleichsabschlusses mit der Versicherung des Schädigers). Die Teilnahme an Bankgeschäften, insbesondere die Verfügung über ein Bankkonto des anderen Ehegatten, wird im allgemeinen von der Schlüsselgewalt gedeckt sein (*Westermann* FamRZ 1967, 645, der allerdings die Kreditaufnahme ausnehmen will).

In der Begründung nicht überzeugend ist die Entscheidung *RG* JW 1910, 574 (Aushändigung des Safe-Schlüssels an die Ehefrau entgegen dem Verbot des in eine Heilanstalt eingelieferten Ehemannes. Es dürfte sich nicht um einen Anwendungsfall der Schlüsselgewalt handeln). Ob ein Ehegatte im Rahmen der Schlüsselgewalt Verträge über einen (gemeinsamen) Urlaub der Familie abschließen kann, ist nach den Umständen des Einzelfalles zu beurteilen (vgl. dazu bejahend *OLG Celle* HRR 1932 Nr. 237 und verneinend *OLG Kiel* JW 1933, 185). Von der Schlüsselgewalt nicht gedeckt sind im allgemeinen Geschäfte, die die Existenzgrundlage der Familie betreffen, z. B. die Auflösung eines Pachtvertrages über landwirtschaftlichen Besitz (*BGH* NJW 1951, 309; im konkreten Fall wäre allerdings eine andere Beurteilung angemessen gewesen, da die Rückkehr des Ehemannes aus Gefangenschaft nicht absehbar war, vgl. *Rötelmann* MDR 1951, 605; zur Erweiterung des Rahmens der Schlüsselgewalt in der Kriegs- und Nachkriegszeit vgl. *Beitzke* DRZ 1949, 104).

16 In den Rahmen der Schlüsselgewalt fallen Rechtsgeschäfte, die eine ärztliche Behandlung von Familienangehörigen ermöglichen. Dabei macht es keinen Unterschied, ob der Arztvertrag zum Zwecke der Behandlung der Kinder oder der Ehefrau selbst erforderlich ist (*BGH* 47, 75; *LG Wiesbaden* FamRZ 1956, 287; *LG Hagen* FamRZ 1958, 466; *LG Freiburg* NJW 1976, 375; *Arnold* FamRZ 1958, 193; *Beitzke* MDR 1961, 262). Die Auffassung, daß ein Arztvertrag zugunsten der erkrankten Ehefrau nicht von der Schlüsselgewalt gedeckt sei, insbesondere weil die Heranziehung des Arztes ein höchstpersönliches Geschäft der Frau sei (*LG Stuttgart* FamRZ 1961, 315; *Döring* FamRZ 1958, 358; *Heesen* MDR 1948, 238), überzeugt nicht. Der höchstpersönliche Charakter des Geschäfts hat nichts mit der Frage zu tun, wer für die Unkosten aufzukommen hat; daß Aufwendungen für ärztliche Behandlungen zum Lebensbedarf nach § 1360 a gehören, ist nicht zweifelhaft (*BGH* 47, 81). Ebensowenig überzeugend ist die Erwägung, § 1357 insoweit nicht anzuwenden, wenn beide Ehegatten berufstätig sind (*Büdenbender* FamRZ 1976, 622); die Neugestaltung des § 1357 zwingt zu diesem Schluß nicht, er liegt nicht einmal nahe. Ist die Behandlung nicht vordringlich und steht die Höhe der Aufwendungen in einem unangemessenen Verhältnis zu den wirtschaftlichen Verhältnissen der Eheleute, kann es allerdings zweifelhaft sein, ob die Eingehung eines solchen Arztvertrages noch im Rahmen der angemessenen Deckung des Lebensbedarfs liegt (vgl. *OLG Karlsruhe* FamRZ 1967, 41; *LG Wiesbaden* FamRZ 1956, 287; *LG Hagen* FamRZ 1958, 466; *AG Köln* MDR 1969, 311). Von § 1357 erfaßt wird auch die Beschaffung notwendiger Medikamente, auch empfängnisverhütender Mittel (*LG Itzehoe* FamRZ 1969, 90; *LG München* FamRZ 1970, 314).

6 Rechtsfolgen der Geschäftsbesorgung nach § 1357 Abs. 1

6.1 Außenverhältnis

17 Durch Rechtsgeschäfte kraft Schlüsselgewalt werden grundsätzlich *beide* Ehegatten berechtigt und verpflichtet (§ 1357 Abs. 1 Satz 2). Die nur subsidiäre Haftung der Ehefrau nach bisher geltendem Recht ist entfallen. Die Ehegatten werden als Gesamtschuldner

verpflichtet (§§ 421, 427, vgl. *Soergel-Lange* § 1357, 27), in der Regel jedoch nicht als Gesamtgläubiger (§ 428) berechtigt. Überschreitet der Ehegatte die Grenzen der Schlüsselgewalt, dann wird der andere Ehegatte aus dem Rechtsgeschäft nicht verpflichtet und auch nicht berechtigt. Der gute Glaube des Dritten in bezug auf die Voraussetzungen der Schlüsselgewalt wird nicht geschützt. Der geschäftsbesorgende Ehegatte wird aus dem Geschäft nach §§ 177, 179 (analog) verpflichtet, wenn eine Besorgung auch für den anderen Ehegatten beabsichtigt war (*LG Berlin* NJW 1969, 141; *LG Stuttgart* FamRZ 1965, 567), anderenfalls unmittelbar als Vertragspartner des Dritten.

6.2 Innenverhältnis

18 Wird ein Ehegatte im Rahmen der Schlüsselgewalt tätig, so besorgt er nicht ein Geschäft des anderen, sondern eine eigene Angelegenheit im Interesse der ehelichen Lebensgemeinschaft. Deshalb ist es nicht angemessen, die im Innenverhältnis zwischen den Ehegatten bestehenden wechselseitigen Beziehungen den Vorschriften über den Auftrag (§§ 662 ff.) zuzuordnen (h. M.: vgl. *Schwarzhaupt* FamRZ 1957, 33), was eine analoge Anwendung einzelner Grundsätze des Auftragsrechts nicht prinzipiell ausschließt. Die Beziehungen der Ehegatten sind nach § 1353 zu beurteilen. Handelt ein Ehegatte pflichtwidrig, so hat das in der Regel keine Außenwirkung. Der betroffene Ehegatte kann Klage auf Wiederherstellung der ehelichen Lebensgemeinschaft erheben. Für den internen vermögensrechtlichen Ausgleich sind die §§ 426, 1360 ff. maßgebend, wenn die Geschäftsbesorgung dem Familienunterhalt dienenden Lebensbedarf betrifft, im übrigen kommt eine entsprechende Anwendung der Vorschriften über die Geschäftsführung ohne Auftrag (§ 677) in Betracht (*Palandt-Diederichsen* § 1357, 3 a; für Haftung unmittelbar aus §§ 1353, 1359: *Erman-Heckelmann* § 1357, 15).

6.3 Dingliche Geschäfte

19 § 1357 gilt auch für dingliche Rechtsgeschäfte, insbesondere die Eigentumsübertragung. In der Regel werden beide Ehegatten Eigentümer (Inhaber) von im Rahmen der Schlüsselgewalt angeschafften Gegenständen. Das gilt jedenfalls für den Erwerb von Gegenständen im Rahmen von Geschäften, wen es angeht, bei der Anschaffung von Surrogaten. Für Haushaltsgegenstände ist die besondere Vorschrift des § 1370 zu beachten, für die Veräußerung solcher Gegenstände § 1369, der eine Einschränkung des § 1357 darstellt (str. *Gernhuber* § 35, IV 2; a. A.: *Beitzke* § 14 II 1). Zu den Auswirkungen der Bösgläubigkeit eines Ehegatten beim Eigentumserwerb vgl. *Weimar* JR 1976, 318. Die Anwendbarkeit des § 1362 wird durch die Neufassung des § 1357 nicht berührt (a. A. mit nicht überzeugender Begründung (*Büdenbender* FamRZ 1976, 662)).

20 Wie im bisher geltenden Recht treten die Rechtswirkungen der Schüsselgewalt in der Person des anderen Ehegatten *nicht* ein, wenn sich das aus den Umständen ergibt. Die Tatsache, daß der geschäftsbesorgende Ehegatte in eigenem Namen auftritt, ist kein solcher Umstand, da das Handeln unter eigenem Namen gerade zum Regelinhalt der Schlüsselgewalt gehört. Ebenso wenig relevant ist, ob der Dritte gewußt hat, daß es sich um einen Ehegatten handelt. Nicht entscheidend ist schließlich, ob das Geschäft mit eigenen Mitteln oder mit Mitteln des Ehegatten finanziert wird (*OLG Braunschweig* OLG 26, 212); eine solche Anknüpfung wäre zufällig und mit Rücksicht auf die interne Ausgleichspflicht nach Maßgabe der Beiträge zum Familienunterhalt auch unbillig. Ein die Wirkungen der Schlüsselgewalt ausschließender Umstand kann vorliegen, wenn der Dritte eindeutig zu erkennen gibt, daß er nur mit dem Verhandlungspartner abschließen will, oder wenn der Ehegatte einen solchen eingeschränkten Vertragswillen erkennen läßt, z. B. dadurch, daß er unter seinem Geburtsnamen auftritt (*Soergel-Lange* § 1357, 21). Dagegen wird man solche Umstände nicht ohne weiteres annehmen müssen, wenn der Ehegatte Gegenstände zum persönlichen eigenen Gebrauch anschafft (unzutr. *Krüger-Breetzke-Nowak* § 1357, 9), denn auch solche Gegenstände gehören zu dem von § 1357 erfaßten Lebensbedarf.

Ergibt sich »etwas anderes« aus den Umständen, so sind die von § 1357 Abs. 1 abweichenden Rechtsfolgen nach dem Inhalt der Abweichung zu bestimmen. Der Ehegatte wird allein verpflichtet, wenn dies dem erkennbaren Vertragswillen der Parteien entspricht. Möglich ist auch, daß der Ehegatte nur den anderen Ehegatten verpflichten will. Die Befugnis zur Schlüsselgewalt schließt nicht aus, daß der Ehegatte für den anderen als Vertreter handelt; er muß dies nur hinreichend deutlich werden lassen.

7 Vereinbarungen der Ehegatten über die Ausübung der Schlüsselgewalt

21 Vereinbarungen der Ehegatten über die Art und Weise der Ausübung der Schlüsselgewalt sind zulässig; sie haben grundsätzlich keine Außenwirkung. Als mit dem Wesen der ehelichen Lebensgemeinschaft unvereinbar und daher unwirksam sind Vereinbarungen anzusehen, die einem der Ehegatten die Befugnis zur Schlüsselgewalt generell oder in wesentlichen Punkten entziehen würden (vgl. aber § 1357 Abs. 2).

8 Ruhen der Schlüsselgewalt beim Getrenntleben (§ 1357 Abs. 3)

22 Die Befugnis zur Schlüsselgewalt besteht nicht, wenn die Ehegatten getrennt leben (Abs. 3). Das wurde bereits für das bisher geltende Recht ohne ausdrückliche gesetzliche Regelung wegen des

auf den »häuslichen Wirkungskreis« begrenzten Anwendungsbereichs der Schlüsselgewalt angenommen (allg. M.: *Soergel-Lange* § 1357, 10). Die Ehegatten leben getrennt, wenn die häusliche Gemeinschaft aufgehoben ist in der Absicht, sie nicht wieder herzustellen. Die bloße räumliche Trennung reicht nicht aus, z. B. bei dienstlicher oder geschäftlicher Abwesenheit, Verbüßung einer Freiheitsstrafe, Wehrdienst, Kriegsgefangenschaft, Unterbringung in einer Heilanstalt; das Getrenntleben tritt vielmehr erst ein, wenn einer der Ehegatten zu erkennen gibt, daß er die häusliche Gemeinschaft nicht wieder aufnehmen will. Der Begriff deckt sich mit der Definition des Getrenntlebens, wie er zu § 48 EheG entwickelt worden ist (vgl. dazu Rdnr. 2 zu § 1567). Er entspricht nicht der Definition des Getrenntlebens im neuen Scheidungsrecht (§ 1567 Abs. 1 S. 1), da dort auf die Ablehnung der ehelichen Lebensgemeinschaft abgestellt wird nicht auf die Ablehnung der häuslichen Gemeinschaft. Für die Frage, ob die Ehegatten eine gemeinsame Basis für die Ausübung der Schlüsselgewalt haben, kommt es auf die »Ehegesinnung« nicht an (vgl. Rdnr. 4, 6 zu § 1567; zutreffend *Büdenbender* FamRZ 1976, 662).
Eine Trennung ist im übrigen nicht schon anzunehmen, wenn es an einem gemeinschaftlichen Haushalt fehlt. Solange partiell eine gemeinsame Deckung des Lebensbedarfs stattfindet, kann vom Fortbestand der Schlüsselgewalt ausgegangen werden. Andererseits ist ein Getrenntleben in der gemeinschaftlichen ehelichen Wohnung möglich (vgl. § 1567 Abs. 1 Satz 2).

23 Während des Getrenntlebens ruht die Schlüsselgewalt; sie erlischt nicht. Wird die häusliche Gemeinschaft wieder aufgenommen, lebt die Befugnis von selbst wieder auf (*KG* RJA 13, 123; *OLG Hamm* MDR 1951, 740; *BayObLG* FamRZ 1959, 504; *KG OLG* 30, 40). Da die Schlüsselgewalt während des Getrenntlebens dem Grunde nach fortbesteht, ist es folgerichtig, die Ausschließung nach § 1357 Abs. 2 und ihre Eintragung in das Güterrechtsregister in dieser Zeit zuzulassen; die in Absatz 3 eingeschränkte Verweisung, die Absatz 2 ausspart, macht das deutlich (so schon für das bisher geltende Recht: *KG OLG* 45, 192; *BayObLG* FamRZ 1959, 504; *OLG Hamburg* MDR 1957, 164; *OLG Hamm* FamRZ 1958, 465. Das Ruhen der Schlüsselgewalt kraft Getrenntlebens ist kein nach § 1357 Abs. 2 eintragungsfähiger Umstand (*OLG Hamm* MDR 1959, 740). Der gute Glaube des Dritten wird nicht geschützt.

9 Beschränkung und Ausschließung der Schlüsselgewalt (§ 1357 Abs. 2)

24 Wie nach bisher geltendem Recht für den Ehemann, so besteht nunmehr für beide Ehegatten die Möglichkeit, die Berechtigung des anderen Teils zur Schlüsselgewalt zu beschränken oder auszuschließen. Die Beschränkung ist an keine Voraussetzungen geknüpft. Sie ist eine einseitige formlose Willenserklärung. Für ihre Wirksamkeit kommt es deshalb nicht darauf an, ob sie dem an-

deren Ehegatten mitgeteilt worden ist (Str.: *OLG Dresden* OLG 25, 412; *OLG Rostock* OLG 26, 260; *Erman-Heckelmann* § 1357, 20; *Soergel-Lange* § 1357, 32; *Gernhuber* § 19 V 3; a. A.: *KG OLG* 14, 218; *OLG Schleswig* NJW 1954, 155).

25 Allerdings kann in der Art und Weise, wie der Ausschluß oder die Beschränkung erklärt wird, ein Verstoß gegen die Verpflichtung zur ehelichen Lebensgemeinschaft liegen. Wegen der primär vermögensrechtlichen Folgen ist die Erklärung nicht als eine höchstpersönliche Willenserklärung anzusehen. Das hat zur Folge, daß sie auch vom gesetzlichen Vertreter abgegeben werden kann (*OLG Rostock* OLG 26, 216). Dritten gegenüber wirkt sie allerdings erst mit der Eintragung in das Güterrechtsregister oder wenn sie dem Dritten bekannt wird (§ 1412 -analog). Wird die Einschränkung oder die Ausschließung in einer Zeitung bekanntgegeben, kommt es darauf an, ob der Dritte von ihr Kenntnis erhalten hat. Antragsberechtigt ist jeder Ehegatte (§ 1561 Abs. 2 Nr. 4); die Veröffentlichung der Eintragung (§ 1562) ist nicht konstitutiv. Zur Frage der Zuständigkeit vgl. § 1558. Das Gericht hat keine Befugnis, zu prüfen, aus welchen Gründen der Antrag gestellt wird. Deshalb hat es auch nicht zu untersuchen, ob dem Antrag eine möglicherweise unzulässige Vereinbarung der Ehegatten zugrunde liegt (*OLG Schleswig* NJW 1954, 155).

26 Der betroffene Ehegatte kann das Vormundschaftsgericht anrusen mit dem Ziel der Aufhebung der getroffenen Maßnahme. Die Ausschließung oder Beschränkung ist aufzuheben, wenn hierfür kein ausreichender Grund bestand. Ein ausreichender Grund fehlt, wenn der die Schlüsselgewalt ausübende Ehegatte keine Pflichtwidrigkeiten von nennenswertem Umfang begangen hat. Auf schuldhaftes Verhalten kommt es nicht an. Maßgebend ist der Zeitpunkt der Entscheidung; die Beschränkung oder die Ausschließung ist daher aufzuheben, wenn ein früher gegebener Grund nicht mehr besteht. Umgekehrt ist die Aufhebung abzulehnen, wenn ein nicht vorhanden gewesener Grund inzwischen eingetreten ist (*BayObLG* FamRZ 1959, 504; *OLG Hamm* FamRZ 1958, 465). Das Vormundschaftsgericht muß den Grundsatz der Verhältnismäßigkeit beachten. Erscheint nach Lage des Falles eine Ausschließung der Schlüsselgewalt in vollem Umfang nicht erforderlich, wohl aber eine Beschränkung, so kann es dem Antrag teilweise stattgeben. Die Zuständigkeit des Vormundschaftsgerichts richtet sich nach § 45 FGG. Das Verfahren folgt dem Amtsermittlungsgrundsatz nach § 12 FGG. Antragsberechtigt ist auch der minderjährige Ehegatte (*Soergel-Lange* § 1357, 35). Die Verfügung, durch die die Beschränkung oder Ausschließung aufgehoben wird, wird erst mit Rechtskraft wirksam (§ 53 Abs. 1 FGG). Sie wirkt ex nunc (*KG OLG* 30; 39). Der Ehegatte kann die Löschung der Eintragung im Güterrechtsregister in entsprechender Anwendung des § 1561 Abs. 2 Nr. 4 bewirken. Gegen die Entscheidung des Vormundschaftsgerichts ist die sofortige Beschwerde gegeben (§§ 19, 59, 60 Abs. 1 Nr. 6 FGG).

Streitig ist, ob neben dem Verfahren nach § 1357 Abs. 2 die Klage auf Herstellung der ehelichen Lebensgemeinschaft zulässig ist. In aller Regel dürfte es am Rechtsschutzbedürfnis fehlen (*RG* RK § 1357, 22; *Soergel-Lange* § 1357, 35; *Staudinger-Hübner* § 1357, 54; a. A.: *RGWarnR* 1915, Nr. 287; *Erman-Heckelmann* § 1357, 206).

10 Beweislast

27 Will der Dritte den an der Geschäftsbesorgung nicht beteiligten Ehegatten in Anspruch nehmen, so muß er beweisen, daß es sich um ein Geschäft zur angemessenen Deckung des Lebensbedarfs der Familie gehandelt hat. Beruft sich der Ehegatte darauf, daß sich aus den Umständen ergibt, er sei nicht Vertragspartner geworden, so muß er die Umstände beweisen. Im Rahmen des Verfahrens nach § 1357 Abs. 2 gilt der Amtsermittlungsgrundsatz nach § 12 FGG (dazu vgl. BayObLG FamRZ 1959, 504). Macht ein Ehegatte geltend, daß § 1357 nicht anwendbar sei, weil die häusliche Gemeinschaft aufgehoben ist, so muß er dies beweisen (vgl. *LG Kassel* FamRZ 1975, 666).

11 Recht der DDR

28 Nach § 11 FGB ist jeder Ehegatte berechtigt, den anderen in Angelegenheiten des gemeinsamen Lebens zu vertreten. Aus Rechtsgeschäften, die in diesem Rahmen abgeschlossen worden sind, kann jeder Ehegatte in Anspruch genommen werden. Die Formulierung erweckt den Eindruck, als handele es sich um eine gesetzliche Vertretungsmacht (§ 11 Abs. 1 Satz 2 FGB; vgl. *Seifert* NJ 1972, 413).

Die Trennung der Ehegatten hebt nicht notwendigerweise die gegenseitige Vertretung auf. Es wird davon ausgegangen, daß sie sich in dem Maß reduziert, wie die eheliche Lebensgemeinschaft selbst an Gemeinsamkeit verliert (Komm. z. FGB § 11, 3). Eine derart abgestufte Schlüsselgewalt dürfte auf praktische Schwierigkeiten stoßen. Die Möglichkeit, die Schlüsselgewalt auszuschließen oder zu beschränken, ist nicht vorgesehen.

Die Ehegatten haben bei der Erfüllung der sich aus dem ehelichen Verhältnis ergebenden Verpflichtungen einander nur für diejenige Sorgfalt einzustehen, welche sie in eigenen Angelegenheiten anzuwenden pflegen.

Literatur:

Boehmer, Zur Frage der Anwendung des § 1359 bei Kraftfahrzeugunfällen, MDR 1963, 885; § 1359 BGB ist bei Kraftfahrzeugdelikten nicht anzuwenden, MDR 1965, 712; *Deutsch,* Privilegierte Haftung und Schadensfolge, NJW 1966, 705; *Hoffmann,* Die Fragwürdigkeit der Haftung für diligentia quam in suis, NJW 1967, 1207; *Jayme* FamRZ 1970, 388; Die Familie im Recht der unerlaubten Handlungen, 1971; *Kötz,* Zum Haftungsprivileg des Ehegatten im Straßenverkehr, NJW 1967, 1213; *Kühne* JR 1974, 70; *Medicus,* Haftungsprivileg und Gesamtschuldnerausgleich, JZ 1967, 398; *Müller-Freienfels,* Festschrift für Nipperdey, 1965; *Steininger,* Die deliktische Haftung zwischen Ehegatten, 1970; *Stoll* FamRZ 1962, 64; *Tatzel,* Die diligentia quam in suis im ehelichen Verhältnis, 1970; *Wilts,* § 1359 BGB und das Deliktsrecht, VersR 1964, 455.

Überblick Rdnr.

1 Allgemeines

1 Das Haftungsprivileg der diligentia quam in suis ist durch das 1. EheRG nicht geändert worden. Die Bestimmung ist keine selbständige Anspruchsgrundlage, sondern Haftungsmaßstab. Ihr liegt die Erwägung zugrunde, daß jeder Ehegatte in Angelegenheiten der ehelichen Lebensgemeinschaft den anderen Ehegatten nehmen muß, wie er ist (*Beitzke* § 12 VI 2). Es handelt sich um eine gesetzliche Ausprägung der Regulativfunktion im Rahmen der ehelichen Gemeinschaft (vgl. Rdnr. 30 zu § 1353; so auch *Tatzel* S. 92 ff.). Die Regelung setzt ein schädigendes Verhalten während bestehender Ehe voraus. Auf voreheliche oder nacheheliche Verhaltensweisen (z. B. im Rahmen der güterrechtlichen Auseinandersetung) findet § 1359 keine Anwendung. Seine Anwendung ist auch ausgeschlossen, wenn der Ehegatte den Schaden grob fahrlässig verursacht hat (§ 277).

2 Die Regelung gilt nur für Ansprüche, die bei der Erfüllung der aus dem ehelichen Verhältnis sich ergebenden Verpflichtungen er-

wachsen; darin liegt keine Begrenzung auf die Verpflichtungen nach § 1353. § 1359 ist auch anwendbar, soweit eine Haftung im Zusammenhang mit speziellen Regelungen der ehelichen Lebensgemeinschaft in Betracht kommt, z. B. bei der Haushaltsführung nach § 1356 (vgl. für das bisher geltende Recht *RG* 148, 303), der Schlüsselgewalt nach § 1357, der Unterhaltspflicht nach §§ 1360 ff. (vgl. *RG* 138, 5). Grundsätzlich gilt § 1359 auch für die güterrechtlichen Beziehungen der Ehegatten, soweit nichts anderes bestimmt ist, wie z. B. in § 1435 für die Verwaltung des Gesamtgutes. Andererseits ist zu beachten, daß § 1359 nur auf Haftungsfälle »bei Erfüllung« von Pflichten aus der ehelichen Lebensgemeinschaft anzuwenden ist, nicht aus Schädigungen, die »bei Gelegenheit« entstehen. Insoweit gelten die allgemeinen Haftungsmaßstäbe. Nach allgemeinen Vorschriften zu beurteilen sind insbesondere Haftungsprobleme, die sich aus rechtsgeschäftlichen Beziehungen der Ehegatten ergeben, die sie nicht als Ehegatten eingegangen sind, wie z. B. Miete, Pacht, Darlehen und Kauf (str. *RG* 148, 308; a. A.: *Müller-Freienfels,* Festschrift für Nipperdey 1965, 637 Anm. 46).

3 Nach dem Wortlaut des § 1359 wird nicht vorausgesetzt, daß die Ehegatten in häuslicher Gemeinschaft leben. Daraus wird gefolgert, daß die Vorschrift auch im Falle des Getrenntlebens der Ehegatten anwendbar ist (*Soergel-Lange* § 1359, 2). Das Haftungsprivileg hat seine Grundlage auch in der wechselseitigen Verantwortung der Ehegatten füreinander. Die Möglichkeiten der wechselseitigen Einflußnahme sind stark reduziert, wenn die Ehegatten getrennt leben. Die in § 1359 vorausgesetzte »Nachsicht« gegenüber dem anderen Teil kann nicht mehr ohne weiteres erwartet werden. Deshalb sprechen überwiegende Gründe dafür, § 1359 nicht anzuwenden, wenn die Ehegatten getrennt leben.

2 Haftungsmaßstab für deliktische Ansprüche

4 Streitig ist, ob § 1359 auf *deliktische* Ansprüche von Ehegatten anwendbar ist. Praktisch geworden sind vor allem Fälle, bei denen ein Ehegatte dem anderen unter Verstoß gegen Vorschriften des Straßenverkehrs Schaden zugefügt hat. Nach den Materialien zum BGB (vgl. Prot. in Mugdan IV, 742; *Jayme* FamRZ 1970, 388) ist anzunehmen, daß die Anwendung des Haftungsprivilegs bei Haftung aus unerlaubter Handlung nicht beabsichtigt war. Gleichwohl hat vor allem die ältere Rechtsprechung § 1359 angewendet (*OLG Naumburg* JW 1938, 2355; *OLG Stuttgart* VersR 1958, 891; *OLG Hamburg* VersR 1958, 809; *OLG Bremen* VersR 1964, 644; so auch *Gernhuber* § 22 I 2; *Tatzel* S. 71 ff.; *Deutsch* NJW 1966, 708; *Medicus* JZ 1967, 40 Fn. 38; *Wilts* VersR 1964, 455).

5 Der *BGH* hat sich dieser Auffassung nicht angeschlossen. Er hat, zumindest für den Fall, daß der verantwortliche Ehegatte durch eine Haftpflichtversicherung geschützt ist, die Haftungsbeschränkung des § 1359 für nicht anwendbar erklärt, wenn der Schaden

durch Verstoß gegen Vorschriften des Straßenverkehrs entstanden ist (*BGH* 53, 352; 61, 101; FamRZ 1974, 641; vgl. auch *Erman-Heckelmann* § 1359, 3; *Soergel-Lange* § 1359, 3; *Dölle* § 44 I 1 c; *Jayme* S. 218; *Boehmer* MDR 1963, 885; 1965, 712; *Hoffmann* NJW 1967, 1207; *Kötz* NJW 1967, 1213; *Kühne* JR 1974, 70; *Stoll* FamRZ 1962, 1964). Diese Auffassung ist zu billigen. Zwar ist zuzugeben, daß weder für die eine noch für die andere Auffassung eine dogmatisch überzeugende Begründung angeführt werden kann (vgl. kritisch *Gernhuber* § 22 I 2). Das Unbehagen ist auf die undifferenzierte Ausgestaltung des § 1359 zurückzuführen, dessen Wortlaut abgestufte, von der Regulativfunktion der ehelichen Lebensgemeinschaft bestimmte Lösungen erschwert (kritisch auch *Dölle* § 44 I 1 b). Sie lassen sich erreichen, wenn man von einer durch § 1359 nicht eingeschränkten Haftung ausgeht, diese aber den Erfordernissen der ehelichen Lebensgemeinschaft entsprechend relativiert. Ansatzpunkte hierfür enthalten die Ausführungen in *BGH* 61, 101 (vgl. auch *Steininger* S. 76; *Kühne* JR 1974, 70; *Stoll* JZ 1964, 61).

6 So kann der geschädigte Ehegatte mit Rücksicht auf seine Verpflichtung zur ehelichen Lebensgemeinschaft nach § 1353 gehalten sein, seine Schadensersatzansprüche nicht geltend zu machen, solange sich der schuldige Ehegatte im Rahmen seiner wirtschaftlichen Möglichkeiten in einer der ehelichen Gemeinschaft angepaßten Weise um einen Ausgleich des Schadens bemüht. Die Ansprüche als solche werden dadurch in ihrem rechtlichen Bestand nicht berührt; insbesondere tritt dadurch keine Entlastung des Versicherers ein (*BGH* FamRZ 1974, 641).

7 Freilich wird man den Ausschluß des § 1359 nicht auf deliktische Ansprüche im Straßenverkehr beschränken können. Eine solche Begrenzung wäre zufällig. Es liegt vielmehr nahe, das Privileg des § 1359 auf Fehlverhalten im häuslichen Bereich zu beschränken, im Außenbereich dagegen, in dem die »Verwirklichung der ehelichen Lebensgemeinschaft« mit den Erfordernissen der Umwelt konkurriert, von der allgemeinen Haftungsregelung auszugehen (*BGH* FamRZ 1974, 641).

3 Auswirkungen des Haftungsprivilegs auf Dritte

8 Wird dem Ehegatten Schaden sowohl vom anderen Ehegatten als auch von einem Dritten zugefügt, ist zu unterscheiden. Schließt man die Anwendbarkeit des § 1359 aus, dann haften der Ehegatte und der Zweitschädiger als Gesamtschuldner. Untereinander sind sie nach § 426 ausgleichspflichtig (*BGH* FamRZ 1974, 641; *Kötz* NJW 1967, 1213).

9 Haftet der Zweitschädiger nach § 839 i. V. m. Art. 34 GG, dann führt die Subsidiaritätsklausel des § 839 Abs. 1 Satz 2 zu dem unbefriedigenden Ergebnis, daß der geschiedene Ehegatte auf seinen Anspruch gegen den mitschuldigen Ehegatten verwiesen wird (*BGH* 53, 352; *Hartung* FamRZ 1970, 386; *Kühne* JR 1974, 70).

Es liegt nahe, auch bei Amtshaftungsansprüchen die Grundsätze anzuwenden, die den Regreß der öffentlichen Versicherungsträger und Versicherer gegen einen mit dem Versicherungsnehmer in häuslicher Gemeinschaft lebenden Angehörigen ausschließen (vgl. zutreffend *Kühne* JR 1974, 70 zu *BGH* 61, 101).

10 Ist § 1359 anwendbar (weil es sich um Schaden im häuslichen Bereich handelt oder auf der Grundlage der hier abgelehnten Mindermeinung), dann gilt im Ergebnis dasselbe. Das Haftungsprivileg wirkt nur im Verhältnis der Ehegatten zueinander. Es entlastet den Ehegatten nicht im Verhältnis zum mitschädigenden Dritten (str. *BGH* 35, 317; 41, 79; ablehnend *Gernhuber* § 22 I 3).

11 Hat ein Versicherer oder der öffentliche Dienstherr den Schaden ersetzt, den ein Ehegatte dem anderen zugefügt hat, so geht der Ausgleichsanspruch (§ 1542 RVO, § 87 a BBG) gegen den Schädiger in entsprechender Anwendung des § 67 Abs. 2 VVG nicht auf ihn über (allg. M.: BGH 41, 79; 43, 72; FamRZ 1968, 147; NJW 1976, 1152; *OLG Düsseldorf* FamRZ 1969, 213). Der soziale Schutzzweck der Leistung und die Rücksichtnahme auf die Familiengemeinschaft rechtfertigen diese Einschränkung (vgl. *Kühne* JR 1974, 70). Der Ausschluß des Übergangs kommt bei nur fahrlässiger Schädigung in Betracht. Vorausgesetzt wird außerdem, daß der Anspruch gegen einen in häuslicher Gemeinschaft lebenden Familienangehörigen gerichtet ist. Beim Schadenseintritt eines privaten Versicherers ist der Forderungsübergang unmittelbar nach § 67 Abs. 2 VVG ausgeschlossen.

4 Haftungsausschluß

12 § 1359 ist kein zwingendes Recht. Die Ehegatten können im gesetzlich zulässigen Rahmen Abweichendes vereinbaren (str. *Palandt-Diedrichsen* § 1359, 1; *Dölle* § 44 I 2; a. A.: *Staudinger-Keidel* § 1359, 5; differenzierend *Soergel-Lange* § 1359, 1 –, der Änderungen im Einzelfall und für Teilbereiche, nicht aber generell zulassen will). Allerdings kann nicht angenommen werden, daß Ehegatten grundsätzlich stillschweigend einen Haftungsverzicht vereinbaren, wenn sie gemeinsam Fahrten im Kraftfahrzeug unternehmen (so noch überwiegend die ältere Rspr.: *OLG Stuttgart* VersR 1958, 891; *OLG Düsseldorf* VersR 1959, 568; *OLG Karlsruhe* VersR 1963, 658 – sogar für grobes Verschulden). Die engen persönlichen Beziehungen der Ehepartner rechtfertigen einen solchen stillschweigenden Haftungsausschluß nicht ohne weiteres (so zutr. *BGH* 41, 81; 43, 72; *BGH* FamRZ 1974, 641; *Soergel-Lange* § 1359, 1; *Jayme* S. 214; *Stoll* JZ 1964, 62). Notwendige Korrekturen im Einzelfall sind auf Grund der Regulativfunktion möglich. Ein Haftungsausschluß wirkt nur im Verhältnis der Ehegatten zueinander (*BGH* 12, 213; 43, 72).

13 Der Ehegatte, der sich auf das Haftungsprivileg beruft, muß beweisen, daß er in eigenen Angelegenheiten ähnlich verfährt wie bei dem schädigenden Ereignis. Ist er im konkreten Fall mitgeschädigt, läßt das nicht ohne weiteres den Schluß zu, daß er sich stets so verhalte (str. a. A. *RG* Recht 1915, Nr. 506).

6 Recht der DDR

14 Das Haftungsprivileg des § 1359 ist mit dem Inkrafttreten des FGB ersatzlos gestrichen worden (§ 27 EGFGB).

Die Ehegatten sind einander verpflichtet, durch ihre Arbeit und mit ihrem Vermögen die Familie angemessen zu unterhalten. Ist einem Ehegatten die Haushaltsführung überlassen, so erfüllt er seine Verpflichtung, durch Arbeit zum Unterhalt der Familie beizutragen, in der Regel durch die Führung des Haushalts.

Literatur:

Beitzke, Bettrachtungen zum neuen Kindschaftsrecht, FamRZ 1958, 7; *Eckelmann,* Schadensersatz bei Verletzung oder Tötung einer Ehefrau, NJW 1971, 355; Die neue höchstrichterliche Rechtsprechung zum Schadensersatz bei Verletzung oder Tötung einer Hausfrau, MDR 1976, 103; *Göldner,* Antwort auf einige Fragen zur Anwendung unterhaltsrechtlicher Bestimmungen NJ 1966, 468; *Göhring,* Probleme des Unterhaltsrechts aus der Sicht der Praxis, FamRZ 1968, 232; Zum Unterhaltsbeitrag der erwerbstätigen Ehefrau, FamRZ 1975, 635; *Krüger,* Die Haushaltsführung der Mutter im Unterhaltsrecht des ehelichen Kindes, FamRZ 1960, 180; *Otten,* Die Unterhaltspflicht gleichberechtigter Ehegatten im gelten Recht, FamRZ 1957, 73; *Reinicke,* Das Gleichberechtigungsgesetz (II), NJW 1957, 934; *Schrade,* Die Grundzüge des Verwandten-Unterhalts nach dem Inkrafttreten des Gleichberechtigungsgesetzes, FamRZ 1957, 342; *Streck,* Generalklausel und unbestimmter Begriff im Recht der allgemeinen Ehewirkungen, 1970; *Weyer,* Schadensersatz wegen Ausfalls der Hausfrau und Mutter, DRiZ 1971, 261; *Wussow,* Die Höhe des Schadensersatzes bei Verletzung oder Tötung einer Hausfrau und Mutter, NJW 1970, 1393.

Überblick Rdnr.

1 In der bis zum 31. 3. 1953 geltenden Fassung des § 1360 war die Unterhaltspflicht für Mann und Frau unterschiedlich geregelt. Der Mann hatte der Frau ohne Rücksicht auf ihre Vermögensverhältnisse Unterhalt zu gewähren, während eine Verpflichtung der Frau nur eintrat, wenn er außerstande war, sich selbst zu unterhalten. In beiden Fällen war Unterhalt nach Maßgabe der Lebensstellung des Mannes zu leisten. Die Regelung trat am 1. 4. 1953 wegen Unvereinbarkeit mit dem Gleichberechtigungsgrundsatz (Art. 3 Abs. 2 GG) außer Kraft. Durch das GleichberG (Art. 1 Nr. 8) wurde die Unterhaltsverpflichtung der Ehegatten neu gestaltet (§§ 1360–1360 b). Dabei entfiel die Unterscheidung zwischen der Unterhaltsverpflichtung i. e. S. und der Verpflichtung, den ehelichen Aufwand zu tragen, die güterrechtlich geregelt war (vgl. §§ 1389, 1427, 1458, 1529 a. F.). Beide wurden ersetzt durch den einheitlichen »Familienunterhalt«.

2 Auf Grund des 1. EheRG ist § 1360 Satz 2 geändert worden. Weggefallen ist die gesetzliche Fixierung der Frau auf die Rolle der Hausfrau bei der Erfüllung der Unterhaltspflichten. Die Änderung folgt zwingend aus der Ablösung des gesetzlichen Modells der Hausfrauenehe in § 1356 (vgl. *Amtl. Begr.* S. 100).

2 Begriff des Familienunterhalts, Anwendungsbereich

3 Der Anspruch auf Unterhalt ist auf die Befriedigung der Bedürfnisse der Ehegatten und der gemeinsamen unterhaltsberechtigten Kinder gerichtet. Gleichwohl ist er kein kollektiver Anspruch der »Familie«, sondern ein individueller Anspruch des einen Ehegatten gegen den anderen. Seine Besonderheiten liegen in der inhaltlichen Ausgestaltung (vgl. § 1360 a Abs. 2) und der Befugnis, ihn zugunsten der Gesamtfamilie im eigenen Namen geltend zu machen. Auch soweit der Anspruch sich auf den Lebensbedarf der Kinder bezieht, ist an den berechtigten Ehegatten (zur Verwendung für den Unterhalt der Familie) zu leisten.

4 Aus § 1360 folgt *kein* Anspruch der Kinder gegen die Eltern auf Familienunterhalt. Andererseits werden die Unterhaltsansprüche der Kinder gegen die Eltern nach den allgemeinen Bestimmungen (§§ 1601 ff.) durch § 1360 nicht unmittelbar berührt (*Gernhuber* § 21 I; *Beitzke* FamRZ 1958, 7; *Reinicke* NJW 1957, 934; a. A.: *Krüger* FamRZ 1960, 180; *Schrade* FamRZ 1957, 342). Mit der Gewährung des Familienunterhalts an die Kinder wird allerdings in der Regel die für den eigenen Unterhaltsanspruch der Kinder vorausgesetzte Bedürftigkeit (§ 1602) entfallen. Zugleich wird darin die Bestimmung der Art der Unterhaltsgewährung nach § 1612 Abs. 2 liegen. Verwendet ein Ehegatte die ihm für den Bedarf der Kinder zur Verfügung gestellten Mittel für andere Zwecke, wird der Leistende im Verhältnis zu den Kindern in bezug auf deren Ansprüche nach §§ 1601 ff. nicht frei (*Beitzke* FamRZ 1958, 7). Eine abweichende Regelung sieht § 1629 Abs. 3

für die Geltendmachung von Kindesunterhalt während des Scheidungsverfahrens vor.

5 Die Unterhaltsvorschriften gelten unabhängig vom Güterstand der Ehegatten. Lediglich bei der Gütergemeinschaft ist eine Reihenfolge für die Inanspruchnahme von Mitteln zum Familienunterhalt abgestuft nach Gütern vorgesehen (§ 1420).

6 § 1360 setzt voraus, daß eine *gültige* Ehe besteht und die Ehegatten nicht getrennt leben. Im Fall der Trennung findet § 1361 Anwendung, der Unterhaltsanspruch Geschiedener richtet sich nach §§ 1569 ff. In beiden Fällen gehen die Ansprüche nicht auf Familienunterhalt, bei dem eine intakte Familieneinheit vorausgesetzt wird, sondern auf Erfüllung der individuellen Bedürfnisse. §§ 1360 ff. regeln nur die unterhaltsrechtlichen Beziehungen in bezug auf die Ehegatten und ihre unterhaltsberechtigten Kinder, einschließlich legitimierter und gemeinsam adoptierter Kinder. Nicht einbezogen sind andere Verwandte, mögen sie auch im Familienverband leben. Im Reg.-Entwurf II zum GleichberG war in § 1360 c eine Unterhaltspflicht gegenüber Verwandten vorgesehen. Der Vorschlag hat keine Gesetzeskraft erlangt. Das 1. EheRG enthält keine Unterhaltsregelung zugunsten dieser Personen (vgl. Rdnr. 18 zu § 1360 a).

3 Aufteilung der Unterhaltslasten, Bedürftigkeit

7 § 1360 sagt nichts darüber aus, zu welchen Anteilen die Ehegatten zum Familienunterhalt beizutragen haben. Aus dem Fehlen einer ausdrücklichen Regelung kann nicht geschlossen werden, daß die Aufwendungen von beiden Teilen zu gleichen Quoten zu tragen sind. Das Prinzip der gemeinschaftlichen Bedarfsdeckung nach Maßgabe vorhandener Mittel läßt es gerechtfertigt erscheinen, die Höhe der Beiträge nach dem Verhältnis der Mittel aus Arbeit und Vermögen zu bestimmen, die jeder der Ehegatten aufzubringen in der Lage ist (allg. M.: vgl. *Gernhuber* § 21 I 4). Zu decken ist der Gesamtbedarf der Familie, nicht der Individualbedarf der einzelnen Mitglieder. Daraus folgt, daß der Anspruch auf Familienunterhalt nicht von der Bedürftigkeit eines Mitglieds ausgeht (*BGH* FamRZ 1966, 138).

8 Das ergibt sich nicht nur daraus, daß in § 1360 a Abs. 3 eine Verweisung auf § 1602 ausgespart ist (*BGH* FamRZ 1965, 437), sondern auch aus der Natur der kollektiven Bedarfsdeckung. Individuelle Bedürftigkeit als Grundlage eines Anspruchs korrespondiert mit einer darauf bezogenen Leistungspflicht. Daran fehlt es, da im Familienverband jeder der Ehegatten in bezug auf den Gesamtbedarf Berechtigter und Verpflichteter ist (*Gernhuber* § 20 I 2). Die Bedürftigkeit des einzelnen Familienmitglieds ist nur relevant für die Frage, in welchem Umfang sie als Teil der Gesamtbedürfnisse eine Bedarfsdeckung durch die Ehegatten erforderlich macht. Unterschiedliche Bedürfnisse der Ehegatten haben somit in der Regel keinen Einfluß auf die Höhe des Unterhalts-

beitrags. In Ausnahmefällen wird man aber, wenn die Bedürfnisse eines Teils außerordentlich sind, von ihm erhöhte Anstrengungen verlangen können, die erforderlichen Mittel zu beschaffen. Ein Vorabzug des eigenen angemessenen Unterhalts kommt aus den o. angeführten Gründen nicht in Betracht, solange die vorrangige Haftung des anderen Ehegatten (§ 1608) besteht.

9 Eine Beitragspflicht kann ganz oder in der Form des Familienunterhalts entfallen (vgl. *KG* FamRZ 1973, 262 m. w. N.), wenn die Voraussetzungen für eine gemeinschaftliche Bedarfsdeckung fehlen, ohne daß die Ehegatten getrennt leben (dann § 1361), z. B. im Vorstadium der Scheidung. Das kann außerdem der Fall sein, wenn beide über Einkünfte verfügen und ein gemeinschaftlicher Haushalt nicht besteht, z. B. wenn beide im Altersheim versorgt werden oder ständig im Hotel leben. Ein Unterhaltsanspruch wird außerdem ganz oder teilweise nicht gegeben sein, wenn ein Ehegatte seinen Beitrag weder durch Arbeit noch aus Vermögen aufbringen kann und auch eine Abgeltung durch Führung des Haushalts ausgeschlossen ist.

4 Art der Unterhaltswährung

4.1 Unterhaltsbeitrag durch Arbeit

10 Die Ehegatten sind verpflichtet, durch ihre Arbeit und mit ihrem Vermögen die Familie angemessen zu unterhalten. Die Aufzählung der Unterhaltsquellen stellt keine Rangfolge dar. Ein Ehegatte ist nach § 1360 grundsätzlich nicht verpflichtet, den Unterhaltsbeitrag durch Arbeit aufzubringen, wenn er über Einkünfte aus seinem Vermögen verfügt, die dem Wert seiner möglichen Arbeitsleistung entsprechen. Einschränkungen können sich aus den allgemeinen Grundsätzen der Verpflichtung zur ehelichen Lebensgemeinschaft ergeben. So kann die gebotene Rücksichtnahme auf den anderen Ehegatten (vgl. Rdnr. 17 zu § 1353) den vorrangigen Einsatz der Arbeitskraft erfordern, z. B. wenn durch die Verwertung des Vermögens der Ehe die wirtschaftliche Grundlage entzogen würde, oder wenn abzusehen ist, daß der Ehegatte nach Verwertung seines Vermögens im wesentlichen auf Unterhaltsleistungen des anderen angewiesen wäre.

11 Ob und welcher Erwerbstätigkeit ein Ehegatte nachzugehen hat, läßt sich nur nach den Umständen des Einzelfalls beurteilen. Anhaltspunkte sind Berufsausbildung, Alter, Gesundheitszustand, Lebensstellung der Eheleute u. ä. Über das im ausgeübten Beruf übliche Maß braucht ein Ehegatte in der Regel nicht zu arbeiten; Ausnahmen sind möglich, z. B. um erhöhte Aufwendungen bei Krankheitsfällen zu bestreiten. Berufswechsel und Umschulung sind dem Unterhaltspflichtigen zuzumuten, wenn sie im Rahmen seiner Vorbildung und seiner Fähigkeiten liegen. Eine Verpflichtung zu erhöhter Erwerbstätigkeit ist zu verneinen, wenn das zusätzliche Einkommen der Befriedigung von Bedürfnissen dienen soll, die dem Zuschnitt der Lebensführung der Eheleute nicht mehr entsprechen (*Streck* S. 136).

12 Wie nach bisherigem Recht kann die Verpflichtung, zum Unterhalt durch Erwerbstätigkeit oder Vermögen beizutragen, durch die Führung des Haushalts abgegolten werden (§ 1360 Satz 2). Allerdings handelt es sich nicht mehr um ein »Vorrecht« der Frau, nachdem der Grundsatz der Hausfrauenehe in § 1360 S. 2 a. F. entfallen ist. Die Frage, welcher Ehegatte die Haushaltsführung übernimmt, ist von den Ehegatten einvernehmlich zu regeln (§ 1356 Abs. 1). Eine Einschränkung der sonst freien Ausgestaltung der ehelichen Beziehungen kann sich aus § 1356 Abs. 2 ergeben, wenn die Rücksichtnahme auf den anderen Ehegatten und die Familie eine bestimmte Rollenverteilung (zumindest zeitweise) gebietet. § 1360 S. 2 setzt voraus, daß die Haushaltsführung einem der Ehegatten überlassen ist. Das bedeutet nicht, daß die Eheleute eine förmliche Vereinbarung über die Haushaltsführung getroffen haben müssen; es genügt, wenn sie faktisch eine Arbeitsteilung vollziehen, wie sie § 1360 S. 2 entspricht (Amtl. Begr. S. 98). Die Regelung ist auch anwendbar, wenn die Haushaltsführung dem Ehegatten nur zum Teil obliegt oder wenn beide Ehegatten zu gleichen oder unterschiedlichen Anteilen den Haushalt führen.

13 Sind beide Ehegatten berufstätig, wozu sie nach § 1356 Abs. 2 grundsätzlich berechtigt sind, dann tragen beide entsprechend ihren Einkünften zum Unterhalt bei. Die Haushaltsführung obliegt beiden; eine Doppelbelastung des einen Ehegatten durch Haushalt und Berufstätigkeit entspricht nicht den Grundsätzen der ehelichen Lebensgemeinschaft. Beteiligt sich ein Ehegatte in stärkerem Umfang an der Haushaltsführung, so wirkt sich das auf seinen Beitrag aus der Erwerbstätigkeit mindernd aus (*BGH* NJW 1957, 537). Die aus der Erwerbstätigkeit beider Ehegatten erwirtschafteten Rücklagen stehen dem Ehegatten zu, der nach Abzug seines Unterhaltsbeitrages einen Überschuß erzielt hat, wobei es gleichgültig ist, auf wessen Namen die Anlage erfolgt ist. Wird z. B. das Einkommen eines Ehegatten auf sein Sparkonto eingezahlt, das des anderen im Haushalt verwendet, so sind doch beide Ehegatten an dem Sparkonto in Bruchteilsgemeinschaft berechtigt (*BGH* FamRZ 1966, 442). Dasselbe wird in der Regel gelten, wenn die Ehegatten unter Einsatz gemeinsamer Mittel und der Hausarbeit ein Haus errichten (*BGH* FamRZ 1966, 91; vgl. Rdnr. 37 ff. zu § 1356). Beschäftigen berufstätige Eheleute Personal zur Haushaltsführung, so handelt es sich um Aufwendungen für den Haushalt, die von beiden zu tragen sind. Die Auffassung, diese Aufwendungen seien »auf seiten der Frau« zu berücksichtigen (*OLG Hamm* FamRZ 1962, 318; *Palandt-Diederichsen* § 1360 Anm. 3), war schon für das bisher geltende Recht abzulehnen (jedenfalls wenn die Berufsausübung beider einvernehmlich erfolgte); auf Grund der neugefaßten §§ 1356 Abs. 2, 1360 Satz 2 ist sie nicht vertretbar (auch nicht modifiziert: zu Lasten des jeweils Haushaltsführenden).

14 Die Haushaltsführung durch einen Ehegatten ist regelmäßig eine der sonstigen Arbeitsleistung gleichwertige und im allgemeinen nicht ergänzungsbedürftige Beitragsleistung zum Familienunterhalt (Amtl. Begr. S. 99). Die qualitative Gleichwertigkeit ist Ausdruck der Verpflichtung zur ehelichen Lebensgemeinschaft; sie soll eine »marktwirtschaftliche« Bewertung der Tätigkeit im Haushalt und einen rechnerischen Ausgleich zwischen den Ehegatten im Rahmen des § 1360 ausschließen (*Gernhuber* § 21 I 5; *Krüger* FamRZ 1960, 180). Diese qualitative Gleichsetzung der Leistungen ohne Rücksicht auf den wirtschaftlichen »Wert« der Haushaltstätigkeit ist nur vertretbar im Verhältnis der Ehegatten zueinander. Eine konkrete Bewertung muß stattfinden, wenn die Haushaltstätigkeit Faktor bei der Schadensberechnung ist (vgl. Rdnr. 18).

15 Die Gleichwertigkeit der Haushaltstätigkeit gilt nicht nur, wenn ein Ehegatte ausschließlich im Haushalt tätig ist, sondern auch wenn beide erwerbstätig sind. Die Haushaltstätigkeit kann ihren Charakter nicht dadurch verlieren, daß daneben noch eine Erwerbstätigkeit ausgeübt wird (*Streck* S. 140 m. w. N.). Wenn die Gesamtleistung des Ehegatten zur Deckung des Lebensbedarfs erforderlich ist (vgl. Rdnr. 17), dann deckt die der Erwerbstätigkeit gleichwertige Haushaltstätigkeit nur einen Teil des Unterhaltsbeitrags. Eine konkrete Berechnung des Anteils kommt hier, wie in anderen Fällen, in Betracht, wenn die Haushaltstätigkeit Gegenstand der Schadensberechnung ist (unklar bei *Gernhuber* § 21 I 5; vgl. *Fenn,* FamRZ 1975, 491; *Krüger* FamRZ 1960, 180).

16 Im übrigen stellt § 1360 lediglich eine Regel auf. Die Vorschrift geht von der im allgemeinen zutreffenden Annahme aus, daß die Führung des Haushalts den nicht erwerbstätigen Ehegatten weitgehend auslastet. Liegen die tatsächlichen Verhältnisse erheblich anders (z. B. bei geringer Belastung durch den Haushalt in einer kinderlosen Ehe), kann angenommen werden, daß die Haushaltsführung nicht den gesamten geschuldeten Beitrag darstellt. Ein nachträglicher Ausgleich der überschießenden Leistung des anderen Ehegatten wird gleichwohl nicht in Betracht kommen, wenn die Ehegatten ihre Lebensführung einvernehmlich in dieser Weise eingerichtet haben (§ 1360 b). Reicht das Einkommen des erwerbstätigen Ehegatten zur Bestreitung des Unterhalts nicht aus, muß von dem haushaltsführenden Ehegatten ein zusätzlicher Beitrag (z. B. Teilzeitbeschäftigung) erwartet werden. Freilich darf dies nicht zu einer Doppelbelastung führen; der erwerbstätige Ehegatte muß den anderen von der Haushaltsführung entsprechend entlasten.

17 Streitig ist, ob der haushaltsführende Ehegatte, der einer Erwerbstätigkeit nachgeht, ohne dazu nach § 1360 verpflichtet zu sein, aus diesen Einkünften einen Beitrag zum Familienunterhalt zu leisten hat. Der *BGH* bejaht das (*BGH* FamRZ 1957, 92; VersR 1969, 469; FamRZ 1967, 380; FamRZ 1974, 366). Die Rechtsprechung hat Widerspruch gefunden (*Göhring* FamRZ 1968, 232; FamRZ 1975, 635).

Die vom *BGH* aufgestellten Grundsätze sind in ihrer allgemeinen, undifferenzierten Aussage nicht zu billigen. Auch die Vorfrage, ob eine Erwerbstätigkeit als Unterhaltsbeitrag geschuldet wird, ist je nach Fallgestaltung unterschiedlich zu sehen.

Wenn ein Ehegatte nicht gehalten ist, einer Erwerbstätigkeit nachzugehen, werden die Einkünfte in aller Regel nicht Gegenstand einer Beitragspflicht sein. Der Beitrag nach § 1360 dient der Deckung des Lebensbedarfs. Besteht eine Bedarfslücke, die zu dekken ist, und ist der Ehegatte neben der Haushaltstätigkeit in der Lage, erwerbstätig zu sein, dann wird im allgemeinen eine Pflicht zur Erwerbstätigkeit bestehen.

Nun ist bei intakter Ehe der aktuelle Bedarf der Familiengemeinschaft keine objektive Größe. Er richtet sich nach dem Lebenszuschnitt, den die Ehegatten einvernehmlich gestalten. Entschließen sie sich zu einer Lebensart, deren Finanzierung zusätzliche Aufwendungen erfordert, ist jeder Teil gehalten, zur Aufbringung der Mittel, auch durch Erwerbstätigkeit neben der Haushaltsführung, beizutragen. Geschuldet ist dann die Erwerbstätigkeit, und das Einkommen ist Beitrag zum Familienunterhalt. Wenn der *BGH* von einer nicht geschuldeten Tätigkeit ausgeht (*BGH* FamRZ 1974, 366), so ist das nur insofern richtig, als die Pflicht zur Erwerbstätigkeit aus einem durch Konsens über den Lebenszuschnitt fixierten Lebensbedarf resultiert. Solange der Konsens besteht, handelt es sich um einen gesetzlichen Unterhaltsbeitrag (bedenklich die Begründung *BAG* FamRZ 1975, 488; dagegen zutreffend die Anmerkung von *Fenn* FamRZ 1975, 491). Fehlt ein solcher Zusammenhang zwischen der Erwerbstätigkeit und dem geplanten Lebensbedarf, dann kann sich die Erwerbstätigkeit neben der Haushaltsführung als ein zusätzlicher Beitrag darstellen, insbesondere wenn der Ehegatte eine Arbeit aufnimmt, weil der andere Teil seinen Beitrag nicht oder unzureichend leistet. Dann ist diese zusätzliche Erwerbstätigkeit nicht geschuldet, der Ehegatte ist nicht verpflichtet, die Einkünfte als Beitrag zum Familienunterhalt nach § 1360 bereitzustellen. In diesen Fällen würden die vom *BGH* aufgestellten Grundsätze zu dem nicht tragbaren Ergebnis führen, daß der doppelt belastete Ehegatte den seine Pflichten vernachlässigenden Ehegatten auch rechtlich entlasten würde (vgl. zutreffend *Göhring* FamRZ 1975, 635).

4.2.1 Schadensersatz wegen Beeinträchtigung der Haushaltsführung

18 Wird ein Ehegatte, dem die Haushaltsführung oblag, verletzt oder getötet, hat der Schädiger im Rahmen der Verpflichtung zum Schadensersatz auch den aus der Beeinträchtigung der Haushaltsführung entstandenen Schaden zu ersetzen. Das gilt für jeden der Ehegatten, der die Haushaltsführung übernommen hatte. Eine Unterscheidung zwischen dem haushaltsführenden Ehemann und der haushaltsführenden Ehefrau ist nicht gerechtfertigt. Die von der Rechtsprechung nach bisherigem Recht für den Ausfall der Hausfrau entwickelten Grundsätze (vgl. Übersicht bei *Weyer*

DRiZ 1971, 261 m. w. N.) gelten insoweit gleichermaßen für den Ehemann. Die Haushaltsführung ist eine besondere Art der Unterhaltserfüllung, die auch vom Ehemann erbracht werden kann. Im einzelnen gilt folgendes:

4.2.2 Verletzung des Ehegatten

19 Wird der haushaltführende Ehegatte verletzt, steht ihm ein eigener Schadensersatzanspruch wegen Beeinträchtigung in der Führung des Haushalts zu (§ 842 oder § 843 je nach Fallgestaltung); der andere Ehegatte hat insoweit keinen Anspruch nach § 844 (*BGH* NJW 1962, 2248; *BGH* NJW 1968, 1823; *BGH* VersR 1969, 565). Für die Bemessung des Schadensersatzanspruchs kommt es nicht darauf an, welche Arbeitsleistung der Ehegatte gesetzlich geschuldet, sondern welche er tatsächlich erbracht hat (*BGH* NJW 1974, 1651 mit Anm. von *Denck* NJW 1974, 2280 zur Abgrenzung des »Erwerbschadens« von den »vermehrten Bedürfnissen« vgl. *BGH* FamRZ 1975, 30 mit Anm. von *Grassmann*).

4.2.3 Tod des Ehegatten

20 Wird der haushaltführende Ehegatte getötet, hat der Schädiger den Schaden zu ersetzen, der dem anderen Ehegatten durch den Wegfall der gesetzlich geschuldeten Unterhaltsleistung (in Form der Haushaltsführung) entsteht (§ 844 Abs. 2). § 845 ist nicht anwendbar, da der Ehegatte keine »unentgeltlichen« Dienstleistungen erbringt (*BGH* Gr. Senat FamRZ 1968, 507; *BGH* NJW 1969, 321). Gehören zum Haushalt Kinder, so ist die Leistung des Getöteten im Haushalt zu bewerten. Der andere Ehegatte und die Kinder haben anteilmäßig eigene Ansprüche, die Kinder wegen Wegfalls der gesetzlichen Unterhaltspflicht nach §§ 1601, 1606 (*BGH* NJW 1965, 1710 mit Anm. v. *Féaux de la Croix; BGH* VersR 1970, 41; *BGH* NJW 1972, 1716). Bei teilweiser Erwerbstätigkeit des haushaltführenden Ehegatten ist der Schaden unter Berücksichtigung von Haushaltsführung und Arbeitsentgelt zu ermitteln, soweit der Ehegatte verpflichtet war, Barmittel zum Unterhalt zur Verfügung zu stellen (*BGH* NJW 1972, 1716). Der überlebende Ehegatte ist zur Schadensminderung verpflichtet, auch durch Aufnahme einer zumutbaren Erwerbstätigkeit (*BGH* FamRZ 1976, 328).

4.2.4 Bemessung der entfallenen Leistungen im Haushalt

21 Bei Ausfall des den Haushalt führenden Ehegatten durch Verletzung oder Tod ist der Wert der erbrachten Leistungen auf Grund der Aufwendungen zu ermitteln, die für eine »gleichwertige« Ersatzkraft benötigt werden, wobei eine fiktive Berechnung ausreicht (*BGH* NJW 1962, 2248; *BGH* Gr. Senat FamRZ 1968, 507; *BGH* VersR 1970, 41; *BGH* NJW 1972, 1716). Hier verliert die Gleichwertigkeit von Haushaltsarbeit des einen und Erwerbstätigkeit des anderen Ehegatten (vgl. Rdnr. 14) ihre Grundlage. Es kommt zu einer konkreten Berechnung. Der Wegfall der

eigenen Unterhaltspflicht gegenüber dem anderen Ehegatten und sonstigen durch den Ausfall eingetretenen Vermögensverschiebungen sind nach den Grundsätzen der Vorteilsausgleichung zu bestimmen (*BGH* NJW 1971, 2066; *BGH* NJW 1974, 1236; *BGH* NJW 1972, 1716; vgl. auch *Wussow* NJW 1970, 1393; *Eckelmann* NJW 1971, 355 und MDR 1976, 103).

4.3 Unterhaltsbeitrag aus Vermögen

22 Nach § 1360 a. F. bestand eine Verpflichtung der Ehegatten für den Unterhalt der Familie auch das Vermögen einzusetzen. Freilich war eine Rangfolge im Verhältnis zur Erwerbstätigkeit vorgesehen. Primär waren die Einkünfte der Ehegatten (u. U. auch der Stamm des Vermögens) einzusetzen, erst danach konnte eine Erwerbstätigkeit der Ehefrau in Betracht gezogen werden. Diese Differenzierung ist entfallen. Die für Ehemann und Ehefrau nunmehr gleiche Verpflichtung, das Vermögen für den Unterhalt einzusetzen, bedeutet aber nicht, daß ein Ehegatte von dem anderen schrankenlos jede Verwertung des Vermögens verlangen kann. Eine Einschränkung kann sich aus den allgemeinen Grundsätzen der ehelichen Lebensgemeinschaft ergeben, die auch in vermögensrechtlichen Angelegenheiten die gebotene Rücksichtnahme voraussetzt. Eine Verwertung wird z. B. nicht in Betracht zu ziehen sein, wenn sie völlig unwirtschaftlich wäre, u. U. auch wenn der Erlös nicht im angemessenen Verhältnis zum immateriellen Wert steht (vgl. *Gernhuber* § 21 I 6).

5 Reihenfolge der Unterhaltspflichtigen

23 Ehegatten haften einander für den Unterhalt grundsätzlich vorrangig. Der Vorrang tritt zurück, wenn der Verpflichtete bei Berücksichtigung seiner sonstigen Verpflichtungen außerstande ist, ohne Gefährdung seines angemessenen Unterhalts den Unterhalt zu gewähren. In diesem Fall haften die Verwandten des Bedürftigen vor dem Ehegatten (§ 1608). Im Verhältnis zu minderjährigen unverheirateten Kindern ist der Ehegatte gleichrangig berechtigt; anderen Kindern und Verwandten geht er vor (§ 1609 Abs. 2 S. 1; § 850 d ZPO). Der Ehegatte hat weiter einen Vorrang im Verhältnis zu den Ansprüchen der Mutter eines nicht ehelichen Kindes, dessen Vater der Ehemann ist (§ 1615 l Abs. 3). Kommt eine vorrangige Haftung Dritter nicht in Betracht, hat der verpflichtete Ehegatte mit dem anderen auch unter Gefährdung des eigenen angemessenen Unterhalts alles zu teilen.

6 Ergänzende Bestimmungen

24 Der bürgerlich-rechtliche Unterhaltsanspruch nach §§ 1360 ff. ist zugrunde zu legen, wenn im öffentlichen Recht unterhaltsrechtliche Vorfragen eine Rolle spielen, so insbesondere im Sozialrecht, Sozialversicherungsrecht, Beamtenversorgungsrecht. Soweit im öf-

fentlichen Recht vorausgesetzt wird, daß eine Unterhaltspflicht des einen Ehegatten gegen den anderen bezogen auf dessen individuellen Lebensbedarf besteht, kann § 1360, der auf eine kollektive Bedarfsdeckung ausgerichtet ist (vgl. Rdnr. 3) nur in modifizierter Form als Ausgangspunkt dienen. Wie in den Fällen, in denen die Unterhaltsleistung als Schadensfaktor auftritt, muß dann eine Individualisierung von Bedarf und Beitrag jedes Ehegatten stattfinden. So ist bei dem Anspruch auf Familienunterhalt nach § 205 RVO zu prüfen, ob der Ehegatte aus seinem Unterhaltsbeitrag seinen eigenen Unterhaltsbedarf decken kann; wenn das nicht der Fall ist, kann er Familienhilfe in Anspruch nehmen (*BSG* NJW 1964, 319; *LSozG Celle* FamRZ 1959, 503 mit Anm. v. *Brühl; vgl. Otten* FamRZ 1957, 73).

Der Unterhaltsanspruch als solcher (Stammrecht) verjährt nicht; für Rückstände aus der Unterhaltspflicht gilt die Verjährungsfrist von 4 Jahren (§ 197).

Die Verletzung der Unterhaltspflicht kann strafrechtlich relevant sein (§ 170 b StGB).

7 Recht der DDR

25 Die Verpflichtung, Familienunterhalt zu leisten, ist in der DDR in § 12 FGB geregelt. Für den Unterhalt bei Getrenntleben gelten §§ 17 ff., für den nachehelichen Unterhalt die §§ 29 ff. § 12 verwendet für den Familienunterhalt den Begriff »Aufwendungen«; man geht davon aus, daß der Unterhalt in Form eines Anspruchs nur bei »unvollständigen« Familien in Betracht kommt, während § 12 FGB die Zuführung der Mittel zum »Familienfonds« meint (Komm. z. FGB § 12, 1). Abweichend von § 1360 gehören die im Haushalt lebenden volljährigen Kinder generell zur Familie ebenso die Stiefkinder (Komm. z. FGB § 12, 2. 2). Anders als das Recht nach BGB regelt § 12 FGB auch die Verpflichtung des Kindes, zum Familienunterhalt beizutragen.

Zu den Aufwendungen i. S. des § 12 FGB zählen auch Ausgaben für einen Prozeßkostenvorschuß und Unterhaltsleistungen eines Ehegatten an Dritte, auch wenn der andere Ehegatte insoweit nicht unterhaltsverpflichtet ist (*Göldner* NJ 1966, 468).

(1) Der angemessene Unterhalt der Familie umfaßt alles, was nach den Verhältnissen der Ehegatten erforderlich ist, um die Kosten des Haushalts zu bestreiten und die persönlichen Bedürfnisse der Ehegatten und den Lebensbedarf der gemeinsamen unterhaltsberechtigten Kinder zu befriedigen.

(2) Der Unterhalt ist in der Weise zu leisten, die durch die eheliche Lebensgemeinschaft geboten ist.
Die Ehegatten sind einander verpflichtet, die zum gemeinsamen Unterhalt der Familie erforderlichen Mittel für einen angemessenen Zeitraum im voraus zur Verfügung zu stellen.

(3) Die für die Unterhaltspflicht der Verwandten geltenden Vorschriften der §§ 1613 bis 1615 sind entsprechend anzuwenden.

(4) Ist ein Ehegatte nicht in der Lage, die Kosten eines Rechtsstreits zu tragen, der eine persönliche Angelegenheit betrifft, so ist der andere Ehegatte verpflichtet, ihm diese Kosten vorzuschießen, soweit dies der Billigkeit entspricht. Das gleiche gilt für die Kosten der Verteidigung in einem Strafverfahren, das gegen einen Ehegatten gerichtet ist.

Literatur:

Beitzke, Wer schuldet das Arzthonorar für Behandlung einer Ehefrau?, MDR 1951, 262; *Bertram-Martens*, Zum Verhältnis von Unterhaltsrecht und Anrechnungsvorschriften im Ausbildungsförderungsgesetz, FamRZ 1971, 553; *Blanke*, Ausbildungsförderung und Unterhaltsrecht, FamRZ 1969, 394; *Boehmer*, Soll das Stiefkind auch weiter ein »Stiefkind« der Gesetzgebung bleiben, FamRZ 1955, 125; Die »erbrechtliche Lösung« des § 1371 BGB n. F. im Lichte des Stiefkinderproblems (§ 1371 IV), FamRZ 1961, 41; *Bosch*, Freiheit und Bindung im neuen deutschen Familienrecht, FamRZ 1958, 81; *Brühl*, Der Familienunterhalt nach dem Gleichberechtigungsgesetz, FamRZ 1957, 277; *Deubner*, Die Entscheidung über den Ehegattenunterhalt gemäß § 627 ZPO, NJW 1968, 924; *Gernhuber*, Die Schwägerschaft als Quelle gesetzlicher Unterhaltspflichten, FamRZ 1955, 193; *Grob*, Die familienrechtlichen Unterhalts- und Unterstützungsansprüche des Studenten, 1975; *Höring*, Anspruch der Witwe auf Entschädigung für entgangene Zukunftssicherung, VersR 1955, 72; *Jung*, Unterhaltspflichten und Ausbildungsförderung, FamRZ 1974, 513; *Kallenborn*, Die Prozeßkostenvorschußpflicht unter Ehegatten im internationalen und ausländischen Privatrecht, 1968; *Koch*, Prozeßkostenvorschußpflicht der Ehegatten in »persönlichen Angelegenheiten« (§ 1360 a Abs. 4 BGB), NJW 1974, 87; *Köhler*, Handbuch des Unterhaltsrechts, 1972; *Knorn*, Der Unterhaltsanspruch des verheirateten Studenten gegen den Ehegatten und die Eltern, FamRZ 1966, 603; *Krüger*, Erlöschen des Waisengeldes und Wegfall des Kinderzuschlags bei Heirat des Kindes, FamRZ 1966, 398; *Künkel*, Der Prozeßkostenvorschuß FamRZ 1964, 550; *Maßfeller*, Der Gleichberechtigungsgrundsatz mit Ausnahme des ehelichen Güterrechts, DNotZ 1957, 342; *Meier-Scherling*, Das Taschengeld der Ehefrau, FamRZ 1959, 392; *Motsch*, Grundgesetzwidrige Behinderungen der Eheschließungsfreiheit durch versorgungs-

und besoldungsrechtliche Vorschriften, FamRZ 1966, 401; *Pastor*, Die Prozeßkostenvorschußpflicht der Ehegatten nach dem Gleichberechtigungsgesetz (GlBG), FamRZ 1958, 298; Armenrechtsverfahren und Prozeßkostenvorschuß nach § 1360 a Abs. IV BGB, FamRZ 1960, 260; *Ruland*, Die Beziehungen zwischen familiärem Unterhalt und Leistungen der sozialen Sicherheit, FamRZ 1972, 537; *Weimar*, Gilt das Pfändungsvorrecht des § 850 d ZPO für den Anspruch auf Zahlung des Prozeßkostenvorschusses und Erstattung der Prozeßkosten im Rahmen eines Unterhaltsrechtsstreits?, NJW 1959, 2102; *Wilts*, Der Ehegattenunterhalt nach § 627 ZPO, NJW 1967, 428.

Überblick

1 § 1360 a ist durch Art. 1 Nr. 8 GleichberG eingefügt worden. Absatz 1 bestimmt, was als angemessener Unterhalt anzusehen ist. Absatz 2 regelt die Art und Weise der Leistung; sein Satz 1 entspricht inhaltlich dem § 1360 Abs. 3 Satz 1 a. F., Satz 2 ist durch das 1. EheRG dahin geändert worden, daß die Pflicht zur Vorleistung des Wirtschaftsgeldes nicht nur den Mann, sondern beide Ehegatten gleich trifft. Absatz 3 entspricht weitgehend § 1360 Abs. 3 Satz 2 a. F.; der durch das GleichberG neu eingefügte Absatz 4 hat den Streit über die Rechtsgrundlage eines Prozeßkostenvorschusses gegenstandslos gemacht. Der RegE sah eine Einschränkung vor. Danach sollte eine Prozeßkostenvorschußpflicht nicht bestehen für Rechtsstreitigkeiten unter Ehegatten. Der Vorschlag ist nicht Gesetz geworden.

2 Angemessener Familienunterhalt

2 Zum Familienunterhalt gehören die Kosten des Haushalts, die persönlichen Bedürfnisse der Ehegatten und der Lebensbedarf der gemeinsamen unterhaltsberechtigten Kinder. Der Wortlaut erweckt den Eindruck, als sei der Begriff des Familienunterhalts für die Ehegatten und die Kinder nicht einheitlich zu verstehen. So wird denn auch die Auffassung vertreten, daß der Anspruch der Ehegatten auf Familienunterhalt (im Gegensatz zum Anspruch für die Kinder) nicht den »gesamten Lebensbedarf« umfasse, da der Begriff der »persönlichen Bedürfnisse« enger sei (*Blanke* FamRZ 1969, 394; *Motsch* FamRZ 1966, 401). Diese Auffassung ist nicht überzeugend. Die Bedürfnisse der einzelnen Familienmitglieder lassen sich gegenständlich nicht begrenzen. Auch der Anspruch der geschiedenen Ehegatten erstreckt sich auf den »gesamten Lebensbedarf« (§ 1578 Abs. 1 Satz 2). Es wäre unverständlich, wenn der Unterhaltsanspruch eines geschiedenen Ehegatten einen gegenständlich weitergehenden Umfang hätte als der wechselseitige Unterhaltsanspruch der Ehegatten in einer intakten Familie. Es ist deshalb davon auszugehen, daß § 1360 a Abs. 1 auf die Deckung des gesamten Lebensbedarfs der Kinder und der Ehegatten gerichtet ist. Die Kosten des Haushalts und die persönlichen Bedürfnisse stehen als wichtigste Bestandteile für den gesamten Lebensbedarf.

3 Welcher Standard für die persönlichen Bedürfnisse und den Zuschnitt der Haushaltsführung angemessen ist, richtet sich nach den Verhältnissen der Ehegatten. Dabei ist kein kleinlicher Maßstab anzulegen. Auszugehen ist von Verhältnissen, wie sie bei Familien mit vergleichbarem Einkommensniveau und vergleichbarem Lebenszuschnitt üblich sind. Das bedeutet, daß die subjektive Vorstellung eines der Ehegatten nicht maßgebend sein kann, auch dann nicht, wenn er der alleinverdienende Teil ist. Einverständliches Abweichen von dem Üblichen ist nicht ausgeschlossen. Im einzelnen gehören dazu: Aufwendungen für eine angemessene

Wohnung (*OLG Hamm* FamRZ 1967, 174). Ob Aufwendungen zur Errichtung oder zum Erwerb eines Eigenheims zum Familienunterhalt zu rechnen sind, ist umstritten (verneinend: *BGH* NJW 1966, 2401; *Palandt-Diederichsen* § 1360 a, 1 b; bejahend: *Erman-Heckelmann* § 1360 a, 3). Generell verneinen kann man die Zuordnung solcher Aufwendungen zum Familienunterhalt nicht, auch wenn häufig die Voraussetzungen fehlen dürften. Leben die Ehegatten in Verhältnissen, wo das Wohnen in einem Eigenheim zum »Lebensstil« gehört, und fordert die gegenseitige Rücksichtnahme der Eheleute eine solche Anschaffung, wird man sie zum Lebensbedarf rechnen müssen.

4 Zum Familienunterhalt zählen die Aufwendungen für die Anschaffung und Erhaltung der Wohnungseinrichtung, Aufwendungen für die Lebenshaltung, Wirtschaftsgeld, Kleidung einschließlich der Berufskleidung, Arztkosten (*Beitzke* MDR 1951, 262) sowie sonstige Krankheits- und Kurkosten. Generell kann man annehmen, daß Aufwendungen, die ein Ehegatte im Rahmen der Schlüsselgewalt wirksam machen kann, zum Familienunterhalt gehören (*Soergel-Lange* § 1360 a, 3 – vgl. Rdnr. 11 ff. zu § 1357). Angemessenes Taschengeld für die Ehegatten und die Kinder (*RG* 97, 288; *Meier-Scherling* FamRZ 1959, 392), die Ausgaben für Familienreisen (*OLG Düsseldorf* FamRZ 1967, 43), für geselligen Verkehr, Befriedigung religiöser, kultureller und politischer Bedürfnisse (*Maßfeller* DNotZ 1957, 349) sowie für Sport und Freizeitbetätigung (*Brühl* FamRZ 1957, 277) gehören dazu, wobei im Einzelfall zu entscheiden ist, welche Ausgaben unter Berücksichtigung der gesamten Bedürfnisse der Familie Priorität genießen. Bei entsprechenden Verhältnissen kann auch die Anschaffung von Luxusgegenständen eine Unterhaltspflicht sein (*KG OLG* 21, 243; *OLG Bamberg* FamRZ 1973, 200), ebenso das Halten eines Autos, unter Umständen auch eines Zweitwagens.

5 Ob die Bezahlung von Schulden eines Familienmitgliedes unter § 1360 a fällt, hängt vom Schuldgrund ab. Ist ein Familienmitglied Verpflichtungen eingegangen, die ein anderes Familienmitglied von der Unterhaltspflicht entlasten, kann es vom Verpflichteten Freistellung verlangen. Andere Schulden muß jeder Teil selbst tragen, so insbesondere Geldstrafen und Bußen (*LG Essen* FamRZ 1970, 494). Die Unterstützung bedürftiger Verwandter gehört in der Regel nicht zum Lebensbedarf.

3 Unterhalt für Ausbildungszwecke

6 Unstreitig gehören die Aufwendungen für die Erziehung und Ausbildung der Kinder zum Familienunterhalt. Das folgt aus § 1610 Abs. 2. Der Unterhaltsanspruch des Kindes, der diese Aufwendungen umfaßt, wird im Verhältnis der Ehegatten zueinander Bestandteil des Familienunterhalts.

7 Umstritten ist, unter welchen Voraussetzungen ein Ehegatte verpflichtet ist, dem anderen Ehegatten Unterhalt zu leisten, um ihm eine Ausbildung oder Fortbildung zu ermöglichen. Praktische Bedeutung haben vor allem folgende Fälle erlangt: Ein Ehegatte, der die Ausbildung des anderen finanziert hat, verlangt einen Ausgleich, nachdem die Ehe gescheitert ist; der studierende Ehegatte erhält keine Förderung aus öffentlichen Mitteln mit der Begründung, sein Ehegatte könne die Ausbildung finanzieren; der Träger gewährt die Mittel und nimmt Rückgriff gegen den Ehegatten.

8 Für den nachehelichen Unterhaltsanspruch ist eine Verpflichtung, Ausbildungsunterhalt zu leisten, nunmehr ausdrücklich geregelt (§§ 1575, 1578 Abs. 2). Bereits für das bisher geltende Recht wurde zu § 58 EheG (aber auch zum Unterhaltsanspruch nach § 1361) eine solche Verpflichtung nicht grundsätzlich ausgeschlossen (*OLG Celle* FamRZ 1962, 25; *LG Bonn* FamRZ 1961, 314; *Staudinger-Hübner* § 1361, 28). Im Rahmen des Familienunterhalts nach § 1360 ist ein Anspruch auf Ausbildungsunterhalt überwiegend verneint worden (*Erman-Heckelmann* § 1360 a, 2; *Soergel-Lange* § 1360 a, 3; *Bertram-Martens* FamRZ 1971, 553; *Blanke* FamRZ 1969, 394; *Krüger* FamRZ 1966, 398; a. A.: *OLG Düsseldorf* OLG 1966, 283; *Gernhuber* § 21 I 9; *Brühl-Göppinger-Mutschler,* S. 478; offenbar auch *Bosch* FamRZ 1967, 159; *Knorn* FamRZ 1966, 603; offengelassen in *BVerfG* FamRZ 1970, 470; *Motsch* FamRZ 1966, 401).

Die zum nachehelichen Ausbildungsunterhalt entwickelten Grundsätze lassen sich auf den Familienunterhalt, der eine intakte Familiengemeinschaft voraussetzt, nicht ohne weiteres übertragen. Der Ausbildungsunterhalt eines geschiedenen (oder getrenntlebenden) Ehegatten soll diesen in die Lage versetzen, eine angemessene Erwerbstätigkeit auf Dauer (§ 1573 Abs. 4) ausüben zu können, damit die unterhaltsrechtlichen Beziehungen zwischen den Ehegatten endgültig gelöst werden (*OLG Celle* FamRZ 1962, 25). Dieser Zweck fehlt bei einer intakten Familiengemeinschaft. Deshalb muß die Frage des Ausbildungsunterhalts für den Anwendungsbereich des § 1360 eigenständig beantwortet werden.

9 Grundsätzliche Bedenken dagegen, daß §§ 1360, 1360 a begrifflich die Aufwendungen für den Ausbildungsunterhalt erfassen, bestehen nicht. Die Aufwendungen setzen sich zusammen aus den Kosten des Lebensbedarfs, die auch dann als Haushaltskosten anzusehen sind, wenn sie zusätzlich am Studienort anfallen, und aus den unmittelbar für die Ausbildung benötigten Aufwendungen, z. B. Lernmittel (vgl. § 1578 Abs. 2). Im letzteren Fall handelt es sich um persönliche Bedürfnisse des Ehegatten (*Brühl-Göppinger-Mutschler,* 478; *Knorn* FamRZ 1966, 603; *Krüger* FamRZ 1966, 398; a. A. *Blanke* FamRZ 1969, 394; *Motsch* FamRZ 1966, 401 will § 1360 allenfalls analog anwenden, da der Begriff der persönlichen Bedürfnisse in § 1360 a enger sei als der Begriff des »gesamten Lebensbedarfs« in § 1610 Abs. 2), zumindest aber um sonstige Aufwendungen für den »gesamten Lebensbedarf« (vgl.

dazu Rdnr. 2). Das Problem des Ausbildungsunterhalts liegt also nicht in der begrifflichen Zuordnung der Aufwendungen in den Katalog des § 1360 a, sondern in der allgemeinen Frage, ob der Ehegatte wegen der beabsichtigten Ausbildung von der Pflicht, seinen Beitrag zum Familienunterhalt zu leisten, freigestellt werden kann mit der Folge, daß der andere Teil dessen Lasten mit übernehmen muß. Das ist nach § 1360 in Verbindung mit §§ 1353, 1356 zu beurteilen. Grundsätzlich sind beide Ehegatten verpflichtet, zum Familienunterhalt beizutragen. Will der Ehegatte statt dessen sich aus- oder fortbilden lassen, so bedarf dies einer Rechtfertigung aus der ehelichen Lebensgemeinschaft. Die Annahme eines Ausbildungsanspruchs ist daher stark von den Umständen des Einzelfalls abhängig. Folgende grobe Fallgruppen lassen sich unterscheiden:

10 *a)* Ein Ehegatte beabsichtigt, z. B. nachdem die Phase der notwendigen persönlichen Kindererziehung abgeschlossen ist, (wieder) berufstätig zu sein, wozu er nach § 1356 Abs. 2 Satz 1 berechtigt ist. Zur Aufnahme einer angemessenen Erwerbstätigkeit will er sich fortbilden oder umschulen lassen. Der Unterhaltsanspruch wird im allgemeinen zu bejahen sein. Dasselbe gilt, wenn der Ehegatte beabsichtigt, eine nicht aufgenommene oder abgebrochene Ausbildung zu betreiben, wenn das Vorhaben nach Ziel und Aufwendungen den ehelichen Lebensverhältnissen entspricht.

11 *b)* In einer Studentenehe gibt einer der Ehegatten sein Studium auf und wird erwerbstätig, um das Studium des anderen zu finanzieren (vgl. *Jung* FamRZ 1974, 513; FamRZ 1975, 398). Es bestehen erhebliche Bedenken anzunehmen, daß die Leistungen als Beitrag zum Familienunterhalt nach § 1360 geschuldet werden (vgl. *Grob* S. 81). Die Verpflichtung, Familienunterhalt zu leisten, orientiert sich an dem Standard der ehelichen Lebensverhältnisse (§ 1360 a Abs. 1). Die Ausbildung des Ehegatten ist aber gerade darauf gerichtet, den Standard der aktuellen ehelichen Lebensverhältnisse zu überwinden, sie wird sich im allgemeinen im Rahmen der erstrebten künftigen Lebensverhältnisse halten, die kein Maßstab für die gegenwärtige Verpflichtung zum Familienunterhalt sind. Der Umstand, daß der Ehegatte später aus dem Ergebnis der Ausbildung voraussichtlich auch Vorteile ziehen wird, ist unbeachtlich. Nicht entscheidend ist schließlich auch, daß die Ehegatten die Regelung einvernehmlich treffen. Einvernehmen für sich gesehen macht eine Leistung noch nicht zum Beitrag zum Familienunterhalt. Näher liegt es dann, eine rechtsgeschäftliche Abrede anzunehmen (vgl. *Blanke* FamRZ 1969, 394; zu undifferenziert *Knorn* FamRZ 1966, 603). Eine rechtsgeschäftliche Abrede wird insbesondere anzunehmen sein, wenn die Ehegatten verabreden, zunächst das Studium des einen und dann das Studium des anderen Teils, jeweils aus den Einkünften des Erwerbstätigen, zu finanzieren.

12 *c)* Ähnlich wie unter *b)* liegen die Verhältnisse im allgemeinen, wenn ein bereits erwerbstätiger Ehegatte die Ehe mit einem Studenten eingeht und dessen Studium finanziert. Auch hier kann

nicht ohne weiteres davon ausgegangen werden, daß die Leistungen des erwerbstätigen Ehegatten als gesetzlich geschuldeter Beitrag zum Familienunterhalt nach § 1360 anzusehen sind. Die Aufwendungen entsprechen nicht den aktuellen ehelichen Lebensverhältnissen. Häufig wird man eine rechtsgeschäftliche Abrede annehmen können, u. U. wird es sich um eine »unbenannte« Zuwendung (vgl. Rdnr. 37 zu § 1356) handeln.

3.1 Rückabwicklung von Zuwendungen für Ausbildungszwecke

13 Die großzügige Zuordnung von Zuwendungen für Ausbildungszwecke als Familienunterhalt beruht auf einer ausgeprägt idealistischen Eheauffassung, die jeden Anschein der Kommerzialisierung der Ehe vermeiden will, dabei aber in Kauf nimmt, daß der schutzbedürftige Teil schutzlos bleibt, wenn er sich nicht rechtsgeschäftlich (also kommerziell) absichert, während der rücksichtslose Teil die wirtschaftlichen Vorteile, die er durch die Leistung des anderen erlangt hat, behalten kann. Das zeigt sich bei der Rückabwicklung von Zuwendungen nach Scheitern der Ehe. Ordnet man die Aufwendungen für Ausbildungszwecke dem Familienunterhalt zu, ist ein nachträglicher Ausgleich im allgemeinen ausgeschlossen, zumal die Vermutungsregelung des § 1360 b, die der BGH noch unangemessen verschärft hat (*BGH* 50, 266; vgl. Rdnr. 6 zu § 1360 b), die Beweislage des leistenden Ehegatten aussichtslos macht.

14 Hat ein Ehegatte die Ausbildung des anderen Ehegatten finanziert und handelt es sich nach den dargelegten Grundsätzen nicht um einen Unterhaltsbeitrag nach § 1360, dann kann er, wenn die Ehe gescheitert ist, einen Ausgleich nach den Grundsätzen über die Rückabwicklung von Zuwendungen unter Ehegatten verlangen (vgl. Rdnr. 37 ff. zu § 1356). Dabei ist zu berücksichtigen, in welchem Umfang dem ausgleichsberechtigten Ehegatten die Vorteile der Ausbildung oder Fortbildung zugeflossen sind oder noch zufließen werden (z. B. Teilhabe an dem höheren Lebenszuschnitt über längere Zeit, höherer Unterhaltsanspruch auf Grund des durch die Ausbildung bewirkten höheren Standards der ehelichen Lebensverhältnisse, höherer Zugewinnausgleich).

4 Aufwendungen für eine Altersversorgung

15 Streitig ist, ob Ausgaben für eine *Altersversorgung* zum Unterhalt gehören. Das *Reichsgericht* hatte das verneint (*RG* 152, 356; 155, 20). Der *Bundesgerichtshof* hat dagegen insoweit eine Unterhaltspflicht einschließlich der Pflicht, den Lebensunterhalt des anderen Ehegatten für die Zeit nach dem Tode des unterhaltspflichtigen Ehegatten sicherzustellen, bejaht (*BGH* VersR 1952, 97; 1954, 325; 1956, 38; FamRZ 1960, 225; VersR 1971, 717; zustimmend: *Soergel-Lange* § 1360 a, 3; *Staudinger-Schäfer* § 844, 85; *Koehler* § 26; *Ruland* FamRZ 1972, 537). Die dagegen vorgebrachten Bedenken (*Gernhuber* § 21 I 6; *Brühl-Göppinger-Mutschler* 492, 493; *Höring* VersR 1955, 72) überzeugen nicht.

Der Umstand, daß die Rechtsprechung des *BGH* Fälle der Abwicklung von Schadensersatzansprüchen betrifft, bei denen der Unterhaltsanspruch als Vorfrage relevant geworden ist, ist nicht entscheidend, auch wenn nicht zu verkennen ist, daß bei den Entscheidungen Bedürfnisse einer sachgerechten Schadensregelung mitbestimmend gewesen sind (*Brühl-Göppinger-Mutschler* 878).

Nicht zutreffend ist der Einwand, die Aufwendungen für eine Altersversorgung könnten schon deshalb nicht Gegenstand des Unterhaltsanspruchs sein, weil dieser mit dem Tode des Verpflichteten erlischt (§§ 1360 a Abs. 3, 1615 Abs. 1). Konsequent zu Ende gedacht würde das bedeuten, daß der Unterhaltsverpflichtete auch seine anderen Beiträge zum Familienunterhalt, z. B. Wohnung, Hausrat, Vorratshaltung, tatsächlich und rechtlich auf die Dauer seiner eigenen Lebenszeit beschränken könnte. Der Denkfehler liegt darin, daß die Leistungspflicht mit ihrem Gegenstand verwechselt wird. Die Leistungspflicht endet mit dem Tode, was nicht ausschließt, daß zu Lebzeiten über den Tod hinaus fortwirkende Anschaffungen gemacht werden müssen. Rechtliche Schwierigkeiten, die bei der Annahme eines Unterhaltsanspruchs auf Aufwendungen für die Altersversorgung (vgl. *Höring* VersR 1955, 72; 1956, 277) auftreten, sind überwindbar. Der generelle Einwand, eine auf Altersvorsorge gerichtete Unterhaltspflicht bedeute einen unvertretbaren Eingriff in die Selbständigkeit des Unterhaltspflichtigen bei der Verwaltung seines Vermögens und sei geeignet, seine wirtschaftliche Initiative zu lähmen (*Gernhuber* § 21 I 9; *Brühl-Göppinger-Mutschler* 493), ist realitätsfern. Das Gros der Unterhaltspflichtigen erfüllt seine Pflicht, die Altersversorgung zu sichern durch die Zugehörigkeit zu einer Einrichtung, die eine Alterssicherung auch für den anderen Ehegatten verbürgt (gesetzliche Rentenversicherung, Versorgung des öffentlichen Dienstes). Eine weitergehende Versorgung wird nicht geschuldet. Der Unterhaltsverpflichtete, der keiner Versicherungseinrichtung angehört, wird in aller Regel seine eigene Altersversorgung auf andere Weise sicherstellen. Die Erstreckung der Unterhaltspflicht auf Verschaffung einer Altersversorgung führt dann lediglich dazu, daß er den anderen Ehegatten daran partizipieren lassen muß. Seine Dispositionsfreiheit bleibt gewahrt, da es ihm überlassen bleibt, in welcher Weise die Sicherstellung erfolgt (der berechtigte Ehegatte kann nur hilfsweise eine Bestimmung treffen, § 264). Soweit seine »Dispositionsfreiheit« dadurch beeinträchtigt wird, daß er einen zusätzlichen finanziellen Beitrag leisten muß, ist das nur gerecht und billig; auch der abhängig erwerbstätige Ehegatte muß Beiträge aufbringen, die als Deckung für die Altersversorgung seines Ehegatten bestimmt sind.

16 Der Hinweis auf die Schwierigkeiten bei einer Rückabwicklung von Zuwendungen für eine Altersversorgung bei einer Änderung der Verhältnisse (*Brühl-Göppinger-Mutschler* 492) oder mißbräuchlicher Verwendung der Mittel hat wenig Gewicht, zieht man in Betracht, daß die Lösung solcher Probleme forensisches Tagesgeschäft ist (vgl. Rdnr. 37 ff. zu § 1356; *BGH* FamRZ

1972, 201), und die Rückabwicklung für den Fall der Scheidung sogar gesetzlich geregelt worden ist (vgl. §§ 1587 ff.).

Für die Annahme eines Unterhaltsanspruchs nach § 1360 auf Sicherstellung der Altersversorgung spricht im übrigen auch die versorgungsrechtliche Konzeption des 1. EheRG. Ausdrücklich geregelt ist der Unterhaltsanspruch auf Altersversorgung für die Zeit nach Auflösung der Ehe (§ 1578 Abs. 3) und für den Fall des Getrenntlebens der Ehegatten, soweit der Versorgungsausgleich nicht eingreift (§ 1361 Abs. 1 Satz 2). Die Regelung nach §§ 1587 ff. beschränkt sich zwar nur auf den Ausgleich erwirtschafteter Versorgungsanwartschaften. Eine sinnvolle Ausfüllung erfährt sie erst durch die Pflicht der Ehegatten, eine Altersversorgung zu erwirtschaften.

17 Die Unterhaltsverpflichtung auf Altersvorsorge nach § 1360 ist im allgemeinen nicht auf die Verschaffung einer individuellen eigenständigen Altersvorsorge gerichtet. Der Verpflichtete erfüllt den Anspruch in der Regel dadurch, daß er eine übliche Familien-Altersversorgung aufbaut, die eine Teilhabe des anderen Teils vorsieht. In Ausnahmefällen, z. B. bei freiberuflicher Tätigkeit, wenn eine Beteiligung des anderen Ehegatten an der Altersversorgung auf Grund der Art der Anlage nicht vorgesehen ist, kann es anders sein. Die Art und Weise der Sicherstellung bleibt dem verpflichteten Ehegatten überlassen. Kommt er in Verzug, kann der berechtigte Ehegatte die Bestimmung treffen (§ 264). Angemessen ist im allgemeinen eine Altersversorgung, wie sie eintreten würde, wenn der verpflichtete Ehegatte seine Einkünfte aus einer versicherungspflichtigen Tätigkeit erzielen würde.

5 Kreis der Berechtigten (Begriff der Familie)

18 Zu den Berechtigten nach § 1360 a Abs. 1 zählen die Ehegatten und die gemeinschaftlichen unterhaltsberechtigten Kinder, einschließlich der legitimierten und gemeinschaftlich adoptierten Kinder. Nicht darunter fallen andere bedürftige Verwandte, auch wenn sie im Familienverband leben. Deren Unterhaltsberechtigung richtet sich nach allgemeinen Vorschriften. Im RegE II zum GleichberG war in § 1360 c eine Unterhaltspflicht gegenüber bestimmten Verwandtengruppen vorgesehen; der Vorschlag ist nicht Gesetz geworden. Im 1. EheRG fehlt eine entsprechende Erweiterung des Kreises der Unterhaltsberechtigten.

19 Eine Unterhaltspflicht besteht nach §§ 1360, 1360 a insbesondere auch *nicht* im Verhältnis Stiefvater–Stiefkind. Der Wortlaut des § 1360 a Abs. 1 ist eindeutig *(»gemeinschaftliche ... Kinder«)*. Die §§ 1601 ff. gelten nur für *Verwandte*, zu denen das Stiefkind nicht gehört. Als Kosten des Haushalts im Sinne des § 1360 a lassen sich die Aufwendungen für den Lebensbedarf eines Stiefkindes nicht einordnen, da dies auf eine (vom Gesetz nicht beabsichtigte) Ausdehnung des unterhaltsberechtigten Personenkreises hinauslaufen würde (h. M.: *BGH* NJW 1969, 2007; *Soergel-*

Lange § 1360 a, 7; a. A. *Boehmer* FamRZ 1955, 125; eingeschränkt *Gernhuber* FamRZ 1955, 193). Sie gehören aber auch nicht zu den persönlichen Bedürfnissen eines Ehegatten, für die der andere aufzukommen hätte (h. M.: *Soergel-Lange* § 1360 a 7; *LG Konstanz* FamRZ 1962, 260, vgl. aber *OVG Münster* FamRZ 1954, 200; *OLG Düsseldorf* FamRZ 1958, 106; *Bosch* FamRZ 1958, 81), sie sind auch nicht sonstiger Lebensbedarf der Ehegatten (vgl. Rdnr. 2). Eine befriedigende Lösung ist auch nicht auf dem Umweg über den »Taschengeldanspruch« zu erreichen (vgl. *OVG Münster* FamRZ 1963, 137; *OLG Bremen* FamRZ 1958, 227). Die Unterstützung Verwandter liegt außerhalb des mit der Gewährung des Taschengeldes verfolgten Zwecks. Eine gewisse mittelbare Entlastung des unterhaltspflichtigen Ehegatten in diesem Falle kann darin liegen, daß der Aufwand zur Unterstützung Verwandter seinen eigenen Unterhaltsbeitrag im Verhältnis zum anderen Ehegatten mindert, sofern ein Gleichrang besteht, z. B. bei Stiefkindern (§ 1609 Abs. 2). Bei intakter Ehe mildert die Mittlerfunktion des nach beiden Seiten unterhaltsrechtlich gebundenen Ehegatten das Fehlen einer gesetzlichen Regelung. Solange die Familie als eine »Blutgemeinschaft« verstanden wird, dürfte auch die Übertragung der im öffentlichen Recht entwickelten Grundsätze der Familiennotgemeinschaft auf bürgerlich-rechtliche Unterhaltsansprüche nicht in Betracht kommen (vgl. *OVG Berlin* NJW 1959, 1383).

Einen beschränkten Anspruch (Ausbildungsanspruch) hat das Stiefkind gegen den Stiefelternteil beim *erbrechtlichen* Ausgleich des Zugewinns nach § 1371 Abs. 4.

6 Art und Weise der Unterhaltsleistung

20 Der Familienunterhalt ist in der durch die eheliche Lebensgemeinschaft gebotenen Weise zu leisten. Mit Rücksicht auf die Familiengemeinschaft wird ein großer Teil aus Naturalleistungen bestehen (z. B. Wohnung, Verpflegung, Bekleidung, allgemeine Haushaltsführung, Kinderbetreuung). Der Anspruch kann auf Geldleistung gerichtet sein, wenn die Ehegatten keinen gemeinsamen Haushalt führen, ohne getrennt zu leben. Solche Erscheinungsformen ehelicher Gemeinschaft sind zwar selten. Gleichwohl besteht kein Anlaß, ihnen den Anspruch nach den §§ 1360 ff. zu versagen (*RG* HRR 1933, Nr. 1762; *KG* NJW 1973, 1130; a. A. z. B. *Soergel-Lange* § 1360 a, 10). Nicht zu billigen ist die von der wohl h. M. vertretene Auffassung, daß vertragliche Vereinbarungen, wonach der Unterhalt in Form der Geldrente zu entrichten ist, wegen Verstoßes gegen das Wesen der ehelichen Lebensgemeinschaft nichtig sei (*RG* 158, 294; *Soergel-Lange* § 1360 a, 10).

21 Die Rechtsordnung sollte derartige Abweichungen vom vorgegebenen Bild der Ehe in der sozialen Wirklichkeit tolerieren und keine Sanktionen treffen. Wird solchen Vereinbarungen die rechtliche Anerkennung versagt, wirkt sich das in aller Regel nicht

ehefreundlich aus. Im allgemeinen werden Abreden dieser Art getroffen, wenn die Ehe Schwierigkeiten ausgesetzt ist. Den Ehegatten wird dann die Möglichkeit genommen, diese Zeit, die auch die Chance der Heilung der Ehe hat, auf einer rechtlich geordneten Grundlage zu überbrücken. Fehlen hierfür die Voraussetzungen, wird sich als Alternative häufig nur die Scheidung anbieten.

22 Nach § 1360 a Abs. 2 Satz 2 sind die Ehegatten verpflichtet, die zum gemeinsamen Haushalt erforderlichen Mittel (Wirtschaftsgeld) für einen angemessenen Zeitraum im voraus zur Verfügung zu stellen. Die Verpflichtung gilt jetzt gleichermaßen für Mann und Frau. Sie hat kaum praktische Bedeutung für den Ehegatten, der den Haushalt führt, weil dieser Vorleistungen nur in begrenztem Umfang erbringen kann. Soweit ein Ehegatte den Haushalt in »eigener Verantwortung« leitet (§ 1356 Abs. 1), hat er Anspruch darauf, Geldmittel als Wirtschaftsgeld zu bekommen. Es wäre ein unzulässiger Eingriff in diesen eigenverantwortlichen Bereich, wenn der andere Ehegatte nur Naturalleistungen zur Verfügung stellen würde (*KG* FamRZ 1968, 392). Die überlassenen Mittel gehen nicht in das Eigentum des haushaltführenden Ehegatten über, es handelt sich lediglich um eine faktische zweckgebundene Überlassung. Daß die Mittel für den Familienunterhalt zu verwenden sind, ist selbstverständlich. Ersparnisse gebühren nicht ohne weiteres dem haushaltführenden Teil, es sei denn, daß es sich um Taschengeld handelt, oder daß zwischen den Ehegatten eine (unter Umständen stillschweigende) Abrede besteht, wonach die Ersparnisse dem wirtschaftenden Teil verbleiben, was häufig der Fall sein wird.

23 Welcher Zeitraum für die Vorleistungen angemessen ist, richtet sich nach den Verhältnissen und Lebensgewohnheiten der Familie. Eine Anknüpfung an den Stichtag der Lohn- oder Gehaltszahlung liegt nahe (*Maßfeller* DNotZ 1957, 342). Eine andere Einteilung kann in Betracht kommen, wenn der haushaltführende Teil zu einer sachgerechten Einteilung der zur Verfügung gestellten Mittel nicht in der Lage ist, oder wenn der verdienende Teil das Geld für spätere Leistungen von Wirtschaftsgeld zweckwidrig verbrauchen würde.

24 Streitig ist, ob der Ehegatte, der den Haushalt führt, verpflichtet ist, *Rechnung zu legen* (dafür: *Erman-Heckelmann* § 1360 a, 15; *Palandt-Diederichsen* § 1360 a, 2; *Dölle* § 36 A II 4 b; *Brühl* FamRZ 1957, 277; a. A.: *Soergel-Lange* § 1360 a, 11). Da der Ehegatte den Haushalt nicht im Auftrag des anderen Ehegatten, sondern kraft eigenen Rechts leitet (§ 1356 Abs. 1), kommt ein Anspruch auf Rechnungslegung nach Auftragsvorschriften (§ 666) nicht in Betracht. Aus den Grundsätzen der ehelichen Lebensgemeinschaft ergibt sich ein solcher Anspruch ebenfalls nicht, eher ist das Gegenteil anzunehmen (übertriebene Kontrolle als Eheverfehlung *OLG Nürnberg* FamRZ 1960, 64). Kleinliche buchhalterische Kontrolle ist unangemessen. Ein gewisses Informationsrecht des die Mittel bereitstellenden Teils wird man deshalb nur an-

nehmen können, wenn konkrete Anhaltspunkte für eine pflichtwidrige Verwendung des Wirtschaftsgeldes gegeben sind.

7 Unterhaltsvereinbarungen

7.1 Konstitutive Übernahme von Unterhaltsverpflichtungen

25 Die Ehegatten können vereinbaren, daß der nicht unterhaltspflichtige Teil eine Unterhaltspflicht *zugunsten von Verwandten* des anderen Teils übernimmt. Eine solche Verpflichtung wird in Betracht kommen vor allem zugunsten von Stiefkindern, die in den gemeinschaftlichen Haushalt aufgenommen sind. Die Vereinbarung darüber kann durch schlüssiges Verhalten zustande kommen. Nicht vertretbar ist allerdings, bereits in der *tatsächlichen* Aufnahme des Kindes in den Familienverband und in der Unterhaltsgewährung einen Vertragsschluß zu sehen (*OLG Karlsruhe* NJW 1955, 1756; *OLG Nürnberg* FamRZ 1965, 217; a. A.: *LG Berlin* FamRZ 1955, 267 mit Anm. *Boehmer*). Das mag allenfalls für die Betreuung im Rahmen der Haushaltsführung gelten, wenn bei der Aufnahme des Kindes in den Haushalt erkennbar war, daß eine anderweitige Versorgung nicht in Betracht kommen würde (vgl. *OLG Karlsruhe* FamRZ 1961, 371). Zurückhaltung bei der Annahme vertraglicher Pflichten in diesen Fällen ist schon deshalb geboten, weil die – an sich erwünschte – Aufnahme von Stiefkindern in den Familienverband erschwert wird, wenn der Stiefelternteil jeweils mit vertraglichen Pflichten belastet wird. Der Umstand, daß dieser Elternteil öffentlich-rechtliche oder private Zuwendungen zugunsten des Kindes erhält, läßt keinen Schluß auf die Übernahme vertraglicher Unterhaltspflichten zu (*VG Ansbach* FamRZ 1956, 127; *Soergel-Lange* § 1360 a 8; *Gernhuber* § 4 II 5; a. A.: *BayVerwGH* FamRZ 1955, 190; *Boehmer* FamRZ 1955, 125). Daraus kann lediglich die Pflicht hergeleitet werden, das Erhaltene dem Stiefkind zugute kommen zu lassen. Es ist auch nicht ohne weiteres anzunehmen, daß der Stiefelternteil eine vertragliche Unterhaltspflicht übernehmen will, um Dritten die Unterhaltslast abzunehmen oder öffentlich-rechtliche Träger zu entlasten (*OVG Berlin* NJW 1959, 1383 für Leistungen nach dem BVG). Auch wenn die Ehegatten davon absehen möchten, für das Kind Sozialhilfe in Anspruch zu nehmen, liegt in der Mitversorgung des Kindes nicht ohne weiteres eine vertragliche Bindung, für den Unterhalt aufzukommen (zu weitgehend: *OVG Lüneburg* FamRZ 1957, 30). Die Namenserteilung nach § 1618 Abs. 1 kann erfolgen, ohne daß eine Gleichstellung mit leiblichen Kindern beabsichtigt ist; daher wird man daraus ebenfalls nicht ohne weiteres auf eine Übernahme von Unterhaltsverpflichtungen schließen dürfen (*Gernhuber* § 4 II 6; vgl. auch *OLG Karlsruhe* NJW 1955, 1756; *BVerwG* MDR 1966, 526: Namenserteilung als Indiz). Im Fall der Auswanderung der Familie hängt die Beurteilung von den konkreten Umständen ab (bejahend: *LG Hamburg* FamRZ 1955, 363 mit abl. Anm. von *Boehmer*). Verschlechtert sich durch die Auswanderung die (faktische)

unterhaltsrechtliche Situation des Kindes, so daß es auf die Versorgung durch den Stiefelternteil angewiesen ist, so liegt es nahe, die Übernahme einer Unterhaltsverpflichtung anzunehmen.

26 Die vertragliche Übernahme von Unterhaltsverpflichtungen stellt in der Regel keinen echten Vertrag zugunsten des Begünstigten dar. Das Kind erwirbt also *keinen eigenen Anspruch* (*Soergel-Lange* § 1360 a, 8; a. A.: *Staudinger* § 1360 a, 14). Es hat auch keine Einwirkungsmöglichkeit auf die vertragliche Aufhebung der Verpflichtung durch die Eheleute.

27 Die eingegangene Verpflichtung erstreckt sich im allgemeinen auf die üblicherweise anfallenden Bedürfnisse. Eine Verpflichtung, außergewöhnliche Bedürfnisse, wie eine aufwendige Ausbildung oder kostspielige Heilungskosten zu tragen, kann nicht ohne weiteres unterstellt werden.

28 Aus der Interessenlage bei Übernahme der Verpflichtung muß geschlossen werden, daß der Verpflichtete nicht mehr gebunden sein soll, wenn triftige Gründe für eine Beendigung der vertraglichen Bindung sprechen (*Soergel-Lange* § 1360 a, 8 a. E.; *Gernhuber* § 4 II 6; *Boehmer* FamRZ 1961, 41). Die Gründe können in der Person des Kindes oder des anderen Ehegatten (grobes Fehlverhalten) oder auch in der Person des Verpflichteten (Änderung der Vermögenslage, wesentlich erhöhte eigene Bedürfnisse) liegen (*BVerwG* MDR 1960, 526). Im allgemeinen wird eine gemeinschaftliche Haushaltsführung im Familienverband Grundlage für die Übernahme von Unterhaltsverpflichtungen sein. Deshalb dürfte die vertragliche Bindung in der Regel entfallen oder einzuschränken sein, wenn die Eheleute geschieden sind oder dauernd getrennt leben (*OLG Nürnberg* FamRZ 1965, 217; *Soergel-Lange* § 1360 a, 8; *Gernhuber* § 4 II 6; *Boehmer* FamRZ 1955, 269, 363; einschränkend *OLG Düsseldorf* FamRZ 1958, 106; *LG Berlin* FamRZ 1955, 267: nur bei Auflösung der Ehe).

Hat der Stiefelternteil ohne Verpflichtung Unterhaltsleistungen erbracht, so steht einem etwaigen Rückforderungsanspruch in der Regel § 814 entgegen.

7.2 Vereinbarung über bestehende Unterhaltspflichten, Verzicht

29 Über *bestehende gegenwärtige* Unterhaltspflichten können Vereinbarungen getroffen werden. Einschränkungen in bezug auf *künftige* Unterhaltsverpflichtungen ergeben sich aus §§ 1360 a Abs. 3, 1614 Abs. 1 (zur Rechtslage vor dem GleichberG vgl. *RG* 158, 294: vertragliche Regelung der Unterhaltsansprüche unzulässig als Verstoß gegen die Entscheidungskompetenz des Mannes nach § 1354). Danach ist ein Verzicht auf Unterhalt für die Zukunft unwirksam. Ein *unwirksamer Teilverzicht* kann auch in einer Vereinbarung liegen, durch die ein Mindeststandard in bezug auf den Lebensbedarf und die persönlichen Bedürfnisse der Familie einschließlich der Kinder unterschritten wird. Andererseits wird Vorsicht geboten sein, eine Unwirksamkeit anzunehmen, wenn die Ehegatten Vereinbarungen treffen, vorübergehend außergewöhn-

liche Einschränkungen in Kauf zu nehmen, um konkrete, für die Familie nützliche Ziele zu erreichen, die einen besonderen finanziellen Aufwand erfordern. Keine Bedenken bestehen gegen Abreden über die Art und Weise der Unterhaltsgewährung (z. B. Höhe des Wirtschaftsgeldes, des Taschengeldes, Festlegung der Rangfolge familiärer Bedürfnisse, Urlaubsfinanzierung usw.). Abweichend von § 1613 Abs. 1 kommen Vereinbarungen über Unterhaltsleistungen für die Vergangenheit in Betracht. Sie haben unter Umständen konstitutiven Charakter.

8 Unterhalt für die Vergangenheit und Zukunft, Erlöschen des Anspruchs

30 § 1360 a Abs. 3 erklärt die §§ 1613 bis 1615 für entsprechend anwendbar. Nach § 1613 kann für die *Vergangenheit* Unterhalt oder Schadensersatz wegen Nichterfüllung von Unterhaltspflichten nur gefordert werden, soweit der Schuldner in Verzug geraten oder die Sache rechtshängig geworden ist. Diese Einschränkung ist nicht anzuwenden auf den sog. *Sonderbedarf*, doch gilt hier die kurze Verjährungsfrist von einem Jahr (§ 1613 Abs. 2). Abweichende vertragliche Vereinbarungen sind zulässig, die Einschränkungen des § 1613 gelten dann nicht (vgl. *R*G 164, 65).

31 Nach § 1614 Abs. 1 kann für die *Zukunft* auf Unterhalt nicht verzichtet werden. Abweichend hiervon können Ehegatten für die Zeit nach der Scheidung Vereinbarungen über die Unterhaltspflicht treffen (§ 1585 c).

32 Nach § 1615 Abs. 1 erlischt der Anspruch mit dem Tode des Berechtigten oder mit dem Tode des Verpflichteten. Ausgenommen sind die bis zum Zeitpunkt des Todes fällig gewordenen Leistungen. Die Beerdigungskosten hat der Verpflichtete zu tragen, wenn ihre Bezahlung nicht von den Erben zu erlangen ist (§ 1615 Abs. 2). Vereinbarungen über eine Fortgeltung der Unterhaltspflicht sind zulässig.

9 Prozeßkostenvorschuß

9.1 Allgemeines

33 § 1360 a Abs. 4 sieht eine *Verpflichtung* der Ehegatten vor, unter bestimmten Voraussetzungen einen Prozeßkostenvorschuß zu leisten. Eine solche Verpflichtung ist in das BGB erstmalig durch das GleichberG (Art. 1 Nr. 8) eingefügt worden. Damit hat ein durch das Fehlen einer gesetzlichen Regelung verursachter Streit über die Rechtsgrundlage der – allgemein als billig empfundenen – Vorschußpflicht ein Ende gefunden. Eine solche Verpflichtung des Mannes wurde bis dahin von der herrschenden Meinung auf das Güterrecht gestützt mit der Begründung, daß der Ehemann, soweit er güterrechtlich die Aufwendungen für eine Prozeßführung endgültig zu tragen habe, auch vorschußpflichtig sei. Schwierigkeiten

ergaben sich beim Güterstand der Gütertrennung, insbesondere für die Zeit nach Wegfall des Güterstandes der Verwaltung und Nutznießung aufgrund des Gleichberechtigungsgrundsatzes seit dem 1. April 1953. Es gab auch Versuche, den Anspruch auf Prozeßkostenvorschuß aus § 627 ZPO a. F. abzuleiten, dem damit – unzutreffend – eine materiell-rechtliche Bedeutung beigemessen wurde. Mitunter wurde schon damals die Meinung vertreten, die Verpflichtung zur Leistung eines Prozeßkostenvorschusses sei aus der Unterhaltspflicht abzuleiten (vgl. Überblick bei *Kallenborn* S. 29, 30).

9.2 Rechtsnatur des Anspruchs, Verhältnis zu anderen Vorschriften

34 Der Anspruch auf Prozeßkostenvorschuß ist ein *unterhaltsrechtlicher* Anspruch (h. M.: *BGH* FamRZ 1964, 558; *BGH* NJW 1971, 1262; *Palandt-Diederichsen* § 1360 a, 3). Die abweichende Auffassung (*OLG Frankfurt* FamRZ 1959, 62; *Künkel* FamRZ 1964, 550), die den Anspruch als Ausfluß der Verpflichtung zur ehelichen Lebensgemeinschaft betrachtet, überzeugt nicht. Sie verkennt die vom Gesetz gewollte systematische Zuordnung der Regelung zum Unterhaltsrecht, sie überfordert ohne Grund die Generalklausel des § 1353 und berücksichtigt nicht, daß die von der herrschenden Meinung mit Recht anerkannte Vorschußpflicht im Verhältnis der Eltern zu den Kindern (§ 1610) dogmatisch keine andere Rechtsgrundlage haben kann als die im Verhältnis der Eltern zueinander. Die gemeinsame Grundlage kann nur das Unterhaltsrecht sein. Daß der Prozeßkostenvorschuß, anders als sonstige Unterhaltsleistungen, unter Umständen zurückzuerstatten ist, steht dem nicht entgegen. Denn der à fonds perdu-Effekt im Unterhaltsrecht ist zwar die Regel, *begrifflich* schließt er aber eine Rückzahlungspflicht nicht aus. Eine solche (gesetzliche) Ausnahme ist § 1360 a Abs. 4. Die Prozeßkostenvorschußpflicht besteht, da sie in die Vorschrift über die Wirkungen der Ehe im allgemeinen aufgenommen worden ist, ohne Rücksicht auf den Güterstand.

35 Im Verhältnis der Ehegatten zueinander stellt § 1360 a Abs. 4 eine abschließende Regelung dar (h. M.: *BGH* 41, 104; *OLG Braunschweig* NJW 1958, 1728; *OLG Düsseldorf* NJW 1960, 2189; *Soergel-Lange* § 1360 a, 17; *Gernhuber* § 21 IV 2; a. A.: *Pastor* FamRZ 1958, 300). Eine weitergehende Verpflichtung läßt sich auch nicht aus § 1353 herleiten. Der Grundsatz der ehelichen Lebensgemeinschaft hat in § 1360 a Abs. 4 für den Prozeßkostenvorschuß seine besondere unterhaltsrechtliche Ausprägung erfahren. Ein Konkurrenzverhältnis zu § 620 Nr. 6 ZPO besteht nicht, da diese Vorschrift keine materiellrechtliche Grundlage für den Prozeßkostenvorschuß ist (h. M. *OLG Düsseldorf* FamRZ 1961, 380; *KG* FamRZ 1962, 432; *Soergel-Lange* § 1360 a, 17, 26; *Deubner* NJW 1968, 924; vgl. Rdnr. 4 zu § 620 ZPO; a. A.: *OLG Frankfurt* NJW 1953, 147; *Wilts* NJW 1967, 428). Dasselbe gilt für den durch das 1. EheRG neu eingeführten § 127 a ZPO, der sich von § 620 Nr. 6 ZPO dadurch unterscheidet, daß

er die Anhängigkeit einer Ehesache nicht voraussetzt, und § 621 f ZPO (vgl. dort Rdnr. 3).

9.3 Ehelicher Anspruch

36 Streitig ist, ob der Anspruch auf Prozeßkostenvorschuß auch *nach Auflösung* der Ehe besteht (bejahend: *LG Krefeld* FamRZ 1963, 256; *LG Bonn* FamRZ 1964, 88; *LG Wuppertal* NJW 1965, 869; *Dölle* § 36 IV 1; a. A.: *LG Duisburg* FamRZ 1960, 68; *LG Köln* MDR 1961, 773; *LG Kassel* NJW 1965, 1717). Die systematische Zuordnung der Prozeßkostenvorschußpflicht in § 1360 a Abs. 4 und der Umstand, daß das Gesetz bereits für den Fall des Getrenntlebens bei bestehender Ehe eine eigenständige Regelung des Anspruchs auf Prozeßkostenvorschuß für notwendig erachtet hat (§§ 1361 Abs. 4, 1360 a Abs. 4), sprechen dagegen, die Prozeßkostenvorschußpflicht auf nacheheliche Unterhaltsansprüche anzuwenden. Doch kann andererseits die Neuregelung nach den §§ 127 a, 621 f ZPO nicht außer Betracht gelassen werden, welche die Geltendmachung eines Prozeßkostenvorschusses für nacheheliche Ansprüche nicht ausschließt.

9.4 Persönliche Angelegenheiten

37 Die Verpflichtung, Prozeßkostenvorschuß zu leisten, ist beschränkt auf Rechtsstreitigkeiten des anderen Ehegatten, die *»eine persönliche Angelegenheit«* betreffen. Der Begriff der persönlichen Angelegenheit ist unscharf. Er deckt sich nicht mit den »nicht vermögensrechtlichen Ansprüchen« nach der ZPO. Die *Rechtsprechung* neigt dazu, in weitem Umfang vermögensrechtliche Ansprüche einzubeziehen, die ihre »Wurzeln in der Lebensgemeinschaft« haben (*BGH* 31, 384), wobei an das »Wurzeln« in der ehelichen Lebensgemeinschaft denkbar geringe Anforderungen gestellt werden. Gelegentlich wird darauf abgestellt, ob die vermögensrechtlichen Ansprüche eine genügend enge Verbindung mit der Person des Ehegatten haben (*BGH* 41, 104).

Diese Unterscheidungskriterien sind ebenso unscharf wie der Begriff der persönlichen Angelegenheiten selbst (*Gernhuber* § 21 IV 3). Grundsätzliche Bedenken gegen die Einbeziehung von Angelegenheiten, die einen vermögensrechtlichen Einschlag haben, wird man nicht erheben können.

Der Gesichtspunkt der »ehelichen Lebensgemeinschaft« (*BGH* 31, 384) kann dabei hilfreich sein, doch liegt es näher, darauf abzustellen, ob der Anspruch konkreten Bezug zu einer der bestehenden Verpflichtungen zur ehelichen Lebensgemeinschaft hat, wie sie zu § 1353 entwickelt worden sind (vgl. Rdnr. 5 ff. zu § 1353). Die Folge, daß der Begriff der persönlichen Angelegenheit dann nicht ausschließlich objektiven Charakter hat, da er seine Qualifikation aus der konkreten ehelichen Lebensgemeinschaft erfährt, ist kein Nachteil.

Zu eng ist die Abgrenzung, die darauf abstellt, ob der geltend gemachte Anspruch nach der gegebenen gesetzlichen Regelung ein höchstpersönlicher Anspruch ist, wobei die *»Übertragbarkeit auf oder die Erfüllbarkeit durch Dritte«* als Abgrenzungskriterium dienen sollen (*Koch* NJW 1974, 87). Damit wird nur ein Kern der persönlichen Angelegenheiten erfaßt. Es liegen keine Anhaltspunkte vor, daß § 1360 Abs. 4 auf den sehr engen Bereich der höchstpersönlichen Ansprüche beschränkt werden sollte (schon der Wortlaut trägt diese Auffassung nicht: höchstpersönlicher Anspruch ist eine Steigerung im Verhältnis zu einem ›schlicht‹ persönlichen Anspruch). Es kommt hinzu, daß das Abgrenzungsmerkmal versagt, wenn es um die zahlreichen Fälle bedingter Abtretbarkeit geht.

Nicht vertretbar ist es, die Abgrenzung nach Billigkeitsgesichtspunkten vorzunehmen. Billigkeitserwägungen kommen überhaupt erst in Betracht, wenn feststeht, daß der zu verfolgende Anspruch eine persönliche Angelegenheit betrifft (*OLG Karlsruhe* FamRZ 1959, 217).

Aus der *Rechtsprechung* zum bisher geltenden Recht sind Ansprüche auf Prozeßkostenvorschuß *verneint* worden:
Streit eines Gesellschafter-Ehegatten mit einem Mitgesellschafter wegen des Auseinandersetzungsguthabens (*BGH* 41, 104); Schadensersatzansprüche des Ehegatten gegen Dritte, die keine unmittelbaren Beziehungen zur ehelichen Lebensgemeinschaft haben (*LG Bielefeld* MDR 1963, 925); vermögensrechtliche Streitigkeiten eines Ehegatten mit einem Dritten, auch wenn der andere Ehegatte vermögensrechtlich beteiligt ist, z. B. durch Sicherheitsleistung des Ehegatten gegenüber dem Dritten für Geschäfte des anderen Ehegatten (*OLG Karlsruhe* FamRZ 1959, 217); Streitigkeiten aus einem Erbvertrag mit Dritten (*OLG Düsseldorf* NJW 1960, 2189); Geltendmachung eines Provisionsanspruchs (*LG Darmstadt* FamRZ 1958, 331).

38 Der Anspruch auf Prozeßkostenvorschuß ist *bejaht* worden: in Ehe- und Kindschaftssachen, Entmündigungsverfahren, Angelegenheiten, die das Persönlichkeitsrecht im weiteren Sinne berühren, Unterhaltsklagen der Ehegatten untereinander (*OLG Braunschweig* NJW 1958, 1728). Zweifelhaft, aber wohl zu bejahen ist eine Verpflichtung auch in bezug auf Rechtsstreitigkeiten zur Abwehr von Unterhaltsansprüchen Dritter, da hier regelmäßig auch über die Rangfolge der Unterhaltsansprüche im Verhältnis zum anderen Ehegatten entschieden wird (*Soergel-Lange* § 1360 a, 24; *Staudinger-Hübner* § 1360 a, 38; a. A.: *Erman-Heckelmann* § 1360 a, 23).

Unter § 1360 a Abs. 4 fallen weiter: die Geltendmachung von Ansprüchen unterhaltsähnlichen Charakters, wie Renten (*BSG* NJW 1960, 502), in die Form von Hypothekenforderungen gekleideter Unterhaltsansprüche (*OLG Braunschweig* NJW 1958, 1728), von Altenteilsrechten (*Soergel-Lange* § 1360 a, 24), von Wiedergutmachungsansprüchen (*OLG Frankfurt* MDR 1959, 134 – hier muß geprüft werden, ob die Entschädigung für persönliche Angelegenheiten verlangt wird). Schadensersatzansprüche des anderen Ehegatten gegen Dritte sind einzubeziehen, wenn der

Schaden dem Ausgleich einer gestörten Unterhaltsverpflichtung dient (*LG Bielefeld* MDR 1963, 925; vgl. auch *OLG Frankfurt* FamRZ 1967, 43). Die Geltendmachung von Schmerzensgeld wird in der Regel wegen des höchstpersönlichen Charakters des Anspruchs eine Prozeßkostenvorschußpflicht auslösen (str. vgl. *LG Hagen* NJW 1959, 48; *LG Bielefeld* MDR 1963, 925; *Bosch* FamRZ 1958, 81). Streitigkeiten um die eheliche Wohnung dürften ebenfalls darunter fallen, da die eheliche Wohnung über den vermögensrechtlichen Aspekt hinaus die Beziehungen der ehelichen Lebensgemeinschaft unmittelbar berührt (*Soergel-Lange* § 1360 a, 24). Bedenklich ist die Tendenz, güter- und erbrechtliche Streitigkeiten zu den persönlichen Angelegenheiten zu rechnen, etwa die Klage auf Auskunft zur Vorbereitung der güterrechtlichen Auseinandersetzung (*BGH* 31, 384) oder die Geltendmachung des Pflichtteils (*OLG Köln* FamRZ 1961, 122). Dabei kann es keinen Unterschied machen, ob über das Bestehen des Grundverhältnisses (Erbvertrag, Pflichtteil) gestritten oder unmittelbar Zahlung verlangt wird (für eine solche Unterscheidung: *Erman-Heckelmann* § 1360 a, 23). Rechte aus dem Erbvertrag sind in der Regel keine persönlichen Angelegenheiten (a. A.: *OLG Köln* MDR 1963, 51), schon gar nicht, wenn sie nur Beziehungen zu einem Dritten betreffen (*OLG Düsseldorf* NJW 1960, 2189).

Der Prozeßkostenvorschuß erstreckt sich nach § 1360 Abs. 4 Satz 2 auf die Kosten der Verteidigung in einem Strafverfahren, das gegen einen Ehegatten gerichtet ist. Handelt es sich um eine strafbare Handlung, durch die der andere Ehegatte geschädigt worden ist, wird – zumindest bei vorsätzlichen Taten – eine Prozeßkostenvorschußpflicht in der Regel als unbillig anzusehen sein (vgl. Rdnr. 42). Der Begriff des Strafverfahrens ist nicht im Wortsinn zu verstehen. § 1360 Abs. 4 Satz 2 ist auf andere Verfahren mit vergleichbaren Wirkungen (z. B. nach dem OWiG) anzuwenden.

9.5 Bedürftigkeit des Berechtigten

39 Ein Ehegatte hat nur dann einen Anspruch auf Prozeßkostenvorschuß, wenn er nicht in der Lage ist, die Kosten des Rechtsstreites selbst zu tragen. Ist er nur teilweise dazu in der Lage, vermindert sich sein Anspruch entsprechend. Wann ein Ehegatte bedürftig ist, kann nur nach den Umständen des Einzelfalles beurteilt werden. Als Belastungsgrenze kann der im Unterhaltsrecht übliche (§§ 1603, 1608) Standard des *»eigenen angemessenen Unterhalts«* gelten, wobei Abweichungen nach Billigkeitsgrundsätzen möglich sind. Das bedeutet, daß ein Ehegatte vom anderen Prozeßkostenvorschuß erst verlangen kann, wenn er durch die Finanzierung des Rechtsstreites seinen eigenen angemessenen Unterhalt gefährden würde (*OLG Hamburg* NJW 1960, 1768). Der Maßstab des § 114 ZPO (notwendiger Unterhalt als Belastungsgrenze für die Bewilligung des Armenrechts) eignet sich für das unterhaltsrechtlich geprägte Verhältnis der Ehegatten in § 1360 a Abs. 4 nicht.

40 Die Annahme, daß die Bedürftigkeit einsetzt, wenn der Ehegatte zur Prozeßführung seinen »eigenen angemessenen Unterhalt« gefährden würde, kann uneingeschränkt allerdings nur gelten, solange beim anderen Ehegatten die Frage der Leistungsfähigkeit sich nicht stellt. Zwischen der Bedürftigkeit des einen und der Leistungsfähigkeit des anderen Ehegatten besteht eine Interdependenz, die andere Maßstäbe setzen kann (vgl. Rdnr. 43).

41 Ob ein Ehegatte gehalten ist, eine Erwerbstätigkeit aufzunehmen oder den Stamm des Vermögens anzugreifen (bedenkl. *Reinecke* DRiZ 1948, 44), um die Kosten des Rechtsstreites aufzubringen, kann nach den insoweit zum Unterhaltsrecht entwickelten Grundsätzen beurteilt werden (*OLG Karlsruhe* MDR 1958, 932: unzumutbar die Belastung eines Grundstücks; *OLG Celle* MDR 1967, 402: Verwertung eines prämienbegünstigten Sparguthabens). Auch hier spielt neben der Zumutbarkeit die Leistungsfähigkeit des anderen Ehegatten eine große Rolle. Je geringer sie ist, um so stärker ist die Verpflichtung des zur Klage entschlossenen Ehegatten, primär seine Arbeitskraft und sein Vermögen einzusetzen.

9.6 Billigkeitsgrundsätze

9.6.1 Allgemeines

42 Unabhängig vom Gesichtspunkt der Leistungsfähigkeit des Verpflichteten und der Mutwilligkeit der Rechtsverfolgung, die im Rahmen der Billigkeitserwägungen eine Rolle spielen, kann der Ausgleich des Prozeßkostenvorschusses aus anderen Gründen unbillig sein. Solche Fälle können etwa vorliegen, wenn Gegenstand des Rechtsstreits eine gegen den Prozeßkostenvorschußpflichtigen gerichtete unerlaubte Handlung ist oder wenn ein Ehegatte die Verteidigung des anderen Ehegatten in einem Strafverfahren wegen einer Straftat finanzieren soll, deren Opfer er selbst war.

9.6.2 Leistungsfähigkeit des Verpflichteten

43 Das Gesetz erwähnt die Leistungsfähigkeit des anderen Ehegatten als Anspruchsbegrenzung nicht. Diese Voraussetzung folgt jedoch aus dem Billigkeitsgrundsatz des § 1360 a Abs. 4, aber auch aus der allgemeinen Erkenntnis, daß die Ehegatten in bezug auf die Grenzen ihrer Belastbarkeit nicht unterschiedlich behandelt werden dürfen. Ebensowenig wie der berechtigte Teil auf den »notwendigen Unterhalt« verwiesen werden kann, um die Kosten des Rechtsstreits zu bestreiten, ist dieser ein geeigneter Maßstab für den Verpflichteten (*OLG Köln* MDR 1963, 680; vgl. aber *Pastor* FamRZ 1960, 260, der die Grenze entsprechend § 114 ZPO ziehen will). Die Verwertung des Vermögensstammes, die Aufnahme einer Erwerbstätigkeit oder die Reduzierung des Lebensstandards unter den angemessenen Unterhalt wird ein Ehegatte vom anderen nur ausnahmsweise verlangen können und auch nur dann, nachdem er selbst diese Möglichkeit im eigenen Bereich ausgeschöpft hat (vgl. Rdnr. 40). Bei der Beurteilung der Leistungsfähigkeit sind die sonstigen Verpflichtungen des Ehe-

gatten zu berücksichtigen. Das kann dazu führen, daß die Leistungsfähigkeit auf Grund von Schulden gegenüber Dritten ganz oder teilweise entfällt (*LG Braunschweig* MDR 1968, 585; vgl. auch *OLG Köln* MDR 1962, 54: Berücksichtigung von Schulden im Rahmen eines Tilgungsplanes).

44 Kann der Ehegatte nur einen Teil der notwendigen Kosten aufbringen, beschränkt sich der Anspruch auf diesen Teil, im übrigen steht es dem anderen Ehegatten frei, einstweilige Kostenbefreiung zu erwirken.

Streitig ist, ob der Prozeßkostenvorschuß in *Raten* entrichtet werden kann (bejahend *OLG Nürnberg* NJW 1953, 309 mit abl. Anm. von *Berg; Pastor* FamRZ 1960, 260; a. A.: *OLG Köln* NJW 1965, 1721; *Baumbach-Albers* § 627, 4 A). Die Frage läßt sich nicht generell beantworten. Gegen Ratenzahlungen bestehen keine Bedenken, wenn die Zahlungsweise so gestaltet werden kann, daß der berechtigte Ehegatte den Rechtsstreit führen kann, ohne seine Gläubiger (Anwalt, Gericht) hinhalten zu müssen. Ist das nicht der Fall, würde insbesondere der Rechtsstreit hinausgeschoben werden müssen, kommt die Leistung eines Prozeßkostenvorschusses auf Raten nicht in Betracht. Dem Ehegatten ist dann das Armenrecht zu bewilligen, doch kann damit zugleich die Nachzahlungspflicht (§ 125 ZPO) entsprechend den zu erwartenden Raten angeordnet werden (*BGH* 10, 139; *OLG Köln* NJW 1965, 1721).

9.6.3 Erfolgsaussichten des Rechtsstreits, Mutwilligkeit

45 § 1360 a Abs. 4 enthält keine dem § 114 ZPO entsprechenden Einschränkungen. Gleichwohl wird man die Verpflichtung zur Leistung des Prozeßkostenvorschusses nicht in jedem Fall bejahen können. Aus dem Billigkeitsgrundsatz ergibt sich, daß dem Ehegatten eine Prozeßkostenvorschußpflicht für einen mutwilligen oder offensichtlich aussichtslosen Prozeß nicht auferlegt werden kann. Bei der Annahme der Mutwilligkeit oder Aussichtslosigkeit ist allerdings Vorsicht geboten. Ein besonderes Prüfungsverfahren verbietet sich, da sonst der Rechtsstreit bereits im Vorverfahren vorzuentscheiden wäre, was vor allem bei Beteiligung Dritter nicht möglich ist (*OLG Frankfurt* FamRZ 1959, 62; *OLG Köln* FamRZ 1968, 42; *Baumbach-Albers* § 627 IV A; *Palandt-Diederichsen* § 1360 a, 3; a. A.: *OLG Köln* FamRZ 1962, 307; *Pastor* FamRZ 1958, 298; 1960, 260).

Deshalb ist eine Beschränkung auf die Prüfung der Zulässigkeit angezeigt. Ist aber die Aussichtslosigkeit des Rechtsstreits bereits im Armenrechtsverfahren entschieden, so wäre die Prozeßführung mutwillig, die Geltendmachung des Prozeßkostenvorschusses also unbillig (*KG* JW 1925, 2147).

46 Für die Anwendung des § 1360 a Abs. 4 spielt es keine Rolle, ob der Rechtsstreit zwischen Ehegatten oder zwischen einem der Ehegatten und einem Dritten geführt werden soll. Der Vorschlag der Bundesregierung, die Prozeßkostenvorschußpflicht für Streitigkeiten zwischen Ehegatten aufzuheben, ist nicht Gesetz geworden. Der Bundestag ist vielmehr dem Antrag des Bundesrats gefolgt, es beim bisherigen Rechtszustand zu belassen.

47 Es kann sich um Streitigkeiten vor ordentlichen Gerichten, aber auch um Verfahren vor Verwaltungs- oder Sozialgerichten handeln (*BSG* NJW 1960, 502). Darunter fallen auch die Verfahren über Arrest, einstweilige Verfügungen (*Pastor* FamRZ 1960, 260), einstweilige Anordnungen (*OLG Düsseldorf* NJW 1956, 1804) sowie in Angelegenheiten nach dem FGG. Die Kosten der Verteidigung in einem Strafverfahren können nach § 1360 a Abs. 4 Satz 2 ebenfalls Gegenstand eines Prozeßkostenvorschusses sein.

48 Die Vorschußpflicht soll die zur Führung des Rechtsstreits notwendigen Kosten decken. Neben den Gerichtskosten sind dies in erster Linie die Anwaltskosten im Anwaltsprozeß. Soweit eine Vertretung durch Anwälte nicht geboten ist, ist darauf abzustellen, ob die Vertretung durch einen Anwalt nach den Umständen (Fallgestaltung, Gewandtheit der Partei, Vertretung des Gegners) geboten ist. Ob die Zuziehung eines Verkehrsanwalts notwendig ist, bedarf besonders sorgfältiger Prüfung (*OLG Düsseldorf* OLG 29, 145; *KG* FamRZ 1968, 651). Welche Gebühren anfallen, ist nach den Umständen des Falles zu beurteilen, die Prognose darf nicht kleinlich ausfallen (vgl. *KG* MDR 1970, 509; *LG Hamburg* MDR 1962, 307). Die Vorschußpflicht erstreckt sich auch auf sonstige Aufwendungen des Ehegatten für die Prozeßführung, z. B. Auslagen für die Wahrnehmung eines auswärtigen Termins (*OLG Kiel HRR* 1930 Nr. 1731), Auslagen für notwendige Ermittlungen, Gutachten usw. (vgl. *KG* NJW 1961, 737).

49 Der Prozeßkostenvorschuß dient dem Zweck, dem anderen Ehegatten die Prozeßführung zu ermöglichen, aber nicht dazu, ihm generell die Kostenlast zu nehmen. Daraus folgt, daß ein Prozeßkostenvorschuß nicht mehr verlangt werden kann, wenn der Rechtsstreit einen Stand erreicht hat, bei dem der Prozeßkostenvorschuß seiner Förderung nicht dienlich sein kann. Das ist z. B. der Fall, wenn ein Verfahren beendet ist (*OLG Köln* FamRZ 1964, 48 für ein Verfahren nach § 627 a. F.), aber auch, wenn die mündliche Verhandlung abgeschlossen ist, und die Verkündung einer Entscheidung bevorsteht, die nicht anfechtbar ist (*OLG Düsseldorf* FamRZ 1966, 311); ebenso wenn die Partei das zur Beendigung des Rechtsstreits Erforderliche getan hat und weitere kostenaufwendige Maßnahmen nicht erforderlich sind (*OLG Frankfurt* FamRZ 1967, 484). Ruht das Verfahren, so ist dieser Umstand bei der Beurteilung der Notwendigkeit eines Prozeßkostenvorschusses zu berücksichtigen, ein zwingender Hinderungs-

grund ist das Ruhen allerdings nicht (*OLG Köln* FamRZ 1964, 48).

9.8 Prozeßkostenvorschuß und Armenrecht

50 Zwischen dem Anspruch auf Prozeßkostenvorschuß und der Bewilligung des Armenrechts besteht ein Zusammenhang (vgl. eingehend *Pastor* FamRZ 1960, 260). Hat eine Prozeßpartei einen Anspruch auf Prozeßkostenvorschuß, so ist sie nicht arm im Sinne von § 114 ZPO. Voraussetzung ist allerdings, daß der Prozeßkostenvorschuß realisierbar ist. Häufig ist unklar, ob eine Realisierung des Anspruchs auf Prozeßkostenvorschuß möglich sein wird. Mitunter kann die Prozeßführung nicht hinausgeschoben werden. In diesen Fällen kommt eine Bewilligung des Armenrechts in Betracht, wobei das Gericht die Möglichkeit hat, Auflagen auf der Grundlage der §§ 121, 125 ZPO zu erteilen, um eine Nachzahlung sicherzustellen. Steht fest, daß der Anspruch auf Prozeßkostenvorschuß realisiert werden wird, kann das Gericht die Nachzahlungsanordnung mit der Bewilligung des Armenrechts verbinden (vgl. *BGH* 10, 139).

51 Auch wenn die Nachzahlung nicht vorbehalten wird, hat die Bewilligung des Armenrechts keinen Einfluß auf den Anspruch auf Prozeßkostenvorschuß. Sobald die Voraussetzungen für den Anspruch vorliegen, hat das Gericht der Partei unter Hinweis auf §§ 121, 125 ZPO aufzugeben, den Prozeßkostenvorschuß geltend zu machen, gegebenenfalls ist das Armenrecht zu entziehen (*LG Hamburg* MDR 1960, 235; *Soergel-Lange* § 1360 a, 29; *Staudinger-Hübner* § 1360 a, 44). Das folgt aus der Subsidiarität der Armenrechtsbewilligung, die nicht nur bei der Bewilligung selbst, sondern während der gesamten Prozeßdauer wirkt (§ 121 ZPO).

9.9 Prozeßkostenvorschuß und Staatskasse

52 Der Anspruch auf Prozeßkostenvorschuß besteht *zwischen den Ehegatten*. Die Gerichtskasse hat Ansprüche wegen Verfahrenskosten grundsätzlich nur gegenüber dem prozeßführenden Ehegatten. Eine unmittelbare Verpflichtung des Schuldners des Prozeßkostenvorschusses gegenüber der Staatskasse besteht nicht mehr, nachdem die §§ 1387, 1388 a. F., die einen solchen Durchgriff vorsahen, entfallen sind. Eine Ausnahme gilt für Rechtsstreitigkeiten eines Ehegatten im Güterstand der Gütergemeinschaft, wenn das Gesamtgut für die Verfahrenskosten haftet (§§ 1438 Abs. 2, 1437 Abs. 2, 1460 Abs. 2, 1459 Abs. 2).

9.10 Rückzahlung des Prozeßkostenvorschusses

53 Ob und unter welchen Voraussetzungen ein dem anderen Ehegatten gewährter Prozeßkostenvorschuß zurückverlangt werden kann, ist für den Güterstand der Gütergemeinschaft in den §§ 1441 bis 1443, §§ 1463 bis 1465 geregelt. Im übrigen, d. h. für den gesetzlichen Güterstand der Zugewinngemeinschaft und die Gütertrennung, fehlt eine ausdrückliche Regelung. § 1387

a. F. enthielt entsprechende Bestimmungen für den gesetzlichen Güterstand alten Rechts. Im GleichberG ist bewußt davon abgesehen worden, für den neuen gesetzlichen Güterstand eine Regelung zu treffen; die Frage sollte der Rechtsprechung überlassen bleiben (vgl. BT II/3409 S. 38).

54 Bis zur Entscheidung des *BGH* in FamRZ 1971, 360 wurde überwiegend angenommen, daß im Fall eines Rechtsstreits der Ehegatten untereinander die Kostenentscheidung (§§ 91 ff. ZPO) oder die gesetzliche Kostenfolge (§ 269 Abs. 3 ZPO) auch für die Frage maßgebend sei, wem die Aufwendungen für den Prozeßkostenvorschuß endgültig zur Last fallen; die Rückzahlungspflicht sollte dann zwingend der Kostentragungspflicht folgen (*OLG Braunschweig* MDR 1963, 1012; *OLG München* FamRZ 1965, 440; *OLG Frankfurt* NJW 1966, 1515; *OLG Düsseldorf* NJW 1971, 56; *Pastor* FamRZ 1958, 289; a. A.: *OLG Frankfurt* FamRZ 1959, 373).

55 Der *BGH* hat dann eine gegenläufige Rechtsprechung eingeleitet (FamRZ 1971, 360), der sich *OLGe* angeschlossen haben (*OLG Hamm* FamRZ 1971, 582; *OLG Stuttgart* NJW 1971, 1221; *OLG München* FamRZ 1972, 367 unter Aufgabe der früheren Rechtsprechung z. B. FamRZ 1965, 440; *OLG Düsseldorf* NJW 1972, 830 unter Aufgabe seiner früheren Rechtsprechung z. B. NJW 1971, 56; *OLG Hamburg* MDR 1973, 51 unter Aufgabe seiner früheren Rechtsprechung z. B. MDR 1971, 489). Danach soll der gezahlte Prozeßkostenvorschuß dann zurückgezahlt werden müssen, wenn sich die wirtschaftlichen Verhältnisse des vorschußberechtigten Ehegatten so wesentlich geändert haben, daß er zur Rückzahlung in der Lage ist, oder wenn es aus sonstigen Gründen unbillig wäre, wenn der Ehegatte das Empfangene behalten dürfte. Eine Kostenentscheidung zu Lasten des Ehegatten erfüllt für sich gesehen diese Voraussetzungen nicht.

Die Auffassung des *BGH* ist zu billigen. Der Prozeßkostenvorschuß ist eine Unterhaltsleistung; da es sich um einen unregelmäßigen Bedarf handelt, gehört er zum Sonderbedarf (§§ 1360 a Abs. 3, § 1613 Abs. 2). Geschuldeter Unterhalt kann im allgemeinen nicht zurückgefordert werden, wenn das Geleistete zum Verbrauch bestimmt ist. Es ist aber begrifflich nicht ausgeschlossen, daß Unterhalt in Form bloßer Überlassung von Werten geleistet wird oder als Darlehen, falls der Bedarf eine solche inhaltliche Ausgestaltung zuläßt. In § 1360 a Abs. 4 wird davon ausgegangen, daß die Kosten »vorzuschießen« sind, was die Möglichkeit der Rückzahlung indiziert. Andererseits ist zu berücksichtigen, daß die mangelnde Leistungsfähigkeit des prozeßführenden Ehegatten Ursache und Grundlage der Vorschußpflicht ist. Daran ändert sich nichts, wenn der vorschußberechtigte Ehegatte in dem Rechtsstreit unterliegt und ihm die Kostenlast auferlegt wird. Die »Geschäftsgrundlage« der Vorschußgewährung ändert sich im allgemeinen erst, wenn sich die wirtschaftlichen Verhältnisse des Ehegatten verbessern. Bei bestehender Ehe kommt hinzu, daß die Ehegatten gehalten sind, ihre Rechte in einer der ehelichen Lebensgemeinschaft entsprechenden Weise auszuüben; die Regulativfunktion (vgl. Rdnr. 30 zu § 1353) kann Anlaß sein, eine Rückzahlung nicht oder jedenfalls nicht zur Unzeit zu fordern, auch wenn der Ehegatte aus der Kostenentscheidung berechtigt ist. Hat ein Ehegatte in dem Rechtsstreit gegen einen Dritten obsiegt und einen Anspruch auf Kostenerstattung erwirkt, ist er gehalten, daraus den erhaltenen Vorschuß dem anderen Ehegatten zurückzuerstatten.

56 Umstritten ist, ob bei einem Rechtsstreit unter Ehegatten der geleistete Vorschuß im Kostenfestsetzungsverfahren berücksichtigt werden kann. Die *herrschende Meinung* nimmt an, daß der Anspruch nur im ordentlichen Rechtsweg nach allgemeinen Vorschriften geltend zu machen ist (*BGH* FamRZ 1971, 360; *OLG Stuttgart* NJW 1971, 1221; *OLG Hamm* FamRZ 1971, 582; *OLG München* FamRZ 1972, 367 unter Aufgabe der früheren Rechtsprechung, z. B. FamRZ 1965, 440; *OLG Düsseldorf* NJW 1972, 830 unter Aufgabe seiner früheren Rechtsprechung, z. B. NJW 1971, 56; *OLG Hamburg* MDR 1973, 51 unter Aufgabe seiner früheren Rechtsprechung MDR 1971, 489; a. A.: *KG* MDR 1971, 490). Die herrschende Meinung hat, da der Rückzahlungsanspruch materiellrechtlicher Natur ist, die dogmatische Folgerichtigkeit für sich. Aus prozeßökonomischen Gründen sollte jedoch der Vorschuß im Kostenfestsetzungsverfahren in entsprechender Anwendung der §§ 91 ff. ZPO in den Fällen berücksichtigt werden, in denen materiellrechtliche Einwendungen gegen die Rückzahlung nicht erhoben werden (*OLG Düsseldorf* Rpfl. 1972, 318, für den Fall, daß der Empfänger des Vorschusses zugestimmt hat; *OLG Hamm* FamRZ 1966, 236, wenn über Grund und Höhe der Rückerstattungspflicht Einigkeit besteht). Auf diese Weise kann mancher Rechtsstreit vermieden werden (vgl. *Soergel-Lange* § 1360 a, 33). Bedarf es einer Klage, so richtet sich die Zuständigkeit nach allgemeinen Bestimmungen; der Gerichtsstand für Unterhaltsklagen gilt nicht für den Rückzahlungsanspruch.

57 Hat der Ehegatte den Prozeßkostenvorschuß für einen Rechtsstreit mit einem *Dritten* empfangen, besteht eine *Rückzahlungspflicht* nach denselben Grundsätzen wie bei einem Rechtsstreit der Ehegatten untereinander. Soweit der prozeßführende Ehegatte einen Kostenanspruch zu seinen Gunsten erwirkt hat, kann er die Mittel zur Rückzahlung von seinem Gegner eintreiben. Eine Berücksichtigung im Kostenfestsetzungsverfahren ist ausgeschlossen, da der den Prozeßkostenvorschuß leistende Ehegatte am Verfahren mit Dritten nicht beteiligt ist. In Betracht kommt nur der Klageweg nach allgemeinen Vorschriften.

10 Verfahren und Zwangsvollstreckung

58 Unterhaltsansprüche können im Wege der Klage, durch einstweilige Verfügung oder – im Eheverfahren – durch die einstweilige Anordnung geltend gemacht werden.

Für die Klage ist das Familiengericht ausschließlich zuständig (§ 23 b Abs. 1 GVG, § 621 Abs. 1 ZPO). Bei Anhängigkeit einer Ehesache dominiert das für die Ehesache örtlich zuständige Familiengericht auch in bezug auf die Unterhaltsklage (§ 621 Abs. 2, 3 ZPO). Dies gilt auch für die Geltendmachung des Prozeßkostenvorschusses im Klagewege. Der Unterhaltsanspruch (einschließlich des Anspruchs auf Prozeßkostenvorschuß) kann nicht mit der Herstellungsklage (§ 606 Abs. 1 ZPO) verfolgt werden, da er ungeachtet der eherechtlichen Grundlage ein vermögensrechtlicher, auf geldwerte Leistungen gerichteter Anspruch ist. Die Herstellungsklage kann aber in Betracht kommen, wenn der Streit nicht um die Unterhaltsleistung als solche geht, sondern das Fehlverhalten des anderen Ehepartners im Zusammenhang mit den Unterhaltsverpflichtungen gerügt wird, z. B. verletzende Form der Unterhaltsleistung (*RG* 97, 286; *OLG Braunschweig* OLG 18, 218; *OLG München* NJW 1963, 49; *Erman-Heckelmann* § 1360 a, 33; *Brühl* FamRZ 1957, 277; a. A.: *Beitzke* § 12 IV 8).

59 Wird der Prozeßkostenvorschuß im Wege der einstweiligen Verfügung geltend gemacht, so ist als Gericht der Hauptsache nach § 937 ZPO das für die Unterhaltsklage nach § 1360 zuständige Familiengericht anzusehen (*OLG Celle* NJW 1963, 960; *Erman-Heckelmann* § 1360 a, 33; *Staudinger-Hübner* § 1360 a, 50; *Gernhuber* § 21 IV 1, Fn. 6; *Pastor* FamRZ 1958, 298). Die abweichende Auffassung, die das Gericht für zuständig hält, bei dem der weitere Rechtsstreit anhängig sein wird, überzeugt nicht (*OLG Braunschweig* NJW 1959, 2310; *OLG Düsseldorf* FamRZ 1968, 208; *Soergel-Lange* § 1360 a, 27; *Künkel* FamRZ 1964, 550). Geht man davon aus, daß die Erfolgsaussichten des weiteren Rechtsstreits in diesem »Vorverfahren« nur sehr global zu prüfen sind, verliert das Argument, das spätere Prozeßgericht könne die Erfolgaussichten am besten beurteilen, an Gewicht.

Ist eine Ehesache anhängig, kann das Gericht den Unterhalt eines Ehegatten (einschl. des Prozeßkostenvorschusses) durch einstweilige Anordnung regeln (§ 620 Nr. 6 ZPO).

60 Der Anspruch auf Familienunterhalt ist *bedingt pfändbar* nach § 850 b Abs. 1 Nr. 2 und Abs. 2 ZPO (*Erman-Heckelmann* § 1360 a, 33; a. A.: *Beitzke* § 12, 8, da beim Familienunterhalt eine Individualisierung des Anspruchs gegen den Schuldner nicht möglich sei; diese Bedenken sind gewichtig, aber nicht zwingend; eine Konkretisierung des Anspruchs muß erfolgen, sobald er Gegenstand einer vermögensrechtlichen Beziehung zu Dritten wird, z. B. auch wenn der Anspruch auf Familienunterhalt zum Schadensfaktor wird; vgl. Rdnr. 14 zu § 1360).

Bedingt pfändbar ist auch der Anspruch auf Prozeßkostenvorschuß als Teil der Unterhaltsleistung; die Zweckbestimmung des Prozeßkostenvorschusses ist nicht stärker als die Zweckbestimmung des Unterhaltsanspruchs im übrigen (str. *Erman-Heckelmann* § 1360 a, 33; a. A.: *Soergel-Lange* § 1360 a, 18). Pfändbar nach Maßgabe des § 850 b Abs. 1 Nr. 2 und Abs. 2 ZPO ist auch der Taschengeldanspruch (*OLG Koblenz* NJW 1961,

2166; *OLG Celle* NJW 1962, 1731; MDR 1973, 322; *LG Düsseldorf* NJW 1960, 2001; *LG Hildesheim* MDR 1964, 243; *LG Essen* FamRZ 1971, 173; *LG Verden* MDR 1973, 138; *LG München* II NJW 1976, 1948; *Erman-Heckelmann* § 1360 a, 33; a. A.: *LG München* NJW 1961, 1408; *LG Essen* NJW 1962, 256; FamRZ 1965, 382; *LG Mainz* MDR 1962, 487; *LG Köln* MDR 1965, 47; *LG Berlin* NJW 1967, 204; *Soergel-Lange* § 1360 a, 4; *Staudinger-Hübner* § 1360 a, 53; *Beitzke* § 12 IV 8; *Gernhuber* § 21 I 9). Die Begründung der Gegenmeinung, es handele sich um eine in Natur zu erbringende und deshalb nach § 851 ZPO nicht pfändbare Leistung, überzeugt nicht, da der Anspruch auf Taschengeld ein geldwerter Anspruch ist. Seine Zweckbestimmung kann nicht stärker sein als die Zweckbestimmung des Unterhaltsanspruchs. Gewichtiger ist das Argument, daß die Zulassung der Zwangsvollstreckung zu einer Haftung des anderen Ehegatten für die Schulden seines Partners führen kann (*Soergel-Lange* § 1360 a, 4). Diese Bedenken fallen aber nicht ins Gewicht, da die Zwangsvollstreckung nur nach Maßgabe des § 850 b Abs. 2 ZPO in Betracht kommt, also nach vorheriger Genehmigung des Vollstreckungsgerichts. Die Zwangsvollstreckung wird in der Regel nicht der Billigkeit entsprechen, wenn sie nicht den Schuldner, sondern dessen Ehegatten treffen würde. Es sind aber auch andere Fälle denkbar, in denen die Zwangsvollstreckung lediglich zu einer Minderung des Aufwandes des Schuldners führt. Es wäre unbillig, hier dem Gläubiger den Zugriff zu verwehren.

61 Der Unterhaltsanspruch genießt in der Zwangsvollstreckung das Privileg des § 850 d. Das gilt auch für den Anspruch auf Prozeßkostenvorschuß (*Baumbach-Albers* § 850 d 1 A; *Soergel-Lange* § 1360 a, 18; *Meier-Scherling* FamRZ 1959, 392 – für Taschengeldanspruch; *Pastor* FamRZ 1958, 298; *Weimar* NJW 1959, 2102; a. A.: *LG Bremen* FamRZ 1970, 407 – kein echter Unterhaltsanspruch im »engsten Sinne«).

11 Recht der DDR

62 § 12 FGB befaßt sich mit den Aufwendungen für die Familie. Er hat folgenden Wortlaut:

(1) Die Aufwendungen zur Befriedigung der materiellen und kulturellen Bedürfnisse der Ehegatten, der minderjährigen und der im Haushalt lebenden volljährigen Kinder werden von den Ehegatten und den Kindern entsprechend ihren Kräften, ihrem Einkommen und ihren sonstigen Mitteln durch Geld, Sach- und Arbeitsleistungen gemeinsam erbracht. Das gilt auch, wenn die Ehegatten vorübergehend getrennt wohnen.

(2) Ein Ehegatte, der keine eigenen Einkünfte oder Mittel hat, leistet seinen Beitrag allein durch Arbeit im Haushalt und die Betreuung der Kinder. Ist ein Ehegatte nicht in der Lage, zu den Familienaufwendungen beizutragen, hat der andere sie allein zu erbringen.

(3) Soweit die Ehegatten und die volljährigen Kinder zum Familienaufwand durch Geldleistungen beizutragen haben, finden die Bestimmungen über den Unterhalt entsprechende Anwendung.

Der Anspruch umfaßt auch die Leistung eines Prozeßkostenvorschusses (vgl. Komm. z. FGB § 12, 3.2).

Leistet ein Ehegatte zum Unterhalt der Familie einen höheren Beitrag als ihm obliegt, so ist im Zweifel anzunehmen, daß er nicht beabsichtigt, von dem anderen Ehegatten Ersatz zu verlangen.

Literatur

Roth-Stielow, Vermögensrechtliche Streitfragen nach der Scheidung, NJW 1970, 1032.

Überblick Rdnr.

1 Allgemeines, Auslegungsregel

1 § 1360 b entspricht dem früheren § 1429, der nur für den Güterstand der Gütertrennung galt. Die Vorschrift ist durch das GleichberG (Art. 1 Nr. 8) als allgemeine für alle Güterstände geltende Regelung eingeführt worden. Sie beruht auf der Annahme, daß Ehegatten in der ehelichen Lebensgemeinschaft ihre Beiträge zum Unterhalt nicht kaufmännisch kalkulieren und daß sie deshalb allgemein nicht die Absicht haben, Mehrleistungen auszugleichen. Mit der Regelung soll der Anreiz genommen werden, im Fall der Scheidung Erstattungsansprüche zu erheben, die es erforderlich machen würden, den Verlauf der Ehe wirtschaftlich unter Berücksichtigung von Leistung und Gegenleistung nachzuzeichnen. Die Vorschrift ist durch das 1. EheRG nicht geändert worden, doch haben sich aus der Änderung anderer Vorschriften Verschiebungen in der Auslegung ergeben (vgl. Rdnr. 5).

2 Die Vorschrift ist keine Anspruchsgrundlage (a. A.: *Roth-Stielow* NJW 1970, 1032). Insbesondere rechtfertigt der Umstand, daß die Auslegungsregel des § 1360 b im Einzelfall entkräftet wird, nicht ohne weiteres die Annahme, ein Erstattungsanspruch sei gegeben. Dafür bedarf es einer Rechtsgrundlage nach den allgemeinen Vorschriften (vgl. Rdnr. 37 zu § 1356).

3 Die Regelung gilt auch, wenn die Ehegatten getrennt leben (§ 1361 Abs. 4 S. 4), doch kann der Umstand der Trennung ein Anhaltspunkt dafür sein, daß der leistende Ehegatte auf eine Rückzahlung nicht verzichten wollte. Denn ein Verzicht auf den Ausgleich wird in der Regel seinen Grund in der ehelichen Lebensgemeinschaft haben, die im Fall des Getrenntlebens nicht oder nicht in vollem Umfang besteht. Die Vorschrift gilt nicht für geschiedene Eheleute (*OLG Celle* NJW 1974, 504).

4 Die Auslegungsregel ist nur auf Leistungen *»zum Unterhalt der Familie«* anzuwenden. Gemeint ist, daß es sich um Leistungen handeln muß, die ihrer Art nach der Sicherung des Lebensbedarfs (vgl. Rdnr. 2 zu § 1360 a) dienen. Um Unterhaltsleistungen im Wortsinne kann es sich nicht handeln, da § 1360 b Leistungen erfaßt, zu denen der Ehegatte unterhaltsrechtlich gerade nicht verpflichtet ist. Im übrigen ist es gleichgültig, ob die Leistungen als laufende Zuwendungen oder als einmaliger Beitrag erbracht worden sind; Naturalleistungen können ebenso darunter fallen wie das Eingehen von Verbindlichkeiten. Nicht erfaßt werden Zuwendungen, die rechtsgeschäftlichen Charakter haben oder mit denen unmittelbar die wirtschaftliche Betätigung des anderen Ehegatten gefördert werden soll. Die Unterstützung Verwandter ist ihrer Natur nach kein Beitrag zum Familienunterhalt (vgl. Rdnr. 18), so daß Leistungen zu diesem Zweck die Vermutungswirkungen der Vorschrift nicht auslösen.

5 Für das bisher geltende Recht war es streitig, ob Leistungen in Form der Mitarbeit im Beruf oder Geschäft des anderen Ehegatten (§ 1356 Abs. 2 a. F.) von § 1360 b erfaßt werden, weil die Mitarbeit nicht im Rahmen der Unterhaltspflicht, sondern auf Grund der allgemeinen Verpflichtung zur ehelichen Lebensgemeinschaft (in der Regel unentgeltlich) zu leisten gewesen sei (vgl. *Staudinger-Hübner* § 1360 b, 6). Das ist kein entscheidender Gesichtspunkt (*Erman-Heckelmann* § 1360 b, 2; für eine entsprechende Anwendung *Soergel-Lange* § 1360 b, 3). Arbeitet der Ehegatte im Beruf oder Geschäft des anderen Ehegatten, wozu er nach neuem Recht nicht ohne weiteres verpflichtet ist (vgl. Rdnr. 13 zu § 1356), dann kann darin, auch bei einer Betätigung auf rechtsgeschäftlicher Grundlage (vgl. Rdnr. 17 ff. zu § 1356), ein Beitrag zum Familienunterhalt liegen. Leistet er mehr, als ihm nach § 1360 obliegt, so findet § 1360 b Anwendung.

3 Rückabwicklung von Zuwendungen

6 Die gesetzliche Annahme des § 1360 b kann widerlegt werden. Die Beweislast trägt der Kläger. Die Widerlegung kann sich aus den Umständen ergeben, z. B. der Höhe der Zuwendung, ihrem Zweck, der rechtsgeschäftlichen Ausgestaltung der Zuwendung (gegen Quittung oder Sicherheitsleistung). Die Auffassung des *BGH* (*BGH* 50, 266), eine Rückzahlung des überschießenden Beitrages komme nur in Betracht, wenn der Ehegatte zu der Zeit, als er die Leistung erbrachte, die Absicht hatte, solchen Ersatz zu beanspruchen, ist bedenklich. Die Begründung, eine derartige Einschränkung ergebe sich aus dem Wesen der Ehe, ist nicht überzeugend. Sie steht im übrigen auch in Widerspruch zu der Rechtsprechung des *BGH* zur Rückabwicklung von Zuwendungen während der Ehe (vgl. Rdnr. 37 ff. zu § 1356), die bei vergleichbarer Ausgangslage derartige Voraussetzungen nicht aufstellt. Die vom

BGH gesetzten Maßstäbe würden Rückzahlungsansprüche praktisch unmöglich machen, was über den Zweck des § 1360 b weit hinausgeht. Denn sowohl bei dem Rückabwicklungsanspruch nach § 812 Abs. 1 Satz 2, 2. Alt. (vgl. Rdnr. 38 zu § 1356) als auch bei dem Rückabwicklungsanspruch nach den Grundsätzen über den Wegfall der Geschäftsgrundlage (vgl. Rdnr. 39 zu § 1356) würde vorausgesetzt, daß der leistende Ehegatte sich die Rückgewähr für den Fall des Eintritts von Umständen vorbehält, die zu diesem Zeitpunkt keinen aktuellen Bezug haben (z. B. Auflösung der ehelichen Lebensgemeinschaft). Im allgemeinen werden aber in einer intakten Ehe Zuwendungen erbracht, ohne daß die Ehegatten sich Gedanken über die rechtliche Zuordnung der Leistung machen. Allenfalls kommt es zu einer Mentalreservation, die im übrigen den Anforderungen des *BGH* nicht genügen würde. Es ist unangemessen, die Auslegungsregel des § 1360 b in einer vom Normzweck nicht gedeckten Weise praktisch unwiderlegbar zu machen.

(1) Leben die Ehegatten getrennt, so kann ein Ehegatte von dem anderen den nach den Lebensverhältnissen und den Erwerbs- und Vermögensverhältnissen der Ehegatten angemessenen Unterhalt verlangen. Ist zwischen den getrennt lebenden Ehegatten ein Scheidungsverfahren rechtshängig, so gehören zum Unterhalt vom Eintritt der Rechtshängigkeit an auch die Kosten einer angemessenen Versicherung für den Fall des Alters sowie der Berufs- oder Erwerbsunfähigkeit.

(2) Der nichterwerbstätige Ehegatte kann nur dann darauf verwiesen werden, seinen Unterhalt durch eine Erwerbstätigkeit selbst zu verdienen, wenn dies von ihm nach seinen persönlichen Verhältnissen, insbesondere wegen einer früheren Erwerbstätigkeit unter Berücksichtigung der Dauer der Ehe, und nach den wirtschaftlichen Verhältnissen beider Ehegatten erwartet werden kann.

(3) Die Vorschrift des § 1579 Abs. 1 Nr. 2 bis 4, Abs. 2 über die Herabsetzung des Unterhaltsanspruchs aus Billigkeitsgründen ist entsprechend anzuwenden.

(4) Der laufende Unterhalt ist durch Zahlung einer Geldrente zu gewähren. Die Rente ist monatlich im voraus zu zahlen. Der Verpflichtete schuldet den vollen Monatsbetrag auch dann, wenn der Berechtigte im Laufe des Monats stirbt. § 1360 a Abs. 3, 4 und die §§ 1360 b, 1605 sind entsprechend anzuwenden.

Literatur

Göhring, Aktuelle Fragen zum Unterhaltsrecht, FamRZ 1969, 512; *Kalthoener/Haase-Becher/Büttner*, Die Rechtsprechung der Landgerichte zur Höhe des Unterhalts, 1975; *Millauer*, Zur Bemessung des Frauen-Unterhalts, NJW 1967, 1061; *Pabst*, Zur Bemessung des Frauenunterhalts, NJW 1967, 2248; *Rassow*, Zur Berechnung der Höhe gesetzlicher Unterhaltsrenten von Ehegatten und ehelichen Kindern, FamRZ 1969, 515.

Überblick

1 Allgemeines

1 Der durch Art. 1 Nr. 8 GleichberG neu gefaßte § 1361 enthielt zwei mit der Tendenz des 1. EheRG nicht vereinbare Regelungen. Im Rahmen der Billigkeitserwägungen waren die Gründe, die zur Trennung der Ehegatten geführt hatten, zu berücksichtigen; zum anderen sah Absatz 2 eine unterschiedliche Regelung für Mann und Frau vor in der Frage, wann die Ehefrau darauf verwiesen werden kann, ihren Unterhalt selbst zu verdienen, wenn der Ehemann die Trennung verschuldet hatte. Beide Gesichtspunkte sind entfallen.

2 Mit der Trennung der Ehegatten wird der Anspruch auf Familienunterhalt gegenstandslos. An seine Stelle tritt der Anspruch auf Individualunterhalt nach § 1361. Anders als beim Familienunterhalt nach § 1360, kann der getrennt lebende Ehegatte den Unterhalt des Kindes nicht zusammen mit dem eigenen Unterhalt geltend machen. Er ist darauf angewiesen, den Unterhalt des Kindes nach den allgemeinen Vorschriften als dessen Vertreter oder in der Form der Prozeßstandschaft zu verfolgen (§§ 1601, 1629). Ergänzend sind, soweit in § 1361 nichts Besonderes vorgesehen ist, die §§ 1601 ff. anzuwenden. Nicht anwendbar ist § 1611 Abs. 1, da die Härteklausel nach § 1361 Abs. 3 eine abschließende Sonderregelung darstellt.

2a Eine dem Art. 12 Nr. 3 Abs. 2 des 1. EheRG entsprechende Übergangsregelung ist für Unterhaltsansprüche nach § 1361 nicht vorgesehen. Daraus folgt, daß der Unterhaltsanspruch eines getrenntlebenden Ehegatten auch dann nach neuem Recht zu beurteilen ist, wenn die Trennung vor dem 1. EheRG bestanden hat. Liegt über den Unterhaltsanspruch ein vollstreckbarer Titel vor, kann ein Ehegatte die Abänderung des Titels verlangen, wenn die Neufassung des § 1361 zu einer abweichenden rechtlichen Beurteilung der Unterhaltsverpflichtung Anlaß gibt. Dies kann insbesondere der Fall sein, wenn der Gesichtspunkt, daß der Ehegatte die Trennung verschuldet hat, entscheidungserheblich war. Grundlage der Abänderung des Titels ist § 323 ZPO. Seine Anwendung kommt auch bei einer Gesetzesänderung in Betracht, die eine Änderung der Verhältnisse i. S. dieser Vorschrift darstellt (*RG* 166, 303; *Thomas-Putzo* § 323, 4; *Habscheid* FamRZ 1954, 34, der § 767 ZPO für anwendbar hält; differenzierend *Stein-Jonas-Schumann-Leipold* § 322 X, 7 und § 323 III, 2). Ob die Änderung der Verhältnisse wesentlich ist, ist konkret an Hand der sich aus der unterschiedlichen gesetzlichen Regelung ergebenden Auswirkung auf die Unterhaltsberechtigung zu ermitteln.

2 Getrenntleben

3 Die Ehegatten leben getrennt, wenn die häusliche Gemeinschaft aufgehoben ist und dies nicht auf äußere Umstände zurückzuführen ist. Der Wille, zumindest eines Ehegatten, die häusliche Gemeinschaft nicht wieder aufzunehmen, selbst wenn dies mög-

lich wäre, muß nicht von einer endgültig ehefeindlichen Absicht getragen sein. Insofern unterscheidet sich der Begriff von dem Begriff des Getrenntlebens nach § 1567 Abs. 1, der den Willen zur Aufhebung der Lebensgemeinschaft voraussetzt (vgl. Rdnr. 4 ff. zu § 1567). Nicht erforderlich ist, daß vor dem Getrenntleben die häusliche Gemeinschaft jemals bestanden hat (vgl. Rdnr. 3 zu § 1567).

4 Ob der unterhaltsbedürftige Ehegatte ein Recht zum Getrenntleben hat (§ 1353 Abs. 2), ist nicht entscheidend (so mit Einschränkungen schon für das bisher geltende Recht *Erman-Heckelmann* § 1361, 1; *Soergel-Lange* § 1361, 7). Abweichend vom bisher geltenden Recht kann dieser Umstand auch nicht im Rahmen einer Billigkeitsprüfung berücksichtigt werden, da § 1361 keine allgemeine Billigkeitsklausel enthält; insbesondere hat die Härteklausel des § 1361 Abs. 3 nicht den Charakter einer solchen Billigkeitsklausel.

5 Unbeachtlich ist schließlich auch, ob der anspruchsberechtigte Ehegatte die Auflösung der Ehe begehren kann, und ob er einen entsprechenden Antrag (Klage) erhoben hat. Ist das Verfahren zur Auflösung der Ehe anhängig oder das Armenrecht hierfür beantragt, kann der berechtigte Ehegatte eine einstweilige Regelung des Unterhalts nach § 620 Nr. 6 ZPO erwirken. Das Rechtsschutzbedürfnis für die Geltendmachung des Unterhaltsanspruchs nach § 1361 entfällt dadurch nicht (zum Verhältnis der beiden Verfahren zueinander vgl. Rdnr. 11 zu § 620 ZPO).

6 Ist die häusliche Gemeinschaft der Ehegatten teilweise aufgehoben, richtet sich der Unterhaltsanspruch weiter nach § 1360, 1360 a. Etwaige Mehrkosten, die sich aus den teilweise geänderten Verhältnissen ergeben, können einen Zuschuß unter Zugrundelegung der Maßstäbe des § 1361 rechtfertigen (*BGH* 35, 302; Ehefrau wohnt noch in der ehelichen Wohnung, arbeitet weiter im Erwerbsgeschäft des Mannes und erzielt daraus den wesentlichen Teil des Unterhalts; der *BGH* hat einen Zuschuß nach § 1360 a zugebilligt).

3 Weitere Voraussetzungen

3.1 Leistungsfähigkeit

7 Die Verpflichtung des Ehegatten, Unterhalt zu zahlen, wird durch seine Leistungsfähigkeit begrenzt. Das folgt aus § 1361 Abs. 1, der – soweit darin auf die Erwerbs- und Vermögensverhältnisse verwiesen wird – nicht nur das Maß des Unterhalts betrifft, sondern die Unterhaltsverpflichtung überhaupt, sowie aus §§ 1603 Abs. 1, 1608 BGB. Der Haftungsumfang ist abgestuft, je nachdem, ob außer dem Ehegatten auch leistungspflichtige Verwandte des Bedürftigen vorhanden sind. Der verpflichtete Ehegatte ist ohne weiteres unterhaltspflichtig bis zur Grenze des § 1603 Abs. 1, d. h. solange er ohne Gefährdung seines angemessenen Unterhalts leisten kann. Damit hat es sein Bewenden, wenn der berechtigte

Ehegatte Verwandte hat, die ihm gegenüber unterhaltsverpflichtet (und leistungsfähig) sind. Denn die Verwandten haften vor dem Ehegatten, wenn dieser in einem weitergehenden Umfang in Anspruch genommen würde (§ 1608 Satz 2). Besteht keine Unterhaltspflicht Verwandter (sei es, weil keine Verwandten vorhanden sind, oder weil sie nicht leistungsfähig im Sinne von § 1603 Abs. 1 BGB sind), dann haftet der Ehegatte dem anderen Ehegatten ohne die Beschränkung des § 1603 Abs. 1. Dann trifft ihn die gesteigerte Unterhaltspflicht. Ihm ist jedoch soviel zu belassen, daß seine Arbeitsfähigkeit erhalten bleibt. Es liegt nahe, für das Maß des Unterhalts die Grundsätze anzuwenden, die für den nachehelichen »Billigkeitsunterhalt« bestimmend sind (vgl. Rdnr. 3 zu § 1581).

8 Unzutreffend ist die Auffassung, daß der verpflichtete Ehegatte den anderen Ehegatten auf die Leistungspflicht seiner Verwandten erst verweisen kann, wenn er über seine Leistungsfähigkeit nach § 1603 Abs. 1 hinaus bis zur Grenze der gesteigerten Haftung nach §§ 1360, 1361 geleistet hat (so noch *Erman-Wagner* § 1608, 1). Es sind keine Gründe erkennbar, weshalb gerade bei der Anwendung des § 1361 die Rangordnung nach § 1608 nicht gelten soll (*LG Bochum* MDR 1952, 491; *Soergel-Lange* § 1608, 2).

9 Ob der verpflichtete Ehegatte sein Vermögen einsetzen muß, um den Unterhalt aufzubringen, ist nach den zu §§ 1577 Abs. 3, 1581 S. 2 dargelegten Grundsätzen zu beurteilen (vgl. Rdnr. 4 ff. und 12 ff. zu § 1577 und *Brühl-Göppinger-Mutschler* 674).

3.2 Bedürftigkeit

10 Der Unterhaltsanspruch besteht nicht, wenn der Ehegatte imstande ist, sich selbst zu unterhalten (§ 1602 Abs. 1). Inwieweit er sein *Vermögen*, insbesondere den Stamm seines Vermögens, zu diesem Zweck verwerten muß, ist nach den Umständen des Einzelfalles zu beurteilen, insbesondere danach, ob eine Verwertung unwirtschaftlich wäre. Die im Zusammenhang mit der Regelung nachehelicher Unterhaltsansprüche dazu entwickelten Grundsätze sind für den Unterhaltsanspruch nach § 1361 heranzuziehen (vgl. Rdnr. 9).

11 Ob der berechtigte Ehegatte gehalten ist, einer *Erwerbstätigkeit* nachzugehen, um seinen Unterhalt zu verdienen, richtet sich nach § 1361 Abs. 2. Maßgebend sind zunächst die persönlichen Verhältnisse des berechtigten Ehegatten, für die § 1361 Abs. 2 zwei Beispiele gibt, die Leitbildcharakter haben. Vorweg ist festzuhalten, daß der berechtigte Ehegatte auf keinen Fall einer Erwerbstätigkeit nachzugehen braucht, wenn er im Fall der Scheidung nicht arbeiten müßte. Würde von ihm eine Erwerbstätigkeit wegen der in §§ 1570 bis 1573, 1576 genannten Gründe nicht erwartet werden können, so gilt das auch, wenn er den Unterhaltsanspruch nach § 1361 geltend macht. Die weitergehenden Einschränkungen in § 1361 Abs. 2 beruhen auf der Erwägung, daß die Ehe noch besteht und damit die Verantwortlichkeit der Ehegatten füreinander in stärkerem Umfang wirkt. Daraus folgt,

daß die Tendenz besteht, die Lebensumstände des betroffenen Ehegatten nicht über die sich aus der Trennung selbst ergebenden Auswirkungen hinaus zu verändern (*Amtl. Begr.* S. 101). Der Wortlaut des § 1361 Abs. 2 (»kann nur darauf verwiesen werden«) läßt den Schluß zu, daß die Erwerbstätigkeit von dem bei Trennung nicht erwerbstätig gewesenen Ehegatten nur ausnahmsweise erwartet werden kann. War der Ehegatte vor der Trennung erwerbstätig, wird im allgemeinen davon ausgegangen werden können, daß er die Erwerbstätigkeit fortsetzen kann (vgl. auch *BGH* FamRZ 1976, 328: grundsätzliche Ausführungen zur Pflicht zur Erwerbstätigkeit). Anders kann es sein, wenn gerade die Trennung dazu führt, daß er seine Erwerbstätigkeit aufgeben oder einschränken muß, z. B. wenn er seinen Arbeitsplatz bei dem anderen Ehegatten hatte, oder weil die Schwiegermutter als Betreuungsperson für die Kinder ausscheidet. Je länger die »erwerbslose Zeit« während der Ehe angedauert hat, um so weniger Anlaß besteht, diesen Ehegatten auf eine Erwerbstätigkeit zu verweisen. Umgekehrt wird eine Erwerbstätigkeit eher erwartet werden können, wenn der Ehegatte nur kurze Zeit nicht erwerbstätig gewesen ist. In diesem Sinne ist die »Dauer der Ehe« nach § 1361 Abs. 2 zu berücksichtigen. Nach dem Wortlaut des § 1361 Abs. 2 sind nur die persönlichen Verhältnisse des anspruchberechtigten Ehegatten zu berücksichtigen, nicht die des anderen Teils. Das bedeutet, daß die persönlichen Gesichtspunkte des anderen Ehegatten, die für seine Entlastung in bezug auf die Unterhaltspflicht sprechen, im Rahmen des § 1361 Abs. 2 unbeachtlich sind.

12 Die zur Umschreibung der persönlichen Verhältnisse angeführten Umstände sind nicht abschließender Natur. Ein weiterer Umstand kann z. B. die Dauer der Trennung sein. Das Bestreben, die Lebensverhältnisse des berechtigten Ehegatten im Fall der Trennung weitgehend unberührt zu lassen, ist berechtigt. Dauert die Trennung aber eine sehr lange Zeit fort und besteht keine Aussicht, daß die Ehegatten die häusliche Gemeinschaft wieder aufnehmen, so liegt darin eine Änderung der persönlichen Verhältnisse des unterhaltsberechtigten Ehegatten, die zu berücksichtigen ist. Muß der Ehegatte sich darauf einstellen, daß die Trennung endgültig ist, liegt es nahe, die Frage, ob er einer Erwerbstätigkeit nachzugehen hat, nach strengeren Maßstäben zu beurteilen als vorher. Das erscheint auch deshalb geboten, weil der verpflichtete Ehegatte sonst veranlaßt werden könnte, die Scheidung zu betreiben, um unterhaltsrechtlich Vorteile zu erlangen.

13 Zu den persönlichen Verhältnissen zählen nicht die Gründe, die Anlaß zur Trennung gegeben haben. Das folgt nicht ohne weiteres aus dem Wortlaut des § 1361 Abs. 1 und 2, wohl aber aus dem Normzweck. Die bisher im geltenden Recht vorgesehen gewesene »Vorverlagerung des für den nachehelichen Unterhalt geltenden Schuldprinzips auf das Stadium der Trennung« (vgl. *Soergel-Lange* § 1361, 3; *Gernhuber* § 21 II 3) ist bewußt aufgegeben worden (*Amtl. Begr.* S. 101). Dem würde es widersprechen, wenn das Verschulden im Rahmen des § 1361 Abs. 2 Berücksichtigung fände. Das schließt nicht aus, daß ein Ehegatte die wegen der

Trennung eingetretenen erhöhten Aufwendungen geltend macht. Dabei handelt es sich um die Berechnung der Höhe des Lebensbedarfs, die sich nach den aktuellen Erfordernissen richtet, nicht nach der Ursache ihres Entstehens.

14 Die wirtschaftlichen Interessen der Ehegatten sind zu beachten bei der Frage der Bedürftigkeit und Leistungsfähigkeit (§§ 1361 Abs. 1, 1602, 1603). Ihre Berücksichtigung im Rahmen des § 1361 Abs. 2 hat das Ziel, den berechtigten Ehegatten von einer Erwerbstätigkeit zu entlasten, wenn dies wirtschaftlich vertretbar ist, selbst wenn er erwerbstätig sein könnte.

4 Härteklausel

15 Auf den Unterhaltsanspruch nach § 1361 ist die für das nacheheliche Unterhaltsrecht vorgesehene Härteklausel teilweise anwendbar (§ 1361 Abs. 3). Ausgenommen ist § 1579 Abs. 1 Nr. 1. Die kurze Dauer der Ehe rechtfertigt nicht den Ausschluß des Unterhaltsanspruchs; sie hat nur eine gewisse Bedeutung bei der Beurteilung der Frage, ob von dem berechtigten Ehegatten eine Erwerbstätigkeit erwartet werden kann (§ 1361 Abs. 2; vgl. Rdnr. 11).

Kann von ihm eine Erwerbstätigkeit nicht verlangt werden, dann ist es irrelevant, daß die Ehe nur von kurzer Dauer war. Die Praxis wird zeigen, ob dies einen Anreiz auslösen wird, die Auflösung der Ehe möglichst bald zu betreiben, um den Vorteil der Härteklausel nach § 1579 Abs. 1 Nr. 1 nicht zu verlieren. Soweit in § 1361 Abs. 3 auf § 1579 Abs. 1 Nr. 2 verwiesen wird, vgl. Rdnr. 8 ff. zu § 1579.

16 § 1579 Abs. 1 Nr. 3 läßt den Wegfall oder die Herabsetzung des Unterhalts zu, wenn der Ehegatte die Bedürftigkeit mutwillig herbeigeführt hat. Das ist nicht schon dann der Fall, wenn er die Trennung mutwillig bewirkt hat und dadurch ein erhöhter Bedarf eingetreten ist, für den der andere Ehegatte nach § 1361 Abs. 1 aufzukommen hat. Ebensowenig hat ein Ehegatte seine Bedürftigkeit mutwillig herbeigeführt, wenn er die Trennung »grundlos« veranlaßt und sich dadurch der Möglichkeit begeben hat, seinen Unterhalt in der Form des Familienunterhalts zu empfangen (vgl. Rdnr. 14 ff. zu § 1579).

17 Der Unterhaltsanspruch nach § 1361 besteht außerdem nicht, soweit ein anderer Grund vorliegt, der ebenso schwer wiegt wie die Gründe nach § 1579 Abs. 1 Nr. 1 bis 3; dazu vgl. Rdnr. 22 ff. zu § 1579.

18 Die Härteklausel nach § 1361 Abs. 3 ist nicht anwendbar, solange und soweit von dem unterhaltsberechtigten Ehegatten wegen der Pflege oder Erziehung eines gemeinschaftlichen Kindes eine Erwerbstätigkeit nicht erwartet werden kann; das folgt aus der Verweisung auf § 1579 Abs. 2. Die Verweisung ist ungenau, da § 1579 Abs. 2 keine Vorschrift über »die Herabsetzung des

Unterhaltsanspruchs aus Billigkeitsgründen« ist, er setzt vielmehr eine solche Vorschrift (§ 1579 Abs. 1 Nr. 1) außer Kraft.

5 Maß des Unterhalts; Art und Weise der Leistung

19 Zu leisten ist der nach den Lebensverhältnissen und den Erwerbs- und Vermögensverhältnissen der Ehegatten angemessene Unterhalt. Die Erwerbs- und Vermögensverhältnisse sind für die Frage der Bedürftigkeit und Leistungsfähigkeit entscheidend. Sie sind außerdem zusammen mit den »Lebensverhältnissen« Maßstab für den Lebenszuschnitt, nach dem sich das Niveau des Lebensbedarfs richtet. Die Regelung bezweckt, dem bedürftigen Ehegatten den Lebensstandard zu sichern, den er vor der Trennung hatte. Der Begriff der Lebensverhältnisse entspricht dem der ehelichen Lebensverhältnisse in § 1578 Abs. 1. Das Fehlen des Wortes »ehelich« in § 1361 Abs. 1 hat keine Bedeutung. Da die Ehe der getrennt lebenden Ehegatten noch besteht, können es nur die ehelichen Verhältnisse sein (vgl. dazu Rdnr. 2 ff. zu § 1578).

20 Für den Fall begrenzter Leistungsfähigkeit des Verpflichteten hat die Rechtsprechung Tabellen und Schlüssel für die Aufteilung des verfügbaren Einkommens auf den Verpflichteten und die Unterhaltsberechtigten ausgearbeitet, die z. T. wie Normen angewendet werden (vgl. z. B. Düsseldorfer Tabelle DAVorm 1975, 177; Kölner Tabelle DAVorm 1974, 266; DAVorm 1975, 35; JMBl. NRW 1976, 283; Zwickauer Schlüssel mit einer Vielzahl von Variationen DAVorm 1951/52, 117; *OLG Schleswig* MDR 1955, 231; Rassowscher Schlüssel 1969, 515; vgl. im einzelnen die Übersicht bei *Kalthoener/Haase-Becher/Büttner* S. 3 ff.; *Millauer* NJW 1967, 1061; *Pabst* NJW 1967, 2248). Eine Schematisierung kann, da sie den Umfang der Unterhaltsberechtigung voraussehbarer macht, streitmindernd wirken (*Göhring* FamRZ 1969, 512). Bedenken bestehen jedoch, wenn es zu einer starren Anwendung kommt, die nicht genügend Raum für die Berücksichtigung von Umständen des Einzelfalls läßt (vgl. *BGH* NJW 1969, 919).

5.1 Kosten einer Altersversorgung

21 *a)* § 1361 Abs. 1 Satz 2, der im Laufe des Gesetzgebungsverfahrens eingefügt worden ist (vgl. BT 7/4361, S. 27, 84) soll eine Lücke schließen, die sich aus dem eingeschränkten Anwendungsbereich des Versorgungsausgleichs ergeben hat. Nach § 1587 Abs. 2 umfaßt die Ehezeit, auf die sich der Versorgungsausgleich erstreckt, nur die Zeit *bis zur Rechtshängigkeit des Scheidungsantrags* (wegen der Gründe dieser Einschränkung vgl. Rdnr. 16 zu § 1587). Als Ausgleich für die Nichtberücksichtigung der Zeit zwischen Rechtshängigkeit und Rechtskraft des Scheidungsurteils (für die Zeit danach vgl. §§ 1569 ff., 1578 Abs. 3) erhält der unterhaltsberechtigte Ehegatte einen Anspruch auf die Kosten einer angemessenen Versorgung. Die Bedeutung des § 1361 Abs. 1 Satz 2 erschöpft sich in der Ausfüllung dieser Lücke. Es handelt sich nicht um eine allgemeine Regelung der

Frage, ob der Unterhalt im Fall des Getrenntlebens die Kosten einer angemessenen Altersversorgung umfaßt. § 1361 Abs. 1 Satz 2 gibt dem berechtigten Ehegatten einen Anspruch, der zu einer eigenständigen individuellen Versorgung führt. Das ist notwendig, weil die Ehegatten unter dem Gesichtspunkt des Versorgungsausgleichs vom Zeitpunkt der Rechtshängigkeit des Scheidungsantrags an wie Geschiedene behandelt werden (nicht ohne Grund ist der Wortlaut des § 1578 Abs. 3 übernommen worden). Leben die Ehegatten getrennt, ohne daß ein Scheidungsverfahren rechtshängig ist, so ist im allgemeinen für einen auf die Verschaffung einer eigenständigen individuellen Alterssicherung gerichteten Unterhaltsanspruch kein Raum. Denn in der Regel besteht die familienwirksame Vorsorge, auf die das Getrenntleben keinen Einfluß hat, fort, und der Ausgleich findet nach § 1587 unter Einbeziehung dieser Ehezeit statt.

22 Ob und in welchem Umfang ein Unterhaltsanspruch auf Altersvorsorge im Fall der Trennung der Ehegatten vor Rechtshängigkeit der Scheidungsklage besteht, ist daher nach allgemeinen Gesichtspunkten zu beurteilen.

Der Anspruch auf Familienunterhalt nach § 1360 umfaßt auch die Aufwendungen für eine angemessene Altersversorgung (vgl. Rdnr. 15 bis 17 zu § 1360 a). Die Interessenlage ändert sich im Falle der Trennung der Ehegatten nicht, so daß auch nach § 1361 der unterhaltsverpflichtete Ehegatte gehalten ist, für eine angemessene Altersvorsorge Sorge zu tragen. Im allgemeinen werden sich aus der Tatsache der Trennung keine Besonderheiten ergeben, da auch der getrenntlebende Ehegatte in der Regel weiter an der kollektiven Altersvorsorge des anderen partizipiert. Ist das der Fall, dann kann der unterhaltsberechtigte getrenntlebende Ehegatte keine zusätzliche eigenständige individuelle Versorgung beanspruchen, ebensowenig eine Erhöhung der kollektiven des anderen Teils, an der er partizipiert.

23 *b)* Der Anspruch nach § 1361 Abs. 1 Satz 2 ist ein *Zahlungsanspruch* (»Kosten«); er ist nicht darauf gerichtet, dem Berechtigten unmittelbar einen Versicherungsschutz zu verschaffen. Die Art der Vorsorge bleibt dem Unterhaltsberechtigten überlassen, doch obliegt es ihm, die Aufwendungen so gering wie möglich zu halten. Die Zweckbindung ist nicht Inhalt des Anspruchs, der Unterhaltsverpflichtete kann deshalb nicht verlangen, die Leistung zweckgebunden an eine Versorgungeinrichtung zu erbringen. Ein Mißbrauch in der Weise, daß der Berechtigte die Mittel zu einem anderen Zweck verbraucht, ist ebenso wenig auszuschließen, wie bei einem gewöhnlichen Unterhaltsanspruch, wenn der Unterhaltsberechtigte die für seinen Lebensbedarf bestimmten Mittel sachwidrig verwendet, z. B. verspielt oder vertrinkt. Bei nachhaltigem Mißbrauch kann der Geltendmachung von Ansprüchen auf Alterssicherung der Einwand unzulässiger Rechtsausübung entgegengesetzt werden (vgl. Rdnr. 12 zu § 1578).

24 Zu leisten sind die Mittel für eine *angemessene* Versorgung. Die Angemessenheit ist nach den ehelichen Verhältnissen zu beurtei-

len. Im allgemeinen wird man davon ausgehen können, daß die Kosten der Beteiligung an der gesetzlichen Rentenversicherung ein brauchbarer Anhaltspunkt sind. Als Bemessungsgrundlage wird der Unterhaltsbedarf des Berechtigten zugrunde zu legen sein. Die Vorsorge muß auch eine Versicherung für den Fall der Berufs- oder Erwerbsunfähigkeit umfassen; die bloße Alterssicherung genügt nicht. Das ist zu beachten, wenn eine Altersvorsorge in einer privaten Rentenversicherung angestrebt wird, die häufig diese zusätzlichen Risiken nicht abdeckt.

25 Im Fall begrenzter Leistungsfähigkeit des Verpflichteten ist zunächst der allgemeine Lebensbedarf zu befriedigen und dann erst der Beitrag für die Altersversorgung zu leisten. Die Erwägungen in § 1587 d, wonach die aktuellen Bedürfnisse des Unterhaltsberechtigten im allgemeinen vorrangig zu befriedigen sind, gelten gleichermaßen für § 1361 Abs. 1 Satz 2.

5.2 Art und Weise der Leistung

26 Die Regelung über die Art und Weise der Unterhaltsleistung entspricht im wesentlichen dem bisher geltenden Recht (§ 1361 Abs. 4). Neu ist die Verweisung auf § 1605 (Auskunftspflicht). Der Unterhalt ist (anders als der Familienunterhalt nach § 1360) als Geldrente monatlich im voraus zu leisten. Entstehen dem Ehegatten besondere Aufwendungen, so sind sie neben der laufenden Rente als Sonderbedarf zu erstatten (vgl. dazu § 1585 b Abs. 1). Die Parteien können über die Art und Weise und die Höhe des Unterhaltsanspruchs Vereinbarungen treffen (vgl. *BGH* FamRZ 1962, 360; 1964, 137 – Überlassung einer Wohnung; FamRZ 1965, 125 – Überlassung eines Autos). Die Vereinbarung ist nicht schon deshalb nichtig, weil sie die Trennung erleichtert (str. vgl. Rdnr. 36 zu § 1353 und Rdnr. 1, 29 zu § 1585 c).
Sicherheitsleistung und Abfindung kann der berechtigte Ehegatte nicht verlangen; § 1585 Abs. 2 und § 1585 a finden keine Anwendung.

Die Verweisung in § 1361 Abs. 4 Satz 4 hat folgende Bedeutung:
27 *a) § 1360 a Abs. 3:*
Durch eine Weiterverweisung werden die für die Unterhaltspflicht der Verwandten geltenden Vorschriften der §§ 1613 bis 1615 für entsprechend anwendbar erklärt (Unterhalt für die Vergangenheit, Verzicht auf Unterhaltsanspruch und Vorleistung, Tod des Berechtigten oder Verpflichteten).

28 *b) § 1360 a Abs. 4:*
Die Verpflichtung zur Leistung eines Prozeßkostenvorschusses wird für anwendbar erklärt (dazu vgl. Rdnr. 33 ff. zu § 1360 a).

Der Anspruch auf Prozeßkostenvorschuß ist seiner Art nach ein Unterhaltsanspruch im Sinne von § 1361 Abs. 1 (vgl. Rdnr. 34 zu § 1360 a). Daraus folgt, daß er nicht gegeben ist, sofern die allgemeinen Voraussetzungen nach § 1361 Abs. 1 fehlen oder die Härteklausel nach § 1361 Abs. 3 eingreift (str. für das bisher geltende Recht wegen der Regelung in Abs. 3 a. F. vgl. *OLG Frankfurt* FamRZ 1959, 62 und *Soergel-Lange* § 1361, 23). Ist die Grenze der Leistungsfähigkeit des Unterhaltsverpflichteten durch die laufenden Unterhaltszahlungen erreicht, kann der Anspruch auf Prozeßkostenvorschuß aus diesem Grund scheitern (*OLG Köln* FamRZ 1960, 199; *OLG Hamburg* NJW 1960, 1768). Besteht ein Unterhaltsanspruch nach § 1361 Abs. 1, ist ein Anspruch auf Prozeßkostenvorschuß gleichwohl zu versagen, wenn dies nach der Billigkeitsprüfung im Rahmen des § 1360 a Abs. 4, der auch insoweit anzuwenden ist, angezeigt ist.

29 *c) § 1360 b:*
Die Vermutung, daß ein Ehegatte nicht beabsichtigt, Ersatz zu verlangen, wenn er höhere Unterhaltsleistungen erbringt als er schuldet, gilt auch für den Unterhaltsanspruch nach § 1361.

30 *d) § 1605:*
Die Ehegatten sind verpflichtet, einander auf Verlangen Auskunft über ihre Einkünfte und ihr Vermögen zu erteilen (wegen der Einzelheiten vgl. § 1580).

6 Verfahrensrecht

31 *a)* Ein Unterhaltstitel über einen Anspruch nach § 1361 behält seine Wirksamkeit auch nach der Scheidung. Der nacheheliche Unterhaltsanspruch ist mit dem Unterhaltsanspruch nach § 1361 identisch. Eingetretene Änderungen sind nach § 323 ZPO zu korrigieren (str. vgl. Rdnr. 10 zu § 1569).

32 *b)* Unterhaltsansprüche nach § 1361 sind vor dem Familiengericht (§ 23 b Abs. 1 GVG) am Wohnsitz des Schuldners (§ 13 ZPO vgl. auch § 23 a ZPO) geltend zu machen. Ist eine Ehesache anhängig, dann ist das Gericht der Ehesache im ersten Rechtszug zuständig (§ 621 Abs. 2 ZPO). Es handelt sich um ausschließliche Zuständigkeit (vgl. ergänzend Rdnr. 6 zu § 621 ZPO).

7 Recht der DDR

33 § 17 Satz 2 FGB geht im Fall des Getrenntlebens der Ehegatten von dem Grundsatz aus, daß die materiellen Lebensverhältnisse des unterhaltsberechtigten Ehegatten und der bei ihm lebenden minderjährigen oder wirtschaftlich noch nicht selbständigen volljährigen Kinder den Lebensbedingungen bei gemeinsamer Haushaltsführung entsprechen sollen. Die Unterhaltsberechtigung bestimmt sich nach § 18 FGB.
Unterhaltsberechtigt ist danach der Ehegatte, der wegen Alters, Krankheit, Erziehung der Kinder oder aus anderen Gründen nicht in der Lage ist, sich durch Arbeit oder aus anderem Einkommen die Mittel zu einer den wirtschaftlichen Verhältnissen beider Ehegatten entsprechenden Lebensführung selbst zu verschaffen. § 18 Abs. 2 FGB gewährt dem berechtigten Ehegatten einen

Ausbildungsunterhalt, wenn er keinen Beruf erlernt hat. Eine im Verhältnis zu § 1361 sehr weitgehende Härteklausel enthält § 18 Abs. 4 FGB. Danach kann ein Ehegatte, der mit der Trennung gegen die durch die Ehe begründeten Pflichten schwer verstößt oder durch einen solchen Verstoß dem anderen Anlaß zur Trennung gibt, Unterhalt nicht beanspruchen. Die Grenze der Leistungspflicht regelt § 18 Abs. 3 FGB. Der Unterhaltsverpflichtete braucht nicht zu leisten, sobald seine eigenen Bedürfnisse und seine sonstigen Verpflichtungen entgegenstehen würden.

(1) Leben die Ehegatten getrennt, so kann jeder von ihnen die ihm gehörenden Haushaltsgegenstände von dem anderen Ehegatten herausverlangen. Er ist jedoch verpflichtet, sie dem anderen Ehegatten zum Gebrauch zu überlassen, soweit dieser sie zur Führung eines abgesonderten Haushalts benötigt und die Überlassung nach den Umständen des Falles der Billigkeit entspricht.

(2) Haushaltsgegenstände, die den Ehegatten gemeinsam gehören, werden zwischen ihnen nach den Grundsätzen der Billigkeit verteilt.

(3) Können sich die Ehegatten nicht einigen, so entscheidet das zuständige Gericht. Dieses kann eine angemessene Vergütung für die Benutzung der Haushaltsgegenstände festsetzen.

(4) Die Eigentumsverhältnisse bleiben unberührt, sofern die Ehegatten nichts anderes vereinbaren.

Überblick Rdnr.

1 Allgemeines

1 Die durch Art. 1 Nr. 8 GleichberG dem Gleichberechtigungsgrundsatz angepaßte Vorschrift hat im 1. EheRG keine Änderung erfahren. Sie ermöglicht eine einstweilige Aufteilung der Haushaltsgegenstände, um die sich aus der Trennung der Ehegatten ergebenden Folgen zu mildern. Es handelt sich um eine vorläufige Regelung, die zu keiner Veränderung der Eigentumsverhältnisse führen darf.

2 Getrenntleben

2 Vorausgesetzt wird, daß die Ehegatten getrennt leben. Der Begriff ist derselbe wie in § 1361 (vgl. dort Rdnr. 3). Die Vorschrift ist in Ausnahmefällen anwendbar, wenn die Ehegatten einen gemeinsamen Haushalt nicht gehabt haben, z. B. wenn ein Ehegatte dem anderen zur Führung eines abgesonderten Haushalts eigene Gegenstände überlassen hat.

3 Ob ein Ehegatte ein Recht zum Getrenntleben hat, ist gleichgültig. Ob der Grund der Trennung berücksichtigt werden kann, ist (ausgehend vom bisher geltenden Recht) streitig. Die uneingeschränkte Berücksichtigung wird von Gernhuber (§ 18 III 6) befürwortet, während Rechtsprechung und Rechtslehre diesem Umstand nicht (*KG* FamRZ 1960, 71; *OLG Frankfurt* NJW 1960, 1768) oder nur im Rahmen der Billigkeitsprüfung nach § 1361 a Abs. 1 Satz 2 und Abs. 2 Gewicht beimessen (*Soergel-Lange* § 1361 a, 6). Der (unveränderte) Wortlaut des § 1361 a schließt im Rahmen der Billigkeitsprüfung die Berücksichtigung der Umstände, die zur Trennung geführt haben, nicht aus. Gleichwohl wird man davon ausgehen müssen, daß dies vom Normzweck nicht mehr gedeckt wird, da nach der Tendenz des 1. EheRG wirtschaftliche Ansprüche der Ehegatten nicht danach beurteilt werden sollen, ob ein Ehegatte die Auflösung der ehelichen Gemeinschaft verschuldet hat.

Der Anspruch kann rechtsmißbräuchlich sein, wenn die beabsichtigte Verwendung der herausverlangten Gegenstände anstößig (abgesonderte Haushaltsführung mit der Geliebten) ist (*OLG Düsseldorf* FamRZ 1957, 393; *LG Bonn* NJW 1960, 2243; einschränkend *OLG Frankfurt* NJW 1960, 1768).

3 Haushaltsgegenstände

4 Über die Benutzung der ehelichen Wohnung kann nach § 1361 a nicht entschieden werden. Die Regelung beschränkt sich auf Haushaltsgegenstände. Das sind alle Gegenstände, die üblicherweise in der Familie und im Haushalt verwendet werden, und die den Lebensverhältnissen der Ehegatten entsprechen, insbesondere Hausrat, Küchengeräte, Bücher, Bilder (*KG* FamRZ 1960, 71); Rundfunk- und Fernsehgeräte (*OLG Düsseldorf* MDR 1960, 850; a. A.: *BayObLG* FamRZ 1968, 319; *OLG Celle* NJW 1959, 2125), Musikinstrumente; auch ein Kraftfahrzeug kann Gegenstand einer Regelung nach § 1361 a sein (vgl. auch Rdnr. 45 zu § 620 ZPO).

4 Herausgabeanspruch nach § 1361 a Abs. 1 Satz 1

5 Der Herausgabeanspruch nach § 1361 a Abs. 1 Satz 1 konkurriert mit dem Anspruch nach § 985, da vorausgesetzt wird, daß der berechtigte Ehegatte Eigentümer der Gegenstände ist. Die Bedeutung der Vorschrift erschöpft sich in der Aufhebung des aus der Verpflichtung zur ehelichen Lebensgemeinschaft fließenden Anspruchs auf Mitbenutzung der Gegenstände ohne Rücksicht auf die Eigentumsverhältnisse (vgl. Rdnr. 31, 32 zu § 1353).

Dem Eigentum gleichzusetzen sind Anwartschaftsrechte auf das Eigentum, die einem Ehegatten zustehen (*BayObLG* FamRZ 1968, 319). Herausgabeansprüche aus anderen Rechtsgründen, z. B. aus mittelbarem Besitz nach beendetem Besitzmittlungsverhältnis sind nicht Gegenstand der Regelung nach § 1361 a, sie sind nach allgemeinem Recht zu verfolgen (vgl. *OLG Hamm* JMBl. NRW 1961, 175: keine Herausgabe von Gegenständen nach § 1361 a, die den Eltern eines Ehegatten gehören).

6 Ist es streitig, ob der Antragsteller Eigentümer der Gegenstände ist, hat das Gericht Ermittlungen von Amts wegen einzuleiten (§ 12 FGG). Da es sich um eine einstweilige Regelung handelt, die die Eigentumsverhältnisse unberührt läßt, sind die Anforderungen an den Beweis des Eigentums nicht zu hoch zu spannen; die Vermutung des § 8 Abs. 2 HausratsVO ist zumindest entsprechend anzuwenden (*OLG Frankfurt* NJW 1960, 1768; *OLG Düsseldorf* MDR 1960, 850; a. A.: *KG* FamRZ 1960, 71). Dringt der Eigentümer-Ehegatte mit seinem Anspruch nicht durch, weil der andere Teil einen Überlassungsanspruch hat, verbleibt es zunächst dabei. Kommt es zur Scheidung, ist über die Gegenstände endgültig zu entscheiden (§§ 8, 9 HausRVO).

5 Überlassungsanspruch nach § 1361 a Abs. 1 Satz 2

7 § 1361 a Abs. 1 Satz 2 schafft ein eigenständiges Besitzrecht des Ehegatten an Gegenständen, die dem anderen Ehegatten gehören. Ist der berechtigte Ehegatte nicht im Besitz der Gegenstände, gibt ihm die Vorschrift einen Überlassungsanspruch, mit dem er die Herausgabe verlangen kann, anderenfalls kann er sich gegen den Herausgabeanspruch des Eigentümer-Ehegatten mit Einwendungen aus § 1361 a Abs. 1 Satz 2 wehren. Das Überlassungsrecht ist gegenüber dem Herausgabeanspruch nach § 985 ein Recht zum Besitz nach § 986.

8 Der auf Herausgabe in Anspruch genommene Ehegatte kann daneben auch sonstige Einwendungen erheben, die ihn zum Besitz berechtigen, z. B. wenn er mit dem Eigentümer-Ehegatten einen Überlassungsvertrag (Leihe, Miete) vereinbart hat, was auch stillschweigend geschehen sein kann (*BGH* NJW 1954, 918). Er kann Leistung Zug um Zug verlangen, wenn er Gegenansprüche hat, die ein Zurückbehaltungsrecht gewähren (§§ 273, 1000 BGB; *KG* FamRZ 1960, 71). Wird er nicht nur nach § 985, sondern auch nach § 861 in Anspruch genommen, wofür das Prozeßgericht zuständig ist, kann er das possessorische Recht zum Besitz nach § 1361 a Abs. 1 Satz 2 nicht entgegenhalten (§ 863; str.: *BayObLG* FamRZ 1968, 319; *AG Witten* MDR 1962, 53; *Soergel-Lange* § 1361 a, 10; *Staudinger-Hübner* § 1361 a, 19).

9 Die Gegenstände werden *»zum Gebrauch«* überlassen. Die Eigentumsverhältnisse bleiben unberührt. Der Eigentümer wird mittelbarer, der andere Ehegatte unmittelbarer Besitzer. Das Besitzmittlungsverhältnis ergibt sich unmittelbar aus § 1361 Abs. 1 Satz 2. Die Konstruktion einer Leihe oder Miete kommt nur bei einer freiwilligen Überlassung in Betracht. Das schließt auch im Fall einer gerichtlichen Regelung eine entsprechende Anwendung einzelner Vorschriften dieser Rechtsinstitute nicht aus. Der Ehegatte, dem der Gebrauch überlassen ist, haftet nach allgemei-

nen Vorschriften. § 1359, dessen Anwendung im Fall des Getrenntlebens der Ehegatten von der *h. M.* bejaht wird (vgl. Rdnr. 3 zu § 1359) scheidet hier aus. Führen die Ehegatten einen ge- trenntlebens der Ehegatten von der *h. M.* bejaht wird (vgl. Rdnr. Behandlung der weggegebenen Gegenstände keinen Einfluß. Da die Verantwortlichkeit völlig in der Sphäre des anderen Ehegatten liegt, erscheint es nach dem Normzweck des § 1359 angemessen, ihm kein Haftungsprivileg zu gewähren (a. A.: *Soergel-Lange* § 1361 a, 9).

Der Eigentümer-Ehegatte ist lediglich zur *Überlassung* verpflichtet. Es ist Sache des anderen Ehegatten, für den Transport zu sorgen; er hat auch dessen Kosten zu tragen (*KG* OLG 1921, 215; *OLG Darmstadt* OLG 1942, 17).

Der Überlassungsanspruch nach § 1361 a Abs. 1 Satz 2 bezieht sich nur auf *vorhandene* Gegenstände. Er ist kein Beschaffungsanspruch. Deshalb kann der bedürftige Ehegatte in diesem Verfahren nicht verlangen, daß der andere die zur Führung eines abgesonderten Haushalts erforderlichen Gegenstände anschafft, um sie ihm zu überlassen (*KG* OLG 1921, 215). Schafft der Ehegatte, dem die Gegenstände überlassen worden sind, Ersatzstücke an, so treten die Surrogate an die Stelle der überlassenen Stücke. § 1370 ist auch im Fall des Getrenntlebens anzuwenden (*Soergel-Lange* § 1370, 5).

10 Die Überlassung muß nach den Umständen des Falles der Billigkeit entsprechen. Dabei ist schuldhaftes Verhalten nicht schon deshalb zu berücksichtigen, weil es zur Trennung der Ehegatten geführt hat (anders für das bisher geltende Recht die h. M.; *BayObLG* FamRZ 1972, 139; *Erman-Heckelmann* § 1361 a, 2; *Gernhuber* § 18 III 6). Entscheidend sind die Bedürfnisse der Ehegatten und ihre Erwerbs- und Vermögensverhältnisse. Zu berücksichtigen sind insbesondere auch die Interessen der Kinder. Die Überlassung kann auch unbillig sein, wenn zu erwarten ist, daß der andere Ehegatte die Sachen nicht ordnungsgemäß benutzen wird (*Erman-Heckelmann* § 1361 a, 2).

11 Das Gericht kann auch eine *wechselseitige* Überlassung von Haushaltsgegenständen anordnen, wenn die Voraussetzungen für beide Überlassungen vorliegen. Eine Art Austauschüberlassung unter Verwendung von Gegenständen, die nicht zum Haushalt gehören, ist unzulässig (*OLG Hamm* JMBl NRW 1961, 175). Die Parteien können sie aber vereinbaren.

6 Verteilung der Haushaltsgegenstände nach § 1361 a Abs. 2

12 Absatz 2 ergänzt die Regelung des Absatzes 1 für den Fall, daß die Haushaltsgegenstände den Ehegatten gemeinsam gehören. Sie sind dann nach den Grundsätzen der Billigkeit zu verteilen. Die Erwägungen im Zusammenhang mit dem Anspruch auf Überlas-

sung von Haushaltsgegenständen nach § 1361 a Abs. 1 Satz 2 gelten auch für die Verteilung nach Absatz 2. Insbesondere ist auch hier schuldhaftes Verhalten nicht schon deshalb relevant, weil es für die Trennung der Ehegatten ursächlich war.

13 Die Eigentumsverhältnisse an den Gegenständen sind *von Amts wegen* festzustellen (§ 12 FGG). Die Vermutung des § 8 Abs. 2 HausratsVO, wonach Hausrat, der während der Ehe für den gemeinsamen Haushalt angeschafft ist, bis zum Beweis des Gegenteils für die Verteilung als gemeinschaftliches Eigentum anzusehen ist, ist im Verteilungsverfahren nach § 1361 a Abs. 2 entsprechend anzuwenden (*OLG Frankfurt* FamRZ 1961, 223; a. A.: *KG* FamRZ 1960, 71). Auch die »Verteilung« nach Absatz 2 hat nur vorläufigen Charakter; sie dient der Gebrauchsüberlassung. Das Gericht ist nicht befugt, Verfügungen über das Eigentum zu treffen (§ 1361 a Abs. 4; *Soergel-Lange* § 1361 a, 11).

7 Benutzungsentgelt (§ 1361 a Abs. 3 Satz 2)

14 Für die Benutzung der Haushaltsgegenstände kann eine *angemessene Vergütung* festgesetzt werden. Das gilt, wenn einem Ehegatten Gegenstände des anderen oder solche, die den Ehegatten gemeinsam gehören, zur Benutzung überlassen werden. Der Begriff der Angemessenheit ist nicht konkretisiert. Er bezieht sich aber nicht nur auf den Wert der Gegenstände. Das läßt die Berücksichtigung von Billigkeitsgesichtspunkten zu. Auszugehen ist demnach von dem Mietwert der Gegenstände, dessen Höhe dann auf Grund der persönlichen Verhältnisse der Ehegatten korrigiert werden kann. Ein höherer Betrag als der Mietwert kann nicht festgesetzt werden.

15 Geregelt werden kann die Vergütung für die *Benutzung*; auf andere Ausgleichsansprüche ist die Vorschrift nicht anwendbar, mag auch ein Zusammenhang mit der Überlassung der Gegenstände bestehten, also keine Regelung der Transportkosten oder von Schadensersatzansprüchen. Die Entscheidung über die Vergütung ist ein vollstreckbarer Titel nach §§ 18 a, 16 Abs. 3 HausratsVO.

8 Gerichtliche Entscheidung (§ 1361 a Abs. 3)

16 Im Streitfall entscheidet das Gericht über die in Abs. 1 und 2 sowie Abs. 3 Satz 2 geregelten Ansprüche im Verfahren nach der Hausratsverordnung (§ 18 a HausratsVO). Im übrigen gelten die Vorschriften des FGG (§ 13 Abs. 1 HausratsVO). Die Regelung kann nur für die Dauer des Getrenntlebens getroffen werden. Zuständig ist das Familiengericht am letzten gemeinsamen Wohnsitz der Ehegatten (§ 11 HausratsVO i. V. m. § 621 Abs. 1 Nr. 7 ZPO). § 621 Abs. 1 Nr. 7 ZPO bezieht sich zwar nur auf die Regelung der Rechtsverhältnisse an der Ehewohnung und am Hausrat nach der Hausratsverordnung. Dazu gehören die Entscheidungen nach § 1361 a nicht ohne weiteres, da die Rechtsver-

hältnisse nicht geregelt werden. Auch aus der Verweisung in § 18 a HausratsVO ergibt sich nichts anderes. Gleichwohl bestehen keine Bedenken, § 621 Abs. 1 Nr. 7 ZPO entsprechend anzuwenden. Die Zuständigkeit ist eine ausschließliche. Während der Anhängigkeit einer Ehesache ist das Familiengericht der Ehesache des ersten Rechtszuges ausschließlich zuständig (§ 621 Abs. 2 ZPO). Wegen der Rechtsmittel vgl. § 621 e Abs. 3, 4 ZPO und § 14 HausratsVO.

9 Verhältnis zu anderen Verfahren

17 Ist ein Eheverfahren anhängig oder der Antrag auf Armenrecht für ein solches Verfahren eingereicht, kann das Gericht der Ehesache durch einstweilige Anordnung nach § 620 Nr. 7 ZPO (§ 19 HausratsVO ist entfallen) die Benutzung des Hausrats regeln, wobei es nach den Grundsätzen des § 1361 a zu entscheiden hat.

18 Beide Verfahren stehen gleichwertig nebeneinander. Die Parteien haben die Wahl, welchem sie den Vorzug geben (h. M. für das bisher geltende Recht: *OLG Hamm* FamRZ 1968, 648; *LG Essen* NJW 1959, 2215; *Erman-Ronke* § 19, 5 HausratsVO; *Soergel-Lange* § 1361 a, 14; a. A.: *Soergel-Donau* § 18 a, 5 HausratsVO, der das Rechtsschutzbedürfnis für das Verfahren nach § 18 a HausratsVO, § 1361 a verneint, wenn eine Ehesache anhängig ist). Das Problem hat mit Rücksicht auf die einheitliche Zuständigkeit des Familiengerichts an Bedeutung verloren. Eine Entscheidung nach § 18 a HausratsVO, § 1361 a hat nur Wirkung bis zur Auflösung der Ehe, während eine Anordnung nach § 620 Abs. 1 Nr. 7 ZPO fortwirkt (§ 620 f ZPO). Das reicht aber nicht aus, das Rechtsschutzbedürfnis für das erstgenannte Verfahren generell zu verneinen. Das gilt insbesondere, wenn die Ehegatten an einer Regelung für die Zeit nach der Auflösung der Ehe nicht interessiert sind und das bereits anhängige Verfahren nach § 18 a HausratsVO, § 1361 a nach Verweisung gemäß § 621 Abs. 3 ZPO fortgeführt werden soll.

(1) Zugunsten der Gläubiger des Mannes und der Gläubiger der Frau wird vermutet, daß die im Besitz eines Ehegatten oder beider Ehegatten befindlichen beweglichen Sachen dem Schuldner gehören. Diese Vermutung gilt nicht, wenn die Ehegatten getrennt leben und sich die Sachen im Besitze des Ehegatten befinden, der nicht Schuldner ist. Inhaberpapiere und Orderpapiere, die mit Blankoindossament versehen sind, stehen den beweglichen Sachen gleich.

(2) Für die ausschließlich zum persönlichen Gebrauch eines Ehegatten bestimmten Sachen wird im Verhältnis der Ehegatten zueinander und zu den Gläubigern vermutet, daß sie dem Ehegatten gehören, für dessen Gebrauch sie bestimmt sind.

Literatur

Baur, Zwangsvollstreckungs- und konkursrechtliche Fragen zum Gleichberechtigungsgesetz, FamRZ 1958, 252; *Brox,* Die Folgen der Nichtigkeit des § 45 KO, FamRZ 1968, 406; *Boennecke,* Zur Problematik des § 739 ZPO und des § 1362 BGB in der Fassung des Gleichberechtigungsgesetzes, NJW 1959, 1260; *Müller,* Zwangsvollstreckung gegen Ehegatten, 1970; *Reinicke,* Zwangsvollstreckung gegen Ehegatten, DB 1965, 961, 1001.

Überblick

1 Vermutung nach § 1362 Abs. 1

1.1 Zweck der Vorschrift, Anwendungsbereich

1 Die durch Art. 1 Nr. 8 GleichberG dem Gleichberechtigungsgrundsatz angepaßte Vermutung hat im 1. EheRG keine Änderung erfahren. Sie soll Gläubiger der Ehegatten schützen, die sich im allgemeinen nur unzureichend über die Eigentumsverhältnisse der in der ehelichen Lebensgemeinschaft lebenden Ehegatten Gewißheit verschaffen können. Die Vorschrift gilt (anders als für persönliche Sachen nach § 1362 Abs. 2) nicht im Verhältnis der Ehegatten zueinander, insoweit verbleibt es bei § 1006 (*RG* 84, 45; 120, 107;

Palandt-Diederichsen § 1362, 2; *Staudinger-Hübner* § 1362, 19; a. A.: *Soergel-Lange* § 1362, 2). Im Konkurs eines Ehegatten ist § 1362 zugunsten des Konkursverwalters anwendbar (*RG* 120, 107; *BGH* FamRZ 1955, 42). Nachdem die weitergehende Vermutung des § 45 KO ersatzlos weggefallen ist (*BVerG* FamRZ 1968, 437) streitet im Konkursverfahren eines Schuldner-Ehegatten für die Zugehörigkeit von Gegenständen zur Konkursmasse nur noch § 1362 (vgl. *Brox* FamRZ 1968, 406).

2 Die Regelung gilt grundsätzlich für alle Güterstände, doch ist die Sonderregelung für das Gesamtgut beim Güterstand der Gütergemeinschaft (§ 1416) zu beachten, die § 1362 vorgeht. Für die Zuordnung des Eigentums im Strafrecht ist die Vermutung ohne Bedeutung, hier ist voller Beweis erforderlich (*RGSt* 36, 332). Die Vermutung gilt nicht für unbewegliche Sachen (§ 891). Den beweglichen Sachen gleichgestellt sind Inhaberpapiere (auch Geld – *BGH* FamRZ 1955, 42) und Orderpapiere mit Blanko-Indossament.

3 Allgemein wird angenommen, daß die Vorschrift zwingendes Recht ist (vgl. *Soergel-Lange* § 1362, 2). Für das Verhältnis der Ehegatten zueinander ist das zutreffend, da sie nicht Vereinbarungen zu Lasten Dritter treffen können, deren Schutz § 1362 bezweckt. Im Verhältnis Ehegatte–Gläubiger ist die Vorschrift rechtsgeschäftlich abdingbar.

4 Die eigentliche Bedeutung des § 1362 liegt in der Zwangsvollstreckung. Die Vorschrift ist Anknüpfungspunkt für Erleichterungen der Zwangsvollstreckung gegen Ehegatten nach § 739 ZPO, der lautet:

»Wird zugunsten der Gläubiger eines Ehemannes oder der Gläubiger einer Ehefrau gemäß § 1362 des Bürgerlichen Gesetzbuches vermutet, daß der Schuldner Eigentümer beweglicher Sachen ist, so gilt, unbeschadet der Rechte Dritter, für die Durchführung der Zwangsvollstreckung nur der Schuldner als Gewahrsamsinhaber und Besitzer.«

Liegen die Voraussetzungen des § 1362 vor, werden auf Grund des § 739 ZPO Besitz und Gewahrsam des Schuldners an den Sachen unwiderleglich vermutet, so daß der Gläubiger den nach §§ 808, 809 ZPO für die Zwangsvollstreckung vorausgesetzten Gewahrsam nicht nachzuweisen braucht. In der Regelung wird überwiegend eine »unwiderlegbare Fiktion« gesehen (*Soergel-Lange* § 1362, 15; *Reinicke* DB 1965, 961), was pleonastisch ist und im übrigen auch unzutreffend, da der Ehegatte tatsächlich Besitz oder Gewahrsam haben kann.

1.2 Besitz, häusliche Gemeinschaft

5 Die Sachen müssen im Besitz eines oder beider Ehegatten sein. Mittelbarer Besitz ist ausreichend. Streitig ist, ob das auch für den Fremdbesitz gilt (dagegen zutr. *Soergel-Lange* § 1362, 5; a. A.: Staudinger-Hübner § 1362, 9). Leben die Ehegatten getrennt, werden die beim Nichtschuldner-Ehegatten vorhandenen Sachen

von der Vermutung nicht erfaßt (§ 1362 Abs. 1 Satz 2). Der Begriff der Trennung ist weiter als der in §§ 1361, 1361 a, 1567; es genügt die nicht nur vorübergehende, objektive räumliche Trennung der Haushalte. Auf den Trennungswillen kommt es nicht an (vgl. Rdnr. 4 ff. zu § 1567; *OLG Köln* FamRZ 1965, 510), ebenso wenig auf die Berechtigung zum Getrenntleben.

1.3 Beweislast, Widerlegung der Vermutung nach § 1362 Abs. 1

6 Wer die Vermutung für sich streiten lassen will, muß deren Voraussetzungen beweisen. Der Gläubiger eines Ehegatten muß daher beweisen, daß die Sachen im Besitz eines oder beider Ehegatten sind. Im Fall der Gütergemeinschaft muß der in Anspruch genommene Ehegatte darlegen, daß die Sachen nicht zum Gesamtgut, sondern zum Vorbehaltsgut oder zum Sondergut gehören.

7 Die Vermutung des § 1362 Abs. 1 ist eine *Rechtsvermutung*. Anders als § 292 ZPO es vorsieht, wird aus der Tatsache nicht auf ein Tatbestandsmerkmal geschlossen, sondern es wird eine Rechtsfolge abgeleitet. Die Vermutung ist widerlegbar. Die Widerlegung ist nach allgemeinen Grundsätzen vorzunehmen, d. h. im allgemeinen ist der volle Gegenbeweis zu führen. Der Beweis des ersten Anscheins ist zulässig. So kann ein von den Ehegatten aufgenommenes Vermögensverzeichnis über die im Verhältnis der Ehegatten untereinander wirkende Vermutung nach § 1377 Abs. 1 hinaus auch eine Beweiserleichterung im Verhältnis zu Dritten darstellen (*RG* Gruchot A 51, 1005). Eintragungen in das Güterrechtsregister sind für den Gegenbeweis nicht ausreichend (*KG* OLG 12, 303), ebensowenig ein Güterrechtsvertrag (*AG Bonn* MDR 1963, 680). Im letzteren Fall kann sich Abweichendes ergeben, wenn der Vertrag über seinen eigentlichen Zweck hinaus auch Eigentumszuordnungen enthält.

Steht fest, daß der Nichtschuldner-Ehegatte Eigentümer der Sache geworden ist, braucht er den Fortbestand seines Eigentums nicht zu beweisen (*BGH* FamRZ 1976, 81 m. w. N.).

Bei vorehelichem Besitz streitet die Eigentumsvermutung des § 1006 für den Eigentumserwerb (*KG* OLG 12, 129; *Gernhuber* § 22 II 2). Hat der Ehegatte die Sache gekauft, hängt es von den Umständen des Einzelfalles ab, ob daraus Schlüsse auf den Eigentumserwerb zu ziehen sind; dabei kann eine Rolle spielen, mit wessen Mitteln die Anschaffung erfolgt ist. Häufig wird gemeinsamer Eigentumserwerb naheliegen.

2 Vermutung nach § 1362 Abs. 2

2.1 Anwendungsbereich

8 Abweichend von der Vermutung in Absatz 1 werden die ausschließlich *zum persönlichen Gebrauch* eines Ehegatten bestimmten Sachen nach Absatz 2 nur ihm zugeordnet. Die Sachen müssen nicht im Besitz eines Ehegatten oder beider Ehegatten

sein. Die Vermutung gilt selbst dann, wenn die Sachen im Alleinbesitz des anderen Ehegatten oder eines Dritten sind. Nicht vorausgesetzt wird, daß die Ehegatten in häuslicher Gemeinschaft leben (anders die Regelung in Absatz 1). Die Vorschrift ist auch auf geschiedene Ehegatten (entsprechend) anzuwenden, wenn es um die Auseinandersetzung über das Vermögen der Ehegatten aus der Ehezeit geht (auch im Verhältnis der Erben eines Ehegatten zum geschiedenen überlebenden Ehegatten, *RG* Warn. Rspr. 1923/24 Nr. 128; *BGH* 2, 82). Die Vermutung wirkt im Verhältnis zu den Gläubigern der Ehegatten und (insoweit abweichend von der Regelung in Absatz 1) auch im Verhältnis der Ehegatten zueinander. Im übrigen streitet sie nicht nur zugunsten der Gläubiger, sondern auch zu deren Lasten.

2.2 Zum persönlichen Gebrauch bestimmte Sachen

9 Zu den zum persönlichen Gebrauch bestimmten Sachen zählen vor allem Kleidungsstücke, Schmuck, Arbeitsgeräte und Gebrauchsgegenstände des täglichen Lebens, wie Sportgeräte, Musikinstrumente, Bücher, Kosmetikartikel, Briefmarken und andere Sammlungen. Der Begriff »persönlicher Gebrauch« ist nicht im Sinne von »alleinigem Gebrauch« zu verstehen, das wird durch das Wort »ausschließlich« bewirkt. Der Begriff soll vielmehr die Zuordnung zur Person kennzeichnen und damit vor allem Gegenstände, die gewerblich genutzt werden, ausschließen (vgl. § 811 Nr. 1 ZPO). Deshalb ist § 1362 Abs. 2 nicht auf solche Sachen anzuwenden, die ein Ehegatte in einem von ihm (allein) geführten Geschäft oder Gewerbe nutzt (a. A.: *LG Coburg* FamRZ 1962, 387; *Gernhuber* § 22 II 4; *Staudinger-Hübner* § 1362, 24; zutr. dagegen *Erman-Heckelmann* § 1362, 16; *Soergel-Lange* § 1362, 10). Hausrat wird in der Regel nicht dazu gehören (*Erman-Heckelmann* § 1362, 16 schließt ihn generell aus), ebensowenig Geld. Die Zuordnung der Sachen zu dem Ehegatten kann sich aus der natürlichen Zweckbestimmung ergeben, so z. B. wenn sie nur für einen Mann oder nur für eine Frau geeignet sind. Im übrigen muß sich die Zuordnung aus der konkreten Zweckbestimmung ergeben. Die Zuordnung muß ausschließlich sein, die Vermutung greift also nicht, wenn nach der Lebensart der Ehegatten auch der andere Ehegatte die Sachen benutzen soll. Doch dürfte es unschädlich sein, wenn der andere Ehegatte entgegen der Zweckbestimmung die Sachen gelegentlich benutzt hat. Bei Schmuck kann es an der Zuordnung zu einem Ehegatten fehlen, wenn der Schmuck als Kapitalanlage für die Familie angeschafft worden ist, mag er auch nur von einem Ehegatten benutzt werden (*BGH* NJW 1959, 142).

2.3 Beweislast, Widerlegung der Vermutung nach § 1362 Abs. 2

10 Wer die Vermutung des § 1362 Abs. 2 für sich streiten lassen will, muß den Nachweis führen, daß die Sache zum ausschließlichen persönlichen Gebrauch des Ehegatten bestimmt ist (*RG* 99, 153; *RG* LZ 1922, 291; *BGH* 2, 82). Bei den Gegenständen, deren Zuordnung zu dem Ehegatten sich aus der Natur der Sache

ergibt (vgl. Rdnr. 9), sind die Grundsätze über den prima-facie-Beweis anzuwenden (*BGH* FamRZ 1971, 24). So kann davon ausgegangen werden, daß weiblicher Schmuck der Ehefrau zur ausschließlichen Benutzung zuzuordnen ist. Der Beweis des ersten Anscheins kann erschüttert und damit gegenstandslos werden, wenn der Gegner z. B. darlegt, daß der Schmuck nicht zum persönlichen Gebrauch eines Ehegatten angeschafft worden ist, sondern als Kapitalanlage (*BGH* NJW 1959, 142), oder wenn es sich um ererbten Schmuck des anderen Ehegatten handelt (*BGH* FamRZ 1971, 24). Dann gilt wieder die allgemeine Beweisregel ohne Einschränkung.

3 Zwangsvollstreckung

11 *a)* Die Zwangsvollstreckung in körperliche Sachen ist grundsätzlich nur zulässig, wenn diese sich im Gewahrsam des Schuldners befinden (§ 808 Abs. 1 ZPO). Sind die Voraussetzungen der Vermutung nach § 1362 gegeben, wird nach § 739 ZPO für die Zwecke der Zwangsvollstreckung unwiderleglich vermutet, daß nur der Schuldner Gewahrsam und Besitz hat. Die Prüfung des Vollstreckungsbeamten beschränkt sich daher darauf, ob einer der Ehegatten Besitzer der Sachen ist. § 739 ZPO läßt die Rechte Dritter unberührt. Der andere Ehegatte kann daher mit der Behauptung, er sei Eigentümer oder Besitzer Drittwiderspruchsklage erheben (§ 771 ZPO). Streitig ist, ob daneben Einwendungen gegen die Art und Weise der Zwangsvollstreckung (§ 766 ZPO) erhoben werden können. Sicher kann das nicht mit der Begründung geschehen, daß der Gewahrsam des anderen Ehegatten verletzt sei, denn diesen Einwand zu nehmen ist der Zweck des § 739 ZPO. Die herrschende Meinung läßt die Erinnerung zu, wenn der Ehegatte nachweisen kann, daß er Eigentümer der Sachen ist, da dann die Grundlage der unwiderleglichen Vermutung des Gewahrsams nach § 739 ZPO vernichtet ist (*Erman-Heckelmann* § 1362, 14; *Staudinger-Hübner* § 1362, 17; *Gernhuber* § 22 II 6; *Baur* FamRZ 1958, 252; *Boennecke* NJW 1959, 1260; einschr. *Soergel-Lange* § 1362, 15 und *Reinicke* DB 1965, 96, die die Erinnerung zutreffend nur zulassen wollen, wenn das Eigentum des anderen Ehegatten evident ist; gänzlich abl.: *LG Essen* NJW 1962, 2307; *Palandt-Diederichsen* § 1362, 4; *Dölle* § 44 II 1 d).

12 Betreiben Gläubiger beider Ehegatten die Zwangsvollstreckung, gilt für jeden von ihnen die Regelung nach § 739 ZPO. Eine Rangordnung ist nicht vorgesehen. Daraus folgt, daß der Grundsatz des ersten Zugriffs (§ 804 Abs. 3 ZPO) maßgebend ist (*Erman-Heckelmann* § 1362, 14; *Gernhuber* § 22 II 8; *Dölle* § 44 II 1 d; *Müller* S. 39; *Baur* FamRZ 1958, 252; *Brox* FamRZ 1958, 406; im Konkurs der Ehegatten kommt es darauf an, welches Konkursverfahren zuerst eröffnet worden ist, str.: so *Müller* S. 66; a. A.: *Gernhuber* § 22 II 7 und *Brox* FamRZ 1968, 406, die nur § 1006 anwenden wollen).

13 *b)* Aus der Vermutung nach § 1362 Abs. 2 ergibt sich für die Zwangsvollstreckung, daß von dem Alleingewahrsam des Ehegatten auszugehen ist, zu dessen ausschließlich persönlichem Gebrauch die Sachen bestimmt sind (§ 739 ZPO). Der andere Ehegatte »ist« nicht Gewahrsamsinhaber. Zugunsten seiner Gläubiger darf die Vollstreckung nicht betrieben werden. Wird gleichwohl vollstreckt, kann der betroffene Ehegatte Einwendungen gegen die Art und Weise der Zwangsvollstreckung erheben (§ 766 ZPO) mit der Begründung, sein Alleingewahrsam sei verletzt. Die Vermutung des § 1362 Abs. 2 gilt nicht nur »zugunsten der Gläubiger«, sondern im Verhältnis zu ihnen, also auch »zugunsten des Ehegatten«. Außerdem kann der betroffene Ehegatte als Besitzer Drittwiderspruchsklage nach § 771 ZPO einlegen.

Siebenter Titel
Scheidung der Ehe
I. Scheidungsgründe

Literatur:

Beitzke, Zur deutschen Scheidungsreform, ZfRV 1972, 1; Reform des Scheidungsrechts, JurBl. 1976, 465; *Bosch,* Ehescheidung gemäß § 48 EheG und mißbräuchliche Rechtsausübung, FamRZ 1962, 182; *Dieckmann,* Zur Zerrüttungsvermutung bei Ehescheidungen im Einvernehmen, ZRP 1971, 193; Freimuth u. a., Der Diskussionsentwurf eines Gesetzes über die Neuregelung des Rechts der Ehescheidung und der Scheidungsfolgen, FamRZ 1970, 431; *Haffter,* Kinder aus geschiedenen Ehen, 1960; *Hirsch,* Einige Anmerkungen zur Eherechtsreform, FamRZ 1972, 245; *Lauterbach,* Die Entwicklung der Rechtsprechung des BGH zu § 48 und § 47 EheG, NJW 1969, 897; *Schwab,* Das Recht der Ehescheidung nach dem 1. EheRG: Die Scheidungsgründe, FamRZ 1976, 491.

Überblick

1 Rechtsentwicklung des Scheidungsrechts

1 Die §§ 1564 bis 1568 sind an die Stelle der §§ 41 bis 53 EheG getreten. Das EheG, das als Kontrollratsgesetz Nr. 16 (Amtsbl. des Kontrollrats in Deutschland S. 77, 294) am 20. Februar 1946 in Kraft getreten war, fußte auf dem am 6. Juli 1938 aus Anlaß des Anschlusses von Österreich eingeführten EheG 1938 (RGBl. I S. 807). Das EheG 1938 hatte die kasuistische Regelung der Scheidungstatbestände des BGB in der Generalklausel des § 43 EheG zusammengefaßt. Unberührt blieb der absolute Scheidungsgrund des Ehebruchs (§ 47 EheG 1938, § 42 EheG). Als besonderer Scheidungsgrund wegen Verschuldens wurde neu aufgenommen der Scheidungsgrund der »Verweigerung der Fortpflanzung« (§ 48 EheG 1938).

Die Scheidung ohne Verschulden wurde erweitert. Zu dem Scheidungsgrund der Geisteskrankheit traten hinzu
a) auf geistiger Störung beruhendes Verhalten (§ 50),
b) ansteckende oder ekelerregende Krankheit (§ 52),
c) Unfruchtbarkeit (§ 53),
d) Zerrüttung der Ehe (§ 55).

Wegen Zerrüttung der Ehe (§ 55) konnte eine Scheidung ausgesprochen werden, wenn die häusliche Gemeinschaft der Ehegatten mindestens drei Jahre aufgehoben war. Der beklagte Ehegatte konnte der Scheidung widersprechen, wenn der andere die Zerrüttung ganz oder überwiegend verschuldet hatte. Der Widerspruch war unbeachtlich, wenn die Aufrechterhaltung der Ehe bei richtiger Würdigung des Wesens der Ehe und des gesamten Verhaltens beider Ehegatten sittlich nicht gerechtfertigt war.

2 In das Ehegesetz 1946 wurden die Scheidungsgründe der Verweigerung der Fortpflanzung und der Unfruchtbarkeit nicht übernommen. Der Scheidungsgrund der objektiven Ehezerrüttung (§ 55) erhielt einen neuen Absatz 3, der den Ausschluß der Scheidung mit Rücksicht auf die Interessen der Kinder ermöglichte. Im übrigen wich das EheG 1946 nur redaktionell von der Fassung 1938 ab. Zu den späteren Änderungen des EheG 1946 vgl. Überblick bei *Erman-Hefermehl* Einl. 4 zum EheG.

3 Der § 48 EheG wurde durch Art. 2 Nr. 1 Buchst. g des FamRÄndG stark eingeschränkt. Nach dem neu gefaßten Absatz 2 durfte die Ehe gegen den zulässigen Widerspruch des anderen Ehegatten nicht geschieden werden, es sei denn, daß dem widersprechenden Ehegatten die Bindung an die Ehe und eine zumutbare Bereitschaft fehlten, die Ehe fortzusetzen. Der *BGH* hat durch eine nach und nach immer restriktivere Auslegung bereits auf der Grundlage der alten Fassung des § 48 Abs. 2 ähnlich strenge Voraussetzungen aufgestellt. Nach der Rechtsprechung des *BGH* oblag es dem Kläger nachzuweisen, daß dem der Scheidung widersprechenden Ehegatten die Bindung an die Ehe und eine zumutbare Bereitschaft fehlten, die Ehe fortzusetzen (*BGH* 38, 116). Ein solcher Beweis war in der Regel nicht zu erbringen (vgl. die zutreffende Kritik von *Lauterbach* NJW 1969, 897). Deshalb konnte eine Ehe gegen den zulässigen Widerspruch des anderen Ehegatten nach § 48 Abs. 2 EheG praktisch nicht geschieden werden. In der Frage der Zulässigkeit des Widerspruchs hatte der *BGH* den Schuldbegriff bedenklich ausgeweitet. Selbst wenn eine Ehe durch äußere Umstände zerrüttet wurde, rechnete der *BGH* dies dem klagenden Ehegatten zu mit der Begründung, es läge in seinem freien Willen, die negativen Momente, die seiner positiven Einstellung zu seiner Ehe und seinem Ehegatten entgegenwirken, zu sublimieren (*BGH* FamRZ 1961, 169, 429).

4 In neuerer Zeit war in der Rechtsprechung des *BGH* eine gewisse Auflockerung der starren, einem überspannten Heroismus huldigenden Auffassung festzustellen. Der *BGH* hatte begonnen, an seine frühere Rechtsprechung (*BGH* NJW 1951, 961) anzuknüpfen; er ließ gelten, daß eine Ehe, deren Zerrüttung ein Ehegatte allein verschuldet hatte, zu einem späteren Zeitpunkt nicht mehr als von diesem allein verschuldet angesehen werden könnte, wenn durch später eingetretene schicksalsmäßig bedingte Umstände eine Wiederaufnahme der ehelichen Lebensgemeinschaft unmöglich war und auch für die Zukunft ausgeschlossen erschien

 (*BGH* 36, 357; 38, 116; 39, 26; 39, 134; FamRZ 1963, 131; 1968, 305; 1969, 269; 1971, 156).

5 Dem Grundsatz, daß die Zeit alles heilt, im Wege überholender Kausalität Geltung zu verschaffen, ist ein löblicher Versuch, die mißglückte Regelung des § 48 Abs. 2 zumindest in ihren extremsten Auswirkungen zu korrigieren. Eine Lösung ist es nicht. Auf den logischen Bruch dieser Hilfskonstruktion hat *Bosch* bereits früher zutreffend hingewiesen (FamRZ 1962, 182; im übrigen vgl. zur Rechtsprechung des *BGH* zu § 48: *Hoffmann-Stephan* § 48; *Lauterbach* NJW 1969, 897).

6 Durch das 1. EheRG wird die *Verschuldensscheidung* aufgehoben. Auch die besonderen Tatbestände der Scheidung wegen objektiver Zerrüttung der Ehe (§§ 44 ff.) und die Heimtrennungsklage nach § 48 EheG sind entfallen (Art. 3 Nr. 1 und 3, 1. EheRG). *Einziger* Scheidungsgrund des neuen Rechts ist das Scheitern der Ehe (§ 1565; mißverständlich bei *Dieckmann* ZRP 1971, 193, der davon ausgeht, das neue Scheidungsrecht sei »auf drei Scheidungstatbestände« eingestimmt). Dazu sieht das Gesetz Beweiserleichterungen vor, die an Trennungszeiten anknüpfen (§ 1566). Ein Widerspruchsrecht im Sinne von § 48 Abs. 2 und 3 EheG enthält die Neuregelung nicht; die vorgesehene Härteklausel nach § 1568 ist eine (befristete) Ausnahmeregelung, die schon wegen ihres engen Anwendungsbereichs mit dem früheren Widerspruchsrecht nicht vergleichbar ist. Zu den Gründen für den Übergang vom Verschuldens- zum Zerrüttungsprinzip vgl. *Amtl. Begr.* S. 72, 73.

Die Vorschriften über die Scheidungsregelung im 1. EheRG weichen in einer Reihe von Punkten von dem RegE ab. So ist z. B. die Vermutung des § 1566 Abs. 2 (Vermutung des Scheiterns nach dreijähriger Trennung im Falle der streitigen Scheidung) zu einer unwiderlegbaren Vermutung umgestaltet worden; die Anwendbarkeit der Härteklausel ist zeitlich beschränkt worden, sie kann nach fünfjähriger Trennung der Ehegatten nicht mehr angewandt werden; der RegE sah keine Frist vor.

Die *Härteklausel* ist auf Vorschlag des Vermittlungsausschusses erweitert worden: Zu berücksichtigen sind nicht nur die Interessen des anderen Ehegatten, sondern auch die der minderjährigen, aus der Ehe hervorgegangenen Kinder; außerdem können wirtschaftliche Gründe berücksichtigt werden (anders noch RegE und die vom BT zunächst beschlossene Fassung). Neu (ebenfalls als Vorschlag des Vermittlungsausschusses) ist der Abs. 2 des § 1565, der eine *Sperrfrist* für die Scheidung vorsieht.

2 Verfassungsrechtliche Fragen

7 Nach dem verfassungsrechtlichen Verständnis des Grundgesetzes ist die Ehe auf Lebenszeit angelegt. Dieser unbestrittene Grundsatz wird aus Art. 6 Abs. 2 GG abgeleitet (*BVerfGE* 10, 66; *BGH* 18, 13). Er ist auch im einfachen Recht verankert. § 13 Abs. 2 EheG drückt es in der zurückhaltenden Form aus, daß die Erklä-

rung über die Eheschließung nicht unter einer Bedingung oder einer Zeitbestimmung abgegeben werden kann. Der Grundsatz, daß die Ehe auf Lebenszeit geschlossen wird, ist außerdem noch ausdrücklich in § 1353 Abs. 1 Satz 1 aufgenommen worden (BT 7/4361). Ebenso gesichert wie dieser Grundsatz ist seine Ausnahme, nämlich die Scheidbarkeit der Ehe (vgl. *Beitzke* ZfRV 1972, 1). Das gilt sowohl für die Scheidung wegen Verschuldens als auch für die Scheidung wegen »objektiven« Scheiterns der Ehe. Verfassungsrechtliche Bedenken gegen die Regelung im 1. EheRG können deshalb nicht prinzipieller Natur sein, sondern allenfalls punktuell mit Rücksicht auf die Ausgestaltung einer Einzelregelung in Erwägung gezogen werden. Zu messen ist die Regelung an dem Schutzobjekt Ehe des Art. 6 Abs. 1 GG (dazu vgl. Rdnr. 14 ff. Vor § 1353).

2.1 Unwiderlegbarkeit der Vermutung nach § 1566 Abs. 2

8 Verfassungsrechtlich bedenklich wäre es, die Scheidung einer nicht gescheiterten Ehe zuzulassen. Eine solche Möglichkeit sieht das Gesetz nicht vor. Ein theoretischer Ansatz für solche Bedenken könnte allenfalls in der Unwiderlegbarkeit der Vermutung für das Scheitern der Ehe (§ 1566 Abs. 2) liegen, wenn man davon ausgeht, daß in einem Ausnahmefall trotz der Mindestwartezeit von 3 Jahren eine Wiederherstellung der ehelichen Lebensgemeinschaft zu erwarten ist. Eine solche Annahme ist wirklichkeitsfremd, wenn man berücksichtigt, daß § 1566 nicht nur eine einfache willentliche, räumliche Trennung voraussetzt, sondern ein qualifiziertes Getrenntleben im Sinne des § 1567 Abs. 1. Danach ist es erforderlich, daß ein Ehegatte während der Dauer der Trennung nicht nur die häusliche Gemeinschaft, sondern auch die eheliche Lebensgemeinschaft ablehnt, also in ehefeindlicher Absicht getrennt lebt (vgl. § 1567). Bekräftigt er seine langjährige ehefeindliche Gesinnung durch den Scheidungsantrag, dann ist die Annahme, die eheliche Lebensgemeinschaft könne noch wiederhergestellt werden, theoretischer Natur. Die denkbare Problematik verliert noch zusätzlich an Gewicht, wenn berücksichtigt wird, daß das Gericht nach § 614 Abs. 4 Satz 2 ZPO das Verfahren auf Scheidung nach Ablauf der Trennungszeit von 3 Jahren noch für die Dauer von 6 Monaten aussetzen kann. Damit wird eine zusätzliche Möglichkeit eröffnet, die Ernsthaftigkeit des Scheidungsbegehrens auf die Probe zu stellen. Außerdem ist weiter zu berücksichtigen, daß zur Vermeidung von Härten, die sich aus einer Scheidung ergeben können, noch zusätzlich die Härteklausel nach § 1568 bis zu einer Trennungszeit von fünf Jahren angewendet werden kann.

9 Die Unwiderlegbarkeit der Vermutung wäre verfassungsrechtlich wohl auch dann noch vertretbar, wenn man die Möglichkeit in Betracht ziehen würde, daß nach Ablauf der Trennungszeit von 3 Jahren und einer Aussetzung des Verfahrens für 6 Monate eine Ehe noch als nicht gescheitert angesehen werden könnte. Die Gesamtregelung im 1. EheRG soll die Voraussetzungen für ein faires Scheidungsrecht schaffen, das Eingriffe in die Intimsphäre der Par-

teien auf ein Minimum beschränkt. Wenn das Gesetz, um dieses verfassungsrechtlich anzustrebende Ziel zu erreichen in Kauf nimmt, daß in einigen kaum zu quantifizierenden Fällen ein Rest an Zweifel nicht auszuschließen ist, ob die Ehe wirklich gescheitert ist, dann dürfte die Vernachlässigung derart extremer Ausnahmefälle verfassungsrechtlich tragbar sein (vgl. *Hirsch* FamRZ 1972, 245; zum Problem der Unwiderlegbarkeit der Vermutung allgemein *Dieckmann* ZRP 1971, 193).

2.2 Härteklausel (§ 1568)

10 Die Härteklausel kann unter drei Gesichtspunkten Anlaß zu verfassungsrechtlichen Bedenken geben.

a) Gegenständlich begrenzte Schutzwirkung. Die Härteklausel hat – von der zeitlichen Begrenzung abgesehen – nur einen eingeschränkten Anwendungsbereich (vgl. § 1568). Sie ist ihrer Anlage nach insbesondere keine allgemeine Schutzklausel für die Ehe als solche und auch keine allgemeine Rechtsmißbrauchsklausel in dem Sinne, daß sie dem Scheidungsbegehren des aus der Ehe strebenden Ehegatten allein deshalb entgegengesetzt werden kann, weil er das Scheitern der Ehe (mutwillig) herbeigeführt hat (*Amtl. Begr.* S. 117, *Beitzke* ZfRV 1972, 1; *Freimuth* FamRZ 1970, 431). Die Härteklausel hat in erster Linie den Charakter einer *Schonfrist;* in diesem Umfang ist sie verfassungsrechtlich geboten, da auch die Art und Weise der Auflösung der Ehe in den Schutzbereich des Art. 6 Abs. 1 GG fällt. Ihre Erweiterung zu einer allgemeinen Schutzklausel ist unter dem Gesichtspunkt des Art. 6 Abs. 1 GG nicht zwingend, wenn man in Betracht zieht, daß die wirklichen Ursachen für das Scheitern in aller Regel nicht festgestellt werden können. Hält man die Anknüpfung an eine kausale Verantwortlichkeit für das Scheitern einer Ehe für ein untaugliches Mittel für eine eherechtliche Regelung, dann muß diese Annahme auch für die Ausgestaltung der Härteklausel gelten. Die Notwendigkeit, eine gescheiterte Ehe um ihrer selbst willen aufrechtzuerhalten, ist verfassungsrechtlich nicht geboten.

11 *b)* Befristung der Härteklausel. Die Härteklausel kann nicht mehr geltend gemacht werden, wenn die Ehegatten 5 Jahre getrennt gelebt haben (§ 1568 Abs. 2). Nach einem derart langen Getrenntleben (§ 1567) kann ein Ehegatte nicht mehr erwarten, daß es zu einer Wiederherstellung der ehelichen Lebensgemeinschaft kommt. Es kann davon ausgegangen werden, daß diese Zeit im allgemeinen ausreicht, sich auf die zu erwartende Scheidung und deren Folgen einzustellen. Andererseits ist nicht auszuschließen, daß außergewöhnliche Umstände im Sinne des § 1568 erst gegen Ende der Trennungszeit eintreten (z. B. eine schwere Erkrankung) und die Wirkung den Ehegatten in ihrer Härte erst zu einem Zeitpunkt nach Ablauf der Frist trifft. Geht man davon aus, daß der Schutz der Ehe nach Art. 6 Abs. 1 GG sich auch auf die Art und Weise der Auflösung einer gescheiterten Ehe erstreckt, dann erscheint es zweifelhaft, ob eine Befristung der Härteklausel verfassungsrechtlich tragbar ist. Eine Abwägung der beiderseitigen

verfassungsrechtlich relevanten Belange im Einzelfall (berechtigtes Interesse des Ehegatten an der Auflösung der seit Jahren nur der Form nach bestehenden Ehe – berechtigtes Interesse des anderen Ehegatten, daß die Ehe nicht zur Unzeit aufgelöst wird) muß nicht notwendigerweise zu dem Ergebnis führen, daß das verfassungsrechtlich relevante Interesse des die Scheidung ablehnenden Ehegatten durch Fristablauf obsolet geworden ist (vgl. auch *Hillermeier* FamRZ 1976, 57).

12 *c)* Die gegen den Ausschluß wirtschaftlicher Gründe bei der Anwendung der Härteklausel geltend gemachten verfassungsrechtlichen Bedenken (Art. 6 Abs. 1 GG schützt auch den vermögensrechtlichen Bereich der Ehe) sind durch die auf Vorschlag des Vermittlungsausschusses beschlossene Fassung des § 1568 Abs. 1 jedenfalls insoweit gegenstandslos geworden, als der zeitliche Geltungsbereich der Härteklausel reicht (§ 1568 Abs. 2). Sie sind auch im übrigen unbegründet. Ein Verstoß gegen Art. 6 Abs. 1 GG liegt nicht schon dann vor, wenn die Scheidung zu einer Veränderung der wirtschaftlichen Position eines Ehegatten führt. Dabei ist zu berücksichtigen, daß die wesentlichen Veränderungen im wirtschaftlichen Bereich sich nicht aus der Ehescheidung, sondern aus der Trennung ergeben, die z. B. den Wegfall der Unterhaltspflicht in Form des Familienunterhalts (§ 1360) zur Folge hat. Der Unterhaltsanspruch für den Fall des Getrenntlebens und der Unterhaltsanspruch für den Fall der Scheidung unterscheiden sich nicht unerheblich (vgl. Rdnr. 14 zu § 1568). Eine Verkürzung des Unterhaltsanspruchs mit Rücksicht auf Verpflichtungen gegenüber einem zweiten Ehegatten wird in dem schutzwürdigen Umfang durch den Vorrang nach § 1582 gewährleistet. Im übrigen kann nicht davon ausgegangen werden, daß nach dem Eingehen der Ehe eine Art Bestandsschutz in bezug auf den unterhaltsrechtlichen Status eintritt, dessen Veränderung verfassungsrechtlich verwehrt wäre.

3 Anwendung des neuen Rechts auf Altehen

13 Die Vorschriften über die Scheidung gelten auch für Ehen, die *vor dem Inkrafttreten* des 1. EheRG geschlossen worden sind (Art. 12 Nr. 3 Abs. 1). Zum Zeitpunkt des Inkrafttretens anhängige Scheidungsverfahren werden auf die Neuregelung »umgestellt« (Art. 12 Nr. 7). Zur Frage der Wiederholung eines nach bisher geltendem Recht abgewiesenen Scheidungsbegehrens vgl. Rdnr. 19, 20 zu § 1564.

4 Verfahrensrechtliche Fragen

14 Das Verfahren in Ehesachen ist grundlegend umgestaltet worden. Eingeführt worden ist die *Verhandlungs-* und *Entscheidungskonzentration;* eine isolierte Entscheidung über das Scheidungsbegehren wird im allgemeinen nicht mehr möglich sein (§§ 623, 628

ZPO). Die Aussetzung des Verfahrens, die wegen des stark eingeschränkten Anwendungsbereichs der Härteklausel besondere Bedeutung erlangt hat, richtet sich nach § 614 ZPO. Im übrigen vgl. zum Verfahrensrecht in Familiensachen die Ausführungen zu §§ 606 ff. ZPO.

Eine Ehe kann nur durch gerichtliches Urteil auf Antrag eines oder beider Ehegatten geschieden werden. Die Ehe ist mit der Rechtskraft des Urteils aufgelöst, Die Voraussetzungen, unter denen die Scheidung begehrt werden kann, ergeben sich aus den folgenden Vorschriften.

Literatur:

Arens, Der Grundsatz der Einheitlichkeit der Entscheidung in Ehesachen, besonders im Hinblick auf das Wiederaufnahmeverfahren, ZZP 76 (1963), 423; *Beitzke,* Zur Frage der Wirksamkeit von Privatscheidungen in Deutschland, FamRZ 1960, 126; *Bötticher,* Streitgegenstand und Rechtskraft unter besonderer Berücksichtigung der Wiederholung der Ehescheidungsklage, FamRZ 1957, 409; *Breithaupt* Konventionalscheidungen nach künftigem Recht, ZRP 1973, 289; *Dietrich,* Zur materiellen Rechtskraft eines klageabweisenden Urteils, ZZP 83, 201; *Ettelsheimer,* Zur Frage der Wirksamkeit von Privatscheidungen in Deutschland, FamRZ 1960, 125; *Habscheid,* Absolut oder relative Scheidungsgründe, FamRZ 1954, 7; Rechtskraft und Präklusion im Eheauflösungsverfahren, FamRZ 1964, 174; Zur Wiederholung der Heimtrennungsklage, FamRZ 1966, 486; *Kleinrahm,* Die Anerkennung von Privatscheidungen, FamRZ 1966, 10; *Lent,* Zivilprozeß und freiwillige Gerichtsbarkeit, ZZP 66 (1953), 267; *Lüderitz,* Empfiehlt es sich, Gründe und Folgen der Ehescheidung neu zu regeln? Gutachten B zum 48. DJT; *Nickisch,* Zur Lehre vom Streitgegenstand im Zivilprozeß, AcP 154 (1955), 272; *Partikel,* Kritische Bemerkungen zur rechtlichen Beurteilung von Privatscheidungen im Inland, FamRZ 1969, 15.

Überblick Rdnr.

1 Rechtsentwicklung

1 Die Neufassung entspricht weitgehend der Regelung in § 41 EheG. *Neu* sind Anpassungen an die verfahrensrechtlichen Änderungen (»Antrag« statt »Klage«; § 622 Abs. 1 ZPO). Der Grundsatz, daß die Ehe auf Lebenszeit geschlossen wird, ist in § 1353 Abs. 1 Satz 1 ausdrücklich geregelt. Er hat deklaratorische Bedeutung. Auswirkungen auf das Recht der Scheidung hat er nicht (vgl. Rdnr. 3 zu § 1353).

2 Scheidung, Zeitpunkt ihrer Wirksamkeit

2 Scheidung ist die *Auflösung* der Ehe mit ex-nunc-Wirkung durch konstitutiven Akt des Gerichts. Sie unterscheidet sich von der Aufhebung der Ehe dadurch, daß bei der letzteren besondere, vor der Ehe eingetretene Gründe vorgelegen haben müssen. Außer der Scheidung kann die Ehe durch Tod, Wiederverheiratung nach der Todeserklärung (§ 38 Abs. 2 EheG), Nichtigkeit (§ 23 EheG) und Aufhebung der Ehe (§ 29 EheG) aufgelöst werden. Durch die Scheidung wird das Eheband als solches gelöst. Die gerichtliche »Trennung von Tisch und Bett« ist dem geltenden Recht fremd.

Die Ehe wird mit Rechtskraft des Urteils mit Wirkung für und gegen alle aufgelöst. Haben beide Ehegatten Scheidungsantrag gestellt, so ist über beide Anträge einheitlich zu verhandeln und zu entscheiden.

3 Scheidung, Aufhebung, Nichtigkeit

3 Eine Scheidung kommt nur in Betracht, wenn eine gültige Ehe zustande gekommen ist, und wenn sie noch besteht. Ein trotz Fehlens dieser Voraussetzungen ergangenes Scheidungsurteil – etwa bei einer Nicht-Ehe – wäre gegenstandslos; Scheidungsfolgen würden nicht eintreten. Eine nichtige (vernichtbare) Ehe ist solange als gültig anzusehen, bis die Nichtigkeit rechtskräftig festgestellt wird (§ 23 EheG). Deshalb kann bis zu diesem Zeitpunkt die Scheidung betrieben werden (*RG* HRR 1929 Nr. 1101). In der Scheidungsklage, die eine gültige Ehe voraussetzt, kann die Heilung einer vernichtbaren Ehe nicht gesehen werden. Das gilt auch für den Fall des § 18 Abs. 2 EheG, da mit dem Scheidungsantrag gerade die Fortsetzung der Ehe abgelehnt wird. Eine geschiedene Ehe kann noch für nichtig erklärt werden, da die Nichtigkeit rückwirkende Kraft hat. Anders verhält es sich bei der aufhebbaren Ehe, die wie die Scheidung ex nunc wirkt. Eine geschiedene Ehe kann nicht aufgehoben, eine aufgehobene Ehe nicht geschieden werden. Die Aufhebbarkeit der Ehe steht andererseits der Scheidungsklage nicht entgegen, weil die aufhebbare Ehe bis zur rechtskräftigen Aufhebung gültig ist.

4 Die Ehe kann nur durch gerichtliches Urteil geschieden werden. Das bedeutet, daß im Geltungsbereich dieses Gesetzes Ehescheidungen durch andere Stellen (Standesbeamte, Konsuln, geistliche Gerichte) ausgeschlossen sind. Der Grundsatz gilt sowohl für Inländer als auch für Ausländer. Nicht zulässig sind weiter Privatscheidungen. Akte dieser Art sind nichtig (*RG* 113, 38; *BGH* MDR 1957, 158; FamRZ 1967, 93; vgl. auch *Kleinrahm* FamRZ 1966, 10). Auch die Vornahme einer privaten Scheidung durch einen Exterritorialen auf exterritorialem Gebiet (Botschaft) ist nichtig, da die Exterritorialität die Geltung innerstaatlichen Rechts nur im Rahmen der allgemeinen völkerrechtlichen Normen einschränkt (a. A.: unzutr. *LG Stuttgart* FamRZ 1959, 506; dagegen mit Recht *Beitzke* FamRZ 1959, 507 und 1960, 126; vgl. aber *Ettelsheimer* FamRZ 1960, 125).

Zur Frage der Anerkennungsfähigkeit ausländischer Entscheidungen, die nicht dem Erfordernis des § 1564 entsprechen (z. B. Scheidung durch Verwaltungsbehörden, Privatscheidungen) vgl. *RG* 136, 142 – Scheidung im Ausland lebender Deutscher durch sowjetrussische Standesbeamte; *OLG Stuttgart* FamRZ 1968, 390; 1971, 440; *OLG Düsseldorf* FamRZ 1974, 528 m. Anm. *Beitzke; Kleinrahm* FamRZ 1966, 10; *Partikel* FamRZ 1969, 15). Zum Anerkennungsverfahren vor der Landesjustizverwaltung nach Art. 7 § 1 FamRÄndG vgl. Rdnr. 11 zu § 606 a ZPO.

5 „Anspruch" auf Scheidung

5 Die Ehe ist zu scheiden, wenn die gesetzlichen Voraussetzungen vorliegen.

Streitig (für das bisher geltende Recht) ist, ob außer dem öffentlich-rechtlichen Anspruch auf Erlaß eines Scheidungsurteils bei Vorliegen der gesetzlichen Voraussetzungen der Antragsteller auch einen *subjektiven Anspruch* gegen den anderen Ehegatten auf Scheidung hat (dafür zutreffend h. M.: *RGRK* § 41, 23 EheG; *Beitzke* § 19 vor I; *Bötticher* in Festschrift für Dölle I, S. 54; *Gernhuber* § 24 IV 1; *Arens* ZZP 76 (1963), 423; *Habscheid* FamRZ 1954, 7; *Lent* ZZP 66 (1953), 267; a. A. *Dölle* § 40 I, 1 ff.).

Die Abkehr vom Verschuldensprinzip gibt keinen Anlaß zu einer grundsätzlich anderen Betrachtungsweise. Zwar paßt der Schuldvorwurf vortrefflich in das Bild eines durch Anspruch und Gegenanspruch gekennzeichneten Scheidungsrechts, andererseits ist das Scheitern der Ehe als Anknüpfungspunkt für subjektive Rechte nicht prinzipiell ungeeignet. Ebensowenig steht die »unstreitige« Scheidung (§ 1566 Abs. 1, § 630 ZPO) der Annahme wechselseitiger subjektiver Rechte entgegen. Es ist bemerkenswert, daß das Verfahrensrecht die im materiell-rechtlichen Bereich erkennbar gewordenen Ansätze, den kontradiktorischen Charakter der

Ehescheidung zu vernachlässigen, nur in sehr eingeschränktem Umfang nachvollzogen hat. Die Anerkennung eines subjektiven Rechts auf Ehescheidung muß nicht notwendigerweise dazu führen, in der Ehe ein vertragliches Dauerschuldverhältnis und in der Scheidung eine Kündigung aus wichtigem Grund zu sehen (vgl. *Gernhuber* § 24 IV 2). Das Eheverständnis in der sozialen Wirklichkeit (vgl. Rdnr. 9 vor § 1353) läßt eine eigenständige Beurteilung der Rechtsverhältnisse in der Ehe zu.

Streitig ist der *Gegenstand* des Scheidungsbegehrens. Nach der (für das bisher geltende Recht) *h. M.* ist der Streitgegenstand im Eheverfahren global auf die Scheidung der Ehe bezogen, ohne Rücksicht darauf, aus welchen Gründen die Scheidung begehrt wird (*Erman-Ronke* vor § 41, 2 und vor § 42, 2 EheG; *Nickisch* AcP 154 (1955), 272; a. A. *Gernhuber* § 24 IV 5, der eine Häufung konkurrierender Scheidungsrechte annimmt). Die Meinungsunterschiede haben keine große praktische Bedeutung, da die *h. M.* ausgehend von einem einheitlichen Scheidungsrecht doch konkurrierende Scheidungsgründe anerkennt und deren Eigenständigkeit im Verfahren berücksichtigt. So wird davon ausgegangen, daß nur aus Gründen geschieden werden darf, die sich im Rahmen des spezifischen Scheidungsbegehrens halten (wurde z. B. nach bisher geltendem Recht Scheidung nach § 43 EheG begehrt, konnte die Ehe nicht wegen Ehebruch nach § 42 EheG geschieden werden, auch wenn dieser erwiesen war (*OLG München* HRR 1939, 144); eine Scheidungsklage nach § 42 EheG mußte abgewiesen werden, auch wenn die Ehe aufgrund erwiesener schwerer Eheverfehlung nach § 43 EheG hätte geschieden werden können (*KG* JW 1928, 3039).

Obwohl das geltende Recht nur einen Scheidungsgrund aufweist (§ 1565), ist eine Differenzierung geboten. Wie es für den Kläger nach bisher geltendem Recht nicht gleichgültig gewesen ist, ob seine Ehe nach § 42 oder nach § 43 EheG geschieden wurde, können die unterschiedlichen Möglichkeiten, wie das Scheidungsverfahren nach neuem Recht abläuft, nicht unberücksichtigt bleiben. Es muß dem Antragsteller überlassen bleiben, in welcher »Art und Weise« er geschieden werden will. Das muß jedenfalls gelten, soweit der Antragsteller eine schonende Art der Scheidung wünscht. So haben die Vermutungen nach § 1566 den Zweck, dem Ehegatten den Vortrag von Umständen, die das Scheitern der Ehe begründen sollen, zu ersparen. Begehrt der Ehegatte die Scheidung unter Berufung auf Trennungsfristen, die eine Vermutung des Scheiterns der Ehe begründen, darf das Gericht die Scheidung nicht auf der Grundlage der Generalklausel ohne die Vermutung des Scheiterns aussprechen, selbst wenn es vom Scheitern der Ehe überzeugt ist. Ein solcher Fall kann praktische Bedeutung haben, wenn streitig ist, wie lange die Ehegatten getrennt gelebt haben. Der die Scheidung begehrende Ehegatte kann verlangen, daß sein Interesse respektiert wird, die Umstände, die das Scheitern der Ehe begründen, nicht zum Gegenstand der Entscheidung zu machen.

Andererseits kann der Ehegatte nicht verlangen, daß die Scheidung der Ehe nach der Generalklausel (§ 1565 Abs. 1) unter Nachweis des Scheiterns der Ehe erfolgt, wenn die Parteien so lange getrennt gelebt haben, daß das Scheitern der Ehe vermutet wird, und dieser Umstand in das Eheverfahren eingeführt ist. Er kann auch nicht darauf bestehen, daß die Gründe nach § 1565 Abs. 2 zur Grundlage der Entscheidung gemacht werden, wenn die Ehegatten länger als 1 Jahr getrennt gelebt haben. Das gilt auch, wenn das Scheidungsverfahren unter den Voraussetzungen des § 1565 Abs. 2 begonnen hat, und die Trennungsfrist erst während des Verfahrens abgelaufen ist.

6 Antrag eines oder beider Ehegatten

6 Die Scheidung setzt einen Antrag eines oder beider Ehegatten voraus. Eine Scheidung von Amts wegen ist unzulässig. Der Begriff *»Antrag«* ist an die Stelle der »Klage« getreten (§ 622 Abs. 1 ZPO). Auch nach bisherigem Recht war nicht ausgeschlossen, daß beide Ehegatten die Scheidung begehrten. Das Antragsrecht »beider Ehegatten« in § 1564 soll die Verbindung zu § 1566 Abs. 1 herstellen und die Möglichkeit nicht kontradiktorischer Scheidungen indizieren. Sie ist aber nicht auf den Fall des § 1566 beschränkt. Eine Scheidung nach der Generalklausel gemäß § 1565 ist auf beiderseitigen Antrag auch ohne Inanspruchnahme der Vermutungen möglich (*Breithaupt* ZRP 1973, 289). Zur verfahrensrechtlichen Behandlung der übereinstimmenden Anträge vgl. Rdnr. 2 ff. zu § 622 ZPO. Zur Frage der Rücknahme des Antrags oder der Zustimmung vgl. Rdnr. 4, 5 zu § 1566.

7 Abschließende Regelung der Scheidungsmöglichkeiten

7 Die Verweisung auf die »folgenden Vorschriften« – das sind die §§ 1565 bis 1568 – in § 1564 Satz 3 kennzeichnet zugleich den abschließenden Charakter der Regelung. Auf andere Gründe kann die Ehescheidung nicht gestützt werden. Insbesondere können Vereinbarungen der Parteien nicht Rechtsgrundlage der Scheidung sein. Der abschließende Charakter der scheidungsrechtlichen Vorschriften auf Grund des § 1564 bezieht sich auch auf die Härteklausel. Zu den Voraussetzungen, unter denen die Scheidung begehrt werden kann, gehören nicht nur die *»Anspruchs«*voraussetzungen, sondern auch die negativen Voraussetzungen, die dem Scheidungsbegehren entgegenstehen. Deshalb kann aus anderen als den in § 1568 genannten Gründen der Scheidung einer gescheiterten Ehe nicht widersprochen werden (vgl. Rdnr. 18 zu § 1568).

8 Wiederholung des Scheidungsantrags

8 Ob und unter welchen Voraussetzungen der mit seinem Scheidungsantrag rechtskräftig abgewiesene Ehegatte sein Scheidungs-

begehren *erneut* einbringt, ist nunmehr ausschließlich nach § 322 ZPO zu beurteilen. Der bisherige § 616 ZPO ist ersatzlos entfallen. Danach konnte der abgewiesene Kläger das Recht, die Scheidung (oder die Aufhebung) der Ehe zu verlangen, nicht mehr auf Tatsachen gründen, die er in dem früheren Rechtsstreit geltend gemacht hatte, oder die er in dem früheren Rechtsstreit oder durch Verbindung der Klagen hätte geltend machen können. Dieser Ausschluß des tatsächlichen Vorbringens trat als zusätzliche Präklusion zu der allgemeinen Rechtskraftwirkung des abweisenden Urteils (*BGH* 45, 329; *Habscheid* FamRZ 1966, 486; a. A.: *Bötticher* FamRZ 1957, 409, der § 616 ZPO nur als lex specialis zu § 322 Abs. 1 ZPO sieht, die den Streitgegenstand selbst erfaßt). Die praktische Bedeutung der Rechtsänderung ist gering (*Amtl. Begr.* S. 203).

9 Die *materielle Rechtskraft* bewirkt, daß grundsätzlich jede neue Verhandlung und Entscheidung über die rechtskräftig festgestellte Rechtsfolge ausgeschlossen ist (*Rosenberg-Schwab* § 152 IV 1; *Dietrich* ZZP 83, 201). In Rechtskraft erwächst nur die Urteilsformel, nicht der Tatbestand und die Gründe. Um den sachlichen Gehalt der Urteilsformel, der vor allem bei klageabweisenden Entscheidungen nicht ohne weiteres erkennbar ist, zu ermitteln, sind der Tatbestand und die Gründe zu berücksichtigen (*BGH* 7, 183; 34, 337).

10 Die *Rechtskraft des Urteils* ist auf den Zeitpunkt der letzten mündlichen Verhandlung bezogen. Denn nur bis zu diesem Zeitpunkt haben die Parteien Gelegenheit, Tatsachen in den Rechtsstreit einzuführen. Nur diese Tatsachen sind Grundlage der Entscheidung. Die Rechtskraft des Urteils steht einer erneuten Geltendmachung desselben Anspruchs entgegen, wenn das Vorbringen auf eine abweichende Darstellung oder Beurteilung des früheren Prozeßstoffes abzielt (*Rosenberg-Schwab* § 156 II 1). Die Rechtskraft steht nicht entgegen, wenn das erneute Begehren auf Tatsachen gestützt wird, die nach der letzten mündlichen Verhandlung entstanden sind. *Vorauszusetzen* ist, daß es sich um Tatsachen handelt, die für die Abweisung des Begehrens im Vorprozeß erheblich waren (*Dietrich* ZZP 83, 201).

11 Handelt es sich um *»alte«* Tatsachen, die in den Rechtsstreit nicht eingeführt waren, ist zu *unterscheiden:* Steht das neue Vorbringen im Zusammenhang mit dem Prozeßstoff der ersten Instanz, dann ist das erneute Begehren unzulässig; ob die unterbliebene Einführung in den Rechtsstreit verschuldet war, ist gleichgültig (*BGH* FamRZ 1968, 74). Besteht ein Zusammenhang dagegen nicht, ist das Vorbringen zuzulassen (*Rosenberg-Schwab* § 156 II 1; *Thomas-Putzo* § 322, 7 c). An sich ausgeschlossene Tatsachen können als unselbständige Tatsachen unterstützend berücksichtigt werden (vgl. *BGH* 2, 98; *BGH* 29, 378; *BGH* FamRZ 1968, 139).

12 Die Wiederholung des prozessualen Begehrens auf Scheidung kann nicht darauf gestützt werden, daß sich in der Zwischenzeit die Rechtsprechung geändert habe. Anders verhält es sich, wenn die Rechtsnorm, die für die Abweisung der Klage relevant war,

geändert worden ist, es sei denn, daß die Begründung des klageabweisenden Urteils auch auf der Grundlage der neuen Tatbestandselemente zur Abweisung geführt hätte (vgl. *BGH* 44, 359; *BGH* FamRZ 1966, 182; 1968, 595; vgl. auch Art. 12 Nr. 8 und Rdnr. 19).

13 Für die Scheidungsregelung nach dem 1. EheRG ist aus diesen Grundsätzen folgendes abzuleiten: Das Scheidungsbegehren kann zurückgewiesen worden sein, weil der Antragsteller nicht in der Lage gewesen ist, das Scheitern der Ehe oder die Voraussetzungen des § 1565 Abs. 2 nachzuweisen, oder aber deshalb, weil der Antragsgegner die Voraussetzungen der Härteklausel hatte darlegen können.

14 Der wichtigste Anwendungsfall des Vorbringens neuer Tatsachen für das Scheitern der Ehe ist der *Ablauf der Fristen,* die das Scheitern der Ehe unwiderlegbar vermuten lassen. Ist die Klage abgewiesen worden, weil der Antragsteller das Scheitern der Ehe nicht beweisen konnte, ist die Wiederholung des Scheidungsbegehrens zulässig, wenn er darlegt, daß inzwischen die Frist von einem Jahr abgelaufen ist, und daß der andere Teil der Scheidung zustimmt (§§ 1565 Abs. 1, 1566 Abs. 1), oder daß die Frist von drei Jahren im Fall des Scheidungsbegehrens nach §§ 1565 Abs. 1, 1566 Abs. 2 verstrichen ist. Es handelt sich um Umstände, die vor Schluß der mündlichen Verhandlung des Vorprozesses nicht eingetreten waren. Lebten die Ehegatten zu diesem Zeitpunkt bereits getrennt, so wird die Frist für die Vermutung nach § 1566 durch die Klageabweisung nicht unterbrochen; es bedarf nicht eines erneuten Ablaufs von einem Jahr bzw. von drei Jahren (allg. M. zu § 48 EheG – vgl. *Soergel-Donau* § 48, 42 EheG).

15 War das Scheidungsbegehren zurückgewiesen worden, weil das Scheitern der Ehe nicht nachgewiesen werden konnte, kann es auch vor Ablauf der das Scheitern indizierenden Fristen des § 1566 wiederholt werden, wenn *neue* Tatsachen vorgetragen werden. Der bloße weitere Zeitablauf genügt nicht (allg. M. – vgl. *BGH* 2, 98; 29, 378; FamRZ 1955, 98; 1968, 595), wohl aber Änderungen in der Einstellung der Ehegatten zur Ehe auf Grund des fortdauernden Getrenntlebens (*BGH* FamRZ 1955, 251). Hierfür müssen Anhaltspunkte vorliegen. Die bloße weitere Fortdauer des Getrenntlebens für eine gewisse Zeit begründet nicht ohne weiteres die Vermutung des Scheiterns, wenn das Scheidungsbegehren wiederholt wird (vgl. *BGH* 2, 98; 4, 182; abweichend: *Habscheid* FamRZ 1964; 174); für das neue Scheidungsrecht ist in diesem Zusammenhang zusätzlich zu berücksichtigen, daß durch eine schematische Annahme des Scheiterns der Ehe die Vermutungsregelung des § 1566 Abs. 2 unterlaufen würde.

Erfährt der scheidungswillige Ehegatte eine »alte« Tatsache, die im Zusammenhang mit seinem früheren erfolglosen Scheidungsbegehren steht, erst nach der letzten mündlichen Verhandlung, so kann er sein erneutes Scheidungsbegehren zwar nicht auf diese Tatsache, wohl aber darauf stützen, daß die eingetretene Kenntnis dieses Umstandes sich auf seine Einstellung zum anderen Ehegatten negativ ausgewirkt hat (mißverständlich *BGH* FamRZ 1966, 345; dazu *Habscheid* FamRZ 1966, 486). Das kann z. B. der Fall sein, wenn er von einem früheren Fehlverhalten des anderen Ehegatten erfährt, das ihn veranlaßt, sich von ihm endgültig abzuwenden (*BGH* FamRZ 1967, 377, wo ein Kausalzusammenhang allerdings verneint worden ist).

8.1 Wiederholung eines wegen der Härteklausel abgewiesenen Scheidungsantrags

16 Ist das Scheidungsbegehren abgewiesen worden, weil der die Scheidung ablehnende Ehegatte sich mit Erfolg auf die Härteklausel (2. Altern.) berufen hat (§ 1568 Abs. 1), dann kommt als neue, ein erneutes Verfahren rechtfertigende Tatsache vor allem der *Ablauf einer Trennungsfrist* von fünf Jahren in Betracht, weil danach die Härteklausel unanwendbar ist; außerdem wohl auch das Vorbringen, der andere Ehegatte werde sich auf die Härteklausel (2. Altern.) *nicht* mehr *berufen*. Beruft sich nämlich der Ehegatte nicht auf eine schwere Härte im Sinne des § 1568 Abs. 1, so bleibt die Vorschrift außer Betracht; die gescheiterte Ehe wird geschieden. Deshalb ist der Umstand, daß der andere Ehegatte von der Geltendmachung der Härteklausel absehen will, eine neue, für das Scheidungsbegehren relevante Tatsache. Nicht notwendig ist dabei, daß der Ehegatte der Scheidung nach § 1566 Abs. 1 zustimmt. Er kann sich auf passives Verhalten beschränken.

17 Im übrigen muß der die Scheidung begehrende Ehegatte darlegen, daß eine Veränderung der Verhältnisse eingetreten ist, die im Vorprozeß für die Abweisung des Scheidungsbegehrens unter Anwendung der Härteklausel relevant waren. Ist z. B. eine schwere Erkrankung als außergewöhnlicher Umstand im Sinne von § 1568 Abs. 1 angenommen worden, so wird die Genesung eine neue Tatsache sein. Der bloße Zeitablauf von gewisser Dauer ist für sich gesehen nicht ausreichend; anderenfalls würde die zeitliche Begrenzung der Härteklausel noch unangemessen unterlaufen. Es müssen deshalb zusätzliche Anhaltspunkte hinzukommen, die Einfluß auf die Beziehungen der Ehegatten haben, deren Ursache durchaus in der fortdauernden Entfremdung liegen kann. Auch eine Änderung der Verhältnisse auf seiten des die Scheidung begehrenden Ehegatten kann eine Rolle spielen, da § 1568 Abs. 1 auch die Berücksichtigung der Belange des Antragstellers vorsieht. Hier kann unter Umständen von Bedeutung sein, daß der Ehegatte eine neue Ehe eingehen möchte, damit ein zu erwartendes Kind ehelich geboren wird (vgl. abweichend *BGH* LM Nr. 10 zu § 616 ZPO für das bisher geltende Recht).

Ist das Scheidungsbegehren mit Rücksicht auf die Interessen der Kinder nach § 1568 Abs. 1 (1. Altern.) abgewiesen worden, kann ein neuer Scheidungsantrag darauf gestützt werden, daß die Interessenlage der Kinder sich geändert hat, oder daß die Kinder nunmehr volljährig geworden sind.

18 Im Rahmen des neuen Rechtsstreits werden Fragen, zu denen neue Gesichtspunkte nicht vorgetragen sind, *nicht* erneut aufge-

rollt. Ist im Vorprozeß z. B. festgestellt worden, daß die Ehe gescheitert ist, eine Scheidung aber wegen der Härteklausel nicht in Betracht kommt, wird das Scheitern der Ehe nicht erneut abgehandelt, wenn der die Scheidung ablehnende Teil sich auf die Geltendmachung der Härteklausel beschränkt und das Scheitern der Ehe nicht (auf der Grundlage neuer Tatsachen) anzweifelt (vgl. *BGH* 2, 98; *BGH* 4, 182; *BGH* 29, 378).

8.2 Wiederholung eines nach bisher geltendem Recht abgewiesenen Scheidungsbegehrens

19 Art. 12 Nr. 8 des 1. EheRG sieht eine Regelung vor zur Frage, unter welchen Voraussetzungen eine nach bisher geltendem Recht abgewiesene Klage in einer Ehesache wiederholt werden kann. Die Nr. 8 lautet:

»Ein Urteil in einer Ehesache, das auf Grund der bisher geltenden Vorschriften ergangen ist, steht der Berufung auf solche Tatsachen nicht entgegen, die erst durch dieses Gesetz erheblich geworden sind.«

Der Wortlaut ist *mißverständlich.* Der einzige Scheidungsgrund des neuen Rechts, das Scheitern der Ehe, ist – wenn an ihn cum grano salis der unheilbaren Zerrüttung gleichsetzt – nicht erst durch das 1. EheRG erheblich geworden. Er war es vorher schon, da (mit gewissen Einschränkungen für § 42 EheG) die unheilbare Zerrüttung durchweg Voraussetzung der Scheidung, also für die Scheidung erheblich war. Gemeint sind Tatsachen, die nur noch *allein* erheblich sind, weil andere bei zusammengesetzten Tatbeständen entfallen sind. Die Regelung hat vor allem Bedeutung für klageabweisende Urteile, bei denen kein Verschulden des beklagten Teils festgestellt werden konnte, oder bei denen der Widerspruch nach § 48 Abs. 2 oder 3 EheG beachtlich war. Ist z. B. eine Klage auf Scheidung nach §§ 42, 43 EheG abgewiesen worden, muß unterschieden werden: War der fehlende Nachweis der Schuld für die Zurückweisung maßgebend, kann das Scheidungsbegehren ohne weiteres wiederholt werden, da das Verschulden als Scheidungsgrund entfallen ist. Ist die Klage abgewiesen worden, weil die Ehe nicht als unheilbar zerrüttet anzusehen war, ist Art. 12 Nr. 8 unanwendbar, weil dem Begriff des Scheiterns der Ehe nicht erst durch das neue Recht Beachtlichkeit zukommt. Der die Scheidung anstrebende Ehegatte muß in diesem Fall neue Tatsachen vortragen, die den Schluß zulassen, die Ehe sei nunmehr gescheitert; die Wiederholung des Scheidungsbegehrens richtet sich in diesem Fall nach den allgemeinen Grundsätzen (vgl. Rdnr. 13 ff.). Dasselbe gilt, wenn die Klage nach §§ 44 bis 46, § 48 EheG wegen fehlender Zerrüttung der Ehe abgewiesen worden ist.

20 Anders verhält es sich, wenn in diesen Fällen die Härteklausel des § 47 EheG oder ein Widerspruch nach § 48 Abs. 2 EheG für die Abweisung der Klage maßgebend war. Die Härteklausel nach § 1568 Abs. 1 (2. Alternative) ist weder verfahrens- noch materiellrechtlich mit diesen Rechtsbehelfen vergleichbar. Die ma-

teriellrechtlichen Voraussetzungen sind wesentlich anders, auch muß die Härteklausel nach § 1568 Abs. 1 (2. Altern.) im Rechtsstreit geltend gemacht werden. Deshalb sind Tatsachen, die auf Grund des § 47 oder des § 48 Abs. 2 EheG zur Abweisung der Scheidungsklage geführt haben, und die eine Abweisung des Scheidungsbegehrens nach § 1568 Abs. 1 (2. Alternative) nicht rechtfertigen würden, relevante Tatsachen im Sinne des Art. 12 Nr. 8 des 1. EheRG. Das gilt auch in bezug auf Scheidungsklagen, die mit Rücksicht auf Interessen gemeinsamer Kinder nach § 48 Abs. 3 EheG abgewiesen worden sind, da die Regelung in § 1568 Abs. 1 (1. Alternative) von einer grundsätzlich anderen Bewertung der Kinderinteressen ausgeht. Das folgt schon aus dem Ausnahmecharakter der Vorschrift.

21 Art. 12 Nr. 8 des 1. EheRG betrifft, obwohl das im Wortlaut nicht eindeutig zum Ausdruck kommt, nur *klagabweisende Urteile*. Es handelt sich nicht um eine Art Wiederaufnahmeklausel für Scheidungsurteile. Auf Grund dieser Bestimmung kann insbesondere nicht die Abänderung eines auf Scheidung wegen Verschuldens lautenden Urteils in ein solches ohne Schuldausspruch nach neuem Recht verlangt werden.

9 Folgen der Scheidung

22 Durch die Ehescheidung wird die Ehe ex nunc aufgelöst. Das macht eine Anpassung der aus der Ehe fließenden Rechte und Pflichten notwendig. Die Scheidungsfolgen sind zum Teil im BGB, im übrigen in anderen Gesetzen geregelt (z. B. ZPO; 6. DVO zum EheG). Im einzelnen ist hervorzuheben:

23 *a)* Die persönlichen und vermögensrechtlichen Beziehungen der Ehegatten zueinander, die das Bestehen einer Ehe begrifflich voraussetzen (z. B. §§ 1353 bis 1362), werden gegenstandslos.

24 *b)* Der Ehegatte, dessen Geburtsname nicht Familienname geworden ist, erhält die Möglichkeit zur Namensänderung nach § 1355 Abs. 4 Satz 2.

25 *c)* Die elterliche Sorge über gemeinschaftliche Kinder wird von Amts wegen durch das Familiengericht nach § 1671 geregelt. Der nicht sorgeberechtigte Teil behält das Umgangsrecht, über dessen Ausgestaltung im Streitfall entschieden wird (§ 1634). Einstweilige Anordnungen des Familiengerichts während des Scheidungsverfahrens behalten bis dahin grundsätzlich ihre Wirksamkeit (§ 620 f ZPO). Die Unterhaltspflicht richtet sich nach §§ 1569 ff. Einstweilige Anordnungen wirken ohne besondere zusätzliche Entscheidung fort (für das bisher geltende Recht vgl. § 627 b ZPO a. F.). Zur Frage der Fortgeltung von Unterhaltstiteln nach § 1361 vgl. Rdnr. 10 zu § 1569.

26 *d)* Rechte an der Ehewohnung und dem Hausrat werden nach der HausratsVO (6. DVO zum EheG) gestaltet, die vom 1. EheRG nicht grundsätzlich berührt worden ist; einstweilige Regelun-

gen nach § 1361 a behalten ihre Wirkung (§ 620 f ZPO); die bisherige Sonderregelung in § 19 HausratsVO ist weggefallen (Art. 11 Nr. 3 k).

27 *e)* Der Güterstand der Zugewinngemeinschaft wird durch die Scheidung beendet; für die Berechnung des Zugewinns ist der Zeitpunkt der Rechtshängigkeit des Scheidungsantrags maßgebend (§ 1384).

28 *f)* Das gesetzliche Erb- und Pflichtteilsrecht erlischt, weil der Anknüpfungspunkt »Ehegatte« entfällt. Letztwillige Verfügungen zugunsten des Ehegatten werden unwirksam (vgl. die Rückbeziehung auf den Scheidungsantrag in §§ 1933, 2077, 2268, i. d. F. des 1. EheRG).

29 *g)* Weggefallen ist § 73 EheG Art. 3 Nr. 1 des 1. EheRG; der Widerruf von Schenkungen richtet sich nunmehr nach § 530 BGB.

30 *h)* Die Verjährungshemmung endet (§ 204 Satz 1).

31 *i)* Keine Auswirkungen hat die Ehescheidung auf die mit der Eheschließung erworbene Staatsangehörigkeit. Im übrigen kann die Scheidung im Bereich des öffentlichen Rechts sehr weitgehende Folgen haben, z. B. im Steuerrecht und im Sozialversicherungsrecht.

10 Recht der DDR

32 In der DDR wird die Ehe, wie in der Bundesrepublik, durch gerichtliche Entscheidung auf Antrag eines oder beider Ehegatten »beendet« (§§ 23, 24 FGB); zu den Scheidungsgründen vgl. Rdnr. 27 zu § 1565, zur Härteklausel Rdnr. 11 zu § 1568). Die Ehe wird auch durch die Todeserklärung beendet ohne Rücksicht darauf, ob der Ehegatte noch gelebt hat (§ 37 FGB).

Zu den Scheidungsfolgen nach dem FGB vgl. § 28 (Namensänderung), §§ 29 ff. (Unterhaltsrecht), §§ 34, 39, 40 (Verteilung der Wohnung, des Hausrats und des sonstigen Vermögens), § 25 (Regelung der elterlichen Sorge – Erziehungsrecht), § 27 (Umgangsrecht).

(1) Eine Ehe kann geschieden werden, wenn sie gescheitert ist. Die Ehe ist gescheitert, wenn die Lebensgemeinschaft der Ehegatten nicht mehr besteht und nicht erwartet werden kann, daß die Ehegatten sie wieder herstellen.

(2) Leben die Ehegatten noch nicht ein Jahr getrennt, so kann die Ehe nur geschieden werden, wenn die Fortsetzung der Ehe für den Antragsteller aus Gründen, die in der Person des anderen Ehegatten liegen, eine unzumutbare Härte darstellen würde.

Literatur:

Blanke, Die Bedeutung der »unheilbaren Zerrüttung« im Eherecht, FamRZ 1966, 329; Analoge Anwendung der Scheidungsbestimmungen bei Fehlehen, FamRZ 1966, 488; *Bürgle,* Reform des Rechts der Ehescheidung, FamRZ 1971, 68; Die Stellungnahme des Bundesrates zum Entwurf 1973 eines Ersten Gesetzes zur Reform des Ehe- und Familienrechts, FamRZ 1973, 508; *Breithaupt,* Konventionalscheidungen nach künftigem Recht, ZRP 1973, 289; *Dieckmann,* Zur Zerrüttungsvermutung bei Ehescheidungen im Einvernehmen, ZRP 1971, 193; *Dölle,* Grundsätzliches zum Scheidungsrecht, 1946; *Frantz,* Ehezerrüttung, NJW 1950, 94; *Fuchs,* Die Zerrüttung der Ehe, Diss. 1961; *Habscheid,* Kritische Gedanken zur Rechtsprechung des BGH zu § 48 EheG, MDR 1953, 337; Die von Anfang an zerrüttete Ehe, NJW 1967, 2247; *Held,* Die Stellungnahme des Bundesrates zur Reform des Eherechts, FamRZ 1971, 90; *Lüderitz,* Empfiehlt es sich, Gründe und Folgen der Ehescheidung neu zu regeln? Gutachen B z. 48. DJT; *Marloh,* Der Geisteskranke als Scheidungskläger, FamRZ 1955, 319; *Mikat,* Rechtsgeschichtliche und rechtspolitische Erwägungen zum Zerrüttungsprinzip. I. und IV. Teil, FamRZ 1962, 81 und FamRZ 1963, 65; *Neuhaus,* Was heißt »Zerrüttung der Ehe«?, FamRZ 1968, 57; *Schwab,* Das Recht der Ehescheidung nach dem 1. EheRG: Die Scheidungsgründe, FamRZ 1976, 491; *Wolf,* Ehe, Zerrüttung und Verschulden, NJW 1968, 1497; Dogmatische Grundlagen einer Reform des Ehescheidungsrechts, JZ 1970, 441.

Überblick

1 Rechtsentwicklung

1 § 1565 Abs. 1 ist eine Fortentwicklung des bisherigen § 48 Abs. 1 EheG. Er setzt, anders als dieser, nicht voraus, daß die häusliche Gemeinschaft der Ehegatten seit drei Jahren aufgehoben ist. Anstelle der tiefgreifenden, unheilbaren Zerrüttung ist das Scheitern der Ehe getreten. In § 48 Abs. 1 EheG ist die negative Prognose für den weiteren Verlauf der Ehe ein Tatbestandsmerkmal neben der Zerrüttung, während § 1565 Abs. 1 S. 2 die Prognose in den Begriff des Scheiterns einbezieht. Abweichend von § 48 Abs. 1 ist die Prognose in § 1565 Abs. 1 Satz 2 nicht auf die Wiederherstellung einer *»dem Wesen der Ehe entsprechenden Lebensgemeinschaft«* gerichtet, sondern schlicht auf die *»Wiederherstellung der Lebensgemeinschaft«*, was die Berücksichtigung individueller Besonderheiten ermöglicht (vgl. Rdnr. 22). Die Fassung entpsricht dem RegE.

2 Abs. 2 des § 1565 war im RegE nicht enthalten, ebensowenig in der vom BT zunächst beschlossenen Fassung. Er ist auf Vorschlag des Vermittlungsausschusses eingefügt worden. Vorausgegangen war ein Vorschlag des BR zur Neufassung des § 1565 Abs. 1:

»Eine Ehe kann geschieden werden, wenn sie unheilbar zerrüttet ist. Vor Ablauf der in §§ 1566 genannten Fristen darf jedoch die Ehe nur geschieden werden, wenn dem Antragsteller die Fortsetzung der Ehe aus Gründen, die in der Person des anderen Ehegatten oder in dessen Lebensbereich liegen, nicht zuzumuten ist (BT 7/650, S. 259).«

Eine solche Regelung hätte zur Folge gehabt, daß eine Ehe bei einverständlicher Scheidung vor Ablauf einer Trennungszeit von 1 Jahr und bei streitiger Scheidung vor Ablauf einer Trennungszeit von 3 Jahren (Bundesrat im 1. Durchgang: 5 Jahre) in aller Regel nur unter Berufung auf ein Fehlverhalten des anderen Ehegatten hätte geschieden werden können. Der Bundestag hat das in der 2. und 3. Lesung abgelehnt, weil damit eine teilweise Rückkehr zum Verschuldensprinzip vollzogen würde (vgl. BT 7/4361 S. 10).

In seinem Antrag, den Vermittlungsausschuß anzurufen, hat der BR die Einschränkung der Generalklausel in Form eines neu einzufügenden § 1567 a vorgeschlagen:

»Die Ehe darf nur geschieden werden, wenn sie mindestens ein Jahr bestanden hat. Vor Ablauf dieser Zeit kann sie nur geschieden werden, wenn die Fortsetzung der Ehe für den Antragsteller aus Gründen, die in der Person des anderen Ehegatten liegen, eine unzumutbare Härte darstellen würde.« (BT 7/4694, S. 8)

Zur Begründung wurde ausgeführt:

»Das Zerrüttungsprinzip erfordert für den Regelfall, daß die Ehe eine gewisse Mindestzeit bestanden hat, weil eine eben erst begonnene Ehe meist nicht in wenigen Tagen unheilbar sein kann. Zumindest wird die Ehe eine gewisse Zeit bestanden haben müssen, um eine sichere Feststellung darüber treffen zu können, ob die Ehe unheilbar zerrüttet ist. Auch muß vorschnellen Scheidungsanträgen entgegengewirkt werden, die unter dem Eindruck von Anfangsschwierigkeiten in der Ehe gestellt werden.

Eine Ausnahme vom Erfordernis der Mindestdauer einer Ehe ist nur dann erforderlich, wenn die Fortsetzung der Ehe bis zur Erreichung der Mindestdauer für den Antragsteller eine unzumutbare Härte bedeuten würde.«

Der Vermittlungsausschuß hat sich auf die Gesetz gewordene Fassung geeinigt, die bei der Sperrfrist auf den ursprünglichen Vorschlag des BR zurückgreift und auf die *Dauer der Trennung* und nicht auf die *Dauer der Ehe* abstellt. Die vorgesehene Sperrfrist gilt unabhängig davon, ob die Scheidung einvernehmlich oder kontradiktorisch begehrt wird.

2 Anwendungsbereich

3 § 1565 Abs. 1 ist eine *Generalklausel.* Er ist der einzige Scheidungsgrund des neuen Rechts. Die Trennungsfristen in § 1566 stellen gesetzliche Vermutungen für das Vorliegen des im Rahmen des § 1565 Abs. 1 relevanten Merkmals »gescheitert« auf. Selbständige Rechtsgrundlage für eine Scheidung sind sie nicht. Sie sind auch keine (abschließenden) Anwendungsfälle des § 1565 Abs. 1.

4 Die Fassung des § 1565 Abs. 1 erweckt durch das Wort *»kann«* den Eindruck, als sei der Ausspruch über die Scheidung eine Ermessensentscheidung des Gerichts. Das ist nicht der Fall. Liegen die Voraussetzungen für die Scheidung vor, muß das Gericht auf Scheidung erkennen (vgl. *Schwab* FamRZ 1976, 491 und Rdnr. 5 zu § 1564). Die Generalklausel des § 1565 Abs. 1 gilt sowohl für die »einverständliche« als auch für die »streitige« Scheidung. Bei abgestimmtem Verhalten der Parteien kann die Frist des § 1566 Abs. 1 unterlaufen werden (*Breithaupt* ZRP 1973, 289; *Dieckmann* ZRP 1971, 193). Zur Frage, ob die für den Fall der einverständlichen Scheidung vorgesehenen besonderen prozessualen Voraussetzungen (§ 630 ZPO) auch bei »einverständlicher Scheidung« nach der Generalklausel gelten, vgl. Rdnr. 1 zu § 630 ZPO.

5 In bewußter Abkehr vom geltenden Recht verwendet das 1. Ehe-RG den Begriff »Scheitern« anstelle des Begriffs »Zerrüttung«. Der Bundesrat hat sich für die Beibehaltung der bisherigen Terminologie ausgesprochen (BT 7/650, S. 259), weil dadurch eine zwanglose Anknüpfung an die zum Zerrüttungsbegriff entwikkelten Grundsätze ermöglicht werde. Außerdem würde durch den Ausdruck »Scheitern« ein Unwerturteil über den bisherigen Verlauf der Ehe ausgesprochen, das generell nicht gerechtfertigt sei (vgl. *Bürgle* FamRZ 1973, 508, *Held* FamRZ 1971, 490). Auch wenn man den Aufwand zur Darlegung der sprachlichen Unterschiede der beiden Begriffe zurückhaltend beurteilt, so sprechen doch gute Gründe für den Wechsel der Terminologie (*Amtl. Begr.* S. 104). Der Begriff der Zerrüttung ist sehr eng mit der Vorstellung verknüpft, daß die Ehe infolge schuldhaften Fehlverhaltens eines oder beider Ehegatten zerbrochen ist. Das kommt im Gesetz selbst zum Ausdruck (§§ 43, 48 Satz 2 EheG), und auch die Praxis bei der Zerrüttungsscheidung des bisher geltenden Rechts ist nicht frei davon (vgl. *Neuhaus* FamRZ 1968, 57, der zutreffend darauf hinweist, daß das *RG* den Begriff der Zerrüttung *»nur für die Zwecke des §§ 49 f. EheG 1938 ... d. h. im Hinblick auf den Kontext«* umschrieben habe; dasselbe gilt in bezug auf die Rechtsprechung des *BGH*). Aus diesem Grunde ist bei der Anknüpfung an die bisherige Rechtsprechung zum Zerrüttungsproblem Zurückhaltung geboten. Der Wechsel in der Terminologie ist geeignet, die angebrachte Distanz auszulösen (im Ergebnis ebenso *Schwab* FamRZ 1976, 491).

6 Zwischen dem *»Scheitern«* und der *»Zerrüttung«* besteht ein gradueller Unterschied. Die »Zerrüttung« ist ein Prozeß, der Abstufungen zuläßt. Daraus ergab sich für das geltende Recht das Bedürfnis, den für die Scheidung relevanten Grad durch Zusätze wie »tief« (§ 44 EheG), »tiefgreifend«, »unheilbar« (§ 48 EheG) zu umschreiben. Das »Scheitern« kennzeichnet den für die Scheidung relevanten Grad des Eheverfalls ohne solche Zusätze (*Amtl. Begr.* S. 105).

7 Das EheG enthält keine Definition der »Zerrüttung«. Der in verschiedenen Bestimmungen vorkommende und mit unterschiedlichen Zusätzen versehene Begriff wird einheitlich aufgefaßt (*BGH* 4, 186). Unter Zerrüttung wird der Verlust der ehelichen Gesinnung verstanden, also eine innere Entfremdung, die es den Ehegatten unmöglich macht, die eheliche Gemeinschaft fortzusetzen (*BGH* 4, 186), »die nach dem Wesen der Ehe geschuldete Liebe und Achtung weiter entgegenzubringen« (*RG* 163, 342). Die Zerrüttung wird demnach als ein subjektiver, bei dem einen oder dem anderen Ehegatten gegebener psychologischer Tatbestand gesehen (*BGH* 12, 111; *Gernhuber* § 26 III 4; *Hoffmann-Stephan* § 48, 27; *Habscheid* MDR 1953, 337). Unter subjektiven Gesichtspunkten wird auch die Prognose beurteilt, ob eine Wiederherstellung der ehelichen Lebensgemeinschaft zu erwarten ist (*BGH* 12, 111: »Was erwartet werden kann, hängt vom subjektiven Empfinden

des verletzten Ehegatten« ab). Mitunter werden der Prognose wegen ihrer Ausrichtung auf die Wiederherstellung einer dem »Wesen der Ehe entsprechenden Lebensgemeinschaft« objektive Bezüge verliehen (*Soergel-Donau* § 43 EheG 11; § 48 EheG 15; dagegen zutreffend *Frantz* NJW 1950, 95; *Marloh* NJW 1956, 102).

8 Die Versuche, den Begriff der Zerrüttung (und dasselbe gilt auch für den Begriff des Scheiterns) der Ehe zu erfassen, sind durch eine bemerkenswerte Unsicherheit gekennzeichnet, welche deutliche Züge der Resignation zeigt (z. B. bei *Neuhaus* FamRZ 1968, 57: »Wer . . . den Ausdruck ›Zerrüttung der Ehe‹ gebraucht, soll sich bewußt sein, damit nichts Präzises zu sagen. Ebensogut könnte man – in offener Tautologie – sagen: »Die Ehe muß geschieden werden, wenn sie scheidungsreif ist.«; *Müller-Freienfels* S. 135: »Mit der Zerrüttung der Ehe ist ein »Tatbestandserfordernis in den Mittelpunkt gestellt, das sich schlechthin nicht mehr durch ein festumrissenes juristisches Begriffsmerkmal gesetzlich definieren läßt«.) Mancher Vorschlag, die »Zerrüttungsscheidung« durch weitere Voraussetzungen einzuschränken, um eine »Verstoßensscheidung« auszuschließen (*Bürgle* FamRZ 1971, 68: »Es ist . . . schwer vorstellbar, wie einem ernsthaften einseitigen Scheidungsbegehren entgegengehalten werden soll, die Ehe sei in Wirklichkeit nicht zerrüttet«), hat seinen Grund in der Problematik einer inhaltlichen Bestimmung des Begriffs. Die Schwierigkeiten der begrifflichen Bestimmung der »Zerrüttung« wurzeln letztlich in der Unsicherheit, den Gegenstand der Zerrüttung, nämlich die Ehe selbst, zu erfassen. Zwischen dem jeweiligen Eheverständnis (vgl. Rdnr. 6 ff. Vor § 1353) und der Zerrüttung besteht ein logischer Zusammenhang (*Fuchs* S. 53; *Lüderitz* S. 72). Die Unterschiede im Vorverständnis ermöglichen es z. B., die Zerrüttung zu verneinen, solange die Ehegatten soziale Funktionen der Institution Ehe wahrnehmen, selbst wenn sie jede persönliche »eheliche Gesinnung« verloren haben (*Mikat* FamRZ 1963, 65: »selbst wenn im übrigen das persönliche Verhältnis der Ehegatten bis zum Gefrierpunkt erkaltet sein sollte«; ähnlich *Dölle*, Grundsätzliches zum Ehescheidungsrecht S. 36), andererseits die Zerrüttung zu bejahen, wenn allein das personale Band zwischen den Ehegatten zerstört ist (*Wolf-Lüke-Hax* S. 300; *Wolf* NJW 1968, 1497; JZ 1970, 441).

9 Die Meinungsverschiedenheiten, ob die Zerrüttung ein subjektiver, ein objektiver oder ein gemischter Tatbestand ist, haben ihren Grund (auch) in den Unterschieden im Eheverständnis. Eine Zerrüttung kann bei einem absolut objektiven Eheverständnis sogar begrifflich ausgeschlossen sein, so z. B. bei der kanonischen Ehe, die einer Zerrüttung ebensowenig zugänglich ist wie das Sakrament, das sie darstellt. Nicht selten beruht die Zuordnung der Zerrüttung zum subjektiven oder objektiven Bereich auf Mißverständnissen. Der Begriff der »objektiven Zerrüttung« wird häufig verwendet, um den Gegensatz zum »subjektiven Verschulden« als Scheidungsgrund zu kennzeichnen (*BGH* NJW 1955, 1714). Damit ist über die Zerrüttung selbst nicht viel ausgesagt,

denn der objektive Zustand der Ehe ist sowohl bei der Verschuldensscheidung als auch bei der Scheidung wegen »objektiver Ehezerrüttung« tragender Grund der Scheidung (*Mikat* FamRZ 1962, 81). Soweit es um die Prognose geht, ob die Wiederherstellung der ehelichen Lebensgemeinschaft zu erwarten ist, handelt es sich um die – vom entscheidenden Gericht aus gesehen – objektive Beurteilung (vgl. *BGH* 3, 70) eines subjektiven Merkmals, nämlich der Einstellung zum anderen Ehegatten (vgl. Rdnr. 7). Die subjektive Einstellung zum anderen Ehegatten wird anhand der konkreten (objektiven) Umstände auf Grund (objektiver) Erfahrungssätze bewertet und daraus ein positiver oder negativer Schluß gezogen. Der (objektive) Erkenntnisvorgang ändert nichts daran, daß der Gegenstand selbst, die eheliche Gesinnung, ein subjektiver Sachverhalt ist. Solche Bewertungen subjektiver Sachverhalte sind im geltenden Recht nicht selten; sie gehören zum Tagesgeschäft forensischer Praxis, so wenn es darum geht, die Absicht, den guten Glauben u. a. subjektive Merkmale festzustellen (vgl. *Lüderitz* S. 70).

10 Der durch das 1. EheRG an die Stelle der »unheilbaren Zerrüttung« getretene Begriff des »Scheiterns« der Ehe ist in § 1565 Abs. 1 Satz 2 definiert. Die Ehe ist gescheitert, wenn die Lebensgemeinschaft der Ehegatten nicht mehr besteht und nicht erwartet werden kann, daß die Ehegatten sie wiederherstellen. Eine Klärung der Frage, was Scheitern (oder die unheilbare Zerrüttung) konkret bedeutet, bringt die Definition nicht. Der einzige neue Aspekt ist (im Rahmen der Prognose) der Verzicht auf die Anknüpfung an die dem Wesen der Ehe entsprechende Lebensgemeinschaft. Dadurch wird es möglich, den Verlust der ehelichen Gesinnung in Beziehung zu setzen zu der konkreten Gemeinschaft, die die Ehegatten als ihre Ehe ansehen. Der subjektive Charakter des Scheiterns tritt damit noch stärker hervor, seine Deutung als vorgegebener psychologischer Tatbestand (*BGH* 12, 111) bestätigt sich (*Schwab* FamRZ 1976, 496). Ausgangspunkt der Bewertung ist die eheliche Lebensgemeinschaft auf dem Hintergrund eines Eheverständnisses, das die Ehe als in den Grundstrukturen vorgegebene Erscheinungsform in der sozialen Wirklichkeit (vgl. Rdnr. 10, 11 Vor § 1353) sieht, deren konkrete Ausgestaltung weitgehend zur Disposition der Ehegatten steht (vgl. Rdnr. 35 zu § 1353).

11 Die Lebensgemeinschaft ist die Summe der Beziehungen, die sich aus der Verpflichtung zur ehelichen Lebensgemeinschaft ergeben (vgl. Rdnr. 7 ff. zu § 1353). Diese Beziehungen haben eine objektive Erscheinungsform, z. B. die häusliche Gemeinschaft, die Geschlechtsgemeinschaft und ihre Exklusivität, verschiedenartige Formen des Beistandes und der Hilfe. Ihre Qualität als eheliche Beziehungen erhalten sie erst durch die subjektive Einstellung der Ehegatten zueinander. Diese subjektive Einstellung (eheliche Gesinnung) ist es, die letztlich entscheidet, ob eine Ehe gescheitert ist. Das zeigt sich deutlich, wenn ein oder mehrere äußere Elemente der »ehelichen Lebensgemeinschaft« fehlen, ohne daß die Ehegatten den reduzierten Bestand ihrer ehelichen Beziehungen als Fehl-

ehe qualifizieren (*Marloh* NJW 1956, 102). Diese Ehe mag dann den Anforderungen einer Normalehe nicht entsprechen, jedoch wäre es verfehlt, von einer gescheiterten Ehe auszugehen. Umgekehrt wäre es sachfremd, Ehegatten, die übereinstimmend eine besonders anspruchsvolle Lebensgemeinschaft als die ihnen gemäße Form der Ehe ansehen und praktiziert haben, darauf zu verweisen, sich nur mit einem reduzierten Bestand an ehelichen Beziehungen zu begnügen, wenn der Verlust des »Besonderen« in dieser Ehe zu einer Entfremdung geführt hat (vgl. *Lüderitz* S. 70).

12 Nun ist die »eheliche Gesinnung« kein abstraktes Phänomen, das über den Ehegatten geistert. Die subjektive Haltung zum Partner wird verwirklicht in äußeren Erscheinungsformen. Zumindest bei der durchschnittlichen »normalen« Ehe ist die Reduktion äußerer Elemente der ehelichen Lebensgemeinschaft ein Indiz für den Verlust der ehelichen Gesinnung. Bei einer Normalehe, die in üblichen Bahnen verläuft, die demnach einem sozial-typischen Muster entspricht, ist das Scheitern im allgemeinen leichter festzustellen, weil der subjektive Entfremdungsprozeß Hand in Hand zu gehen pflegt mit der Reduzierung der objektiven Erscheinungsformen der Lebensgemeinschaft (*Schwab* FamRZ 1976, 496). Die Aufhebung der häuslichen Gemeinschaft, der Geschlechtsgemeinschaft ist in der Regel ein Zeichen der Abwendung vom anderen Ehegatten. Ein grundsätzliches Mißverständnis des neuen Rechts liegt aber vor, wenn das Scheitern der Ehe nach dem für das bisher geltende Recht zu § 43 EheG entwickelten Katalog von Eheverfehlungen beurteilt wird, selbst wenn man darin nur Indizien für das Scheitern der Ehe sehen will (*Palandt-Diederichsen* § 1565, 3). Bei diesem ausgesprochen vordergründigen Ansatz wird verkannt, daß die Ursachen des Scheiterns nur insoweit von Interesse sind, als sie einen Schluß auf den Zustand der ehelichen Lebensgemeinschaft zulassen. Sie können nicht Ausgangspunkt für die Beurteilung des Scheiterns sein. Nicht notwendig ist, daß sämtliche Erscheinungsformen, wie sie einer ehelichen Lebensgemeinschaft üblicherweise entsprechen, aufgehoben sind. Daß die Ehe nicht nur personale Bezüge hat, sondern auch soziale Funktionen, ist nicht zu bestreiten. Diese können aber die fehlende eheliche Gesinnung nicht ersetzen.

13 Deshalb ist die Auffassung von *Mikat* (FamRZ 1963, 65) abzulehnen, eine Ehe sei selbst bei völliger Aufhebung der personalen Gemeinschaft nicht zerrüttet, wenn die Ehegatten noch gemeinschaftliche wirtschaftliche Interessen hätten oder sich noch der Verantwortung für die Ernährung und Erziehung ihrer Kinder bewußt seien. Sie degradiert die Ehe zu einer Wirtschaftsgenossenschaft; im übrigen zwingt sie die Ehegatten zum möglichst schnellen Abbruch aller Beziehungen, um Rechtsnachteile für den Fall der Scheidung zu vermeiden (ähnlich in anderem Zusammenhang: *Gernhuber* § 27 IV 2; *Blanke* FamRZ 1966, 329).

14 Eine zu starke Betonung der funktionalen Seite der Ehe findet sich auch bei *Wolf* (NJW 1968, 1497; JZ 1970, 441), der ein Scheitern annimmt, wenn notwendige gemeinschaftliche Handlun-

gen dauernd nicht zustande kommen, weil die Ehegatten sich nicht einigen können, und jeder für sein Verhalten sachliche Motive hat. Der erste Gesichtspunkt kann für sich gesehen nicht ausschlaggebend sein, da eine derart desolate Gemeinschaft jedenfalls dann nicht gescheitert ist, wenn die Ehegatten sie ertragen wollen; auch der letztere Gesichtspunkt ist verfehlt, da es auf die Motive für das Scheitern nicht ankommt.

15 Eine Ehe kann gescheitert sein, auch wenn die Ehegatten einen Rest an äußerer Gemeinschaft aufrechterhalten, z. B. Rest einer gemeinsamen Wirtschaftsführung, Rest an Beistand und Hilfe, auch gelegentliche geschlechtliche Beziehungen stehen der Annahme des Scheiterns nicht entgegen. Entscheidend ist, ob darin die Fortsetzung ehelicher Beziehungen gesehen wird, oder ob es sich um Verhaltensweisen hadelt, die trotz des Verlustes an ehelicher Gesinnung stattfinden. Freilich wird man in solchen Fällen besonders sorgfältig prüfen müssen, ob die Wiederherstellung der ehelichen Lebensgemeinschaft nicht doch noch zu erwarten ist.

4 Das Scheitern der Ehe in einer atypischen Lebensgemeinschaft

16 Den Verlust der ehelichen Gesinnung am Fehlen charakteristischer Erscheinungsformen zu messen, erweist sich als schwierig bei Ehen mit atypischer Lebensart. Den Ehegatten steht es frei, ihre Beziehungen abweichend von dem typischen Bild einer ehelichen Lebensgemeinschaft zu gestalten; so können sie einvernehmlich ohne häusliche Gemeinschaft leben, auf Geschlechtsgemeinschaft verzichten, ihre Beistands- und Unterhaltspflichten atypisch gestalten. Ob etwaige Abreden der Ehegatten, so zu leben, wirksam wären, kann in diesem Zusammenhang offenbleiben. Immerhin ist diese Lebensart auch Wirklichkeit; solange die Ehegatten sich mit einem derart reduzierten Bestand ehelicher Erscheinungsformen begnügen, ist es nicht Sache der Rechtsordnung, diese Beziehungen als zum Scheitern angelegt anzusehen. In diesen Fällen kann das Fehlen äußerer Erscheinungsformen einer normalen Ehe nicht als Indiz für das Scheitern gewertet werden. Hier vollzieht sich der Übergang zum Scheitern im wesentlichen in dem subjektiven Abwenden vom Partner (vgl. *Lüderitz* S. 70; *Schwab* FamRZ 1976, 491, 499).

5 Einseitiges Scheitern der Ehe; Empfinden der Zerrüttung

17 Die eheliche Lebensgemeinschaft setzt eine *wechselseitige* Bindung an die Ehe voraus. Sie besteht deshalb nicht mehr, wenn auch nur bei einem der Ehegatten die völlige Entfremdung eingetreten ist. Dem Scheitern der Ehe steht deshalb nicht entgegen, daß ein Ehegatte noch an der ehelichen Lebensgemeinschaft festhält (allg. M.: vgl. Überblick bei *Soergel-Donau* § 48 EheG 14).

18 Zweifelhaft ist, ob der Verlust der ehelichen Gesinnung gerade in der Person des die Scheidung begehrenden Teils eingetreten sein muß. Die *h. M.* bejaht dies (sowohl zu § 43 als auch zu § 48 EheG) mit der Begründung, daß es sonst an dem Zerrüttungsempfinden fehle (*BGH* 39, 191; *BGH* FamRZ 1969, 271 – Geisteskranker hat keine Klagebefugnis). Das ist nicht zwingend. Die Auffassung der *h. M.* ist weder allgemein noch in bezug auf den klagenden Geisteskranken zutreffend (*Dölle* § 39 IV 2 c; *Gernhuber* § 27 IV 4; *v. Godin* § 48, 3 a. Das gilt sowohl für das bisher geltende Recht (§ 48 EheG) als auch für die Regelung nach § 1565 Abs. 1. Es wird zwar nicht sehr häufig vorkommen, daß ein Ehegatte die Scheidung seiner gescheiterten Ehe begehrt, obwohl er selbst zur Wiederherstellung der ehelichen Gemeinschaft bereit ist; ausschließen kann man solche Fälle aber nicht. Interessen der Kinder, vermögensrechtliche Gesichtspunkte können den Ehegatten in Anbetracht der Aussichtslosigkeit einer Versöhnung veranlassen, die Scheidung zu begehren. Es gibt weder vom Wortlaut noch vom Normzweck des § 1565 Abs. 1 einen Grund, ihm die Scheidung zu verweigern. Dem Ehegatten bliebe in dieser Situation sonst nichts anderes übrig, als durch unlauteres Verhalten im Rechtsstreit die Scheidung herbeizuführen. In Anbetracht der Tatsache, daß die Ehe gescheitert ist, wäre das eine Zumutung.

19 Der Verlust der ehelichen Gesinnung wird in der Regel nur eintreten, wenn der Ehegatte sich dieses Vorgangs bewußt ist. Gleichwohl ist es nicht zwingend, das Zerrüttungsempfinden zur unabdingbaren Voraussetzung zu machen (so die h. M. sowohl zu § 43 als auch zu § 48 EheG). Praktisch geworden ist das bei Scheidungsklagen Geisteskranker. Die Rechtsprechung hat Geisteskranken, die das Unglück hatten, sich nicht einen Rest von »Empfinden für die Ehezerrüttung« bewahrt zu haben, die Scheidung verwehrt (*RG* 163, 338; *BGH* 39, 191; FamRZ 1969, 271; *Beitzke* § 19 III 2 a; *Erman-Ronke* § 48, 11; *Hoffmann-Stephan* § 48, 13; *Marloh* FamRZ 1955, 319; *Soergel-Donau* § 48, 14). Diese Auffassung ist nicht zu billigen (*Dölle* § 39 IV 2 c; *Gernhuber* § 27 IV 4; *v. Godin* § 43, 3 a). Hat der Geisteskranke nicht mehr das Bewußtsein, in einer Ehe zu leben, hat er den äußersten Grad von Eheferne erreicht. Der Zustand jenseits des Zerrüttungsempfindens kann gegenüber dem bewußten Verlust der ehelichen Gesinnung nicht geringer gewertet werden. Darin liegt kein Widerspruch zu der Feststellung, daß das Scheitern der Ehe ein subjektiver Tatbestand ist (vgl. Rdnr. 7). Der Verlust der Vorstellung, verheiratet zu sein, ist durchaus subjektiver (individueller) Natur. Eine Scheidung kann im wohlverstandenen Interesse des Geisteskranken liegen. Es ist unangemessen, einem besonders Schutzbedürftigen aus formalen Gründen die rechtliche Möglichkeit der Scheidung zu verkürzen.

20 Der *Grund* des Scheiterns der Ehe ist irrelevant. Das Scheitern kann auf Verhaltensweisen der Ehegatten beruhen, es kann aber seine Ursachen auch in objektiven Gegebenheiten haben (*BGH* 36, 357; 39, 26; FamRZ 1969, 265; 269, 321; FamRZ 1970, 637). Eine Wertung der Ursachen ist nicht zulässig, es sei denn, daß die Anwendung der Härteklausel in Betracht zu ziehen ist. Daraus folgt, daß das Scheitern der Ehe auch dann hinzunehmen ist, wenn der Verlust der ehelichen Gesinnung auf Umstände zurückzuführen ist, die objektiv nicht angemessen erscheinen, so z. B. Launenhaftigkeit, Überempfindlichkeit und Willkür (*RG* 165, 149; *Erman-Ronke* § 48, 11). Das Scheitern kann auch auf irrtümlicher Annahme von Tatsachen oder auf falschen Schlußfolgerungen beruhen. Unzutreffend hat der *BGH* angenommen, daß dann die Ehe nicht zerrüttet sei, vielmehr nur eine scheinbare Zerrüttung bestehe (*BGH* 3, 70: Irrtum über Geisteskrankheit; so auch *Hoffmann-Stephan* § 48, 32). An der eingetretenen Zerrüttung ist in diesen Fällen nicht zu zweifeln; fraglich ist allenfalls, ob nach Aufklärung des Irrtums eine Wiederherstellung der ehelichen Lebensgemeinschaft nicht doch erwartet werden kann. Entscheidend ist demnach, inwieweit die Klärung des Irrtums eine andere als die ursprüngliche Prognose rechtfertigt. Bestehen Zweifel an den Motiven für den Verlust der ehelichen Gesinnung, ist dies Anlaß zur Prüfung, ob ein Mißverständnis vorliegt, und ob die Abwendung ernst gemeint ist; außerdem ob sie als endgültig empfunden wird. Die Auffassung des *BGH* würde dazu führen, daß es zwei Arten gescheiterter Ehen gäbe: die zu Recht und die zu Unrecht gescheiterten Ehen. Die letzteren wären unscheidbar; der Begriff der Zerrüttung (des Scheiterns) wäre objektiv zu verstehen, was im Gegensatz zu dem grundsätzlichen Ausgangspunkt (vgl. Rdnr. 7) stünde.

7 Scheitern der von Anfang an zerrütteten Ehe (Fehlehe)

21 Der Wortlaut des § 1565 Abs. 1 Satz 2 gibt Anlaß zu Zweifeln, ob eine *von Anfang an* gescheiterte Ehe geschieden werden kann. Die Zweifel folgen aus dem Wort »mehr«, das eine einmal vorhanden gewesene Lebensgemeinschaft impliziert. Für das bisherige Recht ergab sich der Zweifel aus dem Wort »Wiederherstellung« in § 48 Abs. 1 EheG. Man könnte sich mit der Feststellung begnügen, daß eine Ehe nicht von Anfang an gescheitert gewesen sein kann, oder daß es keine gescheiterten Ehen gibt, bei denen nicht noch eine Steigerungsmöglichkeit in bezug auf die Zerrüttung denkbar wäre (vgl. *BGH* 18, 196; *BGH* FamRZ 1961, 167; *Soergel-Donau* § 48, 14; *Habscheid* NJW 1967, 2247; vgl. zum Problem der Scheidbarkeit von Fehlehen nach altem Recht *Blanke* FamRZ 1966, 488). Das ist nicht zwingend. Allein der Umstand, daß mitunter wirksame Ehen zu anderen Zwecken geschlossen werden als zur Aufnahme der ehelichen Lebensgemeinschaft, widerlegt es. Die Möglichkeit und die aus der Eheschließung folgende Pflicht

zur Lebensgemeinschaft besagen demgegenüber nichts. Es gibt keinen sachlichen Grund, solche Ehen von der Scheidung auszuschließen. Das käme sonst einer Sanktion für »unerlaubtes« Schließen einer Ehe gleich. Diese Sanktion wäre ein ungerechtfertigtes und zudem verfehltes Mittel. Die Ehezwecke sind – anders als im kanonischen Recht – keine Wirksamkeitsvoraussetzung der Ehe. Sind aber die zu anderen Zwecken (steuerrechtlichen, erbrechtlichen, prozeßrechtlichen oder aus Gründen der Zeugnisverweigerung) geschlossenen Ehen nicht unwirksam, wäre es willkürlich, aus der Motivation bei der Eheschließung die Unscheidbarkeit der Ehe als Strafe abzuleiten (vgl. *Habscheid* NJW 1967, 2247). Auf eine von Anfang an gescheiterte Ehe ist deshalb § 1565 uneingeschränkt anwendbar (für sinngemäße Anwendung des § 1565 *Schwab* FamRZ 1976, 491).

8 Prognose über die Wiederherstellung der ehelichen Lebensgemeinschaft

22 Die Annahme, eine Ehe sei gescheitert, setzt weiter voraus, daß die Wiederherstellung der ehelichen Lebensgemeinschaft nicht erwartet werden kann. In § 48 Abs. 1 EheG war die Prognose auf die Wiederherstellung einer *dem Wesen der Ehe entsprechenden Lebensgemeinschaft* gerichtet. Die Änderung wird damit begründet, daß nur die Grundstrukturen der Ehe, nicht jedoch die Art und Weise, in der sich das Zusammenleben der Ehegatten zu vollziehen hat, vorgegeben seien (*Amtl. Begr.* S. 105). Die Auffassung, daß die bisherige, an einer objektiven »Normehe« zu messende Prognose nicht brauchbar ist, dürfte zutreffen. Für die normale Durchschnittsehe spielt die Frage eine untergeordnete Rolle. Denn deckt sich die subjektive Einstellung der Ehegatten weitgehend mit den allgemeinen Vorstellungen von einer Durchschnittsehe (vgl. Rdnr. 10, 11), so wird auch die Prognose über ihre Wiederherstellung sich in diesem Rahmen bewegen. Schwieriger ist es, wenn die Ehegatten eine *atypische Lebensgemeinschaft* führen. Die auf eine »dem Wesen der Ehe entsprechende Lebensgemeinschaft« gerichtete Prognose wäre für diese Fälle von vornherein ein ungeeigneter Maßstab. Geht man davon aus, daß solche atypischen Lebensgemeinschaften nicht schon begrifflich als gescheiterte Ehen anzusehen sind (vgl. Rdnr. 16), dann kann die Prognose sich nur auf das beziehen, was die Ehegatten als Mindestvoraussetzung für ihre ehelichen Beziehungen angesehen haben (*Lüderitz* S. 70). Es wäre unverständlich, wenn das Gesetz bei der Prognose im Rahmen des § 1565 Abs. 1 die Wiederherstellung einer Lebensgemeinschaft voraussetzen würde, die die Ehegatten zu einem Zeitpunkt, zu dem sie die Scheidung nicht beabsichtigten, weder angestrebt noch gelebt haben. Daraus folgt, daß die Prognose sich an einem reduzierten Bestand ehelicher Lebensgemeinschaft zu orientieren hat, wenn dieser vor dem Scheidungsbegehren ausreichende Grundlage für die eheliche Bindung war. Haben die Ehegatten in einer wesentlich anspruchsvolleren ehelichen Lebensgemeinschaft als der ihnen gemäßen Form gelebt, dann ist auch die-

ser Umstand bei der Prognose zu berücksichtigen. Halten beide Ehegatten oder einer von ihnen an dem ursprünglichen Konsens über die Lebensführung in ihrer ehelichen Lebensgemeinschaft nicht mehr fest, dann reicht für die negative Prognose die Feststellung aus, daß die Ehegatten weder ihre besondere eheliche Lebensgemeinschaft noch eine anders gestaltete eheliche Lebensgemeinschaft aufnehmen werden (vgl. *Lüderitz* S. 72).

9 Feststellung des Scheiterns der Ehe

23 Der Übergang zum Zerrüttungsprinzip wird in stärkerem Maße als bisher die *Prüfung* des Scheiterns erforderlich machen; das gilt für die Scheidung nach § 1565 Abs. 1, wenn keine der Vermutungen eingreift. Zwar verwendet auch das bisher geltende Recht einen dem Scheitern vergleichbaren Begriff der unheilbaren Zerrüttung, doch wurden seine Voraussetzungen eher unterstellt als festgestellt (*RG* 169, 190; *Blanke* FamRZ 1966, 329). Das war besonders bei der Scheidung nach § 43 der Fall, wo aus der Eheverfehlung häufig ohne weitere Prüfung der Schluß auf die Zerrüttung der Ehe gezogen wurde (vgl. z. B. *RG* 169, 190). Bei der Scheidung wegen Scheiterns der Ehe als ausschließlicher Scheidungsgrund wird die bisher übliche Wiederholung der gesetzlichen Voraussetzjngen des Scheiterns zu seiner Feststellung nicht ausreichen. Es wird notwendig sein, im einzelnen die Umstände zu erforschen und darzulegen, aus denen das Scheitern gefolgert werden kann (vgl. EheRK I S. 38). Geht man davon aus, daß das Scheitern der Ehe ein bei einem oder bei beiden Ehegatten gegebener psychologischer Tatbestand ist (vgl. Rdnr. 7), werden die Schwierigkeiten bei der Feststellung des Scheiterns offenkundig. Das gilt weniger für die Frage, ob die eheliche Lebensgemeinschaft noch besteht, als für die Prognose, ob sie wiederhergestellt werden kann. Für die Aufhebung der ehelichen Lebensgemeinschaft werden neben der Tatsache, daß ein Ehegatte geschieden werden will (also aus der Ehe strebt), in der Regel äußere Umstände eingetreten sein, die den Schluß auf eine innere Entfremdung zulassen. Je nach Umfang und Intensität der Reduktion von Elementen der ehelichen Lebensgemeinschaft der Ehegatten im konkreten Fall, kann die eheliche Lebensgemeinschaft als schon oder noch nicht aufgehoben angesehen werden.

24 Die völlige Aufhebung der häuslichen Gemeinschaft, die nach der Definition in § 1567 eine eheablehnende Haltung voraussetzt, kann ein deutliches Indiz für die innere Entfremdung sein (*RG* 160, 280; *Schwab* FamRZ 1976, 491). Doch darf dieser Gesichtspunkt nicht überbewertet werden. Denn geht das Gesetz in § 1566 Abs. 2 davon aus, daß im Fall der streitigen Scheidung erst ein Getrenntleben von drei Jahren als endgültiges Scheitern gelten soll, dann würde durch eine schematische Annahme, daß auch eine kürzere Trennung das Scheitern der Ehe indiziert, die Regelung unterlaufen. Der Wille der Ehegatten, geschieden zu werden, ist für das Scheidungsbegehren nicht ohne weiteres relevant. Das

Gesetz kennt keine einvernehmliche Scheidung (vgl. Rdnr. 3 zu § 1566). Selbst bei Vorliegen der Vermutungsvoraussetzung des § 1566 Abs. 1 kommt es nicht zur einverständlichen Scheidung, sondern zur Scheidung wegen Scheiterns der Ehe, das auf Grund der Vermutung als erwiesen gilt. Für die Praxis wird diese subtile Unterscheidung kaum Bedeutung gewinnen, da die Ehegatten durch ihren Vortrag im Rechtsstreit seinen Ausgang steuern können. Deshalb ist damit zu rechnen, daß im Fall der einverständlichen Scheidung auch vor Ablauf einer Trennungsfrist von einem Jahr die Möglichkeit, das Scheitern zu verneinen, gering sein wird, wenn die Parteien die Scheidung einvernehmlich erstreben (vgl. *Lüderitz* S. 77); dasselbe gilt in bezug auf die Voraussetzungen des § 1565 Abs. 2. Um feststellen zu können, ob die Wiederherstellung der ehelichen Lebensgemeinschaft nicht zu erwarten ist, wird das Gericht, jedenfalls im Fall der streitigen Scheidung, die Umstände, die zur Zerrüttung geführt haben, nicht außer Betracht lassen können. Eine Prognose, die mehr sein soll als vage Spekulation, setzt eine genaue Kenntnis der Umstände voraus, die einer Wiederannäherung der Ehegatten entgegenstehen. Das macht in der Regel eine Untersuchung der ehelichen Verhältnisse erforderlich. Abzulehnen ist jedoch die Anknüpfung an Scheidungsgründe des bisher geltenden Rechts (vgl. Rdnr. 12). Die Hoffnung, der Übergang zum Zerrüttungsprinzip werde zu einer völlig sauberen Ehescheidungspraxis führen, ist eine Illusion (*Lüderitz* S. 79; *Schwab* FamRZ 1976, 491). Haben sich die Verhältnisse des aus der Ehe strebenden Ehegatten außerhalb der Ehe unter Ausschluß des anderen Ehegatten konsolidiert, dann kann darin unter Umständen ein Zeichen einer so intensiven Abwendung gesehen werden, daß eine negative Prognose ohne vertiefte Prüfung ehelicher Vorgänge möglich ist, z. B. im Fall einer neuen ernsten Bindung (*Schwab* FamRZ 1976, 491).

Die Prognose ist auf der Grundlage der subjektiven Einstellung der Ehegatten zu ihrer Ehe zu treffen (*BGH* 12, 111). Es kommt also nicht darauf an, wie verständige Eheleute unter Berücksichtigung ihrer wohlverstandenen Interessen sich einrichten würden, sondern wie das künftige Verhalten der Partner im konkreten Fall unter Berücksichtigung ihrer Anlagen, Eigenarten, Fehlleistungen, Beeinflussungen durch die Umwelt usw. mutmaßlich sich darstellen wird (*RG* 161, 399; 165, 149; *BGH* 4, 186). Ob es vertrebar ist, dabei auch die Auswirkungen einer klageabweisenden Entscheidung zu berücksichtigen (*RG* 161, 398; *BGH* NJW 1968, 1232), ist sehr zweifelhaft und allenfalls damit zu rechtfertigen, daß die Ehe wohl noch nicht völlig gescheitert sein kann, falls angenommen werden kann, der Ehegatte werde die eheliche Lebensgemeinschaft noch aufnehmen, wenn er mit seinem Scheidungsbegehren unterliegt; unzulässig ist es in jedem Fall, die Klageabweisung als ehetherapeutisches Mittel einzusetzen (vgl. *RG* 161, 398; zu weitgehend *Schwab* FamRZ 1976, 491). Die *theoretische* Möglichkeit, daß die Ehegatten sich aussöhnen, genügt nicht (bedenklich *RGRK* § 48, 64, 65), um eine Wiederherstellung der ehelichen Lebensgemeinschaft anzunehmen; dies würde sonst die

Abweisung praktisch jeder Scheidungsklage rechtfertigen, da die theoretische Möglichkeit der Versöhnung fast nie ausgeschlossen werden kann. Konkrete Anhaltspunkte sind notwendig. Das be-
25 deutet allerdings auch nicht, daß jedes Wohlverhalten eines Ehegatten im Verhältnis zum anderen Ehegatten die Bereitschaft zur Fortsetzung der Ehe impliziert. Das endgültige Abwenden von der Ehe muß nicht notwendigerweise zum völligen Abbruch aller persönlichen Beziehungen führen. Deshalb kann eine negative Prognose auch angezeigt sein, wenn die Ehegatten freundschaftliche Korrespondenz betreiben, sich besuchen und gelegentlich geschlechtlich verkehren (*RG* 160, 280; *DR* 1940, 912; *OGH* MDR 1948, 471; *Erman-Ronke* § 48, 12; *Soergel-Donau* § 48, 15). Eine andere Beurteilung solcher Verhaltensweisen würde dazu führen, daß der sich von der Ehe abwendende Ehegatte jeden Kontakt zu dem anderen Teil meiden müßte, um seine Scheidungsaussichten nicht zu mindern. Damit würden aber die Versöhnungschancen herabgesetzt (vgl. auch § 1567 Abs. 2, dem dieselbe Erwägung zugrunde liegt).

10 Einschränkung der Generalklausel nach § 1565 Abs. 2

26 Absatz 2 des § 1565 ist auf Vorschlag des Vermittlungsausschusses (BT 7/4992) beschlossen worden. Die Einschränkung der Scheidungsmöglichkeit vor Ablauf einer Trennungszeit von einem Jahr soll leichtfertige Scheidungen verhindern. Einen weitergehenden Normzweck hat § 1565 Abs. 2 nicht. Die Praktikabilität der Vorschrift unterliegt erheblichen Zweifeln, zieht man die forensische Praxis bei Konventionalscheidungen des bisher geltenden Rechts in Betracht. Es ist zu befürchten, daß Parteien, die eine schnelle Scheidung einvernehmlich anstreben, das Vorliegen der Trennungszeit oder der die Unzumutbarkeit begründenden Umstände in gleicher Weise konstruieren werden, wie dies bei der Konventionalscheidung nach bisher geltendem Recht weitgehend der Fall gewesen ist. Zumindest dürfte der Anreiz groß sein, Scheidungsverfahren auf der Grundlage des § 1565 Abs. 2 zu beginnen, um die Folgeverfahren zur Entscheidungsreife zu bringen und dann unmittelbar nach Ablauf der Frist eine unstreitige Scheidung nach §§ 1565 Abs. 1, 1566 Abs. 1 zu erwirken.

Die Regelung erweckt den Eindruck, als handle es sich um einen selbständigen Scheidungsgrund. Das ist nicht der Fall. Alleinige Grundlage der Scheidung bleibt das Scheitern der Ehe nach der Generalklausel des § 1565 Abs. 1. Die Vorschrift des Abs. 2 ist als eine Art qualifizierte Sperrfrist anzusehen.

Liegen die Voraussetzungen des § 1565 Abs. 2 vor, hat das Gericht die Klage abzuweisen ohne zu prüfen, ob die Ehe gescheitert ist (vgl. auch Rdnr. 5 zu § 1568). Das Gericht ist aber nicht verpflichtet, zunächst die Voraussetzungen des § 1565 Abs. 2 festzustellen. Für die Auffassung, daß »erst das Vorliegen der Ausnahmegründe (unzumutbare Härte) den Weg zur Zerrüttungsprüfung nach § 1565 Abs. 1 Satz 1 freimacht« (*Schwab* FamRZ 1976, 491, 504), gibt das Gesetz keine hinreichenden Anhaltspunkte. Keines der Elemente, aus denen sich der »Anspruch« auf Scheidung nach § 1565 zusammensetzt, ist absolut vorgreiflich. Nennenswerte praktische Bedeutung hat die Streitfrage nicht.

11 Trennungszeit von einem Jahr

27 Die Generalklausel des § 1565 Abs. 1 findet *vor* Ablauf der Trennungszeit der Ehegatten von 1 Jahr *keine* Anwendung, wenn nicht zugleich die Voraussetzungen des Absatz 2 vorliegen. Ob die Ehegatten getrennt leben, ist nach § 1567 zu beurteilen. § 1567 Abs. 2 ist, obwohl dort nur auf § 1566 Bezug genommen wird, auch im Fall des § 1565 Abs. 2 anzuwenden (*Kniebes* DRiZ 1976, 326).

Der Grund für die Trennung der Ehegatten ist unbeachtlich. Insbesondere kommt es nicht darauf an, ob der aus der Ehe strebende Ehegatte ein Recht zum Getrenntleben (§ 1353 Abs. 2) hat.

28 Ein *vor Ablauf der Trennungszeit* von 1 Jahr gestellter Scheidungsantrag ist als unbegründet abzuweisen, wenn die Voraussetzungen des Absatz 2 fehlen. Eine Aussetzung des Verfahrens nach § 614 ZPO *zum Zweck der späteren Überleitung in ein Scheidungsverfahren nach § 1565 Abs. 1* (evtl. in Verbindung mit § 1566) ist nicht zulässig. Dagegen dürften keine Bedenken bestehen, daß die Parteien ihre Anträge nicht betreiben, so daß es zum (vorläufigen) Stillstand des Verfahrens kommt. Das Gericht kann auch das förmliche Ruhen des Verfahrens anordnen (§ 251 ZPO). Einer Umgehung des § 1565 Abs. 2 käme es aber gleich, wenn das Ruhen des Verfahrens auf die Ehesache beschränkt würde und die Folgesachen gefördert würden, damit unmittelbar nach Ablauf der Jahresfrist die Entscheidung in der Ehesache und den Folgesachen fallen kann; einem solchen Verfahren stünde auch § 623 ZPO entgegen (vgl. auch Rdnr. 5, 11 zu § 614 ZPO).

Leben die Ehegatten länger als 1 Jahr getrennt, kann der Antragsteller eine Scheidung nur nach § 1565 Abs. 1; evtl. in Verbindung mit § 1566, erwirken. Er kann nicht eine Scheidung nach § 1565 Abs. 2 verlangen mit dem Ziel, daß die Gründe für die Unzumutbarkeit der Fortsetzung der Ehe festgestellt werden.

12 Gründe in der Person des anderen Ehegatten

29 Will ein Ehegatte vor Ablauf einer Trennungsfrist von 1 Jahr geschieden werden, muß er relevante Gründe darlegen, die *in der Person* des anderen Ehegatten liegen. Die Abgrenzung zu anderen Gründen – offenbar solchen, die *außerhalb der Person* des Ehegatten liegen – kann im Einzelfall schwierig sein. Sind z. B. in der Familie Verwandte des Ehegatten aufgenommen, deren Verhalten eine Fortsetzung der gescheiterten Ehe unzumutbar erscheinen läßt, handelt es sich um außerhalb der Person des anderen

Ehegatten liegende Umstände. Hat der andere Ehegatte nicht das Erforderliche getan, um die Störungen zu beseitigen, liegt der Grund für die unzumutbaren Verhältnisse in seiner Person. Allgemein wird man davon ausgehen können, daß § 1565 Abs. 2 eine Zuordnung der Gründe nach Sphären im Auge hat. Es wird nicht vorausgesetzt, daß der Ehegatte für die eingetretenen Gründe verantwortlich ist, es genügt, wenn die Gründe in seiner Sphäre liegen und einen Bezug zu seiner Person haben.

30 Nicht eindeutig ist der Wortlaut des § 1565 Abs. 2, soweit es um die Ausschließlichkeit der Zuordnung der Gründe geht, m. a. W. darum, ob die Voraussetzungen für die Aufhebung der Sperrfrist noch gegeben sind, wenn die Gründe sowohl in der Person des Antraggegners als auch in der Person des Antragstellers liegen.

Eine Auslegung, die von der Ausschließlichkeit der Gründe in der Person des anderen Ehegatten ausgeht, dürfte dem theoretischen Ansatz des § 1565 Abs. 2 am ehesten entsprechen. Eine puristische Betrachtungsweise würde die Regelung aber weitgehend unanwendbar machen, denn in aller Regel werden die Gründe übergreifenden Charakter haben. Deshalb ist es als ausreichend anzusehen, wenn die Fortsetzung der Ehe dem Ehegatten aus Gründen, die überwiegend in der Person des anderen Ehegatten liegen, nicht zumutbar ist.

31 Das Scheitern der Ehe ist für sich gesehen kein Grund im Sinne des § 1565 Abs. 2. Als allgemeine Voraussetzung der Scheidung nach Abs. 1 kann dieser Umstand nicht zugleich ein Qualifikationsmerkmal für die Aufhebung der Sperrfrist nach Absatz 2 sein. Auch im übrigen geht das Gesetz davon aus, daß die Fortsetzung der Ehe für einen Ehegatten nicht allein deshalb unzumutbar sein muß, weil die Ehe gescheitert ist, wie sich aus § 1568 ergibt.

Anders als in § 1568 Abs. 1 und in § 1565 Abs. 2 wird nicht ausdrücklich vorausgesetzt, daß der Grund (Umstand) außergewöhnlich ist; eine solche Qualifikation ergibt sich aber aus dem Erfordernis der Unzumutbarkeit, die Ehe fortzuführen.

13 Unzumutbare Härte

32 Weitere Voraussetzung des § 1565 Abs. 2 ist, daß die Fortsetzung der Ehe für den Antragsteller eine *unzumutbare Härte* darstellen wird. Der Begriff der Härte ist derselbe wie in § 1568 Abs. 1. Was eine Härte ist, läßt sich nicht nach objektiven Gesichtspunkten beurteilen. Maßgebend ist die Wirkung der Umstände auf den Ehegatten in der konkreten Situation (vgl. Rdnr. 8 zu § 1568). Die Härte muß eine Intensität haben, daß die Fortsetzung der Ehe unzumutbar erscheint. Zu diesem Zweck bedarf es der sorgfältigen Prüfung, welche Auswirkungen die Fortsetzung der Ehe auf die Person des Antragstellers und seine Verhältnisse mutmaßlich haben würde. Dabei sind insbesondere sein psychischer und physischer Zustand, seine Einstellung zum anderen Ehegatten und seine Wertvorstellungen zu berücksichtigen.

33 Die unzumutbare Härte bezieht sich auf die *Fortsetzung* der Ehe. Unter Fortsetzung der Ehe ist die Aufrechterhaltung des *Ehebandes* zu verstehen, nicht die Aufrechterhaltung der ehelichen Lebensgemeinschaft. Daraus folgt, daß die unzumutbare Härte in dem Fortbestand des Ehebandes liegen muß. Es genügt nicht, daß die faktischen Verhältnisse wegen des Zerwürfnisses der Ehegatten unerträglich sind. Diese Umstände sind aber beachtlich, wenn die Auflösung des Ehebandes kausal für ihre Beendigung sein würde. Außerdem ist zu berücksichtigen, daß die Ehe nicht nur aus der Summe von Verhaltensweisen der Ehegatten besteht, sie ist in ihrem Kern die Einstellung zum anderen Ehegatten (»eheliche Gesinnung« vgl. Rdnr. 9 zu § 1565). Wird ein Ehegatte durch Verhaltensweisen des anderen in seiner ehelichen Gesinnung schwer getroffen, kann es sein, daß es ihm nicht zuzumuten ist, mit dem anderen Ehegatten nicht nur keine eheliche Lebensgemeinschaft zu pflegen, sondern auch mit ihm *verheiratet* zu sein (*Schwab* FamRZ 1976, 491).

34 Der Wortlaut des § 1565 Abs. 2 läßt nicht erkennen, ob für den Ehegatten die Fortsetzung der Ehe bis zum Ablauf des *Trennungsjahres* oder unabhängig von einer Zeitdauer *allgemein* unzumutbar sein muß. Der formale Zusammenhang zwischen der Sperrfrist und deren Voraussetzungen für ihre Aufhebung scheint für den engen Bezug zur Trennungszeit zu sprechen. Der Normzweck läßt den Schluß auf das Gegenteil zu. § 1565 Abs. 2 hat in erster Linie den Zweck, leichtfertige Scheidungen zu verhindern (vgl. Rdnr. 2).

Es wird davon ausgegangen, daß vor Ablauf einer Trennungsfrist von 1 Jahr eine eindeutige Beurteilung des Scheiterns der Ehe Schwierigkeiten bereitet. Aus diesem Grunde werden für eine Scheidung während dieses Zeitraums zusätzliche Umstände vorausgesetzt, die das Scheitern evident machen. Die Voraussetzung, daß diese Umstände in der Person des anderen Ehegatten liegen müssen, hat den Sinn, dem aus der Ehe strebenden Ehegatten den Anreiz zu nehmen, die Gründe selbst zu schaffen. Eine weitergehende Bedeutung hat diese Regelung nicht, insbesondere ist sie keine Härteklausel zugunsten des Antragsgegners. Diesen Zweck erfüllt § 1568.

Steht mit Rücksicht auf relevante Gründe i. S. des § 1565 Abs. 2 fest, daß die Fortsetzung der Ehe für den antragstellenden Ehegatten *auf Dauer* eine unzumutbare Härte sein würde, wäre es sinnlos und mit dem Normzweck nicht vereinbar, den Ehegatten darauf zu verweisen, daß er jedenfalls noch ein Jahr warten könne. Die vom BR im Zusammenhang mit der Anrufung des Vermittlungsausschusses gegebene Begründung zu einem Vorschlag eines neuen § 1567 a (vgl. Rdnr. 2) scheint dem zu widersprechen, soweit dort darauf abgestellt wird, ob die Fortsetzung der Ehe *»bis zur Erreichung der Mindestdauer der Ehe für den Antragsteller eine unzumutbare Härte bedeuten würde«*. Diese Begründung dürfte durch die spätere Änderung der Vorschrift überholt sein. Es ist ein qualitativer Unterschied, ob man die Sperrfrist auf die Dauer der Ehe bezieht oder auf die Trennungszeit. Im ersten Fall hat die Ehe keine für eine Wertung ihres Zustandes relevante zeitlich ausreichende »Geschichte«; deshalb liegt es nahe vorauszusetzen, daß ein zeitlicher Beurteilungsspielraum vorbehalten bleibt. Stellt man auf die Trennungszeit ab, besteht hierfür in der Regel kein Bedürfnis, da die Ehezeit vor der Trennung der Beurteilung zugänglich ist.

Es ist deshalb davon auszugehen, daß es für die Anwendung von § 1565 Abs. 2 genügt, wenn festgestellt wird, daß die Fortsetzung der Ehe dem Antragsteller aus den vorausgesetzten Gründen allgemein nicht zumutbar ist (a. A. *Schwab* FamRZ 1976, 491; offen gelassen von *Kniebes* DRiZ 1976, 325, 327).

35 Zwischen dem *Scheitern der Ehe* und den Gründen, die die Fortsetzung der Ehe zu einer unzumutbaren Härte machen, braucht ein *Kausalzusammenhang* nicht zu bestehen (a. A. ohne Begründung *Palandt-Diederichsen* § 1565, 4, unklar bei *Schwab* FamRZ 1976, 491, 504; ein Kausalzusammenhang scheint von *Vogel* FamRZ 1976, 481, 483 vorausgesetzt zu werden: »Vor Ablauf eines Trennungsjahres kann der Scheidungsantrag also nur auf Verhalten und etwaige Eigenheiten des Antraggegners, wodurch die Ehe zerstört worden ist, gestützt werden«). Das Scheitern der Ehe als allgemeine Voraussetzung der Scheidung (§ 1565 Abs. 1) kann bereits vor dem Entstehen der besonderen Gründe eingetreten sein. Die Aufhebung der Sperre wird, geht man vom Normzweck aus, nicht deshalb zugelassen, weil die besonderen Gründe nach Abs. 2 zum Scheitern der Ehe geführt haben, sondern weil die Fortsetzung der (bereits) gescheiterten Ehe mit Rücksicht auf die Gründe nicht zumutbar erscheint. Bedarf es demnach nicht der Feststellung eines Kausalzusammenhangs zwischen dem Scheitern der Ehe und den spezifischen Gründen, entfällt auch die Notwendigkeit, die Hilfskonstruktion eine Steigerung des Scheiterns einer bereits gescheiterten Ehe ins Auge zu fassen (vgl. Rdnr. 21 zu § 1565).

14 Anwendungsfälle des § 1565 Abs. 2

36 Auf der Grundlage der gegebenen Auslegung des § 1565 Abs. 2 dürften vor allem zwei Gruppen von Anwendungsfällen praktische Bedeutung erlangen. Das sind einmal besonders *gravierende Verhaltensweisen* des Antragsgegners, die der Antragsteller in einem solchen Maße als gegen die Ehe gerichtet empfindet, daß er die Fortsetzung des ehelichen Bandes als Zumutung empfinden muß. Dazu gehört grobes Fehlverhalten, das geeignet ist, die Grundlagen der Ehe zu zerstören. Eine Anknüpfung an schwerwiegende Verhaltensweisen, die im Rahmen der §§ 42, 43 EheG für das bisher geltende Recht eine Rolle gespielt haben, bietet sich an. Eine zweite Gruppe von Fällen bilden *Umstände objektiver Art* in der Person des anderen Ehegatten, die so gravierend sind, daß der Zweck des § 1565 Abs. 2 auch dann nicht erreicht werden kann, wenn die Trennungszeit von 1 Jahr abgewartet wird,

z. B. unheilbare Krankheiten, insbesondere geistige Umnachtung u. a. Fehlt es an jeder Grundlage für eine Fortsetzung der Ehe, hat die Wartezeit des Absatz 2 ihren Sinn verloren. Bei der Beurteilung der Sperrfrist kann insbesondere von Bedeutung sein, ob die Ehe vor dem Beginn der Trennungszeit bereits gescheitert war, und wie lange dieser Zustand angedauert hat.

37 Im Zusammenhang mit § 1565 Abs. 2 ist es unbeachtlich, inwieweit die Auflösung der Ehe für den Antragsgegner eine unzumutbare Härte darstellen würde. Entfällt die Sperrfrist nach § 1565 Abs. 2, ist das Scheidungsbegehren nach § 1565 Abs. 1 zu beurteilen; dann kann die negative Härteklausel des § 1568 angewendet werden. In diesem Rahmen sind die Interessen des Antragsgegners zu berücksichtigen; dies kann zu einer Verweigerung der Scheidung mit Rücksicht auf diese Interessen führen.

15 Beweislast

38 Der die Scheidung begehrende Ehegatte muß, wenn nicht die Vermutungen des § 1566 für ihn streiten, das Scheitern der Ehe *beweisen,* d. h. er muß alle Umstände beweisen, aus denen die Aufhebung der ehelichen Lebensgemeinschaft und die Prognose, daß ihre Wiederherstellung nicht erwartet werden kann, abzuleiten sind. Von Amts wegen kann das Gericht Beweise erheben nach Maßgabe des § 616 Abs. 1 ZPO. Gegen den Widerspruch des die Scheidung begehrenden Ehegatten können nicht vorgebrachte Tatsachen nur berücksichtigt werden, soweit sie der Aufrechterhaltung der Ehe dienen (§ 616 Abs. 2 ZPO); Zu ihnen gehören Tatsachen, die geeignet sind, die Härteklausel nach § 1568 Abs. 1 (1. Altern. im Interesse der Kinder) zu begründen. Anders verhält es sich in bezug auf die Härteklausel im Interesse des die Scheidung ablehnenden Ehegatten; diese muß er in das Verfahren einbringen und erforderlichenfalls beweisen (§ 616 Abs. 3 ZPO).

39 Die Voraussetzungen des § 1565 Abs. 2 muß der die Scheidung begehrende Ehegatte beweisen. Das gilt auch, soweit er sich darauf beruft, daß die Sperrfrist des § 1565 Abs. 2 nicht anwendbar sei, weil die Ehegatten länger als ein Jahr getrennt leben. Kann er die Trennungszeit nicht beweisen, geht das zu seinen Lasten.

16 Recht der DDR

40 In der DDR erfolgt die Scheidung bereits seit Inkrafttreten des FGB auf der Grundlage des Zerrüttungsprinzips. Nach § 24 Abs. 1 FGB darf eine Ehe nur geschieden werden, wenn das Gericht festgestellt hat, daß solche ernsthaften Gründe vorliegen, aus denen sich ergibt, daß diese Ehe ihren Sinn für die Ehegatten, die Kinder und damit auch für die Gesellschaft verloren hat.

(1) Es wird unwiderlegbar vermutet, daß die Ehe gescheitert ist, wenn die Ehegatten seit einem Jahr getrennt leben und beide Ehegatten die Scheidung beantragen oder der Antragsgegner der Scheidung zustimmt.

(2) Es wird unwiderlegbar vermutet, daß die Ehe gescheitert ist, wenn die Ehegatten seit drei Jahren getrennt leben.

Überblick Rdnr.

1 Allgemeines

1 § 1566 gibt zwei gesetzliche *Vermutungen* für das Scheitern der Ehe. Die Vorschrift selbst ist keine Scheidungsgrundlage, sie ist lediglich eine Beweiserleichterung für ein Scheidungsbegehren nach § 1565 Abs. 1. Die Vermutungen sind entgegen der gesetzlichen Regel (§ 292 ZPO) *unwiderlegbar*, d. h. sie lassen den Beweis des Gegenteils nicht zu. Der RegE sah für die streitige Scheidung (§ 1566 Abs. 2) eine widerlegbare Vermutung vor. Im Rechtsausschuß des Bundestages ist die Vorschrift zu einer unwiderlegbaren Vermutung umgestaltet worden (vgl. BT 7/4361 S. 12, 87, so auch schon der Diskussionsentwurf, § 3 Abs. 1). Der Bundesrat hat auch für die sog. unstreitige Scheidung (§ 1566 Abs. 1) eine widerlegbare Vermutung vorgeschlagen (vgl. BT 7/560, S. 260, BR 1/76 [Beschluß]). Die Auffassung hat sich nicht durchgesetzt. Ebensowenig durchgesetzt hat sich der Vorschlag des Bundesrats, die Trennungsfrist in § 1566 Abs. 2 von 3 Jahren auf 5 Jahre zu verlängern. Zur Frage der Widerlegbarkeit der Vermutung vgl. ausführlich *Amtl. Begr.* S. 110 und BT 7/4360 S. 12, zur Frage der Verfassungsmäßigkeit der unwiderlegbaren Vermutung vgl. Rdnr. 8 Vor § 1564.

2 Getrenntleben

2 Beide Vermutungen knüpfen an das *Getrenntleben* der Ehegatten an; dafür gibt § 1567 Abs. 1 eine Definition. Tritt der Fristablauf während des Scheidungsverfahrens vor dem Schluß der letzten mündlichen Verhandlung ein, dann gilt von diesem Zeitpunkt an die Vermutung (*Schwab* FamRZ 1976, 491). Sie befreit dann

den die Scheidung begehrenden Ehegatten von der Obliegenheit, das Scheitern der Ehe nachzuweisen. Die Vermutung ist nur zu berücksichtigen, wenn die Tatsache der Trennung vorgebracht ist (§ 616 Abs. 2 ZPO). Andererseits ist nicht notwendig, daß der Ehegatte eine Scheidung »als Fristenscheidung« begeht. Die Berechnung der Frist richtet sich nach §§ 187 ff. Der Lauf der Frist endet mit der Wiederaufnahme der ehelichen Lebensgemeinschaft (dazu vgl. Rdnr. 2, 7 zu § 1567).

3 Voraussetzungen der Vermutung bei unstreitiger Scheidung

3 Die Vermutung nach § 1566 Abs. 1 setzt einen Antrag *beider* Ehegatten auf Scheidung oder die Zustimmung des Ehegatten zum Scheidungsbegehren des Antragstellers voraus. Dogmatisch handelt es sich nicht um einen Fall einverständlicher Scheidung, da nicht der Scheidungswille der Beteiligten unmittelbar Grundlage der Scheidung ist, sondern das Scheitern der Ehe. Im praktischen Ergebnis kommt die Regelung der einverständlichen Scheidung jedoch nahe, da der Scheidungswille der Ehegatten, jedenfalls nach dreijährigem Getrenntleben, zwingend zur Scheidung führt. Wird die Scheidung der Ehe nach §§ 1565 Abs. 1, 1566 Abs. 1 begehrt, müssen die Ehegatten in den wesentlichen Folgesachen eine Einigung herbeigeführt haben (vgl. § 630 ZPO).

3.1 Antrag beider Ehegatten

4 Notwendig ist der Antrag *beider* Ehegatten, geschieden zu werden (§ 622 ZPO). Das bedeutet keinen gemeinsamen, nach Form und Zeitpunkt verbundenen Antrag. Es genügen unabhängige, inhaltlich übereinstimmende Anträge. Nicht erforderlich ist schließlich, daß das Scheidungsverfahren von Anfang an als unstreitige Scheidung begonnen hat. Ein Ehegatte, der zunächst die Abweisung des Antrags verlangt hat, kann sich im Laufe des Rechtsstreits dem Scheidungsbegehren anschließen mit der Folge, daß von diesem Zeitpunkt ab § 1566 Abs. 1 anwendbar wird. Zur verfahrensrechtlichen Behandlung der übereinstimmenden Anträge vgl. Rdnr. 2 zu § 622 ZPO.

3.2 Zustimmung zur Scheidung

5 Dem Antrag auf Scheidung steht gleich die *Zustimmung* zur Scheidung. Die Zustimmung erfordert eine positive ausdrückliche Erklärung. Die Zustimmung kann im Laufe des Rechtsstreits erklärt werden mit der Folge, daß von diesem Zeitpunkt ab die Vermutung des § 1566 Abs. 1 greift (*Amtl. Begr.* S. 112). Die Rücknahme der Zustimmung ist bis zum Schluß der mündlichen Verhandlung jederzeit ohne die Zustimmung des anderen Ehegatten möglich; sie kann entweder zur Protokoll der Geschäftsstelle oder in der mündlichen Verhandlung zur Niederschrift des Gerichts erklärt werden (§ 630 Abs. 2 ZPO). Mit der Rücknahme der Zustimmung wird die Vermutung obsolet (a. A. *Kniebes* DRiZ

1976, 325: die Rücknahme des Antrags oder der Zustimmung sei ohne Wirkung auf die Vermutung, da die eingetretene Rechtsfolge der Vermutung nicht rückgängig zu machen sei; die Auffassung erscheint unhaltbar). Für die Scheidungsvoraussetzungen nach § 1565 Abs. 1 muß dann der volle Beweis erbracht werden. Zustimmung und Rücknahme können wiederholt erklärt werden. Auf die Rücknahmebefugnis (§ 630 Abs. 2 ZPO) kann ein Ehegatte nicht wirksam verzichten. Eine entsprechende Vereinbarung ist nichtig, dasselbe gilt für eine Vereinbarung, der Scheidung nach § 1566 Abs. 1 zuzustimmen. Ein Verzicht auf die eheerhaltende Rücknahmebefugnis wäre mit dem Eheverständnis unvereinbar (für das bisher geltende Recht wurde z. B. aus ähnlichen Erwägungen von der *h. M.* die Unverzichtbarkeit des Widerspruchsrechts nach § 48 Abs. 2 EheG angenommen – *OLG Karlsruhe* DR 1941, 1079; *OLG Bremen* JZ 1953, 153; *Gernhuber* § 27 IV 5; a. A.: *Henrich* § 15 III 2).

6 Das Gericht hat die Gründe, die den Ehegatten veranlaßt haben, der Scheidung zuzustimmen, nicht zu untersuchen, insbesondere nicht, ob die Zustimmung deshalb erfolgt, weil der Ehegatte die Ehe für gescheitert hält. Bestehen dagegen Zweifel, ob die Zustimmung zur Scheidung aus freien Stücken abgegeben worden ist, und ob sie ernst gemeint ist, hat das Gericht die Angelegenheit zu überprüfen. Das darf aber nicht zu dem Versuch einer Umstimmung des Ehegatten führen.

4 Vermutung des Scheiterns der Ehe bei streitiger Scheidung

7 Die Vermutung des Scheiterns der Ehe im Fall der streitigen Scheidung unterscheidet sich von der Vermutung bei einverständlicher Scheidung lediglich durch die *Dauer der Frist.* Auch sie ist (anders noch im RegE) als unwiderlegliche Vermutung ausgestaltet. Das bedeutet, daß der Beweis des Gegenteils nicht zulässig ist (Umkehrschluß aus § 292 Satz 1 ZPO). Das Gericht hat daher die Tatsache des Scheiterns der Ehe, die sich aus der Vermutung ergibt, hinzunehmen. Der die Scheidung ablehnende Ehegatte wird mit seinem Vorbringen, die Ehe sei trotz 3jähriger Trennung nicht gescheitert, nicht gehört, da das Vorbringen unschlüssig ist. Eine Beweiserhebung zur Frage des Scheiterns wäre unzulässig. Das Bestreiten des Scheiterns kann allenfalls prozessual die Wirkung haben, daß das Gericht das Verfahren für die Dauer von 6 Monaten aussetzt (§ 614 Abs. 4 ZPO). Die Befürchtung, daß der die Scheidung ablehnende Ehegatte nicht uneingeschränkt die Möglichkeit haben werde, seine gegen die Scheidung sprechenden Umstände im Verfahren vorzubringen, ist daher (entgegen *Amtl. Begr.* S. 111) nicht von der Hand zu weisen. Das Sühneverfahren (§ 608 ZPO a. F.), das Anlaß für ein Gespräch mit dem Ziel der Erhaltung der Ehe hätte sein können, ist ersatzlos entfallen. Die Anhörung der Parteien nach § 613 Abs. 1 ZPO dürfte, falls sie nicht der Vorbereitung der Aussetzung des Verfahrens nach § 614 Abs. 4 ZPO dient, für alle Beteiligten wenig befriedigend sein.

Ehetherapeutische Aktivitäten auf der vorgegebenen Grundlage, daß die Wiederherstellung der ehelichen Lebensgemeinschaft unwiderlegbar nicht zu erwarten ist, bieten wenig Möglichkeiten, eheerhaltend zu wirken. Das gilt auch für Gespräche mit den Parteien in bezug auf die Anwendung der Härteklausel, weil dabei vorausgesetzt wird, daß die Ehe gescheitert ist.

(1) Die Ehegatten leben getrennt, wenn zwischen ihnen keine häusliche Gemeinschaft besteht und ein Ehegatte sie erkennbar nicht herstellen will, weil er die eheliche Lebensgemeinschaft ablehnt. Die häusliche Gemeinschaft besteht auch dann nicht mehr, wenn die Ehegatten innerhalb der ehelichen Wohnung getrennt leben.

(2) Ein Zusammenleben über kürzere Zeit, das der Versöhnung der Ehegatten dienen soll, unterbricht oder hemmt die in § 1566 bestimmten Fristen nicht.

Literatur:

Däubler, Nochmals zur Frage der Doppelehe des vermeintlich Verwitweten, NJW 1949, 857; *Habscheid*, Kritische Gedanken zur Rechtsprechung des BGH zu § 48 EheG, MDR 1953, 337.

Überblick

1 Allgemeines

1 § 1567 Abs. 1 enthält eine Definition des Getrenntlebens. Sie ist eine Fortentwicklung der von der Rechtsprechung zum Begriff des Getrenntlebens im Zusammenhang mit § 48 EheG entwickelten Grundsätze. Die auf Veranlassung des Bundesrats modifizierte Fassung unterscheidet sich vom RegE dadurch, daß sie die Ablehnung der ehelichen *Lebens*gemeinschaft als Trennungsvoraussetzung erfordert, während § 1567 Abs. 1 RegE auf die Ablehnung der *häuslichen* Gemeinschaft abstellte. In dieser Ausgestaltung ist der Begriff als *allgemeine* Definition des Getrenntlebens ungeeignet. Er paßt insbesondere nicht für das Unterhaltsrecht (§ 1361) und das Kindschaftsrecht (§ 1762), wo es allein auf die Ablehnung der häuslichen Gemeinschaft ankommen kann. § 1567 Abs. 1 Satz 2 ist eine Kodifikation des von der Rechtsprechung entwickelten geltenden Rechts, während § 1567 Abs. 2 in der Rechtsprechung erkennbar gewordene Ansätze erweitert.

2 Voraussetzungen des Getrenntlebens

2.1 Aufhebung der häuslichen Gemeinschaft

2 Die Aufhebung der häuslichen Gemeinschaft wird in § 48 Abs. 1 EheG als Synonym für das Getrenntleben verwendet; der Auf-

hebungswille ist davon umfaßt. § 1567 Abs. 1 gebraucht den Begriff der Aufhebung der häuslichen Gemeinschaft im objektiven eingeschränkten Sinn und regelt den Aufhebungswillen *(mit überschießender Tendenz)* selbständig. Zur häuslichen Gemeinschaft gehören Erscheinungsformen der ehelichen Lebensgemeinschaft im Bereich der räumlich-gegenständlichen Zuordnung (*Hoffmann-Stephan* § 48, 15), vor allem gemeinsames Wohnen, Schlafen, Wirtschaften, Kochen, Pflege gemeinsamer Interessen usw. Die Trennung ist vollzogen, wenn diese Zuordnung beendet ist. Die häusliche Gemeinschaft kann auch innerhalb der ehelichen Wohnung aufgehoben sein (§ 1567 Abs. 1 Satz 2). Dazu ist die Trennung der Haushalte notwendig, also vor allem getrennte Schlafräume und getrennte Wirtschaftsführung (*RG* 159, 115; *RG* 163, 279; *RG* DR 1939, 1330; HRR 1941 Nr. 60; *BGH* FamRZ 1969, 80; *OLG Celle* MDR 1958, 164; *OLG Nürnberg* FamRZ 1961, 526). Gewisse Rudimente von Gemeinsamkeit sind unschädlich. So wurde z. B. häusliche Trennung angenommen, obwohl ein Ehegatte nach Abbruch der persönlichen Beziehungen noch häusliche Arbeiten in unbedeutendem Umfang (Waschen, Aufräumen) in Abwesenheit des anderen Ehegatten vorgenommen hat (*RG* 167, 301; *RG* HRR 1941 Nr. 60; *OLG Celle* MDR 1958, 164), sie wurde jedoch verneint, wenn der Ehegatte den Haushalt fortführt und die üblichen Arbeiten verrichtet (*RG* 159, 115). Der Aufhebung steht nicht entgegen, wenn ein Ehegatte seine Tätigkeit im Beruf oder Geschäft des anderen Ehegatten fortführt (*RG* 167, 301), oder wenn er im Geschäft des anderen Ehegatten verpflegt wird (*RG* HRR 1942 Nr. 102). Die häusliche Trennung setzt nicht voraus, daß die Ehegatten ihre persönlichen Beziehungen völlig aufgeben. Freundschaftlicher Briefwechsel, gelegentliche Besuche, Austausch von Zärtlichkeiten und ehelicher Verkehr schließen die Aufhebung der häuslichen Gemeinschaft nicht aus (*RG* 160, 246; 160, 280; *RG* DR 1940, 912; *OGH* MDR 1948, 471). Die Aufhebung endet, wenn die Beziehungen den Charakter von Funktionen der ehelichen Lebensgemeinschaft annehmen.

3 Für die Anwendung des § 1567 Abs. 1 ist es nicht erforderlich, daß die häusliche Gemeinschaft der Ehegatten zu irgendeinem Zeitpunkt bestanden hat. Die Vorschrift ist auch anwendbar, wenn die Ehegatten einen gemeinsamen Haushalt nie gehabt haben. Hier entscheidet der objektiv erkennbar gewordene Wille, nicht gemeinsam wohnen zu wollen, darüber, ob eine häusliche Trennung vorliegt (vgl. zu § 48 EheG *RG* DR 1944, 122; *BGH* 38, 266; *OLG Celle* FamRZ 1964, 302; *OLG Hamburg* FamRZ 1965, 151).

2.2 Ablehnung der häuslichen Gemeinschaft und der ehelichen Lebensgemeinschaft

4 Die *räumliche Trennung* allein führt nicht zum Getrenntleben im Sinne des § 1567. Schon für das bisher geltende Recht wurde an-

genommen, daß die häusliche Gemeinschaft nach § 48 Abs. 1 EheG nicht aufgehoben ist, wenn die Trennung nach dem regelmäßigen Lauf der Dinge sich erklären läßt, insbesondere wenn sie aus geschäftlichen, beruflichen oder gesundheitlichen Gründen erfolgt. Dazu gehört auch jede Art der unfreiwilligen Trennung, wie Kriegsgefangenschaft und Strafhaft. Bei einer durch äußere Verhältnisse eingetretenen Trennung wird die häusliche Gemeinschaft als aufgehoben angesehen, wenn der Wille mindestens eines Ehegatten hinzutritt, mit dem anderen Teil nicht mehr zusammenleben zu wollen, auch wenn die Verhältnisse dies gestatteten (*allg. M.:* z. B. *RG* DR 1942, 1336; *BGH* 38, 266; *BGH* NJW 1952, 543; *BGH* FamRZ 1957, 118; *OLG Hamburg* NJW 1954, 1769; *OLG München* MDR 1958, 920; *OLG Stuttgart* FamRZ 1962, 160). Der auf die Aufhebung der häuslichen Gemeinschaft gerichtete Wille wird auch in § 1567 vorausgesetzt. Er muß erkennbar sein. Das bedeutet, daß er nach außen bekundet sein und dabei einen Grad an Eindeutigkeit und Unmißverständlichkeit aufweisen muß, daß Zweifel ausgeschlossen sind (*RG* DR 1944, 122). Dazu bedarf es keiner ausdrücklichen Erklärung der Trennungsabsicht, sie kann sich auch aus den Umständen ergeben (*OLG Schleswig* JR 1950, 756; z. B. durch die Erhebung der Scheidungsklage – *OLG Celle* FamRZ 1957, 419; *OLG Schleswig* FamRZ 1957, 420; Abbruch aller Beziehungen, aber nicht notwendigerweise in der Einstellung des Briefwechsels bei unfreiwilliger Trennung, *BGH* FamRZ 1957, 118 – nicht unbedenklich –).

5 Der Aufhebungswille ist die Kundgabe einer Verhaltensabsicht, keine Willenserklärung. Er kann deshalb auch von einem nicht geschäftsfähigen Ehegatten geäußert werden. Eines Adressaten bedarf es nicht. Insbesondere braucht der Aufhebungswille nicht gegenüber dem anderen Ehegatten bekundet zu werden (str.: *BGH* FamRZ 1957, 118; *OLG Schleswig* JR 1950, 756; *OLG Köln* FamRZ 1955, 50; *OLG Stuttgart* FamRZ 1956, 239; einschränkend: *Habscheid* MDR 1953, 337). Nicht überzeugend ist die Auffassung, daß eine Aufhebung der häuslichen Gemeinschaft ausgeschlossen ist, wenn der andere Ehegatte geisteskrank ist, weil er den Trennungswillen nicht begreift (*OLG Hamm* MDR 1968, 413; vgl. dazu auch Rdnr. 19 zu § 1565).

Leben die Ehegatten *unfreiwillig* nicht in räumlicher Gemeinschaft, kann es zweifelhaft sein, wann die räumliche Trennung in eine Aufhebung der häuslichen Gemeinschaft umschlägt. Hier muß der Aufhebungswille durch andere, von der räumlichen Trennung unabhängige Umstände erkennbar werden (vgl. *BGH* 38, 266 im Falle eines Strafgefangenen). Übertriebene Anforderungen stellt das *OLG Stuttgart* FamRZ 1956, 239, wenn es den Aufhebungswillen verneint, wenn ein Ehemann nach kriegsbedingter Trennung keine Verbindung mit seiner Ehefrau hält, mit einer anderen Frau zusammenlebt und zwei Kinder aus dieser Verbindung hat. Nicht überzeugend ist auch die Ansicht, es fehle ein Aufhebungswille, wenn ein Ehegatte irrtümlich annimmt, der andere sei ums Leben gekommen. Das wird angenommen, selbst wenn der Ehegatte die Todeserklärung beantragt hat (*OLG Braunschweig* FamRZ 1954, 51; *OLG Schleswig* FamRZ 1955, 174; *Dölle* § 39 IV 2 b; *Soergel-Donau* § 48, 11 EheG; zutr. dagegen: *Hoffmann-Stephan* § 48, 21; *Beitzke* NJW 1950, 391; *Däubler* NJW 1949, 857).

6 Nach bisher geltendem Recht spielte das Motiv der gewollt vollzogenen Aufhebung der häuslichen Gemeinschaft keine Rolle. In der Regel war und ist es die Abwendung vom anderen Ehegatten. Das bisher geltende Recht ließ aber auch Raum für andere Motivationen, auch solche im Interesse der Ehe, z. B. Aufhebung der häuslichen Gemeinschaft, um eine Klärung der Beziehungen der Ehegatten zu fördern, ohne daß damit ein Scheitern der Ehe feststeht (*RG* 160, 280: Die häusliche Gemeinschaft kann unter Umständen auch bei Fortbestehen der ehelichen Lebensgemeinschaft aufgehoben sein; *RG* DR 1942, 1336: Die Aufhebung der häuslichen Gemeinschaft setzt nicht die Absicht voraus, sich von der Ehe loszusagen). Die Aufhebung konnte auch der Absicht dienen, den anderen Ehegatten zu veranlassen, ihm zu folgen und sich dadurch dem für die Ehe ungünstigen Einfluß der Eltern zu entziehen (vgl. *Hoffmann-Stephan* § 48, 23 EheG). § 1567 Abs. 1 scheint das bisher geltende Recht einzuschränken (vgl. dazu Protokoll Nr. 11 vom 21. 2. 1974 und Nr. 12 vom 4. 3. 1974 des UA »Familien- und Eherechtsreform« des RA sowie *Schwab* FamRZ 1976, 491). Die Ehegatten leben nicht getrennt, wenn der Aufhebungswille sich nur auf die Ablehnung der häuslichen Gemeinschaft bezieht (so § 1567 i. d. F. des RegE), dazu kommen muß außerdem die Ablehnung der ehelichen Lebensgemeinschaft. Die Ablehnung der ehelichen Lebensgemeinschaft als Motiv für den Aufhebungswillen muß während der gesamten Zeitdauer, die der Vermutung zugrunde liegt, bestanden haben. Übertriebene Anforderungen für den Nachweis, daß der Aufhebungswille bestanden hat, sollten nicht gestellt werden, sonst verliert die Vermutungsregelung ihre Bedeutung. Denn kann ein Ehegatte darlegen, daß er über einen Zeitraum von drei Jahren von dem anderen Ehegatten freiwillig räumlich getrennt gelebt und während dieser Zeit die eheliche Lebensgemeinschaft abgelehnt hat, dürfte die Annahme, daß die eheliche Lebensgemeinschaft doch noch wiederhergestellt werden kann, theoretischer Natur sein. Eine Vermutungsregelung (§ 1566 Abs. 1), die im wesentlichen dieselben Anforderungen stellt wie der Tatbestand, dessen Beweiserleichterung sie dienen soll (§ 1565), würde aber ihren Zweck verfehlen (ähnlich *Schwab* FamRZ 1976, 491; vgl. auch *Hillermeier* FamRZ 1976, 577).

3 Unterbrechung der Trennungsfristen (§ 1567 Abs. 2)

7 Ein Zusammenleben über *kürzere* Zeit, das der Versöhnung der Ehegatten dienen soll, unterbricht oder hemmt die Trennungsfristen nach § 1566 *nicht* (§ 1567 Abs. 2). Diese Regelung soll ver-

hindern, daß ein Ehegatte, der den Versuch einer Versöhnung unternimmt, Gefahr läuft, Rechtsnachteile zu erleiden. Denn mit der Beendigung der Trennung, wie sie in einem Zusammenleben zum Zweck der Versöhnung zu sehen ist, würde das bisherige Getrenntleben obsolet. Trennten sich die Ehegatten wieder, würde der Lauf einer neuen Frist beginnen. Von der Regelung des § 1567 Abs. 2 zu unterscheiden sind Kontakte der Ehegatten, die nicht zur Wiederherstellung der Lebensgemeinschaft führen (vgl. Rdnr. 2).

8 Unter Zusammenleben ist die Wiederaufnahme der ehelichen Lebensgemeinschaft zu verstehen. Versöhnen sich die Ehegatten, ohne die eheliche Lebensgemeinschaft aufzunehmen, wird die Frist nicht unterbrochen (*OLG Frankfurt* zu § 48 EheG). Ob das auf der Grundlage des neuen Begriffs des Getrenntlebens (vgl. Rdnr. 6) noch angenommen werden kann, ist fraglich. Eine Konkretisierung des Begriffs »kürzere Zeit« gibt das Gesetz nicht. Maßgebend ist die Zeit, die im konkreten Fall unter Berücksichtigung der Verhältnisse der Ehegatten und ihrer eigenen Vorstellungen als Versöhnungszeit in Betracht kommt. Sie kann sehr unterschiedlich sein und insbesondere auch davon abhängen, in welchem Ausmaß die äußeren Umstände die Wiederannäherung begünstigen oder beeinträchtigen und welchen Grad die Entfremdung zwischen den Ehegatten erreicht hat. Eine Zeit von mehreren Monaten wird man im Normalfall für unschädlich halten können. Eine kleinliche Betrachtungsweise wäre mit Rücksicht auf den Normzweck unangemessen (zutr. *Palandt-Diederichsen* § 1567, 3; zurückhaltend *Schwab* FamRZ 1976, 491).

Das Zusammenleben muß der Versöhnung dienen. Das ist nicht final zu verstehen; auch ein Zusammenleben zur Prüfung, ob die Voraussetzungen für eine Versöhnung gegeben sind oder geschaffen werden können, reicht aus. Andere Motive werden im Rahmen des § 1567 Abs. 2 nicht berücksichtigt, z. B. würde ein Zusammenleben im Interesse eines erkrankten Kindes ohne Versöhnungsabsicht die Wirkungen des § 1567 Abs. 2 nicht auslösen. Wegen des Ausnahmecharakters kommt eine entsprechende Anwendung von anderen Tatbeständen nicht in Betracht.

9 Liegen die Voraussetzungen des § 1567 Abs. 2 vor, dann kommt es nicht zur Unterbrechung der Fristen nach § 1566. Eine Unterbrechung hat die Wirkung, daß die bis zur Unterbrechung verstrichene Zeit nicht in Betracht kommt (§ 217). Diese für Verjährungen vorgesehene Regelung hat allgemeine Bedeutung für die Behandlung von Fristen. Daraus folgt, daß die bis zum Beginn des Zusammenlebens verstrichene Zeit erhalten bleibt. Die Hemmung hat die Wirkung, daß die Frist weiterläuft, die in den Hemmungszeitraum fallende Zeit aber nicht angerechnet wird (§ 205). Auf § 1567 Abs. 2 bezogen bedeutet das, daß auch die Zeit des Zusammenlebens der Ehegatten bei der Berechnung der Frist von einem Jahr bzw. von drei Jahren mit einbezogen wird, d. h. wie eine Zeit des Getrenntlebens behandelt wird (*Schwab* FamRZ 1976, 491).

(1) Die Ehe soll nicht geschieden werden, obwohl sie gescheitert ist, wenn und solange die Aufrechterhaltung der Ehe im Interesse der aus der Ehe hervorgegangenen minderjährigen Kinder aus besonderen Gründen ausnahmsweise notwendig ist oder wenn und solange die Scheidung für den Antragsgegner, der sie ablehnt, auf Grund außergewöhnlicher Umstände eine so schwere Härte darstellen würde, daß die Aufrechterhaltung der Ehe auch unter Berücksichtigung der Belange des Antragstellers ausnahmsweise geboten erscheint.

(2) Absatz 1 ist nicht anzuwenden, wenn die Ehegatten länger als fünf Jahre getrennt leben.

Literatur:

Beitzke, Zur deutschen Scheidungsreform, ZfRV 1972, 1; *Bergerfurth,* Zur Erschwerung der Ehescheidung, FamRZ 1962, 247; *Brinkmann,* Das wohlverstandene Interesse der minderjährigen Kinder in § 48 Abs. 3 des Ehegesetzes, NJW 1947/48, 575; *Bürgle,* Die Stellungnahme des Bundesrates zum Entwurf 1973 eines Ersten Gesetzes zur Reform des Ehe- und Familienrechts, FamRZ 1973, 508; *Deubner,* Richtermacht und Scheidungsrecht, ZRP 1969, 220; *Freimuth* u. a., Der Diskussionsentwurf eines Gesetzes über die Neuregelung des Rechts der Ehescheidung und der Scheidungsfolgen, FamRZ 1970, 431; *Held,* Die Stellungnahme des Bundesrates zur Reform des Eherechts, FamRZ 1971, 490; *Haffter,* Kinder aus geschiedenen Ehen, 1960; *Hirsch,* Einige Anmerkungen zur Eherechtsreform, FamRZ 1972, 245; *Kniebes,* Das Erste Gesetz zur Reform des Ehe- und Familienrechts (1. EheRG), DRiZ 1976, 325; *Meyer,* Die Rechtsnatur des Widerspruchs nach § 48 II des Ehegesetzes, AcP 152, 322; *Mikat,* Rechtsgeschichtliche und rechtspolitische Erwägungen zum Zerrüttungsprinzip, IV. Teil, FamRZ 1963, 65; Scheidungsreform in einer pluralistischen Gesellschaft; FamRZ 1970, 333; *v. Münch,* Reform des Ehescheidungsrechts, 1971; *Schwab,* Das Recht der Ehescheidung nach dem 1. EheRG: Die Scheidungsgründe, FamRZ 1976, 491; *Simitis,* Zur Reform des Scheidungsrechts, ZRP 1971, 38; *Wulfhorst,* Ethische Grundlage des Ehescheidungsrecht? in: Das Gesetz der Moral und die staatliche Ordnung, 1971; *Wurzbacher-Cyprian,* Ehe und Ehescheidung in soziologischer Sicht, Eherechtsreform 1971.

Überblick

1 Allgemeines

1 Die *sog. negative Härteklausel* im Scheidungsrecht gehört zu den umstrittensten Regelungen des 1. EheRG. Die Vorstellungen über ihre Ausgestaltung reichen vom ersatzlosen Wegfall (z. B. *Wulfhorst,* S. 31; Humanistische Union vgl. *v. Münch* S. 159) bis zur Aufrechterhaltung eines dem § 48 Abs. 2 EheG vergleichbaren Widerspruchsrechts (Das Gesetz des Staates und die sittliche Ordnung S. 16). Die Auseinandersetzung ist stark ideologisch bestimmt. Einen anschaulichen, wenn auch wegen der Aussparung von Befürwortern einer eng begrenzten Härteklausel recht einseitigen Überblick vermittelt die Zusammenstellung FamRZ 1971, 564. Vgl. im übrigen die Zusammenstellung bei *v. Münch* und *Amtl. Begr.* S. 115–119.

2 Der RegE sah eine zeitlich nicht eingeschränkte im übrigen mit der vom BT zunächst beschlossenen Fassung übereinstimmende Härteklausel vor. Sie lautete:

§ 1568

Die Ehe soll nicht geschieden werden, wenn der Antragsgegner die Scheidung ablehnt und außergewöhnliche Umstände geltend macht, nach denen die Scheidung für ihn eine so schwere Härte darstellen würde, daß die Aufrechterhaltung der Ehe auch unter Berücksichtigung der Belange des Antragstellers geboten erscheint, obwohl sie gescheitert ist. Wirtschaftliche Umstände bleiben außer Betracht.

Die vom BT zunächst beschlossene Fassung war befristet; sie sollte nach einer Trennungszeit der Ehegatten von drei Jahren nicht mehr angewendet werden können (vgl. BT 7/4361).

3 Der Bundesrat hatte vorgeschlagen:

»Die Ehe soll nicht geschieden werden, obwohl sie unheilbar zerrüttet ist, wenn die Aufrechterhaltung der Ehe im Interesse der aus der Ehe hervorgegangenen minderjährigen Kinder notwendig ist, oder wenn die Scheidung für den Ehegatten, der sie ablehnt und noch eine innere Bindung an die Ehe hat, auch unter Berücksichtigung der Belange des anderen Ehegatten eine unzumutbare Härte darstellen würde.«

Mit dem Vorschlag wurde bezweckt, die Interessen der Kinder, materielle Interessen des Ehegatten und seine ideelle Bindung an die Ehe bei der Frage, ob die Ehe geschieden werden soll, zu berücksichtigen (vgl. *Bürgle* FamRZ 1973, 508; *Held* FamRZ 1971, 490).

4 Die Gesetz gewordene Fassung geht auf einen Vorschlag des Vermittlungsausschusses (BT 7/4992) zurück. Folgende Änderungen sind bemerkenswert. Die Anwendung der Härteklausel ist nach einer Trennungszeit von 5 Jahren (BT-Fassung: 3 Jahre) nicht mehr zulässig. Die Härteklausel kann, abweichend von der Fassung des RegE und der des BT vor dem Vermittlungsbegehren, auch darauf gestützt werden, daß die Interessen der aus der Ehe hervorgegangenen minderjährigen Kinder die Aufrechterhaltung der Ehe erfordern, außerdem können wirtschaftliche Umstände zur Begründung der schweren Härte dienen. Der Ausnahmecharakter der Vorschrift ist nunmehr zusätzlich ausdrücklich hervorgehoben. Nicht mehr enthalten im materiellen Recht ist die Voraussetzung, daß der scheidungsunwillige Ehegatte die außergewöhnlichen Umstände (2. Altern. der Härteklausel) geltendzumachen hat, wenn sie berücksichtigt werden sollen. An diesem Erfordernis hat sich nichts geändert, da die verfahrensrechtliche Parallelregelung in § 616 Abs. 3 ZPO unverändert geblieben ist. Die Härteklausel weist zwei Alternativen auf, die sich sowohl materiellrechtlich als auch verfahrensrechtlich unterscheiden:

a) Härteklausel im Interesse des die Scheidung ablehnenden Ehegatten (2. Altern.)
b) Härteklausel im Interesse der aus der Ehe hervorgegangenen minderjährigen Kinder (1. Altern.).

5 Liegen die Voraussetzungen der Härteklausel vor, hat das Gericht das Scheidungsbegehren abzuweisen, ohne zu prüfen, ob die Ehe gescheitert ist (a. A. mit nicht überzeugender Begründung *Palandt-Diederichsen* § 1568, 1; *Schwab* FamRZ 1976, 491, 504). Es entspricht einem allgemeinen Grundsatz, daß im Fall mehrerer sachlicher Abweisungsgründe das Gericht die Wahl hat und die Sache entscheidungsreif ist, wenn einer der Gründe gegeben ist (vgl. Rdnr. 24); die Anspruchsgrundlage braucht dann nicht mehr geprüft werden (*Baumbach-Hartmann* § 300, 3 E ZPO; *Thomas-Putzo* § 300, 2 ZPO). Eine Ausnahme gilt für den Fall, daß die Rechtskraftwirkung auf den sachlichen Abweisungsgrund erstreckt wird wie bei der Aufrechnung (§ 322 Abs. 2 ZPO). Bei der Abweisung des Scheidungsbegehrens mit Rücksicht auf die Härteklausel ist eine Ausdehnung der Rechtskraftwirkung nicht gegeben, auch andere Gründe, die eine Vorabprüfung des Scheiterns der Ehe notwendig machen würden, sind nicht erkennbar. Der Wortlaut des § 1568 Abs. 1 erweckt zwar den Anschein, als sei das Scheitern der Ehe vorgreiflich (»obwohl sie gescheitert ist«), diese materiellrechtliche Regelung ist aber nicht als eine prozessuale Prioritätenordnung aufzufassen.

2 Keine Anwendung der Härteklausel nach einer Trennungszeit von 5 Jahren (§ 1568 Abs. 2)

6 Die Härteklausel findet keine Anwendung, wenn die Ehegatten länger als *5 Jahre* getrennt leben. Ob die Ehegatten getrennt gelebt haben, ist nach § 1567 zu beurteilen. Die Trennungszeit muß zum Zeitpunkt der letzten mündlichen Verhandlung abgelaufen sein. Ist das nicht der Fall und liegen die Voraussetzungen der Härteklausel vor, muß die Klage abgewiesen werden. Eine Aussetzung des Verfahrens, um den Ablauf der Frist abzuwarten, ist unzulässig. Keine Bedenken bestehen dagegen, daß die Ehegatten aus diesem Grunde das Verfahren nicht betreiben. Das wird allenfalls bei der ersten Alternative des § 1568 Abs. 1 in Betracht kommen (Beachtung der Kindesinteressen von Amts wegen, vgl. Rdnr. 41), da die Geltendmachung der Härteklausel im übrigen ohnehin zur Disposition der Parteien steht. Unzulässig ist es, die Scheidung auf einen künftigen, nach Verstreichen der noch laufenden Trennungsfrist liegenden Zeitpunkt auszusprechen. Das läßt sich nicht mit dem Hinweis auf den Eingangssatz des § 1568 Abs. 1 (»wenn und solange die Aufrechterhaltung der Ehe«) rechtfertigen. Der Ausdruck »solange« besagt weiter nichts, als daß die Anwendung der Härteklausel nicht zur endgültigen Versagung des Scheidungsbegehrens führt, der Scheidungsantrag vielmehr wiederholt werden kann, wenn die Voraussetzungen der Härteklausel entfallen sind.

7 § 1568 Abs. 2 gilt für beide Alternativen der Härteklausel. Auch Interessen der Kinder können deshalb nach einer Trennungszeit der Eltern von 5 Jahren nicht mehr berücksichtigt werden.

3 Härteklausel im Interesse des Ehegatten (2. Altern.)

3.1 Schwere Härte für den Ehegatten auf Grund außergewöhnlicher Umstände

8 Die Härteklausel (2. Altern.) ist nur anwendbar, wenn die *schwere Härte* auf außergewöhnliche Umstände zurückzuführen ist. Darin liegt eine doppelte Einschränkung. Es muß eine qualifizierte Härte sein, und sie darf nicht die Folge von Umständen sein, die bei einer Scheidung nach dem gewöhnlichen Lauf der Dinge eintreten.

9 Auf Vorschlag des Vermittlungsausschusses hat die Vorschrift des § 1568 Abs. 1 noch eine zusätzliche Einschränkung dadurch erfahren, daß sie ausdrücklich Ausnahmecharakter erhalten hat (»Aufrechterhaltung der Ehe ... ausnahmsweise geboten erscheint«). Da die sachlichen Merkmale (außergewöhnliche Umstände, schwere Härte) bereits exceptionellen Charakter haben, wird die Vorschrift durch die zusätzliche ausdrückliche Verweisung aus dem Bereich des Gewöhnlichen in die Nähe grundsätzlicher Unanwendbarkeit gerückt.

Eine Konkretisierung der Härte und der außergewöhnlichen Umstände gibt das Gesetz nicht.

10 Was »schwere Härte« ist, läßt sich nicht nach objektiven Gesichtspunkten beurteilen. Ein und dasselbe Ereignis wirkt auf verschiedene Personen unterschiedlich. Im Rahmen des § 1568 Abs. 1 (2. Altern.) kommt es darauf an, daß es sich für den scheidungsunwilligen Ehegatten als Härte darstellt. Es bedarf daher einer sorgfältigen Prüfung, wie sich die Auflösung der Ehe auf Grund außergewöhnlicher Umstände auf den Ehegatten in seiner konkreten Situation auswirkt. Seine Empfindungen, seine Haltung, seine physische und psychische Verfassung, der bisherige Verlauf der Ehe, die Einstellung zur Ehe, die Zukunftsperspektiven sind einige Gesichtspunkte, die bei der Beurteilung der Verletzbarkeit und des Grades der Verletzung von Bedeutung sein können. Wesentlich ist, daß die schwere Härte im Zusammenhang stehen muß mit der Auflösung des Ehebandes. Die schwere Härte, die der Ehegatte dadurch erleidet, daß der andere sich von ihm abwendet und die häusliche Gemeinschaft aufhebt, reicht nicht aus. Die Härte muß schwer sein, d. h. sie muß eine Intensität erreicht haben, die sie deutlich über das Niveau allgemeiner Härten hebt.

11 Die schwere Härte muß auf außergewöhnliche Umstände zurückzuführen sein (*Palandt-Diederichsen* § 1568, 3; a. A. *Schwab* FamRZ 1976, 491, 505). Umstände, die eine Scheidung üblicherweise mit sich bringt, können nicht berücksichtigt werden, z. B. Auflösung der Familiengemeinschaft, Verlust des Bekanntenkreises, Gefahr der Isolierung, psychische Belastung durch das Scheidungsverfahren. Was in Anbetracht der vorgegebenen gesetzlichen Einschränkung übrigbleibt, ist wenig. Die *Amtl. Begr.* (S. 116) nennt aus der angenommenen Vielfalt der Fälle, daß ein Ehegatte während einer schweren Krankheit oder zu einer Zeit besonderer Schicksalsschläge allein gelassen wird. Da der Ehegatte nicht durch die Lösung des Ehebandes »allein gelassen wird«, sondern durch die Trennung (vgl. *Beitzke* ZfRV 1972, 1), die durch § 1568 Abs. 1 nicht erfaßt wird, ist die Aussage wohl dahin zu interpretieren, daß die Lösung des Ehebandes die Gewißheit des endgültigen Scheiterns vermittelt und ihn deshalb außerordentlich schwer trifft. Dieser Gesichtspunkt kann besonderes Gewicht haben, wenn die Ehe eine sehr lange Zeit gedauert hat und harmonisch verlaufen ist, ferner wenn der die Scheidung ablehnende Ehegatte besondere Opfer im Interesse der Ehe erbracht hat (vgl. *Mikat* FamRZ 1970, 333; *Schwab* FamRZ 1976, 491, 505). In Betracht gezogen wird weiter die Anwendung der Härteklausel (2. Altern.) in Ausnahmefällen, wenn der die Scheidung begehrende Ehegatte durch »die planmäßige, einseitige und bewußte Zerstörung der Ehe außergewöhnliche Umstände herbeiführt, deren Härte durch die Scheidung vermehrt würde«. Im übrigen begnügt sich die Phantasie mit der Erwartung, die Vielfalt des Lebens werde weitere Anwendungsfälle bringen (vgl. BT 7/4361, S. 14).

12 Die Aufrechterhaltung der Ehe wegen der schweren Härte auf Grund außergewöhnlicher Umstände muß geboten sein. Es genügt

nicht, daß sie nützlich, zweckmäßig oder, von welchem Standpunkt auch immer, wünschenswert ist.

3.2 Berücksichtigung wirtschaftlicher Härten

13 Die Härteklausel (2. Altern.) kann auch darauf gestützt werden, daß die Aufrechterhaltung der Ehe aus *wirtschaftlichen Gründen* geboten ist. Der Ausschluß wirtschaftlicher Umstände, wie er in § 1568 Satz 2 i. d. F. des RegE und in der vom Bundestag zunächst beschlossenen Fassung (BT 7/650 und 7/4361) vorgesehen war, ist auf Vorschlag des Vermittlungsausschusses (BT 7/4992) entfallen. Die praktische Bedeutung dieser Ausdehnung des Anwendungsbereichs der Härteklausel auf wirtschaftliche Umstände ist mit Rücksicht auf den Ausnahmecharakter der Vorschrift und ihre zeitliche Begrenzung gering.

14 Die die Härte begründenden wirtschaftlichen Umstände müssen von außergewöhnlicher Natur sein. Umstände, die im Zusammenhang mit einer Scheidung üblicherweise eintreten und deren Auswirkungen sich im Rahmen dessen halten, was nach dem Lauf der Dinge bei einer Scheidung sich ereignet, können nicht berücksichtigt werden. Außer Betracht bleiben müssen außerdem Umstände, für deren Entstehen nicht die Auflösung der Ehe, sondern die Aufhebung der ehelichen Gemeinschaft kausal ist (vgl. Rdnr. 11). Deshalb sind alle vermögensrechtlichen Nachteile nicht beachtlich, die auf den Verlust der gemeinsamen Wirtschaftsführung zurückzuführen sind, wie der Wegfall des Anspruchs auf Familienunterhalt nach § 1360. Die Auflösung des Ehebandes wirkt sich auf den Unterhaltsanspruch aus. Die Voraussetzungen der Unterhaltsberechtigung nach §§ 1570 ff. unterscheiden sich von denen der Unterhaltsberechtigung im Fall des Getrenntlebens nach § 1361; das gilt insbesondere für die Frage, unter welchen Voraussetzungen von dem Ehegatten eine Erwerbstätigkeit nicht erwartet werden kann. Die unterhaltsrechtlichen Nachteile, die dem Ehegatten insoweit durch die Auflösung der Ehe entstehen, reichen aber nicht aus, die Anwendung der Härteklausel zu rechtfertigen, da es sich um Umstände handelt, die für sich gesehen nicht die vorausgesetzten Besonderheiten aufweisen. Dasselbe gilt in bezug auf Nachteile, die dem Ehegatten dadurch erwachsen, daß der andere Ehegatte eine neue Ehe eingeht und seine Leistungsfähigkeit gemindert wird. In einem gewissen Umfang werden die wirtschaftlichen Folgen der Eheauflösung durch den Vorrang des Unterhaltsanspruchs des geschiedenen Ehegatten nach § 1582 aufgefangen.

15 Außergewöhnliche Umstände im Sinne des § 1568 Abs. 1 können vorliegen, wenn die Auflösung der Ehe dem Ehegatten die wirtschaftliche Grundlage seiner Existenz nehmen würde, z. B. wenn er nach der Vermögensauseinandersetzung seine berufliche Tätigkeit im bis dahin gemeinsam ausgeübten Geschäft verlieren würde (vgl. *Schwab* FamRZ 1976, 491, 505). Die Härteklausel ist weiter geeignet, dem Ehegatten zeitlich Spielraum für neue erforderliche Dispositionen zu schaffen. Vermögensrechtliche Auseinander-

setzungen infolge der Auflösung der Ehe können, wenn sie zur Unzeit erfolgen, dem Ehegatten erheblichen Schaden zufügen, der eine schwere Härte darstellen kann. Der aus der Ehe strebende Ehegatte hat die Möglichkeit, will er die Geltendmachung der Härteklausel aus wirtschaftlichen Gründen vermeiden, den Eintritt der schädigenden Folgen auszuschließen oder zu mildern. Dabei genügt es, wenn er den Zeitraum bis zum Ablauf der Frist nach § 1568 Abs. 2 abdeckt.

3.3 Berücksichtigung der Belange des Antragstellers

16 Bei der Prüfung, ob die Aufrechterhaltung der Ehe wegen der schweren Härte geboten ist, sind auch die *Belange des Antragstellers* zu berücksichtigen. Eine Konkretisierung gibt das Gesetz nicht. Vorausgesetzt wird ein Kausalzusammenhang zwischen der Aufrechterhaltung des Ehe*bandes* und den Belangen des Ehegatten. Deshalb sind Umstände außer Betracht zu lassen, die sich nur aus der Aufhebung der ehelichen Lebensgemeinschaft und der häuslichen Gemeinschaft ergeben. Im persönlichen Bereich werden die Belange des die Scheidung anstrebenden Ehegatten durch die Aufrechterhaltung des Ehebandes in erster Linie dadurch berührt, daß er keine neue Ehe eingehen kann. Der Wunsch, eine neue Ehe zu schließen, hat für sich gesehen nicht das Gewicht, um gegebene schwere Härten i. S. des § 1568 Abs. 1 auf der Seite des anderen Ehegatten auszugleichen. Auch die Weigerung des künftigen Ehepartners zu warten, bis die schwere Härte abgeklungen oder die Frist nach Abs. 2 abgelaufen ist, dürfte nicht ausschlaggebend sein. Die Belange des Antragstellers sind in einem stärkeren Maße berührt, wenn er die neue Ehe mt Rücksicht auf eine bevorstehende Geburt eines Kindes aus der Verbindung oder aus sonstigen schwerwiegenden Gründen eingehen will. Weitere Gesichtspunkte können sein: Notwendigkeit, die statusrechtlichen Verhältnisse wegen einer Auswanderung oder aus beruflichen Gründen zu klären, aber u. U. auch das Bedürfnis, das Eheband mit Rücksicht auf Verhaltensweisen des anderen Ehegatten zu lösen, weil es ihm, dem Antragsteller, nicht zuzumuten ist, mit dem anderen Ehegatten verheiratet zu sein. Im letzteren Fall sind in der Ausgangssituation Berührungspunkte zu § 1565 Abs. 2 erkennbar (vgl. Rdnr. 36 zu § 1565). In der Regel werden aber bei einem gravierenden Fehlverhalten des an der Ehe festhaltenden Ehegatten die Voraussetzungen der Härteklausel (2. Altern.) auf seiner Seite nicht vorliegen.

17 Die zu berücksichtigenden *Belange* des die Scheidung betreibenden Ehegatten können auch *wirtschaftlicher Art* sein. Der in § 1568 S. 2 i. d. F. des RegE vorgesehene Ausschluß wirtschaftlicher Umstände bei der Anwendung der Härteklausel ist nicht Gesetz geworden (vgl. Rdnr. 2). Die wirtschaftlichen Belange sind gegenständlich nicht beschränkt, allein der Kausalzusammenhang zwischen den Belangen des Ehegatten und dem Fortbestand des Ehebandes grenzt den Anwendungsbereich ab. Nachteile in unterhaltsrechtlicher Hinsicht können z. B. eintreten, weil die Obliegenheit zur Erwerbstätigkeit unterschiedlich zu beurteilen ist je nach-

dem ob es sich um einen ehelichen (§ 1361) oder einen nachehelichen Unterhaltsanspruch (§ 1570 ff.) handelt, oder weil aus der Fortdauer der Ehezeit in größerem Umfang Anwartschaften auf Altersversorgung erwachsen, an denen der andere Ehegatte weiter partizipiert, wenn die Ehe nicht geschieden wird (§§ 1587 ff.). Für sich gesehen wird man diesen Nachteilen kein so großes Gewicht beimessen können, daß sie die schwere Härte auf Grund außergewöhnlicher Umstände auf seiten des Antragsgegners neutralisieren, zumal dessen wirtschaftliche Belange mit vergleichbaren Härten wegen der fehlenden Qualifikationsmerkmale überhaupt nicht zu beachten sind; als Faktor bei der Gesamtabwägung sind sie nicht ohne Relevanz.

3.4 Keine Anwendung des § 242

18 Der enge Anwendungsbereich der Härteklausel nach § 1568 wirft die Frage auf, ob der die Scheidung ablehnende Ehegatte in besonderen Ausnahmefällen sich darauf berufen kann, daß das Scheidungsbegehren gegen *Treu und Glauben* (§ 242) verstößt. Zu denken wäre an außergewöhnlich krasse Fälle ehewidrigen Verhaltens, die zu einer planmäßigen Zerstörung der Ehe geführt haben. Die *Amtl. Begr.* (S. 116) schließt bei solchen Verhaltensweisen die unmittelbare Anwendung des § 1568 nicht aus, doch sind Fallgestaltungen denkbar, die eine Berufung auf § 1568 selbst auf der Grundlage dieser Auslegung nicht zulassen. Auch insoweit dürfte die Anwendung des § 242 nicht in Betracht kommen.

19 Es ist nicht die Absicht des Gesetzgebers gewesen, neben der Härteklausel des § 1568 noch einen weiteren außerordentlichen Behelf zur Verfügung zu stellen (vgl. *Amtl. Begr.* S. 117; *Beitzke* ZfRV 1972, 1; *Freimuth* u. a. FamRZ 1970, 431). Die Härteklausel ist bewußt als eng auszulegende abschließende Regelung geschaffen worden, mit der die Scheidung einer gescheiterten Ehe (zeitlich begrenzt) verhindert werden kann.

20 Diese Grundkonzeption würde unterlaufen, wenn man die Verweigerung der Scheidung einer gescheiterten Ehe aus anderen Gründen zulassen würde. Im übrigen dürfte auch zweifelhaft sein, ob die Fallgestaltungen, die eine Anwendung des § 242 rechtfertigen sollen, nicht aus dem Erfahrungsbereich des bisher geltenden Rechts stammen. Die planmäßige Zerstörung der Ehe hat in der Regel nur Sinn, wenn beabsichtigt ist, den anderen Partner zur Scheidung zu zwingen. Nach den Grundsätzen der Zerrüttungsscheidung bedarf es dieses »Aufwandes« nicht. Im Fall der besonders schweren Eheverfehlung muß der andere Ehegatte zur Fortsetzung der Ehe bereit sein, wenn die Verweigerung der Scheidung nicht zu einer reinen Sanktion werden soll. In den extremen Fallgestaltungen, die allein zu berücksichtigen wären, wird eine solche Bereitschaft in der Regel nicht vorliegen.

3.5 Vereinbarungen über die Härteklausel (2. Altern.)

21 Zweifelhaft ist, ob die Ehegatten Vereinbarungen schließen können, die Härteklausel (2. Altern.) im Rechtsstreit nicht geltend zu machen oder eine geltend gemachte Härteklausel zurückzunehmen. In bezug auf das Widerspruchsrecht nach § 48 Abs. 2 EheG sind die Meinungen geteilt. Für unverzichtbar gehalten wird das Widerspruchsrecht von *Beitzke* § 20 III 2; *Gernhuber* § 27 IV 5; *Soergel-Donau* § 48, 19 EheG; *OLG Karlsruhe* DR 1941, 1079; *OLG Bremen* JZ 1953, 153. – Die Gegenmeinung vertreten *Dölle* § 39 IV 3 c; *v. Scanzoni* DR 1941, 1079; – offengelassen haben die Frage *RG* HRR 1941 Nr. 318, *BGH* in FamRZ 1964, 192. Überwiegende Gründe sprechen dafür, vertragliche Bindungen nicht zuzulassen. Freilich wird man das – jedenfalls für die Härteklausel nach § 1568 Abs. 1 (2. Altern.) – nicht deshalb annehmen können, weil es sich um ein »der Aufrechterhaltung der Ehe dienendes, in ihr selbst wurzelndes Recht« (*Hoffmann-Stephan* § 48, 153 EheG) handelt oder wegen der »öffentlich-rechtlichen Belange« (*Soergel-Donau* § 48, 69 EheG). Stellt man die Härteklausel (2. Altern.) ausschließlich zur Disposition des betroffenen Ehegatten, wie das im 1. EheRG geschehen ist, können die Gründe für die Unverzichtbarkeit nur aus dem individuellen Bereich kommen. Ob die Ehe geschieden werden soll, ist eine höchstpersönliche Entscheidung des Ehegatten. Eine vorzeitige Bindung würde ihm die Möglichkeit nehmen, die Entscheidungsfreiheit bis zum Eintritt der Scheidung zu wahren. Das wird verhindert, wenn man die Bindungswirkung von Vereinbarungen verneint.

3.6 Geltendmachen der Härteklausel (2. Altern.)

22 Die Härteklausel im Interesse des Ehegatten kann im Rechtsstreit nur berücksichtigt werden, wenn sie von dem Ehegatten, der die Scheidung ablehnt, vorgebracht wird (§ 616 Abs. 3 ZPO). Es handelt sich um eine Ausnahme von dem das Eheverfahren beherrschenden Untersuchungsgrundsatz (§ 616 Abs. 1), der die Berücksichtigung nicht vorgebrachter Tatsachen ermöglicht, im Fall ehefreundlicher Tatsachen sogar gegen den Widerspruch des die Auflösung der Ehe begehrenden Ehegatten (§ 616 Abs. 2 ZPO). Die Unterstellung der Härteklausel unter die Verhandlungsmaxime wird damit begründet, daß die Scheidung einer gescheiterten Ehe nur im Interesse eines Ehegatten verweigert werden könne. Wenn dieser sich gegen die Scheidung nicht wehre, bestehe kein Grund, für ihn von Amts wegen die Abwehr des Scheidungsantrages zu fördern (*Amtl. Begr.* S. 116, 198). Die Härteklausel ist vorgebracht, wenn sie in den Rechtsstreit wirksam eingeführt ist. Das bedeutet nicht, daß sie ausdrücklich als solche bezeichnet sein muß. Es genügt, wenn der Ehegatte zur Sache außergewöhnliche Umstände und die als schwere Härte zu charakterisierenden Auswirkungen vorträgt sowie die Abweisung des Scheidungsantrages begehrt (vgl. *BGH* FamRZ 1968, 447; *Schwab* FamRZ 1976, 491, 504). In einem solchen Fall wird man nicht davon ausgehen können, daß er nur das Scheitern der Ehe bestreiten will (vgl. *BGH* NJW 1969, 700). Hat der Ehegatte zunächst selbst die

Scheidung begehrt, seinen Antrag aber wirksam zurückgenommen, so kann er noch Härteklausel geltend machen.

24 Die Härteklausel hat, wie das Widerspruchsrecht nach § 48 Abs. 2 EheG, eine Doppelnatur, sie hat eine materiellrechtliche und eine verfahrensrechtliche Seite (vgl. *RG* 164, 320; *BGH* FamRZ 1968, 370; *Meyer* AcP 152, 322; vgl. auch *RGRK* § 48, 75 ff. mit zum Teil von der h. M. abweichenden Ausführungen). Materiellrechtlich bewirkt die Geltendmachung der Härteklausel, daß das Scheidungsbegehren des Antragstellers unberücksichtigt bleibt und die Scheidung verhindert wird. Da die Härteklausel nur beachtlich sein kann, wenn sie geltend gemacht wird, ist es gleichgültig, ob man darin ein »sachlich-rechtliches Gestaltungsrecht« sieht (*BGH* FamRZ 1968, 370; FamRZ 1969, 146 zu § 48 Abs. 2 EheG), welches das »Scheidungsrecht« gestaltend beeinflußt, oder eine Einrede, die der Durchsetzung der Scheidung entgegensteht (so wohl zutreffend *Dölle* § 39 IV 3 c).

Aus der Doppelnatur der Härteklausel ergeben sich für ihre Anwendung im Scheidungsverfahren folgende Konsequenzen:

3.6.1 Erklärung der Härteklausel (2. Altern.)

25 Zur Einführung der Härteklausel im Interesse des Ehegatten in das Verfahren ist eine Prozeßhandlung erforderlich, da die dieser Härteklausel zugrunde liegenden Umstände, trotz des ehefreundlichen Charakters, nicht von Amts wegen berücksichtigt werden (§ 616 Abs. 3 ZPO). Insoweit unterscheidet sich die Härteklausel (2. Altern.) von dem Widerspruch nach § 48 Abs. 2 EheG. Daraus folgt, daß die Härteklausel (2. Altern.) nur durch einen Rechtsanwalt erklärt werden kann (§ 78 ZPO). Für den Widerspruch nach § 48 Abs. 2 EheG war das nicht notwendig, da das Gericht die formlose Erklärung des Ehegatten, der Scheidung zu widersprechen, von Amts wegen zu beachten hatte (§ 622 Abs. 2 ZPO a. F.); einer förmlichen Einführung in das Verfahren durch eine Prozeßhandlung bedurfte es nicht (*BGH* FamRZ 1968, 447; 1969, 146; *Gernhuber* § 27 IV 5; *Bergerfurth* FamRZ 1962, 247; *Meyer* AcP 152, 322; a. A.: *RGRK* § 48, 82).

26 Die Härteklausel (2. Altern.) kann grundsätzlich zu jedem beliebigen Zeitpunkt im Scheidungsverfahren geltend gemacht werden, auch im Berufungsrechtszug. Zweifelhaft ist, ob sie noch in der Revisionsinstanz eingeführt werden kann. Für die Erklärung des Widerspruchsrechts nach § 48 Abs. 2 EheG in der Revisionsinstanz sind die Auffassungen geteilt. Die wohl herrschende Meinung verneint diese Möglichkeit (*Hoffmann-Stephan* § 48, 154 EheG; *Dölle* § 39 IV 3 c; *Günther* DR 1941, B 4; a. A.: *RGRK* § 48, 84 EheG). Diese von der herrschenden Meinung vertretene Auffassung überzeugt sowohl in bezug auf das Widerspruchsrecht nach § 48 Abs. 2 EheG als auch für die Geltendmachung der Härteklausel nach § 1568 Abs. 1 (2. Altern.). Der Einwand, die Einführung in der Revisionsinstanz müsse zulässig sein, da es sich lediglich um die Ausübung einer auch prozessualen Befugnis handle, die im übrigen der Aufrechterhaltung der Ehe diene

(*RGRK* § 48, 84 EheG), ist nicht zwingend. Daß die Härteklausel (2. Altern.) durch Prozeßhandlungen eingeführt wird und Prozeßhandlungen auch in der Revisionsinstanz zulässig sind (*Thomas-Putzo* Einl. III 4 a) besagt nichts. Denn mit dieser Prozeßhandlung werden neue Tatsachen (außergewöhnliche Umstände) eingeführt. Das Vorbringen neuer Tatsachen ist in der Revisionsinstanz im allgemeinen nicht zulässig (§ 561 ZPO). Ausnahmen werden zugelassen bei nicht beweisbedürftigen Tatsachen, insbesondere Statusänderungen oder vollzogenen rechtsgestaltenden Akten (*BGH* 53, 128; *Baumbach-Albers* § 561, 3 E; *Stein-Jonas-Grunsky* § 561 II 2 g). Diese Voraussetzungen liegen bei der Geltendmachung der Härteklausel (2. Altern.) nicht vor (anders bei der Rücknahme der Härteklausel – 2. Altern. vgl. Rdnr. 27).

3.6.2 Rücknahme der Härteklausel (2. Altern.)

27 Für das bisher geltende Recht war es streitig, ob der erhobene Widerspruch nach § 48 Abs. 2 EheG von dem Ehegatten durch formlose Erklärung zurückgenommen werden kann (bejahend *Meyer* in AcP 152, 322) oder ob es dazu einer Prozeßhandlung unter Mitwirkung eines Rechtsanwalts bedarf (*RGRK* § 48, 88 EheG; *Hoffmann-Stephan* § 48, 154 EheG). Überzeugend ist die zuerst genannte Auffassung. Die materielle Seite des Widerspruchs (vgl. Rdnr. 24) konnte der Ehegatte durch einfache Erklärung gegenstandslos machen. Einer prozeßrechtlichen Einführung dieser Erklärung in das Verfahren bedurfte es nicht, da das Gericht den Umstand, daß materiellrechtlich ein Widerspruch nicht mehr besteht, nach § 622 Abs. 1 ZPO a. F. von Amts wegen zu beachten hatte. Anders verhält es sich mit der Härteklausel nach § 1568 Abs. 1 (2. Altern.). Für sie gilt der Amtsermittlungsgrundsatz nicht (§ 616 Abs. 3 ZPO). Die Rücknahme bedarf einer *Prozeßhandlung,* die *nur von einem Rechtsanwalt* vorgenommen werden kann.

28 Die Härteklausel kann noch im *Revisionsverfahren* zurückgenommen werden. Dasselbe wurde für das Widerspruchsrecht nach § 48 Abs. 2 EheG überwiegend angenommen (*RG* 164, 319; *BGH* FamRZ 1968, 370; *Hoffmann-Stephan* § 48, 154 EheG; *Dölle* § 39 IV 3 c). Der prozeßrechtliche Akt der Rücknahme der Härteklausel begegnet keinen Bedenken, da Prozeßhandlungen auch in der Revisionsinstanz zulässig sind. Damit entfällt ihre prozessuale Einführung in das Verfahren. Die materiellrechtliche Seite der Härteklausel, nämlich die Tatsache, daß der Ehegatte sich auf außergewöhnliche Umstände im Sinne von § 1568 Abs. 1, die dem Scheidungsbegehren entgegenstehen können, nicht mehr berufen will, hat das Revisionsgericht zu beachten. Zwar handelt es sich um eine neue Tatsache, ihre Berücksichtigung ist aber, abweichend vom allgemeinen Grundsatz (§ 561 ZPO), zulässig, da es sich um eine nicht beweisbedürftige Tatsache handelt (vgl. Rdnr. 26; *RG* 164, 319; *BGH* FamRZ 1968, 370).

29 Eine zurückgenommene Härteklausel kann erneut in den Rechtsstreit eingeführt und erneut zurückgenommen werden (*RG* HRR 1941 Nr. 318; *OLG Karlsruhe* DR 1941, 1079).

4 Härteklausel im Interesse der Kinder (1. Altern.)

4.1 Berücksichtigung der Interessen der Kinder

30 Nach dem RegE und der vom BT zunächst beschlossenen Fassung des § 1568 war der Anwendungsbereich der Härteklausel auf solche Härten beschränkt, die den an der Ehe festhaltenden Ehegatten treffen. Abweichend von der Regelung in § 48 Abs. 3 EheG war die Berücksichtigung von Härten, die die gemeinsamen Kinder der Ehegatten berühren, nicht vorgesehen. Auf Vorschlag des Vermittlungsausschusses ist eine solche (im Vergleich zu § 48 Abs. 3 EheG erheblich engere) Klausel eingefügt worden. Zur Frage der Vor- und Nachteile einer Schutzklausel zugunsten minderjähriger Kinder vgl. eingehend *Amtl. Begr.* S. 114, 115, 118, 119, wo zutreffend nachgewiesen wird, daß das bisher geltende Recht in 95 % aller Fälle, nämlich im Bereich der Verschuldensscheidung, keine rechtliche Möglichkeit bot, die Interessen der Kinder zu berücksichtigen. Daraus wurde zu keiner Zeit ein Bedürfnis für die Einführung einer Härteklausel zugunsten gemeinsamer Kinder abgeleitet; im übrigen vgl. *Müller-Freienfels,* Ehe Recht S. 124; *Deubner* ZRP 1969, 220; *Hirsch* FamRZ 1972, 245; *Mikat* FamRZ 1963, 65.

31 Die auf die Kindesinteressen bezogene Ergänzung des § 1568 Abs. 1 berücksichtigt die Erkenntnisse, daß die Aufrechterhaltung einer gescheiterten Ehe in aller Regel für die Kinder nicht vorteilhaft ist (vgl. *Haffter* S. 166 ff., *Beitzke* ZfRV 1972, 1). Eine gescheiterte Ehe ist ein denkbar ungeeigneter Zustand für die Pflege und Erziehung eines Kindes. Im Ergebnis ist es für ein Kind nützlicher, wenn durch eine Scheidung und Sorgerechtsregelung nach § 1671 klare Verhältnisse geschaffen werden, zumal die Aufrechterhaltung der Ehe ohnehin nur zeitlich begrenzt möglich ist (§ 1568 Abs. 2). § 1568 Abs. 1 schränkt deshalb die Anwendung der Härteklausel, auch soweit es um die Interessen der Kinder geht, auf Ausnahmefälle ein.

32 *a)* Vorausgesetzt wird, daß die Aufrechterhaltung der Ehe im Interesse der Kinder notwendig ist. Unter Aufrechterhaltung der Ehe ist die Aufrechterhaltung des Ehebandes zu verstehen. Härten für die Kinder, die sich aus der Trennung ihrer Eltern ergeben, sind im Rahmen des § 1568 Abs. 1 nicht beachtlich; die Trennung kann durch eine Härteklausel im Scheidungsrecht ohnehin nicht verhindert werden (*BGH* 12, 111).

33 *b)* Die Aufrechterhaltung der Ehe muß aus besonderen Gründen des Kindesinteresses erforderlich sein. Demnach scheiden Umstände aus, die sich als zwangsläufige Folge einer jeden Ehescheidung darstellen. Eine Steigerung erfährt die Einschränkung noch durch das Wort »ausnahmsweise«, wodurch der

exceptionelle Charakter noch zusätzlich hervorgehoben wird (vgl. Rdnr. 9). Die Aufrechterhaltung der Ehe ist deshalb nicht die Regel, sondern eine Ausnahme, die besonderer Rechtfertigung bedarf.

34 *c)* Die zu berücksichtigenden Interessen der Kinder sind gegenständlich nicht eingeschränkt. Es kann sich daher um materielle oder immaterielle Interessen handeln. Berücksichtigt werden nur Interessen gemeinschaftlicher Kinder. Dazu zählen eheliche Kinder, voreheliche, durch nachfolgende Eheschließung legitimierte Kinder (*BGH* FamRZ 1957, 49) und Adoptivkinder (diese sind zwar nicht »aus der Ehe hervorgegangen«, sie haben aber uneingeschränkt den Status ehelicher Kinder, vgl. § 1754 str. a. A. für das bisher geltende Recht *OLG Celle* FamRZ 1964, 262 m. abl. Anm. v. Bosch). Nicht berücksichtigt werden Pflegekinder, selbst wenn beide Ehegatten sie in den Familienverband aufgenommen haben. Die Kinder müssen noch minderjährig sein.

35 *d)* Eine Abwägung zwischen den Interessen der Kinder und den Interessen des die Scheidung begehrenden Elternteils ist nicht vorgesehen. Seine Interessen bleiben außer Betracht, insbesondere ist es im Rahmen des § 1568 Abs. 1 (1. Altern.) unbeachtlich, daß der Elternteil die Auflösung seiner Ehe begehrt, um seine nichtehelichen Kinder durch eine Eheschließung mit der Mutter zu legitimieren.

36 *e)* In Anbetracht der weitgehenden gesetzlichen Einschränkung der Regelung in § 1568 Abs. 1 dürfte die Härteklausel nur geringe praktische Bedeutung haben. Zu untersuchen ist, welche Auswirkungen die Auflösung des Ehebandes auf das Kind haben würde. Die Erziehung des Kindes ist Aufgabe beider Elternteile. Sie läßt sich im allgemeinen nur realisieren, wenn die Ehegatten in Lebensgemeinschaft leben; eine gemeinsame Erziehung ist in aller Regel nicht durchführbar, wenn die Ehegatten getrennt leben. Leben die Ehegatten getrennt und erzieht ein Ehegatte die in seiner Obhut befindlichen Kinder, dann hat die Auflösung des Ehebandes darauf keinen Einfluß. Daher ist die These, die Aufrechterhaltung der Ehe sei in der Regel schon mit Rücksicht auf die Erziehung der Kinder erforderlich (*Hoffmann-Stephan* § 48, 145 EheG; *Dölle* § 39 IV 4) nicht schlüssig (*Soergel-Donau* § 48, 38 EheG). Außerdem ist zu beachten, daß die Nachteile für die Erziehung des Kindes, die sich auf Grund der Scheidung notwendigerweise ergeben, keine besonderen Gründe i. S. v. § 1568 Abs. 1 sind. Ein Ausnahmefall kann vorliegen, wenn das Kind in einem labilen psychischen Zustand lebt und durch die Scheidung als solche besonders hart getroffen wird mit der Folge, daß seine Erziehung gefährdet ist. In diesen Fällen ist die Härteklausel ein geeignetes Mittel, um zu verhindern, daß die Scheidung zur Unzeit erfolgt.

37 *f)* Der Umstand, daß das Kind die Vorgänge im Zusammenhang mit der Ehescheidung wertet und das Scheidungsbegeh-

ren eines oder beider Elternteile nicht zu rechtfertigen vermag, ist im allgemeinen kein Anlaß, die Härteklausel (1. Altern.) anzuwenden. Dabei handelt es sich um »normale« Auswirkungen der Scheidung. (Zu weitgehend *BGH* LM § 48 Abs. 3 Nr. 3 EheG). Dasselbe gilt, wenn geltendgemacht wird, daß die Kinder beiden Elternteilen zugeneigt sind und die Auflösung der Ehe sie deshalb hart trifft. Der Schwerpunkt der Härte liegt hier in der Regel in der Aufhebung der ehelichen Lebensgemeinschaft, nicht in der Auflösung der Ehe. Die Pflege der Eltern-Kind-Beziehung ist auch nach der Scheidung möglich (§ 1634). In diesem Zusammenhang sind auch die Nachteile zu beachten, die das Kind erleidet, wenn es bestehende Spannungen unter Ehegatten der gescheiterten, aber nicht aufgelösten Ehe miterlebt (vgl. *Hoffmann-Stephan* § 48, 143 EheG). Freilich kann es Fälle geben, in denen das Kind derart sensibilisiert ist, daß es nicht nur die Trennung, sondern auch die Auflösung der Ehe seiner Eltern als Katastrophe empfindet und daher Schaden nehmen kann. Der Zustand des Kindes und seine Gefährdung können dann ein besonderer Grund sein, der einen (temporären) Aufschub der Scheidung zu rechtfertigen vermag. Dasselbe gilt, wenn das Kind krank ist und die (erst) mit der Scheidung vermittelte Gewißheit vom endgültigen Scheitern der Ehe das Kind schwer treffen würde; das Beharren auf der unverzüglichen Scheidung wäre dann nicht zu rechtfertigen.

In der Regel unbeachtlich ist schließlich, daß ein Ehegatte als Folge der gescheiterten Ehe einer Erwerbstätigkeit nachgehen muß und deshalb dem Kind nicht seine umfassende Pflege zukommen lassen kann. Diesen Umstand berücksichtigt das nacheheliche Unterhaltsrecht (§ 1570), indem es den Ehegatten von der Obliegenheit zur Erwerbstätigkeit freistellt, wenn die Pflege oder Erziehung des Kindes dies erfordern. Ist das nicht der Fall, kann die Erwerbstätigkeit kein besonderer, zur Fortführung der Ehe zwingender Grund sein.

4.2 Berücksichtigung wirtschaftlicher Interessen der Kinder

38 Die Scheidung der Ehe der Eltern verändert die vermögensrechtliche Situation der Familie. Der Unterhalt der Kinder wird im Verhältnis der Eltern zueinander nicht mehr ausschließlich in Form des Familienunterhalts (§ 1360) bereitgestellt, der bestehende Individualanspruch der Kinder (§§ 1601, 1612) wird nun, zumindest im Verhältnis zu einem Elternteil, als Geldanspruch aktuell. Da im Rahmen des § 1568 Abs. 1 auch vermögensrechtliche Gründe einer Scheidung entgegenstehen können (die Auffassung von *Kniebes* DRiZ 1976, 325, 327, bei der Härteklausel im Interesse der Kinder könnten wirtschaftliche Interessen nicht berücksichtigt werden, findet im Gesetz keine Stütze; zutreffend *Schwab* FamRZ 1976, 491, 505), kommt es darauf an, ob die mit der Scheidung eintretenden unterhaltsrechtlichen Veränderungen einen besonderen Grund i. S. der Härteklausel darstellen (1. Altern.). Für das bisher geltende Recht wurde das in weitem

Umfang angenommen. So wurde eine die Anwendung des § 48 Abs. 3 EheG rechtfertigende Gefährdung des Unterhalts bereits gesehen, wenn der aus der Ehe strebende Ehegatte schon bisher nur im Wege der Klage zur Erfüllung seiner Unterhaltspflicht hat angehalten werden können (*OLG Oldenburg* NJW 1947/48, 103; *OLG Celle* FamRZ 1963, 523). Die Argumentation ist nicht schlüssig. Die fehlende Bereitschaft, Unterhalt zu zahlen, hat in der Regel keinen Zusammenhang mit der Auflösung oder dem Fortbestand der Ehe. Die Verweigerung der Scheidung hätte unter diesen Umständen Sanktionscharakter. Eine (auch) durch die Auflösung der Ehe bedingte Schmälerung des Unterhaltsanspruchs des Kindes kann eintreten, wenn der Ehegatte eine neue Ehe eingeht und seine Leistungsfähigkeit durch neue Unterhaltsverpflichtungen eingeschränkt wird. Die Rechtsprechung zum bisher geltenden Recht hat, um zu verhindern, daß die Eingehung der neuen Ehe praktisch auf Kosten der Kinder ermöglicht wird, die Scheidung versagt, es sei denn, daß der geschmälerte Unterhalt mutmaßlich zu einer angemessenen Lebensführung und Ausbildung der Kinder ausreicht (*RG* 160, 44; 162, 124; *OLG Stuttgart* SJZ 1946, 93; *OLG Oldenburg* NJW 1947/48, 103; *BayOLG* SJZ 1949, 629; *OGH* JR 1949, 346; *Hoffmann-Stephan* § 48, 146 EheG; kritisch: *Brinkmann* NJW 1947/48, 575; *Dettmers* NJW 1947/48, 103).

39 Für das geltende Recht läßt sich diese Auffassung nicht aufrechterhalten. Der überwiegende Teil Geschiedener geht eine neue Ehe ein (vgl. BT VI 3689, S. 53; *Wurzbacher-Cyprian* S. 15. 16). Die daraus folgenden unterhaltsrechtlichen Veränderungen sind daher eine »normale« Begleiterscheinung einer Scheidung. Sie sind deshalb für sich gesehen kein besonderer Grund i. S. von § 1568 Abs. 1 (vgl. aber *Schwab* FamRZ 1976, 491, 507). Für die Annahme eines besonderen Grundes bedarf es zusätzlicher Anhaltspunkte (z. B. wenn ein dringender Sonderbedarf zu befriedigen ist, wie anderweitig nicht gedeckte Kosten einer notwendigen Krankenhausbehandlung). Zu beachten ist schließlich, daß die auf Grund einer neuen Ehe entstehende Gefährdung des Unterhalts an Gewicht verliert, wenn man die befristete Geltung der Härteklausel in Betracht zieht.

40 Liegen besondere Gründe vor, die ausnahmsweise einen Aufschub der Scheidung rechtfertigen würden, kann der die Scheidung begehrende Ehegatte die Anwendung der Härteklausel dadurch ausschließen, daß er den Unterhalt sicherstellt. Er braucht nur die Zeit bis zum Ablauf des fünften Trennungsjahres abzudecken, da die unterhaltsrechtlichen Interessen der Kinder nur bis zu diesem Zeitpunkt scheidungshemmend wirken können.

4.3 Geltendmachen der Härteklausel im Interesse der Kinder

41 Anders als die Härteklausel im Interesse des Ehegatten (2. Altern.) ist die Härteklausel im Interesse der aus der Ehe hervorgegangenen Kinder (1. Altern.) nicht davon abhängig, daß die tragenden besonderen Gründe im Eheverfahren von dem die Scheidung be-

gehrenden Ehegatten geltend gemacht werden. § 616 Abs. 3 ZPO findet auf diese Alternative keine Anwendung (*Schwab* FamRZ 1976, 491, 505). Die abweichende Auffassung von Kniebes DRiZ 1976, 325, 327 und *Palandt-Diederichsen* § 1568, 1 findet im Gesetz keine Stütze. Sie läßt sich auch nicht aus der Entstehungsgeschichte der Vorschrift ableiten. Zwar trifft es zu, daß der BR eine Ergänzung des § 616 Abs. 3 ZPO beantragt hatte mit dem Ziel ausdrücklich zu regeln, daß die Härteklausel im Interesse der Kinder von Amts wegen zu beachten wäre. Aus der Tatsache, daß der Antrag nicht Gesetz geworden ist, lassen sich jedoch keine Schlüsse ziehen. Denn die vorgeschlagene Ergänzung war wegen der vom BR gleichzeitig vorgeschlagenen Neufassung des § 1568 notwendig, die mit dem Wortlaut des § 616 Abs. 3 ZPO nicht korrespondierte. Nachdem § 1568 eine Fassung erhalten hat, die wegen der terminologischen Übereinstimmung mit § 616 Abs. 3 ZPO keinen Zweifel ließ, daß die Parteimaxime auf die Härteklausel zugunsten des Ehegatten beschränkt sein sollte, bedurfte es der Ergänzung des § 616 Abs. 3 ZPO nicht mehr. Das Interesse minderjähriger Kinder an der Aufrechterhaltung der Ehe ist in dem durch § 1568 Abs. 1 vorgegebenen Rahmen von Amts wegen zu beachten ohne Rücksicht darauf, ob der Antragsgegner die Abweisung des Scheidungsbegehrend beantragt oder der Scheidung zustimmt (*OLG Köln* MDR 1960, 51). Wünschen beide Ehegatten die Scheidung, ist freilich Zurückhaltung geboten, da die Aufrechterhaltung der Ehe gegen den Willen der Ehegatten mit Rücksicht auf die Interessen der Kinder nur selten deren Interesse wirklich entsprechen dürfte (*OLG Köln* MDR 1960, 673; *Soergel-Donau* § 48, 34 EheG).

42 Zur Einführung der Härteklausel (1. Altern.) in den Rechtsstreit bedarf es keiner Prozeßhandlung. Die zugrundeliegenden Tatsachen können ohne einen Rechtsanwalt (§ 78 ZPO) mitgeteilt werden.

43 Die Voraussetzungen der Härteklausel (1. Altern.) sind in jedem Stadium des Verfahrens von Amts wegen zu prüfen, auch in der Berufungsinstanz. In der Revisionsinstanz können neue Tatsachen, die die Anwendung der Härteklausel rechtfertigen sollen, nicht verwertet werden (§ 561 ZPO). Die Voraussetzungen für ein ausnahmsweise Berücksichtigung neuer Tatsachen (vgl. Rdnr. 26) werden in der Regel nicht vorliegen.

44 Da die Interessen der Kinder im Rahmen des § 1568 Abs. 1 von Amts wegen zu beachten sind, stellt sich die Frage einer Rücknahme der Härteklausel ebensowenig wie die Frage des Anwaltszwangs für eine solche Rücknahme.

Vereinbarungen der Ehegatten über eine Anwendung der Härteklausel zugunsten der Kinder im Ehescheidungsverfahren sind nicht zulässig.

45 Der Antragsgegner trägt die Beweislast für das Vorliegen der außergewöhnlichen Umstände und der schweren Härte. Der Antragsteller muß beweisen, daß die Ehe gescheitert ist und außerdem die Tatsachen, die für die Berücksichtigung seiner Belange von Bedeutung sind. Ob die Interessen der Kinder der Scheidung entgegenstehen, hat das Gericht von Amts wegen zu ermitteln. Kommt es auf tatsächliche Feststellungen an, geht der Nachteil des fehlenden Beweises zu Lasten des Antraggegners.

6 Recht der DDR

46 Das Recht der DDR kennt ebenfalls eine Härteklausel. Eine gescheiterte Ehe (»die ihren Sinn für die Ehegatten, die Kinder und damit auch für die Gesellschaft verloren hat«) wird nicht geschieden, wenn die Interessen der minderjährigen Kinder der Scheidung entgegenstehen und wenn die Scheidung für einen Ehegatten eine unzumutbare Härte darstellen würde (§ 24 Abs. 2 FGB). Der Einwand der Härte kann auch auf materielle Umstände gestützt werden.

§ 1569

Kann ein Ehegatte nach der Scheidung nicht selbst für seinen Unterhalt sorgen, so hat er gegen den anderen Ehegatten einen Anspruch auf Unterhalt nach den folgenden Vorschriften.

Literatur:

Bertram und *Martens,* Zum Verhältnis von Unterhaltsrecht und Anrechnungsvorschriften im Ausbildungsförderungsgesetz, FamRZ 1971, 11; *Cuny,* Hsg., Unterhalt und Versorgung der geschiedenen Ehefrau, 1970; *Dannehl,* Der Einfluß einer nicht voraussehbaren Verbesserung der wirtschaftlichen Verhältnisse des geschiedenen unterhaltspflichtigen Gatten auf den Anspruch des unterhaltsberechtigten Gatten, MDR 1955, 575; *Deubner,* Der Weg in die Unterhaltsknechtschaft, ZRP 1972, 153; *Engelhardt,* Neues Unterhaltsrecht und frühere Scheidungen, JZ 1976, 576; *Friedrich,* Die steuerlichen Folgen der Unterhaltsregelung bei Ehescheidung, JW 1938, 2446; *Friesecke-Tackenberg,* Die negative Härteklausel im neuen Scheidungsfolgenrecht, FamRZ 1972, 5; Gerechtigkeit für eine Minderheit? Zum neuen Unterhaltsrecht nach der Ehescheidung, ZRP 1972, 10; *Giesen,* Aktuelle Probleme einer Reform des Scheidungsrechts, 1971; *Göppinger,* Vereinbarungen anläßlich der Ehescheidung, 1969; *Grob,* Die familienrechtlichen Unterhalts- und Unterstützungsansprüche der Studenten, 1975; *Habscheid,* Die Rechtsprechung zu den Folgen der Eheauflösung, FamRZ 1959, 317; FamRZ 1963, 77; Die Rechtsprechung zum Eheauflösungsrecht einschließlich der Judikatur zu den Folgen der Eheauflösung sowie zum Eheprozeß, FamRZ 1964, 60; *Hassenstein,* Verhaltensbiologische Aspekte der frühkindlichen Entwicklung und ihre sozialpolitischen Konsequenzen, Mannheimer Forum 1972, S. 169 ff.; *Huhn,* Über einverständliche Scheidung und Unterhaltsverzicht, FamRZ 1967, 267; *Kramer-Schulz,* Unterhaltsvereinbarungen vor rechtskräftiger Scheidung, in Cuny, S. 99; *Kropholler,* Die Stellung des Unterhaltszweitschuldners, FamRZ 1965, 413; *Kuchinke,* Die Klage des Pflichtteilsberechtigten gegen den Erben auf Auskunft und Leistung des Offenbarungseides, NJW 1957, 1175; *Künkel,* Nochmals: Zur Frage der Identität des Unterhaltsanspruchs der §§ 1360 ff. BGB und der §§ 58 ff. EheG, MDR 1964, 639; *Lange,* Zum Auskunftsanspruch im Unterhaltsrecht, MDR 1965, 95; *Leer,* Die Pflicht der geschiedenen Ehefrau, für ihren Unterhalt durch Erwerbstätigkeit aufzukommen, in Cuny, S. 37; *Liebl-Blittersdorf,* Die Unterhaltsansprüche der geschiedenen Ehefrau in der Zwangsvollstreckung, in Cuny, S. 107; *Magnus,* Zur unterhaltsrechtlichen Härteklausel im geplanten Scheidungsfolgenrecht, FamRZ 1974, S. 5; *Maier,* Entwicklungstendenzen in der Erwerbstätigkeit der Frauen, in Cuny, S. 91; *Maier-Reimer,* Verschulden als Kriterium für den Unterhaltsanspruch, in Cuny, S. 9; *Mattmer,* Der Straftatbestand der Unterhaltspflichtsverletzung, NJW 1967, 1593; *Millauer,* Zur Bemessung des Frauen-Unterhalts, NJW 1967, 1061; *Nath-Schreiber,* Unterhalt des geschiedenen Ehegatten nach dem Familiengesetzbuch der DDR, in Cuny, S. 27; *Neuenhofen,*

 Die Änderung rechtskräftiger Unterhaltstitel, in Cuny, S. 115; *Ott*, Treu und Glauben im Scheidungsfolgenrecht, FamRZ 1971, 500; *Rassow*, Zur Berechnung der Höhe gesetzlicher Unterhaltsrenten von Ehegatten und ehelichen Kindern, FamRZ 1969, 515; *Roth*, Unterhalt nach der Scheidung unabhängig vom Verschulden? FamRZ 1970, 110; *Ruland*, Die Beziehungen zwischen familiärem Unterhalt und Leistungen der sozialen Sicherheit, FamRZ 1972, 537; *Schieckel*, Zur Problematik der Reform des Ehescheidungs- und Unterhaltsrechtes, Zeitschr. für Sozialhilfe 1971, 97; *Schneider-Danwitz*, Die sozialrechtliche Stellung der geschiedenen Ehefrau, in Cuny, S. 125; *Schumacher*, Rechtsnatur, Rechtsgrund und Zurechnungselement der Unterhaltsbeziehungen zwischen geschiedenen Ehegatten nach dem 1. Gesetz zur Reform des Ehe- und Familienrechts, ZfS 1976, 641; Geschiedenenunterhalt nach dem 1. Eherechtsreformgesetz, MDR 1976, 881; Zum Begriff der angemessenen Erwerbstätigkeit im künftigen Unterhaltsrecht, DRiZ 1976, 343; *Schwab*, Probleme des Unterhaltsrechts nach der Ehescheidung in Eherechtsreform S. 67 ff.; *Stede*, Die Auflösung der Ehe und ihre Wirkung auf schon vorliegende Unterhaltsurteile, Diss. Bonn 1949; *Stödter*, Zumutbare Erwerbstätigkeit der Frau nach der Scheidung, in Cuny, S. 61; Der Verdienstausgleichsanspruch, ZRP 1971, 253; *Teplitzky*, Zur Frage der Identität des Unterhaltsanspruchs der §§ 1360 ff. BGB und der §§ 58 ff. EheG, MDR 1962, 180.

Überblick — Rdnr.

1 Rechtsentwicklung

1 Der nach bisher geltendem Recht in den §§ 58 ff. EheG geregelte Unterhaltsanspruch geschiedener Ehegatten hat durch das 1. EheRG eine grundlegende Umgestaltung erfahren. Auffallend ist die Änderung in der Systematik. Während die Grundnorm des § 58 EheG den Charakter einer Generalklausel hat, wird in den §§ 1570 ff. an scharf abgegrenzte kasuistische Tatbestände angeknüpft. Auch der im Verlauf des Gesetzgebungsverfahrens neu geschaffene § 1576 hat, mag das auf den ersten Blick auch anders

erscheinen, nicht die Bedeutung einer allumfassenden Generalklausel; das gilt auch, nachdem die Voraussetzung eines Kausalzusammenhangs mit den ehelichen Lebensverhältnissen entfallen ist (vgl. Rdnr. 4 zu § 1576).

2 *a)* Der Bundesrat hatte eine dem System des bisher geltenden Rechts nähere Regelung vorgeschlagen (vgl. BR S. 263 ff.; BT 7/4694). Der Vorschlag sieht eine Generalklausel vor, die dem geschiedenen Ehegatten grundsätzlich einen Unterhaltsanspruch zubilligt. Eingeschränkt werden sollte die Unterhaltsberechtigung nach Auffassung des BR durch die fehlende Bedürftigkeit des Berechtigten, die mangelnde Leistungsfähigkeit des Verpflichteten und durch eine allgemeine negative Härteklausel. Die Anknüpfungsmerkmale der kasuistischen Regelung nach dem 1. EheRG (z. B. Kinderbetreuung, Alter, Krankheit) wollte der BR als Aufzählung von Umständen verstanden wissen, die eine Erwerbstätigkeit nicht erwarten lassen.

Dem Vorschlag liegt die Erwägung zugrunde, daß die Unterhaltsberechtigung prinzipiell lückenlos sein muß. Das 1. EheRG erkennt eine solche »Regelungslücke« nicht an, geht vielmehr bewußt davon aus, daß eine über die kasuistische Regelung hinausgehende Unterhaltsberechtigung nicht bestehen soll. Die grundsätzlichen Meinungsverschiedenheiten im Ausgangspunkt haben z. T. ihre praktische Bedeutung verloren, nachdem bei den einzelnen Unterhaltsansprüchen des 1. EheRG die zeitliche Zuordnung zur Auflösung der Ehe (so noch der Entwurf des 1. EheRG der 6. Legislaturperiode) weitgehend gelockert worden ist und in § 1576 auch eine gegenständliche Erweiterung der Unterhaltsberechtigung hinzugekommen ist.

3 *b)* Der grundlegende Unterschied zum bisher geltenden Recht ist die Aufgabe des Schuldprinzips als Anknüpfungspunkt für nacheheliche Unterhaltsansprüche (wegen der Gründe hierfür vgl. *Amtl. Begr.* S. 121). Das ist allerdings nur im Sinne eines Grundsatzes zu verstehen. Bereits im bisher geltenden Recht war in Ausnahmefällen (so bei der Scheidung ohne Verschulden und ohne Schuldanspruch) ein Unterhaltsanspruch des die Scheidung nicht begehrenden Ehegatten vorgesehen (§ 61 Abs. 2 EheG). Andererseits ist nicht ausgeschlossen, daß bei der Anwendung der §§ 1569 ff. schuldhaftes Verhalten, das zum Scheitern der Ehe geführt hat, zu berücksichtigen sein wird (vgl. z. B. § 1579 Abs. 1 Nr. 2, 4). Der Wegfall des Verschuldens, das nach bisher geltendem Recht (auch) ein Kriterium für die Begrenzung nachehelicher Unterhaltsansprüche war, hat zu Überlegungen Anlaß gegeben, ob nach neuem Recht nicht eine generelle Begrenzung der Höhe des Unterhalts eingeführt werden sollte, um eine übermäßige Belastung der Unterhaltsschuldner zu vermeiden (vgl. *Schwab* S. 95). Diese Überlegungen, die eine Art Kostenneutralität zwischen altem und neuem Recht, bezogen auf die Gesamtleistungen der Unterhaltsschuldner, anstreben, sind mit Recht nicht aufge-

griffen worden, da sie eine angemessene Regelung im Einzelfall ausschließen.

4 Neu im Verhältnis zum bisher geltenden Recht ist schließlich die umfassende gesetzliche Regelung des sog. »Ausbildungsunterhalts« (§ 1575) und die Einbeziehung der Kosten für eine angemessene Altersversorgung in den geschuldeten Lebensbedarf (§ 1578 Abs. 3).

2 Grundsatz

5 § 1569 ist keine selbständige Anspruchsgrundlage, sondern ein Grundsatz. Er hat in doppelter Hinsicht Bedeutung. Einmal stellt er klar, daß das nacheheliche Unterhaltsrecht in den §§ 1570 ff. eine abschließende Regelung gefunden hat, so daß die Zubilligung von Unterhalt auf der Grundlage anderer Vorschriften nicht in Betracht kommt (auch nicht nach § 242). Zum anderen bringt er zum Ausdruck, daß die Bedürftigkeit als Voraussetzung jedes Unterhaltsanspruchs auch für das neue Unterhaltsrecht Geltung hat. Es lag nahe, diesen Grundsatz hervorzuheben, da der Wortlaut der kasuistischen Anspruchsgrundlagen der §§ 1570 ff. den Eindruck erwecken kann, als sei die Bedürftigkeit keine Anspruchsvoraussetzung. Dies wird erst in § 1577 herausgestellt, der insoweit den Grundsatz des § 1569 konkretisiert.

3 Rechtsnatur nachehelicher Unterhaltsansprüche

6 Der nacheheliche Unterhaltsanspruch wird als *familienrechtlicher* Anspruch angesehen, der seinen Grund in der Nachwirkung der ehelichen Beistandspflicht aus der ehelichen Lebensgemeinschaft hat; das gilt sowohl für die Regelung nach bisher geltendem Recht (vgl. *BGH* FamRZ 1956, 144; *Gernhuber* § 30 II 1; *Brühl-Göppinger-Mutschler* 54) als auch für die Regelung nach den §§ 1570 ff. (*Amtl. Begr.* S. 121). Die Auffassung, der Unterhaltsanspruch habe Sanktions- oder Schadensersatzcharakter, wird nur noch gelegentlich vertreten (*Dölle* § 43 III 1; *Huhn* FamRZ 1967, 267). Die Charakterisierung des Unterhaltsanspruchs als Fortwirkung ehelicher Beistandspflichten ist mehr Erläuterung als Begründung. Die Schwierigkeiten, den tragenden Grund nachehelicher Unterhaltsansprüche auszumachen (vgl. *Stödter* S. 67) sind alt. Noch bei der Einführung des BGB beschränkte sich die Rechtfertigung nachehelicher Unterhaltsansprüche auf Billigkeitsgesichtspunkte (Motive IV S. 617, 618; vgl. RG 145, 302). In der Begründung zum 1. EheRG ist der Versuch unternommen worden, den tragenden Grund der Regelung durch eine kausale Verknüpfung mit der Ehe zu erfassen.

»Es soll künftig nicht allgemein jede schicksalbedingte Bedürftigkeit stets und auf Lebensdauer Grund dafür sein, die Mitverantwortlichkeit des früheren Ehegatten auszulösen. Dann jedoch, wenn eine Bedürfnislage in Verbindung mit der Ehe steht, soll der

Grundsatz der Mitverantwortlichkeit eingreifen. Diese Verbindung zur Ehe besteht, wenn die Einigung der Ehegatten über die Arbeitsteilung in der Ehe nach der Scheidung zum Nachteil eines Ehegatten fortwirkt, weil er seine wirtschaftliche Lage eng an seinen Partner geknüpft hat, indem er arbeitsteilig die Verwaltung des hauswirtschaftlichen Bereichs übernommen und auf eine Sicherung durch eigene Erwerbstätigkeit verzichtet hat.«

7 Das Gesetz selbst hat diese Erwägungen nicht vollzogen. Eine allgemeine Beschränkung der unterhaltsrechtlichen Regelung auf Ansprüche mit *»ehebedingter«* Bedürfnislage hat von Anfang an nicht existiert (Die abweichende Auffassung *Schumachers* MDR 1976, 881; ZfS 1976, 641 findet im Gesetz keine Stütze). Allein die Ansprüche nach §§ 1570, 1575 Abs. 2 weisen derartige Züge auf. Im übrigen braucht zwischen dem anspruchsbegründenden Umstand und der ehelichen Lebensgemeinschaft kein kausaler Zusammenhang zu bestehen, das gilt für das Alter (§ 1571), die Krankheit (§ 1572) und die Erwerbsunfähigkeit (§ 1573) und schließlich auch für das Bedürfnis, sich einer Aus- oder Fortbildung zu unterziehen (Ausnahme: § 1575 Abs. 2). Bei dieser Situation liegt es nicht fern, die Fortwirkung ehelicher Beistandspflichten deshalb als hinreichenden Grund anzuerkennen, weil dies nach dem angenommenen allgemeinen Rechtsempfinden als billig angesehen wird (zur Frage nach dem Rechtsgrund nachehelicher Unterhaltsansprüche vgl. eingehend *Schumacher* ZfS 1976, 641).

8 Der familienrechtliche Charakter des nachehelichen Unterhaltsanspruchs schließt die Anwendung schuldrechtlicher Vorschriften nicht grundsätzlich aus, da der Anspruch selbst auf vermögenswerte Leistungen gerichtet ist (vgl. *Soergel-Donau* vor § 58, 2 EheG).

4 Eheliche und nacheheliche Unterhaltspflichten

4.1 Identität ehelicher und nachehelicher Unterhaltsansprüche

9 Aus dem familienrechtlichen Charakter der Unterhaltsansprüche nach §§ 1569 ff. wird auf ihre Identität mit den Unterhaltsansprüchen des getrennt lebenden Ehegatten nach § 1361 geschlossen (wohl h. M. *RGRK* § 58, 8; *LG Köln* FamRZ 1960, 275 mit Anm. v. *Bosch; LG Aachen* FamRZ 1962, 198 mit Anm. v. *Teplitzky; LG Stade* FamRZ 1962, 431; *LG Essen* FamRZ 1965, 218; *Soergel-Donau* Vor § 58, 5; *Beitzke* § 20 III; *Gernhuber* § 30 II 1; *Müller-Freienfels* S. 185; *Habscheid* FamRZ 1959, 317; *Teplitzky* FamRZ 1962, 446; MDR 1962, 180; a. A. *LG Verden* NJW 1962, 2303; *LG Berlin* JR 1963, 302; *LG Frankfurt* FamRZ 1968, 397; *Soergel-Lange* § 1361, 24; *Staudinger-Hübner* § 1361, 40; *Dölle* § 41 III 1; *Erman-Ronke* § 58, 23; *Künkel* MDR 1964, 639). Der *BGH* hat die Auffassung vertreten, daß der Anspruch aus §§ 1360 ff. und der Unterhaltsanspruch nach §§ 58 ff. EheG in »einem und demselben Rechtsbo-

den wurzeln« (*BGH* FamRZ 1956, 144); die Streitfrage selber hat er nicht entschieden.

4.2 Fortgeltung titulierter ehelicher Unterhaltsansprüche

10 Der Schluß vom familienrechtlichen Charakter der Unterhaltsansprüche nach §§ 1570 ff. auf eine Identität mit ehelichen Unterhaltsansprüchen ist nicht zwingend. Die Identität setzt mehr voraus als die Zugehörigkeit zum selben Rechtsgebiet. Es sind in Wirklichkeit praktische Gründe, die die Zuordnung tragen (zutreffend *Gernhuber* § 30 II 1; eingehend *Stede* S. 48). Nimmt man, wie hier, Identität der Ansprüche an, dann hat die Scheidung keinen unmittelbaren Einfluß auf eine bestehende titulierte Unterhaltsforderung. Dem Unterhaltsschuldner bleibt es überlassen, etwaige Änderungen der Unterhaltsverpflichtung mit der Abänderungsklage nach § 323 ZPO zu verfolgen; zugelassen wird auch die Vollstreckungsgegenklage nach § 767 ZPO, jedenfalls dann, wenn der Unterhaltsanspruch infolge der Scheidung völlig wegfällt (*Soergel-Donau* § 58, 6 EheG; *Gernhuber* § 30 II 1; *Brühl-Göppinger-Mutschler* 54). Verneint man mit der hier abgelehnten Meinung die Identität der Ansprüche, dann entfällt der titulierte Anspruch mit Rechtskraft des Scheidungsurteils. Der Unterhaltsberechtigte muß eine neue, auf die Geltendmachung von Unterhaltsansprüchen nach §§ 1570 ff. gerichtete Klage erheben. Eine Abänderungsklage nach § 323 ZPO ist auch dann nicht zulässig, wenn der nacheheliche Unterhaltsanspruch evident ist. Die Unzulässigkeit der Zwangsvollstreckung aus dem alten Titel kann der Unterhaltsschuldner mit der Vollstreckungsgegenklage nach § 767 ZPO geltend machen (vgl. *Erman-Ronke* § 58, 23 EheG).

11 Diese je nach Ausgangslage unterschiedlichen Rechtsfolgen gelten nicht nur für Urteile, sondern auch für gerichtliche Vergleiche (*LG Frankfurt* FamRZ 1968, 397). Zur Frage der Fortgeltung einstweiliger Anordnungen nach § 620 ZPO, die Unterhaltsansprüche zum Gegenstand haben, vgl. Ausführungen zu § 620 ZPO.

4.3 Wirkungen der Überleitung ehelicher Unterhaltsansprüche

12 Wird bei bestehender Ehe der Unterhaltsanspruch eines Ehegatten gegen den anderen mit Rücksicht auf gewährte oder noch zu gewährende Leistungen auf den Träger der Sozialhilfe übergeleitet (§§ 90, 91 BSHG), wirkt die Überleitung über den Zeitpunkt der Scheidung hinaus fort. Sie erfaßt auch den nachehelichen Unterhaltsanspruch mit der Folge, daß eine erneute Überleitung nach der Scheidung nicht notwendig ist und Verfügungen über den künftigen Unterhaltsanspruch (z. B. Unterhaltsverzicht) nach dem Rechtsgedanken des § 161 Abs. 1 gegenüber dem Träger der Sozialhilfe unwirksam sind (h. M. vgl. Rdnr. 27 zu § 1585 c).

5 Überblick über die Regelung des nachehelichen Unterhaltsrechts

5.1 Überblick über die §§ 1569 ff.

13 Das nacheheliche Unterhaltsrecht nach dem 1. EheRG weist 6 eigenständige Unterhaltsansprüche auf, die nicht unmittelbar an eine Bedürfnislage anknüpfen, sondern an Gründe, aus denen von dem bedürftigen Ehegatten eine Erwerbstätigkeit nicht erwartet werden kann:

§ 1570	keine Pflicht zur Erwerbstätigkeit wegen Betreuung gemeinschaftlicher Kinder
§ 1571	keine Pflicht zur Erwerbstätigkeit wegen Alters
§ 1572	keine Pflicht zur Erwerbstätigkeit wegen Krankheit
§ 1573	keine Pflicht zur Erwerbstätigkeit wegen fehlender Erwerbstätigkeit
§ 1575	keine Pflicht zur Erwerbstätigkeit wegen Aufnahme oder Fortsetzung einer Ausbildung oder Fortbildung
§ 1576	keine Pflicht zur Erwerbstätigkeit wegen eines sonstigen schwerwiegenden Grundes

Die Pflicht zur Erwerbstätigkeit ist auf eine angemessene Erwerbstätigkeit beschränkt. Die Kriterien der Angemessenheit regelt § 1574 Abs. 2. Der berechtigte Ehegatte ist gehalten, sich ausbilden oder umschulen zu lassen, soweit dies zur Aufnahme einer angemessenen Erwerbstätigkeit erforderlich ist (§ 1574 Abs. 3). Der Grundsatz der Bedürftigkeit als Voraussetzung des Unterhaltsanspruchs behandelt § 1577 einschließlich der Frage der Anrechenbarkeit von Einkünften und der Verwertung von Vermögen. § 1578 umschreibt Umfang und Standard des Lebensbedarfs. Die negative Härteklausel (§ 1579) zählt vier Gründe auf, die der Unterhaltsberechtigung entgegenstehen können. Eine wechselseitige Auskunftspflicht enthält § 1580, Auswirkungen mangelnder Leistungsfähigkeit des Unterhaltsverpflichteten behandelt § 1581; die Regel über die Verwertung des Vermögens korrespondiert mit der entsprechenden Vorschrift für den Unterhaltsberechtigten. § 1582 befaßt sich mit dem relativen Rangvorbehalt zugunsten des geschiedenen Ehegatten. Die §§ 1585 bis 1585 c behandeln Einzelheiten der Leistungspflicht, die §§ 1586 ff. die Beendigung des Unterhaltsanspruchs. Neuartig ist § 1586 a, der das Wiederaufleben eines durch Heirat erloschenen Unterhaltsanspruchs vorsieht.

5.2 Sonderregelungen in der Zwangsvollstreckung

14 *a)* Der Unterhaltsanspruch ist mit Rücksicht auf seine Zweckbestimmung (Sicherung des Lebensbedarfs) grundsätzlich nicht pfändbar (§ 850 b Abs. 1 Nr. 2 ZPO). Die Unpfändbarkeit gilt auch für die Geltendmachung von Unterhaltsrückständen (*BGH* 31, 218; *OLG Düsseldorf* MDR 1955, 674). Das Voll-

streckungsgericht kann die Pfändung nach § 850 b Abs. 2 ZPO zulassen, wenn die Vollstreckung in das sonstige bewegliche Vermögen des Schuldners zu einer vollständigen Befriedigung des Gläubigers nicht geführt hat oder voraussichtlich nicht führen wird und wenn nach den Umständen des Falles, insbesondere nach der Art des beizutreibenden Anspruchs und der Höhe der Bezüge, die Pfändung der Billigkeit entspricht. Ansprüche aus Unterhaltsvereinbarungen sind unpfändbar, wenn sie die Regelung eines gegebenen gesetzlichen Unterhaltsanspruches zum Gegenstand haben (vgl. Rdnr. 6 zu § 1585 c).

15 *b)* Ist das Konkursverfahren über das Vermögen des Unterhaltsberechtigten eröffnet, gehört sein Unterhaltsanspruch insoweit nicht zur Konkursmasse, als er nach § 850 b Abs. 1 Nr. 2 ZPO unpfändbar ist (§ 1 Abs. 4 KO). Im Falle des Konkurses des Unterhaltsverpflichteten gilt § 3 Abs. 2 KO.

16 *c)* Der Unterhaltsberechtigte hat ein Pfändungsvorrecht (§ 850 d ZPO).

17 *d)* Der geschiedene Ehegatte, dessen Unterhaltsanspruch einen Vorrang nach § 1582 hat, erhält diesen auch in der Zwangsvollstreckung (§ 850 d Abs. 2 a i. d. F. des 1. EheRG).

5.3 Sonderregelungen im bürgerlichen Recht u. a.

18 *a)* Der Unterhaltsanspruch kann, soweit er der Pfändung nicht unterliegt, nicht abgetreten werden (§ 400 BGB), da die Abtretung gegen ein gesetzliches Verbot verstoßen würde (§ 134).

19 *b)* Aus demselben Grund kann gegenüber dem Unterhaltsanspruch ein Zurückbehaltungsrecht nicht ausgeübt werden (§ 273).

20 *c)* Das Pfändungsverbot bewirkt auch ein Verbot, gegen den Unterhaltsanspruch aufzurechnen (§ 394). Die Berufung auf ein Aufrechnungsverbot kann arglistig sein, wenn die Gegenforderung auf einer vorsätzlichen unerlaubten Handlung beruht (*Hoffmann-Stephan* Vor § 58, 5 EheG).

21 *d)* Die Verletzung der Unterhaltspflicht kann eine Schadensersatzpflicht auslösen, da § 170 b StGB ein Schutzgesetz i. S. von § 823 Abs. 2 ist (*BGH* 28, 359).

22 *e)* Soweit der Unterhaltsberechtigte Leistungen aus öffentlichen Mitteln zur Deckung seines Lebensbedarfs erhält, die subsidiären Charakter haben, kann der Träger der Leistungen von dem Unterhaltspflichtigen Erstattung verlangen. Der Übergang der Ansprüche wird in der Regel durch Überleitung vollzogen (vgl. §§ 90, 91 BSHG).

23 *f)* Die Verletzung der gesetzlichen Unterhaltspflicht kann strafrechtliche Folgen haben (§ 170 b StGB).

24 *g)* Das nacheheliche Unterhaltsrecht ist unter Umständen anwendbar, wenn eine geschlossene Ehe zwar nicht aufgelöst worden ist, der Scheidungsantrag aber erhoben war und der

Antragsteller vor der Scheidung verstorben ist (vgl. § 1933 und Rdnr. 15 zu § 1586 b).

25 *b)* Die §§ 1569 ff. gelten im Falle der Aufhebung der Ehe, sofern die Aufhebung zu einem Unterhaltsanspruch berechtigt. Das folgt aus § 37 EheG, dessen Absatz 2 durch das 1. EheRG neu gefaßt worden ist; entfallen ist die Gleichstellung des Verschuldens an der Scheidung mit der Kenntnis oder der Veranlassung des Aufhebungsgrundes.

6 Unterhaltsersatz

26 *a)* Nach bisher geltendem Recht spielten Ansprüche, die den Charakter von Unterhaltsersatz haben, eine erhebliche Rolle. Das gilt insbesondere für die sogenannte Geschiedenenwitwenrente aus der gesetzlichen Rentenversicherung (vgl. z. B. § 1265 RVO) und den Unterhaltsbeitrag der geschiedenen Ehefrau eines verstorbenen Beamten (§ 125 Abs. 2 BBG).

27 Durch das 1. EheRG ist in bezug auf die vom anderen Ehegatten abgeleitete Altersversorgung eine *grundlegende Änderung* eingetreten. Die Geschiedenenwitwenrente und der Unterhaltsbeitrag des geschiedenen Ehegatten nach bisher geltendem Recht werden nur noch dem Ehegatten gewährt, dessen Ehe *vor* dem Inkrafttreten des 1. EheRG geschieden worden ist (vor dem 1. 7. 1977). Eine entsprechende Einschränkung ist in § 1265 RVO und den entsprechenden Parallelbestimmungen (vgl. § 42 AVG, § 65 RKnG, § 86 Abs. 1 BeamtVG) enthalten.

28 Für Ehegatten, deren Ehe *nach* dem Inkrafttreten des 1. EheRG geschieden worden ist, gibt es keine Geschiedenenwitwenrente. Ihre Altersversorgung gilt, soweit sie auf die Ehezeit bezogen werden kann, als durch den *Versorgungsausgleich* (§§ 1587 ff.) abgegolten. Das ist auch dann der Fall, wenn dem Ehegatten aus dem durchgeführten Versorgungsausgleich ein Rentenanspruch nicht erwächst (vgl. Rdnr. 59 zu § 1587 b), oder wenn die Ehegatten gemäß § 1408 Abs. 2 i. d. F. des 1. EheRG den Versorgungsausgleich ausgeschlossen haben. Wegen dieser Auswirkungen muß vor dem Abschluß einer Vereinbarung nach § 1408 Abs. 2, die nicht einen entsprechenden wirksamen Ausgleich bietet, mit Nachdruck gewarnt werden (vgl. Rdnr. 5 zu § 1587 o). Wegen der Neuregelung des Unterhaltsbeitrags vgl. § 22 Abs. 2 BeamtVers.G und Rdnr. 60 Vor § 1587.

29 Bei Ansprüchen, die gegenständlich nicht unter die Vorschriften des Versorgungsausgleiches fallen, verbleibt es bei der abgeleiteten Versorgung (Geschiedenenwitwenrente) des geschiedenen Ehegatten. Das gilt insbesondere für das Unfallversicherungsrecht, die Versorgung nach dem Bundesversorgungsgesetz, dem Häftlingshilfegesetz und dem Bundesentschädigungsgesetz (vgl. Rdnr. 6 zu § 1587).

30 *b)* Einen neuartigen Anspruch, der den Charakter von Unterhaltsersatz hat, hat das 1. EheRG mit der Einführung der sog. Erziehungsrente geschaffen (§ 1265 a RVO; vgl. Rdnr. 58 ff. zu Vor § 1587).

31 *c)* § 1577 i. d. F. des RegE enthielt einen auf den Ausgleich ehebedingter Nachteile bei der Altersversorgung gerichteten Anspruch. Der Vorschlag, der zu einer als exorbitant angesehenen Ausweitung der Unterhaltsberechtigung geführt hätte (vgl. BT 7/4361 S. 30), lautete:

(1) Ein geschiedener Ehegatte kann von dem anderen Unterhalt verlangen, soweit er keine oder eine geringere Versorgung wegen Alters- oder Berufs- oder Erwerbsunfähigkeit der in § 1587 a Abs. 2 Nr. 1 bis 4 genannten Art erhält, weil er während der Ehe nicht oder nicht voll erwerbstätig war und dieser Nachteil nicht durch einen dem geschiedenen Ehegatten gewährten Versorgungsausgleich ausgeglichen wird. Das gleiche gilt, soweit der Nachteil darauf beruht, daß der geschiedene Ehegatte nach der Scheidung eine angemessene Erwerbstätigkeit nicht gefunden hat oder wegen der Pflege oder Erziehung eines gemeinschaftlichen Kindes nicht oder nicht voll erwerbstätig sein konnte.

(2) Ob und in welcher Höhe ein Nachteil eingetreten ist, ist nach billigem Ermessen zu bestimmen. Hierbei ist zu berücksichtigen, welche Erwerbstätigkeit der Berechtigte in den nach Absatz 1 maßgeblichen Zeiten nach den zuvor oder nachher ausgeübten Tätigkeiten oder, wenn der Berechtigte nie erwerbstätig gewesen ist, auf Grund seiner Ausbildung und seinen Fähigkeiten mutmaßlich ausgeübt hätte, und welche Versorgung er auf Grund ausgeübter Tätigkeiten erlangt hat.

Der Vorschlag ist nicht Gesetz geworden.

32 *d)* Nicht aufgegriffen worden ist schließlich auch die Anregung (*Stödter* ZRP 1971, 253) infolge der Ehe eingetretene Fortkommenschancen des nicht berufstätigen Ehegatten unterhaltsrechtlich auszugleichen (Verdienstausgleichsanspruch).

§ 1570

Ein geschiedener Ehegatte kann von dem anderen Unterhalt verlangen, solange und soweit von ihm wegen der Pflege oder Erziehung eines gemeinschaftlichen Kindes eine Erwerbstätigkeit nicht erwartet werden kann.

Überblick Rdnr.

1 Allgemeines

1 Der Anspruch nach § 1570 ist ein *»ehebedinger«* (vgl. Rdnr. 7 zu § 1569) Unterhaltsanspruch. Maßgebend ist, daß die gemeinschaftlichen Kinder der Pflege oder Erziehung durch den anderen Ehegatten bedürfen und dieser dadurch an einer Erwerbstätigkeit gehindert wird. Die fortwirkende Verantwortlichkeit der Ehegatten für ihre Kinder aus der Ehe rechtfertigt den Anspruch.

2 Begriff der Pflege oder Erziehung

2 Das häufig wiederkehrende Begriffspaar Pflege und Erziehung hat, hier nicht kumulativ gebraucht, dieselbe Bedeutung wie in anderen Vorschriften (z.B. Art. 6 Abs. 2 GG, § 1606 Abs. 3 Satz 2 BGB, § 5 Abs. 1 Nr. 3 JWG). Die Begriffe überschneiden sich; eine eindeutige Abgrenzung ist nicht möglich. Pflege ist die allgemeine Sorge für das körperliche und geistige Wohl, während die Erziehung stärker auf die Ausbildung und Bildung der Fähigkeiten und Anlagen des Kindes gerichtet ist (vgl. *Maunz-Dürig* Art. 6, 24). Unbedenklich wird man den gesamten Inhalt dessen, was unter elterlicher Sorge (§§ 1626 ff.) zu verstehen ist, darunter fassen können. Nicht vorausgesetzt wird, daß es sich um ein minderjähriges Kind handelt. Bei volljährigen Kindern wird nur der Fall der Pflege in Betracht kommen (vgl. *Amtl. Begr.* S. 122).

3 Die Regelung in § 1570 stellt auf die *tatsächliche Pflege* oder Erziehung ab. Nicht vorausgesetzt wird, daß dem betreffenden Ehegatten die Personensorge nach § 1671 übertragen worden ist.

Das ist gerechtfertigt, da der Lebensunterhalt des die Kinder versorgenden Ehegatten im Interesse der Kinder sichergestellt werden soll und dieses Bedürfnis unabhängig von der rechtlichen Ausgestaltung der Eltern-Kind-Beziehungen besteht (vgl. auch § 1629 Abs. 2, wo auf die bloße Obhut bei der Geltendmachung von Unterhaltsansprüchen abgestellt wird). Übt der Ehegatte die »Pflege oder Erziehung« widerrechtlich aus, steht es dem sorgeberechtigten Teil frei, diesen Zustand zu beenden (§ 1632) und damit die Voraussetzungen des § 1570 zu beseitigen. Ein Unterhaltsanspruch dürfte allerdings zu verneinen sein, wenn der sorgeberechtigte Ehegatte keine rechtliche oder tatsächliche Möglichkeit hat, den widerrechtlichen Zustand zu beseitigen (z. B. weil eine Vollstreckung des Herausgabeanspruchs nach § 1632 im Ausland scheitert).

3 Pflege oder Erziehung als Hinderungsgrund für eine Erwerbstätigkeit (Kausalzusammenhang)

4 § 1570 knüpft nicht an die bloße Tatsache der Pflege oder Erziehung an. Notwendig ist vielmehr, daß *wegen* dieser Umstände eine Erwerbstätigkeit nicht erwartet werden kann. Eine Konkretisierung der maßgebenden Kriterien gibt das Gesetz nicht.

5 Nach bisher geltendem Recht spielte die Frage der Kinderbetreuung eine Rolle im Rahmen der Prüfung der Frage, ob und in welchem Umfang der unterhaltsberechtigte Ehegatte (§§ 58 ff. EheG) darauf verwiesen werden konnte, seinen Unterhalt durch eigene Erwerbstätigkeit zu sichern.

Bemerkenswert ist die ausgeprägte Zurückhaltung bei der Annahme einer Verpflichtung zur Erwerbstätigkeit (*Brühl-Göppinger-Mutschler* 580 ff.). Dabei schien die Erwägung im Vordergrund zu stehen, dem nicht überwiegend schuldigen Ehegatten, der Kinder zu betreuen hatte und der während der Ehe nicht tätig war, den ehelichen »Besitzstand« zu erhalten aber auch eine weitgehende Anerkennung des Wunsches des Ehegatten, die Kinder persönlich zu betreuen; in der veröffentlichten Rechtsprechung kommt diese Tendenz nur ungenügend zum Ausdruck (vgl. *RG* 160, 41; das Bedürfnis für eine persönliche Pflege und die Erziehung ist bejaht worden: *RG* 169, 396 bei 2 Kindern, 9 und 12 Jahre alt; *BSG* FamRZ 1967, 672: 4 Kinder im Alter zwischen 3 und 9 Jahren; *BSG* FamRZ 1971, 90: 2 Kinder im Alter von 10 und 13 Jahren; *BGH* FamRZ 1969, 204: 1 Kleinkind; *OLG Hamm* FamRZ 1969, 109: 3 schulpflichtige Kinder; *LG Kiel* Vers R 1954, 357, 455: 2 Kinder im Alter von 8 und 9 Jahren; *LG Oldenburg* MDR 1960, 926: 2 heranwachsende Töchter; zurückhaltender verhält sich die Entscheidung von *LG Flensburg* MDR 1954, 229, das eine Pflicht zur Erwerbstätigkeit mit der Begründung angenommen und, daß das 4 Jahre alte Kind den Kindergarten besuchen könne. Die Entscheidung hat Widerspruch gefunden – vgl. *Hoffmann-Stephan* § 58, 56 EheG –).

6 Diese Entscheidungen wären auch bei einer restriktiven Auslegung des § 58 EheG gerechtfertigt gewesen, sie würden auch von § 1570 getragen. Das macht eine Überprüfung der grundsätzlichen Frage, wann nach neuem Recht eine Erwerbstätigkeit erwartet werden kann, obwohl gemeinschaftliche Kinder vorhanden sind, nicht entbehrlich. Das neue, auf kasuistischen Anspruchsgrundlagen beruhende Unterhaltsrecht zwingt zu einer eigenständigen Bewertung der Frage. Der Wortlaut des § 1570 ist nicht ergiebiger als das bisher geltende Recht. Die fehlende Konkretisierung der Voraussetzungen, die von einer Erwerbstätigkeit »befreien«, erweist sich dabei in Anbetracht der Vielzahl denkbarer Fallgestaltungen eher als ein Vorteil. Insbesondere wäre es wenig sachdienlich, auf Zahl und Alter der Kinder abzustellen, denn im Einzelfall können diese Gesichtspunkte einmal für, ein andermal gegen die Kinderbetreuung durch den anderen Ehegatten sprechen (vgl. EheRK Bericht 2. Teil S. 97 f.).

7 Entscheidend für den grundsätzlichen Ausgangspunkt ist, ob man bei der Auslegung primär auf die Interessen der Kinder abstellt oder auch auf das Interesse des Ehegatten an der umfassenden persönlichen Pflege und Erziehung des Kindes.

Dabei kann die allgemeine Entwicklung im Zusammenhang mit der Erwerbstätigkeit von Eheleuten nicht außer Betracht bleiben. Die Zahl der erwerbstätigen Frauen, auch der Frauen mit Kindern, ist kontinuierlich im Steigen begriffen (vgl. *Maier* S. 91 und Zweiter Familienbericht der Bundesregierung BT 7/3502 S. 153). Es ist nicht Aufgabe dieser Darstellung, diese Tendenz und ihre Ursachen zu werten. Als gegebene Größe kann sie für den Bereich des nachehelichen Unterhaltsrechts jedenfalls nicht ignoriert werden. Denn werden in der sozialen Wirklichkeit in vollständigen Familien Maßstäbe dafür gesetzt, wann die Erwerbstätigkeit der Ehegatten ungeachtet vorhandener Kinder für vertretbar gehalten wird, können für die Zeit nach der Scheidung bei vergleichbaren Verhältnissen keine anderen Maßstäbe gelten. Dabei spielt es keine Rolle, daß in vollständigen Familien die gewählte Lebensführung auf einem Konsens beruht (häufig hat der Konsens auch eine dubiose Grundlage), denn die Frage, ob die Pflege oder Erziehung der Kinder eine Erwerbstätigkeit ausschließt, ist unabhängig vom Konsens der Ehegatten zu beurteilen. Es käme einer Privilegierung der Berechtigten nachehelicher Unterhaltsansprüche gleich, wenn die Erwartung in bezug auf eine Erwerbstätigkeit nach anderen Gesichtspunkten zu beurteilen wäre, als sich die Erwerbstätigkeit von Ehegatten – Eltern in vollständigen Familien in der sozialen Wirklichkeit allgemein darstellt.

8 Nicht in Zweifel zu ziehen ist, daß eine Erwerbstätigkeit von dem Ehegatten nicht erwartet werden kann, wenn und weil die Bedürfnisse der Kinder eine *persönliche Pflege* oder Erziehung erfordern. Zu prüfen ist also, ob und gegebenenfalls welche Auswirkungen der Ausfall des Ehegatten bei der Pflege oder Erziehung auf die Entwicklung des Kindes mutmaßlich haben würde. Sind nennenswerte Nachteile festzustellen, dann kann eine Er-

werbstätigkeit nicht erwartet werden. Zu den Nachteilen wird man bloße Unbequemlichkeiten und Reduktionen im Leistungsangebot des Elternteils an das Kind in vertretbarem Umfang nicht rechnen können. Entscheidend sind die individuellen Verhältnisse. So wird bei »schwierigen« Kindern ein Bedürfnis für eine umfassende unmittelbare Pflege und Erziehung durch den Ehegatten in der Regel zu bejahen sein; denkbar ist auch, daß in einem solchen Einzelfall gerade der Besuch eines Kindergartens vorteilhafter ist, ein Umstand, der dem Ehegatten eine Teilerwerbstätigkeit ermöglicht. Ebenso unterschiedlich können die Verhältnisse bei »problemlosen« Kindern liegen. Auch die Zahl der Kinder kann für und gegen eine Erwerbstätigkeit sprechen.

9 Bei der Beurteilung der Frage, ob die Erwerbstätigkeit des Eltern – Ehegatten sich auf die Entwicklung des Kindes im konkreten Fall nachhaltig auswirken kann, sind gesicherte wissenschaftliche Erkenntnisse zu berücksichtigen, so z. B. die Rolle der Bezugsperson bei der frühkindlichen Entwicklung (vgl. z. B. *Brühl-Göppinger-Mutschler* 580 m. w. N.; *Hassenstein* S. 183). In Zweifelsfällen ist den Interessen der Kinder der Vorrang zu geben.

10 Selbstverständlich muß vorausgesetzt werden, daß der Ehegatte, von dem unter Berücksichtigung der Bedürfnisse der Kinder eine Erwerbstätigkeit erwartet werden könnte, auch tatsächlich die Möglichkeit einer Betreuung der Kinder durch andere Personen oder Einrichtungen hat. Fehlt ein Kindergarten, steht ein Kindergartenplatz nicht zur Verfügung oder sind Verwandte, die für eine Pflege oder Erziehung allein in Betracht kommen, nicht bereit oder ungeeignet, die Betreuung zu übernehmen, dann kann der Ehegatte nicht auf eine Erwerbstätigkeit verwiesen werden. Eine räumliche Trennung der Kinder von dem Ehegatten dürfte in aller Regel nicht den Bedürfnissen der Kinder entsprechen. Das wird man bei einer Fremdbetreuung allgemein sagen können, insbesondere wenn der Ehegatte keinen bestimmenden Einfluß mehr auf die Pflege oder Erziehung würde nehmen können. Eine Erwerbstätigkeit kann schließlich nicht erwartet werden, wenn die Pflege oder Erziehung den Ehegatten voll in Anspruch nimmt und die Tätigkeit zu einer Doppelbelastung führen würde. § 1570 setzt normale Maßstäbe voraus; eine Entlastung des unterhaltspflichtigen über eine Doppelbelastung des anderen Teils würde dem Normzweck widersprechen.

11 Zweifelhaft ist, ob im Rahmen des § 1570 außer den Bedürfnissen der Kinder auch das eigene Interesse des Ehegatten an einer umfassenden persönlichen Pflege oder Erziehung der Kinder ausreichend ist. Der Wortlaut des § 1570 ist nicht eindeutig, doch spricht mehr dafür, dies zu verneinen. Entscheidend ist, daß die Erwerbstätigkeit wegen der gemeinschaftlichen Kinder nicht erwartet werden kann. Stehen die Bedürfnisse der Kinder einer Erwerbstätigkeit nicht entgegen, dann sind es (durchaus achtbare, aber vom Gesetz nicht als relevant anerkannte) andere Gründe, die den Ehegatten an der Erwerbstätigkeit hindern. Mitunter wird versucht, den Vorrang elterlicher Pflege oder Erziehung un-

ter Berufung auf Art. 6 GG unterhaltsrechtlich abzusichern (vgl. *Brühl-Göppinger-Mutschler* 580; *Stödter* S. 77; *Ramm* JZ 1968, 41). Diese Argumentation überzeugt nicht. Art. 6 GG ist keine im Verhältnis der Ehegatten zueinander unmittelbar anwendbare Norm (vgl. Rdnr. 19 Vor § 1353). Bei § 1570 geht es auch nicht darum, daß dem Elternteil die ihm (im Verhältnis zur öffentlichen Gewalt) primär zukommende Pflege- und Erziehungsgewalt genommen werden soll, sondern allein um die Frage, ob der geschiedene Ehegatte diese zu finanzieren hat. Dazu ist er verpflichtet, soweit unter dem Gesichtspunkt der Bedürfnisse der Kinder eine Betreuung durch den anderen Ehegatten notwendig ist. Liegen diese Voraussetzungen nicht vor, dann würde die Zubilligung eines Unterhaltsanspruchs über den Normzweck des § 1570 hinausgehen. Der tragende Grund des Unterhaltsanspruchs wäre dann nicht das Interesse der Kinder, sondern die Stabilisierung einer Lebensart des berechtigten Ehegatten und der bei ihm befindlichen nicht betreuungsbedürftigen (i. S. von § 1570) Kinder. Die Sicherstellung optimaler Lebensverhältnisse dieses Ehegatten geht über den Normzweck des § 1570 hinaus.

12 Für die Beurteilung, ob von dem die Kinder zu betreuenden Ehegatten eine Erwerbstätigkeit nicht erwartet werden kann, spielt es keine entscheidende Rolle, ob dieser während der Ehe erwerbstätig war. Die *Amtl. Begr.* (S. 123) ist mißverständlich, wenn es dort heißt, daß einer Mutter ein Unterhaltsanspruch nicht versagt werden kann, wenn sie nach der Scheidung die Pflege oder Erziehung des Kindes nicht in andere Hände gibt, um selbst erwerbstätig sein zu können. Kommt es nach § 1570 entscheidend darauf an, ob die Erwerbstätigkeit wegen der gemeinschaftlichen Kinder nicht erwartet werden kann, kann die Lebensweise der Ehegatten während der Ehe schon deshalb nicht entscheidend sein, weil die Gründe hierfür nicht notwendigerweise im Zusammenhang mit einem Bedürfnis der persönlichen Betreuung der Kinder stehen müssen (vgl. *Hoffmann-Stephan* § 58, 53; *Soergel-Lange* § 58, 19). Die Tatsache, daß der Ehegatte während der Ehe nicht erwerbstätig war, läßt für sich gesehen nicht den Schluß zu, daß die Ehegatten die umfassende Betreuung des Kindes durch den Ehegatten als zwingend angesehen haben und daß die Betreuung auch tatsächlich notwendig war. Das ist auf Grund einer eigenständigen Überprüfung der Verhältnisse nach der Scheidung zu ermitteln.

4 Gemeinschaftliches Kind

13 Die Pflege oder Erziehung eines Kindes löst nach § 1570 einen Unterhaltsanspruch nur aus, wenn es sich um ein *gemeinschaftliches* Kind der Ehegatten handelt. Dazu zählen gemeinschaftlich adoptierte Kinder, nicht aber Pflegekinder oder Kinder des den Unterhalt beanspruchenden Ehegatten; auch die Betreuung in den Haushalt aufgenommener Angehöriger reicht nicht aus, um den Unterhaltsanspruch nach dieser Vorschrift zu begründen. § 1570

weicht insoweit in einem gewissen Umfang vom bisher geltenden Recht ab. So wurde eine Pflicht zur Erwerbstätigkeit mitunter verneint, obwohl die zu betreuenden Kinder oder Angehörigen zu dem verpflichteten Ehegatten keinerlei verwandtschaftliche Beziehungen besaßen (vgl. z. B. *LG Duisburg* FamRZ 1956, 77 – die Pflicht zur Erwerbstätigkeit wurde mit Rücksicht auf ein 5 Jahre nach der Scheidung geborenes nichteheliches Kind der bis dahin erwerbstätigen Mutter verneint, der geschiedene Ehemann war nicht der Vater des Kindes; die Entscheidung ist auch auf der Grundlage des bisher geltenden Rechts nicht vertretbar; *LG Bonn* FamRZ 1961, 314 mit abl. Anm. v. *Bosch*).

14 Die EheRK hat vorgeschlagen, einen Unterhaltsanspruch zu gewähren, wenn der Ehegatte Angehörige oder Pflegekinder zu betreuen hat, die mit Einverständnis des anderen Ehegatten in den gemeinschaftlichen Haushalt aufgenommen worden sind (vgl. 2. Teil These II 2 Abs. 1 d). Der einschränkenden Regelung in § 1570 liegt die Überlegung zugrunde, daß einem Ehegatten, der anerkennenswerterweise der Aufnahme eines Angehörigen oder eines Pflegekindes des anderen Ehegatten in den gemeinschaftlichen Haushalt zugestimmt hat, nicht das über die Ehezeit fortdauernde Risiko aufgebürdet werden kann, für die Betreuung dieser Personen durch Gewährung von Unterhalt an die Betreuungsperson zu sorgen. Die Versagung des Anspruchs in diesen Fällen wird gerechtfertigt durch die fehlende Kausalität zur Ehe. Nun sind Fallgestaltungen denkbar, wo der notwendige Verzicht auf die Erwerbstätigkeit durchaus »ehebedingt« sein kann, z. B. wenn ein Ehegatte mit Rücksicht auf die Ehe und die Wünsche und Bedürfnisse des anderen Ehegatten Dispositionen getroffen hat, die nicht ohne weiteres rückgängig gemacht werden können (z. B. Übernahme von Verpflichtungen zur Betreuung, Aufgabe anderweitiger Betreuungsmöglichkeiten für den Angehörigen u. a. m.). Obwohl in solchen Fällen die Verweigerung des Unterhaltsanspruchs als unbillig empfunden werden kann, erscheint eine analoge Anwendung des § 1570 in Anbetracht des eindeutigen, bewußt gewählten engen Wortlauts und der sich aus der kasuistischen Regelung der Unterhaltstatbestände ergebenden restriktiven Tendenz bedenklich.

15 U. U. werden aber bei entsprechender Fallgestaltung die Voraussetzungen für einen Unterhaltsanspruch nach § 1576 gegeben sein, der erst im Lauf des Gesetzgebungsverfahrens gerade zu dem Zweck eingefügt worden ist, Billigkeitsgesichtspunkten im Rahmen des Unterhaltsrechts Rechnung zu tragen. In einer Reihe von Fällen wird eine befriedigende Lösung nach § 1586 a zu erreichen sein, wenn es sich um ein Kind aus einer früheren Ehe handelt. Nach Scheidung der zweiten Ehe kann ein Unterhaltsanspruch gegen den Ehegatten aus der ersten Ehe aufleben, dessen Kind zu pflegen oder zu erziehen ist. Auch eine rechtsgeschäftliche Übernahme von Unterhaltspflichten in dem erwähnten Umfang kann im Einzelfall vorliegen. Nur wird man in der bloßen Aufnahme von Angehörigen des anderen Ehegatten in den gemeinsamen Haushalt nicht ohne weiteres die Übernahme einer vertraglichen

Unterhaltsverpflichtung gegenüber dem anderen Ehegatten für den Fall der Scheidung sehen können (vgl. Rdnr. 18 ff. zu § 1360 a).

16 Hat ein Ehegatte die Pflege oder Erziehung der Kinder des anderen Ehegatten übernommen, dann wird sich dieser nicht darauf berufen können, daß die Kinder nicht »gemeinschaftlich« sind. Das muß jedenfalls dann gelten, wenn ein Bedürfnis für die Pflege oder Erziehung durch den Stiefelternteil besteht, die Betreuung sich als Fortwirkung der in der Ehe entstandenen tatsächlichen Eltern-Kind-Beziehungen darstellt und der leibliche Elternteil aus rechtlichen oder tatsächlichen Gründen keine mit dem Wohl des Kindes zu vereinbarende Pflege oder Erziehung des Kindes sicherstellt.

5 Teilunterhalt

17 Der Unterhalt ist zu gewähren, *soweit* von dem Ehegatten aus den genannten Gründen eine Erwerbstätigkeit nicht erwartet werden kann. Nimmt die notwendige Betreuung der Kinder den Ehegatten nicht voll in Anspruch, so erhält er nur *Teilunterhalt.* Im übrigen ist er gehalten, seinen Unterhalt durch Erwerbstätigkeit selbst zu sichern; er muß einer Teilbeschäftigung nachgehen. Der Teilunterhalt ist in der Weise zu berechnen, daß der »volle Unterhalt«, d. i. der gesamte Lebensbedarf, um die aus der (angemessenen) Teilerwerbstätigkeit erzielten Einkünfte gemindert wird. Übt der Unterhaltsberechtigte gleichwohl keine Erwerbstätigkeit aus, ist zu ermitteln, welche Einkünfte sie ihm einbringen würde; der angenommene Betrag ist abzusetzen. Keine Stütze im Gesetz hat eine Berechnungsmethode, die den Teilunterhalt auf der Grundlage der Zeit, die für eine Erwerbstätigkeit zur Verfügung steht, errechnet. Benötigt ein Ehegatte zur Pflege und Erziehung der Kinder nur die Hälfte des Tages, so wäre nach dieser Methode nur Unterhalt in Höhe von 50 % zu gewähren ohne Rücksicht darauf, wie hoch die Einkünfte des berechtigten Ehegatten sind. Verkannt wird dabei, daß der Unterhalt sich am Lebensbedarf (§ 1578 Abs. 1 Satz 2) orientieren muß, nicht an den zeitlichen Möglichkeiten, diesen Lebensbedarf zu erwirtschaften.

6 Dauer des Anspruchs

18 Der Anspruch nach § 1570 setzt, anders als die Ansprüche nach §§ 1571, 1572, nicht voraus, daß die Tatbestandsmerkmale *zu einem bestimmten Zeitpunkt* vorgelegen haben (z. B. Zeitpunkt der Scheidung). Er ist latent vorhanden, solange die Grundvoraussetzungen gegeben sind, und wird aktualisiert, wenn ein Bedürfnis für die Pflege oder Erziehung eines gemeinschaftlichen Kindes entsteht. Fällt das Bedürfnis weg, dann ruht er wieder. Auf diese Weise kann der Anspruch wiederholt aufleben und zum Ruhen kommen.

Ist der Unterhalt des Ehegatten aufgrund vorhandenen Vermögens nachhaltig gesichert (vgl. Rdnr. 18 zu § 1577), dann endet der Unterhaltsanspruch. Er lebt im allgemeinen selbst dann nicht auf, wenn das Vermögen später wegfällt; eine Ausnahme von diesem Grundsatz besteht für den Unterhaltsanspruch wegen Pflege oder Erziehung gemeinschaftlicher Kinder nach § 1570 (vgl. § 1577 Abs. 4 Satz 2).

7 Verhältnis zu anderen Bestimmungen

19 § 1570 kann mit den Unterhaltsansprüchen nach § 1571 und 1572 konkurrieren, so wenn ein wegen Alters oder Krankheit nicht zur Erwerbstätigkeit verpflichteter Ehegatte die Betreuung gemeinschaftlicher Kinder übernimmt. Von Bedeutung ist das Konkurrenzverhältnis nur, wenn die einzelnen Ansprüche nicht auf den vollen Unterhalt gehen. Kann der Berechtigte z. B. nach § 1570 nur Teilunterhalt verlangen, weil im übrigen die Pflege oder Erziehung gemeinschaftlicher Kinder einer Erwerbstätigkeit nicht entgegensteht, so kann er wegen des nicht gedeckten Teils des Lebensbedarfs einen Anspruch nach § 1571 oder § 1572 geltend machen, soweit ihn Krankheit oder Alter hindern, einer angemessenen Erwerbstätigkeit nachzugehen.

Deckt der Anspruch nach § 1570 nur einen Teil des Lebensbedarfs, dann wird er, wenn nicht die Voraussetzungen der §§ 1571 oder 1572 vorliegen, durch § 1573 ergänzt. Ist der Ehegatte zur Erwerbstätigkeit (in reduziertem Umfang) verpflichtet, so kann er neben seinem Teilunterhaltsanspruch nach § 1570 wegen des Lebensbedarfs im übrigen Unterhalt verlangen, wenn es ihm nicht gelungen war, eine angemessene Erwerbstätigkeit zu finden. Hat er eine Teilerwerbstätigkeit gefunden und sie wieder verloren, so beurteilt sich die Unterhaltsberechtigung nach § 1575 Abs. 4.

Ist die Pflege oder Erziehung des gemeinschaftlichen Kindes beendet oder fällt das Bedüfnis für die Pflege oder Erziehung weg, dann erlischt der Anspruch nach § 1570. Anschlußansprüche auf Unterhalt können sich aus den §§ 1571 Nr. 2, 1572 Nr. 2, § 1573 und §§ 1575, 1576 ergeben. Der Anspruch nach § 1570 kann außerdem gemäß § 1586 a Abs. 1 Satz 2 wieder aufleben.

20 Für die Dauer der Pflege oder Erziehung gemeinschaftlicher Kinder findet die negative Härteklausel, die den Unterhaltsanspruch ganz oder teilweise ausschließt, keine Anwendung (§ 1579 Abs. 2). Die Pflege oder Erziehung gemeinschaftlicher Kinder wird für die Anwendung der Härteklausel außerdem als eine Art Anrechnungszeit in bezug auf die Dauer der Ehe gewertet (§ 1579 Abs. 1 S. 1) mit der Folge, daß die kurze Dauer der Ehe nicht mehr als ein den Unterhaltsanspruch ausschließender Grund eingewendet werden kann.

21 Das Maß des Unterhalts richtet sich nach den ehelichen Lebensverhältnissen; der Unterhalt umfaßt den gesamten Lebensbedarf (§ 1578 Abs. 1 Satz 2). Ist ein Ehegatte erwerbstätig, weil die Pflege oder Erziehung eines gemeinschaftlichen Kindes von ihm nicht erwartet werden kann, so sind die Aufwendungen für die anderweitige Betreuung der Kinder nicht als Nebenkosten des Unterhaltsanspruchs nach § 1570 anzusetzen; sie sind Teil des Unterhaltsanspruchs des Kindes. Leistet der Verpflichtete den Kindesunterhalt nicht, so daß eine anderweitige Betreuung des Kindes aus diesem Grunde scheitert, dann kann von dem berechtigten Ehegatten eine Erwerbstätigkeit nicht erwartet werden, soweit er die Betreuung selbst übernimmt.

9 Beweislast

22 Der Kläger trägt die Beweislast für die Anspruchsvoraussetzungen des § 1570 einschließlich des durch §§ 1569, 1577 Abs. 1 vorgegebenen Erfordernisses der Bedürftigkeit. Er muß die Notwendigkeit der umfassenden persönlichen Pflege oder Erziehung der gemeinschaftlichen Kinder dartun, die ihn hindert, einer Erwerbstätigkeit nachzugehen. Die Beweislast für die mangelnde Leistungsfähigkeit obliegt dem Beklagten (allg. M.: vgl. *Brühl-Göppinger-Mutschler* 979 m. w. N.).

Ein geschiedener Ehegatte kann von dem anderen Unterhalt verlangen, soweit von ihm im Zeitpunkt

1. der Scheidung,
2. der Beendigung der Pflege oder Erziehung eines gemeinschaftlichen Kindes oder
3. des Wegfalls der Voraussetzungen für einen Unterhaltsanspruch nach den §§ 1572 und 1573

wegen seines Alters eine Erwerbstätigkeit nicht mehr erwartet werden kann.

Überblick Rdnr.

1 Allgemeines

1 Der Unterhaltsanspruch nach § 1571 setzt voraus, daß von dem Ehegatten wegen seines *Alters* eine Erwerbstätigkeit nicht mehr erwartet werden kann. Nicht erforderlich ist, daß der Ehegatte während der Ehezeit alt geworden ist. Auch eine bereits im fortgeschrittenen Alter geschlossene Ehe kann, wenn sie nicht nur kurze Zeit gedauert hat (§ 1579 Abs. 1 Nr. 1), Grundlage des Anspruchs sein. Zu rechtfertigen ist der Anspruch aus der fortwirkenden Verantwortung eines Ehegatten für den anderen, dem aus Altersgründen eine Erwerbstätigkeit nicht mehr angesonnen werden kann.

2 Begriff des Alters

2 Die Vorschrift gibt keine Konkretisierung des Begriffs »Alter«. Die EheRK (2. Teil These II 2 Abs. 1 c) hat empfohlen, eine gesetzliche Vermutung einzuführen, wonach eine Frau, die zum Zeitpunkt der Scheidung das 55. Lebensjahr vollendet hat, keine angemessene Erwerbstätigkeit mehr zu finden vermag. Damit würde

vermutet, daß sie »alt« i. S. des § 1571 sei. Das 1. EheRG ist dieser Empfehlung mit Recht nicht gefolgt. Die These ist schon wegen ihrer Beschränkung auf die Ehefrau anfechtbar. Auch im übrigen wäre sie eher schädlich als nützlich. Es wird ohne Zweifel in vielen Fällen sachdienlich sein, bei einem Alter von 55 Jahren die Anspruchsvoraussetzungen zu bejahen, andererseits wird es auch Fälle geben, wo eine Erwerbstätigkeit bei niedrigerem Alter nicht mehr und bei einem höheren Alter doch noch erwartet werden kann. Eine Vermutung könnte wegen ihres Eigengewichts zu vom Gesetz nicht gewollten Einschränkungen führen. Auch in der Rechtsprechung zum bisher geltenden Recht, wo das Problem im Rahmen der §§ 58 ff. EheG eine Rolle spielte, wenn über die Frage zu entscheiden war, ob eine geschiedene Ehefrau auf eine Erwerbstätigkeit verwiesen werden kann, war eine Tendenz zur Fixierung auf ein bestimmtes Alter nicht erkennbar. Abgelehnt wurde z. B. die Pflicht zur Erwerbstätigkeit bei einer 48 Jahre alten Frau, die außerdem noch zwei minderjährige Kinder zu betreuen hatte (*RG* 169, 396), bei einer 50 Jahre alten Frau, die ihren Beruf als Lehrerin seit 20 Jahren nicht mehr ausgeübt hatte (*OLG Königsberg* HRR 1942, 7), ebenfalls, wenn auch mit anfechtbarer Begründung, bei einer 53 Jahre alten Frau (*LG Berlin* JR 1948, 163); bejaht wurde die Pflicht zur Erwerbstätigkeit im Fall einer 30 Jahre alten gelernten Schneiderin (*LG Hannover* FamRZ 1961, 32 mit zust. Anm. v. *Brühl*; vgl. auch *BGH* FamRZ 1976, 328).

3 Zweifelhaft bei der Auslegung des § 1571 ist, welche Bedeutung den *öffentlich-rechtlichen* Vorschriften zukommt, die ein bestimmtes Alter für das Ausscheiden aus dem Berufsleben oder den Bezug von Altersruhegeld und vergleichbarer öffentlich-rechtlicher Leistungen vorsehen. Dabei wird im allgemeinen von einem Alter von 65 Jahren ausgegangen, so z. B. für Berechtigte aus den gesetzlichen Rentenversicherungen (§ 1248 Abs. 5 RVO) oder Personen mit Anspruch auf beamtenrechtliche Versorgung (§ 41 Abs. 1 BBG). In einer Vielzahl gesetzlicher Vorschriften sind aus sehr unterschiedlichen Gründen Abweichungen vorhanden, die ein Ausscheiden aus dem Berufsleben oder den Bezug von Ruhegeld vor dem 65. Lebensjahr vorsehen oder ermöglichen (z. B. in den gesetzlichen Rentenversicherungen nach den Grundsätzen der flexiblen Altersgrenze, die u. U. einen Rentenbezug schon mit 60 Jahren zulassen, § 1248 Abs. 1 und 3 RVO; bei Personen, die einen Anspruch auf Bergmannsrente haben, beginnt die Rentenberechtigung mit 50 Jahren, § 45 Abs. 1 Nr. 2 RKnG; bei Beamten kommt ein vorzeitiger Ruhestand nach § 42 Abs. 3 BBG in Betracht; Beamte im Polizeivollzugsdienst treten zwischen dem 56. und dem 60. Lebensjahr in den Ruhestand, §§ 5 Abs. 1, 23 BPolBG; Berufssoldaten zwischen dem 40. und dem 60. Lebensjahr, § 45 SG). Auch bei Alterssicherungen auf privatrechtlicher Grundlage gibt es Regelungen über eine vorgezogene Altersversorgung.

4 Im allgemeinen kann man davon ausgehen, daß die obere Grenze für die Annahme einer Obliegenheit zur Erwerbstätigkeit das Al-

ter ist, das generell als für die Beendigung des Arbeitslebens maßgebend angesehen wird, nämlich das 65. Lebensjahr. Die Vorschriften, die einen vorzeitigen Ruhestand oder den vorzeitigen Bezug von Ruhegeld ermöglichen, sind nur mit Zurückhaltung als Indiz für die fehlende Obliegenheit zur Erwerbstätigkeit zu werten. Zu berücksichtigen ist, daß häufig nicht die allgemeine Erwerbsfähigkeit des Betroffenen Grund für die Regelung ist, sondern öffentliche Interessen, z. B. bei Berufssoldaten und den Beamten im Polizeivollzugsdienst. Aber auch aus den vorgezogenen Altersgrenzen in den anderen Fällen kann kein Maßstab für die Beurteilung der Obliegenheit zur Erwerbstätigkeit nach § 1571 abgeleitet werden. Die pauschalierten Altersgrenzen sind keine geeignete Richtschnur für die Beurteilung der unterhaltsrechtlichen Beziehungen der Ehegatten zueinander. Maßgebend sind vielmehr die konkreten Umstände im Einzelfall. Es kommt darauf an, ob der Ehegatte mit Rücksicht auf seinen altersbedingten Zustand in der konkreten Situation erwerbstätig sein kann. Dabei kann eine unterschiedliche Wertung angezeigt sein, je nachdem ob der Ehegatte aufgrund seines Alters aus dem Arbeitsverhältnis ausscheiden muß oder ob er lediglich die Möglichkeit hat auszuscheiden, weil er Ruhegeld erhält. Im ersten Fall geht es um die Aufnahme einer neuen Erwerbstätigkeit, die mit Rücksicht auf die notwendige Umstellung unzumutbar sein kann, während die Fortsetzung einer gewohnten Tätigkeit über eine vorgezogene pauschale Altersgrenze hinaus eher zu vertreten ist.

Zu beachten ist, daß die Obliegenheit, einer Erwerbstätigkeit nachzugehen, bei Unterhaltsberechtigten nicht nach anderen Kriterien beurteilt werden kann als bei Unterhaltsverpflichteten.

5 § 1571 setzt voraus, daß von dem Ehegatten *wegen* Alters keine Erwerbstätigkeit erwartet werden kann. Es muß demnach ein Kausalzusammenhang zwischen Alter und Erwerbstätigkeit bestehen. Die Feststellung des Kausalzusammenhangs kann Schwierigkeiten bereiten, wenn ein Ehegatte während einer längeren Ehezeit überhaupt nicht erwerbstätig war und nun im fortgeschrittenen Alter erwerbstätig sein soll. Hier ist das Alter für sich gesehen kein Hinderungsgrund, es ist aber zusammen mit dem Umstand, daß der Ehegatte der äußeren Arbeitswelt entfremdet ist, ein entscheidender Faktor. Je nachdem, ob die Erwerbstätigkeit primär wegen des Alters oder wegen der allgemeinen Schwierigkeiten einer Rückkehr in das Berufsleben nicht aufgenommen werden kann, kommt die Anwendung des § 1571 oder des § 1573 in Betracht.

Schließlich ist zu beachten, daß der Ehegatte nur zu einer angemessenen Erwerbstätigkeit verpflichtet ist (§ 1574 Abs. 1, 2). Dieser Gesichtspunkt kann gerade beim Unterhaltsanspruch wegen Alters von besonderer Bedeutung sein, wenn die angemessene Erwerbstätigkeit im bisherigen Rahmen altersabhängig ist (z. B. Tänzer[in], Berufssportler[in]). Hier bietet sich ein Versuch der Überleitung in eine andere angemessene Tätigkeit an (§ 1574 Abs. 3).

6 Anders als im Fall des § 1570 setzt der Unterhaltsanspruch nach § 1571 voraus, daß der Grund des Anspruchs (Alter) zu einem bestimmten Zeitpunkt vorliegt. Primär ist es der Zeitpunkt der Scheidung (Nr. 1), das ist der Zeitpunkt der Rechtskraft des Scheidungsurteils (§ 1564 Satz 2).

3.1 Beendigung der Pflege oder Erziehung eines gemeinschaftlichen Kindes (§ 1571 Nr. 2)

7 Dem Zeitpunkt der Scheidung gleichgestellt ist der Zeitpunkt der Beendigung der Pflege oder Erziehung eines gemeinschaftlichen Kindes (Nr. 2). Der Grund für die Gleichstellung der Zeitpunkte ist entgegen der *Amtl. Begr.* (S. 124) nicht darin zu sehen, daß der Ehegatte einen Ausgleich erwarten kann, weil er wegen der Betreuung der Kinder außerstande war, durch Erwerbstätigkeit eine eigene Altersversorgung aufzubauen. Wenn das richtig wäre, müßte der Anspruch nach § 1571 um den Teil der Altersversorgung gekürzt werden, den der Ehegatte aufgrund seines Unterhaltsanspruchs nach §§ 1570, 1578 Abs. 3 (Kosten einer angemessenen Versorgung für den Fall des Alters) tätsächlich erworben hat. Der tragende Grund für die Gleichstellung der Zeitpunkte ist vielmehr darin zu sehen, daß die Betreuung gemeinsamer Kinder eine Art Perpetuierung ehelicher Angelegenheiten ist, für die der andere Ehegatte die Verantwortung mitzutragen hat; sie wird deshalb der Ehezeit gleichgesetzt (vgl. z. B. auch § 1579 Abs. 1 Nr. 1, Abs. 2).

8 Die Anknüpfung an die Beendigung der Pflege oder Erziehung eines gemeinschaftlichen Kindes ist ungenau. Gemeint ist nicht eine beliebige Pflege oder Erziehung, sondern nur eine solche, die den Ehegatten von der Erwerbstätigkeit »befreite« und die deshalb geeignet war, einen Unterhaltsanspruch nach § 1570 auszulösen. Die Voraussetzungen sind nicht gegeben, wenn von dem Ehegatten, der die Pflege oder Erziehung der Kinder persönlich übernommen hatte, eine Erwerbstätigkeit erwartet werden konnte. Nicht erforderlich ist, daß der Voranspruch geltend gemacht worden war. Es genügt, wenn seine allgemeinen Voraussetzungen im maßgebenden Zeitpunkt vorgelegen haben (vgl. aber auch Rdnr. 8 zu § 1573).

3.2 Wegfall der Voraussetzungen für einen Unterhaltsanspruch nach den §§ 1572 und 1573 (auch nach § 1575)

9 Der dritte relevante Zeitpunkt ist der Zeitpunkt des Wegfalls der Voraussetzungen für einen Unterhaltsanspruch nach den §§ 1572 und 1573 (§ 1571 Nr. 3). Der Anspruch kann an Voransprüche anknüpfen. Daraus kann sich eine Vielzahl von Kombinationsmöglichkeiten ergeben, insbesondere soweit die Verweisung in § 1571 Nr. 3 sich ihrerseits auf weiterverweisende Vorschriften bezieht. Dazu vergleiche folgende Beispiele:

a) Unterhaltsanspruch nach § 1571 Nr. 3 in Verbindung mit § 1572 Nr. 1
Der Ehegatte war zum Zeitpunkt der Scheidung krank und konnte nach seiner Wiederherstellung wegen Alters keine Erwerbstätigkeit ausüben.

b) Unterhaltsanspruch nach § 1571 Nr. 3 in Verbindung mit § 1572 Nr. 2
Der Ehegatte hatte zum Zeitpunkt der Scheidung einen Unterhaltsanspruch wegen Kinderbetreuung nach § 1570, es folgte Erwerbsunfähigkeit wegen Krankheit, dann trat Erwerbsunfähigkeit wegen Alters ein.

c) Unterhaltsanspruch nach § 1571 Nr. 3 in Verbindung mit § 1572 Nr. 3
Der Ehegatte war im Anschluß an die Scheidung wegen Ausbildung oder Fortbildung i. S. von § 1575 von der Erwerbstätigkeit freigestellt, es schlossen sich an Erwerbsunfähigkeit wegen Krankheit und dann Erwerbsunfähigkeit wegen Alters.

d) Unterhaltsanspruch nach § 1571 Nr. 3 in Verbindung mit § 1572 Nr. 4 (Weiterverweisung auf § 1573 Abs. 1 oder Abs. 4)
Der Ehegatte hatte nach der Scheidung keine seinen Unterhalt nachhaltig sichernde Erwerbstätigkeit gefunden, war dazu dann auch wegen Krankheit und schließlich wegen Alters nicht in der Lage.

e) Unterhaltsanspruch nach § 1571 Nr. 3 in Verbindung mit § 1572 Nr. 4 (Weiterverweisung auf § 1573 Abs. 3 mit weiteren Weiterverweisungen)
Der Ehegatte hatte nach der Scheidung zunächst die Voraussetzungen eines der Ansprüche nach §§ 1570, 1572 oder 1575 erfüllt, konnte später keine Erwerbstätigkeit i. S. von § 1573 finden und war dann wegen Krankheit erwerbsunfähig, bevor er schließlich wegen Alters die Voraussetzungen des § 1571 erfüllte. Die Kette der Voransprüche kann noch komplizierter werden, wenn die Verweisung in § 1573 Abs. 3 auf weiterverweisende Vorschriften bezogen wird (z. B. auf § 1572 Nr. 4).

f) Unterhaltsanspruch nach § 1571 Nr. 3 in Verbindung mit § 1573 Abs. 1 oder Abs. 4
Der Ehegatte hatte nach der Scheidung keine seinen Unterhalt nachhaltig sichernde Erwerbstätigkeit gefunden und war dann wegen Alters dazu nicht in der Lage.

g) Unterhaltsanspruch nach § 1571 Nr. 3 in Verbindung mit § 1573 Abs. 3
Der Ehegatte hatte nach der Scheidung zunächst die Voraussetzungen eines der Ansprüche nach §§ 1570, 1572 oder 1575 erfüllt, konnte später keine Erwerbstätigkeit i. S. von § 1573 finden und wurde anschließend wegen Alters erwerbsunfähig.

10 *h)* Unterhaltsanspruch nach § 1571 Nr. 3 in Verbindung mit § 1575 (entsprechende Anwendung)

In dem Katalog der »Voransprüche« in § 1571 fehlt eine Bezugnahme auf die »Beendigung der Ausbildung, Fortbildung oder Umschulung« (§ 1575). Insoweit unterscheidet sich die Regelung von § 1572, wo ein Unterhaltsanspruch im Anschluß an Ausbildungszeiten gegeben wird (Nr. 3). Der Grund liegt darin, daß eine Ausbildung oder Fortbildung nicht in Betracht kommt, wenn sie zu keiner Berufsausübung mehr führen kann. Das ist in der Regel der Fall, wenn der Abschluß der Aus- oder Fortbildung in einen Zeitraum fällt, der einen Unterhaltsanspruch wegen Alters auslösen kann. Denkbar ist aber, daß – etwa auf Grund einer Fehleinschätzung – einem Ehegatten ein Anspruch nach § 1575 zugebilligt worden ist und sich nach Beendigung der Aus- oder Fortbildung herausstellt, daß von ihm wegen Alters eine Erwerbstätigkeit nicht mehr erwartet werden kann. Nach dem Wortlaut des Gesetzes ist ein Unterhaltsanspruch nach § 1573 dann nicht gegeben, weil er voraussetzt, daß ein Ehegatte eine angemessene Erwerbstätigkeit überhaupt zu erbringen hat. Es liegt nahe, in einem solchen Fall die rechtsähnliche Regelung des § 1572 Nr. 3 analog anzuwenden. Nach dem systematischen Ansatz des Unterhaltsrechts soll ein Unterhaltsanspruch gegeben sein, wenn er sich an eine lückenlose Kette von Voransprüchen anschließt. Das rechtfertigt die analoge Anwendung (vgl. auch Rdnr. 19 zu § 1576).

11 Diese Beispiele lassen sich vermehren und durch eine Kombination von wechselnden Gründen für die Freistellung von der Erwerbstätigkeit bis zur Unverständlichkeit anreichern.

Die Anwendungsmöglichkeiten der kasuistischen Konzeption zeigen die Grenzen kasuistischer Regelungen auf. Im Ergebnis besagt die Konzeption, daß ein Ehegatte wegen altersbedingter Erwerbsunfähigkeit Unterhalt nicht nur dann verlangen kann, wenn diese Voraussetzungen im Zeitpunkt der Scheidung gegeben waren, sondern auch, wenn der Zeitraum zwischen Scheidung und dem Eintritt des »Alters« durch einen oder mehrere aufeinanderfolgende Unterhaltsansprüche nach §§ 1570 ff. in beliebiger Reihenfolge abgedeckt ist. Auch der Anspruch nach § 1576 kommt als Voranspruch in Betracht (vgl. Rdnr. 19 zu § 1576). Eine Unterbrechung auf Grund aufgenommener Erwerbstätigkeit ist unschädlich, wenn die Erwerbstätigkeit zur nachhaltigen Sicherung des Unterhalts i. S. von § 1573 nicht geführt hat. Lebt der Unterhaltsanspruch nach § 1573 Abs. 4 wieder auf, dann ist die Kette der Unterhaltsansprüche als nicht unterbrochen anzusehen. Das folgt aus § 1571 Nr. 3, der auch auf Absatz 4 des § 1573 verweist, welcher die Unterbrechung voraussetzt.

12 Die Unterbrechung der Kette von Unterhaltsansprüchen ist schließlich auch unschädlich, wenn der Ehegatte die Voraussetzungen für die einzelnen Unterhaltsansprüche im allgemeinen erfüllt, er Unterhalt aber deshalb nicht erhält, weil er seinen Le-

bensbedarf aus seinem Vermögen bestritten hat oder weil der andere Ehegatte nicht leistungsfähig gewesen ist. Der wegen Alters nicht mehr erwerbstätige Ehegatte kann deshalb Unterhalt verlangen, wenn sein Vermögen aufgezehrt ist (oder nicht weiter in Anspruch genommen werden darf, § 1577 Abs. 3) und die gegebenen Voransprüche ausschließlich wegen fehlender Bedürftigkeit nicht aktualisiert worden waren. Das gilt dann nicht, wenn der Unterhaltsberechtigte seinen Unterhalt bereits zum Zeitpunkt der Scheidung aufgrund seines Vermögens nachhaltig gesichert hatte (§ 1577 Abs. 4 Satz 1). In diesem Fall steht er einem Ehegatten gleich, dem es gelungen war, seinen Unterhalt durch Erwerbstätigkeit nachhaltig zu sichern (§ 1573 Abs. 4).

13 Eine Einschränkung ist dabei zu machen in bezug auf den Voranspruch nach § 1573. Hat der Ehegatte nach der Scheidung davon abgesehen, einer Erwerbstätigkeit nachzugehen, weil er seinen Lebensbedarf aus seinem Vermögen decken konnte, kann er, wenn das Vermögen verbraucht ist, von dem anderen Ehegatten keinen Unterhalt verlangen, soweit er auf Grund einer nach der Scheidung begonnenen Erwerbstätigkeit seinen Unterhalt gesichert hätte. Hätte die Erwerbstätigkeit zu einer nachhaltigen Sicherung des Unterhalts geführt, ist die Kette der Voransprüche unterbrochen (vgl. Rdnr. 7, 8 zu § 1573). Die Kette der Voransprüche wird nicht unterbrochen, wenn ein Voranspruch nur deshalb nicht aktualisiert werden konnte, weil der Unterhaltsverpflichtete nicht oder nicht in vollem Umfang leistungsfähig war.

4 Teilunterhalt und Verhältnis zu anderen Unterhaltsbestimmungen

14 Kann von dem Ehegatten wegen seines Alters eine Erwerbstätigkeit nur teilweise erwartet werden, mindert sich sein Unterhaltsanspruch entsprechend (zur Frage der Berechnung des Teilunterhaltsanspruchs vgl. Rdnr. 17 zu § 1570). Wegen des insoweit nicht gedeckten Unterhaltsbedarfs kann der Ehegatte einen Unterhaltsanspruch nach anderen Bestimmungen haben, z. B. wenn er trotz seines Alters halbtags tätig sein kann, diese Zeit aber für die Betreuung gemeinschaftlicher Kinder nach § 1570 benötigt. Die Ansprüche können sich auch überlagern, wenn die Voraussetzungen mehrerer der einzelnen Ansprüche gleichzeitig gegeben sind (vgl. Rdnr. 19 zu § 1570).

15 Ein Unterhaltsanspruch wegen »Alters« in voller Höhe entsteht in den Fällen des § 1571 Nr. 2 und 3 nur, wenn bei den relevanten »Voransprüchen« (vgl. Rdnr. 9) eine Erwerbstätigkeit in vollem Umfang nicht erwartet werden konnte. War der Ehegatte gehalten, vor dem Eintritt des »Alters« teilweise tätig zu sein, und war er in der Lage, seinen Unterhalt insoweit nachhaltig zu sichern (§ 1573), dann erwächst ihm ein Unterhaltsanspruch wegen Alters nur in dem Umfang der Voransprüche. Das ergibt sich aus dem Umstand, daß § 1571 Nr. 2 und Nr. 3 nur ein Hinausschieben des maßgebenden Zeitpunktes für das Vorliegen der Vor-

aussetzungen bezweckt, eine von § 1571 Nr. 1 abweichende Regelung aber nicht deckt. Nach dieser Bestimmung entsteht aber ein Anspruch auf Teilunterhalt nur insoweit, als das Alter einer Teilzeitbeschäftigung entgegensteht.

5 Verhältnis zum Versorgungsausgleich

16 Zwischen dem Unterhaltsanspruch wegen Alters und den Leistungen aus dem Versorgungsausgleich (§§ 1587 ff.) besteht kein unmittelbarer Zusammenhang; das gilt sowohl für den öffentlichrechtlichen als auch für den schuldrechtlichen Versorgungsausgleich. Hat ein Ehegatte auf Grund übertragener Anwartschaften oder infolge abgetretener Versorgungsansprüche Einkünfte, dann mindert sich sein Lebensbedarf entsprechend. Soweit der Lebensbedarf nicht gedeckt ist, steht ihm – wenn die Voraussetzungen vorliegen – der Unterhaltsanspruch nach § 1571 zu. Haben übertragene Anwartschaftsrechte nicht zur Begründung von Versorgungsansprüchen geführt, wird dadurch der Unterhaltsanspruch grundsätzlich nicht gemindert.

6 Beweislast

17 Zur Beweislastregelung vgl. Rdnr. 22 zu § 1570. Soweit im Rahmen des § 1571 Nr. 2 und 3 an Vorausansprüche angeknüpft wird, gilt für jeden dieser Voransprüche die für ihn maßgebende Beweislastregel.

Ein geschiedener Ehegatte kann von dem anderen Unterhalt verlangen, solange und soweit von ihm vom Zeitpunkt

1. der Scheidung,
2. der Beendigung der Pflege oder Erziehung eines gemeinschaftlichen Kindes,
3. der Beendigung der Ausbildung, Fortbildung oder Umschulung oder
4. des Wegfalls der Voraussetzungen für einen Unterhaltsanspruch nach § 1573

an wegen Krankheit oder anderer Gebrechen oder Schwäche seiner körperlichen oder geistigen Kräfte eine Erwerbstätigkeit nicht erwartet werden kann.

Überblick

1 Allgemeines

1 § 1572 gewährt einen Unterhaltsanspruch, wenn von einem Ehegatten wegen seines physischen oder psychischen Zustandes (wegen Alters vgl. § 1571) eine Erwerbstätigkeit nicht erwartet werden kann. Es wird nicht vorausgesetzt, daß dieser Zustand in einem wie auch immer gearteten Zusammenhang mit der Ehe steht, insbesondere ist nicht erforderlich, daß Belastungen in der Ehe oder Verhaltensweisen des anderen Ehegatten den Zustand herbeigeführt haben. Der Grund für die Bedürfnislage braucht demnach *nicht ehebedingt* zu sein (vgl. *Amtl. Begr.* S. 124). Zu rechtfertigen ist der Anspruch aus der fortwirkenden Verantwortung der Ehegatten füreinander nach einer Ehe von gewisser Dauer (§ 1579 Abs. 1 Nr. 1). Die Auffassung von *Palandt-Diederichsen*, § 1572, 1 –, die Vorschrift sei nur anwendbar, wenn die Krankheit in der Ehe oder einer gleichgestellten Zeit »erworben« sei, findet im Gesetz keine Stütze (zutr. *Schumacher* ZfS 1976, 641).

2 Der im § 1572 verwendete Begriff »Krankheit oder andere Gebrechen, oder Schwäche seiner körperlichen oder geistigen Kräfte« wird insbesondere im Recht der Sozialversicherung (z. B. § 1247 Abs. 2 RVO) und im Beamtenrecht (z. B. § 42 Abs. 1 Satz 1 BBG) verwendet. Unbedenklich können die in diesem Zusammenhang entwickelten Grundsätze herangezogen werden (*Amtl. Begr.* S. 124; vgl. auch *Plog-Wiedow-Beck* § 42, 7; *Brackmann*, Handbuch der Sozialversicherung S. 668 a). Krankheit ist ein von der Norm abweichender körperlicher oder geistiger Zustand. Andere Gebrechen sind von der Regel abweichende körperliche oder geistige Zustände, mit deren Dauer für nicht absehbare Zeit zu rechnen ist, z. B. Lähmungen, Taubheit, Blindheit, Sprachfehler. Gebrechen und Krankheit sind nicht voneinander scharf getrennte, einander ausschließende Begriffe (*BSG* 14, 83). Nicht jede Krankheit muß ein Gebrechen sein, doch kann es Krankheiten geben, die Gebrechen sind. Wesentliches Merkmal für die Krankheit ist das Behandlungserfordernis. Schwäche der körperlichen oder geistigen Kräfte unterscheidet sich von Krankheit und Gebrechen dadurch, daß sie keinen erkennbaren regelwidrigen organischen Zustand voraussetzt. Darunter fallen vor allem ein vorzeitiger Kräfteverbrauch, Abnutzungserscheinungen, allgemeine konstitutionelle Schwäche, geistige Verkümmerung, Schwachsinn. Die Abgrenzung zu bloßen Anfälligkeiten, Absonderlichkeiten und Charaktermängeln ist fließend (*BVerwG* DÖV 1958, 506). Bei altersbedingten Reduktionen kann der Zustand einen Grad erreicht haben, daß von dem Ehegatten wegen »Alters« im Sinne von § 1571 eine Erwerbstätigkeit nicht erwartet werden kann.

3 Die Krankheit oder andere Gebrechen sowie die Schwäche der körperlichen oder geistigen Kräfte lösen für sich gesehen den Unterhaltsanspruch noch nicht aus. Erforderlich ist, daß der von der Norm abweichende Zustand dem Ehegatten die Möglichkeit nimmt, ganz oder teilweise erwerbstätig zu sein. Zwischen Erkrankung und fehlender Erwerbstätigkeit muß ein Kausalzusammenhang bestehen. In der Regel wird man eine gewisse Intensität des Leidens voraussetzen müssen. Anders kann es sein, wenn die Erkrankung die Fähigkeit des Ehegatten, erwerbstätig zu sein, nicht oder nicht in vollem Umfang beeinträchtigt, sie aber wegen ihrer Art eine Beteiligung des Ehegatten am Arbeitsleben ausschließt, z. B. wenn der Ehegatte eine Ansteckungsgefahr bildet und deshalb nicht arbeiten darf.

4 Zweifelhaft ist, ob die Krankheit von Dauer sein muß, oder ob auch eine zum Zeitpunkt der Ehescheidung oder einem gleichgestellten Zeitpunkt gegebene vorübergehende Erkrankung den Anspruch nach § 1572 auslöst. Nach der *Amtl. Begr.* (S. 124) soll eine vorübergehende Erkrankung nicht ausreichen (ebenso *Schumacher* DRiZ 1976, 343). Diese Auffassung überzeugt nicht. Sie scheint auf Anleihen aus dem Recht der gesetzlichen Rentenversicherung zu beruhen (vgl. *Brackmann*, Handbuch der Sozialver-

sicherung S. 670 h). Dabei wird nicht berücksichtigt, daß bei der gesetzlichen Rentenversicherung auch die vorübergehende Erkrankung zu Rentenansprüchen führen kann (vgl. § 1276 RVO) und, wenn die besonderen Voraussetzungen nicht vorliegen, andere Leistungen zur Deckung des Lebensbedarfs gewährt werden (z. B. Krankengeld § 182 RVO). Eine Versorgungslücke tritt nicht ein. Anders wäre es im Unterhaltsrecht, wenn man die vorübergehende Erkrankung nicht als anspruchsauslösend anerkennen würde. Denn die Voraussetzungen des § 1573, der hilfsweise allein in Betracht zu ziehen wäre, liegen nicht vor. Die Vorschrift ist nur dann anwendbar, wenn eine Erwerbstätigkeit überhaupt möglich ist, was bei einer Erkrankung, die eine Erwerbstätigkeit ausschließt, gerade nicht der Fall ist. § 1573 macht es dem Ehegatten außerdem zur Obliegenheit, sich um eine Erwerbstätigkeit zu bemühen. Es wäre sinnwidrig, wollte man die Regelung auch anwenden, wenn ein Ehegatte wegen Krankheit nicht arbeiten kann. Die Folge der – hier abgelehnten – Auslegung wäre, daß der im Zeitpunkt der Scheidung vorübergehend erkrankte Ehegatte ohne Unterhaltsanspruch bliebe. Dieses Ergebnis wäre nicht vertretbar. Es gibt keinen einleuchtenden Grund, weshalb ein Unterhaltsanspruch nach § 1572 nur deshalb ausgeschlossen sein soll, weil die Genesung des Ehegatten zu erwarten ist. Eine solche Einschränkung ist weder aus dem Wortlaut noch aus dem Normzweck abzuleiten. Läßt man die Auffassung gelten, daß § 1572 auf vorübergehende Erkrankungen nicht anzuwenden ist, dann ist es geboten, § 1573 mit der Modifikation analog anzuwenden, daß der Ehegatte nur gehalten ist, im Rahmen seiner Möglichkeiten sich um eine Erwerbstätigkeit für die Zeit nach Ende der Erkrankung zu bemühen.

3 Zeitliche Voraussetzungen für das Entstehen des Anspruchs

5 Wie bei dem Unterhaltsanspruch nach § 1571 (und anders als in § 1570) wird bei dem Unterhaltsanspruch nach § 1572 vorausgesetzt, daß die Krankheit zu einem der kasuistisch aufgezählten Zeitpunkte vorliegt. In erster Linie ist es der Zeitpunkt der Scheidung, das ist der Zeitpunkt der Rechtskraft des Scheidungsurteils (§ 1564 S. 2). Tritt die Krankheit später ein, dann findet § 1572 Nr. 1 keine Anwendung, wohl kann aber ein Unterhaltsanspruch wegen Krankheit in Form eines Anschlußanspruchs nach den Nummern 2 bis 4 in Betracht kommen.

3.1 Beendigung der Pflege oder Erziehung eines gemeinschaftlichen Kindes (§ 1572 Nr. 2)

6 Dem Zeitpunkt der Scheidung gleichgestellt ist der Zeitpunkt der »Beendigung der Pflege oder Erziehung des gemeinschaftlichen Kindes«. Auch hier handelt es sich nicht um eine schlichte Anknüpfung an die Tatsache der Pflege oder Erziehung; wie bei § 1571

Nr. 2 müssen vielmehr die Voraussetzungen des Voranspruchs nach § 1570 gegeben gewesen sein (vgl. Rdnr. 8 zu § 1571).

3.2 Beendigung der Ausbildung, Fortbildung oder Umschulung (§ 1572 Nr. 3)

7 Die Nr. 3 des § 1572 betrifft den Voranspruch nach § 1575. Auch hier ist es nicht ausreichend, daß der Ehegatte irgendeine Ausbildung, Fortbildung oder Umschulung betrieben hat. Es kommt vielmehr darauf an, ob auf Grund dieser Beschäftigungen ein Anspruch nach § 1575 erwachsen war. Nur dann wird über den Voranspruch nach Nr. 3 ein Anschlußanspruch wegen Krankheit ausgelöst. Das folgt zwingend aus dem Umstand, daß der später krank gewordene Ehegatte, wenn ihm kein Ausbildungsanspruch zusteht, sich zunächst um eine Erwerbstätigkeit nach § 1573 bemühen muß. In diesem Fall würde dann nach Eintritt der Krankheit der Anschlußanspruch nach Nr. 1 gegeben sein können.

3.3 Wegfall der Voraussetzungen für einen Unterhaltsanspruch nach § 1573 (§ 1572 Nr. 4)

8 Die Nr. 4 des § 1572 umfaßt drei Fallgruppen. Die erste ist die des § 1573 Abs. 1. Dieser ist anwendbar, wenn ein Ehegatte gehalten ist, einer Erwerbstätigkeit nachzugehen, weil Hinderungsgründe nach den §§ 1570, 1571 nicht vorliegen, er aber keine angemessene Erwerbstätigkeit zu finden vermag. Wird er dann krank, so entfallen die Voraussetzungen des § 1573 Abs. 1. Gleichzeitig wird ein Anspruch nach § 1572 Nr. 4 ausgelöst.

9 Die zweite Fallgruppe betrifft Fälle des § 1573 Abs. 4. Hat ein Ehegatte eine Erwerbstätigkeit aufgenommen und diese dann wegen Krankheit aufgegeben, bevor er seinen Unterhalt nachhaltig gesichert hatte (vgl. Rdnr. 17 ff. zu § 1573), dann erhält er an Stelle eines wiederaufgelebten Unterhaltsanspruchs nach § 1573 Abs. 4 i. V. m. § 1573 Abs. 1 (der Erwerbsfähigkeit voraussetzt) einen Anspruch nach § 1572 Nr. 4.

10 Die dritte Fallgruppe umfaßt die zahlreichen Kombinationsmöglichkeiten, die sich aus der Verweisung in § 1572 Nr. 4 auf § 1573 Abs. 3 ergeben, der seinerseits auf die Unterhaltsansprüche der §§ 1570 bis 1572 und 1575 Bezug nimmt. Die §§ 1571 und 1573 enthalten ihrerseits wieder Verweisungen. Die verwirrende Kasuistik läßt sich auf den schlichten Grundsatz zurückführen, daß ein Unterhaltsanspruch nach § 1572 besteht, wenn die mangelnde Erwerbsfähigkeit wegen Krankheit zum Zeitpunkt der Scheidung gegeben war. Ist die Krankheit später aufgetreten, wird ein Anspruch nach § 1572 ausgelöst, wenn die Zeit ab Ehescheidung bis zur Erkrankung durch irgendeinen der anderen Unterhaltsansprüche nach §§ 1570 ff. (in beliebiger und wechselnder Reihenfolge) abgedeckt ist (auch ein Anspruch nach § 1576 kommt als Voranspruch in Betracht, vgl. Rdnr. 19 zu § 1576). Durch Erwerbstätigkeit eingetretene Beendigung eines Unterhaltsanspruchs ist unschädlich, wenn die Erwerbstätigkeit nicht zu einer

nachhaltigen Sicherung des Unterhalts geführt hat (vgl. Rdnr. 11, 12, 13 zu § 1571).

11 Danach löst die krankheitsbedingte Erwerbsunfähigkeit eines Ehegatten nur dann einen Unterhaltsanspruch nach § 1572 nicht aus, wenn die Erkrankung zu einem Zeitpunkt eintritt, zu dem der Ehegatte seine wirtschaftliche Existenz auf Dauer konsolidiert hat, so daß jeder Bezug zur Ehe, auch über einen unterhaltsrechtlichen Voranspruch, fehlt.

4 Sonstiges

12 Soweit der Unterhaltsanspruch nach § 1572 nicht bereits vom Zeitpunkt der Scheidung an gegeben ist, sondern sich als Anschlußanspruch darstellt, wird nicht vorausgesetzt, daß die Voransprüche geltend gemacht worden sind; es genügt, wenn ihre Voraussetzungen vorgelegen haben. Dabei ist es unschädlich, wenn der Voranspruch nur deshalb nicht aktualisiert war, weil der Unterhaltsberechtigte sich aus seinem Vermögen unterhalten konnte oder weil der Verpflichtete nicht leistungsfähig war (vgl. Rdnr. 12 ff. zu § 1571 und wegen der Einschränkung in bezug auf den Unterhaltsanspruch nach § 1573 dort Rdnr. 13). Zur Frage der Leistung von Teilunterhalt vgl. Rdnr. 17 zu § 1570, Rdnr. 15 zu § 1571, zum Verhältnis zu den anderen Unterhaltsansprüchen vgl. Rdnr. 19 zu § 1570, zur Beweislast vgl. Rdnr. 22 zu § 1570.

(1) Soweit ein geschiedener Ehegatte keinen Unterhaltsanspruch nach den §§ 1570 bis 1572 hat, kann er gleichwohl Unterhalt verlangen, solange und soweit er nach der Scheidung keine angemessene Erwerbstätigkeit zu finden vermag.

(2) Reichen die Einkünfte aus einer angemessenen Erwerbstätigkeit zum vollen Unterhalt (§ 1578) nicht aus, kann er, soweit er nicht bereits einen Unterhaltsanspruch nach den §§ 1570 bis 1572 hat, den Unterschiedsbetrag zwischen den Einkünften und dem vollen Unterhalt verlangen.

(3) Absätze 1 und 2 gelten entsprechend, wenn Unterhalt nach den §§ 1570 bis 1572, 1575 zu gewähren war, die Voraussetzungen dieser Vorschriften aber entfallen sind.

(4) Der geschiedene Ehegatte kann auch dann Unterhalt verlangen, wenn die Einkünfte aus einer angemessenen Erwerbstätigkeit wegfallen, weil es ihm trotz seiner Bemühungen nicht gelungen war, den Unterhalt durch die Erwerbstätigkeit nach der Scheidung nachhaltig zu sichern. War es ihm gelungen, den Unterhalt teilweise nachhaltig zu sichern, so kann er den Unterschiedsbetrag zwischen dem nachhaltig gesicherten und dem vollen Unterhalt verlangen.

Überblick Rdnr.

1 Allgemeines

1 § 1573 konkretisiert den Grundsatz des § 1569, wonach jeder Ehegatte gehalten ist, nach der Scheidung selbst für seinen Unterhalt zu sorgen, soweit er dazu in der Lage ist. Zu den Möglichkeiten der eigenen Unterhaltssicherung gehört in erster Linie die

Erwerbstätigkeit. Nach bisher geltendem Recht war es zweifelhaft, ob und unter welchen Voraussetzungen von dem Ehemann und der Ehefrau eine Erwerbstätigkeit erwartet werden konnte (vgl. dazu § 58 EheG – Anhang 2); § 1573 löst die Zweifel zugunsten einer *grundsätzlichen Obliegenheit* zur Erwerbstätigkeit *unter Verzicht* auf eine *Differenzierung* zwischen Mann und Frau.

2 § 1573 enthält drei Anspruchsvarianten. § 1573 Abs. 1 behandelt den Fall, daß der Ehegatte zum Zeitpunkt der Scheidung oder den nach Absatz 3 gleichgestellten Zeitpunkten nicht erwerbstätig ist. § 1573 Abs. 4 regelt das Wiederaufleben des Unterhaltsanspruchs eines Ehegatten, der erwerbstätig war, seine Erwerbstätigkeit aber aufgegeben oder unterbrochen hat, bevor sein Unterhalt nachhaltig gesichert war. Einen Unterhaltsergänzungsanspruch gibt schließlich § 1573 Abs. 2, wenn ein Ehegatte voll erwerbstätig ist, die Einkünfte aber zur Deckung des Lebensbedarfs nicht ausreichen.

3 Für die Anwendung des § 1573 ist es grundsätzlich ohne Belang, ob ein Ehegatte vor der Ehescheidung erwerbstätig war (Rdnr. 12 zu § 1570; vgl. auch *BGH* FamRZ 1976, 328); dieser Gesichtspunkt kann aber im Rahmen der Prüfung, ob eine Erwerbstätigkeit den ehelichen Lebensverhältnissen entspricht (§ 1574 Abs. 2) mit erwogen werden.

4 Haben die Ehegatten während der Ehe vereinbart, daß ein Ehegatte nicht berufstätig sein soll (vgl. § 1356 Abs. 1), so wirkt eine solche Abrede jedenfalls nicht über den Zeitpunkt der Scheidung hinaus. Eine für die nacheheliche Zeit getroffene Vereinbarung dieses Inhalts ist nach § 1585 c zu beurteilen.

2 Unterhaltsanspruch nach § 1573 Abs. 1

2.1 Subsidiarität der Anspruchs

5 Der Unterhaltsanspruch nach § 1573 Abs. 1 ist nach der Systematik des neuen Unterhaltsrechts *subsidiärer* Natur. Er kommt nur in Betracht, soweit nicht einer der besonderen Ansprüche nach §§ 1570 bis 1572 (und §§ 1575, 1576 — vgl. Rdnr. 19 zu § 1576) gegeben ist. Das ist selbstverständlich, da § 1573 Abs. 1 impliziert, daß eine Erwerbstätigkeit überhaupt in Betracht kommt, was bei den besonderen Ansprüchen gerade nicht der Fall ist. In der Aufzählung der vorgehenden Ansprüche fehlt § 1575. Es handelt sich offensichtlich um ein Redaktionsversehen. Soweit ein Ehegatte sich ausbilden oder umschulen läßt, hat er einen Unterhaltsanspruch nach § 1575. Es wäre sinnwidrig, gleichzeitig den Anspruch nach § 1573 Abs. 1 in Betracht zu ziehen, da die vorausgesetzte Möglichkeit einer Erwerbstätigkeit gerade nicht besteht, solange oder soweit die Aus- oder Fortbildung den Ehegatten in Anspruch nimmt. Zutreffend ist daher § 1575 bei der Aufzählung in § 1573 Abs. 3 berücksichtigt (wegen des Voranspruchs nach § 1576 vgl. dort Rdnr. 19).

6 Der Anspruch nach § 1573 Abs. 1 besteht nur, wenn der bedürftige Ehegatte keine angemessene Erwerbstätigkeit zu finden vermag. Die Worte »zu finden vermag« implizieren, daß der Ehegatte gehalten ist, sich um eine Erwerbstätigkeit zu bemühen. Welche Anforderungen an die Intensität sowie die Art und Weise der Bemühungen zu stellen sind, läßt sich generell nicht darstellen. Immerhin wird man erwarten können, daß er öffentliche Vermittlungsstellen in Anspruch nimmt, auf Stellenausschreibungen sich bewirbt und selbst Bewerbungen einleitet. Erfordern die Bemühungen finanzielle Aufwendungen, dann wird man mangelndes Bemühen dem Ehegatten nur vorhalten können, wenn er in der Lage ist, die erforderlichen Mittel aufzubringen. Ob er Aufwendungen zur Erlangung einer Erwerbstätigkeit vom anderen Ehegatten als Unterhalt verlangen kann, ist zweifelhaft, wohl aber zu bejahen.

7 Unklar ist, ob ein Ehegatte gehalten ist, sich um eine Erwerbstätigkeit zu bemühen, wenn er seinen Lebensbedarf nach der Scheidung aus seinem *Vermögen* bestreiten kann, ohne daß sein gesamter künftiger Unterhalt nachhaltig gesichert wäre (insoweit vgl. Rdnr. 17). Der Wortlaut ist nicht eindeutig. § 1573 läßt die Auslegung zu, daß die Erwerbstätigkeit als Mittel der Unterhaltssicherung begrifflich erst in Betracht kommt, wenn eine solche Notwendigkeit aktuell besteht; daran fehlt es. Die Frage kann insbesondere Bedeutung erlangen, wenn der Ehegatte einen Unterhaltsanspruch geltend macht, nachdem sein Vermögen aufgebraucht ist, und er nunmehr alt oder krank ist, oder wenn er mit Rücksicht auf die vorausgegangene erwerbslose Zeit keine Erwerbstätigkeit mehr zu finden vermag, die seinen Unterhalt nachhaltig sichert, während eine solche Sicherung möglich gewesen wäre, wenn er sich unmittelbar nach der Scheidung um eine Erwerbstätigkeit bemüht hätte. Der Normzweck spricht dafür, die Verantwortung für den Nichteintritt der nachhaltigen Sicherung des Unterhalts in diesem Falle dem Unterhaltsberechtigten aufzuerlegen. Nach der Scheidung soll jeder Ehegatte, soweit nicht gesetzlich *vorgesehene* Hinderungsgründe entgegenstehen, seinen Unterhalt selbst bestreiten. Verzichtet ein Ehegatte mit Rücksicht auf vorhandenes Vermögen auf die Ausübung einer Erwerbstätigkeit, dann entspricht es nicht dem Zweck des Gesetzes, die durch eine solche Lebensart veranlaßte spätere Bedürfnissituation dem Unterhaltsverpflichteten anzulasten. Ein Unterhaltsanspruch nach § 1573 kommt in einem solchen Fall nur in Betracht, wenn feststeht, daß der Unterhaltsberechtigte eine Erwerbstätigkeit auch dann nicht hätte finden können, wenn er sich unmittelbar nach der Scheidung darum ernsthaft bemüht hätte; der Unterhaltsberechtigte trägt hierfür die Beweislast.

8 Dasselbe gilt, wenn der Unterhaltsanspruch nach § 1573 als Voranspruch zu einem Anschlußanspruch (§§ 1571, 1572) in Erscheinung tritt. Die Kette der Voransprüche wird unterbrochen, wenn der Ehegatte davon absieht, sich um eine Erwerbstätigkeit

zu bemühen, weil er seinen Lebensbedarf aus seinem Vermögen decken kann; die Unterbrechung tritt nur dann nicht ein, wenn das mangelnde Bemühen nicht kausal dafür ist, daß der Ehegatte ohne Erwerbstätigkeit war und ist.

9 Ist der Unterhalt des Ehegatten aufgrund vorhandenen Vermögens nachhaltig gesichert (vgl. Rdnr. 18 zu § 1577), dann endet der Unterhaltsanspruch; er lebt im allgemeinen selbst dann nicht auf, wenn das Vermögen später wegfällt. Eine Ausnahme von diesem Grundsatz besteht für den Unterhaltsanspruch wegen Pflege oder Erziehung gemeinschaftlicher Kinder nach § 1570 (vgl. § 1577 Abs. 4 Satz 2).

2.3 Angemessene Erwerbstätigkeit

10 Der Ehegatte ist nach § 1573 Abs. 1 unterhaltsberechtigt, solange und soweit er keine *angemessene* Erwerbstätigkeit zu finden vermag. Er ist deshalb nicht gehalten, sich um eine andere als eine angemessene Erwerbstätigkeit zu bemühen. Geht er andererseits einer Beschäftigung nach, die diesen Anforderungen nicht entspricht, so befreit ihn das nicht von der Obliegenheit, sich um eine andere angemessene zu bemühen. Was unter angemessener Erwerbstätigkeit zu verstehen ist, ergibt sich aus § 1574 Abs. 2. Die dort genannten Auslegungskriterien sind allerdings nicht im Sinne einer abschließenden Aufzählung zu verstehen. Sie beziehen sich primär auf die persönlichen Verhältnisse der Ehegatten, die Unangemessenheit einer Erwerbstätigkeit kann sich aber auch aus anderen Umständen ergeben, z. B. den Arbeitsbedingungen oder den örtlichen Verhältnissen (vgl. Rdnr. 3 zu § 1574).

2.4 Zeitliche Voraussetzungen für das Entstehen des Anspruchs

11 Der Anspruch nach § 1573 Abs. 1 setzt voraus, daß der bedürftige Ehegatte zum *Zeitpunkt der Ehescheidung*, das ist der Zeitpunkt der Rechtskraft des Scheidungsurteils (§ 1564 Satz 2), keiner Erwerbstätigkeit nachgeht. Er dauert fort, solange der Ehegatte eine solche Erwerbstätigkeit nicht zu finden vermag.

12 Dem Zeitpunkt der Scheidung *gleichgestellt* ist der Zeitpunkt, in dem die Voraussetzungen für einen der in § 1573 Abs. 3 genannten Voransprüche entfallen. Der Wortlaut des § 1573 Abs. 3 ist unscharf, soweit es darin heißt, daß der *»Unterhalt zu gewähren war«*. Die Vorschrift ist auch anwendbar, wenn der Unterhalt nur wegen *Leistungsunfähigkeit* des Verpflichteten oder *mangelnde Bedürftigkeit des Berechtigten* nicht zu gewähren war, die übrigen Anspruchsvoraussetzungen aber vorlagen (vgl. Rdnr. 12, 13 zu § 1571). Die in § 1573 Abs. 3 genannten Voransprüche können in beliebiger und wechselnder Reihenfolge gegeben gewesen sein. Erforderlich ist lediglich, daß sie vom Zeitpunkt der Ehescheidung an eine *ununterbrochene Kette* gebildet haben (vgl. Rdnr. 9 ff. zu § 1571). Eine Unterbrechung der Kette durch eine angemessene Erwerbstätigkeit leitet über zu § 1573 Abs. 4.

2.5 Teilunterhalt und Verhältnis zu den anderen Unterhaltsbestimmungen

13 Hat der bedürftige Ehegatte eine Teilzeittätigkeit gefunden, so verbleibt ihm im übrigen, soweit sein Lebensbedarf nicht gedeckt ist, der Unterhaltsanspruch nach § 1573 Abs. 1. Die Obliegenheit, sich um eine Ganztagsbeschäftigung zu bemühen, besteht fort. Steht einem Ehegatten Teilunterhalt nach den §§ 1570 bis 1572 oder nach § 1575 zu, so kann wegen des nicht gedeckten Teils ein Anspruch nach § 1573 Abs. 1 gegeben sein. Wegen desselben Teiles des Unterhalts können die Ansprüche nach den §§ 1570 ff. mit dem Anspruch nach § 1573 Abs. 1 nicht konkurrieren, da der letztere subsidiär ist.

3 Unterhaltsanspruch nach § 1573 Abs. 4

3.1 Verhältnis zu § 1573 Abs. 1

14 § 1573 Abs. 4 regelt in erster Linie das Wiederaufleben des Unterhaltsanspruchs nach § 1573 Abs. 1, der mit der Aufnahme der ersten Erwerbstätigkeit nach der Scheidung sein Ende gefunden hat. Insoweit ist § 1573 Abs. 4 kein eigenständiger Unterhaltsanspruch neben dem des § 1573 Abs. 1, sondern dessen Modifikation. Die Voraussetzungen des § 1573 Abs. 4 sind aber außerdem gegeben, wenn der Ehegatte zum Zeitpunkt der Scheidung (oder der gleichgestellten Zeitpunkte nach § 1573 Abs. 3) bereits einer angemessenen Erwerbstätigkeit nachgeht, diese aber später nicht mehr ausübt (vgl. *Amtl. Begr.* S. 128). In diesem Fall ist § 1573 Abs. 1 von vornherein nicht anwendbar (vgl. *Amtl. Begr.* S. 125). Der an diese Fallgestaltung anknüpfende Anspruch nach § 1573 Abs. 4 stellt demnach kein Wiederaufleben eines Unterhaltsanspruchs dar, sondern dessen konstitutive Begründung. Freilich wird man daraus unterschiedliche Rechtsfolgen nicht ziehen müssen. Es bietet sich insbesondere an, Absatz 3 des § 1573 auf den dargelegten Fall des § 1573 Abs. 4 entsprechend anzuwenden.

3.2 Zeitliche Voraussetzungen; Wegfall der Einkünfte aus einer angemessenen Erwerbstätigkeit

15 Maßgebender Zeitpunkt für das Wiederaufleben oder Entstehen des Anspruchs nach § 1573 Abs. 4 ist der *Wegfall der Einkünfte* aus einer angemessenen Erwerbstätigkeit. In der Regel wird dies zusammenfallen mit der Aufgabe der Erwerbstätigkeit. Die Voraussetzungen sind auch gegeben, wenn ein Ehegatte in eine nicht angemessene Tätigkeit wechselt, weil er dann die Einkünfte aus der angemessenen Tätigkeit verliert. Der bloße Wegfall der Einkünfte aus einer angemessenen Erwerbstätigkeit reicht allerdings nicht aus, den Anspruch zu begründen. Er ist nur anspruchsauslösend als Folge eines fehlgeschlagenen Versuchs der nachhaltigen Sicherung des Unterhalts. Inwieweit die Einkünfte aus der nicht

angemessenen Erwerbstätigkeit anzurechnen sind, ist nach § 1577 Abs. 2 zu beurteilen.

16 Auf den Unterhaltsanspruch nach § 1573 Abs. 4 findet § 1573 Abs. 3 Anwendung. Das muß auch gelten, soweit § 1573 Abs. 4 sich nicht als Modifikation des § 1573 Abs. 1 darstellt, sondern eigenständigen Charakter hat (vgl. dazu Rdnr. 14). Ist das der Fall, dann kann der Anspruch nach § 1573 Abs. 4 als Anschlußanspruch und als Glied einer aus wechselnden Ansprüchen bestehenden Kette auftreten.

3.3 Nachhaltige Sicherung des Unterhalts

17 Der Anspruch nach § 1573 Abs. 4 besteht nicht, wenn es dem Ehegatten gelungen war, den Unterhalt durch Erwerbstätigkeit *nachhaltig zu sichern*. Der Begriff der nachhaltigen Sicherung des Unterhalts wird in § 75 des Bundesentschädigungsgesetzes (BGBl. 1956 I S. 1315), zuletzt geändert durch Gesetz v. 7. 8. 1974 (BGBl. I S. 1881) verwendet. Die Fassung des § 1573 Abs. 4 ist dieser Regelung bewußt nachgebildet (vgl. *Amtl. Begr.* S. 127). Die Rechtsprechung zum BEG kann deshalb insoweit unbedenklich zur Auslegung des Absatzes 4 herangezogen werden. Nachhaltig ist eine auf Dauer angelegte Sicherung des Unterhalts durch Erwerbstätigkeit. Die Erwerbstätigkeit muß eine gewisse Konsolidierung aufweisen. Auf ihre tatsächliche Dauer allein kommt es dabei nicht entscheidend an, sondern darauf, ob zu erwarten war, daß sie auf Dauer ausgeübt werden kann (*Amtl. Begr.* S. 127). Hat die Erwerbstätigkeit allerdings eine Zeitlang ein stetiges Einkommen erbracht und liegen keine Anhaltspunkte für eine Gefährdung dieses Zustandes vor, dann ist dies ein deutliches Indiz für eine nachhaltige Sicherung (*BGH* RzW 63, 274).

18 Ob eine nachhaltige Sicherung des Unterhalts vorliegt, ist nach objektiven Maßstäben zu beurteilen (*BGH* RzW 58, 267; 60, 214; 60, 393). An einer solchen nachhaltigen Sicherung fehlt es, wenn der Ehegatte der Erwerbstätigkeit aus gesundheitlichen Gründen auf die Dauer nicht gewachsen ist, oder wenn seine persönlichen oder fachlichen Fähigkeiten (z. B. nach längerer beruflicher Unterbrechung) dazu nicht mehr ausreichen. Eine nachhaltige Sicherung des Unterhalts kann auch an äußeren Umständen scheitern, z. B. wenn der Ehegatte nur krisenanfällige Tätigkeiten ausüben kann, die ihm den Arbeitsplatz nicht sichern (*BGH* RzW 58, 267).

19 Ist es dem Ehegatten gelungen, seinen Unterhalt nach der Scheidung durch Erwerbstätigkeit nachhaltig zu sichern, dann kann er (Ausnahme: §§ 1570, 1576) künftig keine Unterhaltsansprüche gegen den anderen Ehegatten geltend machen. In der Folgezeit eintretende Bedarfssituationen, bedingt durch Krankheit oder Alter, sind Schicksalsschläge, die nach der Konzeption des 1. EheRG im allgemeinen jenseits der Schwelle wechselseitiger Verantwortung der geschiedenen Ehegatten füreinander liegen. Die Ausbildungsansprüche nach § 1575 hat der geschiedene Ehegatte, wenn er seine wirtschaftliche Selbständigkeit erlangt hat, nicht mehr;

der mit der Ausbildung, Fortbildung oder Umschulung zu bezweckende Erfolg ist bereits eingetreten.

20 Verliert der geschiedene Ehegatte die Einkünfte aus seiner Erwerbstätigkeit, weil es ihm nicht gelungen war, seinen Unterhalt nachhaltig zu sichern, dann ist zu unterscheiden: Stellt sich heraus, daß der Ehegatte zu alt oder zu krank ist, um überhaupt noch eine angemessene Tätigkeit auszuüben, dann steht ihm von diesem Zeitpunkt ab ein Unterhaltsanspruch nach § 1571 Nr. 3 oder nach § 1572 Nr. 4 zu. In allen anderen Fällen hat der geschiedene Ehegatte einen Unterhaltsanspruch nach § 1573 Abs. 1 i. V. m. Abs. 4 oder nur nach § 1573 Abs. 4 (so wenn er zur Zeit der Scheidung erwerbstätig war – vgl. Rdnr. 14).

3.4 Bemühen um nachhaltige Sicherung des Unterhalts

21 Verliert der Ehegatte seine Erwerbstätigkeit, dann kann er Anschlußunterhalt für die Folgezeit nur verlangen, wenn er sich bemüht hat, seinen Unterhalt durch Erwerbstätigkeit nachhaltig zu sichern. Gemeint ist eine angemessene Erwerbstätigkeit. Welche Anforderungen an den Ehegatten in bezug auf seine Bemühungen zu stellen sind, kann nur im Einzelfall beurteilt werden (vgl. Rdnr. 6). Die Bemühungen müssen auf eine Erwerbstätigkeit gerichtet sein, die eine nachhaltige Sicherung des Unterhalts ermöglicht. Sie sind unbeachtlich, wenn sie auf andere Beschäftigungen oder nicht angemessene Tätigkeiten hinzielen. Zweifelhaft ist, ob Fehleinschätzungen zu Lasten des bedürftigen Ehegatten gehen. Man wird den Beschäftigung suchenden Ehegatten in seinen Dispositionen nicht übermäßig einschränken dürfen. Das setzt voraus, daß ihm die Verantwortung für mißlungene Ansätze zur nachhaltigen Sicherung seines Unterhalts nur aufgebürdet werden kann, wenn ihn ein grobes Verschulden trifft. Die Bemühungen im Rahmen des § 1573 Abs. 4 beziehen sich auf die Sicherung des Unterhalts durch Erwerbstätigkeit. Die Bemühungen beziehen sich deshalb nicht nur auf das Suchen einer Erwerbstätigkeit, sondern auch das Behalten des Arbeitsplatzes. Der bedürftige Ehegatte muß sich so einrichten, daß die Entwicklung seiner Erwerbstätigkeit zu einem nachhaltigen Broterwerb nicht an seinem Verhalten scheitert. Allerdings wird man nicht mehr voraussetzen können, als die Persönlichkeit des Ehegatten insoweit zu geben vermag.

Die Worte *»trotz seiner Bemühungen«* erwecken den Eindruck, als führe ein Verstoß gegen diese Obliegenheit ohne weiteres zum Verlust des Unterhaltsanspruchs. Das gilt nicht ohne Einschränkungen. Steht fest, daß eine angemessene Erwerbstätigkeit nicht zu finden gewesen wäre, dann war das fehlende Bemühen nicht kausal für die Unterhaltsbedürftigkeit. Der Unterhaltsanspruch geht nicht unter.

3.5 Teilunterhalt (§ 1573 Abs. 4 Satz 2)

22 Eine ausdrückliche Regelung über den Teilunterhalt für den Fall des § 1573 Abs. 4 Satz 1 erschien notwendig, weil dieser bei den

anderen Unterhaltsansprüchen durch die Worte *»solange und soweit«* vorgegebene Einschränkung nicht enthält. § 1573 Abs. 4 S. 2 regelt den Fall, daß ein Ehegatte seinen Unterhalt nur teilweise zu sichern vermag. Das kann die Folge einer Teilzeittätigkeit sein; nur diesen Anwendungsbereich hat die Vorschrift. Geht der Ehegatte einer Ganztagstätigkeit nach, reichen die Einkünfte aber nicht zur Deckung des vollen Lebensbedarfs aus, dann kann er den Unterschiedsbetrag zwischen dem nachhaltig gesicherten und dem vollen Unterhalt bereits nach § 1573 Abs. 2 verlangen.

23 Die Obliegenheit des Ehegatten, auch wegen des Unterschiedsbetrages zu einer nachhaltigen Sicherung zu gelangen, bleibt unberührt. Schwierig zu beurteilen ist die Frage, wann ein Ehegatte, dem es gelungen ist, seinen Unterhalt zum Teil nachhaltig zu sichern, diese Erwerbstätigkeit aufzugeben hat, um einen mit den üblichen Risiken belasteten Versuch zu wagen, eine Beschäftigung aufzunehmen, die den vollen Unterhalt zu sichern vermag. Er läuft in einem solchen Fall Gefahr, auch den gesicherten Teil zu verlieren. Dem verpflichteten Ehegatten muß ein weiter Ermessensspielraum eingeräumt werden.

Soweit dem Ehegatten die nachhaltige Unterhaltssicherung teilweise deshalb nicht gelingt, weil er krank oder alt wird, kann er einen Anspruch nach § 1571 Nr. 3 oder § 1572 Nr. 4 daneben haben. Im übrigen steht ihm Unterhalt nach § 1573 Abs. 4 i. V. m. Abs. 1 oder nur nach § 1573 Abs. 4 zu. Er ist mit der Obliegenheit belastet, sich um eine nachhaltige Unterhaltssicherung zu bemühen.

4 Unterhaltsergänzungsanspruch nach § 1573 Abs. 2

24 Hat ein Ehegatte eine angemessene Erwerbstätigkeit gefunden, reichen aber die Einkünfte zur Deckung des Lebensbedarfs nicht aus, dann kann er den zur Ergänzung seines Lebensbedarfs erforderlichen Unterhalt verlangen. Die in § 1573 Abs. 2 vorgesehene Subsidiarität des Anspruchs im Verhältnis zu den §§ 1570 bis 1572 (§ 1575) ist mißverständlich (vgl. *Amtl. Begr.* S. 127). Die genannten besonderen Ansprüche setzen voraus, daß der Ehegatte nicht erwerbstätig sein kann, weil er Kinder zu betreuen hat oder alt oder krank ist, oder weil er ausgebildet wird, während § 1573 Absatz 2 gerade davon ausgeht, daß die Erwerbstätigkeit möglich ist. Gemeint ist, daß der Anspruch nach § 1573 Abs. 2 neben den Ansprüchen nach §§ 1570 ff., jeweils bezogen auf einen Teil des Unterhaltsbedarfs, gegeben sein kann, was selbstverständlich ist. Die Möglichkeit, daß beim Zusammentreffen der Teilansprüche die besonderen Ansprüche nach den §§ 1570 ff. in dem Ergänzungsanspruch nach § 1573 Abs. 2 aufgehen könnten (*Amtl. Begr.* S. 127), ist deshalb wohl ausgeschlossen.

Ist der Ehegatte voll erwerbstätig, dann kann er die Differenz zwischen seinem Lebensbedarf und seinen Einkünften als Ergänzungsunterhalt verlangen. Setzt er seine Arbeitskraft nur zum

Teil ein, weil er eine ganztägige angemessene Erwerbstätigkeit nicht zu finden vermag, dann konkurriert der Anspruch nach § 1573 Abs. 2 mit einem Anspruch nach § 1573 Abs. 1, wenn das Einkommen niedriger ist als der entsprechende Teil des Lebensbedarfs.

25 § 1573 Abs. 2 setzt voraus, daß der Ehegatte sich um eine Tätigkeit bemüht, die den Lebensbedarf in vollem Umfang deckt. Diese Obliegenheit wird nicht dadurch aufgehoben, daß der Ehegatte eine Erwerbstätigkeit gefunden hat, die seinen Unterhalt nachhaltig (wenn auch nicht vollständig) sichert. Im Einzelfall kann es sehr zweifelhaft sein, ob einem Ehegatten zugemutet werden kann, eine solche Erwerbstätigkeit aufzugeben, um den Versuch zu machen, eine den vollen Unterhalt deckende Erwerbstätigkeit aufzunehmen (vgl. Rdnr. 23).

Verliert der Ehegatte seine Erwerbstätigkeit, die Grundlage eines Ergänzungsanspruchs nach § 1573 Abs. 2 war, dann kann ihm ein auf den vollen Lebensbedarf gerichteter Anspruch zustehen, wenn die Tätigkeit nicht geeignet war, den Unterhalt nachhaltig zu sichern (§ 1573 Abs. 4). Anderenfalls verbleibt es bei dem auf die Differenz zwischen den (jetzt weggefallenen) Einkünften und dem tatsächlichen Lebensbedarf reduzierten Unterhaltsanspruch.

(1) Der geschiedene Ehegatte braucht nur eine ihm angemessene Erwerbstätigkeit auszuüben.

(2) Angemessen ist eine Erwerbstätigkeit, die der Ausbildung, den Fähigkeiten, dem Lebensalter und dem Gesundheitszustand des geschiedenen Ehegatten sowie den ehelichen Lebensverhältnissen entspricht; bei den ehelichen Lebensverhältnissen sind die Dauer der Ehe und die Dauer der Pflege oder Erziehung eines gemeinschaftlichen Kindes zu berücksichtigen.

(3) Soweit es zur Aufnahme einer angemessenen Erwerbstätigkeit erforderlich ist, obliegt es dem geschiedenen Ehegatten, sich ausbilden, fortbilden oder umschulen zu lassen, wenn ein erfolgreicher Abschluß der Ausbildung zu erwarten ist.

Überblick Rdnr.

1 Allgemeines

1 Aus den Vorschriften der §§ 1569, 1573 folgt, daß ein Ehegatte nach der Scheidung grundsätzlich gehalten ist, zur Sicherung seines Unterhalts einer angemessenen Erwerbstätigkeit nachzugehen; Ausnahmen mit Rücksicht auf Bedürfnisse gemeinschaftlicher Kinder oder aus Gründen in der Person des Bedürftigen enthalten die §§ 1570 bis 1572. § 1574 ergänzt die §§ 1569, 1573, indem er konkretisiert, was als eine angemessene Erwerbstätigkeit anzusenen ist. Die Obliegenheit des Ehegatten, sich um eine Erwerbstätigkeit zu bemühen, beschränkt sich auf eine angemessene Tätigkeit. Geht er einer nicht angemessenen Erwerbstätigkeit nach, so führt das folgerichtig nicht ohne weiteres zur Entlastung des verpflichteten Ehegatten; eine Anrechnung ist aber unter Umständen, jedenfalls bezogen auf den den Lebensbedarf übersteigenden Teil der Einkünfte, möglich (vgl. § 1577 Abs. 2).

2 § 1574 Abs. 2 knüpft an das bisher geltende Recht an. Zwar enthält das EheG keine ausdrückliche Regelung der Frage, denn § 58

Abs. 1 EheG befaßt sich nur mit der Anrechenbarkeit der Erträgnisse einer Erwerbstätigkeit auf den Lebensbedarf; ob ein Ehegatte verpflichtet war, einer Erwerbstätigkeit nachzugehen, war nach dieser Regelung unklar. Die *h. M.* nahm einen Rückgriff auf § 66 EheG 38, den Vorgänger des § 58 EheG, in dem vorgesehen war, daß *»Erträgnisse einer Erwerbstätigkeit, die von ihr (der Frau) den Umständen nach erwartet werden kann«*, anzurechnen waren. Diese Generalklausel regelte nicht nur die Frage der Angemessenheit einer Erwerbstätigkeit, sondern auch, wann eine Erwerbstätigkeit nicht erwartet werden konnte, sie umfaßte also auch die Fälle der §§ 1570 bis 1572 des neuen Rechts.

3 Die Aufzählung in § 1574 Abs. 2 erweckt den Eindruck, als handele es sich um einen abschließenden Katalog, der die Berücksichtigung anderer Gesichtspunkte ausschließt. Auf seine Unvollständigkeit hat bereits *Schwab* (Eherechtsreform S. 77) hingewiesen; er hat daraus die Notwendigkeit abgeleitet, die Regelung zu erweitern. Das ist nicht geschehen, doch wird dadurch die Berücksichtigung weiterer Gesichtspunkte nicht ausgeschlossen. Auch systematische Gründe stehen dem nicht entgegen. Zu berücksichtigen ist, daß § 1574 Abs. 2 nur Umstände erfaßt, die in der Person des bedürftigen Ehegatten oder in den ehelichen Verhältnissen wurzeln. Für diesen Bereich wird man, da insoweit in der Tat von einer abschließenden Regelung ausgegangen werden muß, sonstige Umstände nicht zusätzlich heranziehen können. § 1574 Abs. 2 befaßt sich jedoch nicht mit der Frage, unter welchen Voraussetzungen eine Erwerbstätigkeit wegen ihrer objektiven Beschaffenheit im Einzelfall, z. B. Entfernung vom Wohnort, schlechte Verkehrsverbindungen, Beschaffenheit des Arbeitsplatzes usw. abgelehnt werden kann. Eine Berücksichtigung dieser im Rahmen des § 1574 Abs. 2 insgesamt nicht behandelten Umstände ist nicht ausgeschlossen. Sie sind mangels einer sonstigen ausdrücklichen Regelung nach allgemeinen Gesichtspunkten zu beurteilen. An einen Ehegatten wird man, was die Wahl des Arbeitsplatzes angeht, keine höheren Anforderungen stellen können als an andere Personen. Die Üblichkeit als Maßstab dürfte zu billigen Ergebnissen führen.

4 In Absatz 3 wird klargestellt, daß ein Ehegatte gehalten ist, sich ausbilden, fortbilden oder umschulen zu lassen, wenn er nur auf diese Weise eine angemessene Erwerbstätigkeit zu finden vermag. Es handelt sich um eine Obliegenheit des unterhaltsbedürftigen Ehegatten. Einen Anspruch auf Ausbildung, Fortbildung oder Umschulung gibt ihm § 1574 Abs. 3 nicht. Das regelt (mit abweichenden Voraussetzungen) § 1575.

2 Der Ausbildung entsprechende Erwerbstätigkeit

5 Ein Ehegatte ist *nicht* gehalten, eine Erwerbstätigkeit aufzunehmen, die nicht seiner Ausbildung entspricht. Die Vorschrift soll den geschiedenen Ehegatten vor sozialem Abstieg bewahren, der ihm drohen kann, wenn er eine Tätigkeit ausüben muß, die unter-

 halb seines Ausbildungsniveaus liegt. Sie ist kein Hindernis, wenn der Ehegatte eine Erwerbstätigkeit ausüben kann, die üblicherweise ein höheres Ausbildungsniveau voraussetzt.

Verfehlt wäre es, von einer starren schematischen Zuordnung eines bestimmten Berufsbildes zu einer bestimmten Ausbildung auszugehen. Der berufliche Werdegang verläuft, unabhängig von Scheidungsproblemen, oft genug nicht geradlinig. Die Ausbildung kann daher völlig an Bedeutung verlieren. Ihre Bewertung aus Anlaß der Scheidung kann das nicht ignorieren. Die Ausbildung als maßgebendes Kriterium für die Angemessenheit der Tätigkeit hat deshalb nicht den absoluten Charakter, den sie nach dem Wortlaut des § 1574 Abs. 2 zu haben scheint. Übt der Ehegatte einen Beruf aus, der in keinem Zusammenhang mit seiner Ausbildung steht und der für ihn bestimmenden Charakter hat, dann wäre es nicht angebracht, die Ausbildung, die nur noch »historischen« Wert hat, im Rahmen des § 1574 Abs. 2 (z. B. wenn ein Dirigent oder ein Kunsthändler »zufällig« eine juristische Ausbildung hat) als Kriterium zu werten. Anders liegen die Verhältnisse, wenn die zum Zeitpunkt der Scheidung ausgeübte Tätigkeit nur Erwerbscharakter hat, etwa weil der Ehegatte wegen der Kinder oder der Haushaltsführung eine seiner Ausbildung entsprechende Tätigkeit nicht ausüben kann oder sie noch nicht gefunden hat. Es wäre unangemessen, den Ehegatten auf diese ehebedingte, von seinen eigentlichen Berufszielen nicht gedeckte Tätigkeit zu verweisen. Zu berücksichtigen ist auch der Fall, daß ein Ehegatte eine seiner Ausbildung entsprechende Tätigkeit nie auszuüben in der Lage war oder im Laufe seines Berufslebens (etwa wegen mangelnder Leistungen) eine seinem Ausbildungsniveau nicht entsprechende Tätigkeit auf Dauer zu seiner Erwerbsquelle machen mußte. Die Ausbildung kann hier kein Maßstab sein.

6 Die Beziehung zwischen Ausbildung und Erwerbstätigkeit ist in erster Linie unter dem Gesichtspunkt des *Ausbildungsniveaus* zu sehen. Nur begrenzte Bedeutung kann die spezielle *fachliche Zuordnung* haben (*Schwab* S. 78; BT 7/650 S. 128). Das folgt aus § 1574 Abs. 3. Besteht keine Aussicht, daß der Ehegatte eine seiner fachlichen Ausbildung entsprechende Erwerbstätigkeit findet, dann führt das nicht ohne weiteres zu einem Unterhaltsanspruch von unbegrenzter Dauer. Er ist vielmehr gehalten, die Möglichkeiten einer Umschulung zu nutzen, die ihn in den Stand versetzen, einer fachlich anderen, aber vom Niveau her angemessenen Erwerbstätigkeit nachzugehen. Daraus folgt, daß der Begriff Ausbildung nicht eng fachlich auf ein begrenztes Berufsbild bezogen werden darf; anderenfalls wäre die Regelung über die Ausbildung, Fortbildung und Umschulung weitgehend gegenstandslos. Einen Überblick über die anerkannten Ausbildungsberufe vermittelt die Bekanntmachung in BAnZ, Beilage 23/76 zu Nr. 151.

7 Auch bei der Wertung der Erwerbstätigkeit unter dem Gesichtspunkt des Ausbildungsniveaus sind starre schematische Zuordnungen fehl am Platze; in einer Zeit, in der der Berufswechsel den

Charakter des Außergewöhnlichen verloren hat und die Berufsbilder selbst in stetem Wandel begriffen sind, wäre die Anwendung eines kleinlichen, auf die Bewahrung eines nicht bewahrbaren Status bedachten Maßstabs unangebracht. Deshalb kann nicht abstrakt von einer einmal gegebenen Ausbildung und einer ihr auf der Grundlage theoretischer Bedingungen zugeordneten Erwerbstätigkeit ausgegangen werden (*Schuhmacher* DRiZ 1976, 344). Entscheidend ist, was eine Ausbildung in der konkreten Situation an Erwerbsmöglichkeiten bringen kann. Denn der geschiedene Ehegatte soll nicht besser gestellt werden als andere Erwerbstätige, für die ähnliche Ausgangssituationen bestehen.

3 Fähigkeiten für eine angemessene Erwerbstätigkeit

8 Eine Erwerbstätigkeit ist nach § 1574 Abs. 2 auch dann unangemessen, wenn sie den *Fähigkeiten* des Ehegatten *nicht entspricht*. Das kann sich in zwei Richtungen auswirken. Dem Ehegatten soll keine Tätigkeit zugemutet werden, die ihn von seinen Fähigkeiten her überfordert, noch soll er einem Erwerb nachgehen müssen, bei dem er seine Fähigkeiten nicht nutzen kann. Im letzteren Fall soll er vor unterqualifizierter Beschäftigung geschützt werden. Der Begriff der Fähigkeiten ist nicht eindeutig (vgl. *Schwab* a. a. O. S. 76, 77). Nicht darunter fallen körperliche und psychische Erscheinungsformen, die im Rahmen der §§ 1571, 1572 anspruchsauslösend wirken. Insoweit handelt es sich um Sonderregelungen, bei denen eine Verpflichtung zur Erwerbstätigkeit überhaupt nicht besteht. Im übrigen ist unter Fähigkeiten außer der beruflichen und fachlichen Befähigung die gesamte persönliche »Gesamtdisposition« (*Schwab* a. a. O. S. 77) zu verstehen. Das gilt insbesondere für Erscheinungen im Vorfeld von Erkrankungen, psychischen Belastungen bei der Wiederaufnahme einer Erwerbstätigkeit nach längerer Pause und ähnliches. Häufig wird es sehr schwierig sein, eine zuverlässige Prognose zu stellen, ob der Ehegatte Fähigkeiten für eine bestimmte Erwerbstätigkeit besitzt. Bestehen Zweifel, wird man sich nicht mit einer auf theoretischen Überlegungen beruhenden Annahme begnügen können; es dürfte nicht unzumutbar sein, von dem Ehegatten zu verlangen, daß er einen Versuch unternimmt oder Maßnahmen trifft, um seine Fähigkeiten den Anforderungen anzupassen (§ 1574 Abs. 3). In Betracht kommen Fortbildung, Umschulung u. a. m., insbesondere auch eine ärztliche Behandlung. Zu den Fähigkeiten sind nur *personenbezogene Umstände* zu zählen. Ist der Ehegatte auf Grund anderer Umstände nicht in der Lage, einer Erwerbstätigkeit nachzugehen, z. B. weil er nicht gemeinschaftliche Kinder zu betreuen hat, dann läßt das seine *Fähigkeit zur Erwerbstätigkeit* unberührt.

4 Lebensalter

9 Eine Erwerbstätigkeit ist angemessen, wenn sie dem Lebensalter des Ehegatten entspricht. Ist das nicht der Fall, kann der Ehe-

gatte sie ablehnen, ohne den Unterhaltsanspruch einzubüßen. Vorausgesetzt wird, daß von dem Ehegatten trotz seines Alters eine Erwerbstätigkeit überhaupt erwartet werden kann (§ 1571). Erst wenn dies zu bejahen ist, stellt sich die Frage, ob die konkret in Aussicht genommene Erwerbstätigkeit so beschaffen ist, daß sie dem Ehegatten mit Rücksicht auf sein Alter nicht angesonnen werden kann. Zwischen dem Alter in § 1571 und dem Lebensalter in § 1574 Abs. 2 besteht ein gewisser Unterschied. Vom Lebensalter nicht erfaßt werden Fälle des frühzeitigen Alters in gerontischem Sinne. In der Regel wird es dann aber an den »Fähigkeiten« oder dem »Gesundheitszustand« im Sinne des § 1574 Abs. 2 fehlen.

5 Gesundheitszustand

10 Soweit es um den Gesundheitszustand geht, ist der Zusammenhang zwischen § 1574 und § 1572 zu beachten. Kann von dem Ehegatten eine Erwerbstätigkeit wegen Krankheit nicht erwartet werden (§ 1572), dann stellt sich die Frage der Angemessenheit einer Erwerbstätigkeit überhaupt nicht. Nur wenn grundsätzlich die Obliegenheit zur Erwerbstätigkeit bejaht wird, kommt es darauf an, ob im konkreten Fall eine konkrete Erwerbstätigkeit aus gesundheitlichen Gründen nicht ausgeübt werden kann. Berührt wird der Gesundheitszustand von jedem physischen und psychischen Abweichen von der Norm. Vorauszusetzen ist eine gewisse Intensität der Normabweichung, es kann nicht jede Kleinigkeit zur Ablehnung der Erwerbstätigkeit führen. Als Maßstab können die üblichen Anforderungen an die Arbeitsunfähigkeit aus gesundheitlichen Gründen gelten.

6 Die ehelichen Lebensverhältnisse

11 Ein geschiedener Ehegatte braucht eine Erwerbstätigkeit nicht auszuüben, wenn diese *nicht den ehelichen Lebensverhältnissen* entspricht. Diese abwertend als »Nerzklausel« apostrophierte Regelung soll den Ehegatten vor dem nach der Scheidung drohenden sozialen Abstieg bewahren. Sie ist auch Maßstab bei der Bemessung des Unterhalts (vgl. § 58 Abs. 1 EheG und § 1578 Abs. 1). Die ehelichen Lebensverhältnisse sind das Ergebnis der sozialen Einordnung der Ehegatten in die Umwelt (*Brühl-Göppinger-Mutschler* 347). Sie ist nichts Feststehendes, so daß Ausbildung und Herkunft nur insoweit relevant sind, als sie sich in dem erworbenen sozialen Status niederschlagen. Ausgeübter Beruf und nach objektiven Maßstäben ermittelter Lebenszuschnitt können Anhaltspunkte sein (vgl. *Hoffmann-Stephan* § 58, 30 EheG).

12 Maßgebender *Zeitpunkt* ist die Ehescheidung. Das bedeutet, daß ein minderer oder höherer Standard aus früherer Zeit unbeachtlich ist. Unberücksichtigt bleiben im allgemeinen auch Veränderungen nach der Scheidung. Denn die weitere Entwicklung ist

keine eheliche Angelegenheit mehr, sondern eine individuelle des einzelnen Ehegatten (vgl. dazu auch Rdnr. 2 ff. zu § 1578). Freilich werden in Ausnahmefällen Einschränkungen zu machen sein. Die Lebensverhältnisse sind wandelbar. Hat ein Ehegatte im Laufe der Zeit seine Verhältnisse auf einem niedrigeren Niveau als den ehelichen Lebensverhältnissen auf Dauer konsolidiert, dann wird er sich nicht darauf berufen können, daß Tätigkeiten, die er selbst für adäquat hält, nicht angemessen sind. Das setzt allerdings voraus, daß die Entwicklung nicht auf Umstände zurückzuführen ist, die der zum Unterhalt verpflichtete Ehegatte zu vertreten hat, z. B. sozialer Abstieg infolge mangelnder Unterhaltsleistung.

13 Zweifelhaft ist, welcher *Maßstab* anzulegen ist, wenn die ehelichen Lebensverhältnisse nicht einheitlich sind, z. B. weil starke Schwankungen vorherrschen oder weil ein Ehegatte einen aufwendigen, der andere einen kärglichen Lebensstil hat. In solchen Fällen wird man einen objektivierten mittleren Maßstab zugrunde legen können.

14 Nach § 1574 Abs. 2, 2. Halbsatz sind bei den ehelichen Lebensverhältnissen die *Dauer der Ehe* und die *Dauer der Pflege oder Erziehung* eines *gemeinschaftlichen Kindes* zu berücksichtigen. Die Regelung hat im allgemeinen praktische Bedeutung nur, wenn die Pflege oder Erziehung eines gemeinschaftlichen Kindes beeendet ist (falls nicht, ist der Ehegatte zur Erwerbstätigkeit überhaupt nicht verpflichtet, § 1570). Dem liegt die zutreffende Erwägung zugrunde, daß der Ehegatte sich stärker in die ehelichen Lebensverhältnisse einlebt, je länger die Ehe dauert; er soll nicht gehalten sein, sich aus seiner sozialen Zuordnung, die er mitgeprägt hat, zurückzuziehen.

15 Der Dauer der Ehe gleichgestellt ist die Dauer der Pflege oder *Erziehung eines gemeinschaftlichen Kindes.* In erster Linie ist an die Pflege oder Erziehung des Kindes während und nach der Ehezeit gedacht (*Amtl. Begr.* S. 129). Nach Wortlaut und Sinn der Vorschrift kommt aber auch eine voreheliche Pflege oder Erziehung in Betracht, da nur ein gemeinschaftliches, nicht ein eheliches Kind vorausgesetzt wird.

Die Anwendung der Vorschrift kann Schwierigkeiten bereiten, wenn ein Ehegatte durch die Pflege oder Erziehung eines gemeinschaftlichen Kindes nur zum Teil an einer Erwerbstätigkeit gehindert ist. Hat die Pflege oder Erziehung zum Zeitpunkt der Scheidung nur kurze Zeit gedauert, wäre nach dem Wortlaut des § 1574 Abs. 2 davon auszugehen, daß der Ehegatte zunächst auf eine Erwerbstätigkeit verwiesen werden kann, die seinen und nicht den ehelichen Lebensverhältnissen entspricht, bis er dann nach gehöriger Dauer der Pflege oder Erziehung den Status der ehelichen Lebensverhältnisse zu beanspruchen hätte. Das Ergebnis wäre unbillig und unpraktikabel. In diesen Fällen dürfte es genügen, wenn die Pflege oder Erziehung den Umständen nach auf Dauer angelegt ist.

Was unter Dauer zu verstehen ist, sagt das Gesetz weder hier noch bei Verwendung des Begriffs an anderer Stelle (vgl. Rdnr. 5 zu § 1579). Die Lebensverhältnisse des verpflichteten Ehegatten sind im Rahmen des § 1581 im Zusammenhang mit der Frage der Leistungsfähigkeit zu berücksichtigen (*Schumacher* DRiZ 1976, 343).

7 Sonstige Gründe

16 Die in § 1574 Abs. 2 angeführten Kriterien zur Frage der Angemessenheit der Erwerbstätigkeit sind nicht erschöpfend (vgl. Rdnr. 3). Eine unter diesen Gesichtspunkten angemessene Tätigkeit kann aus anderen Gründen für den Ehegatten unzumutbar sein.

8 Obliegenheiten zur Ausbildung, Fortbildung oder Umschulung (§ 1574 Abs. 3)

17 Nach § 1574 Abs. 3 ist der Ehegatte gehalten, sich ausbilden, fortbilden oder umschulen zu lassen, soweit dies zur Aufnahme einer Erwerbstätigkeit erforderlich ist. Die Vorschrift gewährt keinen Anspruch auf Ausbildung, Fortbildung oder Umschulung; das st nach § 1575 zu beurteilen. § 1574 Abs. 3 findet nur Anwendung, wenn von dem Ehegatten eine Erwerbstätigkeit überhaupt erwartet werden kann. Vorausgesetzt wird, daß der Ehegatte ohne die vorgesehenen Maßnahmen außerstande wäre, einer angemessenen Erwerbstätigkeit nachzugehen. Die Regelung bezieht sich nur auf angemessene Erwerbstätigkeiten, die geeignet sind, den Unterhalt *nachhaltig* zu sichern, denn die Erwerbstätigkeit ist kein Selbstzweck, sondern ein Mittel, den Ehegatten unterhaltsrechtlich unabhängig zu machen. Dieser Zustand ist aber erst erreicht, wenn der Unterhalt nachhaltig gesichert ist und damit ein Wiederaufleben des Anspruchs nicht in Betracht kommt (§ 1573 Abs. 4). Geht der geschiedene Ehegatte daher einer angemessenen Erwerbstätigkeit nach, ist er gleichwohl gehalten, sich einer Ausbildung, Fortbildung oder Umschulung zu unterziehen, wenn die Erwerbstätigkeit zur nachhaltigen Sicherung des Unterhalts nicht geeignet ist, eine solche Sicherung aber nach einer Ausbildung zu erwarten ist. Entsprechend anwendbar ist § 1574 Abs. 3 auf den Fall, daß ein Ehegatte einer angemessenen Erwerbstätigkeit nachgeht, diese aber nur einen Teil seines Lebensbedarfs deckt. Würde er nach einer Ausbildung, Fortbildung oder Umschulung in die Lage versetzt, höhere Einkünfte zu erzielen, ist er gehalten, das anzustreben.

18 Die Obliegenheit besteht nur, wenn ein erfolgreicher Abschluß der Ausbildung (auch der Fortbildung oder Umschulung) zu erwarten ist. Das ist nach den persönlichen Verhältnissen des Ehegatten (z. B. Alter, Gesundheitszustand, Befähigung, Dauer der berufslosen Zeit) und den sachlichen Gegebenheiten (z. B. numerus clau-

sus) zu beurteilen (vgl. Rdnr. 16 zu § 1575). Zweifelhaft ist, unter welcher Voraussetzung von einem Ehegatten erwartet werden kann, daß er eine Erwerbstätigkeit aufgibt, um sich für eine angemessene oder höher dotierte Tätigkeit zu qualifizieren. Mit Rücksicht auf das Risiko, einen gesicherten Arbeitsplatz zu verlieren, ohne Gewähr zu haben, eine qualifiziertere Erwerbstätigkeit auf Dauer zu erhalten, ist Vorsicht geboten.

9 Aufwendungen für den Lebensbedarf und Kosten der Ausbildung, Fortbildung oder Umschulung

19 Während der Zeit der Ausbildung, Fortbildung oder Umschulung wird der geschiedene Ehegatte in der Regel einen Unterhaltsanspruch nach § 1575 Abs. 1 oder Abs. 2 haben. Der Unterhaltsanspruch deckt die Kosten des Lebensbedarfs, soweit die Ausbildung, Fortbildung oder Umschulung nicht neben der beruflichen Tätigkeit betrieben wird, sowie die Aufwendungen für Lernmittel, Gebühren, Fahrtkosten usw. (§ 1578 Abs. 2). Da die Voraussetzungen für einen Unterhaltsanspruch nach § 1575 sich nicht mit den Voraussetzungen decken, nach denen der geschiedene Ehegatte gehalten ist, sich ausbilden, fortbilden oder umschulen zu lassen, kann der Fall eintreten, daß zwar eine Obliegenheit nach § 1574 Abs. 3 entsteht, der Ehegatte aber keinen Unterhaltsanspruch nach § 1575 hat, der es ihm ermöglichen würde, seiner Obliegenheit nachzukommen. Ein Unterhaltsanspruch nach § 1573 ist dann ebenfalls nicht gegeben, da die Vorschrift voraussetzt, daß der Ehegatte einer Erwerbstätigkeit überhaupt nachgehen kann. Das kann er aber in dem angenommenen Fall wegen der Notwendigkeit der Ausbildung, Fortbildung oder Umschulung gerade nicht. Es entspricht dem Normzweck, daß der Ehegatte, der vom anderen Ehegatten verlangt, er möge sich ausbilden, fortbilden oder umschulen lassen, um ihn nach Aufnahme einer angemessenen Erwerbstätigkeit von der Unterhaltspflicht zu entlasten, die Voraussetzungen dafür schafft. In diesem Fall liegt es nahe, § 1573 entsprechend anzuwenden. Die Verpflichtung, sich um eine angemessene Erwerbstätigkeit zu bemühen, dürfte dann während der Dauer der Ausbildung, Fortbildung oder Umschulung ruhen. In Betracht kommt auch eine entsprechende Anwendung des § 1575.

Hat der geschiedene Ehegatte Anspruch auf öffentlich-rechtliche Leistungen zum Zwecke der Ausbildung, Fortbildung oder Umschulung, mindert sich sein Bedarf entsprechend, es sei denn, daß die Leistungen dem Subsidiaritätsprinzip folgen (vgl. Rdnr. 26 zu § 1575).

(1) Ein geschiedener Ehegatte, der in Erwartung der Ehe oder während der Ehe eine Schul- oder Berufsausbildung nicht aufgenommen oder abgebrochen hat, kann von dem anderen Ehegatten Unterhalt verlangen, wenn er diese oder eine entsprechende Ausbildung sobald wie möglich aufnimmt, um eine angemessene Erwerbstätigkeit, die den Unterhalt nachhaltig sichert, zu erlangen und der erfolgreiche Abschluß der Ausbildung zu erwarten ist. Der Anspruch besteht längstens für die Zeit, in der eine solche Ausbildung im allgemeinen abgeschlossen wird; dabei sind ehebedingte Verzögerungen der Ausbildung zu berücksichtigen.

(2) Entsprechendes gilt, wenn sich der geschiedene Ehegatte fortbilden oder umschulen läßt, um Nachteile auszugleichen, die durch die Ehe eingetreten sind.

(3) Verlangt der geschiedene Ehegatte nach Beendigung der Ausbildung, Fortbildung oder Umschulung Unterhalt nach § 1573, so bleibt bei der Bestimmung der ihm angemessenen Erwerbstätigkeit (§ 1574 Abs. 2) der erreichte höhere Ausbildungsstand außer Betracht.

Überblick Rdnr.

1 Ausbildungsanspruch (§ 1575 Abs. 1)

1.1 Allgemeines

1 § 1575 Abs. 1 regelt den sog. Ausbildungsanspruch des geschiedenen Ehegatten. Er knüpft an eine bereits im bisher geltenden

Recht vordrängende Rechtsprechung an, die – zumindest für getrennt lebende und geschiedene Ehegatten – einen solchen Anspruch bejaht hat (*OLG Celle* FamRZ 1962, 25; *OLG Schleswig* SchlHA 1967, 55; *LG Bonn* FamRZ 1961, 314; vgl. im übrigen Rdnr. 8 zu § 1360 a). Es handelt sich um einen selbständigen Unterhaltsanspruch neben den Ansprüchen nach §§ 1570 ff. Er ist auf die Deckung des gesamten Lebensbedarfs, nicht nur der Ausbildungskosten, gerichtet. Er soll den geschiedenen Ehegatten in die Lage versetzen, ein Ausbildungsdefizit nachzuholen, um eine angemessene Erwerbstätigkeit auszuüben.

Absatz 1 der Vorschrift unterscheidet sich nicht unerheblich von der Fassung des RegE (§ 1576), die wie folgt lautet:

(1) Ein geschiedener Ehegatte, der in Erwartung der Ehe oder während der Ehe eine Schul- oder Berufsausbildung nicht aufgenommen oder abgebrochen hat, kann von dem anderen Ehegatten Unterhalt verlangen, wenn er diese oder eine entsprechende Ausbildung so bald wie möglich aufnimmt und die Umstände, insbesondere die Fähigkeiten und das Alter des Berechtigten, den erfolgreichen Abschluß der Ausbildung erwarten lassen. Der Anspruch besteht längstens für die Zeit, in der eine solche Ausbildung im allgemeinen abgeschlossen wird; dabei sind ehebedingte Verzögerungen der Ausbildung zu berücksichtigen.

Die vorgenommenen Einschränkungen zielen in erster Linie darauf ab, den Zweck der Ausbildung, nämlich das Erlangen einer angemessenen Erwerbstätigkeit, in der Vorschrift ausdrücklich zur Voraussetzung zu machen.

2 Der Anwendungsbereich des § 1575 deckt sich nicht völlig mit dem des § 1574 Abs. 3. Daher ist es möglich, daß ein Ehegatte gehalten sein kann, sich nach § 1574 Abs. 3 ausbilden, fortbilden oder umschulen zu lassen, wenn der andere Ehegatte dies verlangt, er selbst seinen Ausbildungswunsch nicht nach § 1575 durchsetzen kann, weil dessen Voraussetzungen fehlen (vgl. Rdnr. 19 zu § 1574).

1.2 Nicht aufgenommene oder abgebrochene Schul- oder Berufsausbildung

3 Der Begriff der Schul- oder Berufsausbildung ist im *weitesten Sinne* zu verstehen. Er umfaßt die im Katalog der BAFöG genannten Ausbildungsmöglichkeiten einschließlich der Hochschulbildung, ohne auf diese beschränkt zu sein. Vom bürgerlich-rechtlichen Unterhaltsrecht wäre eine Beschränkung auf bestimmte Ausbildungsarten nicht zu rechtfertigen. Auch die »Berufsausbildung« braucht nicht notwendigerweise auf durch gesetzliche Berufsbilder bestimmte Berufsziele gerichtet gewesen zu sein.

4 Der Ehegatte muß die Schul- oder Berufsausbildung nicht aufgenommen oder abgebrochen haben. Aus welchen Gründen das geschehen ist, ist ohne Bedeutung (vgl. Rdnr. 7). Bei der *»nicht aufgenommenen«* Ausbildung ist zweifelhaft, wie konkret die Ausbildungsabsicht gewesen sein muß. Die Zweifel ergeben sich aus der

Anknüpfung an *»diese oder eine entsprechende Ausbildung«* bei der Aufnahme einer Ausbildung nach der Scheidung, die eine vorausgegangene konkrete Ausbildungsabsicht zu implizieren scheint. Wird die Frage einer Ausbildung durch die Eingehung der Ehe oder ihren Verlauf für den Ehegatten gegenstandslos, dann ist es häufig reiner Zufall, in welchem Stadium sich seine Überlegungen in bezug auf den Weg und das Ziel der Ausbildung befinden. So wäre es ein vom Normzweck nicht zu rechtfertigendes Ergebnis, wollte man den Anspruch nach § 1575 Abs. 1 nur deshalb versagen, weil die beruflichen Pläne des Ehegatten noch keine konkrete Form angenommen hatten. Für die Anwendung des § 1575 Abs. 1 dürfte es daher ausreichen, wenn der Ehegatte überhaupt Ausbildungsabsichten hatte und diese auf Grund seiner Vorbildung und sonstiger Umstände so eingegrenzt werden können, daß das Ausbildungsniveau bestimmbar wird. Auf weitere Anforderungen wird man schon deshalb verzichten können, weil der Ehegatte frei ist, statt einer ursprünglich vorgezeichneten eine »entsprechende« Ausbildung zu wählen. Aus diesem Grund ist es auch gleichgültig, ob die nicht aufgenommene oder abgebrochene Ausbildung ihrer Art nach geeignet war, eine angemessene Erwerbstätigkeit zu sichern; war sie es nicht, so kann das allerdings dazu führen, daß der geschiedene Ehegatte auf ihre Aufnahme oder Fortsetzung zugunsten einer entsprechenden Ausbildung verzichten muß (vgl. Rdnr. 10).

5 Wenn der geschiedene Ehegatte überhaupt nicht die Absicht hatte, eine Ausbildung aufzunehmen, dann steht ihm ein Unterhaltsanspruch nach § 1575 Abs. 1 nicht zu. Dafür genügt es nicht, daß er zu irgendeinem Zeitpunkt vor oder während der Ehe einen Ausbildungswunsch vermissen ließ; § 1575 Abs. 1 knüpft an die einmal gegeben gewesene fehlende Absicht keine Ausschlußwirkung. Der Ehegatte kann seine Meinung ändern und von irgendeinem Zeitpunkt an eine Ausbildung angestrebt haben. Daraus folgt, daß der Anspruch nach § 1575 Abs. 1 nur dann ausgeschlossen ist, wenn die fehlende Absicht während der Ehe fortbestanden hat.

6 Zweifelhaft ist, ob die Voraussetzungen des § 1575 Abs. 1 vorliegen, wenn der Ehegatte sein Ausbildungsinteresse erstmalig im Zusammenhang mit einer *bevorstehenden Scheidung* erkennen läßt. Nach dem Wortlaut der Bestimmung wäre das zu bejahen. Vorbehalte sind angebracht, da § 1575 Abs. 1 dem Ausgleich versäumter Ausbildungsmöglichkeiten und -nachteile dienen soll, die dadurch entstanden sind, daß ein Ehegatte *während* der Ehe seine beruflichen Pläne nicht realisiert hat. Entwickelt er erstmalig Berufspläne mit Rücksicht auf *das Ende der Ehe*, dann dürfte die Zubilligung eines Unterhaltsanspruchs nicht mehr vom Normzweck getragen sein.

1.3 In Erwartung der Ehe oder während der Ehe

7 § 1575 Abs. 1 dient nicht dem Ausgleich *»ehebedingter«* Nachteile. Ein Kausalzusammenhang zwischen der nicht aufgenomme-

nen oder abgebrochenen Ausbildung und der Ehe (konkret: den sich für den Ehegatten aus der ehelichen Lebensgemeinschaft ergebenden Verpflichtungen) wird nicht vorausgesetzt (*Amtl. Begr.* S. 131). Deshalb wird der Anspruch nicht dadurch ausgeschlossen, daß der Ehegatte seine Ausbildung während der Ehe aus Gründen aufgegeben oder nicht aufgenommen hat, die mit der ehelichen Lebensgemeinschaft nichts zu tun haben. Das gilt im allgemeinen selbst dann, wenn der andere Ehegatte mit diesem Verhalten nicht einverstanden war; die Voraussetzungen der Härteklausel (§ 1579 Abs. 1) werden in der Regel nicht vorliegen.

8 Der Ausdruck »in Erwartung der Ehe« soll nicht mehr als den *zeitlichen* Zusammenhang mit der Eheschließung andeuten. Die Eheschließung muß nicht bestimmend im Sinne eines Kausalzusammenhangs gewesen sein (zutr. *Schumacher* ZfS 1976, 641). Es genügt, wenn eine Ausbildung unterblieben ist, deren Beginn in die Zeit vor der Eheschließung gefallen wäre. Eine konkrete Ausbildungsabsicht muß nicht bestanden haben (vgl. Rdnr. 4). Wollte man dem Begriff *»in Erwartung der Ehe«* eine weitergehende Bedeutung beimessen, ergäbe sich ein Widerspruch zu der Anknüpfung an den Zeitpunkt *»während der Ehe«*, der unzweifelhaft nur den objektiven zeitlichen Zusammenhang kennzeichnet (vgl. *Amtl. Begr.* S. 131).

1.4 Diese oder eine entsprechende Ausbildung

9 Bei der Aufnahme oder Wiederaufnahme der Ausbildung knüpft § 1575 Abs. 1 an *»diese«* oder eine *»entsprechende«* Ausbildung an. Bestand eine konkrete Ausbildungsabsicht oder war die Ausbildung sogar begonnen, bereitet die Feststellung dessen, was *»diese Ausbildung«* ist, keine Schwierigkeit. Anders verhält es sich, wenn ein Ehegatte zwar allgemein den Wunsch hatte, sich auszubilden, seine Vorstellungen aber noch keine konkrete Form angenommen hatten. Die Anwendung des § 1575 Abs. 1 auf diesen Fall ist zu bejahen (vgl. Rdnr. 4). Aus der Alternative »oder eine entsprechende Ausbildung« läßt sich unmittelbar nichts ableiten, da sie eine Konkretisierung ihres Bezugspunktes »diese Ausbildung« voraussetzt. Es bietet sich an, eine Konkretisierung der mutmaßlichen Ausbildung unter Berücksichtigung der Vorbildung des Ehegatten, seiner Interessen und sonstiger Umstände im Einzelfall nachzuvollziehen. Dabei kann es auf eine fachliche Ausrichtung schon wegen der Alternative »*entsprechende* Ausbildung« nicht ankommen. Wesentlich ist vielmehr der vom Niveau bestimmte Ausbildungsrahmen, der dem Ehegatten als konkrete Möglichkeit zur Verfügung stand.

10 Was unter »entsprechender Ausbildung« zu verstehen ist, sagt das Gesetz nicht. Nicht gemeint ist, daß zwischen den beiden Ausbildungen ein fachlicher Zusammenhang gegeben sein muß. Ebensowenig kann eine unterschiedliche Ausbildungsdauer entscheidend sein; § 1575 Abs. 1 läßt die Aufnahme einer entsprechenden Ausbildung ohne erkennbare Einschränkungen auch dann zu, wenn der Ehegatte auf eine (abgebrochene) Ausbildung erhebliche Zeit

aufgewendet hat. Dieser großzügige Maßstab würde ohne ersichtlichen Grund aufgegeben, wenn man auf die Ausbildungsdauer selbst abstellen wollte. Für die Bestimmung der »entsprechenden Ausbildung« kann es demnach nur darauf ankommen, ob sie ein im Niveau vergleichbares Ausbildungsziel vermittelt, und ob sich eine vergleichbare soziale Zuordnung des erstrebten Berufsbildes ergibt. Konkret bedeutet das z. B., daß eine abgebrochene Hochschulausbildung zur Aufnahme einer Hochschulausbildung anderer Fachrichtung berechtigt, eine abgebrochene Lehre zur Aufnahme einer Lehre auch in einem anderen Fach. Eine vergleichende Wertung wird nicht immer so unproblematisch sein; hilfreich können dabei die öffentlich-rechtlichen Vorschriften über Berufsbilder sein, insbesondere was die Voraussetzungen und Anforderungen angeht. (Vgl. Überblick über anerkannte Ausbildungsberufe in der Bekanntmachung in BAnZ, Beilage 23/76 zu Nr. 151 aus 1976).

Der Ehegatte, der eine andere als die in § 1575 Abs. 1 vorgesehene Ausbildung aufnimmt, kann Unterhalt bis zur Höhe der Aufwendungen verlangen, die für eine Ausbildung im Sinne des § 1575 Abs. 1 notwendig gewesen wären. Es wäre unbillig und dem Normzweck widersprechend, wenn man in diesem Fall einen Anspruch versagen würde. Der Ehegatte soll in die Lage versetzt werden, sich nach erfolgter Ausbildung selbst zu unterhalten. Die Beschränkung der Ausbildungsarten dient dem Schutz des Unterhaltspflichtigen vor überhöhten Ansprüchen. Seinem Schutzbedürfnis wird Rechnung getragen, wenn er nicht mehr zu leisten braucht, als in § 1575 Abs. 1 vorausgesetzt wird. Ist das der Fall, dann wird dadurch die Wahl der Ausbildung nicht berührt. Selbstverständlich muß die abweichende Ausbildung der nachhaltigen Unterhaltssicherung dienen (vgl. Rdnr. 12 ff.).

1.5 Alsbaldige Aufnahme der Ausbildung

11 § 1575 Abs. 1 setzt voraus, daß der Ehegatte die Ausbildung so *bald wie möglich* aufnimmt. Eine bestimmte Frist ist nicht vorgesehen. Nach der *Amtl. Begr.* (S. 131) sind Gründe denkbar, die den Berechtigten daran hindern, innerhalb der ersten Monate nach der Scheidung bereits die Ausbildung zu beginnen, ohne daß er für diese Gründe verantwortlich ist, etwa bei zeitlich ungünstigem Beginn einer bestimmten Ausbildung. Zutreffend wird davon ausgegangen, daß die Nichtaufnahme der Ausbildung auf vorwerfbares Verhalten zurückzuführen sein muß, denn der Begriff *»so bald wie möglich«* ist im Sinne von *»ohne schuldhaftes Zögern«* zu verstehen. Eine Verzögerung von einigen Monaten aus »technischen Gründen« wird im Zweifel unschädlich sein, da der Ehegatte sich auf die neue Situation einstellen muß. Eine weitergehende Bedeutung hat der Hinweis auf die ersten Monate nach der Scheidung nicht. Insbesondere nimmt er dem berechtigten Ehegatten nicht die Möglichkeit, den Ausbildungsanspruch zu irgendeinem späteren Zeitpunkt geltend zu machen, wenn die Aufnahme der Ausbildung zu einem früheren Zeitpunkt aus anderen als technischen Gründen nicht möglich war. Eine Ausbildung ist z. B. nicht

möglich, soweit und solange die Voraussetzungen der §§ 1570 und 1572 vorliegen; § 1571 ist in diesem Zusammenhang ohne Bedeutung, da eine Ausbildung nicht in Betracht kommt, wenn von dem Ehegatten wegen Alters eine Erwerbstätigkeit überhaupt nicht mehr erwartet werden kann. Kann von einem Ehegatten eine Erwerbstätigkeit nicht erwartet werden, weil er Kinder betreuen muß oder weil er krank ist, dann gilt das im allgemeinen auch in bezug auf die Ausbildung. Daraus folgt, daß der Ausbildungsanspruch nach § 1575 Abs. 1 erst nach Wegfall der Voraussetzungen der §§ 1570 und 1572 einsetzen kann. Dieser Zeitpunkt kann Jahre nach der Ehescheidung liegen.

1.6 Zweck der Ausbildung

12 Durch die Ausbildung soll der Ehegatte in die Lage versetzt werden, eine angemessene Erwerbstätigkeit zu erlangen. Aus den Worten *»um eine angemessene Erwerbstätigkeit ... zu erlangen«*, die der RegE nicht enthielt, ergeben sich in mehrfacher Hinsicht Einschränkungen des Anspruchs.

13 Die Ausbildung muß *notwendig* sein, um eine angemessene Erwerbstätigkeit zu sichern. Ist der Ehegatte in der Lage, eine solche Erwerbstätigkeit auszuüben, ohne sich einer Ausbildung zu unterziehen, dann steht ihm ein Unterhaltsanspruch nicht zu. Dabei kommt es nicht darauf an, ob die Erwerbstätigkeit einen Bezug zu der nicht aufgenommenen oder abgebrochenen Ausbildung hat.

14 Der Abschluß der Ausbildung muß *geeignet* sein zur Ausübung einer angemessenen Erwerbstätigkeit. Da die Angemessenheit einer Erwerbstätigkeit sich nicht ausschließlich nach der früheren Ausbildung richtet (vgl. § 1574 Abs. 2), kann es sein, daß eine wieder aufgenommene Ausbildung den Anforderungen des § 1575 Abs. 1 nicht genügt. Hat ein Ehegatte z. B. auf Grund der ehelichen Lebensverhältnisse einen Status erreicht, der seinen ursprünglichen Ausbildungszielen nicht mehr entspricht, dann würden die Fortsetzung und der Abschluß der Ausbildung lediglich eine nicht angemessene Erwerbstätigkeit ermöglichen, andererseits hat der Ehegatte keinen Anspruch nach § 1575 Abs. 2, um eine höherwertige Ausbildung zu erlangen, da er weder diese noch eine entsprechende nicht aufgenommen oder abgebrochen hat. Dieses auf den ersten Blick überraschende Ergebnis dürfte zutreffend sein mit der Modifikation, daß der berechtigte Ehegatte, wenn er eine »höherwertige« Ausbildung aufnehmen will, die Unterhaltsaufwendungen bis zur Höhe der Aufwendungen verlangen kann, wie sie bei der ursprünglich ins Auge gefaßten Ausbildung entstanden wären. Anderenfalls würde der verpflichtete Ehegatte ohne erkennbaren Grund von der Unterhaltspflicht nach § 1575 Abs. 1 völlig freigestellt. Er kann seinerseits von dem anderen Ehegatten verlangen, daß er sich ausbilden läßt, um eine angemessene Erwerbstätigkeit zu erlangen (§ 1574 Abs. 3), vgl. Rdnr. 2.

15 Vorausgesetzt wird weiter, daß die Erwerbstätigkeit, die der Ehegatte nach seiner Ausbildung erlangen kann, den Unterhalt *nachhaltig* sichert. Die Regelung knüpft an § 1573 Abs. 4 an. Damit

soll erreicht werden, daß der Ehegatte eine Erwerbstätigkeit anzustreben hat, die seinen Unterhalt auf Dauer sichert und ein Wiederaufleben des Unterhaltsanspruchs nach § 1573 Abs. 4 nach Möglichkeit ausschließt. Daran kann es z. B. fehlen, wenn der angestrebte Beruf wegen seiner Eigenart oder den mutmaßlichen Verhältnissen auf dem Arbeitsmarkt voraussichtlich keinen gesicherten Broterwerb bringen wird. Hätte die nicht aufgenommene oder abgebrochene Ausbildung zu einem den Unterhalt nachhaltig sichernden Erwerb überhaupt nicht geführt, kann ihre Aufnahme oder Fortsetzung keinen Anspruch nach §1575 Abs. 1 auslösen. Der Ehegatte ist gehalten, eine entsprechende, für diesen Erwerbszweck geeignete Ausbildung ins Auge zu fassen.

1.7 Erfolgsaussichten der Ausbildung; Dauer des Anspruchs

16 Erforderlich ist weiter die Prognose, daß der *erfolgreiche Abschluß* der Ausbildung *zu erwarten* ist. Daran kann es insbesondere fehlen, wenn das Alter, der Gesundheitszustand, die äußeren Umstände, die Dauer der unterbrochenen Ausbildung, ihr Schwierigkeitsgrad u. a. m. sich als gravierende Hemmnisse darstellen. Eine kleinliche Betrachtungsweise dürfte aber verfehlt sein. Dem Ehegatten, der meint, das Ausbildungsziel zu erreichen, muß im Zweifel die Möglichkeit gegeben werden, dies zu versuchen. Würde eine Ausbildung trotz des erfolgreichen Abschlusses nicht zur Aufnahme einer angemessenen Erwerbstätigkeit führen können, z. B. wegen des dann erreichten Alters, dann besteht kein Anspruch nach § 1575 Abs. 1, da der vorausgesetzte Zweck der Ausbildung nicht erreicht werden kann.

17 Nicht ausdrücklich geregelt, aber selbstverständlich ist, daß dem Ehegatten der Unterhaltsanspruch nach § 1575 Abs. 1 nur zusteht, wenn und solange er die Ausbildung betreibt. Unterbricht er sie, dann kommt es auf die Gründe der Unterbrechung an. Wird er z. B. krank oder ergibt sich ein Bedürfnis, gemeinschaftliche Kinder zu betreuen, dann kann er für diese Zeit Unterhalt nach § 1570 oder § 1572 verlangen. Im übrigen ist die Frage der Unterhaltsberechtigung nach § 1573 zu beurteilen. Der Ehegatte muß sich den Umstand, daß er eine mögliche Ausbildung grundlos aufgegeben oder unterbrochen hat, zurechnen lassen.

Der geschiedene Ehegatte muß sich bemühen, das Ausbildungsziel zu erreichen. Zweifelhaft ist, ob der verpflichtete Ehegatte von ihm Auskunft über den Stand der Ausbildung verlangen kann. Ein berechtigtes Interesse ist insbesondere bei länger dauernder Ausbildung nicht von der Hand zu weisen, da der andere Ehegatte kaum eine Möglichkeit haben wird zu prüfen, ob die Anspruchsvoraussetzungen noch vorliegen. Die Regelung der Auskunftspflicht unter geschiedenen Ehegaten (§§ 1580, 1605) deckt diesen Fall auch nicht in der Fassung des 1. EheRG. Es liegt nahe, wegen der gleichen Interessenlage die Vorschriften entsprechend anzuwenden, wobei § 1605 Abs. 2 außer Betracht bleiben könnte, da er auf Verhältnisse im Zusammenhang mit der Ausbildung nicht paßt.

18 Der Anspruch nach § 1575 Abs. 1 wird gewährt für die Dauer der Ausbildung. Maßgebend ist die Zeit, in der eine solche Ausbildung im allgemeinen abgeschlossen wird. Die im BAFöG vorgesehenen Förderungszeiten sind als Richtwerte brauchbar, Überschreitungen sind unschädlich, wenn sie Ausdruck einer allgemeinen Entwicklung sind. Verzögerungen, die auf Umstände zurückzuführen sind, die mit der Ehe im Zusammenhang stehen, sind zu berücksichtigen. Darunter können vor allem fortgeschrittenes Lebensalter bei entsprechender Ehedauer, Schwierigkeiten bei der Wiederaufnahme einer vor längerer Zeit abgebrochenen Ausbildung u. a. m. von Bedeutung sein.

2 Unterhaltsanspruch wegen Fortbildung oder Umschulung (§ 1575 Abs. 2)

2.1 Fortbildung, Umschulung

19 Die Regelung über den Ausbildungsanspruch (§ 1575 Abs. 1) ist entsprechend anzuwenden, wenn der geschiedene Ehegatte sich fortbilden oder umschulen läßt. Die Begriffe »Fortbildung« und »Umschulung« stammen aus dem Arbeitsförderungsgesetz (AFG). Beiden gemeinsam ist, daß sie – anders als bei der Ausbildung – an eine bereits *abgeschlossene Berufsausbildung* oder an eine Erwerbstätigkeit mit angemessener *Berufserfahrung* anknüpfen. Durch die Fortbildung sollen berufliche Kenntnisse und Fertigkeiten erhalten, erweitert oder der technischen Entwicklung angepaßt oder ein beruflicher Aufstieg ermöglicht werden (vgl. §§ 41, 43 AFG). Die berufliche Umschulung soll den Übergang in eine andere geeignete berufliche Tätigkeit erleichtern, deren Status dem bisherigen Berufsbild entspricht; sie bezweckt eine Sicherung und Verbesserung der beruflichen Mobilität (§ 17 AFG).

Der Unterhaltsanspruch nach § 1575 Abs. 2 besteht demnach nur, wenn der geschiedene Ehegatte eine abgeschlossene Ausbildung oder eine Erwerbstätigkeit ausgeübt hat, die ihm gewisse berufliche Erfahrungen vermittelt hat.

2.2 Umfang der entsprechenden Anwendung des § 1575 Abs. 1

20 Zweifelhaft ist, welche Bedeutung der pauschalen Verweisung auf den Ausbildungsanspruch nach Absatz 1 zukommt. Das gilt insbesondere für den den Zweck der Ausbildung kennzeichnenden Satz *». . . um eine angemessene Erwerbstätigkeit zu erlangen«*. Für den Anspruch nach § 1575 Abs. 1 ist daraus der Schluß gezogen worden, daß der geschiedene Ehegatte keinen Unterhalt verlangen kann, wenn er auch ohne Ausbildung zur Ausübung einer angemessenen Erwerbstätigkeit in der Lage ist (vgl. Rdnr. 13).

Ob dies auch für den Fortbildungs- und Umschulungsanspruch gelten kann, ist mit Rücksicht auf die eigene zusätzliche Zweckbestimmung in Absatz 2 *(»um Nachteile auszugleichen, die durch die Ehe eingetreten waren«)* fraglich. Wird mit der Regelung ein Ausgleich entgangener beruflicher Chancen bezweckt, läßt sich ein Anspruch rechtfertigen, unabhängig davon, ob die Umschulung oder Fortbildung notwendig ist, um den Ehegatten in den Stand zu versetzen, eine angemessene Erwerbstätigkeit zu erlangen. Nach § 1575 i. d. F. des RegE wäre dies wohl anzunehmen (vgl. *Amtl. Begr.* S. 132). Nachdem die Regelung eine erhebliche Einschränkung erfahren hat, wobei der unterhaltsrechtliche Gesichtspunkt der Sicherung des angemessenen Unterhalts in Abs. 1 in den Vordergrund gerückt ist, dürfte das zu verneinen sein (a. A. *Palandt-Diederichsen* § 1575, 3 unter Berufung auf die – wohl nicht mehr aktuelle – *Amtl. Begr.*). Der Unterhaltsberechtigte hat keinen Unterhaltsanspruch, wenn er sich selbst unterhalten kann (§ 1577 Abs. 1). Kann er sich selbst unterhalten, weil er zu einer angemessenen Erwerbstätigkeit in der Lage ist, dann sind daneben Ansprüche gegen den anderen Ehegatten unter unterhaltsrechtlichen Gesichtspunkten kaum zu rechtfertigen. Ausgleichsrechtliche Ersatzansprüche bedürfen einer eindeutigen ausdrücklichen Regelung (vgl. z. B. § 1577 i. d. F. d. RegE). Daraus folgt, daß die Zweckbestimmung in Absatz 1 »um eine angemessene Erwerbstätigkeit zu erlangen« auch für den Absatz 2 gilt. Der Unterhaltsanspruch nach Absatz 2 setzt demnach voraus, daß die Fortbildung oder Umschulung *notwendig* ist, um eine angemessene Erwerbstätigkeit auszuüben.

Die angestrebte Erwerbstätigkeit muß geeignet sein, den Unterhalt nachhaltig zu sichern (vgl. Rdnr. 15).

21 Erforderlich ist weiter, daß ein erfolgreicher Abschluß zu erwarten ist (vgl. Rdnr. 16).

Die Dauer der Fortbildung und Umschulung richtet sich nach den jeweiligen Erfordernissen; sie kann sehr unterschiedlich sein. Anhaltspunkte können sich aus den Vorschriften des AFG ergeben, so ist z. B. für Fortbildung oder Umschulung eine Dauer von 2 Jahren vorgesehen (§§ 41 Abs. 2, 47 Abs. 3 AFG). Bei der Fortbildung mit berufsbegleitendem Unterricht gibt es keine zeitliche Begrenzung (§ 41 Abs. 2 AFG). Eine Bindung an die Zeitdauer in den öffentlich-rechtlichen Vorschriften besteht für das Unterhaltsrecht nicht. Davon abgesehen sind ehebedingte Verzögerungen der Fortbildung oder Umschulung zu berücksichtigen (vgl. § 1575 Abs. 1 Satz 2, 2. Halbsatz). § 1575 Abs. 1 setzt voraus, daß der geschiedene Ehegatte *»in Erwartung der Ehe oder während der Ehe«* eine Schul- oder Berufsausbildung nicht aufgenommen oder abgebrochen hat. Bei entsprechender Anwendung dieser Voraussetzungen im Rahmen des Unterhaltsanspruchs nach Absatz 2 tritt an die Stelle der Schul- oder Berufsausbildung die Erwerbstätigkeit nach abgeschlossener Ausbildung oder in Verbindung mit einer gewissen Berufserfahrung (vgl. Rdnr. 19).

22 Die Fortbildung dient der Erweiterung der Kenntnisse und Fähigkeiten im fachlichen Rahmen der bisherigen Erwerbstätigkeit. Deshalb hat die entsprechende Anwendung des Absatz 1, soweit damit auf eine *»entsprechende Ausbildung«* Bezug genommen wird, keine Bedeutung. Anders verhält es sich bei der Umschulung, die gerade den Wechsel der fachlichen Zuordnung zum Ge-

genstand hat; hier beschränkt sich die Verweisung auf die Alternative *»entsprechende Ausbildung«*.

Wie bei dem Anspruch nach § 1575 Abs. 1 kann mit dem Unterhaltsanspruch nach Absatz 2 die Leistung des gesamten Lebensbedarfs einschließlich der Fortbildungs- und Umschulungskosten (§ 1578 Abs. 2) verlangt werden (wegen der Anrechnung öffentlich-rechtlicher Zuwendungen vgl. Rdnr. 27).

2.3 Ausgleich von Nachteilen, die durch die Ehe eingetreten sind

23 Der Anspruch nach § 1575 Abs. 2 ist davon abhängig, daß die Fortbildung oder Umschulung notwendig ist, um Nachteile auszugleichen, die durch die Ehe entstanden sind. Er ist somit ein *ehebedingter* Anspruch, wodurch er sich nicht unerheblich von dem Ausbildungsanspruch nach Absatz 1 unterscheidet. Unter Nachteilen ist jedes Defizit an beruflichen Fähigkeiten zu verstehen, das der Aufnahme einer angemessenen Erwerbstätigkeit entgegensteht. Zwischen den Nachteilen und der Ehe muß ein Kausalzusammenhang bestehen. Zu den bestimmenden Ursachen werden in erster Linie die Haushaltsführung und die Pflege oder Erziehung gemeinschaftlicher Kinder zu zählen sein. Aber auch andere Umstände können maßgebend sein, z. B. der Wunsch des einen Ehegatten, daß der andere nicht erwerbstätig sein soll. Allzu hohe Anforderungen an den Beweis des Kausalzusammenhangs dürfen nicht gestellt werden. Man wird in der Regel davon ausgehen können, daß die Lebensführung der Ehegatten auf ihrem Konsens beruht. Erleidet einer der Ehegatten dadurch berufliche Nachteile, die sich nach der Scheidung auswirken, dann spricht die Lebenserfahrung dafür, daß es sich um ehebedingte Nachteile handelt.

3 Besonderheiten der „angemessenen Erwerbstätigkeit“ (§ 1575 Abs. 3)

24 Hat ein Ehegatte seine Ausbildung, Fortbildung oder Umschulung beendet, beurteilt sich die Frage der Unterhaltsberechtigung nach den allgemeinen Vorschriften. Für diesen Fall sieht § 1575 Abs. 3 vor, daß bei der Bestimmung der »angemessenen Erwerbstätigkeit« der auf Grund der Maßnahmen nach den Absätzen 1 und 2 erreichte höhere Ausbildungsstand außer Betracht bleibt. Unter Ausbildungsstand ist auch der auf Grund von Fortbildung oder Umschulung erreichte Stand zu verstehen.

25 Durch die Regelung soll der unterhaltspflichtige Ehegatte nicht mit dem Risiko belastet werden, daß der andere Ehegatte eine dem gesteigerten beruflichen Niveau entsprechende Tätigkeit nicht zu finden vermag. Der Ausgleich der ehelichen Nachteile wird bereits darin gesehen, daß dem Ehegatten eine berufliche Chance gegeben worden ist (vgl. *Amtl. Begr.* S. 132).

26 In einer Reihe von Gesetzen sind öffentlich-rechtliche Förderungsmaßnahmen der Ausbildung, Fortbildung und Umschulung vorgesehen.

Zu den wichtigsten zählen

a) Bundesausbildungsförderungsgesetz (BAFöG) vom 26. August 1971 (BGBl. I 1409) i. d. F. vom 9. April 1976 (BGBl. I 989); gefördert wird der Besuch weiterführender allgemeinbildender Schulen und bestimmter Fachoberschulen, von Abendschulen, Berufsfachschulen, höheren Fachschulen und Hochschulen; auch die Teilnahme an Fernunterrichtslehrgängen und an Praktika, die im Zusammenhang mit der Ausbildung abgeleistet werden müssen, ist einbezogen. Die Ausbildung muß im allgemeinen vor dem 35. Lebensjahr begonnen werden. Für das Unterhaltsrecht ist eine solche Altersbegrenzung nicht vorgesehen.

b) Arbeitsförderungsgesetz vom 25. Juni 1969 (BGBl. I 582), zuletzt geändert durch Gesetz vom 28. Dezember 1976 (BGBl. I 3871) – AFG –;
als Förderung kommen in Betracht die Ausbildung in einem anerkannten Ausbildungsberuf in einem Betrieb oder in einer überbetrieblichen Einrichtung, die Teilnahme an berufsvorbereitenden Maßnahmen, die Fortbildung und die Umschulung.

c) Weitere Förderungsmöglichkeiten sind vorgesehen u. a. im Bundessozialhilfegesetz (§ 31 BSHG, vgl. Fassung der Bekanntmachung vom 13. Februar 1976, BGBl. I 289, 1150),
Bundesversorgungsgesetz (§ 26 BVersG, vgl. Fassung der Bekanntmachung vom 22. Juni 1976, BGBl. I 1633),
Bundesvertriebenengesetz (§§ 26, 27 BVG i. d. F. vom 3. September 1971, BGBl. I 1565, 1807, zuletzt geändert durch Gesetz vom 18. Dezember 1975, BGBl. I 3091),
Heimkehrergesetz (§ 10 HKG vom 19. Juni 1950, BGBl. I 221, zuletzt geändert durch Gesetz vom 18. März 1975, BGBl. I 705, vgl. auch § 3 DVO zum HKG,
Häftlingshilfegesetz (§ 9, vgl. Fassung der Bekanntmachung vom 29. September 1969, BGBl. I 1793, zuletzt geändert durch Gesetz vom 14. Dezember 1976, BGBl. I 3341.

27 Für das Verhältnis öffentlich-rechtlicher Leistungen zum bürgerlich-rechtlichen Unterhaltsrecht kommt es entscheidend darauf an, ob die Förderung subsidiären Charakter hat. Ist das der Fall, dann wird der Berechtigte zunächst auf den Unterhaltsanspruch verwiesen. Soweit die öffentliche Hand gleichwohl Leistungen erbracht hat, kann sie von dem Unterhaltsverpflichteten im Rückgriffswege Erstattung verlangen. In der Regel geht der Unterhaltsanspruch auf sie kraft Gesetzes oder durch Überleitung über (vgl. z. B. § 37 BAFöG, §§ 90, 91 BSHG).

Subsidiären Charakter haben vor allem die Leistungen nach dem BAFöG, nach dem BSHG und in beschränktem Umfang nach dem AFG, soweit es sich um Ausbildungsmaßnahmen gehandelt hat. In anderen Fällen wird die Förderung ohne Rücksicht auf bestehende Unterhaltsverpflichtungen gewährt, das gilt insbesondere für die Fortbildung und Umschulung nach dem AFG. Hat der geschiedene Ehegatte einen Anspruch nach diesen Vorschriften, dann ist er insoweit nicht bedürftig. Der Unterhaltsverpflichtete kann ihn auf die Möglichkeit der Inanspruchnahme solcher öffentlichen Leistungen verweisen.

28 Im übrigen bestehen zwischen Unterhaltsanspruch und öffentlichrechtlicher Förderung keine Abhängigkeiten. Ein Unterhaltsanspruch kann neben einem Förderungsanspruch bestehen, wenn er höher ist als die öffentlich-rechtlichen Leistungen. Erfüllt ein Ehegatte die Voraussetzungen für die öffentlich-rechtliche Förderung nicht, weil er das vorgesehene Alter überschritten hat, oder weil er die Ausbildung, Fortbildung oder Umschulung durch ehebedingte Verzögerungen nicht in der vorausgesetzten Zeit abschließen kann, so steht dies der Geltendmachung eines Unterhaltsanspruchs nicht entgegen.

5 Beweislast

29 Der unterhaltsberechtigte Ehegatte trägt die Beweislast für die Voraussetzungen des § 1575, insbesondere auch dafür, daß er im Fall der nicht aufgenommenen Ausbildung überhaupt die Absicht hatte, eine Ausbildung aufzunehmen (vgl. Rdnr. 5). Soweit § 1575 Abs. 2 den Kausalzusammenhang der »Ehebedingtheit« voraussetzt (vgl. Rdnr. 23), wird in der Regel der Beweis des ersten Anscheins für den berechtigten Ehegatten streiten.

§ 1576

Ein geschiedener Ehegatte kann von dem anderen Unterhalt verlangen, soweit und solange von ihm aus sonstigen schwerwiegenden Gründen eine Erwerbstätigkeit nicht erwartet werden kann und die Versagung von Unterhalt unter Berücksichtigung der Belange beider Ehegatten grob unbillig wäre. Schwerwiegende Gründe dürfen nicht allein deswegen berücksichtigt werden, weil sie zum Scheitern der Ehe geführt haben.

Überblick Rdnr.

1 Allgemeines

1 Die Vorschrift war im RegE nicht enthalten. Sie ist vom Rechtsausschuß beschlossen und vom Vermittlungsausschuß neugefaßt worden (vgl. BT 7/4361 u. BT 7/4992). Dabei ist u. a. die Einschränkung auf »in den ehelichen Lebensverhältnissen« liegende Gründe entfallen.

Die häufig als »positive Härteklausel« bezeichnete Vorschrift, die auf dem Hintergrund weniger lösungsbedürftig erscheinender Einzelfälle entstanden ist, stellt einen Fremdkörper in der Systematik des Unterhaltsrechts nach dem 1. EheRG dar (vgl. *Schumacher* ZfS 1976, 641). Die Kasuistik der einzelnen scharf abgegrenzten Unterhaltstatbestände der §§ 1570 ff. verliert an Folgerichtigkeit, wenn »im übrigen« Unterhalt gewährt werden kann, mögen die sehr engen Voraussetzungen einer uferlosen Ausweitung der Generalklausel auch entgegenstehen.

2 Sonstige schwerwiegende Gründe

2 Der Unterhaltsanspruch setzt voraus, daß von dem Ehegatten aus *sonstigen schwerwiegenden Gründen* eine Erwerbstätigkeit nicht erwartet werden kann.

Es ist nicht klar, was unter den sonstigen Gründen zu verstehen ist, insbesondere ob es sich um *gegenständlich andere* als die in den §§ 1570 ff. genannten *anspruchsauslösenden Gründe* handeln muß. Eine solche Auslegung würde den Anwendungsbereich der Vorschrift beträchtlich einschränken. Sie hätte zur Folge, daß z. B. Pflege oder Erziehung gemeinschaftlicher Kinder, Alter und Krankheit, fehlgeschlagene Erwerbstätigkeit, Ausbildung und Umschulung im Rahmen des § 1576 als sonstige Gründe überhaupt nicht in Betracht kämen, sondern nur als anspruchsauslösende Elemente unter den Voraussetzungen der §§ 1570 bis 1575. Der Wortlaut des § 1576 läßt diese Auslegung zu. Andererseits würde es dem Charakter einer allgemeinen Härteklausel zuwiderlaufen, wenn man von vornherein ihren Anwendungsbereich derart rigoros einschränken wollte. Nach der Entstehungsgeschichte der Vorschrift gibt es hierfür auch keine Anhaltspunkte. Deshalb ist davon auszugehen, daß die Tatbestandselemente der Unterhaltsansprüche nach §§ 1570 ff. Elemente des Unterhaltsanspruchs nach § 1576 sein können und, wenn die weiteren Voraussetzungen dieser Vorschrift vorliegen, den Unterhaltsanspruch auslösen. Die praktische Bedeutung dieser Möglichkeit dürfte allerdings nicht allzu hoch zu veranschlagen sein (vgl. dazu die Darstellung der Einzelfälle Rdnr. 8 ff.).

3 Die Gründe müssen einen besonderen Grad an *Intensität* aufweisen, denn nur dann heben sie sich von anderen Gründen ab, wie dies in § 1576 vorausgesetzt wird. Bloße Wünsche, Neigungen und Unbequemlichkeiten reichen nicht aus. Ob die Gründe im Einzelfall schwerwiegend sind, kann nicht nur nach *objektiven* Gesichtspunkten beurteilt werden. Es kommt auch darauf an, wie der geschiedene Ehegatte auf Grund seiner Persönlichkeit empfindet. Bei außerhalb der Norm liegenden Zuständen wird eine Überschneidung mit § 1571 in Betracht kommen.

3 Kein ausdrücklicher Bezug zu den ehelichen Lebensverhältnissen

4 Die Umstände, die den Ehegatten an einer Erwerbstätigkeit hindern, brauchen ihren Grund *nicht* in den ehelichen Lebensverhältnissen zu haben.

Eine solche Einschränkung war in der vom BT zunächst beschlossenen Fassung enthalten. Sie ist auf Vorschlag des Vermittlungsausschusses (vgl. BT 7/4992) entfallen. Der Wegfall der Einschränkung darf nicht überschätzt werden. Der nacheheliche Unterhaltsanspruch ist zu rechtfertigen aus der Fortwirkung der Verpflichtungen aus der ehelichen Lebensgemeinschaft. Auch wenn nicht vorausgesetzt wird, daß der Grund für die Bedürfnislage *ehebedingt* ist, so muß doch ein *zeitlicher* oder *sachlicher Zusammenhang* mit der *ehelichen Lebensgemeinschaft* bestehen. Andernfalls würde die Unterhaltspflicht den Charakter einer privaten Sozialleistung erhalten, die sich im wesentlichen nur an der Bedürftigkeit orientierte. (Wegen der Anwendungsfälle des § 1576 vgl. Rdnr. 8 ff.). Daß eine solche Loslösung von unterhaltsrechtlichen Grundsätzen beabsichtigt gewesen sein könnte, ist nicht erkennbar. Insbesondere lassen die Fallgestaltungen, die Anlaß gegeben haben, die Vorschrift einzufügen, keinen derartigen Schluß zu.

4 Keine Berücksichtigung des Verschuldens am Scheitern der Ehe (§ 1576 S. 2)

5 § 1576 Satz 2 hat seine endgültige Fassung ebenfalls auf Vorschlag des Vermittlungsausschusses erhalten (BT 7/4992). Die vom BT zunächst beschlossene Fassung hatte folgenden Wortlaut: *»Umstände, die zum Scheitern der Ehe geführt haben, sind dabei nicht zu berücksichtigen.«*

Die Fassung ist mißverständlich, denn ein Umstand, der zum Scheitern der Ehe geführt hat, kann durchaus ein schwerwiegender Grund im Sinne von § 1576 sein; haben z. B. die Ehegatten gemeinsam ein nicht gemeinschaftliches Kind oder ein Pflegekind in den Haushalt aufgenommen, und ist die Ehe wegen dieses Kindes gescheitert, kann die Ursache für das Scheitern der Ehe zugleich ein schwerwiegender Grund im Sinne des § 1576 sein. Die Neufassung des § 1576 Satz 2 führt den Wortlaut auf den beabsichtigten Anwendungsbereich zurück. Es soll ausgeschlossen werden, daß ein Ehegatte nur *deshalb* unterhaltspflichtig wird, weil er das Scheitern der Ehe verursacht hat.

5 Berücksichtigung der Belange beider Ehegatten; grobe Unbilligkeit

6 Der Unterhaltsanspruch nach § 1576 setzt außerdem voraus, daß die Versagung des Unterhalts unter Berücksichtigung der Belange beider Ehegatten *grob unbillig* wäre. Grobe Unbilligkeit liegt vor, wenn es nach allgemeiner Anschauung dem Gerechtigkeitsempfinden in hohem Maße widersprechen würde, wenn der Ehegatte unter den konkreten Umständen keinen Unterhalt erhält. Wann das so ist, kann nur im Einzelfall unter Würdigung der Verhältnisse, in denen die Ehegatten leben, entschieden werden.

Die Berücksichtigung der Belange beider Ehegatten erfordert eine sorgfältige Abwägung der beiderseitigen Interessen und der Verhaltensweisen der Ehegatten. Umstände können nicht allein deswegen berücksichtigt werden, weil sie zum Scheitern der Ehe geführt haben (§ 1576 Satz 2).

7 Zu den Belangen des unterhaltsbedürftigen Ehegatten gehören auch die Umstände, die er zur Begründung seines Anspruchs im übrigen darlegt, insbesondere die sonstigen schwerwiegenden Gründe. Gegenstand der Abwägung sind die gesamten Verhältnisse auf beiden Seiten. Die wirtschaftliche Situation des Schuldners dürfte in der Regel nicht ausschlaggebend sein, da seine Ver-

pflichtung ohnehin durch die Leistungsfähigkeit begrenzt ist (§ 1581). Der Wunsch, eine neue Ehe einzugehen, deren wirtschaftliche Existenz bei Zubilligung von Unterhalt gegenüber dem geschiedenen Ehegatten nicht gesichert wäre, dürfte nur ausnahmsweise ausschlaggebend sein und allenfalls zu einer zeitlichen Begrenzung der Unterhaltspflicht nach § 1576 Anlaß geben. Die Bevorzugung des Ehegatten aus der geschiedenen Ehe gegenüber einem neuen Ehegatten, wie sie insbesondere in § 1582 zum Ausdruck kommt, entspricht einem allgemeinen Grundsatz des 1. EheRG (vgl. z. B. auch § 850 d Abs. 2 Buchst. a ZPO i. d. F. d. 1. EheRG), der auch bei der Abwägung der Interessen im Rahmen der Anspruchsbegründung nach § 1576 nicht außer Betracht bleiben kann.

6 Anwendungsfälle des § 1576

8 § 1576 ist in das Gesetz aufgenommen worden, um bestimmte Fallgestaltungen zu erfassen. Ein Versuch, den Anwendungsbereich abzustecken, zeigt, daß die praktische Bedeutung der Regelung nicht überschätzt werden darf.

9 *a)* Ein schwerwiegender Grund im Sinne des § 1576 kann in der Notwendigkeit liegen, ein *gemeinschaftliches Pflegekind* zu pflegen oder zu erziehen. Haben die Ehegatten gemeinsam während der Ehe ein Kind nicht nur vorübergehend in Pflege genommen, dann haben sie beide eine Verantwortung für das Kind übernommen, die durch die Scheidung nicht völlig aufgehoben wird. Will ein Ehegatte die Pflege und Erziehung des Kindes fortsetzen und besteht hierfür ein Bedürfnis, dann kann von dem Ehegatten in der Regel nicht erwartet werden, daß er eine Erwerbstätigkeit aufnimmt, wenn dies zur Beendigung des Pflegeverhältnisses führen würde. Die Frage, ob die Pflege oder Erziehung notwendig ist, ist unter denselben Gesichtspunkten zu beurteilen wie bei einem gemeinschaftlichen Kind im Rahmen des § 1570 (vgl. Rdnr. 8 zu § 1570). Freilich wird nicht in jedem Fall eines Pflegekindes eine Unterhaltspflicht ausgelöst. Von der Dauer der Pflege oder Erziehung, den Möglichkeiten einer anderweitigen Unterbringung des Kindes, seinem Alter usw. hängt es ab, ob man die Absicht, die Pflege oder Erziehung fortzusetzen als schwerwiegenden Grund ansieht, und ob die Nichtgewährung des Unterhalts grob und unbillig wäre.

10 *b)* Ein Unterhaltsanspruch nach § 1576 kann unter Umständen auch in Betracht kommen, wenn ein Ehegatte sein eigenes Kind oder ein Pflegekind in die Ehe eingebracht hat, das auch nach der Scheidung der Pflege oder Erziehung durch ihn bedarf. Die Unterhaltspflicht wird nicht schon dadurch ausgelöst, daß von dem Ehegatten mit Rücksicht auf die Pflegebedürftigkeit des Kindes eine Erwerbstätigkeit nicht erwartet werden kann, was bei Vorliegen entsprechender Umstände in der Regel der Fall sein dürfte. Wenn nicht besondere Umstände hinzukommen,

wird der Anspruch im allgemeinen daran scheitern, daß die Versagung von Unterhalt nicht grob unbillig ist. Denn eine über die Dauer der Ehe fortwirkende Verantwortlichkeit des Ehegatten für den anderen Ehegatten wird nicht dadurch zu rechtfertigen sein, daß der Ehegatte der Aufnahme des Kindes in den gemeinsamen Haushalt zugestimmt hat. Wäre die Ehe nicht geschlossen worden, hätte der Elternteil-Ehegatte das Kind pflegen oder erziehen müssen, ohne daß sich daraus eine unterhaltsrechtliche Absicherung ergeben hätte. In diesen Fällen müssen zusätzliche Umstände hinzukommen, die eine (kausale) Verantwortung des anderen Ehegatten dafür erkennen lassen, daß der Elternteil-Ehegatte – statt erwerbstätig zu sein – das Kind pflegt oder erzieht. Das wird man annehmen können, wenn die Pflege oder Erziehung des Kindes gesichert war (z. B. bei Verwandten), sie aber weggefallen ist, etwa deshalb, weil das Kind in den gemeinsamen Haushalt aufgenommen worden ist. In einem solchen Fall hat der andere Ehegatte mit der Aufnahme des Kindes in die häusliche Gemeinschaft eine Verantwortung übernommen, die nach der Scheidung fortwirkt. Ähnlich kann es liegen, wenn der Elternteil-Ehegatte wegen der Ehe oder auf Verlangen des anderen Ehegatten eine Erwerbstätigkeit aufgibt, die ihm die Möglichkeit bot, daneben die Pflege oder Erziehung des Kindes zu besorgen, und eine vergleichbare Erwerbstätigkeit nicht mehr besteht. Hier liegt der Grund dafür, daß von dem Ehegatten eine Erwerbstätigkeit nicht erwartet werden kann, letztlich auch im Verantwortungsbereich des anderen Ehegatten. Denn die Notwendigkeit, das Kind zu betreuen, hat ihren Grund in der gemeinsamen Entscheidung der Ehegatten. Besondere Umstände für den Anspruch nach § 1576 müssen schließlich auch gegeben sein, wenn ein Ehegatte ein eigenes Kind oder ein eigenes Pflegekind *während* der Ehe in den gemeinsamen Haushalt gebracht hat und nach der Scheidung einer Erwerbstätigkeit nicht nachgehen kann, weil er dieses Kind weiterhin betreuen muß. Die bloße Duldung oder Zustimmung des anderen Ehegatten, das Kind in den gemeinsamen Haushalt zu bringen, reicht nicht aus. Anders liegt es, wenn der Elternteil-Ehegatte in diesem Zusammenhang im Einverständnis mit dem anderen Teil Dispositonen getroffen hat, die nach der Scheidung die Anknüpfung an den früheren Zustand, welcher Erwerbstätigkeit und Kinderbetreuung ermöglichte, ausschließt, oder wenn die früheren Möglichkeiten einer anderweitigen Kinderbetreuung nicht mehr bestehen. Auch hier liegen die Ursachen dafür, daß von dem Ehegatten eine Erwerbstätigkeit nicht verlangt werden kann, in Entscheidungen beider Ehegatten, die ein Fortwirken der Verantwortlichkeit rechtfertigen.

11 *c)* Ein schwerwiegender Grund kann weiter vorliegen, wenn ein Ehegatte nahe Angehörige pflegen muß, und er aus diesem Grunde die Erwerbstätigkeit nicht aufnehmen kann. Auch hier muß vorausgesetzt werden, daß der verpflichtete Ehegatte auf

Grund vorausgegangener Verhaltensweisen es mit zu verantworten hat, daß der Ehegatte nicht erwerbstätig sein kann. Das ist nicht schon dann der Fall, wenn die Angehörigen in den Haushalt aufgenommen worden sind. Wegen der zusätzlichen Umstände, die vorliegen müssen, um den notwendigen Zusammenhang herbeizuführen, ist auf die entsprechenden Ausführungen zur Aufnahme von Pflegekindern und nicht gemeinschaftlichen Kindern in die häusliche Gemeinschaft zu verweisen. Sie lassen sich entsprechend auf den Fall der Angehörigen anwenden.

12 *d)* Zur Begründung der Notwendigkeit der »positiven Härteklausel« des § 1576 ist in den Beratungen der Fall in den Vordergrund gestellt worden, daß ein Ehegatte Angehörige des *anderen* Ehegatten gepflegt hat und auch nach der Scheidung weiterpflegt, was ihn daran hindert, einer Erwerbstätigkeit nachzugehen. Hier ist zu unterscheiden:
Soweit es sich um die Pflegezeit während der Ehe handelt, die nach der Scheidung nicht fortgeführt wird, handelt es sich um ein Problem der Rückabwicklung von Leistungen, die während der Ehe in Erwartung des Fortbestandes der Ehe erbracht wurden (vgl. dazu Rdnr. 37 ff. zu § 1356). Das ist kein unterhaltsrechtliches Problem; es wäre unangemessen, es unterhaltsrechtlich lösen zu wollen. Im übrigen ist nicht erkennbar, weshalb in diesen Fällen eine Erwerbstätigkeit nicht erwartet werden kann, wenn die Möglichkeit dazu im übrigen gegeben ist. Die Gewährung von nachehelichem Unterhalt als »Belohnung« für vorbildliches Verhalten während der Ehe ohne Rücksicht auf die Bedürftigkeit ist dem Unterhaltsrecht nach dem 1. EheRG fremd. § 1576 ist deshalb keine geeignete Grundlage zum Ausgleich der während der Ehe erbrachten Leistungen. Dieser muß nach allgemeinen Grundsätzen erfolgen.

Hat ein Ehegatte während der Ehe nahe Angehörige des anderen Ehegatten gepflegt, und setzt er die Pflege nach der Scheidung fort, tut er dies ohne Rechtspflicht. In der Regel wird man, anders als in der Ehezeit, auch eine sittliche Pflicht nicht ohne weiteres annehmen können. Deshalb wird im allgemeinen für den Ehegatten keine schwere Härte darin liegen, wenn er statt der Pflege einer Erwerbstätigkeit nachgeht. Die Pflegebedürftigkeit der nahen Angehörigen des anderen Ehegatten reicht für sich gesehen nicht aus; sie ist kein schwerwiegender Grund für den Ehegatten, auf den es nach § 1576 allein ankommt. In Extremfällen kann das anders sein, wenn der Ehegatte aus sonstigen Gründen, etwa aus vorausgegangenem Tun (er hat die Pflegebedürftigkeit der Angehörigen verursacht), oder wegen sonstiger besonderer Beziehungen zu den Angehörigen des anderen Ehegatten (besonderer Anlaß zu außergewöhnlicher Zuneigung mit Rücksicht auf frühere eigene Betreuung durch die Angehörigen) in einer Situation ist, bei der eine Aufgabe der Pflege ihn persönlich hart treffen würde.

13 Ein Teil der Fälle nachehelicher Pflege naher Angehöriger des anderen Ehegatten ist ohne unterhaltsrechtliche Konstruktion lösbar. In der Regel wird der andere Ehegatte seinen nahen Angehörigen unterhaltspflichtig sein. Sind sie pflegebedürftig, gehören die Unkosten zum Lebensbedarf. Auf diese Weise können die Mittel für die Pflege durch den Ehegatten aufgebracht werden. Ist der andere Ehegatte nicht unterhaltsverpflichtet (z. B. bei Geschwistern) und auch sonst kein Unterhaltspflichtiger vorhanden, dann bietet sich die Inanspruchnahme von Sozialhilfe an. Ein Bedürfnis, eine Lösung über § 1576 zu suchen, wird freilich wegen der evtl. unterschiedlichen Höhe der Ansprüche und Leistungen im Einzelfall fortbestehen.

14 *e)* Ein weiterer typischer Anwendungsfall für § 1576 wird gesehen (vgl. BT 7/4361 S. 30), wenn ein Ehegatte die *Ausbildung* des anderen im wesentlichen finanziert hat und die Ehe danach geschieden wird, ohne daß der Ehegatte die Früchte seiner »Investition« genossen hat. Er soll dann durch einen Unterhaltsanspruch entschädigt werden. Die Gewährung eines Unterhaltsanspruchs in diesen Fällen ist ein inadäquates Mittel. Im allgemeinen werden die Voraussetzungen des § 1576 nicht gegeben sein. Verschiedene Fallgruppen sind zu unterscheiden:

15 Heiratet ein berufstätiger Ehegatte einen Ehegatten, dessen Ausbildung er finanziert, ist kein Grund ersichtlich, weshalb von ihm nach der Scheidung eine Erwerbstätigkeit nicht erwartet werden kann. Es wäre sachwidrig, ihn als »Belohnung« von der Obliegenheit der Erwerbstätigkeit freizustellen. In Wirklichkeit handelt es sich hier nicht um ein unterhaltsrechtliches Problem nach Scheidung der Ehe, sondern um die Rückabwicklung von Zuwendungen, die während der Ehe in Erwartung des Fortbestandes der Ehe erbracht wurden. Der Ausgleich ist nach anderen als unterhaltsrechtlichen Grundsätzen vorzunehmen (vgl. Rdnr. 37 ff. zu § 1356; Rdnr. 13 zu § 1360 a). Hat ein Ehegatte seine eigene Ausbildung nicht aufgenommen oder abgebrochen und geht er einer Erwerbstätigkeit nach, um die Ausbildung des anderen Ehegatten zu finanzieren, werden in aller Regel die Voraussetzungen eines Unterhaltsanspruchs nach § 1575 vorliegen. Steht ihm ein Anspruch nach dieser Vorschrift nicht zu, kann im Ausnahmefall die Anwendung des § 1576 in Betracht kommen. Hat z. B. der Ehegatte auf Grund seiner als vorübergehend gedachten Erwerbstätigkeit eine Stellung erlangt, die ihm ein den ehelichen Lebensverhältnissen entsprechendes Einkommen auf Dauer sichert, steht ihm ein Anspruch nach § 1575 nicht zu, da er seinen Unterhalt durch eine angemessene Erwerbstätigkeit nachhaltig bestreiten kann. Hat er in diesem Fall seinen konkreten Berufswunsch zurückgestellt, um zunächst dem anderen

Ehegatten die Ausbildung zu ermöglichen, kann es für ihn eine schwerwiegende Härte bedeuten, wenn er sein Berufsziel nicht mehr realisieren könnte. Deshalb wird von ihm eine Erwerbstätigkeit in einem solchen Fall nicht erwartet werden können, wenn er seine Ausbildung aufnimmt oder fortführt.

16 *f)* Ein weiterer denkbarer Anwendungsfall des § 1576 kann gegeben sein, wenn ein Ehegatte für den anderen außergewöhnliche Opfer gebracht hat, bei deren Berücksichtigung es unverständlich wäre, wenn er unverzüglich einer Erwerbstätigkeit nachgehen müßte. Zu denken ist z. B. an eine andauernde aufopferungsvolle Pflege des schwererkrankten anderen Ehegatten. Es kann eine schwerwiegende Härte für den Ehegatten bedeuten, wenn er unter diesen Umständen sofort auf eine Erwerbstätigkeit verwiesen würde. Allerdings wird man in diesen Fällen in der Regel eine zeitlich begrenzte Unterhaltsberechtigung ins Auge fassen, bis der Ehegatte sich auf die neuen Verhältnisse umgestellt hat. Anderenfalls würde der Unterhaltsanspruch Entschädigungscharakter erhalten, den er nach dem System des Unterhaltsrechts des 1. EheRG nicht haben soll. Hat der Ehegatte für den anderen über die Unterhaltspflicht hinausgehende Leistungen erbracht, ist der Ausgleich nach den Grundsätzen über die Rückabwicklung von Zuwendungen zu vollziehen, nicht über das Unterhaltsrecht (vgl. Rdnr. 5, 7 zu § 1356).

17 Die schwerwiegenden Gründe im Sinne des § 1576 können auch Gründe sein, die nach den §§ 1571 ff. anspruchsauslösend wirken (Kinderbetreuung, Alter, Krankheit). Gleichwohl wird man § 1576 nicht als eine Art Auffangklausel für Fälle ansehen können, in denen Unterhaltsansprüche nach den §§ 1571 ff., z. B. wegen der vorausgesetzten zeitlichen Bindung an die Scheidung versagen (vgl. Rdnr. 6 zu § 1571). Andernfalls würde das kasuistische System der Unterhaltsregelung unterlaufen. Allerdings sind Ausnahmen denkbar: Wird z. B. ein Ehegatte durch einen Unfall erwerbsunfähig, und war sein Unterhalt nachhaltig gesichert, steht ihm ein Unterhaltsanspruch grundsätzlich nicht zu. Hat sich der Unfall ganz kurze Zeit nach der Scheidung zugetragen, kann die Versagung des Unterhalts nach den Umständen des einzelnen Falles grob unbillig sein, insbesondere wenn der Ehegatte in der Ehe erhebliche Opfer für die Lebensgemeinschaft gebracht hat. Ähnliche Betrachtungen sind angezeigt, wenn der Ehegatte, dessen Unterhalt nachhaltig gesichert war, nicht zum Zeitpunkt der Scheidung, sondern kurze Zeit danach erkrankt. Ein Unterhaltsanspruch nach § 1572 steht ihm dann nicht zu. Liegen besondere Umstände vor, kann ein Unterhaltsanspruch nach § 1576 gerechtfertigt sein.

7 Maßgebender Zeitpunkt für das Entstehen des Anspruchs

18 Die Unterhaltsansprüche nach §§ 1571–1573, 1575 setzen – anders als der Anspruch nach § 1570 – einen *zeitlichen Zusammenhang* mit dem Zeitpunkt der Ehescheidung voraus, sei es unmittelbar, sei es über einen oder mehrere Voransprüche, die ihrerseits auf den Zeitpunkt der Ehescheidung zurückgeführt werden können. § 1576 enthält keine solche zeitliche Zuordnung. Daraus ist zu folgern, daß der Anspruch nach § 1576 zu jedem beliebigen Zeitpunkt nach der Scheidung entstehen kann. Er kann auch als Anschlußanspruch geltend gemacht werden, nachdem vorher einer der Unterhaltsansprüche nach §§ 1570 ff. gegeben war, z. B. wenn zunächst die Pflege oder Erziehung gemeinsamer Kinder einer Erwerbstätigkeit des Ehegatten und danach die Betreuung eines Pflegekindes unter den Voraussetzungen des § 1576 entgegenstand. Es wird aber nicht vorausgesetzt, daß der Unterhaltsanspruch nach § 1576 über eine Kette von Voransprüchen auf den Zeitpunkt der Ehescheidung zurückgeführt werden kann.

19 Zweifelhaft ist, ob der Unterhaltsanspruch nach § 1576 geeignet ist, als *Voranspruch* für einen der anderen Unterhaltsansprüche zu dienen, um eine lückenlose Kette bis zum Zeitpunkt der Ehescheidung zu bilden (vgl. Rdnr. 11 zu § 1571). Es fällt auf, daß § 1576 in dem Katalog möglicher Voransprüche in den §§ 1571, 1572, 1573 Abs. 3 nicht aufgeführt ist. Die allein am Wortlaut orientierte Anwendung der §§ 1571 ff. würde dazu führen, daß z. B. Krankheit oder Alter, eingetreten zum Zeitpunkt der Beendigung des Unterhaltsanspruchs nach § 1576, keinen Unterhaltsanspruch nach §§ 1571 oder 1572 auslösen würden. Damit würde der Unterhaltsanspruch nach § 1576 zu einem Unterhaltsanspruch minderer Art. Dafür gibt es keinen vernünftigen Grund. Deshalb ist davon auszugehen, daß der Unterhaltsanspruch nach § 1576 in gleicher Weise als Voranspruch geeignet ist wie die anderen Unterhaltsansprüche.

8 Dauer und Höhe des Anspruchs

20 Aus dem Merkmal »solange« folgt, daß der Anspruch nur für die Zeit besteht, in der die *schwerwiegenden Gründe* der Erwerbstätigkeit entgegenstehen. Läßt sich das von Anfang an absehen, dann kann der Unterhaltsanspruch von vornherein befristet werden. Änderungen der Verhältnisse können nach § 323 ZPO zu einer Korrektur berechtigen. Auch die Berücksichtigung der Belange beider Ehegatten nach Billigkeitsgrundsätzen kann zu einer Befristung des Unterhaltsanspruchs führen.

Was für die Dauer des Unterhaltsanspruchs zutrifft, gilt auch für die *Höhe* des Anspruchs. § 1576 ist nicht notwendigerweise auf die Gewährung des vollen Unterhalts angelegt. Der Ausdruck »soweit«, die Würdigung der beiderseitigen Interessen unter Billigkeitsgrundsätzen lassen eine Begrenzung des Unterhaltsanspruchs der Höhe nach zu.

21 Der Unterhalt begehrende Ehegatte hat die Beweislast für die dem Anspruch nach § 1576 zugrunde liegenden Tatsachen. Soweit es um die Berücksichtigung der Belange beider Ehegatten geht, trägt jeder Ehegatte die Beweislast für die zu seinen Gunsten sprechenden Umstände.

(1) Der geschiedene Ehegatte kann den Unterhalt nach den §§ 1570 bis 1573, 1575 und 1576 nicht verlangen, solange und soweit er sich aus seinen Einkünften und seinem Vermögen selbst unterhalten kann.

(2) Einkünfte sind nicht anzurechnen, soweit der Verpflichtete nicht den vollen Unterhalt (§ 1578) leistet. Einkünfte, die den vollen Unterhalt übersteigen, sind insoweit anzurechnen, als dies unter Berücksichtigung der beiderseitigen wirtschaftlichen Verhältnisse der Billigkeit entspricht.

(3) Den Stamm des Vermögens braucht der Berechtigte nicht zu verwerten, soweit die Verwertung unwirtschaftlich oder unter Berücksichtigung der beiderseitigen wirtschaftlichen Verhältnisse unbillig wäre.

(4) War zum Zeitpunkt der Ehescheidung zu erwarten, daß der Unterhalt des Berechtigten aus seinem Vermögen nachhaltig gesichert sein würde, fällt das Vermögen aber später weg, so besteht kein Anspruch auf Unterhalt. Dies gilt nicht, wenn im Zeitpunkt des Vermögenswegfalls von dem Ehegatten wegen der Pflege oder Erziehung eines gemeinschaftlichen Kindes eine Erwerbstätigkeit nicht erwartet werden kann.

Überblick Rdnr.

1 Allgemeines

1 § 1577 regelt die Frage, unter welchen Voraussetzungen und in welchem Umfang der unterhaltsberechtigte Ehegatte vor der Inanspruchnahme des Verpflichteten seine Einkünfte und sein Vermögen verwerten muß. Ob der Ehegatte grundsätzlich gehalten

ist, zur Erzielung von Einkünften einer Erwerbstätigkeit nachzugehen, ist nach §§ 1570 ff. zu beurteilen; ob eine Tätigkeit angemessen ist, folgt aus § 1574. Beide Gesichtspunkte werden in § 1577 nicht behandelt. Bei den Einkünften wird nicht nach der Art der Einkünfte unterschieden, darunter fallen also Einkünfte aus einer Erwerbstätigkeit und solche aus Vermögen oder sonstige Zuwendungen. Was die Verwertung von Vermögen angeht, unterscheidet § 1577 zwischen dem Verbrauch des Vermögens (Abs. 1) und dem Wegfall des Vermögens, das ursprünglich zur nachhaltigen Sicherung des Unterhalts geeignet war (Abs. 4).

2 Die Absätze 2 bis 4 haben erst im Laufe des Gesetzgebungsverfahrens ihre endgültige Fassung erhalten (vgl. BT 7/4361, S. 31, 32). Der RegE (§ 1578) sah vor:

(2) Einkünfte aus einer nicht angemessenen Erwerbstätigkeit sind nicht anzurechnen, wenn sich der Verpflichtete der Unterhaltspflicht entzieht oder trotz Aufforderung den Unterhalt nicht gewährt. Das gleiche gilt, wenn der Berechtigte eine Erwerbstätigkeit ausübt, obgleich sie von ihm nach den §§ 1571 bis 1573 nicht erwartet werden kann.

(3) Den Stamm des Vermögens braucht der Berechtigte nicht zu verwerten, soweit die Verwertung unwirtschaftlich wäre oder eine unbillige Härte bedeuten würde.

(4) Fällt das Vermögen später weg, so kann der geschiedene Ehegatte keinen Unterhalt verlangen, solange und soweit er sich aus seinem Vermögen hätte unterhalten können. Dies gilt nicht, wenn im Zeitpunkt des Vermögenswegfalls von dem Ehegatten wegen der Pflege oder Erziehung eines gemeinschaftlichen Kindes eine Erwerbstätigkeit nicht erwartet werden kann.

In Absatz 2 des § 1577 wird, abweichend vom RegE, nicht darauf abgestellt, ob der Verpflichtete sich der Unterhaltsverpflichtung *entzieht* oder trotz Aufforderung den Unterhalt *nicht gewährt*. Statt dessen ist für den den Lebensbedarf übersteigenden Teil der Einkünfte eine allgemeine *Billigkeitsregelung* eingeführt. In Absatz 4 ist für den Wegfall des Vermögens eine stärkere systematische Zuordnung zu § 1573 Abs. 4 geschaffen worden.

3 Einkünfte und Vermögen führen dazu, daß der Unterhaltsanspruch des Berechtigten ruht. Der Unterhaltsanspruch als solcher wird dadurch nicht berührt, er ist nur nicht aktuell. Entfallen die Zuwendungen, wird der Anspruch aktualisiert (Ausnahme: § 1577 Abs. 4 Satz 1). Hat der Ehegatte keine Einkünfte, obwohl er solche haben könnte, muß er sich so behandeln lassen, als ob er sie hätte.

2 Einkünfte

4 Der Begriff der Einkünfte ist im *umfassenden Sinne* zu verstehen. Darunter fällt jede in Geld auszudrückende Zuwendung, die nicht

zum Vermögensgegenstand selbst zählt, insbesondere Einkommen aus einer Erwerbstätigkeit, Zinsen, Dividenden, Mieteinnahmen, Altenteilsleistungen, Renten und Pensionen und sonstige öffentlich-rechtliche Leistungen, soweit sie nicht dem Subsidiaritätsprinzip folgen. Zugrunde zu legen sind die Nettoeinkünfte, also der reale Einkommenszuwachs nach Abzug der Steuern und sonstiger Abgaben. Steuerrückzahlungen sind Einkommen; sie sind wie unregelmäßige Einkünfte, bezogen auf das Jahr der Rückzahlung, zu behandeln.

2.1 Freiwillige Zuwendungen Dritter

5 Zweifelhaft ist, unter welchen Voraussetzungen Zuwendungen Dritter, auf die der Empfänger keinen Rechtsanspruch hat, als anrechenbare Einkünfte zu werten sind. Kein geeignetes Kriterium ist der Umstand, ob die Einkünfte *»jederzeit entziehbar«* sind (so *Soergel-Donau* § 58, 21 EheG), ebenso wenig kann es darauf ankommen, ob die Leistungen aus *»Mildtätigkeit«* erbracht werden (mißverständl. Begr. in *BGH* FamRZ 1965, 38), oder ob es sich um eine *einmalige* Zuwendung oder um *wiederkehrende* Leistungen handelt (unzutr. *Köhler* S. 18, der einmalige Leistungen von den Anrechnung ausschließen will). Entscheidend sind der *Zweck der Leistung* und der *Wille des Leistenden.* Soll nach dem Inhalt der Leistung entsprechend dem Willen des Leistenden die Zuwendung der *Entlastung des Verpflichteten* dienen, ist sie anzurechnen; hat sie den Zweck, nur den *Unterhaltsberechtigten zu unterstützen,* so bleibt sie außer Ansatz (vgl. dazu eingehend *Brühl-Göppinger-Mutschler* 545). Im Einzelfall kann es zweifelhaft sein, ob eine anrechnungsfähige Zuwendung vorliegt, wenn der Dritte keine Bestimmung getroffen hat. Dann muß aus den Umständen, insbesondere der Interessenlage und den Beziehungen zwischen dem Dritten und dem geschiedenen Ehegatten abgeleitet werden, welchem Zweck die Zuwendung dienen soll. Bei geschiedenen Ehen werden die Zuwendungen an einen Ehegatten durch seine Verwandten in der Regel nicht in der Absicht gewährt, den unterhaltspflichtigen anderen Ehegatten zu entlasten (*RG* 72, 199; *RG* Warn. Rspr. 1917 Nr. 246; *RG* Warn. Rspr. 1924 Nr. 19; *RG* 105, 164; *BGH* FamRZ 1965, 38). Andererseits wird eine Entlastungsabsicht anzunehmen sein, wenn zwischen dem Dritten und dem Unterhaltspflichtigen freundschaftliche Beziehungen bestehen, die »Wohltaten« zugunsten des Verpflichteten nahelegen (vgl. *Brühl-Göppinger-Mutschler* 545).

6 Zuwendungen Dritter von Todes wegen sind nur dann nicht anrechnungsfähig, wenn die Anrechenbarkeit zum Entzug der Zuwendung führen würde. In den anderen Fällen ist der Vermögenszuwachs beim Unterhaltsberechtigten unentziehbar eingetreten und als eigenes Vermögen verwertbar. Der Grundgedanke des § 1374 ist nicht anwendbar.

7 Die Leistungen, die dem Unterhaltsberechtigten zugute kommen, müssen nicht notwendigerweise Geldleistungen sein. Es können auch sonstige Zuwendungen sein, z. B. Dienstleistungen oder

Überlassung von Wohnraum. In der Regel werden solche Zuwendungen primär im Interesse des Unterhaltsberechtigten erbracht, so daß eine Anrechnung ausscheidet. Kommt eine Anrechnung in Betracht, ist der Geldwert der Dienstleistung oder Sachgewährung zugrunde zu legen.

2.2 Anstößige Zuwendungen Dritter

8 Zweifelhaft ist, ob wirtschaftliche Vorteile, die der Ehegatte aus anstößigem oder unrechtmäßigem Verhalten bezieht, anzurechnen sind. Bei Delikten, die unmittelbar gegen das Eigentum oder das Vermögen gerichtet sind, wie Diebstahl, Betrug usw., wird die Anrechnung abgelehnt, weil eine »vorsätzliche Schädigung des Eigentums und Vermögens anderer ... niemand zum Vorteil gereichen« soll, »also auch dem Unterhaltspflichtigen nicht«. Minder streng beurteilt wird der Erwerb aus sonstigen unrechtmäßigen Tätigkeiten, wie Spiel, Bettelei, Prostitution usw. (*Brühl-Göppinger-Mutschler* 549; die angeführte Entscheidung *BGH* NJW 1960, 1868 ergibt zu dieser Frage nichts).

9 Die Unterscheidung ist willkürlich. Sicher darf niemand darauf verwiesen werden, seinen Unterhalt aus unrechtmäßigen Tätigkeiten zu bestreiten; das hat aber mit der Frage der Anrechenbarkeit nichts zu tun. Es geht auch nicht darum, ob Vorteile daraus gezogen werden, sondern wem sie zugute kommen. Verneint man die Anrechenbarkeit, dann hat der Delinquent die Vorteile; der Unterhaltsverpflichtete trägt dazu bei, ihm den ungeteilten Genuß zu erhalten, weil er zur Deckung des sonstigen Lebensbedarfs beiträgt. Die Anrechenbarkeit ist zu verneinen, wenn anzunehmen ist, daß die unrechtmäßigen Vorteile dem Geschädigten tatsächlich zurückerstattet werden.

Zweifelhaft ist, unter welchen Voraussetzungen wirtschaftliche Vorteile anzurechnen sind, die einem geschiedenen Ehegatten von einem Partner in einem eheähnlichen Verhältnis gewährt werden. Häufig wird der geschiedene Ehegatte, der die Zuwendung erhält, seinerseits wirtschaftliche Leistungen zugunsten des Partners erbringen, etwa durch die Führung des Haushalts. Die Vorteile werden dann (wenn auch ohne Rechtspflicht) nicht unentgeltlich gewährt, was eine Anrechnung zwanglos zuläßt. Ist das nicht der Fall, dann dürfte die Anrechnung nicht unbedenklich sein (uneingeschränkt für Anrechenbarkeit *RG* 164, 128; *Hoffmann-Stephan* § 58, 40 EheG; *Brühl-Göppinger-Mutschler* 548, unter Hinweis auf die österreichische Rspr., die generell sogar Ruhen des Anspruchs annimmt, wenn der geschiedene Ehegatte in einem eheähnlichen Verhältnis lebt, vgl. FamRZ 1955, 761). Bei der Beurteilung anstößiger Verhaltensweisen im Rahmen des Unterhaltsrechts ist zu berücksichtigen, daß § 66 EheG ersatzlos entfallen ist. Darin liegt eine Tendenz, die über die Bedeutung des Wegfalls der Anspruchsverwirkungen hinausgeht.

Werden aus nicht anrechenbaren Vermögensteilen Einkünfte erzielt, so sind diese von einer Anrechnung nicht ausgeschlossen (str.

 RG 145, 302; *Brühl-Göppinger-Mutschler* 595; a. A.: *RGRK* § 58, 41 EheG).

3 Nichtanrechnung von Einkünften (§ 1577 Abs. 2 Satz 1)

10 § 1577 Abs. 2 Satz 1 behandelt die Fälle nicht anrechenbarer Einkünfte. Es wird nicht *nach Art der Einkünfte* unterschieden, so daß alle Einkünfte – ihre prinzipielle Anrechenbarkeit vorausgesetzt – einbezogen sind. Mit der – im Gesetzgebungsverfahren eingeführten – Vorschrift soll verhindert werden, daß der verpflichtete Ehegatte, der auf Grund mangelnder Leistungsfähigkeit nicht für den gesamten Lebensbedarf des Berechtigten aufzukommen hat, noch zusätzlich dadurch entlastet wird, daß der Berechtigte, der den nicht gedeckten Teil seines Lebensbedarfs durch eigene Einkünfte deckt, sich diese Einkünfte auch noch anrechnen lassen muß. Erfaßt wird auch der Fall, daß der zum vollen Unterhalt verpflichtete Ehegatte nur einen Teil tatsächlich erbringt. Der unterhaltsberechtigte Ehegatte wird durch Abs. 2 Satz 1 in die Lage versetzt, seinen Lebensbedarf bis zur vollen Höhe zu sichern, ohne daß er Gefahr läuft, eine Anrechnung hinnehmen zu müssen.

4 Anrechnung von Einkünften nach Billigkeitsgrundsätzen (§ 1577 Abs. 2 Satz 2)

11 § 1577 Abs. 2 Satz 2 regelt die Anrechnung von Einkünften, die den *»vollen Unterhalt«* übersteigen. Gemeint sind Einkünfte, die unter Einbeziehung der tatsächlich erbrachten Leistungen des Verpflichteten über den angenommenen Lebensbedarf des Berechtigten hinausgehen. Es muß sich um grundsätzlich nicht anrechenbare Einkünfte handeln. Einkünfte aus einer angemessenen Erwerbstätigkeit, die vom Ehegatten erwartet werden kann, führen zum Wegfall oder zur Kürzung des Unterhaltsanspruchs selbst. Im Rahmen des § 1577 kann es deshalb nur um Einkünfte aus einer Erwerbstätigkeit gehen, die *keine Obliegenheit* des Ehegatten ist (vgl. § 1578 Abs. 2 i. d. F. des RegE). Für das bisher geltende Recht wurde angenommen, daß Einkünfte aus einer »nicht zumutbaren« Erwerbstätigkeit von der Anrechnung ausgeschlossen sind (*RG* 145, 302; *BSG* FamRZ 1971, 90 entgegen *BSG* NJW 1959, 647 mit abl. Anm. v. *Bosch* FamRZ 1959, 217; *BayObLG* FamRZ 1962, 120; *LG München* NJW 1964, 409). Die bisherige Rechtsprechung läßt auf Grund der behandelten Fälle nicht den Schluß zu, daß der aufgestellte Grundsatz ausnahmslos zu gelten hätte. Die Vielzahl denkbarer Fallgestaltungen erfordert differenzierte Lösungsmöglichkeiten, die § 1577 Abs. 2 Satz 2 eröffnet. In der Regel wird man davon ausgehen können, daß Einkünfte aus einer Erwerbstätigkeit, die dem Ehegatten nicht angesonnen werden kann, nicht zur Entlastung des verpflichteten Ehegatten führen dürfen. Das gilt ohne Rücksicht darauf, ob der verpflichtete Ehegatte sich der Unterhaltspflicht bewußt entzieht. In Ausnahme-

fällen ist ein Abweichen von dem Grundsatz jedoch notwendig. Maßstab sind – abgesehen von dem Gedanken der Billigkeit – die beiderseitigen wirtschaftlichen Verhältnisse. Zu denken ist insbesondere an folgende Anwendungsfälle: Der verpflichtete Ehegatte übt selbst eine Tätigkeit aus, die ihm nicht oder gerade noch zuzumuten ist; dieser Gesichtspunkt wird in § 1577 nicht ausdrücklich berücksichtigt. Es wäre unbillig, dem berechtigten Ehegatten aus einer ihm nicht angemessenen Tätigkeit Vorteile zukommen zu lassen, sie aber dem verpflichteten Ehegatten unter vergleichbaren Verhältnissen zu verweigern. Eine teilweise Anrechnung ist in Betracht zu ziehen, wenn der berechtigte Ehegatte aus seiner nicht erwarteten oder nicht angemessenen Tätigkeit so hohe Einkünfte bezieht, daß er – die Leistung des verpflichteten Ehegatten einbezogen – einen unverhältnismäßig besseren Lebenszuschnitt hätte als der verpflichtete Ehegatte.

5 Verwertung des Vermögensstammes (§ 1577 Abs. 3)

12 § 1577 Abs. 3 regelt die Frage, unter welchen Voraussetzungen der berechtigte Ehegatte die Vermögenssubstanz zur eigenen Unterhaltssicherung heranziehen muß, bevor er den anderen Ehegatten in Anspruch nimmt. Zum bisher geltenden Recht, das für Mann und Frau eine unterschiedliche Ausgestaltung aufwies, vgl. *Brühl-Göppinger-Mutschler* 593.

5.1 Stamm des Vermögens

13 Schwierigkeiten bereiten kann die Abgrenzung des Vermögensstammes von den Einkünften aus dem Vermögen, wenn eine deutliche Unterscheidung zwischen einem Stammrecht und einzelnen aus dem Stammrecht fließenden Leistungen, wie z. B. bei Leibrenten, fehlt (vgl. *Brühl* FamRZ 1963, 536). Die Zuordnung wird mitunter nur unter Berücksichtigung des ursprünglichen Verwendungszwecks und der Herkunft der Masse möglich sein. Verfügt der Ehegatte z. B. über ein zinsgünstig angelegtes Kapital, kann es sich bei dem Kapital um einen Vermögensstamm handeln, wenn die Geldanlage dazu bestimmt ist, dem Ehegatten den Lebensunterhalt aus den Erträgnissen zu sichern. Anders verhält es sich, wenn das Kapital selbst Unterhaltsersatz ist, so wenn es sich um Abfindungen von Unterhaltsleistungen handelt oder um Schadensersatz für entgangenen Unterhalt (vgl. § 1585 Abs. 2, §§ 844 Abs. 2, 843 Abs. 3; *RG* 151, 101) oder allgemein, wenn der Verbrauch der Substanz beabsichtigt ist.

Von der Verwertung ausgenommen ist Vermögen, soweit es der Zwangsvollstreckung nicht unterliegt (vgl. § 811 Nr. 1 bis 14 ZPO). Diese Vermögensgegenstände sind dem Zugriff für Unterhaltszwecke entzogen. Es ist deshalb folgerichtig, wenn sie bei dem Unterhaltsberechtigten im Zusammenhang mit der Anrechnung außer Betracht bleiben (vgl. *Brühl-Göppinger-Mutschler* 597). Die Grundsätze über Austauschpfändung sind entsprechend zu berücksichtigen.

5.2 Unwirtschaftliche Verwertung

14 Den Stamm des Vermögens braucht der Berechtigte u. a. nicht zu verwerten, soweit die Verwertung unwirtschaftlich wäre (allg. M. für das bisher geltende Recht: *BGH* FamRZ 1957, 120; *BGH* FamRZ 1966, 28). Die Verwertung ist unwirtschaftlich, wenn der Erlös in keinem angemessenen Verhältnis zum Wert des Gegenstandes steht. Nicht vorausgesetzt werden kann, daß in jedem Fall der volle Verkehrswert erzielt wird. Ist die Verwertung nur temporär ungünstig, kann eine Kreditierung in Betracht kommen, um eine unwirtschaftliche Veräußerung zu vermeiden. In welchem Umfang der Berechtigte Verluste, die sich aus einer ungünstigen Marktsituation ergeben, hinnehmen muß, läßt sich nur im Einzelfall unter Würdigung der Größenordnung der Verluste beurteilen. Unzutreffend wäre es, bei der Frage der Wirtschaftlichkeit der Verwertung auf das Lebensalter der geschiedenen Ehegatten und das Einkommen des Verpflichteten abzustellen (*Amtl. Begr.* S. 135). Das sind Umstände, die im Rahmen der zusätzlichen Billigkeitsprüfung berücksichtigt werden können. Eine Überschneidung beider Gesichtspunkte kommt in Betracht, wenn ein Gegenstand von geringem Wert mit hohem Affektionsinteresse für den Unterhaltsberechtigten verwertet werden soll.

5.3 Unbilligkeit der Vermögensverwertung

15 Die Verwertung der Vermögenssubstanz kommt weiter nicht in Betracht, soweit die Verwertung unter Berücksichtigung der beiderseitigen wirtschaftlichen Verhältnisse der Ehegatten *unbillig* wäre. Decken die Einkünfte des Berechtigten seinen gesamten Lebensbedarf nicht, so soll sein Vermögen in der Regel dazu dienen, ergänzend seinen Lebensunterhalt auf Lebenszeit zu sichern. Reicht das Vermögen dazu nicht aus, wäre es unbillig, wenn er zunächst sein Vermögen verbrauchen müßte und Gefahr liefe, im Alter mittellos und auf – möglicherweise nicht realisierbare – Unterhaltsansprüche gegen den Unterhaltsverpflichteten angewiesen zu sein. Ebenso unbillig wäre es, wenn die Vermögenssubstanz des Unterhaltsverpflichteten zugunsten des Unterhaltsberechtigten aufgebraucht würde, so daß der angemessene Unterhalt des Verpflichteten im Alter nicht gesichert wäre (vgl. die korrespondierende Vorschrift des § 1581 S. 2; *OLG Marienwerder* OLG 26, 236). § 1577 Abs. 3 ermöglicht einen gerechten Ausgleich der beiderseitigen Interessen. Ziel eines Ausgleichs im konkreten Fall muß es sein, die Verwertung des Vermögens so zu gestalten, daß dem Berechtigten genügend Mittel für die mutmaßliche Lebensdauer bleiben (für das bisher geltende Recht: *RG* Warn. Rspr. 1919, Nr. 151; *BGH* FamRZ 1966, 28; *LG München* Rpfl. 1949, 568). Die Verwertung kann unbillig sein, wenn der Erlös gering wäre und der Berechtigte erhebliche Nachteile in Kauf nehmen müßte, z. B. bei Veräußerung eines hoch belasteten Wohngrundstücks mit der Folge, daß der Berechtigte seine Wohnung räumen müßte, der Unterhaltsberechtigte aber nur geringe Teile des Erlöses erhielte. Ist der Ehegatte Teilhaber an einem wirtschaftlichen Unternehmen, in dem er mitarbeitet, kann die Verwertung unbillig sein,

wenn er seinen Arbeitsplatz dadurch verlieren würde, und er eine anderweitige Beschäftigung nur schwer zu finden vermag. Die Verhältnisse können anders liegen, wenn er bereits im fortgeschrittenen Alter ist, so daß eine Beendigung der Tätigkeit ohnehin abzusehen ist.

16 Zweifelhaft ist, ob § 1577 Abs. 3 den Schluß zuläßt, daß andere als die beiderseitigen wirtschaftlichen Interessen im Rahmen der Billigkeitsklausel außer Betracht bleiben müssen. Die Bestimmung ist nicht als allgemeine Härteklausel zur Korrektur unterhaltsrechtlicher Ansprüche gedacht. Der Wortlaut spricht für eine Ausschließlichkeit der Gründe. Eine *hilfsweise* Heranziehung anderer Gründe wird man in Betracht ziehen können.

6 Wegfall des Unterhaltsanspruchs (§ 1577 Abs. 4)

17 Die Anrechenbarkeit von Einkünften und Vermögen läßt die Unterhaltsberechtigung als solche nach §§ 1570 ff. grundsätzlich unberührt. Das gilt nicht für den Fall des § 1577 Abs. 4. Die Regelung korrespondiert mit § 1573 Abs. 4; ihr liegt derselbe Gedanke zugrunde. Ein Ehegatte, dessen Unterhalt nachhaltig gesichert ist, soll künftig die weitere Entwicklung allein verantworten, ohne auf den anderen Ehegatten zurückgreifen zu können.

6.1 Nachhaltige Sicherung des Unterhalts

18 Der Unterhalt ist nachhaltig gesichert, wenn angenommen werden kann, daß der Lebensbedarf des Berechtigten auf Dauer, das heißt auf Lebenszeit, gedeckt ist. Ob eine positive Prognose, bezogen auf die mutmaßliche restliche Lebensdauer, möglich ist, kann nur unter Berücksichtigung aller Umstände des Einzelfalles beurteilt werden, wobei die Größe des Vermögens, der Unterhaltsbedarf, die Art der Anlage usw. eine Rolle spielen. In Anbetracht der geringen Vorhersehbarkeit wirtschaftlicher Entwicklungen sind die Schwierigkeiten einer Prognose offenkundig. Kann eine positive Prognose nicht gestellt werden, ist § 1577 Abs. 4 unanwendbar. Maßgebender Zeitpunkt für die Prognose ist der Zeitpunkt der Ehescheidung. Vorzunehmen ist die Prognose nach Wegfall des Vermögens, also mitunter erst lange Zeit nach der Scheidung. Dabei sind Umstände, die nachträglich bekanntgeworden sind, die aber im Ansatz bereits zum Zeitpunkt der Scheidung latent vorhanden waren, zu berücksichtigen (vgl. Rdnr. 17 ff. zu § 1573). Waren z. B. die wirtschaftlichen Voraussetzungen für den Verfall eines Unternehmens zum Zeitpunkt der Scheidung bereits gegeben, so war die Vermögensanlage in diesem Unternehmen zur nachhaltigen Sicherung des Unterhalts nicht geeignet, auch wenn der Verfall erst später evident geworden ist. Voraussehbare Vermögensveränderungen können die Beurteilung beeinflussen, ob eine nachhaltige Sicherung vorliegt, z. B. steter Verlust durch inflationären Währungsverfall.

6.2 Wegfall des Vermögens

19 Ein Unterhaltsanspruch des Ehegatten, dessen Lebensbedarf nachhaltig gesichert war, lebt nicht wieder auf, wenn das Vermögen, das Grundlage der Sicherung war, später (d. i. nach dem Zeitpunkt der Scheidung) wegfällt. Unter Wegfall ist nicht nur der Untergang des Vermögens durch ein plötzliches, einmaliges Ereignis wie Konkurs oder Währungsreform zu verstehen, sondern auch das fortwährende Verbrauchen, das zum vorzeitigen Schwund führt. Es kommt nicht darauf an, ob der Unterhaltsberechtigte den Wegfall des Vermögens zu vertreten hat, auch der unverschuldete Verlust löst die Folge des § 1577 Abs. 4 Satz 1 aus (davon abweichend der Vorschlag des Bundesrats – vgl. BT 7/650 S. 263). Hier ist die Parallele zu § 1573 Abs. 4 deutlich, wo ebenfalls kein Unterhaltsanspruch mehr besteht, wenn der Unterhalt nachhaltig gesichert war, und danach der unterhaltsbedürftige Ehegatte – verschuldet oder unverschuldet – erwerbsunfähig wird.

6.3 Aufleben des Unterhaltsanspruchs nach § 1570, § 1577 Abs. 4 Satz 2)

20 Als einzige Ausnahme sieht § 1577 Abs. 4 Satz 2 vor, daß der nach Abs. 4 Satz 1 weggefallene Unterhaltsanspruch wieder auflebt, wenn der Ehegatte die Voraussetzungen für einen Unterhaltsanspruch wegen der Pflege oder Erziehung gemeinschaftlicher Kinder nach § 1570 erfüllt. Die Pflege oder Erziehung eines gemeinschaftlichen Kindes sind Nachwirkungen der Ehe, die eine nachwirkende Verantwortlichkeit der Ehegatten auslösen. Der Wegfall des Vermögens soll nicht zu Lasten der Kinder gehen, deren Betreuung durch den anderen Ehegatten erforderlich ist (*Amtl. Begr.* S. 136). Zweifelhaft ist, ob nach beendeter Kinderbetreuung Anschlußansprüche nach §§ 1571 ff. in Betracht kommen können.

7 Beweislast

21 Vorhandenes Vermögen mindert die Bedürftigkeit des Berechtigten. Im Rahmen seiner Beweislast für die Voraussetzungen des Unterhaltsanspruchs, zu denen die Bedürftigkeit gehört, muß der unterhaltsberechtigte Ehegatte darlegen, daß er keine Einkünfte und kein Vermögen hat. Da es sich um negative Tatsachen handelt, wird es – sofern nicht andere konkrete Anhaltspunkte vorliegen – mit einer Parteivernehmung sein Bewenden haben. Hat der Berechtigte Einkünfte oder Vermögen, muß er beweisen, daß diese zu seinem Unterhalt nicht ausreichen. Im Rahmen des § 1577 Abs. 2 Satz 2 trägt jede Partei die Beweislast für die ihr günstigen Behauptungen, der Unterhaltsberechtigte für die, die eine Anrechnung ausschließen, der Unterhaltsverpflichtete für die, die eine Anrechnung rechtfertigen sollen. Ist zweifelhaft, ob ein Vermögensgegenstand zum Stamm des Vermögens gehört, ist es Sache des Unterhaltsberechtigten, dies zu beweisen, dasselbe gilt für die

Behauptung, die Verwertung sei unwirtschaftlich. Bei der Berücksichtigung des Begriffs der »beiderseitigen wirtschaftlichen Verhältnisse« trägt jeweils der Ehegatte die Beweislast für die Tatsachen, deren Berücksichtigung er in seinem Bereich erstrebt. Macht ein Ehegatte nach Wegfall seines Vermögens Unterhaltsansprüche geltend, muß er den Nachweis erbringen, daß das Vermögen zur nachhaltigen Sicherung seines Unterhalts nicht geeignet war.

(1) Das Maß des Unterhalts bestimmt sich nach den ehelichen Lebensverhältnissen. Der Unterhalt umfaßt den gesamten Lebensbedarf.

(2) Zum Lebensbedarf gehören auch die Kosten einer angemessenen Versicherung für den Fall der Krankheit sowie die Kosten einer Schul- oder Berufsausbildung, einer Fortbildung oder einer Umschulung nach den §§ 1574, 1575.

(3) Hat der geschiedene Ehegatte einen Unterhaltsanspruch nach den §§ 1570 bis 1573 oder § 1576, so gehören zum Lebensbedarf auch die Kosten einer angemessenen Versicherung für den Fall des Alters sowie der Berufs- oder Erwerbsunfähigkeit.

Überblick Rdnr.

1 Allgemeines

1 § 1578 regelt den gegenständlichen Inhalt des Unterhaltsanspruchs, indem er auf den *»gesamten Lebensbedarf«* bezug nimmt (§ 1578 Abs. 1 Satz 2). Außerdem gibt er den Maßstab für die Bemessung des Unterhalts, regelt also den Standard des Lebensbedarfs; das sind die ehelichen Lebensverhältnisse. Die ehelichen Lebensverhältnisse spielen bereits bei der Frage der Angemessenheit einer Erwerbstätigkeit eine Rolle (§ 1574 Abs. 2). Die Regelung knüpft an das bisher geltende Recht an, das in § 58 Abs. 1 EheG (vgl. auch § 1610 Abs. 2) ebenfalls die Lebensverhältnisse der Ehegatten zum Maßstab machte. Was den gegenständlichen Inhalt des Unterhaltsanspruchs angeht, war das bisher geltende Recht insofern zurückhaltender, als die Sicherung der Altersversorgung (vgl. § 1578 Abs. 3) nicht allgemein zum Lebensbedarf gerechnet wurde.

2 Eheliche Lebensverhältnisse (§ 1578 Abs. 1 Satz 1)

2 Das Maß des Unterhalts bestimmt sich nach den ehelichen Lebensverhältnissen. Das entspricht dem bisher geltenden Recht (§ 58 Abs. 1: *». . . nach den Lebensverhältnissen der Ehegatten . . .«*). Maßgebend sind die ehelichen Lebensverhältnisse zum *Zeitpunkt*

der Scheidung. Eine Pauschalierung des Lebensstandards in der Ehe kommt nicht in Betracht (h. M. vgl. *Hoffmann-Stephan* § 58, 31 EheG; a. A.: *Friedrich* JW 1938, 2446). Das ist folgerichtig, wenn man davon ausgeht, daß dem unterhaltsberechtigten geschiedenen Ehegatten der Status erhalten bleiben soll, den er bei der Ehescheidung hatte. Früherer Reichtum ist ebenso unbeachtlich wie frühere Armut (*RG* Warn. Rspr. 1914 Nr. 256). Auf die Verhältnisse des einen oder anderen Ehegatten vor der Eheschließung kommt es nicht an. Nicht zweifelsfrei ist, ob bei der Beurteilung der ehelichen Verhältnisse auf den faktischen Lebenszuschnitt oder auf die nach den wirtschaftlichen Verhältnissen angemessene Lebensführung abgestellt werden soll; die Zweifel bestehen schließlich auch, wenn die Ehegatten keine einheitliche Lebensführung haben, was insbesondere im Fall des Getrenntlebens vorkommen kann. Für das bisher geltende Recht wird allgemein angenommen, daß bei der Beurteilung der ehelichen Lebensverhältnisse ein objektiver Maßstab anzulegen ist. Leben die Ehegatten über ihre Verhältnisse oder machen sie von ihren wirtschaftlichen Möglichkeiten keinen Gebrauch, so bleiben diese Umstände außer Betracht (*RG* Warn. Rspr. 1912 Nr. 265; *RG* Warn. Rspr. 1914 Nr. 256; *Soergel-Donau* § 58, 14 EheG). Dieser Auffassung kann auch für das neue Recht gefolgt werden. Der Unterhalt soll dem berechtigten Ehegatten den bisherigen Standard sichern. Zu dem Standard gehören wohl auch die ungenutzten Möglichkeiten. Anderenfalls würde es dem geschiedenen Ehegatten verwehrt, seinen Lebenszuschnitt den wirtschaftlichen Möglichkeiten anzupassen, was ihm während der Ehezeit möglich gewesen wäre. Es bleibt zweifelhaft, ob nicht in Ausnahmefällen, wenn der tatsächliche Lebenszuschnitt im Einvernehmen der beteiligten Ehegatten auf Dauer in einer bestimmten Weise angelegt war, dieser Umstand bei der Bestimmung der ehelichen Lebensverhältnisse berücksichtigt werden sollte. Das kann auf keinen Fall in Betracht gezogen werden, wenn der tatsächliche Lebenszuschnitt von dem Ehegatten nur hingenommen werden mußte. Haben die Ehegatten über ihre Verhältnisse gelebt, so kann sich keiner darauf berufen, daß dieser Umstand bei der Fixierung der ehelichen Lebensverhältnisse berücksichtigt wird. Kein Ehegatte kann darauf vertrauen, unterhaltsrechtlich nach Maßstäben abgesichert zu werden, für die keine wirtschaftliche Basis vorhanden ist.

3 Maßgebender Zeitpunkt für die Beurteilung der ehelichen Lebensverhältnisse ist der Zeitpunkt der Scheidung; Veränderungen vor oder nach der Scheidung sind grundsätzlich unbeachtlich (allg. M. *BSG* FamRZ 1968, 158; *Dölle* § 41 III 2 a; *Gernhuber* § 30 III 3). Da der Eintritt der Rechtskraft des Scheidungsurteils Sache eines Augenblicks ist, könnte sich bei uneinheitlichen Einkommensverhältnissen ein zufälliges Ergebnis ergeben. Das wird vermieden, wenn man in solchen Fällen einen wirtschaftlichen Durchschnittsstatus aus einer überschaubaren Zeit vor der Ehescheidung (ein Jahr) zugrunde legt.

4 Zum Zeitpunkt der Scheidung *voraussehbare* wirtschaftliche Entwicklungen in den Verhältnissen der Ehegatten sind zu berück-

sichtigen. Dabei ist jedoch zu unterscheiden: Handelt es sich um Umstände, die die Lebensverhältnisse der Ehegatten betreffen, ist ihre Berücksichtigung nur möglich, wenn sie zum Zeitpunkt der Scheidung bereits angelegt waren; anderenfalls würde die in § 1578 Abs. 1 vorausgesetzte Fixierung des Standards auf den Zeitpunkt der Rechtskraft des Scheidungsurteils aufgehoben. So können zum Zeitpunkt der Scheidung festgelegte Gehaltserhöhungen, Regelbeförderungen bei Beamten und andere konkretisierte, die Lebensstellung beeinflussende Faktoren berücksichtigt werden (h. M. vgl. *RG* 75, 124; *RG* DJ 1942, 627; *KG* DR 1941, 1843; *Gernhuber* § 30 III 3; – a. A.: *v. Godin* § 58, 3 EheG; krit. *Dannehl* MDR 1955, 575; nicht unbedenklich ist *RG* Warn. Rspr. 1912 Nr. 265, wo selbst künftige Erbberechtigungen einbezogen worden sind). Darunter fallen nicht Umstände, bei denen eine individuelle Entwicklung der Verhältnisse eines Ehegatten im Vordergrund steht, die sich auf die Verhältnisse in der Ehezeit nicht zurückführen läßt, so wenn der Ehegatte sich (nach der Scheidung) fortbildet und dadurch beruflich reüssiert (*KG* DR 1941, 1843; vgl. dazu *Dannehl* MDR 1955, 575), eine neue, besser bezahlte Stellung erlangt (*RG* DJ 1942, 627) oder eine gutbezahlte Dauerstellung verliert. Solche künftigen Ereignisse berühren die Leistungsfähigkeit des Verpflichteten und können Anlaß für eine Abänderungklage nach § 323 ZPO sein; Einfluß auf das »Maß des Unterhalts« im Sinne von § 1578 Abs. 1 haben sie nicht. Die Abgrenzung ist schwierig; so ist z. B. zweifelhaft, ob man den mit dem bevorstehenden Eintritt in den Ruhestand verbundenen Einkommensverlust als Herabsetzung der Leistungsfähigkeit (so die h. M.) oder als bereits zum Zeitpunkt der Ehescheidung angelegte Veränderung der Lebensverhältnisse ansehen soll, wofür gute Gründe sprechen (vgl. *Brühl-Göppinger-Mutschler* 350). Die Abgrenzungsschwierigkeiten haben Anlaß gegeben, die Frage der Berücksichtigung späterer Umstände im Rahmen des § 1578 Abs. 1 von Billigkeitsgesichtspunkten abhängig zu machen (*RGRK* § 58 EheG; *Müller-Freienfels* S. 194 Fn. 1; zurückhaltend *Gernhuber* § 30 III 3). Billigkeitsgrundsätze sind aber als Maßstab für die Fixierung der ehelichen Lebensverhältnisse insbesondere dann wenig geeignet, wenn sie entgegen der Regelung in § 1578 Abs. 1 dazu dienen sollen, Veränderungen, die die Leistungsfähigkeit betreffen, einzubeziehen (vgl. *Brühl-Göppinger-Mutschler* 350).

3 Lebensbedarf

3.1 Lebensunterhalt, Krankheitskosten

5 Der Unterhalt umfaßt den gesamten Lebensbedarf. Zum Lebensbedarf gehört die Gesamtheit der Bedürfnisse, deren Befriedigung nach allgemeiner Anschauung zum normalen, menschenwürdigen Dasein gehört. Das sind nicht nur die elementaren Bedürfnisse wie Nahrung, Wohnung und Kleidung, sondern in angemessenen Grenzen auch geistige und kulturelle Bedürfnisse wie Erholung,

Freizeit u. a. m. Auch luxuriöse Bedürfnisse sind nicht prinzipiell ausgeschlossen, wenn sie sich im Rahmen des ehelichen Lebenszuschnitts halten (vgl. *RG* JW 1911, 155; *BGH* NJW 1969, 919 zu § 1361). Zum Lebensbedarf gehören auch die Kosten einer angemessenen Versicherung für den Fall der Krankheit. Das wurde bereits für das bisher geltende Recht angenommen (*OLG Hamm* NJW 1960, 2191; *Dölle* § 103 III 1, 3; *Brühl-Göppinger-Mutschler* 488). Was eine angemessene Versicherung ist, muß nach den ehelichen Lebensverhältnissen beurteilt werden. Der unterhaltsberechtigte Ehegatte muß in die Lage versetzt werden, ärztliche Leistungen in Anspruch zu nehmen, wie es während der Ehezeit der Fall gewesen ist. Verliert der geschiedene Ehegatte den vom anderen Ehegatten abgeleiteten Krankenschutz (z. B. Beihilfe im öffentlichen Dienst), muß ein entsprechender Ausgleich auf Kosten des Unterhaltspflichtigen gegeben werden.

Hat der geschiedene Ehegatte die Möglichkeit, freiwilliges Mitglied der gesetzlichen Krankenversicherung zu werden, nachdem er vorher als Familienmitglied krankenversichert war (vgl. z. B. § 313 Abs. 4 S. 2 Buchst. a RVO), ist er gehalten, davon Gebrauch zu machen. Der unterhaltsverpflichtete Ehegatte kann seine Leistungen für Krankenschutz auf den Betrag der Aufwendungen für den Beitrag zur freiwilligen Weiterversicherung beschränken.

3.2 Kosten der Ausbildung

6 Der Lebensbedarf umfaßt weiter die Kosten einer Schul- oder Berufsausbildung, einer Fortbildung oder einer Umschulung nach §§ 1574, 1575 (§ 1578 Abs. 2). Die Regelung ist eine notwendige Ergänzung der §§ 1574, 1575, die über den Inhalt der Unterhaltsansprüche nichts aussagen. § 1578 Abs. 2 stellt klar, daß dazu nicht nur die Lebenshaltungskosten, sondern auch die Aufwendungen für die Ausbildung selbst gehören. Darunter fallen Aufwendungen für Lernmittel, Gebühren, Examenskosten, zusätzliche Unkosten für notwendige Unterkunft am Ausbildungsort u. a. m. Der geschiedene Ehegatte ist gehalten, keine überflüssigen Aufwendungen entstehen zu lassen. Kann er z. B. die Ausbildung, Umschulung usw. an seinem Wohnort betreiben, braucht der verpflichtete Ehegatte die Mehrkosten, die durch eine Ausbildung an einem anderen Ort entstehen, nicht zu tragen. Zum Lebensbedarf gehören nur die Unkosten, die unter den Voraussetzungen der §§ 1574, 1575 entstehen. In anderen Fällen sind sie nicht vom verpflichteten Ehegatten zu tragen (mißverständlich insoweit die Fassung des RegE: »*... die Kosten einer Schul- oder Berufsausbildung ... der in den §§ 1574, 1575 genannten Art*«). Eine pauschalierte Bemessung der Kosten entsprechend dem BAFöG (unter Einbeziehung des sonstigen Lebensbedarfs) ist nicht ohne weiteres möglich, da der Maßstab der ehelichen Lebensverhältnisse eine individuelle Festsetzung erfordert. Sie kann aber in Betracht kommen, wenn die Verhältnisse des verpflichteten Ehegatten sich im

Rahmen der Verhältnisse halten, die für die Gewährung von Leistungen nach dem BAFöG maßgebend sind.

3.3 Kosten der Altersversorgung (§ 1578 Abs. 3)

7 Nach bisher geltendem Recht wurden Aufwendungen für eine Altersvorsorge *nicht* zum Lebensbedarf gerechnet (vgl. *RG* 152, 359; *Hoffmann-Stephan* § 58, 36 EheG; *Soergel-Donau* § 58, 10 EheG). Die davon abweichende Regelung in § 1578 Abs. 3 ist im Zusammenhang mit dem Versorgungsausgleich (§§ 1587 ff.) und § 1361 Abs. 1 zu sehen. Es ist der Versuch, durch einen möglichst ununterbrochenen Aufbau von Anwartschaftsrechten dem geschiedenen Ehegatten eine eigenständige Altersversorgung zu sichern. In den Fällen des § 1578 Abs. 3 ist der Ehegatte nicht (oder nur teilweise) erwerbstätig, so daß eine gesetzliche Alterssicherung insoweit fehlt. Die Lücke wird dadurch geschlossen, daß der Ehegatte eine freiwillige Altersvorsorge trifft, deren Kosten der zum Unterhalt verpflichtete Ehegatte tragen muß.

8 § 1578 Abs. 3 knüpft an die Unterhaltsansprüche nach §§ 1570 bis 1573, § 1576 an. Hat der Ehegatte keinen Unterhaltsanspruch, dann kann er für sich selbst sorgen, wozu auch die Sorge für seine Alterssicherung gehört. Bei der Aufzählung der Unterhaltsansprüche fehlt § 1575, der einen eigenständigen Unterhaltsanspruch darstellt.

Das ist im Prinzip folgerichtig. Soweit die Zeit der Ausbildung, Fortbildung oder Umschulung beitragsunabhängige Auswirkungen auf die Altersversorgung hat, ist es gleichgültig, ob diese vor, während oder nach der Ehe betrieben worden ist. Dem berechtigten Ehegatten für diese Zeit eine zusätzliche Altersversorgung zu sichern, die er selbst dann nicht gehabt hätte, wenn er seine beruflichen Pläne ohne Rücksicht auf die Ehe hätte realisieren können, besteht kein Grund, denn Zweck des § 1578 Abs. 3 ist es, ein Defizit an Versorgungsanwartschaften auszugleichen, nicht aber dem anderen Ehegatten zusätzlich Vorteile zu verschaffen. Soweit ausnahmsweise im Zusammenhang mit der Ausbildung, Fortbildung oder Umschulung eine Altersversicherung vorgesehen ist, die eine Beitragspflicht des Ehegatten auslöst, liegt es nahe, § 1578 Abs. 3 entsprechend anzuwenden.

9 Die Anknüpfung an die Unterhaltsansprüche nach §§ 1571 und 1572 ist gerechtfertigt, weil Alter und Krankheit einer Weiterversicherung zu Zwecken der Altersversorgung nicht grundsätzlich entgegenstehen. So kann z. B. nach § 1233 Abs. 2 a RVO nach Erreichen der Altersgrenze eine Fortsetzung der Versicherung in Betracht kommen, wenn Altersruhegeld noch nicht bezogen wird (etwa weil die Wartezeit von 180 Monaten noch nicht erfüllt ist – vgl. § 1248 Abs. 7 RVO). Auch eine Erkrankung steht der Weiterversicherung nicht entgegen. § 1578 Abs. 3 ist aber *nicht anwendbar*, wenn eine Versicherung für den Fall des Alters sowie der Berufs- oder Erwerbsunfähigkeit nicht mehr möglich ist, z. B. weil der Berechtigte bereits Altersruhegeld bezieht (vgl. § 1233 Abs. 2 a RVO). Auch außerhalb der gesetzlichen Rentenversiche-

rung sind die Möglichkeiten, eine Altersversorgung aufzubauen, eingeschränkt. In diesen Fällen wäre es sinnlos, den Unterhaltsschuldner zu Leistungen zu verpflichten, die nicht geeignet sind, den Zweck zu erfüllen (vgl. z. B. auch § 1587 b Abs. 3 Satz 1, 2. Halbs.). Im Einzelfall muß geprüft werden, ob Aufwendungen für eine Altersversorgung noch möglich und sinnvoll sind. Häufig wird es nicht mehr um die Vorsorge für das Alter gehen, sondern um die Deckung des allgemeinen Lebensbedarfs im Alter. Dann ist für die Anwendung des § 1578 Abs. 3 kein Raum. Das gilt entsprechend für die Vorsorge für den Fall der Berufs- oder Erwerbsunfähigkeit.

10 § 1578 Abs. 3 gibt keinen Aufschluß darüber, was unter »Versicherung für den Fall des Alters sowie der Berufs- oder Erwerbsunfähigkeit« zu verstehen ist. Die *Amtl. Begr.* (S. 137) ist auf die Versorgung nach den gesetzlichen Rentenversicherungen abgestimmt. Darin liegt keine Beschränkung. Als Versicherung im Sinne des § 1578 Abs. 3 ist zumindest auch jede andere Art einer Versicherung, die die vorgegebenen Risiken abdeckt, zu verstehen, insbesondere private Kapital- oder Rentenversicherungen. Zweifelhaft ist, ob der Begriff »Versicherung« darüber hinaus im Sinne von »Vorsorge« für das Alter verstanden werden kann. Der Wortlaut spricht dagegen, der *Normzweck dafür.* Es gibt vielfältige Möglichkeiten der Altersvorsorge, die in bezug auf »Sicherheit« und Wirtschaftlichkeit zumindest den privaten Kapital- oder Rentenversicherungen nicht nachstehen, Nachdem eine Begrenzung auf die gesetzliche Rentenversicherung unterblieben ist, besteht kein einleuchtender Grund, unter den anderen Vorsorgemöglichkeiten zu limitieren. Wo dies gewollt ist, findet sich eine ausdrückliche Regelung (vgl. § 1587 l Abs. 3). Eine anderweitige Vorsorge kann im Interesse des unterhaltsberechtigten Ehegatten liegen, so z. B. wenn er bereits mit einer anderweitigen eigenen Altersvorsorge begonnen hat und diese mit den Mitteln aus dem Anspruch nach § 1578 Abs. 3 fortsetzen möchte. Es wird nicht immer sinnvoll sein, ihm eine für ihn ungünstige Parallelversorgung aufzuzwingen. Die Freiheit in der Wahl der Versorgung kann freilich nicht dazu führen, daß der Verpflichtete stärker belastet wird, als wenn er die Kosten der Versicherung der gesetzlichen Rentenversicherung zu tragen hätte; außerdem müßte davon ausgegangen werden, daß der berechtigte Ehegatte das Risiko für das Gelingen der von ihm gewählten Altersvorsorge trägt. Er muß sich im Eintritt des Versorgungsfalles so behandeln lassen, als ob er eine »normale« Art der Altersversorgung gewählt hätte.

11 Schwierig zu beurteilen ist die Frage, was unter »angemessen« zu verstehen ist. Der Begriff dürfte sich auf die Höhe, nicht auf die Art der Versicherung beziehen, deren Wahl ohnehin beim berechtigten Ehegatten liegt. Die Angemessenheit ist nach den ehelichen Lebensverhältnissen zu beurteilen. Deshalb wäre es unangemessen, auf eine objektive pauschalierte Berechnungsgröße abzustellen, etwa Durchschnittsdaten aus der gesetzlichen Rentenversicherung (vgl. z. B. §§ 1 und 2 der BerechnungsVO). Die

Altersversorgung wird im allgemeinen als eine vom Einkommen abhängige Größe angenommen. Es liegt deshalb nahe, die Höhe des Unterhaltsanspruchs als Bemessungsgrundlage vorzusehen und den Betrag der Kosten nach § 1578 Abs. 3 anzusetzen, der als Versicherungsbeitrag zu entrichten wäre, wenn es sich um Entgelt aus einer Erwerbstätigkeit handeln würde. Das kann jedenfalls für den Fall gelten, daß der verpflichtete Ehegatte einer rentenversicherungspflichtigen Tätigkeit nachgeht, weil dann eine solche Regelung den ehelichen Lebensverhältnissen in jedem Fall entsprechen dürfte.

4 Zweckbindung des Anspruchs nach § 1578 Abs. 3

12 Im Rahmen des auf die Deckung des gesamten Lebensbedarfs gerichteten Unterhaltsanspruchs ist der Teil nach § 1578 Abs. 3 zweckgerichtet. Das bedeutet, daß der Verwendungszweck zur Begründung des Anspruchs gehört. Eine *unmittelbare inhaltliche Zweckbindung* des Anspruchs (wie z. B. in § 1587 b Abs. 3 oder in § 1587 l Abs. 3) enthält § 1578 Abs. 3 nicht. Der Unterhaltsverpflichtete kann deshalb nicht verlangen, daß der Teilbetrag statt an den Unterhaltsberechtigten an denjenigen zu zahlen ist, der die Versicherung für das Alter bewirkt. Verbraucht der berechtigte Ehegatte die für die Altersvorsorge bestimmten Mittel zu anderen Zwecken, kann das Anlaß sein zu prüfen, ob die Geltendmachung des Unterhaltsanspruchs insoweit mißbräuchlich ist. Im übrigen muß er sich später so behandeln lassen, als ob die aufgebrachten Mittel zu einer Versicherung geführt hätten.

5 Bedarfsberechnung

13 Der Unterhaltsberechtigte hat Anspruch auf Deckung seines Lebensbedarfs. Seine Bedürfnisse, die den Bedürfnissen anderer in vergleichbarer Situation gleichen können, ohne mit ihnen übereinzustimmen, lassen sich nur sehr schwer exakt berechnen, da sie die Ermittlung von Durchschnittswerten über einen längeren Zeitraum voraussetzen. Wegen der fast unüberwindlichen Schwierigkeiten einer konkreten Bedarfsberechnung ist die Praxis weitgehend dazu übergegangen, den laufenden Unterhaltsbedarf nach abstrakten, pauschalierten Regeln zu errechnen (der Sonderbedarf kann nur konkret berechnet werden). Die Skala der Berechnungsmethoden reicht von lokal begrenzten Faustregeln bis zu verbreiteten Tabellenwerken, die weitgehend Normcharakter angenommen haben, vgl. im einzelnen Rdnr. 20 zu § 1361.

(1) Ein Unterhaltsanspruch besteht nicht, soweit die Inanspruchnahme des Verpflichteten grob unbillig wäre, weil

1. die Ehe von kurzer Dauer war; der Ehedauer steht die Zeit gleich, in welcher der Berechtigte wegen der Pflege oder Erziehung eines gemeinschaftlichen Kindes nach § 1570 Unterhalt verlangen konnte,
2. der Berechtigte sich eines Verbrechens oder eines schweren vorsätzlichen Vergehens gegen den Verpflichteten oder einen nahen Angehörigen des Verpflichteten schuldig gemacht hat,
3. der Berechtigte seine Bedürftigkeit mutwillig herbeigeführt hat oder
4. ein anderer Grund vorliegt, der ebenso schwer wiegt wie die in den Nummern 1 bis 3 aufgeführten Gründe.

(2) Absatz 1 gilt nicht, solange und soweit von dem Berechtigten wegen der Pflege oder Erziehung eines gemeinschaftlichen Kindes eine Erwerbstätigkeit nicht erwartet werden kann.

Überblick Rdnr.

1 Rechtsentwicklung

1 Die sog. negative Härteklausel zählt enumerativ vier Gründe auf, die zur Versagung des Unterhaltsanspruchs des geschiedenen Ehegatten führen können, obwohl er die allgemeinen Voraussetzungen für einen Unterhaltsanspruch nach den §§ 1570 ff. erfüllt. Sie unterscheidet sich von vergleichbaren Regelungen des geltenden Rechts in mehrfacher Hinsicht. So berücksichtigt § 66 EheG lediglich nacheheliches Fehlverhalten, während § 1579 Abs. 1 Nr. 2 eine solche Begrenzung nicht kennt. Das ist folgerichtig, da eheliches Fehlverhalten nach bisherigem Recht bereits zum Schuldaus-

spruch und damit zum Wegfall oder zur Minderung des Unterhaltsanspruchs führen konnte. Die Fassung des § 1579 Abs. 1 Nr. 2 ist erheblich enger; insbesondere fehlt hier der Tatbestand der Verwirkung des Anspruchs wegen ehrlosem oder unsittlichem Lebenswandel. Die Begrenzung und der Wegfall des Unterhalsanspruchs wegen mutwillig herbeigeführter Bedürftigkeit (§ 1579 Abs. 1 Nr. 3) knüpfen an § 65 EheG an; dessen Anwendungsbereich wird aber in gewissem Umfang eingeschränkt.

In § 1579 in der Fassung des RegE fehlte der zweite Satzteil in Abs. 1 Nr. 1 (»; der Ehedauer steht . . .«).

Neu ist die Fassung der Nr. 4. Die ursprüngliche Regelung der Nr. 4 im RegE sah vor, daß der Unterhaltsanspruch wegfallen oder eingeschränkt werden konnte, wenn der Berechtigte während der Ehe längere Zeit hindurch seine Pflicht, zum Familienunterhalt beizutragen, gröblich verletzt hat. Die Streichung wird damit begründet, daß schwerwiegende Verletzungen der Unterhaltspflicht (§ 170 b StGB) von § 1579 Abs. 1 Nr. 2 erfaßt würden, minder schwere Verstöße, z. B. Vernachlässigung der Haushaltsführung, nicht ohne weiteres zum Ausschluß des Unterhaltsanspruchs führen dürften (vgl. BT 7/4361 S. 32). Geändert worden ist weiter der Abs. 2, der lautete: *»Absatz 1 gilt nicht, wenn von dem Berechtigten . . .«*. An die Stelle des »wenn« sind die Worte »solange und soweit« getreten; darin liegt eine terminologische Anpassung an den Wortlaut der Unterhaltsvorschriften nach dem 1. EheRG.

§ 1579 geht von vier Härtefällen aus, von denen die Nummern 2 und 3 an ein Fehlverhalten und die Nummer 1 an eine objektive Tatsache anknüpfen. Nr. 4 enthält eine Art Generalklausel, deren Anwendungsbereich dadurch beschränkt werden soll, daß in bezug auf den Grund qualitativ ein Standard vorausgesetzt wird, wie er den Nrn. 1 bis 3 eigen ist.

2 Ein Rückgriff auf allgemeine Grundsätze zur Ergänzung der Härteklausel (z. B. § 242) wäre in Anbetracht des Ausnahmecharakters der kasuistischen Aufzählung bedenklich; hierfür besteht nach Einführung der Generalklausel der Nr. 4 auch kein Bedürfnis. Zur Frage der Anwendung des § 1579 auf vertragliche Unterhaltsansprüche vgl. Rdnr. 16 ff. zu § 1585 c.

2 Grobe Unbilligkeit

3 Für die Versagung des Unterhaltsanspruchs genügt es nicht, daß einer der in den Nummern 1 bis 4 genannten Fälle gegeben ist. Voraussetzung ist außerdem, daß die Inanspruchnahme des Verpflichteten *aus diesen Gründen grob unbillig* wäre. Zwar wird häufig eine grobe Unbilligkeit anzunehmen sein, wenn die Gründe der Nummern 1 bis 4 vorliegen; in Ausnahmefällen kann das aber anders sein. Das gilt etwa in bezug auf die Nr. 1, wo außergewöhnliche Belastungen und Opfer zugunsten des Ehegatten und der Kinder in einer relativ kurzen Ehe die Inanspruchnahme nicht grob unbillig erscheinen lassen können. Auch bei der

Anwendung der Nummern 2 und 3 kann es, wenn man Motive und Gesamtverhalten der Beteiligten berücksichtigt, in besonderen Fällen naheliegen, eine grobe Unbilligkeit zu verneinen, z. B. wenn der Berechtigte zu dem Fehlverhalten nach Nr. 2 von dem Verpflichteten provoziert worden ist, oder wenn der Verpflichtete daran mitgewirkt hat, daß der Berechtigte seine Bedürftigkeit mutwillig herbeigeführt hat, etwa weil er an strafbaren Handlungen des anderen beteiligt war (vgl. Rdnr. 9).

4 Der Begriff der *groben Unbilligkeit* ist in den §§ 1381, 1611 Abs. 1 enthalten. Grobe Unbilligkeit liegt vor, wenn die Inanspruchnahme des geschiedenen Ehegatten dem Billigkeits- und Gerechtigkeitsempfinden in besonders hohem Maße widersprechen würde. Sie ist nur dann als Versagungsgrund relevant, wenn sie sich aus den unter Abs. 1 Nrn. 1 bis 4 genannten Gründen ableiten läßt. Sie ist keine eigenständige Generalklausel, sondern eine Qualifikation der kasuistischen Gründe. Das unterscheidet sie von dem Begriff der »groben Unbilligkeit«, soweit er nicht in dieser qualifizierten, eingeschränkten Form verwendet wird. Deshalb sind die zu §§ 1381, 1611 Abs. 1 entwickelten Grundsätze (vgl. *OLG Hamm* FamRZ 1970, 654; *LG Mannheim* FamRZ 1965, 215; *Brühl* FamRZ 1965, 533; *Göppinger* DRiZ 1968, 299) nur bedingt verwertbar.

3 Kurze Dauer der Ehe, Betreuung der Kinder (§ 1579 Abs. 1 Nr. 1)

5 Unterhalt kann der geschiedene Ehegatte nach § 1579 Abs. 1 Nr. 1 nicht verlangen, wenn die Inanspruchnahme grob unbillig wäre, weil die Ehe von *kurzer Dauer* war. Der Begriff der kurzen Dauer der Ehe geht auf § 1361 Abs. 2 BGB a. F. zurück. Für die Frage, welche Ehedauer als kurz anzusehen ist, gibt das Gesetz aus gutem Grund keine Anhaltspunkte. Sie wären nur dann sinnvoll, wenn eine fixe Abgrenzung für alle Ehen in Betracht käme. Das ist jedoch nicht der Fall. Die Frage nach der Dauer der Ehe schließt in einem begrenzten Umfang die Berücksichtigung individueller Gesichtspunkte nicht aus, so kann es z. B. eine Rolle spielen, wenn die Partner im fortgeschrittenen Alter geheiratet haben. Auch die der Dauer der Ehe gleichgestellte Kinderbetreuung kann je nach Intensität und Aufwand zu einer unterschiedlichen Bewertung Anlaß geben. Maßgebend für die Dauer der Ehe ist das *Bestehen des Ehebandes*. Zeiten des *Getrenntlebens* sind Ehezeit (vgl. *Amtl. Begr.* S. 138). Unbeachtlich sind die Ursachen, die dazu geführt haben, daß die Ehe nicht fortgedauert hat.

6 Der Ehedauer gleichgestellt ist die Zeit, in welcher der geschiedene Ehegatte wegen der Betreuung eines gemeinschaftlichen Kindes unterhaltsberechtigt nach § 1570 war. Nicht ausreichend ist die bloße Tatsache der Kinderbetreuung; vorausgesetzt wird, daß sie nach § 1570 auch anspruchsauslösend war. Unschädlich ist, wenn der Unterhaltsanspruch nach § 1570 nur deshalb nicht aktualisiert

werden konnte, weil der verpflichtete Ehegatte nicht leistungsfähig oder der berechtigte Ehegatte mit Rücksicht auf seine Vermögenslage nicht bedürftig war (vgl. Rdnr. 12 zu § 1571). Die beiden Zeiten werden zusammengerechnet und die Gesamtzeit als Ehedauer angenommen. Reicht die Gesamtzeit aus, dann kann gegenüber dem Unterhaltsanspruch die Härteklausel nach Abs. 1 Nr. 1 nicht mehr geltend gemacht werden, und zwar auch nicht nach Beendigung der Pflege oder Erziehung des Kindes.

7 Anders verhält es sich bei § 1579 Abs. 2. Hier wird die Härteklausel für die Dauer der notwendigen Kinderbetreuung suspendiert. Nach der Beendigung ist § 1579 Abs. 1 wieder uneingeschränkt anwendbar. Die Zeit der Kinderbetreuung nach § 1579 Abs. 2 kann allerdings als der Ehezeit gleichgestellte Zeit zur Ausschließung des § 1579 Abs. 1 Nr. 1 führen, wenn dadurch eine Gesamtehezeit erreicht wird, die nicht mehr als von kurzer Dauer anzusehen ist.

Unterbrechungen in der nachehelichen Betreuungszeit und Zwischenzeiten zwischen Ehescheidung und Beginn der Betreuung sind unschädlich. Maßgebend ist die zusammengerechnete Gesamtzeit.

4 Fehlverhalten nach § 1579 Abs. 1 Nr. 2

8 Die Härteklausel greift nach Nr. 2 ein, wenn der Berechtigte sich eines *Verbrechens* oder eines *schweren vorsätzlichen Vergehens* gegen den Verpflichteten oder einen nahen Angehörigen des Verpflichteten schuldig gemacht hat. Die Regelung zeigt Parallelen zu § 66 EheG, § 1611 Abs. 1 und § 2333 Nrn. 1 bis 3; die Voraussetzungen sind teils enger, teils weiter. Die Aufzählung in § 1579 Abs. 1 Nr. 2 ist erschöpfend.

4.1 Verbrechen oder schweres vorsätzliches Vergehen

9 Die Begriffe Verbrechen und Vergehen sind im strafrechtlichen Sinne zu verstehen (vgl. § 12 StGB). Fahrlässige Straftaten scheiden aus. Bei den Vergehen wird außerdem die Qualifikation als *»schwer«* vorausgesetzt. Als schwer wird man eine Tat werten können, die einen nach oben weiten Strafrahmen aufweist und deren Ahndung im konkreten Fall eine über das Durchschnittliche hinausgehende Ausschöpfung des Strafrahmens ermöglichen würde. Nicht darunter fallen einzelne, auch grobe Beleidigungen (vgl. *RG* JW 1929, 2707; sehr weitgehend *BGH* NJW 1975, 1558) oder einzelne einfache Körperverletzungen. Zweifelhaft ist, ob *eigenes Fehlverhalten* des Unterhaltsberechtigten im Zusammenhang mit der Straftat (z. B. Provokation) geeignet ist, die an sich gravierende Tat als nicht »schwer« anzusehen. Diese bei Anwendung des § 2333 Nrn. 1 bis 3 entscheidende Frage kann hier vernachlässigt werden, da der Gesichtspunkt des eigenen Fehlverhaltens bei der Beurteilung, ob der Unterhaltsanspruch »grob unbillig« wäre (vgl. Rdnr. 3) berücksichtigt werden kann. Gleichgültig ist die Teilnahmeform des geschiedenen

Ehegatten an der Tat. Er muß nicht Täter gewesen sein, es genügt, wenn er Anstifter oder Gehilfe war. Nicht vorausgesetzt wird, daß die Tat in einem strafgerichtlichen Verfahren festgestellt oder daß der Ehegatte verurteilt worden ist. An eine in einem strafgerichtlichen Verfahren ergangene Entscheidung ist das Gericht, das über die Anwendung der Härteklausel zu befinden hat, nicht gebunden. Eine im Versuchsstadium steckengebliebene Tat ist beachtlich, wenn der Versuch nach den anwendbaren strafrechtlichen Bestimmungen strafbar ist. Nicht erfaßt werden Vorbereitungshandlungen; die Härteklausel ist deshalb nicht anwendbar, wenn der Ehegatte dem anderen nach dem Leben trachtet, das Versuchsstadium aber nicht erreicht wird (anders in § 2333 Nr. 1). Das Fehlverhalten ist im übrigen nur relevant, wenn der Ehegatte schuldhaft gehandelt hat; Schuld und Schuldfähigkeit sind nach strafrechtlichen Grundsätzen zu beurteilen.

10 § 1579 Abs. 1 Nr. 2 enthält keine Einschränkung in bezug auf den Zeitpunkt des Fehlverhaltens. Es ist deshalb grundsätzlich gleichgültig, ob es *während* der Ehe oder *nach* der Ehe sich zugetragen hat. In Betracht kommt auch eine Tat nach dem Tode des Verpflichteten. Soweit es um Taten zum Nachteil des Verpflichteten selbst geht, kann es sich dann nur um Verfehlungen handeln, durch die in besonders grobem Maße dessen Andenken verunglimpft wird (§ 189 StGB). Im übrigen können Verbrechen oder vorsätzliche schwere Vergehen gegen nahe Angehörige des verstorbenen Verpflichteten zur Versagung des Anspruchs führen. Ob die nahen Angehörigen Erben sind, ist gleichgültig. Andererseits führen Verfehlungen gegen Erben, die nicht zugleich nahe Angehörige sind, nicht zu den Folgen des § 1579 Abs. 1 Nr. 2; das gilt auch, soweit die Erben für den Unterhalt nach § 1586 b haften. Verpflichteter i. S. des § 1579 Abs. 1 Nr. 2 ist nur der unterhaltspflichtige Ehegatte (vgl. *RGRK* § 66, 15 EheG; *Hoffmann-Stephan* § 66, 6 EheG; *Soergel-Donau* § 66, 2 EheG; *Brühl-Göppinger-Mutschler* 788; a. A.: *Dölle* § 41 III 5 f.).

11 Zweifelhaft ist, ob der Ehegatte sich auf die Härteklausel berufen kann, wenn wegen des Verbrechens oder Vergehens *Verjährung* eingetreten ist (§§ 78, 79 StGB). Da die Verjährung primär den Strafanspruch des Staates betrifft, der in keinem Zusammenhang mit den persönlichen Beziehungen der geschiedenen Ehegatten steht, ist die Frage zu bejahen. Nicht so eindeutig liegt der Fall, wenn der Ehegatte dem anderen das Fehlverhalten verziehen hat. Für das bisher geltende Recht wurde angenommen, daß die Verzeihung den verwirkten Unterhaltsanspruch nicht wiederaufleben läßt (vgl. *LG Krefeld* FamRZ 1962, 27). Nach neuem Recht läßt sich diese Auffassung schon deshalb nicht generell aufrechterhalten, weil § 1579 Abs. 1 Nr. 2 auch ein Fehlverhalten vor der Ehescheidung erfaßt, also Zeiträume, in denen Unterhaltsansprüche nach §§ 1570 ff. noch gegenstandslos sind. Hat ein Ehegatte dem anderen während der Ehe dessen Fehlverhalten verziehen, dann kann das Fehlverhalten nicht zur Begründung der Härteklausel angeführt werden. Dagegen wird man annehmen müssen, daß ein

Fehlverhalten nach der Ehescheidung zur *endgültigen Verwirkung* des Anspruchs führt.

4.2 Fehlverhalten gegen den Verpflichteten oder dessen nahe Angehörige

12 Das in § 1579 Abs. 1 Nr. 2 vorausgesetzte Verbrechen oder Vergehen muß *gegen den Unterhaltsverpflichteten oder einen nahen Angehörigen des Verpflichteten* gerichtet sein. Wer Angehöriger ist, sagt das Gesetz nicht. Der Begriff kommt u. a. in § 530 BGB und in § 11 Abs. 1 Nr. 1 StGB vor. Es ist nicht zwingend, ihn auf Verwandtschaftsverhältnisse zu begrenzen. Die Definition in § 11 Abs. 1 Nr. 1 StGB ist eine brauchbare Leitlinie. Danach sind als Angehörige anzusehen: Verwandte und Verschwägerte gerader Linie, der Ehegatte, der Verlobte, Geschwister und deren Ehegatten, Personen, die durch eine Adoption verbunden sind sowie Pflegeeltern und Pflegekinder. Da § 1579 Abs. 1 Nr. 2 an »nahe« Angehörige anknüpft, bietet es sich an, in Zweifelsfällen (z. B. Schwägerschaft in der Seitenlinie, Beziehungen auf Grund eines Pflegeverhältnisses) auf die *faktische Intensität* dieser Beziehungen abzustellen (vgl. *Staudinger-Ostler* § 530, 8).

13 Das Fehlverhalten muß *gegen* den Verpflichteten oder dessen nahe Angehörige gerichtet gewesen sein. Das ist bei Straftaten gegen die Person relativ leicht festzustellen, ebenso wenn einer der Betroffenen Verletzter im Sinne der strafrechtlichen Bestimmungen ist. Zweifel können bestehen bei Vermögensdelikten. Nicht ausreichend ist z. B., wenn der Ehegatte durch die Tat mittelbar Nachteile erleidet, etwa wenn sein persönlicher oder geschäftlicher Ruf durch eine vom Ehegatten an einem Dritten begangene schwere Tat leidet. Zweifel können bei Vermögensdelikten ferner bestehen, wenn z. B. ein Betrug zum Nachteil einer GmbH verübt wird, deren Anteile in der Hand des Verpflichteten vereinigt sind. Hier wird man nicht auf die rechtliche Konstruktion, sondern darauf abstellen müssen, ob die Folgen des Fehlverhaltens den Verpflichteten wirtschaftlich wie einen unmittelbar Geschädigten treffen.

5 Mutwillig herbeigeführte Bedürftigkeit (§ 1579 Abs. 1 Nr. 3)

5.1 Mutwilliges Verhalten

14 § 1579 Abs. 1 Nr. 3 übernimmt den Grundgedanken des § 1611 Abs. 1 und des § 65 EheG, schränkt den Anwendungsbereich aber erheblich ein. Bewußt vermieden wird eine Bezugnahme auf die »schuldhaft« herbeigeführte Bedürftigkeit. Dadurch soll erreicht werden, daß eine durch schuldhafte Zerrüttung der Ehe verursachte Bedürftigkeit nicht zur Anwendung der Härteklausel führt (vgl. *Amtl. Begr.* S. 138).

15 Als Beispiel für die *mutwillig* herbeigeführte Bedürftigkeit wird der Fall angeführt, daß ein Ehegatte *»angesichts der bevorste-*

henden Ehescheidung« seine bis dahin ausgeübte Erwerbstätigkeit aufgibt, um nach der Scheidung einen Unterhaltsanspruch zu erlangen (*Amtl. Begr.* S. 138). Das ist im Grundsatz zutreffend, allerdings ist zu beachten, daß für die Anwendung der Härteklausel nur Raum ist, wenn der Ehegatte außerstande ist, eine neue Erwerbstätigkeit zu finden. Ist er dazu in der Lage, dann fehlt es bereits an der Anspruchsvoraussetzung des § 1573. Eine mutwillig herbeigeführte Bedürftigkeit wird andererseits grundsätzlich verneint bei einem Verhalten nach § 65 EheG (Bedürftigkeit infolge sittlichen Verschuldens), *»es sei denn, dieses Verhalten zielt gerade darauf ab, die Bedürftigkeit herbeizuführen«* (*Amtl. Begr.* S. 138). Diese Begründung hat eine eindeutig überschießende Tendenz. Sie würde die Anwendbarkeit des § 1579 Abs. 1 Nr. 3 auf Fälle reduzieren, bei denen der Unterhaltsberechtigte nicht nur vorsätzlich, sondern absichtlich gehandelt hat. Die Bestimmung wäre in die Nähe des § 826 gerückt. Der Ausdruck *»mutwillig«* läßt eine derart enge Interpretation nicht zu.

16 Der Begriff *»mutwillig«* wird im bürgerlichen Recht nicht verwendet. Er kommt vor in § 114 Abs. 1 ZPO und kennzeichnet dort nach allgemeiner Meinung eine Rechtsverfolgung, von der eine verständige Partei im vergleichbaren Fall Abstand nehmen würde (vgl. *Stein-Jonas* § 114 II 3 ZPO). Diese Umschreibung ist im Rahmen des § 1579 Abs. 1 Nr. 3 mit Vorbehalten verwertbar. Nicht jedes objektiv unvernünftige Verhalten kann als mutwillig angesehen werden. Die Dispositionsfreiheit des Ehegatten in bezug auf seine berufliche Tätigkeit würde in nicht vertretbarer Weise eingeschränkt, wenn er eine Fehlentscheidung mit dem Verlust seines Unterhaltsanspruchs bezahlen müßte, wobei für die Beurteilung der Fehlentscheidung ein objektiver Maßstab anzulegen wäre. Erforderlich ist daher ein Verhalten, das sich nach Grad und Intensität von der Norm deutlich abhebt, das sich – mit anderen Worten – nicht mehr im Bereich diskutabler Verhaltensweisen bewegt. Was die subjektive Seite angeht, dürfte es ausreichen, wenn der Unterhaltsberechtigte sich bewußt war, daß die Bedürftigkeit als Folge seines Verhaltens eintreten kann; nicht notwendig ist, daß er sie absichtlich gewollt hat.

17 Nicht entscheidend kann schließlich sein, ob die Bedürftigkeit *unmittelbare oder mittelbare Folge* seines Verhaltens ist. Kann z. B. der Ehegatte keine angemessene Erwerbstätigkeit finden, weil er strafbare Handlungen begangen hat, dann hat er seine Bedürftigkeit mittelbar aber doch mutwillig herbeigeführt. Die in der *Amtl. Begr.* (S. 137, 138) erkennbar gewordene Befürchtung, die Erstreckung der Vorschrift auf mittelbar verursachte Bedürftigkeit könne zum Einfallstor für eine Rückkehr zum Schuldprinzip im Unterhaltsrecht werden, ist weitgehend uninteressant geworden, nachdem aufgrund der neugefaßten Nr. 4 diese Möglichkeit ohnehin nicht mehr ausgeschlossen werden kann. Unabhängig davon ist die Unmittelbarkeit kein geeignetes Kriterium, um die Härteklausel nach Nr. 3 entsprechend ihrem Normzweck abzugrenzen, da es Fälle mittelbar verursachter Bedürftigkeit gibt, die nach dem

Normzweck unzweifelhaft zum Ausschluß des Unterhaltsanspruchs führen sollen (vgl. auch Rdnr. 18).

Andererseits führt nicht jede mittelbar verursachte Bedürftigkeit zum Wegfall des Unterhaltsanspruchs. Insbesondere findet § 1579 Abs. 1 Nr. 3 nicht schon deshalb Anwendung, weil ein Ehegatte das Scheitern der Ehe mutwillig verursacht hat, auch wenn er damit seiner Unterhaltssicherung in Form des Familienunterhalts die Grundlage entzogen haben mag. Der Wegfall der Unterhaltssicherung in Form des Familienunterhalts ist eine normale Folge der Eheauflösung, er rechtfertigt für sich gesehen noch nicht den Ausschluß der Unterhaltsberechtigung, auch wenn der aus der Ehe strebende Ehegatte keinen *»vernünftigen«* Grund für sein Verhalten anführen kann.

18 Typische Fälle der mutwillig herbeigeführten Bedürftigkeit liegen vor, wenn der Ehegatte infolge eigenen Fehlverhaltens von Gewicht wie Trunksucht, Rauschgiftsucht, Verschwendungssucht, Spielleidenschaft, sein Einkommen einbüßt und auch eine Erwerbstätigkeit nicht zu finden vermag. Dasselbe gilt, wenn er strafbare Handlungen begeht, die immer wieder zum Verlust der Arbeitsstelle führen oder ihn an der Ausübung einer Tätigkeit überhaupt hindern, weil er z. B. eine Freiheitsstrafe zu verbüßen hat. Mutwilligkeit kann auch gegeben sein, wenn der Ehegatte ohne triftige Gründe besonders gefährliche Aktivitäten entfaltet und dabei seine Erwerbsfähigkeit einbüßt.

19 Zwischen der *Bedürftigkeit* und dem *mutwilligen Verhalten* muß ein *Kausalzusammenhang* bestehen. Daran fehlt es, wenn der Ehegatte auch ohne seine Fehlleistung bedürftig geworden wäre, z. B. weil er sein Vermögen auch ohne Verschwendung verloren hätte. Der Kausalzusammenhang ist unterbrochen, wenn der Ehegatte, der seine Arbeitsstelle mutwillig aufgegeben hat, eine neue findet und diese aus Gründen verliert, die ihm nicht nach § 1579 Abs. 1 Nr. 3 zuzurechnen sind (vgl. *RG* JW 1910, 477). Dasselbe gilt, wenn der Berechtigte infolge mutwilligen Verhaltens erwerbslos wird und später krank wird oder einen Unfall erleidet, was – unabhängig von seinem früheren Verhalten – seine Bedürftigkeit auslöst.

5.2 Zeitpunkt und Auswirkungen der mutwilligen Bedürftigkeit

20 § 1579 Abs. 1 Nr. 3 stellt nicht auf einen bestimmten Zeitpunkt für das mutwillige Verhalten ab. Entsprechend der Regelung im bisher geltenden Recht ist davon auszugehen, daß dies *während oder nach der Ehe* sich zugetragen haben kann. Überschneidungen mit den Nummern 2 und 4 sind möglich. Die mutwillig herbeigeführte Bedürftigkeit führt nicht zur endgültigen Verwirkung des Unterhaltsanspruchs.

21 Auf Grund der mutwillig herbeigeführten Hilfsbedürftigkeit kann der Anspruch entfallen oder herabgesetzt werden. In welchem Umfang dies geschieht, hängt davon ab, inwieweit die Leistung wegen des Fehlverhaltens des Berechtigten als grob unbillig an-

zusehen wäre (vgl. Rdnr. 3). Bei der mutwillig herbeigeführten Bedürftigkeit dürfte eine grobe Unbilligkeit in der Regel anzunehmen sein. Daran kann es in Ausnahmefällen fehlen, z. B. wenn der verpflichtete Ehegatte an dem Fehlverhalten mitgewirkt hat.

6 Anderer Grund (§ 1579 Abs. 1 Nr. 4)

22 Die Fassung der Nr. 4 ist im Gesetzgebungsverfahren eingefügt worden (vgl. BT 7/4361, S. 32). Der Grund für die Ausweitung der Härteklausel liegt in der nichtkonkretisierten Befürchtung, es könne Fälle geben, die eine Unterhaltsleistung grob unbillig erscheinen lassen, ohne daß die Voraussetzungen der Nr. 1 bis 3 vorliegen. Bei den Erörterungen ist vor allem der Fall in Betracht gezogen worden, daß ein Ehegatte bewußt die Ehe zerstört, um in den Genuß eines nachehelichen Unterhaltsanspruchs zu kommen, insbesondere eines Ausbildungsanspruchs nach § 1575 (vgl. BT 7/4361 S. 32).

Der Anwendungsbereich der Nr. 4 ist unklar. Die Verweisung auf die Nummern 1 bis 3 ist geeignet, die Unklarheit noch zu steigern. Denn aus der Verweisung ergibt sich weder eine *gegenständliche Begrenzung* des anderen Grundes noch eine *Konkretisierung nach Art oder Entstehung*. Daraus folgt, daß jeder denkbare Grund, vorausgesetzt, er läßt die Inanspruchnahme unbillig erscheinen, nicht von vornherein ausgeschlossen werden kann. In diesem Zusammenhang kann das Verschulden am Scheitern der Ehe eine Rolle spielen. Das bedeutet allerdings nicht, daß im Rahmen des nachehelichen Unterhaltsrechts ein Umstand schon deshalb als »anderer Grund« im Sinne der Nr. 4 zu berücksichtigen ist, weil er zum Scheitern der Ehe geführt hat. Geht man davon aus, daß die Gewährung oder Versagung von Unterhalt im allgemeinen kein Mittel zur Belohnung oder Bestrafung des die Scheidung ablehnenden oder des aus der Ehe strebenden Ehegatten ist (vgl. aber § 1579 Abs. 1 Nr. 2), dann folgt daraus, daß eine angenommene Schuld am Scheitern der Ehe nur ausnahmsweise als ein Grund im Sinne von § 1579 Abs. 1 Nr. 4 anerkannt werden kann. Die Abwägung muß im Rahmen der Billigkeitsprüfung (vgl. Rdnr. 3) vorgenommen werden. Ein Ausgleich in diesem Rahmen ist insbesondere notwendig, wenn die Härteklausel nach § 1579 Abs. 1 Nr. 4 einem Unterhaltsanspruch nach § 1576 entgegengehalten wird, der die Berücksichtigung des Verschuldens am Scheitern der Ehe gerade ausschließt.

23 Die Einschränkung in Nr. 4, wonach der Grund für die Versagung von Unterhalt ebenso schwer wiegen muß wie die in den Nummern 1 bis 3 aufgeführten Gründe, stößt auf Grenzen der Anwendbarkeit. Man wird davon ausgehen müssen, daß die vergleichende Wertung nach *objektiven Maßstäben* vorzunehmen ist. Eine subjektive Betrachtungsweise würde es notwendig machen, einen der in den Nr. 1 bis 3 genannten, im konkreten Fall nicht gegebenen Gründe auf seine Auswirkungen auf den unterhaltspflichtigen Ehegatten hypothetisch zu untersuchen. Brauchbare Er-

gebnisse wären dabei nicht zu erzielen. Die *subjektiven Gesichtspunkte* können im Rahmen der Billigkeitsprüfung (vgl. Rdnr. 3) berücksichtigt werden.

Da der *andere Grund* gegenständlich nicht konkretisiert ist, und es häufig an vergleichbaren Faktoren für ein sachgerechtes Wägen fehlen wird, dürfte eine am Wortlaut der Nr. 4 orientierte Anwendung nur in begrenztem Umfang möglich sein.

24 *a)* Der Versuch etwa, einen Grund darzustellen, der ebenso schwer wiegt wie eine *kurze Dauer der Ehe* (Nr. 1) zeigt die Problematik der Verweisung. Man wird nicht annehmen können, daß eine Ehe, die lange gedauert hat, deren Verlauf aber unharmonisch war, ohne weiteres einer kurzen Ehe gleichgesetzt werden kann. Bedenklich dürfte es auch sein, darauf abzustellen, ob die Ehegatten getrennt gelebt haben, und nur die Zeit der tatsächlichen Lebensgemeinschaft zu berücksichtigen. Zu denken wäre allenfalls an den Fall einer Formalehe (z. B. Namensehe oder Staatsangehörigkeitsehe), deren alsbaldige Auflösung von keinem Ehegatten betrieben worden ist, so daß sie dem Bande nach lange gedauert hat. Unklar ist auch, welche Bedeutung dem zweiten Halbsatz der Nr. 1 aufgrund der Verweisung in Nr. 4 zukommt, insbesondere, ob die Gleichstellung der Gründe auch eine Gleichstellung ihrer Modifikation nach sich zieht, und auf welche Weise diese in die vergleichende Wertung einbezogen werden soll.

25 *b)* Nicht minder schwierig ist die Konkretisierung von Umständen, die ebenso schwer wiegen wie ein Verbrechen oder ein schweres vorsätzliches Vergehen im Sinne der Nr. 2. Der Vergleich ist nach objektiven Maßstäben vorzunehmen. Die subjektive Wirkung des Fehlverhaltens auf den anderen Ehegatten ist im Rahmen der Billigkeitsprüfung zu berücksichtigen (vgl. Rdnr. 3). Sie kann dazu führen, daß die Inanspruchnahme des Unterhaltsverpflichteten trotz des Fehlverhaltens nicht grob unbillig ist. Im Zusammenhang mit der Verweisung auf die Nr. 2 können Verhaltensweisen, die zum Scheitern der Ehe geführt haben, eine Rolle spielen. Außerordentliches Fehlverhalten wie die planmäßige Zerstörung der Ehe in besonders roher und rücksichtsloser Weise kann einem vorsätzlichen Vergehen gleichgesetzt werden. Der Umstand, daß ein Ehegatte sich von dem anderen abwendet, ohne daß ein »einleuchtender« Grund erkennbar ist, dürfte dagegen nicht ausreichen.

26 *c)* Eine besondere Unsicherheit dürfte die Verweisung auf die Nr. 3 auslösen. Ein Grund, der ebenso schwer wiegt wie der Umstand, daß der Ehegatte seine Bedürftigkeit mutwillig herbeigeführt hat, entzieht sich weitgehend einer Konkretisierung. Das gilt insbesondere, wenn man den Versuch macht, Anwendungsfälle ohne gegenständlichen Bezug zu der Fallgestaltung der Nr. 3 zu finden, die einer vergleichenden Wertung zugänglich sein könnten (vgl. Rdnr. 23).

Fraglich ist, ob etwa die Regelung in der Nr. 4 i. d. F. d. RegE (gröbliche Verletzung der Unterhaltspflicht während der Ehe) qualitativ der herbeigeführten Bedürftigkeit gleichgesetzt werden kann (was wohl zu bejahen ist) oder z. B. der Umstand, daß ein Ehegatte dem anderen während der Ehezeit einen nicht unerheblichen Vermögensschaden zugefügt hat und eine Schadensabwicklung nicht mehr in Betracht kommt. Im letzteren Fall hätte die Versagung des Unterhalts den Charakter einer Sanktion; sie würde die Gefahr in sich bergen, schadensersatzrechtliche Regelungen zu unterlaufen. Gleichwohl wird man die Anwendung der Nr. 4 in krassen Fällen nicht ausschließen können, z. B. wenn es dem Verpflichteten mit Rücksicht auf den Vermögensschaden Schwierigkeiten bereitet, den Unterhalt aufzubringen.

7 Folgen der Härteklausel

27 Die Härteklausel führt *nicht* notwendigerweise zum *vollständigen Wegfall* des Unterhaltsanspruchs. Zulässig ist, wie sich aus der Einschränkung »soweit« im Eingangsteil des Absatzes 1 ergibt, auch eine *teilweise* Versagung des Unterhalts. Damit wird, ähnlich § 1611 Abs. 1, eine die Umstände des Einzelfalles berücksichtigende, abgestufte Anwendung ermöglicht. Eine Minderung des Unterhalts im Rahmen des § 1579 Abs. 1 ist auch in der Weise möglich, daß der Anspruch des Berechtigten auf den notdürftigen Unterhalt beschränkt wird, wie dies z. B. in § 65 Abs. 1 EheG vorgesehen war.

Der unterhaltsverpflichtete Ehegatte braucht sich nicht ausdrücklich auf die Härteklausel zu berufen. Es genügt, wenn er Tatsachen vorträgt, die eine Versagung des Unterhaltsanspruchs rechtfertigen sollen, und er die Abweisung der Klage beantragt.

Die Härteklausel ist bei der ersten Geltendmachung des Unterhaltsanspruchs zu berücksichtigen. Ergeben sich erst später ihre Voraussetzungen, dann kann der Verpflichtete Änderungsklage nach § 323 ZPO erheben. Dasselbe gilt für den Berechtigten im Fall des § 1579 Abs. 1 Nr. 3, wenn der Anspruch »wieder auflebt«.

Die geschiedenen Ehegatten sind einander verpflichtet, auf Verlangen über ihre Einkünfte und ihr Vermögen Auskunft zu erteilen. § 1605 ist entsprechend anzuwenden.

Überblick Rdnr.

1 Allgemeines

1 Die Vorschrift behandelt die nach bisher geltendem Recht umstrittene Frage der Auskunftserteilung zur Geltendmachung von Unterhaltsansprüchen unter geschiedenen Ehegatten.

§ 1580 Satz 2 verweist im übrigen auf § 1605, der in der Fassung des 1. EheRG wie folgt lautet:

(1) Verwandte in gerader Linie sind einander verpflichtet, auf Verlangen über ihre Einkünfte und ihr Vermögen Auskunft zu erteilen, soweit dies zur Feststellung eines Unterhaltsanspruchs oder einer Unterhaltsverpflichtung erforderlich ist. Über die Höhe der Einkünfte sind auf Verlangen Belege, insbesondere Bescheinigungen des Arbeitgebers, vorzulegen. Die §§ 260, 261 sind entsprechend anzuwenden.

(2) Vor Ablauf von zwei Jahren kann Auskunft erneut nur verlangt werden, wenn glaubhaft gemacht wird, daß der zur Auskunft Verpflichtete später wesentlich höhere Einkünfte oder weiteres Vermögen erworben hat.

Das bisher geltende Recht enthielt keine positive Regelung der Auskunftspflicht im Rahmen von Unterhaltsverpflichtungen zwischen Verwandten und Ehegatten. Die wohl h. M. hat im Fall unüberschaubarer Einkommensverhältnisse des anderen Teils einen Auskunftsanspruch zur Vorbereitung einer Abänderungsklage, aber auch in anderen Fällen bejaht (*LG Kassel* MDR 1957, 478; *LG Berlin* JR 1959, 61; *LG Wiesbaden* FamRZ 1964, 369; *LG Hagen* NJW 1967, 1089; *Soergel-Lange* § 1603, 2; *Gernhuber* § 41 III 6; *Lange* MDR 1965, 95; *Dölle* § 86 III 4) mit der nicht überzeugenden Einschränkung, der Anspruch sei nur zur Ermittlung der Höhe des Unterhaltsanspruchs zulässig; a. A.: *LG Braunschweig* NdsRpfl. 1953, 164; *AG Frankfurt* MDR 1965, 137.

2 Der Auskunftsanspruch kann zur Vorbereitung eines Rechtsstreites (auch nach § 323 ZPO) geltend gemacht werden, aber auch in Form der Stufenklage nach § 254 (vgl. *Baumbach-Hartmann* § 254, 2 c ZPO). Die prozessualen Möglichkeiten, eine amtliche Auskunft einzuholen (§ 273 Abs. 2 Nr. 2 ZPO), bleiben unberührt.

3 Auf den Auskunftsanspruch kann in demselben Umfang wie auf den Unterhaltsanspruch verzichtet werden. Er unterliegt derselben Verjährungsfrist wie der Unterhaltsanspruch (vgl. *BGH* 33, 379).

2 Wechselseitiger Anspruch

4 Der Auskunftsanspruch besteht sowohl gegenüber dem Unterhaltsverpflichteten als auch gegenüber dem Unterhaltsberechtigten. Im letzteren Fall wird es in der Regel darum gehen, ob der Unterhaltsberechtigte mit Rücksicht auf vermutete zusätzliche Einkünfte unterhaltsbedürftig ist. Die Ehegatten sind *»einander«* zur Auskunft verpflichtet. Dritten steht der Anspruch nach § 1580 nicht zu, mögen sie auch ein berechtigtes Interesse daran haben. Der Auskunftsanspruch ist ein Nebenanspruch zum Unterhaltsanspruch; er kann grundsätzlich nur mit diesem (soweit zulässig) gepfändet oder abgetreten werden (*RG* 95, 231; *OLG Karlsruhe* FamRZ 1967, 692 – für den Auskunftsanspruch eines Miterben). Ob der Auskunftsanspruch bei einem gesetzlichen Übergang des Unterhaltsanspruchs mit diesem übergeht (vgl. §§ 1607 Abs. 2, 1608 Satz 3), ist zweifelhaft, aber wohl zu bejahen (vgl. *Erman-Sirp* §§ 259 bis 261, 16; im Fall der Überleitung des Unterhaltsanspruchs auf den Sozialhilfeträger gilt die Sonderregelung über die Auskunftserteilung nach § 116 BSHG).

Die Auskunft ist nur zu erteilen, wenn der Ehegatte die Auskunft verlangt. Eine Konkretisierung des Verlangens ist nicht erforderlich; anderenfalls würde schon das vorausgesetzt, was durch die Auskunft erst erforscht werden soll.

3 Gegenstand des Auskunftsverlangens

5 Verlangt werden kann die Auskunft über die *Einkünfte* und das *Vermögen* des Ehegatten. Ob die Einkünfte oder das Vermögen nach Auffassung des verpflichteten Ehegatten zur Erfüllung von Unterhaltspflichten geeignet sind (vgl. z. B. § 1577 Abs. 2, 3;

§ 812 ZPO), ist belanglos. Der die Auskunft begehrende Ehegatte muß die Möglichkeit haben, die Richtigkeit der Auffassung des Auskunftsschuldners zu überprüfen. § 1580 bezieht sich seinem Wortlaut nach nicht auf sonstige Umstände, die für das Bestehen des Unterhaltsanspruchs relevant sein können, z. B. Gesundheitszustand des anderen Ehegatten oder eines neuen Ehegatten (im Zusammenhang mit § 1582). Eine entsprechende Anwendung des § 1580 bietet sich an. Zumindest wird man die allgemeinen Grundsätze des bisher geltenden Rechts heranziehen können, da nicht anzunehmen ist, daß mit der Neuregelung in § 1580 eine Einschränkung der bis dahin anerkannten Auskunftspflicht eingetreten ist.

6 Die Auskunft kann nur verlangt werden, soweit dies zur Feststellung eines Unterhaltsanspruchs oder einer Unterhaltsverpflichtung erforderlich ist; damit ist nicht nur der Grund des Anspruchs gemeint, sondern auch dessen Höhe. Der Auskunftsanspruch besteht also nicht, wenn der Berechtigte die erforderliche Information bereits hat oder sie sich ohne weiteres beschaffen kann. Er ist auch nicht gegeben, wenn die dem Berechtigten bekannten Einkünfte oder Vermögensgegenstände ausreichen, um seinen Unterhaltsanspruch abzudecken, wobei aus der Sperrfrist von 2 Jahren in § 1580 Satz 2, § 1605 Abs. 2 zu folgen ist, daß Auskunft jedenfalls nicht verlangt werden kann, wenn der Unterhalt für diesen Zeitraum gesichert ist.

7 Der Auskunftsanspruch umfaßt die Verpflichtung, auf Verlangen Belege, insbesondere Bescheinigungen des Arbeitgebers vorzulegen (§ 1605 Abs. 1 Satz 2). Die Verpflichtung des Arbeitgebers, Bescheinigungen dieser Art auszustellen, ergibt sich nicht aus § 1605 Abs. 1 Satz 2, sondern aus dem Arbeitsverhältnis. Der Auskunftsberechtigte hat keinen unmittelbaren Anspruch gegen den Arbeitgeber auf Vorlage einer solchen Bescheinigung. Im übrigen ist der Inhalt der Leistungspflicht durch die Art und Weise der Erfüllung nach §§ 260, 261 zu beurteilen, auf die in § 1605 Abs. 1 Satz 3 verwiesen wird. Die Vorschriften lauten:

§ 260

(1) Wer verpflichtet ist, einen Inbegriff von Gegenständen herauszugeben oder über den Bestand eines solchen Inbegriffs Auskunft zu erteilen, hat dem Berechtigten ein Verzeichnis des Bestandes vorzulegen.

(2) Besteht Grund zu der Annahme, daß das Verzeichnis nicht mit der erforderlichen Sorgfalt aufgestellt worden ist, so hat der Verpflichtete auf Verlangen zu Protokoll an Eides Statt zu versichern, daß er nach bestem Wissen den Bestand so vollständig angegeben habe, als er dazu im Stande sei.

(3) Die Vorschrift des § 259 Abs. 3 findet Anwendung.

§ 261

(1) Die eidesstattliche Versicherung ist, sofern sie nicht vor dem Vollstreckungsgericht abzugeben ist, vor dem Amtsgericht des Ortes

abzugeben, an welchem die Verpflichtung zur Rechnungslegung oder zur Vorlegung des Verzeichnisses zu erfüllen ist. Hat der Verpflichtete seinen Wohnsitz oder seinen Aufenthalt im Inlande, so kann er die Versicherung vor dem Amtsgericht des Wohnsitzes oder des Aufenthaltsorts abgeben.

(2) Das Gericht kann eine den Umständen entsprechende Änderung der eidesstattlichen Versicherung beschließen.

(3) Die Kosten der Abnahme der eidesstattlichen Versicherung hat derjenige zu tragen, welcher die Abgabe der Versicherung verlangt.

Es handelt sich um *Folgenverweisungen.* Die Anwendung der §§ 260, 261 im Rahmen der §§ 1580, 1605 setzt nicht voraus, daß ein Inbegriff von Gegenständen Inhalt des zugrundeliegenden materiellen Anspruchs ist. An dessen Stelle ist die Unterhaltsverpflichtung oder Unterhaltsberechtigung getreten.

8 Der Auskunftsverpflichtete hat dem Berechtigten ein Bestandsverzeichnis vorzulegen. Das Bestandsverzeichnis bezieht sich auf Einkünfte und Vermögenswerte. Mit der Auskunft soll nicht die Herausgabe der aufgezeichneten Gegenstände vorbereitet, sondern der Umfang der Unterhaltsberechtigung oder Unterhaltsverpflichtung festgestellt werden. Entsprechend diesem Zweck wird man nicht immer verlangen können, daß der Verpflichtete eine vollständige Aufzählung aller Gegenstände erbringt. So wird man eine pauschalierte Bezeichnung von Gegenständen für ausreichend ansehen, wenn es sich um Gegenstände handelt, die unter keinem Gesichtspunkt Einfluß auf den Unterhaltsanspruch haben können, z. B. Küchengeräte, Wäsche usw. Andererseits reicht es nicht aus, wenn der Bestand von Gegenständen sich aus dem vorgelegten Verzeichnis nicht unmittelbar ergibt, sondern erst aus den Büchern oder Belegen umständlich ermittelt werden muß (*RG* 100, 150). Um eine Nachprüfung zu ermöglichen, muß eine Auskunft über den Verbleib der Gegenstände gegeben werden (*OLG Köln* HRR 1938, 758). Der Gläubiger hat auch das Recht, die Geschäftsbücher des Schuldners durch einen unparteiischen Dritten nachprüfen zu lassen, wenn dies zur Nachprüfung der Richtigkeit der Auskunft notwendig erscheint (*RG* 53, 254; 127, 243). Ist die Vorlegung eines Verzeichnisses wegen der Art der Gegenstände nicht möglich, reicht es aus, wenn der Schuldner eine Schätzung vornimmt und die Verhältnisse darstellt (*RG* DR 1942, 730).

9 Der Anspruch ist mit der Vorlage des Verzeichnisses erfüllt (*RG* 108, 7). Eine Klage auf Ergänzung gibt es grundsätzlich nicht (*KG* OLG 23, 1), der Gläubiger kann dann die Abgabe einer eidesstattlichen Versicherung nach § 260 Abs. 2 verlangen. Die Rechtsprechung läßt ausnahmsweise einen Ergänzungsanspruch zu, wenn ein Teil der Gegenstände infolge Irrtums weggelassen worden ist (*RG* 84, 41; *RG* Recht 1920, 867; *BGH* LM § 260 Nr. 1; *Kuchinke* NJW 1957, 1175). Kommt eine Ergänzung in Betracht, so kann sie nach § 888 ZPO erzwungen werden (*RG* 37, 407; *RG* 167, 328).

10 Der Auskunftsanspruch nach §§ 1580, 1605 gilt nicht uneingeschränkt. Einschränkungen aus der Natur der Sache, wie Gedächtnisschwäche, können den Inhalt des Anspruchs auf die Bereitstellung schriftlicher Aufzeichnungen oder die Benennung anderer Auskunftspersonen reduzieren (*RG* HRR 1941, 995). Einschränkungen können aber darüber hinaus aus dem Grundsatz *von Treu und Glauben* erwachsen (§ 242). Das ist anzunehmen, wenn der Berechtigte durch die Auskunft Informationen erhalten würde, die über sein Interesse an der Geltendmachung des Unterhaltsanspruchs hinausgehen und die geeignet wären, ihm Vorteile zu Lasten des Auskunftsschuldners zu bringen. Das kann insbesondere der Fall sein, wenn der Berechtigte und der Verpflichtete im Wettbewerb miteinander stehen und die Auskunft über die Vermögensverhältnisse den Einblick in interne vertrauliche Geschäftsangelegenheiten ermöglichen würde (*RG* 127, 243; *BGH* 10, 385). Eine solche Situation kann allerdings nicht ohne weiteres zu einer Versagung des Auskunftsanspruchs führen. Vielmehr ist der Anspruch in einer Form zu erfüllen, die die Interessen des Schuldners wahrt. In Betracht kommt vor allem die Einschaltung eines unparteiischen Dritten, dessen Ernennung das Gericht vorzunehmen hat, wenn die Parteien sich nicht auf eine Person einigen (*BGH* 10, 385).

5 Verpflichtung zur Abgabe einer eidesstattlichen Versicherung

11 Der Auskunftsberechtigte kann verlangen, daß der Verpflichtete die Richtigkeit des Bestandsverzeichnisses an Eides Statt versichert, wenn Grund zu der Annahme besteht, daß das Verzeichnis nicht mit der erforderlichen Sorgfalt aufgestellt worden ist. Die eidesstattliche Versicherung ist durch Gesetz vom 27. Juni 1970 (BGBl. I S. 911) an die Stelle des Offenbarungseides getreten. Voraussetzung ist, daß das Verzeichnis überhaupt aufgestellt worden ist. Mit der Verpflichtung zur eidesstattlichen Versicherung soll und kann nicht die Aufstellung des Verzeichnisses selbst erzwungen werden.

12 Ob ein Grund zu der Annahme besteht, daß das Verzeichnis nicht mit der erforderlichen Sorgfalt erstellt wurde, ist nach den Verhältnissen des Schuldners zu beurteilen. Dazu reicht es nicht aus, daß der Schuldner eine Auskunft verweigert (*BGH* NJW 1966, 1117), es sei denn, daß besondere Umstände hinzutreten, oder daß er bei der Aufnahme des Verzeichnisses keinen Zeugen hinzugezogen oder die Belege erst später nachgereicht hat (*KG* JR 1949, 410). Hat der Schuldner Angaben wiederholt berichtigt oder wesentliche Tatsachen verschwiegen, dann kann das die Annahme mangelnder Sorgfalt begründen (*BGH* 41, 322). Anders verhält es sich, wenn der Schuldner Vermögensgegenstände infolge entschuldbaren Irrtums nicht angeführt hat (*BGH* LM § 260 Nr. 1).

13 Der Gläubiger muß die Tatsachen darlegen, die den Schluß auf die mangelnde Sorgfalt rechtfertigen (*KG* JR 1949, 410; *Erman-Sirp* § 262, 18; *Kuchinke* NJW 1957, 1175; a. A. *Treitel* ArchBürgR 14, 46, der es für ausreichend hält, daß der Auskunftsberechtigte die mangelnde Sorgfalt glaubhaft macht). Der volle Beweis der Unrichtigkeit des Verzeichnisses ist nicht erforderlich (*BGH* WM 1956, 31).

Eine eidesstattliche Versicherung kann in Bagatellfällen nicht verlangt werden (§§ 260 Abs. 3, 259 Abs. 3), auch nicht, wenn der Gläubiger auf einfache Weise Klarstellung erzielen kann (*BGH* 55, 20). Gibt der Schuldner zu, unrichtige Angaben gemacht zu haben, dann kommt eine Versicherung an Eides Statt erst nach Berichtigung des Verzeichnisses inn Betracht.

6 Wiederholung des Auskunftsanspruchs (§§ 1580 Satz 2, 1605 Abs. 2)

14 Um Mißbräuchen vorzubeugen, sieht § 1605 Abs. 2 vor, daß der Auskunftsanspruch vor Ablauf von 2 Jahren grundsätzlich nicht wiederholt werden kann. Eine Ausnahme ist nur vorgesehen, wenn der Auskunftsberechtigte glaubhaft macht (vgl. § 294 ZPO), der andere Teil habe später wesentlich höhere Einkünfte gehabt oder weiteres Vermögen erworben.

7 Verfahrensrecht

7.1 Klage auf Erteilung der Auskunft; Vollstreckung

15 Der Auskunftsanspruch ist im Wege der Leistungsklage geltend zu machen. Die zu erteilende Auskunft ist so konkret wie möglich zu bezeichnen; der Konkretisierung sind aber Grenzen gesetzt (vgl. *BGH* Betrieb 1970, 1533). Das zusprechende Urteil für den Auskunftsanspruch ist grundsätzlich nach § 888 ZPO zu vollstrecken, da es in der Regel um nicht vertretbare Handlungen gehen wird (*KG* NJW 1972, 2093; vgl. aber *LAG Frankfurt* Betrieb 1971, 2220, wo ausnahmsweise eine Vollstreckung nach § 887 ZPO zugelassen worden ist).

7.2 Klage auf Abgabe der eidesstattlichen Versicherung; Vollstreckung

16 Der Anspruch des Gläubigers auf Abgabe der eidesstattlichen Versicherung nach § 260 Abs. 2 ist ebenfalls als Leistungsklage geltend zu machen. Die Vollstreckung richtet sich nach §§ 889, 888 ZPO. Zuständig für die Entgegennahme der eidesstattlichen Versicherung ist der Rechtspfleger (§ 20 Nr. 17 RPflG), die Anordnung der Erzwingungshaft ist dem Richter vorbehalten (§ 4 Abs. 2 Nr. 2 RPflG).

17 Ergibt sich ein Bedürfnis, die eidesstattliche Versicherung den Gegebenheiten anzupassen, kann das Gericht dies veranlassen, auch

wenn die Formel im Urteil rechtskräftig festgelegt ist (*RG* 125, 260; *BGH* 33, 375; *OLG Bamberg* NJW 1969, 1304; ablehnend *Winter* NJW 1969, 2244). Zuständig ist das zur Entgegennahme der eidesstattlichen Versicherung zuständige Gericht.

18 Die eidesstattliche Versicherung kann auch freiwillig vor dem Gericht der freiwilligen Gerichtsbarkeit abgegeben werden (§§ 163, 79 FGG; zuständig ist der Rechtspfleger, § 3 Nr. 1 RPflG), und zwar auch nach der Verurteilung des Schuldners. Das Rechtsschutzbedürfnis ist erforderlich; es müssen Anhaltspunkte vorliegen, daß der Gläubiger eine eidesstattliche Versicherung verlangen wird (*BayObLG* 1953, 135). Im übrigen hat das Gericht keine Prüfungspflicht (KGJ 45, 112).

7.3 Verbindung der Ansprüche

19 Die Ansprüche auf Auskunft, Abgabe einer eidesstattlichen Versicherung und auf Unterhalt können in einer Klage verbunden werden (Stufenklage nach § 254 ZPO). Zur Abgabe der eidesstattlichen Versicherung kann der Schuldner aber erst verurteilt werden, nachdem er die Auskunft (evtl. nach erfolgter Zwangsvollstreckung) erteilt hat (*BGH* 10, 385).

7.4 Kosten

20 Die Kosten der Abgabe der eidesstattlichen Versicherung (und zwar nur diese) trägt derjenige, der die Abgabe der Versicherung verlangt (§ 261 Abs. 3); im übrigen finden die allgemeinen Vorschriften Anwendung. So hat der unterlegene Schuldner die Kosten eines Rechtsstreits über die Verpflichtung zur Abgabe der eidesstattlichen Versicherung zu tragen und auch die Kosten der Zwangsvollstreckung nach § 889 ZPO.

8 Beweislast

22 Macht der Unterhaltsberechtigte den Auskunftsanspruch geltend, muß er die allgemeinen Voraussetzungen seines Unterhaltsanspruchs darlegen, ebenso, daß die Auskunft zur Geltendmachung seines Unterhaltsanspruchs erforderlich ist. Verlangt er die Abgabe einer eidesstattlichen Versicherung, so muß er die Tatsachen beweisen, die den Schluß zulassen, der Schuldner habe die erforderliche Sorgfalt außer acht gelassen.

23 Der Auskunftsanspruch des Verpflichteten wird in der Regel darauf gerichtet sein zu ermitteln, ob der Unterhaltsberechtigte sonstige Einkünfte oder sonstiges Vermögen hat, die zur Minderung seiner Bedürftigkeit führen. Diese Rechtsfolge ergibt sich unmittelbar aus der verlangten Auskunft, so daß der Unterhaltsverpflichtete außer der Tatsache, daß er Unterhaltsschuldner ist, keine Darlegungslast hat.

§ 1581

Ist der Verpflichtete nach seinen Erwerbs- und Vermögensverhältnissen unter Berücksichtigung seiner sonstigen Verpflichtungen außerstande, ohne Gefährdung des eigenen angemessenen Unterhalts dem Berechtigten Unterhalt zu gewähren, so braucht er nur insoweit Unterhalt zu leisten, als es mit Rücksicht auf die Bedürfnisse und die Erwerbs- und Vermögensverhältnisse der geschiedenen Ehegatten der Billigkeit entspricht. Den Stamm des Vermögens braucht er nicht zu verwerten, soweit die Verwertung unwirtschaftlich oder unter Berücksichtigung der beiderseitigen wirtschaftlichen Verhältnisse unbillig wäre.

Überblick Rdnr.

1 Allgemeines

1 § 1581 weist gegenüber dem bisher geltenden Recht (§ 59 EheG) eine Reihe bemerkenswerter Änderungen auf. Nach *h. M.* ist § 59 EheG nur anwendbar, wenn die mangelnde Leistungsfähigkeit auf weitere Verpflichtungen des Schuldners zurückzuführen ist (vgl. *OLG München* HRR 1940, 891; *Hoffmann-Stephan* § 59, 3 EheG; *Soergel-Donau* § 59, 5 EheG). Die Vorschrift wird nicht als eine allgemeine Regelung zur Einschränkung des Unterhaltsanspruchs nach § 58 wegen – aus welchem Grund auch immer bestehender – mangelnder Leistungsfähigkeit angesehen. Mit der Neufassung des § 1581 im RegE ist u. a. eine Beseitigung dieser Einschränkung beabsichtigt gewesen (vgl. *Amtl. Begr.* S. 139). Im Laufe des Gesetzgebungsverfahrens ist die Regierungsvorlage abgeändert und weitgehend an die Fassung des § 59 EheG angepaßt worden. Es liegen aber keine Anhaltspunkte vor, daß damit die ursprüngliche Absicht, § 1581 zu einer allgemeinen Regelung der Frage der Leistungsfähigkeit umzugestalten, aufgegeben worden wäre. Der Gesetz gewordene Wortlaut deckt eine umfassende Anwendung der Vorschrift, da er nicht nur auf die sonstigen Verpflichtungen abstellt (so § 59 EheG), sondern primär auf die *»Erwerbs- und Vermögensverhältnisse«*.

Die übrigen Änderungen im Verhältnis zum bisher geltenden Recht betreffen vor allem die Voraussetzungen, unter denen der Unterhaltsverpflichtete die Verwertung des Vermögensstammes hinnehmen muß, wobei die für Mann und Frau unterschiedliche Ausgestaltung (§ 59 Abs. 2 EheG) entfallen ist. Außerdem haben sich Folgeänderungen ergeben, weil die Anknüpfung an die Verschuldensscheidung gegenstandslos geworden ist. Die Vorschrift ist eine notwendige Ergänzung des § 1578. Sie ist ein Mittel, den notwendigen Ausgleich zwischen einer weitgehenden Bedürftigkeit des Unterhaltsberechtigten und einer begrenzten Leistungsfähigkeit des Unterhaltsverpflichteten herbeizuführen (vgl. *Brühl-Göppinger-Mutschler* 625). Der Ausgleich erfolgt nach Billigkeitsgrundsätzen.

2 Mangelnde Leistungsfähigkeit des Verpflichteten

2 Der auf die Deckung des gesamten Lebensbedarfs gerichtete Unterhaltsanspruch wird im Falle mangelnder Leistungsfähigkeit des Unterhaltsverpflichteten reduziert. Die mangelnde Leistungsfähigkeit ist bei der Erstfestsetzung des Unterhaltsanspruchs zu berücksichtigen; tritt sie später ein, kann sie Anlaß für eine Abänderungsklage nach § 323 ZPO sein. Die im Zeitpunkt der Scheidung gegebene mangelnde Leistungsfähigkeit des Unterhaltsverpflichteten kann Einfluß auf die Fixierung der ehelichen Lebensverhältnisse nach § 1578 haben, sie muß es aber nicht. Das hängt wesentlich davon ab, ob die der mangelnden Leistungsfähigkeit zugrundeliegenden Tatsachen infolge ihrer Dauer und Intensität die Grundlage des wirtschaftlichen Standards der Eheleute berühren. Abweichend vom bisher geltenden Recht kommt es *nicht* darauf an, ob die mangelnde Leistungsfähigkeit auf *anderweitige Verpflichtungen* zurückzuführen ist; der Grund ist gleichgültig. Er kann auch darin liegen, daß der Unterhaltsverpflichtete keine ausreichenden Einkünfte aus seiner Erwerbstätigkeit zieht. Im übrigen kommt es nicht darauf an, was der Unterhaltsverpflichtete tatsächlich erwirtschaftet, sondern was er bei ordnungsgemäßer Einrichtung seiner Verhältnisse erwirtschaften könnte. Das gilt sowohl für die Erwerbstätigkeit als auch für sein Vermögen.

3 Mangelnde Leistungsfähigkeit liegt vor, wenn der Unterhaltsverpflichtete nach seinen wirtschaftlichen Verhältnissen und unter Einbeziehung seiner Verbindlichkeiten nicht in der Lage wäre, für seinen eigenen Lebensbedarf aufzukommen, wenn er den an sich geschuldeten Unterhalt leisten müßte. Was angemessener Unterhalt ist, beurteilt sich nach denselben Maßstäben, die für den Unterhaltsberechtigten gelten. Der Unterhalt umfaßt den gesamten Lebensbedarf (§ 1578 Abs. 1 Satz 2) einschließlich der Kosten für Krankenversicherung, Ausbildung und Altersvorsorge (§ 1578 Abs. 2, 3). Schließlich wird man auch davon ausgehen müssen, daß grundsätzlich die ehelichen Lebensverhältnisse den Maßstab für den angemessenen Lebenszuschnitt abgeben sollen (§ 1578 Abs. 1 Satz 1); eine unterschiedliche Behandlung der Ehegatten, je nachdem, ob sie die Stellung eines Berechtigten oder Verpflichteten haben, ist nicht gerechtfertigt.

Der begrenzten Leistungsfähigkeit des Verpflichteten stehen die Bedürfnisse des Berechtigten gegenüber, deren Maß nach § 1578 festzustellen ist.

4 Bei der Reduzierung des Unterhaltsanspruchs nach Billigkeitsgrundsätzen sind die Erwerbs- und Vermögensverhältnisse beider Ehegatten zu berücksichtigen. Dabei kommt es nicht nur auf die tatsächliche Situation an. Beide Ehegatten sind gehalten, alle vertretbaren Möglichkeiten zu nutzen, um Einkünfte zu erzielen; die allgemeinen Maßstäbe, die eine Begrenzung der Pflicht zur Erwerbstätigkeit vorsehen, sind nicht anwendbar. So kann im Rahmen des § 1581 eine Erwerbstätigkeit in Betracht kommen, die nach den §§ 1570 ff. von einem Ehegatten nicht erwartet wird oder die die Voraussetzungen der Angemessenheit nach § 1574 nicht erfüllt (vgl. *RG* 101, 209; *Soergel-Donau* § 59, 12 wird, oder die die Voraussetzungen der Angemessenheit nach EheG; *Palandt-Diederichsen* § 1581, 4; vgl. auch *Amtl. Begr.* S. 140). Freiwillige Zuwendungen Dritter, die sonst unberücksichtigt bleiben, können ganz oder teilweise angerechnet werden (*RG* JW 1917, 288).

4 Verwertung des Vermögensstammes (§ 1581 Satz 2)

5 Die Einkünfte aus Vermögen sind sowohl bei dem Berechtigten als auch beim Verpflichteten uneingeschränkt einzusetzen. Den Stamm des Vermögens braucht der Verpflichtete nach § 1581 Satz 2 nicht zu verwerten, soweit die Verwertung unwirtschaftlich wäre oder eine unbillige Härte bedeuten würde. Dasselbe gilt für den Berechtigten bei der Beurteilung seiner Bedürftigkeit; die korrespondierende Vorschrift nach § 1577 geht von gleichen Voraussetzungen aus. Zu dem Begriff des Vermögensstammes, der unwirtschaftlichen Verwertung und der unbilligen Härte vgl. Rdnr. 13, 14, 15 zu § 1577.

6 Verfügen beide Ehegatten über einen Stamm des Vermögens, müssen die Auswirkungen einer Liquidation auf beiden Seiten unter Berücksichtigung der Größe des Vermögens, der mutmaßlichen Dauer der Bedürftigkeit, der Wirtschaftlichkeit der Verwertung und etwaiger Folgen für den Inhaber des Vermögens, z. B. Verlust des Arbeitsplatzes nach Verlust der Beteiligung am Unternehmen, gewürdigt werden. Bei vergleichbaren Verhältnissen und Auswirkungen kann es unter Umständen billig sein, wenn jeder Ehegatte auf sein Vermögen verwiesen wird. Hat ein Ehegatte sein Vermögen unwirtschaftlich verbraucht, muß er sich das zurechnen lassen.

5 Berücksichtigung sonstiger Verpflichtungen

7 Bei den Erwerbs- und Vermögensverhältnissen des Unterhaltsverpflichteten sind sonstige Verpflichtungen zu berücksichtigen. § 1581 unterscheidet wie das bisher geltende Recht (§ 59 EheG) nicht zwischen Unterhaltsverpflichtungen und anderen Verpflich-

tungen; eine Rangordnung ist insoweit nicht vorgesehen (*OLG Köln* NJW 1962, 929). Ist der Verpflichtete anderen Verwandten unterhaltspflichtig, so gilt im Verhältnis des. Unterhaltsverpflichteten zu seinem geschiedenen Ehegatten § 1609 Abs. 2 Satz 2. Der unterhaltsberechtigte Ehegatte geht danach den volljährigen oder verheirateten Kindern sowie den übrigen Verwandten des unterhaltsverpflichteten Ehegatten vor; das Verhältnis zum weiteren Ehegatten des Verpflichteten regelt § 1582. Daraus folgt, daß seine Leistungsfähigkeit nur durch Unterhaltsansprüche minderjähriger unverheirateter Kinder (unter Umständen auch eines weiteren Ehegatten nach Maßgabe des § 1582) berührt wird.

8 Im übrigen kann es sich um Verpflichtungen beliebiger Art handeln, vorausgesetzt, daß für den Schuldner ein Erfüllungszwang besteht. Daher bleiben Naturalobligationen außer Betracht, so Spiel- und Wettschulden (§ 762), Ehemaklerlohn (§ 656). Gegenüber dem Schenker ist der Unterhaltsverpflichtete gehalten, die Einrede des Notbedarfs zu erheben (§ 519), auch bei Ausstattungsversprechen, das als Schenkung gilt (§ 1624 Abs. 1), wohl auch die Verjährung des Anspruchs geltend zu machen. Eine Schadensersatzpflicht nach § 829 mindert die Leistungsfähigkeit des Schuldners nicht, es sei denn, daß er rechtskräftig zur Zahlung verurteilt und eine Abänderung des Titels nach § 323 ZPO ausgeschlossen ist. Würde ein beabsichtigter Rechtsstreit seine Leistungsfähigkeit wegen der entstehenden Kosten beschränken, hat der Unterhaltsverpflichtete das Armenrecht zu beantragen (*Rassow* FamRZ 1969, 515), auch sonst öffentlich-rechtliche Ansprüche geltend zu machen (z. B. nach dem AFG) statt selbst die Aufwendungen zu übernehmen. Nicht zu berücksichtigen sind in aller Regel Verpflichtungen des Unterhaltsschuldners aus vorsätzlich begangenen unerlaubten Handlungen (str. *Hoffmann-Stephan* § 59, 11 EheG; *Soergel-Donau* § 59, 7 EheG; a. A.: *RGRK* § 59, 22 EheG) sowie Geldstrafen oder Bußen. Eine Entlastung des Schuldners auf Kosten des Unterhaltsberechtigten dürfte im allgemeinen dem Billigkeitsgrundsatz widersprechen. Unbeachtlich sind schließlich auch Verpflichtungen, die der Schuldner eingegangen ist, um den Unterhaltsberechtigten zu benachteiligen.

9 Für die Frage, ob eine sonstige Verpflichtung berücksichtigt werden kann, ist nicht entscheidend, ob sie vor oder nach der Entstehung der Unterhaltspflicht begründet worden ist. Ist ihre Fälligkeit hinausgeschoben, so ist sie nur für den Zeitraum in Betracht zu ziehen, in dem Fälligkeit und Unterhaltspflicht zusammenfallen. Der Unterhaltsverpflichtete muß sich bemühen, Stundung oder Bewilligung von Ratenzahlungen zu erlangen, damit seine Gesamtverbindlichkeiten in einen realistischen Tilgungsplan eingeordnet werden können (*RG* JW 1910, 16; *RG* Recht 1917 Nr. 1653; *RG* LZ 1921, 654; *BayOblG* FamRZ 1960, 413; *Soergel-Donau* § 59, 7 EheG). Werden die Schulden in dieser Weise gestreckt, muß der Unterhaltsverpflichtete wirtschaftliche Einbußen in vertretbarem Umfang in Kauf nehmen (z. B. Aufwendungen für Zinsen oder eine Umfinanzierung). Streitig ist, ob Verbindlichkeiten zu berücksichtigen sind, deren Notwendigkeit nicht dar-

getan ist. Die wohl *h. M.* läßt die Berücksichtigung nachträglicher vermeidbarer Verpflichtungen zu (*Erman-Ronke* § 59, 7 EheG; *Hoffmann-Stephan* § 59, 10 EheG; *Soergel-Donau* § 59, 7 EheG), andere nur, wenn ein verständiger Grund für die nachträgliche Eingehung der Verpflichtungen bestanden hat (*BayOblG* FamRZ 1960, 413; *Bosch* NJW 1968, 429; *Mattmer* NJW 1967, 1593; sehr restriktiv *LG Mannheim* MDR 1962, 409). Beizutreten ist der Auffassung von *Brühl-Göppinger-Mutschler* (638, 639), die für die Frage der Berücksichtigung vermeidbarer Verpflichtungen (im Ergebnis) Billigkeitsgrundsätze maßgebend sein lassen wollen, wobei insbesondere der Zeitpunkt des Eingehens der Verpflichtung, die Interessenlage des Drittgläubigers und auch die Frage eine Rolle spielen sollen, mit welchen Opfern die eingegangene Verpflichtung rückgängig gemacht werden kann. Eine umfassende, auf die individuellen Verhältnisse im Einzelfall abgestellte Würdigung nach Billigkeitsgrundsätzen entspricht am ehesten dem Normzweck des § 1581.

Zu berücksichtigen sind Verpflichtungen, die zur Deckung des Lebensbedarfs eingegangen werden wie Verpflichtungen zur Beschaffung von Hausrat, Fahrtkosten zur Arbeitsstelle (*LG Dresden* Recht 1940 Nr. 1867), Aufwendungen für die Altersversorgung (*OLG Köln* MDR 1960, 680; *LG Mönchen-Gladbach* JW 1935, 878), ebenso Verpflichtungen als Kostenschuldner aus Rechtsstreitigkeiten (str. ablehnend bei Kosten der Ehescheidung: *Millauer* NJW 1967, 1061 und bei Kosten aus Unterhaltsprozessen: *RG* LZ 1921, 654; *Soergel-Donau* § 59, 7 EheG; vgl. eingehend *Brühl-Göppinger-Mutschler* 640). Bei Abzahlungsgeschäften gilt nichts Besonderes. Handelt es sich um vermeidbare Aufwendungen, dann ist die Frage der Berücksichtigung nach den oben dargelegten Grundsätzen abzuwägen (vgl. *LG Bochum* MDR 1960, 580).

6 Beweislast

10 Der Unterhaltsverpflichtete trägt die Beweislast für seine mangelnde Leistungsfähigkeit. Dazu gehört insbesondere der Nachweis der anderweitigen Verpflichtungen. Spielt der Umfang seines Lebensbedarfs eine Rolle, dann obliegt es ihm darzulegen, daß der Lebensbedarf notwendig ist. Dasselbe gilt, wenn es auf Tatsachen ankommt, aus denen zu schließen ist, die Verwertung des Vermögensstammes sei unwirtschaftlich, oder sie bedeute eine unbillige Härte. Im Rahmen der Billigkeitsprüfung hat jede Partei die Tatsachen zu beweisen, die für eine Bewertung zu ihren Gunsten geeignet sind.

(1) Bei Ermittlung des Unterhalts des geschiedenen Ehegatten geht im Falle des § 1581 der geschiedene Ehegatte einem neuen Ehegatten vor, wenn dieser nicht bei entsprechender Anwendung der §§ 1569 bis 1574, § 1576 und des § 1577 Abs. 1 unterhaltsberechtigt wäre. Hätte der neue Ehegatte nach diesen Vorschriften einen Unterhaltsanspruch, geht ihm der geschiedene Ehegatte gleichwohl vor, wenn er nach § 1570 oder nach § 1576 unterhaltsberechtigt ist oder die Ehe mit dem geschiedenen Ehegatten von langer Dauer war. Der Ehedauer steht die Zeit gleich, in der ein Ehegatte wegen der Pflege oder Erziehung eines gemeinschaftlichen Kindes nach § 1570 unterhaltsberechtigt war.

(2) § 1609 bleibt im übrigen unberührt.

Überblick Rdnr.

1 Allgemeines

1 § 1582 regelt für den Fall des § 1581 die *Rangordnung* beim Zusammentreffen von Unterhaltsansprüchen eines früheren und eines neuen Ehegatten. Nicht behandelt wird das Zusammentreffen von Ansprüchen eines oder mehrerer Ehegatten mit Ansprüchen von Kindern. Insoweit bleibt es bei der allgemein mit dem bisher geltenden Recht übereinstimmenden Regel des § 1609 Abs. 2, wonach Unterhaltsansprüche von Ehegatten und Unterhaltsansprüche minderjähriger unverheirateter Kinder gleichen Rang haben (*RG* 75, 435; *OLG München* FamRZ 1954, 257). § 1582 Abs. 2 stellt das ausdrücklich klar.

2 Nach bisher geltendem Recht war es streitig, welches Rangverhältnis zwischen den Unterhaltsansprüchen geschiedener Ehegatten und einem neuen Ehegatten besteht. Einen Vorrang des zweiten, in einer durch Art. 6 GG geschützten Ehe lebenden Ehegatten haben bejaht: *LG Köln* NJW 1953, 305; *LG Darmstadt* MDR 1959, 1012; *Dölle* § 41 III 2 b. Den Vorrang des geschiedenen Ehegatten im Verhältnis zum neuen Ehegatten haben angenom-

men: *OLG München* FamRZ 1954, 257; *Bosch,* Neue Rechtsordnung S. 62; unklar *Habscheidt* FamRZ 1959, 317. Dagegen ist die wohl h. M. zutreffend von einem Gleichrang der Ansprüche ausgegangen (*RGRK* § 59, 52 EheG; *Erman-Ronke* § 59, 11 EheG; *Soergel-Donau* 59, 16 EheG; *Gernhuber* § 30 III 5; *Schreiber* NJW 1953, 631).

3 In § 1582 wird versucht, durch eine differenzierte Ausgestaltung einen Interessenausgleich zu erreichen, wobei eine deutliche Präferenz zugunsten des geschiedenen Ehegatten erkennbar ist.

Der Vorrang war ursprünglich als Ausgleich für den Verzicht auf die materielle Härteklausel im Scheidungsrecht (§ 1568) gedacht. Dieses gesetzgeberische Motiv ist zum Teil entfallen, nachdem die Härteklausel dahin erweitert worden ist, daß auch materielle Härten dem Scheidungsbegehren entgegengehalten werden können.

Der Vorrang des Unterhaltsanspruchs des geschiedenen Ehegatten begegnet keinen verfassungsrechtlichen Bedenken (vgl. *EheRK* Bd. 2 S. 112; *Amtl. Begr.* S. 144).

4 Ein uneingeschränkter Vorrang des geschiedenen Ehegatten besteht in drei Fällen, so wenn er nach § 1570 oder nach § 1576 unterhaltsberechtigt ist oder wenn er, bei einer Ehe mit geschiedenen Ehegatten von langer Dauer, einen sonstigen Unterhaltsanspruch hat. Im übrigen hat der geschiedene Ehegatte keinen Vorrang, wenn der neue Ehegatte, wäre er geschieden, einen Unterhaltsanspruch nach den §§ 1569 bis 1574, 1576, 1577 Abs. 1 haben würde.

2 Vorrang des geschiedenen Ehegatten nach § 1582 Abs. 1 Satz 1

5 Der neue Ehegatte kann einen Unterhaltsanspruch auf Familienunterhalt nach § 1360, im Fall des Getrenntlebens einen Unterhaltsanspruch nach § 1361 haben. Dieser Anspruch tritt in Konkurrenz zu dem Unterhaltsanspruch des geschiedenen Ehegatten, der grundsätzlich einen Vorrang genießt. Der Vorrang kann zurückgedrängt werden, wenn der neue Ehegatte selbst auch die Voraussetzungen erfüllt, die bei einem geschiedenen Ehegatten einen Unterhaltsanspruch nach den Vorschriften der §§ 1569 ff. (mit Ausnahme des § 1575) auslösen würden. Erforderlich ist daher die hypothetische Feststellung der Voraussetzungen für einen nachehelichen Unterhaltsanspruch. Da die Ansprüche nach den §§ 1569 ff. auch von Umständen abhängen können, deren Einschätzung nur in der konkreten Situation sachgerecht sein kann, stellt die hypothetische Anspruchsfeststellung besonders hohe Anforderungen an die Rechtsprechung. So kann es sehr schwierig sein festzustellen, ob Dritte für die Betreuung eines Kindes in Betracht kommen, wenn sich die Frage der Fremdbetreuung in der intakten Ehe nicht stellt; für die Prüfung der Voraussetzungen des § 1570 kann das aber unumgänglich sein (vgl. Rdnr. 4 ff. zu § 1570).

6 Ob eine Erwerbstätigkeit von dem neuen Ehegatten (wäre er geschieden) würde erwartet werden können, ist unter denselben Gesichtspunkten zu beurteilen wie bei einer unmittelbaren Anwendung der §§ 1570 ff. Im übrigen folgt aus der generellen Verweisung auf die §§ 1569 ff. nicht, daß die Voraussetzungen dieser Vorschrift uneingeschränkt gegeben sein müssen. Ungeeignet für eine entsprechende Anwendung bei der hypothetischen Feststellung nachehelicher Unterhaltsansprüche ist die Regelung über die zeitlichen Voraussetzungen. Nach den §§ 1571 bis 1573 sind Unterhaltsansprüche nur gegeben, wenn der die Erwerbstätigkeit ausschließende Grund zum Zeitpunkt der Scheidung oder den gleichgestellten Zeitpunkten vorgelegen hat. Bei der nur hypothetischen Feststellung eines nachehelichen Unterhaltsanspruchs bereitet es Schwierigkeiten, einen Zeitpunkt zu fixieren, der der Scheidung gleichzusetzen wäre. Der Zeitpunkt der Geltendmachung des Unterhaltsanspruchs wäre willkürlich und wohl auch deshalb ungeeignet, weil dann die kurze Dauer der neuen Ehe nach § 1579 Abs. 1 Nr. 1 auch die hypothetische Anspruchsberechtigung (und damit den gleichen Rang) des neuen Ehegatten in der Regel bis auf weiteres zunichte machen würde, was nicht gerechtfertigt wäre. Deshalb ist davon auszugehen, daß die auf den Zeitpunkt bezogenen Voraussetzungen der §§ 1569 ff. bei der entsprechenden Anwendung im Rahmen des § 1582 außer Betracht bleiben (*Amtl. Begr.* S. 143).

7 Nicht alle der für die entsprechende Anwendung im § 1582 angeführten Bestimmungen sind Anspruchsgrundlagen. Der Hinweis auf §§ 1574, 1577 Abs. 1 soll (deklaratorisch) Zweifel ausschließen, daß auch bei der hypothetischen Feststellung die allgemeinen Maßstäbe für das nacheheliche Unterhaltsrecht gelten. In dem Katalog der möglichen Ansprüche ist § 1575 ausgespart. Es liegen keine Anhaltspunkte vor, daß es sich um ein Redaktionsversehen handeln könnte. Der Normzweck, der einen möglichst weitgehenden Vorrang des Unterhaltsanspruchs des geschiedenen Ehegatten rechtfertigt, und die Besonderheiten des Anspruchs nach § 1575, die einer hypothetischen Betrachtung wenig zugänglich sind, erlauben die Annahme, daß in solchem Fall der Vorrang des geschiedenen Ehegatten uneingeschränkt bestehen soll.

Kann für den neuen Ehegatten ein hypothetischer Unterhaltsanspruch nach den angeführten Bestimmungen festgestellt werden, dann genießt der Unterhaltsanspruch des geschiedenen Ehegatten (vorbehaltlich § 1582 Abs. 1 Satz 2 – vgl. Rdnr. 8) keinen Vorrang; sein Anspruch hat gleichen Rang mit dem Unterhaltsanspruch des neuen Ehegatten nach § 1360 (oder § 1361). Ist das nicht der Fall, genießt der Unterhaltsanspruch des geschiedenen Ehegatten einen Vorrang.

3 Vorrang des geschiedenen Ehegatten nach § 1582 Abs. 1 Satz 2

8 In drei Fällen hat der geschiedene Ehegatte mit seinem Unterhaltsanspruch uneingeschränkt Vorrang vor den Unterhaltsansprüchen

nach §§ 1360, 1361 des neuen Ehegatten. Das ist der Fall, wenn einer der hypothetischen Ansprüche des neuen Ehegatten (vgl. Rdnr. 5) mit einem Unterhaltsanspruch des geschiedenen Ehegatten nach § 1570 (Unterhaltsanspruch wegen Kindererziehung) oder nach § 1576 (Billigkeitsanspruch aus sonstigen Gründen) zusammentrifft. Außerdem genießen Unterhaltsansprüche des geschiedenen Ehegatten uneingeschränkt Vorrang, wenn seine Ehe mit dem unterhaltsverpflichteten Ehegatten von langer Dauer war. Der Wortlaut ist mißverständlich. Die *»lange Dauer«* der
9 Ehe ist für sich gesehen ohne Bedeutung, da sie keine Anspruchsgrundlage für einen Unterhaltsanspruch gibt. Ein Unterhaltsanspruch wird aber vorausgesetzt, weil sonst ein Vorrangsproblem überhaupt nicht bestehen würde. Gemeint ist, daß der geschiedene Ehegatte einen Unterhaltsanspruch haben muß *und* die Ehe von langer Dauer war. In Betracht kommen Unterhaltsansprüche nach den §§ 1570 ff. mit Ausnahme der §§ 1570, 1576, bei denen der Vorrang bereits im Rahmen des § 1582 Abs. 1 Satz 2 selbständig geregelt ist. Bei einer Ehe von langer Dauer werden auf diese Weise auch die Unterhaltsansprüche des geschiedenen Ehegatten nach den §§ 1571 bis 1573 und 1575 privilegiert; sie haben Vorrang vor den Ansprüchen des neuen Ehegatten. Der langen Ehedauer gleichgestellt ist die Zeit der Pflege oder Erziehung eines gemeinschaftlichen Kindes, die einen Unterhaltsanspruch nach § 1570 ausgelöst hat (§ 1582 Abs. 1 Satz 3). Die praktische Bedeutung der letztgenannten Vorrangregelung dürfte gering sein. Denn war die Ehe nicht von langer Dauer, dann wird dem Unterhaltsanspruch in der Regel die Härteklausel nach § 1579 Abs. 1 Nr. 1 entgegengehalten werden können. Fehlt es aber bereits an einem Unterhaltsanspruch, ist ein Rangverhältnis gegenstandslos.

4 Berechnung des Unterhalts unter Berücksichtigung des Vorrangs

10 Bei der Anwendung des § 1582 ist zu beachten, daß es sich um einen Anwendungsfall des § 1581 handelt. Das bedeutet, daß der Ehegatte, dessen Unterhaltsanspruch einen Vorrang genießt, keine absolute Vorabbefriedigung seines Anspruchs verlangen kann. Er partizipiert, wie alle anderen Unterhaltsberechtigten, an den auf Grund der mangelnden Leistungsfähigkeit des Verpflichteten notwendigen Reduktionen. Bei ihm wirkt sich die Reduktion allerdings, *wegen des Vorrangs,* in geringerem Umfang aus. Bei der Errechnung der Höhe des Unterhalts ist zu beachten, daß der *Vorrang* nur *relativ* ist. Er wirkt lediglich im Verhältnis zum geschiedenen Ehegatten, nicht im Verhältnis zu den Kindern aus beiden Ehen. Die Kinder partizipieren nicht am Vorrang eines Ehegatten; sie teilen aber auch nicht den Nachrang des anderen Ehegatten. Daraus folgt, daß für die Kinder der Unterhalt unter Berücksichtigung der gleichrangigen Unterhaltsansprüche der beiden Ehegatten zu errechnen ist. Beispiele:

Zugrunde gelegt wird zunächst ein in der Praxis häufig verwendeter Schlüssel, der eine Aufteilung des Einkommens des unterhaltsverpflichteten Ehegatten nach Quoten vorsieht:

3 Teile entfallen auf den verpflichteten Ehegatten, je 2 Teile auf den geschiedenen und den neuen Ehegatten und 1 Teil auf jedes Kind.

a) Der verpflichtete Ehegatte hat seiner geschiedenen Ehefrau nach § 1570, der neuen Ehefrau, zwei Kindern aus der geschiedenen Ehe und einem Kind aus der neuen Ehe Unterhalt zu leisten. Sein Nettoeinkommen beträgt 2000,– DM.

Der geschiedene Ehegatte geht mit seinem Unterhaltsanspruch dem neuen Ehegatten vor und hat gleichen Rang mit allen Kindern. Sein Unterhalt ist bei Nichtberücksichtigung des neuen Ehegatten nach folgendem Schlüssel zu errechnen: *3 : 2 : 1 : 1 : 1.* Die auf den neuen Ehegatten entfallenden zwei Punkte sind außer Betracht gelassen; jeder Teil entspricht 250,– DM (2000,– DM : 8 Teile). Der geschiedene Ehegatte hat einen Unterhaltsanspruch in Höhe von 2 Teilen = 500,– DM.

Die Kinder haben gleichen Rang mit beiden Ehegatten. Ihr Unterhalt ist daher unter Berücksichtigung des geschiedenen und des neuen Ehegatten nach dem Schlüssel unter Einbeziehung der zwei Punkte für den neuen Ehegatten zu ermitteln: *3 : 2 : 2 : 1 : 1 : 1.* Jeder Teil entspricht 200,– DM (2000,– DM : 10 Teile). Jedes Kind erhält einen Teil, also 200,– DM (3Kinder = 600,– DM).

Dem unterhaltsverpflichteten Ehegatten verbleiben für sich und den neuen Ehegatten als Familienunterhalt nach § 1360 900,– DM. Hat der neue Ehegatte einen Unterhaltsanspruch auf Geldrente (§ 1361), ist dieser Betrag nach dem angenommenen Schlüssel (3 : 2) zu teilen. Jeder Teil entspricht 180,– DM (900,– DM : 5 Teile). Auf den verpflichteten Ehegatten entfallen dann 540,– DM, auf den neuen Ehegatten 360,– DM.

Zusammengefaßt ergeben sich folgende Ansprüche:

Der unterhaltsverpflichtete Ehegatte erhält	540,— DM,
sein neuer Ehegatte	360,— DM,
1 Kind aus der neuen Ehe	200,— DM
die neue Familie erhält also	1100,— DM.
Der geschiedene Ehegatte erhält	500,— DM,
2 Kinder aus dieser Ehe erhalten (2 x 200,– DM)	400,— DM
die Restfamilie aus der geschiedenen Ehe erhält	900,— DM.

11 Genießt der geschiedene Ehegatte keinen Vorrang, dann ergeben sich folgende Unterhaltsansprüche nach dem angenomenen Schlüssel *3 : 2: 2 : 1 : 1 : 1 (1 Anteil = 200,– DM):*

Verpflichteter Ehegatte	(3 Anteile)	600,— DM,
sein neuer Ehegatte	(2 Anteile)	400,— DM,
1 Kind	(1 Anteil)	200,— DM,
geschiedener Ehegatte	(2 Anteile)	400,— DM,
2 Kinder	(je 1 Anteil)	400,— DM
		= 2000,— DM.

12 Diese Berechnungsmethode setzt voraus, daß der angenommene Schlüssel zur Anwendung im Einzelfall geeignet ist. Anpassungen (z. B. durch Erhöhung eines Anteils auf Kosten der anderen) können notwendig werden, wenn der Lebensbedarf eines Unterhaltsberechtigten verhältnismäßig hoch oder niedrig ist, oder wenn der dem Unterhaltsverpflichteten zu belassende Betrag bei der angenommenen Quote nicht erreicht wird.

13 *b)* Die individuellen Verhältnisse können bei einer konkreten Berechnungsmethode, die die Höhe des Lebensbedarfs unmittelbar in ein Verhältnis zum gesamten zur Verfügung stehenden Unterhaltsbetrag setzt, einbezogen werden. Wie im Eingangsbeispiel werden Unterhaltsverpflichtungen gegenüber dem geschiedenen Ehegatten (mit Vorrang), dem neuen Ehegatten, 2 Kindern aus der geschiedenen Ehe und einem Kind aus der neuen Ehe zugrunde gelegt und das Nettoeinkommen des Unterhaltsverpflichteten mit 2000,– DM angesetzt.

Der Lebensbedarf der Beteiligten wird auf Grund gegebener Bedarfslagen angenommen:

für den verpflichteten Ehegatten	1200,— DM,
den geschiedenen Ehegatten	800,— DM,
den neuen Ehegatten	1000,— DM,
2 Kinder aus der geschiedenen Ehe (je 200,— DM)	400,— DM,
das Kind aus der neuen Ehe	600,— DM
	= 4000,— DM.

Da der Lebensbedarf doppelt so hoch ist wie die zur Verfügung stehenden Mittel, muß eine anteilsmäßige Kürzung vorgenommen werden. Im angenommenen Fall ist eine Kürzung um die Hälfte notwendig. Daraus ergeben sich, läßt man den Vorrang zunächst außer Betracht, folgende Ansprüche:

verpflichteter Ehegatte	600,— DM,
geschiedener Ehegatte	400,— DM,
neuer Ehegatte	500,— DM,
2 Kinder aus der geschiedenen Ehe	200,— DM,
1 Kind aus der neuen Ehe	300,— DM
	= 2000,— DM.

14 Hat der geschiedene Ehegatte einen Vorrang, dann bleibt bei der Berechnung seines Unterhaltsanspruchs der neue Ehegatte mit seinem Anteil von DM 500,– außer Betracht. Die Ansprüche der Kinder verändern sich nicht. Der Unterhalt des geschiedenen Ehegatten errechnet sich dann nach dem Schlüssel *6 : 4 : 1 : 1 : 3*; jeder Anteil entspricht 133,35 DM (2000,– DM : 15 Anteile). Der geschiedene Ehegatte erhält demnach 533,40 DM (133,35 DM × 4 Anteile).

Der Unterhalt der Kinder errechnet sich nach dem Schlüssel unter Einbeziehung des neuen Ehegatten *6 : 4 : 5 : 1 : 1 : 3*; jeder Anteil entspricht 100,– DM (2000,– DM : 20 Anteile). Die Kinder aus der geschiedenen Ehe erhalten je 100,– DM und das Kind aus der neuen Ehe, das 3 Anteile zu beanspruchen hat, 300,– DM.

Dem geschiedenen Ehegatten verbleiben für sich und seinen neuen Ehegatten als Familienunterhalt 966,60 DM
(2000,— DM
— 533,40 DM
— 100,— DM
— 100,— DM
— 300,— DM).

Steht dem neuen Ehegatten ein Unterhaltsanspruch nach § 1361 zu, so ist der verbleibende Betrag nach dem eingangs angenommenen Schlüssel im Verhältnis 6 : 5 aufzuteilen. Auf den verpflichteten Ehegatten entfallen dann 527,25 DM, auf den neuen Ehegatten 439,35 DM (Verhältnis 6 : 5 bei 11 Anteilen = 87,87 DM je Anteil).

5 Rangverhältnis bei Unterhaltsansprüchen mehrerer geschiedener Ehegatten

15 § 1582 befaßt sich nach seinem Wortlaut nur mit dem Fall, daß Unterhaltsansprüche eines geschiedenen Ehegatten mit Unterhaltsansprüchen eines neuen Ehegatten (§§ 1360, 1361) zusammentreffen. Nicht berücksichtigt ist das *Zusammentreffen von Unterhaltsansprüchen mehrerer geschiedener Ehegatten.* Denn die in § 1582 vorgesehene hypothetische Feststellung nachehelicher Unterhaltsansprüche (vgl. Rdnr. 6) setzt gerade voraus, daß solche nachehelichen Unterhaltsansprüche nicht in Betracht kommen, weil die Ehe noch besteht. Unproblematisch ist das Rangverhältnis der Unterhaltsansprüche des neuen in bestehender Ehe lebenden Ehegatten zu Unterhaltsansprüchen mehrerer geschiedener Ehegatten. Der neue Ehegatte kann zu jedem der geschiedenen Ehegatten unter den Voraussetzungen des § 1582 Abs. 1 Satz 1 gleichen Rang haben, wenn nicht der geschiedene Ehegatte seinerseits nach § 1582 Abs. 1 Satz 2 Unterhaltsansprüche nach den §§ 1570, 1576 oder bei langer Ehedauer nach anderen Vorschriften hat. In den anderen Fällen muß er dem geschiedenen Ehegatten den Vorrang einräumen. Das Rangverhältnis kann zu jedem der geschiedenen Ehegatten *verschieden* sein.

16 Für das Rangverhältnis der geschiedenen Ehegatten *untereinander* ist § 1582 entsprechend anzuwenden. Ein etwaiger Vorrang bleibt unberührt, auch wenn die zweite Ehe geschieden wird. Es ist nicht gerechtfertigt, von diesem Zeitpunkt ab zwischen den geschiedenen Ehegatten gleichen Rang anzunehmen. Im Verhältnis zum früheren geschiedenen Ehegatten ist der zweite (nun auch geschiedene) Ehegatte *neuer* Ehegatte im Sinne des § 1582. Das folgt aus dem Normzweck des Vorrangs. Er ist damit zu rechtfertigen, daß der neue Ehegatte die Ehe schließt in Kenntnis der vorrangigen Verpflichtungen gegenüber dem früheren Ehegatten. Jeder neue Ehegatte muß die *Vorbelastung* seines Partners hinnehmen, andererseits kann er davon ausgehen, daß er im Verhältnis zu jedem weiteren neuen Ehegatten *bevorzugt* wird. Die Situation wird nicht dadurch verändert, daß die zweite oder dritte

Ehe geschieden wird. Es gibt keinen sachlichen Grund, den bestehenden Vorrang eines geschiedenen Ehegatten nur deshalb durch einen Gleichrang abzulösen, weil die zweite (dritte, vierte) Ehe geschieden worden ist. Deshalb ist § 1582 auch auf das Rangverhältnis geschiedener Ehegatten untereinander analog anwendbar; im Rahmen des § 1582 Abs. 1 Satz 1 kommt es dann darauf an, ob der neue (d. i. der später geschiedene) Ehegatte Unterhaltsansprüche nach §§ 1569 bis 1574, 1576 tatsächlich hat.

17 Auf Grund der unterschiedlichen persönlichen Umstände der geschiedenen Ehegatten und des neuen Ehegatten kann die Rangordnung von Beziehungsverhältnis zu Beziehungsverhältnis verschieden sein. Deshalb ist der Unterhalt eines jeden Beteiligten unter Berücksichtigung der ihm vor- und nach- oder gleichrangigen anderen Beteiligten zu errechnen. Ist in dem Ausgangsbeispiel die zweite Ehe des Unterhaltsverpflichteten geschieden worden und hat er sich erneut verheiratet, dann ergibt sich folgendes:

18 Der Unterhalt der Kinder errechnet sich bei gleichem Rang mit allen Ehegatten des Unterhaltsverpflichteten nach dem Schlüssel *3 : 2 : 2 : 2 : 1 : 1 : 1;* jeder Teil entspricht 166,70 DM (2000,– DM : 12 Anteile).

19 Der erste geschiedene Ehegatte hat nach § 1582 Abs. 1 Satz 2 Vorrang vor dem zweiten geschiedenen Ehegatten und dem neuen Ehegatten. Bei der Berechnung seines Unterhalts bleiben beide späteren Ehegatten außer Betracht. Für ihn gilt der Schlüssel *3 : 2 : 1 : 1 : 1*; jeder Anteil entspricht 250,– DM (2000,– DM : 8 Anteile). Der erste geschiedene Ehegatte erhält demnach 500,– DM.

20 Der zweite geschiedene Ehegatte, der nach § 1582 Abs. 1 Satz 2 Vorrang vor dem neuen Ehegatten hat, erhält Unterhalt nach dem Schlüssel *3 : 2 : 2 : 1 : 1 : 1*; jeder Anteil entspricht 200,– DM (2000,– DM : 10 Anteile). Der zweite geschiedene Ehegatte erhält demnach 400,– DM.

Dem Unterhaltsverpflichteten und seinem neuen Ehegatten verbleiben als Familienunterhalt 600 DM (gerundet)
(2000,— DM
— 500,— DM
— 400,— DM
— 166,70 DM
— 166,70 DM
— 166,70 DM).

Muß der unterhaltsverpflichtete Ehegatte seinem neuen Ehegatten Unterhalt nach § 1361 gewähren, so ist der verbleibende Betrag nach dem eingangs angenommenen Verhältnis von 3 : 2 zu teilen. Ist der Selbstbehalt des Unterhaltsverpflichteten zu gering, so ist seine Quote zu erhöhen (vgl. Rdnr. 12), oder sie ist als fixe Größe anzusetzen und bei der Berechnung auszuklammern.

6 Rangordnung bei Zusammentreffen mit Unterhaltsansprüchen nach bisher geltendem Recht

21 Der Unterhaltsanspruch eines Ehegatten, dessen Ehe nach den bisher geltenden Vorschriften geschieden worden ist, bestimmt sich auch künftig nach dem bisherigen Recht (Art. 12 Nr. 3 Abs. 2 des 1. EheRG). Das gilt auch für das Verhältnis zu Ansprüchen anderer Unterhaltsberechtigter. Geht man davon aus, daß nach bisher geltendem Recht nach der *h. M.* Unterhaltsansprüche mehrerer Ehegatten gleichen Rang haben (vgl. Rdnr. 2), so hat es dabei für den nach bisher geltendem Recht geschiedenen Ehegatten sein Bewenden (vgl. *Amtl. Begr.* S. 233). Auf ihn ist die Vorrangsregelung des neuen Rechts nicht anwendbar. Das ist folgerichtig; denn behält der Ehegatte den früheren Besitzstand ohne Rücksicht darauf, ob er die Voraussetzungen für einen Unterhaltsanspruch auch nach neuem Recht erfüllt, so würde es eine ungerechtfertigte Bevorzugung bedeuten, ihm auch noch zusätzliche Vorteile des neuen Rechts zukommen zu lassen, mit denen er im Zeitpunkt der Scheidung nicht rechnen konnte.

Ist über den Unterhaltsanspruch des Unterhaltsberechtigten nach bisher geltendem Recht abweichend von der h. M. auf der Grundlage eines Vorrangs des geschiedenen Ehegatten entschieden worden, dann verbleibt es dabei. Die Entscheidung ist Ausdruck des *»bisher geltenden Rechts«*.

7 Beweislast

22 Der geschiedene Ehegatte braucht außer den Voraussetzungen seines Unterhaltsanspruchs im Rahmen des § 1582 für seinen Vorrang keinen Beweis anzutreten. Der neue Ehegatte hat, will er den Vorrang zu Fall bringen, die Beweislast für das Vorliegen der Unterhaltsansprüche nach §§ 1569 bis 1574, 1576, 1577 Abs. 1. Der geschiedene Ehegatte muß dann seinerseits die Voraussetzungen des § 1582 Abs. 1 Satz 2 beweisen, um den Vorrang seines Unterhaltsanspruchs zu sichern.

8 Rangverhältnis in der Zwangsvollstreckung

23 Der Vorrang des geschiedenen Ehegatten ist auch in der Zwangsvollstreckung zu berücksichtigen. Nach Art. 6 Nr. 34 des 1. EheRG ist in § 850 d Abs. 2 Buchst. a ZPO nach dem Eingangssatz, der vom Gleichrang des Ehegatten mit dem früheren Ehegatten ausgeht, folgender Satz eingefügt worden:

»für das Rangverhältnis des Ehegatten zu einem früheren Ehegatten gilt jedoch § 1582 des Bürgerlichen Gesetzbuches entsprechend;«

Die Befugnis des Vollstreckungsgerichts, das Rangverhältnis nach billigem Ermessen in anderer Weise festzusetzen (§ 850 d Abs.

2 a Satz 3 ZPO), bezieht sich auch auf die Vorrangregelung nach § 1582.

9 Recht der DDR

24 In der DDR haben die Unterhaltsansprüche aller Ehegatten gleichen Rang. In Anbetracht der zeitlichen Begrenzung der Unterhaltsansprüche hat das Vorrangsproblem untergeordnete Bedeutung.

Lebt der Verpflichtete im Fall der Wiederheirat mit seinem neuen Ehegatten im Güterstand der Gütergemeinschaft, so ist § 1604 entsprechend anzuwenden.

§ 1583 entspricht sachlich dem § 68 EheG. Der neue Wortlaut berücksichtigt, daß die Vorschrift nur auf den Güterstand der Gütergemeinschaft anwendbar ist. § 1604, auf den verwiesen wird, lautet:

Besteht zwischen Ehegatten Gütergemeinschaft, so bestimmt sich die Unterhaltspflicht des Mannes oder der Frau Verwandten gegenüber so, wie wenn das Gesamtgut dem unterhaltspflichtigen Ehegatten gehörte. Sind bedürftige Verwandte beider Ehegatten vorhanden, so ist der Unterhalt aus dem Gesamtgut so zu gewähren, wie wenn die Bedürftigen zu beiden Ehegatten in dem Verwandtschaftsverhältnis ständen, auf dem die Unterhaltspflicht des verpflichteten Ehegatten beruht.

Auf Grund dieser Regelung wird bei der Prüfung, ob der unterhaltsverpflichtete Ehegatte leistungsfähig im Sinne von § 1581 ist, das Gesamtgut ihm zugeordnet ohne Rücksicht darauf, welcher der Ehegatten der neuen Ehe die Vermögenswerte eingebracht hat. Beeinflußt wird die Leistungsfähigkeit des Ehegatten außerdem durch sein Sonder- oder Vorbehaltsgut.

Sind beide Ehegatten unterhaltspflichtig, greift § 1604 Satz 2 ein. Um ein gleichgeordnetes Rangverhältnis zu sichern, wird ein Verwandtschaftsverhältnis zu dem Ehegatten des Unterhaltsschuldners fingiert. Zu den »Verwandten« im Sinne von § 1604 S. 2 gehört auch der geschiedene Ehegatte. Die Rangfolge der Unterhaltsberechtigten untereinander ist § 1609 zu entnehmen.

Der unterhaltspflichtige geschiedene Ehegatte haftet vor den Verwandten des Berechtigten. Soweit jedoch der Verpflichtete nicht leistungsfähig ist, haften die Verwandten vor dem geschiedenen Ehegatten. § 1607 Abs. 2 ist entsprechend anzuwenden.

Überblick

1 Allgemeines

1 § 1584 entspricht sachlich § 63 EheG. Als überflüssig entfallen ist § 63 Abs. 1 Satz 3 EheG, der auf die (selbstverständliche) Unterhaltspflicht Verwandter des Ehegatten hinweist, wenn sein geschiedener Ehegatte nicht unterhaltsverpflichtet ist. § 63 Abs. 2 EheG ist durch die Verweisung auf den sachlich gleichen § 1607 Abs. 2 obsolet geworden.

§ 1607 lautet:

(1) Soweit ein Verwandter auf Grund des § 1603 nicht unterhaltspflichtig ist, hat der nach ihm haftende Verwandte den Unterhalt zu gewähren.

(2) Das gleiche gilt, wenn die Rechtsverfolgung gegen einen Verwandten im Inland ausgeschlossen oder erheblich erschwert ist. Der Anspruch gegen einen solchen Verwandten geht, soweit ein anderer Verwandter den Unterhalt gewährt, auf diesen über. Der Übergang kann nicht zum Nachteile des Unterhaltsberechtigten geltend gemacht werden.

2 Die Vorschrift ist anwendbar auf alle *gesetzlichen* Unterhaltsansprüche einschließlich der Unterhaltsansprüche nach § 26 EheG. Sie gilt nicht für Ansprüche aus *selbständigen Unterhaltsvereinbarungen.* Der bestehende vertragliche Unterhaltsanspruch mindert die Bedürftigkeit des Berechtigten. Ist er nicht realisierbar, dann wird die unmittelbar bestehende Haftung der Verwandten aktualisiert. Ein gesetzlicher Forderungsübergang nach § 1607 Abs. 2 tritt nicht ein. Ob der zahlende Verwandte gegen den Unterhaltsverpflichteten einen Ersatzanspruch hat, ist nach allgemeinen Vorschriften (§§ 812 ff., 677 ff.) zu beurteilen (vgl.

RGRK § 63, 44 EheG; unzutreffend *Soergel-Donau* § 63, 12 EheG, der § 63 Abs. 2 EheG auf selbständige Unterhaltsvereinbarungen anwenden will).

2 Rangfolge

3 § 1584 regelt die Rangfolge, wenn der Ehegatte Unterhaltsansprüche gegen seinen geschiedenen Ehegatten und auch gegen einen unterhaltspflichtigen Verwandten hat. Der geschiedene Ehegatte haftet vorrangig. Das bedeutet, daß er den Berechtigten nicht auf den Unterhaltsanspruch gegen den Verwandten verweisen kann. Die Rangfolge kehrt sich um, soweit der verpflichtete Ehegatte nicht »leistungsfähig« ist. Die Leistungsfähigkeit ist nach § 1581 zu beurteilen. Dann haften die Verwandten vor dem geschiedenen Ehegatten. Ist seine Leistungsfähigkeit nur gemindert, haftet der geschiedene Ehegatte auf Teilunterhalt, die Verwandten auf den Rest (*RG* Warn. Rspr. 1917 Nr. 249). Soweit die Verwandten vor dem Ehegatten verpflichtet sind, erbringen sie eine *selbstgeschuldete* Leistung; der Grundsatz des § 1607 Abs. 2 Satz 2 findet keine Anwendung, da es sich nicht um einen Fall der Ersatzhaftung handelt.

3 Ersatzhaftung der Verwandten (§§ 1584, 1607 Abs. 2)

4 Die Ersatzhaftung Verwandter vor dem geschiedenen Ehegatten tritt ein, wenn die Rechtsverfolgung gegen den Ehegatten im *Inland* ausgeschlossen oder erheblich erschwert ist. Ob und unter welchen Voraussetzungen eine Rechtsverfolgung im Ausland möglich erscheint, ist gleichgültig; dieser Umstand bleibt bei der Anwendung des § 1607 Abs. 2 außer Betracht (h. M.: *Hoffmann-Stephan* § 63, 14 EheG; *Soergel-Donau* § 63, 5 EheG; kritisch zu der Regelung *Kropholler* FamRZ 1965, 413, weil internationale Übereinkommen die Geltendmachung von Ansprüchen im Ausland erleichtern – vgl. auch *Ferid* FamRZ 1956, 165; *Lanski* FamRZ 1962, 347).

Die DDR und Ost-Berlin sind zwar nicht Ausland (vgl. Rdnr. 12 zu § 606 a ZPO), doch bietet es sich an, sie als Ausland zu behandeln, weil die Rechtsverfolgung dort nicht minder schwierig ist wie in einem ausländischen Staat (*Soergel-Donau* § 63, 5 EheG).

5 Die Rechtsverfolgung im Inland ist ausgeschlossen, wenn im Inland keine Zuständigkeit gegeben ist, was in Anbetracht des § 23 a ZPO kaum eintreten kann, oder wenn die Zwangsvollstreckung im Inland nicht möglich ist (vgl. *Kropholler* FamRZ 1965, 413).

Erheblich erschwert ist die Rechtsverfolgung, wenn der Unterhaltsverpflichtete sich der Unterhaltspflicht durch häufigen Wechsel des Aufenthaltsortes oder des Arbeitsplatzes entzieht, aber auch, wenn er zumutbare Erwerbstätigkeiten nicht aufnimmt (*RG* SeuffA 62 Nr. 112).

6 Die Ersatzhaftung nach § 1607 Abs. 2 setzt voraus, daß ein Unterhaltsanspruch gegen den geschiedenen Ehegatten besteht. Die Verwandten treten also – und darin unterscheidet sich die Regelung von der Primärhaftung der Verwandten nach § 1584 Satz 2 – für den geschiedenen Ehegatten ein. Der Umstand, daß sie die Unterhaltspflicht des verpflichteten Ehegatten erfüllen, rechtfertigt den gesetzlichen Forderungsübergang nach § 1607 Abs. 2 Satz 2. Dieser tritt nicht ein, wenn der Unterhalt von anderen als den unterhaltsverpflichteten Verwandten gewährt wird, z. B. von Geschwistern. Insoweit ist der Ausgleich nach allgemeinen Vorschriften vorzunehmen (§§ 677 ff., 812 ff.).

7 Mit dem Übergang verliert der Anspruch seinen Charakter als gesetzlicher Unterhaltsanspruch. Die bisherigen Beschränkungen fallen weg, er kann abgetreten, gepfändet und verpfändet werden; die Aufrechnung ist zulässig (h. M.: *OLG Köln* JW 1937, 3160; *Soergel-Donau* § 63 EheG). Das Pfändungsprivileg nach § 850 d ZPO entfällt (*Hoffmann-Stephan* § 63, 19; *RGRK* § 63, 33; *Soergel-Donau* § 63, 8; *Gernhuber* § 41 IV 4; vgl. auch *OLG Breslau* OLG 17, 340; *OLG Köln* JW 1937, 3160; *LG Traunstein* MDR 1963, 319; *LG Hanau* NJW 1965, 767; a. A.: *Baumbach-Hartmann* § 850 d 1 A ZPO; *Kropholler* FamRZ 1965, 413 m. w. N.).

Im übrigen ist der Forderungsübergang auf Grund der Verweisung in § 412 nach den §§ 399 ff. zu beurteilen. Streitig ist, ob dem in Anspruch genommenen Verwandten, der laufend Unterhalt gezahlt hat, der übergegangene Unterhaltsanspruch für die Vergangenheit zusteht, obwohl der Unterhaltsverpflichtete nicht im Verzug war, und die Unterhaltsforderung nicht mehr rechtshängig gemacht worden ist (§§ 414, 1585 b Abs. 2). § 1585 b Abs. 2 ist eine Schutzvorschrift zugunsten des Schuldners, der oft nicht wissen kann, ob und in welchem Umfang er als Unterhaltsschuldner in Anspruch genommen wird. An dieser Situation ändert sich nichts dadurch, daß für ihn ein Verwandter einspringt. Schutzwürdige Interessen des Verwandten werden dadurch gewahrt, daß er bei Beginn der Zahlungen von dem Unterhaltsberechtigten verlangen kann, den Verpflichteten in Verzug zu setzen. Deshalb ist der Auffassung zuzustimmen, die dem Unterhaltsverpflichteten den Einwand nach § 1585 b Abs. 2 nicht abschneidet, wenn er von den Verwandten in Anspruch genommen wird (so *OLG Breslau* OLG 26, 239; *Erman-Ronke* § 64, 1 EheG; *Hoffmann-Stephan* § 63, 18 EheG; *Staudinger-Gotthardt* § 1607, 33; *Dölle* § 41 III 4 c; *Gernhuber* § 41 IV 4; a. A.: *OLG Hamburg* LZ 1921, 661; *OLG Marienwerder* OLG 30, 58; *RGRK* § 63, 31; *Soergel-Donau* § 63, 9; offengelassen in *BGH* 43, 1; differenzierend *Kropholler* FamRZ 1965, 413, der auf die Kenntnis von der Inanspruchnahme abstellt).

8 Nicht berührt wird durch den gesetzlichen Forderungsübergang die kurze Verjährungsfrist des § 197, denn der Unterhaltsschuld-

ner soll auf Grund eines bloßen Gläubigerwechsels nicht schlechter gestellt werden, als er vorher gestanden hat (h. M.: *RG* 72, 334; *OLG Köln* JW 1937, 3160; *Soergel-Donau* § 63, 8 EheG; a. A.: *OLG Marienwerder* OLG 30, 58).

9 Der Verwandte kann auf Grund der Unterhaltsleistung einen Erstattungsanspruch gegen den primär verpflichteten Ehegatten nach allgemeinen Vorschriften, z. B. wegen Geschäftsführung ohne Auftrag oder Bereicherung haben (str. zutr. *OLG Köln* JW 1937, 3160; *Hoffmann-Stephan* § 63, 21 EheG; *Staudinger-Gotthardt* § 1607, 38; *Beitzke* § 24 V 2 b; a. A.: *OLG München* OLG 24, 275; *Erman-Küchenhoff* § 1607, 6; *Kropholler* FamRZ 1965, 413; entgegen *Gernhuber* § 41 IV 4 ist es für die Annahme eines Konkurrenzverhältnisses gleichgültig, ob ein zusätzlicher Anspruch dem Berechtigten einen Vorteil bringt; der *BGH* konstruiert bei Regreßbeziehungen familienrechtlicher Art einen besonderen »familienrechtlichen Ausgleichsanspruch«, so wenn ein Elternteil vom anderen einen Ausgleich dafür verlangt, daß er allein den gesamten Lebensbedarf des gemeinsamen Kindes gedeckt hat, *BGH* 31, 329; 50, 266).

10 Der eigenständige Anspruch des zahlenden Verwandten ist im allgemeinen nach den für einen solchen Anspruch geltenden Rechtsvorschriften zu beurteilen. Doch liegt es nahe, die Verjährung von Ansprüchen auf Erstattung gezahlten Unterhalts nach § 197 zu beurteilen, wenn Gegenstand des Unterhaltsanspruchs regelmäßig wiederkehrende Leistungen waren (*RG* 170, 252; *BGH* 31, 329 mit Anm. v. *Johannssen* LM § 197 Nr. 3; *OLG Nürnberg* FamRZ 1960, 167; im Ergebnis wohl auch *Gernhuber* § 41 IV 4; a. A.: *RG* 86, 96; *OLG Hamburg* JW 1936, 3066; *OLG Stuttgart* NJW 1955, 1593 mit Anm. v. *Danckelmann;* vgl. auch *v. Caemmerer* NJW 1963, 1403, der einen Konkurrenzanspruch nur aus Geschäftsführung ohne Auftrag zulassen will).

4 Übergang auf den Träger der Sozialhilfe

11 Ein gesetzlicher Forderungsübergang auf den Träger der Sozialhilfe, der dem Unterhaltsberechtigten Leistungen gewährt hat, findet nicht statt, doch kann der Träger den Unterhaltsanspruch gegen den verpflichteten Ehegatten auf sich überleiten (§ 90 Abs. 1 BSHG). Der Forderungsübergang tritt ein, sobald die schriftliche Überleitungsanzeige dem Schuldner zugegangen ist. Übergeleitet werden können (bereits vor der Scheidung) auch künftige Unterhaltsansprüche (vgl. dazu Rdnr. 10 zu § 1569).

5 Verbot der Benachteiligung des Unterhaltsberechtigten (§§ 1584, 1607 Abs. 2 Satz 3)

12 Der Übergang (gemeint ist der übergegangene Anspruch) kann nicht zum Nachteil des Unterhaltsberechtigten geltend gemacht werden (allg. Prinzip: vgl. §§ 268 Abs. 3 Satz 2, 426 Abs. 2

Satz 2, 774 Abs. 1 Satz 2, 1164 Abs. 1 Satz 2, 1615 b Abs. 1 Satz 2).
Die Regelung wirkt sich aus, wenn der übergegangene Anspruch mit Ansprüchen des Unterhaltsberechtigten konkurriert. Bei den letzteren muß es sich um Unterhaltsansprüche im Sinne des § 1584 handeln, denn § 1607 Abs. 2 Satz 3 ist kein allgemeines Privileg. Ein Konkurrenzverhältnis wird nicht selten bei einer Teilablösung des Unterhaltsanspruchs gegeben sein. Der Restanspruch des Ehegatten geht dann, etwa bei der Inanspruchnahme von Sicherheiten, dem übergegangenen Anspruch vor (vgl. allgemein zum Benachteiligungsverbot *RG* 131, 325; 126, 181; das muß auch für den Rang in der Zwangsvollstreckung gelten). Ersatzansprüche, die neben den übergegangenen Unterhaltsansprüchen bestehen, fallen ebenfalls unter §§ 1584, 1607, nicht dagegen isolierte Ansprüche aus Bereicherung oder Geschäftsführung ohne Auftrag, auch wenn sie einem (nicht unterhaltspflichtigen) Verwandten zustehen.

6 Beweislast

13 Der unterhaltsverpflichtete Ehegatte kann den Berechtigten auf die Verwandten verweisen, wenn er seine mangelnde Leistungsfähigkeit darlegt. Die Leistungsfähigkeit der Verwandten muß er ebenfalls nachweisen, da er nach § 1581 auch bei mangelnder Leistungsfähigkeit in Anspruch genommen werden kann, wenn die Verwandten die Leistung nicht erbringen können (vgl. *Soergel-Donau* § 63, 13). Der unterhaltsberechtigte Ehegatte muß, will er Verwandte in Anspruch nehmen, den Beweis für die mangelnde Leistungsfähigkeit seines geschiedenen Ehegatten führen. Ihm obliegt auch die Beweislast für die Voraussetzungen des § 1607 Abs. 2 Satz 1. Behauptet der in Anspruch genommene Verwandte, der Unterhaltsanspruch sei vom verpflichteten Ehegatten bereits erfüllt, muß er das beweisen.

7 Recht der DDR

14 § 85 FGB der DDR enthält eine den § 1584 S. 1, § 1607 Abs. 2 Satz 1 entsprechende Regelung. Der Forderungsübergang nach § 1607 Abs. 2 Satz 2 und 3 ist nicht vorgesehen.

§ 1585

(1) Der laufende Unterhalt ist durch Zahlung einer Geldrente zu gewähren. Die Rente ist monatlich im voraus zu entrichten. Der Verpflichtete schuldet den vollen Monatsbetrag auch dann, wenn der Unterhaltsanspruch im Laufe des Monats durch Wiederheirat oder Tod des Berechtigten erlischt.

(2) Statt der Rente kann der Berechtigte eine Abfindung in Kapital verlangen, wenn ein wichtiger Grund vorliegt und der Verpflichtete dadurch nicht unbillig belastet wird.

Überblick Rdnr.

1 Allgemeines

1 § 1585 entspricht im wesentlichen dem bisherigen § 62 Abs. 1 Satz 1 und 2, Abs. 2 und 3 EheG. § 62 Abs. 1 Satz 3 und 4 (Sicherheitsleistung) hat in § 1585 a eine besondere Ausgestaltung gefunden. Die Regelung ist außerdem durch den Erlöschensgrund der »Wiederheirat« erweitert worden.

2 Anwendungsbereich

2 Die Vorschrift gilt für alle gesetzlichen Unterhaltsansprüche, Absatz 1 auch für Unterhaltsansprüche, die auf Grund eines selbständigen Unterhaltsvertrages begründet worden sind (vgl. Rdnr. 21 zu § 1585 c). Die Parteien können eine andere Art der Unterhaltsleistung vereinbaren, an die sie gebunden sind (*BGH* NJW 1962, 2102; keine Kündigung, wenn dem anderen Ehegatten als Unterhalt die Wohnung überlassen worden ist – vgl. auch *BGH* FamRZ 1965, 125 – Fall der Überlassung eines Kraftfahrzeugs anstelle von Unterhalt). Ein Recht, den laufenden Unterhalt auf andere Art zu leisten bzw. zu erhalten, haben im allgemeinen weder der Berechtigte noch der Verpflichtete (*OLG Neustadt* FamRZ 1955, 290; a. A.: *OLG Frankfurt* NJW 1955, 1362 mit abl. Anm. v. *Schwab*; *OLG Düsseldorf* NJW 1959, 2311 für

Baukostenzuschuß; eine Ausnahme zugunsten des Berechtigten enthält § 1585 Abs. 2, Recht auf Abfindung).

3 Geldschuld, Zeitpunkt und Zeitdauer der Leistung

3 Die Unterhaltsrente ist eine Geldschuld. Geldschulden sind Schickschulden mit der Besonderheit, daß der Schuldner Kosten und Gefahr bis zum Eingang des Geldes beim Gläubiger trägt (§§ 269, 270). Daraus folgt, daß der Unterhaltsschuldner rechtzeitig leistet, wenn er das Geld am Ersten eines jeden Monats absendet; der Absendung steht die Einzahlung zum Zwecke der Überweisung gleich (*RG* 78, 137). Leistet er später, treten Verzugsfolgen ein (§§ 286, 288, 246).

4 Geschuldet wird der volle Monatsbetrag vom ersten Tag des Monats, der auf den Beginn der Leistungspflicht folgt. Der Unterhaltsanspruch erlischt mit der Wiederheirat oder mit dem Tod des Berechtigten (§ 1585 Abs. 1). Fällt das Ereignis in den Lauf des Monats, wird gleichwohl der volle Monatsbetrag geschuldet (nach bisher geltendem Recht war es streitig, ob dies auch für den Fall der Wiederheirat gelten soll, die in § 62 EheG nicht erwähnt ist, vgl. *Habscheid* FamRZ 1959, 317; die Streitfrage ist erledigt).

4 Abfindung

4.1 Anwendungsbereich

5 Eine Abfindung anstelle der Rente kann nur der Berechtigte verlangen. Der Verpflichtete hat keine Möglichkeit, den Rentenanspruch einseitig abzulösen. Vereinbarungen sind möglich. Die Regelung ist auf selbständige Unterhaltsvereinbarungen nicht anwendbar, wohl aber, wenn die Vereinbarung im wesentlichen lediglich die Fixierung des gesetzlichen Unterhaltsanspruchs darstellt (vgl. Rdnr. 21 zu § 1585 c).

4.2 Wichtiger Grund

6 Ein wichtiger Grund liegt in erster Linie, aber nicht ausschließlich vor, wenn der Berechtigte den Kapitalbetrag benötigt, um seine wirtschaftliche Selbständigkeit zu erlangen, die ihn von laufenden Unterhaltsleistungen unabhängig macht, z. B. um ein Geschäft zu erwerben oder eine Ausbildung zu finanzieren (die von § 1575 nicht gedeckt ist). Eine bevorstehende Auswanderung kann ein wichtiger Grund sein, ebenso, wenn die Abfindung dem Berechtigten die Wiederheirat ermöglicht; a. A.: *Soergel-Donau* § 62, 11 EheG. Der wichtige Grund kann auch in der Person des Verpflichteten liegen, z. B. ständiger Zahlungsverzug, *Gernhuber* § 30 VI 2, oder mangelnder Bereitschaft, Sicherheit zu leisten, obwohl die Voraussetzungen vorliegen.

4.3 Unbillige Belastung

7 Der Verpflichtete wird unbillig belastet, wenn durch die Abfindung sein angemessener Lebensunterhalt gefährdet würde, wenn er Vermögenswerte unwirtschaftlich verwerten müßte, was auch im Fall einer unwirtschaftlichen Liquidation einer Beteiligung gegeben sein kann. Nach dem Wortlaut des § 1585 Abs. 2 sind der wichtige Grund und die unbillige Belastung isoliert zu prüfen. Eine Abwägung und Berücksichtigung der Intensität der Interessen ist nicht vorgesehen, doch liegt sie nahe.

4.4 Kapitalabfindung

8 Die Rente wird in Geld kapitalisiert. Eine abweichende Art der Regelung ist möglich. Die Höhe ist nach den allgemeinen Grundsätzen für die Kapitalisierung von Renten festzusetzen, wobei außer der Lebenserwartung des Berechtigten Umstände, die Einfluß auf Unterhaltsansprüche haben können, zu berücksichtigen sind, z. B. Änderung der Bedürfnisse, bevorstehende Wiederheirat u. a. m. Das Gebot des § 1585 Abs. 2, den Verpflichteten nicht unbillig zu belasten, bezieht sich nicht auf die Höhe der Abfindung, sondern allein auf die *Vorfrage*, ob eine Abfindung überhaupt zulässig ist. Eine *Herabsetzung* des errechneten Kapitals *aus Billigkeitsgründen* kommt daher nicht in Betracht.

4.5 Folgen der Abfindung

9 Die Abfindung führt zum endgültigen Erlöschen des Unterhaltsanspruchs. Eine nachträgliche Änderung der Verhältnisse ist irrelevant. Hat der Berechtigte die Abfindungsregelung erschlichen, dann kann Schadensersatz nach § 826 verlangt werden (*RG* DR 1939, 308: Vorspiegelung eines wichtigen Grundes, nämlich Aufbau einer Existenz, obwohl Wiederverheiratung unmittelbar bevorstand).

Der Unterhaltsanspruch erlischt zu dem Zeitpunkt, zu dem die Voraussetzungen für die Abfindung eingetreten sind, d. i. der Zugang der Erklärung des Berechtigten, Abfindung zu verlangen (*RGRK* § 62, 27 EheG; *Gernhuber* § 30 VI 2; a. A.: *Soergel-Donau* § 62, 14 EheG: Ablauf des Monats, in dem das Urteil über die Abfindung rechtskräftig wird oder die Vereinbarung darüber getroffen wird; dabei wird übersehen, daß das Urteil keine gestaltende Wirkung hat und § 1585 Abs. 1 Satz 2 nicht zwingt, bei der Abfindung an die monatliche Zahlungsweise des Unterhalts anzuknüpfen). Entgegen der *h. M.* (*Hoffmann-Stephan* § 62, 15) ist es angezeigt, die Vorschriften über den Pfändungsschutz (§ 850 b ZPO) und das Pfändungsprivileg (§ 850 d ZPO) auf den *Anspruch* auf Abfindung anzuwenden, wenn es sich um die Kapitalisierung eines gesetzlichen Unterhaltsanspruchs handelt (vgl. Rdnr. 10 zu § 1585 c).

(1) Der Verpflichtete hat auf Verlangen Sicherheit zu leisten. Die Verpflichtung, Sicherheit zu leisten, entfällt, wenn kein Grund zu der Annahme besteht, daß die Unterhaltsleistung gefährdet ist oder wenn der Verpflichtete durch die Sicherheitsleistung unbillig belastet würde. Der Betrag, für den Sicherheit zu leisten ist, soll den einfachen Jahresbetrag der Unterhaltsrente nicht übersteigen, sofern nicht nach den besonderen Umständen des Falles eine höhere Sicherheitsleistung angemessen erscheint.

(2) Die Art der Sicherheitsleistung bestimmt sich nach den Umständen; die Beschränkung des § 232 gilt nicht.

Überblick

1 Allgemeines

1 § 1585 a ist eine Neufassung des § 62 Abs. 1 Satz 2 EheG. Nach dem RegE kam es auf die Gefährdung der Unterhaltsleistung nicht an. Die Vorschrift findet auf gesetzliche und selbständige vertragliche Unterhaltsansprüche Anwendung (vgl. Rdnr. 21 zu § 1585 c; *RG* Recht 1920 Nr. 2432). Erforderlich ist ein Antrag des Berechtigten. Eine weitere Zugriffsmöglichkeit gewährt dem Berechtigten § 850 d Abs. 3 ZPO.

2 Gefährdung des Unterhalts, unbillige Belastung

2 Die Gefährdung der Unterhaltsleistung ist keine Anspruchsvoraussetzung für die Sicherheitsleistung, vielmehr ist die fehlende Gefährdung anspruchsvernichtend (*Palandt-Diederichsen* § 1585 a, 1). Das folgt aus der etwas umständlichen negativen Fassung, die eine Beweisregel zu Lasten des Verpflichteten beinhaltet. Das bedeutet nicht, daß der Verpflichtete alle theoretischen Möglichkeiten einer Gefährdung ausschließen müßte. Allerdings geht bei behaupteten Anhaltspunkten ein non liquet zu seinen Lasten. Die Sicherheitsleistung ist als gefährdet anzusehen, wenn der Verpflichtete Vermögensteile veräußert, Anstalten macht, seinen Aufenthalt ins Ausland oder an einen unbekannten Ort zu verlegen, wenn die Unterhaltsleistungen unregelmäßig gezahlt werden usw.

Zur Frage der unbilligen Belastung vgl. Rdnr. 7 zu § 1585.

3 Art und Höhe der Sicherheitsleistung

3 Die Art der Sicherheitsleistung ist nicht vorgeschrieben. Das Gericht bestimmt sie nach den Umständen des Einzelfalles, ohne an die Beschränkungen des § 232 gebunden zu sein (§ 1585 a Abs. 2). Kommen mehrere wirksame Arten in Betracht, hat das Gericht nach dem Grundsatz der Verhältnismäßigkeit diejenige zu bestimmen, die den Verpflichteten am wenigsten hart trifft. Sieht das Gericht davon ab, eine bestimmte Art der Sicherheitsleistung zu bestimmen, gelten die §§ 232 ff.

Der Betrag der Sicherheitsleistung soll den einfachen Jahresbetrag der Unterhaltsrente (RegE: zweifachen Jahresbetrag) nicht übersteigen (§ 1585 a Abs. 1 Satz 2). Ausnahmen sind möglich.

4 Verfahren

4 Der Anspruch auf Sicherheitsleistung kann mit dem Unterhaltsanspruch oder nachträglich geltend gemacht werden, auch in Form der Nachtragsklage nach § 324 ZPO. Sind die Gründe für die Anordnung der Sicherheitsleistung nachträglich entfallen, kann der Schuldner Aufhebung der Sicherheitsleistung verlangen (Klage nach § 767 ZPO; *Hoffmann-Stephan* § 62, 8 EheG; für entsprechende Anwendung von § 324 ZPO: *Baumbach-Hartmann* § 324, 2; *Soergel-Donau* § 62, 8 EheG).

5 Beweislast

5 Der Berechtigte hat die Höhe seiner Unterhaltsansprüche zu beweisen, ebenso die Umstände, die eine über den Regelsatz des § 1585 a Abs. 1 S. 2 hinausgehende Sicherheitsleistung begründen sollen. Dem Unterhaltsverpflichteten obliegt zu beweisen, daß (im Rahmen des Üblichen) keine Umstände vorliegen, die eine Gefährdung des Unterhaltsanspruchs darstellen könnten. Anhaltspunkte für eine Gefährdung des Unterhalts hat er zu entkräften. Ihm obliegt auch die Beweislast dafür, daß er unbillig belastet wird.

(1) Wegen eines Sonderbedarfs (§ 1613 Abs. 2) kann der Berechtigte Unterhalt für die Vergangenheit verlangen.

(2) Im übrigen kann der Berechtigte für die Vergangenheit Erfüllung oder Schadensersatz wegen Nichterfüllung erst von der Zeit an fordern, in der der Unterhaltspflichtige in Verzug gekommen oder der Unterhaltsanspruch rechtshängig geworden ist.

(3) Für eine mehr als ein Jahr vor der Rechtshängigkeit liegende Zeit kann Erfüllung oder Schadensersatz wegen Nichterfüllung nur verlangt werden, wenn anzunehmen ist, daß der Verpflichtete sich der Leistung absichtlich entzogen hat.

Überblick

1 Allgemeines

1 Die Vorschrift entspricht, von Absatz 1 (Sonderbedarf) abgesehen, dem bisherigen § 64 EheG. Der Ansspruch auf Sonderbedarf wurde bisher analog § 1613 Abs. 2 gewährt. § 1585 b beruht auf dem Grundsatz in praeteritum non vivitur. Er schützt den Unterhaltsschuldner vor der Inanspruchnahme für Unterhaltsleistungen in der Vergangenheit, da er mit einer Inanspruchnahme nicht mehr rechnen muß. Diese ratio fehlt bei vertraglich vereinbarten Unterhaltsansprüchen; deshalb ist § 1585 b auf solche Ansprüche grundsätzlich nicht anwendbar (vgl. *RG* 164, 65; Rdnr. 21 zu § 1585 c).

Der Anspruch bleibt, auch soweit er für die Vergangenheit gefordert wird, gesetzlicher Unterhaltsanspruch. Auf Ansprüche, die nach § 1584, 1607 Abs. 2 auf Verwandte übergegangen sind, findet § 1585 b Abs. 2 und 3 grundsätzlich Anwendung (str. vgl. Rdnr. 7 zu § 1584).

2 Unterhalt bei Verzug oder Rechtshängigkeit (§ 1585 b Abs. 2)

2 Gemeint ist, daß Unterhalt für *den Zeitraum ab Verzug* oder *Rechtshängigkeit* gefordert werden kann. Bei Schadensersatzan-

sprüchen wegen Nichterfüllung wird es sich meist um Verzugsschaden handeln.
Voraussetzungen des Verzugs (§§ 284 ff.) sind:

a) Fälligkeit der Unterhaltsrente.

b) Mahnung.
Erforderlich ist eine Konkretisierung des Anspruchs nach Grund und Höhe, Mehrforderung ist unschädlich. Nachträgliche Geltendmachung eines höheren Unterhalts setzt erneute Mahnung voraus. Die Mahnung ist entbehrlich, wenn der Schuldner zu erkennen gibt, daß er die Leistung eindeutig und endgültig verweigert. § 284 Abs. 2 Satz 1 findet keine Anwendung, da die Entrichtung des Unterhalts in monatlichen Beträgen keine nach dem »Kalendermonat bestimmte Leistungszeit« ist (allg. M. vgl. *Soergel-Donau* § 64, 4). Die Mahnung gilt auch für die künftig fällig werdenden Beträge.

c) Zu vertretender Umstand.
Der Unterhaltsverpflichtete kommt nur dann in Verzug, wenn er die Umstände, die zum Verzug geführt haben, zu vertreten hat (§ 285). Das ist bei Geldschulden im allgemeinen der Fall (§ 279). Eine Ausnahme kann vorliegen, wenn der Unterhaltsverpflichtete (trotz Mahnung!) von der Unterhaltspflicht schuldlos keine Kenntnis hatte (vgl. *Hoffmann-Stephan* § 64, 16 EheG).

Dem Verzug steht Rechtshängigkeit gleich; sie ist nach §§ 253, 261 Abs. 2, 263, 498, 696 Abs. 3, 700 ZPO zu beurteilen.

3 Unterhalt im Fall der Unterhaltentziehung (§ 1585 b Abs. 3)

3 § 1585 b Abs. 3 schränkt den Absatz 2 insoweit ein, als für einen Zeitraum, der länger als ein Jahr vor der Rechtshängigkeit liegt, Unterhalt nur verlangt werden kann, wenn (gemeint ist »soweit«, wie in § 64 EheG) anzunehmen ist, daß der Verpflichtete sich der Unterhaltsleistung absichtlich entzogen hat. Der bloße Vorsatz genügt nicht. Andererseits braucht nicht der volle Beweis der Unterhaltsentziehung erbracht zu werden. Sie ist »anzunehmen«, wenn konkrete Anhaltspunkte von Gewicht hierfür gegeben sind. Die Vorschrift gilt auch für die Geltendmachung des Sonderbedarfs nach Absatz 1 (dazu vgl. Rdnr. 4).

4 Sonderbedarf (§ 1585 b Abs. 1)

4 Sonderbedarf ist ein *unregelmäßiger, außergewöhnlich hoher* Bedarf (§ 1613 Abs. 2). Unregelmäßig ist ein Bedarf, dessen Eintritt nach allgemeiner Erfahrung und den Umständen im Einzelfall nicht erwartet werden kann, so daß er bei der Bemessung der Unterhaltsrente nicht berücksichtigt werden konnte (*Brühl-Göppinger-Mutschler* 142). Er ist außergewöhnlich hoch, wenn die Aufwendungen auch bei gehöriger Einschränkung aus den laufen-

den Einkünften nicht getragen werden können, ohne daß der notwendige Lebensbedarf des Berechtigten gefährdet wird. Häufig wird angenommen, daß 10 % der Monatsrente als Mindestwert des Sonderbedarfs anzusetzen sind, mitunter wird der Sonderbedarf als außergewöhnlich hoch angesehen, wenn er höher ist als die Differenz zwischen dem notwendigen Lebensbedarf und dem Monatsbetrag der Rente (vgl. *Brühl-Göppinger-Mutschler* 144 m. w. N.).

5 § 1585 b Abs. 3 gilt auch für den Sonderbedarf (*Amtl. Begr.* S. 149). Es genügt also nicht, daß der Unterhaltsverpflichtete innerhalb eines Jahres nach der Entstehung des Sonderbedarfs in Verzug gesetzt wird (so § 1613 Abs. 2 Satz 2). Erforderlich ist vielmehr in jedem Fall, daß der Anspruch innerhalb der Jahresfrist rechtshängig gemacht wird (es sei denn, der Schuldner hat sich der Unterhaltspflicht absichtlich entzogen).

5 Beweislast

6 Der Unterhaltsberechtigte hat die Voraussetzungen des Verzugs oder der Rechtshängigkeit des Anspruchs zu beweisen, ebenso die Anhaltspunkte, aus denen folgt, daß der Verpflichtete sich der Leistung absichtlich entzogen hat. Macht der Unterhaltsberechtigte Sonderbedarf geltend, obliegt es ihm, den Beweis zu führen, daß dieser unregelmäßig und außergewöhnlich hoch ist.

Die Ehegatten können über die Unterhaltspflicht für die Zeit nach der Scheidung Vereinbarungen treffen.

Literatur

Beitzke, Scheidungsvereinbarungen über Zugewinnausgleich, NJW 1970, 264; *Boehmer,* Ist die vertragliche Übernahme einer Entschädigungspflicht des Ehestörers zulässig? MDR 1958, 4; *Bosch,* Der Verzicht auf Unterhalt und Zugewinnausgleich, FamRZ 1965, 237; *Gaedecke,* Armenrechtsbewilligung und Unterhaltsvereinbarungen in Verbindung mit dem Scheidungsprozeß, DR 1941, 1711; *Göppinger,* Vereinbarungen anläßlich der Ehescheidung, 1969; Unterhaltsverzicht »mit Ausnahme in Fällen der Not«, FamRZ 1970, 222; *Habscheid,* die Rechtsprechung zu den Folgen der Eheauflösung, FamRZ 1959, 317; Die Rechtsprechung zu den Folgen der Eheauflösung, FamRZ 1963, 77; *Hampel,* Unterhaltsverzicht unter Ehegatten bei bestehender oder später eintretender Hilfsbedürftigkeit der Frau, FamRZ 1960, 421; *Kablitz,* Prozeßvergleich und Anwaltszwang, NJW 1958, 1029; *Lüdtke,* Unterhaltsverzicht der geschiedenen Ehefrau und öffentliche Fürsorge, NJW 1955, 211; *Reinhardt,* Die Zulässigkeit des Verzichts auf den nach Scheidung der Ehe gegebenen Unterhaltsanspruch, 1965; *Schroerer,* Die elterliche Gewalt nach Scheidung der Ehe und bei Getrenntleben der Eltern (§§ 1671, 1672 a. F.), FamRZ 1958, 433; *v. Scanzoni,* Berührt das neue Ehegesetz alle Unterhaltsverträge? DR 1940, 1981; *Tipke,* der Unterhaltsverzicht des geschiedenen Ehegatten und die öffentliche Fürsorge, FamRZ 1954, 188; *Walberer,* Güterrechtsvereinbarungen im Scheidungsprozeß, NJW 1965, 24; *Werthauer,* Kann der Unterhaltsverzicht als Schenkung angesehen werden? JR 1950, 113; *Wiethaupt,* Sittenwidrigkeit von Unterhaltsverzichten, MDR 1954, 9.

Überblick Rdnr.

1 Allgemeines

1 Die Regelung in § 1585 c entspricht wörtlich dem § 72 Satz 1 EheG. Ersatzlos weggefallen sind die Sätze 2 und 3 des § 72 EheG, die folgenden Wortlaut hatten:

Ist eine Vereinbarung dieser Art vor Rechtskraft des Scheidungsurteils getroffen worden, so ist sie nicht schon deshalb nichtig, weil sie die Scheidung erleichtert oder ermöglicht hat. Sie ist jedoch nichtig, wenn die Ehegatten im Zusammenhang mit der Vereinbarung einen nicht oder nicht mehr bestehenden Scheidungsgrund geltend gemacht hatten, oder wenn sich anderweitig aus dem Inhalt der Vereinbarung oder aus sonstigen Umständen des Falles ergibt, daß sie den guten Sitten widerspricht.

Eine sachliche Änderung ist aus dem Wegfall der beiden Sätze im Ergebnis nicht abzuleiten. Daß eine Vereinbarung, die die Scheidung erleichtert, für sich gesehen nicht anstößig sein kann, folgt schon aus § 630 Abs. 1 Nr. 3 ZPO, der eine – die Scheidung erleichternde – Vereinbarung über den Unterhalt voraussetzt. Soweit die Nichtigkeit einer Unterhaltsvereinbarung wegen Verstoßes gegen die guten Sitten in Betracht kommt, lassen sich auf der Grundlage des § 138 vergleichbare Lösungen finden; einer Sonderregelung bedarf es nicht (vgl. *Amtl. Begr.* S. 149).

2 § 1585 c läßt *Abweichungen* von zwingenden Vorschriften des allgemeinen Unterhaltsrechts in doppelter Hinsicht zu. Der Unterhaltsanspruch unter Ehegatten ist bei bestehender Ehe, soweit er sich auf künftige Unterhaltsleistungen bezieht, der Dispositionsbefugnis der Ehegatten grundsätzlich entzogen (§§ 1360 a, 1614). Im Gegensatz dazu eröffnet § 1585 c für nacheheliche Unterhaltsansprüche der Ehegatten die Vertragsfreiheit, außerdem gibt er die Möglichkeit, Vereinbarungen darüber bereits vor der Ehescheidung zu treffen. Die Dispositionsbefugnis ist lediglich durch die allgemeinen Schranken des § 138 begrenzt.

3 § 1585 c bezieht sich nur auf *Unterhaltsansprüche* der geschiedenen Ehegatten gegeneinander. Für das bisher geltende Recht wurde die Regelung auf *sonstige Vereinbarungen* im Zusammenhang mit der Scheidung entsprechend angewendet (z. B. Verteilung von Wohnung und Hausrat, Unterhalt der gemeinschaftlichen Kinder im Verhältnis der Ehegatten zueinander, *RGRK* § 72, 35 EheG; güterrechtliche Fragen, *BGH* FamRZ 1970, 391 mit Anm. v. *Beitzke; Bosch* FamRZ 1965, 237; Fragen des Sorgerechts und des Umgangsrechts für die gemeinschaftlichen Kinder, *BGH* 33, 54; *Schwoerer* FamRZ 1958, 433). Das wurde auch in bezug auf sonstige von der Unterhaltsregelung gesondert getroffene Vereinbarungen angenommen, wenn diese mit Rücksicht auf die bevorstehende Scheidung geschlossen worden sind (*RG* 159, 157; *BGH* 41, 166; vgl. auch *RG* 166, 40).

4 Die Neufassung des § 1585 c reduziert den Anwendungsbereich auf die *Aufhebung der Sperre des § 1614;* Fragen der Sittenwidrigkeit von Vereinbarungen werden nicht mehr behandelt. Deshalb ist für eine entsprechende Anwendung des § 1585 c auf sonstige Vereinbarungen kein Raum (a. A. *Palandt-Diederichsen* § 1585 c, 2 d). Dafür besteht auch kein Bedürfnis. Sie sind, wie die Vereinbarung über unterhaltsrechtliche Ansprüche auch, an § 138 zu messen.

5 Für Unterhaltsvereinbarungen, die nach der Scheidung getroffen werden, gilt das Verbot des § 1614 nicht. Für eine entsprechende Anwendung des § 1583 c (*RG* 163, 280; *OGH* NJW 1949, 144) fehlt es an einem einleuchtenden Grund. Nach allgemeinen Grundsätzen zu beurteilen ist schließlich auch die Wirksamkeit von Unterhaltsvereinbarungen, an denen Dritte beteiligt sind (vgl. Rdnr. 28).

§ 1585 c gilt für jede Art von Vereinbarungen über den Unterhalt. Durch die Vereinbarung kann ein gegebener gesetzlicher Unterhaltsanspruch bestätigt, geändert oder erlassen und ein nicht bestehender Unterhaltsanspruch begründet werden.

Die Regelung ist auch anzuwenden auf Vereinbarungen über den Unterhalt aus Anlaß der Aufhebung (§ 37 EheG) und Nichtigerklärung (§ 26 EheG) der Ehe.

3 Regelung einer bestehenden Unterhaltspflicht

6 Die Ehegatten können einen dem Grund nach geschuldeten Unterhaltsanspruch in einer Vereinbarung konkretisieren und dabei die Höhe im einzelnen sowie Bedingungen über die Art und Weise der Leistung festlegen. Der Charakter des Unterhaltsanspruchs als gesetzlicher Unterhaltsanspruch wird durch die Vereinbarung als solche nicht geändert, insbesondere bleiben die rechtlichen Besonderheiten, wie z. B. grundsätzliche Unpfändbarkeit in der Zwangsvollstreckung (§ 850 b Abs. 1 Nr. 2 ZPO) oder das Pfän-

dungsprivileg (§ 850 d ZPO) erhalten (*RG* 145, 302; 164, 65; 166, 378; *BGH* 31, 211; *BSozG* FamRZ 1972, 457).

4 Begründung einer Unterhaltspflicht (selbständige Unterhaltsvereinbarung)

7 Im Rahmen der Vertragsfreiheit können die Eheleute für die Zeit nach der Scheidung durch Vereinbarung Ansprüche begründen, die der Deckung des Lebensbedarfs des anderen Ehegatten dienen. Wird die versprochene Leistung gesetzlich auch dem Grunde nach nicht geschuldet, dann handelt es sich um eine sog. selbständige Unterhaltsvereinbarung (*RG* 164, 366; 166, 40). Die Übernahme einer solchen Unterhaltsverpflichtung kann Teil einer vergleichsweisen Erledigung streitiger Angelegenheiten der Ehegatten im Zusammenhang mit der Scheidung sein, u. U. kann es sich um ein Schenkungsversprechen handeln (zur Frage der Form vgl. § 518). In aller Regel wird eine Gegenleistung gewährt, sei es auch nur als Zusage über den Ablauf des Scheidungsverfahrens, so daß ein Schenkungsversprechen nur in seltenen Ausnahmefällen gegeben sein wird (*BGH* MDR 1957, 27 mit Anm. v. *Beitzke; Habscheid* FamRZ 1959 317; *Hampel* FamRZ 1960, 421).

5 Novation einer gesetzlichen Unterhaltspflicht

8 Die Unterhaltsvereinbarung kann den Charakter einer Novation haben, wenn die bestehende gesetzliche Unterhaltspflicht geändert wird, z. B. wenn statt der Geldrente Naturalleistungen vereinbart werden wie die Überlassung einer Wohnung oder eines Kraftfahrzeuges (*BGH* NJW 1962, 2102; *BGH* FamRZ 1965, 125), oder wenn eine Abfindung vereinbart wird, obwohl die besonderen Gründe des § 1585 Abs. 2 nicht vorliegen. Denkbar ist, daß die Parteien mit der vertraglichen Fixierung eines bestehenden gesetzlichen Unterhaltsanspruchs diesen ohne wesentliche inhaltliche Änderung in einen ausschließlich vertraglichen Unterhaltsanspruch umwandeln wollen. Für die Annahme einer solchen Schuldumwandlung müssen eindeutige konkrete Anhaltspunkte vorliegen; sie kann nicht ohne weiteres unterstellt werden (*RG* 166, 378; *Hoffmann-Stephan* § 72, 28 EheG; unzutreffend *von Scanzoni* DR 1940, 1982).

9 Eine Umgestaltung der gesetzlichen Unterhaltspflicht zwingt nicht zu der Annahme, daß der Unterhaltsanspruch damit zu einem rein vertraglichen Anspruch geworden ist. Insbesondere ist das nicht schon dann der Fall, wenn *»höhere oder andere Leistungen zugesprochen werden«*, als nach dem Gesetz beansprucht werden können (*BGH* FamRZ 1962, 112). Ergibt sich aus den Umständen nicht, daß die Parteien beabsichtigt haben, ihre unterhaltsrechtlichen Beziehungen ausschließlich auf eine vertragliche Grundlage zu stellen, liegt es nahe, weiterhin von einem gesetzlichen Unterhaltsanspruch auszugehen, wenn der Anspruch sich

»im großen und ganzen im Rahmen des gesetzlichen Anspruchs« hält (zutr. *RGRK* § 72, 16 EheG; vgl. auch *BGH* LM § 242 Nr. 10, wo es sich allerdings um ein aliud im Verhältnis zum Unterhaltsanspruch gehandelt hat: Übernahme einer Verpflichtung, den neuen Ehegatten zu veranlassen, sich zur Unterhaltsgewährung an den geschiedenen Ehegatten zu verpflichten). Maßgebend ist, ob der Anspruch derart umgestaltet wird, daß er sich in wesentlichen Punkten vom gesetzlichen Unterhaltsanspruch unterscheidet.

Der Umstand, daß einzelne Vorschriften des nachehelichen Unterhaltsrechts mit Rücksicht auf den Inhalt der Vereinbarungen nicht mehr anwendbar sind (z. B. wenn Naturalleistungen statt Geldrente vereinbart werden, § 1585 Abs. 1), ist ohne Bedeutung für die Frage, ob die Anwendung der gesetzlichen Unterhaltsvorschriften im übrigen in Betracht kommt.

10 Vereinbaren die Parteien eine Kapitalabfindung anstelle gegebener gesetzlicher Unterhaltsansprüche, wird der *Anspruch auf Kapitalabfindung* als gesetzlicher Unterhaltsanspruch auch dann anzusehen sein, wenn die Voraussetzungen des § 1585 Abs. 2 (§ 62 Abs. 2 EheG) nicht vorgelegen haben. Die abweichende herrschende Meinung (*RG* 149, 29; *RG* DR 1944, 618) ist zu eng. Die Abfindung ist nichts anderes als eine kapitalisierte Unterhaltsrente. Es besteht kein Anlaß, dem Anspruch auf eine solche Abfindung eine andere Qualität zu geben, weil die Abfindungsregelung nicht erzwingbar gewesen wäre.

11 Man wird auch nicht annehmen müssen, daß ein Anspruch seinen Charakter als gesetzlicher Unterhaltsanspruch verliert, wenn Abreden über die Zahlung des Unterhalts *über den Tod des Verpflichteten* hinaus getroffen werden oder wenn die Parteien regeln, welche Auswirkungen nachträgliche Veränderungen der Verhältnisse haben sollen. (a. A. *Erman-Ronke* § 72, 6 EheG, der sich zu Unrecht auf *RG* 145, 302; 166, 40 beruft.) Daß die getroffenen Abreden der gesetzlichen Regelung vorgehen, ist selbstverständlich. Daraus folgt aber nicht eine Änderung der Qualität des Anspruchs selbst.

12 Eine selbständige Unterhaltsvereinbarung kann vorliegen bei einer Umwandlung eines gesetzlichen Unterhaltsanspruchs in eine Leibrente (§§ 759 ff. BGB). Die Leibrente setzt voraus, daß dem Berechtigten ein Stammrecht überlassen wird, aus dem wiederkehrende Leistungen als Erträge fließen. Deshalb liegt in der Regel keine Vereinbarung einer Leibrente vor, wenn die Einzelleistungen von künftigen wirtschaftlichen Verhältnissen der Beteiligten abhängig gemacht werden (*RG* 150, 385; 166, 40; *OLG Karlsruhe* NJW 1962, 1774). Nach Überlassung des Stammrechts ist der Unterhaltsanspruch abgegolten; die Erträge haben nicht den Charakter gesetzlicher Unterhaltsrenten.

13 Hat ein Unterhaltsanspruch durch Novation den Charakter eines gesetzlichen Unterhaltsanspruchs verloren, dann sind auf ihn die

Grundsätze anzuwenden, die für selbständige Unterhaltsvereinbarungen entwickelt worden sind.

6 Anwendung unterhaltsrechtlicher Vorschriften auf selbständige Unterhaltsvereinbarungen

14 Auf selbständige Unterhaltsvereinbarungen findet das Unterhaltsrecht unmittelbar keine Anwendung. Da der Inhalt der Vereinbarung vom Parteiwillen bestimmt ist, ist es aber zulässig, den Willen der Parteien dahin auszulegen, daß der Unterhaltsanspruch den Grundsätzen des Unterhaltssrechts folgen soll. Die Rechtsprechung bejaht einen solchen Parteiwillen in großzügiger Weise. Sie kommt, wenn keine Anhaltspunkte für eine abweichende Abrede bestehen, im Ergebnis zur Anwendung weiter Teile des Unterhaltsrechts. Im einzelnen ist zu bemerken:

15 *a)* Sind die Parteien einer selbständigen Unterhaltsvereinbarung davon ausgegangen, daß der Unterhaltsberechtigte zu einer Erwerbstätigkeit verpflichtet sein soll, ohne die Art der Erwerbstätigkeit qualifiziert zu haben, liegt es nahe, von der *»angemessenen Erwerbstätigkeit«* im Sinne des § 1574 auszugehen, wenn aus der Abrede selbst keine abweichenden Anhaltspunkte folgen; ein solcher Anhaltspunkt kann sich aus einer angenommenen Bemessung des Unterhaltsbedarfs ergeben, die auf eine Erwerbstätigkeit unterhalb des Standards des § 1574 schließen läßt. Dasselbe gilt für die Frage, unter welchen Voraussetzungen der Unterhaltsberechtigte oder der Verpflichtete sein Vermögen verwerten muß.

16 *b)* Die Anwendung der *Härteklausel* des § 1579 auf selbständige Unterhaltsvereinbarungen ist nicht prinzipiell ausgeschlossen. Haben die Parteien eine solche Vereinbarung allerdings in Kenntnis der in Absatz 1 Nr. 1 bis 4 genannten vorgegebenen Umstände geschlossen, ist anzunehmen, daß der Verpflichtete sich insoweit auf die Härteklausel nicht mehr berufen will.

17 *c)* Ob ein späteres neues oder weiteres *Fehlverhalten* im Sinne von § 1579 Abs. 1 Nr. 2 Anlaß sein kann, den vereinbarten Unterhalt ganz oder teilweise zu verweigern (erforderlichenfalls Abänderungsklage nach § 323 ZPO), läßt sich nur nach den Umständen des Einzelfalles beurteilen. Die Rechtsprechung hat die Anwendung der (vergleichbaren) Verwirkungsvorschriften nach § 66 EheG jedenfalls dann für vertretbar gehalten, wenn die Unterhaltsvereinbarung lediglich eine Fixierung des gesetzlichen Unterhaltsanspruchs zum Gegenstand hatte (*RG* 165, 26; 166, 378; *BGH* FamRZ 1962, 112), in Ausnahmefällen auch bei selbständigen Unterhaltsvereinbarungen (*RG* DR 1944, 615).

18 *d)* Zweifelhaft ist, unter welchen Voraussetzungen § 1579 Abs. 1 Nr. 3 auf selbständige Unterhaltsvereinbarungen angewendet werden kann. Die Anwendung der Regelung setzt voraus, daß die *Bedürftigkeit* im Rahmen der Unterhaltsvereinbarung ein bestimmender Faktor ist. Ist der Unterhaltsanspruch nach dem Inhalt

der Vereinbarung von der Bedürftigkeit nicht abhängig, kann die mutwillig herbeigeführte Bedürftigkeit keinen Einfluß auf den Unterhaltsanspruch haben. Spielt die Bedürftigkeit dagegen nach dem Willen der Parteien eine Rolle, ist § 1579 Abs. 1 Nr. 3 anzuwenden, wenn keine abweichenden Anhaltspunkte gegeben sind (vgl. *Soergel-Donau* § 72, 7 EheG zu § 65 Abs. 2 EheG, der im übrigen zutreffend entgegen *Hoffmann-Stephan* § 65, 5 EheG auch eine entsprechende Anwendung des § 65 Abs. 1 EheG nicht grundsätzlich ausschließt).

19 *e)* Die Anwendung des § 1580 (Auskunftsanspruch) auf selbständige Unterhaltsvereinbarungen kommt nur dann in Betracht, wenn Änderungen der Bedürftigkeit, der Leistungsfähigkeit oder sonstiger Umstände nach dem Inhalt der Vereinbarungen Einfluß auf die Höhe des Unterhaltsanspruchs haben können. Ist das der Fall, dann dürfte § 1580 als vereinbart angesehen werden. Zur Frage, unter welchen Voraussetzungen ein Ehegatte sich auf veränderte Verhältnisse berufen kann, vgl. Rdnr. 50.

20 *f)* Einen Vorrang des Unterhaltsanspruchs nach § 1582 oder ein ähnliches Privileg kann der Unterhaltsverpflichtete seinem Ehegatten wirksam nicht einräumen, da dies eine unzulässige Vereinbarung zu Lasten des unterhaltsberechtigten Dritten (neuer Ehegatte) wäre. Dasselbe gilt für abweichende Vereinbarungen über die Rangfolge nach § 1584, wenn sie zu einer Verschiebung der Haftung zu Lasten der Verwandten führen würde.

21 *g)* Unbedenklich ist die Anwendung des § 1585 Abs. 1. Einen Anspruch auf *Abfindung* nach § 1585 Abs. 2 kann der aus einer selbständigen Unterhaltsvereinbarung berechtigte Ehegatte nicht verlangen (*RG* Warn. Rspr. 1940 Nr. 107). Wird lediglich der vorgegebene gesetzliche Unterhaltsanspruch fixiert, ist dagegen die Anwendung des § 1585 Abs. 2 in Betracht zu ziehen, wenn kein Anhaltspunkt für einen abweichenden Willen der Parteien gegeben ist (*Hoffmann-Stephan* § 62, 17 EheG). Ein Anspruch auf *Sicherheitsleistung (§ 1585 a)* wird im allgemeinen als vereinbart gelten können (*RG* Recht 1920, 2432). Abweichend von § 1585 b Abs. 2 kann der vertraglich Unterhaltsberechtigte auch *für die Vergangenheit* Unterhalt verlangen (*RG* 164, 65: auch im Falle einer nicht selbständigen Unterhaltsvereinbarung; *OLG Celle* NJW 1956, 795).

22 *h)* Fehlen Anhaltspunkte für einen abweichenden Willen der Parteien, bestehen keine Bedenken, § 1586 als vereinbart anzuwenden; Abreden der Ehegatten, daß der Unterhaltsanspruch nach der *Wiederverheiratung* fortbestehen soll, sind aber zulässig (*RG* Warn. Rspr. 1920 Nr. 114 – vgl. auch *RG* 159, 157: arglistige Täuschung über unmittelbar bevorstehende Eheschließung).

23 Wird auch diese Ehe aufgelöst, lebt der gesetzliche Unterhaltsanspruch – abweichend vom bisher geltenden Recht – wieder auf (§ 1586 a). Das *Wiederaufleben* ist auch bei selbständigen Unterhaltsvereinbarungen nicht ausgeschlossen. Doch ist Zurückhaltung geboten bei der Annahme einer entsprechenden stillschweigenden

Vereinbarung. Es müssen Anhaltspunkte für einen entsprechenden Parteiwillen gegeben sein (*RG* 166, 40; *OGH* NJW 1949, 144 zu § 70 Abs. 2 EheG).

7 Unterhaltsverzicht

24 Die Parteien können vereinbaren, daß der Unterhaltsberechtigte auf seinen gesetzlichen Unterhaltsanspruch verzichtet. Darin liegt ein Erlaßvertrag. Rechtsgrund ist im allgemeinen ein Vergleich, nur in Ausnahmefällen wird Schenkung angenommen werden können, so daß ein Widerruf nach § 528 in der Regel nicht in Betracht kommt (vgl. *RG* DR 1941, 2611; *LG Berlin* JR 1950, 150; *Soergel-Donau* § 72, 9 EheG; *Hampel* FamRZ 1960, 421; *Werthauer* JR 1950, 113).

25 Der Unterhaltsverzicht kann sich auf den gesamten Anspruch erstrecken, möglich ist auch ein Teilverzicht. Seine grundsätzliche Zulässigkeit im Rahmen des § 1585 c, der abweichend von § 1614 Abs. 1 die Vertragsfreiheit wiederherstellt, ist unbestritten (vgl. *Hoffmann-Stephan* § 72, 10 EheG).

26 Der Unterhaltsverzicht führt zum endgültigen Erlöschen des Anspruchs, so daß spätere Änderungen der Verhältnisse irrelevant sind (vgl. *Hampel* FamRZ 1960, 421). Eine Auslegung der Vereinbarung über den Unterhaltsverzicht, daß der Verzicht nicht für den Fall der späteren Hilfsbedürftigkeit gelten soll, ist möglich, wenn konkrete Anhaltspunkte für einen entsprechenden Vertragswillen der Parteien vorliegen; selbstverständlich ist ein solcher Vorbehalt nicht (*BayObLG* FamRZ 1967, 225; *OLG Düsseldorf* FamRZ 1955, 293; *Dölle* § 41 III 6 d; *Hampel* FamRZ 1960, 421; a. A.: *LG Bonn* ZfF 1953, 89; *Wiethaupt* MDR 1954, 9; vgl. auch *LG Stuttgart* FamRZ 1970, 248, wo eine Notklausel vereinbart worden ist, und *Göppinger* FamRZ 1970, 222).

27 Der Unterhaltsberechtigte kann den Unterhaltsanspruch dem Verpflichteten nur dann wirksam erlassen, wenn er verfügungsbefugt ist. Daran fehlt es, wenn der Anspruch auf einen Dritten übergegangen oder zu dessen Gunsten gepfändet worden ist. Häufiger Fall ist die Überleitung des Unterhaltsanspruchs auf den Träger der Sozialhilfe nach §§ 90, 91 BSHG; der Unterhaltsverzicht ist dem Träger der Sozialhilfe gegenüber insoweit unwirksam, als er dessen Rechte am bereits übergeleiteten Unterhaltsanspruch beeinträchtigen würde (h. M. analog § 161: *BGH* 20, 127; *LG Duisburg* NJW 1954, 1122; *LG Essen* FamRZ 1955, 292; *Soergel-Donau* § 72, 19 m. w. N.; a. A.: *LG Frankfurt/M.* NJW 1953, 145; *LG Köln* FamRZ 1954, 203; *Gernhuber* § 25 IV 4, der zwischen einem *Stammrecht* und daraus fließenden *Einzelansprüchen* unterscheidet: nur letztere werden übergeleitet, sie schließen eine Verfügung über das Stammrecht nicht aus; dagegen zutr. *Reinhardt* S. 53 f., Anm. 205, weil Verfügung über das Stammrecht auch Verfügung über Einzelrechte ist; vgl. auch *Lüdtke* NJW 1955, 211). Hat der Unterhaltsberechtigte auf den

 Unterhalt verzichtet, bevor die Überleitung wirksam geworden ist, hat es dabei sein Bewenden (vgl. auch Rdnr. 34).

Im allgemeinen werden die künftigen Unterhaltsansprüche ohne Rücksicht auf ihren Entstehungsgrund übergeleitet, was zulässig ist (*BGH* 20, 127). Daraus folgt, daß eine Überleitungsanzeige dieses Inhalts ohne weiteres die nachehelichen Unterhaltsansprüche erfaßt, auch wenn die Überleitungsanzeige vor der Scheidung der Ehe ergangen ist. Die Frage der Identität vor- und nachehelicher Unterhaltsansprüche (vgl. Rdnr. 9, 12 zu § 1569) stellt sich dann nicht; sie ist nur erheblich, wenn die Überleitung auf den ehelichen Unterhaltsanspruch begrenzt ist (vgl. a. A. *LG Frankfurt* NJW 1953, 145; *LG Köln* FamRZ 1954, 203; vgl. auch *Lüdtke* NJW 1955, 211).

8 Beteiligung Dritter an Unterhaltsvereinbarungen

28 Die Beteiligung Dritter an Unterhaltsvereinbarungen der Ehegatten im Zusammenhang mit einer bevorstehenden Ehescheidung (z. B. eines potentiellen neuen Ehegatten oder Verwandter) ist zulässig (*RG* 163, 95; *OLG Karlsruhe* JR 1953, 24). Es handelt sich nicht um ein Problem des § 1583 c, da die Sperre des § 1614, von der § 1585 c befreit, für derartige rechtsgeschäftliche Beziehungen zu Dritten ohnehin nicht gilt. Für das bisher geltende Recht wurde § 72 EheG entsprechend angewendet, wenn die Beteiligung des Dritten nur ergänzenden Charakter hatte (z. B. im Falle einer Bürgschaft – *BGH* FamRZ 1957, 298; *OLG Karlsruhe* JR 1953, 24). Im übrigen wurden solche Vereinbarungen mit Dritten nach allgemeinen Vorschriften beurteilt (*BGH* LM § 72 Nr. 1 und 6 EheG). Für das neue Recht gilt das allgemein. Die Vereinbarung mit einem Dritten kann unter Umständen gegen die guten Sitten (§ 138) verstoßen (dazu vgl. *BGH* FamRZ 1957, 298).

9 Sittenwidrigkeit von Unterhaltsvereinbarungen

29 Nach dem ersatzlosen Wegfall des § 72 Satz 2 und 3 EheG ist die Frage der Sittenwidrigkeit von Unterhaltsvereinbarungen durchweg nach allgemeinen Grundsätzen (§ 138) zu beurteilen. Auf dieser Grundlage hat die Rechtsprechung vor dem Inkrafttreten des EheG 38, in dem die dem § 72 EheG 46 entsprechende Sonderregelung erstmals eingeführt worden ist, Unterhaltsvereinbarungen für den Fall der Scheidung gewürdigt. Eine Anknüpfung an diese Maßstäbe (vgl. *BGH* LM § 72 Nrn. 1 und 6 EheG) ist möglich, doch ist die veränderte Ausgangssituation auf Grund des neuen Rechts zu berücksichtigen. Das bisher geltende Recht ist durch eine gewisse Ambivalenz in der Wertung von Unterhaltsvereinbarungen im Zusammenhang mit der Scheidung gekennzeichnet. Im Rahmen des 1. EheRG haben Unterhaltsvereinbarungen im Fall unstreitiger Scheidung instrumentalen Rang erhalten

(§ 630 Abs. 1 Nr. 3 ZPO). Im übrigen dürfte der Anreiz, Unterhaltsvereinbarungen zu schließen, die nach bisher geltendem Recht als bedenklich zu beurteilen wären, weitgehend entfallen sein. Das Bedürfnis, einen nicht oder nicht mehr bestehenden Scheidungsgrund vorzutäuschen – ein Umstand, der bisher eine gewichtige Rolle gespielt hat (vgl. *RG* 158, 294) – ist bei der Zerrüttungsscheidung kaum gegeben. Auch der Anreiz, dem anderen Ehegatten das Einverständnis zur Scheidung durch Unterhaltszusagen abzukaufen, dürfte nur noch eine untergeordnete Rolle spielen; er wird sich in erster Linie wohl im Zusammenhang mit der Auseinandersetzung um das Sorgerecht für die gemeinsamen Kinder (§ 1671) auswirken.

9.1 Scheidungserleichternde Unterhaltsvereinbarungen

30 Nach bisher geltendem Recht war eine Unterhaltsvereinbarung *nichtig*, wenn die Ehegatten im Zusammenhang mit ihr einen nicht oder nicht mehr bestehenden Scheidungsgrund geltend gemacht haben (nach *BGH* 41, 167 galt das auch, wenn die Ehe aus anderen – nicht geltend gemachten – Gründen hätte geschieden werden müssen; zutr. dagegen *RG* 159, 157; 168, 269). In Anbetracht der leichteren Scheidbarkeit der Ehe im Falle des Einverständnisses (vgl. § 1566 Abs. 1) wird das Vortäuschen des Scheiterns nur in den seltenen Ausnahmefällen praktisch, wo die Scheidung mißbräuchlich zur Lösung des Ehebandes benutzt wird, um sich Vorteile zu verschaffen, ohne daß die Aufhebung der Lebensgemeinschaft beabsichtigt ist. Ob es sinnvoll ist, einseitig den Unterhaltsberechtigten wegen dieses Fehlverhaltens durch die Nichtigkeit der Unterhaltszusage zu »bestrafen«, dürfte im übrigen zweifelhaft sein. Im Fall der streitigen Scheidung kann die unangemessene Einflußnahme auf den Entscheidungswillen des anderen Teils, verbunden mit einer Unterhaltszusage, anstößig sein. In aller Regel werden die vorauszusetzenden besonderen Umstände, die das Verhalten sittenwidrig erscheinen lassen, fehlen (so auch für das bisher geltende Recht zurückhaltend *RG* 159, 157; 168, 269), zumal die Ablehnung der Scheidung im allgemeinen nur einen dilatorischen Effekt haben kann (§§ 1565 Abs. 2, 1568 Abs. 2).

9.2 Unterhaltsvereinbarungen mit unausgewogenen Leistungen oder unangemessenen Belastungen

31 Eine Unterhaltsvereinbarung ist nicht schon deshalb anstößig im Sinne des § 138, weil der Ehegatte sich zu Leistungen verpflichtet, die erheblich über das hinausgehen, was er an Unterhalt schuldet. Sittenwidrigkeit hat die Rechtsprechung zu § 72 EheG aber angenommen, wenn eine Ehegatte seine Scheidungsbereitschaft sich durch ungewöhnlich hohe und nach den Vermögensverhältnissen in keiner Weise gerechtfertigte Leistungen hat abkaufen lassen (*RG* 159, 157; *BGH* FamRZ 1957, 298). Das anstößige Verhalten liegt dann in der Koppelung der Scheidungsbereitschaft mit unangemessen hoher oder den Betroffenen unangemessen belastender Verpflichtung. Was die Höhe der zugesagten Leistungen angeht, hat das RG nicht darauf abgestellt, was der geschiedene Ehegatte

als gesetzlichen Unterhalt zu beanspruchen hätte, sondern darauf, in welcher Höhe er anständiger- und billigerweise geldliche Sicherstellung dafür verlangen konnte, daß er die wirtschaftlich gesicherte Stellung in der Ehe aufgab (*RG* 159, 157, vgl. auch *RG* 166, 40). Solche Fallgestaltungen werden nach dem Übergang zum Zerrüttungsprinzip nur ausnahmsweise vorkommen; ist das der Fall, kann an die Rechtsprechung zum bisher geltenden Recht angeknüpft werden.

32 Die Beteiligung Dritter an einer Unterhaltsvereinbarung ist für sich gesehen ohne Bedeutung für die Frage der Sittenwidrigkeit. Liegen keine besonderen Umstände vor, ist nicht zu beanstanden, wenn der Dritte (auch wenn es sich um den Ehestörer handelt) in die Unterhaltsverpflichtung einbezogen wird, sei es als Bürge, sei es als Mitschuldner (vgl. Rdnr. 28 und *BGH* MDR 1957, 26 mit zust. Anm. v. *Beitzke; BGH* FamRZ 1962, 366; *OLG Karlsruhe* JR 1953, 24; *BGH* FamRZ 1962, 112: keine Sittenwidrigkeit, wenn der Ehemann es übernommen hat, seine zweite Ehefrau zu veranlassen, nach seinem Tode Unterhalt an die erste Ehefrau zu leisten). Nichtigkeit einer Vereinbarung unter Mitwirkung einer »Ehestörerin« als Bürge hat der *BGH* aber in einem Fall angenommen, wo die übernommene Verpflichtung die Leistungsfähigkeit des Verpflichteten überstieg und der Bürge von vornherein ständig hätte in Anspruch genommen werden müssen (*BGH* MDR 1957, 26; vgl. dazu auch *Erman-Ronke* § 72, 26 EheG).

9.3 Sonstige Gründe

33 Die Sittenwidrigkeit kann sich aus unlauteren Beweggründen für die Unterhaltsvereinbarung ergeben (*RG* 108, 213: Unterhaltsvereinbarung soll die wirtschaftliche Grundlage für ein ehebrecherisches Verhältnis schaffen; *OGH* NJW 1949, 145: Nichtigkeit ist anzunehmen, wenn ein Ehegatte durch Zuwendungen zur Erhebung der Scheidungsklage bewogen wird). Hat der verpflichtete Ehegatte auf den anderen Ehegatten bei den Verhandlungen großen Druck ausgeübt, so wird in Ausnahmefällen Sittenwidrigkeit in Betracht kommen können. In der Regel wird es darum gehen, ob die Vereinbarung wegen Drohung oder arglistiger Täuschung nach § 123 oder wegen Irrtums nach § 119 angefochten werden kann (vgl. *RG* 166, 40; *RGRK* § 72, 73 EheG).

9.4 Sittenwidriger Unterhaltsverzicht

34 Der Unterhaltsverzicht ist für sich gesehen unbedenklich (vgl. auch Rdnr. 25).

Das gilt im allgemeinen auch, wenn der unterhaltsberechtigte Ehegatte dadurch bedürftig wird. Der Umstand, daß der Verzicht zu Lasten unterhaltsverpflichteter Verwandter oder des Trägers der Sozialhilfe geht, führt nicht zur Sittenwidrigkeit der Vereinbarung (h. M.: *OLG Düsseldorf* FamRZ 1955, 293; *LG Lüneburg* MDR 1953, 550; *LG Ellwangen* FamRZ 1955, 108 mit Anm. v. *Frantz* und *Bosch; LG Bielefeld* NJW 1958, 185; *Hampel* FamRZ 1960, 421; Lüdtke NJW 1955, 211; ablehnend aus dogmatischen

Gründen: *Gernhuber* § 25 IV 3). Anders verhält es sich, wenn die Ehegatten die Vereinbarung in dolosem Zusammenwirken treffen, um die Unterhaltspflicht auf den Träger der Sozialhilfe abzuwälzen (*LG Lüneburg* MDR 1953, 550; *LG Frankfurt/M.* NJW 1953, 145; *LG Charlottenburg* MDR 1954, 37; *LG Köln* FamRZ 1954, 204). Der dolus eventualis reicht nicht aus (so unzutr. *LG Dortmund* MDR 1958, 772 und *Tipke* FamRZ 1954, 188 m. w. N.).

10 Folgen nichtiger Unterhaltsvereinbarungen

35 Sittenwidrige Unterhaltsvereinbarungen sind nichtig (§ 138). In der Regel wird von der Nichtigkeit auch das Erfüllungsgeschäft erfaßt (*RG* 145, 152). Die Frage der Teilnichtigkeit ist nach § 139 zu beurteilen. Sind in der Vereinbarung weitere Abreden enthalten und bilden sie zusammen mit der Unterhaltsregelung eine Gesamtvereinbarung, dann kann diese insgesamt nichtig sein, wenn das eine Geschäft ohne das andere nicht abgeschlossen worden wäre.

36 Haben die Parteien einen die Sittenwidrigkeit begründenden übermäßig hohen Unterhalt vereinbart, liegt es nahe, Teilnichtigkeit anzunehmen (*Boehmer* MDR 1958, 4; *Bosch* FamRZ 1957, 301; vgl. auch *Erman-Ronke* § 72, 26 EheG; *Habscheid* FamRZ 1959, 317; a. A.: *BGH* MDR 1957, 26; *Gernhuber* § 25 II 2, Fn. 3), mit der Folge, daß die angemessene Leistung als geschuldet gilt. Daß der begünstigte Ehegatte die Abrede unter Vereinbarung der angemessenen Leistung nicht geschlossen hätte (*RGRK* § 72, 85 EheG), kann nicht ohne weiteres unterstellt werden (vgl. auch *OLG München* NJW 1968, 947).

Ist die Nichtigkeit der Vereinbarung anzunehmen, beurteilen sich die unterhaltsrechtlichen Beziehungen nach den gesetzlichen Vorschriften (§§ 1570 ff.). Erbrachte nicht geschuldete Leistungen können in der Regel nicht zurückgefordert werden (vgl. §§ 814, 817, 818).

11 Form der Vereinbarung

37 Vereinbarungen über den Unterhalt bedürfen im allgemeinen keiner Form. Sie können mündlich, unter Umständen auch konkludent zustande kommen. Ist die Abrede über den Unterhalt Teil einer Gesamtvereinbarung und enthält diese ein formbedürftiges Geschäft, dann ist die erforderliche Form zu beachten. In Betracht kommen insbesondere Grundstücksgeschäfte (§ 313), Regelung des Zugewinnausgleichs (§ 1378 Abs. 3 i. d. F. des 1. EheRG; vgl. Rdnr. 42). Wird eine Unterhaltszusage ausnahmsweise schenkungshalber (vgl. Rdnr. 24) gegeben, bedarf sie der Form des § 518. Vereinbaren die Parteien die Begründung einer Leibrente nach § 759 (vgl. Rdnr. 12) ist Schriftform nach § 761 erforderlich.

12.1 Zulässigkeit eines Vergleichs vor dem Prozeßgericht

38 Unterhaltsvereinbarungen werden häufig zusammen mit anderen regelungsbedürftigen Fragen aus Anlaß der Scheidung durch Vergleich vor dem Prozeßgericht erledigt. Die Zulässigkeit solcher Vergleiche als Prozeßvergleiche nach § 794 Nr. 1 ZPO und ihre rechtliche Grundlage sind umstritten. Mit der Begründung, daß in einer Ehesache, die allein rechtshängig sei, in Anbetracht der Unverfügbarkeit über den Streitgegenstand ein Prozeßvergleich nicht geschlossen werden könne, hat das *OLG Karlsruhe* (NJW 1949, 350) der Vereinbarung die Qualität eines Vergleichs nach § 794 Nr. 1 ZPO abgesprochen (so für Vergleiche in güterrechtlichen Angelegenheiten *Walberer* NJW 1965, 24: keine Zuständigkeit des Prozeßgerichts zur Beurkundung eines Ehevertrages). Demgegenüber vertritt die *h. M.* die Auffassung, daß Prozeßvergleiche dieser Art zulässig sind. Die vorausgesetzte Streitbefangenheit der Sache wird konstruiert; es wird angenommen, daß der Vergleich ein Verfahren nach § 627 b ZPO a. F. (§§ 620, 620 f. ZPO) abschließt, dessen Einleitung auch in dem Antrag auf Protokollierung des Vergleichs liegen soll (*KG* DR 1939, 669; *KG* DR 1941, 730 und 1615; *OLG Celle* DR 1942, 751; *OLG Karlsruhe* DR 1942, 752; MDR 1964, 606; *OLG Koblenz* MDR 1958, 615; *OLG Celle* MDR 1959, 668; *OLG Nürnberg* FamRZ 1966, 379; *OLG Hamm* NJW 1968, 1241 entgegen seiner früheren Auffassung NJW 1966, 1226; *OLG München* NJW 1968, 945 entgegen seiner früheren Auffassung in NJW 1958, 1995; *Gernhuber* § 25 V 2; *Gaedeke* DR 1941, 1711 und 1942, 751). Nach einer Mindermeinung steht der Aufnahme eines Prozeßvergleichs nicht entgegen, daß die Ehesache als solche der Verfügungsgewalt der Parteien entzogen ist, da der Vergleich sich auf Materien außerhalb dieses Bereichs erstreckt (*OLG Düsseldorf* JMBl. NRW 1963, 74; *OLG Hamburg* MDR 1965, 586; *Soergel-Donau* § 72, 26 EheG; *Bosch* FamRZ 1965, 241; in der Tendenz wohl auch *Gernhuber* § 25 V 2 in der 2. Aufl.). Die dogmatischen Bedenken gegen beide Ansätze haben in Anbetracht des außerordentlichen praktischen Bedürfnisses, zu einer Gesamtbereinigung der im Zusammenhang mit einer Ehescheidung auftretenden Streitfragen zu kommen, kein Gewicht. Durch die Änderung des § 627 b ZPO, der in §§ 620, 620 f. ZPO aufgegangen ist, hat sich die Ausgangssituation des Problems nicht geändert, ebensowenig durch den Verfahrensverbund (§ 623 ZPO), der zwar eine Zuständigkeit des Prozeßgerichts für Folgesachen begründet hat, aber nicht ausschließt, daß ein Teil der Folgesachen (insbesondere die Unterhaltsansprüche) nicht rechtshängig wird.

39 Der die Streitbefangenheit auslösende (auch fiktive) Antrag auf eine Unterhaltsregelung muß vor Rechtskraft des Scheidungsurteils gestellt werden, wobei für ausreichend gehalten wird, daß dies stillschweigend oder durch Aufnahme von Vergleichsverhandlungen geschieht. Unschädlich ist, wenn der Vergleich dann zeitlich nach dem Protokollieren des Rechtsmittelverzichts aufgenom-

men wird (*OLG Frankfurt* NJW 1955, 430; *Hoffmann-Stephan* § 72, 88 EheG; *Gernhuber* § 25 V 3).

Die Streitfrage, ob vor Rechtskraft des Scheidungsurteils ein Prozeßvergleich über den Zugewinnanspruch geschlossen werden kann, ist durch die Neufassung des § 1378 Abs. 3 erledigt (vgl. Rdnr. 42).

12.2 Anwaltszwang

40 Streitig ist, ob Prozeßvergleiche dem Anwaltszwang unterliegen. Bejaht wird dies, es sei denn, daß der Vergleich von einem beauftragten oder ersuchten Richter geschlossen wird (§ 78 Abs. 2 ZPO), von: *OLG Hamburg* MDR 1950, 292; *OLG Neustadt* NJW 1958, 795; *OLG München* NJW 1962, 351; *OLG Bremen* MDR 1969, 393; *OLG Hamm* NJW 1975, 1709; *Palandt-Diederichsen* § 1585 c, 2 e; *Bülow* FamRZ 1960, 84; *Habscheid* JZ 1961, 135.

Dem steht die wohl herrschende Meinung gegenüber, daß Prozeßvergleiche allgemein dem Anwaltszwang nicht unterworfen sind (*OLG Neustadt* NJW 1964, 1329; *OLG Celle* FamRZ 1967, 485; FamRZ 1976, 110; *LG Köln* MDR 1963, 140; *Bötticher* MDR 1950, 294) oder zumindest in Verfahren in Ehesachen (*BGH* LM § 826 Fa Nr. 3; *OLG Frankfurt* NJW 1961, 882; *Gernhuber* § 25 II 1; wohl auch *Käblitz* NJW 1960, 84). Der letzteren Auffassung ist zuzustimmen.

Unterliegt das Verfahren nach § 620 ZPO, das Grundlage einer vergleichsweisen Regelung ist, nicht dem Anwaltszwang, was dem geltenden Recht entspricht, so ist es nicht überzeugend, für die verfahrensbeendende Vergleichsregelung den Anwaltszwang zu fordern (*BGH* LM § 826 Fa Nr. 3).

13 Sonstige Vereinbarungen

41 Im Zusammenhang mit der Ehescheidung werden zusammen mit den Unterhaltsansprüchen häufig auch andere Fragen mit erledigt.

13.1 Güterrechtliche Vereinbarungen

42 Nach bisher geltendem Recht war es streitig, ob die Ehegatten vor der Ehescheidung eine Vereinbarung über den *Zugewinnausgleich* treffen können, und ob eine solche Vereinbarung der für den Ehevertrag vorgeschriebenen Form bedarf (vgl. *Beitzke* NJW 1970, 265; *Beitzke* FamRZ 1970, 393; *BGH* NJW 1970, 1183, der formfreie Vereinbarungen für zulässig erachtet hat). Die Streitfrage ist durch die Neufassung des § 1378 Abs. 3 bereinigt, der folgenden Wortlaut hat:

(3) Die Ausgleichsforderung entsteht mit der Beendigung des Güterstandes und ist von diesem Zeitpunkt an vererblich und übertragbar. Eine Vereinbarung, die die Ehegatten während eines Verfahrens, das auf die Auflösung der Ehe gerichtet ist, für den Fall der Auflösung der Ehe über den Ausgleich des Zugewinns

treffen, bedarf der notariellen Beurkundung; § 127 a findet auch auf eine Vereinbarung Anwendung, die in einem Verfahren in Ehesachen vor dem Prozeßgericht protokolliert wird. Im übrigen kann sich kein Ehegatte vor der Beendigung des Güterstandes verpflichten, über die Ausgleichsforderung zu verfügen.

43 Danach kann eine Vereinbarung über den Zugewinnausgleich vor Scheidung der Ehe abgeschlossen werden. Sie bedarf der notariellen Beurkundung, kann aber auch in der Form eines gerichtlichen Vergleichs vor dem Prozeßgericht abgeschlossen werden.

Die Regelung gilt auch für den Fall der Nichtigkeit oder Aufhebung der Ehe (§ 1379 Abs. 2).

13.2 Versorgungsausgleich

44 Über den Versorgungsausgleich können die Ehegatten in begrenztem Umfang Vereinbarungen treffen. Ausgeschlossen sind Vereinbarungen, durch die Anwartschaftsrechte der gesetzlichen Rentenversicherung begründet oder übertragen werden (§ 1587 o Abs. 1, § 1587 b Abs. 1 und 2). Die Vereinbarung bedarf der notariellen Beurkundung, sie kann auch im gerichtlichen Vergleich zu Protokoll des Prozeßgerichts erklärt werden (§ 1578 o Abs. 1, § 127 a). Die Anwendung der Vorschriften über den Versorgungsausgleich kann durch Ehevertrag ausgeschlossen werden (§ 1408 Abs. 2; vgl. auch Rdnr. 4 zu § 1587 o).

13.3 Elterliche Gewalt

45 Vereinbarungen der Ehegatten über die Verteilung der elterlichen Gewalt nach der Scheidung (§ 1671) kommt unmittelbar keine Bedeutung zu, doch kann das Gericht sich über einen gemeinsamen Vorschlag der Eltern nur unter erschwerten Voraussetzungen hinwegsetzen (§ 1671 Abs. 2), so daß der in der Vereinbarung begünstigte Ehegatte im Verfahren eine vorteilhaftere Position hat.

46 Die Vereinbarung ist bindend. Sie kann nach allgemeinen Bestimmungen angefochten werden (§§ 119, 123). Bei wesentlicher Änderung der Verhältnisse ist eine Anpassung nach den Grundsätzen über den Wegfall der Geschäftsgrundlage möglich (*OLG Köln* FamRZ 1964, 524; *OLG Karlsruhe* FamRZ 1965, 575; a. A.: *OLG Hamm* FamRZ 1968, 528).

47 Unzulässig sind Abreden der Eltern, die den Grundsätzen des § 1671 widersprechen, z. B. Aufteilung der Personensorge, Vorbehalt in Einzelfragen, automatischer Übergang der elterlichen Gewalt auf den anderen Teil nach Ablauf einer Frist oder bei Eintritt eines Ereignisses, Bestellung eines Pflegers, ohne daß die Voraussetzungen des § 1671 Abs. 5 vorliegen (vgl. *OLG Frankfurt* NJW 1962, 920; *OLG Neustadt* FamRZ 1964, 91; *OLG Hamm* FamRZ 1964, 577; *BayObLG* FamRZ 1968, 657 zu der Abrede, daß die Verteilung der elterlichen Sorge allein nach dem Willen der Kinder erfolgen solle).

48 Über die Ausübung des Verkehrsrechts ist nicht von Amts wegen zu entscheiden. Die Eltern können bindende Vereinbarungen treffen. Die Entscheidungsbefugnis des Vormundschaftsgerichts nach § 1634 Abs. 2 können sie dabei nicht ausschließen. Unwirksam ist ein Verzicht auf das Verkehrsrecht als solches (allg. M.: *Erman-Ronke* § 1634, 1 b); einen Verzicht auf die Ausübung des Verkehrsrechts wird man jedoch als zulässig ansehen können. Der Unterschied liegt darin, daß ein Verzicht auf die Ausübung bei Änderung der Verhältnisse Maßnahmen nach § 1634 Abs. 2 rechtfertigen kann. Vertragsstrafen können nicht vereinbart werden, da der Gegenstand nicht schuldrechtlicher Natur ist. Ebensowenig können Regelungen für Ordnungsstrafen für den Fall einer Zuwiderhandlung vereinbart werden; den Parteien steht die Disposition über öffentlich-rechtliche Befugnisse (§ 33 FGG) nicht zu.

49 Unmittelbar vollziehbar ist eine Vereinbarung über das Verkehrsrecht nicht (*BayObLG* NJW 1965, 399). Das kann nur in der Weise geschehen, daß das Gericht sie zum Gegenstand der eigenen Anordnung nach § 1634 Abs. 2 macht (*OLG Frankfurt* NJW 1964, 307; *OLG Hamm* MDR 1968, 251; *BayObLG* FamRZ 1968, 663) und sie mit einer Strafandrohung nach § 33 FGG versieht. Mit Rücksicht auf die Bindung der Eltern an eine Vereinbarung über das Verkehrsrecht wird das Vormundschaftsgericht sich darüber nur hinwegsetzen können, wenn das Wohl des Kindes gefährdet wird (vgl. *Schwoerer* FamRZ 1966, 97).

14 Nachträgliche Änderung der Verhältnisse

50 Da der Unterhaltsanspruch zur Deckung der laufenden Aufwendungen für den Lebensbedarf dient, stehen Vereinbarungen über den gesetzlichen Unterhalt unter dem *Vorbehalt der gleichbleibenden Verhältnisse.* Ändern sich die maßgebenden Verhältnisse wesentlich, so ist eine Anpassung geboten (a. A.: *RG* 145, 119; 164, 366; 166, 40; *BGH* NJW 1962, 2147; *OLG München* HRR 1941, 123 und 926; *KG* DR 1941, 1844; *Jauernig* NJW 1960, 1957). Die sog. *Derzeitklausel* kann ausgeschlossen werden (*RG* 166, 49); darin liegt ein auf künftige Ansprüche bezogener Teilverzicht. Der Ausschluß kann ausdrücklich erfolgen, er kann sich auch aus den Umständen ergeben (*RG* 145, 119; *RG* 165, 26).

51 In Ausnahmefällen kann die Berufung auf den Ausschluß der Derzeitklausel gegen Treu und Glauben verstoßen, so wenn die weitere Leistung der fest vereinbarten Rente das eigene wirtschaftliche Dasein des Schuldners gefährden würde (*RG* 163, 91; 166, 40; *RG* DR 1941, 2080; *BSG* MDR 1965, 332; a. A.: *LG Köln* JMBl. NRW 1949, 147). Der Bürge kann sich auf die Grenzen der Leistungsfähigkeit des Schuldners nicht berufen (*RG* 163, 91).

52 Bei den selbständigen Unterhaltsvereinbarungen fehlt es an einem tragenden Grund, die Derzeitklausel als immanent anzusehen.

Andererseits können sich im Laufe der Zeit Veränderungen ergeben, die die Grundlage der Vereinbarungen berühren. Sind die Veränderungen so einschneidend, daß sie geeignet sind, die Geschäftsgrundlage zu erschüttern und den von den Ehegatten beabsichtigten Zweck zu vereiteln, kann eine Anpassung nach den Grundsätzen über den Wegfall der Geschäftsgrundlage in Betracht kommen (*RG* JW 1929, 583; *RG* 145, 119; 164, 366; *LG Wuppertal* NJW 1960, 1956; einschränkend *OLG Karlsruhe* NJW 1962, 1774 bei Leistungen aus einem angenommenen Leibrentenvertrag). Eine vorübergehende wirtschaftliche Verschlechterung der Lage des Verpflichteten rechtfertigt keine Abänderung (*RG* 164, 366).

Haben die Parteien einen Unterhaltsverzicht vereinbart, so hat die Änderung der Verhältnisse darauf keinen Einfluß, da die Unterhaltsansprüche als solche erloschen sind (vgl. *Hampel* FamRZ 1960, 421).

15 Verfahrensrecht

53 Für die Geltendmachung eines nicht titulierten gesetzlichen Unterhaltsanspruchs aus einer Unterhaltsvereinbarung ist das Familiengericht zuständig (§ 23 Abs. 1 Nr. 6 GVG). Für Ansprüche aus selbständigen Unterhaltsvereinbarungen gelten die allgemeinen Zuständigkeitsregeln (*RG* 149, 30). Daran hat sich auch durch das 1. EheRG nichts geändert.

54 Die Änderung eines nicht titulierten Unterhaltsanspruchs aus einer Unterhaltsvereinbarung auf Grund veränderter Verhältnisse ist als Leistungsklage, evtl. als Feststellungsklage geltend zu machen. Bei gerichtlichen Vergleichen ist eine Abänderungsklage nach § 323 ZPO notwendig. Die Sperre des § 323 Abs. 3 (keine Abänderung für die Zeit vor Klageerhebung) gilt nicht; maßgebender Zeitpunkt ist die Veränderung der Verhältnisse selbst (h. M.: *BGH* NJW 1963, 2076; *OLG Köln* NJW 1951, 849; *Stein-Jonas-Schönke* § 323 ZPO IV 2 m. w. N.; a. A.: *LG Düsseldorf* NJW 1951, 202; *LG Berlin* JR 1960, 102 mit abl. Anm. v. *Ziege*; *LG Dortmund* MDR 1963, 140; *Gabius* NJW 1976, 313; *Rosenberg* § 128 IV m. w. N.). Der Ehegatte kann auch die zum selben Ziel führende Vollstreckungsgegenklage nach § 767 ZPO erheben (*OLG Köln* NJW 1951, 849; *LG Bremen* MDR 1954, 369; *Habscheid* FamRZ 1963, 77; a. A. *LG Stade* FamRZ 1962, 431; *LG Aachen* FamRZ 1962, 198, die die Vollstreckungsgegenklage für grundsätzlich ausgeschlossen haben).

Die Einstellung der Zwangsvollstreckung richtet sich nach § 769 ZPO; das gilt in analoger Anwendung auch für die Abänderungsklage nach § 323 ZPO (*BGH* LM § 323 Nr. 1; *OLG Düsseldorf* HRR 1938, 614; *OLG Kassel* NJW 1949, 870; *OLG Kiel* JR 1949, 88; *OLG Köln* NJW 1951, 849).

§ 1586

(1) Der Unterhaltsanspruch erlischt mit der Wiederheirat oder dem Tod des Berechtigten.

(2) Ansprüche auf Erfüllung oder Schadensersatz wegen Nichterfüllung für die Vergangenheit bleiben bestehen. Das gleiche gilt für den Anspruch auf den zur Zeit der Wiederheirat oder des Todes fälligen Monatsbetrag.

1 Allgemeines

1 § 1586 entspricht den §§ 67, 69 Abs. 1 EheG. Ersatzlos entfallen ist § 69 Abs. 2 EheG. Dieser sieht vor, daß der Verpflichtete die Bestattungskosten zu tragen hat, soweit dies der Billigkeit entspricht und die Kosten nicht von den Erben zu erlangen sind. Nunmehr soll jeder Ehegatte selbst Vorsorge für seine Bestattung treffen; nach der *Amtl. Begr.* (S. 150) soll der unterhaltsberechtigte Ehegatte die Beiträge zu einer Sterbeversicherung als Teil des Lebensbedarfs verlangen können. Es dürfte aber sehr zweifelhaft sein, ob diese Aufwendungen zum Lebensbedarf gehören (zutreffend *Palandt-Diederichsen* § 1586, 1). Die Regelung gilt für gesetzliche Unterhaltsansprüche und, wenn nichts Abweichendes erkennbar ist, auch für Ansprüche aus selbständigen Unterhaltsvereinbarungen (vgl. Rdnr. 22 zu § 1585 c).

2 Umfang und Zeitpunkt des Erlöschens

2 Fällt die Wiederheirat oder der Tod in den Lauf eines Monats, ist der gesamte auf diesen Monat entfallende Rentenbetrag zu entrichten. Das Erlöschen tritt also erst zum letzten Tag des Monats ein, in dem die Wiederheirat oder der Tod sich ereignet hat. Für den Fall der Wiederheirat war das für das geltende Recht streitig (vgl. *Hoffmann-Stephan* § 67, 3 EheG m. w. N.); die Streitfrage ist durch das neue Recht erledigt.

Soweit der Unterhaltsanspruch noch nicht erfüllt ist, bleibt er bestehen; dasselbe gilt für Schadensersatzansprüche wegen Nichterfüllung (§ 1586 Abs. 2). Auch hier ist jedoch § 1585 b zu beachten; der Anspruch wird mit den Beschränkungen vererbt, die zum Zeitpunkt des Todes des Berechtigten bestanden.

3 Wird eine Kapitalabfindung vereinbart, dann erlischt der Unterhaltsanspruch. Gezahlte Beträge können nicht zurückgefordert werden (vgl. aber *RG* DR 1939, 308). Bei vereinbarten Teilzahlungen kann der Verpflichtete die Zahlung der noch ausstehenden Raten verweigern, wenn es sich um die Abfindung eines gesetzlichen Unterhaltsanspruchs gehandelt hat (so zutreffend *LG Verden* Nds. Rpfl. 1952, 10; a. A.: *Soergel-Donau* § 67, 5 EheG; vgl. auch Rdnr. 10 zu § 1585 c und Rdnr. 3 zu § 1586 b).

4 Ist im Fall der Wiederheirat die neue Ehe nichtig, dann erlischt der Unterhaltsanspruch des geschiedenen Ehegatten nicht. Er kann jedoch nur geltend gemacht werden, wenn die Nichtigkeit rechtskräftig festgestellt ist (§ 23 EheG). Sind die vermögensrechtlichen Folgen der Nichtigkeit nach Scheidungsrecht zu beurteilen (§ 26 EheG), wurde für das bisher geltende Recht überwiegend angenommen, daß der Unterhaltsanspruch gegen den Ehegatten aus der nichtigen Ehe nicht wieder auflebt, denn auch die Fragen des Erlöschens und des Wiederauflebens des Unterhaltsanspruchs gehören zu den vermögensrechtlichen Folgen, die nach Scheidungsrecht zu entscheiden sind (h. M. *Hoffmann-Stephan* § 67, 4 EheG; *RGRK* § 67, 15 EheG; *Soergel-Donau* § 67, 3 EheG; *Brühl-Göppinger-Mutschler* 766; a. A.: *Gernhuber* § 30 VII 2 Anm. 3). Diese Auffassung ist für das bisher geltende Recht, das ein Wiederaufleben des Unterhaltsanspruchs bei Auflösung der neuen Ehe nicht vorsieht, zutreffend. Anders verhält es sich nach dem neu eingeführten § 1586 a. Deshalb lebt im Fall der Nichtigkeit der neuen Ehe der Unterhaltsanspruch gegen den frühheren Ehegatten in dem durch § 1586 a begrenzten Umfang wieder auf, wenn sich die Folgen der Nichtigkeit der Ehe nach Scheidungsrecht beurteilen.

3 Verfahrensrecht

5 Erlischt der Unterhaltsanspruch, dann kann der Unterhaltsverpflichtete, gegen den eine vollstreckbare Entscheidung vorliegt, Vollstreckungsgegenklage nach § 767 ZPO (*OLG Karlsruhe* HRR 1939, 1535) oder (ohne rückwirkende Kraft) Abänderungsklage nach § 323 ZPO erheben.

(1) Geht ein geschiedener Ehegatte eine neue Ehe ein und wird die Ehe wieder aufgelöst, so kann er von dem früheren Ehegatten Unterhalt nach § 1570 verlangen, wenn er ein Kind aus der früheren Ehe zu pflegen oder zu erziehen hat. Ist die Pflege oder Erziehung beendet, so kann er Unterhalt nach den §§ 1571 bis 1573, 1575 verlangen.

(2) Der Ehegatte der später aufgelösten Ehe haftet vor dem Ehegatten der früher aufgelösten Ehe.

Überblick Rdnr.

1 Allgemeines

1 Nach bisher geltendem Recht lebte ein durch Wiederheirat erloschener Unterhaltsanspruch nicht wieder auf, wenn die neue Ehe aufgelöst wurde. Eine solche Möglichkeit wird durch § 1586 a eröffnet. Der Wortlaut des § 1586 a Abs. 1 entspricht dem Vorschlag des Bundesrats (BT 7/650 S. 264), der nur redaktionell von der Fassung des RegE abweicht. Absatz 2 ist auf Vorschlag des Vermittlungsausschusses (BT 7/4992) beschlossen worden.

2 Voraussetzungen

2.1 Scheidung der früheren Ehe

2 Die frühere Ehe muß wirksam geschieden sein. Der Scheidung steht die Aufhebung der Ehe gleich. Ist die frühere Ehe für nichtig erklärt worden, ist § 1586 a anwendbar, soweit die Nichtigkeitsfolgen nach Scheidungsrecht zu beurteilen sind (§ 26 EheG).

2.2 Auflösung der neuen Ehe

3 Unter Auflösung ist die Scheidung und Aufhebung der Ehe zu verstehen. Wird die neue Ehe für nichtig erklärt (Geltendmachung der Nichtigkeit nach Rechtskraft, § 23 EheG), ist zu unterscheiden: Treten nach Nichtigerklärung der neuen Ehe vermögensrechtlich die Folgen der Nichtigkeit ein, ist § 1586 a unanwendbar; die unterhaltsrechtlichen Beziehungen zum geschiedenen

Ehegatten aus der früheren Ehe sind so zu beurteilen, als ob die neue Ehe nicht geschlossen worden wäre. Die Obliegenheit, sich um eine Erwerbstätigkeit zu bemühen (§ 1573 Abs. 1 und 4) dürfte allerdings erst mit der Nichtigkerklärung der neuen Ehe (erneut) beginnen. Sind die Folgen der Nichtigkeit nach Scheidungsrecht zu beurteilen, ist die neue Ehe unterhaltsrechtlich wie eine geschiedene Ehe zu behandeln. Das gilt auch, soweit es um die Anwendung des § 1586 a geht.

2.3 Unterhaltsanspruch gegen den früheren Ehegatten nach §§ 1570 ff. (§ 1586 a Abs. 1)

4 Allgemeine Voraussetzung für das Wiederaufleben des Unterhaltsanspruchs ist, daß der geschiedene Ehegatte »ein Kind aus der früheren Ehe zu pflegen oder zu erziehen hat«. Der Wortlaut ist unklar, da es nicht nur auf die Pflege oder Erziehung als solche ankommt; erforderlich ist vielmehr, daß auch die anderen Voraussetzungen für einen Anspruch nach § 1570 vorliegen (vgl. Rdnr. 8 zu § 1571).

5 Der Anspruch nach § 1570 ist nicht davon abhängig, daß seine Voraussetzungen zum Zeitpunkt der Scheidung oder einem gleichgesetzten Zeitpunkt bestehen (vgl. Rdnr. 18 zu § 1570). Daraus folgt, daß es bei Anwendung des § 1586 a Abs. 1 nicht darauf ankommt, daß das Bedürfnis für die Pflege oder Erziehung der Kinder zum Zeitpunkt der Scheidung der zweiten Ehe aufgetreten ist. Die Voraussetzungen sind auch dann gegeben, wenn das Bedürfnis zu einem späteren Zeitpunkt eintritt.

6 Die Verweisung (§ 1586 a Abs. 1 Satz 2) auf die §§ 1571 bis 1573, 1575 hat nicht die Bedeutung, daß die Unterhaltsansprüche nach §§ 1571 ff. als originäre Ansprüche aufleben können (zutr. *Palandt-Diederichsen* § 1586 a, 1). Sie kommen nur in Betracht als Anschlußansprüche nach Wegfall des Unterhaltsanspruchs wegen Pflege und Erziehung eines gemeinschaftlichen Kindes nach § 1570. Aus der Fassung des RegE (§ 1586 a S. 2), dessen sachliche Änderung durch die Übernahme der Fassung des Bundesrats nicht beabsichtigt war, ergibt sich das eindeutig. Hat der geschiedene Ehegatte Kinder aus früherer Ehe nicht zu pflegen oder zu erziehen, lebt ein Unterhaltsanspruch nach §§ 1571 ff. selbst dann nicht auf, wenn die Voraussetzungen zum Zeitpunkt der Scheidung der ersten Ehe vorgelegen haben und noch vorliegen (z. B. der Ehegatte war alt oder krank i. S. von §§ 1571, 1572). In der Verweisung fehlt die Bezugnahme auf § 1576. Es handelt sich um ein Redaktionsversehen; einen erkennbaren Grund, gerade diesen Anspruch auszuschließen, gibt es nicht.

7 Hat das Bedüfnis für die Pflege oder Erziehung von Kindern aus der früheren Ehe nicht bis zum Zeitpunkt der Scheidung gedauert, ist § 1586 a Abs. 1 Satz 2 nicht anwendbar. In diesem Fall kann, selbst wenn der Unterhalsberechtigte im Anschluß an die Beendigung der Pflege oder Erziehung die Voraussetzungen der §§ 1571 bis 1572, 1575 erfüllt, ein Anschlußanspruch nach diesen Vor-

schriften (vom Zeitpunkt der Scheidung der späteren Ehe an) nicht aufleben.

3 Rangverhältnis von Ansprüchen aus mehreren Ehen

8 Der unterhaltsberechtigte Ehegatte kann Unterhaltsansprüche gegen seinen neuen (geschiedenen) Ehegatten nach den §§ 1570 ff. haben und außerdem wiederaufgelebte Unterhaltsansprüche gegen den früheren (geschiedenen) Ehegatten. Das kann z. B. eintreten, wenn der Ehegatte wegen Betreuung von Kindern aus beiden Ehe Ansprüche nach § 1570 gegen beide Ehegatten hat, auch können wiederaufgelebte Ansprüche nach § 1586 a Abs. 1 Satz 2 mit Ansprüchen nach § 1570 ff. konkurrieren. Die Vorschrift ist auch anwendbar, wenn mehr als zwei Ehen geschlossen und wieder aufgelöst worden sind; es wird nicht vorausgesetzt, daß eine ununterbrochene Kette von Unterhaltsansprüchen i. S. von § 1586 a besteht.

9 § 1586 a i. d. F. des RegE regelte das Rangverhältnis der Ansprüche nicht ausdrücklich. Die Frage sollte der Rechtsprechung überlassen bleiben. Die Vorstellungen gingen dahin, daß – ausgehend von einem Gleichrang – eine anteilige Inanspruchnahme des Unterhaltsverpflichteten in Betracht kommen sollte, wobei die Aufteilung nach billigem Ermessen zu erfolgen hätte (vgl. BT 7/4361 S. 35). § 1586 a Abs. 2, der auf Vorschlag des Vermittlungsausschusses beschlossen worden ist, sieht dagegen vor, daß der Ehegatte der später aufgelösten Ehe vor dem Ehegatten der früher aufgelösten Ehe haftet. Die Regelung hat den Vorzug, einfach und klar zu sein. Im übrigen ist sie sachwidrig. Die Unterhaltsansprüche nach §§ 1570 ff. knüpfen an konkrete Umstände an, die tragender Grund für die Unterhaltsberechtigung sind (z. B. Kinderbetreuung, Alter, Krankheit, Ausbildungsbedürfnis). Wird ein Wiederaufleben von Unterhaltsansprüchen überhaupt vorgesehen und damit ein Konkurrenzverhältnis geschaffen, ist es unangemessen, abstrakt eine Rangordnung vorzusehen ohne Rücksicht darauf, ob der Schwerpunkt der einen Unterhaltsanspruch auslösenden Gründe in der 1. oder in der 2. Ehe zu suchen ist (vgl. zutr. Begr. in BT 7/4361 S. 35; *Schumacher* ZfS 1976, 641).

10 § 1586 a Abs. 2 läßt offen, welchen Einfluß auf das Rechtsverhältnis die mangelnde Leistungsfähigkeit des primär Verpflichteten hat. Es liegt nahe, § 1584 mit der Maßgabe entsprechend anzuwenden, daß der Ehegatte aus der 1. Ehe einem nachrangig haftenden Verwandten gleichgestellt wird.

11 Probleme der Rangordnung können nur auftreten, wenn mehrere selbständige, auf denselben Lebensbedarf gerichtete Unterhaltsansprüche gegeben sind. Nun ist es aber möglich, daß erst ein Zusammentreffen von Umständen aus beiden Ehen Merkmale schafft, wie sie in den Anspruchsgrundlagen der §§ 1570 ff. vorausgesetzt werden. Hat ein Ehegatte z. B. Kinder aus beiden Ehen, kann es sein, daß er bei isolierter Berücksichtigung der Kinder aus

der früheren Ehe an der Erwerbstätigkeit nicht gehindert wäre und ebensowenig bei isolierter Berücksichtigung der Kinder aus der zweiten Ehe. Die Pflege und Erziehung der Kinder aus beiden Ehen läßt dagegen eine Erwerbstätigkeit nicht mehr zu. Nach dem Wortlaut des § 1570 wäre keiner der geschiedenen Ehegatten unterhaltspflichtig. Hier bietet sich eine analoge Anwendung der §§ 1570, 1586 a Abs. 1 an.

§ 1586 a Abs. 2 ist auf diesen Fall nicht, auch nicht entsprechend, anwendbar, da es an eigenständigen konkurrierenden Unterhaltsansprüchen fehlt. Jeder der Ehegatten haftet für einen Teil des Unterhaltsanspruchs. Die Aufteilung ist nach Billigkeitsgrundsätzen vorzunehmen, wobei z. B. die Zahl der Kinder aus der 1. und der 2. Ehe und der Aufwand für die Pflege oder Erziehung der jeweiligen Kinder eine Rolle spielen können.

12 Verändern sich die Verhältnisse bei einem der Verpflichteten wesentlich mit der Folge, daß die ursprüngliche Aufteilung einer Korrektur bedarf (§ 323 ZPO), dann kann das Auswirkungen auf die Verpflichtung des anderen Teils haben, die – ebenfalls nach § 323 ZPO – zu korrigieren ist. Insoweit besteht zwischen den beiden als Teilschuldner Verpflichteten eine Interdependenz.

4 Altehen

13 Die Regelung ist nicht anwendbar auf Ehen, die vor dem Inkrafttreten des 1. EheRG geschieden worden sind. Das gilt auch, wenn die spätere Ehe nach dem Inkrafttreten des 1. EheRG geschlossen und geschieden worden ist.

(1) Mit dem Tod des Verpflichteten geht die Unterhaltspflicht auf den Erben als Nachlaßverbindlichkeit über. Die Beschränkungen nach § 1581 fallen weg. Der Erbe haftet jedoch nicht über einen Betrag hinaus, der dem Pflichtteil entspricht, welcher dem Berchtigten zustände, wenn die Ehe nicht geschieden worden wäre.

(2) Für die Berechnung des Pflichtteils bleiben Besonderheiten auf Grund des Güterstandes, in dem die geschiedenen Ehegatten gelebt haben, außer Betracht.

Überblick

1 Allgemeines

1 § 1586 b Abs. 1 Satz 1 und 2 entsprechen § 70 Abs. 1 und Abs. 2 Satz 1 EheG. Unverändert übernommen wird damit der Grundsatz der passiven Vererblichkeit des Unterhaltsanspruchs. Geändert hat sich der Haftungsumfang. Der Erbe haftet nur noch bis zur Höhe des Pflichtteils, während er nach bisher geltendem Recht vorbehaltlich allgemeiner Haftungsbeschränkungen unbeschränkt haftete. Weggefallen ist die Möglichkeit, den Unterhaltsanspruch herabzusetzen (§ 70 Abs. 2 Satz 2 EheG).

2 Die Regelung gilt für den gesetzlichen nachehelichen Unterhaltsanspruch. Bei Ansprüchen aus selbständigen Unterhaltsvereinbarungen kann die Regelung im allgemeinen als vereinbart angenommen werden (h. M.: *OGH Köln* NJW 1949, 145; unklar: *Gernhuber* § 30 VII 4). Die Parteien können auch vereinbaren, daß die Unterhaltsberechtigung nach dem Tode des Verpflichteten nicht herabgesetzt werden darf (*RG* 162, 298). Dann übernimmt der Erbe diese selbständige Unterhaltsverpflichtung als Nachlaßverbindlichkeit ohne die Einschränkung des § 1586 b Abs. 1 Satz 3. Die Beschränkung der Haftung nach allgemeinen Vorschriften (§§ 1975 ff., § 780 ZPO) bleibt ihm unbenommen. Diese kann durch Vereinbarung der geschiedenen Ehegatten nicht ausgeschlos-

sen werden (*RG* Warn. Rspr. 1935 Nr. 134). Gegen einen titulierten Anspruch muß der Erbe die Haftungsbeschränkung mit der Klage nach §§ 767, 785 ZPO oder durch Einwendungen nach § 732 ZPO geltend machen.

3 Ist zwischen den Ehegatten eine Abfindung vereinbart worden, ist zu unterscheiden: Handelt es sich um die Kapitalisierung eines gesetzlichen Unterhaltsanspruchs, ist es vertretbar, den Anspruch auf das (noch nicht ausgezahlte) Kapital als einen gesetzlichen Unterhaltsanspruch anzusehen (vgl. Rdnr. 10 zu § 1585 c und Rdnr. 3 zu § 1586), wenn die Beteiligten nichts Abweichendes bestimmt haben. In diesem Fall haftet der Erbe nur nach § 1586 b Abs. 1 Satz 2. Ist dagegen mit der Vereinbarung der Abfindung beabsichtigt gewesen, die Beziehungen auf eine ausschließlich rechtsgeschäftliche Grundlage zu stellen, handelt es sich um eine normale Nachlaßverbindlichkeit. Der Erbe kann seine Haftung nur nach den allgemeinen Vorschriften beschränken.

4 Das Recht, einseitig die Abfindung zu verlangen (§ 1585 Abs. 2), kann gegen den Erben geltend gemacht werden. Soweit es auf die unbillige Belastung ankommt, sind seine Verhältnisse maßgebend. §§ 1586 b Abs. 1 S. 2, 1581 sind nicht entsprechend anwendbar, doch ist ein strenger Maßstab angezeigt.

2 Wegfall der Beschränkungen nach § 1581 (§ 1586 b Abs. 1 Satz 2)

5 Durch den Tod des Verpflichteten und den Übergang der Schuld auf die Erben ändert sich der Charakter des Anspruchs als gesetzlicher Unterhaltsanspruch nicht. Die rechtlichen Besonderheiten für Unterhaltsansprüche (vgl. Rdnr. 16 ff. zu § 1569) bleiben unberührt. Nicht anwendbar ind dagegen die Beschränkungen des § 1581. Der Erbe kann nicht einwenden, er sei nicht leistungsfähig, da seine Leistung aus dem übernommenen Nachlaß zu erbringen ist, die im übrigen noch auf den Wert des fiktiven Pflichtteils beschränkt ist. Der Wegfall der Beschränkung kann dazu führen, daß ein mit Rücksicht auf die eigenen Bedürfnisse des Verstorbenen vorher herabgesetzter Unterhalt bis zur Höhe des angemessenen Unterhalts aufgestockt wird.

3 Haftung des Erben

6 Das bisher geltende Recht sah eine Möglichkeit vor, die Rente aus Billigkeitsgründen herabzusetzen. Diese – als unbefriedignd empfundene – Regelung (vgl. *Amtl. Begr.* S. 152, 153) ist weggefallen. Sie ist von einer fixen Haftungsbegrenzung abgelöst worden. Als Maßstab dient der Wert des fiktiven Pflichtteils des berechtigten Ehegatten. Der Pflichtteil ist *fiktiv,* weil mit der Ehescheidung die Erbberechtigung und mit ihr das Pflichtteilsrecht erloschen ist.

7 Die Haftung des Erben ist beschränkt auf den Betrag, der dem Pflichtteil entspricht, welcher dem Berechtigten zugestanden hätte, wenn die Ehe nicht geschieden worden wäre. Maßgebender Zeitpunkt für die Berechnung des Pflichtteils ist nicht der Zeitpunkt der Scheidung, sondern der Tod des Unterhaltsverpflichteten. Das wirkt sich in bezug auf die Bewertung des Nachlasses und das Beteiligungsverhältnis aus. Wertveränderungen zwischen Scheidung und Tod des Ehegatten muß der andere Ehegatte hinnehmen. Sie können sich zu seinen Gunsten auswirken, wenn der Nachlaß in dieser Zeit eine Wertsteigerung erfahren hat. Der verpflichtete Ehegatte wird nicht gehindert, über sein Vermögen zu verfügen, auch wenn dadurch der künftige Nachlaß »ausgehöhlt« wird. § 2325, dessen analoge Anwendung sich anbietet, wird nur in Ausnahmefällen eingreifen. Im übrigen ist in krassen Fällen die Anwendung der §§ 138, 826 in Betracht zu ziehen (vgl. *BGH* FamRZ 1972, 255). Eine gewisse Sicherung kann der berechtigte Ehegatte erreichen, wenn die Voraussetzungen des § 1585 a (Sicherheitsleistung) vorliegen.

8 Die Fiktion des Fortbestehens der Ehe bis zum Tod des verpflichteten Ehegatten führt dazu, daß ein *neuer* Ehegatte des Verpflichteten bei der Berechnung des Pflichtteils außer Betracht bleibt. Denn der Verpflichtete hätte, wäre er verheiratet geblieben, keine neue Ehe eingehen können (*Amtl. Begr.* S. 153). Zweifelhaft ist, ob dies auch für hinzugekommene Kinder des Verpflichteten zu gelten hat. Keine Bedenken bestehen, nichteheliche Kinder zu berücksichtigen, auch wenn sie später legitimiert worden sind. Dasselbe ist wohl auch in bezug auf eheliche Kinder anzunehmen. Zwar hätte der verpflichtete Ehegatte, da eine erneute Eheschließung unbeachtlich ist, keine ehelichen Kinder haben können. Das ist aber nicht entscheidend. Die Beteiligung der Kinder am Nachlaß besteht, auch wenn unterschiedlich ausgestaltet, ohne Rücksicht auf ihren Status. Deshalb ist es gerechtfertigt, den Status zu vernachlässigen. Die Fiktion des Fortbestehens der Ehe zwingt nicht dazu, die Kinder außer Betracht zu lassen, weil sie als eheliche Kinder aus der neuen Ehe entstammen. In der Zwischenzeit weggefallene Erbberechtigte sind ebenfalls zu berücksichtigen.

9 Hinterläßt der verpflichtete Ehegatte mehrere geschiedene Ehegatten, die unterhaltsberechtigt sind, sind die Voraussetzungen und Folgen des § 1586 b für jeden der Ehegatten gesondert festzustellen. Zugunsten des ersten geschiedenen Ehegatten wirkt die Fiktion des Fortbestandes der Ehe in der Weise, daß die späteren geschiedenen Ehegatten außer Betracht bleiben. Sie fallen bei der Berechnung des Pflichtteils als Beteiligte am Nachlaß aus. Der zweite geschiedene Ehegatte kann spätere geschiedene Ehegatten ignorieren, nicht aber den früheren, dessen Rechte unangetastet bleiben müssen. Das bedeutet, daß sein fiktiver Pflichtteil nach dem Wert des Nachlasses, vermindert um den Wert des fiktiven Pflichtteils des ersten Ehegatten, berechnet wird (vgl. *Amtl. Begr.* S. 153). Ist ein Ehegatte z. B. zwei geschiedenen Ehegatten

unterhaltspflichtig gewesen, ergeben sich, wenn man unterstellt, er habe erbberechtigte Kinder, folgende Haftungsquoten für die Unterhaltsansprüche der beiden geschiedenen Ehegatten (angewendet wird § 1931 Abs. 1, vgl. *Amtl. Begr.* S. 154):

10 *a)* Der erste Ehegatte hat einen fiktiven Pflichtteilsanspruch in Höhe von einem Achtel des Wertes des Nachlasses (§§ 1931, 2203). Setzt man den Wert des Nachlasses mit 48 000,– DM an, dann beträgt die Haftungsquote für den Unterhaltsanspruch des Ehegatten 6000,– DM.

11 *b)* Der zweite geschiedene Ehegatte hat ebenfalls einen Pflichtteil in Höhe von einem Achtel des Wertes des Nachlasses. Der Umstand, daß die Ehe nicht hätte geschlossen werden können, wenn die alte Ehe fortbestanden hätte, ist hier ohne Belang, da die Fiktion des Fortbestehens der Ehe sich isoliert jeweils nur auf die Ehe des berechtigten Ehegatten bezieht. Die Haftungsquote berechnet sich von einem Nachlaßwert von 42 000,– DM (Gesamtnachlaß abzüglich der Haftungsquote des ersten Ehegatten von 6000,– DM); sie beträgt 5250,– DM.

12 *c)* Einem dritten Ehegatten würde der Nachlaß mit 4593,75 DM haften ($^1/_8$ von 36 750,– DM. Der Betrag von 36 750,– DM errechnet sich vom ursprünglichen Wert des Nachlasses von 48 000,– DM nach Abzug der vorab zu errechnenden Haftungsquoten von 6000,– und 5250,– DM).

13 Bei der Berechnung der Haftungsquote bleibt jede Relation zur Höhe des Unterhaltsanspruchs außer Betracht. Das kann dazu führen, daß der im höheren Maße bedürftige unterhaltsberechtigte Ehegatte seine Haftungsquote früher »verbraucht« als der andere. Die Haftungsquoten sind streng auf den jeweiligen Unterhaltsanspruch bezogen; sie sind für den Unterhaltsanspruch eines anderen Berechtigten nicht verfügbar.

3.2 Grundlage des fiktiven Pflichtteils (§ 1586 b Abs. 2)

14 Der Pflichtteil als Maßstab für die Haftungsquote bedarf einer Konkretisierung. Es gibt keinen einheitlichen Pflichtteil, seine Höhe ist vielmehr vom Güterstand, in dem die Ehegatten leben, abhängig (vgl. z. B. § 1931 Abs. 4, § 1371 Abs. 1). § 1586 b Abs. 2 sieht vor, daß bei der Berechnung der Haftungsquote nicht der Pflichtteilsanspruch zugrunde gelegt wird, der bei Fortbestehen der Ehe angefallen wäre, sondern der aller güterrechtlichen Besonderheiten entkleidete Normalpflichtteil. Grundlage der Berechnung ist daher allein das gesetzliche Erbrecht des Ehegatten nach § 1931 Abs. 1 und Abs. 2.

4 Unterhaltsrechtliche Haftung des Erben nach § 1933

15 Eine Haftung des Erben nach den für den nachehelichen Unterhalt geltenden Vorschriften kann unter bestimmten Voraussetzungen auch eintreten, wenn die Ehe des unterhaltsverpflichteten

Erblassers *nicht* geschieden worden ist. Das folgt aus § 1933 i. d. F. des 1. EheRG:

Das Erbrecht des überlebenden Ehegatten sowie das Recht auf den Voraus ist ausgeschlossen, wenn zur Zeit des Todes des Erblassers die Voraussetzungen für die Scheidung der Ehe gegeben waren und der Erblasser die Scheidung beantragt oder ihr zugestimmt hatte. Das gleiche gilt, wenn der Erblasser auf Aufhebung der Ehe zu klagen berechtigt war und die Klage erhoben hatte. In diesen Fällen ist der Ehegatte nach Maßgabe der §§ 1569 bis 1586 b unterhaltsberechtigt.

16 Nach bisher geltendem Recht waren das Erbrecht des überlebenden Ehegatten sowie das Recht auf den Voraus ausgeschlossen, wenn der Erblasser zur Zeit seines Todes auf Scheidung oder Aufhebung der Ehe zu klagen berechtigt war und die Klage erhoben hatte, sofern im Falle der Scheidung oder Aufhebung der Ehegatte als schuldig anzusehen gewesen wäre. Eine unterhaltsrechtliche Regelung zugunsten des überlebenden Ehegatten kam nach dieser Ausgangslage nicht in Betracht, da der Ehegatte auch im Falle der Scheidung keinen Unterhaltsanspruch gehabt hätte. Der RegE sah eine ersatzlose Streichung des § 1933 vor (Art. 1 Nr. 34 RegE). Die Fassung im 1. EheRG lehnt sich stark an die vom BR (BT 7/650 S. 274) vorgeschlagene Regelung an.

4.1 Antrag auf Scheidung oder Zustimmung zur Scheidung

17 Nach § 1933 Satz 3 hat der Unterhaltsanspruch den Charakter eines Surrogats für das entfallene Erbrecht. Er setzt voraus, daß der Erblasser die Scheidung beantragt hat. Der Begriff »Scheidung beantragt« deckt sich mit dem in § 1933 a. F. verwendeten Begriff »Klage erhoben«. Es genügt deshalb nicht, daß der Antrag eingereicht und die Scheidung damit anhängig geworden ist (§ 622 Abs. 2 ZPO). Notwendig ist Rechtshängigkeit des Scheidungsbegehrens, die mit Zustellung der Antragsschrift an den anderen Ehegatten eintritt (§§ 253 Abs. 1, 261 Abs. 1 ZPO). Ist die Antragsschrift mit Mängeln behaftet, kommt es darauf an, ob eine Heilung möglich ist. Ist das der Fall, sind die Mängel unbeachtlich (*KG* HRR 1942 Nr. 478). Unschädlich ist es auch, wenn das angerufene Gericht nicht zuständig ist, wenn eine Verweisung an das zuständige Gericht in Betracht gekommen wäre (§ 281 Abs. 1 ZPO). Ein Antrag auf Bewilligung des Armenrechts zur Erhebung einer Scheidungsklage ist nicht ausreichend. Die Scheidung ist nicht mehr beantragt, wenn der Antrag wirksam zurückgenommen ist (§ 269 ZPO); die bloße Ankündigung der Rücknahme genügt nicht.

18 Dem Antrag auf Scheidung steht es gleich, wenn der Erblasser der Scheidung »zugestimmt hatte«. Eine »Zustimmung« zur Scheidung ist in § 1566 Abs. 1 für den Fall der unstreitigen Scheidung nach einer Trennung von einem Jahr vorgesehen. Da keine Anhaltspunkte vorliegen, daß die Anwendung des § 1933 auf den Fall des § 1566 Abs. 1 beschränkt sein sollte, ist der Begriff der Zustimmung nicht in diesem eingeschränkten Sinn zu verstehen. An-

dererseits genügt es nicht, wenn der Erblasser dem »privaten« Scheidungs*wunsch* des anderen Teils zugestimmt hat. Vorausgesetzt wird, obwohl das sich aus dem Wortlaut des § 1933 nicht eindeutig ergibt, daß der andere Ehegatte Scheidungsantrag gestellt hat (ebenso *Palandt-Keidel* § 1933, 1). Die Zustimmung zu dem rechtshängig gewordenen Scheidungsbegehren muß allerdings nicht im Verfahren als Prozeßhandlung erklärt worden sein, eine außergerichtliche Zustimmung ist ausreichend. Bloße Untätigkeit auf das Scheidungsbegehren des anderen Teils ist keine Zustimmung, ebensowenig die Bereitschaft, die Scheidung hinzunehmen.

19 Hat der andere Ehegatte die Scheidung beantragt, der Erblasser-Ehegatte ihr aber nicht zugestimmt, verbleibt es bei den allgemeinen erbrechtlichen Vorschriften. Ein postmortaler Unterhaltsanspruch nach § 1933 entsteht nicht.

4.2 Voraussetzungen für die Scheidung der Ehe

20 Weiteres Erfordernis für den Wegfall des Erbrechts des überlebenden Ehegatten und das Entstehen des Unterhaltsanspruchs ist, daß zum Zeitpunkt des Todes des Erblassers die Voraussetzungen für die Scheidung der Ehe gegeben waren. Ob die Voraussetzungen gegeben waren, ist nach § 1565 ff. zu beurteilen. Haben die Ehegatten noch nicht ein Jahr getrennt gelebt, müssen Gründe i. S. von § 1565 Abs. 2 dargetan werden. § 1566 ist uneingeschränkt anwendbar. Geht es um die Anwendung der Härteklausel, muß im Fall der 2. Altern. der Vorschrift dargelegt werden, daß der überlebende Ehegatte außergewöhnliche Umstände i. S. von § 1568 Abs. 1 geltend gemacht hätte (§ 616 Abs. 3 ZPO).

4.3 Klage auf Aufhebung oder Nichtigkeit der Ehe

21 War der Erblasser berechtigt, die Aufhebung der Ehe zu begehren, und hat er die Klage erhoben, fällt das Erbrecht des überlebenden Ehegatten weg; er kann aber unterhaltsberechtigt (§§ 1569 bis 1586 b) werden. Insoweit besteht ein Gleichlauf mit der für den Fall der Scheidung vorgesehenen Regelung. Anders als im Fall der Scheidung genügt die bloße Zustimmung zum Aufhebungsbegehren des überlebenden Ehegatten nicht, um das Erbrecht in Wegfall und die Unterhaltsansprüche zum Entstehen zu bringen.

Die Regelung in § 1933 ist entsprechend anzuwenden, wenn der Erblasser berechtigt war, auf Nichtigkeit der Ehe zu klagen, und er die Klage erhoben hatte. Die vermögensrechtlichen Folgen der Nichtigkeit bestimmen sich nach den Vorschriften über die Folgen der Scheidung (§ 26 Abs. 1 EheG). Sie sind den für die Aufhebung der Ehe geltenden Vorschriften (§§ 26 Abs. 2, 3, 37 Abs. 2 EheG) nachgebildet. Es besteht kein Grund, in Anbetracht der vergleichbaren Ausgangssituation in den Rechtswirkungen zwischen nichtigen und aufhebbaren Ehen zu differenzieren.

Unklar ist, ob im Falle der Aufhebung oder der Nichtigkeit der Ehe die unterhaltsrechtlichen Folgen des § 1933 Satz 3 in entsprechender Anwendung des § 26 Abs. 2, 3, § 37 Abs. 2 EheG ausgeschlossen werden können. Der Zweck der Vorschriften legt dies nahe. Nach § 1933 werden die Wirkungen der Scheidung (Aufhebung, Nichtigkeit) der Ehe auf den Tod des Ehegatten vorverlegt. Wollte man eine entsprechende Anwendung des § 26 Abs. 2, 3, § 37 Abs. 2 EheG nicht zulassen, würde der Ehegatte besser gestellt sein, als er gestanden haben würde, wenn der Erblasser die Aufhebung oder Nichtigkeit der Ehe noch erlebt hätte. Das wäre nicht folgerichtig.

4.4 Letztwillige Verfügungen

22 Letztwillige Verfügungen eines Ehegatten sind unwirksam, wenn zum Zeitpunkt seines Todes die Voraussetzungen für die Scheidung oder Aufhebung der Ehe gegeben waren, und er die Scheidung beantragt oder ihr zugestimmt hat oder die Aufhebungsklage erhoben hat (§ 2077 Abs. 1 und 2; vgl. aber die Ausnahme in § 2077 Abs. 3). Die Vorschrift ist auf nichtige Ehen entsprechend anwendbar.

Mit Rücksicht auf die unwirksame letztwillige Verfügung und den Wegfall des Erbrechts nach § 1933 Satz 1 kann der überlebende Ehegatte Unterhaltsansprüche wie ein geschiedener Ehegatte haben (§ 1933 Satz 3). Im übrigen vgl. §§ 2268 Abs. 2, 2335 i. d. F. des 1. EheRG.

5 Beweislast

23 Das Vorliegen der Voraussetzungen des § 1933 Satz 1 und 2 muß beweisen, wer dem überlebenden Ehegatten das Erbrecht streitig macht. Die Voraussetzungen für einen der Unterhaltsansprüche nach §§ 1933 Satz 3, 1569 ff. muß der überlebende Ehegatte darlegen.

Vorbemerkungen zum Versorgungsausgleich (§§ 1587 bis 1587 p)

Literatur:

Albers, Überlegungen zur sozialen Sicherung der Frau, Sozialer Fortschritt 1971, 265; *Beitzke*, Sozialversicherungsrechtliche Sicherung der geschiedenen Frau, Recht der Arbeit 1971, 99; *Belchaus*, Der Versorgungsausgleich nach dem Entwurf eines Ersten Gesetzes zur Reform des Ehe- und Familienrechts, FamRZ 1973, 341; *Belchaus*, Einführung in den Versorgungsausgleich, MDR 1976, 793; *Bogs*, Die sozialrechtliche Sicherung der nichtberufstätigen Hausfrau, NJW 1968, 1649; *Bogs*, Auswirkungen der Reform der Ehescheidung auf das Sozialversicherungsrecht, Die Sozialgerichtsbarkeit 1970, 321; Eherechtskommission, 2. Teilbericht, 1972; *Fenge*, Der Versorgungsausgleich nach dem Entwurf eines Ersten Gesetzes zur Reform des Ehe- und Familienrechts, Betriebliche Altersversorgung 1976, 35; *Fischer*, Die betriebliche Altersversorgung im Versorgungsausgleich nach dem 1. EheRG, DB 1976, 2351; *Gitter*, Die soziale Sicherung der »Nur-Hausfrau«, FamRZ 1974, 233; *Hesse*, Rentenanwartschaftssplitting, DAngVers 1975, 253; *Hillermeier*, Das Erste Gesetz zur Reform des Ehe- und Familienrechts aus der Sicht der Bundesratsvorschläge, FamRZ 1976, 577; *Kaltenbach*, Rentensplitting bei Ehescheidungen – Der richtige Weg? DAngVers 1975, 133; *Kaltenbach*, Rentenanwartschaftssplitting, DAngVers 1975, 213; *Kaltenbach*, 7 Punkte gegen den Versorgungsausgleich bei Ehescheidungen, DAngVers 1975, 255; *Klier*, Der Versorgungsausgleich zwischen geschiedenen Ehegatten, Arbeits- und Sozialrecht 1972, 101; *Langkeit*, Empfiehlt es sich, die gesetzlichen Vorschriften über die soziale Sicherung der nicht berufstätigen Frau während und nach der Ehe, insbesondere im Fall der Scheidung, zu ändern? Gutachten F zum 47. DJT, 1970; *Laudor*, Der Versorgungsausgleich und die Entwicklung von Rentenanwartschaften, NJW 1977, 142; *Lohnes*, Die sozialrechtliche Sicherung der nicht berufstätigen Hausfrau, FamRZ 1969, 177; *Maier*, Das Rentensplitting, DAngVers 1974, 321; *Maier-Danne*, Rentensplitting, Der Versorgungsausgleich bei Ehescheidungen, DAngVers 1972, 85; *Maier-Löschau*, Werden Witwenrenten überflüssig?, DAngVers 1973, 409; *Müller*, Der Versorgungsausgleich bei der Reform des Ehescheidungsrechts, DAngVers 1973, 206; *Niemeyer-Voskuhl*, Versorgungsausgleich bei Scheidung, Bundesarbeitsblatt 1976, 325; *Oswald*, Lebensversicherung und Ehescheidung, Die Vers.Praxis 1971, 143; *Plagemann*, Der Versorgungsausgleich aus der Sicht des Rechtsanwalts, DAngVers 1976, 337; *Plagemann*, Die Beamtenversorgung im sog. Rentensplitting, RiA 1976, 209; *Planken*, Die soziale Sicherung der nicht erwerbstätigen Frau, 1961; *Pappai*, Eigenständige soziale Sicherung der Frau – ein Diskussionsbeitrag, DRentVers 1973, 161; *Reinartz*, Vertragliche Gestaltung des Versorgungsausgleichs, NJW 1977, 81; *Richter*, Die Auswirkungen des Ersten Gesetzes zur Reform des Ehe- und Familienrechts auf die notarielle Praxis, Zeitschrift f. d. Notariat in Baden-Württemberg 1976, 101; *Ruland*, Der Versorgungsausgleich, NJW 1976, 1713; *Schlund-Schneider*, Rentenkapitalisierung unter Berücksichtigung der mutmaßlichen Lebensdauer des Unterhaltsberechtigten, VersR 1976,

210; *Schneider-Danwitz,* Die sozialrechtliche Stellung der geschiedenen Ehefrau in Cuny, Unterhalt und Versorgung der geschiedenen Ehefrau, 1970; *Schulte,* Vorschläge der Eherechtskommission zur Verbesserung der sozialen Sicherung der Ehegatten, Zeitschrift für Sozialreform 1973, 16; *Solcher,* Das Erste Eherechtsreformgesetz und die gesetzliche Rentenversicherung, DRentVers 1976, 205; *Voskuhl,* Der Versorgungsausgleich bei Ehescheidung, DRiZ 1976, 338 und DB 1976, 2337; *Voskuhl-Pappai-Niemeyer,* Versorgungsausgleich in der Praxis, 1976.

Überblick

1 Einführung

1 Dem Versorgungsausgleich liegt die Überlegung zugrunde, daß die während der Ehe erworbenen Anwartschaften und Aussichten auf eine Versorgung wegen Erwerbs- oder Berufsunfähigkeit oder wegen Alters beiden Ehegatten »zustehen«, unabhängig davon, welcher der Ehegatten rechtlich Träger des künftigen Anspruchs ist. Das ist eine konsequente Durchführung des Grundsatzes, daß die Haushaltsführung des Ehegatten nach § 1356 Abs. 1 eine der außerhäuslichen Erwerbstätigkeit gleichgestellte Tätigkeit ist, die einen vollwertigen Beitrag zum Familienunterhalt darstellt (§ 1360 S. 2). Bemerkenswert ist daran, daß die Haushaltstätigkeit im Verhältnis der Ehegatten zueinander nicht wirtschaftlich bewertet wird, sondern auch rechnerisch ein dem Einkommen des anderen Teils entsprechendes Äquivalent darstellt. Dieser Umstand rechtfertigt die Aufteilung des »Mehrwerts« der Anwartschaften und Aussichten je zur Hälfte. Für die verfassungsrechtliche Beurteilung des Versorgungsausgleichs ist dieser Ansatz von entscheidender Bedeutung.

2 Der Versorgungsausgleich wird mitunter als eine Art Ergänzung der Regelung über den Zugewinnausgleich angesehen (vgl. *Amtl. Begr.* S. 61). Dieser Gesichtspunkt hat an Überzeugung gewonnen, nachdem die Zuordnung von Versorgungsanwartschaften der gesetzlichen Rentenversicherung in den güterrechtlichen Ausgleich nicht mehr als ausgeschlossen angesehen wird (vgl. Rdnr. 21 zu § 1587). Der Abgrenzung der beiden Bereiche dient § 1587 Abs. 3, der den Vorrang des Versorgungsausgleichs vorsieht. Der Versorgungsausgleich ist vom Güterstand der Ehegatten unabhängig.

3 Das dem Versorgungsausgleich zugrunde liegende Prinzip ist einfach. Es wird für jeden Ehegatten der Wert der Versorgung und der Anwartschaften und Aussichten auf eine Versorgung errechnet, die er in der Ehezeit »erwirtschaftet« hat. Hat ein Ehegatte einen »Mehrwert« erwirtschaftet, muß er die Hälfte davon an den anderen Ehegatten abgeben. Die Schwierigkeiten des Versorgungsausgleichs liegen in seiner Durchführung. Eine Vielzahl unterschiedlicher Versorgungsarten mit unterschiedlichen Systemen muß bei der Durchführung auf eine gemeinsame Rechnungseinheit reduziert werden. Dabei sind qualitative Unterschiede auszugleichen. Zum Teil rühren die Schwierigkeiten daraus, daß die öffentlich-rechtlichen Versorgungssysteme und der bürgerlichrechtliche Ausgleich, dessen Regelungsgegenstand sie sind, von widerstreitenden Prinzipien beherrscht werden.

4 Das Gesetz unterscheidet zwei Arten des Versorgungsausgleichs, den öffentlich-rechtlichen Versorgungsausgleich und den schuldrechtlichen Versorgungsausgleich. Der schuldrechtliche Versorgungsausgleich (§§ 1587 f ff.) ist subsidiärer Natur. Er erfaßt im übrigen nur bereits entstandene Versorgungsrechte und kann erst zu einem der »Rentenbezugsfähigkeit« vergleichbaren Zeitpunkt (§ 1587 g) geltend gemacht werden. Der schuldrechtliche Versorgungsausgleich ist auf Zahlung einer Ausgleichsrente gerichtet. Der berechtigte Ehegatte kann auch Abtretung der in den Ausgleich einbezogenen Versorgungsrechte zur Erfüllung seines Anspruchs verlangen (§ 1587 i). Eine eigenständige Versorgung gewährt der schuldrechtliche Versorgungsausgleich nicht; sie ist stets, auch nach Abtretung der zugrunde liegenden Versorgungsrechte, abgeleiteter Natur.

5 Der öffentlich-rechtliche Versorgungsausgleich (§§ 1587 a ff.) erfaßt auch Anwartschaften und Aussichten auf eine Versorgung. Das Verfahren über den öffentlich-rechtlichen Versorgungsausgleich ist mit der Rechtshängigkeit der Scheidungssache anhängig, da seine Einleitung eines Antrags nicht bedarf.

6 Der öffentlich-rechtliche Versorgungsausgleich sieht drei Arten des Ausgleichs vor, die eine Rangordnung darstellen:

a) Übertragung von Anwartschaften und Aussichten der gesetzlichen Rentenversicherung nach § 1587 b Abs. 1 (Renten-Splitting).

b) Begründung von Anwartschaftsrechten der gesetzlichen Rentenversicherung als Ersatz für Anwartschaften oder Aussichten aus einer beamtenrechtlichen Versorgung nach § 1587 b Abs. 2 (Quasi-Splitting).

c) Begründung von Anwartschaften der gesetzlichen Rentenversicherung durch Zahlung von Beiträgen zur gesetzlichen Rentenversicherung nach § 1587 b Abs. 3.

7 Die Art und Weise der Durchführung richtet sich nach sozialversicherungsrechtlichen (§§ 1304 ff. RVO) und nach beamtenrechtlichen (§§ 57, 58 BeamtVG) Vorschriften.

8 Gegen eine – nach der Wertung des Gesetzes ungerechtfertigte – Inanspruchnahme durch den Versorgungsausgleich schützen zwei (zum Teil unterschiedlich gefaßte) Härteklauseln: § 1587 c für den öffentlich-rechtlichen und § 1587 h für den schuldrechtlichen Versorgungsausgleich. Soweit der Ausgleich auf Zahlung eines Betrages nach § 1587 b Abs. 3 gerichtet ist, kann Stundung oder Ratenzahlung gewährt werden (§ 1587 d). Welche Auswirkungen der Tod des Berechtigten oder des Verpflichteten auf den Ausgleichsanspruch hat, regeln die §§ 1587 e und 1587 k. Eine Abfindung wegen künftiger Ausgleichsansprüche kann nur im schuldrechtlichen Versorgungsausgleich (der Berechtigte) verlangen (§ 1587 l). Im öffentlich-rechtlichen Versorgungsausgleich kommt eine Abfindung nur auf der Grundlage einer Vereinbarung nach § 1587 o oder einer gerichtlichen Entscheidung als Ersatz-Ausgleich nach § 1587 b Abs. 4 in Betracht.

9 Der Versorgungsausgleich ist abdingbar (§ 1408 Abs. 1; vgl. aber auch Absatz 2, Satz 2); wird er abbedungen, tritt zugleich Gütertrennung ein (§ 1414 Satz 2). Die Parteien können außerdem Vereinbarungen über den Versorgungsausgleich treffen, die der gerichtlichen Genehmigung bedürfen (§ 1587 o); doch ist es unzulässig, Anwartschaften in einer gesetzlichen Rentenversicherung durch Vereinbarungen zu übertragen oder zu begründen.

2 Verfassungsrechtliche Fragen des Versorgungsausgleichs

10 Gegen die Regelung, vor allem des öffentlich-rechtlichen Versorgungsausgleichs, sind verfassungsrechtliche Bedenken geäußert worden, so insbesondere bei der Anhörung von Sachverständigen und Vertretern von Organisationen und Körperschaften am 2. und 9. Juni 1975 vor dem Rechtsausschuß des Deutschen Bundestages (vgl. Protokoll des RA Nr. 65 v. 2. 6. 1975 und Nr. 67 vom 9. 6. 1975 sowie die Zusammenfassung in den Drucksachen des Rechtsausschusses 7/168, 7/173 und die Stellungnahme des BMJ in der Drucksache des Rechtsausschusses 7/176).

11 *a)* Ein Teil der geäußerten verfassungsrechtlichen Bedenken ist durch die auf Vorschlag des Vermittlungsausschusses eingeführte Abdingbarkeit des Versorgungsausgleichs (vgl. §§ 1408, 1414) gegenstandslos geworden. Es ist geltend gemacht worden, daß der zwingend vorgesehene Versorgungsausgleich die Ehe mit Strukturelementen ausstatte, die dem Ehever-

ständnis des Art. 6 Abs. 1 GG widersprächen; auch beeinträchtige der zwingend vorgeschriebene Versorgungsausgleich in unzulässiger Weise die Dispositionsfreiheit (Art. 2 GG) der Ehegatten (*Schwab* Prot. RA 65/207, 208; *Dieckmann* Prot. RA 65/225; BT-RA 7/168 S. 21, 22, 27).

12 *b)* Der Versorgungsausgleich begünstigt, so wird dargelegt, einseitig den geschiedenen Ehegatten, weil nur für ihn eine eigenständige soziale Sicherung vorgesehen sei. Der in einer intakten Ehe lebende Ehegatte werde unter Verletzung von Art. 6 Abs. 1, Art. 3 Abs. 1 GG benachteiligt (vgl. *Gitter* Prot. RA 65/44; BT-RA 7/168 S. 7).

13 Die Begründung überzeugt nicht, da die Altersversorgung über den Versorgungsausgleich Geschiedener und die abgeleitete Versorgung in einer bestehenden Ehe nur unterschiedliche Formen der Alterssicherung darstellen, die durch unterschiedliche Lebensverhältnisse bedingt sind. Der verheiratete Ehegatte wird nicht benachteiligt, sondern wegen der bestehenden Ehe, die eine Individualisierung des Anspruchs auf Altersversorgung entbehrlich macht, anders behandelt als der geschiedene Ehegatte (vgl. BT-RA 7/176 S. 5, 6).

14 *c)* Aus Art. 6 Abs. 1 GG sind schließlich auch Bedenken im Hinblick auf eine angenommene Beeinträchtigung der Eheschließungsfreiheit erhoben worden (vgl. *Friauf* Prot. RA 65/149; BT-RA 7/168 S. 16; *Schwab* Prot. RA 65/208, 237, 238; BT-RA 7/168 S. 22).

15 Sie sind unbegründet. Geht man davon aus, daß die Anwartschaften auf Altersversorgung aus der Ehezeit der Alterssicherung beider Ehegatten bestimmt sind, also beiden »zustehen«, kann der ausgleichspflichtige Ehegatte nicht einwenden, seine Aussicht auf Wiederverheiratung werde durch eine Minderung seiner Anwartschaften beeinträchtigt, die für ihn nicht bestimmt sind (vgl. BT-RA 7/176 S. 7, 8).

16 *d)* Unter sozialstaatlichen Gesichtspunkten (Art. 20, 35 Abs. 5 GG) werden die Auswirkungen des Rentensplittings als bedenklich angesehen, soweit sie zum Entstehen von Kleinstrenten führen können (*Friauf* BT-RA 7/168, S. 18). Dabei wird außer acht gelassen, daß der Versorgungsausgleich kein geeignetes Mittel ist und es nach seinem Ansatz nicht sein soll, dem geschiedenen Ehegatten ohne Rücksicht auf die Dauer der Ehe eine umfassende Altersversorgung zu vermitteln. Er kann in der Regel nicht mehr sein als der Grundstock einer eigenständigen Versorgung (vgl. BT-RA 7/176 S. 21, 22).

17 *e)* Ernster zu nehmen sind die verfassungsrechtlichen Bedenken gegen die Anwendung des Versorgungsausgleichs auf Ehen, die vor dem Inkrafttreten des 1. EheRG geschlossen worden sind (Verstoß gegen Art. 14, 33 Abs. 5, Art. 20 GG – *Dieckmann* Prot. RA 65/226; *Friauf* Prot. RA 65/149, 150, 152–154; *Schwab* Prot. RA 65/207).

18 Es handelt sich um einen Fall unechter Rückwirkung. Daher kommt es bei der Beurteilung der Verfassungswidrigkeit dar-

auf an, ob der ausgleichsverpflichtete Ehegatte Vertrauensschutz in die ungeschmälerte Erhaltung seiner Anwartschaften in seiner eigenen Person genießt, und inwieweit hier den Geboten der Gerechtigkeit und der Sozialstaatlichkeit gegenüber dem der Rechtssicherheit der Vorzug einzuräumen ist (BVerfG 30, 392 m. w. N.). Folgt man der Ausgangsthese, daß die während der Ehezeit erworbenen Anwartschaften auf Altersversorgung von den Ehegatten gemeinsam erwirtschaftet worden sind, und daß sie von vornherein dazu vorgesehen waren, den späteren Lebensunterhalt beider Ehegatten zu bestreiten, dann erscheint es vertretbar, die Anwendungen des Versorgungsausgleichs auf Altehen für verfassungsrechtlich zulässig zu erachten (vgl. BT-RA 7/176 S. 17–21).

19 *f)* Die gegen die neu eingeführte Erziehungsrente (§ 1265 a RVO) geltend gemachten verfassungsrechtlichen Einwendungen (Verletzung des Art. 3 Abs. 1 GG) sind ernst zu nehmen (vgl. *Abg. Müller* Prot. RA 65/91, 204; *Friauf* Prot. 65/204; nach *Ruland* NJW 1976, 1713, 1721 ist die Regelung unbedenklich). Die ungleiche Behandlung von geschiedenen Witwen auf der einen und sonstigen Alleinstehenden sowie geschiedenen Witwern auf der anderen Seite erscheint zumindest als Übergangslösung bis zur Neuordnung des Rechts der Hinterbliebenenversorgung (BVerfG NJW 1975, 919) vertretbar (vgl. BT RA 7/176 S. 15—16 a).

3 Überblick über verfahrensrechtliche Grundsätze des Versorgungsausgleichs

20 *a)* Der Versorgungsausgleich ist eine Angelegenheit des FGG (nach dem RegE war er als zivilprozessuale Angelegenheit ausgestaltet). Es ist Familiensache (§ 621 Abs. 1 Nr. 6 ZPO).

21 *b)* Zuständig ist das Familiengericht (§ 621 Abs. 1 ZPO). Die örtliche Zuständigkeit richtet sich nach § 621 Abs. 2, 3 ZPO, wenn eine Scheidungssache anhängig ist, was für den öffentlich-rechtlichen Versorgungsausgleich die Regel ist. Für isolierte Verfahren über den Versorgungsausgleich gelten die allgemeinen Vorschriften (§ 45 Abs. 1 FGG). Der Versorgungsausgleich ist grundsätzlich richterliche Angelegenheit; Ausnahmen ergeben sich aus § 14 Nr. 2 a RpflG.

22 *c)* Der öffentlich-rechtliche Versorgungsausgleich wird von Amts wegen eingeleitet (§ 623 Abs. 3 ZPO) und durchgeführt (§ 12 FGG). Der schuldrechtliche Versorgungsausgleich bedarf eines Antrags.

23 *d)* Das Verfahren richtet sich nach FGG-Grundsätzen (insbesondere §§ 53 b ff. FGG) mit den sich aus den §§ 621 ff. ZPO ergebenden Abweichungen (§ 64 a Abs. 3 FGG).

24 *e)* Verfahrensbeteiligte sind die Ehegatten und die betroffenen Versicherungsträger sowie die Träger der Versorgungslast (§ 53 b Abs. 2 Satz 1 FGG).

25 *f)* Im Verfahren über den öffentlich-rechtlichen und den schuldrechtlichen Versorgungsausgleich soll das Gericht mit den Beteiligten mündlich verhandeln (§ 53 b Abs. 1 FGG).

26 *g)* Die Erhebung von Beweisen richtet sich nach § 15 FGG. Das Gericht kann Auskünfte bei Versicherungsträgern, Trägern der Versorgung, Arbeitgebern u. a. Stellen einholen (§ 53 b Abs. 2 Satz 2 FGG).

27 *h)* Das Verfahren über den Versorgungsausgleich *ist* nach § 53 c Abs. 2 FGG *auszusetzen,* wenn ein Rechtsstreit über Anwartschaften oder Aussichten anhängig ist, die Gegenstand des Versorgungsausgleichs sind. Er *kann* ausgesetzt werden, wenn Streit über den Bestand oder die Höhe der Anwartschaft besteht, ohne daß ein Rechtsstreit anhängig ist (§ 53 c Abs. 1 FGG).

28 *i)* Die Entscheidung ergeht durch Urteil nach § 629 ZPO oder durch Beschluß, wenn es sich um eine isolierte Entscheidung handelt (§ 621 e Abs. 1 ZPO). In beiden Fällen ist eine Begründung notwendig (§ 53 b Abs. 3 FGG). Entscheidungen über Ansprüche nach § 1587 b Abs. 1 und 2 sind gestaltender Natur. Dagegen hat eine Entscheidung über den Anspruch nach § 1587 b Abs. 3 Leistungscharakter. Der Zahlungstitel unterliegt Anpassungen nach § 53 e Abs. 3 FGG. Der schuldrechtliche Versorgungsausgleich führt stets zu einem Leistungstitel. Entscheidungen im Verfahren über den Versorgungsausgleich werden erst mit Rechtskraft wirksam (§ 53 g Abs. 1 FGG).

29 *k)* Gegen die Entscheidung über den Versorgungsausgleich in der Hauptsache sind Berufung und Revision gegeben, wenn die Entscheidung im Verbund nach § 629 Abs. 1 ZPO ergangen ist. Im Fall der Teilanfechtung des einheitlichen Urteils nach § 629 a Abs. 2 ZPO und bei Anfechtung einer isolierten Entscheidung ist die befristete Beschwerde und die befristete weitere Beschwerde gegeben (§ 629 a Abs. 2 und § 621 e ZPO). In Fällen von Nebenentscheidungen im Rahmen des Versorgungsausgleichs (§ 53 g Abs. 2 FGG) ist die weitere Beschwerde nicht gegeben.

30 *l)* Der Versorgungsausgleich kann nach § 1408 Abs. 2 (auch beschränkt auf den öffentlich-rechtlichen Versorgungsausgleich) abbedungen werden. Wegen der güterrechtlichen Folgen vgl. auch § 1414.

31 *m)* Vereinbarungen über den Versorgungsausgleich sind nur in beschränktem Umfang möglich; sie bedürfen der gerichtlichen Genehmigung (§ 1587 o). Die Verweigerung der Genehmigung ist nicht selbständig anfechtbar (§ 53 d S. 2 FGG).

32 *n)* Die Vollstreckung von Entscheidungen im Versorgungsausgleich richtet sich nach § 53 g Abs. 3 FGG. Im öffentlich-rechtlichen Versorgungsausgleich hat nur die Entscheidung nach § 1587 b Abs. 3 einen vollstreckbaren Inhalt; die Entscheidungen nach § 1587 b Abs. 1 und 2 haben rechtsgestaltenden Charakter.

33 *o)* Nebenverfahren
Das Verfahren über den Versorgungsausgleich weist eine Reihe von Nebenverfahren auf:

aa) § 1587 d Abs. 1 Satz 1
Anordnung des Ruhens der Ausgleichsverpflichtung nach § 1587 b Abs. 3

bb) § 1587 d Abs. 1 Satz 2
Zubilligung von Ratenzahlung

cc) § 1587 d Abs. 2
Abänderungsverfahren zu aa) und bb)

dd) § 1587 i
Entscheidung über die Abtretung von Versorgungsansprüchen

ee) § 1587 l
Entscheidung über den Abfindungsanspruch

ff) § 1587 l Abs. 3 Satz 3
Zubilligung von Ratenzahlungen zu ee)

gg) § 1587 o Abs. 2 Genehmigung einer Vereinbarung oder Verweigerung der Genehmigung

hh) § 1304 c Abs. 2 RVO, § 53 e Abs. 1, Abs. 2 Satz 2 FGG
Bestimmung des zuständigen Versicherungszweiges durch das Familiengericht

ii) § 53 c FGG
Aussetzung des Verfahrens in der Hauptsache

kk) § 53 e Abs. 2 FGG
Festsetzung des Zahlungsbetrages zur Begründung einer in einer Vereinbarung festgelegten Rentenanwartschaft

ll) § 53 e Abs. 3 FGG
Neufestsetzung des Zahlungsbetrages zur Begründung einer Rentenanwartschaft

mm) § 53 f FGG
Aufhebung der Entscheidung über den Zahlungsanspruch nach § 1587 b Abs. 3 bei Eintritt der Voraussetzungen für den schuldrechtlichen Versorgungsausgleich

4 Versorgungsausgleich im Fall der Nichtigkeit und der Aufhebung der Ehe

34 § 26 Abs. 1 EheG i. d. F. des 1. EheRG bestimmt, daß die vermögensrechtlichen Folgen der Nichtigkeit einer Ehe sich nach den Vorschriften über die Folgen der Scheidung bestimmen. Diese Neuregelung entspricht der für den Fall der Aufhebung der Ehe bereits geltenden Regelung des § 37 Abs. 1 EheG, die durch das 1. EheRG nicht geändert worden ist. Der Versorgungsausgleich

ist eine vermögensrechtliche Folge der Eheauflösung. Daraus ergibt sich, daß der Versorgungsausgleich grundsätzlich auch im Fall der Aufhebung oder der Nichtigkeit der Ehe durchzuführen ist. Allerdings wird über den Versorgungsausgleich insoweit nicht im Verbund nach § 623 ZPO entschieden; dieser gilt nur für Scheidungssachen. Auch § 623 Abs. 3 ZPO findet keine Anwendung; das Verfahren über den Versorgungsausgleich aus Anlaß der Aufhebung oder der Nichtigerklärung der Ehe wird nur auf Antrag eingeleitet.

4.1 Ausschluß der versorgungsrechtlichen Folgen für die Zukunft

35 Die vermögensrechtlichen Folgen der Scheidung treten im Fall der Nichtigkeit der Ehe nicht ein, wenn der Ehegatte, der die Nichtigkeit der Ehe bei der Eheschließung nicht gekannt hat, binnen sechs Monaten nach Rechtskraft des Nichtigkeitsurteils gegenüber dem anderen Ehegatten (erforderlichenfalls gegenüber dem gesetzlichen Vertreter, *LG Berlin* FamRZ 1964, 261) erklärt, daß die genannten Folgen nicht eintreten sollen. Die Erklärung ist eine empfangsbedürftige Willenserklärung. Sie ist bedingungsfeindlich. Die Frist von sechs Monaten ist eine Ausschlußfrist. Sie ist nach allgemeinen Vorschriften zu berechnen (§§ 187 Abs. 1, 188 Abs. 2). Die Erklärung bedarf keiner Form, sie kann auch stillschweigend abgegeben werden (*RG* 104, 248, vgl. auch *RG* JW 1924, 969). Die Erklärungsbefugnis nach § 26 Abs. 2 EheG ist vererblich; sie kann daher innerhalb der vorgesehenen Frist von den Erben des gutgläubigen Ehegatten ausgeübt werden.

36 Die vermögensrechtlichen Folgen können nur für die Zukunft ausgeschlossen werden. Die »Zukunft« beginnt mit Wirksamwerden der Erklärung über den Ausschluß. Die Erklärung kann bereits vor der Rechtskraft des Nichtigkeitsurteils abgegeben werden, sie wird aber erst mit der Rechtskraft wirksam. Der Anspruch auf Versorgungsausgleich entsteht mit Rechtskraft des Scheidungsurteils (§ 1587 Abs. 1: Zwischen den »geschiedenen« Ehegatten; § 1587 Abs. 2 ist nur Berechnungsvorschrift). Daraus folgt, daß der Versorgungsausgleich selbst dann keine in der Zukunft liegende Folge der Nichtigkeit der Ehe ist, wenn der Ausschluß mit dem Zeitpunkt der Rechtskraft des Nichtigkeitsurteils zusammenfällt (vgl. *Amtl. Begr.* S. 183 für den insoweit gleichgelagerten Fall des Zugewinnausgleichs; unklar bei *Voskuhl-Pappai-Niemeyer* § 1587 I). Zweifelhaft ist, ob dies auch in bezug auf den schuldrechtlichen Versorgungsausgleich gelten
37 kann, soweit die Voraussetzungen für die Geltendmachung des Anspruchs erst zu einem nach Rechtskraft des Nichtigkeitsurteils liegenden Zeitpunkt (§ 1587 g Abs. 1) gegeben sind. Zwar sind auch für den schuldrechtlichen Versorgungsausgleich die in der Ehezeit erworbenen Anwartschaften Grundlage des Ausgleichs, doch entsteht der Anspruch erst, wenn die besonderen Voraussetzungen nach § 1587 g Abs. 1 gegeben sind. In diesem Sinne sind die Worte »verlangt werden« zu verstehen, es handelt sich nicht nur um eine Regelung der Fälligkeit eines entstandenen Anspruchs. Der schuldrechtliche Versorgungsausgleich kann daher durch Er-

klärung gegenüber dem anderen Ehegatten nach § 26 Abs. 2 EheG ausgeschlossen werden. Jede andere Auslegung würde dazu führen, daß § 26 Abs. 2 EheG für den Bereich des Versorgungsausgleichs unanwendbar wäre, was dem erklärten Willen des Gesetzgebers widersprechen würde (vgl. z. B. § 26 Abs. 3 EheG).

38 Problematisch ist die Anwendung des § 26 Abs. 2 EheG bei einem gemischten Ausgleich, d. h. wenn ein öffentlich-rechtlicher *und* ein schuldrechtlicher Ausgleich in Betracht kommen. Ein abschließender Ausgleich der in der Ehe erworbenen Anwartschaften ergibt sich erst aus dem Restvollzug im schuldrechtlichen Versorgungsausgleich. Der öffentlich-rechtliche Versorgungsausgleich ist in diesen Fällen daher nur ein Teilausgleich, bei dem sogar eine spätere Umkehrung des Gläubiger-Schuldner-Verhältnisses (bezogen auf den endgültigen Ausgleich) möglich ist. Es wäre unvertretbar, wenn ein Ehegatte mit einem Aktiv-Saldo aus dem öffentlich-rechtlichen Versorgungsausgleich später einen Ausgleich zu seinen Lasten aus dem schuldrechtlichen Versorgungsausgleich durch Erklärung nach § 26 Abs. 2 EheG ausschließen könnte; die Gutgläubigkeit des Ehegatten in bezug auf die Nichtigkeit der Ehe rechtfertigt nicht ohne weiteres eine Bereicherung auf Kosten des anderen Ehegatten.

39 Ein Beispiel verdeutlicht das:

Ehegatte A		*Ehegatte B*	
gesetzl. RV	400,— DM	noch verfallbare betriebl. Altersversorgung	900,— DM

Der Betrag von 900,– DM wird im öffentlich-rechtlichen Versorgungsausgleich nicht berücksichtigt (§ 1587 a Abs. 2 Satz 3). Der Wertunterschied im öffentlich-rechtlichen Versorgungsausgleich beträgt deshalb 400,– DM zu Lasten des A. Der Ausgleichsanspruch B gegen A beträgt 200,– DM. Gibt B eine Erklärung nach § 26 Abs. 2 EheG ab, dann würde, wenn man einen Ausschluß des schuldrechtlichen Versorgungsausgleichs im vorliegenden Fall für zulässig hält, folgendes eintreten: B erhielte 200,– DM. Er braucht von seiner später unverfallbar gewordenen Betriebsrente von 900,– DM nichts abzugeben, da der schuldrechtliche Versorgungsausgleich ausgeschlossen wäre. Das wäre unvertretbar, da er
40 in der Ehe 500,– DM mehr erwirtschaftet hat als sein Ehegatte, er im Ergebnis also nicht ausgleichsberechtigt, sondern (in Höhe von 250,– DM) ausgleichsverpflichtet ist. Es ist nicht einzusehen, daß die Art des Versorgungsausgleichs (öffentlich-rechtlicher oder schuldrechtlicher Versorgungsausgleich), die von Zufällen abhängt, darüber entscheiden soll, ob ein Ehegatte Gläubiger oder Schuldner des Versorgungsausgleichs wird. Deshalb ist § 26 Abs. 2 EheG einschränkend dahin auszulegen, daß die Erklärung den schuldrechtlichen Versorgungsausgleich nicht ausschließt, wenn dieser sich als Restausgleich nach vorangegangenem öffentlich-rechtlichen Versorgungsausgleich darstellt.

4.2. Versorgungsausgleich im Fall der Doppelehe (§ 26 Abs. 3 EheG)

41 Im Fall der Doppelehe schmälert der Anspruch des Ehegatten aus der nichtigen Ehe die Versorgung des Ehegatten aus der bestehenden Ehe. Bleibt diese Ehe erhalten, dann wirkt sich das bei der Witwenrente aus, die aus dem Rentenbetrag des dem Versicherten zustehenden, zugunsten der Ehefrau aus der nichtigen Ehe gekürzten Anspruchs (§ 1268 RVO) errechnet wird; wird die Ehe geschieden, dann können Ansprüche auf Versorgungsausgleich, bezogen auf die Zeit, die »Ehezeit« aus beiden Ehen ist, kollidieren. § 26 Abs. 3 EheG löst den Konflikt zum Nachteil des in bezug auf die Nichtigkeit der Ehe bösgläubigen Ehegatten. Die praktische Durchführung dieser einleuchtenden Lösung bereitet Schwierigkeiten. Ob und in welchem Umfang die Ansprüche des Ehegatten aus der früheren Ehe beeinträchtigt werden, läßt sich endgültig erst feststellen, wenn der Versorgungsfall bei ihm ein-
42 getreten ist. Unklar ist, ob § 26 Abs. 3 EheG diese konkrete Beeinträchtigung, wie sie sich beim Versorgungsfall des früheren Ehegatten darstellt, oder die abstrakte Möglichkeit einer Beeinträchtigung im Fall einer späteren Versorgung im Auge hat. Geht man zunächst von der letzteren Alternative aus, die den Wortlaut für sich hat (»beeinträchtigen würden«), wäre ein Versorgungsausgleich im Verhältnis der Parteien der nichtigen Ehe zu Lasten des in Doppelehe lebenden Ehegatten durchweg ausgeschlossen, da die versorgungsrechtliche Position des früheren Ehegatten rechnerisch stets geschmälert wird. Denn wird die Anwartschaft seines Ehegatten (sei es auf Grund einer Übertragung, sei es auf Grund einer Begründung, § 1587 b Abs. 1 oder 2) gemindert, verringert sich ein potentieller Ausgleichsanspruch des früheren Ehegatten entsprechend; im Fall des Todes seines Ehegatten verringert sich der Betrag der Witwenrente. Ist der frühere Ehegatte rechnerisch ausgleichsverpflichtet zu diesem Zeitpunkt, dann erhöht sich seine Ausgleichspflicht, wenn der Bestand der Anwartschaften seines Ehegatten rechnerisch gekürzt wird.

43 Ob die zum Zeitpunkt der Durchführung des Versorgungsausgleichs aus der nichtigen Ehe sich ergebende rechnerische Beeinträchtigung der Rechtsposition des früheren Ehegatten sich als tatsächliche Beeinträchtigung auswirkt, stellt sich erst dann heraus, wenn der Versorgungsfall in der Person des früheren Ehegatten eingetreten ist. Geht man davon aus, daß § 26 Abs. 3 EheG die konkrete Beeinträchtigung voraussetzt, dann könnte der Versorgungsausgleich zugunsten des Ehegatten aus der nichtigen Ehe zunächst stattfinden. Nach Eintritt des Versorgungsfalls in der Person des früheren Ehegatten wäre festzustellen, ob eine Beeinträchtigung seiner Versorgungssituation wegen des stattgefundenen Versorgungsausgleichs vorliegt. Die Schwierigkeiten einer nachträglichen Korrektur der eingetretenen Folgen (Erhöhung des Rentenbetrages zu Lasten eines Dritten) läßt Zweifel aufkommen, ob diese vom Ergebnis zu bevorzugende Alternative durchführbar ist. Die Problematik der Korrektur wird besonders deutlich, wenn man den Fall annimmt, daß der Nachteil des früheren

Ehegatten in einer Minderung der Witwenrente nach dem verstorbenen Ehegatten besteht, dessen Anwartschaften zum Teil dem Ehegatten aus der nichtigen Ehe übertragen worden sind. Zwischen den beiden Ehegatten des verstorbenen Ehegatten bestehen keine Rechtsbeziehungen, die einen Ausgleich ermöglichen würden; der verstorbene Ehegatte, der als Mittler eines Ausgleichs (Kürzung seiner Anwartschaften im Verhältnis zu dem Ehegatten der nichtigen Ehe, Erhöhung seiner Anwartschaften im Verhältnis zu dem früheren Ehegatten) in Betracht gezogen werden könnte, ist ausgefallen.

44 Der Versorgungsausgleich im Fall der Aufhebung der Ehe richtet sich nach denselben Grundsätzen, wie sie im Fall der Nichtigerklärung der Ehe gelten (vgl. Rdnr. 34 ff.).

5 Übergangsregelung

45 Die Vorschriften über den Versorgungsausgleich finden keine Anwendung auf Ehen, die vor dem Inkrafttreten des 1. EheRG geschieden worden sind (Art. 12 Nr. 3 Abs. 3 S. 1). Auf Ehen, die nach diesem Zeitpunkt geschieden werden, gelten die §§ 1587 bis 1587 p auch dann, wenn die Ehe vor diesm Zeitpunkt geschlossen worden ist. Die Übergangsregelung läßt zwei Ausnahmen zu.

5.1 Abfindung, Vereinbarung über die Altersversorgung

46 Der Versorgungsausgleich findet nicht statt, wenn der ausgleichsverpflichtete Ehegatte den anderen durch »Übertragung von Vermögensgegenständen für künftige Unterhaltsansprüche endgültig abgefunden« hat (Art. 12 Nr. 3 Abs. 3 S. 2, 1. Altern.). Es genügt nicht, daß Parteien allgemein ihre unterhaltsrechtlichen Beziehungen abschließend geregelt haben. Notwendig ist vielmehr ein Vermögenszuwachs auf seiten des unterhaltsberechtigten Ehegatten. Die Vorschrift ist eng auszulegen. Sie soll nur die Fälle abdekken, in denen der berechtigte Ehegatte über die Unterhaltsregelung bereits Vermögensvorteile erlangt hat, die im Ergebnis einer Vorwegnahme des Versorgungsausgleichs gleichkommen. Nicht selten werden in diesen Fällen auch die Voraussetzungen der Härteklausel nach § 1587 c Nr. 1 oder § 1587 h Nr. 1 vorliegen. Für die Annahme, die Abfindung müsse zu einer nachhaltigen Sicherung des Lebensbedarfs geführt haben (*Voskuhl-Pappai-Niemeyer* Art. 12 II) gibt es keine hinreichenden Anhaltspunkte. Ein solches Erfordernis dürfte insbesondere unangemessen sein, wenn es sich um künftige Unterhaltsansprüche gehandelt hat, die nach Dauer und Höhe gering gewesen wären.

47 Haben die Ehegatten in einer *vor* dem Inkrafttreten des 1. EheRG getroffenen Vereinbarung Angelegenheiten der Altersversorgung geregelt, wird angenommen, daß sie damit den Versorgungsausgleich endgültig vorweggenommen haben. Auch diese Vorschrift (Art. 12 Nr. 3 Abs. 3 Satz 2, 2. Altern.) ist restriktiv auszulegen.

Sie ist nicht anzuwenden, wenn Anhaltspunkte vorliegen, daß es
sich nicht um eine abschließende und vollständige Auseinander-
setzung gehandelt hat. U. U. kann auch Anlaß bestehen, die Wirk-
samkeit der Vereinbarung unter dem Gesichtspunkt des § 138 zu
prüfen. Anders als im Fall der Abfindung für künftige Unterhalts-
48 ansprüche (vgl. Rdnr. 46) wird bei der Vereinbarung über die Al-
tersversorgung nicht vorausgesetzt, daß eine »Übertragung von
Vermögensgegenständen« stattgefunden hat (*Plagemann* DAng-
Vers 1976, 337, 343 – »irgendein Vertrag über den Versorgungs-
ausgleich«; a. A.: *Voskuhl-Pappai-Niemeyer* Art. 12 II). Für die
Vereinbarung über die Altersversorgung i. S. von Art. 12 Nr. 3
Satz 2, 2. Altern. wird eine bestimmte Form nicht gefordert; ob
die Vereinbarung formbedürftig ist oder war, beurteilt sich unter
Berücksichtigung des Gesamtinhalts nach allgemeinem Recht (vgl.
auch *Plagemann* DAngVers 1976, 337).

Ist eine Regelung i. S. von Art. 12 Nr. 3 Abs. 3 Satz 2 nichtig, findet der Versorgungsausgleich statt. Hat eine Partei bereits Leistungen erbracht, die für die Berechnung im Versorgungsausgleich relevant wären, können sie bei der Berechnung des Versorgungsausgleichs berücksichtigt werden (vgl. § 1587 c Nr. 1, § 1587 h Nr. 1).

49 Die Ausnahmeregelung nach Art 12 Nr. 3 Abs. 3 Satz 2 ist von Amts wegen zu beachten.

5.2 Herabsetzung des Ausgleichsanspruchs

50 Art. 14 Nr. 3 Abs. 3 Satz 3 enthält eine Sonderregelung für Ehen,
die wegen des Widerspruchsrechts nach § 48 Abs. 2 EheG nach
bisher geltendem Recht nicht geschieden werden konnten. Häufig
leben die Ehegatten seit vielen Jahren getrennt. Die Übergangs-
vorschrift eröffnet die Möglichkeit, in diesen Fällen den Aus-
gleichsanspruch zu kürzen. Die Regelung ist mit äußerster Zu-
rückhaltung anzuwenden. Sie begegnet in mehrfacher Hinsicht
51 Bedenken. Soweit aus der Tatsache, daß eine Ehe wegen § 48
Abs. 2 EheG nicht geschieden werden konnte, nachteilige Folgen
für den an der Ehe festhaltenden Ehegatten entstehen, ist die An-
knüpfung bedenklich, da sie, entgegen dem bisher geltenden Recht,
eine neue Kategorie von Ehen minderen Rechts schafft. Der be-
troffene Ehegatte durfte sich darauf verlassen, daß eine nach dem
Gesetz bestehende Ehe eine vollgültige Ehe ist, bei der im Zu-
sammenhang mit der Scheidungsfolgenregelung eine Differenzie-
52 rung nicht eintreten kann. Soweit der tragende Grund der Rege-
lung in einer langen Trennungszeit oder in der fehlenden gemein-
samen Wirtschaftsführung gesehen wird (»Einmal liegt für diese
Zeiten eine gemeinsame Lebensleistung beider Ehegatten regel-
mäßig nicht vor, so daß es nach dem Grundgedanken des Ver-
sorgungsausgleichs an sich nicht gerechtfertigt ist, auch für diese
Zeiten einen Ausgleich vorzusehen« (BT 7/4361 S. 80), erscheint
die Beschränkung der Regelung auf die Fälle des § 48 Abs. 2
EheG durch nichts gerechtfertigt. Diese Umstände waren (und
sind) in einer Vielzahl anderer Ehen gegeben. Eine Nichtberück-

sichtigung der Trennungszeit oder fehlender gemeinsamer Wirtschaftsführung unter Hinweis, daß in anderen als den Fällen des § 48 Abs. 2 EheG der Ehegatte sich hätte scheiden lasssen können, dürfte unangemessen sein.

5.3 Voraussetzungen für die Kürzung des Anspruchs

53 *a)* Antrag des ausgleichspflichtigen Ehegatten
Der Antrag ist Prozeßhandlung.

54 *b)* Scheidungshindernis
Die Ehe durfte nach § 48 Abs. 2 EheG nicht geschieden werden. Es ist nicht notwendig, daß der Ehegatte mit einer Klage aus diesem Grund abgewiesen worden ist. Es genügt, wenn die Voraussetzungen für den Widerspruch bis zu dem Zeitpunkt bestanden haben, bis zu dem eine Scheidungsklage nach bisherigem Recht noch hätte durchgeführt werden können. Das Gericht muß daher prüfen, ob der Widerspruch zulässig und begründet gewesen wäre, wenn der ausgleichspflichtige Ehegatte eine Klage nach § 48 EheG erhoben hätte. Wäre die Klage aus einem anderen Grund, z. B. wegen fehlender Zerrüttung oder mit Rücksicht auf Kindesinteressen nach § 48 Abs. 3 EheG abzuweisen gewesen, kommt eine Herabsetzung des Ausgleichsanspruchs schon deshalb nicht in Betracht.

55 *c)* Grobe Unbilligkeit
Die uneingeschränkte Durchführung des Ausgleichs muß auch unter Berücksichtigung der Interessen des ausgleichsberechtigten Ehegatten grob unbillig sein. Zum Begriff der groben Unbilligkeit, vgl. Rdnr. 3 zu § 1579: Grobe Unbilligkeit kann nicht schon deshalb angenommen werden, weil die Eheleute getrennt gelebt haben, und es an einer gemeinsamen Wirtschaftsführung gefehlt hat. Solche Umstände sind für sich gesehen auch sonst kein Grund, den Versorgungsausgleich auszuschließen oder zu mindern (vgl. §§ 1587 c, 1587 h). Es müssen zusätzliche Umstände hinzutreten. Ein Anwendungsfall kann gegeben sein, wenn der Ehegatte dem anderen Ehegatten eine Altersversorgung verschafft hat, die nicht in den Versorgungsausgleich fällt, so daß die Durchführung des Versorgungsausgleichs zu einer Doppelleistung führen würde. In der Regel wird in einem solchen Fall der Versorgungsausgleich bereits auf Grund der Härteklausel nach § 1587 c Nr. 1 (vgl. Rdnr. 9 ff. zu § 1587 c) ausgeschlossen sein.

5.4 Höhe des Kürzungsbetrages

56 Der Kürzungsbetrag darf die Hälfte des auf die Trennungszeit entfallenden gesetzlichen Anspruchs nicht überschreiten. Zu errechnen ist der Ausgleichsbetrag, wie er sich darstellen würde, wenn die Ehezeit der Trennungszeit entsprechen würde. Die Berechnungsmethode ist dieselbe wie bei der Durchführung des Versorgungsausgleichs (§§ 1587 a ff.). Die Hälfte des auf diese Weise errechneten, auf die Trennungszeit entfallenden Betrages darf nicht überschritten werden.

57 Über die Kürzung entscheidet das Gericht im Rahmen der Entscheidung in der Hauptsache. Eine gesonderte Vorabentscheidung ist nicht vorgesehen.

6 Geschiedenen-Witwenrente, Erziehungsrente

58 Der Versorgungsausgleich soll dem berechtigten Ehegatten aus Anlaß der Scheidung eine eigenständige Versorgung sichern. Folgerichtig wird davon ausgegangen, daß für ein System einer abgeleiteten Versorgung kein Raum mehr ist. Aus diesem Grund ist der Anspruch des Ehegatten, dessen Ehe nach Inkrafttreten des 1. EheRG geschieden worden ist, auf die sog. Geschiedenen-Witwenrente nach § 1265 RVO ersatzlos gestrichen worden. Diese Folgen treten ein unabhängig davon, ob auf Grund der Vorschriften über den Versorgungsausgleich tatsächlich eine eigenständige Versorgung eingetreten ist. Vollzieht sich der Ausgleich nach § 1587 b Abs. 3 und wird der Betrag zur Begründung einer Anwartschaft in der gesetzlichen Rentenversicherung nicht gezahlt, erhält der berechtigte Ehegatte weder eine eigenständige Rente noch eine Geschiedenen-Witwenrente.

59 Eine gewisse Milderung dieser Folgen bringt das neu eingeführte Institut der sog. Erziehungsrente nach § 1265 a RVO. Es handelt sich um eine eigenständige Versorgung, die u. a. voraussetzt, daß der berechtigte Ehegatte die sog. kleine Wartezeit (vgl. Rdnr. 4 zu § 1587 a) erfüllt. Gegen die Einführung der Erziehungsrente sind verfassungsrechtliche Bedenken erhoben worden, weil die Regelung den geschiedenen Ehegatten ohne sachlichen Grund privilegiere (vgl. Rdnr. 19).

7 Unterhaltsbeitrag

60 Im Rahmen der beamtenrechtlichen Versorgung ist an die Stelle des § 125 Abs. 2 BBG die Regelung nach § 22 Abs. 2, 3 BeamtVG getreten, die in einem gewissen Umfang die bisherige Einrichtung des Unterhaltsbeitrags der geschiedenen Witwe eines Beamten aufrechterhält. Mit der Erziehungsrente aus der gesetzlichen Rentenversicherung nach § 1265 a RVO ist die Regelung kaum vergleichbar. § 22 Abs. 2, 3 BeamtVG lautet:

(2) Der geschiedenen Ehefrau eines verstorbenen Beamten oder Ruhestandsbeamten, die im Falle des Fortbestehens der Ehe Witwengeld erhalten hätte, ist auf Antrag ein Unterhaltsbeitrag insoweit zu gewähren, als sie im Zeitpunkt des Todes des Beamten oder Ruhestandsbeamten gegen diesen einen Anspruch auf schuldrechtlichen Versorgungsausgleich nach § 1587 g Abs. 1 Satz 1 des Bürgerlichen Gesetzbuchs hatte. Der Unterhaltsbeitrag wird jedoch nur gewährt,

1. *solange die geschiedene Ehefrau berufs- oder erwerbsunfähig im Sinne der Reichsversicherungsordnung ist oder mindestens ein waisengeldberechtigtes Kind erzieht oder*

2. wenn sie das sechzigste Lebensjahr vollendet hat.

Der Erziehung eines waisengeldberechtigten Kindes steht die Sorge für ein waisengeldberechtigtes Kind mit körperlichen oder geistigen Gebrechen gleich. Der nach Satz 1 festgestellte Betrag ist in einem Hundertsatz des Witwengeldes festzusetzen; der Unterhaltsbeitrag darf fünf Sechstel des entsprechend § 57 gekürzten Witwengeldes nicht übersteigen. Im Hinblick auf die geschiedene Ehe gewährte Geschiedenen-Witwenrenten und gleichartige Hinterbliebenenleistungen sind auf den Unterhaltsbeitrag anzurechnen, wenn die ihnen zugrundeliegenden Versorgungsleistungen oder Versorgungsanwartschaften des Verstorbenen in den Versorgungsausgleich einbezogen worden sind. § 21 gilt entsprechend.

(3) Absatz 2 gilt entsprechend für die frühere Ehefrau eines verstorbenen Beamten oder Ruhestandsbeamten, deren Ehe mit diesem aufgehoben oder für nichtig erklärt war.

1. Grundsatz

§ 1587

(1) Zwischen den geschiedenen Ehegatten findet ein Versorgungsausgleich statt, soweit für sie oder einen von ihnen in der Ehezeit Anwartschaften oder Aussichten auf eine Versorgung wegen Alters oder Berufs- oder Erwerbsunfähigkeit der in § 1587 a Abs. 2 genannten Art begründet oder aufrechterhalten worden sind. Außer Betracht bleiben Anwartschaften oder Aussichten, die weder mit Hilfe des Vermögens noch durch Arbeit der Ehegatten begründet oder aufrechterhalten worden sind.

(2) Als Ehezeit im Sinne der Vorschriften über den Versorgungsausgleich gilt die Zeit vom Beginn des Monats, in dem die Ehe geschlossen worden ist, bis zum Ende des Monats, der dem Eintritt der Rechtshängigkeit des Scheidungsantrags vorausgeht.

(3) Für Anwartschaften oder Aussichten, über die der Versorgungsausgleich stattfindet, gelten ausschließlich die nachstehenden Vorschriften; die güterrechtlichen Vorschriften finden keine Anwendung.

Überblick Rdnr.

1 Allgemeines

1 § 1587 Abs. 1, 2 entspricht sachlich im wesentlichen der Regelung im RegE. Neu ist Absatz 3, der die Abgrenzung zu den güterrechtlichen Vorschriften vollzieht. Er ist an die Stelle des § 1587 a Abs. 5 RegE getreten; damit soll der Vorrang des Versorgungsausgleichs vor einer güterrechtlichen Regelung sichergestellt werden. Übergangsvorschriften für Altfälle enthält Art. 12 Nr. 3 Abs. 3 des 1. EheRG.

2 Die Grundsatzregelung für den Versorgungsausgleich in § 1587 Abs. 1 ist kein Programmsatz, sondern unmittelbar anwendbares Recht. Sie umschreibt in Satz 1 den Anwendungsbereich des Versorgungsausgleichs und schränkt ihn in Satz 2 für bestimmte Vermögenswerte ein. Die Vorschrift gilt sowohl für den öffentlichrechtlichen als auch für den schuldrechtlichen Versorgungsausgleich. Sie umfaßt Anwartschaften und Aussichten auf eine Altersversorgung und bereits entstandene Ansprüche auf Altersversorgung; der Wortlaut des § 1587 Abs. 1 steht dem nicht entgegen. Die auf Anwartschaften und Aussichten beschränkte Anknüpfung stellt die Mindestanforderungen für den Eintritt der Voraussetzungen des Ausgleichs dar, der Ausgleich wird nicht dadurch ausgeschlossen, daß die Anwartschaften oder Aussichten inzwischen zu einem Vollrecht erstarkt sind (vgl. BT 7/4361 S. 35 und § 1587 a Abs. 2, der die entstandenen Versorgungen ausdrücklich aufzählt).

2 Begriff der Anwartschaften und Aussichten

3 Der Begriff der Anwartschaften und Aussichten ist im Gesetz nicht definiert. Er wird im übrigen auch nicht durchgehend einheitlich gebraucht. Mitunter wird nur an die Anwartschaft angeknüpft, obwohl auch eine Aussicht in Betracht kommt (z. B. § 1587 a Abs. 2 Satz 2). Aus diesen terminologischen Ungenauigkeiten auf sachliche Unterschiede zu schließen, wäre voreilig.

4 Anwartschaft und Aussicht unterscheiden sich nicht prinzipiell, sondern nur dem Grade nach. Beiden gemeinsam ist, daß sie Vorstufen zum Vollrecht sind, wobei bei der Anwartschaft ein höherer Grad rechtlicher Verfestigung vorausgesetzt wird. Aus § 1587 a Abs. 7 folgt, daß der Grad der Wahrscheinlichkeit in bezug auf das Entstehen oder Nichtentstehen des künftigen Versorgungsanspruchs für sich gesehen kein Maßstab ist, da nach dieser Vorschrift das Fehlen auch anspruchslösender Voraussetzungen für den Anspruch der Einbeziehung der Anwartschaft oder Aussicht in den Versorgungsausgleich nicht entgegensteht. Das wird bestätigt durch die Sonderregelung für die betriebliche Altersversorgung in § 1587 a Abs. 2 Nr. 3 Satz 3, die erklärtermaßen Ausnahmecharakter hat. Für die Zuordnung kommt es daher nicht entscheidend auf den Grad der Verfallbarkeit an, sondern darauf, ob der künftige Anspruch des Berechtigten so konkretisiert ist, daß er rechtliche Qualität hat. Daß zwischen dem Grad der Verfallbarkeit und der Qualifikation einer Zusage als rechtlich relevanter Verbindlichkeit ein Zusammenhang bestehen kann, ist unverkennbar.

3 Anwendungsbereich (Versorgungsarten)

5 Der Versorgungsausgleich erfaßt Ansprüche sowie Anwartschaften und Aussichten auf eine Versorgung wegen Alters- oder Berufs- oder Erwerbsunfähigkeit der in § 1587 a Abs. 2 genannten

Art. Zweifelhaft ist, welche Bedeutung der Verweisung auf § 1587 a Abs. 2 bei der Bezeichnung des sachlichen Anwendungsbereichs in § 1587 Abs. 1 Satz 1 zukommt (*»der in § 1587 a Abs. 2 genannten Art«*). Nach der Fassung des RegE war damit eine (vom Wortlaut nicht gedeckte) Einschränkung beabsichtigt. Erfaßt werden sollten nur Anwartschaften und Aussichten, die sich einer der aufgezählten Berechnungsregeln zuordnen ließen (*Amtl. Begr.* S. 155). Diese (unhaltbare) Einschränkung ist ausdrücklich aufgegeben worden (vgl. § 1587 a Abs. 5). Daraus folgt, daß ein Berechnungsmodus in keinem Fall ein Kriterium für die Abgrenzung des sachlichen Anwendungsbereichs sein kann.

3.1 Einschränkung wegen fehlender Zweckbestimmung

6 Aus der vorgesehenen Zweckbestimmung (Versorgung wegen Alters- oder Erwerbs- oder Berufsunfähigkeit) ergibt sich eine Einschränkung des Anwendungsbereichs. Versorgungen mit anderer Zweckbestimmung bleiben außer Betracht. Das gilt vor allem für Versorgungsansprüche, die Entschädigungscharakter haben, wie Rentenansprüche aus der gesetzlichen Unfallversicherung. Nach der Konzeption der gesetzlichen Rentenversicherungen handelt es sich bei der Unfallversicherung nicht um eine Versorgungsregelung für den Fall der Berufs- oder Erwerbsunfähigkeit des Versicherten; dieses Risiko ist gesondert abgedeckt (§§ 1246, 1247 RVO). Vom Versorgungsausgleich nicht erfaßt werden weiter Ansprüche oder Anwartschaften und Aussichten auf Leistungen nach dem BVG, dem BEG, unfallbedingte Leistungen nach den Beamtengesetzen (vgl. auch § 1587 a Abs. 2 Nr. 1 Satz 4), Schadensersatzrenten einschließlich solcher auf Grund eines Aufopferungsanspruchs (vgl. *Amtl. Begr.* S. 155; *Belchaus* MDR 1976, 793; *Ruland* NJW 1976, 1713). Solche nicht unter den Versorgungsausgleich fallende Versorgungen und Leistungen können unter bestimmten Voraussetzungen durchaus Einfluß auf den Versorgungsausgleich haben, so z. B. beim Zusammentreffen mit Ansprüchen, die dem Versorgungsausgleich unterliegen und bei der Anwendung der Härteklausel (vgl. Rdnr. 11 zu § 1587 c).

7 Ob die Anwartschaft oder Aussicht auf eine Versorgung wegen Alters- oder Berufs- oder Erwerbsunfähigkeit gerichtet ist, beurteilt sich nach dem Inhalt des zugrundeliegenden Rechtsverhältnisses. Ergibt sich aus dem Inhalt ein solcher Zweck nicht ohne weiteres, was insbesondere bei privaten Versicherungsverträgen der Fall sein kann, hat das Gericht Ermittlungen zu erheben; (§ 12 FGG) führen sie zu keinem Ergebnis, bleibt die Anwartschaft oder Aussicht außer Betracht.

3.2 Anwartschaften aus Kapitalversicherungsverträgen

8 In den Versorgungsausgleich sollen *Renten* und *ähnliche wiederkehrende Leistungen* fallen, *nicht* jedoch Versorgungen, die eine Leistung von *Kapital* zum Gegenstand haben, mögen sie auch zum Zweck der Alterssicherung begründet worden sein (*Amtl. Begr.* S. 158; BT-Drucks. 7/4361 S. 37; *Ruland* NJW 1976,

1713); zweifelhaft ist, ob der Wortlaut des Gesetzes diese gewollte Einschränkung deckt. Kriterium der Einschränkung ist die *»Art«* der in § 1587 a Abs. 2 genannten Versorgungen. Nun handelt es sich, wenn man von der Zweckbestimmung absieht, um sehr unterschiedliche *»Arten«* der Versorgung. Eindeutig scheint zu sein, daß bei den sonstigen Versorgungen i. S. von § 1587 a Abs. 2 Nr. 4 nur Renten und ähnliche wiederkehrende Leistungen ausgeglichen werden sollen, nicht aber Ansprüche aus Kapitalversicherungen. Dasselbe gilt in bezug auf Kapitalversicherungsverträge i. S. von § 1587 a Abs. 2 Nr. 5. Diese Einschränkung wird mit den Schwierigkeiten begründet, bei Kapitalversicherungen den vorausgesetzten Anlagezweck (Alter, Erwerbs- oder Berufsunfähigkeit) zu bestimmen (*Amtl. Begr.* S. 158). In den Fällen des § 1587 a Abs. 2 Nr. 1 und 2 folgt die Einschränkung aus der Natur der Versorgung. Sowohl die beamtenrechtliche als auch die Versorgung aus den gesetzlichen Rentenversicherungen sieht regelmäßig Rentenleistungen vor (zur Frage der Behandlung von Abfindungen vgl. § 1587 l).

9 Zweifel bestehen in bezug auf die betriebliche Altersversorgung nach § 1587 a Abs. 2 Nr. 3 Buchst. a) und b). Hier wird nicht an Renten angeknüpft, sondern allgemein an *»Leistungen, Anwartschaften oder Aussichten auf Leistungen der betrieblichen Altersversorgung«*. Der Wortlaut deckt also auch Kapitalleistungen. Auch der Normzweck dürfte ihrer Einbeziehung nicht im Wege stehen (*Ruland* NJW 1976, 1713). Die im Falle privater Kapitalversicherungsverträge befürchteten Abgrenzungsschwierigkeiten können hier nicht eintreten, da der Zusammenhang mit dem Arbeitsverhältnis und die in der Regel aus dem Gegenstand selbst sich ergebende Zweckbestimmung eine Zuordnung zu den ausgleichsfähigen Versorgungen einwandfrei ermöglichen. Ernsthafte Berechnungsschwierigkeiten sind nicht zu erwarten (vgl. § 1587 a Abs. 5). Deshalb ist davon auszugehen, daß Kapitalleistungen der betrieblichen Altersversorgung auszugleichen sind (zutreffend *Fischer* DB 1976, 2351; a. A. mit nicht überzeugender Begründung *Voskuhl-Pappai-Niemeyer* § 1587 a III 3 a, bb, β).

10 Nach *Ruland* (NJW 1976, 1713) sollen Kapitalleistungen, soweit es sich um einmalige Abfindungen von Renten handelt (zur Vermeidung von Manipulationen), in den Ausgleich fallen. Es ist ernsthafter Erwägung wert, ob ihre Einbeziehung nicht ebenso sinnvoll wäre wie allgemein die Einbeziehung jedes für die Altersvorsorge bestimmten Vermögenswertes. Nach dem 1. EheRG ist dies jedoch nicht geschehen (vgl. BT 7/4361 S. 37). Deshalb besteht keine Möglichkeit, kapitalisierte Renten in den Versorgungsausgleich einzubeziehen. Auch systematische Gründe lassen das nicht zu. § 1587 setzt voraus, wie sich aus § 1587 a und § 1587 b ergibt, daß Anwartschaften oder Aussichten während der Ehe entstanden und bis zum Zeitpunkt der Rechtshängigkeit des Scheidungsantrags fortbestanden haben müssen. Hat ein Ehegatte vor der Ehescheidung seine Anwartschaften kapitalisieren lassen, fehlt es zu dem maßgeblichen Zeitpunkt an Anwartschaften, die auszugleichen wären. Veränderungen, die ein Ehegatte (insbeson-

dere zum Zweck der Manipulation) vornimmt, sind nach §§ 1587 c Nr. 2, 1587 h Nr. 2 zu beurteilen. Die Vorschriften sind (analog) auch als Schutzbestimmungen zugunsten des Berechtigten aufzufassen mit der Folge, daß der Berechtigte bei der Berechnung des Ausgleichsbetrages nach § 1587 a so gestellt wird, als sei die Anwartschaft nicht weggefallen oder entstanden oder nicht umgestaltet worden (vgl. Rdnr. 16 zu § 1587 c). Fehlen die besonderen Voraussetzungen der angeführten Härteklausel, ist es nicht zulässig, dem berechtigten Ehegatten – praktisch – die Möglichkeit zu nehmen, Vermögensteile zu verwerten. Die Verhältnisse liegen nicht anders, als wenn ein Ehegatte den späteren Zugewinnanspruch des anderen Teils dadurch schmälert, daß er ihm gehörende Vermögensgegenstände zulässigerweise veräußert.

3.3 Sachwerte und Sachleistungen

11 Sachwerte (Grundstücke, Wertsachen, Anteilsrechte) fallen nicht in den Versorgungsausgleich, auch wenn sie ausdrücklich dazu bestimmt sind, die Altersversorgung der Ehegatten zu sichern. Sie können Gegenstand des Zugewinnausgleichs sein. Leben die Ehegatten im Güterstand der Gütertrennung, bleiben diese Werte, wenn es darüber keine rechtsgeschäftlichen Abreden gibt, unberücksichtigt.

12 Nicht ausdrücklich geregelt ist, ob der Versorgungsausgleich Versorgungen erfaßt, bei denen die wiederkehrenden Leistungen Sachleistungen zum Gegenstand haben, z. B. *Altenteilsansprüche* oder *Deputatsansprüche* (u. U. als Teil einer betrieblichen Altersversorgung (vgl. *Höfer*, BetrAVG, Arb.Gr., 16). Im RegE ist in Anbetracht des beabsichtigten eingeschränkten Anwendungsbereichs des Versorgungsausgleichs (vgl. Rdnr. 5) davon ausgegangen worden, daß solche Ansprüche außer Betracht zu bleiben hätten (*Amtl. Begr* S. 155). Diese Auffassung ist nicht (mehr) zwingend (a. A. *Voskuhl-Pappai-Niemeyer* § 1587 II 1 c; *Palandt-Diederichsen* § 1587, 2 b). Ein genereller Ausschluß von Altenteilsansprüchen ist auch mit der Begründung, sie seien *»private Zuwendungen Dritter«* (*Ruland* NJW 1976, 1713), nicht gerechtfertigt. Der Ausschluß ist möglich, wenn es sich um Zuwendungen i. S. von § 1587 Abs. 1 Satz 2 handelt. In der Regel hat der Altenteilsanspruch jedoch seine Grundlage in der vorausgegangenen Bewirtschaftung des Hofes und der Hofübergabe; er dient der Altersversorgung beider Ehegatten und wird nicht unentgeltlich gewährt (zur Berechnung des Ausgleichsanspruchs vgl. Rdnr. 102 zu § 1587 a).

4 Berücksichtigung von Trennungszeiten

13 Der Versorgungsausgleich beruht auf der Erwägung, daß die während der Ehezeit entstandenen Anwartschaften und Aussichten auf eine Versorgung von den Ehegatten gemeinsam erwirtschaftet worden sind, weil auch der nicht erwerbstätige Ehegatte seinen Beitrag zum Familienunterhalt erbringt (§ 1360 Satz 2). Es wird

aber nicht vorausgesetzt, daß diese Umstände im konkreten Fall vorgelegen haben. Der Versorgungsausgleich findet auch statt, wenn es an einer gemeinsamen Wirtschaftsführung gefehlt hat, und weil die Ehegatten längere Zeit getrennt gelebt haben. Trennungszeiten sind daher ohne Einfluß auf die Berechnung der Ehezeit. Abweichend von der Regelung beim Zugewinnausgleich (vgl. § 1385) ist ein vorzeitiger Versorgungsausgleich nicht vorgesehen. Bei Ehen, die wegen des Widerspruchsrechts nach § 48 Abs. 2 EheG nicht geschieden werden konnten, können unter bestimmten Voraussetzungen Trennungszeiten zur Einschränkung des Ausgleichsanspruchs führen (Art. 12 Nr. 3 Abs. 3 Satz 3). Die Regelung ist (verfassungskonform) eng auszulegen. Eine entsprechende Anwendung auf andere Fälle kommt nicht in Betracht (vgl. Rdnr. 50 ff. Vor § 1587).

5 Bezug zur Ehezeit

14 Nach § 1587 Abs. 1 sind Anwartschaften oder Aussichten auf eine der Versorgungen nur einzubeziehen, soweit sie in der Ehezeit begründet oder aufrechterhalten worden sind. Dafür genügt es, daß während der Ehezeit ein Rechtsverhältnis begonnen oder fortgeführt worden ist, das Grundlage einer künftigen Altersversorgung ist. Es kommt nicht darauf an, ob und in welchem Umfang sich während der Ehezeit konkret eine Auswirkung auf den Inhalt des Versorgungsanspruchs ergeben hat. Das ist ein Berechnungsproblem. So ist der vorausgesetzte Bezug zur Ehezeit z. B. bei einem Beamten gegeben, wenn die Ehezeit in einen Zeitraum fällt, in dem der Beamte konkret Versorgungsbezüge noch nicht *»erwirtschaftet«* hat, etwa vor Ablauf von 5 Dienstjahren (§ 4 Abs. 1 Nr. 1 BeamtenVG), oder nachdem er den Höchstbetrag seines Ruhegehalts erdient hat.

15 Das Erfordernis der Zuordnung der Anwartschaften oder Aussichten zur Ehezeit bewirkt, daß Ansprüche auf Hinterbliebenenrenten, die nach der Scheidung der zweiten Ehe aufleben (vgl. z. B. § 1291 Abs. 2 Satz 2 RVO), schon deshalb einen Ausgleichsanspruch aus Anlaß der Scheidung dieser Ehe nicht auslösen; dasselbe gilt in bezug auf die Witwenpension, vgl. z. B. § 61 Abs. 3 BeamtenVG (im Ergebnis ebenso *Ruland* NJW 1976, 1713).

16 Der Begriff der Ehezeit im Sinne der Vorschriften über den Versorgungsausgleich (§ 1587 Abs. 2) entspricht nicht der tatsächlichen Zeit der Ehe. Die Ehezeit wird mit Rücksicht auf die Zahlungsweise der meisten Versorgungsansprüche in Monaten ausgedrückt, zum anderen bleibt der Zeitraum nach Eintritt der Rechtshängigkeit des Scheidungsantrags unberücksichtigt. Diese Einschränkung kann zu einer gewissen Verkürzung eines Ausgleichsanspruchs führen. Sie ist in Kauf genommen worden, um das Prinzip der Entscheidungskonzentration aufrechtzuerhalten. Nach § 623 Abs. 1 ZPO hat das Gericht über die Scheidung und die Folgesachen gleichzeitig und zusammen zu entscheiden. Über den Versorgungsausgleich unter Einbeziehung der Zeit bis zur Rechts-

kraft des Scheidungsurteils kann das Gericht nicht entscheiden, weil zum Zeitpunkt der letzten mündlichen Verhandlung die maßgebenden in der Zukunft liegenden Faktoren für die Berechnung nicht vorliegen. Eine Schätzung wäre willkürlich. Dem Gericht bliebe nur die Möglichkeit, den Entscheidungsverbund aufzulösen und über den Versorgungsausgleich in einem Nachverfahren zu entscheiden. Gerade das soll vermieden werden. Die Anknüpfung an die Rechtshängigkeit des Scheidungsantrags entspricht im übrigen der für den Zugewinnausgleich vorgesehenen Regelung (§ 1384). Als Ausgleich für die Nichtberücksichtigung der Zeit nach Eintritt der Rechtshängigkeit hat der getrenntlebende Ehegatte einen Unterhaltsanspruch auf Leistung der Aufwendungen für eine angemessene Versicherung für den Fall des Alters sowie der Berufs- oder Erwerbsunfähigkeit (§ 1361 Abs. 1 Satz 2).

6 Risikoabschlag

17 Die Einbeziehung einer Anwartschaft oder Aussicht auf eine Versorgung in den öffentlich-rechtlichen Versorgungsausgleich ist im allgemeinen nicht davon abhängig, daß das Entstehen des Vollrechts gewährleistet oder zumindest wahrscheinlich ist. Eine Ausnahme gilt für den Bereich der betrieblichen Altersversorgung. Der öffentlich-rechtliche Versorgungsausgleich findet nicht statt, soweit eine Anwartschaft oder Aussicht auf eine betriebliche Altersversorgung noch nicht unverfallbar geworden ist (§ 1587 a Abs. 2 Nr. 3 Satz 3). Der Ausgleich vollzieht sich dann insoweit nach den Regeln über den schuldrechtlichen Versorgungsausgleich (§ 1587 f Nr. 4), die voraussetzen, daß das Vollrecht entstanden ist. Davon abgesehen spielt, wie sich aus § 1587 a Abs. 7 ergibt, die Ungewißheit über das weitere Schicksal der Anwartschaft oder Aussicht für die Anwendung der Vorschriften über den Versorgungsausgleich keine Rolle. So ist z. B. nicht auszuschließen, daß eine im Einzelfall vorausgesetzte Mindestversicherungszeit oder ein sonstiger relevanter Umstand nicht eintreten. Bewirkt in einem solchen Fall der ausgleichspflichtige Ehegatte den Ausgleich z. B. durch Nachentrichtung von Beiträgen zugunsten des anderen Teils (§ 1587 b Abs. 3), so verschafft er diesem den Wert der Hälfte einer ursprünglich vorausgesetzten Altersversorgung, die in Wirklichkeit nicht entsteht. Dieses Risiko trägt der Ausgleichpflichtige, wie andererseits der Ausgleichberechtigte das Risiko trägt, daß der auf ihn übergegangene Teil der Anwartschaft oder Aussicht in seiner Person nie zu einem Vollrecht erstarkt. Eine Rechtsgrundlage, das Risiko des späteren Nichtentstehens des Versorgungsanspruchs durch einen Risikoabschlag zu kompensieren, gibt es nicht. Eine solche Praxis würde in Widerspruch zu der Absicht des Gesetzes stehen, wie die Regelung in § 1587 a Abs. 7 erweist. Im übrigen fehlt es an brauchbaren Maßstäben für eine Prognose der künftigen Entwicklung von Anwartschaften und Aussichten.

7 Berücksichtigung nachträglicher Veränderungen im Rahmen des öffentlich-rechtlichen Versorgungsausgleichs

18 Beim öffentlich-rechtlichen Versorgungsausgleich werden die Anrechte und Aussichten im allgemeinen (Ausnahme: § 1587 a Abs. 2 Nr. 3 Satz 3 für Anwartschaften und Aussichten aus einer betrieblichen Altersversorgung, die noch nicht unverfallbar sind; bei dem schuldrechtlichen Versorgungsausgleich sind Anpassungen möglich, § 1587 g Abs. 1 »jeweils *übersteigenden Betrages«),* mit ihrem vollen nach § 1587 a errechneten Wert eingesetzt ohne Rücksicht darauf, ob sie jemals zu einem Versorgungsanspruch erstarken (vgl. Rdnr. 17). Hat der Ausgleich dem Ausgleichberechtigten einen realen Wertzuwachs (praktischer Anwendungsfall ist die Begründung eines eigenständigen Versorgungsanspruchs auf Grund von § 1587 b Abs. 3) gebracht, stellt sich die Frage, ob der Verpflichtete einen »Rückausgleich« verlangen kann, wenn sich endgültig ergibt, daß der der Aufteilung zugrunde gelegte Versorgungsanspruch nicht entsteht. Durch den öffentlich-rechtlichen Versorgungsausgleich wird eine Aufteilung von Anwartschaften und Aussichten bewirkt, nicht die Aufteilung künftiger Versorgungsansprüche. Der Ausgleich zum Zeitpunkt der Rechtshängigkeit des Scheidungsantrags ist keine provisorische durch die künftige Entwicklung relativierte Regelung, sondern eine endgültige Liquidation der entstandenen Anwartschaften der Ehegatten. Für einen *»Rückausgleich«* fehlt die gesetzliche Grundlage. Der ausgleichberechtigte Teil ist nicht auf Kosten des anderen Teils bereichert. Der Rechtsgrund der Leistung (§ 812 Abs. 1 Satz 2, 1. Alt.) ist nicht entfallen, der mit der Leistung bezweckte Erfolg (§ 812 Abs. 1 Satz 2, 2. Alt.) ist nicht ausgeblieben; geschuldet werden Anrechte und Aussichten, nicht künftige Versorgungsleistungen. Schuld und Leistung decken sich. Aus demselben Grunde kann auch nicht davon ausgegangen werden, daß das Erstarken des Anrechts oder der Aussicht zu einem Vollrecht Geschäftsgrundlage der Aufteilung ist.

8 Ausnahmen von der Ausgleichspflicht nach § 1587 Abs. 1 Satz 2

19 Von der Ausgleichspflicht ausgenommen sind nach § 1587 Abs. 1 Satz 2 Anrechte und Aussichten (und Versorgungsansprüche), die weder mit Hilfe des Vermögens noch durch Arbeit der Ehegatten begründet oder aufrechterhalten worden sind. Die Regelung soll verhindern, daß in den Ausgleich Anrechte oder Aussichten einbezogen werden, die nicht gemeinsam »erwirtschaftet«, sondern einem der Ehegatten von dritter Seite zugewendet worden sind. Zu denken ist etwa an eine für einen der Ehegatten von seinen Eltern finanzierte private Rentenversicherung.

Dabei macht es keinen Unterschied, ob der Dritte die Altersvorsorge zugunsten des Ehegatten selbst begründet oder dem Ehegatten die Mittel hierfür zur Verfügung stellt. Anders verhält es sich, wenn die Ehegatten die Zuwendung zunächst verwerten und später eine Versorgung zugunsten des begünstigten Ehegatten begründen. In diesen Fällen dürfte der Zusammenhang zwischen Zuwendung und Begründung der Altersversorgung verlorengegangen sein.

20 § 1587 Abs. 1 Satz 2 betrifft, wie die vergleichbare güterrechtliche Regelung (§ 1374 Abs. 2), nicht das Verhältnis der Ehegatten zueinander. Hat ein Ehegatte die Altersversorgung zugunsten seines Ehegatten aus seinem Vermögen finanziert, ist die Vorschrift nicht anwendbar. Der Versorgungsausgleich findet statt. Allenfalls kann Anlaß zur Prüfung bestehen, ob eine Rückabwicklung von Leistungen aus der Ehezeit in Betracht kommen (vgl. Rdnr. 39 zu § 1356 und *BGH* FamRZ 1972, 201). Ein Ehegatte kann deshalb die Anwendung des § 1587 Abs. 1 Satz 2 nicht mit der Begründung verlangen, der andere Teil habe während der Ehezeit nicht gearbeitet (weder außerhalb des Hauses noch als haushaltführender Ehegatte nach § 1356).

Der Vermögenszuwachs, den der Ehegatte erfährt, kann Anlaß sein, die Voraussetzungen der Härteklausel nach § 1587 h Nr. 1 zu prüfen. Die Anwendung der Härteklausel nach § 1587 c Nr. 1 dürfte wegen der engeren Voraussetzungen nur ausnahmsweise in Betracht gezogen werden können.

9 Versorgungsausgleich und Güterrecht (§ 1587 Abs. 3)

21 Der Versorgungsausgleich findet unabhängig von dem Güterstand der Ehegatten statt, also auch im Fall der Gütertrennung (zur Abdingbarkeit des Versorgungsausgleichs vgl. §§ 1408, 1414, 1587 o). Leben die Ehegatten im gesetzlichen Güterstand der Zugewinngemeinschaft, bestehen beide Ausgleichsregelungen grundsätzlich nebeneinander, doch kann es zu Überschneidungen kommen, wenn ein Vermögenswert Gegenstand sowohl des Versorgungsausgleichs als auch des Zugewinnausgleichs sein kann. Das betrifft insbesondere Ansprüche aus privaten Rentenversicherungen (vgl. z. B. *BGH* NJW 1977, 101; *OLG Nürnberg* NJW 1976, 899 – die hier für eine Kapitalversicherung angenommene Einbeziehung in den Zugewinnausgleich würde auch für eine private Rentenversicherung gelten); zunehmend wird aber die Auffassung vertreten, daß Ansprüche aus den gesetzlichen Rentenversicherungen in den Zugewinnausgleich fallen (*KG* FamRZ 1976, 89; a. A. *OLG Karlsruhe* FamRZ 1961, 317; vgl. auch *Finger* JZ 1975, 461).

22 Nach dem Vorschlag des RegE sollten die beiden Ausgleichssysteme durch einen Vorrang zugunsten des güterrechtlichen Ausgleichs abgegrenzt werden (vgl. § 1587 a Abs. 5 RegE:

»Ein Anwartschaftsrecht, das mit seinem Wert Gegenstand der güterrechtlichen Auseinandersetzung der Ehegatten ist, bleibt außer Ansatz.«)

Das hätte zur Folge gehabt, daß Vermögenswerte, bei denen eine Zuordnung zu beiden Ausgleichssystemen möglich ist, im Fall der Gütertrennung ganz ausgefallen wären (vorausgesetzt, man hätte in § 1587 a Abs. 5 RegE eine abstrakte Abgrenzungsregelung gesehen, was zweifelhaft ist). Im Laufe des Gesetzgebungsverfahrens hat sich dann, entgegen dem Vorschlag des Bundestagsausschusses für Arbeit und Sozialordnung, die Ansicht durchgesetzt, daß dem System des Versorgungsausgleichs der Vorrang gegeben werden muß (BT 7/4361 S. 36, 37).

23 § 1587 Abs. 3 ist eine abstrakte Abgrenzungsregelung. Sie grenzt lediglich das Verhältnis zum güterrechtlichen Zugewinnausgleich ab. Eine Beschränkung in bezug auf das anwendbare Recht ist nicht beabsichtigt. In diesem Sinn sind die Wörter *»gelten ausschließlich die nachstehenden Vorschriften«* zu verstehen. Selbstverständlich gelten auch die *»vorstehenden Vorschriften«*, nämlich die Absätze 1 und 2 des § 1587 und einschlägige Regelungen in anderen Gesetzen wie z. B. Vorschriften der RVO oder beamtenrechtliche Vorschriften. Die Vorschrift erleichtert die Anwendung des Versorgungsausgleichs außerordentlich, weil nicht mehr geprüft werden muß, ob eine Altersversorgung Gegenstand des Zugewinnausgleichs ist (vgl. Rdnr. 21).

10 Versorgungsausgleich und Unterhaltsrecht

24 Versorgungsausgleich und Unterhaltsrecht stehen unabhängig nebeneinander. Wechselbeziehungen ergeben sich zwangsläufig, da beide Systeme der Deckung des Lebensbedarfs dienen. Der Unterhaltsanspruch des Ehegatten erstreckt sich grundsätzlich auch auf Leistungen für eine angemessene Altersversorgung (§ 1578 Abs. 3; vgl. auch Rdnr. 15 zu § 1360 a und Rdnr. 21 zu § 1361). Bezieht ein Ehegatte Leistungen aus dem Versorgungsausgleich (z. B. nach § 1587 g Abs. 1), so wird sein Unterhaltsbedarf entsprechend geschmälert. Mit Rücksicht darauf, daß der Unterhalt dazu dient, den aktuellen Lebensbedarf sicherzustellen, während der öffentlich-rechtliche Versorgungsausgleich in der Regel nur die Voraussetzungen für eine spätere eigenständige Versorgung schafft, ist im Fall einer Doppelbelastung (Ehegatte schuldet Unterhalt und Leistungen nach § 1587 b Abs. 3) die Möglichkeit gegeben, den Unterhalt vorrangig zu leisten (§ 1587 d). Verletzungen der Unterhaltspflicht während der Ehe können zur Versagung des Versorgungsausgleichs führen (§ 1587 c Nr. 3 und § 1587 h Nr. 3).

2. Wertausgleich von Anwartschaften oder Aussichten auf eine Versorgung

§ 1587 a

(1) Ausgleichspflichtig ist der Ehegatte mit den werthöheren Anwartschaften oder Aussichten auf eine auszugleichende Versorgung. Dem berechtigten Ehegatten steht als Ausgleich die Hälfte des Wertunterschiedes zu.

(2) Für die Ermittlung des Wertunterschiedes sind folgende Werte zugrunde zu legen:

1. Bei einer Versorgung oder Versorgungsanwartschaft aus einem öffentlich-rechtlichen Dienstverhältnis oder aus einem Arbeitsverhältnis mit Anspruch auf Versorgung nach beamtenrechtlichen Vorschriften oder Grundsätzen ist von dem Betrag auszugehen, der sich im Zeitpunkt des Eintritts der Rechtshängigkeit des Scheidungsantrags als Versorgung ergäbe. Dabei wird die bis zu diesem Zeitpunkt zurückgelegte ruhegehaltfähige Dienstzeit um die Zeit bis zur Altersgrenze erweitert (Gesamtzeit). Maßgebender Wert ist der Teil der Versorgung, der dem Verhältnis der in die Ehezeit fallenden ruhegehaltfähigen Dienstzeit zu der Gesamtzeit entspricht. Unfallbedingte Erhöhungen bleiben außer Betracht. Insofern stehen Dienstbezüge entpflichteter Professoren Versorgungsbezügen gleich und gelten die beamtenrechtlichen Vorschriften über die ruhegehaltfähige Dienstzeit entsprechend.

2. Bei Renten oder Rentenanwartschaften aus den gesetzlichen Rentenversicherungen, die den gesetzlichen Rentenanpassungen unterliegen, ist der Betrag zugrunde zu legen, der sich bei Eintritt der Rechtshängigkeit des Scheidungsantrags aus den in die Ehezeit fallenden anrechnungsfähigen Vericherungsjahren als Altersruhegeld ergäbe; seine Ermittlung richtet sich im einzelnen nach den Vorschriften über die gesetzlichen Rentenversicherungen.

3. Bei Leistungen, Anwartschaften oder Aussichten auf Leistungen der betrieblichen Altersversorgung ist,
   a) wenn bei Eintritt der Rechtshängigkeit des Scheidungsantrags die Betriebszugehörigkeit andauert, der Teil der Versorung zugrunde zu legen, der dem Verhältnis der in die Ehezeit fallenden Betriebszugehörigkeit zu der Zeit vom Beginn der Betriebszugehörigkeit bis zu der in der Versorgungsregelung vorgesehenen festen Altersgrenze entspricht, wobei der Betriebszugehörigkeit gleichgestellte Zeiten einzubeziehen sind; die Versorgung berechnet sich nach dem Betrag, der sich bei Erreichen der in der Versorgungsregelung vorgesehenen festen Altersgrenze ergäbe, wenn die Bemessungsgrundlagen im Zeitpunkt des Eintritts der Rechtshängigkeit des Scheidungsantrags zugrunde gelegt würden;
   b) wenn vor dem Eintritt der Rechtshängigkeit des Scheidungsantrags die Betriebszugehörigkeit beendet worden ist, der Teil der erworbenen Versorgung zugrunde zu legen, der dem Verhältnis der in die Ehezeit fallenden Betriebszugehörigkeit zu der gesamten Betriebszugehörigkeit entspricht, wobei der Betriebszugehörigkeit gleichgestellte Zeiten einzubeziehen sind.

Dies gilt nicht für solche Leistungen oder Anwartschaften auf Leistungen aus einem Versicherungsverhältnis zu einer zusätzlichen Versorgungseinrichtung des öffentlichen Dienstes, auf die Nummer 4 Buchstabe c anzuwenden ist. Für Anwartschaften oder Aussichten auf Leistungen der betrieblichen Altersversorgung, die im Zeitpunkt des Erlasses der Entscheidung noch nicht unverfallbar sind, finden die Vorschriften über den schuldrechtlichen Versorgungsausgleich Anwendung.

4. Bei sonstigen Renten oder ähnlichen wiederkehrenden Leistungen, die der Versorgung wegen Alters oder Berufs- oder Erwerbsunfähigkeit zu dienen bestimmt sind, oder Anwartschaften oder Aussichten hierauf ist,
   a) wenn sich die Rente oder Leistung nach der Dauer einer Anrechnungszeit bemißt, der Betrag der Versorgungsleistung zugrunde zu legen, der sich aus der in die Ehezeit fallenden Anrechnungszeit ergäbe, wenn bei Eintritt der Rechtshängigkeit des Scheidungsantrags der Versorgungsfall eingetreten wäre;
   b) wenn sich die Rente oder Leistung nicht oder nicht nur nach der Dauer einer Anrechnungszeit und auch nicht nach Buchstabe d bemißt, der Teilbetrag der vollen bestimmungsmäßigen Rente oder Leistung zugrunde zu legen, der dem Verhältnis der in die Ehezeit fallenden, bei der Ermittlung dieser Rente oder Leistung zu berücksichtigenden Zeit zu deren voraussichtlicher Gesamtdauer bis zur Erreichung der für das Ruhegehalt maßgeblichen Altersgrenze entspricht;
   c) wenn sich die Rente oder Leistung nach einem Bruchteil entrichteter Beiträge bemißt, der Betrag zugrunde zu legen, der sich aus den für die Ehezeit entrichteten Beiträgen ergäbe, wenn bei Eintritt der Rechtshängigkeit des Scheidungsantrags der Versorgungsfall eingetreten wäre;
   d) wenn sich die Rente oder Leistung nach den für die gesetzlichen Rentenversicherungen geltenden Grundsätzen bemißt, der Teilbetrag der sich bei Eintritt der Rechtshängigkeit des Scheidungsantrags ergebenden Rente wegen Alters zugrunde zu legen, der dem Verhältnis der in die Ehezeit fallenden Versicherungsjahre zu den insgesamt zu berücksichtigenden Versicherungsjahren entspricht.

5. Bei Renten oder Rentenanwartschaften auf Grund eines Versicherungsvertrages, der zur Versorgung des Versicherten eingegangen wurde, ist,
   a) wenn es sich um eine Versicherung mit einer über den Eintritt der Rechtshängigkeit des Scheidungsantrags hinaus fortbestehenden Prämienzahlungspflicht handelt, von dem Rentenbetrag auszugehen, der sich nach vorheriger Umwandlung in eine prämienfreie Versicherung als Leistung des Versicherers ergäbe, wenn in diesem Zeitpunkt der Versicherungsfall eingetreten wäre. Sind auf die Versicherung Prämien auch für die Zeit vor der Ehe gezahlt worden, so ist der Rentenbetrag entsprechend geringer anzusetzen;
   b) wenn eine Prämienzahlungspflicht über den Eintritt der Rechtshängigkeit des Scheidungsantrags hinaus nicht besteht, von dem

Rentenbetrag auszugehen, der sich als Leistung des Versicherers ergäbe, wenn in diesem Zeitpunkt der Versicherungsfall eingetreten wäre. Buchstabe a Satz 2 ist anzuwenden.

(3) Bei Versorgungen oder Anwartschaften oder Aussichten auf eine Versorgung nach Absatz 2 Nr. 4, deren Wert nicht in gleicher oder nahezu gleicher Weise steigt wie der Wert der in Absatz 2 Nr. 1 und 2 genannten Anwartschaften, sowie in den Fällen des Absatzes 2 Nr. 5 gilt folgendes:

1. Werden die Leistungen aus einem Deckungskapital oder einer vergleichbaren Deckungsrücklage gewährt, ist das Altersruhegeld zugrunde zu legen, das sich ergäbe, wenn der während der Ehe gebildete Teil des Deckungskapitals oder der auf diese Zeit entfallende Teil der Deckungsrücklage als Beitrag in der gesetzlichen Rentenversicherung entrichtet würde;

2. werden die Leistungen nicht oder nicht ausschließlich aus einem Deckungskapital oder einer vergleichbaren Deckungsrücklage gewährt, ist das Altersruhegeld zugrunde zu legen, das sich ergäbe, wenn ein Barwert der Teilversorgung für den Zeitpunkt des Eintritts der Rechtshängigkeit des Scheidungsantrags ermittelt und als Beitrag in der gesetzlichen Rentenversicherung entrichtet würde. Das Nähere über die Ermittlung des Barwertes bestimmt die Bundesregierung durch Rechtsverordnung mit Zustimmung des Bundesrates.

(4) Bei Leistungen oder Anwartschaften oder Aussichten auf Leistungen der betrieblichen Altersversorgung nach Absatz 2 Nr. 3 findet Absatz 3 Nr. 2 Anwendung.

(5) Bemißt sich die Versorgung nicht nach den in den vorstehenden Absätzen genannten Bewertungsmaßstäben, so bestimmt das Familiengericht die auszugleichende Versorgung in sinngemäßer Anwendung der vorstehenden Vorschriften nach billigem Ermessen.

(6) Stehen einem Ehegatten mehrere Versorgungsanwartschaften im Sinne von Absatz 2 Nr. 1 zu, so ist für die Wertberechnung von den sich nach Anwendung von Ruhensvorschriften ergebenden gesamten Versorgungsbezügen und der gesamten in die Ehezeit fallenden ruhegehaltfähigen Dienstzeit auszugehen; sinngemäß ist zu verfahren, wenn die Versorgung wegen einer Rente oder einer ähnlichen wiederkehrenden Leistung einer Ruhens- oder Anrechnungsvorschrift unterliegen würde.

(7) Für die Zwecke der Bewertung nach Absatz 2 bleibt außer Betracht, daß eine für die Versorgung maßgebliche Wartezeit, Mindestbeschäftigungszeit, Mindestversicherungszeit oder ähnliche zeitliche Voraussetzungen im Zeitpunkt des Eintritts der Rechtshängigkeit des Scheidungsantrags noch nicht erfüllt sind; Absatz 2 Nr. 3 Satz 3 bleibt unberührt. Dies gilt nicht für solche Zeiten, von denen die Anrechnung beitragsloser Zeiten oder die Rente nach Mindesteinkommen in den gesetzlichen Rentenversicherungen abhängig ist.

(8) Bei der Wertberechnung sind die in einer Versorgung, Rente oder Leistung enthaltenen Zuschläge, die nur auf Grund einer bestehenden

Ehe gewährt werden, sowie Kinderzuschläge und ähnliche familienbezogene Bestandteile auszuscheiden.

Überblick

1 Ausgleichsanspruch (§ 1587 a Abs. 1)

1 Die §§ 1587 a–1587 e gelten für den öffentlich-rechtlichen Versorgungsausgleich. Anspruchsgrundlage für den Ausgleich ist § 1587 a Abs. 1. Für jeden Ehegatten ist der Wert der Anwartschaften oder Aussichten zu ermitteln, die er in der Ehezeit begründet oder aufrechterhalten hat, und die vom Versorgungsausgleich erfaßt werden. Sind Anwartschaften oder Aussichten aus unterschiedlichen Versorgungsarten (Abs. 2) entstanden, so sind die Werte gesondert zu ermitteln und zusammenzurechnen. Die Einzelwerte und der Gesamtwert werden als Rentenbeträge ausgedrückt, wobei entsprechend der Zahlungsweise bei Ruhegehältern und Renten in der Regel ein monatlicher Bezugszeitraum zugrunde gelegt wird. Die Wertberechnung richtet sich, unterschieden nach Versorgungsart, nach § 1587 a Abs. 2–8.

Die für die Ehegatten getrennt errechneten Werte sind miteinander zu vergleichen. Der Wertunterschied wird halbiert. Dem Ehegatten mit den geringeren Aussichten oder Anrechten steht als Ausgleich die Hälfte des Wertunterschiedes zu. Wie der Ausgleich im einzelnen zu erfüllen ist, richtet sich nach § 1587 b.

2 Begriffe, Formeln, Rechengrößen

2 Mit den Vorschriften über den Versorgungsausgleich werden neue Begriffe aus dem Bereich des Sozialversicherungsrechts eingeführt. Dazu vgl. folgenden Überblick:

3 *a)* Altersruhegeld (§§ 1248, 1254 RVO)

b) Rente wegen Berufsunfähigkeit (§§ 1246, 1253 RVO)

c) Rente wegen Erwerbsunfähigkeit (§§ 1247, 1253 RVO)

4 *d)* Wartezeit

aa) große Wartezeit (für das Altersruhegeld)
35 anrechnungsfähige Versicherungsjahre, in denen mindestens eine Versicherungszeit von 180 Kalendermonaten enthalten ist (§ 1248 Abs. 7 RVO)

bb) kleine Wartezeit (für die Rente wegen Erwerbs- oder Berufsunfähigkeit)
Versicherungszeit von 60 Kalendermonaten vor Eintritt der Erwerbs- oder Berufsunfähigkeit (§ 1247 Abs. 3 RVO)

5 *e)* anrechnungsfähige Zeiten, bezogen auf die Erfüllung der Wartezeit

aa) Zeiten, für die Beiträge entrichtet worden sind, Beitragszeiten (§§ 1249, 1250 Abs. 1 a RVO)

bb) Ersatzzeiten (§§ 1250 Abs. 1 b, 1251 RVO). Dazu gehören insbesondere Zeiten des Wehrdienstes und der Kriegsgefangenschaft

6 *f)* anrechnungsfähige Versicherungszeiten für die Berechnung der Höhe der Rente (§§ 1253, 1254, 1258 RVO)

aa) die auf die Wartezeit anzurechnenden Versicherungszeiten (vgl. e))

bb) Ausfallzeiten (§ 1259 RVO). Dazu gehören vor allem Zeiten, in denen die Erwerbstätigkeit durch Krankheit, Arbeitslosigkeit unterbrochen war sowie Ausbildungszeiten. Ausfallzeiten werden nur berücksichtigt, wenn die sog. Halbdeckung und eine Mindestdeckung gegeben sind.

cc) Zurechnungszeit (§ 1260 RVO). Das sind Zeiten der Berufs- oder Erwerbsunfähigkeit vor Vollendung des 55. Lebensjahres. Halbdeckung oder eine Mindestdeckung ist erforderlich.

7 *g)* Halbdeckung, Mindestdeckung
Ausfallzeiten und Zurechnungszeiten werden nur berücksichtigt, wenn die Hälfte der Gesamtzeit vom Beginn der Versicherung bis zum Eintritt des Versicherungsfalls mit Beiträgen belegt ist (§§ 1259 Abs. 3, 1260 Abs. 1 Satz 2 RVO). Bei den Ausfallzeiten muß außerdem eine Beitragszeit von mindestens 60 Monaten gegeben gewesen sein; bei den Zurechnungszeiten genügt es hingegen, wenn anstelle der Halbdekkung in die letzten 60 Kalendermonate eine Beitragszeit von 36 Kalendermonaten fällt (Mindestdeckung).

8 *h)* Allgemeine Bemessungsgrundlage (§ 1255 Abs. 2 RVO) *»ist der durchschnittliche Bruttojahresarbeitsentgelt aller Versicherten der Rentenversicherungen der Arbeiter und der Angestellten ohne Lehrlinge und Anlernlinge im Mittel des dreijährigen Zeitraumes vor dem Kalenderjahr, das dem Eintritt des Versicherungsfalles voraufgegangen ist«*. Die allgemeine Bemessungsgrundlage (a.B) wird jedes Jahr durch Rechtsverordnung der Bundesregierung bestimmt (§ 1256 Abs. 1 Satz 1 Buchst. a RVO). Für Versicherungsfälle des Jahres 1977 beträgt die allgemeine Bemessungsgrundlage nach § 2 der Bezugsgrößenverordnung 1977, Bundesgesetzblatt I 3276,

in der Rentenversicherung der Arbeiter und Angestellten	20 161,– DM
in der knappschaftlichen Rentenversicherung	20 375,– DM

9 *i)* Durchschnittliches Brutto-Jahresarbeitsentgelt (§ 1255 Abs. 1 RVO). Es handelt sich um das durchschnittliche Bruttoarbeitsentgelt aller Versicherten der Rentenversicherung der Arbeiter und Angestellten ohne Lehrlinge und Anlernlinge. Der Betrag wird jedes Jahr durch Rechtsverordnung der Bundesregierung nach § 1256 Abs. 1 Buchst. c) bestimmt. Das durchschnittliche Brutto-Jahresentgelt für 1975 beträgt nach § 1 der Bezugsgrößenverordnung 1977

in der Rentenversicherung der Arbeiter und Angestellten	21 808,– DM
in der knappschaftlichen Rentenversicherung	22 039,– DM

10 *j)* Persönliche Bemessungsgrundlage – pB – (§ 1255 Abs. 1 RVO). Persönliche Bemessungsgrundlage *(»die für den Versicherten maßgebende Rentenbemessungsgrundlage«)* ist ein Prozentsatz der allgemeinen Bemessungsgrundlage. Seine Höhe richtet sich nach dem Verhältnis des Bruttoarbeitsentgelts des Versicherten zu dem durchschnittlichen Bruttoarbeitsentgelt aller Versicherten, bezogen auf die gesamten Beitragszeiten. Hat z. B. ein Versicherter bis zum Eintritt des Versicherungsfalls insgesamt 50 % mehr verdient als insgesamt das Bruttoarbeitsentgelt aller Versicherten während der Gesamtzeit ausmacht, beträgt seine persönliche Bemessungsgrundlage 150 %.

11 *k)* Werteinheiten (§ 1256 Abs. 2 RVO)
Werteinheiten (WE) sind die Prozentsätze, die das Verhältnis des vom Versicherten erzielten Brutto-Jahresarbeitsentgelts zum durchschnittlichen Bruttoarbeitsentgelt aller Versicherten, bezogen jeweils auf ein Versicherungsjahr, anzeigen. Aus der Summe der Werteinheiten wird die persönliche Bemessungsgrundlage errechnet. Die Summe der Werteinheiten ist das Produkt aus der persönlichen Bemessungsgrundlage und der Zahl der Versicherungsjahre (pB × VJ).

12 *l)* Steigerungssatz (§§ 1253, 1254 Abs. 1 RVO)
Der Steigerungssatz (St) ist ein fester Prozentsatz, aus dem sich der Jahresbetrag der Rente für jedes anrechnungsfähige Versicherungsjahr ergibt. Er beträgt für das Altersruhegeld und die Rente wegen Erwerbsunfähigkeit 1,5 % und für die Rente wegen Berufsunfähigkeit 1 %.

13 *m)* Renten, die den gesetzlichen Anpassungen unterliegen (§ 1272 RVO)
Renten aus den gesetzlichen Rentenversicherungen unterliegen gesetzlichen Anpassungen, die sich aus der jedes Jahr vorzunehmenden Änderung der allgemeinen Bemessungsgrundlage ergeben (§ 1272 Abs. 1 RVO). Dies gilt nicht für Renten oder Rententeile, die aus Steigerungsbeträgen für Beiträge der Höherversicherung bestehen (§ 1272 Abs. 3 RVO). Diese (§§ 1234, 1408 RVO) sind gesondert zu berechnen (vgl. §§ 1254 Abs. 1, 1261 RVO).

14 *n)* Rentenformel

Die nach § 1254 Abs. 1 RVO abgeleitete Rentenformel für das Altersruhegeld lautet:

$$\text{Monatsrente} = (\text{pB} \times \text{VJ}) \times \frac{\text{aB}}{100} \times \frac{\text{St}}{12}$$

oder vereinfacht nach Auflösung der zweiten Klammer:

Monatsrente = pB × VJ × aB × 0,0000125

Die erste Klammer (pB × VJ) zeigt die Summe der WE an.

15 *o)* Ankaufswert von Werteinheiten

100 WE sind der Betrag, der als Beitrag zur gesetzlichen Rentenversicherung, bezogen auf das zuletzt bestimmte durchschnittliche Arbeitsentgelt, zu entrichten wäre.

Derzeitiger Beitragssatz	18 %
Letztes durchschnittliches Arbeitsentgelt nach § 1 BezGrVO 77	21 808,— DM

$$100\ \text{WE} = \frac{\text{letztes durchschnittl. Arbeitsentgelt} \times \text{Beitragssatz}}{100}$$

Für 1977 beträgt der Ankaufswert für 100 WE demnach

$$\frac{21\,808 \times 18}{100} = \qquad 3\,925{,}44\ \text{DM}$$

16 *p) Gegenwert der Werteinheiten*

Der Gegenwert, ausgedrückt in einem Monatsbetrag der Rente, ergibt sich aus der Anwendung der Rentenformel.

Monatsrente (auf der Grundlage von 100 WE und Versicherungsfall 1977)

= WE × aB × 0,0000125
= 100 × 20 161 × 0,0000125
= 25,20 DM

17 *q) Die Abkürzungen bedeuten*

pB	= persönliche Bemessungsgrundlage
VJ	= anrechenbare Versicherungsjahre
aB	= allgemeine Bemessungsgrundlage
St	= Steigerungssatz (1,0 % bzw. 1,5 %)
pB × VJ	= Summe der Werteinheiten

17a *Rechengrößen zur Durchführung des Versorgungsausgleichs*

Zur Vereinfachung der Berechnungen im Rahmen des Versorgungsausgleichs ist vorgesehen, daß der BMA regelmäßig einschlägige Rechengrößen bekanntmacht (§ 1304 c Abs. 3 RVO). Diese Rechengrößen haben keinen Normcharakter, da die Bekanntmachung keine RVO i. S. von Art. 80 GG ist. Sie sind ausschließlich informatorischer Natur. Ihre »Verbindlichkeit« folgt daraus, daß es sich um exakte mathematische Ableitungen aus den sozialversicherungsrechtlichen Vorgaben, insbesondere der Rentenformel, handelt. Die Bekanntmachung 1977 ist im Bundesanzeiger Nr. 233 vom 10. Dezember 1976, S. 4, veröffentlicht. Sie lautet:

Bekanntmachung von Rechengrößen zur Durchführung des Versorgungsausgleichs in der gesetzlichen Rentenversicherung

Vom 1. Dezember 1976

Gemäß § 1304 c Abs. 3 der Reichsversicherungsordnung, § 83 c Abs. 3 des Angestelltenversicherungsgesetzes und § 96 b des Reichsknappschaftsgesetzes, alle in der Fassung des Ersten Gesetzes zur Reform des Ehe- und Familienrechts vom 14. Juni 1976 (Bundesgesetzbl. I S. 1421) gebe ich die Umrechnungsfaktoren bekannt, die zur Durchführung des Versorgungsausgleichs in der gesetzlichen Rentenversicherung benötigt werden. Die Endergebnisse aus den Berechnungen sind auf zwei Dezimalstellen auszurechnen; die zweite Stelle ist dabei um 1 zu erhöhen, wenn in der dritten Stelle eine der Ziffern 5 bis 9 erscheinen würde.

1. *Umrechnen einer Rentenanwartschaft in Werteinheiten*

   Eine nach § 1587 b BGB übertragene, begründete oder zu begründende Rentenanwartschaft wird in Werteinheiten umgerechnet, indem sie mit dem für das Kalenderjahr, in dem der Versicherungsfall als eingetreten gilt, maßgebenden Umrechnungsfaktor vervielfältigt wird.

Kalenderjahr, in dem der Versicherungsfall als eingetreten gilt	*Umrechnungsfaktor für ArV/AnV*	*Umrechnungsfaktor für KnRV*
1967	9,422850	6,979049
1968	8,699435	6,443585
1969	8,179959	6,058913
1970	7,753441	5,742806
1971	7,294611	5,402891
1972	6,662225	4,934100
1973	5,983098	4,431306
1974	5,379960	3,984578
1975	4,842615	3,586502
1976	4,362764	3,231355
1977	3,968057	2,938907

2. *Umrechnen von Werteinheiten in eine Rentenanwartschaft*

   Werteinheiten werden in eine Rentenanwartschaft umgerechnet, indem sie mit dem für das Kalenderjahr, in dem der Versicherungsfall als eingetreten gilt, maßgebenden Umrechnungsfaktor vervielfältigt werden.

Kalenderjahr, in dem der Versicherungsfall als eingetreten gilt	Umrechnungsfaktor für ArV/AnV	Umrechnungsfaktor für KnRV
1967	0,1061250	0,1432860
1968	0,1149500	0,1551931
1969	0,1222500	0,1650461
1970	0,1289750	0,1741309
1971	0,1370875	0,1850861
1972	0,1501000	0,2026712
1973	0,1671375	0,2256671
1974	0,1858750	0,2509676
1975	0,2065000	0,2788232
1976	0,2292125	0,3094677
1977	0,2520125	0,3402625

3. *Umrechnen von Werteinheiten in Beiträge*

Werteinheiten werden in Beiträge umgerechnet, indem sie mit dem für das Jahr der Beitragsentrichtung maßgebenden Umrechnungsfaktor vervielfältigt werden.

Jahr der Beitragsentrichtung	Umrechnungsfaktor für ArV/AnV	Umrechnungsfaktor für KnRV
1977	39,2544	51,79165

4. *Umrechnen von Beiträgen in Werteinheiten*

Beiträge werden in Werteinheiten umgerechnet, indem sie mit dem für das Jahr der Beitragsentrichtung maßgebenden Umrechnungsfaktor vervielfältigt werden.

Jahr der Beitragsentrichtung	Umrechnungsfaktor für ArV/AnV	Umrechnungsfaktor für KnRV
1977	0,0254749	0,0193081

5. *Umrechnen von Barwerten, Deckungskapitalien und vergleichbaren Deckungsrücklagen in Werteinheiten*
Barwerte, Deckungskapitalien oder vergleichbare Deckungsrücklagen werden in Werteinheiten umgerechnet, indem sie mit dem für das Kalenderjahr, in dem der Versicherungsfall als eingetreten gilt, maßgebenden Umrechnungsfaktor vervielfältigt werden.

Kalenderjahr, in dem der Versicherungsfall als eingetreten gilt	Umrechnungsfaktor	Kalenderjahr, in dem der Versicherungsfall als eingetreten gilt	Umrechnungsfaktor
1967	0,0773958	1973	0,0372082
1968	0,0673877	1974	0,0340101
1969	0,0611606	1975	0,0303665
1970	0,0542552	1976	0,0272585
1971	0,0496862	1977	0,0254749
1972	0,0440857		

Die Werteinheiten werden nach Nummer 2 mit dem Umrechnungsfaktor für ArV/AnV in eine Rentenanwartschaft umgerechnet; in diesem Fall ist das Zwischenergebnis aus Nummer 5 nicht zu runden.

6. *Errechnen des Höchstbetrags der für die Ehezeit möglichen Rentenanwartschaft*

Der Höchstbetrag nach § 1587 b Abs. 5 BGB wird errechnet, indem die auf die Ehezeit entfallenden Kalendermonate mit dem für das Kalenderjahr, in dem der Versicherungsfall als eingetreten gilt, maßgebenden Umrechnungsfaktor vervielfältigt werden.

Kalenderjahr, in dem der Versicherungsfall als eingetreten gilt	*Umrechnungsfaktor*	*Kalenderjahr, in dem der Versicherungsfall als eingetreten gilt*	*Umrechnungsfaktor*
1967	*1,7684670*	*1973*	*2,7851793*
1968	*1,9155268*	*1974*	*3,0974210*
1969	*2,0371740*	*1975*	*3,4411160*
1970	*2,1492394*	*1976*	*3,8195971*
1971	*2,2844261*	*1977*	*4,1995363*
1972	*2,5012664*		

b) Die Gegenprobe auf Grund der vorstehenden Rechengrößen führt in dem unter Rdnr. 15 gegebenen Beispiel zu folgender Berechnung (Nr. 3 der Bekanntmachung):

100 WE × 39,2544 = 3.925,44

c) Für das Beispiel unter 16 ergibt sich folgendes (Nr. 2 der Bekanntmachung):

100 WE = 100 ×0 ,2520125 = 25,20125

d) Der Anwendungsbereich der Rechengrößen i. ü. wird im Zusammenhang mit den jeweiligen Vorschriften dargestellt.

3 Normenketten für die Berechnung des Wertes der Anwartschaften und Aussichten nach § 1587 a Abs. 2, 3

18 Der Berechnungsmodus für die einzelnen Anwartschaften und Aussichten ergibt sich im wesentlichen aus § 1587 a Abs. 2, 3 und § 1304 RVO. Die Regelung ist sehr unübersichtlich, was nicht zuletzt auch auf die sehr unterschiedlichen Strukturen der Anwartschaften und Aussichten zurückzuführen ist. Folgender Überblick soll für die wichtigsten Versorgungsarten die Kette anzuwendender Vorschriften anzeigen:

19 *a)* Versorgungen aus einem öffentlich-rechtlichen Dienstverhältnis *(»beamtenrechtliche Versorgung«)*:
§ 1587 a Abs. 2 Nr. 1

20 *b)* Versorgungen aus den gesetzlichen Rentenversicherungen,
aa) wenn es sich um dynamisierte Renten handelt:
§ 1587 a Abs. 2 Nr. 2, § 1304 RVO;

21 *bb)* Wenn es sich um *nichtdynamisierte* Renten oder Rentenanteile handelt (z. B. aus Beiträgen der Höherversicherung nach §§ 1261, 1272 Abs. 3 RVO):
§ 1587 a Abs. 2 Nr. 4 c, § 1304 Abs. 2 Satz 5 RVO und Umwertung nach § 1587 a Abs. 3.

22 *c)* Betriebliche Altersversorgung,
aa) wenn es sich um *noch nicht unverfallbar* gewordene Anwartschaften oder Aussichten (§ 1587 f ff.) handelt:
kein öffentlich-rechtlicher Versorgungsausgleich (§ 1587 a Abs. 2 Satz 3);

23 *bb)* wenn es sich um *unverfallbar* gewordene Anwartschaften oder Aussichten handelt:
§ 1587 a Abs. 2 Nr. 3 und Umwertung nach § 1587 a Abs. 4, § 1587 a Abs. 3 Nr. 2

24 *d)* Betriebliche Altersversorgung aus einer zusätzlichen Versorgungseinrichtung des öffentlichen Dienstes (Hauptanwendungsfall VBL)

25 *aa)* wenn die Rente sich nach einem Bruchteil entrichteter Beiträge bemißt (§ 1587 a Abs. 2 Satz 2):
§ 1587 a Abs. 2 Nr. 4 c und Umwertung nach § 1587 a Abs. 3

26 *bb)* in allen anderen Fällen wie unter c).

27 *e)* Versorgungen aus einem privaten Versicherungsvertrag:
§ 1587 a Abs. 2 Nr. 5 und Umwertung nach § 1587 a Abs. 3.

28 *f)* Sonstige Versorgungsarten (z. B. Altershilfe für Landwirte, berufsständische Versorgungseinrichtungen)

29 *aa)* wenn sie *dynamisiert* sind:
§ 1587 a Abs. 2 Nr. 4 mit vier Berechnungsvarianten;

30 *bb)* wenn sie *nicht dynamisiert* sind:
§ 1587 a Abs. 2 Nr. 4 und Umwertung nach § 1587 a Abs. 3.

31 *g)* Der Wert von Versorgungen, für die keine der in § 1587 a Abs. 2 vorgesehenen Berechnungsarten passen, wird nach § 1587 a Abs. 5 bestimmt. Die Normenketten gelten für Berechnungen im schuldrechtlichen Versorgungsausgleich mit der Einschränkung, daß eine Umwertung unterbleibt (vgl. Rdnr. 13 zu § 1587 g).

4 Allgemeine Grundsätze der Wertermittlung

4.1 Ausgleich von Qualitätsunterschieden

32 Das Gesetz berücksichtigt eine unterschiedliche Qualität der Anwartschaften und Aussichten. Einziges *»Qualitätsmerkmal«* ist der Faktor *»Dynamisierung«*. Nicht berücksichtigt werden sonstige Unterschiede in der Qualität wie z. B. Umfang des abgesicherten Risikos (nur Altersversorgung oder auch Erwerbs- oder Berufsunfähigkeit, eingeschlossen Krankenversicherung). In diesem gegebenen Rahmen werden die Qualitätsunterschiede bei der Wert-

ermittlung in einem Umrechnungsverfahren (§ 1587 a Abs. 3) ausgeglichen (vgl. zur Methode der Berechnung Rdnr. 117).

4.2 Zeitliche Voraussetzungen (§ 1587 Abs. 7)

33 Gegenstand des öffentlich-rechtlichen Versorgungsausgleichs sind nicht nur bereits entstandene Ansprüche, sondern auch Anwartschaften und Aussichten. Folgerichtig kann nicht vorausgesetzt werden, daß die zeitlichen Voraussetzungen für das Entstehen des Vollrechts erfüllt sind. Das regelt § 1587 a Abs. 7. Die wichtigsten zeitlichen Voraussetzungen sind für die gesetzliche Rentenversicherung nach der RVO die Wartezeiten nach §§ 1246, 1248 Abs. 7 RVO, für die beamtenrechtliche Versorgung ist es die *»Wartezeit«* nach § 4 Abs. 1 Nr. 1 BeamtVG.

Im Fall sonstiger Versorgungsarten ergeben sich die zeitlichen Voraussetzungen für das Entstehen des Rechts aus den darauf anwendbaren Vorschriften oder aus dem konkreten Rechtsverhältnis.

§ 1587 a Abs. 7 Satz 1 bezieht sich seinem Wortlaut nach nur auf zeitliche Umstände, die für das Entstehen der Anwartschaft oder Aussicht relevant sind. Es ist möglich, daß im Einzelfall das Schicksal der Anwartschaft oder der Aussicht nicht (nur) vom Zeitfaktor abhängt, sondern von anderen Umständen. Es liegt nahe, § 1587 a Abs. 7 Satz 1 auf solche Umstände entsprechend anzuwenden.

34 § 1587 a Abs. 7 enthält zwei Einschränkungen von dem Grundsatz, daß die Nichterfüllung zeitlicher Voraussetzungen unschädlich ist. Einmal handelt es sich um die Fälle der betrieblichen Altersversorgung (vgl. § 1587 a Abs. 7 Satz 1, 2. Halbsatz i. Vbdg. mit Abs. 2 Nr. 3 Satz 3); fehlt es an der für den Eintritt der Unverfallbarkeit notwendigen Dauer der Betriebszugehörigkeit, findet insoweit jedenfalls der öffentlich-rechtliche Versorgungsausgleich nicht statt (§ 1587 a Abs. 2 Satz 3).

35 Zum anderen bleiben bei der Berechnung der Höhe der in den Ausgleich einzubringenden Rentenanwartschaft bestimmte an sich anrechnungsfähige Zeiten ganz oder soweit sie nicht die für die Anrechnung vorausgesetzten zusätzlichen Erfordernisse erfüllen, außer Betracht. Dies regelt § 1587 a Abs. 7 Satz 2. Dabei handelt es sich vor allem um Ausfallzeiten (§ 1259 RVO, vgl. Rdnr. 6) und Zeiten für den Erwerb von Renten nach Mindesteinkommen (Art. 2 § 55 a ARVNG). Diese Zeiten werden als anrechnungsfähige Versicherungszeiten nur berücksichtigt, wenn sie mindestens zur Hälfte, jedoch nicht unter 60 Monaten, mit Beiträgen belegt sind *(Halb- und Mindestdeckung)*, oder wenn (bei der Rente nach Mindesteinkommen) eine Reihe besonderer Voraussetzungen (vgl. auch *Amtl. Begr.* S. 226) erfüllt ist. Die Zurechnungszeit (§ 1260
36 RVO) bleibt bei der Berechnung des fiktiven Rentenbetrages grundsätzlich außer Betracht, da sie für die Berechnung des fiktiven Altersruhegeldes (und allein daran wird in § 1587 a Abs. 2 Nr. 2 angeknüpft) keine Rolle spielt (*Niemeyer-Voskuhl* BArbBl.

1976, 325). Bezieht der Ehegatte, dessen Altersruhegeld nach § 1587 a Abs. 2 Nr. 2 zu errechnen ist, zum Zeitpunkt des Eintritts der Rechtshängigkeit des Scheidungsantrags bereits eine Rente wegen Erwerbs- oder Berufsunfähigkeit, bei der eine Zurechnungszeit berücksichtigt worden ist, dann wird diese *»erworbene«* Zurechnungszeit vom Zeitpunkt des Versicherungsfalls der Erwerbs- oder Berufsunfähigkeit bis zum Zeitpunkt des Eintritts der Rechtshängigkeit des Scheidungsantrags als anrechnungsfähige Versicherungszeit anerkannt und bei der Berechnung der fiktiven Rente mitgezählt (vgl. *Solcher* DRentV 1976, 207; *Laudor* NJW 1977, 142; *Voskuhl-Pappai-Niemeyer* Teil II, III, 2 a, aa).

4.3 Familienbezogene Leistungen (§ 1587 a Abs. 8)

37 Der Ausgleich kann sich nicht auf Teile von Anwartschaften oder Aussichten beziehen, die (wirtschaftlich) nicht für die Ehegatten bestimmt sind oder die mit der Scheidung wegfallen. § 1587 a Abs. 8 bestimmt daher, daß Zuschläge, die nur auf Grund bestehender Ehe gewährt werden, sowie Kinderzuschläge und ähnliche familienbezogene Leistungen bei der Berechnung des Wertes abzuziehen sind (vgl. z. B. den Kinderzuschuß nach § 1262 RVO oder den erhöhten Ortszuschlag für Beamte, die verheiratet sind, §§ 5, 50 BeamtVG, § 39 BBesG).

4.4 Ausgleich bereits entstandener Versorgungen

38 Nach § 1587 a Abs. 2 ist die Berechnung des Ausgleichsbetrages auch dann vorzunehmen, wenn bereits entstandene Versorgungen Gegenstand des Ausgleichs sind. Grundlage der Berechnung ist nicht die Versorgung als solche; es sind die der Versorgung zugrundeliegenden Faktoren (widersprüchlich *Palandt-Diederichsen* § 1587 a, 3 B und 3 B Ziffer 3). Die Versorgung des ausgleichspflichtigen oder ausgleichsberechtigten Ehegatten ist nach der Durchführung des Ausgleichs (§ 1587 b) unter Berücksichtigung der abgegebenen oder gewonnenen Versorgungsanteile nach allgemeinen Grundsätzen neu zu berechnen.

4.5 Zusammentreffen mehrerer Anwartschaften; Anwendung von Ruhensvorschriften (§ 1587 a Abs. 6)

39 Die Vorschrift entspricht der Fassung des RegE. Sie gilt sowohl für den öffentlich-rechtlichen als auch (durch Verweisung in § 1587 g Abs. 2) für den schuldrechtlichen Versorgungsausgleich. Im RegE war für den schuldrechtlichen Versorgungsausgleich eine eigenständige Parallelbestimmung vorgesehen (§ 1587 h Abs. 3 RegE). Die Regelung betrifft ihrem Wortlaut nach nur Anwartschaften auf beamtenrechtliche Versorgung (zur entsprechenden Anwendung von Anwartschaften der gesetzlichen Rentenversicherung vgl. Rdnr. 48). Es sind mehrere Fallgruppen zu unterscheiden:

4.5.1 Zusammentreffen mehrerer Anwartschaften auf beamtenrechtliche Versorgung.

40 Es handelt sich um den Anwendungsfall des § 54 BeamtVG (bisher § 160 BBG). Hat ein Beamter aus einer (weiteren) Verwendung im öffentlichen Dienst Anspruch auf Ruhegehalt, werden neben den neuen Versorgungsbezügen die früheren Versorgungsbezüge nur bis zu einer Höchstgrenze (§ 54 Abs. 2, § 50 Abs. 1 BeamtVG) gezahlt. Bei der Berechnung nach § 1587 a Abs. 2 Nr. 1 ist von der Rechtslage nach Anwendung der Ruhensvorschriften auszugehen. Grundlage der Berechnung ist daher die Gesamtanwartschaft.

41 Wird der Ausgleich zu Lasten des Beamten nach § 1587 b Abs. 2 durchgeführt, richtet sich der Erstattungsanspruch des Versicherungsträgers nach § 1304 b Abs. 2 Satz 2 RVO gegen beide Träger der Versorgungslast. Jeder Träger der Versorgungslast haftet in Höhe des Betrages, der dem Verhältnis der auf ihn entfallenden Anwartschaft zur Gesamtanwartschaft entspricht.

Beispiel:

42

Wert der Gesamtanwartschaft (§ 1587 a Abs. 2 i. V. mit § 1587 a Abs. 6	800,— DM
Anwartschaft aus der neuen Verwendung	500,— DM
Anwartschaft aus der bisherigen Verwendung (nach Anwendung der Ruhensvorschriften)	300,— DM
Angenommener Ausgleichsbetrag nach § 1587 b Abs. 2 unter Berücksichtigung der Anwartschaften des anderen Ehegatten	150,— DM
Rente aus dem angenommenen Ausgleichsbetrag im Jahre X	200,— DM

Erstattungsbetrag nach § 1304 b Abs. 2

Satz 2 RVO — Verhältniswert $\frac{800}{500} = 62{,}50\,\%$

Der Träger der Versorgungslast aus der neuen Verwendung hat demnach 62,50 % der Aufwendungen für die zu zahlende Rente von 200,– DM, der Träger der Versorgungslast aus der ersten Verwendung des Beamten hat 37,50 % der Aufwendungen für die Rente zu tragen.

Die Ruhegehälter der Beamten werden von jedem der Träger der Versorgungslast nach § 57 Abs. 2 BeamtVG gekürzt. Der Kürzungsbetrag richtet sich nach dem Monatsbetrag der begründeten Anwartschaften (150,– DM); er ist nach dem Verhältniswert der erworbenen Anwartschaften aufzuteilen (93,75 DM zu Lasten des Ruhegehalts aus der neuen Verwendung und 56,25 DM zu Lasten des Ruhegeldes aus der ersten Verwendung). Die Beträge erhöhen sich nach § 57 Abs. 2 Satz 2 BeamtVG (vgl. *Plagemann* RiA 1976, 209).

4.5.2 Zusammentreffen von Anwartschaften auf beamtenrechtliche Versorgung mit Anwartschaften auf Renten aus der gesetzlichen Rentenversicherung

43 Es handelt sich um den Anwendungsfall des § 55 BeamtVG. Die Berechnung ist getrennt vorzunehmen. Für die Rentenanwartschaft gilt § 1587 a Abs. 2, Nr. 2, die Anwartschaft auf beamtenrechtliche Versorgung, soweit sie nach Anwendung der Ruhensvorschriften noch aktuell ist, ist nach § 1587 Abs. 2 Nr. 1 zu bewerten. Die beiden Beträge sind zu einem Ausgleichsbetrag zusammenzurechnen. Bei der Durchführung des Versorgungsausgleichs ergibt sich nichts besonderes. Die Anwartschaft aus der gesetzlichen Rentenversicherung ist nach § 1587 b Abs. 1 in Anspruch zu nehmen, wenn der Beamte und Versicherte Ausgleichsschuldner ist und die sonstigen Voraussetzungen vorliegen. Wird der Ausgleich dadurch nicht erfüllt, ist § 1587 b Abs. 2 anzuwenden.

4.5.3 Zusammentreffen von Anwartschaften auf beamtenrechtliche Versorgung mit Anwartschaften auf sonstige Renten und Versorgungen

44 Die Ausführungen zu Rdnr. 43 gelten entsprechend, wenn der versorgungsberechtigte Beamte auch sonstige Anwartschaften auf Altersversorgung erlangt hat, die zu einem Ruhen eines Teils der beamtenrechtlichen Versorgung führen (z. B. nach § 56 BeamtVG: weitere Versorgung aus zwischenstaatlicher und überstaatlicher Verwendung).

4.5.4 Zusammentreffen von Ansprüchen auf beamtenrechtliche Versorgung mit Verwendungseinkommen

45 § 53 BeamtVG regelt das Ruhen der Versorgung eines Versorgungsberechtigten, der aus einer Verwendung im öffentlichen Dienst Einkommen bezieht. Es sind verschiedene Fallgruppen zu unterscheiden:

Hat ein Ehegatte eine Anwartschaft auf beamtenrechtliche Versorgung erlangt (z. B. nach § 4 Abs. 1 Nr. 3 BeamtVG), und bezieht er in der Ehezeit Verwendungseinkommen, dann ist, wenn der Versorgungsfall noch nicht eingetreten ist, wie unter Rdnr. 43 oder 44 zu verfahren, je nach dem, ob die Verwendung eine Anwartschaft in der gesetzlichen Rentenversicherung oder eine solche nach beamtenrechtlichen oder anderen Vorschriften vermittelt. Bezieht der Beamte Verwendungseinkommen in der Zeit nach der Scheidung und ist der Versorgungsfall noch nicht eingetreten, dann wird die Anwartschaft nach § 1587 b Abs. 2 ungekürzt in die Ausgleichsberechnung einbezogen. Das Verwendungseinkommen wirkt sich auf eine Anwartschaft nicht aus.

Ist der Beamte zum Zeitpunkt der Scheidung bereits Versorgungsempfänger, und bezieht er ein Verwendungseinkommen, dann wird sein Ruhegehalt nach § 53 BeamtVG gekürzt.

Die Anwendung des § 1587 a Abs. 6 würde in diesem Fall zu nicht vertretbaren Ergebnissen führen. Nach *»Anwendung von*

Ruhensvorschriften« würden allein die gekürzten Versorgungsbezüge Gegenstand des Versorgungsausgleichs sein. Das Verwendungseinkommen als solches fiele als Arbeitseinkommen nicht in den Versorgungsausgleich (i. ü. aber auch deshalb, weil es nicht in der Ehezeit erdient wird). Im vorliegenden Zusammenhang ist das Verwendungseinkommen keine *»ähnliche wiederkehrende Leistung«* i. S. von § 1587 a Abs. 6. Darunter können nur solche Einkünfte fallen, die im Rahmen des Versorgungsausgleichs zu einer Kompensation des ruhenden Teils der Versorgung führen. Andernfalls würde der ausgleichsverpflichtete Ehegatte ohne erkennbaren Grund bereichert, der berechtigte Ehegatte einen Teil seines Ausgleichsanspruchs einbüßen.

46 Um derart ungerechte Ergebnisse zu vermeiden (vgl. *Amtl. Begr.* S. 166), sah der RegE in § 1587 h Abs. 2 folgendes vor: *»Ruht eine auszugleichende Versorgung ganz oder teilweise, weil der Versorgungsberechtigte eine anderweitige nicht auszugleichende Versorgung oder ein sonstiges Einkommen bezieht, so sind diese Bezüge in den Ausgleich in dem Umfang einzubeziehen, in dem die ruhende Versorgung auszugleichen wäre.«*

Die Regelung war auf den schuldrechtlichen Versorgungsausgleich beschränkt, weil nach dem RegE ein Ausgleich *bereits entstandener Ansprüche* im Rahmen des öffentlich-rechtlichen Versorgungsausgleichs nicht vorgesehen war, und das Problem nur in diesen Fällen auftreten kann. § 1587 h i. d. F. des RegE ist ersatzlos gestrichen worden, nachdem die eigenständige Berechnungsregelung für den schuldrechtlichen Versorgungsausgleich in § 1587 h durch eine Verweisung auf § 1587 a ersetzt worden ist (§ 1587 g Abs. 2 Satz 1). In diesem Zusammenhang ist auch der Absatz 2 des § 1587 h entfallen. Daraus kann nicht geschlossen werden, daß die dem § 1587 h Abs. 2 RegE zugrundeliegenden Erwägungen obsolet geworden wären. Allerdings kann man die dort gewählte Konstruktion, jedenfalls für den öffentlich-rechtlichen Versorgungsausgleich, nicht ohne weiteres verwenden, da die Einbeziehung des Verwendungseinkommens das System des öffentlich-rechtlichen Versorgungsausgleichs sprengen würde. Im schuldrechtlichen Versorgungsausgleich wäre die Lösung des RegE vertretbar, doch liegt es nahe, von einem einheitlichen System für beide Ausgleichsarten auszugehen.

47 Der Träger der Versorgungslast und der verpflichtete Ehegatte müssen sich daher so behandeln lassen, als ruhten die Bezüge nicht. Der Träger kürzt dem verpflichteten Ehegatten die Versorgungsbezüge nach § 75 BeamtVG. Die Kürzung macht eine Neuberechnung des Altersruhegeldes unter Berücksichtigung der Ruhensvorschriften notwendig.

4.5.6 Zusammentreffen mehrerer Rentenansprüche

48 Fallgestaltungen, wie sie dem § 1587 a Abs. 6 zugrunde liegen, kommen nicht nur dann vor, wenn beamtenrechtliche Vesorgungen mit anderen Versorgungen zusammentreffen, sondern auch im Bereich der gesetzlichen Rentenversicherung. So ruht u. a. ein Al-

tersruhegeld in einem bestimmten Umfang, wenn es mit einer Verletztenrente aus der gesetzlichen Unfallversicherung zusammentrifft (§ 1278 RVO). Renten aus der Unfallversicherung fallen nicht in den Versorgungsausgleich (vgl. Rdnr. 6 zu § 1587). Es wäre unvertretbar, wenn die Ruhensvorschriften im Verhältnis zum ausgleichsberechtigten Ehegatten dazu führen würden, daß er mit seinem Ausgleichsanspruch ganz oder teilweise ausfiele, ohne gleichzeitig an dem Vermögenszuwachs zu partizipieren, der Ursache des Ruhens war. Die Verhältnisse liegen nicht anders als im Fall des Zusammentreffens beamtenrechtlicher Versorgungsbezüge und des nicht in den Versorgungsausgleich fallenden Verwendungseinkommens. § 1587 a Abs. 6 ist daher in diesem Fall ebenfalls nicht – auch nicht entsprechend – anzuwenden (vgl. Rdnr. 46; zutr. *Voskuhl-Pappai-Niemeyer* § 1587 a VII).

5 Berechnung der Anwartschaften oder Aussichten nach § 1587 a Abs. 2 Nr. 2

49 Der Wert der Anwartschaft oder Aussicht aus einer gesetzlichen Rentenversicherung ist der Betrag einer Rente, der sich im Zeitpunkt der Rechtshängigkeit des Scheidungsantrags aus den in die Ehezeit fallenden anrechnungsfähigen Versicherungsjahren als Altersruhegeld ergäbe; seine Ermittlung richtet sich im einzelnen nach den sozialversicherungsrechtlichen Vorschriften. Hier ist insbesondere § 1304 RVO von Bedeutung. Die Berechnung vollzieht sich in einem zweistufigen Verfahren. Zunächst ist das fiktive Altersruhegeld nach § 1587 a Abs. 2 Nr. 2, § 1304 Abs. 1 RVO zu errechnen und sodann daraus der auf die Ehezeit entfallende Teil nach § 1304 Abs. 2 RVO zu ermitteln.

5.1 Begriff der gesetzlichen Rentenversicherungen (§§ 1587, 1587 a Abs. 2 Nr. 2)

50 Der Begriff der gesetzlichen Rentenversicherungen wird in der Regel zur Bezeichnung der drei Zweige Rentenversicherung der Arbeiter, Rentenversicherung der Angestellten und knappschaftliche Rentenversicherung verwendet (vgl. z. B. §§ 1274, 1275 RVO, Art. 5 RentenrefG vom 16. 10. 72, Bundesgesetzbl. I S. 1965). Diese Zuordnung liegt dem Versorgungsausgleich zugrunde. Das in § 1587 a Abs. 2 Nr. 2 für die Berechnung maßgebende Altersruhegeld ist in § 1248 RVO, § 25 AVG, § 48 RKnG geregelt. Eine gesetzliche Rentenversicherung ist auch die Versorgung nach dem Handwerkerversicherungsgesetz (HwVG vom 8. 9. 1960, Bundesgesetzbl. I 737). Die nach diesem Gesetz versicherungspflichtigen Handwerker sind nach § 1 Abs. 1 und § 5 HwVG in der Rentenversicherung der Arbeiter versichert. Ihre Versorgung richtet sich nach den maßgebenden Vorschriften der RVO.

51 Anwartschaften oder Aussichten aus gesetzlichen Rentenversicherungen i. S. von § 1587 a Abs. 2 Nr. 2 sind nur Anwartschaften gegen Versicherungsträger im Geltungsbereich der anzuwenden-

 den versicherungsrechtlichen Vorschriften. Diese Regelung ist daher nicht anwendbar auf Anwartschaften und Aussichten, die gegenüber ausländischen Versicherungsträgern bestehen. Das folgt schon aus dem Umstand, daß der Ausgleich von Rentenanwartschaften nur unter Mitwirkung der Träger erfolgen kann. Die Mitwirkung ausländischer Träger kann aber nicht sichergestellt werden. Versorgungen dieser Art fallen unter § 1587 a Abs. 2 Nr. 4 (sonstige Anwartschaften und Aussichten).

5.2 Berechnung des Altersruhegeldes für jeden der Ehegatten (§ 1587 a Abs. 2 Nr. 2, § 1304 Abs. 1 RVO)

52 Zu ermitteln ist zunächst für *jeden* Ehegatten *gesondert* ein *fiktives* Altersruhegeld nach den maßgebenden versicherungsrechtlichen Vorschriften (z. B. § 1248 RVO). Dabei ist zu beachten, daß die für einen Rentenanspruch vorausgesetzten Wartezeiten, Mindestversicherungszeiten u. a. nicht erfüllt sein müssen (§ 1587 a Abs. 7, vgl. Rdnr. 33 ff.).

53 Für die Ermittlung des fiktiven Altersruhegeldes gilt der Zeitpunkt der Rechtshängigkeit des Scheidungsantrags als Versicherungsfall (§ 1304 Abs. 1 Satz 2 RVO). Zu errechnen ist zunächst eine auf diesen Zeitpunkt bezogene Rente; dabei werden auch die vor der Eheschließung liegenden anrechnungsfähigen Zeiten einbezogen.

54 Für die Rentenberechnung gelten, soweit nichts anderes vorgesehen ist, die allgemeinen Bestimmungen. Der Jahresbetrag des Altersruhegeldes nach § 1254 Abs. 1 RVO beträgt für jedes anrechnungsfähige Versicherungsjahr 1,5 % der für den Versicherten maßgebenden Rentenbemessungsgrundlage. Die für den Versicherten maßgebende Rentenbemessungsgrundlage (persönliche Rentenbemessungsgrundlage) richtet sich nach § 1255 Abs. 1 RVO. Sie ist ein Prozentsatz der allgemeinen Bemessungsgrundlage (§ 1255 Abs. 2 RVO). Die allgemeine Bemessungsgrundlage ist das durchschnittliche Bruttojahresarbeitsentgelt aller Versicherten der Rentenversicherungen der Arbeiter und Angestellten im Mittel des dreijährigen Zeitraums vor dem Kalenderjahr, das dem Eintritt des Versicherungsfalls voraufgegangen ist. Sie wird durch RVO der Bundesregierung *(Bezugsgrößenverordnung)* jeweils für das folgende Kalenderjahr festgelegt. Grundlage ist § 1256 RVO. Der Prozentsatz der allgemeinen Bemessungsgrundlage, der die persönliche Rentenbemessungsgrundlage ausmacht, ist der Verhältniswert des Bruttoarbeitsentgelts des Versicherten zum durchschnittlichen Bruttoarbeitsentgelt aller Versicherten der Rentenversicherungen der Arbeiter und Angestellten. Auch das durchschnittliche Bruttoarbeitsentgelt wird nach § 1256 RVO durch RVO der Bundesregierung bestimmt. Die Ermittlung der anrechnungsfähigen Versicherungszeiten richtet sich nach § 1258 RVO. Eine bereits »erworbene« Zurechnungszeit ist zu berücksichtigen (vgl. Rdnr. 36). Außer Betracht bleiben zunächst die Steigerungsbeträge für Beiträge zur Höherversicherung nach § 1261 RVO und Steigerungsbeträge nach § 1260 a RVO (§ 1304 Abs. 1 RVO).

Diese Leistungen können genau ermittelt und zeitlich zugeordnet werden. Es besteht deshalb kein Anlaß, sie in die *pro rata* Aufteilung (vgl. Rdnr. 65) einzubeziehen. Das Kindergeld scheidet bei der Berechnung von vornherein aus (§ 1587 a Abs. 8).

55 Vereinfacht läßt sich das nach § 1587 a Abs. 2 Nr. 2, § 1304 Abs. 1 RVO anzusetzende Altersruhegeld an folgendem Beispiel darstellen, das von den Annahmen ausgeht:

a) Eintritt des Versicherungsfalles = Rechtshängigkeit des Scheidungsantrags	1977
b) Anrechnungsfähige Versicherungsjahre (VJ)	30
c) Persönliche Bemessungsgrundlage (pB)	150 %
d) Steigerungssatz (St)	1,5 %
e) Allgemeine Bemessungsgrundlage für 1977 (aB)	20 161,— DM

Daraus ergibt sich nach der Rentenformel
pB × VJ × aB × 0,0000125
150 × 30 × 20 161 × 0,0000125
4 500 × 0,2520125
eine Rente von 1 134,06 DM im Monat.
Nicht einbezogen sind eventuelle Steigerungsbeträge (vgl. § 1304 Abs. 1 Satz 1 RVO).

56 In diesem Stadium der Berechnung wird der angenommene Rentenbetrag nicht gerundet. § 1297 Satz 1 RVO findet keine Anwendung, weil es sich nicht um eine Zahlung der Rente handelt. Eine entsprechende Anwendung des § 1297 Satz 1 RVO kommt erst bei der Ermittlung des auf die Ehezeit entfallenden Betrages in Betracht (§ 1304 Abs. 2 Satz 5, 2. Halbsatz; vgl. auch *Solcher* DRentVers 1976, 205, 209).

5.3 Berechnung des auf die Ehezeit entfallenden Betrages des Altersruhegeldes (§ 1304 Abs. 2 RVO)

57 Die nach § 1587 a Abs. 2 Nr. 2, § 1304 Abs. 1 RVO errechnete monatliche Rente bezieht sich auf die gesamte Versicherungszeit, auch soweit sie vor der Eheschließung liegt. Die Aufteilung der Gesamtrente auf die Ehezeit und die voreheliche Zeit regelt § 1304 Abs. 2 RVO. Grundlage der Aufteilung ist nicht das Verhältnis der Gesamtzeit zur Ehezeit, sondern das Verhältnis der in die Gesamtzeit fallenden Werteinheiten zu den in die Ehezeit fallenden Werteinheiten. Auf diese Weise soll sichergestellt werden, daß die Rente aus der Ehezeit und die Rente aus der Restzeit die Rente aus der Gesamtzeit nicht übersteigen (vgl. *Amtl. Begr.* S. 226).

58 Die Werteinheiten für jedes Versicherungsjahr des betroffenen Ehegatten kann das Gericht bei dem zuständigen Versicherungsträger abfragen (§ 53 b Abs. 2 Satz 2, 3 FGG). Die Parteien sind auf Anfragen nach § 14 SGB angewiesen (vgl. dazu *Hauck-Haines* SGB, 5).

59 Die Werteinheiten werden bis auf zwei Dezimalstellen ausgeworfen und dann gerundet (§ 1255 Abs. 3 Buchst. b Satz 2 RVO, auf den in § 1304 Abs. 2 Satz 4 RVO verwiesen wird).

60 Bei dieser Berechnung des Verhältnisses bleiben Werteinheiten für pauschale Ausfallzeiten nach Art. 2 § 14 ARVNG und die vor dem 1. Januar 1973 zugrunde zu legenden Werteinheiten zur Berechnung der Rente nach Mindesteinkommen nach Art. 2 § 55 a ARVNG außer Betracht, weil für sie eine Zuordnung zur Ehezeit nicht möglich ist (§ 1304 Abs. 2 Satz 3 RVO; vgl. *Amtl. Begr.* S. 226). Das bedeutet aber nicht, daß die Werteinheiten ausfallen. Sie weden nur nicht selbständig gewertet, sie finden in der Weise Berücksichtigung, daß die Aufteilung nach demselben Verhältniswert vorgenommen wird, wie er für die Aufteilung des *»Hauptbetrages«* des Altersruhegeldes maßgebend ist (vgl. *Solcher* DRentV 1976, 205, 209).

61 Die Summe der Werteinheiten ist das Produkt aus der Anzahl anrechnungsfähiger Versicherungsjahre und der persönlichen Bemessungsgrundlage (vgl. Rdnr. 11, 14). Dem angenommenen Rentenbetrag von 1134,06 DM liegen (30 × 150) 4500 Werteinheiten zugrunde. Die Umrechnung des Rentenbetrages in WE auf der Grundlage der Bekanntmachung von Rechnungsgrößen (vgl. Rdnr. 17 a) führt zu demselben Ergebnis:
1.134,06 × 3.968057 = 4.500,0147

62 Unterstellt man in dem angenommenen Beispiel, daß der Versicherte 20 Jahre verheiratet war und seine persönliche Bemessungsgrundlage in den letzten 10 Jahren vor der Scheidung 200 % betrug, in den 10 Jahren davor 150 %, ergibt sich folgendes:

Von der Gesamtzahl der Werteinheiten (4500) fallen

a) in der Ehezeit	3500
b) in die Zeit vor der Ehe	1000
Gesamtzahl	4500

Der Verhältniswert nach § 1304 Abs. 2 RVO beträgt:

$\frac{3500}{4500}$ = 0,7777 % = (nach § 1304 Abs. 2 S. 4, § 1255 Abs. 3 Buchst. b S. 2 gerundet) 0,78 %

Auf die Ehezeit entfallen (0,78 × 1134,06) = 884,56 DM
gerundet nach § 1297 Satz 1 RVO (§ 1304 Abs. 2 Satz 5 RVO) = 884,60 DM

Dieser Betrag ist in den Ausgleich einzubringen.
Hat der andere Ehegatte in der Ehezeit keine Anwartschaften erlangt, steht ihm die Hälfte (442,30 DM) zu.

63 Unterstellt man in dem Ausgangsfall, daß der versicherte Ehegatte in den ersten 10 Versicherungsjahren eine persönliche Bemessungsgrundlage von 200 % erlangt hat (2000 Werteinheiten) und er in der darauffolgenden Ehezeit von 20 Jahren weitere 2500 Werteinheiten erwirtschaftet hat, ergibt sich folgendes:
Der Verhältniswert nach § 1304 Abs. 2 RVO beträgt

$\frac{2500}{4500}$ = 0,55555 gerundet = 0,56

Auf die Ehezeit entfallen (0,56 × 1134,06) = 635,07 DM

64 Aus einem gegebenen Rentenbetrag (ohne Steigerungsbeträge für Beiträge der Höherversicherung und Leistungen nach § 1260 a RVO) läßt sich die Summe der Werteinheiten auch aus der von der Rentenformel abgeleiteten Formel

$$WE = \frac{\text{Rentenbetrag}}{aB \times 0{,}0000125}$$

errechnen. Die Gegenprobe zu dem Ausgangsbeispiel ergibt folgendes:

$$WE = \frac{1134{,}06}{20\,161 \times 0{,}0000125} = \frac{1134{,}06}{0{,}2520125} = 4500{,}01$$

65 Der errechnete Betrag wird dann um die bei der Berechnung zunächst außer acht gelassenen (vgl. Rdnr. 54) Steigerungsbeträge für Beiträge der Höherversicherung und Leistungen nach § 1260 a RVO erhöht, soweit diese auf die Ehezeit entfallen (§ 1304 Abs. 2 Satz 5 RVO), auf zwei Dezimalstellen reduziert und aufgerundet (§ 1304 Abs. 2 Satz 5, 2. Halbs., § 1297 Satz 1 RVO). Welcher Teil der zusätzlichen Beträge auf die Ehezeit entfällt, läßt sich aus dem Zeitpunkt der Entrichtung der Beiträge ermitteln.

66 Der Teilbetrag der Rente, der nicht den gesetzlichen Anpassungen unterliegt, ist gesondert auszubringen (§ 1304 Abs. 2 Satz 6 RVO). Insoweit gelten die allgemeinen Berechnungsvorschriften nach § 1587 a Abs. 2 Nr. 2 nicht; dieser Rentenanteil bedarf der Umwertung nach § 1587 a Abs. 3 (vgl. Rdnr. 21, 104). Dazu gehören vor allem die Steigerungsbeträge für Beiträge der Höherversicherung nach § 1261 RVO (vgl. § 1272 Abs. 3 RVO).

6 Versorgung aus einem öffentlich-rechtlichen Dienstverhältnis

67 Eine Versorgung aus einem öffentlich-rechtlichen Dienstverhältnis erhalten Beamte, Richter und Soldaten nach den für sie maßgebenden Vorschriften (vgl. BeamtVG v. 24. 8. 1976, BGBl. I S. 2485). Ausgenommen sind bestimmte Gruppen wie Notare und Ehrenbeamte. Soweit aus dem öffentlich-rechtlichen Dienstverhältnis kraft gesetzlicher Regelung ein Versorgungsanspruch nicht erwächst, findet § 1587 a Abs. 2 Nr. 1 keine Anwendung.

68 Angestellte und Arbeiter im öffentlichen Dienst erhalten keine Versorgung aus einem öffentlich-rechtlichen Dienstverhältnis. Sie werden in einem privat-rechtlichen Arbeitsverhältnis beschäftigt; Versorgung erhalten sie in der Regel aus einer gesetzlichen Rentenversicherung.

69 Eine Sonderstellung nehmen Bedienstete ein, die einen durch Dienst- oder Arbeitsvertrag begründeten Anspruch auf Versorgung nach beamtenrechtlichen Vorschriften oder Grundsätzen haben. Sie sind den Bediensteten mit Anspruch auf Versorgung aus einem öffentlich-rechtlichen Dienstverhältnis gleichgestellt (§ 1587 a Abs. 2

Nr. 1, 2. Alt.). Diese Regelung ist folgerichtig, weil Bedienstete dieser Art von der Versicherungspflicht in einer gesetzlichen Rentenversicherung ausgenommen sind (vgl. § 1229 Abs. 1 Nr. 3 RVO, § 6 Abs. 1 Nr. 3 AVG). Aus diesen Bestimmungen ergibt sich zugleich eine Einschränkung. Für die Anwendung der *»beamtenrechtlichen«* Ausgleichsregelung genügt es nicht, daß in einem Dienst- oder Arbeitsvertrag eine Versorgung nach beamtenrechtlichen Grundsätzen vereinbart wird, was auf Grund der Vertragsfreiheit möglich ist. Es muß sich vielmehr um eine spezifische, die Versicherungsfreiheit begründete Versorgungszusage handeln vgl. auch § 1587 b Abs. 2 Satz 2).

§ 1587 a Abs. 2 Nr. 1 ist auch bei Versorgungszusagen der als öffentlich-rechtliche Körperschaften anerkannten Religionsgesellschaften (§ 1229 Abs. 1 Nr. 2, 3 RVO; § 6 Abs. 1 Nr. 2, 3 AVG) anwendbar; das gilt auch, wenn die Zusage sich auf *»entsprechende kirchenrechtliche Regelungen«* (§ 1229 Abs. 1 Nr. 3 RVO) bezieht und nicht unmittelbar auf *»beamtenrechtliche Vorschriften oder Grundsätze«*. Unabhängig davon ist die Frage zu beurteilen, ob der Ausgleich von Versorgungen aus einer solchen Zusage nach § 1587 b Abs. 2 vollzogen werden kann (vgl. Rdnr. 24 zu § 1587 b).

6.1 Beamtenrechtliche Versorgung und Nachversicherung

70 Scheidet der Beamte aus dem öffentlichen Dienst aus, verliert er unter bestimmten Voraussetzungen seinen Anspruch auf (spätere) Versorgung (§ 34 BBG). Er wird nachversichert (vgl. § 1232 RVO). Wird seine Ehe vor dem Ausscheiden geschieden, findet der Versorgungsausgleich nach § 1587 a Abs. 2 Nr. 2, § 1587 b Abs. 2 statt. Der spätere Verlust der beamtenrechtlichen Versorgung ist darauf ohne Einfluß. Die Nachversicherung beschränkt sich auf den dem Beamten nach der Kürzung (vgl. § 57 BeamtVG) verbliebenen Teil seiner Altersversorgung. Wird die Ehe nach dem Ausscheiden geschieden, richtet sich der Versorgungsausgleich nach § 1587 a Abs. 2 Nr. 2, § 1587 b Abs. 1; Grundlage ist der auf die Ehezeit entfallende Teil der durch die Nachversicherung erworbenen Anwartschaften der gesetzlichen Rentenversicherung.

6.2 Wartezeiten; Ruhen der Versorgungsbezüge

71 Für die Berechnung der Versorgung nach § 1587 a Abs. 2 Nr. 1 ist unbeachtlich, ob die »Wartezeit« nach § 4 Abs. 1 Nr. 1 BeamtVG erfüllt ist (vgl. § 1587 a Abs. 7 und Rdnr. 33). Ruhen die Versorgungsbezüge ganz oder teilweise, ist § 1587 Abs. 6 anzuwenden (vgl. Rdnr. 39 ff.).

6.3 Berechnung der Anwartschaften oder Aussichten aus einem öffentlich-rechtlichen Dienstverhältnis bezogen auf die Ehezeit (§ 1587 a Abs. 2 Nr. 1)

72 Der Berechnung zugrunde zu legen sind die für den Bediensteten geltenden Vorschriften über seine Versorgung, für Beamte des Bundes das BeamtenVG. Zu errechnen ist zunächst ein fiktives

Ruhegehalt, wie es dem Bediensteten zum Zeitpunkt der Rechtshängigkeit des Scheidungsantrags unter Hinzurechnung der bis zur Altersgrenze zu berücksichtigenden ruhegehaltsfähigen Dienstzeit zustünde. Dabei gilt ein Rest von 182 Tagen als ein Dienstjahr (§ 14 Abs. 1 S. 1 BeamtenVG). Zu den Versorgungsbezügen zählt auch die jährliche Sonderzuwendung nach § 7 SZG i. d. F. v. 23. 5. 1975 – BGBl. I 1173 (zutr. *Voskuhl* DRiZ 1976, 338).

73 Bei der Errechnung des fiktiven Ruhegehalts bleiben künftige Gehaltserhöhungen (auch Erhöhungen um die Dienstalterszulage, (§ 27 BBesG) außer Betracht. In die Berechnung nicht einzubeziehen sind weiter künftige Gehaltserhöhungen auf Grund von Beförderungen, mag es sich auch um Regelbeförderungen handeln. Würde sich das Ruhegehalt auf Grund unfallbedingter Umstände erhöhen, so bleibt dieser Teil unberücksichtigt; das ist eine Konsequenz der Herausnahme der Unfallrenten aus dem Versorgungsausgleich (vgl. Rdnr. 6 zu § 1587).

74 Das fiktive Ruhegehalt ist sodann in einen Bezug zur Ehezeit zu bringen. Das geschieht in der Weise, daß das Verhältnis der in die Ehezeit fallenden ruhegehaltsfähigen Dienstzeit zu der gesamten ruhegehaltsfähigen Dienstzeit, die der Ermittlung des fiktiven Ruhegehalts zugrunde lagen, errechnet wird. Bei der Berechnung des Verhältnisses der in die Ehezeit fallenden zu der gesamten ruhegehaltsfähigen Dienstzeit ist die Dienstzeit nicht notwendigerweise nach Jahren zu zählen. Da es sich um die Feststellung einer Verhältnisgröße handelt, ist im Bedarfsfall (d. h. wenn die Dienstzeiten nicht nur aus vollen Jahren bestehen, was die Regel sein wird) eine niedrigere gemeinsame Zähleinheit zugrunde zu legen (z. B. Monat). § 14 Abs. 1 Satz 1 a. E. BeamtVG (182 Tage = 1 Dienstjahr) findet in diesem Zusammenhang keine Anwendung, da es nicht um die Berechnung der Höhe des Ruhegehalts geht, sondern um die Ermittlung eines Verhältniswertes, bei der Rundungsprobleme gegenstandslos sind.

75 Zu beachten ist weiter, daß die ruhegehaltsfähigen Dienstjahre zur Ermittlung der in die Ehezeit fallenden Dienstzeit und der Gesamtzeit *gezählt* und *nicht gewertet* werden. Nach § 14 Abs. 2 BeamtVG haben ruhegehaltsfähige Dienstjahre einen unterschiedlichen *»Wert«*. So steigt das Ruhegehalt vom 10. bis zum 25. Dienstjahr jährlich um 2 %, danach nur noch um jeweils 1 % der ruhegehaltsfähigen Dienstbezüge bis zu einem Höchstsatz von 75 %. Die unmittelbar vor dem Eintritt in den Ruhestand liegenden Dienstjahre können für die Höhe des Ruhegehalts irrelevant sein. Diese für die Zwecke des Versorgungsausgleichs unbillige und unpraktikable Differenzierung ist deshalb für die Regelung nach § 1587 a Abs. 2 Nr. 1 unbeachtlich (vgl. eingehend *Amtl. Begr.* S. 156).

76 Eine besondere Regelung für Hochschullehrer enthält § 1587 a Abs. 2 Nr. 1 Satz 2. Ordentliche und außerordentliche Professoren erhalten nach Erreichen der Altersgrenze kein Ruhegehalt nach beamtenrechtlichen Vorschriften. Sie werden *»entpflichtet«*, bezie-

hen aber weiter ihre vollen Dienstbezüge. Für die Zwecke des Versorgungsausgleichs werden diese Dienstbezüge beamtenrechtlichen Versorgungsbezügen gleichgesetzt. Der für die Berechnung des Ausgleichsbetrages notwendige, bei Professoren fehlende Faktor »ruhegehaltsfähige Dienstzeit« wird auf Grund der Verweisung nach den allgemeinen beamtenrechtlichen Vorschriften (§§ 6 ff. BeamtVG) fiktiv ermittelt.

77 § 1587 a Abs. 2 Nr. 1 findet nur auf öffentlich-rechtliche Dienstverhältnisse deutscher Staatsgewalt Anwendung. Andere Dienstverhältnisse z. B. zu ausländischen Staaten oder internationalen oder supranationalen Organisationen sowie zur DDR fallen nicht darunter. Sie sind in der Regel nach § 1587 a Abs. 2 Nr. 4 zu beurteilen.

78 Zur Berechnung des Wertes der beamtenrechtlichen Versorgung vgl. folgendes Beispiel, das von den nachstehenden Annahmen ausgeht:

a)	Eintritt des Versorgungsfalls = Rechtshängigkeit des Scheidungsantrags	1977
b)	Alter zum Zeitpunkt von a)	35 Jahre
c)	ruhegehaltsfähige Dienstzeit bis zum Zeitpunkt von a)	15 Jahre
d)	Gesamtzeit (65—35 + 15)	45 Jahre
e)	angenommenes Gehalt nach Abzug „familienbezogener Bestandteile“ (Kinderzuschlag und Differenz zum erhöhten Ortszuschlag und monatlicher Anteil der jährlichen Sonderzuwendung)	3000,— DM
f)	Ehezeit innerhalb der Zeit zu c)	5 Jahre

Das angenommene Ruhegehalt beträgt 75 % des Gehalts

$$\frac{3000 \times 75}{100} = \qquad 2250,\text{— DM}$$

Der Verhältniswert nach § 1587 a Abs. 2 Nr. 1 Satz 3 beträgt

$$\frac{5 \text{ (Dauer der Ehe)}}{45 \text{ (Gesamtzeit)}} = \frac{1}{9}$$

Der auf die Ehezeit entfallende Teil der Versorgung

$$\text{beträgt } \frac{2250}{9} = \qquad 250,\text{— DM}$$

Hat der andere Ehegatte keine auf die Ehezeit entfallende Versorgung aufzuweisen, beträgt der Ausgleichsbetrag 125,— DM.

Die Durchführung des Ausgleichs richtet sich nach § 1587 b.

7.1 Anwendungsbereich

79 § 1587 a Abs. 2 Nr. 3 regelt die Berechnung der Leistungen, Anwartschaften und Aussichten auf Leistungen der betrieblichen Altersversorgung. Im RegE war eine diese Fälle abdeckende besondere Regelung nicht vorgesehen. Die Bewertung der betrieblichen Altersversorgung sollte nach § 1587 a Abs. 2 Nr. 4 (§ 1587 a Abs. 2 Nr. 3 RegE) vorgenommen werden, wobei ein Unterschied zwischen verfallbaren und nicht mehr verfallbaren Anwartschaften nicht vorgesehen war. Die gesetzliche Regelung der betrieblichen Altersversorgung (Gesetz zur Verbesserung der betrieblichen Altersversorgung – BetrAVG – vom 19. 12. 1974 BGBl. I 3610) hat Anlaß gegeben, eigenständige Bewertungsregeln einzuführen und die noch nicht unverfallbar gewordenen Anwartschaften in den schuldrechtlichen Versorgungsausgleich zu verweisen. § 1587 a Abs. 2 Nr. 3 knüpft an die Berechnungsmethoden des BetrAVG an, das bedeutet aber keine Abhängigkeit in dem Sinne, daß die Anwendung der Vorschriften über den Versorgungsausgleich auf Fälle beschränkt wäre, auf die das BetrAVG anwendbar ist.

80 Die Berechnungsvorschriften nach § 1587 a Abs. 2 Nr. 3 gelten für alle Arten betrieblicher Altersversorgung. Es macht keinen Unterschied, ob Vertragspartner der Zusage das Unternehmen oder eine selbständige Pensionskasse ist (§ 1 Abs. 3 BetrAVG); auch Direktversicherungen im Rahmen der betrieblichen Altersversorgung, die dem Berechtigten ein Bezugsrecht gegenüber dem Versicherungsunternehmen gewähren (BT 7/4361 S. 38; § 1 Abs. 2 BetrAVG), fallen darunter. Entgegen der Regelung in den übrigen Fällen privater Altersversorgung nach § 1587 a Abs. 2 muß Gegenstand der Zusage nicht notwendigerweise eine Rente oder eine ähnliche wiederkehrende Leistung sein. Es kann sich auch um einen Kapitalbetrag handeln. § 1 Abs. 2 BetrAVG sieht ausdrücklich vor, daß die betriebliche Altersversorgung über eine (Kapital) Lebensversicherung abgewickelt werden kann. Mit der Einführung des neuen § 1587 a Abs. 2 Nr. 3 ist beabsichtigt gewesen, den gegebenen Regelungsgehalt des Gesetzes über die BetrAVG in den Versorgungsausgleich einzubeziehen. Wortlaut und Normzweck der Vorschrift lassen die Einbeziehung zu (vgl. Rdnr. 9 zu § 1587; *Ruland* NJW 1976, 1713; *Fischer* DB 1976, 2351).

7.2 Unverfallbarkeit

81 Die Vorschriften über den öffentlich-rechtlichen Versorgungsausgleich sind nicht anwendbar, wenn die Anwartschaften oder Aussichten auf Leistungen der betrieblichen Altersversorgung noch nicht unverfallbar geworden sind. Insoweit findet der schuldrechtliche Versorgungsausgleich statt (§ 1587 a Abs. 2 Satz 3). Die Voraussetzung der Unverfallbarkeit einer betrieblichen Altersversorgung und ihre rechtliche Absicherung regelt § 1 des BetrAVG. Die Vorschrift lautet:

Erster Abschnitt. Unverfallbarkeit

§ 1 [Aufrechterhaltung der Versorgungsanwartschaft dem Grunde nach]

(1) Ein Arbeitnehmer, dem Leistungen der Alters-, Invaliditäts- oder Hinterbliebenenversorgung aus Anlaß seines Arbeitsverhältnisses (betriebliche Altersversorgung) zugesagt worden sind, behält seine Anwartschaft, wenn sein Arbeitsverhältnis vor Eintritt des Versorgungsfalles endet, sofern in diesem Zeitpunkt der Arbeitnehmer mindestens das 35. Lebensjahr vollendet hat und

– entweder die Versorgungszusage für ihn mindestens 10 Jahre bestanden hat

– oder der Beginn der Betriebszugehörigkeit mindestens 12 Jahre zurückliegt und die Versorgungszusage für ihn mindestens 3 Jahre bestanden hat.

Eine Änderung der Versorgungszusage oder ihre Übernahme durch eine andere Person unterbricht nicht den Abauf der Frist von 10 Jahren des Satzes 1. Der Verpflichtung aus einer Versorgungszusage stehen Versorgungsverpflichtungen gleich, die auf betrieblicher Übung oder dem Grundsatz der Gleichbehandlung beruhen. Der Ablauf einer vorgesehenen Wartezeit wird durch die Beendigung des Arbeitsverhältnisses nach Erfüllung der Voraussetzungen des Satzes 1 nicht berührt.

(2) Ist für die betriebliche Altersversorgung eine Lebensversicherung auf das Leben des Arbeitnehmers durch den Arbeitgeber abgeschlossen und sind der Arbeitnehmer oder seine Hinterbliebenen hinsichtlich der Leistungen des Versicherers ganz oder teilweise bezugsberechtigt (Direktversicherung), so ist der Arbeitgeber verpflichtet, wegen Beendigung des Arbeitverhältnisses nach Erfüllung der in Absatz 1 Satz 1 genannten Voraussetzungen das Bezugsrecht nicht mehr zu widerrufen. Eine Vereinbarung, nach der das Bezugsrecht durch die Beendigung des Arbeitsverhältnisses nach Erfüllung der in Absatz 1 Satz 1 genannten Voraussetzungen auflösend bedingt ist, ist unwirksam. Hat der Arbeitgeber die Ansprüche aus dem Versicherungsvertrag abgetreten oder beliehen, so ist er verpflichtet, den Arbeitnehmer, dessen Arbeitsverhältnis nach Erfüllung der in Absatz 1 Satz 1 genannten Voraussetzungen geendet hat, bei Eintritt des Versicherungsfalles so zu stellen, als ob die Abtretung oder Beleihung nicht erfolgt wäre. Als Zeitpunkt der Erteilung der Versorgungszusage im Sinne des Absatzes 1 gilt der Versicherungsbeginn, frühestens jedoch der Beginn der Betriebszugehörigkeit.

(3) Wird die betriebliche Altersversorgung von einer rechtsfähigen Versorgungseinrichtung durchgeführt, die dem Arbeitnehmer oder seinen Hinterbliebenen auf ihre Leistungen einen Rechtsanspruch gewährt (Pensionskasse), so gilt Absatz 1 entsprechend. Als Zeitpunkt der Erteilung der Versorgungszusage im Sinne des Absatzes 1 gilt der Versicherungsbeginn, frühestens jedoch der Beginn der Betriebszugehörigkeit.

(4) Wird die betriebliche Altersversorgung von einer rechtsfähigen Versorgungseinrichtung durchgeführt, die auf ihre Leistungen keinen Rechtsanspruch gewährt (Unterstützungskasse), so sind die nach Erfüllung der in Absatz 1 Satz 1 genannten Voraussetzungen und vor Eintritt des Versorgungsfalles aus dem Unternehmen ausgeschiedenen Arbeitnehmer und ihre Hinterbliebenen den bis zum Eintritt des Versorgungsfalles dem Unternehmen angehörenden Arbeitnehmer und deren Hinterbliebenen gleichgestellt. Die Versorgungszusage gilt in dem Zeitpunkt als erteilt im Sinne des Absatzes 1, von dem an der Arbeitnehmer zum Kreis der Begünstigten der Unterstützungskasse gehört.

83 Die Regelung gibt einen Standard für den Grad rechtlicher Verfestigung der Anwartschaft oder Aussicht, der es rechtfertigt, die Rechtsposition als unverfallbar anzusehen. Für die Zwecke des Versorgungsausgleichs wird nicht vorausgesetzt werden müssen, daß die Vorschriften über die Unverfallbarkeit uneingeschränkt gegeben sind (a. A. offenbar *Belchaus* MDR 1976, 793). Das ist schon deshalb nicht möglich, weil z. B. die Absätze 2 und 3 des § 1 des BetrAVG unanwendbar sind, wenn die Wartezeiten in § 1 Abs. 1 nicht erfüllt sind. In diesem Fall wirkt z. B. das Verfügungsverbot nach § 1 Abs. 2 des BetrAVG nicht. Hat aber ein Arbeitnehmer eine verbindliche und nicht widerrufliche Versorgungszusage vor Ablauf der Wartezeit erhalten und hat der Arbeitgeber diese auf eine andere (aber ebenso wirksame) Weise als in § 1 Abs. 2, 3 des BetrAVG abgesichert, ist die Anwartschaft als *»unverfallbar«* anzusehen, obwohl diese nicht der Regelung in § 1 des BetrAVG entspricht. Es besteht jedenfalls kein Grund, von der Anwendung des öffentlich-rechtlichen Versorgungsausgleichs abzusehen, wenn die Absicherung der Anwartschaft auf betriebliche Altersversorgung in der Wirkung der Absicherung nach § 1 des BetrAVG nicht nachsteht.

84 §§ 2 bis 4 BetrAVG regeln nicht die »Unverfallbarkeit« von Ansprüchen der betrieblichen Altersversorgung (obwohl sie dem Abschnitt »Unverfallbarkeit« zugeordnet sind), sondern ihre Auswirkungen. Sie haben deshalb für die Frage der Anwendbarkeit des § 1587 Abs. 2 Satz 3 keine Bedeutung.

85 Ist die Anwartschaft aus einer betrieblichen Altersversorgung dem Grunde nach unverfallbar, aber der Höhe nach noch unbestimmt (z. B. wegen der dem Arbeitgeber eingeräumten Wahlmöglichkeit nach § 2 Abs. 2, 3 oder Abs. 3 Satz 2, 3 BetrAVG), liegen die Voraussetzungen des § 1587 a Abs. 2 Satz 3 nicht vor; der öffentlich-rechtliche Versorgungsausgleich ist durchzuführen. Die Wahlmöglichkeit ist ein Berechnungsproblem; es ist von dem Stand zum Zeitpunkt der Entscheidung auszugehen. Hat der Arbeitgeber bis dahin von der Wahlmöglichkeit keinen Gebrauch gemacht, ist für die Berechnung davon auszugehen, daß er sein Wahlrecht nicht ausüben wird (zutreffend *Hillermeier* FamRZ 1976, 577).

7.3 Berechnung des Wertes der auf die Ehezeit entfallenden Anwartschaft der betrieblichen Altersversorgung (§ 1587 a Abs. 2 Nr. 3, Buchst. a)

86 Dauert die Betriebszugehörigkeit des Ehegatten bei Eintritt der Rechtshängigkeit des Scheidungsantrags an, ist die Berechnung nach § 1587 a Abs. 2 Nr. 3 Buchst. a) vorzunehmen. Die Berechnung des Wertes der Anwartschaft oder Aussicht vollzieht sich in drei Stufen:

a) Errechnung einer hypothetischen Gesamtleistung
b) Ermittlung des auf die Ehezeit entfallenden Anteils
c) Umwertung nach § 1587 a Abs. 3
  aa) Errechnung des Barwerts des auf die Ehezeit entfallenden Anteils
  bb) Errechnung der aus dem Barwert sich ergebenden Rente in der gesetzlichen Rentenversicherung.

87 Im einzelnen gilt folgendes:
a) Zunächst ist die Gesamtversorgung des Arbeitnehmer-Ehegatten zu berechnen. Grundlage ist die Versorgungsregelung, die tariflich oder durch Einzelvertrag vereinbart worden ist. Ergänzend sind die Vorschriften des BetrAVG (vgl. § 2 Abs. 2) anzuwenden. Als Betriebszugehörigkeit ist die Zeit vom Beginn der Betriebszugehörigkeit bis zu der in der Versorgungsregelung vorgesehenen festen Altersgrenze anzusetzen; außerdem sind gleichgestellte Zeiten zuzurechnen, z. B. § 8 Abs. 3 SoldVersG, § 6 Abs. 2 ArbplSchG. Bei den Bemessungsgrundlagen wird die mutmaßliche weitere Entwicklung nicht berücksichtigt. Zu den Bemessungsgrundlagen kann insbesondere die Höhe des Gehalts zählen, aber auch sonstige Umstände, die als Berechnungsfaktoren vorgesehen sind. Stichzeitpunkt ist der Eintritt der Rechtshängigkeit des Scheidungsantrags.

88 *b)* Nunmehr ist die Dauer der in die Ehezeit fallenden Betriebszugehörigkeit in ein Verhältnis zu der angenommenen Gesamtdauer der Betriebszugehörigkeit (Buchst. a) zu setzen. Der Wert der Versorgung nach § 1587 a Abs. 2 Nr. 3 Buchst. a) ist der Teil der Gesamtversorgung, der sich aus dem Verhältniswert ergibt.

89 *c)* Aus dem auf die Ehezeit entfallenden Teil der Gesamtversorgung ist der Barwert nach § 1587 a Abs. 3 Nr. 2, § 1587 a Abs. 4 zu ermitteln. Dabei ist die von der Bundesregierung zur Ermittlung des Barwerts zu erlassende Rechtsverordnung zugrunde zu legen (z. Z. noch nicht erlassen). Aus dem Barwert als Beitrag in der gesetzlichen Rentenversicherung ist eine Rente zu errechnen (vgl. Rdnr. 124). Diese Rente ist der von dem Ehegatten zum Ausgleich zu bringende Betrag der Versorgung.

90 Dazu vgl. das vereinfacht dargestellte Beispiel mit folgenden Annahmen:

Beginn der Betriebszugehörigkeit	1960
Eheschließung	1962
Eintritt der Rechtshängigkeit des Scheidungsantrags	1977
Altersgrenze	65 Jahre
Alter zum Zeitpunkt des Eintritts der Rechtshängigkeit des Scheidungsantrags	45 Jahre
Einkommen zur Zeit des Eintritts der Rechtshängigkeit des Scheidungsantrags	1000,— DM
Zusage, bezogen auf die Altersgrenze,	40 % des zuletzt bezogenen Gehalts

91 *Berechnung*

a) Gesamtzeit der Betriebszugehörigkeit (hypothetisch) 1960—1997 — 37 Jahre

b) In die Ehezeit fallende Betriebszugehörigkeit — 15 Jahre

c) Gesamtversorgung (40 % von 1000,— DM) — 400,— DM

d) Verhältniswert $\frac{15}{37} = 40{,}54\,\%$

e) Auf die Ehezeit entfallende (noch nicht umgewertete) Versorgung

$$\frac{40{,}54 \times 400}{100} = \qquad 162{,}16 \text{ DM}$$

f) Der Barwert der Versorgung von 162,16 DM kann nicht ermittelt werden, da die erforderliche Rechtsverordnung noch aussteht. Für Berechnungszwecke wird ein Barwert von 20 000,— DM angenommen.

Der Betrag von 20 000,— DM ist in Werteinheiten umzurechnen. 100 WE sind der Betrag, der einem Beitragssatz, bezogen auf das durchschnittliche Arbeitsentgelt, entspricht.

Der Beitragssatz beträgt z. Z. — 18 %

Das Durchschnittsentgelt nach § 1 BezGrVO 1977 = 21 808,— DM

$$100\,\text{WE} = \frac{21\,808 \times 18}{100} = \qquad 3\,925{,}44 \text{ DM}$$

Der Barwert von 20 000,— DM ergibt daher

$$\frac{20\,000}{3\,925{,}44} = \qquad 509{,}49 \text{ WE}$$

gerundet = 509,50 WE

Zu demselben Ergebnis führt die Berechnung auf der Grundlage von Nr. 5 der Bekanntmachung 1977 von Rechnungsgrößen (vgl. Rdnr. 17 a):

$20\,000 \times 0{,}0254749 = 509{,}498$

92 Die Umrechnung der WE in eine Rente der gesetzlichen Rentenversicherung ist nach der Rentenformel vorzunehmen. Bei 509,50 WE ergibt sich folgendes:

Monatsrente = WE × aB × 0,0000125
= 509,50 × 20 161 × 0,0000125
= 128,40 DM

Berechnung nach Nr. 2 der angeführten Bekanntmachung (vgl. Rdnr. 17 a):

509,498 × 0,2520125 = 128,39986 = 128,40

Dieser Betrag entspricht der Rente, die auf Grund einer Einzahlung des Barwertes in eine gesetzliche Rentenversicherung erworben würde. Er ist die in den Ausgleich einzubringende Anwartschaft auf Altersversorgung.

7.4 Berechnung des Wertes der auf die Ehezeit entfallenden Anwartschaft der betrieblichen Altersversorgung im Fall des § 1587 a Abs. 2 Nr. 3 Buchst. b)

93 Dauert die Betriebszugehörigkeit des Ehegatten bei Eintritt der Rechtshängigkeit des Scheidungsantrags nicht fort, ist die Berechnung nach § 1587 a Abs. 2 Nr. 3 Buchst. b) vorzunehmen. Die Berechnung des Wertes der Anwartschaft vollzieht sich wie im Fall des § 1587 a Abs. 2 Nr. 3 Buchst. a) (Betriebszugehörigkeit dauert bei Eintritt der Rechtshängigkeit an). An die Stelle der hypothetischen Betriebszugehörigkeit (bis zur vorgesehenen festen Altersgrenze) tritt die Zeit der tatsächlichen Betriebszugehörigkeit. Grundlage der Berechnung ist die *»erworbene«* Versorgung.

94 Dazu folgendes *Beispiel:*

a) Erworbene Versorgung nach der anwendbaren Versorgungsregelung	400,— DM
b) Betriebszugehörigkeit	20 Jahre
c) Ehezeit in der Zeit zu b)	5 Jahre
d) Verhältniswert von *b)* und *c)*	5/20
Der auf die Ehezeit entfallende Teil der Rente beträgt $\frac{400}{4}$ =	100,— DM

Die weitere Berechnung des in den Ausgleich einzubringenden Rentenbetrages ist dieselbe wie im Fall des § 1587 a Abs. 2 Nr. 3 Buchst. a) (vgl. Rdnr. 91).

7.5 Zusätzliche Versorgungseinrichtungen des öffentlichen Dienstes
Zum weiteren Verfahren vgl. Rdnr. 91, 92.

95 Zu den Leistungen der betrieblichen Altersversorgung zählen auch die Leistungen zusätzlicher Versorgungseinrichtungen der Angestellten und Arbeiter des öffentlichen Dienstes. Die wichtigste ist die Versicherungsanstalt des Bundes und der Länder (VBL), eine durch Tarifvertrag geregelte Einrichtung (Tarifvertrag über die Versorgungen der Arbeitnehmer des Bundes und der Länder sowie von Arbeitnehmern kommunaler Verwaltungen und Betriebe

vom 4. 11. 66 i. d. F. vom 19. 11. 74). Die Sachnormen, die die Beiträge und Leistungen enthalten, finden sich in der Satzung der VBL (VBLS) vom 22. 7. 66 (BAnz. Nr. 239 vom 22. 12. 66, zuletzt geändert durch Beschluß des Verwaltungsrates vom 4. 12. 75). Es wird unterschieden zwischen der sog. *Versorgungs*rente (§§ 37 Abs. 1 Buchst. a), 40–43 VBLS, die die Differenz zwischen den tatsächlich erworbenen Ansprüchen aus den gesetzlichen Rentenversicherungen sowie im einzelnen bestimmten anderen Versorgungen (§ 40 Abs. 2 VBLS) und einer nach beamtenrechtlichen Grundsätzen errechneten Gesamtversorgung ausmacht, sowie der sog. *Versicherungs*rente (§§ 37 Abs. 1 Buchst. b), 44, 44 a VBLS). Bei dieser handelt es sich um eine nach versicherungsmathematischen Grundsätzen auf der Grundlage der eingezahlten Beiträge errechnete *statische* Rente (vgl. *Berger-Kiefer* § 37, 2 VBLS).

96 Der Wert der auf die Ehezeit entfallenden Leistungen, Anwartschaften und Aussichten auf eine *Versorgungs*rente nach der VBLS ist nach § 1587 a Abs. 2 Nr. 3 zu errechnen (Gegenschluß aus § 1587 a Abs. 2 Satz 2). Der der Aufteilung zugrunde zu legende Versorgungsanspruch ist nach den Vorschriften der Satzung der VBL zu bestimmen. Der auf die Ehezeit entfallende Teil ist, wie in den anderen Fällen der betrieblichen Altersversorgung, nach §§ 1587 a Abs. 4 i. Vbdg. mit § 1587 a Abs. 3 Nr. 2 umzuwerten. Zum weiteren Verfahren vgl. Rdnr. 91, 92.

97 Der Wert der auf die Ehezeit entfallenden Leistungen, Anwartschaften und Aussichten auf eine *Versicherungs*rente nach der VBLS ist nach § 1587 a Abs. 2 Nr. 4 Buchst. c) zu errechnen (§ 1587 a Abs. 2 Satz 2). Da es sich um eine *nicht dynamisierte* Versorgungsart handelt (vgl. Rdnr. 24), ist die Umwertung nach § 1587 a Abs. 3 erforderlich, doch ist es zweifelhaft, ob dabei von der Alternative in Buchst. a) (vorhandenes Deckungskapital) oder von der Alternative in b) (zu ermittelnder Barwert) auszugehen ist. Zu den Zweifeln gibt § 1587 a Abs. 4 Anlaß; es ist fraglich ob die Verweisung auf die Alternative in b) insoweit greift, da sie (nur) für Regelungen nach § 1587 a Abs. 2 Nr. 3 gilt. Diese sind aber auf *Versicherungs*renten gerade nicht anwendbar. Da die Versicherungsrenten sich von den Versorgungsregelungen nach § 1587 a Abs. 2 Nr. 4 qualitativ nicht unterscheiden, spricht mehr dafür, die für betriebliche Altersversorgungen vorgesehene allgemeine Regel (§ 1587 a Abs. 4) nicht anzuwenden. Da die *Versicherungs*rente ein Deckungskapital aufweist, vollzieht sich die Umwertung daher nach § 1587 a Abs. 3 Buchst. a).

8 Berechnung sonstiger Renten oder ähnlicher wiederkehrender Leistungen (§ 1587 a Abs. 2 Nr. 4)

98 Die Vorschrift ist eine Art Auffangklausel für sonstige Arten der Altersversorgung, deren Zuordnung zu § 1587 a Abs. 2 Nr. 1–3 und 5 nicht in Betracht kommt. Nach dem RegE sollte § 1587 a Abs. 2 Nr. 4 insbesondere für betriebliche Altersversorgungen gelten; hierfür ist nunmehr die Sonderregelung nach § 1587 a

 Abs. 2 Nr. 3 maßgebend.

99 Die Vorschrift gilt nur für Renten und »ähnliche« wiederkehrende Leistungen. Sie ist nicht anwendbar auf Kapitalleistungen (vgl. Rdnr. 8 zu § 1587). Zu den wiederkehrenden Leistungen können auch Sachleistungen gehören, soweit sie der Altersversorgung zu dienen bestimmt sind (vgl. Rdnr. 12 zu § 1587). Der Umstand, daß die Anwartschaften oder Aussichten noch verfallbar sein können, ist für die Einbeziehung dieser Versorgungsarten in den öffentlich-rechtlichen Versorgungsausgleich (anders bei der betrieblichen Altersversorgung) ohne Belang (vgl. Rdnr. 17 zu § 1587). Im einzelnen gilt folgendes:

100 *a)* Der Anwendungsbereich der Nr. 4 Buchst. a ist, nachdem die betriebliche Altersversorgung nicht mehr dazugehört, weitgehend bedeutungslos geworden. Der Fall, daß die Rente sich ausschließlich nach einer Anrechnungszeit bemißt, ohne daß ein Arbeitsverhältnis zugrunde liegt, dürfte äußerst selten sein.

101 Ein Anwendungsfall wird in den Leistungen nach der Satzung des Versorgungswerks des Bayrischen Landtages vom 28. 5. 1968, zuletzt geändert am 18. 6. 1975 (Bay. GVBl. 1975, 202) gesehen. Die (zusätzliche Altersversorgung) bemißt sich nach der Dauer der Mitgliedschaft beim Versorgungswerk. Die Höhe der Rente wird nach einem Verhältniswert des Grundbetrages der Aufwandentschädigung für Abgeordnete des Bayrischen Landtags berechnet. Da das Beschäftigungsverhältnis Grundlage der Altersversorgung ist, spricht mehr dafür, darin einen Fall der betrieblichen Altersversorgung zu sehen.

102 *b)* Hauptanwendungsfall des § 1587 a Abs. 2 Nr. 4 Buchst. b ist die Altersversorgung für Landwirte (vgl. BT 7/4361 S. 38). Sie ist im Gesetz über eine Altershilfe für Landwirte i. d. F. der Bekanntmachung vom 14. 9. 1965 (BGBl. I 1448), zuletzt geändert durch das 1. EheRG (Art. 4 Nr. 4) geregelt. Die Versorgung ist allein weder von einer Anrechnungszeit (Buchst. a) noch von einem Bruchteil entrichteter Beiträge abhängig (Buchst. c — die Verweisung auf Buchst. d ist ein Redaktionsversehen —); Voraussetzung ist, außer der Erfüllung einer beitragsbezogenen Wartezeit (vgl. § 2 Abs. 1 GAL), daß der Versorgungsberechtigte den Hof an seinen Nachfolger übergibt oder den Hof für eine bestimmte Zeit verpachtet. Das Altersruhegeld ist für Verheiratete und Alleinstehende unterschiedlich. In den Ausgleich eingebracht wird nur die Anwartschaft in Höhe des für Alleinstehende vorgesehenen Betrages, der Rest ist eine familienbezogene Leistung, die nach § 1587 a Abs. 8 außer Betracht bleibt.

In den Ausgleich einzubeziehen ist auch die Landabgaberente nach § 41 GAL (zutr. *Ruland* NJW 1976, 1713; a. A. *Voskuhl-Pappai-Niemeyer* § 1587 II 1 c). Entsprechend der Gesamtkonzeption des Versorgungsausgleichs ist auch für den Anwendungsbereich der Altershilfe für Landwirte die »Geschiedenen-Witwenrente« für Ehen, die nach dem 1. 7. 1977 geschieden werden, ersatzlos entfallen (vgl. Art. 4 Nr. 4 des 1. EheRG, § 3 Abs. 5 Satz 1 GAL).

Statt dieser abgeleiteten Versorgung wird der Ehegatte über den Versorgungsausgleich unmittelbar an den Anwartschaften beteiligt (vgl. BT 7/4361 S. 59).

103 Unter § 1587 a Abs. 2 Nr. 4 Buchst. b können auch Leistungen berufsständischer Versorgungseinrichtungen fallen, z. B. solche nach der Satzung der Versorgungsanstalt der Deutschen Bezirksschornsteinfegermeister vom 10. 11. 1970, zuletzt geändert am 2. 7. 1975 (Bundesanz. 1975 Nr. 199). Die Leistungen sind von der Dauer der Mitgliedschaft (weil sich danach die Gesamtversorgung bestimmt, die einem Bruchteil der Vergütung nach Vergütungsgruppe V c BAT entspricht) und von der Höhe der anzurechnenden Rententeile aus der gesetzlichen Rentenversicherung abhängig.

104 *c)* § 1587 a Abs. 2 Nr. 4 Buchst. c erfaßt vor allem Leistungen der gesetzlichen Rentenversicherung, die nicht den gesetzlichen Rentenanpassungen unterliegen, also Leistungen, die auf Grund von Beiträgen zur Höherversicherung gewährt werden (vgl. Rdnr.
105 66; § 1261 RVO). Dazu gehören auch Leistungen auf *Versicherungs*renten (nicht von *Versorgungs*renten) der VBL (vgl. Rdnr. 95). In einer Reihe berufsständischer Versicherungseinrichtungen ist vorgesehen, daß die zu gewährende Rente sich nach einem Bruchteil entrichteter Beiträge bemißt, so daß auch für sie die Berechnung nach Nr. 4 Buchst. c in Betracht kommt (vgl. z. B. Satzung der Versorgungsanstalt der Deutschen Bühnen vom 7. 9. 1973, zuletzt geändert am 30. 1. 1975, BundesAnz. 1975 Nr. 31; Satzung der Versorgungsanstalt der Deutschen Kulturorchester vom 7. 9. 1973, zuletzt geändert am 20. 11. 1975, BundesAnz. 1975 Nr. 224).

106 *d)* § 1587 a Abs. 2 Nr. 4 Buchst. d (im RegE war eine entsprechende Regelung nicht vorgesehen) betrifft Versorgungen, die den Grundsätzen der gesetzlichen Rentenversicherungen folgen, ohne selbst zu den gesetzlichen Rentenversicherungen zu gehören. Hauptanwendungsfall sind die hüttenknappschaftlichen Zusatzversicherungen im Saarland (vgl. Hüttenknappschaftliches Zusatzversicherungsgesetz vom 22. 12. 1971, BGBl. I 2104, zuletzt geändert durch Art. 2 § 6 des Gesetzes vom 7. 5. 1975, BGBl. I 1061). Dazu können ausländische Versorgungsarten zählen, wenn sie dasselbe System aufweisen wie deutsche gesetzliche Rentenversicherungen.

107 Grundlage der Berechnung ist eine nach den anwendbaren Vorschriften ermittelte hypothetische Rente. Als Versicherungsfall gilt der Zeitpunkt des Eintritts der Rechtshängigkeit. Sodann ist ein Verhältniswert aus den in die Ehezeit fallenden und den insgesamt zu berücksichtigenden Versicherungsjahren zu bilden. In den Ausgleich fällt der dem Verhältniswert entsprechende, auf die Ehezeit bezogene Teil der Rente. Anders als bei den gesetzlichen Rentenversicherungen findet eine Bewertung der Versicherungsjahre (vgl. § 1304 Abs. 1 RVO) nicht statt. Eine Umwertung kann erforderlich sein (§ 1587 a Abs. 3).

9 Berechnung der Renten oder Rentenanwartschaften auf Grund eines Versicherungsvertrages (§ 1587 a Abs. 7 Nr. 5)

108 Die Regelung erfaßt nicht alle privaten Versicherungsverträge, sondern nur solche, die auf die Begründung einer Rente zielen. Kapitalversicherungen fallen nicht darunter. Sie bleiben beim Versorgungsausgleich unberücksichtigt (vgl. Rdnr. 8 zu § 1587). Ein güterrechtlicher Ausgleich ist möglich, es sei denn, daß die Ehegatten Gütertrennung vereinbart haben. Die Einschränkung des Anwendungsbereichs ist vom Gesetzgeber gewollt gewesen (*Amtl. Begr.* S. 158), sie hat im Wortlaut des Gesetzes Ausdruck gefunden. Eine entsprechende Anwendung der Vorschrift auf Kapitalversicherungen dürfte daher bedenklich sein, obwohl sie sachdienlich wäre. Die angenommenen Beweisschwierigkeiten rechtfertigen es nicht, Kapitalversicherungen vom Versorgungsausgleich auszunehmen. Es ist sicher richtig, daß der Versorgungszweck sich nicht immer wird feststellen lassen, ebenso richtig ist aber auch, daß er häufig evident ist (vgl. *BGH* NJW 1977, 101). Im übrigen ist es nicht selten reiner Zufall, ob eine private Altersversorgung auf Kapital- oder auf Rentenbasis abgeschlossen wird. Es ist unbefriedigend, wenn der Anwendungsbereich von Zufälligkeiten abhängt. Auch ist zu befürchten, daß die unterschiedliche Behandlung künftig Anlaß geben kann, Kapitalversicherungen zu wählen, um den anderen Ehegatten von einer Beteiligung an der Altersversorgung insoweit auszuschließen. Die Voraussetzungen des § 1587 c Nr. 2 werden nicht immer vorliegen.

109 Der Ausschluß der Kapitalversicherung kommt nicht in Betracht, wenn diese Mittel der betrieblichen Altersversorgung *(Direktversicherung)* ist (vgl. Rdnr. 9 zu § 1587). § 1587 a Abs. 2 Nr. 5 findet generell auf Versorgungen auf Grund eines privaten Versicherungsvertrages, die für Zwecke der betrieblichen Altersversorgung abgeschlossen werden, keine Anwendung. Insoweit gilt die Sonderregelung des § 1587 a Abs. 2 Nr. 3.

§ 1587 a Abs. 2 Nr. 5 unterscheidet zwei Fälle:

110 *a)* Nach Nr. 5 Buchst. a sind Versorgungen zu berechnen, wenn die nach dem Versorgungsvertrag bestehende Verpflichtung, Prämien zu entrichten, über den Zeitpunkt des Eintritts der Rechtshängigkeit des Scheidungsantrags andauert. In diesem Fall wird eine hypothetische Rente errechnet. Grundlage ist eine hypothetische Umwandlung der Versicherung in eine prämienfreie Versicherung und die Annahme des Versicherungsfalls für den Zeitpunkt des Eintritts der Rechtshängigkeit des Scheidungsantrags. Die bis zu diesem Zeitpunkt angewachsene Prämienreserve wird als einmalige Prämie angesehen (§ 174 Abs. 2 VVG). Im übrigen ist die angenommene Leistung des Versicherers nach dem vereinbarten Versicherungsvertrag zu berechnen. Eine Kürzung des Rechnungsbetrages nach § 174 Abs. 4 VVG kommt nicht in Betracht, da die Umwandlung hypothetischer Natur ist.

111 Sind Prämien vor der Ehezeit gezahlt worden, bedarf es einer Aufteilung der Anwartschaft auf die Zeit der Ehe und die davor liegende Zeit. Das regelt § 1587 a Abs. 2 Nr. 5 Buchst. a Satz 2. Danach ist in diesem Fall der *»Rentenbetrag entsprechend geringer anzusetzen«*. Da die Rente nach § 1587 a Abs. 2 Nr. 5 eine beitragsabhängige nach versicherungsmathematischen Gesichtspunkten zu berechnende Versorgung ist, kann dies nur so verstanden werden, daß die vor der Eheschließung liegenden Beitragszahlungen bei der Umwandlung in eine prämienfreie Versicherung außer Betracht bleiben, die Prämienreserve also um die Summe vorehelicher Prämien gekürzt wird. Eine Aufteilung pro rata temporis kommt nicht in Betracht.

Der auf diese Weise ermittelte Rentenbetrag ist nach § 1587 a Abs. 3 umzuwerten (vgl. dazu Rdnr. 119).

112 *b)* Nach § 1587 a Abs. 2 Nr. 5 Buchst. b sind Versorgungen zu berechnen, wenn die nach dem Vertrag bestehende Verpflichtung, Prämien zu entrichten, nicht über den Zeitpunkt des Eintritts der Rechtshängigkeit andauert. In diesem Fall wird der Eintritt des Versicherungsfalls fingiert und die der Berechnung zugrunde zu legende Rente aus den in die Ehezeit fallenden Prämien ermittelt. Der Rentenbetrag ist nach § 1587 a Abs. 3 umzuwerten (vgl. dazu Rdnr. 119).

113 Bei Anwartschaften aus privaten Rentenversicherungen kann es mitunter zweifelhaft sein, wem die Anwartschaft zusteht, wenn der Versicherungsnehmer eine andere Person als Bezugsberechtigten benannt hat. Handelt es sich um einen Dritten, so z. B. ein Kind oder Verwandte, fehlt es an der vorausgesetzten Zweckbestimmung. Der künftige Rentenanspruch ist nicht zu Altersversorgungen der Ehegatten bestimmt. Hat ein Ehegatte den Versicherungsvertrag abgeschlossen und seinen Ehegatten als Bezugsberechtigten benannt, ist zu unterscheiden. Ist die Bezugsberechtigung widerruflich, bleibt der vertragschließende Ehegatte Träger des Anspruchs. Die Zweckbestimmung *»Altersversorgung«* wird nicht dadurch ausgeschlossen, daß nur der andere Ehegatte als Bezugsberechtigter benannt ist. Die Anwartschaft fällt in den Versorgungsausgleich. Der Wert der Anwartschaft ist auf seiten des Ehegatten einzusetzen, der den Vertrag geschlossen hat. Hat der Ehegatte den anderen als Bezugsberechtigten bezeichnet, und ist die Bezugsberechtigung unwiderruflich, dann hat der andere Ehegatte den künftigen Anspruch aus dem Versicherungsverhältnis bereits erworben. Dieser wird auf seiner Seite in den Ausgleich eingebracht (zur Frage der Auswirkung der Ehescheidung auf private Versicherungsverträge vgl. *Oswald*, Lebensversicherung und Ehescheidung, Die Versicherungspraxis 1971, 143).

114 Vereitelt der aus dem Vertragsanspruch berechtigte Ehegatte das Entstehen des Vollrechts (z. B. durch Kündigung des Versicherungsvertrages) oder die Einbeziehung der Anwartschaft in den Versorgungsausgleich (durch Umwandlung der Rentenversicherung in eine Kapitalversicherung) ist zu unterscheiden. Ist dies *»in Erwartung der Scheidung«* geschehen (vgl. Rdnr. 18 ff. zu

§ 1587 c), können die Voraussetzungen der Härteklausel nach § 1587 c vorliegen. Ist das nicht der Fall, wird die weggefallene oder nicht zu berücksichtigende Anwartschaft im Versorgungsausgleich außer Betracht gelassen. Das Gesetz kennt keine allgemeine Verfügungsbeschränkung über an sich verfügbare Vermögenswerte, die Gegenstand des Versorgungsausgleichs sein können.

10 Auffangklausel nach § 1587 a Abs. 5

115 Die Auffangklausel nach § 1587 a Abs. 5 gibt eine Anwendungsregel für Fälle, die unter keine der in Absatz 2 vorgesehenen Berechnungsmethoden passen. Das Gericht hat dann die gegebenen Methoden sinngemäß anzuwenden, das bedeutet, daß es die der Sache nach am nächsten liegende Berechnungsart zugrunde zu legen und nach den Bedürfnissen des besonderen Falles zu modifizieren hat. Mögliche Anwendungsfälle zeigt der Bericht des Rechtsausschusses nicht auf (BT 7/4361 S. 40), es wird lediglich auf die *»Vielzahl unterschiedlicher Versorgungsanrechte, insbesondere auch im internationalen Bereich«* und die *»unüberschaubare Zahl von Berechnungsmodalitäten«* hingewiesen. Zu denken ist an eine der Altersversorgung dienende Leibrente oder an Altenteilsansprüche, die beide weder von der Dauer einer Anrechnungszeit noch von Beitragszahlungen abhängig sind. Beim Altenteil wird man vielleicht die Dauer der Hofbewirtschaftung bis zum Eintritt der Rechtshängigkeit des Scheidungsantrags in ein Verhältnis zu der in diesen Zeitraum fallenden Ehezeit setzen können, um dann aus dem Verhältniswert den auf die Ehezeit entfallenden Teil der Versorgung zu errechnen. Bei einer Leibrente, die der Altersversorgung beider Ehegatten zu dienen bestimmt ist, dürfte es, wenn keine sonst relevanten Gesichtspunkte erkennbar sind, vertretbar sein, die mutmaßliche Lebenserwartung jedes der Ehegatten zugrunde zu legen und die Aufteilung nach dem so ermittelten Verhältniswert vorzunehmen.

116 Für die Berechnung der Versorgung nach § 1587 a Abs. 5 gilt die Umwertungsregelung nach § 1587 a Abs. 3. Abs. 4 des § 1587 a wird man anwenden können, wenn das Gericht die Versorgung ungeachtet ihres besonderen Charakters als eine betriebliche Altersversorgung qualifiziert. In Anbetracht der umfassenden Regelung in § 1587 a Abs. 2 Nr. 3 dürfte ein solcher Fall nur selten vorkommen.

11 Umwertung nach § 1587 a Abs. 3

117 Versorgungsanwartschaften haben unterschiedliche Qualität. Die beamtenrechtliche Versorgung oder die Versorgung aus den gesetzlichen Rentenversicherungen gewährleisten z. B. eine Anpassung an die wirtschaftliche Entwicklung; bei Renten aus privaten Versicherungsverträgen ist das nicht der Fall, unterschiedlich ist es bei der betrieblichen Altersversorgung. Eine rechnerische Gleich-

behandlung aller Renten würde wirtschaftlich zu nicht gerechtfertigten Wertverschiebungen führen. Mit § 1578 a Abs. 3 wird der Versuch unternommen, die unterschiedliche Qualität in den Versorgungsausgleich fallender Versorgungen durch eine Umwertung auszugleichen.

118 Für die Annahme eines Qualitätsunterschieds ist allein entscheidend, ob der Wert der Versorgung *»in gleicher oder nahezu gleicher Weise«* steigt, wie dies beim Wert der beamtenrechtlichen Versorgung oder der Versorgung aus den gesetzlichen Rentenversicherungen der Fall ist. Soweit es um die Dynamisierung bei den gesetzlichen Rentenversicherungen geht, gibt § 1272 RVO Anhaltspunkte für die Anpassung, obwohl zu bedenken ist, daß auch diese Regelung (mit Einschränkungen) zur Disposition des Gesetzgebers steht. Bei der beamtenrechtlichen Versorgung kann allenfalls an eine Übung angeknüpft werden, deren Grundlage in der Fürsorgepflicht des Dienstherrn zu suchen ist und deren Ausgestaltung weitgehend der tarifvertragsrechtlichen Praxis folgt. Als vergleichbar wird man eine Versorgung ansehen können, bei der die Dynamisierung sich unmittelbar oder mittelbar an gestiegenen Lebenshaltungskosten und am Produktivitätszuwachs orientiert. Die Ausgleichsregelung nach § 1587 a Abs. 3 berücksichtigt nicht andere Umstände, die bei einer Bewertung eine Rolle spielen können. So bleiben andere Qualitätsunterschiede außer Betracht, wie der Umfang des versicherten Risikos und der Leistungsumfang. Bei Anwartschaften der gesetzlichen Rentenversicherung ist das Risiko der Erwerbs- oder Berufsunfähigkeit mitversichert; bei privaten vertraglichen Rentenversicherungen oder bei der betrieblichen Altersversorgung ist das nicht immer der Fall. Der ausgleichsverpflichtete Ehegatte verschafft dem anderen Ehegatten z. B. nach § 1587 b Abs. 3 bei rechnerischer Halbierung eine qualitativ bessere Anwartschaft, er leistet wirtschaftlich mehr als die Hälfte. Nicht berücksichtigt wird weiter die unterschiedliche Besteuerung. Beamtenpensionen werden versteuert, Renten der gesetzlichen Rentenversicherungen (praktisch) nicht; die rechnerisch gleiche Hälfte der nach § 1587 b Abs. 2 begründeten Anwartschaften ergibt mit Rücksicht auf die unterschiedliche Besteuerung wirtschaftlich unterschiedliche Beträge. Die Problematik der nicht vollständigen Ausgewogenheit der Ausgleichsregelung ist im Gesetzgebungsverfahren gesehen worden (vgl. BT 7/4361 S. 37). Eine praktikablere gesetzgeberische Lösung erschien nicht möglich.

119 Die Umwertung geschieht in der Weise, daß zunächst der Wert der in die Ehezeit fallenden Anwartschaft ermittelt wird. Dazu gibt es zwei Fallgestaltungen:

120 Bei Leistungen, die aus einem Deckungskapital oder einer Deckungsrücklage gewährt werden, ist der auf die Ehezeit entfallende Teil des Deckungskapitals oder der Deckungsrücklage zu errechnen. Die Berechnung folgt versicherungsmathematischen Regeln.

121 Ist die Leistung nicht von einem Deckungskapital oder von einer Deckungsrücklage abhängig, wird der *»Barwert«* der auf die Ehezeit entfallenden Versorgung mit Hilfe von Faktoren ermittelt, die jedes Jahr durch Rechtsverordnung der Bundesregierung bestimmt werden (die erste Rechtsverordnung dieser Art ist noch nicht erlassen; sie wird voraussichtlich den Rechtsverordnungen zu § 604 S. 2, § 616 Abs. 1 S. 2, § 1295 S. 4 RVO nachgebildet sein, vgl. z. B. VO vom 19. 12. 1958, BGBl. I, 964). Anwartschaften der betrieblichen Altersversorgung werden stets nach dem Barwertprinzip umgewertet, und zwar auch dann, wenn ihnen ein Deckungskapital zugrunde liegt und sie dynamisiert sind (§ 1587 Abs. 4).

123 Für die Ermittlung des in den Ausgleich einzubringenden Rentenbetrages wird sodann so verfahren, als würde der Teil des auf die Ehezeit entfallenden Deckungskapitals oder der Barwert als Beitrag in die gesetzliche Rentenversicherung entrichtet. Die sich daraus ergebende Rente ist der maßgebende Rentenbetrag.

124 Welche Rente ein eingezahlter Betrag ergibt, ist auf der Grundlage der Rentenformel wie folgt zu errechnen:
Der Beitrag ist in WE umzurechnen.
100 WE entsprechen dem Betrag, der sich als Beitrag, bezogen auf das durchschnittliche Bruttojahresarbeitsentgelt, ergäbe (§ 1304 b RVO).

Der Beitragssatz beträgt zur Zeit	18 %
Das durchschnittliche Bruttojahresarbeitsentgelt (§ 1 BezGrVO 1977) beträgt zur Zeit	21 808,— DM

100 WE erfordern deshalb $\frac{21\,808 \times 18}{100} =$ 3 925,44 DM

Berechnung nach Nr. 3 der Bekanntmachung von Rechnungsgrößen (vgl. Rdnr. 17 a):
$100 \times 39{,}2544 = 3\,925{,}44$

Unterstellt man ein Deckungskapital oder einen Barwert von 20 000,—, errechnet aus einer Rente aus einem privaten Versicherungsvertrag, dann ergibt sich folgendes:
Der Betrag von 20 000 entspricht

$\frac{20\,000}{3\,925} = 5{,}0949$ $= 509{,}49$ WE

gerundet $= 509{,}50$ WE

Berechnung nach Nr. 5 der Bekanntmachung von Rechnungsgrößen (vgl. Rdnr. 17 a):
$20\,000 \times 0{,}0254749 = 509{,}498$

Aus der Summe der WE ist der Rentenbetrag zu errechnen. Nach der Rentenformel

(pB × VJ) × aB × 0,000015 beträgt die Monatsrente
$509{,}50 \times 20\,161 \times 0{,}0000125 =$
$509{,}50 \times 0{,}2520125 =$ 128,40 DM

Berechnung nach Nr. 2 der Bekanntmachung von Rechnungsgrößen (vgl. Rdnr. 17 a):

509,498 × 0,2520125 = 128,399 = 128,40

Der Rentenbetrag von 128,40 DM ist in den Ausgleich einzubringen; hat der andere Ehegatte in der Ehezeit keine Anwartschaften erworben, steht ihm die Hälfte (64,20) zu.

(1) Hat ein Ehegatte in der Ehezeit Rentenanwartschaften in einer gesetzlichen Rentenversicherung im Sinne des § 1587 a Abs. 2 Nr. 2 erworben und übersteigen diese die Anwartschaften im Sinne des § 1587 a Abs. 2 Nr. 1, 2, die der andere Ehegatte in der Ehezeit erworben hat, so überträgt das Familiengericht auf diesen Rentenanwartschaften in Höhe der Hälfte des Wertunterschiedes. Das Nähere bestimmt sich nach den Vorschriften über die gesetzlichen Rentenversicherungen.

(2) Hat ein Ehegatte in der Ehezeit eine Anwartschaft im Sinne des § 1587 a Abs. 2 Nr. 1 gegenüber einer der in § 6 Abs. 1 Nr. 2, § 8 Abs. 1 des Angestelltenversicherungsgesetzes genannten Körperschaften oder Verbände erworben und übersteigt diese Anwartschaft allein oder zusammen mit einer Rentenanwartschaft im Sinne des § 1587 a Abs. 2 Nr. 2 die Anwartschaften im Sinne des § 1587 a Abs. 2 Nr. 1, 2, die der andere Ehegatte in der Ehezeit erworben hat, so begründet das Familiengericht für diesen Rentenanwartschaften in einer gesetzlichen Rentenversicherung in Höhe der Hälfte des nach Anwendung von Absatz 1 noch verbleibenden Wertunterschiedes. Das Nähere bestimmt sich nach den Vorschriften über die gesetzlichen Rentenversicherungen.

(3) Soweit der Ausgleich nicht nach Absatz 1 oder 2 vorzunehmen ist, hat der ausgleichspflichtige Ehegatte für den Berechtigten als Beiträge zur Begründung von Anwartschaften auf eine bestimmte Rente in einer gesetzlichen Rentenversicherung den Betrag zu zahlen, der erforderlich ist, um den Wertunterschied auszugleichen; dies gilt nur, solange der Berechtigte die Voraussetzungen für ein Altersruhegeld aus einer gesetzlichen Rentenversicherung noch nicht erfüllt. Das Nähere bestimmt sich nach den Vorschriften über die gesetzlichen Rentenversicherungen. Nach Absatz 1 zu übertragende oder nach Absatz 2 zu begründende Rentenanwartschaften sind in den Ausgleich einzubeziehen; im Wege der Verrechnung ist nur ein einmaliger Ausgleich vorzunehmen.

(4) Würde sich die Übertragung oder Begründung von Rentenanwartschaften in den gesetzlichen Rentenversicherungen voraussichtlich nicht zugunsten des Berechtigten auswirken oder wäre der Versorgungsausgleich in dieser Form nach den Umständen des Falles unwirtschaftlich, soll das Familiengericht den Ausgleich auf Antrag einer Partei in anderer Weise regeln; § 1587 o Abs. 1 Satz 2 gilt entsprechend.

(5) Der Monatsbetrag der nach Absatz 1 zu übertragenden oder nach Absatz 2, 3 zu begründenden Rentenanwartschaften in den gesetzlichen Rentenversicherungen darf zusammen mit dem Monatsbetrag der in den gesetzlichen Rentenversicherungen bereits begründeten Rentenanwartschaften des ausgleichsberechtigten Ehegatten den in § 1304 a Abs. 1 Satz 4, 5 der Reichsversicherungsordnung, § 83 a Abs. 1 Satz 4, 5 des Angestelltenversicherungsgesetzes bezeichneten Höchstbetrag nicht übersteigen.

Überblick

1 Allgemeines

1 § 1587 b bestimmt, wie der Ausgleich des nach § 1587 a ermittelten Wertunterschiedes der Anwartschaften zu vollziehen ist. Dafür gibt es, je nach Art der Versorgung, aus der der Ausgleich zu vollziehen ist, drei Systeme. Daneben bleibt der schuldrechtliche Versorgungsausgleich unberührt, soweit die Vorschriften über den öffentlich-rechtlichen Versorgungsausgleich nicht anwendbar sind. Ergänzende verfahrensrechtliche Bestimmungen finden sich insbesondere in §§ 53 b–53 g FGG. Die in § 1587 b in Bezug genommenen Vorschriften über die gesetzlichen Rentenversicherungen sind vor allem §§ 1304 a–c RVO. § 1587 b regelt nicht nur die Technik des Ausgleichs. Die Vorschrift gibt auch eine Rangordnung. Da die Ausgleichssysteme einen unterschiedlichen Grad an Effektivität haben (so ist die Realisierbarkeit des An-

spruchs nach § 1587 b Abs. 3 abhängig von der Bonität des Schuldners, vgl. auch § 1587 d), wäre es unbillig, wenn der ausgleichspflichtige Ehegatte wählen könnte, welche von mehreren ihm zustehenden Anwartschaften er in den Ausgleich einbringt; ebenso ungerechtfertigt wäre es, dem Ausgleichsberechtigten die Wahl zu lassen. Vorgesehen ist deshalb eine Regelung, die bei den qualitativ höherwertigen Versorgungsarten (beamtenrechtliche Versorgung und Versorgung aus den gesetzlichen Rentenversicherungen) nur den Ausgleich des aus einem Vergleich sich ergebenden Spitzenbetrages ermöglicht, im übrigen aber die Anwendung des § 1587 b Abs. 3 vorsieht.

2 Die einzelnen Varianten des § 1587 b stehen in einer Rangordnung zueinander, Absatz 2 findet nur Anwendung, soweit Absatz 1 ausscheidet, Absatz 3 nur, soweit auch Absatz 2 nicht mehr trägt.

2 Übertragung von Anwartschaften der gesetzlichen Rentenversicherung (§ 1587 b Abs. 1)

3 Der Wortlaut des § 1587 b Abs. 1 ist mißverständlich. Es kann der Eindruck entstehen, als handle es sich um eine selbständige Ausgleichsregelung, während die Vorschrift nur den Vollzug einer solchen für bestimmte Fälle im Auge hat. Anlaß zu dem Mißverständnis kann der verwendete Begriff *»Hälfte des Wertunterschiedes«* geben. Dabei handelt es sich nicht um die Hälfte des Wertunterschiedes, bezogen auf den Ausgleichsbetrag (vgl. § 1587 a Abs. 1), sondern um die Hälfte des Wertunterschiedes, bezogen auf den Spitzenbetrag der Anwartschaft aus der gesetzlichen Rentenversicherung. Die Vorschrift setzt also voraus, daß ein Ausgleichsanspruch des berechtigten Ehegatten besteht. Absatz 1 zeigt lediglich an, bis zu welcher Höhe Anwartschaften der gesetzlichen Rentenversicherungen zur Erfüllung dieses Anspruchs herangezogen werden können, m. a. W. er regelt den Gegenstand der Erfüllung. Hat der Ehegatte mit den geringeren Anwartschaften i. S. von § 1587 b Abs. 1 außerdem Anwartschaften anderer Art (z. B. nach § 1587 a Abs. 2 Nr. 3, 4), so daß er bei einer Gesamtbewertung nicht ausgleichsberechtigt sondern ausgleichspflichtig wäre, findet § 1587 b Abs. 1 keine Anwendung. Das folgt aus § 1587 b Abs. 3. S. 3.

4 Die Vorschrift ist auch anwendbar, wenn der ausgleichsberechtigte Ehegatte selbst Anwartschaften nach § 1587 a Abs. 2 Nr. 1 oder 2 überhaupt nicht erlangt hat (BT 7/4361 S. 40).

5 § 1587 b Abs. 1 betrifft den Fall, daß der nach § 1587 a Abs. 1 ausgleichspflichtige Ehegatte in der Ehezeit Anwartschaften der gesetzlichen Rentenversicherung erworben hat, die höher sind als ebensolche Anwartschaften und Anwartschaften auf beamtenrechtliche Versorgung des anderen Ehegatten (beide Anwartschaften zusammengerechnet). Die Hälfte des überschießenden Rech-

nungsbetrages ist dann zur Erfüllung des Ausgleichsanspruchs nach § 1587 a Abs. 1, § 1587 b Abs. 1 zu übertragen.

Soweit der Ausgleichsanspruch dadurch nicht erfüllt wird, sind die Erfüllungsmöglichkeiten nach Abs. 2 und 3 – in dieser Reihenfolge – zu prüfen. Zur versicherungsrechtlichen Durchführung der Übertragung vgl. Rdnr. 13, zu den verfahrensrechtlichen Fragen der Übertragung vgl. Rdnr. 19 a. Zur Berechnung des Höchstbetrages nach § 1587 b Abs. 5 vgl. Rdnr. 69.

6 Die Anwendung des § 1587 b Abs. 1 verdeutlichen nachfolgende Beispiele, die zugleich die Abgrenzung zu den Anwendungsfällen des § 1587 b Abs. 2 und 3 anzeigen sollen (die Beispiele sind zum Teil dem Bericht des Rechtsausschusses, BT 7/4361 S. 42, 43 entlehnt).

7 *Beispiel 1*

Ehegatte A		Ehegatte B	
keine Anwartschaften		gesetzl. RV	100,— DM
Wertunterschied zu Lasten des B	100,— DM		
Ausgleichsbetrag B an A	50,— DM		

Erfüllung nach § 1587 b Abs. 1 durch Übertragung von 50,— DM aus der gesetzl. RV

8 *Beispiel 2*

Ehegatte A		Ehegatte B	
gesetzl. RV	20,— DM	gesetzl. RV	100,— DM
Wertunterschied zu Lasten des B	80,— DM		
Ausgleichsbetrag B an A	40,— DM		

Erfüllung nach § 1587 b Abs. 1 durch Übertragung von 40,— DM aus der gesetzl. RV

9 *Beispiel 3*

Ehegatte A		Ehegatte B	
a) gesetzl. RV	20,— DM	gesetzl. RV	100,— DM
b) beamtenrechtl. Versorgung	60,— DM		
Wertunterschied zu Lasten des B	20,— DM		
Ausgleichsbetrag B an A	10,— DM		

Erfüllung nach § 1587 b Abs. 1 durch Übertragung von 10,— DM aus der gesetzl. RV

10 *Beispiel 4*

Ehegatte A		Ehegatte B	
a) gesetzl. RV	20,— DM	a) gesetzl. RV	40,— DM
b) beamtenrechtl. Versorgung	60,— DM	b) beamtenrechtl. Versorgung	20,— DM
		c) betriebl. Altersversorg. nach Umwertung	180,— DM
Wertunterschied zu Lasten des B	160,— DM		
Ausgleichsbetrag B an A	80,— DM		

Keine Erfüllung nach § 1587 b Abs. 1, da Rentenanwartschaft des B (unter Ausschluß von b) und c)) die Anwartschaften von A zu a) und b) nicht übersteigen.

11 *Beispiel 5*

Ehegatte A		Ehegatte B	
a) gesetzl. RV	20,— DM	a) gesetzl. RV	90,— DM
b) beamtenrechtl. Versorgung	60,— DM	b) beamtenrechtl. Versorgung	80,— DM
		c) betriebl. Altersversorgung	70,— DM
Wertunterschied zu Lasten des B	160,— DM		
Ausgleichsbetrag B an A	80,— DM		

Erfüllung nach § 1587 b Abs. 1 durch Übertragung von 5,— DM aus der gesetzl. RV. Der restliche Ausgleichsbetrag ist nach § 1587 b Abs. 2 und 3 auszugleichen.

12 *Beispiel 6*

Ehegatte A		Ehegatte B	
a) gesetzl. RV	20,— DM	a) gesetzl. RV	60,— DM
b) beamtenrechtl. Versorgung	60,— DM	b) beamtenrechtl. Versorgung	80,— DM
Wertunterschied zu Lasten des B	60,— DM		
Ausgleichsbetrag B an A	30,— DM		

Keine Erfüllung nach § 1587 b Abs. 1, da Rentenanwartschaft des B zu a) die Anwartschaften von A zu a) und b) nicht übersteigen.

Bei dem Beispiel 6 handelt es sich um einen Anwendungsfall von § 1587 b Abs. 2, im Beispiel 4 ist nach § 1587 b Abs. 3 zu verfahren, im Beispiel 5 sind alle drei Ausgleichsarten anzuwenden.

2.1.1 Umrechnung in Werteinheiten

13 Wegen der sozialversicherungsrechtlichen Durchführung der Übertragung verweist § 1587 b Abs. 1 Satz 2 auf die Vorschriften der gesetzlichen Rentenversicherungen. Das sind in erster Linie die §§ 1304 a, 1304 c RVO. Gegenstand der Übertragung ist eine Anwartschaft der gesetzlichen Rentenversicherung, ausgedrückt in einem monatlichen Rentenbetrag. Dieser ist für den Vollzug durch die Rentenversicherungsträger ungeeignet, weil diese die Anwartschaften nicht in einem Rentenbetrag, sondern in Werteinheiten ausdrücken. Dem trägt § 1304 a Abs. 1 RVO Rechnung, der vorsieht, daß der übertragene Rentenbetrag auf Werteinheiten umgestellt wird. Die Zahl der Werteinheiten wird dem Versicherungskonto des verpflichteten Ehegatten ab- und dem (evtl. neu zu begründenden) Versicherungskonto des berechtigten Ehegatten zugeschrieben. Der Höchstbetrag nach § 1587 b Abs. 5 darf nicht überschritten werden (vgl. Rdnr. 69).

14 Die Zahl der Werteinheiten wird in der Weise errechnet, daß der übertragene Rentenbetrag durch den maßgebenden, mit 0,0000125 vervielfältigten Betrag der allgemeinen Bemessungsgrundlage geteilt wird. Die Formel lautet daher:

$$\text{WE} = \frac{\text{Rentenbetrag}}{\text{aB (z. Z. 20 161 DM)} \times 0{,}0000125}$$

Diese in § 1304 a Abs. 1 RVO vorgesehene Berechnungsart ist aus der Rentenformel abgeleitet:

$$\text{Monatliche Rente} = (\text{pB} \times \text{J}) \times \frac{\text{aB} \times \text{St}}{100 \times 12}$$

$$= (\text{pB} \times \text{J}) \times 20\,161 \times 0{,}0000125$$

$$(\text{pB} \times \text{J}) = \frac{\text{Rentenbetrag}}{0{,}2520125}$$

Bei einem zu übertragenden Rentenbetrag von z. B. 260,— DM ergibt sich folgende Summe der Werteinheiten:

$$\text{pB} \times \text{J} = (\text{WE}) = \frac{260}{0{,}2520125} = 1031{,}6948$$

$$= 1031{,}70$$

(gerundet nach § 1304 a Abs. 1 S. 2, § 1255 Abs. 3 Buchst. b S. 2 RVO)

Die Berechnung nach Nr. 1 der Bekanntmachung von Rechnungsgrößen (vgl. Rdnr. 17 a) ergibt dasselbe:

$260 \times 3{,}968057 = 1\,031{,}6948 = 1\,031{,}70$

2.1.2 Auswirkungen der Übertragung auf die Höhe der (späteren) Versorgung

15 Die Auswirkungen der Übertragung der Anwartschaften regelt § 1304 a Abs. 4, 5 RVO. So wird bei dem ausgleichsverpflich-

teten Ehegatten die Zahl der Werteinheiten, die er verloren hat, bei der Berechnung seiner Rente berücksichtigt. Aus diesen abgegebenen Werteinheiten wird ein Rentenbetrag errechnet und die ursprünglich erworbene Rente um diesen Betrag gekürzt. Bei dem berechtigten Ehegatten wird aus der Summe der übertragenen Werteinheiten bei Eintritt des Versicherungsfalls die Rente nach allgemeinen Grundsätzen errechnet (unter Einbeziehung eigenständig erworbener Anwartschaften). Bezieht der ausgleichsverpflichtete Ehegatte bei Eintritt der Rechtskraft der Übertragung bereits eine Rente, wird die Kürzung seiner Anwartschaften (und die Neufestsetzung einer gekürzten Rente) hinausgeschoben, bis ein späterer Versicherungsfall eintritt (z. B. Übergang von der Rente wegen Erwerbs- oder Berufsunfähigkeit auf ein Altersruhegeld), oder der andere Ehegatte aus der Versicherung bezugsberechtigt wird.

16 Der Jahresbetrag, um den die Rente des berechtigten oder verpflichteten Ehegatten erhöht oder gemindert wird, ist wie folgt zu berechnen: Die Summe der dem Ausgleichsbetrag entsprechenden Werteinheiten ist mit der allgemeinen Bemessungsgrundlage des Jahres des Versicherungsfalls und mit der Zahl 0,00015 (im Fall der Rente wegen Berufsunfähigkeit mit der Zahl 0,0001) zu vervielfältigen (§ 1304 a Abs. 4 S. 1 RVO).
Die Formel lautet also:

Jahresbetrag = WE x aB x 0,00015 (bzw. 0,0001). Diese Formel entspricht der auf den Monatsbetrag einer Rente bezogenen Rentenformel (Teilung des Steigerungsbetrages durch 12):

$$\text{Monatsbetrag} = \text{WE} \times \text{aB} \times \frac{0{,}00015}{12}$$
$$= \text{WE} \times \text{aB} \times 0{,}0000125$$

17 Nimmt man im Ausgangsfall (vgl. Rdnr. 14) den Versicherungsfall (Altersruhegeld) für das Jahr 1977 an, dann würde die angenommene Summe von 1031,70 WE dem Betrag entsprechen, welcher der Übertragung zugrunde gelegt worden ist (Monatsbetrag = 1031,70 × 20161 × 0,0000125 = 260,—). Der Umstand, daß der Versicherungsfall im Jahr des Versorgungsausgleichs angenommen wurde, führt zwangsläufig zu diesem Ergebnis, das einer Gegenprobe gleichkommt. Tritt der Versorgungsfall später ein, bewirkt die neu zu bestimmende allgemeine Bemessungsgrundlage, daß der Betrag der Minderung oder Erhöhung an der Dynamisierung teilnimmt (vgl. *Solcher* DRentV 1976, 205, 211). Unterstellt man den Versicherungsfall für das Jahr 1980 und eine auf dieses Jahr bezogene allgemeine Bemessungsgrundlage von 25 000, dann ergibt sich folgendes:

$$\text{Monatsbetrag} = 1031{,}70 \times 25\,000 \times 0{,}0000125$$
$$= 322{,}41 \text{ DM (gerundet)}$$
statt 260,— DM für das Jahr 1977.

2.1.3 Auswirkungen der Übertragung auf die Wartezeit und die Versicherungszeiten; Ausgleich der Minderung; Zuständigkeit

18 Die Auswirkung der Übertragung von Anwartschaftsrechten der gesetzlichen Rentenversicherung nach § 1587 b Abs. 1 auf die Wartezeit einschließlich der nach § 1248 Abs. 7 S. 1 RVO vorausgesetzten Versicherungszeit von 180 Kalendermonaten regelt § 1304 a Abs. 5 RVO. Die Zahl der beim ausgleichsberechtigten Ehegatten zugebuchten Werteinheiten wird durch 6,25 geteilt. Das Ergebnis zeigt die Zahl der zu berücksichtigenden Kalendermonate an. In dem angenommenen Beispiel würden beim ausgleichsberechtigten Ehegatten (1031,70 WE : 6,25) = 165,07, gerundet (§ 1304 a Abs. 5 RVO) 166 Kalendermonate angesetzt. Bei dem ausgleichsverpflichteten Ehegatten wird die Wartezeit nicht gekürzt (vgl. auch BT 7/4361 S. 56). Der ausgleichsverpflichtete Ehegatte kann die durch die Aufteilung entstandene Lücke wieder schließen, indem er Beiträge zur gesetzlichen Rentenversicherung in entsprechender Höhe entrichtet (§ 1304 a Abs. 6 RVO). Er wird dabei so behandelt wie ein Ehegatte, der den Ausgleich durch Beitragszahlung nach § 1587 b Abs. 3 zu vollziehen hat (vgl. Rdnr. 48 ff.). Der aufgestockte Teil der Anwartschaft hat die Qualität einer auf Grund bestehender Beitragspflicht erworbenen Anwartschaft der gesetzlichen Rentenversicherung. Es handelt sich *nicht* um eine Höherversicherung i. S. von § 1261 RVO.

19 § 1304 c RVO regelt, welcher Versicherungszweig für die Kontoführung zuständig ist, wenn der ausgleichsberechtigte Ehegatte bisher nicht in einer gesetzlichen Rentenversicherung versichert war. In der Regel ist es der Zweig der gesetzlichen Rentenversicherungen, dem der ausgleichsverpflichtete Ehegatte angehört. Das gilt nicht, wenn der Ehegatte der knappschaftlichen Rentenversicherung angehört. Für diesen Fall ist ein Wahlrecht zwischen der Rentenversicherung der Arbeiter und der Rentenversicherung der Angestellten vorgesehen. Macht der Ehegatte von seinem Wahlrecht keinen Gebrauch, entscheidet das Gericht (§ 1304 c Abs. 2 RVO).

2.2 Fassung der Entscheidungsformel im Fall der Übertragung von Anwartschaften nach § 1587 b Absatz 1

19 a Die nach § 1587 b Abs. 1 zu übertragende Anwartschaft oder Aussicht ist in einem Betrag einer monatlichen Rente in einer gesetzlichen Rentenversicherung auszudrücken. Der Zeitpunkt der Rechtshängigkeit des Scheidungsantrags (Ende der Ehezeit, § 1587 Abs. 2) ist für die Ermittlung der WE wesentlich. Die WE selbst sind nicht Gegenstand der Übertragung. Unter Berücksichtigung dieser Gesichtspunkte kommt für den Fall des § 1587 b Abs. 1 folgende Entscheidungsformel in Betracht:
»Vom Konto Nr. . . . der/des . . . (ausgleichspflichtiger Ehegatte) bei der . . . (Versicherungsträger) werden Rentenanwartschaften in Höhe von monatlich . . . (Betrag der Rente), bezogen auf den . . . (letzter Tag des Monats, welcher der Rechtshängigkeit des Scheidungsantrags vorausgeht, § 1587 Abs. 2), auf das Konto Nr. . . . der/des . . . (ausgleichsberechtigter Ehegatte) bei der . . . (Versicherungsträger) übertragen.«

Hat der berechtigte Ehegatte kein Konto bei einer gesetzlichen Rentenversicherung, lautet der Schlußteil der Formel: *»... auf ein bei der ... (Versicherungsträger) zugunsten des ... (ausgleichsberechtigter Ehegatte) zu errichtendes Konto übertragen.«*
Die Fassung der Entscheidungsformel folgt weitgehend der Empfehlung des BMJ (vgl. Reform des Ehe- und Familienrechts 1976 S. 256).

3 Begründung von Anwartschaften der gesetzlichen Rentenversicherung, Quasi-Splitting (§ 1587 b Abs. 2)

20 § 1587 b Abs. 2 betrifft den Fall, daß der Schuldner des Ausgleichsanspruchs nach § 1587 a Abs. 1 über eine beamtenrechtliche Versorgung verfügt, aus der der Anspruch zu befriedigen wäre. Im Gegensatz zu der Regelung bei der gesetzlichen Rentenversicherung (Abs. 1) wird hier von einer Übertragung der für den Ausgleich zur Verfügung stehenden Versorgungsanwartschaften abgesehen. Die Übertragung würde einer Realteilung der beamtenrechtlichen Versorgung gleichkommen und dem Ehegatten die Stellung eines Versorgungsberechtigten aus eigenem Recht geben. Dies wird als bedenklich angesehen. Als Ersatz ist deshalb das sog. Quasi-Splitting geschaffen worden. Danach wird der geschiedene Ehegatte des Beamten in Höhe des auszugleichenden Betrages mit der Rechtskraft der Entscheidung in der gesetzlichen Rentenversicherung versichert. Der Dienstherr kürzt die Altersversorgung des Beamten entsprechend; er erstattet dem Versicherungsträger die Aufwendungen.

21 Die Vorschrift findet Anwendung, wenn der ausgleichspflichtige Ehegatte in der Ehezeit Anwartschaften auf eine beamtenrechtliche Versorgung erworben hat, die höher sind als die Anwartschaften des anderen Ehegatten auf beamtenrechtliche Versorgung oder Versorgung aus den gesetzlichen Rentenversicherungen. Sie gilt auch, wenn der ausgleichsberechtigte Ehegatte überhaupt keine Anwartschaften erlangt hat (vgl. Rdnr. 4). Hat der ausgleichsverpflichtete Ehegatte außer der Anwartschaft auf beamtenrechtliche Versorgung auch Anwartschaften aus den gesetzlichen Rentenversicherungen erworben, ist zunächst Absatz 1 anzuwenden, der Absatz 2 nur wegen des »nach Anwendung von Absatz 1 noch zu bleibenden Wertunterschiedes«. Es ist also möglich, daß in einem Ausgleichsverfahren unterschiedliche Ausgleichsarten nebeneinander anzuwenden sind. Wird der Ausgleichsanspruch nach § 1587 a Abs. 1 auch nach Ausschöpfung der Möglichkeiten in § 1587 b Abs. 2 nicht ganz erfüllt, ist wegen des noch verbleibenden Teils der Ausgleich nach § 1587 b Abs. 3 vorzunehmen.

22 § 1587 b Abs. 2 betrifft Anwartschaften auf Versorgung aus einem öffentlich-rechtlichen Dienstverhältnis und solche aus einem Arbeitsverhältnis mit Anspruch auf Versorgung nach beamtenrechtlichen Vorschriften oder Grundsätzen. Vorausgesetzt wird weiter, daß die Anwartschaft gegenüber einer der in § 6 Abs. 1 Nr.

2, § 8 Abs. 1 AVG (§ 1229 Abs. 1 Nr. 2, § 1231 Abs. 1 RVO) genannten Körperschaften oder Verbände besteht. Diese sind: Bund, Länder, Gemeindeverbände, Gemeinden, Träger der Sozialversicherung, Bundesanstalt für Arbeit, Deutsche Bundesbank, als öffentlich-rechtliche Körperschaften anerkannte Religionsgesellschaften; auf Antrag können auch andere öffentlich-rechtliche Körperschaften oder andere öffentlich-rechtliche Verbände oder Verbände von Trägern der Sozialversicherung in Betracht kommen, wenn ihre Arbeitnehmer eine Zusage auf beamtenrechtliche Versorgung erlangt haben, die von der Versicherungspflicht befreit.

23 Die Verweisung beschränkt sich darauf, die Träger der Versorgung zu bestimmen. Eine weitergehende Bedeutung hat sie nicht. Es handelt sich insbesondere nicht um eine Verweisung auf den Inhalt der in § 1229 Abs. 1 Nr. 2, § 1231 RVO vorgesehenen Regelung. Deshalb kommt es für die Anwendung des § 1587 b Abs. 2 nicht darauf an, ob die Anwartschaft gegenüber den genannten Trägern eine »lebenslängliche Versorgung« gewährleistet. Eine solche im RegE vorgesehen gewesene Einschränkung ist mit Recht nicht Gesetz geworden. Sie würde im Widerspruch zu dem allgemeinen Grundsatz des § 1587 a Abs. 7 stehen.

24 Die Regelung nach § 1587 b Abs. 2 ist nicht unproblematisch, soweit dort auf die »als *öffentlich-rechtliche Körperschaften anerkannten Religionsgesellschaften«* verwiesen wird. Diesen Religionsgesellschaften steht ein verfassungsrechtlich garantiertes *»Selbstbestimmungsrecht«* in *»eigenen Angelegenheiten«* zu (§ 140 GG, 137 Abs. 3 WRV). Die Regelung des kirchlichen Dienstrechts einschließlich des Versorgungsrechts gehört zu diesen Angelegenheiten. Die Religionsgesellschaften können daher (sie müssen es nicht) die Rechtsverhältnisse ihrer Bediensteten autonom regeln. Soweit dies geschehen ist, treten die staatlichen Regelungen zurück. Der Staat ist nicht mehr befugt, für diesen Personenkreis das Dienstrecht zu gestalten. Die Begründung von Anwartschaften in der gesetzlichen Rentenversicherung zu Lasten des öffentlich-rechtlich Bediensteten und die Kürzung der Altersversorgung durch den Dienstherrn sind Eingriffe in den autonomen Bereich der Religionsgesellschaften, sofern diese ein eigenes materielles Versorgungsrecht geschaffen haben. Folgerichtig gilt das BeamtenVG nach seinem § 1 Abs. 3 nicht für die öffentlich-rechtlichen Religionsgesellschaften und ihre Verbände. Ein Versorgungsausgleich nach § 1587 b Abs. 2 darf vorgenommen werden, wenn für die Bediensteten der Religionsgesellschaften das staatliche Recht gilt (durch Verweisung oder durch Nichtinanspruchnahme des garantierten Freiraumes), oder wenn das kirchliche Dienstrecht mit dem staatlichen Versorgungsausgleich korrespondierende Regelung enthält (zu den verfassungsrechtlichen Fragen im Zusammenhang mit dem Dienstrecht der Religionsgesellschaften vgl. eingehend m. w. N. *Scheffler,* Staat und Kirche, 2. Aufl. 1973, S. 271). Ist das nicht der Fall, ist ein Ausgleich nach § 1587 b Abs. 2 in Betracht zu ziehen, wenn man in der Regelung des § 1587 b eine Einschränkung i. S. eines »für alle geltenden Ge-

setzes« nach Art. 137 Abs. 3 WRV sehen will. Der autonome Bereich der Religionsgesellschaften wird nicht berührt, wenn die Bediensteten der Religionsgesellschaften in den gesetzlichen Rentenversicherungen versichert sind; der Ausgleich der Anwartschaften vollzieht sich dann nach § 1587 b Abs. 1 ohne Eingriff in innerkirchliche Angelegenheiten. Dasselbe gilt bei Anwendung des § 1587 b Abs. 3.

25 Folgende Beispiele zeigen den Anwendungsbereich des § 1587 b Abs. 2 an. Einbezogen sind auch Beispiele, die eine Kombination der Fälle von Abs. 1 und Abs. 2 darstellen:

26 *Beispiel 1*

Ehegatte A		Ehegatte B	
gesetzl. RV	20,— DM	a) beamtenrechtl. Versorgung	200,— DM

Wertunterschied zu Lasten des B	180,— DM
Ausgleichsbetrag B an A	90,— DM

Erfüllung nach § 1587 b Abs. 2 durch Begründung von Anwartschaften in einer gesetzl. Rentenversicherung in Höhe von 90,— DM.

27 *Beispiel 2*

Ehegatte A		Ehegatte B	
keine Anwartschaften		a) gesetzl. RV	120,— DM
		b) beamtenrechtl. Versorgung	60,— DM

Wertunterschied zu Lasten des B	180,— DM
Ausgleichsbetrag B an A	90,— DM

Erfüllung
a) 60,— DM durch Übertragung nach § 1587 b Abs. 1
b) 30,— DM durch Begründung nach § 1587 b Abs. 2

28 *Beispiel 3*

Ehegatte A		Ehegatte B	
gesetzl. RV	40,— DM	a) gesetzl. RV	20,— DM
		b) beamtenrechtl. Versorgung	200,— DM

Wertunterschied zu Lasten B	180,— DM
Ausgleichsbetrag B an A	90,— DM

Erfüllung
a) keine nach § 1587 b Abs. 1
b) 90,— DM durch Begründung nach § 1587 b Abs. 2

29 *Beispiel 4* (vgl. Rdnr. 12)

Ehegatte A		Ehegatte B	
a) gesetzl. RV	20,— DM	a) gesetzl. RV	60,— DM
b) beamtenrechtl. Versorgung	60,— DM	b) beamtenrechtl. Versorgung	80,— DM
Wertunterschied zu Lasten B	60,— DM		
Ausgleichsbetrag B an A	30,— DM		

Erfüllung 30,— DM nach § 1587 b Abs. 2

30 *Beispiel 5*

Ehegatte A		Ehegatte B	
a) gesetzl. RV	20,— DM	a) gesetzl. RV	100,— DM
b) beamtenrechtl. Versorgung	60,— DM	b) beamtenrechtl. Versorgung	80,— DM
Wertunterschied zu Lasten B	100,— DM		
Ausgleichsbetrag B an A	50,— DM		

Erfüllung
a) 10,— DM nach § 1587 b Abs. 1
b) 40,— DM nach § 1587 b Abs. 2

3.1 Sozialversicherungsrechtliche Fragen der Begründung von Anwartschaften nach § 1587 b Abs. 2

31 Die Begründung der Anwartschaften in der gesetzlichen Rentenversicherung in Höhe des auszugleichenden Betrages tritt mit Rechtskraft der Entscheidung ein. Einer Vollstreckung bedarf es nicht. Der beteiligte Träger hat die eingetretene Übertragung dadurch zu vollziehen, daß er für den ausgleichsberechtigten Ehegatten ein Versicherungskonto eröffnet, auf dem die dem Rentenbetrag entsprechende Summe der Werteinheiten gutzuschreiben ist. Die versicherungsrechtliche Durchführung folgt denselben Grundsätzen wie im Fall der Übertragung von Anwartschaften der gesetzlichen Rentenversicherung nach § 1587 b Abs. 1 (vgl. §§ 1304 b Abs. 2, 1304 a Abs. 1 RVO und Rdnr. 13). Das gilt auch für die Zuordnung von Wartezeiten aus Anlaß der Begründung von Anwartschaften (vgl. § 1304 b Abs. 3 RVO). Die Zuständigkeit des Versicherungsträgers ergibt sich aus § 1304 c RVO. Der ausgleichsberechtigte Ehegatte wird mit der Begründung der Anwartschaften Versicherter mit allen Rechten und Pflichten aus der gesetzlichen Rentenversicherung. Ansprüche auf Grund der begründeten Anwartschaften kann er aus eigenem Recht geltend machen, wenn die Voraussetzungen vorliegen, z. B. Rente wegen Erwerbs- oder Berufsunfähigkeit nach §§ 1246, 1247 RVO beantragen.

32 Die Begründung der Anwartschaften in der gesetzlichen Rentenversicherung nach § 1587 b Abs. 2 wird nicht valutiert. Weder

der ausgleichspflichtige Ehegatte noch sein Dienstherr (Träger der Versorgungslast) entrichten die zur Begründung erforderlichen Beiträge. Lediglich bei Eintritt des Versicherungsfalls auf seiten des ausgleichsberechtigten Ehegatten erstattet der Träger der Versorgungslast die Aufwendungen, die dem Versicherungsträger *»auf Grund der nach § 1587 b Abs. 2 ... begründeten Rentenanwartschaften entstehen«*.

33 Zweifelhaft ist, ob auch die entstandenen Verwaltungskosten zu ersetzen sind. Im RegE war eine entsprechende Regelung ausdrücklich vorgesehen (§ 1304 c Abs. 3 RVO: *»... entstehenden Aufwendungen und Verwaltungskosten werden ... erstattet.«)*. Im Laufe des Gesetzgebungsverfahrens ist der die Verwaltungskosten betreffende Teil der Vorschrift gestrichen worden (vgl. BT 7/4361 S. 57). Dadurch sollte das 1. EheRG von einer die Zustimmungsbedürftigkeit des Bundesrates auslösenden Vorschrift befreit werden. Eine entsprechende Regelung sollte das Gesetz zur Änderung beamtenrechtlicher Vorschriften vom 14. 6. 1976 (Bundesgesetzbl. I, 1477) enthalten (Hinweis in BT 7/4361 S. 57). Artikel 4 dieses Gesetzes enthält aber lediglich eine bereits in § 1304 c Abs. 3 S. 2 RVO – RegE vorgesehen gewesene Ermächtigung für die Bundesregierung, mit Zustimmung des Bundesrates, *»das Nähere über die Berechnung und Durchführung der Erstattung nach § 1304 b Abs. 2 Satz 2 ...«* zu regeln. Eine Erweiterung des Regelungsinhalts auf die Verwaltungskosten ist nicht erkennbar. Daraus ist zu schließen, daß die Ermächtigung den Erlaß einer Rechtsverordnung zur Erstattung der Verwaltungskosten nicht decken würde. Das Gesetz über die Versorgung der Beamten und Richter in Bund und Ländern (BeamtVG vom 24. 8. 76, BGBl. I S. 2485), daß das Gesetz zur Änderung beamtenrechtlicher Vorschriften weitgehend aufgehoben hat (Ausnahme der o. a. Art. 4), enthält keine Anhaltspunkte, die eine Erstattung der Verwaltungskosten rechtfertigen würde.

3.2 Auswirkungen der Anwartschaftsbegründung nach § 1587 b Abs. 2 auf die Versorgung des Beamten

34 Das Verhältnis des Beamten zu seinem Dienstherrn (Träger der Versorgungslast) nach Durchführung des Versorgungsausgleichs gemäß § 1587 b Abs. 2 regeln die §§ 57, 58 BeamtVG. Die Vorschriften lauten:

§ 57
Kürzung der Versorgungsbezüge nach der Ehescheidung

(1) Sind Anwartschaften in einer gesetzlichen Rentenversicherung nach § 1587 b Abs. 2 des Bürgerlichen Gesetzbuchs durch Entscheidung des Familiengerichts begründet worden, werden nach Rechtskraft dieser Entscheidung die Versorgungsbezüge des verpflichteten Ehegatten und seiner Hinterbliebenen nach Anwendung von Ruhens-, Kürzungs- und Anrechnungsvorschriften um den nach Absatz 2 oder 3 berechneten Betrag gekürzt. Das Ruhegehalt, das der verpflichtete Ehegatte im Zeitpunkt der Rechtskraft des

Scheidungsurteils erhält, wird erst gekürzt, wenn aus der Versicherung des berechtigten Ehegatten eine Rente zu gewähren ist. Das einer Vollwaise zu gewährende Waisengeld wird nicht gekürzt, wenn nach dem Recht der gesetzlichen Rentenversicherungen die Voraussetzungen für die Gewährung einer Waisenrente aus der Versicherung des berechtigten Ehegatten nicht erfüllt sind.

(2) Der Kürzungsbetrag für das Ruhegehalt berechnet sich aus dem Monatsbetrag der durch die Entscheidung des Familiengerichts begründeten Anwartschaften. Dieser Monatsbetrag erhöht sich bei einem Beamten um die Hundertsätze der nach dem Zeitpunkt des Eintritts der Rechtshängigkeit des Scheidungsantrags bis zum Zeitpunkt des Eintritts in den Ruhestand eingetretenen Erhöhungen der beamtenrechtlichen Versorgungsbezüge, die in festen Beträgen festgesetzt sind. Vom Zeitpunkt des Eintritts in den Ruhestand an, bei einem Ruhestandsbeamten vom Zeitpunkt des Eintritts der Rechtshängigkeit des Scheidungsantrags an, erhöht sich der Kürzungsbetrag in dem Verhältnis, in dem sich das Ruhegehalt vor Anwendung von Ruhens-, Kürzungs- und Anrechnungsvorschriften durch Anpasung der Versorgungsbezüge erhöht.

(3) Der Kürzungsbetrag für das Witwen- und Waisengeld berechnet sich aus dem Kürzungsbetrag nach Absatz 2 für das Ruhegehalt, das der Beamte erhalten hat oder hätte erhalten können, wenn er am Todestag in den Ruhestand getreten wäre, nach den Anteilssätzen des Witwen- oder Waisengeldes.

(4) Ein Unterhaltsbeitrag nach § 22 Abs. 2 oder 3 oder nach entsprechendem bisherigen Recht und eine Abfindungsrente nach bisherigem Recht (§ 153 des Bundesbeamtengesetzes und entsprechende Vorschriften) werden nicht gekürzt.

§ 58
Abwendung der Kürzung der Versorgungsbezüge

(1) Die Kürzung der Versorgungsbezüge nach § 57 kann von dem Beamten oder Ruhestandsbeamten ganz oder teilweise durch Zahlung eines Kapitalbetrages an den Dienstherrn abgewendet werden.

(2) Als voller Kapitalbetrag wird der Betrag angesetzt, der auf Grund der Entscheidung des Familiengerichts nach § 1587 b Abs. 2 des Bürgerlichen Gesetzbuchs zur Begründung der Anwartschaft auf die bestimmte Rente zu leisten gewesen wäre, erhöht um die Hundertsätze der nach dem Tage, an dem die Entscheidung des Familiengerichts ergangen ist, bis zum Tag der Zahlung des Kapitalbetrages eingetretenen Erhöhungen der beamtenrechtlichen Versorgungsbezüge, die in festen Beträgen festgesetzt sind. Vom Zeitpunkt des Eintritts in den Ruhestand an, bei einem Ruhestandsbeamten von dem Tage, an dem die Entscheidung des Familiengerichts ergangen ist, erhöht sich der Kapitalbetrag in dem Verhältnis, in dem sich das Ruhegehalt vor Anwendung von Ruhens-, Kürzungs- und Anrechnungsvorschriften durch Anpassung der Versorgungsbezüge erhöht.

(3) Bei teilweiser Zahlung vermindert sich die Kürzung der Versorgungsbezüge in dem entsprechenden Verhältnis; der Betrag der teilweisen Zahlung soll den Monatsbetrag der Dienstbezüge des Beamten oder des Ruhegehaltes des Ruhestandsbeamten nicht unterschreiten.

36 Zum ersten stellt § 57 Abs. 1 BeamtVG klar, daß die Wirkung der Begründung von Rentenanwartschaften zugunsten des anderen Ehegatten den Beamten erst dann belastet, wenn dem Ehegatten aus der übertragenen Anwartschaft eine Rente zu gewähren ist. Bis dahin bleibt die beamtenrechtliche Anwartschaft auf Versorgung des Beamten unberührt. Stirbt der ausgleichsberechtigte Ehegatte z. B. vor dem Eintritt des Versicherungsfalls, wird der Versorgungsanspruch des Beamten nicht gekürzt. Das ist folgerichtig, da der Dienstherr seinerseits in diesem Fall an den Versicherungsträger nichts zu leisten hat.

37 Der Kürzungsbetrag ist dynamisiert. Das entspricht im Prinzip der Regelung des § 1587 b Abs. 3. Wird der Beitrag zur Begründung der Anwartschaft nicht sofort entrichtet, erhöht sich der Einkaufswert entsprechend der Erhöhung der allgemeinen Bemessungsgrundlage (vgl. Rdnr. 52 ff.). Dasselbe geschieht – nach beamtenrechtlichen Grundsätzen – mit dem Kürzungsbetrag. Der erstmalig festgesetzte Kürzungsbetrag entspricht dem Monatsbetrag der begründeten Rentenanwartschaft. Die Erhöhungen richten sich nach den Erhöhungen bzw. Anpassungen der Versorgungsbezüge (vgl. *Plagemann* RiA 1976, 209).

38 Der Beamte (oder Ruhestandsbeamte) kann das durch die Kürzung seiner Versorgungsbezüge oder Anwartschaften auf solche entstandene Defizit ausgleichen (§ 58 Abs. 1 BeamtVG). Die Berechnung des erforderlichen Kapitalbetrages richtet sich nach § 58 Abs. 2, 3 BeamtVG. Es ist der Betrag, der als Beitrag erforderlich ist, um die nach § 1587 b Abs. 2 begründete Rentenanwartschaft in der gesetzlichen Rentenversicherung zu erwerben. Die Berechnungsmethode ist dieselbe wie im Fall des § 1587 b Abs. 3 (vgl. Rdnr. 52 ff.).

39 Der gegebene Betrag der Anwartschaft ist in Werteinheiten umzurechnen (§ 1304 a Abs. 1 RVO).

$$\text{WE} = \frac{\text{Rentenbetrag}}{0{,}2520125}$$

Bei einer angenommenen Rentenanwartschaft von 500,– DM sind dies 1984,03 WE.

Die Berechnung auf der Grundlage der Nr. 1 der Bekanntmachung von Rechnungsgrößen (vgl. Rdnr. 17 a zu § 1587 a) ergibt:
$500 \times 3{,}968057 = 1\,984{,}0285 = 1\,984{,}03$

Der Einkaufswert (für 1977) von 100 Werteinheiten entspricht dem Betrag, der sich als Beitrag, bezogen auf das durchschnittliche Bruttojahresarbeitsverdienst, ergäbe (§ 1304 b Abs. 1 RVO)

$$100\ \text{WE} = \frac{21\,808 \times 18}{100} = 3\,925{,}44$$

$$1984{,}03\ \text{WE} = \frac{3925{,}44 \times 1984{,}10}{100} = 77\,881{,}90\ \text{DM}$$

Die Berechnung auf der Grundlage der Nr. 4 der Bekanntmachung von Rechnungsgrößen (vgl. Rdnr. 17 a zu § 1587 a) ergibt:
1 984,03 × 39,2544 = 77 881,90

Der Betrag erhöht sich, falls er nicht sofort gezahlt wird, entsprechend der Erhöhung oder Anpassung der beamtenrechtlichen Versorgungsbezüge (§ 58 Abs. 2 BeamtVG).

3.3 Fassung der Entcheidungsformel im Fall der Begründung von Anwartschaften nach § 1587 b Abs. 2

39b Die Entscheidungsformel sollte, obwohl die Rechtslage das nicht gebietet, Angaben über den Träger der Versorgungslast enthalten. Jedoch sollten Wendungen vermieden werden, die den Eindruck erwecken, als werde der Träger der Versorgungslast durch die Entscheidung selbst zur Erstattung der Aufwendungen verpflichtet, was nicht der Fall ist. Diese Wirkung tritt kraft Gesetzes ein (§ 1304 b Abs. 2 Satz 2 RVO). Die Formel kann lauten: *»Für den/die ... (ausgleichsberechtigter Ehegatte) werden auf dem Konto Nr. ... bei der ... (Versicherungsträger) Rentenanwartschaften in Höhe von monatlich ... (Betrag der Rente), bezogen auf den ... (letzter Tag des Monats, welcher der Rechtshängigkeit des Scheidungsantrags vorausgeht, § 1587 Abs. 2), begründet. Schuldner des Versorgungsausgleichs ist ... (ausgleichspflichtiger Ehegatte), Dienstherr ... (Träger der Versorgungslast) des/der ... (ausgleichspflichtiger Ehegatte) ist ... (Bezeichnung und Anschrift).«*

Hat der ausgleichsberechtigte Ehegatte kein Konto bei einer gesetzlichen Rentenversicherung, lautet der Eingangssatz: *»Für den/die ... (ausgleichsberechtigter Ehegatte) werden auf einem bei der ... (Versicherungsträger) zu errichtenden Konto Rentenanwartschaften ...«.*

4 Begründung von Anwartschaften durch Zahlung von Beiträgen (§ 1587 b Abs. 3)

40 § 1587 b Abs. 3 regelt die dritte Erfüllungsart im Rahmen des öffentlich-rechtlichen Versorgungsausgleichs. Sie ist den Erfüllungsarten gemäß Absatz 1 und 2 nachgeordnet. Möglich ist, daß alle drei Arten in einem Ausgleich, jeweils bezogen auf Teilbeträge, anzuwenden sind, so wenn der Ausgleichsanspruch weder durch die Inanspruchnahme von Anwartschaften aus den gesetzlichen Rentenversicherungen nach Absatz 1 noch durch Quasi-Splitting nach Absatz 2 in vollem Umfang erfüllt wird. Eine isolierte Anwendung des § 1587 b Abs. 3 kommt in Betracht, wenn der aus-

gleichspflichtige Ehegatte keine oder geringere Anwartschaften i. S. von § 1587 b Abs. 1 oder 2 erworben hat als der andere Ehegatte. § 1587 b Abs. 3 Satz 3 stellt klar, daß es, unbeschadet der unterschiedlichen Erfüllungsarten, nur einen Gesamtausgleich gibt. Dadurch wird ausgeschlossen, daß ein Ehegatte Schuldner im Rahmen der einen und Gläubiger im Rahmen der anderen Ausgleichsart wird (vgl. Rdnr. 1 ff.). § 1587 b Abs. 3 Satz 3 findet im übrigen auch Anwendung, wenn es nur um das Verhältnis von Absatz 1 zu Absatz 2 geht.

41 Der Anwendungsbereich des § 1587 b Abs. 3 wird durch folgende Beispiele verdeutlicht:

Beispiel 1

Ehegatte A		Ehegatte B	
keine Anwartschaften		betriebl. Altersversorgung	400,— DM

Wertunterschied zu Lasten B	400,— DM
Ausgleichsbetrag B an A	200,— DM

Erfüllung nach § 1587 b Abs. 3

42 *Beispiel 2*

Ehegatte A		Ehegatte B	
keine Anwartschaften		a) gesetzl. RV	100,— DM
		b) beamtenrechtl. Versorgung	200,— DM
		c) private RV	300,— DM

Wertunterschied zu Lasten B	600,— DM
Ausgleichsbetrag B an A	300,— DM

Erfüllung nach § 1587 b Abs. 1	50,— DM
Erfüllung nach § 1587 b Abs. 2	100,— DM
Erfüllung nach § 1587 b Abs. 3	150,— DM

Der nach Anwendung des Absatz 1 dem Ausgleichsverpflichteten verbleibende Betrag von 50,– DM aus den gesetzlichen Rentenversicherungen wird bei der Anwendung von Absatz 2 nicht erneut zugrunde gelegt; er ist für die Berechnung verbraucht.

43 *Beispiel 3*

Ehegatte A		Ehegatte B	
a) gesetzl. RV	20,— DM	a) gesetzl. RV	60,— DM
b) beamtenrechtl. Versorgung	60,— DM	b) beamtenrechtl. Versorgung	80,— DM
		c) betriebl. Altersversorgung	200,— DM

Wertunterschied
zu Lasten von B 260,— DM
Ausgleichsbetrag
B an A 130,— DM

Erfüllung
a) nach § 1587 b Abs. 1 0
b) nach § 1587 b Abs. 2 30,— DM
c) nach § 1587 b Abs. 3 100,— DM

44 Gegenstand des Anspruchs ist die zweckgebundene Leistung eines bestimmten Geldbetrages. Der RegE sah eine andere Konzeption vor. Danach sollte in der Entscheidung nach § 1587 b Abs. 3 nur der Betrag der monatlichen Rente festgelegt werden, den der Ehegatte dem anderen Teil zu verschaffen hat. Die Umwandlung dieses nicht vollstreckbaren Anspruchs in einen Zahlungsanspruch sollte dann in einem Nachverfahren (§ 621 f ZPO – RegE) vorgenommen werden. Dieses komplizierte zweistufige System, daß die dogmatische Folgerichtigkeit für sich hat, wenn man berücksichtigt, daß spätere Abänderungen durch den Rechtspfleger erfolgen sollten, ist nicht Gesetz geworden. Der zu leistende Betrag, der nach § 1304 b Abs. 1 RVO zu berechnen ist, unterliegt Anpassungen, wenn sich vor der endgültigen Erfüllung die Bemessungsgrundlagen ändern (vgl. § 53 e Abs. 3 FGG und Rdnr. 52 ff.).

45 Die Leistung nach § 1587 b Abs. 3 ist zweckgebunden. Die Zweckbindung ist Inhalt des Anspruchs. Der ausgleichsberechtigte Ehegatte kann grundsätzlich nur Zahlung an eine (bestimmte oder zu bestimmende, vgl. Rdnr. 56) gesetzliche Rentenversicherung verlangen. Eine andere Art der Anlage kommt nur in Betracht, wenn das Gericht sie nach § 1587 b Abs. 4 ausspricht oder wenn die Parteien eine andere Art des Ausgleichs vereinbaren und das Gericht diese Vereinbarung genehmigt (§ 1587 o Abs. 2).

45a Die Entscheidungsformel kann lauten: *»Der/die ... (ausgleichspflichtiger Ehegatte) hat als Beiträge zur Begründung von Anwartschaften auf eine Rente von monatlich ... (Betrag der Rente), bezogen auf den ... (letzter Tag des Monats, welcher der Rechtshängigkeit des Scheidungsantrags vorausgeht, § 1587 Abs. 2), den Betrag von ... zugunsten des/der ... (ausgleichsberechtigter Ehegatte) auf das Konto Nr. ... bei der ... (Versicherungsträger) zu zahlen.«*

Fällt die Entscheidung in einen neuen Bewertungszeitraum (nach Erlaß einer neuen Bezugsgrößenverordnung), sollte das Gericht, um ein Verfahren nach § 53 e Abs. 3 FGG zu vermeiden, zugleich (auch) den aktuellen Betrag festsetzen; anderenfalls wäre die Entscheidung zum Zeitpunkt ihres Erlasses bereits überholt. Das Gericht sollte darauf hinwirken, daß ein entsprechender Antrag gestellt wird. Auf die Festsetzung des Erstbetrages sollte nicht verzichtet werden.

Die Formel könnte danach durch folgenden Satz ergänzt werden: *»Der zu zahlende Betrag wird, bezogen auf die Bezugsgrößen-*

 verordnung ... (z. B. 1977) vom ... Bundesgesetzbl. I ..., auf ... (Höhe des neuen Betrages) festgesetzt.«

46 Ein Ausgleich nach § 1587 b Abs. 3 ist ausgeschlossen, wenn der ausgleichsberechtigte Ehegatte bereits die Voraussetzungen für den Bezug von Altersruhegeld aus einer gesetzlichen Rentenversicherung erfüllt (§ 1587 b Abs. 3 Satz 1, 2. Halbsatz). Das ist eine Folge des allgemeinen versicherungsrechtlichen Grundsatzes, daß nach Eintritt des Versicherungsfalls eine Versicherung gegen das betreffende Risiko nicht mehr möglich ist (vgl. z. B. auch § 1233 Abs. 2, 2 a S. 1 RVO, der einen allgemeinen Grundsatz ausdrückt; *Amtl. Begr.* S. 162). In diesem Fall ist der Ausgleich insoweit nach den Regeln über den schuldrechtlichen Versorgungsausgleich vorzunehmen (§ 1587 f Nr. 1).

4.1 Sozialversicherungsrechtliche Durchführung des Versorgungsausgleichs nach § 1587 b Abs. 3

47 § 1587 b Abs. 3 Satz 2 verweist ergänzend auf die Vorschriften über die gesetzlichen Rentenversicherungen. In erster Linie ist dies § 1304 b Abs. 1, 3 RVO. Die Verweisung ist unvollständig, da für die Anwendung des § 1587 b Abs. 3 insbesondere auch § 53 e FGG wesentlich ist.

48 Aus § 1304 b Abs. 1 RVO ergibt sich folgendes: Der Betrag der zu begründenden Rentenanwartschaft ist nach den Regeln des § 1304 a Abs. 1 RVO in Werteinheiten umzurechnen. Grundlage ist die Rentenformel. Die zu berücksichtigenden Faktoren ergeben sich aus der jeweiligen Bezugsgrößenverordnung. Hilfreich ist in diesem Zusammenhang die Bekanntmachung des BMA nach § 1304 c RVO (vgl. Rdnr. 17 a zu § 1587 a), die eine Zusammenfassung der relevanten Daten für jedes Jahr enthält. Ein angenommener Rentenbetrag von 100,– DM Monatsrente entspricht 396,81 Werteinheiten, wie sich aus nachfolgender Berechnung ergibt:

$$\text{WE} = \frac{\text{monatliche Rente}}{\text{aB} \times 0{,}0000125}$$

$$\text{WE} = \frac{100}{20\,161 \times 0{,}0000125}$$

$$\text{WE} = \frac{100}{0{,}2520125} = 396{,}805 = \text{gerundet } 396{,}81$$

Die Berechnung auf der Grundlage der Nr. 1 der Bekanntmachung von Rechnungsgrößen (vgl. Rdnr. 17 a zu § 1587 a) ergibt:

$100 \times 3{,}968057 = 396{,}805 = 396{,}81$

Aus den Werteinheiten ist der zur Begründung der Anwartschaft erforderliche Betrag nach § 1304 b Abs. 1 Satz 2 RVO zu berechnen. Der Ankaufswert für 100 Werteinheiten beträgt:

$$\frac{\text{Beitragsatz i. d. gesetzl. RV} \times \text{Betr. d. durchschnittl. Arbeitsentg.}}{100}$$

$$= \frac{18 \times 21\,808}{100} = 3925{,}44 \text{ DM}$$

$$396{,}81 \text{ WE} = \frac{3925{,}44 \times 396{,}81}{100} = 15\,576{,}53$$

$$\text{gerundet} = 15\,576{,}50$$

Die Berechnung auf der Grundlage der Nr. 3 der Bekanntmachung von Rechnungsgrößen (vgl. Rdnr. 17 a zu § 1587 a) ergibt:

396,81 × 39,2544 = 15 576,53

Der nach § 1587 b Abs. 3 zu entrichtende Betrag zur Begründung einer Rentenanwartschaft von 100,– DM beläuft sich für 1977 auf 15 576,53 DM.

50 Auf Grund der entrichteten Beiträge erwirbt der berechtigte Ehegatte Anwartschaften aus der gesetzlichen Rentenversicherung wie ein beitragspflichtiger Versicherter. Ist er zum Zeitpunkt der Begründung der Anwartschaft bereits berufs- oder erwerbsunfähig, wirkt sich die Beitragszahlung auf die Rente wegen Erwerbs- oder Berufsunfähigkeit nicht aus. Der Grundsatz, daß ein bereits eingetretener Versicherungsfall nicht mehr durch eine Versicherung abgedeckt werden kann, gilt auch hier. Das regelt ausdrücklich § 1304 b Abs. 1 Satz 4 RVO durch Verweisung auf § 1233 Abs. 2 RVO.

51 Der zu zahlende Betrag ist sofort, d. h. mit Rechtskraft der Entscheidung, fällig (vgl. aber § 1587 d). Der Zahlung gleichgestellt ist die Bereiterklärung, sofern der Betrag unverzüglich gezahlt wird (§ 1304 b Abs. 1 Satz 3 RVO). Der Begriff *»unverzüglich«* bedeutet *»ohne schuldhaftes Zögern«*. Mangelnde Zahlungsfähigkeit hat der Schuldner immer zu vertreten. Es kann sich deshalb nur um Verzögerungen handeln, die im Zusammenhang mit der Bereitstellung des Geldes üblicherweise auftreten.

4.2 Anpassung des Betrages nach § 1587 b Abs. 3

52 Der *»Preis«* für die Begründung von Anwartschaften in der gesetzlichen Rentenversicherung ist nicht konstant. Das ergibt sich aus seiner Abhängigkeit vom jeweiligen Beitragssatz und von dem für jedes Jahr neu festzusetzenden Betrages des durchschnittlichen Bruttojahresarbeitsentgelts nach § 1 der jeweiligen Bezugsgrößenverordnung. Entrichtet der nach § 1587 b Abs. 3 ausgleichspflichtige Ehegatte den geschuldeten Betrag, nachdem die Berechnungsgrundlagen Änderungen erfahren haben, bedarf es einer Neuberechnung. Diese regelt § 53 e Abs. 3 FGG. Die Vorschrift lautet:

(3) Werden die Berechnungsgrößen geändert, nach denen sich der Betrag, der nach § 1587 b Abs. 3 Satz 1 erster Halbsatz des Bürgerlichen Gesetzbuchs oder nach Absatz 2 Satz 1 zu leisten ist, errechnet (§ 1304 b Abs. 1 Satz 1, 2 in Verbindung mit der Bekannt-

machung auf Grund des § 1304 c Abs. 3 der Reichsversicherungsordnung oder § 83 b Abs. 1 Satz 1, 2 in Verbindung mit der Bekanntmachung auf Grund des § 83 c Abs. 3 des Angestelltenversicherungsgesetzes), so wird der zu leistende Betrag auf Antrag neu festgesetzt.

53 In dem angeführten Beispiel (vgl. Rdnr. 49) kostet die zu begründende Rente in Höhe von 100,– DM, wenn die Zahlung im Jahre 1977 erfolgt, 15 576,50 DM. Unterstellt man, daß der ausgleichspflichtige Ehegatte erst 1979 leistet, so ergibt sich bei einem (auf Grund der Erfahrungswerte) geschätzten durchschnittlichen Bruttoarbeitsentgelt für 1979 von ca. 23 000,– DM ein Einkaufswert für die errechneten 396,81 Werteinheiten von 16 427,93 DM auf Grund folgender Berechnung:

$$100 \text{ WE} = \frac{18 \times 23\,000}{100} = 4\,140,\text{—}$$

$$396{,}81 \text{ WE} = \frac{396{,}81 \times 4140}{100} = 16\,427{,}93$$

54 Hat der ausgleichspflichtige Ehegatte Teilleistungen erbracht, ist der Betrag zu kürzen, wobei die Kürzung ebenfalls in Werteinheiten ausgedrückt wird. Unterstellt man in dem Ausgangsbeispiel, daß der Ehegatte 1977 12 000,– DM (von den geschuldeten 15 576,50 DM) gezahlt hat, ergibt sich folgendes:

100 WE kosten 1977 3925,44
Durch die Zahlung von 12 000,— DM sind 305,698 WE — gerundet 305,70 — begründet worden $\frac{12\,000 \times 100}{3925{,}44}$

Diese sind von den geschuldeten 396,81 WE abzusetzen. Es verbleibt ein Rest von 91,11 WE. Entrichtet der Ehegatte den Gegenwert von 91,11 WE erst 1979, muß er dafür (bei dem angenommenen Bruttoarbeitsentgelt von 23 000,— DM) 3772,78 DM aufwenden (91,11 WE $= \frac{91{,}11 \times 4140}{100} = 3771{,}19$).

Zusammen mit den 1977 gezahlten 12 000,— DM ergibt das einen Gesamtbetrag von 15 771,19 DM im Gegensatz zu dem 1977 geschuldeten Gesamtbetrag von 15 576,50 DM (Mehraufwendungen von 194,69 DM).

Zahlt der Ehegatte den Betrag von 12 000,— DM erst 1979, begründet er bei einem angenommenen Einkaufswert für 1979 von 4140,— DM je 100 WE nur 289,86 WE $\frac{12\,000}{41{,}40}$

Es verbleibt dann ein Rest von 106,95 WE (396,81 – 289,86).

55 Die Erstfestsetzung des nach § 1587 b Abs. 3 geschuldeten Betrages nimmt das Gericht vor, das über den Versorgungsausgleich entscheidet. Die Neufestsetzung nach § 53 e Abs. 3 FGG fällt in die Zuständigkeit des Rechtspflegers (§ 14 Nr. 2 a Buchst. a RpflG i. d. F. des 1. EheRG). Das Verfahren ist antragsabhängig. Wer antragsberechtigt ist, sagt das Gesetz nicht. Der ausgleichsbe-

rechtigte Ehegatte ist es in jedem Fall; ob auch der Schuldner des Anspruchs den Antrag stellen kann, ist zweifelhaft. Man wird ein Antragsrecht bejahen können, wenn der Schuldner – Ehegatte ein besonderes Rechtsschutzbedürfnis darlegt, wie es für die Erhebung einer negativen Feststellungsklage vorausgesetzt wird. Die Entscheidung nach § 53 e Abs. 3 FGG ist eine *»den Versorgungsausgleich«* betreffende Entscheidung i. S. von § 621 Abs. 1 ZPO. Sie ist mit der Erinnerung anzufechten (§ 11 RpflG).

55a Setzt der Rechtspfleger nach Änderung der Bezugsgrößenverordnung den nach § 1587 b Abs. 3 vorgesehenen Betrag neu fest (§ 53 e Abs. 3 FGG), kann die Entscheidungsformel lauten: *»Der/die ... (ausgleichspflichtiger Ehegatte) ist auf Grund des Urteils/Beschlusses des ... vom ... (Aktenzeichen) verpflichtet, an ... (Versicherungsträger) zur Begründung von Rentenanwartschaften in Höhe von ..., bezogen auf ..., zugunsten des/der ... (ausgleichsberechtigter Ehegatte) den Betrag von ... zu zahlen.*
Der von dem ... (ausgleichsverpflichteter Ehegatte) an den ... (Versicherungsträger) zu zahlende Betrag wird, bezogen auf die Bezugsgrößenverordnung ... vom ... Bundesgesetzbl. I ..., auf ... neu festgesetzt.

4.3 Bestimmung des zuständigen Trägers

56 Das Gericht hat mit der Entscheidung nach § 1587 b Abs. 3 den Träger der gesetzlichen Rentenversicherung zu bezeichnen, an den die Zahlung zu leisten ist (§ 53 e Abs. 1 FGG). Das Gericht ist dabei nicht völlig frei. Es hat die Zuständigkeitsregeln zu beachten, soweit eine Zuständigkeit vorgegeben ist. Das ist nach § 1304 c Abs. 1 S. 1–3 RVO zu beurteilen (Verweisung in Abs. 1 Satz 4).

57 Soweit dem ausgleichsberechtigten Ehegatten die Wahl des Zweiges der gesetzlichen Rentenversicherung freisteht, in dem er versichert sein möchte, kann das Gericht ihm eine Frist setzen, innerhalb der er die Wahl treffen kann. Nach Ablauf der Frist entscheidet das Gericht nach pflichtgemäßem Ermessen, welcher Versicherungsträger für die Begründung der Rentenanwartschaft zuständig sein soll. Nach der Entscheidung kann der ausgleichsberechtigte Ehegatte sein Wahlrecht nicht mehr ausüben. Die Bezeichnung des Versicherungsträgers nach § 53 e Abs. 1 FGG ist, auch soweit an bestehende Zuständigkeitsregelung angeknüpft wird, nicht deklaratorischer Natur. Sie bindet den bezeichneten Versicherungsträger, auch wenn sie auf einer unzutreffenden Gesetzesanwendung beruht. Der ausgleichsberechtigte Ehegatte kann die Entscheidung über den Versorgungsausgleich mit der Begründung anfechten, der nach § 1587 b Abs. 3 festgesetzte Betrag sei an einen anderen als den bezeichneten Versicherungsträger zu leisten. Das ist folgerichtig, wenn man davon ausgeht, daß die Leistung an einen bestimmten Träger zum Inhalt des Anspruchs
58 gehört. Auch der betroffene Versicherungsträger kann die Entscheidung über den Versorgungsausgleich insoweit anfechten, als er durch die Bezeichnung als zuständiger Träger beschwert ist.

4.4 Folgen der Nichterfüllung des Anspruchs nach § 1587 b Abs. 3

59 Soweit der ausgleichsverpflichtete Ehegatte den Anspruch nach § 1587 b Abs. 3 nicht erfüllt, tritt der schuldrechtliche Versorgungsausgleich nach § 1587 f Nr. 3 ein. Maßgebender Zeitpunkt ist der Eintritt der Voraussetzung für die Geltendmachung des schuldrechtlichen Versorgungsausgleichs nach § 1587 g Abs. 1. Die Zahlung weiterer Beträge nach § 1587 Abs. 3 kommt dann nicht mehr in Betracht, da der Zahlungsanspruch erlischt (§ 1587 e Abs. 3). Der auf Grund dieser Vorschrift ergangene Titel wird obsolet. Er unterliegt der Aufhebung nach § 53 f FGG. Die Zuständigkeit für die Aufhebung der Entscheidung ist nach § 45 FGG i. d. F. des 1. EheRG zu beurteilen.

60 Die Nichterfüllung des Anspruchs nach § 1587 b Abs. 3 kann, wenn der verpflichtete Ehegatte sie zu vertreten hat, den anderen Ehegatten zum Schadensersatz berechtigen (vgl. Rdnr. 7 zu § 1587 d).

5 Ausgleich »in anderer Weise« nach § 1587 b Abs. 4

61 § 1587 b Abs. 4 ist im Laufe des Gesetzgebungsverfahrens eingefügt worden (BT 7/4361 S. 42). Die Vorschrift eröffnet die Möglichkeit, den Versorgungsausgleich abweichend von den drei Erfüllungsarten nach den Absätzen 1–3 zu regeln. Hierfür besteht ein Bedürfnis, weil es Fallgestaltungen gibt, bei denen die genannten Erfüllungsarten nicht sehr sinnvoll sind und die begrenzten Möglichkeiten, Vereinbarungen zu schließen (§ 1587 o), ebenfalls nicht zu befriedigenden Lösungen führen. Die Vorschrift ist keine allgemeine Billigkeitsklausel.

62 Zwei Alternativen sind vorgesehen. Eine andere Ausgleichsregelung ist möglich, wenn sich die Übertragung oder Begründung von Rentenanwartschaften voraussichtlich nicht zugunsten des Berechtigten auswirken würde. Auswirkung ist hier i. S. des Erstarkens des Anwartschaftsrechts zum Vollrecht zu verstehen. Bei der Prognose ist nicht kleinlich zu verfahren. Die Voraussetzungen sind gegeben, wenn abzusehen ist, daß der ausgleichsberechtigte Ehegatte die für eine Rente wegen Erwerbs- oder Berufsunfähigkeit erforderliche kleine Wartezeit von 60 Kalendermonaten (§ 1246 Abs. 3, § 1247 Abs. 3 RVO) nicht erfüllen wird (BT 7/4361 S. 42). Liegen keine Anhaltspunkte vor, daß der ausgleichsberechtigte Ehegatte erwerbs- oder berufsunfähig wird, erscheint es vertretbar, eine andere Art des Ausgleichs auch zuzulassen, wenn der Ehegatte aller Voraussicht nach die große Wartezeit für das Altersruhegeld (§ 1248 Abs. 7 RVO) nicht mehr erfüllen wird. Die theoretische Möglichkeit, daß er vorher erwerbs- oder berufsunfähig wird, sollte einer Anwendung des § 1587 b Abs. 4 nicht entgegenstehen.

63 Die zweite Alternative des § 1587 b Abs. 4 behandelt den Fall, daß der Versorgungsausgleich nach der gegebenen Erfüllungsart unwirtschaftlich wäre. Der Bericht des Rechtsausschusses (BT

7/4361 S. 42) gibt dazu ein Beispiel. So soll ein anderweitiger Ausgleich unwirtschaftlich sein, wenn sowohl der *»Ausgleichsverpflichtete als auch der Ausgleichsberechtigte ausschließlich Anrechte auf eine Beamtenversorgung besitzen und dem Ausgleichsberechtigten mit Anwartschaften in einer gesetzlichen Rentenversicherung nicht gedient wäre«*. Nicht erkennbar ist, worin konkret das Moment der Unwirtschaftlichkeit zu sehen ist, zumal nicht einmal unterstellt wird, daß der ausgleichsberechtigte Ehegatte bereits eine ausreichende Altersversorgung erlangt hat. In der Tat scheint hier eher der Gesichtspunkt im Vordergrund zu stehen, daß der Ehegatte, der Anwartschaften der gesetzlichen Rentenversicherung nicht bedarf (ihm damit *»nicht gedient wäre«*), deren Erwerb aufwendig ist, sondern daß es ausreicht, wenn er eine weniger aufwendigere zusätzliche Altersversorgung erlangt. Das ist aber keine Frage der Wirtschaftlichkeit im konkreten Einzelfall, sondern ein Einwand gegen das System der Kanalisierung des Ausgleichs in § 1587 b Abs. 3. Aus Gründen der Praktikabilität wird man sich einer so weitgehenden Auslegung der Vorschrift nicht verschließen können (vgl. *Ruland* NJW 1976, 1713). Der Gesichtspunkt der Unwirtschaftlichkeit ist sowohl auf seiten des ausgleichsberechtigten, als auch auf seiten des ausgleichsverpflichteten Ehegatten zu berücksichtigen. Der ausgleichsverpflichtete Ehegatte ist befugt, den Antrag auf anderweitigen Ausgleich zu stellen. Das gibt nur dann einen Sinn, wenn er geltend machen kann, daß der Ausgleich für ihn unwirtschaftlich wäre. Dafür besteht ein Bedürfnis. Müßte er z. B. angelegtes Vermögen mit hohem Verlust liquidieren, um den Betrag nach § 1587 b Abs. 3 zu zahlen, kann diese Art des Ausgleichs unwirtschaftlich sein. Bezogen auf den ausgleichsberechtigten Ehegatten kann es unwirtschaftlich sein, wenn er den zu zahlenden Betrag zur Konsolidierung einer bereits vorhandenen Alterssicherung benötigt und dies im Ergebnis vorteilhafter für ihn ist, z. B. Stabilisierung eines Beteiligungsverhältnisses.

64 Das Gesetz gibt keine Anhaltspunkte dafür, wie der Ersatz-Ausgleich beschaffen sein muß, insbesondere sieht es keine Einschränkungen dem Gegenstand nach vor. Vorstellbar sind Alterssicherungen unterschiedlicher Art: Private Lebensversicherungen, Leibrente, Beteiligung an Unternehmen, Überlassung von Grundbesitz zum Vermieten, Überlassung einer Wohnung oder eines Wohnrechts usw. Das Gericht kann als Ersatz-Ausgleich anordnen, daß anstelle des öffentlich-rechtlichen Versorgungsausgleichs mit seinen Erfüllungsarten nach § 1587 b Abs. 1–3 der schuldrechtliche Versorgungsausgleich tritt (vgl. § 1587 f Nr. 5). Eine solche Lösung wird sich insbesondere empfehlen, wenn die Voraussetzungen für den schuldrechtlichen Versorgungsausgleich nach § 1587 g in absehbarer Zeit eintreten werden.

65 Das Gericht ist nicht befugt, eine anderweitige Regelung zu treffen, die zur Begründung oder Übertragung von Anwartschaftsrechten in einer gesetzlichen Rentenversicherung führen würde (§ 1587 b Abs. 4, 2. Hs., § 1587 o Abs. 1 Satz 2). Ob dies auch gelten muß, wenn es sich um Anwartschaften handelt, die nach § 1587 b ohne-

hin zu begründen oder zu übertragen wären, wenn eine Ersatzregelung nach § 1587 b Abs. 4 unterbliebe, ist zweifelhaft. Der Normzweck des § 1587 o Abs. 1 Satz 2 gebietet dies nicht, da die abweichende Regelung sich im Rahmen der gesetzlichen Möglichkeiten hält.

66 Ein dem § 1587 o Abs. 1 Satz 2 entsprechendes Verfügungsverbot über Anwartschaften auf beamtenrechtliche Versorgung ist nicht ausdrücklich vorgesehen. Es ergibt sich aus dem allgemeinen Grundsatz der Unverfügbarkeit über solche Rechte. Einer ausdrücklichen Regelung bedurfte es nicht, da dieser Grundsatz im 1. EheRG (anders als bei den Anwartschaften der gesetzlichen Rentenversicherungen) nicht angetastet worden ist.

67 Man wird nicht verlangen können, daß die Ersatz-Altersversorgung denselben Grad rechtlicher Absicherung aufweist wie die gesetzliche Rentenversicherung. Sonst würde § 1587 b Abs. 4 weitgehend unanwendbar. Als Maßstab können die Grundsätze des § 1587 o Abs. 2 Satz 3 herangezogen werden.

68 Soweit es den Ausgleich nach § 1587 b Abs. 3 betrifft, kann eine anderweitige Regelung auch von den Ehegatten nach § 1587 o vereinbart werden, die der gerichtlichen Genehmigung bedarf.

6 Einschränkungen des Versorgungsausgleichs nach § 1587 b Abs. 5

69 Die Vorschriften über die gesetzlichen Rentenversicherungen lassen die Begründung einer der Höhe nach unbegrenzten Anwartschaft nicht zu. Die persönliche Bemessungsgrundlage wird nur bis zur Höhe von 200 % der allgemeinen Bemessungsgrundlage berücksichtigt (§ 1255 Abs. 1 RVO). Dementsprechend wird aus einer überschießenden Anwartschaft die Rente nach den Vorschriften berechnet, die für die (nicht dynamisierten) Steigerungsbeträge aus Beiträgen der Höherversicherung gelten (§§ 1260 b, 1261 RVO). § 1587 b Abs. 5 stellt sicher, daß dieser Grundsatz seine Wirkung behält, wenn Anwartschaften der gesetzlichen Rentenversicherung nach § 1587 b Abs. 1–3 übertragen oder begründet werden. Der Höchstbetrag der Anwartschaften einschließlich der bereits vorhandenen Anwartschaften darf den in § 1304 a Abs. 1 Satz 4, 5 RVO bezeichneten Höchstbetrag nicht überschreiten. Der Betrag errechnet sich bei angenommener Scheidung im Jahr 1977 nach einer Ehedauer von 2,5 Jahren wir folgt:

Höchstbetrag = allgemeine Bemessungsgrundlage x Ehezeit in Kalendermonaten x 0,0002083 = 20 161 x 30 x 0,0002083 = 20 161 x 0,006249 = 125,986, DM = gerundet 125,99 DM.

71 Der aus sich nicht verständliche Faktor von 0,0002083 läßt sich aus der Rentenformel ableiten, wenn man von dem Höchstsatz der persönlichen Bemessungsgrundlage, bezogen auf einen Monat, ausgeht. Der Höchstsatz beträgt 200 % für ein Versicherungsjahr, also 16,66 für einen Monat (200 : 12). Die Zahl 16,66 ist mit der

konstanten 0,0000125 der Rentenformel (vgl. Rdnr. 14 zu § 1587 a) zu vervielfältigen. Daraus ergibt sich der Faktor 0,0002083 (vgl. auch *Ruland* NJW 1976, 1713).

Die Berechnung auf der Grundlage der Nr. 6 der Bekanntmachung von Rechnungsgrößen (vgl. Rdnr. 17 a zu § 1587 a) ergibt:
30 Ehemonate × 4,1995363 = 125,986 = 125,99

72 Soweit eine Begründung oder Übertragung von Anwartschaften nicht in Betracht kommt, weil der Höchstbetrag erreicht ist, findet der schuldrechtliche Versorgungsausgleich statt (§ 1587 f Nr. 2). Sind entgegen der Vorschrift des § 1587 b Abs. 5 Anwartschaften übertragen oder begründet worden mit der Folge, daß der Höchstbetrag überschritten wird, bleiben die dem überschießenden Betrag entsprechenden Werteinheiten außer Ansatz. Das ergibt sich aus § 1304 a Abs. 1 Satz 3 RVO für den Fall der Übertragung von Anwartschaften und im übrigen durch Verweisung auf diese Vorschrift (§ 1304 b Abs. 1 Satz 1, § 1304 b Abs. 2 Satz 1 RVO). Diese Regelung ist bemerkenswert, weil sie auf ungewöhnliche Art die Rechtskraft einer (wegen § 1587 b Abs. 5 falschen) Entscheidung unterläuft, indem sie den Vollzug teilweise inhibiert. Daraus ergeben sich schwer lösbare Probleme. Die Übertragung oder Begründung von Anwartschaften ist im Verhältnis der Parteien zueinander rechtskräftig entschieden und damit endgültig. Da der Vollzug ausbleibt, erhält der berechtigte Ehegatte die Leistung nicht. Die Vorschriften des schuldrechtlichen Versorgungsausgleichs, die hilfsweise Grundlage der Leistung sein könnten, setzen andererseits voraus, daß die Übertragung oder Begründung nicht stattgefunden hat (§ 1587 f Nr. 2), was nicht der Fall ist. In Betracht
73 kommt eine entsprechende Anwendung des § 1587 f Nr. 2. Sie ist gerechtfertigt, wenn die Wirkung der Übertragung oder Begründung von Rentenanwartschaften nicht eingetreten ist. Beim ausgleichsberechtigten Ehegatten werden die überschießenden Werteinheiten nicht berücksichtigt (§ 1304 a Abs. 1 Satz 3 RVO); beim ausgleichspflichtigen Ehegatten ist das zweifelhaft, denn § 1304 a Abs. 4 RVO, der die Kürzung der Rente betrifft, bezieht sich nur auf die »ermittelten Werteinheiten« (vgl. Abs. 1 Satz 1), nicht auf die zu berücksichtigenden Werteinheiten (Abs. 1 Satz 3). Nur wenn § 1304 a Abs. 4 RVO die Auslegung zuläßt, daß auch auf seiten des ausgleichspflichtigen Ehegatten die überschießenden Werteinheiten als nicht übertragen oder begründet gelten, kann eine entsprechende Anwendung des schuldrechtlichen Versorgungsausgleichs in Betracht gezogen werden.

74 Zu denken wäre auch an eine Anwendung der §§ 1260 b, 1261 RVO, die einen vergleichbaren Fall regeln. Aus den überschießenden Beträgen könnte der ausgleichsberechtigte Ehegatte dann Steigerungsbeträge wie im Fall der Höherversicherung erhalten. Diese sind nicht dynamisiert, so daß dem ausgleichsberechtigten Ehegatten Nachteile erwachsen würden.

75 Im übrigen ist bei gerichtlichen Fehlentscheidungen auf dem Gebiet des Versorgungsausgleichs zu unterscheiden. Die Übertragung von Rentenanwartschaften ist nur insoweit möglich, als Rentenanwart-

schaften vorhanden sind. Das Gericht kann nicht – auch nicht durch rechtskräftige Entscheidung – den Gegenstand der Übertragung vermehren. Daraus folgt, daß eine Entscheidung insoweit leer läuft, als sie die Übertragung nicht vorhandener Anwartschaften vorsieht. Dasselbe dürfte auch im Fall der Begründung von Rentenanwartschaften nach § 1587 b Abs. 2 gelten; die Verweisung auf § 1304 a Abs. 1 in § 1304 b Abs. 2 bezieht sich wohl auch auf eine sinngemäße Anwendung des Satzes *»soweit sie in dem als Versicherungsfall geltenden Zeitpunkt beim Verpflichteten vorhanden waren«*.

In den anderen Fällen schließt die Rechtskraft der Entscheidung eine Korrektur eines unzutreffenden Ergebnisses aus.

Ein Versorgungsausgleich findet nicht statt,

1. soweit die Inanspruchnahme des Verpflichteten unter Berücksichtigung der beiderseitigen Verhältnisse, insbesondere des beiderseitigen Vermögenserwerbs während der Ehe oder im Zusammenhang mit der Scheidung, grob unbillig wäre; hierbei dürfen Umstände nicht allein deshalb berücksichtigt werden, weil sie zum Scheitern der Ehe geführt haben;
2. soweit der Berechtigte in Erwartung der Scheidung oder nach der Scheidung durch Handeln oder Unterlassen bewirkt hat, daß ihm zustehende Anwartschaften oder Aussichten auf eine Versorgung, die nach § 1587 Abs. 1 auszugleichen wären, nicht entstanden oder entfallen sind;
3. soweit der Berechtigte während der Ehe längere Zeit hindurch seine Pflicht, zum Familienunterhalt beizutragen, gröblich verletzt hat.

Überblick

1 Allgemeines

1 § 1587 c ist im Laufe des Gesetzgebungsverfahrens abweichend vom RegE gefaßt worden, der folgenden Wortlaut hat:

Eine Ausgleichsverpflichtung gemäß § 1587 b Abs. 1, 2 besteht nicht,

1. *soweit die Inanspruchnahme des Verpflichteten unter Berücksichtigung der beiderseitigen wirtschaftlichen Verhältnisse, insbesondere des beiderseitigen Vermögenserwerbs in der Ehe, grob unbillig wäre;*
2. *soweit der Berechtigte in Erwartung der Scheidung durch Handeln oder Unterlassen bewirkt hat, daß ihm zustehende Anrechte oder Aussichten auf eine Versorgung, die nach § 1587 auszugleichen wäre, nicht entstanden oder entfallen sind;*
3. *soweit der Berechtigte während der Ehe längere Zeit hindurch seine Pflicht, zum Familienunterhalt beizutragen, gröblich verletzt hat.*

2 Auffallend sind folgende Änderungen: In Nr. 1 wird auf die *»beiderseitigen Verhältnisse«* abgestellt, nicht auf die *»wirtschaftlichen Verhältnisse«*. Eine Erweiterung enthält die Nr. 1 auch insoweit, als auch ein Vermögenswert »im Zusammenhang mit der Scheidung« berücksichtigt werden kann. Die Erweiterung hat es notwendig gemacht, den letzten Halbsatz der Nr. 1 einzufügen, um zu vermeiden, daß § 1587 c zu einer Härteklausel wegen verschuldeten Scheiterns der Ehe würde. Ihre endgültige Fassung hat die Nr. 1 im Vermittlungsausschuß erhalten (BT 7/4992). In der Nr. 2 sind die Worte *»oder nach der Scheidung«* hinzugekommen. Die Nr. 3 entspricht der Fassung des RegE.

2 Wirkungen der Härteklausel, Verhältnis zum schuldrechtlichen Versorgungsausgleich

3 Liegen die Voraussetzungen der Härteklausel vor, findet der Versorgungsausgleich nicht statt (nach dem RegE sollte lediglich eine Ausgleichsverpflichtung nach § 1587 b nicht bestehen; ein sachlicher Unterschied läßt sich daraus nicht ableiten). Das ist im materiellrechtlichen Sinn zu verstehen. Das Verfahren über den Versorgungsausgleich findet schon deshalb statt, weil über die Anwendung der Härteklausel zu entscheiden ist. § 1587 c ist von Amts wegen zu beachten. Der Ausschluß des Ausgleichs muß sich nicht auf die Gesamtheit der auszugleichenden Anwartschaften beziehen. Aus der Einschränkung *»soweit«* folgt, daß ein teilweiser Ausschluß möglich ist. Er kann sich gegenständlich auf bestimmte Anwartschaften beziehen, was im Fall der Nr. 2 naheliegt, oder eine allgemeine Reduzierung zur Folge haben, die keinen notwendigen Bezug zu einer bestimmten Anwartschaft haben muß.

4 § 1587 c gilt nur für den öffentlich-rechtlichen Versorgungsausgleich. Für den schuldrechtlichen Versorgungsausgleich ist eine eigenständige Härteklausel vorgesehen (§ 1587 h). Die beiden Härteklauseln sind rechtlich unabhängig voneinander. Ist z. B. im Rahmen der Durchführung des öffentlich-rechtlichen Versorgungsausgleichs entschieden worden, daß die Voraussetzungen des § 1587 c Nr. 3 vorliegen, dann hat das keine Wirkungen auf einen Ausgleichsanspruch im Rahmen des schuldrechtlichen Versorgungsausgleichs. Das Gericht ist nicht gehindert, bei der Prüfung nach § 1587 h Nr. 3 abweichend zu entscheiden. Das muß wohl auch gelten, wenn das Gericht bei der Berechnung nach § 1587 g, die eine Gesamtberechnung sein kann, über die Berücksichtigung von Anwartschaften zu entscheiden hat, die Gegenstand des öffentlich-rechtlichen Versorgungsausgleichs waren. Hat z. B.
5 das Gericht entschieden, daß eine Anwartschaft nach § 1587 c Nr. 2 unberücksichtigt bleibt, muß das Gericht beim schuldrechtlichen Versorgungsausgleich prüfen, ob diese Anwartschaft bei der Gesamtberechnung nach § 1587 g außer Betracht zu lassen ist. Das ist möglich, wenn im Rahmen des Verfahrens über den schuldrechtlichen Versorgungsausgleich insoweit die hierfür vorgesehene

Härteklausel nach § 1587 h anzuwenden ist, sonst nur, wenn man den Standpunkt für vertretbar hält, daß die Anwartschaft wegen der Vorentscheidung, sie gegenständlich nicht in den öffentlich-rechtlichen Versorgungsausgleich einzubeziehen, als *»weggefallen«* i. S. von § 1587 g angesehen werden kann. Eine solche Auslegung ist nicht unbedenklich, da die Nichtberücksichtigung dieser Anwartschaft keine rechtsgestaltende Kraft hat.

3 Vereinbarungen über die Härteklausel

6 Die Parteien können Vereinbarungen über die Anwendung der Härteklausel nur in dem allgemein vorgegebenen Rahmen schließen (vgl. Rdnr. 18 ff. zu § 1857 o).

4 Härteklausel nach § 1587 c Nr. 1

7 *a)* Die Inanspruchnahme des Verpflichteten muß grob unbillig sein. Der Begriff der groben Unbilligkeit ist derselbe wie in § 1579 (vgl. dort Rdnr. 3 und *BGH* NJW 1973, 749).

8 *b)* Grundlage der Beurteilung sind die beiderseitigen Verhältnisse. Diese sind, sieht man von dem letzten Halbsatz ab, in keiner Weise eingeschränkt. *»Verhältnisse«* umfaßt die Gesamtheit der Umstände, die für die gegenwärtige und künftige Lebensführung jedes Ehegatten relevant ist. Beiderseitig bedeutet nicht gemeinsam. Zu berücksichtigen sind daher die Verhältnisse jedes der Ehegatten, auch wenn sie nicht gemeinsam sind. Zieht man in Betracht, daß Umstände, die zum Scheitern der Ehe geführt haben, nicht allein aus diesem Grund berücksichtigt werden dürfen, schrumpft der Anwendungsbereich der Nr. 1, soweit es um nicht wirtschaftliche Verhältnisse geht, so stark, daß es Schwierigkeiten bereitet, Anwendungsfälle zu finden. Dabei ist zu beachten, daß der Versorgungsausgleich kein Mittel zur Belohnung oder Bestrafung eines Ehegatten ist, sondern ein Verteilungsverfahren für gemeinsam erwirtschaftete Vermögenswerte. Die Zurückhaltung, die bei der Anwendung der Härteklausel im Rahmen des Zugewinnausgleichs (§ 1381) erkennbar ist, wenn es um die Berücksichtigung persönlichen Fehlverhaltens geht, ist erst recht bei dem restriktiver gestalteten § 1587 c Nr. 1 geboten. Allenfalls ist an Verhaltensweisen zu denken, die nach § 2335 Nr. 1, 2 und 3 die Entziehung des Pflichtteils rechtfertigen würden.

9 Im Rahmen der Beurteilung wirtschaftlicher Verhältnisse kann insbesondere der *»beiderseitige Vermögenserwerb während der Ehe«* eine Rolle spielen. Gemeint ist ein unterschiedlicher Vermögenserwerb, dessen Ausgleich dem Normzweck widersprechen würde. In erster Linie ist an folgende Fallgestaltungen zu denken:

aa) Ehegatte A erwirbt Anwartschaften i. S. von § 1587 a. Ehegatte B erwirbt Vermögenswerte, die nicht in den Versorgungsausgleich fallen, z. B. Kapitalversicherungen oder Grundbesitz. Ein Ausgleich zu Lasten des A würde jedenfalls dann grob unbillig sein, wenn die Ehegatten in Gütertrennung leben, weil dann nicht einmal ein güterrechtlicher Ausgleich stattfände.

11 *bb)* Ehegatte A erwirbt Anwartschaften i. S. von § 1587 a. Ehegatte B verfügt über eine Versorgung, die nicht Gegenstand des Versorgungsausgleichs ist, z. B. einer Rente aus einer Unfallversicherung oder nach dem BVG (vgl. Rdnr. 6 zu § 1587; *Belchaus* FamRZ 1973, 342; *Ruland* NJW 1976, 1713).

12 *cc)* Ehegatte A erwirbt Anwartschaften i. S. von § 1587 a; er geht einer versicherungspflichtigen Tätigkeit nach, um dem Ehegatten B eine Ausbildung zu finanzieren. In aller Regel wäre es grob unbillig, wenn Ehegatte A insoweit ausgleichspflichtig würde (vgl. BT 7/4361 S. 43; 7/4694 S. 17; *Ruland* NJW 1976, 1713).

13 Nach § 1587 c Nr. 1 ist auch der beiderseitige Vermögenserwerb *»im Zusammenhang mit der Scheidung«* zu berücksichtigen. Damit soll sichergestellt werden, daß der Vermögenserwerb aus einer güterrechtlichen Ausgleichsforderung nach § 1378 herangezogen wird. Das ist selbstverständlich, da der *»Vermögenserwerb«* nicht mit dem Entstehen der Ausgleichsforderung eintritt, diese den Erwerb während der Ehezeit vielmehr voraussetzt.

14 § 1587 c Nr. 1 ist keine allgemeine Billigkeitsklausel, die es rechtfertigen würde, den Versorgungsausgleich allein deshalb auszuschließen, weil der ausgleichsberechtigte Ehegatte vermögender ist als der andere, wenn die unterschiedliche Vermögenslage in keinem Zusammenhang mit der Ehe steht. Verfügt ein Ehegatte z. B. über ein beachtliches voreheliches Vermögen, das ihm die Altersversorgung sichert, schließt das den Ausgleich zu seinen Gunsten nicht grundsätzlich aus (vgl. die weitergehende Fassung der entsprechenden Härteklausel beim schuldrechtlichen Versorgungsausgleich § 1587 h Nr. 1).

5 Härteklausel nach § 1587 c Nr. 2

5.1 Allgemeines

15 In den Versorgungsausgleich fallen zum Zeitpunkt der Rechtshängigkeit des Scheidungsantrags vorhandene Anwartschaften oder Aussichten der in § 1587 a Abs. 2 genannten Art. Wenn ein Ehegatte vor diesem Zeitpunkt eine ihm zustehende Anwartschaft liquidiert oder sonst zum Erlöschen bringt, wirkt sich das auf den Ausgleichsanspruch aus. Dasselbe gilt, wenn er vereitelt, daß Anwartschaften, die zum Versorgungsausgleich geführt hätten, entstehen. Daraus resultierende Unbilligkeiten aufzufangen, ist Zweck des § 1587 c Nr. 2.

5.2 Anwendung des § 1587 c Nr. 2 zugunsten des Berechtigten

16 Die Vorschrift behandelt nur den Fall, daß der an sich Berechtigte das Entstehen einer Anwartschaft oder Aussicht vereitelt; die Folge ist, daß er insoweit nicht ausgleichsberechtigt wird. Eine Regelung für den Fall, daß der an sich ausgleichspflichtige Ehegatte durch Einwirkung auf seine Anwartschaften oder Aussichten eine Verkürzung des Ausgleichsanspruchs des anderen Teils herbeiführt, ist nicht vorgesehen. Begründet wird diese Differenzierung damit, *»daß die notwendige Erhaltung der wirtschaftlichen Entscheidungsfreiheit und der beruflichen Mobilität der Ehegatten«* erhalten werden müsse (*Amtl. Begr.* S. 163). Die Begründung überzeugt schon deshalb nicht, weil das – beachtenswerte – Postulat es verdient, für den ausgleichsberechtigten und den ausgleichsverpflichteten Ehegatten zu gelten. Sie überzeugt auch deshalb nicht, weil § 1587 c Nr. 2 ein Anwendungsfall des allgemeinen Grundsatzes des § 162 ist und der Grundsatz des § 162 bei wechselseitigen Rechtsbeziehungen nicht willkürlich zu Lasten einer Partei eingeschränkt werden kann. Deshalb liegt es nahe, den Gedanken des § 1587 c Nr. 2 auch anzuwenden, wenn der an sich ausgleichsverpflichtete Ehegatte eine Anwartschaft oder Aussicht *»wegmanipuliert«* (a. A. unter Hinweis auf die Amtl. Begr. *Ruland* NJW 1976, 1713; *Voskuhl-Pappai-Niemeyer* § 1587 c III 5). Das wirkt sich in der Weise aus, daß der verpflichtete Ehegatte sich bei der Berechnung der Höhe des Ausgleichsbetrages (§ 1587 a) so behandeln lassen muß, als wäre die fragliche Anwartschaft oder Aussicht vorhanden. Bei der Durchführung des Ausgleichs kann sie allerdings insoweit nicht fingiert werden, als ihre Existenz für die Zwecke der Aufteilung (§ 1587 b Abs. 1, 2) vorausgesetzt wird. Sie ist dann wie eine nach § 1587 b Abs. 3 auszugleichende Anwartschaft anzusehen.

5.3 Einwirkung durch Handeln oder Unterlassen

17 Eine relevante Einwirkung durch Unterlassen liegt vor, wenn der Fortbestand der Anwartschaft ein Handeln erforderlich gemacht hätte, z. B. Entrichtung von Beiträgen, Erklärung über die Verlängerung von Laufzeiten u. ä. Sie kann sich wohl nicht auf die Entstehung einer Anwartschaft beziehen *(»nicht entstanden«)*, da die bloße Nichtausnutzung von Möglichkeiten kaum konkretisierbar ist. Durch Handeln wirkt ein Ehegatte ein, wenn er z. B. einen Rentenversicherungsvertrag kündigt, ihn in eine Kapitalversicherung umwandelt (vgl. Rdnr. 108 zu § 1587 a), ein versicherungspflichtiges Arbeitsverhältnis kündigt oder ein solches, das eine betriebliche Altersversorgung sichert, aufgibt. Eine Handlung, die zum Nichtentstehen der Anwartschaft führt, kann gegeben sein, wenn der Ehegatte den Beginn eines (fakultativ vorgesehenen) Versicherungsverhältnisses durch Negativerklärung ausschließt.

18 In Erwartung der Scheidung bedeutet mehr als einen nur zeitlichen Zusammenhang mit der Scheidung. Auch ein *»bewußter Zusammenhang«* (vgl. *Amtl. Begr.* S. 162; BT 7/4361 S. 44; *Ruland* NJW 1976, 1713; *Voskuhl-Pappai-Niemeyer* § 1587 c III 2) reicht nicht aus, zumal das *»Bewußtsein«* nichts darüber aussagt, wie das Verhalten zu bewerten ist.

19 Eine sachgerechte Auslegung kann aber ohne eine Wertung nicht auskommen. Das zeigen vergleichbare Regelungen wie §§ 162, 1375. Man wird daher voraussetzen müssen, daß die Einwirkung auf das Anwartschaftsrecht einen anstößigen Aspekt hat. Dazu folgende Beispiele, die aufzeigen sollen, daß der nur bewußte Zusammenhang kein angemessenes Kriterium ist:

20 *a)* Ein Ehegatte, der vom anderen Ehegatten im Zusammenhang mit der bevorstehenden Scheidung belästigt und bedroht wird, verläßt seinen bisherigen Wohnort und gibt damit die Anwartschaft auf eine betriebliche Altersversorgung auf.

21 *b)* Ein Ehegatte kündigt eine private Rentenversicherung, um die Internatsunterbringung eines Kindes zu finanzieren. Dies ist notwendig wegen der bevorstehenden Trennung und Scheidung der Ehegatten.

22 *c)* Ein Ehegatte gibt seinen Arbeitsplatz auf, um die Kinder zu versorgen, nachdem die Schwiegereltern, die die Pflege übernommen hatten, diese mit Rücksicht auf die bevorstehende Scheidung nicht mehr fortführen. Der Ehegatte verliert seinen Anspruch auf betriebliche Altersversorgung.

23 *d)* Ein Ehegatte hat die Möglichkeit, in eine betriebliche Versorgung aufgenommen zu werden. Er macht davon keinen Gebrauch, weil er davon ausgeht, daß er mit Rücksicht auf die bevorstehende Scheidung zur Aufbringung von Eigenleistungen nicht in der Lage sein wird.

24 In all diesen Fällen ist es zumindest nicht selbstverständlich, daß § 1587 c Nr. 2 Anwendung finden soll, obwohl die Einwirkung auf die Anwartschaften *»in Erwartung der Scheidung«* erfolgt ist. Das gilt schließlich auch, wenn die Anwartschaft für einen gemeinsamen Zweck liquidiert wird, z. B. wenn eine private Rentenversicherung gekündigt wird, um aus dem Deckungskapital die Scheidungskosten oder eheliche Schulden oder die Kosten einer aufwendigen ärztlichen Behandlung für ein gemeinsames Kind zu zahlen.

25 Generell wird man davon ausgehen können, daß § 1587 c Nr. 2 anwendbar ist, wenn der Ehegatte durch die Einwirkung auf die Anwartschaft oder Aussicht sich im Hinblick auf den bevorstehenden Versorgungsausgleich einen wirtschaftlichen Vorteil verschaffen oder dem anderen einen Nachteil zufügen will; der objektiv eintretende Vor- oder Nachteil ist aber ohne Belang, wenn es für die Verfügung über die Anwartschaft einen triftigen Grund

gibt, der das Verhalten des Ehegatten einleuchtend erscheinen läßt.

26 Soweit in § 1587 c auch Handeln oder Unterlassen nach der Scheidung relevant sein soll, bedarf es derselben einschränkenden Auslegung. Es wäre unvertretbar, wenn jede Einwirkung auf eine Anwartschaft ohne Rücksicht auf die Gründe und die Folgen zum Ausschluß des Versorgungsausgleichs führen würde. Ein Ehegatte kann z. B. wegen tiefgreifender unverschuldeter Zerwürfnisse mit seinem Arbeitgeber genötigt sein, seinen Arbeitsplatz zu wechseln. Er verliert damit u. U. die Anwartschaft auf betriebliche Altersversorgung. Es wäre unangemessen, wenn er dies nur um den Preis eines Verlustes nach § 1587 c Nr. 2 tun könnte (zutr. *Ruland* NJW 1976, 1713).

27 Eine Einwirkung auf eine Anwartschaft oder Aussicht *»nach der Scheidung«* kommt im übrigen nur in Betracht, wenn über den Versorgungsausgleich nachträglich (§ 628 ZPO) zu entscheiden ist.

6 Härteklausel nach § 1587 c Nr. 3

28 Gröbliche Verletzung der Unterhaltspflicht i. S. von § 1587 c Nr. 3 ist ein weiterer Grund für den Ausschluß des Versorgungsausgleichs. Die Regelung ist im Gesetzgebungsverfahren umstritten gewesen. Eine entsprechende Vorschrift im Unterhaltsrecht ist mit Rücksicht auf die geltend gemachten Bedenken ersatzlos gestrichen worden (vgl. § 1580 Abs. 1 Nr. 4 RegE; BT 7/4361 S. 32).

29 Die Pflicht, zum Unterhalt beizutragen, ist nach §§ 1360, 1360 a zu beurteilen (vgl. Rdnr. 7 ff. zu § 1310). Ist einem Ehegatten die Haushaltsführung überlassen, erfüllt er seine Verpflichtung, zum Unterhalt beizutragen, in der Regel durch die Führung des Haushalts (§ 1360 Satz 2). In diesem Fall kann eine Verletzung i. S. von § 1587 c Nr. 3 vorliegen, wenn der Haushalt nicht ordnungsgemäß geführt wird. Da dem Ehegatten im allgemeinen ein weiter Spielraum für die Art und Weise der Haushaltsführung einzuräumen ist, wird man nur deutliche Abweichungen von der Norm als Pflichtverletzung qualifizieren können. Die Pflichtverletzung muß der Ehegatte zu vertreten haben. Das ist zwar nicht ausdrücklich geregelt, ergibt sich aber aus der Natur der Pflichtverletzung, der subjektive Momente eigen sind. Haben zwischen den Ehegatten Meinungsverschiedenheiten darüber bestanden, wem die Haushaltsführung obliegt, und ist es aus diesem Grund zur Vernachlässigung des Haushalts gekommen, wird dies nur in Ausnahmefällen ein zureichender Grund sein, die Härteklausel anzuwenden. Eine unzutreffende Einschätzung der Verhältnisse (nachträglich festgestellt) wird man zumindest nicht als gröbliche Verletzung qualifizieren müssen. Keinem der Ehegatten wird man den Vorwurf machen können, die Streitfrage nicht gerichtlich ausgetragen zu haben.

30 Die bloße Aufhebung der ehelichen Lebensgemeinschaft, mag sie auch ungerechtfertigt gewesen sein, ist keine Verletzung der Pflicht, zum *Familien*unterhalt beizutragen, auch wenn dadurch die Möglichkeiten, einen Beitrag zu leisten, entfallen sind (vgl. Rdnr. 16 zu § 1361 und Rdnr. 17 zu § 1579). § 1587 c Nr. 3
31 bezieht sich nur auf die Verletzung der Pflicht, zum Familienunterhalt beizutragen. Ob daraus zu folgern ist, daß die Vorschrift keine Anwendung findet, wenn die Ehegatten getrennt leben, so daß der Unterhalt in Form einer Rente zu entrichten ist, ist zweifelhaft.

32 Die Pflichtverletzung muß gröblich sein, also einen hohen Grad an Fehlverhalten aufweisen. In § 1587 c Nr. 3 wird nur einseitig auf das Fehlverhalten des Berechtigten abgestellt. Eine Abwägung und eventuelle Kompensation von Verhaltensweisen beider ist ebenso wenig vorgesehen wie die Berücksichtigung sonstiger Billigkeitsgesichtspunkte. Dies ist aber zur Vermeidung unerträglicher Ergebnisse unumgänglich. Es wäre unverständlich, wenn ein Ehegatte unter Hinweis auf Pflichtverletzungen des anderen Ehegatten i. S. von § 1587 c Nr. 3 sich im Rahmen des Versorgungsausgleichs Vorteile verschaffen könnte, obwohl er selbst vergleichbare oder schwerwiegendere Verletzungen begangen hat. Deshalb ist davon auszugehen, daß die Pflichtwidrigkeit des ausgleichsberechtigten Ehegatten durch ein gleich schwerwiegendes Fehlverhalten des anderen Ehegatten i. S. von § 1587 c Nr. 3 aufgehoben wird. Die Verletzung der Unterhaltspflicht muß während der Ehe längere Zeit gedauert haben. Welcher Zeitraum das ist, läßt sich generell nicht sagen. Es liegt nahe, die Dauer der Pflichtverletzung zur Dauer der Ehe in eine Beziehung zu setzen.

(1) Auf Antrag des Verpflichteten kann das Familiengericht anordnen, daß die Verpflichtung nach § 1587 b Abs. 3 ruht, solange und soweit der Verpflichtete durch die Zahlung unbillig belastet, insbesondere außerstande gesetzt würde, sich selbst angemessen zu unterhalten und seinen gesetzlichen Unterhaltspflichten gegenüber dem geschiedenen Ehegatten und den mit diesem gleichrangig Berechtigten nachzukommen. Ist der Verpflichtete in der Lage, Raten zu zahlen, so hat das Gericht ferner die Höhe der dem Verpflichteten obliegenden Ratenzahlungen festzusetzen.

(2) Das Familiengericht kann eine rechtskräftige Entscheidung auf Antrag aufheben oder ändern, wenn sich die Verhältnisse nach der Scheidung wesentlich geändert haben.

Überblick Rdnr.

1 Allgemeines

1 Die Verpflichtung eines Ehegatten, den Ausgleich durch Zahlung eines Betrages als Beitrag zur gesetzlichen Rentenversicherung zu bewirken (§ 1587 b Abs. 3) kann, vor allem nach langer Dauer der Ehe, zu außerordentlichen Belastungen führen. Der Zahlungsanspruch nach § 1587 b Abs. 3 ist kein Unterhaltsanspruch, so daß die mangelnde Leistungsfähigkeit des Schuldners (§ 1581) unbeachtlich ist. Die Leistungsgrenze wird durch die Schutzvorschriften der Zwangsvollstreckung bestimmt. Das würde im Ergebnis zum Vorrang des Anspruchs auf Versorgungsausgleich nach § 1587 b Abs. 3 vor Unterhaltsansprüchen führen, was unbefriedigend ist, weil der Unterhaltsanspruch den aktuellen Lebensbedarf decken soll und ihm deshalb von der Natur der Sache ein
2 Vorrang gebührt. Andererseits ist zu berücksichtigen, daß der ausgleichsberechtigte Ehegatte an der auszugleichenden Versorgung nicht partizipiert, solange der nach § 1587 b Abs. 3 geschuldete Betrag nicht eingezahlt ist. Wird er z. B. erwerbs- oder berufsunfähig, erhält er keine Rente nach § 1246 oder § 1247 RVO. Eine spätere Einzahlung des Betrages löst einen Rentenanspruch nicht aus, da der Versicherungsfall bereits eingetreten ist. Aus all dem folgt, daß ein undifferenzierter Vorrang des Ausgleichsanspruchs

ebensowenig angemessen ist wie der von Unterhaltsansprüchen. Es bedarf eines Ausgleichs der Interessen, der die konkreten Umstände des Einzelfalls berücksichtigt. Diese Möglichkeit eröffnet § 1587 d.

2 Unbillige Belastung

3 Das Ruhen des Anspruchs nach § 1587 b Abs. 3 kann angeordnet werden, wenn der ausgleichspflichtige Ehegatte *»unbillig belastet«* wird. Ein solcher Fall der unbilligen Belastung ist u. a. gegeben, soweit der Ehegatte außerstande wäre, sich selbst angemessen zu unterhalten und seinen gesetzlichen Unterhaltsverpflichtungen gegenüber seinem geschiedenen Ehegatten und gleichrangig Berechtigten nachzukommen. Was zum eigenen angemessenen Unterhalt gehört, ist nach denselben Grundsätzen zu beurteilen, wie sie für die Begrenzung von Unterhaltsansprüchen maßgebend sind (vgl. § 1581). Die gesetzliche Unterhaltspflicht gegenüber dem geschiedenen Ehegatten richtet sich nach §§ 1569 ff. (für Alt-Ehen §§ 58 ff. EheG). Beruht die Unterhaltsverpflichtung auf einer Vereinbarung, ist dies unschädlich, wenn es sich um die Feststellung einer bestehenden gesetzlichen Unterhaltspflicht handelt (vgl. Rdnr. 7 zu § 1585 c). Der Rang des Unterhaltsanspruchs des neuen Ehegatten richtet sich nach § 1582. Soweit der neue Ehegatte trotz des relativen Vorrangs des Anspruchs des geschiedenen Ehegatten einen, wenn auch niedrigeren, Unterhaltsanspruch hat (vgl. Rdnr. 10 zu § 1582), steht dieser dem Anspruch des geschiedenen Ehegatten nicht nach. Die Kinder haben gleichen Rang mit dem geschiedenen Ehegatten. Im übrigen vgl. zur Frage des Ranges §§ 1606 ff.

4 Andere Fälle unbilliger Belastung werden nur selten gegeben sein. Müßte ein Ehegatte gebundenes Vermögen außerordentlich unwirtschaftlich verwerten, um die Zahlung zu leisten, kann dies (temporär) unbillig sein, vorausgesetzt, er hat keine Möglichkeit der Kreditaufnahme. Ähnlich kann es liegen, wenn der Ehegatte ein Beteiligungsverhältnis, das ihm eine Erwerbstätigkeit sichert, liquidieren müßte.

5 Ob eine unbillige Belastung mit Rücksicht auf einen künftigen schuldrechtlichen Ausgleich angenommen werden kann, ist zweifelhaft. Wird z. B. eine im öffentlich-rechtlichen Versorgungsausgleich unberücksichtigt gebliebene Anwartschaft der betrieblichen Altersversorgung unverfallbar und steht fest, daß der aus dem öffentlich-rechtlichen Versorgungsausgleich berechtigte Ehegatte nunmehr ausgleichspflichtig würde, wäre es unbillig, wenn der andere Ehegatte gleichwohl noch Leistungen nach § 1587 b Abs. 3 erbringen müßte. Die unbillige Belastung bezieht sich zwar nicht auf die wirtschaftlichen Verhältnisse, eine zumindest entsprechende Anwendung des § 1587 d erscheint gleichwohl geboten.

6 Bei lediglich geminderter Leistungsfähigkeit kann das Gericht Ratenzahlungen festsetzen (§ 1587 d Abs. 1 Satz 2). Es dürfte auch

befugt sein, die Zahlung des Gesamtbetrages zu einem bestimmten künftigen Zeitpunkt anzuordnen. Die Entscheidung über Ratenzahlungen kann zusammen mit der Entscheidung in der Hauptsache ergehen. Das Gericht entscheidet nur auf Antrag des Verpflichteten.

3 Folgen der Nichtzahlung

7 Der Zahlungsanspruch entsteht mit Rechtskraft der Entscheidung, die nicht vor Rechtskraft des Scheidungsurteils eintritt. Der berechtigte Ehegatte kann den anderen nach allgemeinen Vorschriften in Verzug setzen. Leistet dieser nicht, kann der Gläubiger Verzugsschaden geltend machen. Da es sich um Geldschulden handelt, kann der Schuldner mangelnde Leistungsfähigkeit nicht einwenden. Der Schaden umfaßt auch die Nachteile, die dem berechtigten Ehegatten dadurch entstehen, daß er nicht rechtzeitig in die gesetzliche Rentenversicherung *»eingekauft«* worden ist. Wird er z. B. erwerbs- oder berufsunfähig, und wäre er bei rechtzeitig begründeter Anwartschaft rentenberechtigt, hat ihn der Schuldner so zu stellen, als ob er die Rente erworben hätte. Nimmt der ausgleichsberechtigte Ehegatte einen Kredit in Höhe des geschuldeten Betrages auf, um damit die Anwartschaft vorzufinanzieren, gehören die Kreditkosten zum Verzugsschaden. Zinsen nach § 246 stehen dem ausgleichsberechtigten Ehegatten nicht zu.

4 Ruhen der Verpflichtung

8 Liegen die Voraussetzungen des § 1587 d vor, dann ordnet das Gericht das Ruhen der Verpflichtung nach § 1587 b Abs. 3 an. Der Begriff *»Ruhen«* wird im Verfahrensrecht verwendet; er bezeichnet den vom Gericht angeordneten Stillstand des Rechtsstreits (§ 251 ZPO). Im bürgerlichen Recht kommt er bislang nur im Familienrecht vor und zeigt an, daß ein Statusrecht nicht ausgeübt werden kann (vgl. z. B. das Ruhen der elterlichen Gewalt (§§ 1673, 1675). Im Zusammenhang mit schuldrechtlichen Ansprüchen ist die Verwendung des Begriffes neu. Berücksichtigt man die Wirkung des Ruhens in den angeführten Fällen (§§ 1675 und 249 ZPO), wird man davon ausgehen, daß der Verpflichtete *»vorübergehend zur Verweigerung der Leistung berechtigt ist«* (§ 202 Abs. 1). Es tritt eine Hemmung der Verjährung ein. Das Ruhen des Anspruchs hat auf das Verfahren über den Versorgungsausgleich keinen Einfluß. Das Verfahren selbst wird durchgeführt, das Gericht ist nicht befugt, den Anspruch auf Versorgungsausgleich als zur Zeit unbegründet zu versagen.

5 Zuständigkeit

9 Über einen Antrag, das Ruhen der Ausgleichsforderung anzuordnen oder eine getroffene Anordnung aufzuheben oder abzuändern, entscheidet der Rechtspfleger, wenn ein Verfahren nach § 1587 b

(oder § 1587 f) nicht anhängig ist, d. h. wenn die Regelung nach § 1587 d nach Abschluß des Verfahrens über den Versorgungsausgleich getroffen ist. Ist ein Verfahren über den Versorgungsausgleich noch anhängig, sei es im Verbund, sei es isoliert als Familiensache, entscheidet der Richter. Es liegt nahe, dabei § 621 a Abs. 2 ZPO entsprechend anzuwenden, der einen vergleichbaren Fall aus dem Bereich des Zugewinnausgleichs regelt. Danach ist die Entscheidung über den Antrag auf Ratenzahlung in das Urteil (oder den Beschluß) in der Hauptsache aufzunehmen.

6 Rechtsmittel

10 Gegen den Beschluß des Rechtspflegers, mit dem die Ratenzahlung abgelehnt oder bewilligt worden ist, steht dem beschwerten Ehegatten die Erinnerung (befristete Beschwerde) zu (§ 64 a Abs. 3 FGG, § 621 e ZPO, § 11 RPflG). Hat der Richter entschieden, ist die befristete Beschwerde auch dann gegeben, wenn die Entscheidung über die Ratenzahlung in ein einheitliches Urteil nach § 629 ZPO aufgenommen worden ist (§ 621 a Abs. 2 ZPO – analog § 629 a Abs. 2 ZPO). Die weitere Beschwerde ist ausgeschlossen (§ 53 g Abs. 2 FGG).

7 Abänderung von Entscheidungen (§ 1587 d Abs. 2)

11 Absatz 2 ist im Gesetzgebungsverfahren eingefügt worden (vgl. BT 7/4361 S. 44). Erforderlich ist ein Antrag. Antragsberechtigt ist der durch die frühere Entscheidung beschwerte Ehegatte. Die Vorschrift gibt keine Anhaltspunkte, ob eine rückwirkende Abänderung möglich ist. Prinzipiell wird man sie nicht ausschließen müssen. Der Gedanke des § 323 Abs. 3 ZPO ist nicht ohne weiteres entsprechend anwendbar (vgl. auch Rdnr. 13). Doch ist Zurückhaltung insbesondere dann geboten, wenn auf Grund der Entscheidung die erbrachte oder vollstreckte Leistung ganz oder teilweise zurückgefordert werden könnte.

12 Eine Änderung der Verhältnisse ist relevant, wenn es sich um Umstände handelt, die entscheidungserheblich sind, z. B. Verlust des Einkommens, aus dem der Schuldner seinen Lebensbedarf gedeckt hat, neue Unterhaltsverpflichtung gegenüber gleichrangig Verwandten (vgl. auch den Fall des nachträglichen Erwerbs einer Anwartschaft Rdnr. 5). Für den Gläubiger kann Anlaß bestehen, die Abänderung der Entscheidung zu beantragen, wenn der Schuldner vermögend wird, eine Beschäftigung mit ausreichendem Einkommen findet oder Unterhaltsverpflichtungen entfallen. Die Änderung der Verhältnisse muß wesentlich sein (vgl. dazu *Baumbach-Hartmann* § 323, 2 C).

13 Vorausgesetzt wird, daß sich die Verhältnisse »nach der Scheidung« geändert haben. Gemeint ist nach der Entscheidung (zutr. *Voskuhl-Pappai-Niemeyer* § 1587 d 2). Vor der Scheidung wird die Entscheidung über den Versorgungsausgleich nicht rechtskräf-

tig, so daß es keinen überzeugenden Grund gibt, auf den Zeitpunkt der Scheidung abzustellen. Die Abänderung der Entscheidung auf Grund von Umständen, die zeitlich davor liegen, käme einer Abänderung der eigenen Entscheidung gleich, die nicht zulässig ist (§§ 621 e, 577 Abs. 3 ZPO).

8 Anwendung des § 1587 d auf Vereinbarungen über Ansprüche nach § 1587 b Abs. 3

14 Über Ausgleichsansprüche in der Form der Zahlung des Ausgleichsbetrages nach § 1587 b Abs. 3 können die Parteien eine Vereinbarung treffen (gerichtlicher Vergleich, notarielle Urkunde mit Unterwerfung unter die Zwangsvollstreckung). § 1587 b Abs. 3 beschränkt seinen Anwendungsbereich nicht auf gerichtliche Entscheidungen; aus Absatz 2 läßt sich eine solche Beschränkung nicht ableiten. Das ist folgerichtig, da die sonstigen Vollstreckungstitel, was ihre Abänderbarkeit angeht, den gerichtlichen Entscheidungen weitgehend gleichgestellt sind (vgl. für zivilprozessuale Verfahren § 323 Abs. 4 ZPO). § 1587 d Abs. 2 ist daher auch grundsätzlich auf gerichtliche Vergleiche und vollstreckbare Urkunden anzuwenden. Dabei ist jedoch zu beachten, daß die Parteien im Rahmen der (eingeschränkten) Vertragsfreiheit (§ 1587 o) auch Regelung darüber getroffen haben können, wann die Leistung nach § 1587 b Abs. 3 zu erbringen ist. In diesem Zusammenhang können sie die Anwendung der Ruhensvorschriften des § 1587 d oder der Derzeitklausel nach § 1587 d Abs. 2 geregelt haben. Aus einer Vereinbarung der Zahlungsweise kann allerdings für sich gesehen ein Ausschluß der Vorschriften nicht ohne weiteres abgeleitet werden (vgl. Rdnr. 50 zu § 1585 c). Läßt sich feststellen, daß
15 die Parteien die Anwendung des § 1587 d ganz oder teilweise abbedungen haben, ist die Vorschrift unanwendbar. Eine Abänderung des Titels ist dann nur nach Maßgabe des § 242 möglich (vgl. dazu die vergleichbaren Fälle im Unterhaltsrecht, Rdnr. 51 zu § 1585 c). Es empfiehlt sich im Zusammenhang mit der Ge-
16 nehmigung einer Vereinbarung nach § 1587 o Abs. 2 auf eine Klarstellung des von den Parteien Gewollten hinzuwirken. Ein beabsichtigter Ausschluß der Anwendung des § 1587 d kann Anlaß sein, zu prüfen, ob der vereinbarte Ausgleich angemessen ist.

(1) Für den Versorgungsausgleich nach § 1587 b gilt § 1580 entsprechend.

(2) Mit dem Tode des Berechtigten erlischt der Ausgleichsanspruch.

(3) Der Anspruch auf Entrichtung von Beiträgen (§ 1587 b Abs. 3) erlischt außerdem, sobald der schuldrechtliche Versorgungsausgleich nach § 1587 g Abs. 1 Satz 2 verlangt werden kann.

(4) Der Ausgleichsanspruch erlischt nicht mit dem Tode des Verpflichteten. Er ist gegen die Erben geltend zu machen.

Überblick

1 Allgemeines

1 § 1587 e Abs. 1 ist im Laufe des Gesetzgebungsverfahrens redaktionell geändert worden *(»Versorgungsausgleich«* statt *»Ausgleichsanspruch«).* Absatz 2 ist erweitert worden. Die Beschränkung auf den Ausgleichsanspruch nach § 1587 b Abs. 3 ist entfallen. Neu sind die Absätze 3 und 4.

2 Auskunftsanspruch

2 § 1587 e Abs. 1 sieht einen Auskunftsanspruch vor, dessen Voraussetzungen und Inhalt sich nach dem für das Unterhaltsrecht maßgebenden Auskunftsanspruch richten (§§ 1580, 1605). Zweifelhaft ist, wann der Auskunftsanspruch geltend gemacht werden kann. Aus der Zweckbestimmung für *»den Versorgungsausgleich«* ist eine eindeutige, zeitliche Zuordnung nicht abzuleiten. Ist ein Verfahren über den Versorgungsausgleich anhängig, besteht für einen Anspruch nach § 1587 e Abs. 1 kein praktisches Bedürfnis. Der öffentlich-rechtliche Versorgungsausgleich wird von Amts wegen eingeleitet und durchgeführt. Die erforderlichen Ermittlungen stellt das Gericht von Amts wegen an. Geht man davon aus, daß
3 die Vorschrift einen praktischen Anwendungsbereich haben soll, muß zwangsläufig auf den Zeitraum vor der Einleitung des Verfahrens über den Versorgungsausgleich abgestellt werden. Ein Auskunftsanspruch für diese Zeit ist für die Parteien von besonderem Interesse, weil dadurch geklärt werden kann, welche Folgen eine beabsichtigte Scheidung und das damit zwangsläufig ver-

bundene Ausgleichsverfahren haben würden. Der Anspruch dient dann nicht unmittelbar dem Versorgungsausgleich, sondern der Vorbereitung eines solchen. Gleichwohl wird man ihn auch vor der Anhängigkeit des Versorgungsausgleichs zulassen können, wenn ein berechtigtes Interesse auf Erteilung der Auskunft zu dem vorgezogenen Zeitpunkt dargetan wird. Gibt es keine Anhaltspunkte für die Absicht, die Auflösung der Ehe zu betreiben, kann nach § 1587 e Abs. 1 Auskunft nicht begehrt werden (zum Auskunftsanspruch nach allgemeinen Grundsätzen vgl. § 1580).

4 Die Verweisung in § 1587 e Abs. 1 auf § 1580 beinhaltet auch die Weiterverweisung auf § 1605 und §§ 260, 261. Gegenstand des Auskunftsanspruchs sind alle relevanten Umstände, z. B. bestehende oder nicht entstandene (§ 1587 c Nr. 2) Versorgungsanwartschaften, Tatsachen, die für die Berechnung der Höhe oder ihre Zuordnung zur Ehezeit von Bedeutung sind. Die für den Auskunftsanspruch im Unterhaltsrecht maßgebenden Überlegungen gelten auch hier (Rdnr. 5 ff. zu § 1580). Eine der Stufenklage vergleichbare stufenweise Geltendmachung des Auskunftsanspruchs und des Ausgleichsanspruchs kommt, anders als im Unterhaltsrecht (vgl. Rdnr. 19 zu § 1580) schon deshalb nicht in Betracht, da der Ausgleichsanspruch von Amts wegen betrieben wird. § 1587 e Abs. 1 gilt nur im Verhältnis der Ehegatten zueinander. Die Verpflichtung des Versicherungsträgers, dem bei ihm versicherten Ehegatten Auskunft zu erteilen, folgt aus § 14 SozGB (vgl. *Hauck-Haines* § 14, 5), gegenüber einem Beamten folgt die Auskunftspflicht aus der Fürsorgepflicht des Dienstherrn, gegenüber einem Berechtigten auf betriebliche Altersversorgung als Nebenpflicht aus dem Arbeitsvertrag. Jeder Ehegatte kann von dem anderen nach § 1587 e Abs. 1 verlangen, daß er die notwendigen Auskünfte einholt.

5 Es gibt keine besondere Regelung über die Zuordnung des Anspruchs nach § 1587 e Abs. 1 zu einer bestimmten Verfahrensart. Im RegE war der Versorgungsausgleich als zivilprozessuale Angelegenheit gestaltet; es war daher naheliegend, daß der Auskunftsanspruch als zivilprozessualer Rechtsstreit geltend zu machen war. Nachdem der Versorgungsausgleich nach der Gesetz gewordenen Fassung Angelegenheit des FGG ist, liegt es nahe, den Auskunftsanspruch als Nebenanspruch des Ausgleichsanspruchs ebenfalls nach den Regeln des FGG zu betreiben. Er ist als Familiensache, die den Versorgungsausgleich betrifft (§§ 621 a Abs. 1, 621 Abs. 1 Nr. 6 ZPO) anzusehen. Davon gehen auch die kostenrechtlichen Vorschriften aus (§ 99 KostO).

3 Erlöschen des Ausgleichsanspruchs mit dem Tod des Berechtigten (§ 1587 e Abs. 2)

6 § 1587 e Abs. 2 sieht vor, daß der Ausgleichsanspruch mit dem Tode des Berechtigten erlischt (nach dem RegE sollte nur der Zahlungsanspruch nach § 1587 b Abs. 3 erlöschen). Dem liegt die Erwägung zugrunde, daß der Berechtigte keiner Alterssicherung

bedarf, wenn er tot ist (BT 7/4361 S. 45). Die Logik dieser Betrachtung ist nicht zu bestreiten; dabei bleibt aber außer acht, daß aus der begründeten Versorgung Ansprüche auf eine abgeleitete Versorgung entstehen können. Praktische Bedeutung kann dies haben, wenn der Versorgungsausgleich nach § 628 ZPO abgetrennt und über ihn nach Rechtskraft des Scheidungsurteils isoliert entschieden werden soll.

7 Verzögert sich die Entscheidung über den Versorgungsausgleich nach der Scheidung der Ehe, kann der Ehegatte eine neue Ehe eingegangen haben. Stirbt er, bevor der Ausgleich durchgeführt ist, erhält sein Ehegatte keine Witwenrente nach § 1264 RVO oder eine wegen des ausgebliebenen Ausgleichs niedrigere Witwenrente. In diesen Fällen ist das Erlöschen des Ausgleichsanspruchs nach § 1587 b Abs. 1 und 2, der auf den Zeitpunkt der Scheidung rückbezogen wird, nicht unproblematisch. Die Vorschrift geht über den Normzweck hinaus. Daß der postmortale Vollzug des Ausgleichs eine denkbare Lösung ist, zeigt § 1587 e Abs. 4.

4 Erlöschen des Ausgleichsanspruchs gemäß § 1587 e Abs. 3

8 Der Anspruch auf Zahlung von Beiträgen in einer gesetzlichen Rentenversicherung erlischt, wenn der Zeitpunkt für die Geltendmachung des schuldrechtlichen Versorgungsausgleichs gegeben ist (§ 1587 g Abs. 1 Satz 2). Dabei wird davon ausgegangen, daß die allgemeinen Voraussetzungen für den schuldrechtlichen Versorgungsausgleich vorliegen. Auch tritt das Erlöschen nur insoweit ein als Anspruchsidentität besteht. Anwendungsfall sind die Nummern 1 und 3 des § 1587 f. In bezug auf Nummer 1 gilt das nur, wenn der Berechtigte, jedenfalls zum Zeitpunkt der Entscheidung über den Versorgungsausgleich, nicht rentenberechtigt war. War er das, dann ist ein Zahlungsanspruch überhaupt nicht entstanden (§ 1587 b Abs. 3 Satz 1 letzter Halbsatz); die Frage des Erlöschens stellt sich dann nicht (i. ü. vgl. zu den – nicht überzeugenden – Gründen für diese Regelung BT 7/4361 S. 45). Das Erlöschen tritt nach dem eindeutigen Wortlaut des Gesetzes auch dann ein, wenn der Anspruch aus dem schuldrechtlichen Versorgungsausgleich (z. B. wegen einer Korrektur nach § 1587 g Abs. 2 Satz 2) geringer ist als der aus dem öffentlich-rechtlichen Versorgungsausgleich.

5 Wirkungen beim Tod des Verpflichteten (§ 1587 e Abs. 4)

9 § 1587 e Abs. 4 besagt, soweit es um den Ausgleichsanspruch nach § 1587 b Abs. 3 geht, Selbstverständliches (vgl. § 1922 Abs. 1). Anders verhält es sich bei den Ausgleichsansprüchen nach § 1587 Abs. 1 und, weil sie nicht übertragbare öffentlich-rechtliche Versorgungsansprüche zum Gegenstand haben, bei den Ausgleichsansprüchen nach § 1587 b Abs. 2, die mit dem Tod des Berech-

tigten erlöschen. Um eine postmortale Durchführung des Ausgleichs zu ermöglichen, wird der Fortbestand der Anwartschaften fingiert. Die Erben werden nicht Träger dieser Anwartschaften, da diese nicht zum Nachlaß gehören. Sie werden für die Zwecke der Fortsetzung des Verfahrens nach § 1587 e als *»Rechtsnachfolger«* des verpflichteten Ehegatten im Verfahren angesehen. In Wirklichkeit handelt es sich um eine Art Prozeßstandschaft. Die Erben können sich dieser Bürde nicht isoliert entledigen, wohl aber, wenn sie die Erbschaft ausschlagen, weil damit die Eigenschaft als Erbe verloren geht (§ 1953 Abs. 1).

10 Mit dem Tod des Verpflichteten wird das Verfahren über den Versorgungsausgleich unterbrochen. Es kann sich nur um ein nach § 628 ZPO abgetrenntes Verfahren handeln. Die Aufnahme des Verfahrens richtet sich nach § 239 ZPO (analog). § 1587 d ist zugunsten der Erben nicht entsprechend anwendbar (BT 7/4361 S. 45). Die erbrechtlichen Haftungsbeschränkungen bleiben unberührt; Bedeutung haben sie nur im Fall des Anspruchs nach § 1587 b Abs. 3, da nur insoweit Erfüllung aus dem Nachlaß in Betracht kommt.

§ 1587 f

In den Fällen, in denen
1. die Begründung von Rentenanwartschaften in einer gesetzlichen Rentenversicherung mit Rücksicht auf die Vorschrift des § 1587 b Abs. 3 Satz 1 zweiter Halbsatz nicht möglich ist,
2. die Übertragung oder Begründung von Rentenanwartschaften in einer gesetzlichen Rentenversicherung mit Rücksicht auf die Vorschrift des § 1587 b Abs. 5 ausgeschlossen ist,
3. der ausgleichspflichtige Ehegatte die ihm nach § 1587 b Abs. 3 Satz 1 erster Halbsatz auferlegten Zahlungen zur Begründung von Rentenanwartschaften in einer gesetzlichen Rentenversicherung nicht erbracht hat,
4. in den Ausgleich Leistungen der betrieblichen Altersversorgung auf Grund solcher Anwartschaften oder Aussichten einzubeziehen sind, die im Zeitpunkt des Erlasses der Entscheidung noch nicht unverfallbar waren,
5. das Familiengericht nach § 1587 b Abs. 4 eine Regelung in der Form des schuldrechtlichen Versorgungsausgleichs getroffen hat oder die Ehegatten nach § 1587 o den schuldrechtlichen Versorgungsausgleich vereinbart haben,

erfolgt insoweit der Ausgleich auf Antrag eines Ehegatten nach den Vorschriften der §§ 1587 g bis 1587 n (schuldrechtlicher Versorgungsausgleich).

Überblick

1 Allgemeines

1 Der in §§ 1587 f–n geregelte schuldrechtliche Versorgungsausgleich ist subsidiärer Natur. Er kommt in Betracht, soweit der öffentlich-rechtliche Versorgungsausgleich aus den in den Nummern 1–5 aufgeführten Gründen ausgeschlossen ist. Die Nummern 4 und 5 sind im Laufe des Gesetzgebungsverfahrens aufgenommen worden (BT 7/4361 S. 45, 46); i. ü. entspricht die Regelung im wesentlichen dem RegE. Der schuldrechtliche Versorgungsausgleich kann bereits im Rahmen des Scheidungsverfahrens

betrieben werden, wenn die Voraussetzungen, nach denen er geltend gemacht werden kann (§ 1587 g Abs. 1) zu diesem Zeitpunkt vorliegen. Anders als beim öffentlich-rechtlichen Versorgungsausgleich bedarf es zur Einleitung und Durchführung des Ausgleichs eines Antrags (§ 1587 f und Gegenschluß aus § 623 Abs. 3 ZPO). Wird der Antrag gestellt, ist das Verfahren Folgesache i. S. von § 623 ZPO. Über den Ausgleich ist dann grundsätzlich zusammen mit der Scheidungssache zu verhandeln und zu entscheiden (vgl. §§ 623, 629 ZPO). Mitunter wird erst das Ergebnis der Ermittlungen im Rahmen des (von Amts wegen betriebenen) öffentlich-rechtlichen Versorgungsausgleichs zeigen, daß der öffentlich-rechtliche Versorgungsausgleich nicht in Betracht kommt, z. B. weil der Höchstbetrag nach § 1587 b Abs. 5 überschritten ist. Das Verfahren des schuldrechtlichen Versorgungsausgleichs kann sich dann (auf Antrag) anschließen.

2 Liegen die Voraussetzungen für die Geltendmachung des schuldrechtlichen Versorgungsausgleichs bis zum Schluß der mündlichen Verhandlung in der 1. Instanz in der Scheidungssache nicht vor, kann der schuldrechtliche Versorgungsausgleich mit der Scheidungssache nicht betrieben werden. Er ist dann zu gegebener Zeit als isolierte Familiensache (§ 621 Abs. 1 Nr. 6 ZPO) geltend zu machen. Vorab kann er als Anspruch auf künftige Leistungen schon deshalb nicht betrieben werden, weil die Entscheidungsgrundlagen noch Änderungen unterliegen können (vgl. § 1587 g Abs. 2; BT 7/4361 S. 46).

3 Zweifelhaft ist, in welchem Umfang der schuldrechtliche Versorgungsausgleich durchzuführen ist. Die Einschränkung *»insoweit«* am Ende des § 1587 f läßt den Schluß zu, daß es sich (abgesehen von Nr. 5) um eine Art Nachlese der im öffentlich-rechtlichen Versorgungsausgleich nicht erledigten Anwartschaftsreste handelt, der Ausgleich sich also gegenständlich auf die nicht berücksichtigten Anwartschaften beschränkt. Der Katalog in § 1587 f wäre dann nicht nur Voraussetzung für den schuldrechtlichen Versorgungsausgleich, sondern auch dessen inhaltliche Beschränkung. Eine solche Auslegung des § 1587 f wäre, wenn sie möglich ist, unter praktischen Gesichtspunkten von Vorteil, weil sie ein Wiederaufrollen des abgeschlossenen öffentlich-rechtlichen Versorgungsausgleichs vermeiden würde. Andererseits ist nicht zu verkennen, daß eine Beschränkung des schuldrechtlichen Versorgungsausgleichs in diesem Sinne zu rechtlichen und praktischen Schwierigkeiten führt, wenn in diesem Zusammenhang auch Änderungen nach § 1587 g Abs. 2 Satz 2 berücksichtigt werden sollen (vgl. Rdnr. 3 ff. zu § 1587 g).

2 Voraussetzungen des schuldrechtlichen Versorgungsausgleichs

4 Der Katalog der Gründe, die einen schuldrechtlichen Versorgungsausgleich auslösen können, ist abschließend. Seine Anwendung auf

andere Fälle würde dem Normzweck widersprechen, den schuldrechtlichen Versorgungsausgleich auf eng begrenzte Ausnahmen zu beschränken (vgl. BT 7/4361 S. 45).

3 Zahlung nach eingetretenem Versicherungsfall (§ 1587 f Nr. 1)

5 Die Vorschrift berücksichtigt, daß die Einzahlung von Beiträgen zur gesetzlichen Rentenversicherung zugunsten des berechtigten Ehegatten zwecklos ist, wenn dieser bereits die Voraussetzungen für ein Altersruhegeld aus einer gesetzlichen Rentenversicherung bezieht.

4 Überschreitung des Höchstbetrages (§ 1587 f Nr. 2)

6 Bei den gesetzlichen Rentenversicherungen können Anwartschaften nur bis zur Höhe des Doppelten der allgemeinen Bemessungsgrundlage erworben werden (vgl. Rdnr. 69 ff. zu § 1587 b). Daran ändert sich nichts, wenn der Höchstbetrag durch einen Ausgleich nach § 1587 b überschritten würde (§ 1587 b Abs. 5). Der überschießende Betrag wird deshalb in den schuldrechtlichen Versorgungsausgleich verwiesen.

5 Nichterfüllung des Zahlungsanspruchs (§ 1587 f Nr. 3)

7 Der Schuldner wird nicht immer in der Lage sein, den nach § 1587 b Abs. 3 geschuldeten Betrag aufzubringen. Soweit dieser nicht erbracht ist, tritt der schuldrechtliche Versorgungsausgleich ein. Auf die Gründe kommt es nicht an; auch nach § 1587 d ruhende Ansprüche fallen darunter. Die Leistung ist spätestens dann als nicht erbracht anzusehen, wenn der Anspruch nach § 1587 e Abs. 3 erloschen ist, außerdem wenn die Entrichtung von Beiträgen nicht mehr zulässig ist (§ 1587 b Abs. 3 Satz 1, 2. Halbs.). Die Entscheidung über den Zahlungsanspruch nach § 1587 b Abs. 3 wird (von Amts wegen) aufgehoben, wenn der schuldrechtliche Versorgungsausgleich nach § 1587 f Nr. 3 stattfindet (§ 53 f FGG). Gemeint ist offenbar, wenn ein Verfahren über den schuldrechtlichen Versorgungsausgleich anhängig ist. Es liegt aber nahe, § 53 f FGG bereits vor diesem Zeitpunkt anzuwenden, wenn der Zahlungsanspruch erloschen oder obsolet geworden ist, das Verfahren über den schuldrechtlichen Versorgungsausgleich aber wegen fehlender Voraussetzungen des § 1587 g Abs. 1 noch nicht anhängig gemacht werden kann. Allerdings wird man in diesem Stadium einen Antrag des verpflichteten Ehegatten voraussetzen müssen. Folgt man dieser Auslegung nicht, dann ist die Einstellung der Zwangsvollstrek-

kung aus dem Zahlungstitel nach den allgemeinen Vorschriften zu betreiben (analog § 767 ZPO).

6 Ausgleich von Leistungen der betrieblichen Altersversorgung (§ 1587 f Nr. 4)

8 Noch nicht unverfallbar gewordene Anwartschaften der betrieblichen Altersversorgung werden im öffentlich-rechtlichen Versorgungsausgleich außer Betracht gelassen. Sie werden ausschließlich in den schuldrechtlichen Versorgungsausgleich verwiesen (§ 1587 a Abs. 2 Satz 3). § 1587 f Nr. 4 wiederholt (der Vollständigkeit halber) diesen Grundsatz.

7 Schuldrechtlicher Versorgungsausgleich kraft Entscheidung oder Vereinbarung (§ 1587 f Nr. 5)

9 Das Gericht kann im Rahmen des § 1587 b Abs. 4 den Versorgungsausgleich in anderer Weise regeln. Diese Regelung kann darin bestehen, daß global die Anwendung des schuldrechtlichen Versorgungsausgleichs angeordnet wird. Dasselbe Ergebnis kann eintreten auf Grund einer Vereinbarung der Ehegatten nach § 1587 o. Hat das Gericht den schuldrechtlichen Versorgungsausgleich mit Modifikationen angeordnet, sind die §§ 1587 g ff. entsprechend anzuwenden, soweit eine entsprechende Anwendung sich im Rahmen der gerichtlichen Entscheidung hält.

(1) Der Ehegatte, dessen auszugleichende Versorgung die des anderen übersteigt, hat dem anderen Ehegatten als Ausgleich eine Geldrente (Ausgleichsrente) in Höhe der Hälfte des jeweils übersteigenden Betrags zu entrichten. Die Rente kann erst dann verlangt werden, wenn beide Ehegatten eine Versorgung erlangt haben oder wenn der ausgleichspflichtige Ehegatte eine Versorgung erlangt hat und der andere Ehegatte wegen Krankheit oder anderer Gebrechen oder Schwäche seiner körperlichen oder geistigen Kräfte auf nicht absehbare Zeit eine ihm nach Ausbildung und Fähigkeiten zumutbare Erwerbstätigkeit nicht ausüben kann oder das fünfundsechzigste Lebensjahr vollendet hat.

(2) Für die Ermittlung der auszugleichenden Versorgung gilt § 1587 a entsprechend. Hat sich seit Eintritt der Rechtshängigkeit des Scheidungsantrags der Wert einer Versorgung oder einer Anwartschaft oder Aussicht auf Versorgung geändert oder ist eine bei Eintritt der Rechtshängigkeit des Scheidungsantrags vorhandene Versorgung oder eine Anwartschaft oder Aussicht auf Versorgung weggefallen oder sind Voraussetzungen einer Versorgung eingetreten, die bei Eintritt der Rechtshängigkeit gefehlt haben, so ist dies zusätzlich zu berücksichtigen.

(3) § 1587 d Abs. 2 gilt entsprechend.

Überblick

1 Allgemeines

1 § 1587 g entspricht weitgehend den §§ 1587 g und h des RegE. Im RegE war für die Berechnung der Anwartschaften eine eigenständige, zum Teil von § 1587 a Abs. 2 abweichende Regelung vorgesehen (vgl. dazu BT 7/4361 S. 46). § 1587 g Abs. 1 Satz 1 ist die Anspruchsgrundlage für den schuldrechtlichen Versorgungsausgleich. Gegenstand des Ausgleichs sind Alters*versorgungen.* Anwartschaftsrechte fallen nicht darunter. Verfügt ein Ehegatte über Versorgungen *und* Anwartschaften, ist der Ausgleich, wenn die Voraussetzungen nach § 1587 g Abs. 2 vorliegen, beschränkt

auf die Versorgung durchzuführen. Erstarkt ein Anwartschaftsrecht später zu einem Vollrecht, kann dies Anlaß für ein Änderungsverfahren nach § 1587 g Abs. 3, § 1587 d Abs. 2 sein.

2 Der Ausgleichsanspruch nach § 1587 g ist auf Zahlung einer Ausgleichsrente gerichtet. Zunächst ist die Versorgung jedes Ehegatten zu berechnen. Die Hälfte der Differenz hat der Ehegatte mit den höheren Versorgungen als Geldrente an den anderen Ehegatten zu zahlen (vgl. aber auch § 1587 i Abs. 1).

2 Gegenstand des schuldrechtlichen Versorgungsausgleichs; Verhältnis zum öffentlich-rechtlichen Versorgungsausgleich

3 Nach Wortlaut und Normzweck des § 1587 f sollen Gegenstand des schuldrechtlichen Versorgungsausgleichs nur die nach Abwicklung des öffentlich-rechtlichen Versorgungsausgleichs verbliebenen Versorgungen sein.

4 Davon wird im Bericht des RA offenbar ausgegangen: *»Durch das Wort ›insoweit‹ wird klargestellt, daß in diesem Fall wie auch in den anderen in der Vorschrift aufgezählten Fällen der schuldrechtliche Ausgleich nur für den Teil der auszugleichenden Versorgung stattfindet, für den die Voraussetzungen dieser Vorschrift vorliegen. Im übrigen bleibt es beim öffentlich-rechtlichen Versorgungsausgleich zwischen den Ehegatten«* (BT 7/4361 S. 46; vgl. auch *Voskuhl* DRiZ 1976, 338, 341: *»Hierbei ist grundsätzlich von dem bei der Ehescheidung ermittelten Ausgleichsanspruch nach § 1587 a Abs. 1 BGB auszugehen und hiervon der Teil abzuziehen, der bereits im Rahmen des Wertausgleichs ausgeglichen ist [§ 1587 g Abs. 2 Satz 1 BGB].«* Die Aussage wird aber durch den folgenden Satz relativiert: *»Allerdings sind inzwischen erfolgte Veränderungen an dem Bestand und der Höhe der auszugleichenden Versorgung zu berücksichtigen [§ 1587 g Abs. 2 S. 2 BGB]«).*

5 Die Beschränkung des schuldrechtlichen Versorgungsausgleichs auf den *»Rest«* aus dem öffentlich-rechtlichen Versorgungsausgleich bereitet keine Schwierigkeiten, wenn der schuldrechtliche Versorgungsausgleich insgesamt anstelle des öffentlich-rechtlichen Versorgungsausgleichs getreten ist (§ 1587 f Nr. 5; evtl. auch im Fall des § 1587 f Nr. 1), oder wenn der *»Rest«* eine gegenständlich abgegrenzte Versorgung betrifft, die als solche vom öffentlich-rechtlichen Versorgungsausgleich nicht erfaßt worden ist; ein solcher Fall liegt bei der betrieblichen Altersversorgung vor, deren Anwartschaft bei der Durchführung des öffentlich-rechtlichen Versorgungsausgleichs noch nicht unverfallbar war (§ 1587 a Abs. 2 Satz 3, § 1587 f Nr. 4; vgl. auch *Voskuhl* DRiZ 1976, 338). Hier ist es möglich, Veränderungen der Anwartschaft nach § 1587 g Abs. 2 Satz 2 zu berücksichtigen, ohne daß der abgeschlossene öffentlich-rechtliche Versorgungsausgleich tangiert wird. Zweifel
6 stellen sich ein, wenn der schuldrechtliche Versorgungsausgleich aus den Gründen des § 1587 f Nr. 2 und 3 begehrt wird. In diesen Fäl-

len kann der aus dem öffentlich-rechtlichen Versorgungsausgleich verbliebene »Rest« ein Saldo sein, der das rechnerische Ergebnis aus einer Mehrzahl unterschiedlicher Versorgungsarten darstellt. Er entzieht sich für sich gesehen der *»Ermittlung«* nach § 1587 g Abs. 1, § 1587 a Abs. 2. Zweifelhaft ist zudem, wie Wertänderungen nach § 1587 g Abs. 2 Satz 2 ohne eine erneute Gesamt-
7 bewertung berücksichtigt werden sollen. Das folgende Beispiel verdeutlicht das:

Ehegatte A		Ehegatte B	
beamtenrechtl.		gesetzl. RV	200,— DM
Versorgung	200,— DM	private RV	200,— DM
gesetzl. RV	300,— DM		
private RV	600,— DM		
betriebl. AV	500,— DM		
	1600,— DM		400,— DM
Wertunterschied zu Lasten des A	1200,— DM		
Ausgleichsbetrag A an B	600,— DM		

Unterstellt ist, daß die betriebliche Altersversorgung unverfallbar geworden ist; die Beträge der privaten Rentenversicherung und der betrieblichen Altersversorgung sind bereits nach § 1587 a Abs. 3 umgewertet.

8 Der Ausgleichsbetrag von 600,– DM ist im öffentlich-rechtlichen Versorgungsausgleich nur in Höhe von 400,– DM (50,– DM nach § 1587 b Abs. 1; 100,– DM nach § 1587 b Abs. 2; 250,– DM nach § 1587 b Abs. 3) ausgeglichen worden. Der Rest von 200,– DM fiel aus den Gründen des § 1587 f Nr. 2 oder 3 aus. Beschränkt man den schuldrechtlichen Versorgungsausgleich auf den *»Rest«* von 200,– DM, dann verzichtet man darauf, die Versorgungen nach § 1587 g Abs. 2 S. 2 zu bewerten. Denn es ist so gut wie ausgeschlossen, daß die Wertentwicklung der einzelnen Anwartschaften, die dem öffentlich-rechtlichen Versorgungsausgleich zugrunde gelegen haben, sich so gleichmäßig vollzogen hat, daß bei der späteren Durchführung des schuldrechtlichen Versorgungsausgleichs sich ein Saldo in derselben Höhe ergibt. Zwar könnte man den fixen Betrag des Saldos, da er einen Rentenbetrag in der gesetzlichen Rentenversicherung ausdrückt, auf den Zeitpunkt der Durchführung des schuldrechtlichen Versorgungsausgleichs hochrechnen (Umrechnung in Werteinheiten bezogen auf den Zeitpunkt der Rechtshängigkeit des Scheidungsantrags, Berechnung einer Rente aus der Summe der Werteinheiten bezogen auf den Zeitpunkt der Durchführung des schuldrechtlichen Versorgungsausgleichs, vgl. Rdnr. 124 zu § 1587 a). Damit würde aber eine eingetretene Veränderung der Werte, der dem Saldo zugrundeliegenden Versorgungen im Sinne von § 1587 g Abs. 2 Satz 2 nicht berücksichtigt, z. B. der Wegfall einer Anwartschaft. Stellt sich z. B. heraus, daß in dem Ausgangsbeispiel die Anwartschaft aus einer privaten Versicherung des Ehegatten A von 600,– DM z. T. weggefallen ist, weil der Versicherer falliert ist, dann ist das ein

Umstand, der nach § 1587 g Abs. 2 Satz 2 zu berücksichtigen ist. Die Neuberechnung kann nicht auf diese *eine* ganz oder teilweise weggefallene Anwartschaft beschränkt werden, wenn die anderen dem *»Rest«* von 200,– DM zugrunde liegenden Anwartschaften ebenfalls Änderungen erfahren haben. Die Änderungen können auch in Wertminderungen oder Wertsteigerungen bestehen, die im Laufe der Zeit wegen veränderter Berechnungsgrundlagen eingetreten sind; davon geht § 1587 g Abs. 2 Satz 2 aus (vgl. BT 7/4361 S. 47). Daraus folgt, daß bei einer Anwendung des § 1587 g Abs. 2 Satz 2 eine Neubewertung insgesamt erforderlich ist, wenn der aus dem öffentlich-rechtlichen Versorgungsausgleich verbliebene Rest ein Saldo ist. Eine Beschränkung des schuldrechtlichen Versorgungsausgleichs auf den Saldo in dem Sinne, daß er zu einem neuen Ausgleichsbetrag hochgerechnet wird, ist nicht sachgerecht, weil er eingetretene Wertänderungen ignoriert. Versorgungen, die ein Ehegatte auf Grund des durchgeführten öffentlich-rechtlichen Versorgungsausgleichs erlangt hat, sind anzurechnen.

9 Im Ergebnis führt die Neuberechnung unter Berücksichtigung eingetretener Änderungen nach § 1587 g Abs. 2 Satz 2 zu einer *»Nachbesserung«* der Ergebnisse aus dem öffentlich-rechtlichen Versorgungsausgleich. Das entspricht nicht dem Ziel, im öffentlich-rechtlichen Versorgungsausgleich eine abschließende Regelung der Altersversorgung der Ehegatten herbeizuführen. Sie erscheint aber wegen § 1587 g Abs. 2 Satz 2 unvermeidlich, der willkürliche oder zufällige Ergebnisse verhindern soll. Zur Vermeidung von Ungerechtigkeiten ist auch die Anwendung des § 1587 h Nr. 1 in Betracht zu ziehen. Zu den beiderseitigen wirtschaftlichen Verhältnissen können auch ungleichmäßige Veränderungen der ausgeglichenen Versicherungen gerechnet werden (vgl. auch Rdnr. 4 zu § 1587 h).

10 Die Rechtskraft der Entscheidung im öffentlich-rechtlichen Versorgungsausgleich (unterstellt sie ist als Entscheidung im FGG-Verfahren der materiellen Rechtskraft fähig, was wohl zu bejahen ist; vgl. dazu *Jansen* FGG, § 31 Anm. 10, 12); steht einer Neuberechnung nicht entgegen. Über den nicht in den öffentlich-rechtlichen Versorgungsausgleich fallenden Teil des Ausgleichsbetrages wird nicht entschieden, auch nicht im negativen Sinne. Häufig wird die Höhe des in den schuldrechtlichen Versorgungsausgleich verwiesenen Restes nicht feststehen. Denn zeigt es sich, daß der Ausgleich wegen Erreichens der Höchstgrenze nach § 1587 b Abs. 5 nur zu einem Teil in Betracht kommt, wird eine konkrete Ermittlung des überschießenden Teils nicht geboten sein. Im übrigen wird von der Rechtskraft nur der Ausspruch erfaßt, daß zugunsten des anderen Ehegatten ein bestimmter Rentenbetrag übertragen oder begründet wird. Die zugrunde liegende Bewertung der einzelnen Anwartschaften wird davon nicht erfaßt.

3 Berechnung des Ausgleichsanspruchs

11 Für die Berechnung des Ausgleichsanspruchs gilt § 1587 a Abs. 2 entsprechend. Dabei sind zwischenzeitlich eingetretene Änderungen i. S. von § 1587 g Abs. 2 Satz 2 zu beachten (vgl. auch Rdnr. 3 ff). Beachtlich sind nur solche Änderungen, die sich unmittelbar auf die auszugleichende Anwartschaft beziehen. Ausgeschlossen sind in jedem Fall Umstände, deren Berücksichtigung einer nachträglichen Korrektur der Berechnungsmethoden gleichkommen würde. So ist z. B. für die Berechnung des fiktiven Ruhegehalts nach § 1587 a Abs. 2 Nr. 1 die Besoldung aus dem Amt maßgebend, das der Beamte zum Zeitpunkt des Eintritts der Rechtshängigkeit des Scheidungsantrags innehat. Spätere Beförderungen werden, auch wenn sie gesichert erscheinen, nicht berücksichtigt. Folgerichtig können sie auch bei Anwendung des § 1587 g Abs. 2 Satz 2 nicht berücksichtigt werden. Andererseits ist es unbedenklich, bei der Berechnung die tatsächliche Gesamtzeit zugrunde zu legen und nicht die fiktive Gesamtzeit i. S. von § 1587 a Abs. 2 Nr. 1.

12 Die Verweisung auf § 1587 a beinhaltet auch die Weiterverweisung auf die Vorschriften der gesetzlichen Rentenversicherungen. So ist bei der Berechnung der Versorgung aus der gesetzlichen Rentenversicherung der auf die Ehezeit entfallende Teil entsprechend § 1304 RVO zu ermitteln.

13 Die Umwertungsregelung nach § 1587 a Abs. 3 ist nicht anzuwenden. Der ihr zugrundeliegende Gesichtspunkt einer unterschiedlichen späteren Steigerung der Renten (vgl. Rdnr. 118 zu § 1587 a) wird durch die Möglichkeit laufender Anpassungen nach § 1587 g (vgl. Rdnr. 19) unmittelbar aufgefangen.

4 Zeitpunkt für das Entstehen des Anspruchs auf Ausgleichsrente (§ 1587 g Abs. 1 Satz 2)

14 Der schuldrechtliche Versorgungsausgleich bedeutet im Prinzip die Beteiligung des einen Ehegatten an entstandenen Versorgungen des anderen Ehegatten (vgl. *Amtl. Begr.* S. 164). Daraus folgt, daß die Ausgleichsrente nicht verlangt werden kann, bevor nicht die Voraussetzungen für den Versorgungsfall eingetreten sind. Von diesem Ansatz geht § 1587 g Abs. 1 Satz 2 aus. Die Vorschrift enthält eine Reihe von Tatbeständen, die (alternativ) die Anspruchsberechtigung auslösen:

15 *a)* Beide Ehegatten haben eine Versorgung erlangt. Es kann sich um eine Altersversoung oder um eine Versorgung wegen Erwerbs- oder Berufsunfähigkeit handeln;

16 *b)* der ausgleichsverpflichtete Ehegatte hat eine Versorgung erlangt, und der andere Ehegatte hat das 65. Lebensjahr vollendet (ohne eine Versorgung erlangt zu haben; andernfalls lägen die Voraussetzungen zu a) vor);

17 *c)* der ausgleichsverpflichtete Ehegatte hat eine Versorgung erlangt, und der andere Ehegatte kann wegen Krankheit oder anderer Gebrechen oder Schwäche seiner körperlichen oder

geistigen Kräfte auf nicht absehbare Zeit eine ihm nach Ausbildung und Fähigkeiten zumutbare Erwerbstätigkeit nicht
18 ausüben. Der Begriff der Krankheit, der Gebrechen und der Schwäche ist derselbe wie in § 1572 (vgl. Rdnr. 2 zu § 1572). Unter welchen Voraussetzungen eine Erwerbstätigkeit nicht zumutbar erscheint, ist nach den zu § 1574 Abs. 1, 2 entwikkelten Grundsätzen (vgl. Rdnr. 3 zu § 1574) zu beurteilen.

5 Fassung der Entscheidungsformel im schuldrechtlichen Versorgungsausgleich nach § 1587 g

18a Gegenstand der Entscheidung ist die Zahlung einer Ausgleichsrente. Die Formel kann lauten:
»Der/die ... (ausgleichsverpflichteter Ehegatte) hat an den/die ... (ausgleichsberechtigter Ehegatte) eine monatliche Ausgleichsrente (§ 1587 g) in Höhe von ... (Rentenbetrag) zu zahlen.«
Es empfiehlt sich, den Begriff Ausgleichsrente und die Anspruchsgrundlage anzuführen.

Wird Abtretung der zugrundeliegenden Versorgungsansprüche nach § 1587 i begehrt, kann die Formel lauten:
»Der/die ... (ausgleichspflichtiger Ehegatte) hat seine laufenden Ansprüche gegen ... (Schuldner des Versorgungsanspruchs) auf ... (Bezeichnung des Versorgungsanspruchs) in Höhe von monatlich ... an ... (ausgleichsberechtigter Ehegatte) abzutreten. Die Wirkung der Abtretung tritt mit Rechtskraft dieser Entscheidung ein.«

6 Änderungsverfahren nach § 1587 g Abs. 3

19 Die Vorschrift ist im Lauf des Gesetzgebungsverfahrens eingefügt worden (vgl. BT 7/4361 S. 47). Ihre Bedeutung liegt im verfahrensrechtlichen Bereich. Materiellrechtlich war und ist die Änderungsmöglichkeit bereits in § 1587 g Abs. 1 angelegt *(»... des jeweils übersteigenden Betrages ...«).* Die Vorschrift ist, wie § 1587 d Abs. 2, auf den verwiesen wird, keine Billigkeitsklausel. Eine Änderung kommt nur in Betracht, wenn sich die der Entscheidung zugrunde gelegten relevanten Umstände, z. B. die Berechnungsgrundlagen, geändert haben. Dazu kann auch die Anwendung der Härteklausel gehören.

Ein Ausgleichsanspruch gemäß § 1587 g besteht nicht,

1. soweit der Berechtigte den nach seinen Lebensverhältnissen angemessenen Unterhalt aus seinen Einkünften und seinem Vermögen bestreiten kann und die Gewährung des Versorgungsausgleichs für den Verpflichteten bei Berücksichtigung der beiderseitigen wirtschaftlichen Verhältnisse eine unbillige Härte bedeuten würde. § 1577 Abs. 3 gilt entsprechend;
2. soweit der Berechtigte in Erwartung der Scheidung oder nach der Scheidung durch Handeln oder Unterlassen bewirkt hat, daß ihm eine Versorgung, die nach § 1587 auszugleichen wäre, nicht gewährt wird;
3. soweit der Berechtigte während der Ehe längere Zeit hindurch seine Pflicht, zum Familienunterhalt beizutragen, gröblich verletzt hat.

1 Die negative Härteklausel für den schuldrechtlichen Versorgungsausgleich entspricht, soweit es um die Nummern 2 und 3 geht, der für den öffentlich-rechtlichen Versorgungsausgleich geltenden Härteklausel (vgl. Rdnr. 15 ff zu § 1587 c). Der abweichende Wortlaut der Nr. 2 hat keine sachliche Bedeutung.

2 Die Härteklausel nach Nr. 1 berücksichtigt, daß der schuldrechtliche Versorgungsausgleich dazu dient, den aktuellen Lebensbedarf zu decken. Sie ist deshalb stärker von unterhaltsrechtlichen Vorstellungen geprägt als die entsprechende Härteklausel für den öffentlich-rechtlichen Versorgungsausgleich. Das gilt insbesondere für die Voraussetzung der Bedürftigkeit auf seiten des Berechtigten, die dem Unterhaltsrecht entlehnt ist (§ 1577 Abs. 1). Den Stamm seines Vermögens braucht der Berechtigte nur nach Maßgabe des § 1577 Abs. 3 zu verwerten. Welche Einkünfte der Berechtigte sich zurechnen lassen muß, ist nicht ausdrücklich geregelt. Es liegt nahe, die Grundsätze des § 1577 Abs. 2 heranzuziehen (vgl. Rdnr. 10 ff zu § 1577).

3 Für die Versagung des Ausgleichsanspruchs ist weiter erforderlich, daß die Leistung für den Verpflichteten unter Berücksichtigung der beiderseitigen wirtschaftlichen Verhältnisse eine unbillige Härte bedeuten würde. Die wirtschaftlichen Verhältnisse brauchen keinen Zusammenhang mit dem Vermögenserwerb in der Ehe zu haben. Die Härteklausel folgt demnach ausschließlich dem Grundsatz, daß der wirtschaftlich schwächere Partner seine Altersversorgung mit dem wirtschaftlich stärkeren Partner, der sich ohne Schwierigkeiten selbst versorgen kann, nicht zu teilen braucht, auch wenn er rechnerisch ausgleichsverpflichtet wäre. Ist der berechtigte Ehegatte nicht in der Lage, seinen angemessenen Unterhalt zu sichern, kann ihm nach dem Wortlaut des § 1587 h Nr. 1 der Versorgungsausgleich selbst dann nicht verweigert werden, wenn die Gewährung des Ausgleichs grob unbillig wäre. Das kann derart uneingeschränkt nicht gelten. Der in § 1587 c Nr. 1

4 enthaltene Gedanke, daß der unterschiedliche *»beiderseitige Erwerb in der Ehe«* Anlaß für eine Korrektur des rechnerischen Ausgleichs geben kann, trifft auch auf § 1587 h Nr. 1 zu. Das zeigt das unter Rdnr. 10 zu § 1587 c gegebene Beispiel. Es wird von der Annahme ausgegangen, daß der schuldrechtliche Versorgungsausgleich stattfindet (z. B. nach § 1587 f Nr. 5). Hat der Ehegatte sein (dem Versorgungsausgleich nicht unterliegendes) Vermögen verbraucht, so daß er zum Zeitpunkt der Geltendmachung des schuldrechtlichen Ausgleichs seinen angemessenen Unterhalt nicht bestreiten kann, würde ihm nach dem Wortlaut des § 1587 h Nr. 1 der schuldrechtliche Versorgungsausgleich nicht versagt werden können, obwohl es für einen Ausgleich keine Rechtfertigung gibt. Es liegt deshalb nahe, den Grundsatz des § 1587 c Nr. 1 insoweit entsprechend anzuwenden. Eine dem 2. Halbsatz des § 1587 c Nr. 1 entsprechende Regelung *(Umstände, die zum Scheitern der Ehe geführt haben, werden nicht allein deshalb berücksichtigt),* fehlt in § 1587 h Nr. 1. Sie ist entbehrlich, weil die Härteklausel nach der Nr. 1 (anders als in § 1587 c Nr. 1) nur auf wirtschaftliche Umstände gestützt werden kann.

5 Die Härteklausel nötigt nicht zur völligen Versagung des Ausgleichsanspruchs. Die Einschränkung *»soweit«* läßt Abstufungen zu. Sie ist um ein *»solange«* zu ergänzen. Die Härteklausel, jedenfalls die nach Nr. 1, kann zeitweise anwendbar oder unanwendbar sein, z. B. wenn sich die wirtschaftliche Lage der Berechtigten verbessert oder verschlechtert.

(1) Der Berechtigte kann vom Verpflichteten in Höhe der laufenden Ausgleichsrente Abtretung der in den Ausgleich einbezogenen Versorgungsansprüche verlangen, die für den gleichen Zeitabschnitt fällig geworden sind oder fällig werden.

(2) Der Wirksamkeit der Abtretung an den Ehegatten gemäß Absatz 1 steht der Ausschluß der Übertragbarkeit und Pfändbarkeit der Ansprüche nicht entgegen.

(3) § 1587 d Abs. 2 gilt entsprechend.

Überblick Rdnr.

1 Abtretungsanspruch

1 Der schuldrechtliche Versorgungsausgleich gewährt einen Anspruch in der Form der Geldrente (§ 1587 g Abs. 1). Der ausgleichsberechtigte Ehegatte kann aus dem Titel die Zwangsvollstreckung wegen Geldforderung nach § 803 ZPO betreiben (vgl. § 53 g Abs. 3 ZPO). § 1587 i ermöglicht dem Gläubiger außerdem den realen Zugriff in die Versorgungsansprüche. Der berechtigte Ehegatte kann die Abtretung der in den Ausgleich einbezogenen Versicherungsansprüche bis zur Höhe seines Ausgleichsanspruchs verlangen (*»nachgeholtes Splitting«*, BT 7/4361 S. 47). Der ausgleichsberechtigte Ehegatte wird dadurch nicht Versorgungsberechtigter aus dem abgetretenen Anspruch, er kann den Anspruch nur aus abgeleitetem Recht geltend machen. Daraus folgt, daß er Nebenleistungen, die nur an den Inhaber des Versorgungsrechts gewährt werden (z. B. Krankenversicherung der Rentner), nicht in Anspruch nehmen kann.

2 § 1587 i Abs. 1 ist keine Vollstreckungsart für den Ausgleichsanspruch nach § 1587 g Abs. 1, sondern ein eigener selbständiger Anspruch. Weigert sich der verpflichtete Ehegatte, die Abtretung vorzunehmen, kann er dazu in einem gerichtlichen Verfahren verpflichtet werden; unmittelbar aus dem Zahlungstitel auf Ausgleichsrente kann die Abtretung nicht begehrt werden. Das zweite Verfahren ist ein *»den Versorgungsausgleich betreffendes Verfahren«* i. S. von § 621 a Abs. 1, § 621 Abs. 1 Nr. 6 ZPO (vgl. auch § 17 a Nr. 2 KostO), das nach den Regeln des FGG abzuwickeln ist. Das Verfahren wird nur auf Antrag eingeleitet. Die Vollstreckung richtet sich nach § 53 g Abs. 3 FGG, § 894 ZPO.

3 Fraglich ist, wie der Anspruch auf Abtretung konkretisiert werden kann. Die Ausgleichsrente nach § 1587 g Abs. 1 ist mitunter

ein Saldo, dem eine Vielzahl von Versorgungsrechten zugrunde liegen kann. Es ist offen, welches der Versorgungsrechte Gegenstand der Abtretung nach § 1587 i Abs. 1 sein soll; soll der berechtigte Ehegatte wählen dürfen oder der verpflichtete Ehegatte oder gibt es eine Rangordnung wie im Fall des § 1587 b Abs. 3 Satz 3? Mangels einer besonderen Regelung liegt es nahe, § 262 anzuwenden. Danach hat der Schuldner das Wahlrecht, es geht im Fall des Verzuges auf den Gläubiger über (§ 264; nach *Voskuhl-Pappai-Niemeyer*, § 1587 i, II soll »nach allgemeinen Grundsätzen« der Berechtigte das Wahlrecht haben; Grundsätze dieser Art sind schwer auszumachen). Die Abtretungspflicht beschränkt sich auf Versorgungsansprüche, die für den gleichen Zeitabschnitt fällig geworden sind oder fällig werden wie die Ausgleichsrente. Daraus folgt, daß eine Abtretung zur Tilgung von Rückständen nicht verlangt werden kann. Insoweit muß der Gläubiger die Zwangsvollstreckung nach allgemeinen Vorschriften betreiben (vgl. *Amtl. Begr.* S. 167).

2 Aufhebung von Abtretungsverboten (§ 1587 i Abs. 2)

4 Der Zweck des § 1587 i Abs. 2 ist es, den ausgleichsberechtigten Ehegatten so zu stellen, als hätte eine Übertragung von Anwartschaften in Höhe des Ausgleichsbetrages stattgefunden (vgl. BT 7/4361 S. 47). Das setzt voraus, daß die dem Schuldner zustehenden Versorgungsansprüche, die in den Ausgleich einbezogen worden wären, dem Zugriff des Gläubigers unterliegen. Dem Zugriff durch Abtretung stehen Abtretungsverbote oder Abtretungsbeschränkungen entgegen (vgl. §§ 399, 400). So stehen für die Pfändbarkeit gemäß § 850 Abs. 2 ZPO Versorgungsbezüge der Beamten, Ruhegelder und ähnliche nach dem einstweiligen oder dauernden Ausscheiden aus dem Dienst oder Arbeitsverhältnis gewährte fortlaufende Einkünfte dem Arbeitseinkommen gleich; entsprechendes gilt für die Renten, die auf Grund von Versicherungsverträgen gewährt werden, sofern die Verträge zur Versorgung des Versicherungsnehmers eingegangen sind (§ 850 Abs. 3 Buchstabe b ZPO). Arbeitseinkommen genießt aber besonderen Pfändungsschutz nach den §§ 850 a bis 850 i ZPO. Eine Abtretung der Versorgungsansprüche wäre danach insbesondere nur wegen der die Pfändungsfreigrenzen des § 850 c ZPO übersteigenden Beträge möglich.

5 Die erweiterte Zugriffsmöglichkeit gewährt keinen allgemeinen Vorrang für den Gläubiger. Hat ein Dritter die Versorgungsansprüche gepfändet und sich überweisen lassen, beschränkt sich der Zugriff des ausgleichsberechtigten Ehegatten auf den Teil, der der Zwangsvollstreckung des Erstgläubigers mit Rücksicht auf Vorschriften über den Pfändungsschutz nicht unterliegen. Der verpflichtete Ehegatte muß, will er die uneingeschränkte Abtretung seiner Versorgungsanwartschaften verhindern, die Härteklausel nach § 1587 h in Anspruch nehmen.

Der Anspruch in der Form der Ausgleichsrente gewährt dem ausgleichsberechtigten Ehegatten keine vergleichbaren Zugriffsmöglichkeiten. Er ist auf die Vollstreckungsmöglichkeiten nach allgemeinem Recht angewiesen.

3 Änderungen der Verhältnisse (§ 1587 i Abs. 3)

6 Die Verweisung auf § 1587 d Abs. 2 besagt, daß das Gericht eine frühere rechtskräftige Entscheidung abändern kann, wenn sich die Verhältnisse wesentlich geändert haben. Erforderlich ist ein Antrag des Ehegatten, der eine Änderung begehrt. Die Änderungsbefugnis bezieht sich auf Entscheidungen nach Abs. 1 (i. ü. vgl. die Ausführungen zu § 1587 d).

(1) Für den Ausgleichsanspruch nach § 1587 g Abs. 1 Satz 1 gelten die §§ 1580, 1585 Abs. 1 Satz 2, 3 und § 1585 b Abs. 2, 3 entsprechend.

(2) Der Anspruch erlischt mit dem Tod des Berechtigten; § 1586 Abs. 2 gilt entsprechend. Soweit hiernach der Anspruch erlischt, gehen die nach § 1587 i Abs. 1 abgetretenen Ansprüche auf den Verpflichteten über.

1 Anwendung unterhaltsrechtlicher Vorschriften (§ 1587 k Abs. 1)

Die Verweisung auf Vorschriften des Unterhaltsrechts hat folgende Bedeutung:

1 *a)* Die Verweisung auf den unterhaltsrechtlichen Auskunftsanspruch entspricht der für den öffentlich-rechtlichen Versorgungsausgleich vorgesehenen Regelung (vgl. §§ 1587 e Abs. 1, 1580).

2 *b)* § 1585 Abs. 1 Satz 2, 3
Für die Ausgleichsrente sollen, was die Art und Weise der Zahlung betrifft, die Regeln des Unterhaltsrechts gelten (Zahlungen monatlich im voraus, Zahlung für den vollen Monat, wenn der Anspruch im Lauf des Monats durch Tod oder Wiederheirat erlischt).

3 *c)* § 1585 b Abs. 2, 3
Die Verweisung stellt sicher, daß die Ausgleichsrente grundsätzlich nicht für die Vergangenheit verlangt werden kann und regelt die Ausnahmen.

2 Erlöschen des Ausgleichsanspruchs (§ 1587 k Abs. 2)

4 Wie im Fall des öffentlich-rechtlichen Versorgungsausgleichs (§ 1587 e Abs. 2) erlischt der Ausgleichsanspruch mit dem Tod des Berechtigten. Geht der berechtigte Ehegatte eine Ehe ein, führt das, anders als im Unterhaltsrecht, *nicht* zum Erlöschen des Anspruchs (*Amtl. Begr.* S. 168). Der Anspruch kann keine Grundlage für eine abgeleitete postmortale Versorgung des neuen Ehegatten des Berechtigten sein (vgl. Rdnr. 7 zu § 1587 e). Für die Geltendmachung von Rückständen ist § 1586 Abs. 2 entsprechend anzuwenden.

5 Hat der verstorbene Ehegatte die Abtretung von Versorgungsansprüchen des anderen Ehegatten nach § 1587 i Abs. 1 erwirkt, dann gehen die abgetretenen Ansprüche kraft Gesetzes auf den verpflichteten Ehegatten über. Das gilt nicht, soweit Ansprüche des verstorbenen Ehegatten fortbestehen (vgl. § 1587 k Abs. 2 Satz 1, § 1586 Abs. 2). Über-Abtretung zugunsten Dritter werden durch § 1587 k Abs. 2 S. 2 nicht berührt.

6 § 1587 k enthält keine Regelung der Frage, welche Auswirkungen der Tod des Verpflichteten auf den Ausgleichsanspruch hat (vgl. für den öffentlich-rechtlichen Versorgungsausgleich § 1587 e Abs. 4). In der Verweisung in Abs. 1 des § 1587 k ist die entsprechende Bestimmung des Unterhaltsrechts (§ 1586 b) ausgespart. Daraus wäre wohl zu folgern, daß die Ausgleichsrente mit dem Tod des Verpflichteten erlischt (*Ruland* NJW 1976, 1713). Diese Schlußfolgerung überrascht, denn es gibt keinen tragenden Grund, den Anspruch auf Ausgleichsrente anders zu behandeln als einen nachehelichen Unterhaltsanspruch oder den Ausgleichsanspruch nach § 1587 b. Die Erwägung, daß die Ausgleichsrente lediglich eine Beteiligung an bestehenden Versorgungsansprüchen ist, die mit dem Tode des Verpflichteten gegenstandslos wird, rechtfertigt für sich gesehen nicht das Erlöschen des Anspruchs. Die Entscheidung des Gesetzes über das Fortbestehen der Schuld über den Tod hinaus ist, wie die Regelung in § 1587 e Abs. 4 Satz 2 zeigt (vgl. Rdnr. 9 zu § 1587 e), nicht von dogmatischen Skrupeln geprägt. Im Vordergrund steht das Bemühen um einen gerechten Interessenausgleich. Dieser Ansatz spricht dafür, § 1586 b entsprechend anzuwenden (a. A. *Palandt-Diederichsen* § 1587 k 3 unter Hinweis auf den unterhaltsähnlichen Charakter des Anspruchs – woraus gerade das Gegenteil zu folgern ist, § 1586 b, – und den Umstand, daß der Verpflichtete den Anspruch aus der eigenen Versorgung zu leisten hat – wofür keine Anhaltspunkte vorliegen).

7 Folgt man dieser Auffassung nicht, ist davon auszugehen, daß ein dem Grund nach bestehender Unterhaltsanspruch mit dem Wegfall der die Bedürftigkeit mindernden Ausgleichsrente auflebt und nach § 1586 b über den Tod des Schuldners hinaus geltend gemacht werden kann.

(1) Ein Ehegatte kann wegen seiner künftigen Ausgleichsansprüche von dem anderen eine Abfindung verlangen, wenn dieser hierdurch nicht unbillig belastet wird.

(2) Für die Höhe der Abfindung ist der nach § 1587 g Abs. 2 ermittelte Zeitwert der beiderseitigen Anwartschaften oder Aussichten auf eine auszugleichende Versorgung zugrunde zu legen.

(3) Die Abfindung kann nur in Form der Zahlung von Beiträgen zu einer gesetzlichen Rentenversicherung oder zu einer privaten Lebens- oder Rentenversicherung verlangt werden. Wird die Abfindung in Form der Zahlung von Beiträgen zu einer privaten Lebens- oder Rentenversicherung gewählt, so muß der Versicherungsvertrag vom Berechtigten auf seine Person für den Fall des Todes und des Erlebens des fünfundsechzigsten oder eines niedrigeren Lebensjahres abgeschlossen sein und vorsehen, daß Gewinnanteile zur Erhöhung der Versicherungsleistungen verwendet werden. Auf Antrag ist dem Verpflichteten Ratenzahlung zu gestatten, soweit dies nach seinen wirtschaftlichen Verhältnissen der Billigkeit entspricht.

Überblick Rdnr.

1 Allgemeines

1 §§ 1587 l–n regeln die Abfindung des ausgleichsberechtigten Ehegatten. Die Vorschriften weichen von der Fassung des RegE ab (vgl. BT 7/4361 S. 47). Sachlich unverändert geblieben ist § 1587 l Abs. 1. Die Berechnung der Höhe der Abfindung (Abs. 2) war im RegE eigenständig geregelt (§ 1587 o RegE). Abs. 3 erweitert den § 1587 n Abs. 2 RegE insoweit, als der Abfindungsbetrag auch als Beitrag zu einer gesetzlichen Rentenversicherung eingezahlt werden kann.

2 Die Abfindungsregelung gilt nur für den schuldrechtlichen Versorgungsausgleich. Für den öffentlich-rechtlichen Ausgleich ist eine entsprechende Möglichkeit nicht vorgesehen, doch kann eine Abfindung als Ausgleichsersatz nach § 1587 b Abs. 4 angeordnet oder nach § 1587 o vereinbart werden.

3 Die Abfindungsregelung kann nur der ausgleichsberechtigte Ehegatte in Anspruch nehmen. Der verpflichtete Ehegatte hat nach

§ 1587 l keine Möglichkeit, dem anderen Teil die Abfindung gegen dessen Willen aufzuzwingen.

4 Die Abfindung kann jederzeit geltend gemacht werden. Eine Ausschlußfrist (wie in § 1587 p RegE) ist nicht vorgesehen.

2 Voraussetzungen des Abfindungsanspruchs

5 Die Abfindung kann nur wegen der *»künftigen Ausgleichsansprüche«* verlangt werden. Nicht vorausgesetzt wird, daß die Ausgleichsansprüche bereits entstanden sind. Das Wort *»künftig«* soll nicht eine Einschränkung auf künftig fällig werdende Leistungen aus bereits entstandenen Versorgungsrechten darstellen (den Ausschluß von Ansprüchen für die Vergangenheit regeln §§ 1587 k, 1585 b Abs. 1 Satz 2, 3), es bezieht sich vielmehr auf das Recht selbst. Daraus folgt, daß die Abfindungsregelung Anwartschaften auf Altersversorgung zum Gegenstand haben kann. Möglich ist, daß ein Ehegatte neben bereits entstandenen Ausgleichsansprüchen noch Anwartschaften oder Aussichten hat (z. B. aus einer Rente wegen Erwerbs- oder Berufsunfähigkeit, eine Anwartschaft aus einer privaten Rentenversicherung); die Abfindungsregelung kann dann sowohl die Ansprüche als auch die An-
6 wartschaften erfassen. Anwartschaften der betrieblichen Altersversorgung fallen nur darunter, wenn sie unverfallbar geworden sind; das folgt aus dem Normzweck. Im übrigen wird nicht vorausgesetzt, daß die Anwartschaften alle Erfordernisse für ihr Entstehen (mit Ausnahme der des § 1587 g Abs. 1 Satz 2) aufweisen (a. A. *Voskuhl-Pappai-Niemeyer* § 1587 l, II 1). Ob eine Abfindungsregelung zulässig ist, mit der nur ein Teil des Ausgleichsanspruchs oder der Ausgleichsansprüche abgefunden wird, ist zweifelhaft. Sie kann sinnvoll sein, wenn die Leistungsfähigkeit des Schuldners ohnehin begrenzt ist (der Weg der Ratenzahlung nach § 1587 l Abs. 3 Satz 3 ist nicht immer angezeigt) oder wenn der Gläubiger die volle Summe nicht benötigt, die ihm als Abfindung zustehen würde. Sie dürfte nur in Betracht gezogen werden können, wenn eine gegenständliche Beschränkung in der Weise möglich ist, daß eine bestimmte Versorgung des Schuldners unberücksichtigt bleibt, die später nach allgemeinen Vorschriften (§§ 1587 f ff.) ausgeglichen werden kann. Bedenklich wäre eine am Teilbetrag der Ausgleichsrente orientierte Teilabfindung. Die Ausgleichsrente ist ein Saldo. Die spätere Durchführung des schuldrechtlichen Versorgungsausgleichs, bezogen auf den Rest der Ausgleichsrente, würde zu außerordentlichen Berechnungsschwierigkeiten führen, die es angezeigt erscheinen lassen, eine solche Teilabfindung nicht in Betracht zu ziehen.

7 Der Abfindungsanspruch besteht nicht, wenn der verpflichtete Ehegatte *»unbillig belastet«* wird. Der Begriff ist derselbe wie in § 1587 d Abs. 1 (vgl. dort Rdnr. 3 ff.).

8 Die Abfindung ist die kapitalisierte Ausgleichsrente. Bezieht sich die Abfindung auf noch nicht entstandene Ausgleichsansprüche, ist die Ausgleichsrente hypothetischer Natur. Sie wird nach den Grundsätzen des § 1587 a Abs. 2 berechnet. Außerdem werden entsprechend der allgemeinen Regelung für den schuldrechtlichen Versorgungsausgleich zwischenzeitlich eingetretene Änderungen berücksichtigt (§ 1587 g Abs. 2). Maßgebend ist der *»Zeitwert«* der Versorgung. Das ist der Zeitpunkt der Abfindungsentscheidung (vgl. BT 7/4361 S. 48). Die Kapitalisierung ist, wie im Unterhaltsrecht und im Schadensersatzrecht, nach versicherungsmathematischen Regeln vorzunehmen (vgl. Überblick bei *Schlund-Schneider*, Rentenkapitalisierung unter Berücksichtigung der mutmaßlichen Lebensdauer des Unterhaltsberechtigten, VersR 1976, 210 m. w. N.). Die Berechnungsmethode von *Voskuhl-Pappai-Niemeyer* § 1587 l III, die den Abfindungsbetrag nach dem »Einkaufswert« der zum Abfindungszeitpunkt angenommenen Rente festsetzen wollen, ist nicht unproblematisch, da dies einer nachträglichen Durchführung des öffentlich-rechtlichen Versorgungsausgleichs gleichkommt, während § 1587 l lediglich die Kapitalisierung der späteren Ansprüche aus dem schuldrechtlichen Versorgungsausgleich bezweckt.

9 Bei der Berechnung des Ausgleichsbetrages sind Anwartschaften und Aussichten einzubeziehen, deren Entstehen ungewiß ist. § 1587 a Abs. 7 findet Anwendung (vgl. Rdnr. 5, 6). Ein Risikoabschlag (vgl. Rdnr. 17 zu § 1587) ist nicht zulässig. Billigkeitsgesichtspunkte bleiben bei der Berechnung der Höhe des Betrages außer Betracht.

4 Verwendung des Abfindungsbetrages

10 Die Abfindung ist zweckgebunden. Die Zweckbindung ist Inhalt der Leistung. Das bedeutet, daß der Ehegatte die Zahlung nicht an sich, sondern nur an den Träger verlangen kann, bei dem die Altersversorgung begründet oder fortgesetzt werden soll. Die Möglichkeiten, die Art der Altersversorgung zu wählen, sind eingeschränkt. In Betracht kommen nur eine gesetzliche Rentenversicherung oder eine private Lebens- oder Rentenversicherung. Der berechtigte Ehegatte wird durch die Zahlung des Betrages in eine gesetzliche Rentenversicherung vollberechtigter Versicherter wie ein pflichtversicherter Arbeitnehmer. Es handelt sich nicht um einen Fall der freiwilligen Versicherung nach § 1233 RVO. Die
11 Beschränkungen des § 1587 b Abs. 3 S. 1, 2. Hs. und Abs. 5 gelten auch bei Einzahlung des Abfindungsbetrages. Welche Rentenanwartschaft sich aus der Einzahlung ergibt, ist nach der Rentenformel zu errechnen (vgl. Bekanntmachung von Rechnungsgrößen, Rdnr. 17 a zu § 1587 a). Das Gericht bestimmt den Zweig der Rentenversicherung in entsprechender Anwendung des § 53 e Abs. 1 FGG, § 1304 c RVO (vgl. Rdnr. 56, 57 zu § 1587 b).

12 Beantragt der Ehegatte Zahlung in eine private Lebens- oder Rentenversicherung, muß gesichert sein, daß der Vertrag die in § 1587 l Abs. 2 Satz 3 genannten besonderen Abreden enthält. Praktisch realisiert werden kann das in der Weise, daß der Versicherungsvertrag unter der aufschiebenden Bedingung der Einzahlung des Abfindungsbetrages abgeschlossen wird. Der Vertrag kann ein Kapitalversicherungsvertrag oder ein Rentenversicherungsvertrag sein. Der Ausdruck *»Lebens- oder Rentenversicherung«* soll dies zum Ausdruck bringen. Er ist mißverständlich, da die Lebensversicherung auch in Form einer Rentenversicherung abgeschlossen werden kann.

13 Die vorgesehenen Vertragsbedingungen sollen bewirken, daß die Abfindung *»zu einer ähnlichen Zukunftssicherung führt wie sie die gesetzlichen Rentenversicherungen bieten«* (*Amtl. Begr.* S. 169). Dazu ist die Regelung nur bedingt geeignet. Der abfindungsberechtigte Ehegatte ist nicht gehindert, die Versicherung für den Fall des Erlebens *»eines niedrigeren Lebensjahres«* als des 65. Lebensjahres zu nehmen (vgl. dazu BT 7/4361 S. 48). Er kann also einen Zeitpunkt für den Eintritt des Versicherungsfalls wählen, der die Auszahlung des kapitalisierten Abfindungsbetrages als Versicherungssumme kurze Zeit nach der Scheidung ermöglicht. § 1587 l Abs. 3 enthält i. ü. keine Regelung, die es unzulässig machen würde, den abgeschlossenen Versicherungsvertrag zu ändern. Schließlich kann die Regelung des § 1587 l Abs. 3 auch
14 dadurch unterlaufen werden, daß der abfindungsberechtigte Ehegatte den Vesicherungsvertrag kündigt. Die Möglichkeit, die Kündigung auszuschließen, ist nicht vorgesehen. Nach allgemeinem Recht ist Kündbarkeit unabdingbar (§ 165, 178 VVG). Das Gericht hat nach § 1587 l nicht zu prüfen, ob die Abfindung dem Berechtigten nützt, oder ob die beabsichtigte Ersatzvorsorge wirtschaftlich sinnvoll ist. Zieht man die Inhaltskontrolle nach § 1587 o in Betracht, erscheint die Regelung in § 1587 l unharmonisch.

15 Hat der Ehegatte den Abfindungsbetrag nachträglich zweckentfremdet verwendet, muß er Nachteile in Kauf nehmen, wenn er Unterhaltsansprüche geltend macht (§ 1587 n). Der verpflichtete Ehegatte kann den Abfindungsbetrag nicht zurückfordern. Die Voraussetzungen des § 812 Abs. 1 Satz 2, 2. Alternative, der als Anspruchsgrundlage allein in Betracht kommen dürfte, sind nicht gegeben. Der mit der Leistung bezweckte Erfolg, nämlich die Begründung einer Versicherung, ist eingetreten. Der nachträgliche Wegfall ist unbeachtlich.

5 Ratenzahlungen

16 Dem Abfindungsschuldner kann Ratenzahlung nachgelassen werden § 1587 l Abs. 3 Satz 3). Für den Abfindungsgläubiger können daraus Nachteile erwachsen, die es nahelegen, von der Verfolgung des Abfindungsanspruchs abzusehen. Mit Rechtskraft des Abfindungsanspruchs erlischt der Ausgleichsanspruch, der vielfäl-

tig privilegiert ist (vgl. z. B. § 1587 i). Ob der noch nicht erfüllte Abfindungsanspruch wie ein Ausgleichsanspruch behandelt werden kann, ist zweifelhaft (vgl. für das Unterhaltsrecht Rdnr. 9 zu § 1585).

17 Wird der Abfindungsschuldner zahlungsunfähig, bevor er die Raten gezahlt hat, hat es dabei sein Bewenden. Mit seinem Ausgleichsanspruch bliebe dem berechtigten Ehegatten hingegen der Zugriff in die – sonst weitgehend unpfändbaren – Versorgungsansprüche offen (§ 1587 i). Ist abzusehen, daß der Schuldner den Betrag nicht in kurzer Zeit leisten kann, empfiehlt es sich daher, zu prüfen, ob nicht – soweit zulässig – einer Teilabfindung der Vorzug zu geben ist.

6 Verfahrensrechtliche Fragen

18 Über die Abfindung entscheidet das Gericht im FGG-Verfahren auf Antrag. Der berechtigte Ehegatte wird in aller Regel nicht in der Lage sein, den Antrag zu beziffern, da ihm die Berechnungsunterlagen fehlen. Er kann einen Auskunftsanspruch nach § 1587 k Abs. 1, § 1580 vorschalten. Die erforderlichen Angaben erhält das Gericht, das von Amts wegen zu ermitteln hat (§ 12 FGG), schneller und einfacher. Es spricht deshalb viel dafür, einen unbezifferten Antrag zuzulassen. Eine Konkretisierung kann dem abfindungsberechtigten Ehegatten aufgegeben werden, wenn der Betrag der Ausgleichsrente ermittelt ist.

19 Das Verfahren nach § 1587 l Abs. 3 ist Familiensache i. S. von § 621 Abs. 1 Nr. 6 ZPO. Zuständig ist der Richter (§ 14 Nr. 2 a RpflG). Die Entscheidung ergeht durch Beschluß, der mit der befristeten Beschwerde anfechtbar ist (§ 64 a Abs. 3 FGG, § 621 e Abs. 1 ZPO). Die weitere Beschwerde ist ausgeschlossen (§ 53 g Abs. 2 FGG).

Mit dem Tod des Berechtigten erlischt der Anspruch auf Leistung der Abfindung, soweit er von dem Verpflichteten noch nicht erfüllt ist.

1 Mit Rücksicht auf den Zweck der Abfindung, die Altersversorgung des berechtigten Ehegatten zu sichern, ist es folgerichtig, den noch nicht erfüllten Abfindungsanspruch erlöschen zu lassen (vgl. auch § 1587 k Abs. 2). Der Anspruch wird insoweit nicht wie ein gewöhnlicher schuldrechtlicher Anspruch behandelt (vgl. *Amtl. Begr.* S. 170). Eine Wiederheirat des berechtigten Ehegatten führt nicht zum Erlöschen des Anspruchs.

2 Die Frage, welche Auswirkungen der Tod des Verpflichteten auf den noch nicht entrichteten Abfindungsanspruch hat, ist nicht ausdrücklich geregelt. Entscheidet man sich für eine entsprechende Anwendung des § 1586 b bei der Geltendmachung der Ausgleichsrente (vgl. Rdnr. 6 zu § 1587 k), so ist dies auch in bezug auf den Restbetrag der Abfindung anzunehmen.

Ist der Berechtigte nach § 1587 l abgefunden worden, so hat er sich auf einen Unterhaltsanspruch gegen den geschiedenen Ehegatten den Betrag anrechnen zu lassen, den er als Versorgungsausgleich nach § 1587 g erhalten würde, wenn die Abfindung nicht geleistet worden wäre.

1 Die Abfindung nach § 1587 l darf nicht zu einer stärkeren Belastung des ausgleichspflichtigen Ehegatten führen als im Fall der Durchführung des schuldrechtlichen Versorgungsausgleichs. Dies sicherzustellen, ist Zweck des § 1587 n.

2 Macht der ausgleichsberechtigte Ehegatte Unterhaltsansprüche geltend, dann muß er sich so behandeln lassen, als hätte der schuldrechtliche Versorgungsausgleich stattgefunden. Zeitlicher Bezugspunkt für die erste Vergleichsberechnung ist der Zeitpunkt, zu dem der Unterhaltsanspruch geltend gemacht wird. Spätere Änderungen, die sich aus einer Änderung der Höhe der Ausgleichsrente ergeben, machen Anpassungen erforderlich. Zu errechnen ist eine Ausgleichsrente nach § 1587 g. Dazu gehört auch die Feststellung, ob die besonderen Voraussetzungen für den Bezug der Ausgleichsrente nach § 1587 g Abs. 1 Satz 2 gegeben wären. Der den Unterhalt fordernde Ehegatte ist in Höhe der angenommenen jeweiligen Ausgleichsrente als nicht bedürftig anzusehen.

§ 1587 o

(1) Die Ehegatten können im Zusammenhang mit der Scheidung eine Vereinbarung über den Ausgleich von Anwartschaften oder Anrechten auf eine Versorgung wegen Alters oder Berufs- oder Erwerbsunfähigkeit (§ 1587) schließen. Durch die Vereinbarung können Anwartschaftsrechte in einer gesetzlichen Rentenversicherung nach § 1587 b Abs. 1 oder 2 nicht begründet oder übertragen werden.

(2) Die Vereinbarung nach Absatz 1 muß notariell beurkundet werden. § 127 a ist entsprechend anzuwenden. Die Vereinbarung bedarf der Genehmigung des Familiengerichts. Die Genehmigung soll nur verweigert werden, wenn unter Einbeziehung der Unterhaltsregelung und der Vermögensauseinandersetzung offensichtlich die vereinbarte Leistung nicht zur Sicherung des Berechtigten für den Fall der Erwerbsunfähigkeit und des Alters geeignet ist oder zu keinem nach Art und Höhe angemessenen Ausgleich unter den Ehegatten führt.

Überblick Rdnr.

1 Allgemeines

1 Die Vorschrift gilt sowohl für den öffentlich-rechtlichen als auch für den schuldrechtlichen Versorgungsausgleich. Sie steckt die Grenzen der Vertragsfreiheit im Bereich des Versorgungsausgleichs ab. Für die Einschränkung der Vertragsfreiheit im gegebenen Umfang sind zwei Gründe maßgebend: Zum ersten soll ver-
2 hindert werden, daß Ehegatten durch Verfügung über öffentlichrechtliche Ansprüche auf Altersversorgung die Bezugsberechtigung zu Lasten der Träger manipulieren. Zu denken ist vor allem an

den Fall, daß ein Ehegatte dem anderen Ehegatten, dessen Erwerbs- oder Berufsunfähigkeit unmittelbar bevorsteht, sämtliche Anwartschaften aus der gesetzlichen Rentenversicherung überträgt, um ihm eine Rente nach §§ 1246, 1247 RVO zu verschaffen. Solche und andere Möglichkeiten des Mißbrauchs sind weitgehend ausgeräumt. Zum anderen soll die Einschränkung der Ver-
3 tragsfreiheit auf dem Gebiet des Versorgungsausgleichs dem Schutz des schwächeren Ehegatten dienen. Diesen Zweck erfüllt die Vorschrift des § 1587 o insbesondere durch die Inhaltskontrolle nach Abs. 2. Der Schutzgedanke wird aber ausgehöhlt durch die Möglichkeit, den Versorgungsausgleich insgesamt abzudingen.

2 Abdingbarkeit des Versorgungsausgleichs

2.1 Auswirkungen auf die Altersversorgung

4 Nach dem auf Vorschlag des Vermittlungsausschusses (vgl. BT 7/4992) zustande gekommenen § 1408 Abs. 2 kann der Versorgungsausgleich ausgeschlossen werden. § 1408 lautet:

(1) Die Ehegatten können ihre güterrechtlichen Verhältnisse durch Vertrag (Ehevertrag) regeln, insbesondere auch nach der Eingehung der Ehe den Güterstand aufheben oder ändern.

(2) In einem Ehevertrag können die Ehegatten durch eine ausdrückliche Vereinbarung auch den Versorgungsausgleich ausschließen. Der Ausschluß ist unwirksam, wenn innerhalb eines Jahres nach Vertragsschluß Antrag auf Scheidung der Ehe gestellt wird.

5 Im RegE war eine entsprechende Vorschrift nicht vorgesehen. Die Abdingbarkeit des Versorgungsausgleichs ist von außerordentlicher Tragweite. Das gilt insbesondere, wenn man in Betracht zieht, daß abgeleitete Versorgungen, die ein (wenn auch unzureichendes) soziales Auffangnetz gebildet haben, mit dem 1. EheRG weggefallen sind. Es gibt z. B. keine Geschiedenen-Witwenrente mehr (vgl. § 1265 RVO i. d. F. des 1. EheRG). Das bedeutet, daß ein Ehegatte, der sich auf den Ausschluß des Versorgungsausgleichs nach § 1408 Abs. 2 einläßt, aus der Ehezeit weder eine eigenständige (§§ 1587 b, 1587 g) noch eine abgeleitete Alterssicherung erhält. Deshalb ist vor Vereinbarungen nach § 1408 Abs. 2, die nicht gleichzeitig eine gleichwertige Ersatzsicherung vorsehen, dringend zu warnen. Die Warnung ist um so berechtigter, als die Vereinbarung nach § 1408 Abs. 2 in der Regel zusätzlich zum Ausschluß des gesetzlichen Güterstandes führt (§ 1414 Satz 2) mit der Folge, daß auch der Zugewinnausgleich entfällt (vgl. Rdnr. 15).

2.2 Ehevertrag

6 Der Ausschluß des Versorgungsausgleichs erfolgt in einem Ehevertrag. Der – durch den Standort im Gesetz bedingte – mißverständliche Bezug zum Ehevertrag besagt weiter nichts, als daß

die Form des Ehevertrages Voraussetzung für die Wirksamkeit der Vereinbarung ist. Nach § 1410 ist notarielle Beurkundung bei gleichzeitiger Anwesenheit der Ehegatten erforderlich. Es wird nicht vorausgesetzt, daß die Ehegatten auch Gegenstände regeln müssen, die Inhalt eines Ehevertrages sein können (güterrechtliche Fragen). Es wäre eine Farce, wenn man die Parteien zwingen würde, die Vereinbarungen durch überflüssige güterrechtliche Gegenstände anzureichern, um die Wirksamkeit nicht zu gefährden.

2.3 Zeitpunkt, Unwirksamkeit des Ausschlusses

7 Der Ausschluß des Versorgungsausgleichs kann vor oder nach der Eheschließung vorgenommen werden. Um zu verhindern, daß *»die Möglichkeit, den Versorgungsausgleich in einen Ehevertrag auszuschließen, mit Rücksicht auf eine bevorstehende Scheidung der Ehe mißbraucht wird«* (BT 7/4694 S. 13), sieht § 1408 Abs. 2 Satz 2 die Nichtigkeit des Ausschlusses vor, wenn innerhalb eines Jahres nach Vertragsschluß Antrag auf Scheidung der Ehe gestellt
8 wird. Die Regelung läßt offen, ob der Scheidungsantrag als solcher genügt oder ob es erforderlich ist, daß die Ehe auf Grund dieses Antrags geschieden wird. Der Wortlaut spricht dafür, den Antrag genügen zu lassen. Auch der Normzweck spricht für diese Auslegung. Hat ein Ehegatte den anderen veranlaßt, die Vereinbarung zu schließen, obwohl oder weil er Scheidungsabsichten hegt, wird er den Ablauf der Jahresfrist abwarten. Durchschaut der andere Ehegatte die Situation und erhebt er Scheidungsantrag, dann sollte er nicht dadurch benachteiligt werden, daß er auf die Durchführung der Scheidung, aus welchen Gründen auch immer, verzichtet. Nicht ausgeschlossen werden kann, daß ein Ehegatte, den die Vereinbarung reut, rechtzeitig Scheidungsklage erhebt, um die Nichtigkeit des Ausschlusses herbeizuführen und sie später zurücknimmt. Ein solches Verhalten dürfte wegen des gegebenen Risikos selten sein und deshalb für die Auslegung des § 1408 Abs. 2 Satz 2 vernachlässigt werden können (a. A. mit beachtlichen Gründen *Reinartz* NJW 1977, 81).
Der Scheidungsantrag ist gestellt, wenn der Antrag rechtshängig geworden ist. Von diesem Zeitpunkt an entfällt der Ausschluß des Versorgungsausgleichs rückwirkend (vgl. Rdnr. 16, 17).

2.4 Gegenstand des Ausschlusses

9 Die Parteien können »den Versorgungsausgleich« ausschließen. Der Wortlaut spricht dafür, daß damit ein *globaler* Ausschluß gemeint ist. Nach dem Normzweck besteht kein Bedürfnis, den Parteien eine »Alles-oder-Nichts-Lösung« zu oktroyieren. Es besteht ein Bedürfnis für eine Differenzierung. Die Parteien mögen z. B. Gründe haben, den öffentlich-rechtlichen Versorgungsausgleich auszuschließen, aber bereit sein, den schuldrechtlichen Ausgleich (evtl. mit zusätzlichen Absicherungen) beizubehalten. Es ist kein Grund ersichtlich, weshalb ihnen diese Möglichkeit verschlossen sein sollte (*Ruland* NJW 1976, 1713; so wohl auch *Plagemann* DAngVers 1976, 337; a. A. *Voskuhl-Pappai-Niemeyer* § 1408 II 2). Zwar ist in § 1587 f Nr. 5 nur die Vereinbarung nach

§ 1587 o als Anknüpfungspunkt für die Anwendung des schuldrechtlichen Versorgungsausgleichs angeführt. Es dürfte aber un-
10 bedenklich sein, die Vorschrift auf Vereinbarungen desselben Inhalts nach § 1408 Abs. 2 entsprechend anzuwenden. Die entsprechende Anwendung des § 1587 f Nr. 5 hat den zusätzlichen Vorteil, daß der schuldrechtliche Versorgungsausgleich dann kraft Gesetzes gilt und nicht kraft Vereinbarung der Parteien. Das kann für die Anwendbarkeit von ›jus cogens‹ Vorschriften im Rahmen des schuldrechtlichen Versorgungsausgleichs (z. B. § 1587 i Abs. 2) von Bedeutung sein. Der Umstand, daß die Vereinbarung nach § 1587 o der Inhaltskontrolle unterliegt, während dies für die Vereinbarung nach § 1408 Abs. 2 nicht der Fall ist, ist nicht entscheidend, wenn man berücksichtigt, daß selbst der Gesamtausschluß des Versorgungsausgleichs nach § 1408 Abs. 2 der gerichtlichen Genehmigung nicht bedarf.
Auch eine Modifikation des Versorgungsausgleichs ist möglich (*Reinartz* NJW 1977, 81; *Ruland* NJW 1976, 1713).

11 Der Ausschluß des Versorgungsausgleichs muß ausdrücklich vereinbart werden. Es genügt demnach nicht, daß er umschrieben wird oder sich aus den Umständen ergibt.

2.5 Inhaltskontrolle

12 Eine dem § 1587 o Abs. 2 entsprechende Inhaltskontrolle findet im Rahmen des § 1408 Abs. 2 nicht statt. Der beurkundende Notar hat keine über seine allgemeinen Pflichten nach dem Beurkundungsgesetz (vgl. § 17 BeurkG) hinausgehenden Pflichten, Gründe und Hintergründe des Ausschlusses zu prüfen. Die Nichtigkeit des Ausschlusses ist nach allgemeinen Vorschriften zu beurteilen. Die Vereinbarung ist nichtig, wenn sie zwingenden gesetzlichen Vorschriften oder den guten Sitten zuwiderläuft (§ 134, 138). Nicht jede Vereinbarung, die den Ausgleich völlig ausschließt, ohne eine Ersatz-Altersversorgung sicherzustellen, ist sittenwidrig (zu undifferenziert *Ruland* NJW 1976, 1713; zutreffend dagegen *Hillermeyer* FamRZ 1976, 577 *Reinartz* NJW 1977, 81; *Palandt-Diederichsen* § 1408, 3 b; *Voskuhl* DB 1976, 2337). Die Beurteilung kann nicht anderen Maßstäben folgen, als sie für Vereinbarungen gelten, die einen völligen Verzicht auf künftige Unterhaltsansprüche zum Gegenstand haben (vgl. Rdnr. 34 zu § 1587 c); dabei ist zu beachten, daß der Verzicht auf Unterhalt nach bisher geltendem Recht zum Verlust des Anspruchs auf Geschiedenen-Witwenrente geführt hat (vgl. § 1265 a. F. RVO), im Ergebnis also einem Verzicht auf die Altersversorgung. Deshalb reicht es für die Annahme der Sittenwidrigkeit einer Vereinbarung nach § 1408 Abs. 2 nicht aus, daß sie in voller Kenntnis des Umstandes geschlossen wird, der andere Teil werde nicht in der Lage sein, eine eigene Versorgung aufzubauen und auch sonst außerstande sein, seinen Unterhalt zu sichern. Es müs-
13 sen besondere zusätzliche Umstände hinzukommen, so wenn der Ehegatte durch unlautere Einflußnahme, insbesondere Ausnutzung einer Notlage, zum Abschluß veranlaßt worden ist. Die Sittenwidrigkeit einer Vereinbarung wird regelmäßig zu verneinen sein,

wenn beide Ehegatten berufstätig sind und sie die Absicht haben, es zu bleiben, selbst wenn sich später herausstellt, daß einer der Ehegatten eine eigene Versorgung doch nicht hat aufbauen können. Zu beachten ist schließlich auch, daß der Ausschluß des Versorgungsausgleichs den Charakter eines Vergleichs haben kann; dann ist für die Beurteilung der Nichtigkeit die Bewertung von Leistung und Gegenleistung relevant.

2.6 Wirkungen des Ausschlusses und seiner Unwirksamkeit auf den Güterstand

14 Wird der Versorgungsausgleich mit seinen beiden Spielarten wirksam ausgeschlossen, dann findet ein Versorgungsausgleich nicht statt (§ 53 d FGG). Wird nur der öffentlich-rechtliche Versorgungsausgleich ausgeschlossen, findet § 1587 f Nr. 5 (analog) Anwendung. Der schuldrechtliche Versorgungsausgleich ist als *gesetzlicher* Versorgungsausgleich durchzuführen.

15 Mit dem Gesamtausschluß des Versorgungsausgleichs tritt nach § 1414 Satz 2 gleichzeitig Gütertrennung ein. § 1414 lautet:

Schließen die Ehegatten den gesetzlichen Güterstand aus oder heben sie ihn auf, so tritt Gütertrennung ein, falls sich nicht aus dem Ehevertrag etwas anderes ergibt. Das gleiche gilt, wenn der Ausgleich des Zugewinns oder der Versorgungsausgleich ausgeschlossen oder die Gütergemeinschaft aufgehoben wird.

16 Diese Wirkungen treten nicht ein, wenn nur der öffentlich-rechtliche Versorgungsausgleich abbedungen wird (zutreffend *Ruland* NJW 1976, 1713) oder eine Modifikation vereinbart wird, die nicht einem Gesamtausschluß des Versorgungsausgleichs gleichkommt (vgl. *Reinartz* NJW 1977, 81). Sie treten auch nicht ein, wenn die Parteien eine entsprechende Vereinbarung treffen. Zwar hat es den Anschein, als sei § 1414 Satz 2 als zwingende Vorschrift gedacht (BT 7/4694 S. 13). Das Gesetz trägt eine solche Auffassung nicht. Der Vorbehalt ehevertraglicher Abweichung in Satz 1 gilt auch für die nachfolgenden Sätze (vgl. für das bisher geltende Recht *Lange* FamRZ 1964, 547; *Zöllner* FamRZ 1965, 113). Daraus folgt, daß die Parteien den Versorgungsausgleich ausschließen können, ohne daß Gütertrennung eintritt, wenn sie dies vereinbaren (*Ruland* NJW 1976, 1713). Vereinbaren die Ehegatten Gütertrennung, wird der Versorgungsausgleich nicht ausgeschlossen; diesen – umgekehrten – Fall deckt § 1414 nicht (*Voskuhl* DRiZ 1976, 338, 341).

17 Wird innerhalb eines Jahres nach Vertragsschluß Scheidungsantrag gestellt, ist der Ausschluß des Versorgungsausgleichs unwirksam. Die Unwirksamkeit tritt rückwirkend ein; der Ausschluß wird als nicht eingetreten angesehen. Der Wegfall des Ausschlusses ex tunc führt zu keinen Schwierigkeiten, da der Versorgungsausgleich vor Rechtshängigkeit des Scheidungsantrags ohnehin keine aktuelle Bedeutung hat. Fraglich ist, welche Auswirkungen sich aus § 1408 Abs. 2 Satz 2 auf den nach § 1414 Satz 2 eingetretenen Güterstand der Gütertrennung ergeben (vgl. *Bosch*

FamRZ 1976, 401; *Hillermeier* FamRZ 1976, 577, die beide keine Lösung aufzeigen).

Drei Lösungsmöglichkeiten bieten sich an:

a) Die Gütertrennung bleibt bestehen. Die Auffassung erscheint vertretbar, wenn man davon ausgeht, daß die Parteien die Gütertrennung rechtsgeschäftlich vereinbart haben, da sie die Möglichkeit hatten, die Automatik des § 1414 Satz 2 abzudingen (Rdnr. 17). Aus dem Zusammenhang mit dem Ausschluß des Versorgungsausgleichs läßt sich die Unwirksamkeit nicht ableiten, da das Gesetz die Wirkungen des § 1408 Abs. 2 ausdrücklich auf den Versorgungsausgleich beschränkt.

Diese Auslegung ist nicht sachgerecht. Sie berücksichtigt nicht, daß der Ausschluß des gesetzlichen Güterstandes nach § 1414 Satz 2 akzessorischen Charakter hat. Es wäre unangemessen, wenn die den »Hauptgegenstand« betreffende Regelung einer Korrektur zugänglich wäre, nicht aber auch die ihm zugeordnete Folgewirkung. Der Schutzgedanke des § 1408 Abs. 2, der für den Zugewinnausgleich, soweit er automatisch eingetreten ist, ebenso angebracht ist wie für den Versorgungsausgleich, würde verfehlt.

b) Die Gütertrennung tritt unter der aufschiebenden Bedingung ein, daß nicht innerhalb eines Jahres Scheidungsantrag gestellt ist. Grundsätzliche Bedenken gegen den Abschluß eines Ehevertrages unter einer aufschiebenden Bedingung sind nicht zu erheben, solange klar bleibt, in welchem Güterstand von welchem Zeitpunkt an die Ehegatten leben (vgl. *Soergel-Gaul* § 1408, 4; *Beitzke* DNotZ 1964, 692). Eine solche Auslegung würde den Interessen der Parteien gerecht. Ob sie mit dem Wortlaut des § 1414 Satz 2 zu vereinbaren ist, scheint zweifelhaft.

c) Die Gütertrennung tritt ein; sie steht unter der auflösenden Bedingung, daß innerhalb eines Jahres Scheidungsantrag gestellt wird. Hier sind zwei Varianten denkbar, je nachdem, ob man das »Wiederaufleben« des gesetzlichen Güterstandes rückwirkend oder ex nunc annimmt. Geht man davon aus, daß die Regelung nach § 1408 Abs. 2 Satz 2, § 1414 Satz 2 die Bereinigung eines fehlgeschlagenen Versuchs darstellt, die versorgungsrechtlichen und die güterrechtlichen Verhältnisse abweichend vom gesetzlichen Grundmuster zu ordnen, spricht alles dafür, die Folgen dieses fehlgeschlagenen Versuches soweit wie möglich zu beseitigen. Im Verhältnis der Ehegatten zueinander bereitet es keine besonderen Schwierigkeiten, vom Fortbestand des gesetzlichen Güterstandes auszugehen. Im Verhältnis zu Dritten liegt eine entsprechende Anwendung des § 1412 nahe. Danach könnten die Ehegatten dem Dritten (unter den gegebenen Voraussetzungen) nicht entgegenhalten, daß sie nie in der fraglichen Zeit im Güterstand der Gütertrennung gelebt haben. Diese Interpretation läßt sich zwanglos in das System der allgemeinen Regelung des Rechts der Bedingungen einordnen (§§ 158 Abs. 2, 159).

3 Parteivereinbarungen

3.1 Im Zusammenhang mit der Scheidung

18 Vereinbarungen über den Versorgungsausgleich in dem durch § 1587 o gesteckten Rahmen können nur *»im Zusammenhang der Scheidung«* getroffen werden. Vorausgesetzt wird ein zeitlicher und sachlicher Zusammenhang mit der Scheidung. Daß die Vereinbarung nur für den Fall der Scheidung getroffen werden kann, ist selbstverständlich, da es einen vorzeitigen Versorgungsausgleich nicht gibt. Die Scheidung darf aber nicht eine nur entfernte Möglichkeit sein. Überspannte Anforderungen sollten nicht gestellt werden. Ist eine Vereinbarung nach § 1587 o getroffen worden, und wird der Scheidungsantrag zurückgenommen oder versöhnen sich die Parteien vor Anhängigkeit der Scheidungssache, dann ist die Vereinbarung obsolet.

3.2 Inhalt der Regelung

19 Abgesehen von den vorgesehenen Einschränkungen sind die Parteien frei, den Inhalt der Vereinbarung vorbehaltlich der gerichtlichen Kontrolle nach Belieben zu gestalten. Unzulässig sind Absprachen, die eine Übertragung oder Begründung von Anwartschaften der gesetzlichen Rentenversicherung zur Folge haben würden (§ 1587 o Abs. 1 Satz 2). Die Einschränkung ist zu ergänzen. Verfügungsbeschränkungen, die sich aus den allgemeinen Vorschriften ergeben, bleiben ebenfalls wirksam und schränken die Vertragsfreiheit der Ehegatten ein, so ist z. B. auch eine Verfügung über Anwartschaften der beamtenrechtlichen Versorgung unzulässig. Entstandene Ansprüche auf Versorgung unterliegen nur nach Maßgabe des § 51 BeamtVG der Verfügung durch den Beamten.

20 Die Verfügungsbeschränkungen in § 1587 o Abs. 1 Satz 2 betreffen nur die Umsetzung von Anwartschaften. Zulässig sind Abreden, die vorsehen, daß geschuldete Anwartschaften nicht übertragen oder begründet werden. Die sich daraus ergebenden Möglichkeiten zu Manipulationen nimmt das Gesetz in Kauf (z. B. kann ein Ehegatte, dessen Erwerbs- oder Berufsunfähigkeit bevorsteht, mit dem anderen Ehegatten vereinbaren, daß die geschuldeten Anwartschaften aus einer gesetzlichen Rentenversicherung nicht übertragen werden; er entschädigt den anderen Ehegatten auf andere Weise.

21 Die Vereinbarung kann i. ü. ihrem Gegenstand und ihrer Art nach jede zulässige Vermögensverschiebung vorsehen, z. B. eine anderweitige Verfügung über den Ausgleichsbetrag nach § 1587 b Abs. 3, Modifikation des schuldrechtlichen Versorgungsausgleichs, die Übertagung oder Überlasssung von Eigentum, von Rechten,

aber auch eine einheitliche Auseinandersetzung unter Einbeziehung des Zugewinnausgleichs (vgl. *Reinartz* NJW 1977, 81).

3.3 Verstoß gegen § 1587 o Abs. 1 Satz 2

22 § 1587 o Abs. 1 Satz 2 stellt ein gesetzliches Verbot der Übertragung oder Begründung von Anwartschaften und Aussichten der gesetzlichen Rentenversicherung dar. Vereinbarungen, die eine Übertragung oder Begründung zum Gegenstand haben, sind insoweit nichtig (§ 134). Die Nichtigkeit umfaßt, da gerade die Erfüllung des Geschäfts durch das Verbot unterbunden werden soll,
23 die Nichtigkeit des Erfüllungsgeschäftes (vgl. *RG* LZ 1931, 1060). Die Nichtigkeit betrifft nur den vom Verbot betroffenen Teil der Vereinbarung. Ob die Teilnichtigkeit zur Nichtigkeit auch des nicht betroffenen Teils führt, ist nach § 139 zu beurteilen. In der Regel wird man davon ausgehen können, daß die Gesamtvereinbarung nichtig ist.

3.4 Inhaltskontrolle (§ 1587 o Abs. 2 Satz 2, 3)

24 Die Vereinbarung bedarf der Genehmigung des Familiengerichts. Das Gericht hat die getroffenen Abreden unter zwei Gesichtspunkten zu überprüfen: einmal, ob die vereinbarte Leistung nicht zur Sicherung des Berechtigten für den Fall der Erwerbsunfähigkeit oder des Alters geeignet ist. Gemeint ist, daß die Leistung ihrer Art nach ungeeignet ist. Andernfalls würde jeder sehr kleine Ausgleichsbetrag darunter fallen, wenn er wegen seiner Geringfügigkeit keine Alterssicherung darstellt. Ungeeignet kann z. B. die vorgesehene Zahlung eines Geldbetrages sein, da keine Gewähr besteht, daß er für die Altersversorgung verwendet wird. Zweiter Gesichtspunkt für die Kontrolle der Vereinbarung ist die Ausgewogenheit von Leistung und Gegenleistung nach Art und Höhe.

25 Bei der Beurteilung der Vereinbarung unter diesen Gesichtspunkten soll das Gericht die Unterhaltsregelung und die Vermögensauseinandersetzung berücksichtigen. Die Bedeutung dieser Aussage ist unklar. Für die erste Alternative des Abs. 2 Satz 3 kann sie nicht relevant sein, denn die Eignung der Leistung für die Alterssicherung ist von der Unterhaltsregelung oder der güterrechtlichen Auseinandersetzung unabhängig. Anders kann es sich bei
26 der zweiten Alternative verhalten. Im schuldrechtlichen Versorgungsausgleich tritt der Gesichtspunkt der Vermögensaufteilung zurück, der unterhaltsrechtliche Gesichtspunkt der Sicherung des Lebensbedarfs tritt in den Vordergrund. Das zeigt die Fassung der Härteklausel in § 1587 f Nr. 1. Man wird daraus folgern müssen, daß auf einen rechnerisch angemessenen Ausgleich verzichtet werden kann, wenn die Versorgung des ausgleichsberechtigten Ehegatten aus Unterhalt und Vermögen gesichert ist.

27 Die Prüfung der Vereinbarung durch das Gericht ist auf ein Mindestmaß beschränkt (*Plagemann* DAngVers 1976, 337). Nur wenn der Mangel offensichtlich ist, d. h. wenn er sich ohne nähere Prüfung aufdrängt, hat das Gericht die Genehmigung zu versagen.

Die Verantwortung für die Angemessenheit der Regelung liegt demnach in der Hauptsache bei den Parteien.

3.5 Form der Vereinbarung

28 Die Vereinbarung nach § 1587 o Abs. 1 bedarf der notariellen Beurkundung. Sie kann auch durch Aufnahme der Erklärung der Parteien in ein gerichtliches Protokoll ersetzt werden (§ 127 a, § 53 b Abs. 4 FGG). Dabei muß es sich nicht um einen gerichtlichen Vergleich handeln (unzutreffend *Plagemann* DAngVers 1976, 337, 340). Die Verweisung auf § 127 a ist keine Verweisung auf die Voraussetzungen der Vorschrift. Eine solche läßt sich auch nicht aus § 53 b Abs. 4 FGG ableiten.

3.6 Zuständigkeit, Rechtsmittel

29 Über die Erteilung der Genehmigung entscheidet der Richter (§ 14 Nr. 2 a RPflG). Die Verweigerung der Genehmigung ist selbständig nicht anfechtbar (§ 53 d S. 2 FGG). Erteilt das Gericht die Genehmigung nicht, hat es über den öffentlich-rechtlichen Versorgungsausgleich von Amts wegen zu entscheiden. Diese Entscheidung kann mit Berufung (oder befristeter Beschwerde nach § 629 a Abs. 2 ZPO) angefochten werden. Im Rahmen dieses Rechtsmittelverfahrens hat das Rechtsmittelgericht die Anwendung des § 1587 o Abs. 2 zu prüfen. Zweifelhaft ist, welche Auswirkung die Verweigerung der Genehmigung auf die Verein-
30 barung hat. In der Regel führt die Versagung einer erforderlichen Genehmigung zur Unwirksamkeit des zu genehmigenden Rechtsgeschäfts (vgl. *Palandt-Heinrichs* vor § 182, 4). Das gilt aber erst, wenn die Verweigerung der Genehmigung endgültig geworden ist; für behördliche oder gerichtliche Genehmigung muß deshalb vorausgesetzt werden, daß sie rechtskräftig geworden sind. Die Verweigerung der Genehmigung nach § 1587 o Abs. 2 ist zwar nicht selbständig anfechtbar, sie kann aber mit der Entscheidung über den Versorgungsausgleich angefochten werden. Daraus folgt, daß die Vereinbarung erst dann wirkungslos wird, wenn die Entscheidung über den Versorgungsausgleich rechtskräftig geworden ist.

31 Zweifelhaft ist, ob die Genehmigung nach § 1587 o Abs. 2 nur im Rahmen eines anhängigen Verfahrens über den Versorgungsausgleich, das die Anhängigkeit eines Scheidungsverfahrens voraussetzt, erteilt werden kann oder bereits vorher. Die Vereinbarung selbst kann abgeschlossen werden, bevor die Scheidungssache anhängig ist (vgl. Rdnr. 18). Überwiegende Gründe sprechen da-
32 für, eine Genehmigung nicht zuzulassen, bevor die Scheidung beantragt ist. Stichtag für die Berechnung des Ausgleichsbetrages ist die Rechtshängigkeit des Scheidungsantrags. Eine sinnvolle Inhaltskontrolle der Vereinbarung nach § 1587 o Abs. 2 setzt voraus, daß das Gericht Art und Höhe von Leistung und Gegenleistung bewerten kann. Dazu ist das Gericht nicht in der Lage, weil mögliche spätere Veränderungen der Bewertung die Grundlage entziehen würden.

33 Haben die Ehegatten eine Vereinbarung nach § 1587 o Abs. 2 getroffen, die das Gericht genehmigt hat, dann findet insoweit der Versorgungsausgleich nicht statt (§ 53 d S. 1 FGG). Die Einschränkung »insoweit« bedeutet, daß der öffentlich-rechtliche Versorgungsausgleich nicht stattfindet, wenn die Ehegatten die Anwendung des schuldrechtlichen Versorgungsausgleichs wirksam vereinbart haben.

34 Ist in der Vereinbarung die Zahlung von Beiträgen zur Begründung von Anwartschaftsrechten der gesetzlichen Rentenversicherung vorgesehen, richtet sich die sozialversicherungsrechtliche Durchführung nach den für den Fall des § 1587 b Abs. 3 geltenden Regeln (§ 1304 b Abs. 1, § 1304 c Abs. 1 S. 4 RVO). Ist die Verpflichtung in der Vereinbarung in einem Rentenbetrag ausgedrückt, muß der zur Begründung der Rentenanwartschaft erforderliche Betrag festgesetzt werden. Das geschieht durch Beschluß gemäß § 53 e Abs. 2 FGG nach den für die Berechnung des Betrages nach § 1587 b Abs. 3 maßgebenden Vorschriften. Zuständig ist der Rechtspfleger (§ 14 Nr. 2 a, Buchst. a RpflG). In dem Beschluß ist der zuständige Träger zu bezeichnen (§ 53 e Abs. 2 Satz 2 FGG). Die Zuständigkeitsvorschriften nach § 1304 c RVO
35 sind zu beachten. Ist in der Vereinbarung nicht der Rentenbetrag, sondern der einzuzahlende Betrag festgelegt, was zulässig ist, unterbleibt die Festsetzung. Die Entscheidung des Rechtspflegers beschränkt sich dann auf die Bezeichnung des zuständigen Versicherungsträgers. Sie ist nicht notwendig, wenn der nach § 1304 c RVO zuständige Träger bereit ist, ohne Entscheidung des Rechtspflegers das Versicherungskonto anzulegen oder zu führen.

36 Erforderliche Anpassungen des einzuzahlenden Betrages auf Grund geänderter Berechnungsgrößen richten sich auch für die Vereinbarung gemäß § 1587 o Abs. 2 nach § 53 e Abs. 3 FGG.

3.8 Vollstreckung

37 Soll die Vereinbarung vollstreckt werden, sollte sie als vollstreckbarer Titel ausgestaltet sein, d. h. die Unterwerfung unter die Zwangsvollstreckung enthalten (§ 794 Abs. 1 Nr. 5 ZPO). Wird sie im Rahmen eines gerichtlichen Vergleichs geschlossen, folgt die Vollstreckungsfähigkeit aus § 794 Abs. 1 Nr. 1 ZPO. Fehlt die Vollstreckungsfähigkeit, muß auf Leistung aus der Vereinbarung geklagt werden. Der Mangel kann im Rahmen des Genehmigungsverfahrens nach § 1587 o Abs. 2 Anlaß geben, zu prüfen, ob Leistung und Gegenleistung ausgewogen sind.

38 Hat die Vereinbarung keinen vollstreckungsfähigen Inhalt, so wenn der öffentlich-rechtliche Versorgungsausgleich zugunsten des schuldrechtlichen Versorgungsausgleichs abbedungen wird, bedarf es keiner vollstreckbaren Form. Zweifelhaft ist, ob dies auch zu gelten hat, wenn der Ehegatte sich verpflichtet, den zur Begründung einer der Höhe nach bestimmten Rentenanwartschaft erforderlichen (noch unbestimmten) Betrag zu zahlen. Eine Voll-

streckung dieses Anspruchs findet nicht statt. Die Umwandlung in einen Zahlungstitel vollzieht der Rechtspfleger nach § 53 e Abs. 2 FGG. Es handelt sich nicht um einen Akt der Zwangsvollstreckung. Daraus folgt, daß eine Vereinbarung dieses Inhalts keiner vollstreckbaren Form bedarf.

§ 1587 p

Sind durch die rechtskräftige Entscheidung des Familiengerichts Rentenanwartschaften in einer gesetzlichen Rentenversicherung auf den berechtigten Ehegatten übertragen worden, so muß dieser eine Leistung an den verpflichteten Ehegatten gegen sich gelten lassen, die der Schuldner der Versorgung bis zum Ablauf des Monats an den verpflichteten Ehegatten bewirkt, der dem Monat folgt, in dem ihm die Entscheidung zugestellt worden ist.

1 Die Vorschrift ist im Lauf des Gesetzgebungsverfahrens eingefügt worden (BT 7/4361 S. 107). Sie geht auf einen Vorschlag des Bundesrates zurück.

2 Die Schutzvorschrift zugunsten der Versicherungsträger ist dem § 407 nachgebildet, dessen Anwendung im Verhältnis zu den Trägern der gesetzlichen Rentenversicherungen nicht gesichert schien (BT 7/4361 S. 50). Sind Anwartschaftsrechte der gesetzlichen Rentenversicherung übertragen worden, kann der Versicherungsträger mit befreiender Wirkung solange an den bisherigen Gläubiger der Rentenleistung zahlen, bis er durch Zustellung des Urteils von dem Übergang der Anwartschaftsrechte Kenntnis erlangt hat. Mit Rücksicht darauf, daß Rentenzahlungen unter Zuhilfenahme elektronischer Datenverarbeitungsanlagen angewiesen werden und ein gewisser Zeitraum benötigt wird, die bisherigen Zahlungsanweisungen zu ändern, ist bestimmt, daß dieser Schuldnerschutz nicht bereits im Augenblick der Zustellung der Entscheidung entfällt, sondern erst eine die technischen Schwierigkeiten berücksichtigende angemessene Zeit später.

Literatur (zum Verfahrensrecht nach dem 1. EheRG)

Beitzke, Zur internationalen Zuständigkeit des künftigen Familienrichters, FamRZ 1973, 411; *Bergerfurth*, Gemischter Anwaltszwang beim Familiengericht, ZRP 1975, 82; Zweifelsfragen im neuen Eheverfahrensrecht, FamRZ 1976, 581; *Blomeyer*, Der Entwurf eines Zweiten Gesetzes zur Reform des Ehe- und Familienrechts – insbesondere: Die geplante Änderung des Verfahrensrechts, FamRZ 1972, 342; Die Reform des Ehescheidungsverfahrens im Spiegel der Meinungen, ZRP 1974, 118; *Brüggemann*, Familiengerichtsbarkeit – Verfahren in Ehesachen im allgemeinen – Verfahren in anderen Familiensachen, FamRZ 1977, 1; Eherechtskommission beim BMJ, Vorschläge zur Reform des Verfahrensrechts in Ehesachen, 1971; *Grunsky*, Verfahrensrechtliche Probleme einer Ehescheidungsreform, in Eherechtsreform S. 135; *Hagena*, Die Zuständigkeitskonzentration und der Entscheidungsverbund beim Familiengericht, FamRZ 1975, 379; *Heintzmann*, Das Verfahrensrecht in Familiensachen nach dem Entwurf eines Ersten Gesetzes zur Reform des Ehe- und Familienrechts (1. EheRG), FamRZ 1975, 373; *Morawietz*, Sühneversuch im Scheidungsverfahren de lege ferenda, FamRZ 1971, 116; *Müller*, Das neue Eheverfahrensrecht, DRiZ 1973, 350; *Nolte*, Bemerkungen zum Familiengericht, JR 1973, 353; *Pinger*, Der Entscheidungsverbund beim geplanten »Familiengericht«, FamRZ 1974, 238; *Schwab*, K. H., Der Verbund von Scheidungs- und Folgesachen, FamRZ 1976, 658; *Sedemund-Treiber*, Die Schaffung von Familiengerichten und das Verfahren vor dem Familiengericht nach dem Ersten Eherechtsreformgesetz, DRiZ 1976, 331.

Überblick | Rdnr.

1 Das Verfahren in Ehesachen ist durch das 1. EheRG erheblich umgestaltet worden. Die Umgestaltung beschränkt sich allerdings auf die sich aus der Einbeziehung der Familiensachen (§ 621 ZPO) und ihrer Zusammenfassung mit der Scheidungssache zum Verbund (§ 623 ZPO) notwendigen Änderungen. Eine neue Gesamtkonzeption des Eheverfahrens enthält die Neuregelung nicht.

2 Eingeschränkt worden ist die Mitwirkung des Staatsanwalts in Ehesachen. Sie ist nunmehr auf eine Mitwirkung im Verfahren über die Nichtigkeits- und Feststellungsklage beschränkt (§ 607 ZPO a. F. ist deshalb ersatzlos gestrichen worden). Entfallen sind weiter die Vorschriften über den Sühneversuch. Der Sühneversuch hat seine Bedeutung in der Praxis weitgehend eingebüßt (vgl. *Amtl. Begr.* S. 203). Das Familiengericht kann nach § 614 Abs. 5 ZPO das Verfahren aussetzen mit der Auflage an die Eheleute, eine Eheberatungsstelle aufzusuchen (kritisch zur Aufgabe des Sühneverfahrens *Morawietz* FamRZ 1971, 116, 209). Ersatzlos gestrichen worden ist auch die Regelung über die Präklusion nicht vorgebrachter Tatsachen nach § 616 ZPO a. F. (vgl. dazu Rdnr. 8 zu § 1564). Als gegenstandslos weggefallen sind schließlich die §§ 623, 624 ZPO a. F., da sie an Tatbestände des Ehegesetzes (§§ 42, 44–46) anknüpfen, die das neue Recht nicht kennt.

2 Anwendungsbereich

3 Die allgemeinen Vorschriften für Ehesachen (§§ 606–620 g ZPO) gelten für *alle Ehesachen* ohne Rücksicht darauf, ob zugleich eine andere Familiensache anhängig ist. Die Regeln über andere Familiensachen (§§ 621–621 f ZPO) sind anwendbar auf Verfahren in den in § 621 Abs. 1 ZPO genannten Familiensachen; dabei ist es gleichgültig, ob die Familiensachen isoliert oder im Verbund mit einer Scheidungssache geltend gemacht werden, die Rechtshängigkeit der Scheidungssache wird überhaupt nicht vorausgesetzt. Die Bestimmungen über Scheidungs- und Folgesachen (§§ 622–630 ZPO) regeln das Verfahren, wenn eine Scheidungssache und eine der in § 621 Abs. 1 ZPO genannten Familiensachen (im *Verbund* als *Folgesachen* bezeichnet) anhängig sind. Die §§ 622 ff. ZPO gelten nur, wenn eine *Scheidungssache* mit einer Familiensache als Folgesache betrieben wird. Andere Ehesachen (z. B. Nichtigkeitsklage, Eheanfechtungsklage) können mit anderen Familiensachen *keinen* Verbund eingehen.

3 Zuständigkeit

3.1 Sachliche Zuständigkeit

4 Sachlich zuständig für das Verfahren in Ehesachen und den anderen Familiensachen ist das Amtsgericht als Familiengericht

 (§§ 23 a, 23 b GVG, § 621 Abs. 1 ZPO, § 64 a Abs. 1 FGG (vgl. *Brüggemann* FamRZ 1977, 1).

3.2 Örtliche Zuständigkeit

5 Die örtliche Zuständigkeit für Ehesachen richtet sich nach § 606 ZPO; sie ist um eine neue Zuständigkeit des Aufenthalts der Restfamilie erweitert worden (vgl. Rdnr. 9 zu § 606 ZPO). Die örtliche Zuständigkeit für Verfahren in den Familiensachen richtet sich nach den für die jeweilige Angelegenheit geltenden *allgemeinen* Vorschriften, wenn ein Verbund mit der Scheidungssache nicht in Betracht kommt (vgl. § 621 Abs. 2 Satz 2 ZPO).

3.3 Vorrang der Zuständigkeit der Ehesache für Familiensachen

6 Ist eine Familiensache bereits im 2. Rechtszug anhängig, gelten die allgemeinen Vorschriften. Ist sie im 1. Rechtszug anhängig, oder wird sie anhängig gemacht, sind die allgemeinen Vorschriften über die Zuständigkeit nicht anwendbar, *wenn auch die Ehesache anhängig ist.* Die örtliche Zuständigkeit richtet sich dann auch für die Familiensachen nach der örtlichen Zuständigkeit für das Verfahren der Ehesache (§ 621 Abs. 2, 3 ZPO).

4 Verfahren

7 Für das Verfahren in Ehesachen gelten die §§ 606–620 g ZPO und für die Scheidungssache außerdem §§ 622 ff. ZPO. Das Verfahren in anderen Familiensachen richtet sich nach §§ 621–630 ZPO. Im übrigen gelten die für die jeweilige Angelegenheit maßgebenden Vorschriften (ZPO, FGG, HausrVO). Ein *einheitliches Verfahrensrecht* für Ehesachen und Familiensachen ist nicht vorgesehen. Die §§ 621–621 f. ZPO sind auch im Fall einer isolierten Geltendmachung der Familiensachen anwendbar, auch wenn eine Ehesache überhaupt nicht anhängig ist. Ergänzende Vorschriften für den Versorgungsausgleich enthalten die § 53 b–53 g FGG.

5 Verbund (Verhandlungs- und Entscheidungskonzentration)

5.1 Voraussetzungen des Verbundes

8 Der Verbund einer Ehescheidungssache (nicht einer anderen Ehesache) mit einer Familiensache i. S. von § 621 Abs. ZPO *(Folgesache)* setzt voraus:

9 *a) Einheitliche Zuständigkeit* nach § 621 Abs. 2, 3 ZPO. Daher kommt es insbesondere nicht zum Verbund, wenn die Familiensache bereits in der 2. Instanz anhängig ist.

10 *b)* Die Scheidungssache muß noch in der *1. Instanz* vor Schluß der mündlichen Verhandlung anhängig sein (§ 623 Abs. 2 ZPO).

11 *c)* Anhängigkeit der Familiensache, soweit nicht das Verfahren von Amts wegen eingeleitet wird (§ 623 Abs. 3 ZPO).

5.2 Besonderheiten des Verbundes

12 *a)* Vorabregelung über die elterliche Gewalt nach § 627 Abs. 1 ZPO

13 *b)* Abtrennung einer Folgesache nach § 628 ZPO

14 *c)* Abtrennung wegen Beteiligung eines Dritten am Verfahren (§ 623 Abs. 1 S. 2 ZPO).

6 Rechtsmittel

6.1 Rechtszug

15 Abweichend vom bisher geltenden Recht geht der Rechtsmittelzug vom Amtsgericht – Familiengericht über das Oberlandesgericht an den Bundesgerichtshof (§ 119 Nr. 1, 2 und § 133 Nr. 1, 2 GVG). Das gilt, soweit die dritte Instanz nicht ausgeschlossen ist (§ 621 e Abs. 2 ZPO), auch für die anderen Familiensachen.

6.2 Rechtsmittelverfahren in Ehesachen

16 Gegen Entscheidungen in Ehesachen finden Berufung und Revision nach allgemeinen Vorschriften statt.

6.3 Rechtsmittelverfahren in anderen Familiensachen

17 Gegen Entscheidungen in anderen Familiensachen, die den Verfahren der ZPO folgen, ist die Berufung nach allgemeinen Vorschriften möglich. Die Revision ist abweichend geregelt, die *Annahmerevision* ist *nicht* vorgesehen (§ 621 d Abs. 1 ZPO). Entscheidungen in anderen Familiensachen, die FGG-Regeln folgen, sind mit der Beschwerde und der weiteren Beschwerde anfechtbar (§ 621 e ZPO). Die Rechtsmittel sind dem Verfahren der ZPO stark angenähert.

6.4 Rechtsmittelverfahren bei verbundenen Sachen

18 Gegen die einheitliche Entscheidung im Verbund nach § 629 Abs. 1 ZPO ist Berufung und Revision gegeben, wenn die Scheidungssache oder eine den Regeln der ZPO folgende Familiensache angefochten wird. Die Beschwerde oder weitere Beschwerde ist gegeben, wenn *(nur)* eine den FGG-Regeln folgende Familiensache angefochten wird. Berufung, Revision und Beschwerde richten sich im übrigen nach den durch §§ 621 d ff., 629–629 c modifizierten allgemeinen Bestimmungen. Revision und weitere Beschwerde sind ausgeschlossen, wenn es sich um Familiensachen nach § 621 Abs. 1 Nr. 7 oder 9 ZPO (Verfahren nach der HausrVO und

güterrechtliche Angelegenheiten nach §§ 1382, 1383) handelt (§ 621 e Abs. 2, § 629 a Abs. 1 ZPO).

7 Anwaltszwang

19 Anwaltszwang besteht allgemein für Ehesachen und solche Familiensachen, über die im Verbund entschieden wird (Folgesachen) sowie für unverbundene güterrechtliche Streitigkeiten i. S. von § 621 Abs. 1 Nr. 8 ZPO, wenn der Streitwert DM 3000,– übersteigt (§ 78 Abs. 1 Satz 2 ZPO; vgl. dazu auch § 78 a ZPO). Im übrigen ist für Familiensachen Anwaltszwang nicht vorgesehen.

8 Kosten

20 Wird der Scheidungsantrag abgewiesen, gilt § 91 ZPO; für die Kosten der Folgesachen ist § 93 a Abs. 2 ZPO maßgebend. Wird die Ehe geschieden, sind die Kosten der Scheidungssache und der Folgesachen in der Regel gegeneinander aufzuheben, es sei denn, daß eine andere Verteilung aus Billigkeitsgründen geboten erscheint (vgl. § 93 a Abs. 1 ZPO).

21 Für die Kostenberechnung gelten die Scheidungssache und die Folgesachen als ein Verfahren. Die Gebühren werden nach dem zusammengerechneten Wert der Gegenstände berechnet (§ 19 a GKG).

9 Überleitungsvorschriften

22 Die Überleitung anhängiger Verfahren in Ehesachen (nicht nur in Scheidungssachen) richtet sich nach Art. 12 Nr. 7 des 1. EheRG, der wie folgt lautet:

7. *Für einen Rechtsstreit in Ehesachen, der vor Inkrafttreten dieses Gesetzes anhängig geworden ist, gelten die folgenden besonderen Vorschriften:*

   a) *Eine mündliche Verhandlung, die vor dem Inkrafttreten dieses Gesetzes in einem Verfahren auf Scheidung, Aufhebung oder Nichtigerklärung einer Ehe oder auf Herstellung des ehelichen Lebens geschlossen worden ist, ist wieder zu eröffnen.*

   Ist eine Scheidungssache noch im ersten Rechtszug anhängig, so ist die Sache durch Beschluß zur Fortsetzung oder Wiedereröffnung der mündlichen Verhandlung an das für sie zuständige Familiengericht zu verweisen.

   b) *Tatsachen, die erst durch dieses Gesetz erheblich geworden sind, können noch in der Revisionsinstanz vorgebracht werden. Das Revisionsgericht verweist die Sache an das*

Berufungsgericht zurück, wenn bezüglich der neuen Tatsachen eine Beweisaufnahme erforderlich wird.

c) Ist ein Verfahren auf Scheidung, Aufhebung oder Nichtigerklärung einer Ehe bei Inkrafttreten dieses Gesetzes in der Rechtsmittelinstanz anhängig, so ist, wenn die Ehe aufgelöst wird, in der ersten Entscheidung, die nach dem Inkrafttreten dieses Gesetzes ergeht, über die Kosten des gesamten Verfahrens nach Maßgabe des § 93 a Abs. 1, 3, 4 der Zivilprozeßordnung zu entscheiden.

d) Werden innerhalb eines Monats nach Inkrafttreten dieses Gesetzes Folgesachen der in § 621 Abs. 1 der Zivilprozeßordnung bezeichneten Art anhängig, während die Scheidungssache in der Rechtsmittelinstanz anhängig ist, so wird der Scheidungsausspruch nicht wirksam, bevor nicht über die Folgesachen erstinstanzlich entschieden ist; das Familiengericht kann den Scheidungsausspruch vorher für wirksam erklären, wenn die Voraussetzungen des § 628 Abs. 1 Satz 1 der Zivilprozeßordnung gegeben sind.

e) Ein Verfahren auf Nichtigerklärung einer Ehe auf Grund des § 19 oder des § 22 des Ehegesetzes ist als in der Hauptsache erledigt anzusehen. § 91 a der Zivilprozeßordnung ist entsprechend anzuwenden.

23 Daraus ergibt sich folgendes: Schwebt die Ehesache vor dem Landgericht, ist sie an das zuständige Familiengericht zu verweisen, das die mündliche Verhandlung wieder zu eröffnen hat, damit die Parteien Gelegenheit erhalten, ihr Vorbringen auf das neue materielle Recht umzustellen. Soweit die Voraussetzungen vorliegen, sind Familiensachen zur Verhandlungs- und Entscheidungskonzentration zusammenzufassen. Das Landgericht kann unter keinen Umständen das Verfahren fortführen. Ist die Ehesache bei dem Oberlandesgericht oder dem Bundesgerichtshof anhängig, ist die mündliche Verhandlung zu eröffnen. Entgegen der Regel des § 561 ZPO können in der Revisionsinstanz auf Grund des 1. EheRG relevant gewordene Tatsachen, z. B. der Ablauf einer Trennungszeit von einem, drei bzw. fünf Jahren (§ 1565 Abs. 2, § 1566, 1568 Abs. 2) vorgebracht werden. Von dem Fall des Art. 12 Nr. 7 Buchst. b Satz 2 (Verweisung an das Berufungsgericht zur Beweisaufnahme) abgesehen, findet eine Verweisung des Rechtsstreits nicht statt. Ein Verbund kommt nicht mehr in Betracht (vgl. § 623 Abs. 2 ZPO und Gegenschluß aus Art. 12 Nr. 7 Buchst. d).

24 Um zumindest einen zeitlichen Gleichlauf der Scheidungssache mit den Folgesachen herzustellen, wird unter bestimmten Voraussetzungen die Rechtskraft des Scheidungsurteils hinausgeschoben, um eine Entscheidung über anhängige oder innerhalb eines Monats nach dem 1. Juli 1977 anhängig werdende Familiensachen in der 1. Instanz herbeizuführen (Art. 12 Nr. 7 Buchst. d).

25 Eine Vorabentscheidung über die Scheidungssache ist – folgerichtig – zulässig, wenn die Voraussetzungen für eine Abtrennung der

Folgesache nach § 628 Abs. 1 Satz 1 ZPO vorliegen. Über die Kosten des Verfahrens ist auch dann einheitlich nach § 93 a ZPO zu entscheiden, wenn die Ehe erst vom Rechtsmittelgericht geschieden wird (Art. 12 Nr. 7 Buchst. c).

26 Nach § 91 a ZPO ist zu verfahren, wenn ein Verfahren auf Nichtigkeit der Ehe nach § 19 (Namensehe) oder § 22 EheG (Eheverbot des Ehebruchs) seine Erledigung gefunden hat. Beide Nichtigkeitsgründe sind ersatzlos entfallen (Art. 3 Nr. 1 des 1. EheRG).

Erster Titel
Allgemeine Vorschriften für Ehesachen

§ 606

(1) Für Verfahren auf Scheidung, Aufhebung oder Nichtigerklärung einer Ehe, auf Feststellung des Bestehens oder Nichtbestehens einer Ehe zwischen den Parteien oder auf Herstellung des ehelichen Lebens (Ehesachen) ist das Familiengericht ausschließlich zuständig, in dessen Bezirk die Ehegatten ihren gemeinsamen gewöhnlichen Aufenthalt haben. Fehlt es bei Eintritt der Rechtshängigkeit an einem solchen Aufenthalt im Inland, so ist das Familiengericht ausschließlich zuständig, in dessen Bezirk einer der Ehegatten mit den gemeinsamen minderjährigen Kindern den gewöhnlichen Aufenthalt hat.

(2) Ist eine Zuständigkeit nach Absatz 1 nicht gegeben, so ist das Familiengericht ausschließlich zuständig, in dessen Bezirk die Ehegatten ihren gemeinsamen gewöhnlichen Aufenthalt zuletzt gehabt haben, wenn einer der Ehegatten bei Eintritt der Rechtshängigkeit im Bezirk dieses Gerichts seinen gewöhnlichen Aufenthalt hat. Fehlt ein solcher Gerichtsstand, so ist das Familiengericht ausschließlich zuständig, in dessen Bezirk der gewöhnliche Aufenthaltsort des Beklagten oder, falls ein solcher im Inland fehlt, der gewöhnliche Aufenthaltsort des Klägers gelegen ist. Haben beide Ehegatten das Verfahren rechtshängig gemacht, so ist von den Gerichten, die nach Satz 2 zuständig wären, das Gericht ausschließlich zuständig, bei dem das Verfahren zuerst rechtshängig geworden ist; dies gilt auch, wenn die Verfahren nicht miteinander verbunden werden können. Sind die Verfahren am selben Tage rechtshängig geworden, so ist § 36 entsprechend anzuwenden.

(3) Ist die Zuständigkeit eines Gerichts nach diesen Vorschriften nicht begründet, so ist das Familiengericht beim Amtsgericht Schöneberg in Berlin ausschließlich zuständig.

Überblick Rdnr.

1 Allgemeines

1 § 606 ZPO entspricht, von der Einführung der neuen Zuständigkeit des Aufenthaltsorts der *Restfamilie* abgesehen (vgl. § 606 Abs. 1 S. 2 ZPO), sachlich dem bisherigen § 606 ZPO, der zuletzt durch Art. 2 Nr. 2 GleichberG geändert worden ist. Redaktionelle Folgeänderungen haben sich ergeben mit Rücksicht auf den Übergang zum Antragsverfahren statt der Klage (§ 622 ZPO) und die neue Zuständigkeit des Familiengerichts.

2 Die Vorschrift regelt die sachliche und örtliche Zuständigkeit in Ehesachen; sie ist (in Verbindung mit §§ 606 a, 606 b ZPO) auch Grundlage für die Beurteilung der internationalen Zuständigkeit (h. M.: *Beitzke* FamRZ 1967, 592; *Lorenz* FamRZ 1966, 465; a. A.: *Neuhaus* FamRZ 1964, 18). Sie gilt – vorausgesetzt, die internationale Zuständigkeit liegt vor – für Inländer-, Ausländer- und gemischt-nationale Ehen (*Thomas-Putzo* § 606 1 d ZPO).

3 Die Aufzählung der Gerichtsstände ist als *Rangfolge* zu verstehen. Jeder Gerichtsstand wird durch einen ihm in der Reihe vorgehenden ausgeschlossen.

2 Sachliche Zuständigkeit des Familiengerichts

4 Dem Familiengericht (§ 23 b GVG) zugeordnet sind die Ehesachen. Der Begriff der Ehesachen entspricht dem bisher geltenden Recht. Darunter fallen:

a) Das Verfahren auf Scheidung der Ehe nach §§ 1564 ff.

b) Das Verfahren auf Aufhebung der Ehe (§§ 28 ff. EheG).

c) Das Verfahren auf Nichtigerklärung der Ehe (§§ 16 ff. EheG).

5 *d)* Das Verfahren auf Feststellung des Bestehens oder Nichtbestehens einer Ehe. Die Voraussetzungen des § 256 Abs. 1 ZPO sind erforderlich, insbesondere das Feststellungsinteresse. Die Klage ist ausgeschlossen, wenn eine Nichtigkeits- oder Eheanfechtungsklage möglich ist. Sie kommt in Betracht, wenn es zweifelhaft ist, ob eine wirksame Eheschließung stattgefunden hat (Nichtehe), oder ob die Ehe wirksam

aufgelöst ist (vgl. *BGH* NJW 1952, 705). Soweit sich die Zweifel darauf beziehen, ob eine ausländische Entscheidung die Auflösung der Ehe bewirkt hat, fehlt es an einem Rechtsschutzbedürfnis für die Klage, da insoweit primär das Anerkennungsverfahren vor den Landesjustizverwaltungen nach Art. 7 § 1 FamRÄndG zu beurteilen ist. Im Einzelfall kann es fraglich sein, ob eine Nichtigkeitserklärung der Ehe oder die Feststellung des Nichtbestehens begehrt wird; dann muß ohne Rücksicht auf die Bezeichnung der wahre Wille der Parteien ermittelt werden (*RG* JW 1931, 1335).

Eine Feststellungsklage wird zugelassen, um das Bestehen oder Nichtbestehen einer in der DDR geschiedenen Ehe zu klären, ebenso um eine (isolierte) Schuldfeststellung nachzuholen (vgl. Rdnr. 23 zu § 606 a ZPO). Für Ehen, die nach dem Inkrafttreten des 1. EheRG geschieden worden sind, wird eine Schuldfeststellungsklage nicht mehr in Betracht kommen.

6 *e)* Das Verfahren auf Herstellung des ehelichen Lebens.
Die Herstellungsklage kann als Leistungsklage ohne Vollstrekkungszwang (§ 888 Abs. 2 ZPO) oder als negative Feststellungsklage (Recht zum Getrenntleben) unter den Voraussetzungen des § 256 Abs. 1 ZPO in Betracht kommen (vgl. Rdnr. 55 zu § 1353).

7 Die Aufzählung in § 606 Abs. 1 ZPO ist *abschließend*. Andere Verfahren fallen nicht darunter, auch wenn es sich um Streitigkeiten aus dem ehelichen Bereich handelt (z. B. Unterhaltsansprüche, Ehestörungsklagen, güterrechtliche Auseinandersetzungen, Rückabwicklung von Zuwendungen aus der Zeit der Ehe usw.).

3 Örtliche Zuständigkeit des Familiengerichts

3.1 Gerichtsstand des gemeinsamen gewöhnlichen Aufenthalts bei Eintritt der Rechtshängigkeit

8 Die örtliche Zuständigkeit des Familiengerichts richtet sich primär nach dem gemeinsamen gewöhnlichen Aufenthaltsort der Ehegatten zum Zeitpunkt des Eintritts der Rechtshängigkeit. Aus § 606 Abs. 1 Satz 2 ZPO folgt, daß es sich um einen Aufenthaltsort im Inland handeln muß. Inland in diesem Zusammenhang ist der Geltungsbereich der ZPO, also die Bundesrepublik einschließlich Berlin-West. Die DDR und Ost-Berlin sind nicht gemeint (*BGH* 7, 218). Gewöhnlicher Aufenthalt ist der tatsächliche Mittelpunkt des Lebens, der Ort, an dem sich die Person hauptsächlich aufzuhalten pflegt, insbesondere der Ort, an dem nicht nur vorübergehend gewohnt und geschlafen wird (*OLG Düsseldorf* DR 1944, 628; *OLG Frankfurt* MDR 1966, 845; vgl. auch *BGH* FamRZ 1975, 272). Vorübergehende Unterbrechungen sind unschädlich (*OLG Frankfurt* NJW 1961, 1586). Vorausgesetzt wird ein gemeinsamer gewöhnlicher Aufenthalt. Deshalb reicht es für die Annahme der örtlichen Zuständigkeit nicht aus, wenn jeder der Ehegatten isoliert einen eigenen gewöhnlichen Aufenthalt am selben

Ort hat (*Stein-Jonas-Schlosser* § 606 II 2 a ZPO). Änderungen des Aufenthaltsortes nach Rechtshängigkeit sind unschädlich (§ 263 Abs. 2 Nr. 2 ZPO, jetzt § 261 Abs. 3 Nr. 2 ZPO). Für den Fall, daß es an der primären Zuständigkeit fehlt, stellt § 606 ZPO eine *Leiter von Hilfszuständigkeiten* zur Verfügung.

3.2 Gerichtsstand des gewöhnlichen Aufenthalts der »Restfamilie« (§ 606 Abs. 1 Satz 2)

9 Der erste Hilfsgerichtsstand nach § 606 Abs. 1 Satz 2 ZPO ist neu. Angeknüpft wird an den Ort, an dem einer der Ehegatten mit den gemeinschaftlichen ehelichen Kindern den gewöhnlichen Aufenthalt hat. Damit soll ermöglicht werden, daß über die Regelung der elterlichen Sorge nach § 1671 am Aufenthaltsort der Kinder entschieden wird (vgl. § 621 Abs. 2 Satz 1 ZPO; *Amtl. Begr.* S. 195). Die Vorschrift findet nur Anwendung, wenn *alle* minderjährigen Kinder bei *einem* Ehegatten sind (*Brüggemann* FamRZ 1977, 1; *Sedemund-Treiber* DRiZ 1976, 331). Sind gemeinschaftliche Kinder sowohl bei dem einen als auch bei dem anderen Ehegatten, entfällt die Zuständigkeit nach § 606 Abs. 1 Satz 2 ZPO. Eine entsprechende Anwendung der Vorschrift ist aber angezeigt, wenn eines oder mehrere der gemeinschaftlichen Kinder bei dem Ehegatten sind, die übrigen aber nicht bei dem anderen Ehegatten, sondern bei Dritten untergebracht sind und der andere Ehegatte nicht die Obhut über diese Kinder hat.

10 § 606 Abs. 1 Satz 2 ZPO setzt voraus, daß der Ehegatte mit den gemeinsamen Kindern in dem Bezirk den gewöhnlichen Aufenthalt hat. Das bedeutet, daß sowohl der Ehegatte als auch die Kinder ihren Aufenthalt dort haben müssen und dieser Aufenthalt ein gemeinsamer sein muß. Es genügt nicht, wenn die Kinder am selben Ort einen vom gewöhnlichen Aufenthalt des Ehegatten getrennten Aufenthalt haben. Werden die Kinder nach Rechtshängigkeit volljährig, so berührt das nicht die Zuständigkeit des Familiengerichts (§ 263 Abs. 2 Nr. 2 ZPO, jetzt § 261 Abs. 3 Nr. 2 ZPO).

11 Der gewöhnliche Aufenthalt (vgl. *BGH* FamRZ 1975, 272) der Kinder wird dadurch begründet, daß der Ehegatte, in dessen Obhut sie sich befinden, den tatsächlichen Mittelpunkt des Daseins für sich und die Kinder errichtet. Das kann in Ausübung des alleinigen elterlichen Sorgerechts geschehen, wenn eine solche Entscheidung nach § 1672 ergangen ist. Ist das nicht der Fall, ist er die Folge des faktischen Verhaltens des Ehegatten. Zweifelhaft ist, ob dies auch gelten kann, wenn der Aufenthalt der Kinder ohne oder gegen den Willen des anderen Elternteils begründet worden ist. Das Aufenthaltsbestimmungsrecht nach § 1631 gehört zum Inhalt der elterlichen Gewalt, die bei bestehender Ehe grundsätz-
12 lich von beiden Elternteilen ausgeübt wird. Da es sich um die Ausübung der *tatsächlichen Personensorge* handelt, kommt es, was das Ergebnis der Ausübung angeht, nicht auf die Berechtigung an, sondern auf den faktischen Zustand (*BGH* FamRZ 1975, 272: faktischer Wohnsitz). Anders verhält es sich bei der Begründung

des Wohnsitzes des Kindes, der vom Wohnsitz der Eltern abgeleitet ist und der nicht durch die Veränderung faktischer Verhältnisse beeinflußt werden kann (vgl. dazu *BGH* 48, 228: abgeleiteter Doppelwohnsitz). Eine Übertragung dieser zum Wohnsitz des Kinders entwickelten Grundsätze auf die Bestimmung des Aufenthalts des Kindes ist nicht möglich. Der gewöhnliche Aufenthalt der Kinder wird daher nicht dadurch ausgeschlossen, daß er unter Verletzung des § 1631 errichtet worden ist. Die Gesichtspunkte, die dafür sprechen, in kindschaftsrechtlichen Angelegenheiten, insbesondere bei Anwendung des Haager Minderjährigenschutzabkommens, die Frage der Aufenthaltsbegründung durch einen Ehegatten gegen den Willen des anderen zurückhaltend zu beurteilen (vgl. dazu *OLG Karlsruhe* FamRZ 1976, 708 m. w. N.), zwingen nicht dazu, bei der Auslegung des § 606 Abs. 1 Satz 2 ZPO von ebenso strengen Grundsätzen auszugehen. Die Gründe, die zur Schaffung des neuen Hilfsgerichtsstandes der Restfamilie geführt haben, sprechen gleichfalls für diese Auslegung. Eine Einschränkung ist zu machen für den Fall, daß die Begründung des Aufenthalts mit den Kindern zu dem Zweck erfolgt ist, den Gerichtsstand zu »erschleichen«. Ein erschlichener Gerichtsstand ist unbeachtlich (vgl. dazu *OLG Darmstadt* JW 1929, 121; *Stein-Jonas-Schumann-Leipold,* Vor § 12 IV).

13 Auch bei dem Gerichtsstand nach § 606 Abs. 1 S. 2 wird vorausgesetzt, daß es sich um einen Aufenthalt im Inland handelt, wobei die DDR und Ost-Berlin nicht als Inland im Sinne der Vorschrift anzusehen sind (Rdnr. 12 zu § 606 a ZPO).

3.3 Gerichtsstand des früheren gemeinsamen gewöhnlichen Aufenthalts (§ 606 Abs. 2 Satz 1 ZPO)

14 Haben weder die Ehegatten noch ein Ehegatte mit den gemeinsamen Kindern im Zeitpunkt der Rechtshängigkeit einen gemeinsamen gewöhnlichen Aufenthalt im Inland, so ist das Gericht (ausschließlich) zuständig, in dessen Bezirk die Ehegatten ihren gemeinsamen gewöhnlichen Aufenthalt zuletzt gehabt haben und einer der Ehegatten ihn noch hat. Der frühere gemeinsame Aufenthalt reicht für sich allein nicht aus, die Zuständigkeit zu begründen; hinzukommen muß immer der gegenwärtige Aufenthalt eines der Ehegatten an diesem Ort. Der frühere gewöhnliche Aufenthalt muß ein gemeinsamer gewesen sein, getrennte Aufenthalte am selben Ort reichen nicht aus. Unschädlich ist dagegen, wenn der verbliebene Ehegatte innerhalb des Bezirks umzieht (*OLG Kiel* SchlHA 1948, 47) oder nach einer Zeit der Abwesenheit wieder zurückgekehrt ist (*BayObLG* NJW 1949, 223; *OLG Schleswig* JR 1949, 387). Irrelevant sind gemeinsame Aufenthalte im Ausland.

3.4 Gerichtsstand des gewöhnlichen Aufenthalts des Beklagten oder des Klägers (§ 606 Abs. 2 Satz 2 ZPO)

15 Hilfsweise ist der Gerichtsstand am Ort des gewöhnlichen Auf-

enthalts des Beklagten und, wenn ein solcher im Inland fehlt, der Ort des gewöhnlichen Aufenthalts des Klägers gegeben.

16 Der unbekannte Aufenthalt einer Partei ist dem Fehlen eines Aufenthalts im Inland gleichzusetzen (*OLG Stuttgart* NJW 1964, 2166; *OLG Düsseldorf* FamRZ 1974, 92; *OLG Hamburg* MDR 1974, 140). Daraus folgt bei unbekanntem Aufenthalt des Beklagten, daß der Gerichtsstand am Aufenthaltsort des Klägers gegeben ist, wenn er einen solchen im Inland hat, anderenfalls der Gerichtsstand beim *AG Schöneberg* in Berlin (§ 606 Abs. 3 ZPO). Unzutreffend ist die Auffassung des *LG Köln* (MDR 1962, 133), das die Zuständigkeit am Ort des letzten bekannten Aufenthalts des Beklagten im Inland annimmt, wenn die Parteien keinen gemeinsamen Aufenthalt im Inland hatten (*Stein-Jonas-Schlosser* § 606 II 2 b ZPO). Es lassen sich Erwägungen darüber anstellen, ob eine zusätzliche Hilfszuständigkeit dieser Art nützlich sein kann; auf der Grundlage des geltenden Rechts ist sie nicht zu halten.

3.5 Gerichtsstand beim Amtsgericht Schöneberg in Berlin

17 Hat keiner der Ehegatten im Inland seinen gewöhnlichen Aufenthalt, dann ist äußerst hilfsweise die Zuständigkeit des Amtsgerichts Schöneberg in Berlin gegeben. Dem fehlenden Aufenthalt ist der unbekannte Aufenthalt gleichzusetzen (vgl. Rdnr. 16).

3.6 Gerichtsstand bei Klage beider Ehegatten (§ 606 Abs. 2 S. 3 und 4 ZPO)

18 Im Fall der Hilfszuständigkeit nach § 606 Abs. 2 Satz 2 ZPO ist es möglich, daß jeder der Ehegatten eine Ehesache an einem anderen zuständigen Gericht anhängig macht. Der Konflikt wird nach dem Prioritätsprinzip gelöst. Zuständig ist das Gericht des zuerst rechtshängig gewesenen Verfahrens (§ 261 ZPO). Die Regelung gilt auch für Verfahren, die nicht miteinander verbunden werden können (vgl. § 610 ZPO). Auf Antrag ist das Verfahren an das zuständige Gericht zu verweisen (§ 281 ZPO); wird ein Antrag nicht gestellt, ist die Klage durch Prozeßurteil abzuweisen.

Sind die beiden Verfahren am selben Tag rechtshängig geworden, bestimmt nach § 36 ZPO das im Rechtszug zunächst höhere Gericht die Zuständigkeit (§ 606 Abs. 2 Satz 4 ZPO). In Ehesachen ist das Oberlandesgericht oder, falls die Familiengerichte nicht im Bezirk desselben Oberlandesgerichts liegen, der Bundesgerichtshof zuständig (vgl. §§ 119 Nr. 1, 133 Nr. 1 GVG).

4 Gesamtzuständigkeit im Verfahrensverbund

19 Zu der Problematik, die sich aus der einheitlichen Zuständigkeit der Ehesachen mit den Folgesachen durch den Verfahrensbund ergibt, vgl. *Beitzke* FamRZ 1973, 411; die Ausschließlichkeit der Zuständigkeit kraft Verbundes nach § 621 Abs. 2 ZPO gilt nur

 für die *innerstaatliche örtliche,* nicht für die *internationale Zuständigkeit.*

§ 606 a

Die Vorschriften des § 606 stehen der Anerkennung einer von einer ausländischen Behörde getroffenen Entscheidung nicht entgegen,

1. wenn der Beklagte eine fremde Staatsangehörigkeit besitzt,
2. wenn der Beklagte seinen gewöhnlichen Aufenthalt im Ausland hat oder wenn die Ehegatten ihren gemeinsamen gewöhnlichen Aufenthalt zuletzt im Ausland gehabt haben oder
3. wenn der Beklagte die Anerkennung der Entscheidung beantragt.

Überblick | Rdnr.

1 Allgemeines

1 § 606 a ZPO ist durch das 1. EheRG nicht geändert worden. Die Vorschrift eröffnet die Möglichkeit, Entscheidungen ausländischer Behörden in Ehesachen anzuerkennen, deren Anerkennung nach allgemeinen Vorschriften ausgeschlossen wäre. Die Anerkennung ist nach § 328 ZPO u. a. abzulehnen, wenn die Behörden des Entscheidungsstaates nach deutschem Recht unzuständig wären. Die Unzuständigkeit ist stets gegeben, wenn das deutsche Recht eine

ausschließliche Zuständigkeit in Anspruch nimmt; das ist für Ehesachen nach § 606 ZPO grundsätzlich der Fall. Hiervon macht § 606 a ZPO in drei Fällen eine Ausnahme.

2 Eine weitergehende Bedeutung hat § 606 a ZPO nicht. Insbesondere ist die Vorschrift nicht als positive eigenständige Regelung der internationalen Zuständigkeit zu verstehen. Deshalb ist nach allgemeinem Recht die Prüfung erforderlich, ob die ausländische Behörde nach spiegelbildlicher Anwendung deutscher Zuständigkeitsregeln zuständig wäre (§ 328 Abs. 1 Nr. 1 ZPO; h. M. *BayObLG* NJW 1972, 1626; NJW 1972, 2188; NJW 1975, 1077; *KG* FamRZ 1964, 262; *OLG Düsseldorf* FamRZ 1966, 200 mit zust. Anm. v. *Partikel; Stein-Jonas-Schlosser* § 606 a I; *Thomas-Putzo* § 606 a ZPO; *Bürgle* NJW 1974, 2163; *Drobnig* FamRZ 1961, 341; a. A.: *OLG München* FamRZ 1964, 43, 442; *OLG Düsseldorf* FamRZ 1975, 584; *Neuhaus* FamRZ 1964, 18; *Geimer* NJW 1974, 1026 und NJW 1975, 1079 für den Fall, daß der Beklagte den Mangel der fehlenden internationalen Zuständigkeit nicht rügt).

3 Der Begriff der von einer ausländischen Behörde getroffenen »Entscheidung« ist im weitesten Sinne zu verstehen. Es muß sich nicht notwendigerweise um gerichtliche Urteile oder Beschlüsse handeln, auch Scheidungsbewilligungen nach dänischem oder norwegischem Recht reichen aus, ebenso Entscheidungen kirchlicher Stellen sowie private Scheidungen (Scheidebrief), *wenn* sie durch einen zusätzlichen behördlichen Akt ergänzt werden (*OLG Düsseldorf* FamRZ 1974, 529 mit Anm. v. *Beitzke* – kritisch – FamRZ 1976, 277; *Baumbach-Hartmann* § 328 1 B; *Stein-Jonas-Schumann-Leipold* § 328 XI B 1; vgl. aber: *Otto* FamRZ 1974, 655 und FamRZ 1976, 279).

2 Ausnahmen von der ausschließlichen Zuständigkeit deutscher Gerichte

2.1 Fremde Staatsangehörigkeit des Beklagten (§ 606 a Nr. 1 ZPO)

4 Auf die Staatsangehörigkeit des Klägers kommt es nicht an, ebensowenig auf den Ort des gewöhnlichen Aufenthalts der Parteien. Die Regelung beruht auf dem Gedanken, daß der Schutz des deutschen Staatsangehörigen auf Grund einer ausschließlichen Zuständigkeit gewahrt ist, wenn er nicht als Beklagter vor einem fremden Gerichtsstand in Anspruch genommen werden kann, ohne daß ein sachlicher Anknüpfungspunkt gegeben ist (vgl. dazu § 606 a Nr. 2 ZPO).

5 Ist der Beklagte staatenlos, findet § 606 a Nr. 1 ZPO keine Anwendung. Dasselbe gilt, wenn er neben der ausländischen auch die deutsche Staatsangehörigkeit besitzt (*BGH* 3, 178; *OLG Celle* NJW 1952, 475; *OLG Hamm* FamRZ 1975, 630; a. A. *OLG Düsseldorf* FamRZ 1974, 528, das darauf abstellt, ob die deut-

sche Staatsangehörigkeit »effektiv« ist, mit zustimmender Anmerkung v. *Beitzke;* dagegen zutreffend *Otto* FamRZ 1974, 655).

2.2 Gewöhnlicher Aufenthalt des Beklagten im Ausland (§ 606 a Nr. 2, 1. Altern. ZPO)

6 Gewöhnlicher Aufenthalt im Ausland liegt vor, wenn der Beklagte dort den tatsächlichen Mittelpunkt seines Daseins hat (vgl. Rdnr. 8 zu § 606 ZPO).
Es muß nicht der Ort im Entscheidungsstaat sein. Auf die Staatsangehörigkeit kommt es nicht an, ebensowenig auf die des Klägers oder dessen Aufenthaltsort. Die DDR ist nicht Ausland (vgl. Rdnr. 12).

2.3 Gemeinsamer gewöhnlicher Aufenthalt der Ehegatten im Ausland (§ 606 a Nr. 2, 2. Altern. ZPO)

7 Auch hier wird nicht vorausgesetzt, daß der Aufenthaltsstaat der Staat ist, in dem die Entscheidung ergangen ist. Der gewöhnliche Aufenthalt (vgl. Rdnr. 8 zu § 606 ZPO) muß ein gemeinsamer und zeitlich der letzte gemeinsame Aufenthalt gewesen sein.

2.4 Antrag des Beklagten auf Anerkennung der Entscheidung (§ 606 a Nr. 3 ZPO)

8 Zur Frage der Anerkennung ausländischer Entscheidungen in Ehesachen vgl. Rdnr. 11.

Erforderlich ist der Antrag des Beklagten des Ehescheidungsverfahrens. Streitig ist, ob der Antrag vom gesetzlichen Vertreter oder dem Rechtsnachfolger des Beklagten gestellt werden kann (so *Geimer* NJW 1974, 1026) oder nur vom Beklagten selbst (so zutreffend *Bürgle* NJW 1974, 2163). Auf die Staatsangehörigkeit des Beklagten, des Klägers und den Aufenthaltsort der Ehegatten kommt es nicht an. Nicht entscheidend ist schließlich auch, ob der Kläger mit der Anerkennung einverstanden ist.

9 Die allgemeine Anerkennungsfähigkeit der Entscheidung muß außerdem bestehen. Das bedeutet, daß § 606 a Nr. 3 nur anwendbar ist, wenn das ausländische Gericht nach deutschem Recht (spiegelbildlich) zuständig gewesen war; anderenfalls würde § 606 a Nr. 3 ZPO im Ergebnis die nachträgliche Prorogation eines nach deutschem Recht unzuständigen ausländischen Gerichts ermöglichen, was bedenklich wäre (vgl. Rdnr. 2)

3 Maßgebender Zeitpunkt

10 Die Voraussetzungen des § 606 a ZPO, die zur Anerkennungsfähigkeit führen, müssen in der Zeit zwischen Eintritt der Rechtshängigkeit und dem Erlaß der ausländischen Entscheidung vorgelegen haben (*BayObLG* NJW 1968, 363; *Geimer* NJW 1968,

800; a. A.: *Thomas-Putzo* § 606 a ZPO; *Neuhaus* RabelsZ 1967, 579).

4 Anerkennungsverfahren

11 Die Anerkennung ausländischer Entscheidungen in Ehesachen setzt im allgemeinen ein förmliches Anerkennungsverfahren der Landesjustizverwaltung voraus (Art. 7 § 1 FamRÄndG). Das gilt nicht, wenn es um eine Entscheidung aus einem Staat geht, dem beide Ehegatten zur Zeit der Entscheidung angehört haben. Gegen die Entscheidung der Landesjustizverwaltung kann das Oberlandesgericht angerufen werden (Art. 7 § 1 Abs. 4, 5 FamRÄndG). Ein Ehegatte kann auch die Feststellung begehren, daß die Voraussetzungen für die Anerkennung der Entscheidung nicht vorliegen (Art. 7 § 1 Abs. 7 FamRÄndG). Die Feststellung der Landesjustizverwaltung ist für Gerichte und Verwaltungsbehörden bindend (Art. 7 § 1 Abs. 8 FamRÄndG). Rechtsgrundlage der Feststellung sind die §§ 328, 606 ff. ZPO; materielle Normen enthält Art. 7 § 1 FamRÄndG nicht. Bei klageabweisenden ausländischen Entscheidungen in Ehesachen kommt eine Anerkennung nur nach allgemeinen Vorschriften (§ 328 ZPO) ohne ein förmliches Verfahren in Betracht (*Habscheid* FamRZ 1973, 430 m. w. N.).

5 Entscheidungen der Gerichte der DDR

12 Im Verhältnis zur DDR geht die Rechtsprechung von dem Grundsatz aus, daß die DDR nicht Ausland ist und die deutschen Bewohner der DDR und Ost-Berlins deutsche Staatsangehörige sind. Die Gerichte der DDR und Ost-Berlins üben deutsche Gerichtsbarkeit aus; ihre Entscheidungen in Ehesachen sind in der Bundesrepublik ohne Verfahren nach Art. 7 § 1 FamRÄndG (vgl. Rdnr. 11) grundsätzlich anzuerkennen (*BGH* FamRZ 1956, 276; FamRZ 1959, 207; FamRZ 1961, 203). Die Bedürfnisse der Praxis haben zu einer Relativierung dieser Grundsätze geführt, die im Ergebnis einer zumindest teilweisen analogen Anwendung des § 328 ZPO nahekommen. Zur Frage der Anerkennung von Entscheidungen von Gerichten der DDR vgl. den eingehenden Überblick bei *Drobnig* FamRZ 1961, 341. Ob sich mit Rücksicht auf den Abschluß des Grundvertrages eine Änderung der Praxis in Richtung auf eine stärkere zwischenstaatliche Beurteilung des Verhältnisses zur DDR entwickeln wird, ist fraglich. Die nach Art. 7 des Vertrages in Verbindung mit der Nr. 4 des Zusatzprotokolls zu Art. 7 (BGBl. 1973 II 421) in Aussicht genommene Regelung von Fragen des Rechtsverkehrs ist nicht in Sicht.

5.1 Fehlende »Gerichtsgewalt« der Gerichte der DDR

13 Ehescheidungsurteile von Gerichten der DDR werden nicht anerkannt, wenn es an der *»Gerichtsgewalt«* oder *»Gerichtsbarkeit«*

zur Entscheidung über die Ehesache fehlt. Die »Gerichtsgewalt« wird bejaht, wenn ein Ehegatte seinen gewöhnlichen Aufenthalt in der DDR zum Zeitpunkt der Rechtshängigkeit gehabt hat, und beide Ehegatten ihren letzten gemeinsamen gewöhnlichen Aufenthalt in der DDR hatten (*BGH* FamRZ 1959, 207; FamRZ 1961, 203; *OLG Stuttgart* FamRZ 1957, 388; *OLG Nürnberg*

14 FamRZ 1959, 222; *OLG Hamm* FamRZ 1961, 223). Die Bestimmung der Zuständigkeit der Gerichte der DDR (interlokale Zuständigkeit) wird nicht nach den für die Anerkennung ausländischer Entscheidungen maßgebenden Grundsätzen nach § 328 Abs. 1 Nr. 1 ZPO in Verbindung mit §§ 606, 606 a ZPO vorgenommen, sie wird vielmehr unmittelbar aus § 606 Abs. 1, 2 ZPO (nicht aus Absatz 3) abgeleitet (vgl. *Drobnig* FamRZ 1961, 341). Dabei wird davon ausgegangen, daß im Verhältnis zur DDR die Gerichte der Bundesrepublik allgemein keine ausschließliche Zuständigkeit nach § 606 ZPO haben; ihre Zuständigkeit konkurriert vielmehr mit den Zuständigkeiten der Gerichte der DDR. Soweit konkurrierende Gerichtsstände gegeben sind, können die Parteien wählen, ob sie in der Bundesrepublik oder in der DDR das Scheidungsverfahren führen wollen (*BGH* FamRZ 1961, 203).

Was den Zeitpunkt angeht, zu dem die Voraussetzungen für die interlokale Zuständigkeit der Gerichte der DDR vorliegen müssen, stellt die Rechtsprechung auf die Klageerhebung ab; nachträglicher Wegfall der die »Gerichtsgewalt« begründenden Umstände wird für unschädlich gehalten (*BGH* FamRZ 1961, 203).

15 Die interlokale Zuständigkeit der Gerichte der DDR wird verneint, wenn der die Scheidung begehrende Ehegatte sie erschlichen hat, z. B. wenn er die für die Annahme der Zuständigkeit maßgebenden Umstände vorgetäuscht hat (vorübergehender Aufenthalt in der DDR zur Durchführung einer Scheidungsklage, die in der Bundesrepublik – nach bisher geltendem Recht – erfolglos geblieben wäre: *OLG Celle* NJW 1959, 2124; *OLG Stuttgart* FamRZ 1957, 388; vgl. auch *OLG Stuttgart* FamRZ 1963, 444).

5.2 Entgegenstehende Rechtskraft eines Urteils eines Gerichts der Bundesrepublik

16 Die Anerkennung eines Urteils in der DDR wird versagt, wenn in der Sache eine rechtskräftige Entscheidung eines Gerichts der Bundesrepublik vorliegt (*BGH* FamRZ 1961, 471; *OLG Stuttgart* FamRZ 1957, 388; FamRZ 1963, 444; *OLG Hamm* FamRZ 1961, 223). Ob dies auch zu gelten hat bei einem Verstoß gegen die Präklusionswirkung nach § 616 ZPO a. F. (die Rechtsprechung unterscheidet nicht streng zwischen der Rechtskraft und der Präklusionswirkung), kann für das neue Recht unerörtert bleiben, nachdem § 616 ZPO ersatzlos gestrichen worden ist (dazu vgl. eingehend *Hoffmann-Stephan* Vor § 41, 25 EheG).

17 Der Anerkennung einer Entscheidung eines Gerichts der DDR steht nicht entgegen, daß der Rechtsstreit in der Bundesrepublik bereits rechtshängig war (*OLG Düsseldorf* FamRZ 1958, 32);

hingegen wird die Rechtshängigkeit der Ehesache in der DDR in der Bundesrepublik beachtet (*OLG Celle* NJW 1955, 26), es sei denn, daß das Urteil aus der DDR voraussichtlich nicht anerkennungsfähig wäre (*BGH* FamRZ 1958, 18). Dieses auf den ersten Blick wenig einleuchtende Ergebnis hat die prozessuale Logik für sich; ein Verstoß gegen den Grundsatz der Rechtshängigkeit der Sache reicht nicht aus, um die Anerkennung zu versagen, wohl aber genügt die Rechtshängigkeit der Sache, um das Rechtsschutzbedürfnis für die Durchführung eines weiteren Verfahrens im Bereich der eigenen Gerichtsbarkeit zu verneinen.

5.3 Nichtbeachtung rechtsstaatlicher Grundsätze im Verfahren

18 Die Anerkennung kommt nicht in Betracht, wenn das entscheidende Gericht in der DDR rechtsstaatliche Grundsätze zum Nachteil des Ehegatten nicht beachtet hat. In erster Linie handelt es sich um die Versagung des rechtlichen Gehörs (vgl. *BGH* FamRZ 1956, 276 mit zustimmender Anm. v. *Beitzke* JZ 1956, 499; FamRZ 1957, 371; 1961, 208; *OLG Köln* FamRZ 1959, 218; *OLG Hamm* FamRZ 1959, 221; 1961, 223; *OLG Nürnberg* FamRZ 1959, 222; *OLG Frankfurt* NJW 1959, 2023); die Rechtsprechung vermischt hier in wenig glücklicher Weise und ohne Notwendigkeit Anwendungsfälle des § 328 Abs. 1 Nr. 2 und des § 328 Abs. 1 Nr. 4 ZPO (vgl. zutreffend *Drobnig* FamRZ 1961, 341). Hatte der Ehegatte keine Möglichkeit, an der Verhandlung persönlich teilzunehmen, so begründet das keinen Verstoß gegen die angeführten Grundsätze, wenn er in der Lage war, alle Tatsachen vorzutragen und er in der Beweisführung nicht behindert wurde (*BGH* FamRZ 1961, 208.

5.4 Verstoß gegen den Grundsatz des § 328 Abs. 1 Nr. 3 ZPO

19 Nach § 328 Abs. 1 Nr. 3 ZPO ist die Anerkennung eines Scheidungsurteils zu versagen, wenn das Gericht des Entscheidungsstaates zum Nachteil einer deutschen Partei das nach § 17 EGBGB anwendbare Recht nicht zugrunde gelegt hat. In entsprechender Anwendung dieses Grundsatzes wird für das bisher geltende Recht die Anerkennung versagt, wenn zu Lasten einer den Schutz der Bundesrepublik genießenden Partei das Recht der DDR angewendet worden ist, und die Ehe nach dem Recht der Bundesrepublik nicht hätte geschieden werden dürfen (str. vgl. *BGH* FamRZ 1961, 203; FamRZ 1963, 32; *OLG Köln* FamRZ 1959, 218; *OLG Hamm* FamRZ 1959, 221; *OLG Frankfurt/M* NJW 1959, 2023; *Beitzke* JZ 1961, 649 und JZ 1963, 511; *Drobnig* FamRZ 1961, 341). Mit dem Einwand, es sei das Recht der Bundesrepublik nicht angewandt worden, hatte eine Partei Erfolg, die vor Erlaß des Scheidungsurteils Wohnsitz oder gewöhnlichen Aufenthalt in der Bundesrepublik genommen hat (*BGH* FamRZ 1963, 32). Zutreffend wäre auf den Schluß der mündlichen Verhandlung abzustellen gewesen (*Soergel-Donau* § 41, 28 EheG). Das Problem ist weitgehend gegenstandslos geworden, nachdem auch in der Bundesrepublik die Scheidung ohne Verschulden gegen den Willen des anderen Ehegatten möglich ist.

20 Die Anerkennung kommt nicht in Betracht, wenn das Urteil eines DDR-Gerichts gegen den ordre public verstößt (*BGH* FamRZ 1961, 203). Das wurde insbesondere angenommen, »wenn die Scheidung auf einer Auffassung vom Wesen der Ehe beruht, die mit der im Bundesgebiet geltenden schlechterdings nicht in Einklang zu bringen ist« (*BGH* FamRZ 1957, 371). Das sollte nicht schon dann der Fall sein, wenn die Ehe geschieden worden ist, obwohl der beklagte Ehegatte nach dem (alten) Recht der Bundesrepublik erfolgreich hätte widersprechen können (§ 48 Abs. 2 EheG; *BGH* FamRZ 1965, 37). Generell wird der Umstand, daß die Rechtsordnungen unterschiedlich sind, nicht ohne weiteres die Anwendung des ordre public rechtfertigen (*BGH* FamRZ 1961, 203; *OLG Hamm* FamRZ 1961, 223). Die weitgehende Annäherung der Scheidungsrechte auf Grund des Übergangs zum Zerrüttungsprinzip in der Bundesrepublik wird Anlaß zu stärkerer Zurückhaltung bei der Wertung eines Scheidungsurteils der DDR sein müssen. Es liegt nahe, sich an den strengen Maßstäben des § 328 Abs. 1 Nr. 4 ZPO zu orientieren.

5.6 Verfahrensrechtliche Fragen

21 Scheidungsurteile von Gerichten der DDR sind als Urteile deutscher Gerichtsbarkeit nicht anerkennungsfähig nach Art. 7 § 1 FamRÄndG. Ist ihnen aus den dargelegten Gründen die Anerkennung zu versagen, so kann der betroffene Ehegatte Klage auf Feststellung des Bestehens der Ehe erheben (*BGH* FamRZ 1961, 203). Die Klage ist im Eheverfahren zu führen. Streitig ist, ob das Verfahren auch auf Antrag des Staatsanwalts durchgeführt werden kann (so *BGH* FamRZ 1961, 203; FamRZ 1963, 431; für Klagebefugnis des Staatsanwalts auch nach dem Tod des anderen Ehegatten aus Gründen des § 328 Abs. 1 Nr. 4 ZPO: *OLG Frankfurt* NJW 1964, 730; *KG* FamRZ 1969, 156; gegen die Klagebefugnis des Staatsanwalts zutreffend *Drobnig* FamRZ 1961, 341; *Beitzke* JZ 1961, 649).

22 Der beschwerte Ehegatte muß die Klage innerhalb einer angemessenen Frist erheben; als angemessen wird eine Frist von einem Jahr angesehen, gerechnet von dem Zeitpunkt, zu dem ihm das Urteil bekannt geworden ist (*BGH* FamRZ 1961, 203; *Habscheid* ZZP 74 [1961], 361). Die Klage wird nicht mehr zugelassen, wenn der andere Ehegatte eine neue Ehe eingegangen ist (*BGH* FamRZ 1961, 203; FamRZ 1963, 431; FamRZ 1965, 37). Begründet wird das mit schutzwürdigen Interessen der Beteiligten und Gründen der öffentlichen Ordnung. Die Begründung überzeugt nicht, wenn man von den Grundsätzen ausgeht, die bei der Anerkennung von Urteilen nach §§ 328, 606 ff. ZPO allgemein maßgebend sind.

23 Ist ein Ehegatte von einem Gericht der DDR geschieden worden, und hatte er zum Zeitpunkt des Urteilserlasses (zutreffender: zum Zeitpunkt der letzten mündlichen Verhandlung) seinen ständigen Aufenthalt in der Bundesrepublik (einschl. West-Berlin), kann

er im Eheverfahren auf Feststellung klagen, daß den anderen Ehegatten ein Verschulden an der Scheidung trifft (vgl. *BGH* FamRZ 1961, 203; FamRZ 1967, 141; *KG* FamRZ 1963, 299). Voraussetzung ist, daß er ein rechtliches Intersse an der Schuldfeststellung hat. Daran fehlt es auch, wenn die Entscheidung des Gerichts der DDR eindeutig erkennen läßt, wer die alleinige oder überwiegende Schuld an der Scheidung trägt. Die Klage braucht (anders als im Ehefeststellungsverfahren) nicht innerhalb einer bestimmten Frist erhoben zu werden (*KG* FamRZ 1967, 154). Streitig ist, ob die Schuldfeststellung incidenter getroffen werden kann (*LG* Dortmund FamRZ 1962, 380; *BGH* FamRZ 1967, 141 läßt sie im Ergebnis im Rahmen eines Unterhaltsrechtsstreits zu, wenn dem Ehegatten die Feststellungsklage versagt ist, z. B. weil er zum Zeitpunkt der Entscheidung in der Ehesache seinen gewöhnlichen Aufenthalt in der DDR oder Ost-Berlin hatte). Die
24 Schuldfeststellungsklage ist auch nach dem Inkrafttreten des 1. EheRG zulässig; der Anwendungsbereich ist allerdings beschränkt auf Ehen, die vor dem Inkrafttreten geschieden worden sind. Ein rechtliches Interesse kann insbesondere deshalb bestehen, weil für diese Ehen das bisher geltende nacheheliche Unterhaltsrecht fortgilt (Art. 12 Nr. 3 Abs. 2 des 1. EheRG), das schuldabhängige Ansprüche vorsieht. Für Ehen, die nach dem Inkrafttreten des 1. EheRG geschieden worden sind, kommt eine nachträgliche Schuldfeststellung nicht mehr in Betracht.

§ 606 b

Besitzt keiner der Ehegatten die deutsche Staatsangehörigkeit, so kann von einem deutschen Gericht in der Sache nur entschieden werden,

1. wenn der gewöhnliche Aufenthaltsort des Mannes oder der Frau im Inland gelegen ist und nach dem Heimatrecht des Mannes die von dem deutschen Gericht zu fällende Entscheidung anerkannt werden wird oder auch nur einer der Ehegatten staatenlos ist;
2. wenn die Frau zur Zeit der Eheschließung deutsche Staatsangehörige war und sie auf Aufhebung oder Nichtigerklärung der Ehe oder auf Feststellung des Bestehens oder Nichtbestehens der Ehe oder der Staatsanwalt auf Nichtigerklärung der Ehe klagt.

Überblick Rdnr.

1 Allgemeines

1 Die Vorschrift ist durch das 1. EheRG nicht geändert worden. Sie schränkt die deutsche internationale Zuständigkeit nach § 606 ZPO ein, soweit es sich um Nichtdeutsche handelt. Die Regelung gilt nicht im Verhältnis zur DDR, weil die DDR nicht als Ausland anzusehen ist (*BGH* 34, 134; vgl. auch *BVerfG* NJW 1973, 1539). Die Zuständigkeit der deutschen Gerichte nach § 606 b ZPO ist keine ausschließliche internationale Zuständigkeit (*Stein-Jonas-Schlosser* § 606 b, V).

2 Vorausgesetzt wird, daß keiner der Ehegatten die deutsche Staatsangehörigkeit besitzt (anderenfalls greift § 606 ZPO ein). Ein Deutscher, der außerdem die Staatsangehörigkeit eines anderen Staates hat, ist als deutscher Staatsangehöriger zu behandeln (vgl. Rdnr. 5 zu § 606 a ZPO). Deutschen Staatsangehörigen gleichgestellt sind Deutsche im Sinne von Art. 116 Abs. 1 GG sowie verschleppte Personen, Flüchtlinge und heimatlose Ausländer im Sinne des Gesetzes vom 25. April 1951 (BGBl. I 269), des AHKG 23 (AHKBl. 1950, 140), der Genfer Flüchtlingskonvention vom 28. Juli 1951 (BGBl. 1953 II 559) und des New Yorker Abkommens vom 28. 9. 1954 über die Staatenlosen, Art. 5 (BGBl. 1976 II 473). Dasselbe dürfte für sonstige Ausländer gelten, die als alylberechtigt anerkannt sind (§ 44 AuslG; *OLG Celle* FamRZ 1974, 314; vgl. auch *Hirschberg* NJW 1972, 361). Für die den Deutschen gleichgestellten Personen ist die internationale Zuständigkeit nach §§ 606, 606 a ZPO zu beurteilen.

2 Internationale Zuständigkeit nach § 606 b Nr. 1 ZPO

3 Die internationale Zuständigkeit nach § 606 b Nr. 1 ZPO setzt voraus, daß

a) der Mann oder die Frau ihren gewöhnlichen Aufenthalt im Inland hat (vgl. Rdnr. 8 zu § 606 ZPO)

b) die deutsche Entscheidung nach dem Heimatrecht des Mannes anerkannt werden wird. Die Anknüpfung an das Recht des Mannes verstößt – davon geht das 1. EheRG aus – nicht gegen Art. 3 Abs. 2 GG (str. *LG Hamburg* FamRZ 1974, 460; *Stein-Jonas-Schlosser* § 606 b ZPO III b; *Bürgle* NJW 1974, 2163 Anm. 23; *Goerke* FamRZ 1974, 57; a. A.: *LG Stuttgart* FamRZ 1973, 36; vgl. auch *Jayme* FamRZ 1973, 4).

4 Erforderlich ist eine Prognose auf der Grundlage des ausländischen Rechts zu dem konkreten Scheidungsfall; es genügt, wenn die Anerkennung mit großer Wahrscheinlichkeit zu erwarten ist (*OLG Koblenz* NJW 1960, 2193). Auf die Anerkennungsfähigkeit kommt es nicht an, wenn deutsches Recht anzuwenden ist (*OLG Celle* FamRZ 1974, 314). Die Anerkennungsfähigkeit ist auch dann bedeutungslos, wenn einer der Ehegatten staatenlos ist. Ist der Staatenlose einem deutschen Staatsangehörigen gleich-

gestellt (vgl. Rdnr. 2), kann bereits nach § 606 ZPO die internationale Zuständigkeit gegeben sein.

Wegen der Einzelfälle der Anerkennungsfähigkeit vgl. den Überblick bei *Stein-Jonas-Schlosser* § 606 b VII ZPO und *Baumbach-Albers* § 606 b 3 ZPO.

3 Internationale Zuständigkeit nach § 606 b Nr. 2 ZPO

5 Die Regelung umfaßt nicht alle Ehesachen; sie beschränkt sich auf die Nichtigkeitsklage (§ 23 EheG), die Aufhebungsklage (§§ 28 ff. EheG) und die Klage auf Feststellung des Bestehens oder Nichtbestehens der Ehe. Sie ist nicht anwendbar auf die Scheidungsklage und die Klage auf Wiederherstellung der ehelichen Lebensgemeinschaft. Bezweckt wird ein erhöhter Schutz der Ehefrau, sie soll einen Gerichtsstand in Deutschland haben, auch wenn sie ihre deutsche Staatsangehörigkeit durch die Eheschließung oder auf andere Weise verloren hat.

6 Die ratio ist seit dem Außerkrafttreten des § 17 Nr. 6 RuStG ab 1. April 1953 zum Teil entfallen. Denn wenn die deutsche Frau auf Grund der Eheschließung mit einem Ausländer die deutsche Staatsangehörigkeit nicht mehr automatisch verliert, besteht kein Anlaß, sie anders zu behandeln als den deutschen Mann, der eine ausländische Frau heiratet. Deshalb erscheint es – entgegen der herrschenden Meinung (vgl. *Stein-Jonas-Schlosser* § 606 b III 2 a) – überlegenswert, § 606 b Nr. 2 ZPO verfassungskonform in der Weise anzuwenden, daß die Vorschrift sowohl für die Frau als auch für den Mann in gleicher Weise gilt.

4 Internationale Zuständigkeit bei hinkenden Ehen

7 Ist eine Ehe zwischen Ausländern nach deutschem Recht gültig, nicht aber nach ausländischem Recht, besteht ein Gerichtsstand nach § 606 ZPO. § 606 b Nr. 1 ZPO steht dem nicht entgegen, da das Erfordernis der Anerkennungsfähigkeit gegenstandslos ist, wenn der in Betracht kommende Anerkennungsstaat die Ehe nicht als bestehend betrachtet (*RG* 105, 363; *LG Frankfurt* MDR 1951, 297 mit Anm. *Neumayer; LG Berlin* NJW 1971, 2130). Das muß auch dann gelten, wenn keiner der Ehegatten seinen gewöhnlichen Aufenthalt im Inland hat, da solchen Personen anderenfalls überhaupt kein Gerichtsstand für Scheidungsklagen zur Verfügung stände (*Stein-Jonas-Schlosser* § 606 b IV 1 ZPO).

Ist die Ehe nach ausländischem Recht wirksam, nicht aber nach deutschem Recht, dürfte eine internationale Zuständigkeit im Inland zu verneinen sein (*OLG Düsseldorf* IPRspr. 1956/57 Nr. 110; a. A.: *OLG Hamm* NJW 1970, 1509; *Stein-Jonas-Schlosser* § 606 b IV 1 ZPO).

8 Hat das Gericht die Voraussetzungen des § 606 b ZPO zu Unrecht angenommen, wird die Ehe mit Rechtskraft des Scheidungsurteils gleichwohl (für den Geltungsbereich des deutschen Rechts) geschieden. Streitig ist, ob eine erneute Eheschließung eines der Ehegatten verweigert werden muß, weil nach dem anwendbaren ausländischen Recht (Art. 13 EGBGB) die frühere Ehe als fortbestehend gilt (so *Stein-Jonas-Schlosser* § 606 b VI m. w. N.). Beachtliche Gründe sprechen dafür, das Ehehindernis des ausländischen Rechts nicht zu beachten (vgl. auch *Dieckmann* JuS 1966, 99).

§ 607

(1) In Ehesachen ist ein in der Geschäftsfähigkeit beschränkter Ehegatte prozeßfähig; dies gilt jedoch insoweit nicht, als nach § 30 des Ehegesetzes nur sein gesetzlicher Vertreter die Aufhebung der Ehe begehren kann.

(2) Für einen geschäftsunfähigen Ehegatten wird das Verfahren durch den gesetzlichen Vertreter geführt. Der gesetzliche Vertreter ist jedoch zur Erhebung der Klage auf Herstellung des ehelichen Lebens nicht befugt; für den Scheidungsantrag oder die Aufhebungsklage bedarf er der Genehmigung des Vormundschaftsgerichts.

1 Die Vorschrift entspricht sachlich dem bisherigen § 612 ZPO; redaktionelle Anpassungen enthält Absatz 2 mit Rücksicht auf die Ausgestaltung des Scheidungsverfahrens als Antragsverfahren. Die Regelung bezieht sich nur auf Ehesachen; für andere Familiensachen (§ 621 ZPO) beurteilt sich die Prozeßfähigkeit nach den jeweils dafür geltenden Vorschriften. Das führt im Verbund (§ 623 ZPO) zu dem wenig befriedigenden Ergebnis, daß der in der Geschäftsfähigkeit beschränkte Ehegatte für einen Teil des verbundenen Verfahrens prozeßfähig ist, für einen Teil nicht.

2 Absatz 1 ist eine Ausnahme von § 52 Abs. 1 ZPO; die Ausnahme wird eingeschränkt für den Fall des § 30 Abs. 1 Satz 2 EheG. Hat ein Ehegatte die Ehe ohne die erforderliche Einwilligung des gesetzlichen Vertreters geschlossen, kann – solange die beschränkte Geschäftsfähigkeit fortbesteht – nur der gesetzliche Vertreter die Aufhebung der Ehe begehren. Folgerichtig ist dieser Ehegatte auch nicht prozeßfähig nach § 52 ZPO.

3 Der geschäftsunfähige Ehegatte ist von der Prozeßführung ausgeschlossen. Für ihn handelt sein gesetzlicher Vertreter. Dieser ist aber nicht befugt, die Herstellungsklage zu erheben. Das bedeutet, daß die Herstellungsklage für die Dauer der Geschäftsunfähigkeit des die Herstellung begehrenden Teils ausgeschlossen ist. Die für die Erhebung der Scheidungsklage oder der Aufhebungsklage er-

forderliche Genehmigung des Vormundschaftsgerichts wird für die Erhebung der Nichtigkeitsklage oder der Klage auf Feststellung des Bestehens oder Nichtbestehens der Ehe nicht vorausgesetzt.

4 Streitig ist, ob neben § 607 ZPO auch § 53 ZPO anwendbar ist. Die *h. M.* läßt das zu, wenn die (auch nachträgliche) Pflegerbestellung nach § 1910 im Interesse des Ehegatten liegt (h. M.: *RG* 52, 240; *BGH* 41, 303; *OLG Karlsruhe* FamRZ 1957, 423 mit Anm. v. *Beitzke; Stein-Jonas-Schlosser* § 612 III; *Thomas-Putzo* § 612; *Dölle* § 141 II 3; a. A.: *Gernhuber* § 69 VI 3). Die beschränkte Geschäftsfähigkeit ist nach §§ 106, 114, die Geschäftsunfähigkeit nach § 104 zu beurteilen.

§ 608

Für Ehesachen gelten im ersten Rechtszug die Vorschriften über das Verfahren vor den Landgerichten entsprechend.

Ehesachen gehören nunmehr zur Zuständigkeit des Familiengerichts, das Teil des Amtsgerichts ist. § 608 ZPO schließt die Anwendung der Besonderheiten des amtsgerichtlichen Verfahrens (§§ 495 ff. ZPO) aus, die – insbesondere auch wegen des Anwaltszwangs in Ehesachen – nicht passen (*Amtl. Begr.* S. 196).

§ 609

Der Bevollmächtigte bedarf einer besonderen, auf das Verfahren gerichteten Vollmacht.

§ 609 ZPO unterscheidet sich – abgesehen von redaktionellen Anpassungen – in zwei Punkten von § 613 ZPO a. F. Die Regelung gilt nicht mehr nur für den Bevollmächtigten des klagenden (widerklagenden) Ehegatten, sondern auch für den des beklagten Teils. Außerdem ist Satz 2 des § 613 a. F. entfallen; daraus folgt, daß der Mangel der Vollmacht nicht mehr von Amts wegen berücksichtigt wird (es gilt die Regel des § 88 ZPO). Ungelöst geblieben ist das Problem, welchen Grad der Konkretisierung die besondere Vollmacht haben muß. Mit Rücksicht auf den Zweck der Vorschrift, die notwendige persönliche Entscheidung des Ehegatten nicht auf den Bevollmächtigten zu verlagern, muß die Vollmacht zumindest die Art der Klage (Scheidung, Nichtigkeitsklage usw.) erkennen lassen (*Baumbach-Albers* § 613, 1; *Thomas-Putzo* § 613). Eine weitere Beschränkung, die nach neuem Recht kaum praktische Bedeutung haben dürfte, da die Klagegründe im wesentlichen auf die Wahl zwischen Generalklausel und Fristenscheidung (evtl. Geltendmachung der Härteklausel) reduziert sind, ist zulässig (*Stein-Jonas-Schlosser* § 613 I 2; a. A.: *Wieczorek* § 613 A II a). Die Vollmacht für die Scheidungssache erstreckt sich kraft Gesetzes auch auf die Folgesachen (§ 624 Abs. 1 ZPO).

§ 610

(1) Die Verfahren auf Herstellung des ehelichen Lebens, auf Scheidung und auf Aufhebung können miteinander verbunden werden.

(2) Die Verbindung eines anderen Verfahrens mit den erwähnten Verfahren, insbesondere durch die Erhebung einer Widerklage anderer Art, ist unstatthaft. § 623 bleibt unberührt.

1 In Ehesachen ist eine Klageverbindung nur in bestimmten Fällen zulässig. Wegen des Verfahrensverbundes nach § 623 ZPO, der zwangsläufig zu einer Verbindung der Scheidungssache mit den Folgesachen führt, ist eine entsprechende Ausnahme in § 610 Abs. 2 Satz 2 ZPO vorgesehen. Im übrigen übernimmt § 610 ZPO die Regelung des § 615 ZPO a. F. – von redaktionellen Anpassungen abgesehen – unverändert. Die Verbindung kann nach § 147 ZPO oder nach § 260 ZPO erfolgen.

2 Bei einer Verbindung der Aufhebungsklage mit der Scheidungsklage ist nur auf Aufhebung der Ehe zu erkennen (§ 18 Satz 1 der DVO zum EheG und § 17 Satz 1 AVO zum EheG, die insoweit durch das 1. EheRG nicht geändert worden sind – vgl. Art. 11 Nr. 2).

3 Die Nichtigkeitsklage kann mit der Ehefeststellungsklage gekoppelt werden, beide können aber nicht mit den in § 610 Abs. 1 ZPO genannten Verfahren verbunden werden (§ 633 Abs. 1 ZPO).

§ 611

(1) Bis zum Schluß der mündlichen Verhandlung, auf die das Urteil ergeht, können andere Gründe, als in dem das Verfahren einleitenden Schriftsatz vorgebracht worden sind, geltend gemacht werden.

(2) Die Vorschriften des § 275 Abs. 1 Satz 1, Abs. 3, 4 und des § 276 sind nicht anzuwenden.

1 Absatz 1 der Vorschrift entspricht – von redaktionellen Anpassungen abgesehen – dem bisherigen § 614 Abs. 1 ZPO. Der bisherige Abs. 2 ist als gegenstandslos gestrichen worden, nachdem das Sühneverfahren ersatzlos entfallen ist (§ 608 ZPO a. F.). Der neue Absatz 2 ist durch die Vereinfachungsnovelle eingefügt worden.

2 § 611 ZPO erleichtert, insoweit abweichend von den §§ 263, 264 ZPO, die Klageänderung. Diese Erleichterung gilt aber nur innerhalb der Gruppe von Verfahren, bei denen eine Verbindung zulässig ist (vgl. § 610 ZPO). Der Übergang von einer Verfahrensart zu einer anderen nicht kompatiblen Verfahrensart (z. B. von der Nichtigkeitsklage zum Ehescheidungsverfahren) richtet sich nach den allgemeinen Vorschriften (§ 263 ZPO); auch dabei ist § 610 ZPO zu beachten.

3 Auf Grund des § 611 ZPO kann (im dargelegten eingeschränkten Rahmen) ein neuer Streitgegenstand (§ 253 Abs. 2 Nr. 2 ZPO) auch in der Form der Widerklage (*OLG München* HRR 1939, 700) eingeführt werden.

Die neuen »Gründe« können auch in der Berufungsinstanz vorgebracht werden. Für die Widerklage kommt es auf die Zustimmung der anderen Partei nicht an, ebensowenig darauf, ob die

Widerklage sachdienlich ist; § 530 Abs. 1 ZPO ist durch § 611 ZPO ausgeschlossen (*RG* 58, 310). Der Übergang von einer Klageart auf eine andere ist auch in der Berufungsinstanz zulässig (z. B. von der Scheidungsklage auf eine Klage auf Getrenntleben nach § 1353; *BGH* FamRZ 1964, 38). § 611 ZPO ersetzt nicht die für die Berufung erforderliche Beschwer. Die Berufung kann deshalb nicht allein zu dem Zweck eingelegt werden, neue Klagegründe vorzubringen, wenn die Partei alles erhalten hat, was beantragt war (*RG* DR 1941, 106; *BGH* FamRZ 1964, 38; *Stein-Jonas-Schlosser* § 614 II 2; *Thomas-Putzo* § 614, 2 b; unklar *Baumbach-Albers* § 614, 1 B).

In der Revision kann neues Vorbringen im Sinne des § 611 ZPO nicht berücksichtigt werden (vgl. § 561 ZPO; *Stein-Jonas-Schlosser* § 611, 10).

§ 615 ZPO (§ 626 a. F.) wird durch § 611 ZPO nicht berührt.

4 Der auf Grund der Vereinfachungsnovelle eingefügte Absatz 2 (Art. 1 Nr. 84) schließt die Anwendung von Vorschriften aus, die Maßnahmen zur Beschleunigung des Rechtsstreits ermöglichen. So kann das Familiengericht in einer Ehesache den Parteien keine Frist zur schriftlichen Antragserwiderung oder zu einer Stellungnahme zur Antragserwiderung setzen (§ 275 Abs. 1 Satz 1, Abs. 3, 4). Ebenso unzulässig ist es, den Antragsgegner aufzufordern, binnen der vorgesehenen Frist von 2 Wochen mitzuteilen, ob er sich gegen den Antrag verteidigen wolle (§ 276 ZPO).

§ 612

(1) Die Vorschrift des § 272 Abs. 3 ist nicht anzuwenden.

(2) Der Beklagte ist zu jedem Termin, der nicht in seiner Gegenwart anberaumt wurde, zu laden.

(3) Die Vorschrift des Absatzes 2 ist nicht anzuwenden, wenn der Beklagte durch öffentliche Zustellung geladen, aber nicht erschienen ist.

(4) Ein Versäumnisurteil gegen den Beklagten ist unzulässig.

(5) Die Vorschriften der Absätze 2 bis 4 sind auf den Widerbeklagten entsprechend anzuwenden.

Überblick Rdnr.

1 Allgemeines

1 Die Vorschrift entspricht dem § 618 ZPO des bisher geltenden Rechts. § 272 Abs. 3 ZPO, auf den in Absatz 1 verwiesen wird, lautet:

Die mündliche Verhandlung soll so früh wie möglich stattfinden.

Ehesachen werden vom Gesetz nicht als eilbedürftig behandelt. An dem Erfordernis, die Prozeßgebühr vor der Terminbestimmung zu leisten (§ 65 GKG), hat sich nichts geändert.

2 Ladung der Parteien

2 Für die Ladung des Klägers (Antragstellers) enthält § 612 ZPO keine Sonderregelung; für ihn verbleibt es bei den allgemeinen Vorschriften, insbesondere § 218 ZPO.

Der Beklagte (Antragsgegner) ist, abweichend von § 218 ZPO, zu jedem neuen Termin zu laden, auch wenn der Termin verkündet worden ist. Etwas anderes gilt, wenn der Beklagte bei der Anberaumung des Termins zugegen war. Zweck der Bestimmung ist, dem Beklagten die tatsächliche Möglichkeit zu geben, sich in jedem Verfahrensabschnitt zu beteiligen, auch wenn er vorher davon Abstand genommen hatte. Abs. 2 ist nicht anwendbar im Falle der öffentlichen Zustellung (Abs. 3), da das Verfahren durch die jeweils erneute öffentliche Zustellung der Ladung erheblich erschwert würde. Ladung zum Verkündungstermin ist nicht notwendig.

3 Versäumnisverfahren

3.1 Säumnis des Klägers

3 Erscheint der Kläger zu dem Termin nicht, sind die allgemeinen Regeln (§§ 330 ff. ZPO) anwendbar. Bei der Nichtigkeitsklage und der Klage auf Feststellung des Bestehens oder Nichtbestehens der Ehe ergeht ein Versäumnisurteil des Inhalts, daß die Klage als zurückgenommen gilt (§§ 635, 638 ZPO).

3.2 Säumnis des Beklagten

4 Ein Versäumnisurteil gegen den Beklagten ist unzulässig (Abs. 3). Erscheint der Beklagte im Termin nicht oder ist er nicht ordnungsgemäß (vgl. *KG* DR 1939, 187) vertreten, dann findet eine einseitige Verhandlung mit dem Kläger statt, wenn dem Beklagten die zu stellenden Sachanträge rechtzeitig mitgeteilt worden sind (analog § 335 Abs. 1 Nr. 3 ZPO, vgl. *RG* 88, 66). Ein auf Grund einer solchen mündlichen Verhandlung ergehendes Urteil ist kein Versäumnisurteil, sondern ein kontradiktorisches Urteil, das nicht mit dem Einspruch (§ 338 ZPO), sondern mit der Berufung anzufechten ist. Eine Entscheidung nach Lage der Akten

(§ 331 a ZPO) ist nicht zulässig, da das Gericht auf Grund der (einseitigen) mündlichen Verhandlung und nicht nach dem Akteninhalt zu entscheiden hat (*allg. M.*: vgl. *Stein-Jonas-Schlosser* § 618 II 2 d). Wird das Urteil mit der Berufung angefochten, gilt die Ausschlußfrist des § 516 (Ablauf von 5 Monaten nach der Verkündung) nicht (*Rohlff* FamRZ 1971, 622), da dem Beklagten aus dem Nichterscheinen zu dem Termin nachteilige Folgen nicht erwachsen sollen. Streitig ist, ob § 233 ZPO anwendbar ist (bejahend *Rohlff* FamRZ 1971, 622 gegen *Thomas-Putzo* § 618, 1).

3.3 Säumnis beider Parteien

5 Erscheinen beide Parteien zum Termin nicht, kann eine Entscheidung nach § 251 a ZPO ergehen. In Ehesachen empfiehlt es sich, das Ruhen des Verfahrens nach § 251 a Abs. 3 ZPO anzuordnen.

§ 613

(1) Das Gericht soll das persönliche Erscheinen der Ehegatten anordnen und sie anhören; es kann sie als Parteien vernehmen. Ist ein Ehegatte am Erscheinen vor dem Prozeßgericht verhindert oder hält er sich in so großer Entfernung von dessen Sitz auf, daß ihm das Erscheinen nicht zugemutet werden kann, so kann er durch einen ersuchten Richter angehört oder vernommen werden.

(2) Gegen einen zur Anhörung oder zur Vernehmung nicht erschienenen Ehegatten ist wie gegen einen im Vernehmungstermin nicht erschienenen Zeugen zu verfahren; auf Ordnungshaft darf nicht erkannt werden.

Überblick Rdnr.

1 Allgemeines

1 Die Vorschrift entspricht weitgehend dem § 619 ZPO. Neu ist, daß die Anhörung der Parteien stattfinden *»soll«* (bisher *»kann«*). Weggefallen ist die Einschränkung, daß das Gericht die Parteien nur über die von ihnen (oder dem Staatsanwalt) behaupteten Tatsachen vernehmen kann (vgl. dazu *Amtl. Begr.* S. 197). Im übrigen ist in der Neufassung stärker berücksichtigt, daß § 613 ZPO sowohl die *Anhörung* als auch die *Vernehmung* betrifft.

Die Vorschrift ergänzt die §§ 141 und 445 ff. ZPO und überschneidet sich mit ihnen.

2 Anhörung der Parteien

2 Die Anhörung der Parteien, die nicht nur in Ehesachen zulässig ist (vgl. § 141 ZPO), dient der genauen und vollständigen Ermittlung des Sachverhalts. Von der *Anhörung* zu unterscheiden ist die *Vernehmung*, die eine Beweisaufnahme darstellt (*BGH* FamRZ 1964, 32; *Göppinger* ZZP 73 [1960] 59). § 613 ZPO ist keine geeignete Rechtsgrundlage zur Durchführung ärztlicher Untersuchungen einer Partei (*BGH* NJW 1952, 1215).

3 Zum Zweck der Anhörung wird das *persönliche Erscheinen* der Parteien angeordnet. Daraus folgt, daß § 613 ZPO von einer persönlichen Anhörung ausgeht; Stellvertretung (vgl. § 141 Abs. 3 Satz 2 ZPO) ist ausgeschlossen. Die Anhörung durch den ersuchten Richter ist nur nach § 613 Abs. 1 Satz 2 ZPO zulässig. Das Gericht ist gehalten, die Ehegatten anzuhören, wenn keine zwingenden Gründe entgegenstehen. Mit dieser Einschränkung ist das *»soll«* als *»muß«* zu verstehen. Bei der Anordnung des persönlichen Erscheinens braucht das Gericht noch nicht mitzuteilen, ob eine Anhörung oder eine Vernehmung beabsichtigt ist (evtl. auch eine Maßnahme nach § 273 Abs. 2 Nr. 3 ZPO). Für die Ladung gilt § 141 Abs. 2, Abs. 3 Satz 3 ZPO.

4 Die Anhörung kann stattfinden, auch wenn eine Partei nicht anwaltlich vertreten ist oder ohne Anwalt erscheint (*KG* NJW 1970, 287; *Thomas-Putzo* § 619, die offenbar keine Unterscheidung machen, ob eine Anhörung oder Vernehmung beabsichtigt ist). Die abweichende Auffassung, die für den Fall der Anhörung (nicht für den Fall der Vernehmung) anwaltliche Vertretung voraussetzt, überzeugt jedenfalls für das neue Recht nicht. Nach der Änderung des § 613 ZPO durch das 1. EheRG beschränkt sich die Anhörung nicht auf die von den Parteien behaupteten Tatsachen. Die Anhörung dient also nicht notwendigerweise dazu, Streitstoff in den Rechtsstreit einzuführen. Im übrigen ist in Ehesachen eine Mitwirkung der Parteien ohne anwaltliche Vermittlung nicht ausgeschlossen (vgl. § 630 Abs. 2 ZPO). Auch im Zusammenhang mit der Prüfung, ob das Verfahren von Amts wegen auszusetzen ist (§ 614 ZPO) kann eine auf die Anhörung beschränkte Erörterung des Sachstandes zweckmäßig sein. Die Frage hat, abgesehen von der Frage der anwaltlichen Vertretung, keine praktische Bedeutung, wenn die Förmlichkeiten der Parteivernehmung beachtet sind, weil dann das Ergebnis der Erörterung als Parteivernehmung verwertet werden kann (zu dem Meinungsstreit vgl. eingehend *Stein-Jonas-Schlosser* § 613, 5).

5 Die Parteivernehmung ist Beweisaufnahme (*BGH* FamRZ 1960, 354; 1963, 174; auch eine nicht prozeßfähige Partei kann vernommen werden: *BGH* FamRZ 1964, 28). Im Gegensatz zur Anhörung steht die Vernehmung nach § 613 ZPO im pflichtgemäßen Ermessen des Gerichts. Die Befugnis der Parteien, die Parteivernehmung (des Gegners) nach § 445 ZPO zu beantragen, bleibt unberührt. Von der Parteivernehmung nach § 448 ZPO unterscheidet sich die Parteivernehmung nach § 613 ZPO in mehrfacher Hinsicht. Sie ist kein Hilfsbeweismittel; sie ist nicht beschränkt auf von den Parteien vorgebrachte Tatsachen. Gegenstand der Vernehmung können auch Umstände sein, die das Gericht von Amts wegen feststellen will; die zu beweisenden Tatsachen brauchen nicht den für § 448 ZPO vorausgesetzten Grad an Wahrscheinlichkeit aufzuweisen.

Die Vernehmung ist durch Beschluß anzuordnen, der nicht als Beweisbeschluß bezeichnet sein muß und auch den Gegenstand der Vernehmung nicht zu bezeichnen braucht (*OLG Neustadt* MDR 1960, 412). Die Ladung erfolgt nach § 450 Abs. 1 Satz 2 ZPO.

Für das Verfahren gilt § 451 ZPO. Die Beeidigung einer Partei nach § 452 ZPO ist zulässig (*OLG Kassel* HRR 1936, 221).

4 Anhörung und Vernehmung vor dem ersuchten Richter

6 Die Anhörung oder Vernehmung durch den beauftragten Richter, die eine Entscheidung durch ein Kollegialgericht voraussetzt, ist als gegenstandslos entfallen (zum Verfahren in der Berufungsinstanz vgl. § 524 ZPO). Die Anhörung oder Vernehmung durch den ersuchten Richter wird vom Prozeßgericht angeordnet. Ein Ehegatte ist am Erscheinen vor dem Prozeßgericht insbesondere gehindert, wenn er zu alt oder zu krank ist, um den Termin wahrzunehmen (vgl. auch § 375 Abs. 1 Nr. 2 ZPO). Bei der Beurteilung, ob von der Unmittelbarkeit der Anhörung oder Vernehmung wegen zu großer Entfernung abgesehen werden kann, spielt nicht nur die Entfernung als solche eine Rolle. Zu berücksichtigen sind z. B. auch die Verkehrsverbindungen und die Belastungsfähigkeit der Beteiligten.

7 Der Beschluß über die Anordnung der Anhörung oder Vernehmung durch den ersuchten Richter ist nicht anfechtbar (§ 355 Abs. 2 ZPO). Er *kann* aber, wenn die Voraussetzungen für die Anordnung nicht vorliegen und die Entscheidung auf Erkenntnissen des ersuchten Richters beruht, einen im Rechtsmittelzug beachtlichen Verfahrensmangel darstellen (*BGH* 40, 179).

8 Erscheint ein Ehegatte zu dem Termin nicht, sind die für das Ausbleiben eines Zeugen geltenden Vorschriften (§§ 380, 381, 400 ZPO) anzuwenden. Das Gericht muß, sofern der Ehegatte nicht nach § 381 ZPO entschuldigt ist, ein Ordnungsgeld verhängen. Ordnungshaft ist unzulässig; zwangsweise Vorführung (§ 380 Abs. 2 ZPO) ist statthaft. Die Beschlüsse sind mit der Beschwerde anfechtbar (§ 380 Abs. 3 ZPO), die aufschiebende Wirkung hat (§ 572 Abs. 1 ZPO).

Der Ehegatte ist zur Aussage nicht verpflichtet. Die Ordnungsmaßnahmen dürfen daher nur wegen des Ausbleibens, nicht jedoch wegen der Weigerung, sich zu äußern, verhängt werden.

§ 614

(1) Das Gericht soll das Verfahren auf Herstellung des ehelichen Lebens von Amts wegen aussetzen, wenn es zur gütlichen Beilegung des Verfahrens zweckmäßig ist.

(2) Das Verfahren auf Scheidung soll das Gericht von Amts wegen aussetzen, wenn nach seiner freien Überzeugung Aussicht auf Fortsetzung der Ehe besteht. Leben die Ehegatten länger als ein Jahr getrennt, so darf das Verfahren nicht gegen den Widerspruch beider Ehegatten ausgesetzt werden.

(3) Hat der Kläger die Aussetzung des Verfahrens beantragt, so darf das Gericht über die Herstellungsklage nicht entscheiden oder auf Scheidung nicht erkennen, bevor das Verfahren ausgesetzt war.

(4) Die Aussetzung darf nur einmal wiederholt werden. Sie darf insgesamt die Dauer von einem Jahr, bei einer mehr als dreijährigen Trennung die Dauer von sechs Monaten nicht überschreiten.

(5) Mit der Aussetzung soll das Gericht in der Regel den Ehegatten nahelegen, eine Eheberatungsstelle in Anspruch zu nehmen.

Überblick Rdnr.

1 Allgemeines

1 § 614 ZPO regelt die Aussetzung des Verfahrens. Die Vorschrift entspricht zum Teil dem bisher geltenden Recht (§ 620 ZPO). Neu ist der Zusammenhang zwischen Trennungszeit und Aussetzungsregelung (vgl. § 614 Abs. 2 Satz 2, Abs. 4 Satz 2 ZPO). Die in § 614 Abs. 5 ZPO vorgesehene Auflage an die Parteien, eine Eheberatungsstelle aufzusuchen, ist eine Art Ersatz für den Sühneversuch nach §§ 608 ff. ZPO a. F., der entfallen ist.

2 § 614 Abs. 1, 2, 3 und 5 ZPO entspricht der Fassung des RegE (BT 7/650). In Absatz 4 des RegE war vorgesehen, daß die Aussetzung allgemein und nicht nur bei einer mehr als 3jährigen Trennung die Dauer von 6 Monaten nicht überschreiten darf (BT 7/4361).

3 Der Rechtsausschuß hatte eine Änderung des § 614 Abs. 2 ZPO vorgeschlagen, wonach die Aussetzung nicht nur in Betracht kommen sollte, wenn *»Aussicht auf Fortsetzung der Ehe besteht«*, sondern auch wenn *»die Aussetzung aus anderen Gründen billig erscheint«*. Damit hätte die Regelung in § 614 Abs. 2 ZPO den Charakter einer (prozessualen) Härteklausel erhalten. Der BT hatte in 2. und 3. Lesung diese Änderung des § 614 Abs. 2 ZPO beschlossen. Sie ist dann auf Vorschlag des Vermittlungsausschusses wieder gestrichen worden (BT 7/4992); sie schien wegen der gleichzeitig vorgenommenen inhaltlichen und zeitlichen Ausweitung der Härteklausel des § 1568 entbehrlich.

2 Aussetzung des Verfahrens auf Scheidung von Amts wegen (§ 614 Abs. 2 ZPO)

4 Die *Sollvorschrift* ist in Wirklichkeit eine *zwingende Regelung*. Denn liegen die gesetzlichen Voraussetzungen vor, hat das Gericht auszusetzen (*Stein-Jonas-Schlosser* § 614, 3). Ob Aussichten auf Fortsetzung der Ehe bestehen, hat das Gericht nach seiner freien Überzeugung zu beurteilen. Doch müssen Anhaltspunkte vorliegen, die einen solchen Schluß zulassen; abstrakte Erwägungen über die Versöhnungsaussichten reichen nicht aus (*KG* FamRZ 1968, 167; *OLG Celle* MDR 1965, 48). Denn auch die freie Überzeugung setzt ein Mindestmaß an Tatsachen voraus, die die Prognose tragen. In der Wertung ist das Gericht weitgehend frei. Die Aussetzung ist unzulässig, wenn das Scheidungsbegehren abweisungsreif ist (*RG* 46, 386; *RGJW* 1938, 251).

5 Das Gericht darf nicht aus anderen Gründen aussetzen. Insbesondere darf es die Aussetzungsbefugnis nicht als eine Art Härteklausel zugunsten des an der Ehe festhaltenden Ehegatten handhaben. Anderenfalls würde die besondere Regelung des § 1568 unterlaufen, die solche Gesichtspunkte abschließend regelt. Auch eine Aussetzung zu dem Zweck, den Ablauf der Fristen nach § 1566 abzuwarten, dürfte dem Normzweck widersprechen. *OLG Köln* FamRZ 1976, 698).

Die Aussetzung des Scheidungsverfahren, um das Inkrafttreten des 1. EheRG abzuwarten, ist unzulässig (*OLG München* FamRZ 1976, 634 mit Anm. v. *Dieckmann*; *KG* FamRZ 1977, 51; a. A. *LG München* II FamRZ 1976, 455; vgl. *BVerfG* NJW 1977, 31).

3 Einschränkungen der Aussetzungsbefugnis (§ 614 Abs. 2 Satz 2, 4 ZPO)

6 Die Aussetzung des Scheidungsverfahrens ist nicht zulässig, wenn die Ehegatten 1 Jahr getrennt leben und beide der Aussetzung widersprechen. Die Regelung ist eine logische Folge des § 1566 Abs. 1. Denn wird unwiderleglich vermutet, daß die Ehe gescheitert ist, fehlt es begrifflich an der Möglichkeit, von einer Aussicht auf eine Fortsetzung der Ehe auszugehen (*Amtl. Begr.* S. 197); eine negative Prognose ist Tatbestandsmerkmal des Scheiterns (§ 1565 Abs. 1 Satz 2). Einen logischen Bruch enthält die vergleichbare Regelung für den Fall der streitigen Scheidung nach einer Trennungszeit von 3 Jahren (§ 614 Abs. 4 Satz 2 ZPO; *Heintzmann* FamRZ 1975, 373). Hier kann das Gericht das Scheidungsverfahren für die Dauer bis zu 6 Monaten aussetzen, obwohl das Scheitern der Ehe unwiderleglich vermutet wird (§ 1566 Abs. 2). Einen Sinn hatte die Regelung als die Aussetzungsbefugnis den Charakter einer Härteklausel hatte (vgl. Rdnr. 3 u. BT 7/4361 S. 64). Man wird die Regelung so zu verstehen haben, daß der unwiderlegliche Charakter der Vermutung § 1566 Abs. 2 nur relativer Natur ist, nämlich mit der sich aus § 614 ZPO ergebenden Einschränkung (vgl. die zutreffende Kritik von *Brüggemann* FamRZ 1977, 1).

7 Angeknüpft wird an Trennungszeiten. Es wird nicht vorausgesetzt, daß die Parteien ausdrücklich die Scheidung unter Berufung auf die Vermutungsregelung des § 1566 betreiben. Der Widerspruch nach § 614 Abs. 2 S. 2 ZPO muß ausdrücklich erklärt werden; ein allgemein bekundetes Interesse an der zügigen Behandlung des Scheidungsbegehrens reicht nicht aus. Das Gericht hat den Parteien Gelegenheit zu geben, sich zu der beabsichtigten Aussetzung zu äußern. Der Widerspruch muß in das Verfahren eingeführt werden. Er ist deshalb Prozeßhandlung und unterliegt dem Anwaltszwang.

8 Die Aussetzung darf die Dauer von 1 Jahr, im Falle der 3jährigen Trennung die Dauer von 6 Monaten nicht überschreiten. Das Gericht braucht die Frist nicht auf einmal auszuschöpfen. Die Aussetzung darf (nur) einmal wiederholt werden.

9 Die zeitliche Einschränkung bezieht sich auf das gesamte Scheidungsverfahren in allen Rechtszügen, eine Aussetzung im Rechtsmittelzug ist also nicht mehr zulässig, wenn die Vorinstanzen die Frist ausgeschöpft haben.

10 Die Aussetzung nach § 614 Abs. 2 ZPO kann von Amts wegen wieder aufgehoben werden, wenn sich die Verhältnisse geändert haben.

Die Berechnung der Frist richtet sich nach § 222 (analog).

4 Aussetzung auf Antrag (§ 614 Abs. 3 ZPO)

11 Die Aussetzungsregelung auf Antrag des Klägers (Antragstellers) gilt sowohl für das Scheidungsverfahren als auch für die Klage auf Herstellung des ehelichen Lebens. Erforderlich ist ein förmlicher Antrag auf Aussetzung; der Antrag ist Prozeßhandlung, anwaltliche Vertretung ist geboten. Das Gericht hat – anders als bei der Aussetzung des Verfahrens von Amts wegen nach § 614 Abs. 2 ZPO – nicht zu prüfen, ob Aussicht auf Fortsetzung der Ehe besteht. Sind die Klage oder das Scheidungsbegehren abweisungsreif, ist für eine Aussetzung kein Raum (*RG* 46, 356; *RG* JW 1938, 251), ebensowenig wenn der Antrag mißbräuchlich ist (Druckmittel, um wirtschaftliche Vorteile zu erlangen, *RG* DR 1942, 1035) oder wenn die Aussetzung dazu dienen soll, einem verfrühten Scheidungsbegehren den Erfolg zu sichern (*OLG Naumburg* HRR 1939, 908). Dagegen sollte nicht kleinlich verfahren werden, wenn die Aussetzung zu dem Zweck begehrt wird, den Ablauf der Trennungszeit nach § 1566 Abs. 2 abzuwarten (die Verhältnisse liegen hier anders als im Fall der Aussetzung von Amts wegen nach § 614 Abs. 2 ZPO – vgl. Rdnr. 5 und *Stein-Jonas-Schlosser* § 614, 12). Nimmt der Kläger den Antrag zurück, wozu er jederzeit befugt ist, ist die Aussetzung aufzuheben; doch kann sich eine Aussetzung von Amts wegen nach § 614 Abs. 2 ZPO anschließen.

Streitig ist, ob die Aussetzung nach § 614 Abs. 3 ZPO die Wirkung des § 249 ZPO hat (vgl. dazu Rdnr. 15). Die Einschränkung der Aussetzungsbefugnis nach § 614 Abs. 4 gilt auch für die Aussetzung auf Antrag (zutreffend *Heintzmann* FamRZ 1975, 383).

5 Aussetzung beim Zusammentreffen mehrerer Klagearten

12 Die Herstellungsklage und die Scheidungsklage können miteinander oder mit einer Aufhebungsklage in einem Verfahren verbunden werden (§ 610 ZPO). Eine Aussetzung kommt hier nur in Betracht, wenn dadurch der Grundsatz der Einheitlichkeit der Entscheidung gewahrt bleibt. Deshalb ist im Fall der (zulässigen) Verbindung der Herstellungsklage mit einer anderen Ehesache eine Aussetzung des einen oder anderen Verfahrens nicht ausgeschlossen. Sind eine Scheidungsklage und eine Aufhebungsklage miteinander (als Klage und Widerklage) verbunden, ist die Aussetzung des Ehescheidungsverfahrens nicht zulässig, da das Verfahren der Eheaufhebung (wegen des Verbots der Aussetzung) fortgeführt werden muß; eine getrennte Entscheidung durch Teilurteil aber unzulässig wäre (str. vgl. *Stein-Jonas-Schlosser* § 610,

7, 11). Anders verhält es sich, wenn eine Partei die Scheidung der Ehe und hilfsweise die Aufhebung begehrt. Aussetzung ist möglich. Bei umgekehrter Reihenfolge der Anträge ist Aussetzung unzulässig. Haben beide Ehegatten die Scheidung verlangt (§ 630 Abs. 1 Nr. 1, 2. Altern. ZPO), ist das Gericht zur Aussetzung des Verfahrens nach § 614 Abs. 3 ZPO nur verpflichtet, wenn beide Ehegatten die Aussetzung beantragen (zutr. *Stein-Jonas-Schlosser* § 614, 10). Begehren beide Ehegatten die Scheidung der Ehe und beantragt einer von ihnen die Aussetzung, darf sie nur angeordnet werden, wenn die Voraussetzungen für eine Aussetzung von Amts wegen nach § 614 Abs. 2 ZPO vorliegen (*RG* 58, 315; *OLG Köln* MDR 1960, 1017; *KG* FamRZ 1968, 167).

6 Wirkungen der Aussetzung

13 Die Aussetzung nach § 614 Abs. 2 ZPO hat die Wirkungen des § 249 ZPO. Der Lauf von Fristen wird unterbrochen (§ 249 Abs. 1 ZPO). Prozeßhandlungen sind der anderen Partei gegenüber unwirksam (§ 249 Abs. 2 ZPO); daraus folgt, daß das Verfahren nicht betrieben werden kann (vgl. wegen der Ausnahmen *Thomas-Putzo* § 249, 4).

14 Mit dem Ablauf des im Aussetzungsbeschluß vorgesehenen Zeitpunkts wird die Aussetzung gegenstandslos. Der Lauf der Fristen beginnt von neuem (*BGH* LM § 249 Nr. 2 ZPO; *OLG Düsseldorf* FamRZ 1966, 358). Der Fortgang des Verfahrens bedarf einer Prozeßhandlung einer Partei (§ 250 ZPO); das Gericht ist nicht gehalten, von Amts wegen einen Termin zur Fortsetzung der Verhandlung anzuberaumen (*Stein-Jonas-Schlosser* § 627 IV ZPO; *Habscheid* FamRZ 1967, 357; a. A.: *OLG Düsseldorf* FamRZ 1966, 358 mit abl. Anm. v. *Bergerfurth*).

15 Streitig ist, ob die Wirkungen des § 249 ZPO auch im Fall der Aussetzung des Verfahrens auf Antrag des Klägers nach § 614 Abs. 3 ZPO eintreten. Der Wortlaut der Vorschrift spricht dagegen, soweit darauf abgestellt wird, daß das Gericht *auf Scheidung nicht erkennen darf*, bevor das Verfahren ausgesetzt war. So wird denn auch die Auffassung vertreten, daß das Verfahren bis zur Entscheidungsreife fortzuführen sei, weil nur der *Erlaß* des Urteils verwehrt sei (h. M. *RG* 46, 385; *OLG Stuttgart* FamRZ 1956, 240; *OLG Hamm* FamRZ 1960, 162; *OLG Oldenburg* NJW 1969, 101; *OLG Koblenz* FamRZ 1973, 376; einschr. *Stein-Jonas-Schlosser* § 614, 10, der die Möglichkeit der Fortführung des Rechtsstreits bejaht, das Gericht aber nicht für verpflichtet hält, entsprechend zu verfahren). Die Auffassung ist nicht überzeugend. Der Zweck der Vorschrift liegt gerade darin, einen Stillstand im Verfahren eintreten zu lassen, um eine Versöhnung der Parteien zu fördern. Das würde vereitelt, wenn die Parteien gehalten wären, kontradiktorisch zu verhandeln (zutr. *Baumbach-Albers* § 620, 2 ZPO; *BGH* Beschluß vom 1. 12. 1976, IV ZB 43/76).

7 Wirkungen der Aussetzung der Ehesache auf die Folgesachen

16 § 614 ZPO gilt nicht für die Aussetzung des Verfahrens in den gleichzeitig anhängigen Folgesachen (§ 623 ZPO). Insoweit ist die Aussetzung nach den allgemeinen Vorschriften (z. B. § 249 ZPO) zu beurteilen. Der isolierten Aussetzung einer Folgesache sind aber durch die Verhandlungs- und Entscheidungskonzentration Grenzen gesetzt. Sie wird in der Regel in Betracht kommen, wenn eine Aufhebung des Verbundes notwendig ist (vgl. z. B. den gesetzlichen Anwendungsfall in § 628 Abs. 1 Nr. 2 ZPO).

17 Wird das Verfahren in der Scheidungssache ausgesetzt, dann werden von der Aussetzung auch die Verfahren in den Folgesachen erfaßt. Das ergibt sich schon aus dem Sachzusammenhang. Die Folgesachen sind vom Ausgang des Ehescheidungsverfahrens abhängig (vgl. § 626 Abs. 1, 629 Abs. 3 ZPO). Ihre Fortführung im Verfahren hat Sinn nur im Hinblick auf die Scheidungssache. (Die Ausnahme in § 626 Abs. 2 ZPO steht der grundsätzlichen Betrachtung nicht entgegen.) Weiter wird vorausgesetzt, daß über die Folgesachen zusammen mit der Scheidung zu verhandeln ist (§ 623 Abs. 1 Satz 1 ZPO); das ist aber nicht möglich, wenn wegen der Scheidungssache ein Stillstand des Verfahrens eingetreten ist. Der Zweck der Aussetzungsregelung würde vereitelt, wenn die Ehegatten ihre Nebenverfahren, die für den Fall der Scheidung geführt werden, fortführen könnten. Schließlich würde die Möglichkeit, die Folgeverfahren isoliert fortzuführen, einen Anreiz auslösen, die Zeit bis zur Entscheidungsreife der Ehesache (Fristablauf nach §§ 1565 Abs. 2, 1566) mit der Abwicklung der Folgeverfahren zu nutzen. Das wäre ein Versuch, die Fristen zu unterlaufen.

18 Sind außer der Ehesache andere Familiensachen (§ 621 ZPO) anhängig, die nicht Folgesachen (§ 623 ZPO) sind (z. B. Unterhaltsklage nach § 1361), dann beurteilt sich die Aussetzung dieser Verfahren nach den dafür geltenden allgemeinen Vorschriften. Eine Aussetzung des Verfahrens in der Ehesache führt nicht notwendigerweise gleichzeitig zur Aussetzung der Verfahren in den anderen Familiensachen.

8 Rechtsmittel

19 Gegen den Beschluß des Gerichts, mit dem die Aussetzung angeordnet wird, ist die Beschwerde, gegen eine die Aussetzung ablehnende Entscheidung die sofortige Beschwerde gegeben (§ 252 ZPO). Die Beschwerde ist nicht zulässig, wenn das OLG entschieden hat (§ 567 Abs. 3 ZPO). Die Anwendung des § 614 ZPO ist in der Revisionsinstanz nachprüfbar, wenn eine Entscheidung über die Aussetzung ergangen ist; andernfalls stehen §§ 512, 548 ZPO der Nachprüfbarkeit entgegen (*Stein-Jonas-Schlosser* § 614, 16).

20 Bereits für das bisher geltende Recht wurde angenommen, daß das Gericht den Ehegatten nahelegen kann, eine Eheberatungsstelle aufzusuchen (*Stein-Jonas-Schlosser* § 620 I 3). Die Regelung nach § 614 Abs. 5 ZPO hat nach Wegfall der Vorschriften über den Sühneversuch besonderes Gewicht. Die Gerichtsakten darf das Gericht der Eheberatungsstelle nur zur Verfügung stellen, wenn die Parteien zustimmen (a. A. *Blau* JZ 1952, 711; absolut unzulässig: *Stein-Jonas-Schlosser* § 614, 18). Folgen die Ehegatten der Empfehlung des Gerichts nicht, so ist das für das weitere Verfahren ohne Bedeutung. Die Auffassung von *Brüggemann* in FamRZ 1977, 1, die Nichtbeachtung der Auflage könne bei der Prüfung der Härteklausel nach § 1568 Abs. 1, 2. Altern. zu Lasten des Antragstellers berücksichtigt werden, ist bedenklich.

§ 615

(1) Angriffs- und Verteidigungsmittel, die nicht rechtzeitig vorgebracht werden, können zurückgewiesen werden, wenn ihre Zulassung nach der freien Überzeugung des Gerichts die Erledigung des Rechtsstreits verzögern würde und die Verspätung auf grober Nachlässigkeit beruht.

(2) §§ 527, 528 sind nicht anzuwenden.

Überblick Rdnr.

1 Allgemeines

1 Die Vorschrift ist durch Art. 1 Nr. 86 der Vereinfachungsnovelle neu gefaßt worden.
Bis zum 1. EheRG war der Ausschluß verspäteten Vorbringens in Ehesachen unterschiedlich geregelt. Für das erstinstanzliche Verfahren galt die allgemeine Vorschrift des § 279 ZPO, während für das Berufungsverfahren die Sonderregelung nach § 626 ZPO maßgebend war, die Abweichungen von § 529 Abs. 2 und 3 ZPO aufwies.

2 § 615 regelt die Präklusion im Eheverfahren einheitlich für alle Rechtszüge; die Anwendung der §§ 527, 528 ZPO ist nach § 615 Abs. 2 ZPO ausdrücklich ausgeschlossen.

3 § 615 ZPO gilt nicht für das Vorbringen, das nach § 616 ZPO

der Amtsermittlung unterliegt (*Baumbach-Hartmann* § 279 3 A 7; *Stein-Jonas-Schlosser* § 615, 3; *Amtl. Begr.* S. 198).

4 Die Vorschrift ist auf die anderen Familiensachen (§ 621 Abs. 1 ZPO) nicht anwendbar. Insoweit verbleibt es bei den allgemeinen Bestimmungen (z. B. §§ 296, 527, 528 ZPO). Mit Rücksicht auf den Entscheidungsverbund kann die Verzögerung in einer Folgesache zu Verzögerungen auch der anderen Verfahren führen, wenn im konkreten Fall ein Anlaß zur Abtrennung der Folgesachen nicht besteht (vgl. § 628 Abs. 1 ZPO). Ein verspätetes Vorbringen in einer Folgesache erfüllt nur dann den Tatbestand einer Verzögerung des Verfahrens, wenn dadurch die Erledigung der Verfahren im Verbund hinausgeschoben werden müßte (*Amtl. Begr.* S. 198). Ist das nicht der Fall, dann ist das isolierte auf die Folgesache bezogene verspätete Vorbringen für den Ablauf des Verfahrens im Verbund nicht kausal.

2 Verspätete Angriffs- oder Verteidigungsmittel

5 Angriffs- oder Verteidigungsmittel ist jedes Vorbringen, das dem Betreiben oder der Abwehr des geltend gemachten prozessualen Anspruchs dient. Nicht dazu gehören die Klage, die Widerklage und die Klageänderung, die den Angriff selbst darstellen (*BGH* ZZP 1969, 429). Die Angriffs- und Verteidigungsmittel sind nicht rechtzeitig vorgebracht, wenn sie nicht im frühestmöglichen Termin zur mündlichen Verhandlung eingeführt worden sind. Die Besonderheiten des Eheverfahrens sind nicht hier, sondern im Zusammenhang mit der Prüfung der groben Nachlässigkeit zu berücksichtigen (abweichend *Stein-Jonas-Schlosser* § 615, 2).

3 Grobe Nachlässigkeit

6 Die Neufassung die § 615 ZPO verlangt keine Verschleppungsabsicht. Die Verschleppungsabsicht setzt einen Verstoß gegen Treu und Glauben in der Prozeßführung voraus; der bloße Vorsatz genügt nicht. Die Voraussetzungen sind schwer zu beweisen.

Die Präklusion ist nunmehr im Fall grober Nachlässigkeit zulässig. Sie liegt vor, wenn eine Partei ihrer Sorgfaltspflicht in besonders hohem Grade nicht nachkommt, z. B. wenn sie für längere Zeit verreist, ohne dem Prozeßbevollmächtigten Informationen zu hinterlassen (*OLG Köln* VersR 1972, 985) oder monatelang zögert, den Schriftsatz einzureichen (*OLG Köln* NJW 1973, 1847).

4 Verzögerung des Rechtsstreits

7 Eine Verzögerung des Rechtsstreits tritt ein, wenn das Gericht durch die Berücksichtigung der Angriffs- oder Verteidigungsmittel eine Vertagung anordnen oder eine in Aussicht genommene Ent-

scheidung hinausschieben müßte. Doch muß es sich um eine Verzögerung von einigem Gewicht handeln. Ergibt sich ein Bedürfnis, Angriffs- oder Verteidigungsmittel vorzutragen, erst im Laufe des Rechtsstreits, dann liegt eine Verzögerung nicht vor (zum Problem der Verzögerung bei angeordneter Beweiserhebung nach § 273 ZPO vgl. *BGH* MDR 1969, 643; MDR 1970, 130; NJW 1974, 1512).

5 Verfahren

8 Über die Zurückweisung der Angriffs- und Verteidigungsmittel entscheidet das Gericht nach freiem Ermessen. Die Entscheidung wird inzidenter getroffen, sie ergibt aus den Gründen des Urteils. Für eine selbständige Zwischenentscheidung ist kein Raum. Das Ermessen ist nachprüfbar; in der Revisionsinstanz kann eine unzutreffende Anwendung der revisiblen Rechtsbegriffe *»Verspätung«* und *»grobe Nachlässigkeit«* gerügt werden (*RG* JW 1932, 2875). Die Zulassung der Angriffs- oder Verteidigungsmittel ist kein Anfechtungsgrund (*BGH* NJW 1960, 100).

§ 616

(1) Das Gericht kann auch von Amts wegen die Aufnahme von Beweisen anordnen und nach Anhörung der Ehegatten auch solche Tatsachen berücksichtigen, die von ihnen nicht vorgebracht sind.

(2) Im Verfahren auf Scheidung oder Aufhebung der Ehe oder auf Herstellung des ehelichen Lebens kann das Gericht gegen den Widerspruch des die Auflösung der Ehe begehrenden oder ihre Herstellung verweigernden Ehegatten Tatsachen, die nicht vorgebracht sind, nur insoweit berücksichtigen, als sie geeignet sind, der Aufrechterhaltung der Ehe zu dienen.

(3) Im Verfahren auf Scheidung kann das Gericht außergewöhnliche Umstände nach § 1568 des Bürgerlichen Gesetzbuchs nur berücksichtigen, wenn sie von dem Ehegatten, der die Scheidung ablehnt, vorgebracht sind.

Überblick Rdnr.

1 Allgemeines

1 § 616 Abs. 1 und 2 ZPO entspricht (redaktionell angepaßt) dem bisherigen § 622 ZPO. Neu ist § 616 Abs. 3 ZPO, der das Vorbringen zur Härteklausel (2. Altern.) nach § 1568 Abs. 1 abweichend von der Regel in den beiden ersten Absätzen dem Verhandlungsgrundsatz unterstellt. Absatz 1 gilt für alle Ehesachen, Absatz 2 nur für die Scheidungs-, Aufhebungs- und Herstellungsklage.

2 Amtsermittlungsgrundsatz (§ 616 Abs. 1 ZPO)

2 § 616 Abs. 1 ZPO sieht vor, daß das Gericht ohne Rücksicht auf das Vorbringen der Parteien von Amts wegen ermitteln kann. Die Ermittlungstätigkeit muß sich im Rahmen des Streitgegenstandes halten, sie kann nicht dazu dienen, einen Streitstoff zu ermitteln, der von den Anträgen der Parteien nicht gedeckt ist (*RG* 126, 302). Von der Einschränkung in Absatz 2 abgesehen, wird zwischen eheerhaltenden und anderen Tatsachen nicht unterschieden. Gleichgültig ist, auf welche Weise das Gericht von den Tatsachen, die zur weiteren Ermittlung Anlaß geben, Kenntnis erlangt hat.

3 Für die Ermittlung ist kein Raum, wenn das Gericht neue Tatsachen nicht berücksichtigen darf. § 616 ZPO ist also für die Revisionsinstanz gegenstandslos (vgl. § 561 ZPO). In der Berufungsinstanz ist § 616 ZPO durch die §§ 525, 536 ZPO beschränkt (vgl. *RG* 151, 182; 126, 302: keine neuen Tatsachen zur Widerklage, wenn in der Berufungsinstanz nur noch über die Klage verhandelt wird).

3 Berücksichtigung eheerhaltender Tatsachen (§ 616 Abs. 2 ZPO)

4 § 616 Abs. 2 ZPO befaßt sich nicht mit der Frage, unter welchen Voraussetzungen das Gericht von Amts wegen Ermittlungen anstellen kann. Insoweit gilt § 616 Abs. 1. Absatz 2 regelt wann eine nach Absatz 1 ermittelte oder sonst bekannt gewordene Tatsache bei der Entscheidung berücksichtigt werden darf (*Thomas-Putzo* § 622). Die Vorschrift verhindert, daß das Gericht ehefeindliche Tatsachen einbezieht obwohl die klagende Partei das nicht will.

5 Die Regelung gilt nicht für die Nichtigkeitsklage und für die Klage auf Feststellung des Bestehens oder Nichtbestehens einer Ehe. Was eine eheerhaltende Tatsache ist, richtet sich nach materiellem Recht. Nicht eine abstrakte Beurteilung, sondern die konkrete Auswirkung im Einzelfall ist entscheidend. Eheerhaltende Tatsachen können insbesondere Umstände sein, aus denen folgt, daß die Wiederherstellung der ehelichen Lebensgemeinschaft zu erwarten ist, daß die Fristen in § 1566 nicht abgelaufen sind, daß

die Scheidung die Interessen des Kindes verletzen würde (§ 1568 Abs. 1).

Die Berücksichtigung anderer Tatsachen ist nicht zulässig, wenn der Antragsteller widerspricht. Der Widerspruch muß ausdrücklich erklärt sein; passives Verhalten reicht nicht aus (str.: *Stein-Jonas-Schlosser* § 616, 3).

4 Außergewöhnliche Umstände nach § 1568 Abs. 1 (§ 616 Abs. 3 ZPO)

6 Außergewöhnliche Umstände im Sinne des § 1568 Abs. 1 sind eheerhaltende Tatsachen, weil sie die Scheidung – zumindest temporär – verhindern. Das Gericht wäre also nach den allgemeinen Regeln des § 616 Abs. 1 und 2 ZPO nicht gehindert, darüber von Amts wegen zu ermitteln und das Ergebnis zu berücksichtigen. Der Amtsermittlungsgrundsatz wird nach Absatz 3 aber für die Härteklausel (2. Altern.) durchbrochen (wegen der Gründe vgl. § 1568). Die Geltendmachung der Härteklausel (2. Altern.) unterliegt dem Anwaltszwang; dasselbe gilt für ihre Rücknahme (vgl. Rdnr. 22 zu § 1568). Nicht notwendig ist, daß die außergewöhnlichen Umstände konkret als solche nach § 1568 Abs. 1 bezeichnet werden; es genügt, wenn der Antragsgegner sich auf Tatsachen beruft, die geeignet sind, sich als Härte im Sinne von § 1568 darzustellen, und er die Scheidung ablehnt (vgl. Rdnr. 23 zu § 1568). § 616 Abs. 3 gilt nicht für die Härteklausel, soweit sie sich auf die Interessen des Kindes bezieht (vgl. Rdnr. 41 zu § 1568).

5 Verfahren

7 Das Gericht hat die erforderlichen Ermittlungen fortzusetzen, bis es zu der Überzeugung gelangt, daß weitere Aktivitäten nicht mehr erfolgversprechend sind; das Vorgehen des Gerichts ist also nicht von seinem freien Ermessen bestimmt (h. M. *OGH* 3, 121; *Stein-Jonas-Schlosser* § 616, 9 m. w. N.; a. A. *Wieczorek* § 622 B I). Unzureichende Ermittlungen können mit der Revision gerügt werden. Die Parteien haben Anspruch auf rechtliches Gehör. Das rechtliche Gehör erstreckt sich sowohl auf die Mitteilung der zu verwertenden Tatsachen als auch auf das Ergebnis einer stattgefundenen Beweisaufnahme. Es ist nur dann sinnvoll, wenn die Parteien sich dazu äußern können. Das ist nicht der Fall, wenn eine Partei nicht anwaltlich vertreten ist. Hier beschränkt sich die Pflicht des Gerichts darauf, der betreffenden Partei Gelegenheit zur (anwaltlichen) Äußerung zu geben (h. M.: *Baumbach-Albers* § 622 1 B; *Stein-Jonas-Schlosser* § 616, 10). Der Verstoß gegen das Gebot des rechtlichen Gehörs ist Revisionsgrund.

8 § 616 ZPO läßt die allgemeinen Beweisregeln unberührt. Das Gericht muß bemüht sein, den Sachverhalt erschöpfend aufzuklären. Der Untersuchungsgrundsatz führt aber nicht immer zu die-

sem Ergebnis. Dann ist nach allgemeinen Regeln zu entscheiden, wem die Folgen einer nicht festgestellten Tatsache zuzurechnen sind. Auch für den Beweis des ersten Anscheins ist Raum (vgl. *RG* 163, 244; a. A.: *Bergerfurth* FamRZ 1966, 340).

§ 617

Die Vorschriften über die Wirkung eines Anerkenntnisses, über die Folgen der unterbliebenen oder verweigerten Erklärung über Tatsachen oder über die Echtheit von Urkunden, die Vorschriften über den Verzicht der Partei auf die Beeidigung der Gegenpartei oder von Zeugen und Sachverständigen und die Vorschriften über die Wirkung eines gerichtlichen Geständnisses sind nicht anzuwenden.

Überblick

1 Allgemeines

1 Die Vorschrift ist durch das 1. EheRG nicht geändert worden. Sie schränkt die Dispositionsbefugnis der Parteien ein, um zu verhindern, daß die Ehe selbst über prozeßrechtliche Gestaltungsmöglichkeiten zur Disposition gestellt wird. Es wird nicht unterschieden zwischen eheerhaltenden und anderen Umständen.

2 Unanwendbare Vorschriften

2.1 Anerkenntnis (§ 307 ZPO)

2 Ein Anerkenntnis hat keine unmittelbaren Wirkungen. Es unterliegt der freien Beweiswürdigung nach § 286 ZPO. Nach dem Normzweck dürfte ein Anerkenntnis im Fall der Herstellungsklage zulässig sein (*Stein-Jonas-Schlosser* § 617 II a; a. A. *Wieczorek* § 617 A III a).

2.2 Fiktion des Geständnisses (§§ 138 Abs. 3, 439 Abs. 3 ZPO)

3 Nicht bestrittene Tatsachen gelten grundsätzlich als zugestanden, eine Privaturkunde gilt als anerkannt, wenn keine Erklärung zur Echtheit der Urkunde abgegeben wird. Diese Wirkungen treten in Ehesachen nicht ein.

2.3 Verzicht auf Beeidigung (§§ 391, 452 Abs. 3 ZPO)

4 Der Verzicht auf Beeidigung der Gegenpartei oder von Zeugen oder Sachverständigen würde das Gericht in seiner Ermittlungstätigkeit (§ 616 Abs. 1 ZPO) einschränken. Deshalb ist in Ehe-
2.3 Verzicht auf Beeidigung (§§ 391, 452 Abs. 3 ZPO)
sachen ein solcher Verzicht unzulässig. Die Beeidigung steht im Ermessen des Gerichts.

2.4 Gerichtliches Geständnis

5 Das Geständnis ist ohne unmittelbare rechtliche Bedeutung. Folgerichtig gilt das auch für den Widerruf (§ 290 ZPO). Beide unterliegen der freien Beweiswürdigung nach § 286 ZPO (*KG* JZ 1951, 517).

3 Verzicht (§ 306 ZPO)

6 Der Verzicht ist in § 617 ZPO nicht genannt, er ist daher auch in Ehesachen zulässig. Bei der Nichtigkeits- und Ehefeststellungsklage kann er allerdings nur die Wirkung der Klagerücknahme (§ 269 ZPO) haben; andernfalls könnte er zu Umgehungszwekken benutzt werden. Der Gedanke des § 635 ZPO muß daher auch für den Verzicht gelten (h. M. *Stein-Jonas-Schlosser* § 617 II 2; unzutreffend *RG* JW 1905, 537). Anders liegt der Fall, wenn in dem prozessualen Verzicht zugleich materiell der Verzicht auf die Geltendmachung des Nichtigkeitsgrundes liegt (§ 18 Abs. 2 EheG).

4 Prozeßvergleich (§ 794 ZPO)

7 Prozeßvergleiche sind zulässig, soweit der Gegenstand der Dispositionsbefugnis der Parteien unterliegt (vgl. dazu Rdnr. 38 zu § 1585 c).

§ 618

§ 317 Abs. 1 Satz 3 gilt nicht für Urteile in Ehesachen.

1 Das 1. EheRG hatte den früheren § 625 ZPO ohne Änderung übernommen. Die nunmehr vorliegende Fassung ist auf Grund des Art. 1 Nr. 87 der Vereinfachungsnovelle eingefügt worden. § 618

ZPO enthält keine eigenständige Regelung der Zustellung von Urteilen in Ehesachen. Ein Bedürfnis dafür ist entfallen, nachdem die Zustellung der Urteile von Amts wegen allgemein eingeführt worden ist (§ 317 ZPO i. d. F. der Vereinfachungsnovelle; vgl. *Putzo* NJW 1977, 1). Deshalb beschränkt sich die Regelung darauf, die Möglichkeit, die Zustellung auf Antrag hinauszuschieben (vgl. § 317 Abs. 1 Satz 1 ZPO), für unanwendbar zu erklären. Zugestellt wird nur das vollständige Urteil. Die Vorschrift gilt für alle Ehesachen in allen Rechtszügen.
Ersatz der Verkündung durch Zustellung (vgl. *BGH* NJW 1972, 763) kommt nur noch bei Versäumnis- und Anerkenntnisurteilen ohne mündliche Verhandlung (§ 310 Abs. 3 ZPO) im schriftlichen Verfahren nach § 276 ZPO in Betracht (vgl. *Putzo* NJW 1977, 1, 5).

2 Außer der Zustellung des Urteils sind von Amts wegen auch Mitteilungen zu machen, so an den Standesbeamten über die Rechtskraft der Ehescheidung (§ 38 Abs. 4 und 5 AktenO; MiZi VII Nr. 4), an das Vormundschaftsgericht, wenn minderjährige Kinder der Ehegatten vorhanden sind (§ 38 Nr. 5 b AktenO) und bei Nichtigkeitsklagen und Klagen auf Feststellung des Bestehens oder Nichtbestehens einer Ehe an den Staatsanwalt.

3 Für die anderen Familiensachen (§ 621 ZPO) gilt eine dem § 618 ZPO entsprechende Regelung; § 621 c ZPO ist durch die Vereinfachungsnovelle dem § 618 angepaßt worden.

§ 619

Stirbt einer der Ehegatten, bevor das Urteil rechtskräftig ist, so ist das Verfahren in der Hauptsache als erledigt anzusehen.

Überblick

1 Anwendungsbereich

1 Die dem bisherigen § 628 ZPO entsprechende Vorschrift gilt für alle Ehesachen und in allen Rechtszügen. Sie ist nicht anwendbar,

wenn die Klage unzulässig ist, z. B. wegen Unzuständigkeit des Gerichts, mangelnder Prozeßfähigkeit. Das Verfahren kann mit dem Ziel, daß die Klage aus prozessualen Gründen abgewiesen wird, fortgeführt werden. Der Rechtsnachfolger des verstorbenen Antragsgegners kann das Verfahren zu diesem Zweck aufnehmen (h. M.: *RG* 149, 110; *BGH* NJW 1974, 368 = ZZP 87 [1974], 347 mit Anm. v. *Grunsky;* vgl. auch *OLG Hamburg* NJW 1954, 357; *Baumbach-Albers* § 628, 1; *Stein-Jonas-Schlosser* § 619, 2; *Thomas-Putzo* § 628; *Bruns* ZZP 79 (1969), 139; a. A.: *Jauernig* FamRZ 1961, 98). Zugelassen wird auch die Rücknahme der Klage nach dem Tode des Beklagten (vgl. *OLG München* NJW 1970, 1799). Die Auffassung ist dogmatisch nicht unbedenklich, da für die Rücknahme einer kraft Gesetzes auch prozessual erledigten Sache im Grunde kein Raum ist. Die Erledigung in der Hauptsache nach § 619 ZPO ist von Amts wegen zu beachten (*RG* HRR 1932, 1611). Da die Einwilligung (§ 269 Abs. 1 ZPO) des »Nachfolgers« nicht in Betracht kommt, kann die Rücknahme nur bis zum Beginn der mündlichen Verhandlung erklärt werden.

2 Wirkungen der Erledigung

2 Mit dem Tod einer Partei, gleichgültig ob Kläger oder Beklagter, tritt kraft Gesetzes die Erledigung der Hauptsache ein (Ausnahme: unzulässige Klage, vgl. Rdnr. 1). Einer Erklärung bedarf es nicht. Das Verfahren wird weder unterbrochen (§ 239 ZPO) noch ausgesetzt (§ 246 ZPO, vgl. OLG Schleswig SchlHA 1974, 103). Das Gericht entscheidet über die Kosten des Verfahrens analog § 91 a ZPO durch Beschluß (*Göppinger* ZZP 67 [1954], 463). Parteien sind insoweit der überlebende Ehegatte und die Erben des anderen Ehegatten. Die Erben können den Rechtsstreit wegen des Kostenpunktes fortführen (*RG* JW 1906, 311; *OLG Zweibrücken* JW 1935, 2758).

3 Tritt der Tod einer Partei nach Erlaß des Urteils, aber vor der Rechtskraft ein, wird die Entscheidung ohne weiteres wirkungslos (vgl. *OLG Düsseldorf* FamRZ 1970, 486). Über die Kosten des Verfahrens hat das Rechtsmittelgericht auf die sofortige Beschwerde (analog § 91 a Abs. 2 ZPO) zu entscheiden (h. M. *RG* JW 1906, 311; *OLG Hamm* JMBl. NRW 1956, 32; *OLG Bremen* NJW 1975, 2074; *Stein-Jonas-Schlosser* § 619, 3; *Göppinger* ZZP 67 (1954), 463; nach *Rosenberg-Schwab* § 167 III 10 b soll sofortige Beschwerde nach § 99 Abs. 2 ZPO in Betracht kommen; für unanfechtbar gehalten wird die Entscheidung von *OLG Celle* NJW 1965, 1813 mit der nicht überzeugenden und im übrigen auch inzwischen überholten Begründung, daß dann die Schuldfrage erörtert werden müßte; das ist aber schon deshalb nicht entscheidend, weil die postmortale Prüfung ehelicher Verhältnisse nichts Ungewöhnliches ist, vgl. z. B. § 1933).

4 Der überlebende Ehegatte oder die Erben können ein Interesse daran haben, daß die Wirkungslosigkeit des – formal existie-

renden – Urteils festgestellt wird. Gleichwohl wird man die Einlegung der Berufung oder Revision zu diesem Zweck nicht als zulässig erachten dürfen (*Stein-Jonas-Schlosser* § 619, 16).

3 Tod einer Partei im Nichtigkeitsverfahren

5 Im Fall der Nichtigkeitsklage sind die Rechtswirkungen unterschiedlich, je nachdem, ob das Verfahren vom Staatsanwalt oder von einem der Ehegatten betrieben wird. Im ersten Fall findet § 628 ZPO keine Anwendung, das Verfahren wird gegen den überlebenden Ehegatten fortgeführt (§ 636 ZPO).

Ist die Nichtigkeitsklage von einem Ehegatten erhoben, treten die Wirkungen des § 619 ZPO ein. Das Verfahren kann nunmehr nur vom Staatsanwalt betrieben werden (§ 24 Abs. 1 Satz 2 EheG). War er zum Zeitpunkt des Todes des Ehegatten nicht beteiligt, muß er neu klagen; im Wege der Klageänderung (§ 264 ZPO) kann er in das bisherige Verfahren nur mit Zustimmung des überlebenden Ehegatten eintreten (str. *Stein-Jonas-Schlosser* § 619, 6; a. A.: *Jauernig* FamRZ 1961, 98).

4 Wiederaufnahme des Verfahrens nach dem Tod einer Partei

6 Nach dem Tod eines Ehegatten ist die Wiederaufnahme des Verfahrens unzulässig, weil diese sich nicht auf die »Kassation« der früheren Entscheidung beschränken kann, eine neue Entscheidung aber nicht möglich ist (h. M.: *BGH* FamRZ 1965, 316; *Baumbach-Albers* § 628, 2; *Stein-Jonas-Schlosser* § 619, 11; *Thomas-Putzo* § 628; *Jauernig* FamRZ 1961, 98; a. A.: *Blomeyer* § 120 VII, 3). Der Wiederaufnahme des Verfahrens, um eine abweichende Kostenentscheidung zu erreichen, steht der Grundsatz des § 99 Abs. 1 ZPO entgegen (*BGH* FamRZ 1965, 316).

7 Die Wiederaufnahme des Verfahrens im Fall der Nichtigkeitsklage wird (Äquivalent zur postmortalen Klagebefugnis des Staatsanwalts) für zulässig erachtet (*Baumbach-Albers* § 628, 2; *Stein-Jonas-Schlosser* § 619, 12). Streitig ist, ob das auch für das Ehefeststellungsverfahren gilt (bejahend *Stein-Jonas-Schlosser* § 619, 13; a. A.: *Jauernig* FamRZ 1961, 98). Tritt der Tod eines Ehegatten im Laufe eines bereits eingeleiteten Wiederaufnahmeverfahrens ein, gilt § 619 ZPO.

8 Die Wiedereinsetzung in den vorigen Stand wird nach dem Tod eines Ehegatten als unzulässig angesehen. Das gilt nicht, soweit entgegen § 619 ZPO eine Fotsetzung des Verfahrens möglich ist.

5.1 Einstweilige Anordnungen

9 Wird das Eheverfahren durch den Tod eines Ehegatten gegenstandslos, dann tritt diese Wirkung auch für die anhängigen Verfahren auf Erlaß einstweiliger Anordnungen nach §§ 620 ff. ZPO ein, da diese die Rechtshängigkeit einer Ehesache voraussetzen. Eine bereits ergangene einstweilige Anordnung tritt ohne weiteres außer Kraft (§ 620 f. ZPO). Auf Antrag des überlebenden Ehegatten ist das Außerkrafttreten durch Beschluß auszusprechen (§ 620 f. S. 2 ZPO).

5.2 Folgesachen

10 Bei den Folgesachen (§ 623 ZPO) ist zu unterscheiden. Setzt die Entscheidung in einer Folgesache die Existenz beider Ehegatten voraus, ist das Verfahren in der Folgesache als in der Hauptsache erledigt anzusehen. Das gilt insbesondere für die Verfahren nach § 621 Abs. 1 Nrn. 1 bis 3 und Nr. 7 ZPO. Ist im Fall des § 621 Abs. 1 Nr. 4 ZPO (gesetzliche Unterhaltspflicht gegenüber einem ehelichen Kind) der in Anspruch genommene Elternteil verstorben, dann kann die Unterhaltsklage mit den Beschränkungen des § 1615 fortgeführt werden; eine erforderliche Klageänderung ist als sachdienlich zuzulassen. Der unterbrochene Rechtsstreit (§ 239 ZPO) wird gegen den Erben fortgesetzt. Stirbt der nicht in Anspruch genommene Elternteil, wird seine Prozeßstandschaft (vgl. § 1629 Abs. 3) gegenstandslos. Der unterbrochene Rechtsstreit (§ 241 Abs. 1 ZPO) kann von dem neuen gesetzlichen Vertreter fortgeführt werden. Die Klage ist in der Weise umzustellen, daß der Anspruch nunmehr im Namen des Kindes geltend gemacht wird.

Ändert sich der Unterhaltsanspruch wegen des Wegfalls eines Elternteils der Höhe nach, ist eine Klageänderung als sachdienlich zuzulassen.

11 Werden Unterhaltsansprüche unter Ehegatten geltend gemacht, kann der unterbrochene Rechtsstreit gegen den Rechtsnachfolger des verpflichteten verstorbenen Ehegatten fortgeführt werden, um die Unterhaltsansprüche nach Maßgabe des § 1615 und der §§ 1933, 1569 ff. geltend zu machen. Stirbt der Berechtigte, kann dessen Rechtsnachfolger das Verfahren wegen des Unterhaltsanspruchs mit den Beschränkungen des § 1615 weiterbetreiben.

12 Ein Anspruch auf Versorgungsausgleich erlischt mit dem Tode des Berechtigten und des Verpflichteten, da er nur im Fall der Scheidung durchzuführen ist. Der Scheidungsantrag ist insoweit der Scheidung nicht gleichgestellt; § 1587 Abs. 2 ist eine reine Berechnungsvorschrift, die Ehescheidung wird vorausgesetzt. Deshalb ist für die Fortführung des Verfahrens kein Raum; dieser ist in der Hauptsache erledigt. Ein nach Rechtskraft des Scheidungsurteils anhängiges Verfahren kann fortgeführt werden,

soweit nach materiellem Recht eine Rechtsnachfolge in Betracht kommt (vgl. §§ 1587 e, 1587 k).

13 Ein (unterbrochener) Rechtsstreit über den Zugewinnausgleich (§ 621 Abs. 1 Nr. 8 ZPO) kann gegen den Rechtsnachfolger des verpflichteten Ehegatten fortgesetzt werden, wenn der Ehegatte Anspruch auf Zugewinnausgleich nach §§ 1373 ff. hat. Das ist der Fall, wenn er nicht erbberechtigt ist und auch nicht als Vermächtnisnehmer in Betracht kommt (§ 1371 Abs. 2). Ob der Ehegatte erbberechtigt ist, obwohl Scheidungsantrag gestellt ist, beurteilt sich nach § 1933. Sind die Vorschriften über den Zugewinnausgleich im Todesfall (§ 1371 Abs. 1) anwendbar, ist der Anspruch auf Zugewinnausgleich nach den §§ 1373 ff. in der Hauptsache erledigt.

14 Zweifelhaft ist, ob das Verfahren in einer Folgesache ohne weiteres oder nur dann fortgeführt werden kann, wenn die überlebende Partei oder der Rechtsnachfolger der anderen Partei sich die Fortführung vorbehalten hat. Die Notwendigkeit eines Vorbehalts nimmt *Stein-Jonas-Schlosser* § 619, 5, an, der § 626 Abs. 2 ZPO mit der Maßgabe für entsprechend anwendbar hält, daß der Antrag, den Vorbehalt auszusprechen, bis zum Erlaß der *»das Ende der Rechtshängigkeit bestätigenden Entscheidung«* (analog § 626 Abs. 1 S. 3 ZPO) gestellt sein muß. Der Zweck eines solchen Vorbehalts ist für die Fälle des § 619 ZPO nicht erkennbar; er ist eine überflüssige Förmlichkeit. Es liegt näher, die Fortführung des Verfahrens ohne den zusätzlichen Aufwand eines Vorbehaltsbeschlusses zuzulassen. § 249 ZPO reicht aus, um eine den Interessen beider Parteien gerecht werdende Überleitung sicherzustellen.

Die Verfahren sind als isolierte Familiensachen (§ 621 ZPO) fortzuführen; ein Verbund ist ausgeschlossen (mißverständlich *Stein-Jonas-Schlosser* § 619, 5: *»Die vorbehaltenen Familiensachen können mit anderen Familiensachen verbunden werden«;* es ist anzunehmen, daß nicht der Verbund im technischen Sinn des § 623 ZPO gemeint ist).

5.3 Keine Änderung der Zuständigkeit

15 Nach § 621 Abs. 2 ZPO ist während der Anhängigkeit einer Ehesache das Gericht der Ehesache auch für die Folgesachen nach § 621 Abs. 1 ZPO ausschließlich zuständig. Ist die Ehesache durch Tod eines Ehegatten erledigt, entfallen zwar die Voraussetzungen für die durch den Verbund eingetretene Zuständigkeit für die Folgesachen. § 261 Abs. 3 Nr. 2 ZPO, der die einmal eingetretene Zuständigkeit festschreibt, findet aber auf die Zuständigkeit kraft Verbundes nach § 621 ZPO Anwendung, so daß es bei der gegebenen Zuständigkeit verbleibt.

Das Gericht kann im Wege der einstweiligen Anordnung auf Antrag regeln:

1. die elterliche Gewalt über ein gemeinschaftliches Kind;
2. den persönlichen Verkehr des nicht sorgeberechtigten Elternteils mit dem Kinde;
3. die Herausgabe des Kindes an den anderen Elternteil;
4. die Unterhaltspflicht gegenüber einem Kinde im Verhältnis der Ehegatten zueinander;
5. das Getrenntleben der Ehegatten;
6. den Unterhalt eines Ehegatten;
7. die Benutzung der Ehewohnung und des Hausrats;
8. die Herausgabe oder Benutzung der zum persönlichen Gebrauch eines Ehegatten oder eines Kindes bestimmten Sachen;
9. die Verpflichtung zur Leistung eines Prozeßkostenvorschusses.

Im Falle des Satzes 1 Nr. 1 kann das Gericht eine einstweilige Anordnung auch von Amts wegen erlassen.

Überblick

1 Allgemeines

1 Die Vorschriften über einstweilige Anordnungen im Eheprozeß (§§ 620 bis 620 g ZPO) sind an die Stelle der bisherigen §§ 627 bis 627 c ZPO getreten. Sie weisen nicht unerhebliche Abweichungen zum bisher geltenden Recht auf (vgl. *Blomeyer* FamRZ 1972, 432).

2 § 620 Satz 1 Nr. 1 ZPO ist auf den gesamten Inhalt der elterlichen Gewalt erweitert worden. Das bisher geltende Recht ließ einstweilige Anordnungen nur in Angelegenheiten der Personensorge zu, es umfaßte nicht die gesetzliche Vertretung und die Vermögenssorge. § 620 Satz 1 Nrn. 2 und 3 ZPO bereinigt die Streitfrage des bisher geltenden Rechts, ob das Verkehrsrecht (§ 1634) und die Herausgabe des Kindes (§ 1632) durch einstweilige Anordnung geregelt werden können. § 620 Satz 1 Nrn. 4, 5 und 6 ZPO regeln unverändert die gesetzliche Unterhaltspflicht gegenüber einem ehelichen Kind, Fragen des Getrenntlebens und den Unterhalt der Ehegatten. § 620 Satz 1 Nr. 7 ZPO übernimmt die Regelung des § 19 HausratsVO und erweitert sie in § 620 Satz 1 Nr. 8 auf die zum persönlichen Gebrauch der Ehegatten oder eines Kindes bestimmten Sachen. § 620 Satz 1 Nr. 9 ZPO (Prozeßkostenvorschuß) ist im Laufe des Gesetzgebungsverfahrens eingefügt worden; die Vorschrift entspricht, abweichend von dem RegE, dem bisher geltenden Recht.

3 Die Aufzählung in § 620 Satz 1 ZPO hat abschließenden Charakter. Eine analoge Anwendung der Vorschrift auf andere Fälle kommt grundsätzlich nicht in Betracht (*Ritter* FamRZ 1971, 405).

2 Rechtsnatur der einstweiligen Anordnung

4 Nach wohl *h. M.* wird § 620 ZPO als reine Verfahrensregelung angesehen, die im konkreten Fall eine materiellrechtliche Grundlage voraussetzt (*OLG Stuttgart* FamRZ 1972, 373; *KG* FamRZ 1962, 432; *Baumbach-Albers* § 627, 1; *Thomas-Putzo* § 627, 1; *Deubner* NJW 1968, 924; *Pastor* FamRZ 1958, 298). Die abweichende Ansicht (vgl. *Wieczorek* § 627 A 2 a ZPO; *Wilts* NJW 1967, 428) hält eine Bindung an das materielle Recht für wenig sinnvoll, insbesondere da im Verfahren nach §§ 620 ff. eine Feststellung der materiellrechtlichen Voraussetzungen häufig nicht möglich sei. Das ist aber für die Beurteilung der Rechtsnatur einstweiliger Anordnungen irrelevant; diese kann nicht davon abhängig gemacht werden, welche Anforderungen an den Nachweis der tatsächlichen Voraussetzungen gestellt werden.

5 Die hier vertretene Auffassung bedarf gewisser Einschränkungen. Für einen Teil der möglichen Regelungen nach § 620 ZPO gibt es die vorausgesetzte materielle Rechtsgrundlage nicht. So gibt es außerhalb des Anspruchs auf Familienunterhalt keine Rechtsgrundlage, den Unterhalt des Kindes »im Verhältnis der Ehegatten zueinander« zu fordern (§ 1629 Abs. 2 betrifft diesen Fall

nicht). Anspruch auf Familienunterhalt entfällt, wenn die Ehegatten getrennt leben. Ebenso fehlt es an einer materiellen Vorschrift für die Regelung nach § 620 Satz 1 Nr. 8 ZPO, wenn die Sachen nicht dem Antragsteller gehören. § 620 ZPO ist daher so zu verstehen, daß das Gericht an das materielle Recht gebunden ist, soweit die einstweilige Anordnung einen durch das materielle Recht erfaßten Gegenstand regelt. Denn es wäre unverständlich, wenn eine Partei im Wege der einstweiligen Anordnung etwas erhalten könnte, was ihr das geltende materielle Recht versagt. Richtet sich das zugrundeliegende Rechtsverhältnis nach ausländischem Recht, ist dieses auch für die Beurteilung der Rechtslage bei Erlaß der einstweiligen Anordnung zu beachten (vgl. *OLG München* FamRZ 1973, 94 m. w. N.). Soweit materiellrechtliche Grundlagen fehlen, gibt § 620 ZPO selbst die Anspruchsgrundlage (ähnlich wohl *Stein-Jonas-Schlosser* § 620, 2; vgl. im übrigen die Darstellung zu den einzelnen Fallgruppen einstweiliger Anordnungen, Rdnr. 19 ff.).

3 Voraussetzungen

3.1 Verfahren in einer Ehesache

7 § 620 ZPO gilt für alle Ehesachen (vgl. Rdnr. 4 zu § 606 ZPO). Die Vorschrift ist auch im Wiederaufnahmeverfahren einer Ehesache anwendbar (*OLG Dresden* HRR 1940 Nr. 694). Die Ehesache muß anhängig sein, oder es muß (abweichend vom bisher geltenden Recht) ein Armenrechtsgesuch vorliegen (§ 620 a Abs. 1). Die einstweilige Anordnung kann auch während des Ruhens des Verfahrens angeordnet werden (*OLG Celle* NdsRpfl. 61, 17). Die Regelung gilt für alle Rechtszüge.

3.2 Rechtsschutzbedürfnis; Verhältnis zu anderen Verfahren

8 *a)* Für den Erlaß einer einstweiligen Anordnung muß ein Rechtsschutzbedürfnis vorliegen. Es fehlt, wenn der Antragsteller bereits hat, was er begehrt, z. B. die Eheleute leben schon getrennt (*OLG Kiel* SchlHA 1948, 48), der Unterhalt wird einvernehmlich geleistet, der Prozeßkostenvorschuß ist entrichtet. Davon zu unterscheiden ist die Frage, ob der Antragsteller positiv ein berechtigtes Interesse am Erlaß der einstweiligen Anordnung darlegen muß.

9 Das hängt davon ab, ob man in § 620 ZPO eine Ermessensvorschrift sieht (*»das Gericht kann ... regeln«*; so *KG* HRR 1934, 516; *OLG Schleswig* Schleswig-Holst. Anz. 1971, 51; *KG* FamRZ 1973, 202; FamRZ 1968, 392; *Stein-Jonas-Schlosser* § 620, 14) oder eine bloße Zuständigkeitsregelung (*Baumbach-Albers*, Vor § 627, 2). In Anbetracht der weitgehenden Unbestimmtheit der für eine Anordnung maßgebenden Kriterien und des trotz § 620 f ZPO provisorischen Charakters der Regelung wird man davon ausgehen müssen, daß das Gericht über den Erlaß einer einstweiligen Anordnung nach pflichtgemäßem Ermessen zu ent-

scheiden hat, die einstweilige Anordnung also nicht schon erlassen werden muß, wenn die allgemeinen Voraussetzungen dargetan sind, sondern erst, wenn das Gericht den Erlaß als notwendig erachtet, weil eine Partei ein berechtigtes Interesse daran hat. Ein berechtigtes Interesse ist nicht ohne weiteres zu verneinen, wenn die Partei das Verfahren in der Ehesache dilatorisch betreibt (zu weitgehend: *LG Hamburg* MDR 1963, 846; *Stein-Jonas-Schlosser* § 620, 14; *Bergerfurth* FamRZ 1962, 52). Es kommt auf die konkreten Umstände an. Verfehlt wäre es, wenn ein Ehegatte zur zügigen Fortführung des Eheverfahrens veranlaßt würde, um nicht Gefahr zu laufen, von den Möglichkeiten des § 620 ZPO ausgeschlossen zu sein.

10 Bei Erlaß der einstweiligen Anordnung hat das Gericht nicht zu prüfen, welche Erfolgsaussichten die Ehesache hat; das gilt nunmehr auch für die Regelung der elterlichen Gewalt (§ 620 Satz 1 Nr. 1 ZPO), die im materiellen Recht vom Verschulden der Ehegatten an der Scheidung unabhängig ist. Etwas anderes ist aber anzunehmen, wenn die Klage oder der Antrag offensichtlich unzulässig oder unbegründet ist (*OLG Kiel* HRR 1931, 629; *OLG Celle* NJW 1949, 869; *OLG Stuttgart* MDR 1957, 621; *OLG Düsseldorf* FamRZ 1960, 155; *OLG München* MDR 1961, 510: Zwangsvollstreckung aus der einstweiligen Anordnung ist ausgeschlossen, deshalb kein Rechtsschutzbedürfnis).

Der Erlaß einer einstweiligen Anordnung ist nicht davon abhängig, daß der Gegenstand (soweit es sich um Antragsverfahren handelt) als Folgesache nach § 623 ZPO geltend gemacht worden ist.

b) Verhältnis zu anderen Verfahren

11 Angelegenheiten, die durch einstweilige Anordnung nach § 620 ZPO geregelt werden können, können Gegenstand eines ordentlichen Rechtsstreits (§ 620 S. 1 Nrn. 4 bis 6 und 9 ZPO) oder eines Verfahrens nach den Vorschriften des FGG (§ 620 Satz 1 Nrn. 1 bis 3, 7, 8 ZPO) sein. Zweifelhaft ist, ob diese Verfahren durch die Möglichkeit, eine einstweilige Anordnung nach § 620 ZPO zu erwirken, ausgeschlossen werden. Bei Unterhaltsansprüchen nimmt die wohl *h. M.* (*LG Göttingen* Nds. Rpfl. 1958, 213; *LG Berlin* MDR 1960, 590; *Baumbach-Albers,* Einführung zu §§ 627 bis 627 b; *Stein-Jonas-Schlosser* § 620 a, 14) an, daß der Klageweg nicht verschlossen ist (einschränkend *OLG Kiel* HRR 1941 Nr. 392). In Kindschaftssachen wird eine Doppelzuständigkeit mit einem gewissen Vorrang des Vormundschaftsgerichts anerkannt (*KG* FamRZ 1958, 230; *OLG Düsseldorf* FamRZ 1959, 23 und 169; *OLG Karlsruhe* FamRZ 1959, 69; *OLG Hamm* JMBl. NRW 1962, 48; FamRZ 1964, 577). Die sich aus dem Verfahrensdualismus ergebende Problematik wird nicht dadurch gegenstandslos, daß das Familiengericht nunmehr eine ausschließliche Zuständigkeit für die Ehesache und die anderen Familiensachen hat (§ 621 Abs. 2 ZPO; *Stein-Jonas-Schlosser* § 620 a, 14). Denn die Zuständigkeitskonzentration bewirkt keine Verfahrenskanalisierung; das für beide Verfahren zuständige Gericht

muß nach wie vor über das Verhältnis der anhängigen Sachen zueinander entscheiden. Davon abgesehen kann die Zuständigkeit verschiedener Gerichte gegeben sein, wenn die Ehesache und die anderen Familiensachen in verschiedenen Instanzen anhängig sind (§ 621 Abs. 2 ZPO), oder wenn die Familiensachen nicht mehr abgegeben oder verwiesen werden können (§ 621 Abs. 3 ZPO; vgl. *Hagena* FamRZ 1975, 379).

15 Das Rechtsschutzbedürfnis zum Erlaß einer einstweiligen Verfügung nach §§ 935, 940 ZPO in Angelegenheiten, die durch einstweilige Anordnung geregelt werden können, ist generell zu verneinen, da die Vorschriften der §§ 620 ff. ZPO als lex specialis anzusehen sind (*KG* DR 1940, 1586; *LG Hannover* Nds. Rpfl. 1961, 222; *Stein-Jonas-Schlosser* § 620 a, 13; *Thomas-Putzo* § 627, 1 ZPO).

16 Eine einstweilige Anordnung ist unzulässig, soweit über die Streitfrage rechtskräftig entschieden ist, da die Rechtskraft der Entscheidung zu beachten ist (*OLG Celle* NdsRpfl. 1950, 10; *OLG Karlsruhe* MDR 1960, 680; *Stein-Jonas-Schlosser* § 620 a, 15 VII 3; *Thomas-Putzo* § 627, 5; a. A. *OLG Hamburg* MDR 1957, 426, für den Fall, daß lediglich die Heraufsetzung des titulierten Unterhaltsbetrages begehrt wird; ähnlich für Erhöhung durch einstweilige Verfügung statt Klage nach § 323 ZPO: *OLG Freiburg* JZ 1952, 308; *OLG München* NJW 1953, 111).

3.3 Antragsverfahren

17 Das Verfahren nach § 620 ZPO setzt grundsätzlich den Antrag eines oder beider Ehegatten voraus. Nur im Fall des § 620 Satz 1 Nr. 1 ZPO (Regelung der elterlichen Gewalt) kann das Gericht von Amts wegen entscheiden (§ 620 S. 2 ZPO). Zur Form des Antrags vgl. § 620 a ZPO.

4 Gegenstand der einstweiligen Anordnung

18 Die in § 620 Satz 1 Nrn. 1 bis 9 ZPO aufgeführten Gegenstände stellen eine abschließende Aufzählung dar. Andere Fragen, mögen sie auch im Zusammenhang mit einer Ehesache von Bedeutung sein, lassen sich nicht im Wege der einstweiligen Anordnung regeln (*Ritter* FamRZ 1971, 405). So kann nicht die Unterhaltspflicht für ein gemeinschaftliches Kind der Ehegatten in der Art geregelt werden, daß das Kind als Rechtsträger auftritt (vgl. Rdnr. 29).

§ 620 ZPO kommt insbesondere nicht in Betracht, wenn es um die Geltendmachung von Ehestörungen geht (vgl. Rdnr. 58 ff. zu § 1353; *OLG Düsseldorf* MDR 1974, 582; unzutreffend *LG Bremen* FamRZ 1956, 120), die Rückabwicklung von Zuwendungen, die mit Rücksicht auf den Fortbestand der Ehe gemacht worden sind (vgl. *OLG Düsseldorf* NJW 1963, 453), güterrechtliche

Fragen (*OLG Nürnberg* MDR 1966, 760) und um Angelegenheiten des Versorgungsausgleichs.

§ 620 ZPO dient – ungeachtet des § 620 f Abs. 1 ZPO – dazu, eine vorläufige Regelung zu treffen. Deshalb sind einstweilige Anordnungen unzulässig, die darauf hinauslaufen würden, vollendete Tatsachen zu schaffen (z. B. endgültige Eigentumsregelungen: *OLG Kiel* SchlHA 1946, 428; Auszahlung eines Guthabens als Prozeßkostenvorschuß: *OLG Kiel* SchlHA 1948, 79).

4.1 Regelung der elterlichen Gewalt (§ 620 Satz 1 Nr. 1 ZPO)

19 Im Wege der einstweiligen Anordnung kann das für die Ehesache zuständige Familiengericht (vgl. § 621 Abs. 2 ZPO) die elterliche Gewalt regeln. Die Regelungsbefugnis ist im Vergleich zum bisher geltenden Recht erheblich erweitert worden, da sie nunmehr auch die gesetzliche Vertretungsmacht und die Vermögenssorge einschließt (str. zum bisher geltenden Recht: vgl. *LG Bonn* FamRZ 1956, 87; *LG Duisburg* FamRZ 1958, 377 mit Anm. v. *Bosch*).

Bei der Regelung der elterlichen Gewalt können Konkurrenzverhältnisse unterschiedlicher Art auftreten.

20 *a)* Das Verfahren nach § 1671 wird mit Rechtshängigkeit der Scheidungssache von Amts wegen eingeleitet, ohne daß es eines Antrags bedarf (§ 623 Abs. 3 ZPO). Ist zu diesem Zeitpunkt ein Verfahren nach § 1672 (Regelung der elterlichen Gewalt im Fall des Getrenntlebens der Eheleute) nicht beantragt, konkurriert auch das Verfahren nach § 1671 nicht mit einer Regelung nach § 620 Satz 1 Nr. 1 ZPO, da die Entscheidung nach § 1671 für die Zeit nach der Scheidung getroffen wird und sie einen evtl. Beschluß nach § 620 Satz 1 Nr. 1 ZPO als »anderweitige Regelung« i. S. von § 620 f Satz 1 ZPO ablöst. Ein Konkurrenzverhältnis kann demnach nur auftreten zwischen dem Verfahren nach § 620 ZPO und einer vorläufigen Anordnung im Verfahren nach § 1671, deren Zulässigkeit anerkannt ist (*OLG Zweibrücken* FamRZ 1973, 315 m. w. N.; *Keidel* § 19, 25). Solange die Ehesache und das Verfahren nach § 1671 bei demselben Gericht anhängig sind, ergeben sich keine Schwierigkeiten; dem verfahrensrechtlich geordneten Verfahren nach § 620 ZPO ist der Vorzug zu geben.

Sind die Ehesache und das Verfahren nach § 1671 bei verschiedenen Gerichten anhängig (z. B. wegen Abtrennung nach § 628 Abs. 1 Nr. 3 ZPO) und fallen die Zuständigkeiten auseinander (vgl. § 620 a Abs. 4 ZPO), haben beide Gerichte Entscheidungsbefugnis (einstweilige Anordnung nach § 620 ZPO und vorläufige Anordnung im Rahmen des Verfahrens nach § 1671). Die Vernunft spricht dafür, dem Gericht den Vorrang zu geben, das über die elterliche Gewalt endgültig nach § 1671 zu befinden haben wird, da nur so widerstreitende Maßnahmen vermieden werden können. Erläßt das Gericht der Ehesache eine einstweilige Anordnung (z. B. wegen Eilbedürftigkeit), sollte es sich aus diesem Grunde auf die unbedingt notwendigen Regelungen beschränken.

21 *b)* Ist ein Verfahren nach § 1672 zum Zeitpunkt der Rechtshängigkeit der Ehesache im ersten Rechtszug anhängig, wird es an das Gericht der Ehesache abgegeben (§ 621 Abs. 3 ZPO). Es konkurriert nicht mit dem von Amts wegen eingeleiteten Verfahren nach § 1671, da die Verfahren unterschiedliche Zeiträume abdecken; gegenständlich unterscheiden sie sich allerdings nicht. Ein Konkurrenzverhältnis besteht zum Verfahren der einstweiligen Anordnung nach § 620 ZPO und zur vorläufigen Anordnung im Rahmen des Verfahrens nach § 1671. Bei einheitlicher Zuständigkeit eines Familiengerichts liegt es nahe, das Verfahren nach § 1672 zugunsten einer Regelung nach § 620 ZPO zurücktreten zu lassen. Ob man uneingeschränkt einen absoluten Vorrang des Verfahrens nach § 620 ZPO annehmen kann, dürfte aber zweifelhaft sein (dafür *Stein-Jonas-Schlosser* § 620, 3). Ist abzusehen, daß die Ehe nicht in angemessener Zeit geschieden wird, kann ein Ehegatte ein berechtigtes Interesse haben, die Frage der elterlichen Gewalt gegenständlich uneingeschränkt in dem dafür vorgesehenen Verfahren geregelt zu bekommen. Deshalb sollte die Entscheidungsbefugnis nach § 1672 nicht grundsätzlich ausgeschlossen werden.

22 *c)* Problematischer ist es, wenn die Ehesache und das Verfahren nach § 1672 in verschiedenen Instanzen oder ausnahmsweise bei verschiedenen Familiengerichten (z. B. weil eine Abgabe nicht mehr in Betracht kommt, § 621 Abs. 3 ZPO) anhängig sind. Für das bisher geltende Recht wurde bei bestehender Doppelzuständigkeit empfohlen, dem nach § 1672 zuständigen Vormundschaftsgericht den Vorrang zu lassen (*KG* FamRZ 1958, 230; *OLG Düsseldorf* FamRZ 1959, 23 und 1964, 309; *OLG Karlsruhe* FamRZ 1959, 69; *OLG Hamm* JMBl. NRW 1962, 48 und FamRZ 1964, 577; *OLG Köln* JMBl. NRW 1973, 48; *Baumbach-Albers* § 627, 5; *Stein-Jonas-Schlosser* § 627 III 3; *Thomas-Putzo* § 627, 5 d; *Schwoerer* FamRZ 1958, 433; abweichend *OLG Saarbrücken* NJW 1975, 268).

Das hatte einen Sinn, weil dieses Gericht nach der Scheidung im allgemeinen auch die endgültige Regelung nach § 1671 zu treffen hatte und das Prozeßgericht mit der Kindschaftssache überhaupt nicht zu befassen war. Nunmehr liegt die Entscheidungsbefugnis für die endgültige Regelung bei dem Gericht der Ehesache. Um dieses Gericht nicht durch Maßnahmen eines anderen Gerichts in der Entscheidung zu präjudizieren, empfiehlt es sich, dem Gericht der Ehesache den Vorrang zum Erlaß einer einstweiligen Anordnung einzuräumen. Ein absoluter Vorrang in dem Sinne, daß das Verfahren nach § 1672 nicht mehr fortgeführt werden dürfte, kann nicht anerkannt werden.

23 Das Gericht ist nicht gehalten, bei der einstweiligen Anordnung eine Gesamtregelung zu treffen, wie sie in §§ 1671, 1672 vorgesehen ist. Mit Rücksicht auf den vorläufigen Charakter der einstweiligen Anordnung empfiehlt sich im Gegenteil eine Beschrän-

kung auf unbedingt erforderliche Maßnahmen, damit die endgültige Regelung nicht präjudiziert wird.

24 Materielle Rechtsgrundlage der Entscheidung nach § 620 ZPO sind die §§ 1671, 1672 (*OLG Karlsruhe* FamRZ 1957, 271; *OLG München* FamRZ 1960, 372); der Umstand, daß §§ 1671, 1672 Einzelmaßnahmen nicht vorsehen, steht der Anwendung der tragenden Grundsätze jedoch nicht entgegen. Die Bestellung eines Pflegers bei einer einstweiligen Anordnung auf der Grundlage des § 1672 ist, abweichend vom bisher geltenden Recht, zulässig, da § 1672 i. d. F. des 1. EheRG auch auf § 1671 Abs. 5 verweist. Von der Anwendung des maßgebenden ausländischen Rechts kann abgesehen werden, wenn seine Feststellung Schwierigkeiten bereitet und durch eine ungebührliche Verzögerung beim Erlaß der einstweiligen Anordnung das Wohl des Kindes leiden würde. Doch darf die einstweilige Anordnung nicht erlassen werden, wenn feststeht, daß die Entscheidung dem materiellen ausländischen Recht widersprechen würde (*Stein-Jonas-Schlosser* § 620, 2).

25 Unberührt bleibt die Zuständigkeit des Vormundschaftsgerichts zur Entscheidung nach § 1666; das Familiengericht hat sie hinzunehmen (str. *BGH* NJW 1951, 309; *OLG Stuttgart* NJW 1956, 1804; a. A.: *OLG Kassel* DRiZ 1949, 19; *OLG Hamburg* NJW 1958, 1736; *Stein-Jonas-Schlosser* § 620, 3; differenzierend *Brüggemann* FamRZ 1977, 1).

4.2 Regelung des Verkehrsrechts (§ 620 Satz 1 Nr. 2 ZPO)

26 Das bisher geltende Recht sah keine ausdrückliche, dem § 620 Satz 1 Nr. 2 ZPO entsprechende Regelung vor, doch wurden einstweilige Anordnungen zur Gestaltung des Verkehrsrechts im Sinne des § 1634 zugelassen mit der Begründung, es handele sich um die Ausübung des elterlichen Sorgerechts (h. M.: *KG* DR 1940, 2006; FamRZ 1971, 183; *OLG Stuttgart* NJW 1956, 1804; *OLG Karlsruhe* FamRZ 1959, 68; *OLG München* MDR 1964, 417); dem Gericht der Ehesache wurde Zurückhaltung empfohlen und eine Entscheidung des Vormundschaftsgerichts als in erster Linie sachdienlich angesehen (vgl. *OLG Hamburg* MDR 1964, 417; *BayObLG* FamRZ 1965, 82; *OLG Celle* FamRZ 1966, 319).

Nach § 621 Abs. 1 Nr. 2 und Abs. 2 ZPO ist das Gericht der Ehesache für die Verkehrsregelung ausschließlich zuständig. Eine konkurrierende Entscheidungsbefugnis kann eintreten, wenn das Verfahren der Ehesache und das Verfahren nach § 1634 in verschiedenen Rechtszügen oder ausnahmsweise bei verschiedenen Familiengerichten anhängig sind. Dazu vgl. die Ausführungen zur Regelung des elterlichen Sorgerechts unter Rdnr. 21, die gleichermaßen für die Regelung des Verkehrsrechts gelten.

27 Das Gericht kann im Wege der einstweiligen Anordnung den persönlichen Verkehr des nicht sorgeberechtigten Elternteils mit dem Kind regeln. Maßstab ist das Wohl des Kindes; Grundlage der Entscheidung ist § 1634 BGB. Der Wortlaut des § 620 Satz 1 Nr. 2

ZPO ist ungenau. Da nach § 620 S. 1 Nr. 1 nicht die elterliche Sorge insgesamt geregelt werden muß (vgl. Rdnr. 23), ist die Anknüpfung an den »nicht sorgeberechtigten« Ehegatten in Nr. 2 nur bedingt zutreffend, weil beiden Ehegatten Teile des Sorgerechts zustehen können. Daß dann eine Verkehrsregelung ausgeschlossen sein sollte, kann nicht angenommen werden. Deshalb ist Nr. 2 dahin auszulegen, daß eine Verkehrsregelung für einen Elternteil schon dann in Betracht kommt, wenn das Kind auf Grund einer (Teil-)Sorgerechtsregelung nicht in seiner Obhut ist.

4.3 Regelung der Herausgabe des Kindes (§ 620 Satz 1 Nr. 3 ZPO)

28 Im bisher geltenden Recht fehlte eine ausdrückliche Regelung dieser Frage, doch wurden einstweilige Anordnungen zugelassen mit der Begründung, die Herausgabe des Kindes sei eine Frage der elterlichen Sorge (*KG* MDR 1956, 175; *OLG Nürnberg* MDR 1957, 631; *OLG Neustadt* FamRZ 1961, 532; *OLG Celle* FamRZ 1971, 308; *OLG Düsseldorf* FamRZ 1974, 99; a. A.: *KG* DR 1941, 2072; *OLG Bremen* NJW 1954, 1815; *LG Duisburg* FamRZ 1958, 377 mit Anm. v. *Bosch*; vgl. auch *BGH* FamRZ 1977, 46). § 620 Satz 1 Nr. 3 ZPO betrifft nur Herausgabeansprüche der Ehegatten untereinander. Die Herausgabe des Kindes aus der Obhut eines Dritten kann das Gericht im Wege der einstweiligen Anordnung nicht regeln. Rechtsgrundlage der Entscheidung ist § 1632 (*KG* DR 1941, 2072) oder das anwendbare ausländische Recht (vgl. Rdnr. 6).

Eine Doppelzuständigkeit kann hier, wie in den Fällen der Regelung des Sorgerechts und des Verkehrsrechts (§ 620 Satz 1 Nrn. 1 und 2 ZPO), gegeben sein, wenn das Verfahren der Ehesache und das Verfahren über die Herausgabe des Kindes nach § 1632 in verschiedenen Rechtszügen oder bei verschiedenen Familiengerichten anhängig sind. Vgl. dazu die Ausführungen unter Rdnr. 26. Die Vollstreckung des Herausgabeanspruchs richtet sich (analog) nach § 883 ZPO (str. vgl. dazu *KG* FamRZ 1966, 155).

4.4 Regelung der Unterhaltspflicht gegenüber einem Kind (§ 620 Satz 1 Nr. 4 ZPO)

29 Die Regelung entspricht dem bisher geltenden Recht (§ 627 Abs. 1 ZPO a. F.). Sie gilt nur im Verhältnis der Ehegatten zueinander (*OLG Celle* NJW 1974, 504). Die Kinder werden aus dem Beschluß nicht berechtigt, andererseits wird ihr Unterhaltsanspruch durch die Leistungen an den berechtigten Ehegatten auch unmittelbar nicht berührt (vgl. Rdnr. 4 zu § 1360).

30 Eine Regelung des Unterhaltsanspruchs mit Wirkung für und gegen das Kind ist im Wege der einstweiligen Anordnung nicht zulässig; eine dieses Ziel anstrebende »synchronisierende Gesetzesauslegung« mit § 1629 Abs. 2, 3 als Ausgangspunkt (so *Stein-Jonas-Schlosser* § 620, 6) überzeugt nicht. § 1629 Abs. 3 hat den Zweck zu verhindern, daß das Kind in verbundenen Verfahren nach § 623 ZPO prozessual die Stellung einer Partei erhält. Einen

 weitergehenden Zweck hat die Vorschrift nicht. Daraus die Notwendigkeit abzuleiten, im summarischen Verfahren nach § 620 ZPO entgegen dem klaren Wortlaut des Gesetzes den Anspruch mit Wirkung für das Kind zu regeln, ist kühn. Abzulehnen ist auch die Erweiterung des Anwendungsbereichs von § 1629 Abs. 3 auf andere Ehesachen als die Scheidungssache (so *Stein-Jonas-Schlosser* § 620, 6); da insoweit der Verbund nach § 623 ZPO nicht in Betracht kommt, besteht kein Grund, den Unterhaltsanspruch des Kindes im Wege der Prozeßstandschaft eines Elternteils geltend zu machen.

31 Die Unterhaltspflicht gegenüber dem Kind ist nach allgemeinen Vorschriften (§§ 1360, 1606) zu beurteilen, also nach ausländischem Recht, wenn dieses anwendbar ist (*OLG München* FamRZ 1973, 94; *OLG Karlsruhe* FamRZ 1960, 371: Anwendung des Haager Unterhaltsübereinkommens). Die Berechtigung des Ehegatten, den Kindesunterhalt vom anderen Teil zu fordern, setzt voraus, daß er für den Unterhalt des Kindes tatsächlich aufkommt; nicht erforderlich ist, daß ihm die elterliche Gewalt übertragen ist (allg. M. *KG* FamRZ 1962, 432; *OLG Köln* JMBl. NRW 1963, 260; *KG* JR 1963, 141; *OLG Düsseldorf* FamRZ 1971, 308; vgl. auch § 1629 Abs. 2 i. d. F. des 1. EheRG, wo selbst für die Geltendmachung des Unterhaltsanspruchs des Kindes die Übertragung der elterlichen Sorge nicht vorausgesetzt wird).

32 Für den Erlaß der einstweiligen Anordnung muß ein Rechtsschutzbedürfnis gegeben sein (Rdnr. 8). Daran fehlt es, soweit über den Unterhalt des Kindes eine anderweitige vollstreckbare Entscheidung vorliegt (*OLG Oldenburg* NJW 1964, 1864). Andererseits kann das Rechtsschutzbedürfnis für eine Klage des Kindes auf Unterhalt nicht mit der Begründung verneint werden, daß der Anspruch im Verhältnis der Ehegatten zueinander durch einstweilige Anordnung geregelt werden kann (vgl. dazu Rdnr. 11; *LG Berlin* MDR 1967, 593; dagegen ist zutreffend das Rechtsschutzbedürfnis zum Erlaß einer einstweiligen *Verfügung* verneint worden von *LG Berlin* MDR 1967, 495). Das gilt auch für die Klage des Kindes, die ein Ehegatte im eigenen Namen nach § 1629 Abs. 3 geltend macht.

4.5 Regelung des Getrenntlebens der Ehegatten (§ 620 Satz 1 Nr. 5 ZPO)

33 Die Vorschrift entspricht der bisher geltenden Regelung in § 627 Abs. 1 ZPO. Sie überschneidet sich mit § 620 Satz 1 Nr. 7 ZPO (bisher § 19 HausratsVO), soweit über die Benutzung der Wohnung entschieden wird, um das Getrenntleben der Ehegatten zu ermöglichen. Es liegt nahe, den Anwendungsbereich des § 620 Satz 1 Nr. 5 ZPO auf den engeren Bereich des Rechts zum Getrenntleben zu beschränken und die Regelung sonstiger Umstände im Zusammenhang mit dem Getrenntleben, die Wohnung und Hausrat betreffen, dem § 620 Satz 1 Nr. 7 ZPO zuzuordnen.

Materielle Rechtsgrundlage der Anordnung ist § 1353 Abs. 2 oder, soweit ausländisches Recht anwendbar ist, die entsprechende ausländische Norm (*KG* FamRZ 1972, 261).

Die *h. M.* läßt dagegen ohne Bindung an materielles Recht einstweilige Anordnungen zu, wenn dies zur Herstellung ruhiger, geordneter Verhältnisse notwendig ist (*OLG Stuttgart* MDR 1957, 621; *OLG Karlsruhe* FamRZ 1960, 371; *OLG Köln* FamRZ 1964, 47; *KG* MDR 1965, 577; *OLG Celle* FamRZ 1968, 165; *OLG Hamm* MDR 1969, 668; *KG* NJW 1974, 1339). Die Notwendigkeit, geordnete Zustände herbeizuführen, ist kein hinreichender Grund, auf die Anwendung des materiellen Rechts zu verzichten. Der Einwand, die Voraussetzungen seien nicht einfach und schnell genug zu ermitteln, hat in Anbetracht der Regelung in § 620 a Abs. 2 Satz 3 ZPO wenig Gewicht. Bereitet im konkreten Fall die Feststellung des anwendbaren ausländischen Rechts Schwierigkeiten, bestehen keine Bedenken, wenn das Gericht mit Rücksicht auf die Eilbedürftigkeit der einstweiligen Anordnung auf deutsches Recht zurückgreift (*OLG Düsseldorf* FamRZ 1974, 456).

§ 620 Satz 1 Nr. 5 ZPO gibt die Möglichkeit, einen Ehegatten von der Pflicht zur häuslichen Gemeinschaft nach § 1353 freizustellen. Andere Pflichten aus dem breiten Anwendungsbereich des § 1353 können nicht Gegenstand einer einstweiligen Anordnung sein. Ausgeschlossen ist deshalb eine Regelung über die Mitarbeit im Geschäft oder Beruf des anderen Ehegatten (*OLG Celle* NdsRpfl. 1951, 203; *OLG Braunschweig* NdsRpfl. 1957, 152) oder des Anspruchs auf Unterlassung ehewidriger Verhaltensweisen, wie ehebrecherische Beziehungen oder Mißhandlungen (unzutr. *LG Bremen* FamRZ 1956, 120). Ein Verbot, die eheliche Wohnung zu betreten oder ein Gebot, das Betreten zu dulden (*OLG Braunschweig* HRR 1939, 45; *KG* FamRZ 1973, 202) dürften Anwendungsfälle des § 620 Satz 1 Nr. 7 ZPO sein.

34 Das erforderliche Rechtsschutzbedürfnis (vgl. Rdnr. 8) ist gegeben, wenn ein erträgliches Zusammenleben der Ehegatten nicht gewährleistet und die einstweilige Anordnung geeignet ist, geordnete Verhältnisse herzustellen (*OLG Celle* FamRZ 1968, 165; *KG* NJW 1974, 1338). Es fehlt, wenn die Eheleute bereits getrennt leben und kein Anlaß zu der Annahme besteht, daß einer der Ehegatten die Wiederaufnahme der häuslichen Gemeinschaft anstrebt (*OLG Düsseldorf* FamRZ 1972, 208 für eine Klage auf Feststellung des Rechts zum Getrenntleben).

35 Zweifelhaft ist, ob ein Ehegatte eine negative Herstellungsklage (vgl. Rdnr. 55 zu § 1353) erheben kann mit dem Ziel, daß sein Recht zum Getrenntleben festgestellt wird, obwohl ihm das einfachere Verfahren nach § 620 Satz 1 Nr. 5 ZPO zur Verfügung steht. Im allgemeinen dürfte das Rechtsschutzbedürfnis für die negative Herstellungsklage zu verneinen sein, da der Kläger im Klageweg nicht mehr erhalten kann als durch eine einstweilige Anordnung. Das muß jedenfalls dann gelten, wenn man davon ausgeht, daß die einstweilige Anordnung materiellrechtlich auf

der Grundlage des § 1353 Abs. 2 ergeht. Das Urteil über die negative Herstellungsklage ist nicht vollstreckbar, es hat keine Folgewirkungen (z. B. auch nicht für den Unterhaltsanspruch nach § 1361). Insofern ist der Ausgangspunkt der Beurteilung anders als beim Verhältnis der einstweiligen Anordnung über den Unterhalt (§ 620 S. 1 Nr. 4, 6 ZPO) zum Unterhaltsprozeß (vgl. Rdnr. 11, 36). Ein Rechtsschutzbedürfnis für eine negative Herstellungsklage kann ausnahmsweise gegeben sein, wenn es dem Kläger weniger auf die tatsächliche Möglichkeit des Getrenntlebens ankommt als auf die Feststellung seines Rechts dazu, und die einstweilige Anordnung dies nicht ergibt.

4.6 Regelung des Unterhalts eines Ehegatten (§ 620 Satz 1 Nr. 6 ZPO)

36 Die Vorschrift entspricht dem bisher geltenden Recht (§ 627 Abs. 1 Satz 1 ZPO).

Das für den Erlaß einer einstweiligen Anordnung erforderliche Rechtsschutzbedürfnis fehlt, wenn die Ehegatten über den Unterhalt einen gerichtlichen Vergleich oder eine private Vereinbarung getroffen haben und im letzteren Fall kein Anlaß zu der Annahme besteht, daß der Unterhaltsschuldner sich den übernommenen Verpflichtungen entzieht. Das Rechtsschutzbedürfnis ist zu bejahen, wenn der Unterhaltsverpflichtete die Leistung des privatrechtlich vereinbarten Unterhalts verweigert. Die Geltendmachung von Unterhaltsansprüchen im ordentlichen Rechtsstreit wird durch den Zugang zum Verfahren nach § 620 S. 1 Nr. 6 ZPO nicht ausgeschlossen (vgl. Rdnr. 11). Ein im ordentlichen Rechtsstreit ergangenes Unterhaltsurteil kann im Verfahren nach § 620 Satz 1 Nr. 6 ZPO nicht abgeändert werden.

37 Streitig ist, ob durch eine einstweilige Anordnung ein gerichtlicher Vergleich abgeändert werden kann, wenn sich die für die Unterhaltsberechtigung maßgebenden Verhältnisse geändert haben (zugelassen: *OLG Kiel* JR 1947, 61; *OLG Düsseldorf* MDR 1951, 45; *OLG Bremen* NJW 1952, 229; *OLG Hamm* JMBl. NRW 1952, 118; *OLG München* FamRZ 1970, 407; *Baumbach-Albers* § 627, 10 E; *Thomas-Putzo* § 627, 5; a. A. *OLG Oldenburg* NdsRpfl. 1950, 10; *LG Köln* JMBl. NRW 1952, 48). Eine einheitliche Beurteilung ist nicht sachgerecht. Es kommt darauf an, ob die Vergleichwirkungen den Wirkungen der einstweiligen Anordnung im wesentlichen entsprechen. Das ist der Fall, wenn der Vergleich eine vorläufige Unterhaltsregelung zum Gegenstand hat. Dabei kommt es nicht entscheidend darauf an, ob der Vergleich in einem Verfahren nach § 620 ZPO oder in einem ordentlichen Rechtsstreit abgeschlossen worden ist, wenn er nur seinem Inhalt nach keine weitergehende Funktion hat als die einstweilige Anordnung. Haben sich die Parteien dagegen über die Unterhaltsberechtigung abschließend geeinigt, dann ist für eine Abänderung des Vergleichs durch einstweilige Anordnung ebensowenig Raum wie für die Abänderung eines Unterhaltsurteils. § 323 Abs. 4 i. V. mit § 794 Abs. 1 Nr. 1 ZPO dürfte insoweit eine die ver-

einfachte Abänderung ausschließende Sonderregelung darstellen (ähnliche Überlegungen bei *Stein-Jonas-Schlosser* § 620, 8; *LG Wuppertal* NJW 1967, 2271).

38 Materiellrechtliche Grundlage der einstweiligen Anordnung sind die §§ 1360, 1361; soweit ausländisches Recht anwendbar ist, ist es dessen materielles Unterhaltsrecht (*OLG Frankfurt* OLGZ 1971, 47; *OLG München* FamRZ 1973, 94; *OLG Hamm* FamRZ 1975, 418; *Baumbach-Albers* § 627, 3; *Stein-Jonas-Schlosser* § 620, 8; *Thomas-Putzo* § 627, 4 d; *Deubner* NJW 1968, 924; einschr.: *OLG Frankfurt* NJW 1953, 147; *OLG Hamm* MDR 1953, 370; *OLG München* MDR 1953, 490; *OLG Bremen* MDR 1954, 367; *KG* NJW 1961, 1412; *Wilts* NJW 1967, 428), die eine Bindung an das materielle Recht verneinen und es allenfalls als Richtschnur gelten lassen wollen). Es wäre aber unangemessen, wenn das Gericht im Rahmen des Verfahrens nach § 620 Satz 1 Nr. 6 ZPO Unterhalt zusprechen könnte, den es im ordentlichen Rechtsstreit abzulehnen hätte. Ist das ausländische Recht nicht feststellbar, kann das Gericht in dringlichen Fällen auf deutsches Recht zurückgreifen (vgl. *OLG Düsseldorf* FamRZ 1974, 456).

Der Unterhalt ist als Geldrente festzusetzen, wenn die Ehegatten getrennt leben (vgl. § 1361 Abs. 4). Ist das nicht der Fall, wird eine entsprechende Anwendung des § 1361 Abs. 4 geboten sein (*KG* FamRZ 1973, 262). Ausnahmsweise kann die Leistung von Familienunterhalt (§ 1360 a) in Betracht kommen, wenn die Ehegatten weiterhin gemeinsam wirtschaften (vgl. *OLG Frankfurt* FamRZ 1970, 655; *KG* FamRZ 1973, 262; *Stein-Jonas-Schlosser* § 620, 8). Neben laufendem Unterhalt kann auch Sonderbedarf (§ 1613 Abs. 2) zugebilligt werden (*OLG Düsseldorf* FamRZ 1967, 43; vgl. auch *OLG Köln* NJW 1952, 1382). Über die Höhe des Anspruchs hat das Familiengericht nach den Grundsätzen des § 1361 zu entscheiden und dabei insbesondere Bedürftigkeit und Leistungsfähigkeit zu berücksichtigen. § 1361 setzt nicht voraus, daß der Ehegatte ein Recht zum Getrenntleben hat oder der Unterhaltsanspruch rechtshängig ist. Für die Vergangenheit kann Unterhalt grundsätzlich nicht gefordert werden (§ 1585 b); das gilt auch für eine Regelung nach § 620 S. 1 Nr. 6 ZPO (*OLG Hamburg* MDR 1971, 844; Ausnahmen vgl. *OLG Karlsruhe* NJW 1961, 1479; *LG Köln* MDR 1963, 219).

4.7 Regelung der Benutzung der Wohnung und des Hausrats (§ 620 Satz 1 Nr. 7 ZPO)

39 Die Vorschrift entspricht dem § 19 Abs. 1 HausratsVO, der weggefallen ist (Art. 11 Nr. 3 Buchst. k des 1. EheRG). Eine Überschneidung mit § 620 Satz 1 Nr. 5 und Nr. 8 sowie mit § 18 a HausratsVO, § 1361 a BGB ist möglich.

Erforderlich ist ein Rechtsschutzbedürfnis. Der Ehegatte, der den Anspruch erhebt, muß die Wohnung oder den Hausrat tatsächlich benötigen (*KG* NJW 1959, 1330).

Die Herausgabe der Wohnung oder des Hausrats im Klagewege kann nicht begehrt werden (*BGH* JZ 1977, 64; *OLG Nürnberg* BayJMBl. 1954, 122; *Erman-Ronke* § 19, 5 HausratsVO 5). Denn § 1 Abs. 2 HausratsVO beschränkt – auch in der Fassung des 1. EheRG – die Geltendmachung von Ansprüchen auf Benutzung der Wohnung oder des Hausrats im Zusammenhang mit der Scheidung auf das Verfahren nach der HausratsVO. Kann aber eine endgültige Regelung nur von dem Familiengericht (§ 11 Abs. 1, 2 HausratsVO) nach den Regeln der HausratsVO getroffen werden, ist für eine Rechtsverfolgung im ordentlichen Rechtsstreit kein Raum. Das dürfte auch gelten, wenn ein Ehegatte die Rückgabe von Sachen wegen verbotener Eigenmacht verlangt. Das Familiengericht kann den Schutzgedanken des § 861 bei der Entscheidung nach § 620 Satz 1 Nr. 7 ZPO berücksichtigen (*Erman-Ronke* § 19, 5 HausratsVO; *Soergel-Donau* § 18 a, 6 HausratsVO; a. A.: *AG Witten* MDR 1962, 53; *Staudinger-Hübner* § 1361 a, 19). § 620 Satz 1 Nr. 7 ZPO setzt nicht voraus, daß die Familiensache nach § 621 Abs. 1 Nr. 7 ZPO (Regelung der Rechtsverhältnisse nach der HausratsVO) »anhängig« ist.

40 Die Anwendung der §§ 18 a HausratsVO, 1361 a (Hausratsverteilung bei Getrenntleben der Ehegatten) wird nicht dadurch ausgeschlossen, daß der Ehegatte die Möglichkeit hat, ein Verfahren nach § 620 S. 1 Nr. 7 ZPO zu betreiben; er kann zwischen beiden Verfahrensarten wählen (h. M.: *BayObLG* FamRZ 1968, 319; *OLG Hamm* FamRZ 1968, 648; *LG Essen* NJW 1959, 2213; *Erman-Ronke* § 19, 9 HausratsVO; *Soergel-Lange* § 1361 a, 14; a. A. *Soergel-Donau* § 18 a, 5 HausratsVO, der ein Rechtsschutzbedürfnis für ein Verfahren nach §§ 18 a HausratsVO, 1361 a verneint). Der Umstand, daß die Entscheidung nach §§ 18 a HausratsVO, 1361 a nicht über den Zeitpunkt der Scheidung wirkt (*Erman-Ronke* § 19, 10 HausratsVO; *RGRK* § 19, 16 HausratsVO) ist nicht ausschlaggebend.

Die Konkurrenz der Verfahren hat weitgehend an Bedeutung verloren, da in der Regel dasselbe Familiengericht zuständig sein wird.

4.7.1 Benutzung der Ehewohnung

41 Der Begriff der Ehewohnung ist derselbe wie in § 1 HausratsVO. Darunter fallen Räume jeder Art, in denen die Ehegatten wohnen, gewohnt haben oder bestimmungsgemäß wohnen sollten (*BayObLG* FamRZ 1971, 34). Auch provisorische Behausungen wie Baracken, Lauben und Wohnwagen gehören dazu. Es ist nicht erforderlich, daß es sich um eine abgeschlossene Wohnung handelt; auch möblierte Zimmer werden von § 620 Satz 1 Nr. 7 erfaßt. Unerheblich ist schließlich auch, welcher der Ehegatten Mieter der Wohnung ist (*BayObLG* 1956, 153). Nebenräume und Zubehör (Keller, Dachboden, Hausgarten usw.) gehören zur Wohnung (*OLG Hamburg* MDR 1948, 477; *OLG Celle* JR 1949, 451; *BayObLG* FamRZ 1971, 34). Eine Tauschwohnung, die ein Ehegatte in der Absicht beschafft hat, sie nicht mit dem anderen Ehe-

gatten zusammen zu beziehen, ist als Ehewohnung zu behandeln, wenn der Ehegatte damit die ursprüngliche Ehewohnung dolos der Auseinandersetzung nach der HausratsVO hat entziehen wollen (str. *Hoffmann-Stephan* § 1, 24 HausratsVO; a. A.: *Erman-Ronke* § 1, 13 HausratsVO; *Soergel-Donau* § 1, 6 HausratsVO).

42 Von den Maßnahmen nach § 620 Satz 1 Nr. 7 ZPO kommt in erster Linie eine Aufteilung der ehelichen Wohnung in Betracht.

Die Regelung muß so konkret gefaßt sein, daß eine Vollstrekkung möglich ist. Das Gericht kann auch eine gemeinsame Benutzung der Wohnung anordnen und die Art und Weise (z. B. Benutzungsdauer und Benutzungszeiten) bestimmen. Nach § 620 Nr. 7 ZPO dürfte auch eine vorläufige Regelung zulässig sein, wie der Mietzins im Innenverhältnis der Ehegatten aufzuteilen ist.

43 Die endgültige Zuweisung der Wohnung an einen Ehegatten ist in aller Regel mit dem vorläufigen Charakter der einstweiligen Anordnung nach § 620 Satz 1 Nr. 7 ZPO unvereinbar. Nur als äußerste Maßnahme bei Vorliegen außergewöhnlicher Umstände kann sie in Betracht gezogen werden, z. B. bei unmittelbarer ernstlicher Bedrohung des Lebens oder der Gesundheit des anderen Ehegatten oder der Kinder bei weiterem Verbleib des störenden Ehegatten (*OLG Düsseldorf* FamRZ 1968, 88; *OLG Nürnberg* FamRZ 1969, 100; *OLG Celle* FamRZ 1969, 101; *KG* FamRZ 1969, 650; 1972, 39). Auch in diesen Fällen hat das Gericht die »Zuweisung« auf die faktische Benutzung der Wohnung zu beschränken; eine Regelung der *Rechtsverhältnisse* an der Wohnung wäre mit § 620 S. 1 Nr. 7 ZPO unvereinbar (vgl. *OLG Köln* ZMR 1961, 26; *LG Köln* MDR 1961, 1017). Eine Regelung der Rechtsverhältnisse an der Wohnung würde im übrigen voraussetzen, daß bei gemieteten Räumen der Vermieter die Rechtsstellung eines Beteiligten hätte. Dafür ist im Verfahren nach § 620 Satz 1 Nr. 7 ZPO kein Raum (*Erman-Ronke* § 19, 14 HausratsVO). Die Entscheidung wirkt nur zwischen den Eheleuten. Unzulässig ist deshalb auch die Zuweisung eines Teils der Wohnung zu Tauschzwecken (*Hoffmann-Stephan* § 19, 13 HausratsVO). Ist ein Ehegatte aus der ehelichen Wohnung ausgezogen, kann die Benutzung auch in der Weise geregelt werden, daß ihm das Betreten der Wohnung untersagt wird; Voraussetzung ist, daß Anhaltspunkte für eine Rückkehr bestehen und die Mitbenutzung der Wohnung nach den dargelegten Grundsätzen dem anderen Ehegatten nicht zuzumuten ist (*OLG Celle* MDR 1961, 421). Verwehrt ein Ehegatte dem anderen Ehegatten ohne Grund die Mitbenutzung der Wohnung, kann das Gericht nach § 620 Satz 1 Nr. 7 ZPO anordnen, daß der Ehegatte dem anderen das Betreten der Wohnung und die Mitbenutzung zu gestatten hat (*LG Freiburg* NJW 1958, 68).

44 Durch einstweilige Anordnung nach § 620 Satz 1 Nr. 7 ZPO können sonstige Beziehungen der Ehegatten untereinander nicht geregelt werden (§ 1353), auch wenn ein Zusammenhang mit der Benutzung der Wohnung gegeben ist. Das gilt insbesondere auch

für persönliche Mitwirkungsrechte nach §§ 1356, 1360 (*OLG Celle* NdsRpfl. 1951, 203; *OLG Braunschweig* NdsRpfl. 1957, 152). Zur Frage der Zwangsvollstreckung einer einstweiligen Anordnung nach § 620 Satz 1 Nr. 7 vgl. Rdnr. 53 ff.

4.7.2 Benutzung des Hausrats

45 Der Begriff Hausrat ist weit auszulegen; er entspricht im wesentlichen den »zum Haushalt gehörenden Gegenständen« in § 1932 (*Kuhnt* AcP 150, 130, 132). Die zum persönlichen Gebrauch eines Ehegatten bestimmten Sachen gehören nicht dazu; insoweit gilt die besondere Regelung in § 620 Satz 1 Nr. 8 ZPO. Die Unterscheidung (vgl. *BayObLG* 1952, 279) ist für den Anwendungsbereich des § 620 ZPO theoretischer Natur. Als Hausrat sind anzusehen alle beweglichen Gegenstände, die für die Wohnung, den Haushalt, die Wirtschaftsführung, generell zur Aufrechterhaltung der Funktionsfähigkeit der Familie bestimmt sind (*Kuhnt* AcP 150, 130). Gegenstände, die den Lebensverhältnissen der Eheleute nicht entsprechen oder Luxusgüter werden in der Regel nicht in Betracht kommen, da insoweit im allgemeinen kein dringendes Bedürfnis für eine einstweilige Regelung bestehen wird (*KG* NJW 1959, 1330). Hausrat sind daher in erster Linie die Möbel, Haushaltsgeräte aller Art, Geschirr, Radio, Fernsehen (*OLG Düsseldorf* MDR 1960, 850; a. A.: *OLG Celle* NJW 1959, 2125), aber auch Haushaltsvorräte, Heizmaterial und unter Umständen auch Haustiere (a. A.: *RGRK* § 1, 16 HausratsVO). Ein Kraftwagen kann zum Hausrat gerechnet werden (*OLG Zweibrücken* FamRZ 1969, 100; *OLG Karlsruhe* FamRZ 1976, 93; a. A.: *AG Bremen* FamRZ 1964, 370), ebenso das Benutzungsrecht am Telefon (str.: *OLG Karlsruhe* FamRZ 1967, 45; *OLG Hamburg* MDR 1967, 495; *KG* FamRZ 1971, 651; a. A. noch *KG* FamRZ 1958, 135, das auf den Weg der einstweiligen Verfügung gemäß § 940 ZPO verweist).

46 Rechte, die sich auf den Hausrat beziehen, z. B. Ersatzansprüche (vgl. Rdnr. 15 zu § 1 HausratsVO) können im Verfahren nach § 620 Satz 1 Nr. 7 ZPO nur ausnahmsweise geregelt werden. Voraussetzung ist, daß ihre Realisierung nicht die endgültige Regelung präjudiziert, der Ehegatte den zu verschaffenden Gegenstand dringend braucht und keine andere Möglichkeit besteht, Abhilfe zu schaffen.

47 Die Regelung kann in der Weise erfolgen, daß dem Ehegatten aufgegeben wird, den Gegenstand herauszugeben oder zurückzuschaffen (*OLG Nürnberg* FamRZ 1959, 169; *OLG Düsseldorf* NJW 1962, 1402) oder ihm verboten wird, die Sache wegzunehmen oder sie zu benutzen. Einstweilige Anordnungen, die darauf abstellen, die Rechtsposition einer Partei an dem Gegenstand zu verändern oder zu sichern (z. B. Eigentumsübertragung oder Veräußerungsverbote) sind unzulässig. Dazu bedarf es einer einstweiligen Verfügung nach § 940 ZPO (*KG* JR 1950, 281; *OLG Nürnberg* FamRZ 1959, 169; *OLG München* FamRZ 1969, 92; Wohngrundstück). Andererseits kommt es beim Erlaß der einst-

weiligen Anordnung nach § 620 Satz 1 Nr. 7 ZPO auf die Eigentumsverhältnisse an dem Hausrat nicht an (*OLG Köln* MDR 1958, 851). Doch wird das Gericht eine Regelung zu vermeiden haben, die eine spätere endgültige Auseinandersetzung (vgl. §§ 8, 9 HausratsVO) erschweren würde.

4.8 Regelung der Herausgabe oder Benutzung der zum persönlichen Gebrauch eines Ehegatten oder eines Kindes bestimmten Sachen (§ 620 Satz 1 Nr. 8 ZPO)

48 Im bisher geltenden Recht war eine entsprechende Bestimmung nicht vorgesehen. Rechtsprechung und Rechtslehre haben, wenn auch zögernd, § 19 HausratsVO oder § 627 ZPO a. F. entsprechend angewandt (vgl. Überblick bei *Stein-Jonas-Schlosser* § 627 III 6), mitunter wurde nur eine Regelung im Wege der einstweiligen Verfügung nach § 940 ZPO für zulässig erachtet (*Baumbach-Albers* § 627, 1 ZPO).

Zum persönlichen Gebrauch bestimmte Sachen (vgl. § 1362) können in erster Linie Kleidungsstücke, Wäsche (*OLG Stuttgart* NJW 1954, 1895; *KG* FamRZ 1958, 135) aber auch Schmuck (*OLG Düsseldorf* NJW 1967, 453) oder Musikinstrumente (vgl. *BayObLG* 1952, 279) sein. Ein Kraftwagen kann ebenfalls Gegenstand einer einstweiligen Regelung sein, wenn er dem persönlichen Gebrauch eines Ehegatten dient (*OLG Zweibrücken* FamRZ 1969, 100; vgl. auch *OLG Karlsruhe* FamRZ 1976, 93).
Es wird nicht vorausgesetzt, daß die Sachen dem Ehegatten gehören, der die Herausgabe begehrt. Durch die Regelung nach § 620 S. 1 Nr. 8 ZPO werden die Eigentumsverhältnisse an den Sachen nicht berührt (vgl. auch Rdnr. 7 zu § 1361 a).
Die einstweilige Anordnung gilt nur im Verhältnis der Ehegatten zueinander. Das ist auch der Fall, soweit es sich um Sachen des Kindes handelt. Das Kind wird aus dem Beschluß nicht berechtigt und nicht verpflichtet. Es wird nicht vorausgesetzt, daß dem Ehegatten, der das Verfahren zugunsten des Kindes betreibt, das Sorgerecht übertragen worden ist. Es genügt, wenn er das Kind in seiner Obhut hat, und die Sachen benötigt werden.
Im übrigen gelten für die Herausgabe oder Benutzung der zum persönlichen Gebrauch eines Ehegatten oder eines Kindes bestimmte Sachen dieselben Grundsätze wie für die Regelung der Benutzung der Ehewohnung und des Hausrats.

4.9 Regelung der Verpflichtung zur Leistung eines Prozeßkostenvorschusses (§ 620 Satz 1 Nr. 9 ZPO)

49 Die Vorschrift ist im Laufe des Gesetzgebungsverfahrens eingefügt worden (BT 7/4361); sie entspricht dem bisher geltenden Recht (§ 627 Abs. 1 ZPO). Der RegE hatte generell eine Prozeßkostenvorschußpflicht für Rechtsstreitigkeiten, die persönliche Angelegenheiten betreffen, ausgeschlossen (§ 1360 a Abs. 4 i. d. F. des RegE) und folgerichtig auch eine einstweilige Regelung des Prozeßkostenvorschusses in Ehesachen nicht vorgesehen (dazu vgl. *Amtl. Begr.* S. 100, 199).

50 Die Regelung gilt nur für Ehesachen (str. *OLG Frankfurt* NJW 1962, 2015; a. A.: *OLG Frankfurt* FamRZ 1961, 531), aber für diese ohne Einschränkung, also auch für das Verfahren der einstweiligen Anordnung selbt (*KG* JR 1951, 156; *OLG Düsseldorf* weiligen Anordnung selbst (*KG* JR 1951, 156; *OLG Düsseldorf* NJW 1956, 1804; NJW 1976, 1851; *Pastor* FamRZ 1958, 298). Materielle Rechtsgrundlage ist § 1360 Abs. 4 (h. M. vgl. *Deubner* NJW 1968, 924; a. A.: *Wilts* NJW 1967, 428, der zu Unrecht die Rechtsgrundlage in § 627 ZPO a. F. sieht) mit der sich aus dem Charakter der einstweiligen Anordnung in bezug auf den Nachweis der Voraussetzungen ergebenden Einschränkung. Gleichgültig ist es, in welchem Güterstand die Eheleute leben, da die Anwendung des § 1360 a Abs. 4 nicht von einem bestimmten Güterstand der Eheleute abhängig ist. Ist ausländisches Recht maßgebend (vgl. *Goerke* FamRZ 1974, 57), ist es anzuwenden, es sei denn, daß seine Feststellung Schwierigkeiten bereitet und dies zu einer ungebührlichen Verzögerung führen würde (h. M. *OLG Düsseldorf* OLGZ 1969, 457; *OLG Hamm* NJW 1971, 2137; *Wuppermann* NJW 1970, 2144; a. A. *OLG Köln* MDR 1973, 674, das stets deutsches Recht anwenden will).

51 Die Verpflichtung zur Leistung des Prozeßkostenvorschusses muß der Billigkeit entsprechen (§ 1360 Abs. 4). Daran fehlt es, wenn die Rechtsverfolgung offensichtlich aussichtslos ist; doch ist bei der Prognose in dem summarischen Verfahren nach § 620 Satz 1 Nr. 9 ZPO äußerste Vorsicht geboten (*OLG Düsseldorf* NJW 1957, 1768; zu weitgehend: *Pastor* FamRZ 1958, 298 der hinreichende Aussicht auf Erfolg verlangt). Der den Vorschuß begehrende Teil muß bedürftig, der andere leistungsfähig sein (*KG* JW 1933, 182; *OLG Frankfurt* FamRZ 1959, 63).

52 In der Regel ist der Prozeßkostenvorschuß nur für eine Instanz zu bewilligen. Ist die Instanz abgeschlossen, ist ein Vorschußantrag gegenstandslos; für die Fortsetzung des Verfahrens nach § 620 Nr. 9 ZPO fehlt ein Rechtsschutzbedürfnis (*LG Freiburg* FamRZ 1955, 175, das eine Anordnung bereits nach letzter mündlicher Verhandlung für unzulässig hält). Für die Höhe sind Erfahrungswerte unter Berücksichtigung des Streitwertes und der anfallenden Gebühren zugrunde zu legen. Möglich ist die Bewilligung eines Vorschusses für einen Teil der Kosten, wenn der Ehegatte den Rest selbst aufbringen kann oder der andere Ehegatte nur einen Teil aufzubringen vermag (im übrigen ist Armenrecht zu beantragen). Die Bewilligung eines Vorschusses auf Raten kommt in Betracht, wenn dadurch eine ordnungsgemäße Prozeßführung nicht ausgeschlossen wird (str. *OLG Kassel* JR 1950, 280; *OLG Nürnberg* NJW 1953, 309). Im übrigen vgl. die Ausführungen zu § 1360 Abs. 4.

Die Prozeßkostenvorschußpflicht für Verfahren in anderen Familiensachen ist nach § 621 f ZPO zu beurteilen.

53 Einstweilige Anordnungen sind Vollstreckungstitel nach § 794 Abs. 1 Nr. 3 ZPO, soweit sie vollstreckungsfähigen Inhalt haben, z. B. Verpflichtungen zur Zahlung von Unterhalt. Eine Vollstrekkungsklausel ist notwendig. § 929 ZPO ist nicht anwendbar (allg. M. *Stein-Jonas-Schlosser* § 620 a, 10). Für die Zwangsvollstreckung gelten die allgemeinen Vorschriften.

Die Art und Weise der Zwangsvollstreckung richtet sich nach dem Inhalt des Titels. Bei Unterhaltsansprüchen ist das Vollstreckungsprivileg des § 850 d ZPO zu beachten. Die angeordnete Duldung oder Unterlassung von Handlungen kann nach § 890 ZPO erzwungen werden (*LG Freiburg* NJW 1958, 68), die Herausgabe von Sachen richtet sich nach § 883 ZPO.

54 Die Einstellung der Zwangsvollstreckung während der Anhängigkeit der Ehesache kann das Gericht nach §§ 620 b Abs. 1, 620 e ZPO anordnen, und zwar auch in der Rechtsmittelinstanz. Nach rechtskräftiger Auflösung der Ehe kann die Zwangsvollstreckung aus der einstweiligen Anordnung eingestellt werden, wenn ein Verfahren zur »anderweitigen Regelung« (§ 620 f ZPO) anhängig ist, oder die Vollstreckungsgegenklage erhoben ist. Die Einstellung der Zwangsvollstreckung richtet sich dann nach den für die jeweilige Verfahrensart geltenden Vorschriften.

§ 620 a

(1) Der Beschluß kann ohne mündliche Verhandlung ergehen.

(2) Der Antrag ist zulässig, sobald die Ehesache anhängig oder ein Gesuch um Bewilligung des Armenrechts eingereicht ist. Der Antrag kann zu Protokoll der Geschäftsstelle erklärt werden. Der Antragsteller soll die Voraussetzungen für die Anordnung glaubhaft machen.

(3) Vor einer Anordnung nach § 620 Satz 1 Nr. 1, 2 oder 3 soll das Jugendamt angehört werden; ist dies wegen der besonderen Eilbedürftigkeit nicht möglich, so soll das Jugendamt unverzüglich nach der Anordnung gehört werden. § 1695 Abs. 2 des Bürgerlichen Gesetzbuchs gilt entsprechend.

(4) Zuständig ist das Gericht des ersten Rechtszuges, wenn die Ehesache in der Berufungsinstanz schwebt, das Berufungsgericht.

Überblick Rdnr.

1 Beschlußverfahren (§ 620 a Abs. 1 ZPO)

1 § 620 a ZPO regelt die Zuständigkeit und das Verfahren der einstweiligen Anordnung. Absatz 1 entspricht dem bisher geltenden § 627 Abs. 3 Satz 3 ZPO. Die mündliche Verhandlung ist nicht obligatorisch, aber häufig zweckmäßig. Der Anspruch auf rechtliches Gehör (Art. 103 Abs. 1 GG) bleibt unberührt. Die Entscheidung ergeht durch Beschluß; Verkündung und Zustellung richten sich nach § 329 ZPO. Die Beschlußformel muß so klar sein, daß eine Vollstreckung möglich ist. Für eine Kostenentscheidung im Beschluß ist im allgemeinen kein Raum (vgl. § 620 g ZPO).

2 Antrag (§ 620 a Abs. 2 ZPO)

2 Einstweilige Anordnungen werden grundsätzlich nur auf Antrag erlassen; von Amts wegen kann das Gericht nur im Fall des § 620 Satz 1 Nr. 1 ZPO (elterliche Sorge) tätig werden (vgl. auch § 620 b Abs. 1 ZPO). Der Antrag ist zulässig, sobald die Ehesache anhängig oder (durch das 1. EheRG neu eingeführt) das Armenrecht beantragt ist. Nach bisher geltendem Recht (§ 627 Abs. 2 ZPO) war die Bestimmung eines Termins zum Sühneversuch maßgebend. Wird das Armenrechtsgesuch zurückgewiesen, ist der Antrag nach § 620 a ZPO unzulässig. Der Antrag ist Prozeßhandlung; er kann schriftlich oder zu Protokoll der Geschäftsstelle erklärt werden, Anwaltszwang besteht nicht (§§ 620 a Abs. 2 Satz 2, 78 Abs. 2 ZPO). Die für den Erlaß der einstweiligen Anordnung notwendigen Tatsachen sollen glaubhaft gemacht werden (§§ 620 a Abs. 2 Satz 3, 294 ZPO). Reichen die Angaben nicht aus, empfiehlt es sich, mündliche Verhandlung anzuordnen. Das Gericht kann auch Beweis erheben (*Stein-Jonas-Schlosser* § 620 a, 7). Die Parteien können über den Streitgegenstand einen Vergleich schließen; auch insoweit besteht kein Anwaltszwang. Zur vergleichsweisen Regelung nicht streitbefangener Familiensachen vgl. Rdnr. 38 ff. zu § 1585 c).

3 Anhörung des Jugendamtes (§ 620 a Abs. 3 ZPO)

3 In kindschaftsrechtlichen Angelegenheiten (§ 620 Satz 1 Nrn. 1, 2 und 3 ZPO) soll vor der Entscheidung das Jugendamt gehört werden (vgl. auch § 48 a Abs. 1 Nrn. 3, 4 und 6 JWG). Ist das wegen der besonderen Eilbedürftigkeit unterblieben, muß die Anhörung unverzüglich nachgeholt werden. Ergeben sich auf Grund der Anhörung neue Erkenntnisse, kann das Gericht die einstweilige Anordnung auch in den Fällen des § 620 Satz 1 Nrn. 2 und 3 ZPO von Amts wegen aufheben oder ändern (§ 620 b Abs. 1 ZPO). Die Anhörung des Kindes richtet sich nach § 1695 Abs. 2.

4 Die Zuständigkeitsregelung entspricht dem bisher geltenden Recht (§ 627 Abs. 3 Satz 4 ZPO). Eine Zuständigkeit der Revisionsinstanz ist nicht vorgesehen; ergibt sich zum Zeitpunkt der Anhängigkeit der Ehesache in der Revisionsinstanz ein Bedürfnis für eine einstweilige Anordnung, hat das Gericht des ersten Rechtszuges zu entscheiden. Die Zuständigkeit einer Instanz bleibt bis zur Rechtskraft der Entscheidung oder der Einlegung eines Rechtsmittels erhalten (*RG* HRR 1930, 452; *OLG Naumburg* HRR 40, 801; *Stein-Jonas-Schlosser* § 620, 6: bis zum Eingang der Berufungsbegründung).
Die örtliche Zuständigkeit folgt der örtlichen Zuständigkeit der Ehesache.

§ 620 b

(1) Das Gericht kann auf Antrag den Beschluß aufheben oder ändern. Das Gericht kann von Amts wegen entscheiden, wenn die Anordnung die elterliche Gewalt über ein gemeinschaftliches Kind betrifft oder wenn eine Anordnung nach § 620 Satz 1 Nr. 2 oder 3 ohne vorherige Anhörung des Jugendamts erlassen worden ist.

(2) Ist der Beschluß oder die Entscheidung nach Absatz 1 ohne mündliche Verhandlung ergangen, so ist auf Antrag auf Grund mündlicher Verhandlung erneut zu beschließen.

(3) Schwebt die Ehesache in der Berufungsinstanz, so ist das Berufungsgericht auch zuständig, wenn das Gericht des ersten Rechtszuges die Anordnung oder die Entscheidung nach Absatz 1 erlassen hat.

Überblick Rdnr.

1 Abänderungsverfahren

1 Das bisher geltende Recht enthält keine ausdrückliche Regelung, doch wurde die Zulässigkeit einer Abänderung einstweiliger Anordnung allgemein bejaht (*OLG Düsseldorf* FamRZ 1964, 309; *OLG Celle* FamRZ 1964, 573). Für das Abänderungsverfahren gelten die für das erste Verfahren maßgebenden Regeln. Der Antrag ist schriftlich oder zu Protokoll der Geschäftsstelle zu stellen; es besteht kein Anwaltszwang (vgl. § 620 a Abs. 2 ZPO); er bedarf einer Begründung (§ 620 d ZPO). Die Voraussetzungen für

die Abänderung sollen glaubhaft gemacht werden. Die Befugnis des Gerichts, von Amts wegen zu entscheiden, ist um die Fälle erweitert, in denen eine kindschaftsrechtliche Sache nach § 620 Satz 1 Nrn. 2 und 3 ZPO ohne Anhörung des Jugendamtes entschieden worden ist.

2 § 620 b Abs. 1 ZPO macht die Abänderbarkeit nicht ausdrücklich von bestimmten Voraussetzungen abhängig. Für das bisher geltende Recht wurde angenommen, daß eine Abänderung auch zulässig ist, wenn sich die zugrundeliegenden Umstände nicht geändert haben. Es wurde für ausreichend erachtet, daß diese Umstände der Partei ohne ihr Verschulden erst nachträglich bekannt geworden sind (*OLG Nürnberg* NJW 1956, 148; FamRZ 1973, 96; *OLG Schleswig* FamRZ 1957, 219; *Baumbach-Albers* § 627, 10 E; *Thomas-Putzo* § 627, 6 b; a. A.: *OLG Celle* MDR 1964, 768); folgerichtig konnten solche Abänderungsentscheidungen mit rückwirkender Kraft erlassen werden. Die *Amtl. Begr.* (S. 201) geht davon aus, daß dies auch für das neue Recht anzunehmen ist.

3 Diese Auffassung ist zumindest für einstweilige Anordnungen, die nach vorausgegangener mündlicher Verhandlung (abweichend vom bisher geltenden Recht) mit der *sofortigen* Beschwerde anfechtbar sind (§ 620 c ZPO) problematisch (a. A. *Stein-Jonas-Schlosser* § 620 b, 2).

Ist eine Entscheidung mit der *sofortigen* Beschwerde anfechtbar, ist das Gericht zur Änderung seiner der Beschwerde unterliegenden Entscheidung nicht befugt (§ 577 Abs. 3 ZPO). Das wäre aber die Folge, wenn das Gericht seine Entscheidung korrigieren könnte, ohne daß sich die Verhältnisse geändert haben. Ist die Entscheidung rechtskräftig geworden, würde die Abänderung auf der Grundlage alter Tatsachen die – formelle – Rechtskraft des Beschlusses unterlaufen.

Soweit einstweilige Anordnungen nach § 620 c ZPO unanfechtbar sind, würde es der Tendenz der Regelung widersprechen, wenn eine Partei das Verfahren erneut aufrollen könnte, ohne daß eine Veränderung der Verhältnisse eingetreten ist. Auch insoweit spricht alles dafür, ein Abänderungsverfahren nur auf Grund neuer Tatsachen zuzulassen.

4 Eine Abänderung nach § 620 b ZPO kommt schließlich nicht in Betracht, wenn sie auf eine Abänderung einer Entscheidung des Beschwerdegerichts in derselben Sache hinausliefe (*OLG Düsseldorf* FamRZ 1964, 309; *OLG Frankfurt* MDR 1973, 1027).

5 Eine großzügigere Betrachtungsweise entsprechend der Praxis zum bisher geltenden Recht ist vertretbar, wenn die einstweilige Anordnung *ohne mündliche Verhandlung* ergangen ist. Die Parteien haben dann die Möglichkeit, eine Überprüfung der Entscheidung auf Grund einer mündlichen Verhandlung zu erzwingen (§ 620 b Abs. 2 ZPO). Es liegt nahe, daneben das Abänderungsverfahren nach Absatz 1 ohne Beschränkung auf neue Tatsachen zuzulassen. Zurückhaltung ist aber geboten, wenn eine Abänderung mit rückwirkender Kraft begehrt wird. Daß die Rückwirkung nicht über

den Zeitpunkt des Eingangs des ersten Antrags hinausgehen darf (*OLG Schleswig* FamRZ 1957, 219) ist selbstverständlich. Im übrigen kommt sie nur in Betracht, wenn dadurch nicht in entstandene Rechtspositionen eingegriffen wird, z. B. dürfte eine rückwirkende Regelung der gesetzlichen Vertretung des Kindes im Rahmen des § 620 Satz 1 Nr. 1 ZPO nicht zulässig sein, auch eine rückwirkende Veränderung der unterhaltsrechtlichen Beziehungen sollte unterbleiben, es sei denn, daß Gesichtspunkte des Vertrauensschutzes ausscheiden (vgl. *OLG Nürnberg* FamRZ 1973, 96).

2 Verhältnis zu anderen Verfahren

6 Soweit die Abänderung einer einstweiligen Anordnung nach § 620 b Abs. 1 ZPO zulässig ist, fehlt es für die aufwendigeren Verfahren nach § 323 ZPO (*OLG Hamburg* MDR 1957, 426; *LG Wuppertal* NJW 1967, 2271 m. w. N.) und § 767 ZPO am Rechtsschutzbedürfnis. Eine Abänderung nach § 620 b Abs. 1 ZPO kommt im allgemeinen nicht mehr in Betracht, wenn die Entscheidung in der Ehesache rechtskräftig geworden ist. Denn sie setzt, wie die einstweilige Anordnung selbst, die Anhängigkeit der Ehesache voraus. In Ausnahmefällen wird die Fortsetzung des Verfahrens der einstweiligen Anordnung auch nach Rechtskraft der Entscheidung in der Ehesache zugelassen, so zur Fortsetzung des Beschwerdeverfahrens, wenn es um Unterhaltsrückstände aus der Zeit vor der Rechtskraft geht, oder wenn die einstweilige Anordnung erst nach Rechtskraft ergangen oder bekanntgeworden ist (*OLG Neustadt* DRZ 1950, 134; *OLG Düsseldorf* NJW 1958, 1976; MDR 1960, 768; *OLG Celle* FamRZ 1960, 163; *OLG Köln* FamRZ 1964, 48; NJW 1967, 575; *OLG Karlsruhe* FamRZ 1967, 574). Liegen die Ausnahmefälle nicht vor, dann kann der aus der einstweiligen Anordnung in Anspruch genommene Ehegatte eine Abänderung des Titels oder eine Einstellung der Zwangsvollstreckung nach allgemeinen Vorschriften (§§ 323, 767 ZPO) erwirken (*BGH* 24, 269; *KG* FamRZ 1968, 35). Die Auffassung, daß auch insoweit eine vereinfachte Abänderung nach den Vorschriften über die einstweilige Anordnung zulässig ist (jedenfalls für den Verpflichteten aus der einstweiligen Anordnung, vgl. *OLG Düsseldorf* FamRZ 1972, 369; *LG Bonn* NJW 1967, 1474, vgl. auch *Donau* MDR 1958, 391), ist nicht überzeugend, da sie zu einer zeitlich nicht begrenzten Perpetuierung des Verfahrens der einstweiligen Anordnung führen würde. Maßnahmen zur Einstellung der Zwangsvollstreckung können, je nach zulässiger Verfahrensart, nach § 620 e ZPO oder nach § 769 ZPO (insoweit analog auch für das Verfahren nach § 323 ZPO) vorgenommen werden.

3 Zuständigkeit (§ 620 b Abs. 3 ZPO)

7 Zuständig für die Abänderung ist grundsätzlich das Gericht des ersten Rechtszuges und, wenn die Ehesache in der Berufungsinstanz anhängig ist, das Berufungsgericht (§ 620 b Abs. 3 ZPO).

Das Gericht erster Instanz ist auch zur Abänderung einer vom Berufungsgericht erlassenen einstweiligen Anordnung zuständig, wenn das Verfahren der Ehesache an das Gericht erster Instanz zurückverwiesen worden ist (vgl. *Stein-Jonas-Schlosser* § 620 b, 4).

Schwebt das Verfahren der Ehesache in der Revisionsinstanz, ist für die Abänderung – wie beim Erstverfahren der einstweiligen Anordnung – das Gericht des ersten Rechtszuges (vgl. Rdnr. 4 zu § 620 a) zuständig.

4 Obligatorische mündliche Verhandlung (§ 620 b Abs. 2 ZPO)

8 § 620 b Abs. 2 ZPO gibt den Parteien die Möglichkeit, eine mündliche Verhandlung und eine erneute Beschlußfassung zu erzwingen, wenn das Gericht ohne mündliche Verhandlung entschieden hat. Die Regelung gilt auch für eine Abänderungsentscheidung. Ohne Antrag einer Partei kann das Gericht eine mündliche Verhandlung in einer entschiedenen Sache nur unter den Voraussetzungen des § 620 b Abs. 1 Satz 2 ZPO anordnen.

§ 620 c

Hat das Gericht des ersten Rechtszuges auf Grund mündlicher Verhandlung die elterliche Gewalt über ein gemeinschaftliches Kind geregelt, die Herausgabe des Kindes an den anderen Elternteil angeordnet oder die Ehewohnung einem Ehegatten ganz zugewiesen, so findet die sofortige Beschwerde statt. Im übrigen sind die Entscheidungen nach den §§ 620, 620 b unanfechtbar.

1 Das Rechtsmittelverfahren weicht erheblich von der Regelung im bisher geltenden Recht ab. Nach § 627 Abs. 4 ZPO a. F. konnte die einstweilige Anordnung mit der Beschwerde angefochten werden. Das Gericht war befugt zur Prüfung, ob es abhelfen will, die mündliche Verhandlung anzuordnen. Die Beschwerde war bei dem Berufungsgericht einzulegen, wenn die Ehesache dort anhängig war.

2 § 620 c ZPO sieht eine differenzierte Rechtsmittelregelung vor. Die Anfechtbarkeit ist auf drei Fallgruppen von einstweiligen Anordnungen beschränkt:

a) Entscheidungen über die elterliche Gewalt über ein gemeinschaftliches Kind (§ 620 Satz 1 Nr. 1 ZPO);

b) Entscheidungen über die Herausgabe des Kindes an den anderen Elternteil (§ 620 Satz 1 Nr. 3 ZPO);

c) Entscheidungen nach § 620 Satz 1 Nr. 7 ZPO, wenn die *Ehewohnung* einem Ehegatten *ganz* zugewiesen wird; darunter ist die Alleinbenutzung zu verstehen, da eine Zuweisung im

Rechtssinne wegen des endgültigen Charakters der Maßnahme nicht zulässig ist (vgl. Rdnr. 18, 43 zu § 620 ZPO).

3 Nach dem Wortlaut des § 620 c ZPO könnte man annehmen, daß anfechtbar nur solche Entscheidungen sind, die eine positive Regelung zum Gegenstand haben (so *Stein-Jonas-Schlosser* § 620 c, 1). Die *Amtl. Begr.* S. 201 schweigt dazu, was auffallend ist, weil es sich um eine Abweichung vom bisher geltenden Recht handeln würde. Die Notwendigkeit von Rechtsmitteln in den genannten Fällen wird damit begründet, daß insoweit »leicht endgültige Verhältnisse geschaffen werden«. Das kann aber auch bei negativen Entscheidungen der Fall sein, wenn ein Ehegatte bereits alles hat, was eine einstweilige Anordnung ihm zubilligen könnte, und der andere Ehegatte diesen eingetretenen Zustand beendet wissen möchte. Wird er mit seinem Antrag abgewiesen, verbleibt dem Gegner der umfassende »Besitzstand«. Hat ein Ehegatte z. B. die eheliche Wohnung in Alleinbesitz genommen und wird der Antrag des anderen Ehegatten auf Allein- oder Mitbenutzung zurückgewiesen, kommt dies im Ergebnis einem Zustand gleich, wie ihn § 620 c ZPO als Voraussetzung für die Anfechtbarkeit vorsieht. Deshalb ist es erwägenswert, die sofortige Beschwerde bei negativen Entscheidungen zuzulassen, sofern die Wirkungen der Entscheidung im Ergebnis den Wirkungen einer positiven Entscheidung gleichkommen.

4 Diese Entscheidungen sind nur dann anfechtbar, wenn sie vom Gericht *des ersten Rechtszuges* erlassen worden sind; einstweilige Anordnungen des Rechtsmittelgerichts sind *unanfechtbar* (so auch das bisher geltende Recht, § 567 Abs. 3 ZPO). Erforderlich ist außerdem, daß das Gericht auf Grund mündlicher Verhandlung entschieden hat. Gleichgültig ist, ob das Gericht die mündliche Verhandlung von Amts wegen angeordnet hat, oder ob die mündliche Verhandlung nach § 620 b Abs. 2 ZPO »erzwungen« worden ist. Wegen der Gründe für die Einschränkung der Anfechtbarkeit vgl. *Amtl. Begr.* S. 201. Die Regelung gilt auch für Abänderungsentscheidungen nach § 620 b ZPO (vgl. § 620 c Satz 2 ZPO).

Alle übrigen Entscheidungen im Verfahren der einstweiligen Anordnung sind unanfechtbar, ohne Rücksicht darauf, ob es sich um ablehnende oder zusprechende Entscheidungen handelt. Das gilt auch für Abänderungsentscheidungen nach § 620 b ZPO, wenn sie einen Gegenstand betreffen, der im Katalog des § 620 c Satz 1 ZPO fehlt.

Die Entscheidungen sind auch dann unanfechtbar, wenn sie mit groben Mängeln behaftet sind, doch dürften die Grundsätze über die Anfechtbarkeit an sich unanfechtbarer Entscheidungen auch hier anwendbar sein (so Entscheidungen, die jeder gesetzlichen Grundlage entbehren, vgl. *Stein-Jonas-Grunsky* § 567 I, 4 ZPO).

5 Gegen die anfechtbaren Beschlüsse ist das Rechtsmittel der *sofortigen* Beschwerde gegeben (§ 577 ZPO). Die Frist für die Einlegung beträgt zwei Wochen. Das Gericht ist zu einer Änderung seiner

der Beschwerde unterliegenden Entscheidung nicht befugt (§ 577 Abs. 3 ZPO). Möglich ist aber ein Abänderungsverfahren nach § 620 b Abs. 1 Satz 1 ZPO, wenn sich die tatsächlichen Verhältnisse geändert haben. Das Beschwerdegericht kann die Vollziehung des angefochtenen Beschlusses aussetzen (§§ 572 Abs. 3, 620 e ZPO). Die Beschwerde unterliegt dem Anwaltszwang (vgl. § 569 Abs. 2, 624 Abs. 3 ZPO; *OLG Neustadt* NJW 1956, 675; *Stein-Jonas-Schlosser* § 620 c, 2).

§ 620 d

In den Fällen der §§ 620 b, 620 c sind die Anträge und die Beschwerde zu begründen; das Gericht entscheidet durch begründeten Beschluß.

Abweichend von den allgemeinen Vorschriften über die Beschwerde (§§ 567 ff. ZPO) sieht § 620 d ZPO vor, daß die Abänderungsbeschlüsse nach § 620 b Abs. 1 ZPO, die erneuten Beschlüsse auf Grund einer beantragten mündlichen Verhandlung (§ 620 b Abs. 2 ZPO), die Entscheidung des Rechtsmittelgerichts (§ 620 c ZPO) und die Anträge zu diesen Verfahren begründet werden müssen. Die Begründung des Antrags oder der sofortigen Beschwerde sind Zulässigkeitsvoraussetzungen; das Gericht hat der Partei Gelegenheit zu geben, den Mangel zu beheben. Die fehlende Begründung eines zu begründenden Beschlusses macht ihn fehlerhaft; er unterliegt der Aufhebung, soweit ein Rechtsmittel zugelassen ist.

Die Erstentscheidung und der Antrag hierzu bedürfen keiner Begründung (Gegenschluß aus § 620 d ZPO).

§ 620 e

Das Gericht kann in den Fällen der §§ 620 b, 620 c vor seiner Entscheidung die Vollziehung einer einstweiligen Anordnung aussetzen.

Die Regelung entspricht einem allgemeinen Grundsatz (vgl. § 572 Abs. 2, 3 ZPO). Ausgesetzt werden kann die Vollstreckung der einstweiligen Anordnung, wenn über eine Aufhebung oder Abänderung des Beschlusses nach § 620 b Abs. 1 ZPO zu entscheiden ist, eine erneute Entscheidung auf Grund beantragter mündlicher Verhandlung (§ 620 b Abs. 2 ZPO) getroffen werden muß, oder wenn die Sache beim Beschwerdegericht anhängig ist (§ 620 c ZPO). Das Gericht kann den Vollzug der Entscheidung ganz, teilweise oder gegen Sicherheitsleistung aussetzen. Die Entscheidung nach § 620 e ZPO ist nicht nach § 793 ZPO anfechtbar, da es keine Entscheidung in der Zwangsvollstreckung ist (*KG* NJW 1971, 473).

Eine Anfechtung nach § 567 ZPO oder § 620 c ZPO kommt ebenfalls grundsätzlich nicht in Betracht (vgl. *Stein-Jonas-Schlosser* § 620 e 2; *Thomas-Putzo* § 571, 2); soweit es sich um einen Beschluß des Oberlandesgerichts handelt, folgt das bereits aus § 567 Abs. 3 ZPO.

§ 620 f

Die einstweilige Anordnung tritt beim Wirksamwerden einer anderweitigen Regelung sowie dann außer Kraft, wenn der Scheidungsantrag oder die Klage zurückgenommen wird oder rechtskräftig abgewiesen ist oder wenn das Eheverfahren nach § 619 in der Hauptsache als erledigt anzusehen ist. Auf Antrag ist dies durch Beschluß auszusprechen. Gegen die Entscheidung findet die sofortige Beschwerde statt.

Überblick

1 Die Fortgeltung einstweiliger Anordnungen

1 Die Geltungsdauer einstweiliger Anordnungen ist abweichend vom bisher geltenden Recht geregelt. Nach § 627 a ZPO a. F. blieben einstweilige Anordnungen wegen der Sorge für die Person eines gemeinschaftlichen Kindes auch nach Auflösung der Ehe bis zur anderweitigen Entscheidung des Vormundschaftsgerichts in Kraft. Außerdem hatte das Gericht der Hauptsache auf Antrag nach § 627 b ZPO zusammen mit dem Urteil über die Auflösung der Ehe den Unterhalt des Ehegatten (str. ob auch Kindesunterhalt, vgl. *OLG Hamm* FamRZ 1975, 502 und *OLG Hamburg* FamRZ 1975, 503) für die Zeit nach der Auflösung einstweilen zu regeln. Alle anderen einstweiligen Anordnungen wurden mit Rechtskraft der Entscheidung in der Ehesache gegenstandslos.

2 § 620 f ZPO sieht vor, daß alle einstweiligen Anordnungen für die Zeit nach der Auflösung der Ehe in Kraft bleiben, bis eine anderweitige Regelung wirksam wird. Es ist nicht zu erwarten, daß die Vorschrift große Bedeutung gewinnt (zutreffend *Blomeyer* FamRZ 1972, 432). Sie erhält praktische Bedeutung, wenn eine Folgesache nicht zusammen mit der Ehesache geltend gemacht wird. In allen anderen Fällen wird im allgemeinen eine *anderweitige Regelung* bereits während des Verfahrens in der Hauptsache

für den Fall der Scheidung getroffen, da die in § 620 ZPO behandelten Gegenstände zugleich Folgesachen im Sinne von § 623 ZPO sind. Die anderweitige Regelung kann eine gerichtliche Entscheidung oder – soweit der Gegenstand der Parteidisposition unterliegt – ein zwischen den Parteien abgeschlossener Vertrag oder Vergleich sein (*Amtl. Begr.* S. 202). Eine Abänderungsentscheidung nach § 620 b Abs. 1 ZPO kann als »anderweitige Regelung« nach § 620 f ZPO schon deshalb nicht in Betracht kommen, weil sie selbst nur den Charakter einer einstweiligen Anordnung hat.

3 Die anderweitige Regelung kann vor oder nach Rechtskraft der Entscheidung in der Ehesache in Betracht kommen; vor der Rechtskraft allerdings nur, soweit ein anderweitiges Verfahren zulässig ist (Rechtsschutzbedürfnis, vgl. Rdnr. 8 ff. zu § 620 ZPO). Die anderweitige Regelung nach § 620 f ist je nach geregeltem Gegenstand verschieden. Für die kindschaftsrechtlichen Anordnungen nach § 620 Satz 1 Nrn. 1 bis 3 ZPO kommen Regelungen nach §§ 1671, 1672, 1634, 1632 BGB in Betracht, unter Umständen auch eine Pflegerbestellung auf der Grundlage des § 1666 BGB. Die Unterhaltsregelung für die geschiedenen Ehegatten und für die Kinder muß erforderlichenfalls im Klagewege durchgesetzt werden. Das ist ohne weiteres möglich, da die einstweilige Anordnung – auch soweit sie Unterhaltsfragen regelt – keine materielle Rechtskraft hat. Dasselbe gilt für die Ansprüche wegen der in § 620 Satz 1 Nrn. 7, 8 bezeichneten Gegenstände, soweit sie nicht nach der HausratsVO zu regeln sind. Die Anordnung des Getrenntlebens der Ehegatten (§ 620 Satz 1 Nr. 5 ZPO) wird mit der Scheidung gegenstandslos; für eine anderweitige Regelung der Verpflichtung, einen Prozeßkostenvorschuß zu zahlen, ist nach Abschluß des Eheverfahrens ebenfalls kein Raum; eine anderweitige Regelung vor diesem Zeitpunkt kommt nicht in Betracht, weil es an dem erforderlichen Rechtsschutzbedürfnis fehlt. Keine anderweitige Regelung im Sinne von § 620 f ZPO ist die Entscheidung auf Grund einer Vollstreckungsgegenklage nach § 767 ZPO, mit der die Vollstreckbarkeit der einstweiligen Anordnung beseitigt wird.

4 Was unter *Wirksamwerden* der anderen Regelung zu verstehen ist, ist zweifelhaft. Doch dürfte eine Regelung genügen, die zumindest vergleichbare Wirkungen äußert wie die einstweilige Anordnung. Bei Entscheidungen, die einen vollstreckbaren Inhalt haben, wird man voraussetzen müssen, daß die spätere Regelung (zumindest vorläufig) vollstreckbar ist, da sonst eine Unterbrechung im Vollzugszwang eintreten würde; das soll durch die Regelung über die Fortgeltung einstweiliger Anordnungen nach § 620 f ZPO garade vermieden werden. Es ist nicht notwendig, daß die Entscheidung bereits rechtskräftig ist (*Brüggemann* FamRZ 1977, 1; a. A. *Stein-Jonas-Schlosser* § 620 f, 2, der unter Hinweis auf § 641 e ZPO eine endgültige Vollstreckbarkeit fordert; die Auffassung überzeugt nicht). Das Gericht muß im Fall des Außerkrafttretens der einstweiligen Anordnung infolge einer anderweitigen Regelung prüfen, ob die anderweitige Regelung die Voraussetzungen einer Ersatzregelung erfüllt.

Das Gericht, das eine anderweitige Regelung im Sinne von § 620 f ZPO trifft, ist an die Entscheidung der einstweiligen Anordnung nicht gebunden, da diese der materiellen Rechtskraft entbehrt (*Stein-Jonas-Schlosser* § 627 b III 3; *Thomas-Putzo* § 627, 6 c).

2 Außerkrafttreten einstweiliger Anordnungen wegen Erledigung der Ehesache

5 Die Fortgeltung einstweiliger Anordnungen bis zum Wirksamwerden einer anderweitigen Regelung ist ausgeschlossen, wenn das Eheverfahren selbst endet, ohne daß es zur Auflösung der Ehe kommt. Das gilt auch für Regelungen, die an sich fortbestehen könnten, z. B. wenn die Ehegatten getrennt leben und die Trennung (nicht die Scheidung) als Grundlage einer Regelung ausreichen würde (vgl. §§ 1361, 1672 BGB). Die einstweiligen Anordnungen treten ohne weiteres außer Kraft, wenn der Scheidungsantrag oder die Klage zurückgenommen oder rechtskräftig abgewiesen wird, oder wenn die Ehesache wegen Todes einer Partei als erledigt anzusehen ist (§ 619 ZPO).

6 Die Parteien können einen Beschluß über das Außerkrafttreten herbeiführen (vgl. auch § 269 Abs. 3 und 4 ZPO), der mit der sofortigen Beschwerde anfechtbar ist (§ 627 f Satz 2 und 3 ZPO). Der Antrag kann ohne Einhaltung einer Frist gestellt werden. Es besteht kein Anwaltszwang, mündliche Verhandlung ist nicht erforderlich (§ 620 a Abs. 1, 2 Satz 2 ZPO gilt entsprechend).

3 Erstattungs- und Schadensersatzansprüche

7 Einstweilige Anordnungen haben ungeachtet ihrer Fortgeltung bis zur anderweitigen Regelung provisorischen Charakter. Sie entbehren der materiellen Rechtskraft. Nach Beendigung des Verfahrens in der Ehesache ist über die in den einstweiligen Anordnungen geregelten Gegenstände nach den dafür geltenden allgemeinen Vorschriften zu befinden. Eine prozessuale Schadensersatz- oder Erstattungspflicht wird im Falle der Abänderung der Entscheidung nicht ausgelöst. §§ 717 Abs. 2, 945 ZPO sind nicht anwendbar; nicht ausgeschlossen ist dagegen die Geltendmachung von Bereicherungsansprüchen, falls die Leistung auf Grund der einstweiligen Anordnung ohne Rechtsgrund erbracht worden ist, sowie von Schadensersatzansprüchen nach allgemeinen Vorschriften (allg. M.: *BGH* 24, 269; *Baumbach-Albers* § 627, 4; *Stein-Jonas-Schlosser* § 620, 17; *Thomas-Putzo* § 627, 6 c).

4 Einstweilige Anordnungen nach bisher geltendem Recht

8 Einstweilige Anordnungen, die vor Inkrafttreten des 1. EheRG erlassen worden sind, werden durch die Überleitung des Verfahrens der Hauptsache auf das neue Recht (vgl. Art. 12 Nr. 7 d.

1. EheRG) nicht berührt. Sie bleiben nach Auflösung der Ehe in Kraft, bis eine anderweitige Regelung (§ 620 f ZPO) getroffen wird.

War das Verfahren der Ehesache bei Inkrafttreten des 1. EheRG abgeschlossen, behalten die einstweiligen Anordnungen ihre Wirksamkeit, soweit sie nach altem Recht für die Zeit nach Rechtskraft der Entscheidung in der Ehesache fortgelten können (§§ 627 a, 627 b ZPO a. F.). Das Verfahren nach § 627 b Abs. 4 ZPO a. F. (Frist zur Klageerhebung) ist nicht mehr zulässig, da die Vorschrift ersatzlos aufgehoben ist und auch eine Übergangsregelung insoweit fehlt. Aus der Tatsache, daß die materiellrechtlichen Unterhaltsvorschriften für Altehen fortgelten (vgl. Art. 12 Nr. 3 Abs. 2 des 1. EheRG), kann nicht auf einen Fortbestand prozessualer Gestaltungsmöglichkeiten geschlossen werden. Die Parteien können ihre Unterhaltsansprüche nach allgemeinen prozessualen Regeln verfolgen. Anhängige Verfahren nach § 627 b Abs. 4 ZPO a. F. auf Fristbestimmung werden gegenstandslos.

§ 620 g

Die im Verfahren der einstweiligen Anordnung entstehenden Kosten gelten für die Kostenentscheidung als Teil der Kosten der Hauptsache; § 96 gilt entsprechend.

1 Die Kostenregelung nach § 620 g ZPO entspricht dem bisher geltenden Recht; lediglich die Besonderheit für das Aufhebungsverfahren nach § 627 b Abs. 4 ZPO a. F. ist, wie das Aufhebungsverfahren selbst, entfallen.

Gebührenrechtlich handelt es sich bei den Verfahren der einstweiligen Anordnung um besondere Angelegenheiten (Gegenschluß aus § 19 a GKG, § 41 Abs. 1 RaGebO). Gleichwohl werden nach § 620 g ZPO die Kosten der einstweiligen Anordnung entsprechend der Kostenentscheidung in der Hauptsache verteilt. Im Rahmen der Kostenentscheidung in der Hauptsache nach § 93 a ZPO kann das Gericht Billigkeitsgesichtspunkte mit Rücksicht auf den Ausgang eines Verfahrens nach § 620 ff. ZPO nicht berücksichtigen; das ist nur in bezug auf die Folgesachen möglich (§ 93 a Abs. 1 Satz 2 ZPO). Deshalb ist die Annahme, die neue Kostenregelung werde zu einer »billigeren Verteilung der Kosten des Anordnungsverfahrens führen als bisher« (*Amtl. Begr.* S. 202) zurückhaltend zu beurteilen.

2 Die undifferenzierte Regelung des § 620 g ZPO (vgl. *Schneider* MDR 1970, 804; dagegen *Crispin* MDR 1971, 422) kann in ihren Folgen gemildert werden, wenn man davon ausgeht, daß kostenrechtliche Sonderregelungen durch § 620 g ZPO nicht berührt werden. So liegt es nahe, § 269 Abs. 3 ZPO anzuwenden, wenn ein Antrag auf einstweilige Anordnung zurückgenommen worden ist (h. M.: *OLG Frankfurt* NJW 1962, 2015; *OLG Koblenz* MDR

1974, 316; a. A.: *OLG Hamburg* NJW 1973, 1379; *Thomas-Putzo* § 627 c, 2) oder wenn die Beschwerde erfolglos geblieben ist, § 97 ZPO (h. M.: *Baumbach-Albers* § 627 c, 1; *Thomas-Putzo* § 627 c, 2; a. A.: *Crispin* MDR 1971, 442). Eine sachdienliche Entscheidung im Einzelfall ermöglicht im übrigen auch die Vorschrift des § 96 ZPO, auf die in § 627 g ZPO verwiesen wird. Die Anwendung liegt in pflichtgemäßem Ermessen des Gerichts; es spricht alles dafür, bei unzulässigen und unbegründeten Anträgen auf Erlaß einer einstweiligen Anordnung eine gesonderte Kostenentscheidung nach § 96 ZPO auszusprechen (*RG* HRR 1942, 803; *Schellberg* NJW 1971, 1345 m. w. N.; a. A. *OLG Hamm* NJW 1971, 2079; unklar *Thomas-Putzo* § 627 c, 2 und 4).

3 Haben die Parteien einen gerichtlichen Vergleich über eine das Verfahren der einstweiligen Anordnung betreffenden Angelegenheit geschlossen (*OLG Köln* JMBl. NRW 1965, 31), ohne die Kostenfrage zu regeln, ist § 620 g ZPO anzuwenden (h. M.: *OLG Karlsruhe* NJW 1950, 608; *KG* NJW 1956, 147; NJW 1959, 1592; *OLG Düsseldorf* JMBl. NRW 1958, 16; *Bergerfurth* NJW 1972, 1840; a. A.: *OLG Celle* MDR 1960, 149; *OLG Düsseldorf* MDR 1961, 332; *OLG Frankfurt* MDR 1965, 56; *OLG Braunschweig* NdsRpfl. 1970, 10). Anders verhält es sich, wenn in den Vergleich Gegenstände einbezogen werden, die über den Rahmen des § 620 ZPO hinausgehen; in diesem Falle geht § 98 ZPO vor (h. M.: *OLG Hamm* JMBl. NRW 1954, 63; NJW 1966, 1226; JMBl. NRW 1974, 236; *OLG Köln* MDR 1958, 348; *OLG Celle* MDR 1960, 149; *Thomas-Putzo* § 627 c 2; a. A.: *OLG Karlsruhe* MDR 1964, 606; *Bergerfurth* NJW 1972, 184). Streitig ist, ob § 620 g ZPO anzuwenden ist, wenn das Verfahren der einstweiligen Anordnung in der Hauptsache seine Erledigung gefunden hat (grundsätzlich § 91 a ZPO: *OLG Köln* JMBl. NRW 1973, 185; *OLG München* MDR 1974, 761; *Thomas-Putzo* § 627, 2; vermittelnd *OLG Düsseldorf* NJW 1973, 1937: grundsätzlich § 620 g ZPO, aber § 91 a ZPO, wenn Erfolgsaussichten der Rechtsverfolgung zu verneinen sind).

Eine Kostenentscheidung im Verfahren der einstweiligen Anordnung ist, abweichend von § 620 g ZPO angezeigt, wenn es zu einer Entscheidung in der Hauptsache nicht kommt, z. B. nach Rücknahme des Antrags oder der Klage ohne Beschluß nach § 269 Abs. 3 ZPO (vgl. *OLG München* NJW 1957, 1156; *Thomas-Putzo* § 627 c, 3 ZPO).

Zweiter Titel
Verfahren in anderen Familiensachen

§ 621

(1) Für Familiensachen, die

1. die Regelung der elterlichen Gewalt über ein eheliches Kind, soweit nach den Vorschriften des Bürgerlichen Gesetzbuchs hierfür das Familiengericht zuständig ist,

2. die Regelung des persönlichen Verkehrs des nicht sorgeberechtigten Elternteils mit dem Kinde,
3. die Herausgabe des Kindes an den anderen Elternteil,
4. die gesetzliche Unterhaltspflicht gegenüber einem ehelichen Kinde,
5. die durch Ehe begründete gesetzliche Unterhaltspflicht,
6. den Versorgungsausgleich,
7. die Regelung der Rechtsverhältnisse an der Ehewohnung und am Hausrat (Verordnung über die Behandlung der Ehewohnung und des Hausrats – Sechste Durchführungsverordnung zum Ehegesetz – vom 21. Oktober 1944, Reichsgesetzbl. I S. 256),
8. Ansprüche aus dem ehelichen Güterrecht, auch wenn Dritte am Verfahren beteiligt sind,
9. Verfahren nach den §§ 1382 und 1383 des Bürgerlichen Gesetzbuchs

betreffen, ist das Familiengericht ausschließlich zuständig.

(2) Während der Anhängigkeit einer Ehesache ist das Gericht ausschließlich zuständig, bei dem die Ehesache im ersten Rechtszug anhängig ist oder war. Ist eine Ehesache nicht anhängig, so richtet sich die örtliche Zuständigkeit nach den allgemeinen Vorschriften.

(3) Wird eine Ehesache rechtshängig, während eine Familiensache der in Absatz 1 genannten Art bei einem anderen Gericht im ersten Rechtszug anhängig ist, so ist diese von Amts wegen an das Gericht der Ehesache zu verweisen oder abzugeben. § 281 Abs. 2, 3 Satz 1 gilt entsprechend.

Überblick Rdnr.

1 Zuständigkeit des Familiengerichts für Familiensachen

1 Die Vorschrift regelt die örtliche und die sachliche Zuständigkeit des Familiengerichts für andere Familiensachen als die Ehesache. Der Katalog in § 621 Abs. 1 ZPO deckt sich insoweit mit der Aufzählung der Familiensachen in § 23 b Abs. 1 GVG. Die Einschränkung in Nr. 8 des RegE *»sofern Dritte nicht am Verfahren beteiligt sind«* ist im Laufe des Gesetzgebungsverfahrens ersetzt worden durch die Worte *»auch wenn Dritte am Verfahren beteiligt sind«*. Eine notwendige Beteiligung Dritter bei der Geltendmachung der Ansprüche führt nunmehr lediglich zur Aufhebung des Verbundes (§ 623 Abs. 1 Satz 2 ZPO). Nicht Gesetz geworden ist die in Nr. 8 im RegE vorgesehen gewesene Zuständigkeit des Familiengerichts für *»sonstige vermögensrechtliche Ansprüche der Ehegatten gegeneinander«* (vgl. BT 7/4361 S. 59: *Der Familienrichter wäre überfordert, wenn er auch über alle vermögensrecht-*

lichen Ansprüche der Ehegatten gegeneinander zu entscheiden hätte). Um Zweifel auszuschließen, ob Ansprüche nach §§ 1382, 1383 von Nr. 8 erfaßt werden, ist im Laufe des Gesetzgebungsverfahrens eine neue Nr. 9 eingefügt worden, die die Frage ausdrücklich regelt.

Die Zuständigkeit des Familiengerichts für die genannten Familiensachen ist eine ausschließliche (§ 40 Abs. 2 ZPO). Absatz 1 gilt nicht nur für den Fall, daß eine Ehesache anhängig ist; es handelt sich vielmehr um eine allgemeine Zuständigkeitsregelung für Familiensachen.

2 *a)* In kindschaftsrechtlichen Angelegenheiten nach §§ 1632, 1634 (Abs. 1 Nr. 2 u. 3) sind die Familiengerichte stets zuständig; das gilt nicht, wenn die Herausgabe eines Kindes von Dritten begehrt wird. Die Zuständigkeit des Familiengerichts ist weiter vorgesehen für Entscheidungen nach §§ 1671, 1672, 1678 Abs. 2. Die Zuständigkeit des Familiengerichts für eine Änderungsregelung nach § 1696 ist gegeben, wenn es sich um Gegenstände handelt, für die eine Zuständigkeit des Familiengerichts für die Erstentscheidung vorhanden war. Das Familiengericht ist nicht zuständig für Maßnahmen nach § 1666; insoweit entscheidet das Vormundschaftsgericht.

3 Die Entscheidungsbefugnis des Vormundschaftsgerichts nach § 1666 wird durch die Entscheidungsbefugnis des Familiengerichts nach Anhängigkeit der Ehesache gemäß § 1671 nicht berührt. Abzulehnen ist die Auffassung von *Stein-Jonas-Schlosser* zu § 621, 3, der *»gegenüber einem vormundschaftsgerichtlichen Verfahren eine Rechtshängigkeitssperre«* annimmt, wenn ein Verfahren bei einem Familiengericht anhängig ist. Ein Konkurrenzverhältnis in den Verfahren kann schon deshalb nicht eintreten, weil mit § 1671 eine Regelung für die Zeit nach der Auflösung der Ehe getroffen wird, während nach § 1666 nur aktuelle Maßnahmen zur Beseitigung einer Gefährdung des Kindes in Betracht kommen. Auch im Verhältnis zu Verfahren nach § 1672 kann ein Vorrang des Familiengerichts nicht anerkannt werden. Die Verfahren unterscheiden sich nach Inhalt und Normzweck grundlegend (einmal globale Zuordnung des Kindes zu einem Elternteil, zum anderen Eingriff in das Elternrecht zur Beseitigung einer konkreten Gefährdung). Das Familiengericht ist mit den Möglichkeiten des § 1671 gar nicht in der Lage, die nach § 1666 erforderlichen Maßnahmen zu treffen. Eine Hilfszuständigkeit des Vormundschaftsgerichts (abhängig von der Abgabe der Sache durch das Familiengericht), die von der hier abgelehnten Meinung konzediert wird, ist unzureichend. Sie wird den Bedürfnissen der Praxis nicht gerecht.

4 *b)* Die Zuständigkeit des Familiengerichts für Ansprüche, die die gesetzliche Unterhaltspflicht gegenüber dem ehelichen Kind betreffen, ist weiter als die bisherige Zuständigkeit des Amtsgerichts in Unterhaltsangelegenheiten des ehelichen Kindes. Sie erfaßt auch Nebenansprüche, wie z. B. Auskunftsansprüche nach § 1605 (vgl. *Amtl. Begr.* S. 186). Die Regelung betrifft nur Ansprüche

des Kindes gegen einen oder beide Elternteile, nicht Ansprüche eines Elternteils gegen das Kind. Unterhaltsansprüche, die ein Ehegatte nach Anhängigkeit der Scheidungssache gemäß § 1629 Abs. 3 BGB im eigenen Namen geltend macht, fallen ebenfalls unter § 621 Abs. 1 Nr. 4 ZPO. Für Ansprüche nichtehelicher Kinder ist das Familiengericht nicht zuständig. Gesetzliche Unterhaltsansprüche sind auch in einem Vergleich oder einer sonstigen Unterhaltsvereinbarung fixierte Unterhaltsansprüche. Das gilt nur dann nicht, wenn mit der Vereinbarung ein nicht bestehender Unterhaltsanspruch vertraglich begründet worden ist (selbständige Unterhaltsvereinbarung; vgl. Rdnr. 7, 53 zu § 1585 c).

Soweit der Unterhalt des Kindes als Teil des Familienunterhalts im Verhältnis der Ehegatten zueinander geltend gemacht wird (§§ 1360, 1360 a), handelt es sich um einen Unterhaltsanspruch des Ehegatten, der allein anspruchsberechtigt ist (vgl. Rdnr. 3 zu § 1360). Leben die Ehegatten getrennt, kann § 1629 Abs. 2 anwendbar sein.

5 Ein Abänderungsverfahren nach § 323 ZPO in einer Unterhaltssache nach Absatz 1 Nr. 4 ist eine die gesetzliche Unterhaltspflicht betreffende Angelegenheit, ebenso die Vollstreckungsgegenklage nach § 767 ZPO (im letzteren Falle ist die Zuständigkeit des Prozeßgerichts des ersten Rechtszuges ohnehin gegeben).

6 *c)* Absatz 1 Nr. 5 (Unterhaltspflicht der Ehegatten) betrifft nicht nur den Anspruch auf Familienunterhalt (§ 1360) und im Falle des Getrenntlebens (§ 1361), sondern auch den nachehelichen Unterhaltsanspruch (§§ 1569 ff.). Auch dieser ist durch die Ehe *begründet.* Es genügt, wenn die Ansprüche an eine bestehende oder eine frühere Ehe anknüpfen. Unschädlich ist, wenn die *gesetzliche* Unterhaltspflicht vertraglich gestaltet worden ist (vgl. Rdnr. 6 zu § 1585 c). Auf einen Dritten übergegangene Ansprüche (z. B. den Sozialhilfeträger nach §§ 90, 91 BSHG) fallen nicht unter Absatz 1 Nr. 5.

7 *d)* Nach dem Wortlaut des § 621 Abs. 1 Nr. 6 ZPO wird eine uneingeschränkte Zuständigkeit des Familiengerichts für *»den Versorgungsausgleich«* begründet. Gewollt ist das nicht. Die Zuständigkeit des Familiengerichts beschränkt sich auf die bürgerlich-rechtlichen Beziehungen der Ehegatten in bezug auf den Versorgungsausgleich (z. B. auch für die Verfahren nach §§ 1587 d, 1587 l). Streitigkeiten der Träger der Versorgung untereinander in Angelegenheiten des Versorgungsausgleichs fallen ebensowenig darunter, wie die Geltendmachung von Ansprüchen von Ehegatten gegen einen Versicherungsträger oder einen sonstigen Schuldner der Versorgungslast (z. B. gegen den Drittschuldner nach Abtretung der Ausgleichsansprüche nach § 1587 i Abs. 1).

8 *e)* Zu den Ansprüchen aus dem ehelichen Güterrecht (Nr. 8) zählen nicht nur solche, die auf eine Auseinandersetzung aus Anlaß der Scheidung gerichtet sind (§ 1378). Denn § 621 Abs. 1 Nr. 8 ZPO setzt nicht voraus, daß die güterrechtliche Streitigkeit einen Bezug zu einer bevorstehenden oder anhängigen Ehesache hat.

Vor das Familiengericht gehören deshalb z. B. auch Verfahren nach §§ 1365 Abs. 2, 1369, 1379, 1385, 1386, 1389, 1426, 1448, 1452, 1469 und 1478.

9 Die Zuständigkeit des Familiengerichts ist auch dann gegeben, wenn Dritte am Verfahren beteiligt sind. Der Wortlaut des § 621 Abs. 1 Nr. 8 ZPO ist nicht eindeutig. Der Begriff *»Beteiligung Dritter am Rechtsstreit«* wird zur Umschreibung der Hauptintervention und der Streitverkündung verwendet (vgl. Überschrift zum Dritten Teil der ZPO). Nach dem Willen des Gesetzgebers (vgl. BT 7/4361 S. 59) soll der Ausdruck nicht in diesem engen technischen Sinn verstanden werden. § 621 Abs. 1 Nr. 8 ZPO soll nicht nur auf Streitigkeiten der Ehegatten untereinander unter Beteiligung Dritter angewendet werden, sondern auch auf Streitigkeiten zwischen dem Ehegatten und einem Dritten, wenn die Ansprüche ihre Grundlage im ehelichen Güterrecht haben, z. B. in den Fällen der §§ 1368, 1390 aber auch bei der Geltendmachung des erbrechtlichen Zugewinnausgleichs nach § 1371 Abs. 2. Wird das Verfahren nach § 621 Abs. 1 Nr. 8 ZPO im Verbund mit einer Scheidungssache betrieben, ist der Verbund aufzulösen, sobald ein Dritter beteiligt ist (§ 623 Abs. 1 Satz 2 ZPO).

10 Die Zuständigkeit des Familiengerichts für die Verfahren nach §§ 1382, 1383 BGB ist in § 621 Abs. 1 Nr. 9 gesondert geregelt.

2 Örtliche Zuständigkeit des Familiengerichts (§ 621 Abs. 2, 3 ZPO)

11 Die örtliche Zuständigkeit des Familiengerichts beurteilt sich nach den allgemeinen Vorschriften (§ 621 Abs. 2 Satz 2 ZPO).

Ist eine Ehesache anhängig, ist das Gericht der Ehesache für die Familiensachen ausschließlich zuständig. Zuständig ist stets das Gericht, bei dem die Ehesache im ersten Rechtszug anhängig *ist* oder *war*. Die Sache muß noch, sei es auch im Rechtsmittelzug, anhängig sein.

12 Die besondere Zuständigkeit des Gerichts der Ehesache für die anderen Familiensachen ist ausgeschlossen, wenn die andere Familiensache zum Zeitpunkt des Eintritts der Rechtshängigkeit der Ehesache nicht im ersten Rechtszug anhängig ist (Schluß aus § 621 Abs. 3 Satz 1 ZPO). Insoweit verbleibt es bei der gegebenen allgemeinen Zuständigkeit für die Familiensache. Die Ausnahme von der Zuständigkeitskonzentration wird damit gerechtfertigt, daß der fortgeschrittene Verfahrensstand einen Zuständigkeitswechsel nicht rechtfertigt (*Amtl. Begr.* S. 204).

13 Sind Familiensachen i. S. von § 621 ZPO zum Zeitpunkt des Eintritts der Rechtshängigkeit der Ehesache bereits anhängig und ist eine ausschließliche Zuständigkeit des Gerichts der Ehesache gegeben, dann ist die Familiensache an das Gericht der Ehesache zu verweisen (bei zivilprozessualen Verfahren) oder abzugeben (bei FGG-Verfahren), § 621 Abs. 3 ZPO. Für die dem Recht des

FGG folgenden Verfahren wird die Verpflichtung zur Abgabe der Sache in § 64 a Abs. 2 FGG wiederholt, für Angelegenheiten nach der HausratsVO enthält § 11 Abs. 3 HausratsVO eine entsprechende Regelung. Verweisung und Abgabe richten sich im übrigen nach § 281 Abs. 2 und 3 ZPO. Der Verweisungs- bzw. Abgabeschluß ist nicht anfechtbar; er bindet das Gericht, an das die Sache verwiesen wird. Das Verfahren gilt mit Verkündung des Beschlusses als beim neuen Gericht anhängig. Die bis zur Verweisung oder Abgabe entstandenen Kosten werden als Teil der Kosten des Verfahrens vor dem neuen Familiengericht behandelt. Abweichend von § 281 Abs. 3 Satz 2 ZPO, auf den in § 621 Abs. 3 ZPO nicht Bezug genommen wird, können die entstandenen Mehrkosten nicht dem Kläger auferlegt werden. Das ist folgerichtig, da das angerufene Gericht zunächst zuständig war. Verweisung oder Abgabe nach § 621 Abs. 3 ZPO finden von Amts wegen statt.

14 Macht ein Ehegatte eine andere Familiensache während der Anhängigkeit einer Ehesache vor dem nicht zuständigen Familiengericht anhängig, ist § 621 Abs. 3 Satz 1 ZPO entsprechend anzuwenden. Doch liegt es nahe, von der Anwendung des Abs. 3 Satz 2 abzusehen mit der Folge, daß der Kläger (Antragsteller) die entstandenen, von ihm verursachten Mehrkosten zu tragen hat. Das ist bei der Kostenentscheidung nach § 93 a ZPO zu berücksichtigen. Die entsprechende Anwendung des § 621 Abs. 3 Satz 1 ZPO wird abgelehnt von *Stein-Jonas-Schlosser* § 621, 17, der aus diesem Grund eine Verweisung der zivilprozessualen Sachen nur auf Antrag zulassen will. Die Auffassung überzeugt nicht. Sie würde, entgegen dem Normzweck, den Parteien die Möglichkeit geben, durch Klage vor dem unzuständigen Gericht den Verbund zu unterlaufen.

15 Die Verweisung oder Abgabe kommt nach § 621 Abs. 3 ZPO nicht in Betracht, wenn das Gericht der anhängigen Familiensache zuständig bleibt, d. h. wenn die Sache nicht mehr im ersten Rechtszug anhängig ist. Der Rechtszug endet grundsätzlich mit dem Erlaß der Entscheidung, doch wird die »instanzlose« Zeit bis zur Anfechtung der Entscheidung oder dem Eintritt der Rechtskraft dem unteren Rechtszug zugeordnet. Das bedeutet, daß die Verweisung oder Abgabe noch bis zu diesen Zeitpunkten möglich ist. Nach *Hagena* (FamRZ 1975, 379) soll in Familiensachen, die dem ZPO-Verfahren folgen, eine Verweisung nicht mehr in Betracht kommen, weil § 318 ZPO eine nachträgliche Änderung der Entscheidung ausschließt und allein die Abänderungsmöglichkeit die Verweisung in diesem Stadium sinnvoll macht. Das überzeugt nicht. Auf Grund der Verweisung kann das Rechtsmittelgericht der Ehesache mit der Familiensache befaßt werden, z. B. wenn die Ehesache die Familiensache »einholt«. Daraus erwächst zumindest die Chance einer Konzentration der zusammenhängenden Angelegenheiten in der zweiten Instanz, während sie bei unveränderter Zuständigkeit von vornherein ausgeschlossen ist. Im übrigen bestehen im Hinblick auf §§ 621 e Abs. 3, 577 Abs. 3 ZPO Zweifel, ob Hagenas Prämisse von der Abänderbarkeit der Ent-

scheidungen in FGG-Angelegenheiten, einen nennenswerten Anwendungsbereich gewährleistet.

16 Unterbleibt die Verweisung oder Abgabe, weil die Familiensache bereits im Rechtsmittelzug anhängig ist, und wird die Entscheidung aufgehoben und die Sache an die erste Instanz zurückverwiesen, findet § 621 Abs. 3 Satz 1 ZPO Anwendung; die Familiensache ist an das Gericht der Ehesache zu verweisen oder abzugeben. Das Rechtsmittelgericht kann die Sache auch unmittelbar an das Gericht der Ehesache verweisen oder abgeben (*Hagena* FamRZ 1975, 379).

17 Ist das Gericht der Familiensache nicht gehalten, das Verfahren nach § 621 Abs. 3 ZPO zu verweisen oder abzugeben, so schließt das die Abgabe nach allgemeinen Vorschriften nicht aus, wenn die Voraussetzungen vorliegen (z. B. § 46 FGG).

18 Die Zuständigkeit des Gerichts der Ehesache für die Familiensachen nach § 621 Abs. 2 und 3 ZPO bleibt erhalten, wenn der die Zuständigkeit begründete Umstand, die Rechtshängigkeit der Ehesache, nachträglich wegfällt, so z. B. wenn über die Ehesache ausnahmsweise (§§ 623, 628 ZPO) vorab entschieden worden ist oder der Antrag oder die Klage in der Ehesache zurückgenommen wird, eine oder mehrere der Familiensachen aber fortgeführt werden sollen (§ 626 Abs. 2 ZPO).

19 Der Wortlaut des § 621 Abs. 2 ZPO steht dem nicht entgegen, denn der Satz 1 *(»Während der Anhängigkeit«)* soll nur den Gegensatz zu Satz 2 *(»Ist eine Ehesache nicht anhängig«)* hervorheben, den Charakter einer allgemeinen auf eine Zeitdauer bezogenen Voraussetzung hat er nicht. Die *Amtl. Begr.* (S. 204) ist in diesem Punkt unklar. So heißt es einmal, daß die Zuständigkeit *»für die Dauer des Eheverfahrens«* bestehen soll, an anderer Stelle wird darauf abgestellt, ob die Ehesache bei *»Einleitung einer sonstigen Familiensache«* anhängig ist.

20 Für Familiensachen, die dem ZPO-Verfahren unterliegen, folgt die Festschreibung der Zuständigkeit aus § 261 Abs. 3 Nr. 2 ZPO. Für Familiensachen, die den FGG-Regeln folgen, fehlt eine allgemeine Regelung dieser Art, doch entspricht die Fixierung der einmal gegebenen Zuständigkeit auch im Verfahren der FGG einem verbreiteten Grundsatz; der Wechsel der Zuständigkeit wegen veränderter Umstände wird als Ausnahme betrachtet (vgl. §§ 36 Abs. 1 Satz 1, 43, 46 Abs. 1 FGG).

21 Die Ausschließlichkeit der Zuständigkeit kraft Verbundes nach § 621 Abs. 2 ZPO gilt nur für die innerstaatliche örtliche, nicht für die internationale Zuständigkeit (vgl. *Beitzke* FamRZ 1974, 411).

3 Konkurrierende Verfahren

22 Soweit eine Zuständigkeit des Gerichts der Ehesache nach § 621 Abs. 2 ZPO für Familiensachen nicht gegeben ist, weil diese im

Rechtsmittelzug anhängig sind, kann es zu einem Nebeneinander von Verfahren kommen, die denselben oder einen vergleichbaren Gegenstand betreffen.

23 *a)* Regelung der elterlichen Gewalt
Beim Gericht der Familiensache können Verfahren nach §§ 1672, 1632, 1634 anhängig sein. Ein Verfahren nach § 1671 kann nicht anhängig sein, weil es die Rechtshängigkeit der Ehesache voraussetzt. Mit der Rechtshängigkeit der Ehesache wird ein solches Verfahren vor dem Gericht der Ehesache von Amts wegen eingeleitet (§ 623 Abs. 3 ZPO). Die Konkurrenz der Verfahren nach § 1671 (bei dem Prozeßgericht) und nach § 1672 (vor dem Gericht der Familiensache zweiter Instanz) ist problematisch, da die Entscheidung über die elterliche Gewalt nach § 1672 für die endgültige Regelung nach der Scheidung nach § 1671 vorgreiflich sein kann. Deshalb ist es angezeigt, im Verfahren nach § 1672 besondere Zurückhaltung zu üben, u. U. kann es sachdienlich sein, auf ein Ruhen des Verfahrens hinzuwirken und nur vorläufige Maßnahmen anzuordnen. Das Gericht wird auch zu prüfen haben, ob eine Verweisung der Sache nach § 46 FGG an das Gericht der Ehesache in Betracht kommt (vgl. Rdnr. 17); das wird naheliegen, wenn die Ehesache inzwischen in der zweiten Instanz verhandelt wird.

Das Rechtsmittelgericht der Familiensache darf die angefochtene Entscheidung nicht allein deshalb aufheben und die Sache an die erste Instanz zurückverweisen, damit diese das Verfahren nach § 621 Abs. 3 ZPO an das Gericht der Ehesache abgeben kann. Die Rechtshängigkeit der Ehesache ist zwar ein neuer, aber kein für die Aufhebung der Entscheidung der Familiensache relevanter Umstand.

24 *b)* Unterhaltsanspruch gemeinschaftlicher Kinder
Verbleibt das Verfahren über den Unterhaltsanspruch der Kinder beim Rechtsmittelgericht der Familiensache, ist für eine Unterhaltsklage vor dem Gericht der Ehesache kein Raum. Der Unterhaltsanspruch ist rechtlich vom Schicksal der Ehe unabhängig, einer weiteren Klage mit demselben Streitgegenstand steht der Einwand der Rechtshängigkeit entgegen.

25 *c)* Unterhaltsanspruch der Ehegatten
Was den Unterhaltsanspruch der Ehegatten angeht, liegen die Verhältnisse wie bei dem Unterhaltsanspruch der Kinder, wenn man von der Identität des ehelichen und des nachehelichen Unterhaltsanspruchs ausgeht (vgl. Rdnr. 9 zu § 1569; *Hagena* FamRZ 1975, 379). Verneint man die Identität, dann bestehen keine Bedenken, wenn der nacheheliche Unterhaltsanspruch vor dem Gericht der Ehesache geltend gemacht wird, denn die Entscheidung über den ehelichen Unterhaltsanspruch nach § 1361 wird in diesem Fall mit der Rechtskraft des Scheidungsurteils gegenstandslos.

26 Eine Klage vor dem Gericht der Ehesache ist (auch bei angenommener Identität der Ansprüche) unbedenklich, wenn der nacheheliche Unterhaltsanspruch sich inhaltlich von dem geltend gemach-

ten ehelichen Unterhaltsanspruch unterscheidet. Zwar könnte der berechtigte Ehegatte im Wege der Klageänderung, die in der Regel sachdienlich wäre (§ 263 ZPO), seinen Anspruch für die Zeit nach der Scheidung einbringen. Doch würde er dadurch eine Instanz verlieren. Ihn auf eine spätere Abänderungsklage nach § 323 ZPO zu verweisen, dürfte nicht vertretbar sein. Deshalb ist nicht zu beanstanden, wenn der berechtigte Ehegatte seinen geltend gemachten Unterhaltsanspruch auf die Zeit des Getrenntlebens bei bestehender Ehe beschränkt (§ 1361), und er bei dem Gericht der Ehesache seinen nachehelichen Unterhaltsanspruch (§ 1569 ff.) betreibt. Da es sich um verschiedene Streitgegenstände handelt, stellt sich die Frage nach dem Einwand der Rechtshängigkeit nicht.

§ 621 a

(1) Für die Familiensachen des § 621 Abs. 1 Nr. 1 bis 3, 6, 7, 9 bestimmt sich, soweit sich aus diesem Gesetz oder dem Gerichtsverfassungsgesetz nichts Besonderes ergibt, das Verfahren nach den Vorschriften des Gesetzes über die Angelegenheiten der freiwilligen Gerichtsbarkeit und nach den Vorschriften der Verordnung über die Behandlung der Ehewohnung und des Hausrats. An die Stelle der §§ 2 bis 6, 8 bis 11, 13, 14, 16 Abs. 2, 3 und des § 17 des Gesetzes über die Angelegenheiten der freiwilligen Gerichtsbarkeit treten die für das zivilprozessuale Verfahren maßgeblichen Vorschriften.

(2) Wird in einem Rechtsstreit über eine güterrechtliche Ausgleichsforderung ein Antrag nach § 1382 Abs. 5 oder nach § 1383 Abs. 3 des Bürgerlichen Gesetzbuchs gestellt, so ergeht die Entscheidung einheitlich durch Urteil. § 629 a Abs. 2 gilt entsprechend.

Überblick Rdnr.

1 Kein einheitliches Verfahren in Familiensachen

1 Ungeachtet der einheitlichen Zuständigkeit nach § 621 Abs. 2, 3 ZPO für Ehesachen und die in § 621 Abs. 1 ZPO genannten Familiensachen und ungeachtet der Verhandlungs- und Entscheidungskonzentration für die Scheidungssache und die Folgesachen (§ 623 ZPO) verbleibt es nach der Konzeption des 1. EheRG grundsätzlich bei den für die jeweilige Sache geltenden Verfahrensvorschriften. Eine allgemeine Anpassung oder Vereinheitlichung der Verfahrensregeln ist nicht, auch nicht für den Fall der einheitlichen Verhandlung oder Entscheidung, vorgesehen. Die

Neuregelung in § 621 a Abs. 1 ZPO beschränkt sich auf einige notwendige Anpassungen (vgl. *Amtl. Begr.* S. 84, 204, 205; BT 7/4361, S. 65; *Blomeyer* FamRZ 1972, 432; *Hagena* FamRZ 1975, 379; *Brüggemann* FamRZ 1977, 1). Daraus ergibt sich folgendes:

2 *a)* Für Familiensachen, die nach den Vorschriften der ZPO behandelt werden, hat es dabei sein Bewenden. Dazu gehören die Familiensachen nach § 621 Abs. 1 Nr. 4, 5 und 8 ZPO.

3 *b)* Für die anderen Familiensachen gilt grundsätzlich das Recht des FGG (§ 621 Abs. 1 Nr. 1–3, 6 und 9 ZPO) und die HausratsVO (§ 621 Abs. 1 Nr. 7 ZPO).

4 Diesen Grundsatz schränkt § 621 a ZPO in mehrfacher Hinsicht ein:

5 *aa)* Die jeweiligen Verfahrensvorschriften gelten nur, soweit sich aus der ZPO selbst oder dem GVG nichts Besonderes ergibt. Dazu gehören für die anderen Familiensachen, ohne Rücksicht darauf, ob sie Folgesachen sind, § 119 Abs. 1 Nr. 1, 2, § 133 Nr. 2, § 170 S. 1 GVG, §§ 621–621 f ZPO und außerdem *nur für Folgesachen* § 78 Abs. 1 Satz 2, § 93 a Abs. 1, 2 ZPO und die §§ 622–630 ZPO.

6 *bb)* Nach § 621 a Abs. 1 Satz 2 ZPO wird eine Reihe von Vorschriften des FGG von entsprechenden zivilprozessualen Regelungen abgelöst, so außer den §§ 2—5 FGG die Vorschriften über die Ausschließung des Richters (§ 6 FGG), über die Gerichtssprache, die Sitzungspolizei, die Beratung und Abstimmung (§ 8 FGG), die Zuziehung eines Dolmetschers (§ 9 FGG), die Gerichtsferien (§ 10 FGG), die Protokollierung von Anträgen und Erklärungen (§ 11 FGG), die Vertretung durch Beistände oder Bevollmächtigte (§ 13 FGG), das Armenrecht (§ 14 FGG), die Bekanntmachung gerichtlicher Verfügungen (§ 16 Abs. 2, 3 FGG) und die Berechnung von Fristen (§ 17 FGG). Die partielle Umstellung auf das zivilprozessuale Verfahren gilt nicht nur für Familiensachen, die als Folgesachen verhandelt und entschieden werden, sondern auch für isoliert geltend gemachte Familiensachen (*Amtl. Begr.* S. 205).

7 *c)* Tragende Grundsätze des FGG-Verfahrens werden durch die Einschränkung zugunsten des zivilprozessualen Verfahrens nicht geändert, so bleiben der Amtsermittlungsgrundsatz (§ 12 FGG), die Regelung über Beeidigung und Glaubhaftmachung (§ 15 Abs. 1 Satz 2, 3 FGG), die Berechtigung zur Beschwerde (§ 20 FGG) und die Vollstreckung von Entscheidungen (§ 33 FGG) unberührt. Dasselbe gilt bei *Familiensachen, die nicht als Folgesachen* betrieben werden, für die Kostenregelung (§ 13 a FGG), das Wirksamwerden gerichtlicher Verfügungen (§ 16 Abs. 1 FGG).

8 *d)* Die partielle Anpassung von Verfahrensvorschriften des FGG an zivilprozessuale Regeln im Rahmen des § 621 a ZPO hat eine korrespondierende Regelung in § 64 a Abs. 3 FGG gefunden. Die Vorschrift lautet:

In Angelegenheiten, die vor das Familiengericht gehören, gelten die Vorschriften des Zweiten und des Dritten Titels des Ersten

Abschnitts im Sechsten Buch der Zivilprozeßordnung sowie § 119 Abs. 1 Nr. 1, 2, § 133 Nr. 2 des Gerichtsverfassungsgesetzes. Soweit § 621 a der Zivilprozeßordnung vorsieht, daß Vorschriften des Gesetzes über die Angelegenheiten der freiwilligen Gerichtsbarkeit anzuwenden sind, tritt an die Stelle des Vormundschaftsgerichts das Familiengericht. § 57 Abs. 2 dieses Gesetzes gilt entsprechend für die Beschwerde nach den §§ 621 e, 629 a Abs. 2 der Zivilprozeßordnung, steht jedoch der Beschwerdeberechtigung des Jugendamts nicht entgegen.

2 Einheitliche Entscheidungen bei güterrechtlichen Ansprüchen (§ 621 a Abs. 2 ZPO)

9 § 621 a Abs. 2 ZPO ist im Gesetzgebungsverfahren eingefügt worden (vgl. BT 7/4361 S. 66), nachdem die Streitigkeiten nach §§ 1382, 1383 in den Katalog der Familiensachen des § 621 ZPO aufgenommen worden sind.

10 Die auf § 1382 (Stundung der Ausgleichsforderung) bezogene Regelung entspricht dem bisher geltenden Recht; § 1383 Abs. 5, letzter Halbsatz, der die einheitliche Entscheidung durch Urteil vorsah, konnte deshalb ersatzlos gestrichen werden (Art. 1 Nr. 10 b des 1. EheRG). Die Regelung ist auf die Fälle des § 1383 (Übertragung von Vermögensgegenständen unter Anrechnung auf die Ausgleichsforderung) erweitert worden (wegen der materiellrechtlichen Anpassung vgl. § 1383 Abs. 3 in der Fassung von Art. 1 Nr. 11 b des 1. EheRG, der § 1382 Abs. 5 für entsprechend anwendbar erklärt, woraus folgt, daß der Antrag auf eine Ersatzregelung nach § 1383 ebenfalls nur im Rahmen des anhängigen Rechtsstreits über die Ausgleichsforderung gestellt werden kann).

Es handelt sich um einen (Verhandlungs- und) Entscheidungsverbund der Verfahren nach §§ 1382, 1383 mit der güterrechtlichen Ausgleichsforderung nach § 1378. Nicht vorausgesetzt wird, daß eine Ehesache anhängig ist. § 621 a Abs. 2 ZPO findet daher auch Anwendung beim vorzeitigen Zugewinnausgleich (§§ 1385, 1386) und wenn die Ausgleichsforderung erst nach rechtskräftiger Scheidung der Ehe geltend gemacht wird.

11 Die Entscheidung über die Ausgleichsforderung und über einen Antrag nach § 1382 oder § 1383 ergeht einheitlich durch Urteil. Die isolierte Anfechtung des die Anträge nach §§ 1382, 1383 betreffenden Teils der Entscheidung ist möglich; sie folgt den Regeln über die Beschwerde. Das Rechtsmittelverfahren ist den Vorschriften über die Anfechtung von Folgesachen nachgebildet (§§ 621 a Abs. 2 Satz 2, 629 a Abs. 2, 621 e ZPO).

3 Verfahren für den Versorgungsausgleich

12 Das Verfahren über den Versorgungsausgleich folgt mit den sich aus § 621 a ZPO ergebenden Einschränkungen dem Recht des

 FGG (vgl. dazu ergänzend die neu eingefügten §§ 53 b bis 53 g FGG).

§ 621 b

(1) In Familiensachen des § 621 Abs. 1 Nr. 8 soll die Klageschrift, wenn der Streitgegenstand nicht in einer bestimmten Geldsumme besteht, die Angabe des Wertes des Streitgegenstandes enthalten.

(2) Mit der Zustellung der Klageschrift oder, wenn ein Mahnverfahren vorausgegangen ist, mit der Zustellung der Anspruchsbegründung ist der Beklagte auf die Voraussetzungen, unter denen der Anwaltsprozeß stattfindet, und auf das Antragsrecht nach § 78 a Abs. 3 Satz 2, 3 hinzuweisen.

(3) Ist der Rechtsstreit als Anwaltsprozeß zu führen, so gelten die Vorschriften über das Verfahren vor den Landgerichten entsprechend.

Überblick | Rdnr.

1 Allgemeines

1 § 621 b ZPO enthält besondere Regelungen für Familiensachen nach § 621 Abs. 1 Nr. 8 ZPO (Ansprüche aus dem ehelichen Güterrecht). Die Vorschrift deckt sich in der Sache weitgehend mit dem Vorschlag des RegE, dessen § 621 c ZPO dem § 621 b Abs. 3 ZPO entspricht. Die Absätze 1 und 2 des § 621 b ZPO waren im RegE als allgemeine Verfahrensregeln in den dort vorgeschlagenen §§ 253 Abs. 3, 261 b Abs. 4 ZPO vorgesehen (vgl. BT 7/4361 S. 66).

2 § 621 b ZPO trägt dem Umstand Rechnung, daß für güterrechtliche Streitigkeiten, die dem ZPO-Verfahren folgen (§ 621 Abs. 1 Nr. 8 ZPO) ein gespaltenes Verfahren gilt. Wenn Streitigkeiten dieser Art als Folgesachen mit der Scheidungssache (§ 623 ZPO) geltend gemacht werden, gelten für sie die Vorschriften über das Verfahren vor den Landgerichten (§ 624 Abs. 3 ZPO); es besteht Anwaltszwang ohne Rücksicht auf den Wert des Streitgegenstandes (§ 78 Abs. 1 Satz 2 Nr. 2 ZPO). Dasselbe gilt, wenn die güterrechtlichen Streitigkeiten ohne Verbund als andere Familiensachen im Sinne von § 621 Abs. 1 Nr. 8 ZPO betrieben werden, sofern der Wert des Streitgegenstandes die Summe von 3000,– DM übersteigt. Das folgt aus § 621 b Abs. 3 in Verbindung mit § 78 Abs. 1 Satz 2 Nr. 3 ZPO, der für diesen Fall den Anwaltszwang vorsieht. Wird der Wert nicht erreicht, verbleibt es bei den für

das amtsgerichtliche Verfahren geltenden Vorschriften der ZPO; Anwaltszwang besteht nicht (kritisch zu der Konzeption *Bergerfurth* ZRP 1975, 82).

3 Im allgemeinen wird der Anspruch im Sinn von § 621 Abs. 1 Nr. 8 ZPO auf die Zahlung eines *Geldbetrages* gerichtet sein, der den Streitwert bestimmt. Handelt es sich nicht um einen Geldbetrag, bedarf es einer anderweitig abgeleiteten Wertangabe, um die Verfahrensart und die Frage der anwaltlichen Vertretung bestimmen zu können. Das zu sichern, ist der Zweck des § 621 b Abs. 1 ZPO. Es handelt sich um eine Sollvorschrift (anders noch § 253 Abs. 3 ZPO RegE; als Mußvorschrift hätte die fehlende Angabe des Streitwerts zur Unzulässigkeit der Klage geführt, was zutreffend als unangemessen empfunden wurde, vgl. BT 7/4361 S. 66; *Heintzmann* FamRZ 1975, 373).

2 Verfahrensablauf bei güterrechtlichen Ansprüchen (§ 621 b Abs. 2, 78 a ZPO)

4 § 621 b ZPO wird ergänzt durch § 78 a ZPO, der ein kompliziertes besonderes Verfahren vorsieht, um die Frage des Anwaltsprozesses zu klären, die ihrerseits die Verfahrensart (§ 621 b Abs. 3 ZPO) bestimmt. § 78 a ZPO lautet:

§ 78 a

(1) In Familiensachen des § 621 Abs. 1 Nr. 8, die nicht als Folgesachen von Scheidungssachen anhängig gemacht werden, geht das Gericht für den Anwaltsprozeß von den Streitwertangaben in der Klageschrift aus, soweit es nicht anderweitig entscheidet.

(2) Reicht eine Partei im Anwaltsprozeß die Klage ein, ohne ordnungsgemäß vertreten zu sein, so lehnt das Gericht die Terminsbestimmung und die Zustellung der Klage ab.

(3) Ist die Terminsbestimmung nicht abzulehnen, so kann das Gericht bis zum Beginn der mündlichen Verhandlung in der Hauptsache eine von den Angaben in der Klageschrift abweichende Entscheidung zum Anwaltsprozeß treffen. Auf Antrag des Beklagten hat das Gericht hierüber zu entscheiden. Der Antrag kann nur binnen zwei Wochen nach dem Hinweis gemäß § 621 b Abs. 2 gestellt werden; er kann vor der Geschäftsstelle zu Protokoll erklärt werden.

(4) Der Beschluß nach Absatz 3 kann ohne mündliche Verhandlung ergehen. Er ist unanfechtbar und kann durch das Gericht nicht geändert werden. Rechtshandlungen, welche die nicht vertretene Partei vorher vorgenommen hat, bleiben wirksam.

(5) Stellt das Gericht durch Beschluß in der mündlichen Verhandlung fest, daß im Anwaltsprozeß zu verhandeln ist, so hat es zugleich einen neuen Termin zur mündlichen Verhandlung zu bestimmen, wenn eine der Parteien nicht durch einen Rechtsanwalt

vertreten, aber in der Verhandlung anwesend oder durch einen anderen Bevollmächtigten vertreten ist.

(6) Erhöht sich der Wert des Streitgegenstandes infolge einer Änderung oder Erweiterung des Klageantrages auf mehr als dreitausend Deutsche Mark, so gelten die Absätze 3 bis 5 entsprechend. Vermindert sich der Wert des Streitgegenstandes auf einen Betrag von dreitausend Deutsche Mark oder weniger, so wird das Gebot, sich durch Rechtsanwälte vertreten zu lassen, nicht berührt.

(7) Für das Verfahren, das sich an ein Mahnverfahren nach Erhebung des Widerspruchs oder Einlegung des Einspruchs anschließt, gelten die Absätze 1 bis 5 entsprechend.

Danach kann sich das Verfahren wie folgt gestalten:

6 *a)* Wird der güterrechtliche Anspruch *mit* der Scheidungssache als Folgesache geltend gemacht, gilt § 621 b Abs. 1 ZPO. Abs. 2 ist gegenstandslos, da im Verbund uneingeschränkt Anwaltszwang auch für die Folgesachen besteht (§ 78 Abs. 1 Satz 2 Nr. 2 ZPO). § 78 a ZPO ist auf Folgesachen nicht anzuwenden. Im übrigen gelten die §§ 622 ff. ZPO.

7 *b)* Wird der güterrechtliche Anspruch *ohne* Verbund mit der Scheidungssache erhoben, ist der Wert des Streitgegenstandes nach § 621 b Abs. 1 ZPO anzugeben, wenn er nicht in einer Geldsumme besteht. Die Ermittlung des Streitwerts ist Sache des Klägers; evtl. kann er hierfür die Hilfe der Geschäftsstelle in Anspruch nehmen (vgl. *Amtl. Begr.* S. 193). Das Gericht geht zunächst von der Streitwertangabe aus. Zwar soll die Annahme nur »für den Anwaltsprozeß« (§ 78 a Abs. 1 ZPO) gelten, doch hat diese Einschränkung für das Verfahren selbst keine praktische Bedeutung, da die Verfahrensart sich gerade danach bestimmt, ob der Rechtsstreit »als Anwaltsprozeß zu führen ist« (§ 621 b Abs. 3 ZPO). Für die Anwendung des § 78 a Abs. 1 ist es unerheblich, ob der Wert des Streitgegenstandes in einer Geldsumme ausgedrückt werden kann oder nicht.

8 Das Gericht ist nicht gehalten, die Streitwertangabe unbesehen hinzunehmen. Es kann »anderweitig« entscheiden, wobei unterstellt wird, daß insoweit der Streitwert neu auf über 3000,– DM festgesetzt wird. Die Entscheidung kann sich unmittelbar auf den Streitwert beziehen, sie kann auch in der Weise erfolgen, daß das Gericht es ablehnt, Termin zu bestimmen und die Klageschrift zustellen lassen (§ 78 a Abs. 2 ZPO). Gegen diesen Beschluß steht dem Kläger die Beschwerde nach § 567 Abs. 1 ZPO zu (vgl. *Amtl. Begr.* S. 192 m. w. N.). Hat das Gericht die Klage zustellen lassen, ohne Termin zu bestimmen, was nicht selten praktiziert wird (vgl. *Heintzmann* FamRZ 1975, 373), ist § 78 a Abs. 2 ZPO anzuwenden; das Gericht hat die Bestimmung des Termins abzulehnen und die Parteien auf den Anwaltsprozeß hinzuweisen.

9 Geht das Gericht davon aus, daß das Verfahren auf Grund der Streitwertangabe nicht im Anwaltsprozeß zu führen ist, läßt es

die Klage zustellen und belehrt den Beklagten nach § 621 b Abs. 2 ZPO. Die Belehrungspflicht ist nicht auf den in § 621 b Abs. 1 ZPO vorgesehenen Fall beschränkt, daß der Streitgegenstand nicht in einer bestimmten Geldsumme ausgedrückt wird; sie besteht allgemein. Bis zum Beginn der mündlichen Verhandlung in der Hauptsache kann das Gericht von Amts wegen eine anderweitige den Anwaltszwang begründende Entscheidung zum Streitwert treffen (§ 78 a Abs. 3 Satz 1 ZPO). Der Beklagte kann darüber eine Entscheidung des Gerichts erzwingen; den Antrag muß er innerhalb einer Frist von zwei Wochen, gerechnet vom Zeitpunkt der Belehrung, nach § 621 b Abs. 2 ZPO stellen (§ 78 a Abs. 3 Satz 2, 3 ZPO). Ist er versehentlich nicht belehrt worden, läuft die Frist nicht, doch wird sein Antragsrecht mit Beginn der mündlichen Verhandlung in der Hauptsache obsolet, weil das Gericht danach nicht mehr entscheiden darf; die Beschränkung in § 78 a Abs. 3 Satz 1 ZPO gilt auch für die Entscheidung des Gerichts auf Antrag nach § 78 a Abs. 3 Satz 2 ZPO. Mit der Entscheidung nach Absatz 3 ist die Frage des Anwaltsprozesses endgültig geklärt. Der Beschluß ist nicht anfechtbar und nicht abänderbar (§ 78 a Abs. 4 ZPO; vgl. im übrigen eingehend *Heintzmann* FamRZ 1975, 373).

10 Nach § 78 a Abs. 4 Satz 3 ZPO bleiben Rechtshandlungen, die eine nicht ordnungsgemäß vertretene Partei vor dem Beschluß nach Absatz 3 vorgenommen hat, wirksam. Die Wirksamkeit ist also auf die Fälle beschränkt, in denen das Gericht zunächst die Voraussetzungen des Anwaltsprozesses verneint hat (§ 78 a Abs. 3 Satz 1 ZPO: *»Ist die Terminbestimmung nicht abzulehnen, . . .«*). Eine analoge Anwendung des § 78 a Abs. 4 Satz 3 ZPO ist angezeigt, wenn das Gericht die Klage hat zustellen lassen, ohne Termin zu bestimmen und die anderweitige Entscheidung über den Streitwert erst danach getroffen hat (zurückhaltend *Heintzmann* FamRZ 1975, 373). Trifft das Gericht die Entscheidung über den Streitwert erst in der mündlichen Verhandlung, bestimmt es unter den Voraussetzungen des § 78 a Abs. 5 ZPO einen neuen Termin. Sind die Parteien in dem Termin durch Anwälte vertreten, ist eine Verhandlung nicht ausgeschlossen, wenn die allgemeinen Voraussetzungen hierfür vorliegen (insbesondere wenn die Einlassungsfrist gewahrt ist, § 274 Abs. 3 ZPO). Spätere Änderungen des Wertes des Streitgegenstandes haben, wenn die für den Anwaltsprozeß maßgebende Grenze von 3000,– DM unterschritten wird, keinen Einfluß auf den weiteren Ablauf des Verfahrens; es verbleibt beim Anwaltprozeß (§ 78 a Abs. 6 Satz 2 ZPO). Erhöht sich der zunächst 3000,– DM nicht übersteigende Streitwert, sind die Absätze 3–5 des § 78 a ZPO entsprechend anzuwenden (§ 78 a Abs. 6 Satz 1 ZPO). An die Stelle der Klage tritt der die Erhöhung des Streitgegenstandes bewirkende Schriftsatz. Er ist, da § 78 a Abs. 2 ZPO nicht entsprechend anwendbar ist, zuzustellen. Unter § 78 a Abs. 6 ZPO fallen nur Veränderungen des Streitwertes als Folge einer von den Parteien bewirkten Änderung des Streitgegenstandes (*Thomas-Putzo* § 4, 1 a; *Heintzmann* FamRZ 1975, 373).

11 Nach § 621 b Abs. 3 ZPO gelten für einen als Anwaltsprozeß zu führenden Rechtsstreit über güterrechtliche Ansprüche die Vorschriften über das Verfahren vor den Landgerichten entsprechend. Die Regelung entspricht § 608 ZPO. Damit wird die Anwendung der §§ 495 ff. ZPO ausgeschlossen (wegen der Gründe vgl. *Amtl. Begr.* S. 196 und § 608 ZPO).

§ 621 c

§ 317 Abs. 1 Satz 3 ist auf Endentscheidungen in Familiensachen nicht anzuwenden.

Die im 1. EheRG dem § 618 ZPO nachgebildete Vorschrift ist durch Art. 1 Nr. 90 der Vereinfachungsnovelle neu gefaßt worden. Sie trägt dem Umstand Rechnung, daß nunmehr allgemein die Zustellung von Amts wegen vorgesehen ist (§ 317 ZPO). Für Entscheidungen im FGG-Verfahren entspricht das dem geltenden Recht (vgl. § 16 Abs. 2 Satz 1 FGG). Im übrigen vgl. die Ausführungen zu § 618 ZPO.

§ 621 d

(1) Gegen die in der Berufungsinstanz erlassenen Endurteile über Familiensachen des § 621 Abs. 1 Nr. 4, 5, 8 findet die Revision nur statt, wenn das Oberlandesgericht sie in dem Urteil zugelassen hat; § 546 Abs. 1 Satz 2, 3 gilt entsprechend.

(2) Die Revision findet ferner statt, soweit das Berufungsgericht die Berufung als unzulässig verworfen hat.

Überblick Rdnr.

1 Allgemeines

1 § 621 d ZPO behandelt Besonderheiten des Verfahrens der Revision in Familiensachen, die nach ZPO-Regeln abgewickelt werden. Das sind Streitigkeiten über den Unterhalt der Kinder, den Unterhalt der Ehegatten sowie über güterrechtliche Ansprüche (§ 621 Abs. 1 Nr. 4, 5, 8 ZPO). Im RegE war eine eigenständige

Regelung für das Revisionsrecht nicht vorgesehen. Im Laufe des Gesetzgebungsverfahrens hat sich die Auffassung durchgesetzt, daß eine uneingeschränkte Geltung der allgemeinen Vorschriften, die auch eine Anwendung der Regeln über die Annahmerevision eingeschlossen hätte, nicht sachdienlich sei (BT 7/4361 S. 66). § 621 d ZPO gilt für die genannten Familiensachen unabhängig davon, ob sie isoliert oder im Verbund mit einer Ehesache angefochten werden; § 629 a ZPO enthält keine Sonderregelung für diese Familiensachen.

2 Verfahren der Berufung

2 § 621 d ZPO enthält keine Regelung für die Berufung gegen Entscheidungen, die dem ZPO-Verfahren unterliegen. Daraus folgt, daß die Berufung nach allgemeinen Vorschriften zu beurteilen ist (§§ 511 f. ZPO). Abweichend vom bisher geltenden Recht führt der Rechtszug vom Amtsgericht – Familiengericht nicht zum Landgericht, sondern (wie bereits in Kindschaftssachen) unmittelbar zum Oberlandesgericht (§ 119 Nr. 1, 2 GVG i. d. F. des 1. EheRG).

3 Verfahren der Revision

3 Gegen Urteile des Oberlandesgerichts als Berufungsgericht in Familiensachen, die dem ZPO-Verfahren unterliegen, ist das Rechtsmittel der Revision gegeben (§ 133 Nr. 1 GVG). Für Unterhaltssachen i. S. des § 621 Abs. 1 Nr. 4, 5 ZPO ist das eine grundlegende Änderung, da nach bisher geltendem Recht mit der Berufung zum Landgericht die Rechtsmittel erschöpft waren (vgl. dazu *Amtl. Begr.* S. 82). Das Revisionsrecht für die zivilprozessualen Familiensachen ist zum Teil abweichend vom allgemeinen Revisionsrecht geregelt. § 621 d Abs. 1 ZPO geht, wie § 546 ZPO, von der Zulassungsrevision aus. Bei der Verweisung auf § 546 ZPO ist Absatz 1 Satz 1 und Absatz 2 ausgespart. Das bedeutet, daß die Zulassung der Revision in vermögensrechtlichen Streitigkeiten (um solche handelt es sich hier) nicht von einem bestimmten Wert der Beschwer abhängt. Da allein die Zulassung der Revision durch das Oberlandesgericht maßgebend ist, ist die Regelung über die Annahmerevision (§ 554 b ZPO) nicht anwendbar (vgl. BT 7/4361 S. 66).

4 Das Oberlandesgericht hat die Revision zuzulassen, wenn »die Rechtssache grundsätzliche Bedeutung hat, oder das Urteil von einer Entscheidung des Bundesgerichtshofes oder des Gemeinsamen Senats der obersten Gerichtshöfe des Bundes abweicht und auf dieser Abweichung beruht« (§ 546 Abs. 1 Satz 2). Der BGH ist an die Zulassung gebunden (§ 546 Abs. 1 Satz 3 ZPO). Die Entscheidung über die Zulassung ist nicht anfechtbar; das gilt sowohl für die positive als auch für die negative Entscheidung (str. vgl. *BGH* ZZP 1967, 372 mit Anm. v. *Schwab*; abweichend *BGH* MDR

1958, 225; *BGH* NJW 1959, 2262; die Streitfrage dürfte durch die Neufassung des § 546 Abs. 1 Satz 3 ZPO im Gesetz zur Änderung des Rechts der Revision in Zivilsachen vom 8. 7. 75 – BGBl. I S. 1863 – i. S. der hier vertretenen Auffassung erledigt sein, vgl. *Thomas-Putzo* § 546, 5 d). Das Gericht darf seine Entscheidung über die Zulassung nicht abändern.

5 Die Revision ist auch ohne eine Zulassung gegeben, wenn das Berufungsgericht die Berufung als unzulässig verworfen hat (§ 621 d Abs. 2 ZPO). Die Vorschrift entspricht § 547 ZPO.

Im übrigen sind die allgemeinen Vorschriften über das Revisionsverfahren anzuwenden.

4 Verfahren der Beschwerde

6 Besondere Regelungen des Beschwerdeverfahrens für zivilprozessuale Entscheidungen sind nicht vorgesehen (§ 621 e ZPO betrifft FGG-Verfahren). Daraus folgt, daß insoweit die allgemeinen Vorschriften (§§ 567 ff. ZPO) anzuwenden sind. Beschwerdegericht ist das Oberlandesgericht (§ 119 Abs. 1 Nr. 2 GVG).

§ 621 e

(1) Gegen die im ersten Rechtszug ergangenen Endentscheidungen über Familiensachen des § 621 Abs. 1 Nr. 1 bis 3, 6, 7, 9 findet die Beschwerde statt.

(2) In den Familiensachen des § 621 Abs. 1 Nr. 1 bis 3, 6 findet die weitere Beschwerde statt, wenn das Oberlandesgericht sie in dem Beschluß zugelassen hat; § 546 Abs. 1 Satz 2, 3 gilt entsprechend. Die weitere Beschwerde findet ferner statt, soweit das Oberlandesgericht die Beschwerde als unzulässig verworfen hat. Die weitere Beschwerde kann nur darauf gestützt werden, daß die Entscheidung auf einer Verletzung des Gesetzes beruht.

(3) Die Beschwerde wird durch Einreichung der Beschwerdeschrift bei dem Beschwerdegericht eingelegt. Die §§ 516, 517, 519 Abs. 1, 2, §§ 552, 554 Abs. 1, 2, § 577 Abs. 3 gelten entsprechend.

(4) Für die weitere Beschwerde müssen die Beteiligten sich durch einen beim Bundesgerichtshof zugelassenen Rechtsanwalt als Bevollmächtigten vertreten lassen.

Überblick

1 § 621 e ZPO regelt das Beschwerdeverfahren in Familiensachen, die Angelegenheit der Freiwilligen Gerichtsbarkeit sind. Dazu gehören Verfahren über die Regelung der elterlichen Sorge (§ 1671, § 1672), des Verkehrsrechts (§ 1634), der Herausgabe des Kindes (§ 1632), des Versorgungsausgleichs (§§ 1587 ff.) der Ehewohnung und des Hausrats nach der HausratsVO und güterrechtlicher Fragen nach §§ 1382, 1383. Die Vorschrift entspricht weitgehend dem RegE. Absatz 3 ist durch Verweisung auf die Bestimmungen über Berufung und Revision stärker den zivilprozessualen Rechtsmittelvorschriften angeglichen worden (BT 7/4361, S. 67; vgl. auch *Brüggemann* FamRZ 1977, 1).

2 Verfahren der Beschwerde

2 Zur Entscheidung über die Beschwerde gegen Beschlüsse des Familiengerichts, auch in den Fällen des § 621 Abs. 1 Nr. 1 bis 3, 6, 7, 9 ZPO ist das Oberlandesgericht berufen (§ 64 a Abs. 3 FGG in Verbindung mit § 119 Abs. 1 Nr. 2 GVG). Bei dem Rechtsmittel handelt es sich um ein Rechtsmittel der FG. Die Anwendbarkeit einzelner Bestimmungen der ZPO verändert nicht die Qualität der Beschwerde. Das folgt aus der Systematik des § 621 a ZPO. Die Vorschrift geht davon aus, daß dem FGG-Recht der Charakter der allgemeinen Rechtsgrundlage zukommt (zutreffend *Sedemund-Treiber* DRiZ 1976, 331). Auch § 64 a FGG läßt keine generelle Anwendung des Rechtsmittelrechts der ZPO zu (nicht überzeugend die Zweifel von *Heintzmann* FamRZ 1975, 373; vgl. auch *Amtl. Begr.* S. 205). § 621 e ZPO läßt daher einschränkende Vorschriften des FGG unberührt, z. B. über die Beschwerdeberechtigung (§§ 20, 57, 59 FGG) oder den Mindestwert der Beschwer nach § 14 HausratsVO (*Amtl. Begr.* S. 206). Die Beschwerde wird schriftlich beim Beschwerdegericht eingelegt (§ 621 e Abs. 3 Satz 1 ZPO; anders § 21 FGG, § 569 Abs. 1 ZPO; vgl. aber auch § 129 a ZPO, der durch die Vereinfachungsnovelle eingefügt worden ist, dazu vgl. *Brüggemann* FamRZ 1977, 1). Es besteht, wie nach bisher geltendem Recht, kein Anwaltszwang (vgl. *Amtl. Begr.* S. 85; *Bergerfurth* ZRP 1975, 82). Sie ist innerhalb der für die Berufung maßgebenden Notfrist von einem Monat einzulegen (§ 516 ZPO). Damit soll ein Gleichlauf mit den dem ZPO-Verfahren folgenden Familiensachen erreicht werden; bei den verbundenen Familiensachen (§ 623 ZPO) ist ein Gleichlauf Voraussetzung für die Praktikabilität des Verbundes. Aus dem Berufungsrecht der ZPO sind auf Grund der Verweisung in § 621 e Abs. 3 Satz 2 ZPO außerdem § 517 ZPO (neue Beschwerdefrist bei Ergänzung der Entscheidung) und § 519 Abs. 1, 2 ZPO (Beschwerdebegründung und Begründungsfrist) anwendbar.

3 Verfahren der weiteren Beschwerde (§§ 621 e Abs. 2, 4 ZPO)

3 Die weitere Beschwerde in FGG-Angelegenheiten eröffnet den Rechtszug zum BGH. Nach bisher geltendem Recht konnte der BGH nur auf Vorlage durch ein OLG nach § 28 Abs. 2 FGG entscheiden. Die weitere Beschwerde ist nur in den Familiensachen des § 621 Abs. 1 Nr. 1–3 (Entscheidungen in Kindschaftssachen) und Nr. 6 (Entscheidungen über den Versorgungsausgleich, vgl. aber die Einschränkungen in § 53 g Abs. 2 FGG) gegeben. In den anderen Fällen (Angelegenheiten nach der HausratsVO und güterrechtliche Entscheidungen nach §§ 1382, 1383) ist sie nicht zu-
4 gelassen. Die Möglichkeit, eine Entscheidung des BGH durch Vorlage des OLG nach § 28 Abs. 2 FGG zu erwirken, ist nunmehr auch in den Fällen, in denen die weitere Beschwerde nicht gegeben ist, ausgeschlossen. Denn § 28 Abs. 2 FGG setzt voraus, daß das OLG eine Entscheidung als dritte Instanz (auf weitere Beschwerde) zu treffen hat. Nachdem der Rechtszug in Familiensachen unmittelbar zum OLG führt, entscheidet es auf die Erstbeschwerde. Eine entsprechende Anwendung des § 28 Abs. 2 FGG dürfte nicht in Betracht kommen, jedenfalls liegen keine Anhaltspunkte vor, daß die getroffene Rechtsänderung nicht gewollt war.

5 Die weitere Beschwerde bedarf der Zulassung durch das OLG in dem Beschluß. Die Zulassungsvoraussetzungen und die Bindungswirkungen sind dieselben wie im Fall der Revision (§ 621 e Abs. 2 Satz 1, § 546 Abs. 1 Satz 2, 3 ZPO, grundsätzliche Bedeutung der Rechtssache, oder wenn das OLG von einer Entscheidung des BGH oder des gemeinsamen Senats der Obersten Gerichtshöfe abweichen will). Wie im Fall der Revision (§ 621 d Abs. 2 ZPO) ist die weitere Beschwerde ohne die einschränkende Voraussetzung zulässig, wenn das OLG die Erstbeschwerde als unzulässig verworfen hat (§ 621 e Abs. 2 Satz 2 ZPO). Die weitere Beschwerde ist (so auch § 27 FGG) eine Rechtsbeschwerde (§ 621 e Abs. 2 Satz 3 ZPO); die Parteien müssen durch einen beim BGH zugelassenen Anwalt vertreten sein (§ 621 e Abs. 4 ZPO). Durch die Verweisung auf die §§ 552, 554 Abs. 1, 2 ZPO in § 621 e Abs. 3 ZPO wird die Einleitung des Verfahrens der weiteren Beschwerde dem Revisionsverfahren angeglichen.

6 Die weitere Verweisung auf § 577 Abs. 3 ZPO trägt dem Umstand Rechnung, daß die Beschwerde nach § 621 e ZPO (obwohl sie befristet ist) keine sofortige Beschwerde im technischen Sinne ist. Das Verbot der Abänderung der eigenen Entscheidung bedarf daher einer ausdrücklichen Regelung (vgl. auch § 18 Abs. 2 FGG).

Die Befugnis des Familiengerichts, seine Entscheidung wegen gewandelter Verhältnisse zu ändern, wird durch die Verweisung auf § 577 Abs. 3 ZPO nicht berührt (vgl. *Stein-Jonas-Schlosser* § 621 e, 13).

(1) In einer Familiensache des § 621 Abs. 1 Nr. 1 bis 3, 6 bis 9 kann das Gericht auf Antrag durch einstweilige Anordnung die Verpflichtung zur Leistung eines Kostenvorschusses für dieses Verfahren regeln.

(2) Die Entscheidung nach Absatz 1 ist unanfechtbar. Im übrigen gelten die §§ 620 a bis 620 g entsprechend.

1 Die im RegE nicht vorgesehen gewesene Vorschrift (vgl. BT 7/4361 S. 67) ergänzt § 127 a ZPO (Prozeßkostenvorschuß für die Geltendmachung von Unterhaltsansprüchen) und § 620 Satz 1 Nr. 9 ZPO (Prozeßkostenvorschuß für die Geltendmachung einer Ehesache). § 621 f ZPO regelt die Prozeßkostenvorschußpflicht in Kindschaftssachen nach §§ 1671, 1672, 1632, 1634, für Ansprüche aus dem Versorgungsausgleich, Angelegenheiten nach der HausratsVO sowie güterrechtliche Ansprüche der Ehegatten gegeneinander (§ 621 Abs. 1 Nr. 1–3 und 6–9 ZPO).

2 § 621 f ZPO gilt nicht nur, wenn die angeführten Familiensachen mit der Scheidungssache als Folgesachen anhängig sind, sondern auch, wenn sie isoliert geltend gemacht werden. Das kann vor oder nach der Scheidung sein, auch die Änderungsverfahren fallen darunter, wenn sie den Gegenstand der Familiensache betreffen (z. B. § 1696).

3 § 621 f ZPO ist, wie die angeführten Parallelbestimmungen, eine reine Verfahrensvorschrift (vgl. Rdnr. 50 zu § 620 ZPO). Der Gesetzgeber hat mit der Einführung des § 621 f ZPO keine neuen materiellrechtlichen Ansprüche schaffen wollen (BT 7/4361 S. 67). Als materielle Grundlage kommt während Bestehen der Ehe § 1360 a Abs. 4 in Betracht. Für Rechtsbeziehungen geschiedener Ehegatten wird die Verpflichtung, Prozeßkostenvorschuß zu leisten, nur mit großer Zurückhaltung beurteilt (vgl. Rdnr. 36 zu § 1360 a). Sie läßt sich als nachwirkende Verpflichtung aus der ehelichen Lebensgemeinschaft rechtfertigen. Vorausgesetzt werden muß ein Bezug zur früheren Ehe. In aller Regel wird er sich aus der Natur der Familiensache ergeben. Die Prozeßkostenvorschußpflicht nach § 621 f ZPO ist nicht auf Streitigkeiten der geschiedenen Ehegatten untereinander beschränkt, da auch Dritte an einem Verfahren in einer der genannten Familiensachen beteiligt sein können, z. B. das Kind als Beschwerdeberechtigter. Auch insoweit kommt die Regelung der Prozeßkostenvorschußpflicht in Betracht, wenn die materiellrechtlichen Beziehungen einen Anspruch auf Prozeßkostenvorschuß tragen (BT 7/4361 S. 67).

4 Auf die einstweilige Anordnung nach § 621 f ZPO finden im übrigen die für einstweilige Anordnungen im Eheverfahren geltenden Vorschriften entsprechende Anwendung (§ 621 f Abs. 2 ZPO, §§ 620 a–620 g ZPO).

5 Die Entscheidungen nach § 621 f ZPO sind unanfechtbar, doch kann eine Partei eine erneute Entscheidung (§ 620 b Abs. 2 ZPO)

begehren, wenn der Erstbeschluß ohne mündliche Verhandlung ergangen ist. Im übrigen läßt sich die Unanfechtbarkeit nur mit der fehlenden materiellen Rechtskraft des Anordnungsschlusses rechtfertigen, wodurch eine nachträgliche Rückforderung des vorgeschossenen Betrages nicht ausgeschlossen ist. Dafür gelten die zu § 1360 a Abs. 4 ZPO entwickelten Grundsätze (vgl. Rdnr. 52 ff. zu § 1360 a).

Dritter Titel
Scheidungs- und Folgesachen

§ 622

(1) Das Verfahren auf Scheidung wird durch Einreichung einer Antragsschrift anhängig.

(2) Die Antragsschrift muß vorbehaltlich des § 630 Angaben darüber enthalten, ob

1. gemeinschaftliche minderjährige Kinder vorhanden sind,
2. Ein Vorschlag zur Regelung der elterlichen Gewalt unterbreitet wird,
3. Familiensachen der in § 621 Abs. 1 bezeichneten Art anderweitig anhängig sind.

Im übrigen gelten die Vorschriften über die Klageschrift entsprechend.

(3) Bei der Anwendung der allgemeinen Vorschriften treten an die Stelle der Bezeichnungen Kläger und Beklagter die Bezeichnungen Antragsteller und Antragsgegner.

1 Das Scheidungsverfahren wird – abweichend vom bisher geltenden Recht – nicht mehr durch Klage eingeleitet, sondern durch eine Antragsschrift. Damit soll die veränderte Parteistellung der Ehegatten, insbesondere im Fall der unstreitigen Scheidung (§ 1566 BGB), zum Ausdruck gebracht werden. Die Bedeutung der Änderung ist ebenso gering wie der Wechsel der Bezeichnungen Kläger – Beklagter in Antragsteller und Antragsgegner (§ 622 Abs. 3 ZPO). Zu den praktischen Schwierigkeiten, die sich aus der neuen Terminologie, insbesondere im Fall der Widerklage und im Rechtsmittelzug ergeben, vgl. *Brüggemann* FamRZ 1977, 1.

Das Scheidungsverfahren wird durch Einreichung einer Antragsschrift anhängig (Abs. 1).

2 Das materielle Scheidungsrecht geht davon aus, daß ein Scheidungsverfahren nichtkontradiktorisch betrieben werden kann, und beide Parteien übereinstimmend die Scheidung beantragen können (§§ 1564 Abs. 1, 1566 Abs. 1). Daraus ist wohl zu folgern, daß es genügt, wenn die Parteien gemeinsam eine Antragsschrift einreichen (nicht eindeutig *Amtl. Begr.* S. 91).

3 Welche Konsequenzen daraus für den Eintritt der Rechtshängigkeit zu ziehen sind, ist zweifelhaft. Die Rechtshängigkeit der

Scheidungssache ist nach allgemeinen Vorschriften zu beurteilen. Sie tritt ein mit der Zustellung der Antragsschrift an den Antragsgegner (§ 253 Abs. 1 ZPO). Die Notwendigkeit einer wechselseitigen Zustellung einer gemeinsam eingereichten Antragsschrift mit gleichlautendem Begehren ist nicht sehr einleuchtend. Man könnte den Zugang der gemeinsamen Antragsschrift bei Gericht genügen lassen. Mangels einer ausdrücklichen gesetzlichen Anpassung der prozessualen Regeln an den materiellrechtlichen Ansatz bei der unstreitigen Scheidung wird man gleichwohl von den geltenden formalen Bestimmungen ausgehen müssen. Deshalb ist eine Ausfertigung der gemeinsamen Antragsschrift dem jeweils anderen Ehegatten zuzustellen (vgl. *Amtl. Begr.* S. 214).

4 Form und Inhalt der Antragsschrift entsprechen weitgehend der Klageschrift. § 253 ZPO findet mit Ausnahme des Absatzes 3, der für die Streitwertberechnung im Scheidungsverfahren ohne Bedeutung ist, Anwendung einschließlich der Vorschriften über die vorbereitenden Schriftsätze (§ 253 Abs. 4 i. V. m. §§ 130 bis 133 ZPO). Die Antragsschrift muß außerdem enthalten:

5 a) Angaben darüber, ob minderjährige Kinder vorhanden sind; das ist von Bedeutung für die Einleitung des Verfahrens nach § 621 Abs. 1 Nr. 1 ZPO – Regelung der elterlichen Sorge –, die von Amts wegen erfolgt (§ 623 Abs. 3 ZPO).

6 b) Mitteilung, ob ein Vorschlag zur Regelung der elterlichen Gewalt unterbreitet wird; gemeint ist in erster Linie, ob ein gemeinsamer Vorschlag gemacht wird, der nach § 1671 Abs. 2 die materiellrechtliche Entscheidungsgrundlage verschiebt.

7 c) Angaben über bereits anhängige Familiensachen; im ersten Rechtszug anhängige Familiensachen werden von Amts wegen an das Gericht der Ehesache verwiesen oder abgegeben (§ 621 Abs. 3 ZPO); das Gericht kann die Überleitung auf Grund der Mitteilung in der Antragsschrift veranlassen.

Weitere Mitteilungen sind notwendig, wenn die Ehegatten eine unstreitige Scheidung begehren (§ 630 ZPO).

§ 623

(1) Soweit in Familiensachen des § 621 Abs. 1 eine Entscheidung für den Fall der Scheidung zu treffen ist und von einem Ehegatten rechtzeitig begehrt wird, ist hierüber gleichzeitig und zusammen mit der Scheidungssache zu verhandeln und, sofern dem Scheidungsantrag stattgegeben wird, zu entscheiden (Folgesachen). Wird bei einer Familiensache des § 621 Abs. 1 Nr. 8 ein Dritter Verfahrensbeteiligter, so wird diese Familiensache abgetrennt.

(2) Das Verfahren muß bis zum Schluß der mündlichen Verhandlung erster Instanz in der Scheidungssache anhängig gemacht sein. Satz 1 gilt entsprechend, wenn die Scheidungssache nach § 629 b an das Gericht des ersten Rechtszuges zurückverwiesen ist.

(3) Für die Regelung der elterlichen Gewalt über ein gemeinschaftliches Kind und für die Durchführung des Versorgungsausgleichs in den Fällen des § 1587 b des Bürgerlichen Gesetzbuchs bedarf es keines Antrags. Eine Regelung des persönlichen Verkehrs mit dem Kinde soll im allgemeinen nur ergehen, wenn ein Ehegatte dies anregt.

(4) Die vorstehenden Vorschriften gelten auch für Verfahren, die nach § 621 Abs. 3 an das Gericht der Ehesache übergeleitet worden sind, soweit eine Entscheidung für den Fall der Scheidung zu treffen ist.

Überblick

1 Verhandlungs- und Entscheidungskonzentration (Verbund)

1 § 623 ZPO, eine zentrale Vorschrift des neuen Verfahrensrechts in Ehesachen, regelt die Verhandlungs- und Entscheidungskonzentration der Scheidungssache mit Familiensachen i. S. des § 621 Abs. 1 ZPO. Dieser Verbund ist nicht möglich im Verfahren über

andere Ehesachen wie die Nichtigkeits- oder Aufhebungsklage. Er kommt nur in Betracht für Familiensachen, mit denen eine Entscheidung *für den Fall der Scheidung* angestrebt wird. Familiensachen, die eine Regelung für die Dauer des Getrenntlebens zum
2 Gegenstand haben (z. B. nach § 1672), scheiden aus. Dasselbe gilt, wenn ein Ehegatte eine Entscheidung in einer Familiensache für den Fall der Abweisung der Scheidungssache begehrt, z. B. Unterhalt nach § 1361; das Verfahren ist als isolierte Familien-
3 sache zu behandeln. § 623 ZPO setzt nicht voraus, daß die Wirkungen der Entscheidung in der Familiensache unmittelbar an den Zeitpunkt der Scheidung anschließen; auch ein späterer Zeitpunkt kommt in Betracht, z. B. wenn ein Unterhaltsanspruch erst zu einem späteren Zeitpunkt entsteht. Voraussetzung ist, daß der Gegenstand der Verurteilung zu einer solchen künftigen Leistung konkretisierbar ist.

4 Der Verbund tritt kraft Gesetzes ein. Einer gerichtlichen Entscheidung bedarf es nicht. Eine Abtrennung ist nur in den gesetzlich vorgesehenen Fällen möglich; § 145 ZPO findet keine Anwendung. Zur Frage der Zulässigkeit und Anfechtbarkeit von Zwischenentscheidungen über eine Abtrennung vgl. § 628 ZPO.

5 Folgesachen werden nach den für den jeweiligen Gegenstand geltenden Vorschriften anhängig gemacht. Die abweichende Auffassung von *Stein-Jonas-Schlosser* § 623, 9, der § 253 ZPO für unanwendbar hält und weder einen bestimmten Antrag noch Angaben zum Antragsgrund für notwendig erachtet, überzeugt nicht. § 623 ZPO faßt die Verfahren zur gemeinsamen Verhandlung und Entscheidung zusammen, er nimmt ihnen aber nicht die Qualität einer eigenen Sache.

1.1 Eintritt des Verbundes

6 Die Voraussetzungen, unter denen der Verbund eintritt, sind den §§ 621, 623 ZPO zu entnehmen. Nicht eindeutig ist, ob der spätere Wegfall einer oder mehrerer Voraussetzungen für das Entstehen des Verbundes diesen zum Erlöschen bringt (vgl. Rdnr. 8 ff). Der Begriff der Folgesachen wird als Legaldefinition für solche Familiensachen angeführt, über die im Verbund zu entscheiden ist (§ 623 Abs. 1 Satz 1 ZPO). Ob eine getrennt zu behandelnde Familiensache den Charakter einer Folgesache nach der Abtrennung behalten kann, ist fraglich (vgl. Rdnr. 9).

1.2 Einheitliche Zuständigkeit

6a Nach dem Wortlaut des § 623 ZPO kann der Verbund nur entstehen, wenn die Scheidungssache und mindestens eine Familiensache bei demselben Gericht anhängig werden (Blomeyer FamRZ 1972, 432; Hagena FamRZ 1975, 379). Soweit die Verfahren nicht von Amts wegen anhängig sind, bedarf es des Antrags einer Partei. Die vorausgesetzte einheitliche Zuständigkeit ist nach § 621 Abs. 2, 3 ZPO zu beurteilen (vgl. dazu Rdnr. 12 ff. zu § 621 ZPO).

6b Die Familiensache muß, um im Verbund behandelt und entschieden zu werden, rechtzeitig anhängig sein. Dast ist der Fall, wenn sie bis zum Schluß der mündlichen Verhandlung in erster Instanz in der Scheidungssache anhängig »gemacht« ist (§ 623 Abs. 2 Satz 1 ZPO). Der Wortlaut ist, ebenso wie der entsprechende Teil der Definition der Folgesache in Absatz 1 (»von einem Ehegatten rechtzeitig begehrt wird«) ungenau. Über die Regelung der elterlichen Gewalt nach § 1671 und den Versorgungsausgleich nach § 1587 ff. entscheidet das Gericht, ohne daß es eines Antrags bedürfte. Diese Familiensachen sind daher, wenn sie bei demselben Gericht anhängig sind oder es werden (§ 621 Abs. 3 ZPO) Folgesachen kraft Gesetzes. Dasselbe gilt für das Verfahren über das Verkehrsrecht nach § 1634, wenn das Gericht ausnahmsweise eine Entscheidung von Amts wegen für sachdienlich hält. In den anderen Fällen hängt es von den Parteien ab, ob die Familiensache anhängig wird. Veranlassen sie das nicht bis zum Schluß der mündlichen Verhandlung der Scheidungssache in der ersten Instanz, kommt ein Verbund nicht zustande. Eine einheitliche Verhandlung und Entscheidung im Verbund ist dagegen wieder möglich, wenn die Scheidungssache aufgehoben und an das Gericht der ersten Instanz zurückverwiesen wird (§ 623 Abs. 2 Satz 1 ZPO). § 623 Abs. 3 Satz 2 ZPO ist Ausdruck eines allgemeinen Grundsatzes. Seine entsprechende Anwendung dürfte daher in anderen Fällen geboten sein, in denen die ursprünglich getrennten Verfahren der Ehescheidung und einer Familiensache zusammentreffen. Die Vorschrift regelt nur den Fall, daß die Ehesache auf dem Umweg über die zweite Instanz wieder auf die Familiensache trifft. Denkbar ist auch, daß die Familiensache die Scheidungssache in der zweiten Instanz einholt, so wenn sie zu spät geltend gemacht worden ist, um in den Verbund zu kommen, aber in die Rechtsmittelinstanz gelangt, bevor über die Ehesache abschließend verhandelt worden ist (vgl. *Hagena* FamRZ 1975, 379).

1.4 Ausnahmen vom Entscheidungsverbund

7 Bei gleichzeitiger Anhängigkeit der Scheidungssache und einer Familiensache tritt der Verbund nicht ein,
a) wenn die Familiensache nach dem Schluß der mündlichen Verhandlung in der Scheidungssache anhängig gemacht wird,
b) wenn die Familiensache zu dem Zeitpunkt, in dem die Scheidungssache rechtshängig wird, nicht mehr in der ersten Instanz anhängig ist.

Soweit ein Verbund nicht entsteht, kann die Familiensache isoliert fortgeführt werden. Häufig wird es sich um eine Familiensache handeln, die zunächst nicht »für den Fall der Scheidung« eröffnet worden ist, und die nach Verweisung umzustellen gewesen wäre. Unterbleibt der Verbund, kann jede Partei vor dem Gericht der Scheidungssache ein »für den Fall der Scheidung« vorgesehenes Parallelverfahren eröffnen, z. B. einen Unterhaltsanspruch nach § 1570 gelten machen, nachdem in der isolierten Familiensache ein Anspruch nach § 1361 anhängig war. Zum Verhältnis dieser Verfahren zueinander vgl. Rdnr. 2 ff. zu § 621 ZPO.

2 Fortdauer und Auflösung des Verbundes

8 In dem vom Gesetz angestrebten Idealfall soll der Verbund zu einer einheitlichen Verhandlung und Entscheidung aller anhängigen Familensachen führen. Das Verfahren wird nicht selten einen anderen Verlauf nehmen. »Störungen« im Verbund können eintreten:

2.1 Vorabentscheidung über die elterliche Gewalt (§ 627 ZPO)

8a Bei der Vorabentscheidung nach § 627 ZPO handelt es sich um eine Teilentscheidung. Das Verfahren wird vorübergehend aus dem Verbund gelöst, die Scheidungssache und die anderen Folgesachen »warten« auf das Ergebnis in der Kindschaftssache. Vorher wird über sie nicht entschieden. Die Entscheidung in der Kindschaftssache wird vor der Rechtskraft des Scheidungsurteils nicht wirksam. Es enthält keine eigene Kostenentscheidung (vgl. BT 7/4361 S. 61), diese bleibt dem Schlußurteil vorbehalten. Daraus folgt, daß man, ungeachtet der Vorabentscheidung, davon ausgehen kann, daß die Wirkungen des Verbundes erhalten bleiben (vgl. Rdnr. 9, 17).

2.2 Vorabentscheidung über die Scheidungssache nach § 628 ZPO

8b Bei der Abtrennung einer Folgesache und der Vorabentscheidung nach § 628 ZPO wird die Scheidungssache (evtl. mit den nicht abgetrennten Folgesachen) fortgeführt, als sei die abgetrennte Familiensache nicht anhängig. Es ergeht kein Teilurteil (a. A. *Stein-Jonas-Schlosser* § 628, 7), sondern ein normales abschließendes Urteil mit eigener abschließender Kostenentscheidung; bei der Streitwertberechnung (vgl. § 19 a GKG) bleibt die abgetrennte Familiensache außer Ansatz, sie wird kostenrechtlich aus dem Verbund entlassen. Das ergibt sich aus § 93 a Abs. 1 Satz 2, 2. Halbsatz ZPO, der im übrigen einen Sinn nur erhält, wenn man davon ausgeht, daß die abgetrennte Familiensache jeden Zusammenhang mit den verbundenen Verfahren verliert (davon ist bei der Neufassung des § 93 a ZPO im RA ausgegangen worden (vgl. BT 7/4361 S. 61). Für die Annahme von *K. H. Schwab* (FamRZ 1976, 658, 659), »in allen Fällen der Lösung des Verbundes nach § 628 I ZPO« bleibe es »für die Kosten bei der einheitlichen Entscheidung« fehlen hinreichende Anhaltspunkte (vgl. auch Rdnr. 17, 18).

2.3 Abtrennung güterrechtlicher Streitigkeiten nach § 623 Abs. 1 Satz 2 ZPO

8c Die Abtrennung des Rechtsstreits über den Anspruch aus dem ehelichen Güterrecht i. S. von § 621 Abs. 1 Nr. 8 ZPO wegen der Beteiligung Dritter führt zu denselben Rechtsfolgen wie im Fall der Abtrennung einer Folgesache i. S. von § 628 ZPO (vgl. Rdnr.

8b). Auch hier wird die Scheidungssache völlig unabhängig von der Folgesache fortgeführt, es ergeht kein Teilurteil. Jede der Entscheidungen enthält einen selbständigen Kostenausspruch, eine Zusammenrechnung der Streitwerte findet nicht statt (vgl. BT 7/4361 S. 61 und Rdnr. 17, 18).

2.4 Rechtnatur der abgetrennten Folgesachen

9 Ob die abgetrennte Familiensache ihren Charakter als Folgesache behalten kann, ist in den Fällen des § 623 Abs. 2 Satz 2 und § 628 ZPO fraglich. Die isoliert zu behandelnden Verfahren haben nichts mehr von dem, was das Wesen einer Folgesache ausmacht (kein Verbund, keine einheitliche Kostenentscheidung, kein zusammengerechneter Streitwert). Was bleibt, ist der Anwaltszwang, der ohnehin nur im Rahmen des Verbundes als angezeigt angesehen wird; in den nicht verbunden gewesenen Familiensachen ist der Anwaltzwang nicht allgemein vorgesehen. Gleichwohl wird angenommen, daß die abgetrennten Folgesachen Folgesachen bleiben (*K. H. Schwab* FamRZ 1976, 658; *Sedemund-Treiber* DRiZ 1976, 331; *Stein-Jonas-Schlosser* § 628, 7; nicht eindeutig bei *Vogel* FamRZ 1976, 481, 490; vgl. ergänzend Rdnr. 18, 19 zu § 628).

2.5 Der Verbund in der Rechtsmittelinstanz

10 Die Anwendung des § 623 ZPO ist nicht auf das Verfahren in der ersten Instanz begrenzt; der Verbund ist in allen Rechtszügen möglich. Die Annahme *Hagenas* (FamRZ 1975, 379), § 623 ZPO könne insoweit allenfalls entsprechend angewendet werden, ist unzutreffend. § 623 ZPO enthält keinerlei Einschränkungen, die eine Begrenzung der Anwendung auf einen bestimmten Rechtszug erkennen ließen (*Sedemund-Treiber* DRiZ 1976, 331). Sie ergibt sich auch nicht aus dem Sachzusammenhang. Die Einschränkung in § 623 Abs. 2 ZPO regelt nur eine Ausnahme vom Verbund für verspätet anhängig gemachte Verfahren. Daraus läßt sich eine Zuordnung der gesamten Regelung zur ersten Instanz nicht ableiten (vgl. *Amtl. Begr.* S. 88: *»Für den Verbund in der Rechtsmittelinstanz gelten die gleichen Regeln wie im ersten Rechtszug«*). Auch aus § 629 a Abs. 2 Satz 2 ZPO folgt zwingend die Anwendbarkeit der Regeln über den Verbund für das Rechtsmittelverfahren. Denn ist § 623 ZPO in der Rechtsmittelinstanz anwendbar, wenn die Rechtsmittel in der Scheidungssache und der Folgesache nacheinander getrennt eingelegt werden, dann muß das erst recht gelten, wenn die Anfechtung einheitlich erfolgt.

2.6 Der Verbund von Familiensachen ohne die Scheidungssache

11 Der Verbund setzt voraus, daß die Scheidungssache und mindestens eine Familiensache bei demselben Gericht anhängig sind (*Blomeyer* FamRZ 1972, 432; *Hagena* FamRZ 1975, 379). Ob mehrere Familiensachen ohne die Scheidungssache einen Verbund bilden können, z. B. wenn die Scheidungssache und die Folgesache in verschiedenen Rechtszügen anhängig sind, ist zweifelhaft (für

einen Verbund *Sedemund-Treiber* DRiZ 1976, 331). Ist eine Familiensache, aus welchen Gründen auch immer, in den Verbund nicht einbezogen, so hat das keinen Einfluß auf den bestehenden Verbund im übrigen. § 628 Abs. 1 Satz 2 ZPO, der einen Anwendungsfall aus diesem Bereich regelt, ist Ausdruck eines allgemeinen Grundsatzes (vgl. BT 7/4361 S. 69).

2.7 Der Verbund bei Zusammentreffen von Scheidungsantrag und Aufhebungsklage

12 Treffen Scheidungsantrag und Aufhebungsklage zusammen und wird die Aufhebung der Ehe nicht nur hilfsweise begehrt, ist nur auf Aufhebung der Ehe zu erkennen (vgl. Rdnr. 2 zu § 610 ZPO). Das Verfahren über die Aufhebung der Ehe kann einen Verbund mit anderen Familiensachen nicht eingehen; die §§ 622 ff. ZPO gelten insoweit nicht. Der Vorrang der Aufhebungsklage legt es nahe, über die Folgesachen erst zu verhandeln, wenn die Aufhebungsklage entscheidungsreif zur Abweisung ist. Das gilt insbesondere für die von Amts wegen einzuleitenden Folgesachen, wenn ein Antrag der Parteien fehlt. Ein »vorläufiger Verhandlungsverbund« (Bergerfurth FamRZ 1976, 581, 582) kann Kosten entstehen lassen, deren Anlaß sich nachträglich als gegenstandslos erweisen kann.

3 Gleichzeitige Verhandlung

13 Über die Scheidungssache und die Folgesachen ist gleichzeitig zu verhandeln. Das schließt nicht aus, daß das Gericht über einzelne Folgesachen zeitlich gesondert verhandelt; auch eine abgesonderte Beweisaufnahme ist möglich. Es ist auch nicht notwendig, daß das Gericht in jedem Termin zur mündlichen Verhandlung die Scheidungssache und alle Folgesachen tatsächlich verhandelt. Zur Frage der einheitlichen Entscheidung vgl. Ausführungen unter § 629 ZPO. Das Verfahren selbst beurteilt sich, soweit nichts Besonderes vorgesehen ist, nach den für die jeweilige Angelegenheit geltenden allgemeinen Vorschriften.

4 Anwaltszwang für Folgesachen

14 Familiensachen nach § 621 Abs. 1 ZPO, die als Folgesachen mit einer Scheidungssache betrieben werden, unterliegen ohne Rücksicht auf die Höhe des Streitwerts dem Anwaltszwang (§ 78 Abs. 1 Satz 2 Nr. 2 ZPO). Ob der Anwaltszwang fortbesteht, wenn eine Folgesache abgetrennt wird, ist zweifelhaft (vgl. Rdnr. 9).

5 Kosten des Verfahrens

5.1 Allgemeines

15 Die Kostenregelung für die Scheidungssache und die Folgesachen enthält § 93 a ZPO. Die Vorschrift, die eine Fortentwicklung der bisherigen, für die Scheidung ohne Verschulden maßgebenden Regelung (§ 93 a ZPO a. F.) darstellt, hat folgenden Wortlaut:

§ 93 a

(1) Wird auf Scheidung einer Ehe erkannt, so sind die Kosten der Scheidungssache und der Folgesachen, über die gleichzeitig entschieden wird oder über die nach § 627 Abs. 1 vorweg entschieden worden ist, gegeneinander aufzuheben; die Kosten einer Folgesache sind auch dann gegeneinander aufzuheben, wenn über die Folgesache infolge einer Abtrennung nach § 628 Abs. 1 Satz 1 gesondert zu entscheiden ist. Das Gericht kann die Kosten nach billigem Ermessen anderweitig verteilen, wenn eine Kostenverteilung nach Satz 1 einen der Ehegatten in seiner Lebensführung unverhältnismäßig beeinträchtigen würde oder wenn eine solche Kostenverteilung im Hinblick darauf als unbillig erscheint, daß ein Ehegatte in Folgesachen der in § 621 Abs. 1 Nr. 4, 5, 8 bezeichneten Art ganz oder teilweise unterlegen ist. Haben die Parteien eine Vereinbarung über die Kosten getroffen, so kann das Gericht sie ganz oder teilweise der Entscheidung zugrunde legen.

(2) Wird ein Scheidungsantrag abgewiesen, so hat der Antragsteller auch die Kosten der Folgesachen zu tragen, die infolge der Abweisung gegenstandslos werden; dies gilt auch für die Kosten einer Folgesache, über die infolge einer Abtrennung nach § 623 Abs. 1 Satz 2 oder nach § 628 Abs. 1 Satz 1 gesondert zu entscheiden ist. Das Gericht kann die Kosten anderweitig verteilen, wenn eine Kostenverteilung nach Satz 1 im Hinblick auf den bisherigen Sach- und Streitstand in Folgesachen der in § 621 Abs. 1 Nr. 4, 5, 8 bezeichneten Art als unbillig erscheint.

(3) Wird eine Ehe aufgehoben oder für nichtig erklärt, so sind die Kosten des Rechtsstreits gegeneinander aufzuheben. Das Gericht kann die Kosten nach billigem Ermessen anderweitig verteilen, wenn eine Kostenverteilung nach Satz 1 einen der Ehegatten in seiner Lebensführung unverhältnismäßig beeinträchtigen würde oder wenn eine solche Kostenverteilung im Hinblick darauf als unbillig erscheint, daß bei der Eheschließung ein Ehegatte allein in den Fällen der §§ 30 bis 32 des Ehegesetzes die Aufhebbarkeit oder die Nichtigkeit der Ehe gekannt hat oder ein Ehegatte durch arglistige Täuschung oder widerrechtliche Drohung seitens des anderen Ehegatten oder mit dessen Wissen zur Eingehung der Ehe bestimmt worden ist.

(4) Wird eine Ehe auf Klage des Staatsanwalts oder im Falle des § 20 des Ehegesetzes auf Klage des früheren Ehegatten für nichtig erklärt, so ist Absatz 3 nicht anzuwenden.

16 Mit der Neufassung des § 93 a ZPO ist der Grundsatz, daß der im Rechtsstreit unterlegene Teil die Kosten des Verfahrens zu tragen hat, für die (erfolgreiche) Scheidungssache uneingeschränkt und für die Folgesachen im Prinzip aufgegeben worden. Das gilt auch, wenn das Scheidungsverfahren kontradiktorisch geführt worden ist. Bei klageabweisenden Entscheidungen gelten die allgemeinen Vorschriften; der Antragsteller hat die Kosten der Scheidungssache zu tragen (§ 91 ZPO).

5.2 Anwendungsbereich

17 Die einheitliche Kostenentscheidung nach § 93 a Abs. 1 ZPO umfaßt die Scheidungssache und die verbundenen Familiensachen (Folgesachen). Außerdem wird aus dem Kreis der nicht (mehr) verbundenen Familiensachen die Vorabentscheidung über die elterliche Gewalt nach § 627 Abs. 1 ZPO einbezogen. Daraus folgt, daß die Entscheidung nach § 627 Abs. 1 ZPO keine eigene Kostenentscheidung enthalten darf (BT 7/4361 S. 61); darüber verhält sich das einheitliche Urteil nach § 629 Abs. 1 ZPO. Der Streitwert des Vorabverfahrens geht im zusammengesetzten Streitwert nach § 19 a GKG auf.

18 Von der einheitlichen Kostenentscheidung nach § 93 a Abs. 1 ZPO werden dagegen nicht erfaßt die Familiensachen, die infolge Abtrennung aus dem Verbund mit der Ehescheidungssache ausgeschieden sind. Ausdrücklich geregelt (zur Klarstellung im Laufe des Gesetzgebungsverfahrens eingefügt, vgl. BT 7/4361 S. 61) ist der Fall des § 628 Abs. 1 Satz 1 ZPO, für den das Prinzip des § 93 a ZPO übernommen wird. In den Fällen der Abtrennung nach § 628 Abs. 1 Satz 1 ZPO enthält das Urteil in der Scheidungssache eine abschließende Kostenregelung für die bis dahin verbundenen Sachen und die spätere Entscheidung in der abgetrennten Familiensache eine eigene isolierte, auf dieses Verfahren bezogene Kostenentscheidung. Kostenrechtlich getrennt ist auch das abgespaltene Verfahren nach § 623 Abs. 1 Satz 2 ZPO. Im Gegensatz zu dem abgetrennten Verfahren nach § 628 Abs. 1 Satz 1 ZPO richtet sich die gesonderte Entscheidung insoweit nicht nach den Regeln des § 93 a ZPO, sondern nach allgemeinen Grundsätzen (§ 91 ff. ZPO). Das ergibt sich aus dem Umstand, daß für diesen Fall eine Sonderregelung in § 93 a Abs. 1 ZPO nicht vorgesehen ist (BT 7/4361 S. 61).

5.3 Ausnahmen von der Kostenteilung

19 Das Gericht kann von der Regel des § 93 a Abs. 1 ZPO (gegenseitige Aufhebung der Kosten) aus Billigkeitsgründen in zwei Fällen abweichen:

20 a) *Aus wirtschaftlichen Gründen.* Dabei wird vorausgesetzt, daß der Ehegatte durch die Beteiligung an den Kosten in seiner Lebensführung unverhältnismäßig beeinträchtigt würde (§ 93 a Abs. 1 i. d. F. des RegE stellte allgemein auf die wirtschaftlichen Verhältnisse der Ehegatten ab). Geht man davon aus, daß damit der dem Ehegatten gemäße Lebenszuschnitt als

Maßstab gemeint ist, dann könnte bei der Bewertung der Grundsatz des § 1581 herangezogen werden. Würde der andere Ehegatte durch die Übernahme der zusätzlichen Kosten unverhältnismäßig belastet i. S. des § 93 a Abs. 1 ZPO, kommt eine anderweitige Aufteilung nicht in Betracht.

21 *b) Wegen Unterliegens einer Partei in den Folgesachen.* Ist eine Partei in den Folgesachen, für die das Verfahren der ZPO gilt, unterlegen, kann das Gericht dies bei der Verteilung der Kosten nach § 93 a Abs. 1 ZPO berücksichtigen. Dadurch können *»durch grundlose oder leichtfertig übersteigerte Ansprüche«* verursachte Mehrkosten dem Veranlasser auferlegt werden. In bezug auf Folgesachen, die dem Verfahren des FGG folgen, fehlt eine entsprechende Bestimmung, obwohl der Grundsatz des § 13 a FGG sie rechtfertigen würde.

5.4 Berücksichtigung von Vereinbarungen

22 § 93 a Abs. 1 Satz 3 ZPO eröffnet die Möglichkeit, eine Vereinbarung der Ehegatten über die Kosten der Entscheidung ganz oder teilweise zugrunde zu legen.

23 Die Regelung ist unklar. Soweit die Parteien über den Streitgegenstand durch gerichtlichen Vergleich verfügen und dabei auch die Kostenfrage regeln, ist für eine Kostenentscheidung kein Raum. Im übrigen ergibt sich die Kostenfolge aus dem Gesetz. Es bestehen keine Bedenken, daß die Parteien über die gesetzlich eingetretene Kostenfolge im Innenverhältnis privatrechtliche Vereinbarungen treffen. Diese binden das Gericht nicht, wohl aber die Parteien. § 93 a Abs. 1 Satz 3 ZPO verquickt in wenig glücklicher Weise die beiden Aspekte. Es wird der Eindruck erweckt, als sei das Gericht befugt, bei der Entscheidung nach § 93 a Abs. 1 Satz 2 ZPO die privatrechtliche Vereinbarung der Parteien über den internen Kostenausgleich zu modifizieren. Das ist nicht der Fall. Unklar ist auch, ob die Einbeziehung einer Vereinbarung nach § 93 a Abs. 1 Satz 3 ZPO unmittelbar Einfluß auf die privatrechtlichen Ansprüche aus der Vereinbarung hat. Nach alledem ist bei der Anwendung des § 93 a Abs. 1 Satz 3 ZPO Zurückhaltung geboten.

5.5 Kostenregelung bei Abweisung des Scheidungsantrags

24 Wird der Scheidungsantrag abgewiesen, hat der Antragsteller die Kosten nach § 91 ZPO zu tragen. § 93 a Abs. 2 ZPO enthält eine kostenrechtliche Sonderregelung lediglich für die mit der Scheidungssache verbundene Folgesache und die nach § 623 Abs. 1 Satz 2 ZPO (Abtrennung wegen der Beteiligung Dritter an güterrechtlichen Verfahren) und § 628 Abs. 1 Satz 1 ZPO abgetrennten Familiensachen. Die Kosten der Folgesachen hat im allgemeinen der mit dem Scheidungsantrag abgewiesene Antragsteller zu tragen. Das Gericht kann die Kosten davon abweichend anders aufteilen, wenn dies aus Billigkeitsgründen mit Rücksicht auf den Sach- und Streitstand in den zivilprozessualen Folgesachen angezeigt erscheint. Es handelt sich um dieselben Grundsätze, wie sie

für eine abweichende Kostenregelung im Rahmen des § 93 a Abs. 1 Satz 2 ZPO maßgebend sind (vgl. Rdnr. 17).

5.6 Kostenregelung bei Nichtigkeitsklagen und Klagen auf Aufhebung der Ehe

25 Diese Fälle regelt § 93 a Abs. 3 ZPO in Anlehnung an die Kostenaufteilung nach § 93 a Abs. 1 Satz 2, 1. Alternative ZPO. Darüber hinaus wird eine vom Grundsatz abweichende Aufteilung der Kosten zu Lasten des Ehegatten ermöglicht, der allein den Nichtigkeits- oder Aufhebungsgrund kannte, oder der ihn verursacht hat. Besonderheiten mit Rücksicht auf Folgesachen kommen nicht in Betracht, da ein Verbund der Familiensachen mit der Nichtigkeits- oder Aufhebungsklage ausgeschlossen ist (vgl. die Beschränkung in § 623 ZPO). Wird die Nichtigkeit der Ehe vom Staatsanwalt oder vom früheren Ehegatten nach § 20 EheG erwirkt, ist die Kostenregelung ausschließlich nach § 91 ZPO zu beurteilen (vgl. § 93 a Abs. 4 ZPO).

5.7 Kosten erfolgloser Rechtsmittel

26 Für alle Verfahren gilt die Regel des § 97 ZPO. Die Regelung ist auf Grund des neu eingefügten § 97 Abs. 3 ZPO auch auf Folgesachen, die dem FGG folgen, anwendbar (vgl. § 13 a Abs. 1 Satz 2 FGG).

§ 624

(1) Die Vollmacht für die Scheidungssache erstreckt sich auf die Folgesachen.

(2) Eine Bewilligung des Armenrechts für die Scheidungssache erstreckt sich auf die Folgesachen, soweit sie nicht ausdrücklich ausgenommen werden.

(3) Die Vorschriften über das Verfahren vor den Landgerichten gelten entsprechend, soweit in diesem Titel nichts Besonderes bestimmt ist.

(4) Vorbereitende Schriftsätze, Ausfertigungen oder Abschriften werden am Verfahren beteiligten Dritten nur insoweit mitgeteilt oder zugestellt, als das mitzuteilende oder zuzustellende Schriftstück sie betrifft. Dasselbe gilt für die Zustellung von Entscheidungen an Dritte, die zur Einlegung von Rechtsmitteln berechtigt sind.

Überblick — Rdnr.

1 Vollmacht, gesetzlicher Umfang (§ 624 Abs. 1 ZPO)

1 Nach § 609 ZPO bedarf der Bevollmächtigte eines jeden Ehegatten (nach bisher geltendem Recht nur der Bevollmächtigte des Klägers) einer besonderen, auf das spezielle Eheverfahren gerichteten, Vollmacht. § 624 Abs. 1 ZPO dehnt die Wirkung einer eine Scheidungssache betreffende Vollmacht auf die Folgesachen aus. Darin liegt eine Umschreibung des gesetzlichen Umfangs der Vollmacht.

Zweifelhaft ist, ob die Vollmacht auf einzelne Verfahren beschränkt werden kann, z. B. nur auf die Scheidungssache oder nur auf einzelne Folgesachen. Im allgemeinen ist die Einschränkung des gesetzlichen Umfangs der Vollmacht nur in den von § 83 Abs. 1 ZPO gezogenen Grenzen möglich. Zulässig sind demnach Einschränkungen, die die Beseitigung des Verfahrens durch Vergleich, Verzichtleistung auf den Streitgegenstand oder Anerkennung des von dem Gegner geltend gemachten Anspruchs betrifft.

2 Die im Innenverhältnis Partei – Anwalt zulässige weitergehende Beschränkung des Auftrags hat selbst dann keine Außenwirkungen, wenn sie in der Vollmachtsurkunde enthalten ist, oder die andere Partei sie kennt (*RG* JW 1932, 109). Ob eine im Anwaltsprozeß vorgelegte Vollmacht auf Grund einer nach § 83 Abs. 1 ZPO nicht statthaften Einschränkung nichtig ist, oder ob nur die Einschränkung unwirksam ist, muß durch Auslegung ermittelt werden.

Die Regelung in § 83 Abs. 1 ZPO paßt nicht auf das Verfahren, in dem die Scheidungssache und die Folgesachen verbunden sind, soweit es um das Verhältnis der einzelnen Verfahren zueinander geht.
Sie würde auch zu unvertretbaren Ergebnissen führen. § 83 Abs. 1 ZPO ist im Zusammenhang mit § 81 ZPO zu sehen, der den gesetzlichen Umfang der Vollmacht umschreibt und dabei erkennbar auf Prozeßhandlungen in einem einzelnen Rechtsstreit abstellt. Im Fall des § 623 ZPO handelt es sich dagegen, ungeachtet der Verhandlungs- und Entscheidungskonzentration, um mehrere Verfahren. Die Anwendung der Einschränkung in § 83 Abs. 1 ZPO würde dazu führen, daß — zumindest in den von Amts wegen eingeleiteten Folgesachen – ein Verfahrensbevollmächtigter vorhanden wäre, selbst wenn die Partei eine Vertretung nicht will.

3 Auch im Verfahren der Ehescheidung im Verbund mit Folgesachen gibt es, mit Ausnahme der Regelung in § 625 ZPO für den Antragsgegner, keine zwangsweise Bevollmächtigung eines Prozeßvertreters. Die zwangsweise Erweiterung der Vollmacht auf Verfahren, die eine Partei nicht oder nicht mit anwaltlicher Vertretung betreiben will, hat deshalb eine vom Normzweck nicht gedeckte überschießende Tendenz. Nach der *Amtl. Begr.* (S. 209) soll § 624 Abs. 1 ZPO sicherstellen, *»daß die Ehegatten in diesen Verfahren, die ebenso wie die Scheidungssache dem Anwaltszwang unterliegen . . ., von vornherein anwaltlich vertreten sind«.*

Das kann aber nicht für Verfahren gelten, die eine Partei zulässigerweise nicht geltend machen will, oder in denen sie nicht vertreten sein will. Deshalb ist davon auszugehen, daß die Vollmacht für die Ehesache oder die Ehesache und einzelne Folgesachen beschränkt werden kann. Der gesetzliche Umfang der Vollmacht für jede der einzelnen Familiensachen folgt uneingeschränkt den Vorschriften der §§ 81 ff. ZPO. Die Beschränkung der Vollmacht kann in jedem Stadium des Verfahrens vollzogen werden.

Die Anmerkungen von *Stein-Jonas-Schlosser* (§ 624, 34) zu § 624 Abs. 1 ZPO sind nicht unproblematisch.

4 *a) »Daß sich die Vollmacht auch auf die Folgesachen bezieht, ist absolut zwingend. Eine Partei kann nicht für die Scheidungssache und die Folgesachen sich durch verschiedene Anwälte vertreten lassen.«* Für die letztere Annahme, die den Eingangssatz offenbar stützen soll, spricht § 84 ZPO, obwohl auch insoweit Zweifel angebracht sind, ob die Regelung für den Verbund nach § 623 ZPO paßt. So kann eine Partei ein besonderes Interesse daran haben, einen besonders sachkundigen Anwalt für Fragen des Versorgungsausgleichs oder der güterrechtlichen Auseinandersetzung zu beauftragen, die übrigen Angelegenheiten aber von ihrem »Hausanwalt« erledigen zu lassen. Es wäre eine vom Normzweck nicht gedeckte und sinnentleerte Bevormundung der Partei, wenn man ihr diese Möglichkeit nehmen wollte. Unüberwindbare prozeßtechnische Schwierigkeiten sind nicht erkennbar. Unabhängig davon wird man den Schluß, daß die Vollmacht sich ohne weiteres auf die Folgesachen erstrecken muß, jedenfalls aus § 84 ZPO nicht ziehen müssen.

5 *b) »Die Vollmacht erstreckt sich auf jede Sache, die als Folgesache geltend gemacht wird, mag dies auch nicht mehr rechtzeitig i. S. von § 623 geschehen. Es wäre unsinnig, eine verspätet geltend gemachte Folgesache am Mangel der Prozeßvollmacht scheitern lassen zu wollen. Erst sobald das Gericht zu erkennen gegeben hat, daß es die geltend gemachte Angelegenheit nicht als Folgesache betrachtet, erlischt die Prozeßvollmacht für die weitere Bearbeitung der Angelegenheit.«* Eine Angelegenheit ist Folgesache oder sie ist es nicht. Die »Betrachtung« des Gerichts kann keine konstitutive Bedeutung in dem Sinn haben, daß bis zu diesem Zeitpunkt eine Vollmacht gegeben war und später nicht. Ist die Familiensache »verspätet« i. S. von § 623 geltend gemacht worden, ist sie von Anfang an keine Folgesache gewesen. Es ist nicht erkennbar, wieso die Folgesache am Mangel der Prozeßvollmacht »scheitern« sollte. Sie kann als Familiensache betrieben werden.

2 Armenrecht (§ 624 Abs. 2 ZPO)

6 Nach den allgemeinen Vorschriften wird das Armenrecht für jedes selbständige Prozeßverfahren gesondert bewilligt (vgl. *Thomas-Putzo* § 119, 2 ZPO). § 624 Abs. 2 ZPO erstreckt die Wir-

kungen des Armenrechts für die Ehesache auf die Folgesachen, soweit diese in der Bewilligung nicht ausdrücklich ausgenommen sind. Die Einschränkung muß, um wirksam zu sein, in den Beschluß über die Bewilligung des Armenrechts aufgenommen worden sein. Sie kann nicht zu einem späteren Zeitpunkt nachgeholt werden, da dann bereits die Erstreckung auf die Folgeverfahren eingetreten ist. Es kommt dann nur noch eine (Teil-)Entziehung nach § 121 ZPO in Betracht. Die Wirkungen des § 624 Abs. 2 ZPO treten ein ohne Rücksicht darauf, ob das Gericht die Bewilligung des Armenrechts für die Folgesachen gewollt hat. Sie erstreckt sich nur auf solche Verfahren, die zum Zeitpunkt des Erlasses der Entscheidung bereits anhängig waren. Die (vorausgesetzte) ausdrückliche Einschränkung des Wirkungsbereichs des Armenrechts kann nur erwartet werden, wenn das Gericht die Möglichkeit hat, die Voraussetzungen der Armenrechtsbewilligung zu prüfen, insbesondere die Erfolgsaussichten. Bei nicht anhängigen Verfahren ist das ausgeschlossen.

Das Armenrecht wird für jeden Rechtszug besonders bewilligt (§ 119 Abs. 1 ZPO). Daran ändert sich durch die Erstreckung der Armenrechtsbewilligung auf die Folgesachen nichts.

3 Anwendung der Vorschriften über das Verfahren vor den Landgerichten (§ 624 Abs. 3 ZPO)

7 Die Vorschrift stellt sicher, daß in den verbundenen Angelegenheiten nach § 623 ZPO einheitlich nach den für das Verfahren vor dem Landgericht geltenden Regeln prozessiert wird. Damit werden die für das amtsgerichtliche Verfahren geltenden besonderen Vorschriften (§§ 495 ff. ZPO) ausgeschlossen. Die Vorschrift ist notwendig, weil für das Verfahren in den zivilprozessualen Familiensachen eine generelle Anwendung des landgerichtlichen Verfahrens nicht vorgesehen ist. Soweit Familiensachen dieser Art nicht als Folgesachen geltend gemacht werden, verbleibt es bei der Anwendung der Vorschriften über das amtsgerichtliche Verfahren. Eine Ausnahme ist vorgesehen für Streitigkeiten güterrechtlicher Art mit einem Streitwert von über 3000,– DM (§ 621 b Abs. 3, § 78 Abs. 1 Satz 2 Nr. 3 ZPO). Für die Ehesachen ist die Anwendung der Vorschriften über das landgerichtliche Verfahren in § 608 ZPO vorgesehen.

Der Zusatz, *»soweit in diesem Titel nichts Besonderes bestimmt ist«*, ist auf Vorschlag des Bundesrates als *»notwendige Klarstellung«* (BT 7/650 S. 280; BT 7/4361 S. 68) im Laufe des Gesetzgebungsverfahrens eingefügt worden. Er besagt Selbstverständliches.

4 Aufteilung des Verfahrensstoffes (§ 624 Abs. 3 ZPO)

8 An Verfahren in Folgesachen können außer den Ehegatten auch Dritte beteiligt sein, z. B. Kinder im Verfahren nach § 1671,

die Beteiligten im Verfahren nach der Hausratsverordnung (§ 7), Versicherungsträger und Träger der Versorgungslast nach § 53 b Abs. 2 FGG. Um zu verhindern, daß diese nur partiell Beteiligten über ihr auf eine Rechtssache bezogenes Interesse hinaus Zugang zu dem Prozeßstoff erhalten, sieht § 624 Abs. 4 ZPO eine Einschränkung vor. Die beteiligten Dritten erhalten vorbereitende Schriftsätze, Ausfertigungen oder Abschriften nur, soweit sie sie betreffen. Das gilt auch für die Zustellung von Entscheidungen an anfechtungsberechtigte Dritte. Im letzteren Fall geht es in erster Linie um die Zustellung von Entscheidungen in Kindschaftssachen an das über vierzehn Jahre alte Kind selbst, das zwar nicht am Verfahren im ersten Rechtszug beteiligt ist, aber ein eigenes Beschwerderecht hat (§ 59 FGG). § 624 Abs. 3 ZPO schränkt damit den Grundsatz des § 34 FGG ein.

9 Die Bedeutung des § 624 Abs. 3 ZPO geht über den Wortlaut hinaus. Die Vorschrift ist Ausdruck eines allgemeinen Grundsatzes, der vor allem auch im Rahmen des § 623 Abs. 1 ZPO Leitbildfunktion hat. Nicht unmittelbar Beteiligte sollen trotz des Verbundes von dem Prozeßstoff der Ehesache und der sie nicht berührenden Folgesachen ferngehalten werden. Diese Rücksichtnahme auf den höchstpersönlichen Charakter der Ehesache und einzelner Folgesachen ist nicht nur geboten, wenn es um die Zuleitung von Schriftstücken geht, sondern allgemein. Deshalb ist eine den Verbund nicht berührende getrennte Behandlung einzelner Folgesachen in jedem Stadium des Verfahrens zulässig, insbesondere auch bei der mündlichen Verhandlung und der Beweisaufnahme.

10 § 623 Abs. 1 ZPO steht dem nicht entgegen, da er eine Aufteilung der einzelnen Verfahrensakte nicht ausschließt. Die Anwendung des § 624 Abs. 4 ZPO kann in der Praxis zu Schwierigkeiten führen, wenn übergreifende Umstände nicht abgesondert behandelt werden. Daraus kann sich die Notwendigkeit ergeben, Teilakten zu führen (zutreffend *Bergerfurth* FamRZ 1976, 581).

§ 625

(1) Hat in einer Scheidungssache der Antragsgegner keinen Rechtsanwalt als Bevollmächtigten bestellt, so ordnet das Prozeßgericht ihm von Amts wegen zur Wahrnehmung seiner Rechte im ersten Rechtszug hinsichtlich des Scheidungsantrags und der Regelung der elterlichen Gewalt über ein gemeinschaftliches Kind einen Rechtsanwalt bei, wenn diese Maßnahme nach der freien Überzeugung des Gerichts zum Schutz des Antragsgegners unabweisbar erscheint; § 116 b Abs. 1 Satz 1, Abs. 3 gilt sinngemäß. Vor einer Beiordnung soll der Antragsgegner persönlich gehört und dabei besonders darauf hingewiesen werden, daß die Familiensachen des § 621 Abs. 1 gleichzeitig mit der Scheidungssache verhandelt und entschieden werden können.

(2) Der beigeordnete Rechtsanwalt hat die Stellung eines Beistandes.

1 Beiordnung eines Rechtsanwaltes

1 Die Scheidungssache und die Folgesachen können nur im Anwaltsprozeß geführt werden (§ 78 Abs. 1 Satz 2 Nr. 1, 2 ZPO). Die tatsächliche Vertretung des Antragsgegners durch einen Anwalt wird dadurch nicht gewährleistet. Sie – zumindest teilweise – sicherzustellen, ist Ziel des § 625 ZPO. Er sieht die Beiordnung eines Anwalts von Amts wegen vor, wenn dies zum Schutz des Gegners unabweisbar erscheint. Das ist der Fall, wenn das Gericht – insbesondere auf Grund der persönlichen Anhörung nach § 625 Abs. 1 Satz 2 ZPO – den Eindruck gewonnen hat, daß der Antragsgegner seine Rechte nicht ausreichend wahrnehmen wird und ihm dadurch nicht unerhebliche Nachteile erwachsen. Die Gründe hierfür können sehr unterschiedlich sein; es kann an dem physischen oder psychischen Zustand des Antragsgegners, der Beeinflussung durch den Ehegatten oder Dritte oder an den begrenzten intellektuellen Fähigkeiten des Antragsgegners liegen. In § 625 ZPO wird nicht darauf abgestellt, ob der Antragsgegner die unzulängliche Rechtsverfolgung zu vertreten hat. Auch einem Antragsgegner, der eine anwaltliche Vertretung ablehnt (vgl. *Amtl. Begr.* S. 91) oder seine Rechte sonst bewußt oder aus Gleichgültigkeit nicht wahrnehmen will, kann ein Anwalt beigeordnet werden. Unbeachtlich ist schließlich weiter, ob die Rechtsverfolgung Aussicht auf Erfolg hat. Die Maßstäbe des § 114 Abs. 1 ZPO sind im Zusammenhang mit der Beiordnung eines Anwalts nach § 625 ZPO unbeachtlich.

2 Die Beiordnung eines Anwalts von Amts wegen ist vorgesehen für das Verfahren der Scheidungssache und die Regelung der elterlichen Gewalt; die Vorschrift gilt nur für den ersten Rechtszug. Für die anderen Folgeverfahren bleibt es bei den allgemeinen Vorschriften. Die Partei muß für ihre Vertretung selbst sorgen. Eine gewisse Hilfe bietet dabei § 625 Abs. 1 Satz 2 ZPO. Das Gericht soll den Antragsgegner vor der Beiordnung persönlich hören und ihn auf die Bedeutung des Verbundes hinweisen. Dabei kann auf die Bestellung eines Anwalts hingewirkt werden. Die Vorschrift ergänzt § 613 ZPO. Beide Anhörungen können zusammengefaßt werden.

Die Auswahl des Rechtsanwalts richtet sich nach § 116 b Abs. 1 Satz 1, Abs. 3 ZPO.

3 Der beigeordnete Rechtsanwalt hat die Stellung eines Beistands (§ 625 Abs. 2 ZPO). Er ist nicht Verfahrensbevollmächtigter; etwas anderes gilt, wenn ihm nachträglich Vollmacht erteilt wird.

In der Verweisung auf die Vorschriften über den Beistand (§ 90 Abs. 2 ZPO) liegt zugleich eine Erweiterung der Rechte der Partei im Anwaltsverfahren. Das von dem Beistand Vorgetragene gilt als von der Partei vorgebracht, soweit es nicht von dieser sofort widerrufen oder berichtigt wird. Diese Regelung ist auf das Parteiverfahren zugeschnitten. Im Anwaltsprozeß sind Parteierklärungen, soweit nichts anderes vorgesehen ist (§ 85 ZPO), wirkungslos. Bei der Anwendung der §§ 625 Abs. 2, 90 Abs. 2 ZPO muß das abweichende Vorbringen der Partei über die in § 85 ZPO vorgesehenen Ausnahmefälle hinaus ungeachtet des Anwaltsprozesses zulässig sein; anderenfalls hätte die Bestellung eines Rechtsanwalts mit der Funktion des Beistands keinen Sinn (zutreffend *Brüggemann* FamRZ 1977, 1).

2 Kosten im Zusammenhang mit der Beiordnung eines Rechtsanwalts

4 Der vom Gericht bestellte Rechtsanwalt wird gebührenrechtlich wie ein von dem Antragsgegner bestellter Verfahrensbevollmächtigter behandelt. Schuldner ist primär der Antragsgegner (§ 36 a RAGebO); das gilt auch, wenn die Beiordnung gegen den erklärten Willen des Antragsgegners erfolgt ist. Hilfsweise haftet die Landeskasse für die Gebühren des Rechtsanwalts nach den Vorschriften über die Beiordnung eines Armenanwalts (§ 36 a Abs. 2 RAGebO).

3 Rechtsmittel gegen die Beiordnung

5 Die Entscheidung über die Beiordnung eines Rechtsanwalts ist mit der Beschwerde (entsprechende Anwendung des § 567 ZPO) anfechtbar. Die abweichende Auffassung von *Stein-Jonas-Schlosser* § 625, 3, der generell Unanfechtbarkeit annimmt, ist bedenklich. Die Beiordnung eines Prozeßvertreters ohne oder u. U. gegen den erklärten Willen einer Partei ist ein gravierender Eingriff in die Integrität einer uneingeschränkt geschäftsfähigen Person. Nach dem erkennbaren Selbstverständnis unserer Rechtsordnung unterliegen Entscheidungen dieser Art, wenn sie überhaupt ohne Zustimmung des Betroffenen zulässig sind, der Überprüfung durch die zweite Instanz. So ist die Beiordnung eines Verfahrensbevollmächtigten nach § 16 VerwVerfG anfechtbar, ebenso grundsätzlich die Beiordnung eines Beistandes nach § 1685 und die Bestellung eines Pflegers nach § 1910 (soweit die Zustimmung vorausgesetzt wird auch mit der Begründung, die Zustimmung habe nicht vorgelegen). Selbst die Auswahl eines Anwalts im Armenrechtsverfahren kann die Partei nach § 116 b Abs. 3 ZPO nachprüfen lassen (die Verweisung in § 625 Abs. 1 ZPO auf § 116 Abs. 1 S. 1, Abs. 3 ZPO soll sich nach der *Amtl. Begr.* S. 210 nur auf die Auswahl des Anwalts nicht auf die Frage der Beiordnung beziehen). Es ist deshalb davon auszugehen, daß die zwangsweise Beiordnung eines Rechtsanwalts mit der Beschwerde

angefochten werden kann. Die Hilfskonstruktion von *Brüggemann* in FamRZ 1977, 1: Partei beantragt Aufhebung des Beiordnungsbeschlusses, gegen die Ablehnung erhebt sie Beschwerde nach § 567 Abs. 1 ZPO – überzeugt weder dogmatisch noch im Ergebnis. Sie ist unbefriedigend, da die Beiordnung bis zur Aufhebung besteht und eine Kostenpflicht auslöst.
Wird die Beiordnung auf die Beschwerde aufgehoben, hat dies keine Auswirkungen auf die vor diesem Zeitpunkt von dem Rechtsanwalt vorgenommenen Erklärungen und Prozeßhandlungen.

§ 626

(1) Wird ein Scheidungsantrag zurückgenommen, so gilt § 269 Abs. 3 auch für die Folgesachen. Erscheint die Anwendung des § 269 Abs. 3 Satz 2 im Hinblick auf den bisherigen Sach- und Streitstand in den Folgesachen der in § 621 Abs. 1 Nr. 4, 5, 8 bezeichneten Art als unbillig, so kann das Gericht die Kosten anderweitig verteilen. Das Gericht spricht die Wirkungen der Zurücknahme auf Antrag eines Ehegatten aus.

(2) Auf Antrag einer Partei ist ihr durch Beschluß vorzubehalten, eine Folgesache als selbständige Familiensache fortzuführen. Der Beschluß bedarf keiner mündlichen Verhandlung. In der selbständigen Familiensache wird über die Kosten besonders entschieden.

Überblick Rdnr.

1 Rücknahme des Scheidungsantrags, Kosten

1 § 626 Abs. 1 ZPO regelt die Auswirkungen der Rücknahme des Antrags in der Scheidungssache auf die Folgesachen. Die Vorschrift geht davon aus, daß die Folgesachen das Schicksal der Scheidungssache teilen. Das ist richtig, da mit den Folgesachen Regelungen für den Fall der Eheauflösung erstrebt werden. Vergleichbare Regelungen kommen aber auch in Betracht, wenn die Ehegatten nur getrennt leben (z. B. Sorgerechtsentscheidungen im Fall des Getrenntlebens, Regelungen des Verkehrsrechts, Unterhaltsansprüche). Um Zweifel auszuschließen, daß die anhängigen Folgesachen isoliert als Familiensachen mit angepaßten Anträgen fortgeführt werden können, ist Absatz 2 (im Verlauf des Gesetzgebungsverfahrens) eingefügt worden, der diese Frage ausdrücklich regelt (vgl. BT 7/4361 S. 69).

2 Soweit nicht ein Vorbehalt nach Absatz 2 ergeht, gelten Anträge und Klagen in den Folgesachen als zurückgenommen, wenn der Antrag in der Hauptsache zurückgenommen wird. Die Kosten der verbundenen Verfahren hat der Antragsteller zu tragen (§ 269 Abs. 3 Satz 2 ZPO). Eine Teilung der Kosten ist möglich, wenn nach dem Sach- und Streitstand in den Folgeverfahren des § 621 Abs. 1 Nrn. 4, 5 und 8 ZPO (Unterhaltsansprüche, Ansprüche aus dem ehelichen Güterrecht) eine alleinige Belastung des Antragstellers unbillig wäre. Die Voraussetzungen entsprechen der Regelung in § 93 a Abs. 2 ZPO. Das Gericht hat den mutmaßlichen Ausgang der Verfahren zu würdigen. Eine Fortsetzung der Verfahren zu diesem Zweck ist unzulässig. Beweise dürfen nicht mehr erhoben werden (vgl. *Thomas-Putzo* § 91 a, 10 ZPO).

3 Die Wirkungen der Rücknahme (§ 269 Abs. 3 ZPO) hat das Gericht auf Antrag eines Ehegatten (nach § 269 Abs. 3 Satz 3 ZPO nur auf Antrag des Beklagten) durch Beschluß festzustellen. Gegen den Beschluß ist die sofortige Beschwerde zulässig (§ 269 Abs. 3 Satz 5 ZPO).

4 § 626 Abs. 1 Satz 1 ZPO ist auch auf Folgesachen anzuwenden, bei denen begrifflich die Wirkungen einer Rücknahme des Antrags nicht in Betracht kommen, weil ein Antrag nicht vorausgesetzt wird (§ 621 Abs. 1 Nr. 1, Regelung der elterlichen Gewalt). Eine Fortsetzung des Verfahrens auf Grund eines Vorbehalts nach § 626 Abs. 2 ZPO zur Regelung der elterlichen Gewalt nach § 1672 (bis zur Rücknahme des Scheidungsantrags § 1671) ist möglich. Das Verfahren über den Versorgungsausgleich kann nicht fortgesetzt werden, da der Versorgungsausgleich nur für den Fall der Scheidung in Betracht kommt. Einen vorgezogenen Versorgungsausgleich gibt es nicht.

5 Für die in § 626 Abs. 1 Satz 2 ZPO nicht in Bezug genommenen Folgesachen (dem FGG-Verfahren folgende Familiensachen, § 621 Abs. 1 Nrn. 1–3, 6, 7, 9 ZPO) ist eine besondere Regelung nicht vorgesehen; es verbleibt insoweit bei den allgemeinen Bestimmungen (z. B. § 13 a Abs. 1 FGG).

2 Fortführung von Folgesachen (§ 626 Abs. 2 ZPO)

6 Auch für die Zeit nach Rücknahme des Antrags in der Scheidungssache kann ein Ehegatte an der Fortführung einer Angelegenheit ein Interesse haben, die Gegenstand einer der Folgesachen ist. Das ist besonders der Fall, wenn die Ehegatten getrennt leben (vgl. §§ 1361, 1361 a, 1672). Eine Folgesache (nach Rücknahme des Antrags in der Scheidungssache nur noch als schlichte Familiensache) kann fortgeführt werden, wenn das Gericht dies einer Partei auf ihren Antrag vorbehält. Der Vorbehalt ergeht durch Beschluß. Dieser kann mit dem Beschluß nach § 269 Abs. 3 ZPO verbunden werden. Antragsberechtigt ist jeder der Ehegatten. Der Antragsteller kann den Antrag in der Scheidungssache

zurücknehmen und gleichzeitig beantragen, ihm die Fortführung von Folgesachen vorzubehalten.

7 Der Antrag auf Vorbehalt nach § 626 Abs. 2 ZPO kann grundsätzlich nur bis zu dem Zeitpunkt gestellt werden, in dem die Wirkungen der Rücknahme des Antrags eingetreten sind. Denn ist das Folgeverfahren »als nicht anhängig geworden« anzusehen, kann es auch nicht fortgeführt werden. In den Fällen, in denen der Antrag nur mit Einwilligung des Gegners zurückgenommen werden kann, hat der Gegner Gelegenheit, den Antrag zu stellen. Nicht so verhält es sich, wenn die Rücknahme ohne Einwilligung des anderen Teils möglich ist. Der Antragsteller kann dann den Antragsgegner mit der Rücknahme überraschen (§ 269 Abs. 2) und ihm damit den Behelf nach § 626 Abs. 2 ZPO abschneiden. Geht man davon aus, daß § 626 Abs. 2 ZPO für beide Parteien gleichermaßen praktikabel sein soll, muß dem Antragsgegner die Möglichkeit gegeben werden, auch nach Rücknahme des Antrags in der Ehesache innerhalb einer angemessenen Frist (zu denken wäre an die Beschwerdefrist zur Anfechtung des Beschlusses nach § 269 Abs. 3 ZPO von zwei Wochen) den Antrag nach § 626 Abs. 2 ZPO zu stellen. Berechtigten dogmatischen Einwendungen kann entgegengehalten werden, daß die Fiktion der »nicht anhängig gewordenen« Verfahren unter dem Vorbehalt steht, daß ein Vorbehaltsantrag nach § 626 Abs. 2 ZPO nicht gestellt wird. Der Antragsteller muß den Antrag mit der Erklärung über die Rücknahme der Klage stellen, wenn die Einwilligung des Gegners nicht erforderlich ist. Ist die Einwilligung notwendig, kann er ihn bis zum Wirksamwerden der Einwilligung nachholen. Der Antrag ist eine Prozeßhandlung; er kann nur durch einen Anwalt gestellt werden (vgl. im übrigen auch Rdnr. 7 zu § 629 ZPO).

8 Die Entscheidung des Gerichts nach § 626 Abs. 2 ZPO ist von keiner weiteren Voraussetzung abhängig. Insbesondere hat das Gericht nicht zu prüfen, ob die Fortführung der Folgesachen sachdienlich oder erfolgversprechend ist. Es hat insoweit keinen Ermessensspielraum.

3 Wirkungen des Vorbehalts

9 Der Vorbehalt bewirkt, daß der Antrag oder die Klage nicht als gegenstandslos gelten. Die Folgesachen werden isoliert als Familiensachen (§ 621 ZPO) fortgeführt. Der Verbund entfällt. Die örtliche Zuständigkeit des Familiengerichts bleibt allerdings erhalten, auch wenn es sich nur um eine abgeleitete Zuständigkeit nach § 621 Abs. 2 Satz 1 ZPO handelt. § 621 Abs. 2 Satz 2 ZPO ist nicht anwendbar, wenn eine Ehesache einmal anhängig war. Das ergibt sich aus § 261 Abs. 3 Nr. 2 ZPO (vgl. auch Rdnr. 18 zu § 621 ZPO). Die isolierten Verfahren sind nicht mehr kraft des Verbundes im Anwaltsprozeß zu führen. Ob eine Vertretung durch einen Anwalt geboten ist, beurteilt sich für jedes der Verfahren nach den dafür geltenden allgemeinen Vorschriften. Auch

kostenrechtlich ist jedes der Verfahren als ein besonderes Verfahren anzusehen (§ 626 Abs. 2 Satz 3 ZPO).

10 Der Vorbehalt nach § 626 Abs. 2 ZPO deckt auch die Klage- und Antragsänderungen, die sich notwendigerweise daraus ergeben, daß mit den Familiensachen nicht mehr »eine Entscheidung für den Fall der Scheidung« begehrt wird (§ 623 Abs. 1 ZPO). In erster Linie kommen folgende Änderungen in Betracht:

11 *a)* Regelung der elterlichen Sorge. Die Umstellung auf § 1672 ist wegen des weitgehend gleichen Inhalts mit § 1671 problemlos. Beim Verkehrsrecht (§ 1634) verbleibt es bei derselben Rechtsgrundlage, ebenso bei dem Herausgabeanspruch nach § 1632.

12 *b)* Bei der gesetzlichen Unterhaltspflicht gegenüber einem ehelichen Kind entfällt die Prozeßstandschaft nach § 1629 Abs. 3. Die Klage muß auf den Namen des Kindes umgestellt werden. Die Grundlage des Unterhaltsanspruchs ändert sich nicht. Die Auffassung von *Stein-Jonas-Schlosser* (§ 626, 3), die Klage sei in Prozeßstandschaft nach allgemeinen Grundsätzen (vgl. *Thomas-Putzo* § 51 IV) fortzuführen, ist abzulehnen; § 1629 Abs. 3 ist eine auf die Dauer des Scheidungsverfahrens beschränkte Ausnahmeregelung.

13 *c)* Der Unterhaltsanspruch des Ehegatten richtet sich nicht mehr nach den §§ 1570 ff., sondern nach § 1361, falls die Ehegatten getrennt leben. Ist das nicht der Fall, sind die Voraussetzungen für einen Anspruch auf Familienunterhalt nach §§ 1360 ff. zu prüfen.

14 *d)* Die Fortführung eines Verfahrens wegen eines Anspruchs auf Versorgungsausgleich kommt nach Rücknahme des Antrags in der Ehesache nicht in Betracht, da das Gesetz einen vorzeitigen Versorgungsausgleich nicht kennt. Hat das Gericht die Fortführung auch insoweit vorbehalten, ist der Antrag auf Durchführung des Versorgungsausgleichs als unbegründet abzuweisen, wenn der Antragsteller ihn nicht zurücknimmt oder die Hauptsache für erledigt erklärt.

15 *e)* Das Verfahren nach der Hausratsverordnung richtet sich im Fall der Fortführung nach § 1361 a, § 18 a HausratsVO.

16 *f)* Bei bestehender Ehe können Ansprüche auf vorzeitigen Zugewinnausgleich (§§ 1385, 1386) an die Stelle der für den Fall der Scheidung in Betracht kommenden Ausgleichsansprüche (§§ 1372, 1378) treten. Der vorzeitige Zugewinnausgleich nach § 1385 setzt eine Trennungszeit von mindestens drei Jahren voraus.

17 Der Beschluß über den Vorbehalt bedarf keiner mündlichen Verhandlung. In Ermangelung abweichender Regelungen käme eine Anfechtung mit der einfachen Beschwerde in Betracht (§ 567 ZPO). Die unbefristete Beschwerde gegen die Vorbehaltsentscheidung nach § 626 Abs. 2 ZPO ist ein ungeeignetes Rechtsmittel. Die Frage, ob das Verfahren in der Familiensache fortgeführt

werden kann, oder ob es durch Rücknahme des Antrags oder der Klage beendet ist, kann nicht in der Schwebe bleiben. Eine analoge Anwendung des § 269 Abs. 3 Satz 5 ZPO auf die Entscheidung nach § 626 Abs. 2 ZPO bietet sich an. Läßt man die sofortige Beschwerde nicht zu, dann dürfte die einfache Beschwerde jedenfalls dann nicht mehr zulässig sein, wenn eine Entscheidung über die Rücknahme nach §§ 626 Abs. 1 Satz 3, 269 Abs. 3 ZPO rechtskräftig geworden ist oder wenn in dem isolierten Verfahren der Familiensache eine rechtskräftige Entscheidung ergangen ist.

§ 627

(1) Beabsichtigt das Gericht, von einem übereinstimmenden Vorschlag der Ehegatten zur Regelung der elterlichen Gewalt über ein gemeinschaftliches Kind abzuweichen, so ist die Entscheidung vorweg zu treffen.

(2) Über andere Folgesachen und die Scheidungssache wird erst nach Rechtskraft des Beschlusses entschieden.

1 Von einem übereinstimmenden Vorschlag der Ehegatten zur Regelung der elterlichen Gewalt über ein gemeinschaftliches Kind soll das Gericht nach § 1671 Abs. 2 nur abweichen, wenn dies zum Wohle des Kindes erforderlich ist. Eine solche – in der Regel problematische – Entscheidung unterliegt in besonderem Maße der Gefahr, im Rechtsmittelzug abgeändert zu werden. Das rechtfertigt die Aufhebung des Verbundes, um eine Vorabentscheidung über die elterliche Gewalt zu ermöglichen. Der Beschluß darüber ist eine Entscheidung nach § 1671 BGB, er ist mit der befristeten Beschwerde nach § 621 e ZPO anfechtbar. Das Gericht kann das Verfahren im übrigen weiter fördern; eine Entscheidung in der Ehesache und den anderen Folgesachen darf es aber erst treffen, wenn der Beschluß über die Regelung der elterlichen Gewalt rechtskräftig geworden ist (§ 627 Abs. 2 ZPO).

2 § 627 ZPO gilt nicht nur im ersten Rechtzug; treten die Voraussetzungen der Vorschrift erst im Rechtsmittelzug ein, ist auch in diesem Stadium des Verfahrens über die elterliche Gewalt vorab zu entscheiden.

3 Der Verbund der Ehescheidungssache mit den anderen Folgesachen wird durch die Vorabregelung der elterlichen Gewalt nicht berührt. Ein nachträglicher Verbund mit den noch zu verhandelnden anhängigen Sachen findet nicht statt.

4 Kostenrechtlich wird die Vorabentscheidung nicht als eine besondere Angelegenheit angesehen; das ist folgerichtig, da es sich um eine Teilentscheidung handelt. Über die Kosten dieses Verfahrens ist im Rahmen der einheitlichen Entscheidung über die vom Verbund erfaßten übrigen Angelegenheiten zu befinden; die vorgezogene Entscheidung enthält daher keine eigene Kostenentscheidung (vgl. § 93 a Abs. 1 ZPO; BT 7/4361, S. 61).

(1) Das Gericht kann dem Scheidungsantrag vor der Entscheidung über eine Folgesache stattgeben, soweit

1. in einer Folgesache nach § 621 Abs. 1 Nr. 6 oder 8 vor der Auflösung der Ehe eine Entscheidung nicht möglich ist,
2. in einer Folgesache nach § 621 Abs. 1 Nr. 6 das Verfahren ausgesetzt ist, weil ein Rechtsstreit über den Bestand oder die Höhe einer auszugleichenden Versorgung vor einem anderen Gericht anhängig ist, oder
3. die gleichzeitige Entscheidung über die Folgesache den Scheidungsausspruch so außergewöhnlich verzögern würde, daß der Aufschub auch unter Berücksichtigung der Bedeutung der Folgesache eine unzumutbare Härte darstellen würde.

Hinsichtlich der übrigen Folgesachen bleibt § 623 anzuwenden.

(2) Will das Gericht nach Absatz 1 dem Scheidungsantrag vor der Regelung der elterlichen Gewalt über ein gemeinschaftliches Kind stattgeben, so trifft es, wenn hierzu eine einstweilige Anordnung noch nicht vorliegt, gleichzeitig mit dem Scheidungsurteil eine solche einstweilige Anordnung.

Überblick Rdnr.

1 Allgemeines

1 § 628 ZPO regelt die Voraussetzungen, unter denen das Gericht eine Folgesache aus dem Verbund abtrennen kann. Die Vorschrift hat im Laufe des Gesetzgebungsverfahrens eine Reihe von Änderungen erfahren (BT 7/4361 S. 69, 159, 160): Neu eingefügt worden ist Absatz 1 Nr. 2, der eine Abtrennung des Verfahrens über den Versorgungsausgleich ermöglicht, um eine anderweitige vorgreifliche Entscheidung herbeizuführen. In der Fassung des RegE war die in Absatz 1 Nr. 1 vorgesehene Einschränkung auf die Verfahren nach § 621 Abs. 1 Nr. 6 oder 7 ZPO nicht vorgesehen; damit ist der gewollt gewesene enge Anwendungsbereich klargestellt worden. Die Voraussetzungen nach Absatz 1 Nr. 3 für eine Abtrennung waren im RegE, dort unter Nr. 2., abweichend geregelt: soweit *»die gleichzeitige Entscheidung den Scheidungsausspruch so außergewöhnlich verzögern würde, daß der Auf-*

schub auch unter Berücksichtigung der Bedeutung der Folgesache als unangemessen anzusehen wäre«.

2 Der Bundesrat wollte eine Abtrennung zulassen, wenn *»die gleichzeitige Entscheidung den Scheidungsausspruch außergewöhnlich verzögern würde und auf Grund besonderer Umstände der Aufschub der Scheidung auch unter Berücksichtigung der Bedeutung der Folgesache sowie der Belange des anderen Ehegatten und der Kinder eine unzumutbare Härte darstellen würde«.* (BT 7/650 S. 280).

Die Fassung des Gesetzes folgt zum Teil der einschränkenden Tendenz des Bundesrates mit der Begründung: *»Bei der Fassung des Absatzes 1 Nr. 3 ist der Ausschuß zwar grundsätzlich dem Vorschlag im Regierungsentwurf gefolgt, hat aber aus dem Vorschlag des Bundesrates das Kriterium der unzumutbaren Härte übernommen, um zu erreichen, daß die Generalklausel der Nummer 3 nur in besonderen Ausnahmefällen Anwendung findet. Damit soll verhindert werden, daß das mit der Einführung des Verfahrensverbundes angestrebte Ziel durch eine ausufernde Anwendung der Generalklausel gefährdet wird. Der Ausschuß ist dem Vorschlag des Bundesrates nicht in vollem Umfange gefolgt, weil er ihm in einigen Beziehungen als zu eng und im übrigen nicht notwendig erscheint. Wenn es der Bundesrat in seinem Vorschlag auf eine unzumutbare Härte abstellt, die sich auf Grund besonderer Umstände ergibt, so geht dies zu weit. Für den Fall einer unzumutbaren Härte wird es nicht zusätzlich darauf ankommen dürfen, woraus sie sich ergibt. Soweit in dem Vorschlag des Bundesrates die Belange des anderen Ehegatten und der Kinder neben der Bedeutung der Folgesache angesprochen werden, erscheint dies entbehrlich. Die Bedeutung einer in Frage stehenden Folgesache ist naturgemäß an den Belangen des anderen Ehegatten und der betroffenen Kinder zu messen.«* (BT 7/4361 S. 69).

4 Der BR (BT 7/650 S. 262) hatte außerdem vorgeschlagen, den Entscheidungsverbund und die Voraussetzungen seiner Ausnahmen in einem einzuführenden § 1568 a auch materiellrechtlich zu regeln, um den Verbund kollisionsrechtlich abzusichern und im Revisionsverfahren eine Verletzung der Vorschriften über die Auflösung des Verbundes nicht nur unter den engeren Voraussetzungen des § 559 Abs. 2 S. 2 ZPO zu ermöglichen. Der Vorschlag ist nicht Gesetz geworden (vgl. dazu *Blomeyer* ZRP 1974, 118).

5 Die Regelung über die Ausnahmen vom Verbund ist umstritten (vgl. z. B. *Blomeyer* ZRP 1974, 118: angebracht wäre Vorabentscheidung über alle Folgesachen; ähnlich *Nolte* JR 1973, 353; *Hagena* FamRZ 1975, 379: differenzierte Regelung für streitige und unstreitige Scheidung; *Giesen* S. 32: Verbund nur auf Antrag eines Ehegatten, unklar ob Abtrennung in Ausnahmefällen möglich sein muß; vgl. auch Eherechtskommission, 3. Teil S. 33). Geht man vom Normzweck aus, erscheint die Regelung in § 628 ZPO zu restriktiv. Der Verbund, dessen möglichst weitgehender Absicherung die enge Fassung des § 628 ZPO dient, hat zwei Hauptziele: Warnfunktion und Schutz des sozial schwächeren Partners

(vgl. *Amtl. Begr.* S. 88; *Sedemund-Treiber* DRiZ 1976, 331). Die Warnfunktion wird weitgehend dadurch erfüllt, daß die Folgesachen anhängig werden. Durch die gestellten Anträge wird das sich aus der Auflösung der Ehe ergebende Risiko für beide Ehegatten erkennbar. Der Schutz des sozial schwächeren Ehepartners wird durch den Entscheidungsverbund nicht wesentlich verbessert. Dem Schutzgedanken kann auch in einem isolierten Verfahren Rechnung getragen werden. Deshalb ist es angezeigt, bei der Anwendung des § 628 ZPO sich an konkreten Interessenlagen zu orientieren und nicht an abstrakten Prinzipien. Der Verbund ist kein Selbstzweck. Puristisch gehandhabt erhält er Sanktionscharakter. Er kann leicht zur Verzögerung des Verfahrens mißbraucht werden (vgl. *Nolte* JR 1973, 354).

2 Abtrennung der Verfahren nach § 621 Abs. 1 Nrn. 6 und 8 (§ 628 Abs. 1 Nr. 1 ZPO)

6 Die Entscheidung über die Folgesachen nach § 621 Abs. 1 Nr. 6 und 8 ZPO (Versorgungsausgleich, güterrechtliche Ansprüche) darf zurückgestellt werden, wenn sie vor der Auflösung der Ehe nicht möglich ist. Abgestellt wird auf die Unmöglichkeit der Entscheidung. Es reicht nicht aus, daß die Entscheidung unzweckmäßig ist, z. B. weil die Verhältnisse noch nicht endgültig überschaubar sind, oder nur mit unverhältnismäßig hohem Aufwand realisiert werden kann (*Blomeyer* ZRP 1974, 118). Unbeachtlich ist schließlich auch, daß die Auflösung der Ehe ungebührlich hinausgeschoben werden müßte; diese Fälle behandelt gesondert § 628 Abs. 1 Nr. 3 ZPO. Die Voraussetzungen der Nr. 1 dürften nur selten vorliegen. Die *Amtl. Begr.* (S. 211) schließt Anwendungsfälle nicht völlig aus, ohne einen konkret zu bezeichnen. Genannt wird der Fall, daß erst die Auflösung der Ehe zum Ausscheiden des einen Ehegatten aus einer Gesellschaft führt, so daß vorher über die ausstehenden güterrechtlichen Streitigkeiten nicht entschieden werden kann (vgl. *Hagena* FamRZ 1975, 379).

3 Abtrennung des Verfahrens über den Versorgungsausgleich (§ 628 Abs. 1 Nr. 2 ZPO)

7 Die Entscheidung über den Versorgungsausgleich ist in aller Regel von Vorfragen abhängig, die Anwartschaften aus der Sozialversicherung oder dem öffentlichen Dienstrecht betreffen. Die fachliche Kompetenz für die Beurteilung dieser Vorfragen liegt primär bei den Gerichten aus dem jeweiligen Gerichtszweig. Dem trägt § 53 c FGG Rechnung, der die Aussetzung des Verfahrens vorsieht, wenn unter den Beteiligten Streit über den Bestand und die Höhe einer auszugleichenden Versorgung besteht. § 628 Abs. 1 Nr. 2 ZPO läßt für diesen Fall die Auflösung des Verbundes zu. Voraussetzung ist, daß das Verfahren über den Versorgungsausgleich ausgesetzt ist, und ein Rechtsstreit über die Vorfrage anhängig ist. Die Abtrennung des Verfahrens wird hinfällig, sobald

in dem Rechtsstreit über die Vorfrage eine rechtskräftige Entscheidung ergangen ist, oder der Rechtsstreit auf andere Weise sein Ende gefunden hat. § 628 Abs. 1 Nr. 2 ZPO schließt eine Abtrennung des Verfahrens über den Versorgungsausgleich nach § 620 Abs. 1 Nr. 1 oder Nr. 3 ZPO nicht aus.

4 Abtrennung wegen Verzögerung des Verfahrens (§ 628 Abs. 1 Nr. 3 ZPO)

8 Der Verbund hat zur Folge, daß die Dauer der langwierigsten der einzelnen Folgesachen die Dauer des gesamten Verfahrens bestimmt. Das kann zu Härten führen, wenn die Entscheidung in einer oder mehreren Folgesachen sich verzögert. § 628 Abs. 1 Nr. 3 ZPO läßt deshalb in solchen Fällen die Auflösung des Verbundes zu. Es handelt sich um eine Art *Härteklausel.* Vorausgesetzt wird, daß bei Aufrechterhaltung des Verbundes der Ausspruch der Ehescheidung sich außergewöhnlich verzögern würde. Welche Verzögerungen außergewöhnlich sind, ist nach den Umständen des konkreten Falles zu beurteilen; dabei ist die Bedeutung der abzutrennenden Folgesache für die Parteien unter Berücksichtigung des Aufschubs zu werten. Im übrigen dürfte es vertretbar sein, bei der Beurteilung der außergewöhnlichen Verzögerung die »gewöhnliche« Dauer erstinstanzlicher Verfahren als Maßstab zugrunde zu legen. Im Jahre 1974 sind 88 % der vor den Amtsgerichten und 81,7 % der vor den Landgerichten anhängig gewesenen Zivilprozeßsachen, sowie 50 % der Beschwerdeverfahren in FGG-Angelegenheiten innerhalb der ersten 6 Monate erledigt worden (vgl. Stat. Bundesamt 1974, A 9, S. 23, 27). Daraus wird man folgern dürfen, daß die Verzögerung des Verfahrens um mehr als 6 Monate in der ersten Instanz nicht mehr als gewöhnlich angesehen werden kann.

9 Der Aufschub der Entscheidung muß außerdem eine unzumutbare Härte darstellen. Es wird nicht vorausgesetzt, daß die Härte gerade den Antragsteller trifft; auch wenn der Antragsgegner in dieser Weise betroffen wird, kommt eine Auflösung des Verbundes in Betracht. Eine unzumutbare Härte liegt vor, wenn der Umstand, daß die Auflösung der Ehe aufgeschoben wird, sich besonders gravierend auswirkt. Der bloße Wunsch, sich wieder zu verheiraten, dürfte – für sich gesehen – nicht ausreichen, möglicherweise aber, wenn aus einer neuen Verbindung ein Kind erwartet wird. Die Voraussetzungen können unter Umständen vorliegen, wenn Anlaß zu der Annahme besteht, daß die Scheidung eine befriedende Wirkung haben und einen bis dahin unerträglichen Zustand beenden wird.

10 Ungeachtet des Ausnahmecharakters der Regelung ist eine kleinliche doktrinär auf den Bestand des Verbundes bedachte Auslegung der Vorschrift zu meiden. Ist erkennbar, daß der Zweck des Verbundes (vgl. Rdnr. 5) erreicht ist, so daß die gesonderte Behandlung einer Folgesache keine nennenswerten konkreten Vorteile für die Parteien bringt, dürfte die Prüfung angezeigt sein, ob

der Aufschub der Scheidung der gescheiterten Ehe aus dem dann nur noch formalen Grund der Aufrechterhaltung des Verbundes nicht eine unzumutbare Härte ist. Verfehlt wäre es, den Verbund durch eine allzu restriktive Auslegung des § 628 Abs. 1 Nr. 3 ZPO zu einer Art Härteklausel für den die Scheidung ablehnenden Ehegatten zu machen; diesen Zweck erfüllt (als abschließende Regelung) § 1568.

5 Rechtsnatur der Abtrennung und ihre Wirkungen

11 Nach dem Wortlaut des Eingangssatzes zu § 628 Abs. 1 ZPO findet die Abtrennung einer Folgesache in der Weise statt, daß das Gericht »dem Scheidungsantrag vor der Entscheidung über eine Folgesache« stattgibt. Wird so verfahren, dann kommt es nicht zu einer förmlichen Entscheidung über die Abtrennung, ebensowenig über die Ablehnung eines entsprechenden Antrags. Das Gericht entscheidet über die Scheidungssache und die nicht abgetrennten Folgesachen, für die der Entscheidungsverbund fortbesteht (§ 628 Abs. 1 Satz 2 ZPO). Die Rechtmäßigkeit der Abtrennung einer Folgesache oder der Ablehnung der Abtrennung kann dann im Rahmen des Rechtsmittelverfahrens überprüft werden. Da es sich um eine Rechtsfrage handelt, unterliegt die Anwendung des § 628 ZPO insoweit der Nachprüfung auch in der Revisionsinstanz (*Blomeyer* ZRP 1974, 118). Eine Aufhebung der aus diesem Grund angefochtenen Entscheidung ist für die Revisionsinstanz nach §§ 559, 563 ZPO zu beurteilen; die Abtrennung oder die verweigerte Abtrennung dürften nur in seltenen Ausnahmefällen für sich gesehen die Fehlerhaftigkeit der Entscheidung selbst begründen. Hat das Gericht von der Abtrennung
12 einer Folgesache – zu Unrecht – abgesehen und einheitlich durch Urteil entschieden, hat es dabei sein Bewenden. Der Verfahrensmangel ist im Rechtsmittelzug ohne Relevanz.

13 Zweifelhaft ist, ob über die Abtrennung einer Folgesache eine selbständige und anfechtbare Zwischenentscheidung ergehen kann (unklar *Amtl. Begr.* S. 88). In Betracht kommt ein Beschluß, mit dem ein Antrag auf Abtrennung zurückgewiesen oder die Abtrennung verfügt wird. Nach § 567 ZPO findet die Beschwerde u. a. gegen solche, eine mündliche Verhandlung nicht erfordernde Entscheidung statt, durch die ein das Verfahren betreffendes Gesuch zurückgewiesen ist. Nach *h. M.* ist § 567 ZPO nicht anzuwenden, wenn die Entscheidung in das *freie Ermessen* des Gerichts gestellt ist, oder wenn sie *nur von Amts wegen* ergeht (*OLG Stuttgart* NJW 1962, 540; *Rosenberg-Schwab* § 148 III 3 a, a. A. *Stein-Jonas-Grunsky* § 567 III, *Thomas-Putzo* § 567, 5 c, die eine Anfechtung zulassen wollen, soweit die Grenzen des Ermessens überschritten sind).

14 Ungeachtet des Wortlauts (*»kann«*) entscheidet das Gericht über die Abtrennung nach § 628 ZPO nicht nach freiem Ermessen; es muß abtrennen, wenn die gesetzlichen Voraussetzungen vorliegen, und es darf nicht abtrennen, wenn sie fehlen. Die Abtrennung

setzt nicht ausdrücklich einen Antrag *(Gesuch)* voraus. Die wohl
15 *h. M.* geht davon aus, daß § 567 nur dann anwendbar ist, wenn das das Verfahren betreffende Gesuch im Gesetz ausdrücklich vorgesehen ist, in anderen Fällen ist der gestellte Antrag nur als Anregung zum Tätigwerden von Amts wegen zu warten. Eine Anfechtungsmöglichkeit wird dann verneint (*OLG Düsseldorf* NJW 1971, 2032). Die Auffassung ist zu eng. Zumindest dann, wenn die Entscheidung über bloße prozeßleitende Maßnahmen hinausgeht, und die Rechtsposition einer Partei in bezug auf den Streitgegenstand unmittelbar berührt wird, muß das Begehren der Partei als ein Gesuch i. S. von § 567 ZPO verstanden werden, auch wenn das Erfordernis eines Gesuches nicht ausdrücklich vorgesehen ist. Diese Voraussetzungen liegen im Fall des § 628 ZPO vor; das gilt insbesondere für den Fall in Abs. 1 Nr. 3, der den Charakter einer Härteklausel hat (a. A. *Sedemund-Treiber* DRiZ 1976, 331 unter Hinweis auf die zu § 145 ZPO entwickelten allgemeinen Grundsätze; die Regelung in § 628 Abs. 1 Nr. 3 ZPO ist mit der des § 145 ZPO nicht vergleichbar).

16 Daraus folgt, daß das Gericht auf Antrag einer Partei (auch des Antragsgegners im Verfahren) über die Abtrennung durch Beschluß entscheiden kann. Wird der Antrag zurückgewiesen, ist die Beschwerde nach § 567 ZPO gegeben. Wird dem Antrag entsprochen, findet die Beschwerde nicht statt, da § 567 ZPO die Zurückweisung des Antrags voraussetzt. Die Beschwerde ist für den Antragsgegner nicht schon dann gegeben, wenn er beantragt hat, das Gesuch zurückzuweisen (*h. M.: Thomas-Putzo* § 567, 3).

17 Zweifelhaft ist, ob das abgetrennte Verfahren mit der Trennung seinen Charakter als Folgesache behalten kann. Der RegE geht, wie die *Amtl. Begr.* S. 211 erkennen läßt, davon aus: *»Ein abgetrenntes Verfahren behält seinen Charakter als Folgesache. Insbesondere unterliegt es weiter dem Anwaltszwang . . . Auch für die Kostenregelung . . . bleibt es Folgesache. Die Entscheidung ergeht in der für die Folgesache sonst üblichen Form durch Urteil oder Beschluß. Sie unterliegt der Anfechtung nach den für das Verfahren vor dem Familiengericht geltenden Regeln«* (so auch *Sedemund-Treiber* DRiZ 1976, 331; vgl. dazu auch Rdnr. 8 ff. zu
18 § 623 ZPO). Überwiegende Gründe sprechen gegen diese Auslegung. Was Folgesache ist, kann nicht ausschließlich nach der Bezeichnung als Folgesache beurteilt werden. Die Folgesache ist nach dem 1. EheRG ein eigenes Rechtsinstitut mit bestimmten Merkmalen, das eine deutliche Abgrenzung zu den isolierten Familiensachen aufweist. Auch wenn man in § 623 Abs. 1 ZPO nicht eine Definition der Folgesache im technischen Sinn sehen will, sondern eher eine Umschreibung ihrer verfahrensrechtlichen Behandlung, so lassen sich daraus doch Schlüsse auf Wesensmerkmale der Folgesache ziehen. Die Folgesache setzt begrifflich voraus, daß über sie und die Scheidungssache einheitlich entschieden wird (§ 623 Abs. 1 Satz 1 ZPO). Das kann und soll bei der Abtrennung gerade nicht der Fall sein, wie der Eingangssatz zu § 628 Abs. 1 ZPO zeigt.
19 Eine einheitliche Kostenentscheidung, die für den Verbund kennzeichnend ist, kommt nicht in Betracht. § 93 a Abs. 1 Satz 1 ZPO

zieht aus diesem Umstand die Konsequenz, indem er die abgetrennte »Folgesache« kostenrechtlich als besondere Angelegenheit behandelt (die Regelung ist im Lauf des Gesetzgebungsverfahrens zur Klarstellung eingefügt worden, BT 7/4361 Satz 61). Aus der Neufassung des § 93 a Abs. 1 Satz 1 ZPO läßt sich im übrigen nicht zwingend folgern, daß die abgetrennte Sache ihre Rechtsnatur als Folgesache ungeachtet der Abtrennung beibehält. Denn die Gleichstellung in der Kostenfolge mit der für die einheitliche Entscheidung nach § 629 Abs. 1 ZPO gegebenen Regelung behält auch dann ihren Sinn, wenn man die isoliert zu entscheidende Familiensache nicht als Folgesache ansieht. Es erscheint sachdienlich, daß die Partei mit Rücksicht auf den ursprünglich vorhanden gewesenen Verbund nach dessen Auflösung keine kostenrechtlichen Nachteile haben soll.

Die abgetrennte Folgesache unterscheidet sich von der isolierten Familiensache, die von Anfang an nicht mit der Scheidungssache verbunden werden konnte, überhaupt nicht. Es ist deshalb nicht recht einzusehen, warum sie nicht gleichbehandelt werden soll. Das bezieht sich insbesondere auf den Anwaltszwang, der fortbestehen würde, wenn man die abgetrennte Sache als Folgesache ansieht. Der Wortlaut des § 628 Abs. 1 Satz 2 ZPO läßt im übrigen den Gegenschluß zu, daß für die abgetrennte Sache der Verbund erlischt.

6 Einstweilige Anordnung bei Abtrennung des Verfahrens über die Regelung der elterlichen Gewalt (§ 628 Abs. 2 ZPO)

20 § 628 Abs. 2 ZPO soll sicherstellen, daß im Fall der Abtrennung des Verfahrens über die Regelung der elterlichen Gewalt (§ 621 Abs. 1 Nr. 1 ZPO) eine einstweilige Anordnung getroffen wird, damit es zumindest zu einer provisorischen Gestaltung der Rechtsverhältnisse des Kindes kommt. § 628 Abs. 2 ZPO läßt offen, welchen Inhalt die einstweilige Anordnung haben muß. Einen gesetzlich vorgegebenen Inhalt haben einstweilige Anordnungen nach § 620 Nr. 1 ZPO nicht.

21 Aus dem Zweck der Vorschrift wird man folgern müssen, daß zumindest die für eine Betreuung des Kindes wichtigen Elemente der elterlichen Gewalt geordnet werden sollen, z. B. das Aufenthaltsbestimmungsrecht, evtl. auch die gesetzliche Vertretung des Kindes. Die Vorschrift ist auf andere Folgesachen nicht anwendbar; doch kann das Gericht vor dem Urteil in der Ehesache insoweit eine einstweilige Anordnung nach allgemeinen Vorschriften erlassen, deren Fortgeltung sichergestellt ist (§§ 620, 620 f ZPO). Nach dem Wortlaut des § 628 Abs. 2 ZPO hat das Gericht die einstweilige Anordnung zu erlassen ohne Rücksicht darauf, ob dafür ein Bedürfnis besteht, also selbst dann, wenn die Ehegatten eine vernünftige Regelung getroffen haben, die keiner von ihnen in Zweifel zieht. Der Entscheidungszwang besteht nicht, wenn bereits eine einstweilige Anordnung erlassen worden ist. Dasselbe

muß gelten, wenn eine Regelung der elterlichen Sorge nach § 1672 ergangen ist, da diese Entscheidung über den Zeitpunkt der Ehescheidung hinaus fortwirkt (*BayObLG* FamRZ 1965, 152; *KG* FamRZ 1970, 202). Eine vorausgegangene Entscheidung über das Kind nach § 1666 macht den Erlaß einer einstweiligen Anordnung nach § 628 Abs. 2 ZPO entbehrlich, wenn sie die Rechtsverhältnisse des Kindes in wesentlichen Punkten regelt.

22 Die einstweilige Anordnung ist gleichzeitig mit dem Urteil in der Ehesache zu treffen. Das bedeutet keine einheitliche Entscheidung durch Urteil (Umkehrschluß aus § 628 Abs. 1 ZPO), sondern einen zeitlichen Gleichlauf. Für den Beschluß über die einstweilige Anordnung gelten die für einstweilige Anordnungen geltenden allgemeinen Bestimmungen (§§ 620 ff. ZPO).

§ 629

(1) Ist dem Scheidungsantrag stattzugeben und gleichzeitig über Folgesachen zu entscheiden, so ergeht die Entscheidung einheitlich durch Urteil.

(2) Absatz 1 gilt auch, soweit es sich um ein Versäumnisurteil handelt. Wird hiergegen Einspruch und auch gegen das Urteil im übrigen ein Rechtsmittel eingelegt, so ist zunächst über den Einspruch und das Versäumnisurteil zu verhandeln und zu entscheiden.

(3) Wird ein Scheidungsantrag abgewiesen, so werden die Folgesachen gegenstandslos. Auf Antrag einer Partei ist ihr in dem Urteil vorzubehalten, eine Folgesache als selbständige Familiensache fortzusetzen. § 626 Abs. 2 Satz 3 gilt entsprechend.

Überblick Rdnr.

1 Einheitliche Entscheidung (§ 629 Abs. 1 ZPO)

1 Die Entscheidungskonzentration führt konsequent zur einheitlichen Form der Entscheidung in der Scheidungssache und den verbundenen Folgesachen. Das geschieht durch Urteil, und zwar auch dann, wenn in einer Folgesache, wäre sie als isolierte Familiensache anhängig, ein Beschluß zu erlassen wäre. Die formale Zusammenfassung der Endentscheidungen im Urteil bedeutet nicht, daß sie materiell alle die Qualität eines Urteils annehmen (vgl. § 629 a Abs. 2 ZPO).

2 Entscheidung durch Versäumnisurteil (§ 629 Abs. 2 ZPO)

2 § 629 Abs. 2 ZPO stellt sicher, daß die Einheitlichkeit der Entscheidungen nach Absatz 1 auch dann erhalten bleibt, wenn über eine Folgesache durch Versäumnisurteil zu entscheiden ist. Ein Versäumnisurteil kommt nur in den zivilprozessualen Folgesachen (§ 621 Abs. 1 Nrn. 4, 5 und 8 ZPO) in Betracht. Das Versäumnisurteil wird zusammen mit dem Urteil in der Ehesache und den Entscheidungen in den anderen Folgesachen erlassen. Praktische Bedeutung hat die Regelung nur, wenn der Antragsgegner im letzten Termin zur mündlichen Verhandlung säumig ist. Denn verhandelt der (ordnungsgemäß vertretene) Antragsgegner in einem der Säumnislage nachfolgenden Termin zur mündlichen Verhandlung, dann fallen die Voraussetzungen der Säumnis weg. Das folgt aus dem Grundsatz der Einheitlichkeit der mündlichen Verhandlung. Das Gericht ist nicht befugt, um diese Auswirkungen zu vermeiden, die Fortsetzung der mündlichen Verhandlung unter Ausschluß der mit der Säumnis des Antragsgegners belasteten Folgesache anzuordnen. Das würde dem Verhandlungsverbund (§ 623 Abs. 1 ZPO) widersprechen.

3 Die Möglichkeit, gegen das Versäumnisurteil Einspruch einzulegen (§ 338 ZPO), bleibt unberührt. § 629 Abs. 2 ZPO schließt eine Teilanfechtung des Urteils, bezogen auf die Versäumnisentscheidung nicht aus.

4 Wird gegen die Versäumnisentscheidung Einspruch und auch *»gegen das Urteil im übrigen«* ein Rechtsmittel eingelegt, ist nach § 629 Abs. 2 S. 2 ZPO zunächst über den Einspruch zu entscheiden. Die Wendung »das Urteil im übrigen« kann sich nur auf die Scheidungssache beziehen, wenn man davon ausgeht, daß mehrere in einer Instanz anhängige Familiensachen ohne die Scheidungssache unter sich keinen Verbund bilden können (vgl. Rdnr. 11 zu § 623 ZPO). Denn wird mit dieser Regelung die Aufrechterhaltung des Verbundes in der Rechtsmittelinstanz bezweckt (*Amtl. Begr.* S. 212), so muß die weitere Anhängigkeit der Scheidungssache vorausgesetzt werden, was nur durch Anfechtung mit einem Rechtsmittel erreicht werden kann. Es ist offensichtlich, daß die starre Regelung in § 629 Abs. 2 ZPO einen Anreiz zur Verzögerung des gesamten Verfahrens bieten kann.

3 Abweisung eines Scheidungsantrages (§ 629 Abs. 3 ZPO)

5 Mit den Folgesachen wird eine Regelung für den Fall der Auflösung der Ehe begehrt (§ 623 Abs. 1 ZPO). Weist das Gericht den Antrag auf Scheidung der Ehe ab, dann werden die Folgesachen gegenstandslos. Diese Wirkung tritt mit Rechtskraft des den Antrag abweisenden Urteils ein. Anderenfalls müßten die Folgesachen erneut anhängig gemacht werden, wenn das abweisende Urteil im Rechtsmittelzug aufgehoben würde (die Konstruk-

tion, wonach die Folgesachen unter der auflösenden Bedingung gegenstandslos werden, daß das Rechtsmittelgericht dem Scheidungsantrag nicht stattgibt – *Amtl. Begr.* S. 212 – wirkt gekünstelt). Über die Gegenstandslosigkeit der Folgesachen ergeht keine förmliche Entscheidung, weder in dem Urteil noch in einem besonderen Beschluß, da eine dem § 626 Abs. 1 S. 3 ZPO entsprechende Vorschrift fehlt. Ein deklaratorischer Hinweis im Urteil auf die eintretenden Rechtsfolgen dürfte aber unschädlich sein. Über die Kosten der gegenstandslos werdenden Folgesachen hat das Gericht nach § 93 a Abs. 2 ZPO zu entscheiden.

6 Wird das den Antrag abweisende Urteil in der Scheidung im Rechtsmittelzug aufgehoben, richtet sich das weitere Verfahren nach § 629 b ZPO.

4 Vorbehalt der Fortführung einer Folgesache (§ 629 Abs. 3 Satz 2, 3 ZPO)

7 Eine Partei kann auch nach Abweisung des Scheidungsantrags ein Interesse daran haben, eine Folgesache als selbständige Familiensache fortzuführen. Diese Möglichkeit eröffnet § 629 Abs. 3 Satz 2, 3 ZPO. Die Vorschrift entspricht weitgehend der vergleichbaren Regelung im Fall der Rücknahme des Antrags. Der Vorbehalt muß in das Urteil aufgenommen werden. Das Gericht hat den Parteien Gelegenheit zu geben, den Antrag zu stellen. Anders als im Fall bei Rücknahme des Antrags (§ 626 Abs. 2 ZPO) bedarf es daher keiner »Nachfrist« für die Stellung des Antrags (vgl. Rdnr. 7 zu § 626 ZPO).

§ 629 a

(1) Gegen Urteile des Berufungsgerichts ist die Revision nicht zulässig, soweit darin über Folgesachen der in § 621 Abs. 1 Nr. 7 oder 9 bezeichneten Art erkannt ist.

(2) Soll ein Urteil nur angefochten werden, soweit darin über Folgesachen der in § 621 Abs. 1 Nr. 1 bis 3, 6, 7, 9 bezeichneten Art erkannt ist, so ist § 621 e entsprechend anzuwenden. Wird nach Einlegung der Beschwerde auch Berufung oder Revision eingelegt, so gelten § 623 Abs. 1, § 629 Abs. 1 entsprechend.

1 Besonderheiten der Anfechtung verbundener Entscheidungen

1 Die Vorschrift regelt Besonderheiten des Rechtsmittelverfahrens. Die Entscheidungen in der Scheidungssache und den Folgesachen ergehen einheitlich durch Urteil (§ 629 Abs. 1 ZPO). Auch die Anfechtung erfolgt einheitlich. Die Urteile nach § 629 Abs. 1 ZPO sind mit der Berufung und der Revision anfechtbar. Das gilt auch, wenn das Urteil Entscheidungen in Folgesachen enthält, die isoliert als Familiensachen mit der Beschwerde anzufechten wären. Dieser Grundsatz wird durchbrochen, wenn das einheitliche Urteil nicht insgesamt angefochten wird, sondern nur wegen solcher Folgesachen, die als isolierte Familiensachen nicht mit der Berufung oder Revision angefochten werden könnten. Es handelt sich um die Folgesachen, die dem Recht der Freiwilligen Gerichtsbarkeit unterliegen (§ 621 Abs. 1 Nrn. 1 bis 3, 6, 7 und 9 ZPO). Insoweit verbleibt es trotz der Urteilsform der Entscheidung bei dem »normalen« Rechtsmittel der Beschwerde (§ 629 a Abs. 2 Satz 1, § 621 e ZPO). Ist Beschwerde eingelegt und entschließt sich einer der Ehegatten, nachträglich noch Berufung oder Revision einzulegen, dann wird der Verhandlungs- und Entscheidungsverbund wiederhergestellt. Die Verfahren sind verbunden, über sie ist einheitlich durch Urteil zu entscheiden. Die nachträglich eingelegte Berufung oder Revision muß sich auf die Ehesache selbst beziehen. Es genügt nicht, das in einem anderen Folgeverfahren, dessen Entscheidung mit der Berufung oder Revision angefochten werden kann, die nachträgliche Berufung oder Revision eingelegt wird. Der (wiederherzustellende) Verbund setzt voraus, daß auch die Ehesache anhängig ist. Daran fehlt es, wenn nur eine sonstige zivilprozessuale Folgesache nachträglich angefochten wird. Das folgt aus der Verweisung auf §§ 623 Abs. 1 und 629 Abs. 1 ZPO, die beide davon ausgehen, daß die Folgesachen mit der Ehesache verhandelt und entschieden werden (str. vgl. Rdnr. 11 zu § 623 ZPO).

2 Nicht ausdrücklich geregelt ist die Frage, wie zu verfahren ist, wenn ein Ehegatte eine Entscheidung in einer Folgesache der in § 621 Abs. 1 Nrn. 1 bis 3, 6, 7, 9 ZPO bezeichneten Art (FGG-Verfahren) nachträglich auch anfechten will, nachdem er vorher gegen das Urteil, soweit es die Ehesache (und evtl. die eine oder andere Folgesache) betrifft, Berufung oder Revision eingelegt hat. Es handelt sich um den, was die zeitliche Reihenfolge angeht, um-

gekehrten Fall des § 629 a Abs. 2 ZPO. Überwiegende Gründe sprechen dafür, daß die Entscheidung in der Folgesache mit der Beschwerde nach § 621 e ZPO anzufechten ist. Aus § 629 a Abs. 1 Satz 1 ZPO folgt, daß das Rechtsmittel der Berufung oder Revision gegen in Urteilsform gekleidete Entscheidungen der FG nur dann in Betracht kommt, wenn zugleich die Scheidungssache oder eine mit der Berufung oder Revision anzufechtende Folgesache angefochten wird. Das ist nicht der Fall. In der Rechtsmittelinstanz bildet die nachträglich angefochtene Folgesache mit den dort bereits anhängigen Verfahren den Verbund (analog § 629 a Abs. 2 Satz 2 ZPO).

2 Einheitlichkeit der Regeln über die Revision

3 Abgesehen von den in § 629 a ZPO vorgesehenen Besonderheiten sollen für die Revision gegen die einheitliche Entscheidung in der Scheidungssache und den Folgesachen die allgemeinen Vorschriften (einschl. des 2. Titels) gelten. Für die zivilprozessualen Verfahren ist ein Revisionsrecht eigener Art (ohne Annahmerevision) in § 621 d ZPO geschaffen worden. Eine entsprechende Regelung für die Revision gegen Entscheidungen im Verfahren der Freiwilligen Gerichtsbarkeit fehlt; § 621 e ZPO behandelt nur die Beschwerde. Eine Anfechtung des einheitlichen Urteils nach § 629 mit der Revision kann nur nach einheitlichen Regeln ablaufen. Das Fehlen einer Verweisung für den Bereich der Verfahren nach den Vorschriften der Freiwilligen Gerichtsbarkeit beruht auf einem Redaktionsversehen. Die Regelungslücke ist durch analoge Anwendung des § 621 d Abs. 1 ZPO zu schließen. Wird daher gegen eine einheitliche Entscheidung (§ 629) Revision eingelegt, so ist die Revision auch für die in § 621 d Abs. 1 ZPO nicht genannten Verfahren nach dieser Vorschrift zu beurteilen.

3 Einschränkung der Revision (§ 629 a Abs. 1 ZPO)

4 Eine Einschränkung der Revision sieht § 629 a Abs. 1 ZPO vor, soweit es um die Anfechtung von Entscheidungen über die Regelung der Rechtsverhältnisse nach der HausratsVO und in güterrechtlichen Verfahren nach §§ 1382, 1383 geht. Der Rechtsmittelzug soll wegen der relativ geringen Bedeutung dieser Fallgruppen beim Oberlandesgericht enden (*Amtl. Begr.* S. 212). Das gilt auch, wenn Beschlüsse in den genannten Folgesachen isoliert angefochten werden. Denn sie sind nicht in den Katalog der Entscheidungen in Familiensachen aufgenommen, die der weiteren Beschwerde nach den allgemeinen Vorschriften unterliegen (§ 621 e Abs. 2 Satz 1 ZPO).

5 Auch in Ehesachen ist ein Rechtsmittel im allgemeinen nur zulässig, wenn die das Rechtsmittel einlegende Partei beschwert ist. Fehlt es an der Beschwer, ist das Rechtsmittel unzulässig. Eine Beschwer ist nicht gegeben, wenn der Kläger (Antragsteller) eine obsiegende Entscheidung erstritten hat, die seinem Antrag in vollem Umfang entspricht (a. M.: *BGH* 24, 369 m. w. N.). Im Scheidungsverfahren kommt es dabei nicht nur darauf an, ob dem Scheidungsantrag stattgegeben worden ist, sondern auch darauf, ob das Gericht die Ehe auf Grund des beantragten speziellen Scheidungsbegehrens aufgelöst hat. So wurde für das bisher geltende Recht eine Beschwer angenommen, wenn die Ehe nach § 43 EheG geschieden worden ist, obwohl der Kläger Scheidung nach § 42 EheG begehrt hatte (*RG* 115, 1) oder umgekehrt (*LG* Kiel LZ 1920, 722), oder die Scheidung auf §§ 44–48 EheG beruhte, der Kläger aber eine Scheidung wegen schuldhaften Verhaltens beantragt hatte. Dasselbe gilt, wenn die Schuldfeststellung von der Schuldaufteilung im Antrag abwich (*BGH* 33, 169). Bei mehreren wahlweise geltend gemachten Scheidungsgründen ist eine Beschwer verneint worden, wenn das Gericht die Ehe aus einem dieser Scheidungsgründe aufgelöst hat (*RG*, 115, 1; *RG* DR 1940, 1075 mit Anm. v. *Lauterbach*).

6 Diese Grundsätze sind (modifiziert) auch für das neue Recht anwendbar. Hat der Antragsteller z. B. die Scheidung unter Berufung auf Vermutungen des § 1566 begehrt, ist er beschwert, wenn das Gericht eine Scheidung auf der Grundlage der Generalklausel (§ 1565 Abs. 1) ausspricht. Das gilt auch, wenn das Gericht § 1565 Abs. 2 angewendet hat, die Partei aber eine Scheidung nach § 1565 Abs. 1 mit der Begründung begehrt hat, die Trennungszeit von einem Jahr sei abgelaufen. Dagegen fehlt es an der Beschwer, wenn das Gericht seiner Entscheidung die Vermutungen nach § 1566 zugrunde legt, obwohl die Partei dies nicht verlangt hat (vgl. ergänzend Rdnr. 5 zu § 1564).

7 In Ehesachen ist – für das bisher geltende Recht – das Erfordernis der Beschwer im Interesse der Aufrechterhaltung der Ehe verneint worden, wenn das Rechtsmittel lediglich zum Zweck der Zurücknahme der Aufhebungs- oder Scheidungsklage oder zum Zweck des Verzichts auf den Urteilsanspruch eingelegt worden ist (vgl. *BGH* 24, 369). Die Grundsätze gelten auch im Rahmen des neuen Rechts.

5 Rechtsmittelanschließung

8 Die Vorschriften über die Rechtsmittelanschließung (§§ 521, 556 ZPO; zur Anschlußbeschwerde vgl. *Thomas-Putzo* vor § 567 II 3) sind auf verbundene Entscheidungen nach § 629 ZPO anwendbar (*Sedemund-Treiber* DRiZ 1976, 331). Streitig ist, ob die Anschließung ein Rechtsmittel im prozeßrechtlichen Sinn ist. Die *h. M.* verneint das (*RG* 156, 242; *BGH* 37, 133; NJW 1961,

2309; Vers.R 1974, 1018; *Baumbach-Albers* § 521, 1; *Thomas-Putzo* 521, 1; *Fenn* ZZP 89 (1976), 121; FamRZ 1976, 259; a. A. *Stein-Jonas-Grunsky* § 521 I 1; *Rosenberg-Schwab* § 139 I 3). Die unterschiedlichen Auffassungen führen zu unterschiedlichen praktischen Ergebnissen. Die (wohl zutreffende) *h. M.* läßt die Rechtsmittelanschließung ohne die für ein Rechtsmittel an sich notwendige Beschwer zu, während die Mindermeinung eine solche Beschwer fordert.

9 Hat das Gericht eine einheitliche Entscheidung über die Ehesache und über Folgesachen nach § 629 Abs. 1 ZPO getroffen, und legt eine Partei ein Rechtsmittel ein (sei es wegen der Scheidungssache, sei es wegen der Folgesache), kann der andere Ehegatte sich dem Rechtsmittel anschließen, um eine Abänderung der Entscheidung zu seinen Gunsten zu erreichen. Der Zulässigkeit der Anschließung steht nicht entgegen, daß die Frist für die Einlegung eines eigenen Rechtsmittels abgelaufen ist. Wird, abweichend von der *h. M.*, eine Beschwer vorausgesetzt, dann kann Gegenstand der Anschließung nur ein bereits anhängig gewesener Teil des Streitgegenstandes sein; die Partei muß mit dem sich darauf beziehenden Antrag unterlegen sein. Wird eine Beschwer mit der *h. M.* nicht vorausgesetzt, dann kann die Partei, wenn der Gegner Rechtsmittel eingelegt hat, den ursprünglichen Streitgegenstand erweitern, z. B. im Wege der Rechtsmittelanschließung erstmalig einen Unterhaltsanspruch i. S. von § 621 Abs. 1 Nr. 5 ZPO geltend machen, der in der ersten Instanz nicht anhängig gewesen ist.

§ 623 Abs. 2 ZPO steht dem nicht entgegen. Zwar kann nach dieser Vorschrift eine Verbindung einer Folgesache (hier z. B. Unterhaltsanspruch) mit der Scheidungssache nicht mehr eintreten, wenn diese im Rechtsmittelzug anhängig ist. Die Regeln über die Rechtsmittelanschließung dürften aber im Verhältnis zu § 623 spezieller Natur sein (im Ergebnis ebenso *Stein-Jonas-Schlosser*, § 629 a, 2 – ohne auf die Problematik einzugehen).

10 Ob die Partei eine Anschlußberufung oder Anschlußbeschwerde erhebt, richtet sich nach dem Gegenstand des Begehrens. Das ergibt sich aus der gespaltenen Rechtsmittelregelung auf Grund des § 629 a Abs. 2 ZPO. Begehrt die Partei mit der Anschließung eine Entscheidung in den in § 629 a Abs. 2 Satz 1 genannten Angelegenheiten (mit der Beschwerde anfechtbare Entscheidungen aus dem Anwendungsbereich der Freiwilligen Gerichtsbarkeit), so ist die Anschlußbeschwerde (die im Gesetz nicht vorgesehene Anschlußbeschwerde wird allgemein als zulässig angesehen, vgl. *Thomas-Putzo* Vor § 567 II 3; zur Anschlußbeschwerde im FGG-Verfahren vgl. *Keidel* § 22, 7) gegeben, und zwar auch dann, wenn die andere Partei die einheitliche Entscheidung mit der Berufung (Revision) angefochten hatte. Es besteht kein Anlaß, den Grundsatz des § 629 a Abs. 2, § 621 e ZPO bei der Anschlußbeschwerde nicht anzuwenden. Die Anschließung kann, je nachdem ob der Antragsgegner Berufung oder Revision eingelegt hat, bis zum Schluß der letzten mündlichen Verhandlung bzw. bis zum

Ablauf eines Monats nach der Zustellung der Revisionsbegründung betrieben werden (§§ 522 a, 556 ZPO).

11 Wird gegen ein einheitliches Urteil nach § 629 Abs. 1 ZPO Beschwerde nach § 629 a Abs. 2 ZPO eingelegt, kann sich die andere Partei dem Rechtsmittel mit der Berufung (Revision) oder der Beschwerde anschließen, je nachdem, ob sie einen zivilprozessualen Gegenstand geltend macht oder eine Angelegenheit nach § 629 a Abs. 2 Satz 1 ZPO. Die Rechtsmittelanschließung hat Suspensiv-Effekt (vgl. dazu Rdnr. 3 zu § 629 d ZPO).

§ 629 b

(1) Wird ein Urteil aufgehoben, durch das der Scheidungsantrag abgewiesen ist, so ist die Sache an das Gericht zurückzuverweisen, das die Abweisung ausgesprochen hat, wenn bei diesem Gericht eine Folgesache zur Entscheidung ansteht. Dieses Gericht hat die rechtliche Beurteilung, die der Aufhebung zugrunde gelegt ist, auch seiner Entscheidung zugrunde zu legen.

(2) Das Gericht, an das die Sache zurückverwiesen ist, kann, wenn gegen das Aufhebungsurteil Revision eingelegt wird, auf Antrag anordnen, daß über die Folgesachen verhandelt wird.

1 Besonderheiten bei der Zurückverweisung

1 Die Vorschrift regelt die Voraussetzungen, unter denen das Rechtsmittelgericht eine Scheidungssache zurückverweisen kann, wenn es ein Urteil aufgehoben hat, durch das der Antrag abgewiesen worden ist. Sie enthält Abweichungen von den allgemeinen Vorschriften (§§ 538 ff. ZPO), soweit dies notwendig ist, um die Verhandlungs- und Entscheidungskonzentration auch nach der Zurückverweisung zu sichern. § 629 b ZPO findet keine Anwendung, wenn ein Urteil aufgehoben wird, durch das dem Antrag (Klage) auf Auflösung der Ehe stattgegeben worden ist. Dann verbleibt es bei den allgemeinen Bestimmungen über die Zurückverweisung.

2 Das Rechtsmittelgericht hat die Sache an das Gericht zurückzuverweisen, dessen Urteil es aufgehoben hat, wenn bei diesem Gericht eine Folgesache zur Entscheidung ansteht. Eine Folgesache »steht zur Entscheidung an«, wenn sie in dieser Instanz anhängig (gemacht worden) war, und eine Entscheidung nicht gefallen ist. Das Gericht hat in der Frage der Zurückverweisung keinen Ermessensspielraum. Es muß zurückverweisen, wenn die Voraussetzungen vorliegen. Deshalb kann es auch – abweichend von der allgemeinen Regel – nicht selbst entscheiden (vgl. §§ 540, 565 Abs. 3 ZPO). Folgende Fallgruppen kommen in Betracht:

3 *a)* Das Gericht erster Instanz weist den Antrag in der Ehesache ab. Hebt das Berufungsgericht das Urteil auf, dann hat es die

Sache an das Gericht der ersten Instanz zurückzuverweisen. Dort stehen in der Regel zumindest die Folgesachen zur Entscheidung an, die ohne Antrag anhängig geworden sind.(vgl. § 623 Abs. 3 ZPO). Sie werden zwar »gegenstandslos«, wenn der Antrag in der Ehesache zurückgewiesen wird (§ 629 Abs. 3 Satz 1 ZPO), doch tritt die Wirkung erst mit Rechtskraft des Urteils ein. Bis dahin bleiben sie dort anhängig, was zwingend zur Zurückverweisung an dieses Gericht führt.

4 *b)* Bestätigt in dem Ausgangsfall das Berufungsgericht das Urteil des Gerichts der ersten Instanz, indem es die eingelegte Berufung zurückweist, hat es dabei sein Bewenden. Wird gegen das Urteil des Berufungsgerichts mit Erfolg Revision eingelegt, hat das Revisionsgericht die Sache an das Gericht des ersten Rechtszuges zurückzuverweisen, da nicht das Berufungsgericht die Abweisung des Scheidungsantrags ausgesprochen hat und außerdem die Folgesachen nicht dort, sondern bei dem Gericht des ersten Rechtszuges anhängig sind. Bestätigt das Revisionsgericht das zurückweisende Urteil des Berufungsgerichts, ist der Antrag in der Ehesache rechtskräftig zurückgewiesen, die Folgesachen werden gegenstandslos.

5 *c)* Gibt das Gericht der ersten Instanz dem Antrag auf Scheidung der Ehe statt, hat es zugleich über die Folgesachen zu entscheiden (§ 623 Abs. 1 ZPO). Wird gegen das einheitliche Urteil (§ 629 Abs. 1 ZPO) Berufung eingelegt, sind die Folgesachen in der Berufungsinstanz anhängig. Hebt das Berufungsgericht die Vorentscheidung auf und weist es den Antrag ab, bleiben die Folgesachen bis zur Anfechtung dieser Entscheidung in der Berufungsinstanz anhängig. Wird Revision eingelegt und hebt das Revisionsgericht die den Antrag abweisende Entscheidung des Berufungsgerichts auf, hat es die Sache an das Berufungsgericht zurückzuverweisen, da die Folgesachen dort anhängig sind. Eine Zurückverweisung an das Gericht erster Instanz ist in diesem Fall unzulässig.

6 Das erneut zur Entscheidung berufene Gericht ist an die Rechtsauffassung gebunden, die das Rechtsmittelgericht der Aufhebung zugrunde gelegt hat (§ 629 b Abs. 1 Satz 2 ZPO). Die Regelung entspricht § 565 Abs. 2 ZPO; sie gilt unabhängig davon, ob das Berufungsgericht oder das Revisionsgericht entschieden hat.

2 Vorabverhandlungen über Folgesachen (§ 629 b Abs. 2 ZPO)

7 Die Vorschrift dient der Beschleunigung des Verfahrens, indem sie eine Vorabverhandlung über Folgesachen ermöglicht. Wird ein Urteil aufgehoben und die Sache zurückverwiesen, darf das Verfahren erst nach Eintritt der Rechtskraft der zurückweisenden Entscheidung erneut betrieben werden (vgl. *Stein-Jonas-Grunsky* § 538 IX 1). Diese tritt nicht ein, wenn Revision eingelegt wird. Nach § 629 b Abs. 2 ZPO kann das Gericht, an das die Sache

zurückverwiesen worden ist, gleichwohl vorher mit der Verhandlung der Folgesachen beginnen. Entscheiden darf das Gericht in diesem Stadium über die Folgesachen nicht. Die Verhandlung kann nur auf Antrag angeordnet werden. Das gilt auch für die Folgeverfahren, die normalerweise ohne Antrag zu betreiben sind. Antragsberechtigt ist in diesen Fällen jeder der Beteiligten, im übrigen der Ehegatte, der das Folgeverfahren beantragt hat. Das Gericht entscheidet nach pflichtgemäßem Ermessen; es kann von der Anordnung der Verhandlung absehen, wenn ihm die Maßnahme untunlich erscheint. Gegen die Entscheidung, mit der der Antrag zurückgewiesen wird, ist die Beschwerde nach § 567 Abs. 1 ZPO gegeben.

§ 629 c

Wird eine Entscheidung auf Revision oder weitere Beschwerde teilweise aufgehoben, so kann das Gericht auf Antrag einer Partei die Entscheidung auch insoweit aufheben und die Sache zur anderweitigen Verhandlung und Entscheidung an das Berufungs- oder Beschwerdegericht zurückverweisen, als dies wegen des Zusammenhangs mit der aufgehobenen Entscheidung geboten erscheint.

Überblick Rdnr.

1 Anwendungsbereich

1 Zwischen Folgesachen kann eine tatsächliche Abhängigkeit bestehen. Die Entscheidung über das Sorgerecht hat unmittelbar Auswirkungen auf die Verpflichtung, Unterhalt zu zahlen und auf das Verkehrsrecht. Sie kann entscheidend sein für die Frage, wem die eheliche Wohnung zugewiesen wird. Da jede Folgesache isoliert angefochten werden kann – für eine Reihe von Folgesachen ist außerdem der dritte Rechtszug ausgeschlossen – (vgl. § 629 a Abs. 1 ZPO), kann es vorkommen, daß in der Revisionsinstanz eine Entscheidung in einer Folgesache aufgehoben oder abgeändert wird, die für eine entschiedene, nicht in der Revisionsinstanz anhängige Folgesache vorgreiflich war. Die erforderliche Korrektur läßt sich im Wege des Anschlußrechtsmittels nur in sehr begrenztem Umfang ermöglichen, vgl. *Amtl. Begr.* S. 213.

Um auch in diesen Fällen, in denen das Anschlußrechtsmittel versagt, die Korrektur einer Entscheidung in einer nicht anhängigen Sache zu ermöglichen, wird in § 629 c ZPO ein besonderes

Antragsverfahren eingeführt. Vorausgesetzt wird, daß eine Entscheidung auf Revision oder weitere Beschwerde teilweise angefochten wird. Das ist im umfassenden Sinn zu verstehen. Bei einer einheitlichen Entscheidung nach § 629 Abs. 1 ZPO liegt eine teilweise Aufhebung vor, wenn die Entscheidung in einer der anhängig gewordenen Sachen ganz oder teilweise aufgehoben wird. Es ist nicht notwendig, daß der weiter aufzuhebende Teil auch in die dritte Instanz gelangt war (*Sedemund-Treiber* DRiZ 1976, 331; a. A. *Schwab* FamRZ 1976, 658). Wird das Urteil in der Ehesache aufgehoben, kann § 629 c ZPO nicht praktisch werden (*Amtl. Begr.* S. 214). Denn handelt es sich um ein den Antrag abweisendes Urteil, ist nach § 629 b Abs. 1 ZPO zu verfahren. Wird ein auf Auflösung der Ehe lautendes Urteil des Berufungsgerichts aufgehoben, ist der Antrag entweder abzuweisen (Folgen: § 629 Abs. 3 ZPO) oder die Sache ist mit den Folgesachen zurückzuverweisen (§ 565 ZPO).

2 § 629 c ZPO setzt nicht voraus, daß auch die Ehesache angefochten ist. Die Vorschrift ist auch anwendbar, wenn eine oder mehrere Folgesachen ohne die Ehesache im Revisionszug anhängig sind. Das ergibt sich aus dem Wortlaut des § 629 c ZPO, der es genügen läßt, wenn die Entscheidung auf weitere Beschwerde aufgehoben wird. Die weitere Beschwerde kommt aber nur bei der isolierten Anfechtung bestimmter Folgesachen in Betracht (§ 629 a Abs. 2 ZPO).

2a Es ist deshalb möglich, wenn es auch nicht häufig vorkommen wird, daß das Revisionsgericht mit Rücksicht auf eine aufzuhebende Entscheidung in einer Folgesache, z. B. nach § 1671, auch die die Scheidung aussprechende Entscheidung aufhebt. Um diese Möglichkeit zu eröffnen, ist § 629 c ZPO im Lauf des Gesetzgebungsverfahrens (abweichend von § 628 c RegE; vgl. *Amtl. Begr.* S. 213) dem Vorschlag des BR folgend (BT 7/650 S. 280) neu gefaßt worden (BT 7/4361 S. 70, 160). Die Regelung ist bedenklich. Sie ermöglicht es, ein verbundenes Verfahren in unangemessener Weise zu verzögern, da die Rechtskraft der Entscheidung in der Scheidungssache nicht eintritt, solange die Aufhebung nach § 629 c ZPO nicht ausgeschlossen werden kann (*Sedemund-Treiber* DRiZ 1976, 331). In solchen Fällen liegt es nahe, von § 628 Abs. 1 Nr. 3 ZPO großzügig Gebrauch zu machen. Wird über die Scheidungssache vorab unter Anwendung des § 628 Abs. 1 ZPO entschieden, findet § 629 c ZPO insoweit keine Anwendung.

2 Zusammenhang mit der aufgehobenen Entscheidung

3 Die auf Revision oder weitere Beschwerde teilweise aufgehobene Entscheidung muß Auswirkungen auf andere Teile der Entscheidung haben. Nicht notwendig ist ein rechtlicher Zusammenhang; ein tatsächlicher Zusammenhang genügt. Maßgebend ist, ob angenommen werden kann, daß die nicht angefochtene Entscheidung nicht oder nicht mit dem Inhalt ergangen wäre, wenn das Gericht die Revisionsentscheidung zugrunde gelegt hätte. Eine zentrale

Bedeutung hat in diesem Zusammenhang die Regelung der elterlichen Sorge nach § 1671 BGB. Von der Entscheidung dieser Frage hängt es in der Regel ab, wer Schuldner des Kindesunterhalts ist, wie das Verkehrsrecht geregelt wird, wer die eheliche Wohnung zugewiesen erhält. Zusammenhänge können auch zwischen dem Unterhaltsanspruch der Ehegatten und dem Unterhaltsanspruch der Kinder bestehen. Das Gericht hat einen weiten Ermessensspielraum *(»geboten erscheint«)*. Wendet das Gericht § 629 c ZPO nicht an, obwohl ein Zusammenhang mit einem nicht angefochtenen Teil der Entscheidung besteht, bleibt es der Partei überlassen, eine Korrektur nach den allgemeinen Vorschriften zu erreichen (z. B. § 1696, § 323 ZPO).

3 Verfahren

4 Die weitergehende Aufhebung der Entscheidung ergeht nur auf Antrag. Antragsberechtigt ist jede Partei, also auch der Ehegatte, der die Revision oder Beschwerde eingelegt hat. Dafür besteht ein Bedürfnis, wenn wegen einer anderen im Zusammenhang stehenden Folgesache ein Rechtsmittel nicht gegeben ist. Der Antrag ist Prozeßhandlung; es besteht Anwaltszwang. § 629 c ZPO gibt keine Anhaltspunkte, bis zu welchem Zeitpunkt der Antrag gestellt werden darf.

5 Für die Partei kann es mitunter äußerst schwierig sein, bereits vor der Entscheidung über die Revision oder die weitere Beschwerde die vorausgesetzten Anträge unter Berücksichtigung aller denkbaren Möglichkeiten zu stellen, deren Konkretisierung erst auf Grund der zu fällenden Entscheidung erwartet werden kann. Deshalb wäre es sachdienlich, wenn der Antrag noch zeitlich nach Erlaß der Entscheidung über die Revision oder weitere Beschwerde eingebracht werden könnte. Ob § 629 c ZPO eine so weitgehende Auslegung deckt, ist fraglich. Der Wortlaut dürfte nicht entgegenstehen, da ein Zeitpunkt für die Antragstellung nicht ausdrücklich vorgesehen ist. Aus der Anordnung des zweiten Halbsatzes in Satz 1 (». . . *so* kann das Gericht) ließe sich sogar eine zeitliche Folge ableiten. Hält man eine nachträgliche Antragstellung für vertretbar, ergibt sich die Notwendigkeit einer zeitlichen Begrenzung. Da die Partei mit dem Behelf nach § 629 c ZPO sicher keine weitergehenden Rechte erhalten soll als sie im Fall der Anschlußrevision hätte, liegt es nahe anzunehmen, daß die Frist für den Antrag auf weitergehende Aufhebung der Entscheidung nicht länger sein kann als die Frist für die Anschlußrevision (1 Monat, § 556 Abs. 1 ZPO). Abweichend von § 556 Abs. 1 ZPO dürfte der Lauf der Frist mit der Zustellung der aufgehobenen Entscheidung beginnen.

6 Die Anwendung des § 629 c ZPO ist nicht auf die Fälle beschränkt, in denen eine Anschlußrevision oder Anschlußbeschwerde ausgeschlossen ist, obwohl die Vorschrift als Ergänzung für diese Fälle in erster Linie gedacht ist (*Amtl. Begr.* S. 214). Der Normzweck zwingt nicht dazu, die Zulässigkeit des einen Rechtsbehelfs mit Rücksicht auf den anderen Rechtsbehelf einzuschränken. Beide Rechtsbehelfe bestehen daher nebeneinander. Die Partei hat die Wahl.

§ 629 d

Vor der Rechtskraft des Scheidungsausspruchs werden die Entscheidungen in Folgesachen nicht wirksam.

1 Zeitpunkt der Wirksamkeit der Folgesache

1 Entscheidungen in Folgesachen werden für den Fall der Scheidung getroffen (§ 623 Abs. 1 ZPO). Deshalb können sie nicht vor Rechtskraft des Urteils über die Auflösung der Ehe wirksam werden. Das wird in § 629 d ZPO klargestellt. Besteht während des Scheidungsverfahrens ein Bedürfnis, eine Angelegenheit zu regeln, die Gegenstand einer Folgesache sein kann, dann kann das durch einstweilige Anordnung nach § 620 ZPO geschehen oder, soweit das gegenständlich nicht möglich ist, durch einstweilige Verfügung nach § 940 ZPO.

2 Da die Entscheidung in der Folgesache zunächst keine Wirkung hat, kommt eine vorläufige Vollstreckbarkeit oder eine Vollstrekkung nach § 16 Abs. 1 FGG nicht in Betracht. Daß ihre Wirksamkeit von der Rechtskraft der Eheaufhebung abhängt, braucht in der Entscheidung über die Folgesache nicht ausdrücklich erwähnt zu werden, es ist aber mit Rücksicht auf § 726 Abs. 1 ZPO sachdienlich. Das Erfordernis der Rechtskraft des Eheauflösungsurteils ist bei der Erteilung der Vollstreckungsklausel zu beachten.

2 Zeitpunkt der Auflösung der Ehe

3 Die Ehe wird mit Rechtskraft des Scheidungsurteils aufgelöst (§ 1564 Satz 2). Die Rechtskraft tritt (außer bei Verzicht auf Rechtsmittel) im allgemeinen ein, wenn die Rechtsmittelfrist verstrichen ist, ohne daß ein Rechtsmittel eingelegt wird. Anders kann es sich verhalten, wenn über die Scheidungssache und die Folgesachen im Verbund entschieden worden ist. Wird nur gegen die Entscheidung in einer Folgesache ein Rechtsmittel eingelegt, tritt die Rechtskraft des Scheidungsausspruchs erst ein, wenn seine Anfechtung auch im Wege des Anschlußrechtsmittels nicht mehr zulässig ist. Die Anschlußberufung kann bis zum Schluß der

mündlichen Verhandlung die Anschlußrevision bis zum Ablauf der Frist für die Rechtsmittelbegründung eingelegt werden (vgl. dazu und zur Anschlußbeschwerde Rdnr. 8 ff. zu § 629 a ZPO und *Amtl. Begr.* S. 89, 213). Wird über die Scheidung vorab entschieden (§ 628 ZPO), wird der Scheidungsausspruch auch dann rechtskräftig, wenn über die Folgesachen noch nicht entschieden ist (*Schwab* FamRZ 1976, 658). Die Rechtskraft der Entscheidung in der Ehesache wird auch hinausgeschoben, wenn eine Aufhebung dieser Entscheidung nach § 629 c ZPO in Betracht kommt, weil eine Entscheidung in einer Folgesache auf Revision oder weitere Beschwerde aufgehoben wird (vgl. Rdnr. 2 a zu § 629 c ZPO).

§ 630

(1) Für das Verfahren auf Scheidung nach § 1565 in Verbindung mit § 1566 Abs. 1 des Bürgerlichen Gesetzbuchs muß die Antragsschrift eines Ehegatten auch enthalten:

1. die Mitteilung, daß der andere Ehegatte der Scheidung zustimmen oder in gleicher Weise die Scheidung beantragen wird;
2. den übereinstimmenden Vorschlag der Ehegatten zur Regelung der elterlichen Gewalt über ein gemeinschaftliches Kind und über die Regelung des persönlichen Verkehrs des nicht sorgeberechtigten Elternteils mit dem Kinde;
3. die Einigung der Ehegatten über die Regelung der Unterhaltspflicht gegenüber einem Kinde, die durch die Ehe begründete gesetzliche Unterhaltspflicht sowie die Rechtsverhältnisse an der Ehewohnung und am Hausrat.

(2) Die Zustimmung zur Scheidung kann bis zum Schluß der mündlichen Verhandlung, auf die das Urteil ergeht, widerrufen werden. Die Zustimmung und der Widerruf können zu Protokoll der Geschäftsstelle oder in der mündlichen Verhandlung zur Niederschrift des Gerichts erklärt werden.

(3) Das Gericht soll dem Scheidungsantrag erst stattgeben, wenn die Ehegatten über die in Absatz 1 Nr. 3 bezeichneten Gegenstände einen vollstreckbaren Schuldtitel herbeigeführt haben.

Überblick

1 Die Vorschrift enthält Sonderregelungen für den Fall der einverständlichen Scheidung nach § 1566 Abs. 1. § 630 ZPO gilt nur, wenn die Scheidung unter Berufung auf die Vermutung auf Grund einjähriger Trennung begehrt wird. Die Vorschrift ist nicht anwendbar, wenn die Ehegatten die Scheidung einverständlich nach der Generalklausel (§ 1565 BGB) betreiben (*Schwab* FamRZ 1976, 491; a. A.: *Bergerfurth* FamRZ 1976, 581). Zwar streitet dann für sie nicht die unwiderlegbare Vermutung des Scheiterns der Ehe, doch ist das das kleinere Übel im Verhältnis zu den Erschwernissen, die sich aus § 630 Abs. 1 ZPO ergeben können. Es ist deshalb zu befürchten, daß die Regelung – nicht zuletzt zur Vermeidung zusätzlicher Kosten – weitgehend unterlaufen wird (vgl. *Hagena* FamRZ 1975, 379).

2 Zu den Voraussetzungen der »unstreitigen« Scheidung vgl. die Ausführungen zu § 1566 Abs. 1. Beantragen beide Ehegatten die Scheidung, ist jeder der Anträge eine Prozeßhandlung. Entgegen der Auffassung von *Stein-Jonas-Schlosser* § 630, 2; *Brüggemann* FamRZ 1977, 1; *Schwab* FamRZ 1976, 491 ist die Zustimmung eines Ehegatten zu dem Scheidungsantrag des anderen Ehegatten nicht ausschließlich ein materiellrechtliches Rechtsgeschäft, sondern auch eine Prozeßhandlung. Dafür spricht insbesondere die Fassung des § 630 Abs. 2 Satz 2 ZPO. Die Vorschrift hat den Zweck, die Partei insoweit vom Anwaltszwang (§ 78 Abs. 2 ZPO) freizustellen; sie setzt also voraus, daß die Zustimmung Prozeßhandlung ist.

Die formellen Erfordernisse des § 630 Abs. 1 ZPO sind nicht als Sachurteilsvoraussetzungen zu werten (*Stein-Jonas-Schlosser* § 630, 1; *Blomeyer* FamRZ 1972, 432; ZRP 1974, 118; *Schwab* FamRZ 1976, 491; a. A. *Amtl. Begr.* S. 214; *Hagena* FamRZ 1975, 379; *Bergerfurth* FamRZ 1976, 581; *Brüggemann* FamRZ 1977, 1; K. H. *Schwab* FamRZ 1976, 658; *Sedemund-Treiber* DRiZ 1976, 331), sie sind lediglich eine besondere Ausgestaltung der Scheidungsvoraussetzungen. Enthält die Antragsschrift nicht die erforderlichen Angaben, kann der Antrag nicht als unzulässig abgewiesen werden. Das Gericht hat auf die Beseitigung der Mängel hinzuwirken und im übrigen zu prüfen, ob die Voraussetzungen für die Scheidung der Ehe nach der Generalklausel (§ 1565) vorliegen. Hat die Partei ihr Scheidungsbegehren ausschließlich auf § 1566 Abs. 1, § 1565 Abs. 1 gestützt, was zulässig ist, ist das Scheidungsbegehren als *unbegründet* zurückzuweisen (widersprüchlich insoweit *Schwab* FamRZ 1976, 491, der meint, daß in diesem Fall man *»eher an eine Unzulässigkeit des Antrags denken«* könnte).

3 Die Regelung gilt ihrem Wortlaut nach nur für den Fall, daß das Scheidungsverfahren von vornherein auf eine »einverständliche« Scheidung nach § 1566 Abs. 1 BGB angelegt ist. Nicht selten nehmen die Verfahren einen anderen Verlauf. Sie beginnen als streitige Scheidungsverfahren und gehen später in ein Verfahren

auf einverständliche Scheidung über. Nach seinem Normzweck ist § 630 ZPO auch auf diese Fälle anzuwenden. Die Angaben nach § 630 Abs. 1 ZPO sind dann in einem vorbereitenden Schriftsatz zu machen, nachdem der andere Ehegatte der Scheidung zugestimmt hat. Erhebt der andere Ehegatte nunmehr ebenfalls Scheidungsantrag, hat es bei § 630 Abs. 1 ZPO sein Bewenden, da nicht vorausgesetzt wird, daß die Angaben in beiden Antragsschriften enthalten sind.

2 Mitteilung über die einverständliche Scheidung (§ 630 Abs. 1 Nr. 1 ZPO)

4 Die Vorschrift korrespondiert mit § 1566 Abs. 1 BGB, der voraussetzt, daß beide Ehegatten die Scheidung beantragen, oder der Antragsgegner der Scheidung zustimmt. Die Mitteilung, daß der andere Ehegatte »in gleicher Weise« die Scheidung beantragen wird, bedeutet nicht, daß auch dieser Ehegatte sich auf die Vermutung des § 1566 Abs. 1 berufen muß. In dem Scheidungsbegehren liegt zumindest auch eine Zustimmung zum Scheidungsantrag des Ehegatten nach §§ 1565, 1566 Abs. 1.

Die Mitteilung soll dem Gericht anzeigen, welchen Verlauf das Scheidungsverfahren nach der Vorstellung des Antragstellers nehmen soll. Eine weitergehende Bedeutung hat sie nicht. Deshalb ist es auch nicht notwendig, daß das Einverständnis in Form einer Urkunde vorgelegt wird (*Brüggemann* FamRZ 1977, 1). Stellt sich heraus, daß die Voraussetzungen des § 1566 Abs. 1 nicht vorliegen, muß der Antragsteller die Scheidung nach der Generalklausel betreiben; andernfalls wird das Scheidungsbegehren zurückgewiesen.

3 Vorschlag über die Regelung der elterlichen Gewalt und des Verkehrsrechts (§ 630 Abs. 1 Nr. 2 ZPO)

5 Bei der Entscheidung über die elterliche Gewalt kommt dem übereinstimmenden Vorschlag der Eltern besonderes Gewicht zu, da das Gericht sich nur unter erschwerten Voraussetzungen über den Wunsch der Eltern hinwegsetzen kann (§ 1671 Abs. 2). Im Fall der einverständlichen Scheidung wird eine Einigung darüber vorausgesetzt. Eine weitergehende Bedeutung hat die Nr. 2 nicht, insbesondere wird die Entscheidungsbefugnis des Gerichts nach § 1671 Abs. 2 nicht weiter eingeengt. Das Verfahren über die elterliche Gewalt wird im übrigen, wie bei der streitigen Scheidung, von Amts wegen eingeleitet und durchgeführt. Die Ehegatten haben außerdem einen Vorschlag über die Regelung des Verkehrs mit dem Kinde (§ 1634) zu unterbreiten.

Für § 630 Abs. 1 Nr. 2 ZPO dürfte es nicht genügen, wenn der Antragsteller mitteilt, die Ehegatten hätten sich über einen gemeinsamen Vorschlag geeinigt. Nach dem Wortlaut der Nr. 2 ist eher anzunehmen, daß der übereinstimmende Vorschlag selbst in der Antragsschrift *»enthalten«* sein muß (*Brüggemann* FamRZ 1977, 1). Es wird sich empfehlen, der Antragsschrift einen von beiden Ehegatten unterzeichneten Vorschlag beizufügen.

6 § 630 Abs. 1 Nr. 2 ZPO setzt seinem Wortlaut nach nicht voraus, daß der übereinstimmende Vorschlag bis zum Schluß der mündlichen Verhandlung aufrechterhalten wird. Die Ehegatten können nach Rechtshängigkeit der Scheidungssache nicht mehr an dem Vorschlag festhalten, oder ein Ehegatte kann die Vereinbarung über den Vorschlag wirksam widerrufen. Es wäre unbefriedigend, wenn das Scheidungsverfahren nach §§ 1565, 1566 Abs. 1 dann ohne weiteres fortgeführt werden könnte. Mit dem Erfordernis des übereinstimmenden Vorschlags wird bezweckt, die Grundlage für eine Entscheidung des Gerichts nach § 1671 Abs. 2 zu schaffen (*Amtl. Begr.* S. 90). Diese Möglichkeit entfällt mit dem Wegfall des Vorschlags. Das spricht dafür, die Fortsetzung des Scheidungsverfahrens von einem neuen Vorschlag abhängig zu machen. Nicht zu verkennen ist allerdings, daß § 630 Abs. 3, der die Fälle abhandelt, die das Gericht berechtigen, den Scheidungsanspruch hinauszuschieben, das Fehlen eines gemeinschaftlichen Vorschlags zum Zeitpunkt der letzten mündlichen Verhandlung nicht erwähnt.

4 Einigung über Unterhalt, Ehewohnung und Hausrat

7 Vorausgesetzt wird weiter im Fall der einverständlichen Scheidung eine Einigung der Ehegatten über die Familiensachen im Sinne des § 621 Abs. 1 Nrn. 4, 5 und 7 ZPO. Die Frage, ob die Einigung mitgeteilt oder vorgelegt werden muß (vgl. *Schwab* FamRZ 1976, 491), hat im Hinblick auf die Regelung in Absatz 3 keine praktische Bedeutung (für Vorlegung *Brüggemann* FamRZ 1977, 1). Zweifelhaft ist, ob es genügt, wenn der Unterhalt des Kindes im Verhältnis der Ehegatten zueinander geregelt wird oder ob es notwendig ist, daß das Kind selbst aus der Vereinbarung anspruchsberechtigt wird. Der Wortlaut spricht dafür, daß eine Einigung der Ehegatten zugunsten des Kindes ausreicht. Es muß sich um ein gemeinschaftliches Kind handeln (*Brüggemann* FamRZ 1977, 1).

Die Einigung der Ehegatten über ihren Unterhalt kann auch darin bestehen, daß sie wechselseitig auf Unterhalt verzichten. Die einvernehmliche Auseinandersetzung über den Hausrat muß erschöpfend sein; es reicht nicht aus, wenn die Ehegatten sich über einen Teil geeinigt haben und den Rest aussparen (Zur Auseinandersetzung über die Wohnung vgl. auch Rdnr. 9).

8 Zweifelhaft ist, inwieweit dem Gericht eine Inhaltskontrolle der Vereinbarungen zukommt. Sicher ist, daß das Gericht sittenwidrige Vereinbarungen als nichtig anzusehen hat und sie nicht beachten darf. Im übrigen kann es, da der Gegenstand der Einigung (im Gegensatz zu den Fällen der Nr. 2) der Disposition der Parteien unterliegt, nicht regelnd eingreifen. Das gilt auch dann,

wenn es die Regelung für nicht sachgemäß hält. Soweit es sich um den Unterhaltsanspruch des Kindes handelt, kann eine Prüfung geboten sein, ob die ordnungsmäßige Vertretung des Kindes durch einen Elternteil gewährleistet ist (§§ 1629 Abs. 2, 1795, 1796).

5 Vollstreckbare Titel als Voraussetzung der Scheidung (§ 630 Abs. 3 ZPO)

9 Die Einigung der Parteien über ihren und den Unterhalt der Kinder, die eheliche Wohnung und den Hausrat reicht aus, um die Rechtshängigkeit des Scheidungsverfahrens herbeizuführen. Sie reicht nicht ohne weiteres aus für den Ausspruch der Scheidung. Hierfür ist nach § 630 Abs. 3 ZPO außerdem erforderlich, daß die Ehegatten vollstreckbare Titel erlangt haben. In Betracht kommen vor allem ein gerichtlicher Vergleich oder eine notarielle Urkunde nach § 794 Abs. 1 Nr. 5 ZPO; ein Titel, der die vorläufige Vollstreckung sichert, dürfte genügen. Nicht immer sind die Eheleute in der Lage, einen Titel auf der Grundlage des Einvernehmens nach § 630 Abs. 1 Nr. 3 ZPO zu erhalten, so z. B. nicht im Fall der Auseinandersetzung über die Wohnung, wenn die Zustimmung Dritter erforderlich ist. Hier kann nur eine gerichtliche Entscheidung nach §§ 3 ff. HausratsVO die Voraussetzungen nach § 630 Abs. 3 ZPO schaffen. Daraus folgt, daß eine Partei erforderlichenfalls ein Verfahren in einer Folgesache anstrengen muß, um den vorausgesetzten Titel zu erhalten.

10 Das Gericht »soll« den Scheidungsausspruch aufschieben. Die Vorlage der »vollstreckbaren Schuldtitel« ist keine zwingende Voraussetzung für die Scheidung. Das Gericht kann darauf verzichten, wenn besondere Umstände vorliegen (*Hagena* FamRZ 1975, 379). Von den Parteien wird man vollstreckbare Schuldtitel nicht verlangen können, wenn Ansprüche der in Nr. 3 genannten Art nicht bestehen, oder wenn die Ehegatten einig sind, daß sie nicht bestehen sollen. Dasselbe gilt, wenn z. B. der Unterhaltsanspruch rechtsgeschäftlich gesichert ist, oder die Ehegatten den Hausrat bereits aufgeteilt haben, oder wenn der Wegfall des Unterhaltsanspruchs (das Kind nimmt eine Erwerbstätigkeit auf) unmittelbar bevorsteht.

11 Hält das Gericht es für geboten, daß die vollstreckbaren Schuldtitel herbeigeführt werden, hat es den Ausspruch der Scheidung aufzuschieben, auch wenn das Verfahren im übrigen entscheidungsreif ist. Eine förmliche Entscheidung darüber trifft das Gericht nicht. Deshalb kann das Verhalten des Gerichts nicht mit Rechtsmitteln angefochten werden (keine Beschwerde nach § 567 ZPO). Weigern sich die Parteien, die Erfordernisse nach Absatz 3 zu erfüllen, kann eine Scheidung nach der Generalklausel (§ 1565 Abs. 1) in Betracht kommen (vgl. Rdnr. 2).

12 Die praktische Bedeutung des § 630 Abs. 3 ZPO ist nicht hoch einzuschätzen, da die Parteien mühelos eine nicht streitige Scheidung nach der Generalklausel (§ 1565) erreichen können, ohne

die erschwerenden Umstände nach § 630 Abs. 3 ZPO in Kauf nehmen zu müssen. Deshalb liegt es nahe, von der Sollvorschrift maßvoll Gebrauch zu machen.

6 Verhältnis zu § 628 ZPO

13 § 628 ZPO ist im Fall der »unstreitigen« Scheidung uneingeschränkt anwendbar. Die Regelung über die Abtrennung von Folgesachen beeinflußt notwendigerweise die Anwendung des § 630 ZPO. Liegen die Voraussetzungen für die Abtrennung einer Folgesache vor, hat das Gericht dies im Rahmen des § 630 ZPO zu berücksichtigen; es darf von den Parteien insoweit nicht verlangen, daß sie die Erfordernisse des § 630 Abs. 1 Nr. 2 und 3, Abs. 3 ZPO erfüllen.

7 Die Zustimmung zur Scheidung und ihr Widerruf (§ 630 Abs. 2 ZPO)

14 Die für die Anwendung des § 1566 Abs. 1 vorausgesetzte Zustimmung des Antragsgegners zur Scheidung kann bis zum Schluß der mündlichen Verhandlung erklärt werden. Dasselbe gilt für den Widerruf der Zustimmung. Wird die Zustimmung widerrufen, wird das Verfahren in ein streitiges Scheidungsverfahren übergeleitet. Einer Antragsänderung bedarf es nicht. Zustimmung und Widerruf können wiederholt werden. Ein Verbrauch durch Erstausübung tritt nicht ein. Die Zustimmung und ihr Widerruf können zu Protokoll der Geschäftsstelle oder in der mündlichen Verhandlung zur Niederschrift des Gerichts erklärt werden. Anwaltszwang (§ 78 ZPO) besteht insoweit nicht, vgl. im übrigen die Ausführungen unter § 1566. Der Widerruf an Zustimmung kann noch im Rechtsmittelzug (auch im Revisionsverfahren) erklärt werden (*Brüggemann* FamRZ 1977, 1). Das ist auch dann anzunehmen, wenn man in der Zustimmung nicht nur eine materiellrechtliche Erklärung sieht (vgl. die vergleichbare Problematik zu § 1568, Rdnr. 28).

Verordnung über die Behandlung der Ehewohnung und des Hausrats (Sechste DurchführungsVO zum EheG vom 21. 10. 1944 Reichsgesetzbl. I, 256, zuletzt geändert durch das 1. EheRG).

Vorbemerkungen

1 Die HausratsVO ist durch das 1. EheRG nur geringfügig geändert worden (vgl. Art. 11 Nr. 3). Im wesentlichen handelt es sich um Folgeänderungen auf Grund der Aufgabe des Schuldprinzips im Scheidungsrecht und um Anpassungen an das Verfahren in Familiensachen oder Folgesachen. Eine Eingliederung der Vorschriften in das BGB ist nicht zustande gekommen. Zur bisherigen Entwicklung der HausratsVO vgl. eingehend *Hoffmann-Stephan*, Vorb. zur HausratsVO. Die Regelung ist verfassungsrechtlich unbedenklich. Ein Verstoß gegen Art. 14 Abs. 3 GG liegt auch dann nicht vor (*Bay. ObLG* NJW 1961, 317; *Breetzke* DRiZ 1956, 170), wenn das Gericht Verfügungen über das Eigentum eines Ehegatten zugunsten des anderen Ehegatten trifft (z. B. § 8 Abs. 3).

2 Auseinandersetzungen über Wohnung und Hausrat aus Anlaß der Scheidung sind (streitige) Angelegenheiten des FGG. Es handelt sich um Familiensachen nach § 621 Abs. 1 Nr. 7 ZPO. Die Regelung nach der HausratsVO hat Monopolcharakter (§ 1 Abs. 2).

1. Abschnitt. Allgemeine Vorschriften

§ 1

(1) Können sich die Ehegatten anläßlich der Scheidung nicht darüber einigen, wer von ihnen die Ehewohnung künftig bewohnen und wer die Wohnungseinrichtung und den sonstigen Hausrat erhalten soll, so regelt auf Antrag der Richter die Rechtsverhältnisse an der Wohnung und am Hausrat.

(2) Die in Absatz 1 genannten Streitigkeiten werden nach den Vorschriften dieser Verordnung und den Vorschriften des Zweiten und des Dritten Titels des Ersten Abschnitts im Sechsten Buch der Zivilprozeßordnung behandelt und entschieden.

Überblick Rdnr.

1 Allgemeines

1 Gegenstand einer Regelung nach der HausratsVO können die Ehewohnung (§§ 3–7) sowie die Wohnungseinrichtung und der sonstige Hausrat (§§ 8–10) sein. Anderes Vermögen fällt nicht darunter, doch ist der Begriff Hausrat nicht kleinlich auszulegen (vgl. Rdnr. 14). Sonstige Regelungen, mögen sie auch ihre Grundlage in der Ehe haben, fallen nicht darunter (vgl. auch *BGH* FamRZ 1973, 202; Kein Recht, die Wohnung zu betreten, »um nach dem Rechten zu sehen«).

2 Die HausratsVO ermöglicht keine Lösung von Streitigkeiten, zwischen einem Ehegatten und einem Dritten; diese sind nach allgemeinen Vorschriften zu verfolgen (*OLG München* BayJMBl. 1956, 91). Deshalb können Wohnung oder Hausratsgegenstände nicht Dritten zugeteilt werden, auch nicht Familienangehörigen der Ehegatten, wie Kindern (*OLG München* MDR 1951, 623). Zwischen Personen, die nicht verheiratet waren, ist eine Auseinandersetzung nach den Vorschriften der HausratsVO unzulässig (*LG Ber-
3 lin* JR 1952, 243). Die Rechtsposition eines Ehegatten nach der HausratsVO, nämlich die Befugnis, eine Auseinandersetzung über Wohnung und Hausrat herbeiführen zu können, ist höchstpersönlicher Natur. Sie kann nicht abgetreten, verpfändet, gepfändet oder vererbt werden (*OLG Hamm* FamRZ 1965, 220; FamRZ 1969, 102).

2 Voraussetzungen

2.1 Scheidung

4 Durch das 1. EheRG sind in § 1 Abs. 1 HausratsVO die Wörter »können sich nach der Scheidung einer Ehe die bisherigen Ehegatten« ersetzt worden durch die Wörter »können sich die Ehegatten anläßlich der Scheidung« (Art. 11 Nr. 3 Buchst. b des 1. EheRG). Es handelt sich um eine Folgeänderung, die durch die Verhandlungs- und Entscheidungskonzentration nach § 623 ZPO notwendig geworden ist; die Regelung nach der HausratsVO findet nun-

mehr nicht notwendigerweise *nach* der Scheidung, sondern für den Fall der Scheidung statt. Aus demselben Grund sind in der Überschrift der Verordnung die Wörter »nach der Scheidung« gestrichen worden (Art. 11 Nr. 3 Buchst. a des 1. EheRG).

5 Wird die Ehe durch den Tod eines Ehegatten aufgelöst, findet eine Auseinandersetzung nach der HausratsVO nicht statt. Die Situation kann nach neuem Recht nur eintreten, wenn die Entscheidung nach der HausratsVO nicht im Verbund ergeht, sei es weil ein Antrag nicht oder nicht rechtzeitig gestellt oder weil das Verfahren abgetrennt worden ist. Der Erbe wird nicht Rechtsnachfolger des Ehegatten, da die Rechtsposition des Ehegatten nach der HausratsVO höchstpersönlicher Natur ist. Doch kann ein anhängig gemachtes Verfahren wegen der Kosten fortgesetzt werden (*OLG Hamm* FamRZ 1969, 102; *Erman-Ronke* § 1, 4; *Hoffmann-Stephan* § 1, 5; vgl. auch Rdnr. 6 zu § 13).

6 Leben die Ehegatten getrennt, finden die Verfahrensvorschriften der HausratsVO Anwendung (§ 18 a), wenn eine Verteilung des Hausrats nach § 1361 a BGB beantragt wird. Eine entsprechende Anwendung der HausratsVO ist für den Fall der Aufhebung und der Nichtigerklärung der Ehe vorgesehen (§ 25).

2.2 Fehlende Einigung

7 Die Entscheidungsbefugnis des Gerichts ist subsidiärer Natur. Es entscheidet nur, wenn die Ehegatten sich nicht geeinigt haben. Haben sie eine Teileinigung erzielt, wird nur noch über den Rest entschieden (*BGH* 18, 143; *Hoffmann-Stephan* § 1, 15; *Dölle* § 41 V 2). Das Gericht kann sich aber über eine Teileinigung hinwegsetzen, wenn die Voraussetzung des § 17 Abs. 2 HausratsVO vorliegen (*Erman-Ronke* § 1, 10).

8 Die Einigung i. S. von § 1 HausratsVO muß, da sie stellvertretend für die Entscheidung steht, ihrem Inhalt und ihren Wirkungen nach einer Entscheidung gem. § 1 HausratsVO gleichstehen (str.). Vereinbarungen nur verpflichtenden Inhalts schließen daher eine Regelung nach der HausratsVO nicht aus, wenn die Leistung nicht erbracht wird. Das Gericht hat die Vereinbarung seiner Entscheidung zugrunde zu legen. Es komplettiert die Vereinbarung, insbesondere um einen Vollzug zu ermöglichen (*LG Hamburg* NJW 1960, 391 mit zust. Anm. *Keidel:* der Ehegatte kommt der übernommenen Verpflichtung, die Wohnung zu räumen, nicht nach; das Gericht kann den Vollzug anordnen; vgl. auch *LG Mannheim* ZMR 1967, 142; a. A. *OLG Saarbrücken* NJW 1967, 1616: Keine Regelung nach der HausratsVO, wenn der Ehegatte die für die Überlassung von Hausrat vereinbarte Entschädigung nicht zahlt; vgl. auch *OLG Hamm* FamRZ 1959, 21: Keine Regelung nach der HausratsVO, wenn die Ehegatten sich geeinigt haben, die eheliche Wohnung zur Benutzung aufzuteilen; gegen eine Entscheidungsbefugnis nach der HausratsVO dürften aber keine Bedenken bestehen, wenn es einer Vollstreckungsanordnung zur Durchführung dieser Regelung bedarf).

9 Eine Einigung schließt Maßnahmen nach der HausratsVO nicht aus, wenn eine erforderliche Zustimmung eines Beteiligten, z. B. des Vermieters, nicht zu erlangen ist (*BayObLG* NJW 1953, 1914; *LG Hamburg* MDR 1963, 501). Das Gericht hat auch hier die Vereinbarung der Ehegatten seiner Entscheidung zugrunde zu legen, eine absolute Bindung des Gerichts wird man aber nicht annehmen können, soweit bei der Beurteilung die Interessen des Vermieters zu berücksichtigen sind (vgl. z. B. § 4; *OLG Köln* MDR 1961, 242).

10 Meinungsverschiedenheiten der Ehegatten über die Wirksamkeit und den Inhalt einer Vereinbarung sind nicht im Prozeßwege, sondern nach den Regeln der HausratsVO zu entscheiden (allg. M. *OLG Stuttgart* NJW 1949, 956; *BayObLG* FamRZ 1955, 211; *OLG Schleswig* FamRZ 1955, 295; *OLG Bremen* FamRZ 1963, 366; *OLG Celle* NJW 1964, 1861). Kommt das Gericht zum Ergebnis, daß eine wirksame Vereinbarung vorliegt, die einer Ergänzung nicht bedarf, hat es den Antrag zurückzuweisen.

2.3 Antrag

11 Die Entscheidung ergeht nur auf Antrag. Es handelt sich um einen Verfahrensantrag. Das Gericht ist an den Inhalt des Begehrens der Parteien nicht gebunden (*BGH* 18, 143). Es hat über alle noch vorhandenen Gegenstände (*OLG Hamm* JMBl. NRW 1959, 17; *LG Siegen* FamRZ 1976, 698) zu befinden, soweit die Parteien keine Einigung getroffen haben. Die Parteien können nicht einzelne Gegenstände ausnehmen mit dem Ziel, darüber später eine Regelung herbeizuführen (*OLG Hamm* JMBl. NRW 1961, 124; *BayObLG* FamRZ 1970, 33). Eine Beschränkung des Verfahrens auf Wohnung *oder* Hausrat ist aber zulässig (*BayObLG* FamRZ 1970, 33). Wird das Verfahren als Folgesache betrieben (§ 623 ZPO), kann der Antrag nur durch einen Rechtsanwalt gestellt werden (§ 78 Abs. 1 S. 2 ZPO). Für den Antrag ist eine Frist nicht vorgesehen, wird er aber nach unangemessen langer Zeit gestellt, kann es naheliegen zu prüfen, ob nicht eine Verwirkung anzunehmen ist (*Erman-Ronke* § 13, 1; *Soergel-Donau* § 1, 9).

3 Gegenstand der Regelung

3.1 Maßgebender Zeitpunkt

12 Aufzuteilen sind die zum Zeitpunkt der Rechtskraft des Scheidungsurteils vorhandenen Gegenstände (h. M. *OLG Celle* MDR 1960, 504; *Kuhnt* AcP 150, 134; a. A. *Palandt/Diederichsen* § 1, 2, der auf den Zeitpunkt der Trennung abstellt; der völlige Ausschluß der während der Trennungszeit erworbenen Gegenstände läßt sich jedoch nicht rechtfertigen, denn die HausratsVO setzt nicht allgemein voraus, daß die Gegenstände für den gemeinsamen Haushalt erworben worden sind (vgl. § 9 Abs. 1 HausratsVO). Wird im Hausratsverfahren im Verbund mit der Ehesache entschieden, ist der Zeitpunkt der letzten mündlichen Verhandlung

der Ehesache maßgebend. Gegenstände, über die vor der letzten mündlichen Verhandlung verfügt worden ist oder die sonst untergegangen sind, bleiben unberücksichtigt. Hausrat, der *nach* Rechtskraft des Scheidungsurteils veräußert oder beiseite geschafft worden ist, ist ausschließlich nach den Vorschriften der HausratsVO zu behandeln (*KG* FamRZ 1974, 195; vgl. Rdnr. 15).

3.2 Ehewohnung

13 Der Begriff der Ehewohnung ist derselbe wie in § 620 Satz 1 Nr. 7 ZPO; er ist weit auszulegen (vgl. Rdnr. 41 zu § 620 ZPO).

3.3 Hausrat

14 Der Begriff Hausrat entspricht im wesentlichen den »zum Haushalt gehörenden Gegenständen« in § 1632 (*Kuhnt* AcP 150, 130, 132). Er ist weit auszulegen (vgl. dazu Rdnr. 45 zu § 620 ZPO und *Hoffmann-Stephan* § 1, 31).

3.4 Ansprüche

15 Ansprüche, die sich auf Hausrat beziehen, können Gegenstand der Verteilung nach der HausratsVO sein, so Herausgabe- und Schadensersatzansprüche, auch solche nach §§ 1368 ff. und aus Geschäften unter Eigentumsvorbehalt (*KG* JR 1954, 223; FamRZ 1960, 239; FamRZ 1974, 195; *OLG Schleswig* SchlHA 1957, 207; *BayObLG* 1965, 331, 332). Darunter fallen ferner Ansprüche aus einem Versicherungsvertrag wegen Beschädigung oder Verlust von Hausrat, aber auch öffentlich-rechtliche Ansprüche auf Hausratshilfe jeder Art (z. B. nach dem SHG oder dem LAG) einschließlich entsprechender Entschädigungsansprüche (*OLG Frankfurt* NJW 1959, 2267; *KG* FamRZ 1960, 239; vgl. auch *BGH* FamRZ 1958, 227). Der Anspruch muß noch bestehen. Ist er erfüllt und das Geld verbraucht, ist kein Raum für die Anwendung der HausratsVO (*OLG Celle* MDR 1960, 504); evtl. kommt ein Ausgleich nach allgemeinen Vorschriften in Betracht (vgl. Rdnr. 39 zu § 1356).

4 Verhältnisse zu anderen Verfahren (§ 1 Abs. 2 HausratsVO)

16 Über die Wohnung und Hausrat im Zusammenhang mit der Scheidung kann nur im Verfahren nach der HausratsVO vor dem zuständigen Familiengericht (§ 11 HausratsVO, § 621 ZPO) entschieden werden. Eine auf § 985 gestützte Klage auf Herausgabe der Ehewohnung ist unzulässig (*BGH* FamRZ 1976, 691). Macht eine Partei Ansprüche i. S. von § 1 der HausratsVO vor dem Prozeßgericht im Klagewege geltend, ist die Sache an das zuständige Familiengericht zu verweisen (§ 18 HausratsVO; *LG Stuttgart* MDR 1972, 146). Ein Verfahren nach der HausratsVO ist nicht ausgeschlossen, wenn über den Herausgabeanspruch in einem Rechtsstreit entschieden worden ist. Denn bestehende Besitz- oder Eigentumsverhältnisse stehen einer Regelung nach der

HausratsVO nicht entgegen. Ist in dem früheren Rechtsstreit rechtskräftig entschieden, daß ein Ehegatte Eigentümer einer Sache ist, hat das Gericht bei der Beurteilung dieser Vorfrage die Rechtskraft zu beachten.

17 Ist ein Eheverfahren anhängig, oder ein Gesuch um Bewilligung des Armenrechts in einer Ehesache eingereicht, kann das Gericht der Hauptsache eine einstweilige Anordnung nach § 620 Abs. 1 Nr. 7 ZPO erlassen.

§ 2

Soweit der Richter nach dieser Verordnung Rechtsverhältnisse zu gestalten hat, entscheidet er nach billigem Ermessen. Dabei hat er alle Umstände des Einzelfalls, insbesondere das Wohl der Kinder und die Erfordernisse des Gemeinschaftslebens, zu berücksichtigen.

Überblick

1 Allgemeines

1 In § 2 Satz 2 sind die Worte »sowie die Ursachen der Eheauflösung« ersatzlos gestrichen worden (Art. 11 Nr. 3 Buchst. c des 1. EheRG). Damit soll sichergestellt werden, daß die Abkehr vom Verschuldensprinzip im Scheidungsrecht auch bei der Anwendung der HausratsVO wirksam wird.

2 Entscheidung nach billigem Ermessen

2 Die Befugnis, nach billigem Ermessen zu entscheiden, hat das Gericht nur, soweit es *Rechtsverhältnisse* nach dieser Verordnung zu *gestalten* hat. Das ist im weitesten Sinne zu verstehen. Die Voraussetzungen liegen auch vor, wenn das Gericht einen Antrag auf Änderung des Rechtszustandes ablehnt, oder wenn es die Benutzung von Gegenständen regelt, ohne neue Rechtsverhältnisse zu begründen. Bei der Beurteilung der Rechtsverhältnisse an der Wohnung und den Gegenständen, die zuzuteilen sind, hat das Gericht keinen Ermessensspielraum.

3 Für die Ausübung des billigen Ermessens gibt § 2 Satz 2 HausratsVO zwei Anhaltspunkte, nämlich das Wohl der Kinder und die Erfordernisse des Gemeinschaftslebens. In diesem Zusammenhang wird das Wohl der Kinder in der Regel durch den Ehegatten vermittelt, dem das Sorgerecht zusteht. Dieser Ehegatte hat eine Präferenz, soweit er Wohnung und Hausrat für die Kinder benötigt (*BayObLG* 1950/51, 449; *KG* FamRZ 1967, 631). Unter den

Erfordernissen des Gemeinschaftslebens ist die Gesamtheit der Beziehungen eines jeden Ehegatten zur Umwelt zu verstehen. In erster Linie geht es um die Beziehungen, die im Zusammenhang mit der Zuteilung der Wohnung eine Rolle spielen, also das Verhältnis zum Vermieter und zu den Mitbewohnern (*OLG Celle* NdsRpfl. 1949, 201; *OLG Hamburg* NJW 1954, 1892). Es kommt vor allem darauf an, ob der Ehegatte, dem die Wohnung zugeteilt werden soll, seinen Verpflichtungen aus dem Mietverhältnis nachkommen wird und ob zu erwarten ist, daß er den Hausfrieden nicht gröblich stört. Gesichtspunkte der Sympathie oder Antipathie dürfen, zumal sie häufig durch die Verhältnisse während der Ehe geprägt sind, nicht überbewertet werden. Mitunter werden berufliche oder geschäftliche Interessen eines Ehegatten zu den Erfordernissen des Gemeinschaftslebens gerechnet (*Erman-Ronke* § 2, 5). Das ist abzulehnen. Die günstige Lage einer Wohnung zum Geschäft oder Betrieb eines Ehegatten ist ein ihn berührender Gesichtspunkt, der als allgemeiner Umstand i. S. d. § 2 HausratsVO berücksichtigt werden kann. Mit den Erfordernissen des Gemeinschaftslebens hat das nichts zu tun.

4 Das Gericht hat außerdem sonstige »Umstände des Einzelfalls« zu berücksichtigen. Es hat demnach zu prüfen, welcher der Ehegatten der Wohnung und des Hausrats (ganz oder teilweise) im stärkeren Maße bedarf. Dabei können die wirtschaftlichen Verhältnisse eine gewichtige Rolle spielen. Ein Ehegatte, der in der Lage ist, aus eigenen Mitteln Ersatz zu beschaffen, wird auf den Bestand an Gütern aus der Ehezeit weniger angewiesen sein als der andere Ehegatte. Im übrigen sind Alter und Gesundheitszustand von Bedeutung, auch der Nutzen, den ein Ehegatte hat, wenn ihm die Wohnung zugeteilt wird, z. B. wegen der Nähe zum Arbeitsplatz oder wegen der Verbindung mit seinen Geschäftsräumen (*BayObLG* 1956, 153).

Hat ein Ehegatte die Wohnung selbst aufgebaut oder eingerichtet, ist das ein Umstand, der zu seinen Gunsten zu beachten ist (*OLG Hamm* JMBl. NRW 1951, 214). Künftiger Bedarf ist zu berücksichtigen, wenn er vorhersehbar ist, z. B. die bevorstehende Wiederverheiratung eines Ehegatten (*BayObLG* 1956, 370).

2. Abschnitt. Besondere Vorschriften für die Wohnung

§ 3

(1) Ist einer der Ehegatten allein oder gemeinsam mit einem Dritten Eigentümer des Hauses, in dem sich die Ehewohnung befindet, so soll der Richter die Wohnung dem anderen Ehegatten nur zuweisen, wenn dies notwendig ist, um eine unbillige Härte zu vermeiden.

(2) Das gleiche gilt, wenn einem Ehegatten allein oder gemeinsam mit einem Dritten der Nießbrauch, das Erbbaurecht oder ein dingliches Wohnrecht an dem Grundstück zusteht, auf dem sich die Ehewohnung befindet.

Überblick Rdnr.

1 Allgemeines

1 In § 3 Abs. 1 HausratsVO ist das Wort »bisherigen« vor »Ehegatten« ersatzlos gestrichen worden (Art. 11 Nr. 3 Buchst. d des 1. EheRG). Das ist eine Folge der Entscheidungskonzentration; zum Zeitpunkt der Entscheidung über die Wohnung und den Hausrat können die Ehegatten noch verheiratet sein.

2 Anwendungsbereich

2 § 3 HausratsVO regelt die Verhältnisse an einer Wohnung, die einem der Ehegatten allein oder gemeinsam mit einem Dritten (Beteiligter nach § 7 HausratsVO) gehört. Die Vorschrift ist nicht anwendbar, wenn beide Ehegatten Eigentümer der Wohnung oder daran dinglich berechtigt sind (vgl. Rdnr. 5). Für die Gestaltung der Verhältnisse einer Mietwohnung gelten die §§ 4, 5 HausratsVO. Der Begriff der Mietwohnung ist derselbe wie in § 1 HausratsVO.

Der in Abs. 2 angeführte Nießbrauch oder das Erbbaurecht müssen sich auf die Ehewohnung selbst beziehen. Das Gericht muß die Eigentumsverhältnisse klären. Es kann darüber nicht nach billigem Ermessen befinden. Die Vermutung nach § 8 Abs. 2 HausratsVO, die begrifflich allenfalls für Wohnlauben in Betracht gezogen werden kann, findet keine Anwendung (*BayObLG* 1953, 45).

3 Zuweisung der Wohnung

3 Das Gericht soll die Wohnung grundsätzlich dem Ehegatten belassen, der an ihr dinglich berechtigt ist. Es kann sie dem anderen Ehegatten zuweisen, um eine unbillige Härte zu vermeiden. Zuweisen bedeutet in diesem Zusammenhang zur Benutzung zuteilen; eine Gestaltung der Eigentumsverhältnisse oder der dinglichen Beteiligungsrechte ist unzulässig (*OLG Hamm* JMBl. NRW 1958, 103; *OLG Oldenburg* FamRZ 1965, 277). Teilt das Gericht die Wohnung dem anderen Ehegatten zu, kann es nach § 5 Abs. 2 HausratsVO ein Mietverhältnis begründen. Es kann eine Räumungsfrist bewilligen (*OLG Karlsruhe* NJW 1959, 342).

4 Eine unbillige Härte liegt nicht schon dann vor, wenn der andere Ehegatte die Wohnung dringender braucht als der Eigentümer oder der dinglich Berechtigte. Es müssen weitere Umstände hin-

zukommen. Eine unbillige Härte kann vorliegen, wenn der Ehegatte für seine Kinder und für sich keine anderweitige angemessene Unterkunft erhalten kann, oder wenn er aus beruflichen Gründen auf die Wohnung dringend angewiesen ist, z. B. wegen der Entfernung zum Arbeitsplatz, oder weil die Kinderbetreuung nicht gesichert ist, wenn er umzieht. Eine Zuweisung der Wohnung zu dem Zweck, dem Ehegatten aus Untervermietung eine Erwerbsquelle zu sichern, dürfte dagegen von § 3 HausratsVO nicht gedeckt sein (a. A. *Erman-Ronke* § 3, 2; *Soergel-Donau* § 3, 6).

4 Gemeinsames Eigentum der Ehegatten

5 Ist die Wohnung gemeinsames Eigentum der Ehegatten oder sind beide Ehegatten an der Wohnung dinglich berechtigt, findet § 3 keine Anwendung. Die Zuweisung richtet sich dann nach § 2 HausratsVO (*BayObLG* FamRZ 1971, 34). Die Wohnung kann aufgeteilt (§ 6 HausratsVO) oder einem der Ehegatten zugewiesen werden. Das Gericht kann ein Mietverhältnis begründen und den Mietzins festsetzen, wohl auch eine Nutzungsentschädigung festlegen (vgl. § 5 HausratsVO; *BayObLG* JR 1960, 23; FamRZ 1965, 513; MDR 1974, 44; *OLG Oldenburg* FamRZ 1965, 277). Eine Gestaltung der Eigentumsverhältnisse an der Wohnung ist auch in diesem Fall unzulässig. Deshalb ist auch eine Regelung nicht möglich, die einer Auseinandersetzung der Ehegatten in bezug auf die dingliche Beteiligung an der Wohnung gleichkäme (*OLG Hamm* JMBl. NJW 1958, 103 – Aufwendungen für die Errichtung des Hauses).

§ 4

Eine Wohnung, die die Ehegatten auf Grund eines Dienst- oder Arbeitsverhältnisses innehaben, das zwischen einem von ihnen und einem Dritten besteht, soll der Richter dem anderen Ehegatten nur zuweisen, wenn der Dritte einverstanden ist.

1 Die Vorschrift ist durch das 1. EheRG nicht geändert worden. Vorausgesetzt wird ein Dienst- oder Arbeitsverhältnis eines der Ehegatten mit einem Dritten, das Grundlage der Überlassung der Wohnung ist. Das Verhältnis muß noch bestehen. Die Überlassung der Wohnung muß nicht notwendigerweise auf Grund eines Mietverhältnisses im technischen Sinne erfolgt sein, auch eine Überlassung als Dienstwohnung ohne Abschluß eines Mietvertrages erfüllt die Voraussetzungen, ebenso die Überlassung der Wohnung als Teil des Entgelts für die Arbeitsleistung. Die Regelung wird entsprechend angewendet, wenn die Ehewohnung in einem so engen räumlichen Zusammenhang zum Arbeitsplatz eines Ehegatten steht, daß ihm die Fortsetzung des Arbeitsverhältnisses unmöglich gemacht würde, wenn er räumen müßte (*LG Wuppertal*

MDR 1949, 170), oder wenn die Wohnung nur wegen der Zugehörigkeit des Mieters zu einer bestimmten Gruppe von Arbeitnehmern vermietet worden ist (*OLG Frankfurt* FamRZ 1955, 211). Das sind Gesichtspunkte, die im Rahmen einer Entscheidung nach §§ 2, 5 HausratsVO hinreichend berücksichtigt werden können; einer entsprechenden Anwendung des § 4 HausratsVO bedarf es nicht.

2 Sind beide Ehegatten Arbeitnehmer des Drittten (z. B. Hausmeister-Ehepaar), ist die Wohnung in aller Regel demjenigen zuzuteilen, der das Arbeitsverhältnis fortsetzen wird. Wird das Arbeitsverhältnis mit beiden Ehegatten fortgesetzt, ist nach § 2 HausratsVO zu entscheiden.

3 § 4 HausratsVO ist eine Soll-Vorschrift. Das bedeutet, daß das Ermessen des Gerichts über den allgemeinen Grundsatz des § 2 HausratsVO hinaus gebunden ist (*BayObLG* FamRZ 1970, 33; *Erman-Ronke* § 4, 1; *Hoffmann-Stephan* § 4, 1; *Soergel-Donau* § 4, 3; a. A. *RGRK* § 4, 6). Es hat die Wohnung in aller Regel dem Ehegatten zuzuteilen, der Partei des Dienst- oder Arbeitsverhältnisses mit dem Dritten ist. Liegen aber außergewöhnliche Umstände vor, kann das Gericht entgegen der Regel entscheiden. Doch auch dann hat es darauf Rücksicht zu nehmen, daß die Werkswohnung nicht auf Dauer zweckentfremdet werden soll. Es liegt deshalb nahe, eine transitorische Regelung zu treffen (*BayObLG* NJW 1972, 2041).

4 Der Dritte ist Beteiligter (§ 7 HausratsVO). Sein Einverständnis kann er gegenüber dem Gericht oder der davon begünstigten Partei erklären. Das Gericht hat von Amts wegen zu prüfen, ob der Dritte einverstanden ist.

5 § 4 ist mit dem Grundsatz der Gleichberechtigung vereinbar (*OLG Frankfurt* FamRZ 1955, 211).

§ 5

(1) Für eine Mietwohnung kann der Richter bestimmen, daß ein von beiden Ehegatten eingegangenes Mietverhältnis von einem Ehegatten allein fortgesetzt wird oder daß ein Ehegatte an Stelle des anderen in ein von diesem eingegangenes Mietverhältnis eintritt. Der Richter kann den Ehegatten gegenüber Anordnungen treffen, die geeignet sind, die aus dem Mietverhältnis herrührenden Ansprüche des Vermieters zu sichern.

(2) Besteht kein Mietverhältnis an der Ehewohnung, so kann der Richter zugunsten eines Ehegatten ein Mietverhältnis an der Wohnung begründen. Hierbei setzt der Richter den Mietzins fest. Ist dieser neu zu bilden, so soll der Richter vorher die Preisbehörde hören.

Überblick | Rdnr.

1 Allgemeines

1 § 5 HausratsVO ist sachlich unverändert geblieben. Gestrichen worden ist das Wort »bisherigen« in Abs. 2 Satz 1; außerdem ist in Abs. 2 Satz 1 das Wort »Bestand« durch das Wort »Besteht« ersetzt worden (Art. 11 Nr. 3 Buchst. d des 1. EheRG); es handelt sich um Folgeänderungen, die sich aus der Einbeziehung des Verfahrens nach der HausratsVO in den Verbund (§ 623 ZPO) ergeben haben.

Die Eingriffe nach § 5 HausratsVO sind mit der Eigentumsgarantie nach Art. 14 GG zu vereinbaren (*BayObLG* NJW 1961, 317).

2 Änderung eines bestehenden Mietverhältnisses (§ 5 Abs. 1 HausratsVO)

2 § 5 Abs. 1 HausratsVO setzt ein bestehendes Mietverhältnis zwischen einem Dritten und einem der Ehegatten oder beiden Ehegatten voraus. Dem Mietverhältnis gleichzusetzen sind andere Rechtsverhältnisse, die zur entsprechenden Nutzung der Wohnung berechtigen, z. B. Nutzung als Mitglied einer Genossenschaft, als Pächter, wenn das Pachtgelände im Verhältnis zur Wohnung von nebensächlicher Bedeutung ist (*OLG Hamburg* MDR 1948, 477; *OLG Frankfurt* FamRZ 1956, 112). Der Umstand, daß eine Genossenschafts-Wohnung nach der Satzung nur an Mitglieder vergeben werden darf, steht der Zuteilung an den Ehegatten, der nicht Mitglied ist, nicht entgegen, doch ist dieser Umstand bei der Ausübung des Ermessens nach § 2 HausratsVO mit zu berücksichtigen (*KG* NJW 1955, 185; *BayObLG* 1955, 56; anders noch *BayObLG* 1953, 208). Der Ehegatte wird durch die Zuteilung nicht Mitglied der Genossenschaft, auch nicht nur Nutzungsberechtigter. Das Gericht kann ein Mietverhältnis nach § 5 Abs. 2 HausratsVO begründen. Ist eine Wohnung mit Mitteln eines Aufbaudarlehens nach dem LAG finanziert worden, dann ist dies ein Umstand, der zugunsten des LAG-berechtigten Ehegatten im Rahmen des § 2 HausratsVO zu beachten ist. Eine Zuteilung der Wohnung an den anderen Ehegatten ist aber nicht ausgeschlossen (*BayObLG* FamRZ 1964, 371; *KG* FamRZ 1967, 631).

3 Waren beide Ehegatten Mieter, ordnet das Gericht an, daß das Mietverhältnis mit nur dem Ehegatten fortgesetzt wird, dem es die Wohnung zuteilt. Hat der weichende Ehegatte das Mietverhältnis *für seine Person* bereits gekündigt, besteht für eine Regelung nach § 5 kein Raum. Das ist aber nicht schon dann anzunehmen, wenn der Ehegatte die gemeinsame Wohnung verlassen hat. War der weichende Ehegatte Mieter, ordnet das Gericht den Eintritt des anderen Ehegatten in das Mietverhältnis an. Hat der weichende Ehegatte (oder der Vermieter) das Mietverhältnis vorher durch Kündigung oder Aufhebungsvertrag beendet, ist § 5 Abs. 1 HausratsVO nicht anwendbar. In Betracht kommt eine Regelung nach § 5 Abs. 2 HausratsVO (*Soergel-Donau* § 5, 7; unklar *Erman-Ronke* § 5, 4).

4 Das bestehende Mietverhältnis wird mit der Änderung der Parteistellung inhaltlich nicht berührt; eine vertragliche Änderung oder Anpassung bleibt den neuen Parteien unbenommen. Das Gericht darf Änderungen des Vertrages zum Nachteil des Vermieters (z. B. Einschränkung des Kündigungsrechts) nicht anordnen. Im übrigen sollte es inhaltliche Eingriffe in das Vertragsverhältnis nur mit äußerster Zurückhaltung vornehmen (*BayObLG* NJW 1957, 62: zeitliche Begrenzung des Mietvertrages). Das Mietverhältnis mit dem weichenden Ehegatten erlischt mit Rechtskraft der Entscheidung. Gleichzeitig entsteht (oder wird isoliert fortgesetzt) das Mietverhältnis mit dem anderen Ehegatten. Das Vermieterpfandrecht des Vermieters an den eingebrachten Sachen des weichenden Mieters bezieht sich folgerichtig nicht mehr auf künftig entstehende Mietforderungen; i. ü. bleibt es bestehen. Das Gericht kann anordnen, daß die Haftung des weichenden Ehegatten für künftige Ansprüche des Vermieters gegen den anderen Ehegatten fortbesteht (§ 5 Abs. 1 S. 2 HausratsVO; vgl. auch *Soergel-Donau* § 5, 8). Zu einer Aufhebung des Mietverhältnisses ist das Gericht nicht befugt (*LG Düsseldorf* ZMR 1956, 163).

5 Der weichende Ehegatte soll zur Räumung »verurteilt« werden (§ 15 HausratsVO). Ihm kann eine Räumungsfrist gewährt werden (*OLG Karlsruhe* NJW 1959, 342).

3 Begründung eines Mietverhältnisses (§ 5 Abs. 2 HausratsVO)

6 § 5 Abs. 2 HausratsVO setzt voraus, daß die Ehegatten eine Wohnung innehaben, ohne daß ein Mietverhältnis (oder ein entsprechendes Vertragsverhältnis) besteht. Der Grund für das Fehlen einer rechtsgeschäftlichen Grundlage ist gleichgültig (z. B. mietfreie Wohnung bei Verwandten). Absatz 2 ist auch anwendbar, wenn der Ehegatte, der allein Mieter war, das Mietverhältnis vorher gekündigt hat, jedenfalls solange der andere Ehegatte die Wohnung noch innehat (*BayObLG* NJW 1957, 62). Ist das Mietverhältnis auf diese Weise gekündigt worden, kann das Gericht den Eintritt des anderen Ehegatten in das Mietverhältnis auf den Zeitpunkt der Beendigung des Vertrages zurückbeziehen, um die

Kontinuität der vertraglichen Beziehungen zu gewährleisten (*BayObLG* 1961, 379).

7 Einer Regelung nach § 5 Abs. 2 HausratsVO steht nicht entgegen, daß der Vermieter mit dem Ehegatten, mit dem er das Mietverhältnis fortsetzen möchte, bereits einen neuen Mietvertrag abgeschlossen hat (*LG Mannheim* FamRZ 1966, 450; *Habscheid* FamRZ 1967, 362).

Das Gericht ist nicht gehalten, ein Mietverhältnis zu begründen, doch spricht alles dafür, dies zu tun. Bei der Festsetzung des Mietzinses liegt es nahe, sich an lokalen Mietspiegeln zu orientieren, die die Vergleichsmiete anzeigen. Besteht eine Mietpreisbindung, hat das Gericht sie zu beachten. Für das geschaffene Mietverhältnis gelten die allgemeinen Bestimmungen (vgl. *BayObLG* FamRZ 1974, 17).

4 Ausgleichszahlungen

8 Anders als bei der Verteilung des Hausrats (§ 8 Abs. 3 HausratsVO) ist bei der Zuweisung der Wohnung die Zahlung eines Ausgleichs nicht ausdrücklich vorgesehen. Eine entsprechende Anwendung des § 8 Abs. 3 HausratsVO im Rahmen des § 5 HausratsVO bietet sich an (*OLG Hamm* JMBl. NRW 1951, 214; *BayObLG* NJW 1960, 102). Die Zahlung eines Ausgleichs aus Billigkeitsgründen kommt insbesondere in Betracht, wenn beide Ehegatten zum Aufbau der Wohnung beigetragen haben, allgemein, um wirtschaftliche Nachteile auszugleichen, die dem Ehegatten, der auszieht, entstehen (z. B. Umzugskosten, erhöhte Aufwendungen für eine Ersatzwohnung). Ist der ausziehende Ehegatte Eigentümer des Hauses, in dem die Wohnung liegt, kann eine Nutzungsentschädigung analog § 5 Abs. 2 HausratsVO festgesetzt werden.

5 Rechtsstellung des Vermieters

9 Die Eingriffe in das bestehende Mietverhältnis oder die Begründung eines neuen Mietverhältnisses bedürfen nicht der Zustimmung des Vermieters und des Hauseigentümers (*LG Mannheim* FamRZ 1966, 450; *Habscheid* FamRZ 1967, 362). Die persönlichen Beziehungen des künftigen Alleinmieters zum Vermieter sind Umstände, die im Rahmen der für die Ermessensentscheidung geltenden Grundsätze (vgl. § 2 HausratsVO) zu berücksichtigen sind. Das Gericht hat nicht zu prüfen, ob der Vermieter Gründe haben wird, die eine baldige Kündigung des Mietvertrages rechtfertigen würden (*BayObLG* 1960, 379), doch kann es bestehende Spannungen, die voraussichtlich zu einer erheblichen Störung des »Gemeinschaftsfriedens« führen werden, nicht außer acht lassen (vgl. *LG Mannheim* FamRZ 1966, 450). Andererseits wäre es unvertretbar, wenn der Vermieter allein durch eine negative Einstellung zu dem künftigen Alleinmieter die Entscheidungsbefugnis des Gerichts einengen könnte.

10 Nach Ablauf eines Jahres nach Rechtskraft des Scheidungsurteils ist ein Eingriff in die Rechte des Vermieters nicht mehr zulässig (§ 12 HausratsVO).

11 Der Vermieter (Hauseigentümer) ist Beteiligter (§ 7 HausratsVO).

6 Zwangsvollstreckung

12 Hat das Gericht dem weichenden Ehegatten die Räumung der Wohnung aufgegeben (§ 15 HausratsVO), ist die Entscheidung ein vollstreckbarer Titel. Die Zwangsvollstreckung richtet sich nach den Vorschriften der ZPO (§ 16 Abs. 3 HausratsVO). Vollstreckbar ist auch die Entscheidung, mit der einem Ehegatten eine Ausgleichszahlung auferlegt worden ist (vgl. auch § 16 HausRVO).

§ 6

(1) Ist eine Teilung der Wohnung möglich und zweckmäßig, so kann der Richter auch anordnen, daß die Wohnung zwischen den Ehegatten geteilt wird. Dabei kann er bestimmen, wer die Kosten zu tragen hat, die durch die Teilung und ihre etwaige spätere Wiederbeseitigung entstehen.

(2) Für die Teilwohnungen kann der Richter neue Mietverhältnisse begründen, die, wenn ein Mietverhältnis schon bestand, an dessen Stelle treten. § 5 Abs. 2 Sätze 2 und 3 gelten sinngemäß.

1 § 6 HausratsVO ist sachlich unverändert geblieben; gestrichen worden ist das Wort »bisherigen« in Absatz 1 Satz 1 (Art. 11 Nr. 3 Buchst. d des 1. EheRG). Die Regelung betrifft einen Sonderfall des § 5 HausratsVO. Ob eine Teilung der Wohnung möglich ist, beurteilt sich nach den baulichen und räumlichen Verhältnissen der Wohnung. Die baurechtlichen Vorschriften sind zu beachten. Eine ideelle Teilung in dem Sinne, daß beide Ehegatten einen Teil der Räume nach einer Benutzungsordnung zeitlich versetzt nutzen, dürfte nicht dem Normzweck des § 6 HausratsVO entsprechen, zumindest dürfte sie in der Regel nicht zweckmäßig sein. Die Teilung ist nicht zweckmäßig, wenn sie nicht zu einer klaren Abgrenzung der Bereiche führt, so daß Streitigkeiten zu erwarten sind. Stellt sich nachträglich heraus, daß die Regelung unzweckmäßig ist, kann sie abgeändert werden (§ 17 HausratsVO).

2 § 6 HausratsVO ist nur im Verhältnis der Ehegatten zueinander anwendbar. Eine Aufteilung der Wohnung zwischen einem Ehegatten und einem Dritten (Verwandte, Kinder) ist unzulässig. Kosten, die durch eine Teilung entstehen, dürfen ebenfalls nur im Verhältnis der Ehegatten zueinander geregelt werden. Dem Vermieter oder Hauseigentümer dürfen sie nicht auferlegt wer-

den (*Erman-Ronke* § 6, 1; *Soergel-Donau* § 6, 3; a. A. *Hoffmann-Stephan* § 6, 6; *RGRK* § 6, 2). Ob er sie nach allgemeinen Vorschriften (z. B. § 812) zu tragen hat, ist nicht im Rahmen des § 6 HausratsVO zu entscheiden. Zur Vermeidung von Rechtsunsicherheit ist es angezeigt, daß das Gericht nach § 6 Abs. 2 HausratsVO Teilmietverhältnisse begründet.

§ 7

Außer den Ehegatten sind im gerichtlichen Verfahren auch der Vermieter der Ehewohnung, der Grundstückseigentümer, der Dienstherr (§ 4) und Personen, mit denen die Ehegatten oder einer von ihnen hinsichtlich der Wohnung in Rechtsgemeinschaft stehen, Beteiligte.

1 Die unverändert gebliebene Vorschrift umschreibt den Kreis der Beteiligten im Verfahren für die Zuteilung der Wohnung. Die Beteiligung Dritter am Verfahren, das im Verbund geführt wird, nötigt nicht zur Abtrennung. Eine dem § 623 Abs. 1 Satz 2 ZPO vergleichbare Regelung ist für das Verfahren nach der HausratsVO nicht vorgesehen. Eine entsprechende Anwendung bietet sich aber an, wenn sich aus der Beteiligung des Dritten Schwierigkeiten in bezug auf eine sachgerechte Aufrechterhaltung des Verbundes ergeben würden.

2 Außer dem Ehegatten zählen zu den Beteiligten:

a) der Vermieter, ohne Rücksicht auf die Rechtsform (z. B. Genossenschaft, vgl. *BayObLG* 1953, 208);

b) der Verpächter (vgl. *OLG Schleswig* FamRZ 1955, 139);

c) der Hauptmieter, wenn das Untermietverhältnis Gegenstand der Auseinandersetzung ist (*BayObLG* 1955, 202);

d) der Grundstückseigentümer, auch wenn er nicht Vermieter ist, sowie dinglich Berechtigte (*OLG Celle* NdsRpfl. 1961, 228). Doch muß es sich um eine dingliche Berechtigung i. S. von § 3 HausratsVO handeln.

e) der Arbeitgeber (Dienstherr), wenn es sich um eine Wohnung i. S. von § 4 HausratsVO handelt. Der Arbeitgeber (Dienstherr) ist auch dann Beteiligter, wenn er nicht Vermieter ist.

f) Personen, mit denen ein Ehegatte hinsichtlich der Wohnung in »Rechtsgemeinschaft« steht:

aa) der neue Ehegatte, der in der Wohnung lebt;

bb) nahe Angehörige, die in Wohngemeinschaft mit einem Ehegatten leben (*OGH* 1, 13);

cc) steht das Sorgerecht über ein gemeinsames Kind nicht den Eltern zu, ist auch der Pfleger Beteiligter; es ist nicht entscheidend, ob das Kind sich noch in der elterlichen Wohnung aufhält (*BayObLG* ZMR 1955, 177);

dd) der Untermieter eines oder beider Ehegatten (*OLG Hamm* JMBl. NRW 1948, 119; *BayObLG* 1955, 202; *OLG Celle* NdsRpfl. 1961, 228).

3 Die Beteiligten haben Anspruch auf rechtliches Gehör, Anträge und Entscheidungen sind ihnen zuzustellen (*BayObLG* FamRZ 1970, 36). Die Entscheidung über die Zuteilung der Wohnung wird erst wirksam, wenn die Rechtsmittelfrist für alle Beteiligten verstrichen ist (*OLG Hamm* JMBl. NRW 1948, 119).

Jeder der Beteiligten kann selbständig Rechtsmittel einlegen (§ 14 HausratsVO). Die Beteiligung des Vermieters im Rahmen der Zuweisung einer Wohnung kann nicht dazu führen, daß das Gericht eine Art Räumungsprozeß zwischen dem Vermieter und den Ehegatten oder einem der Ehegatten durchführt.

3. Abschnitt. Besondere Vorschriften für den Hausrat

§ 8

(1) Hausrat, der beiden Ehegatten gemeinsam gehört, verteilt der Richter gerecht und zweckmäßig.

(2) Hausrat, der während der Ehe für den gemeinsamen Haushalt angeschafft ist, gilt für die Verteilung (Absatz 1) auch dann, wenn er nicht zum Gesamtgut einer Gütergemeinschaft gehört, als gemeinsames Eigentum, es sei denn, daß das Alleineigentum eines Ehegatten feststeht.

(3) Die Gegenstände gehen in das Alleineigentum des Ehegatten über, dem sie der Richter zuteilt. Der Richter soll diesem Ehegatten zugunsten des anderen eine Ausgleichszahlung auferlegen, wenn dies der Billigkeit entspricht.

Überblick

1 Allgemeines

1 Die Vorschrift ist durch das 1. EheRG nicht geändert worden. Die nach §§ 8 bis 10 HausratsVO zulässigen Eingriffe sind mit der Eigentumsgarantie nach Art. 14 GG vereinbar (*BayObLG* 1955, 56; NJW 1961, 317). In Rechte Dritter darf das Gericht nicht eingreifen (vgl. auch § 10 HausratsVO). Der Begriff Hausrat ist weit auszulegen (vgl. dazu Rdnr. 14). Anders als bei einer einstweiligen Anordnung nach § 620 ZPO werden nach § 8 HausratsVO die Eigentumsverhältnisse am Hausrat gestaltet.

2 § 8 HausratsVO kommt nur in Betracht, wenn der Hausrat beiden Ehegatten gemeinsam gehört; gehört ein Gegenstand nur einem der Ehegatten, ist § 9 HausratsVO anzuwenden (vgl. Rdnr. 2 zu § 9 HausratsVO, auch zur Frage der Zuteilung, wenn ein Ehegatte zusammen mit einem Dritten Eigentümer der Sache ist). Auf die Art des Eigentums (Gesamthandseigentum, Bruchteilseigentum) kommt es nicht an. Die Zuteilung nach § 8 HausratsVO tritt an die Stelle der Auseinandersetzung nach §§ 752 ff.

3 Über die Rechtsverhältnisse am Hausrat hat das Gericht als Vorfrage zu entscheiden (*LG Bonn* FamRZ 1963, 366). Billigkeitsgesichtspunkte bleiben in diesem Zusammenhang außer Betracht. Für eine Klage zur Feststellung des Eigentums fehlt es in aller Regel am Rechtsschutzbedürfnis (*Vogel* JR 1949, 430). Macht ein Dritter geltend, der Hausrat sei sein Eigentum, ist darüber im Prozeßwege zu entscheiden. Eine Entscheidungsbefugnis des Gerichts der Hausratssache ist nicht gegeben (*OLG München* MDR 1951, 623; *LG Bonn* FamRZ 1963, 366; *Habscheid* FamRZ 1964, 64; *Keidel* JZ 1953, 272; a. A. *Vogel* JR 1949, 430). Die der Entscheidung nach der HausratsVO zugrunde liegende Beurteilung der Eigentumsverhältnisse erwächst nicht in Rechtskraft (str. *Soergel-Donau* Vor §§ 7, 8 Anm. 7; zurückhaltend *Dölle* I 637 f.; *Vogel* JR 1949, 430).

4 Befindet sich der Hausrat vorübergehend bei Dritten, kann das Gericht den Herausgabeanspruch zuteilen, es kann auch Schadensersatzansprüche gegen Dritte wegen Beschädigung oder Verlust von Hausrat im Verhältnis der Ehegatten zueinander regeln (*KG* JR 1954, 223). Schadensersatzansprüche des einen Ehegatten gegen den anderen sind nicht Gegenstand der Regelung nach der HausratsVO (*OLG Frankfurt* FamRZ 1963, 96). Das Gericht darf nur vorhandene Sachen verteilen. Es darf die Frage, ob eine Sache noch vorhanden ist, nicht offenlassen.

3 Eigentumsvermutung (§ 8 Abs. 2 HausratsVO)

5 Die Feststellung der Eigentumsverhältnisse wird durch die Vermutung nach § 8 Abs. 2 HausratsVO erleichtert. Sie gilt ohne Rücksicht auf den Güterstand, d. h. auch im Fall der Gütertrennung. Steht fest, daß ein Gegenstand als Surrogat nach § 1470 angeschafft worden ist, ist die Vermutung widerlegt (vgl. *KG* FamRZ 1968, 648; *BayObLG* FamRZ 1970, 31). Die Vermutung setzt voraus:

6 *a)* Anschaffung

Anschaffung ist entgeltlicher Erwerb des Eigentums. Darunter fallen auch Anschaffungen unter Eigentumsvorbehalt (*OLG Schleswig* SchlHA 1955, 365; *BayObLG* FamRZ 1968, 319; *Soergel-Donau* § 8, 7; widersprüchl. *Erman-Ronke* § 8, 6). Die Vermutung bezieht sich dann auf die Anwartschaft am Eigentum. Das Gericht hat zu regeln, wer im Innenverhältnis die Verbindlichkeiten zu tragen hat. Selbstgefertigte Gegenstände sind in der Regel wie angeschaffte zu behandeln (str. vgl. *Hoffmann-Stephan* § 8, 7). § 8 Abs. 2 HausratsVO ist entsprechend auf die den Ehegatten geschenkten Hausratsgegenstände anzuwenden (z. B. Hochzeitsgeschenke).

Aus der Natur eines Gegenstandes oder den Umständen der Schenkung kann sich aber ergeben, daß nur einer der Ehegatten bedacht sein sollte. Schenkt einer der Ehegatten dem anderen Hausrat, wird in der Regel gemeinsames Eigentum anzunehmen sein (*OLG Celle* NdsRpfl. 1960, 231).

7 *b)* Anschaffung während der Ehe

Gleich zu behandeln sind Anschaffungen beider Verlobten vor der Ehe, wenn sie für den gemeinsamen Hausstand bestimmt sind (*LG Münster* JMBl. NRW 1956, 101), sowie Anschaffungen eines Ehegatten zu diesem Zweck, wenn beide Ehegatten sie ganz oder überwiegend während der Ehe abgezahlt haben (str. *LG Göttingen* FamRZ 1955, 139; a. A. *OLG Oldenburg* FamRZ 1955, 139; vgl. auch *Habscheid* FamRZ 1959, 324). Entscheidend kommt es darauf an, ob die Anschaffung als eingebrachte Sache eines Ehegatten erscheint (*Kuhnt* AcP 150, 130, 138, z. B. auch die Aussteuer eines Ehegatten). Hausrat, dessen Anschaffung mit Mitteln der öffentlichen Hand gefördert worden ist, ist in aller Regel gemeinsames Eigentum (*KG* DJ 1941, 829 – Ehestandsdarlehen).

8 *c)* Anschaffung für den gemeinsamen Haushalt

Liegen keine besonderen Anhaltspunkte für einen abweichenden Willen vor, dann ist davon auszugehen, daß die Anschaffung regelmäßig für den gemeinsamen Haushalt gedacht ist (*OLG Celle* NdsRpfl. 1960, 231). Das ist nicht der Fall, wenn die Ehegatten getrennt leben. Die Vermutung ist aber nicht schon dann widerlegt, wenn die Ehe der (noch) im Haushalt gemeinsam lebenden Ehegatten gescheitert ist (*Erman-Ronke* § 8, 8; a. A. *OLG Schleswig* SchlHA 1953, 139; *Kuhnt* AcP 150, 130, 137; § 8 Abs. 2 HausratsVO stellt entscheidend auf die gemeinsame Haushaltsführung ab, nicht auf den Zustand der Ehe.

9 Die Vermutung nach § 8 Abs. 2 HausratsVO ist widerlegbar. Der Ehegatte, der das Miteigentum nicht gelten lassen will, muß beweisen, daß er Alleineigentümer ist. Dabei reicht es nicht aus, daß er nachweist, er habe den Gegenstand gekauft und mit eigenen Mitteln bezahlt. Er muß ihn für sich erworben haben. Das Gericht hat die erforderlichen Beweise zu erheben (a. A. *OLG Kiel* JR 1948, 344, das Beweisaufnahmen zum Zweck der Widerlegung der Vermutung für unzulässig hält; vgl. dagegen zutreffend *Hoffmann-Stephan* § 8, 4).

10 Die Verteilung des Hausrats hat das Gericht nach den Grundsätzen des § 2 HausratsVO vorzunehmen. Das Verschulden am Scheitern der Ehe darf für sich gesehen nicht berücksichtigt werden. Daß die Verteilung nicht Strafcharakter haben darf, war bereits für das bisher geltende Recht gesichert (*OLG Frankfurt* NJW 1960, 1768).

11 Die Zuteilung tritt mit Rechtskraft der Entscheidung ein (§ 16 HausratsVO). Sie bewirkt, daß der begünstigte Ehegatte Alleineigentümer wird (§ 8 Abs. 3 S. 1 HausratsVO). Diese Wirkung tritt unabhängig von den Besitzverhältnissen ein, sie tritt auch ein, wenn die Annahme, beide Ehegatten seien Eigentümer gewesen, nicht zutrifft. Anders verhält es sich, wenn der Gegenstand einem Dritten gehört. Die Zuteilung ist dann unwirksam, da das Gericht im Verhältnis zum Dritten keine Entscheidungsbefugnis hat (*OLG München* BayJMBl. 1951, 112; *Keidel* JZ 1953, 272; *Kuhnt* AcP 150, 130, 151).

12 Die Zuteilung muß nicht unbedingt und unbefristet ausgesprochen werden (anders h. M. vgl. *Hoffmann-Stephan* § 8, 12). Es kann Fälle geben, die eine weniger starre Regelung sinnvoll erscheinen lassen. Benötigt ein Ehegatte z. B. einen Gegenstand zwar sehr dringend, aber nur für eine bestimmte Zeit, ist es nicht recht einzusehen, warum das Gericht dem nicht Rechnung tragen sollte. Bedingtes Eigentum an beweglichen Sachen ist eine Selbstverständlichkeit.
Sachmängelhaftung ist ausgeschlossen. Zeigen sich erhebliche Mängel, kann dies Anlaß für eine Änderung der Entscheidung nach § 17 HausratsVO sein.

5 Ausgleichszahlung (§ 8 Abs. 3 Satz 2 HausratsVO)

13 Das Gericht kann Ausgleichszahlungen anordnen. Das kann billig erscheinen, um einen Wertausgleich herbeizuführen, da die Verteilung nach § 8 HausratsVO nicht der Bereicherung eines Ehegatten dienen soll. Bei unterschiedlicher wirtschaftlicher Lage der Ehegatten kann ein Ausgleich billig sein, insbesondere um dem weichenden Ehegatten zumindest zum Teil die Wiederbeschaffung von Hausrat zu ermöglichen. Unzulässig dürfte es sein, einen Ausgleich mit Sachen anzuordnen, die Alleineigentum des anderen Ehegatten sind, es sei denn, daß die Voraussetzungen des § 9 HausratsVO vorliegen (bedenklich daher *BayObLG* FamRZ 1970, 31).

14 Das Gericht kann den Ausgleichsbetrag stunden, Ratenzahlungen bewilligen, die Verzinsung festlegen und Leistung Zug um Zug anordnen. Geht man davon aus, daß die Verteilung auch unter einer aufschiebenden oder auflösenden Bedingung zulässig ist (vgl. Rdnr. 12), dann kann die Zuteilung auch von der Zahlung des Ausgleichsbetrages abhängig gemacht werden (a. A. *Soergel-Donau* § 8, 15; widersprüchl. *Hoffmann-Stephan* § 8, 14 einer-

seits und § 8, 12 andererseits; zur Ausübung eines Zurückbehaltungsrechts vgl. *LG Münster* JMBl. NRW 1956, 101).

§ 9

(1) Notwendige Gegenstände, die im Alleineigentum eines Ehegatten stehen, kann der Richter dem anderen Ehegatten zuweisen, wenn dieser auf ihre Weiterbenutzung angewiesen ist und es dem Eigentümer zugemutet werden kann, sie dem anderen zu überlassen.

(2) Im Falle des Absatzes 1 kann der Richter ein Mietverhältnis zwischen dem Eigentümer und dem anderen Ehegatten begründen und den Mietzins festsetzen. Soweit im Einzelfall eine endgültige Auseinandersetzung über den Hausrat notwendig ist, kann er statt dessen das Eigentum an den Gegenständen auf den anderen Ehegatten übertragen und dafür ein angemessenes Entgelt festsetzen.

Überblick

1 Allgemeines

1 Die Vorschrift ist durch das 1. EheRG nicht geändert worden. Sie regelt die Zuteilung von Hausrat, der einem Ehegatten *allein* gehört, an den anderen Ehegatten. Unter den engen Voraussetzungen des § 9 HausratsVO ist die Regelung als Nachwirkung der ehelichen Lebensgemeinschaft (*Gernhuber* FamRZ 1959, 465, 468; *Hübner* FamRZ 1962, 1, 7) verfassungsrechtlich tragbar. Möglich ist die Überlassung der Sachen zur Nutzung oder die Übertragung des Eigentums.

2 Alleineigentum

2 Vorausgesetzt wird, daß einer der Ehegatten Alleineigentümer ist. Ist der Ehegatte zusammen mit einem Dritten Eigentümer, kommt eine Übertragung des Eigentums nicht in Betracht; ein Eingriff in Rechte Dritter ist bei der Zuteilung von Hausrat unzulässig. Einer rechtsgeschäftlichen Regelung im Einvernehmen mit dem Dritten steht nichts im Wege, doch darf das Gericht die Beziehungen zum Dritten nicht gestalten, auch nicht eine Entschädigung zugunsten des Dritten festsetzen. Zweifelhaft ist, ob der Miteigentumsanteil des Ehegatten dem anderen Ehegatten zugeteilt werden kann. Das wird nur in seltenen Fällen zweck-

mäßig sein. Ist es ausnahmsweise so, dann dürften Bedenken nicht bestehen, da der Dritte dadurch nicht belastet wird.
Die Vermutung des § 8 Abs. 2 HausratsVO (analog gegen das Alleineigentum) gilt auch im Rahmen des § 9 HausratsVO.

3 Notwendige Gegenstände

3 Gemeint sind Hausratsgegenstände. Die Regelung beschränkt sich auf notwendige Gegenstände. Was notwendig ist, ist nach den Umständen im konkreten Fall zu beurteilen, eine Überschneidung mit der Voraussetzung »auf ihre Weiterbenutzung angewiesen« wird häufig sein. Dazu gehört eine Mindestausstattung an Einrichtungsgegenständen, Geschirr, Wäsche usw., auch Musikinstrumente, wenn sie zur Ausbildung oder Berufsausübung eines Kindes zählen (*BayObLG* 1960, 370; *LG Berlin* JR 1949, 450). § 9 berücksichtigt nicht nur die Interessen des Ehegatten, sondern auch die der Restfamilie.

4 Zumutbarkeit

4 § 9 Abs. 1 HausratsVO setzt weiter voraus, daß dem Ehegatten die Zuweisung seines Eigentums an den anderen Ehegatten zuzumuten ist. Zu prüfen ist, welche Auswirkungen die Zuweisung auf ihn hat. Dabei sind wirtschaftliche, aber auch persönliche Gesichtspunkte zu berücksichtigen. So wird die Zuweisung von Gegenständen, die für den Eigentümer von besonderem Gefühlswert sind, in der Regel nicht in Betracht kommen. Daß der Ehegatte die ihm zugewiesenen Gegenstände mit dem Ehebrecher benutzen wird, ist für sich gesehen nicht immer ein Grund, von der Zuweisung abzusehen; es müssen in der Regel zusätzliche Umstände vorliegen (a. A. *Hoffmann-Stephan* § 9, 2; *LG Bonn* NJW 1960, 2243 in einem Fall nach § 1361 a, was vertretbar erscheint).

5 Entgeltliche Zuteilung (§ 9 Abs. 2 HausratsVO)

5 Zulässig nach § 9 HausratsVO ist nur eine entgeltliche Vermögensverschiebung. Das Gericht darf also weder ein Leihverhältnis begründen noch das Eigentum unentgeltlich übertragen. Das Entgelt muß angemessen sein, d. h. es muß einen Bezug zum Wert des Gegenstandes oder seiner Nutzung haben (uneingeschränkt für Verkehrswert *LG Itzehoe* SchlHA 1948, 162). Eine nur symbolische Entschädigung wäre nicht ausreichend. Ob auch die Leistung eines anderen Gegenstandes als Surrogat zulässig ist (so *BayObLG* MDR 1951, 623; FamRZ 1970, 31), ist fraglich; man wird sie dann für unbedenklich halten können, wenn der konkrete Gegenstand einem Zugriff nach § 8 oder 9 HausratsVO zugänglich ist, in anderen Fällen nicht, so z. B. nicht, wenn er Alleineigentum des Ehegatten ist, und die besonderen Voraussetzungen des § 9 Abs. 1 HausratsVO fehlen. Ebenso bedenklich ist es, den

Gegenstand dem anderen Ehegatten unter Verrechnung mit einem Unterhaltsanspruch zu überlassen (so *Hoffmann-Stephan* § 9, 4).

6 In erster Linie hat das Gericht ein Mietverhältnis festzusetzen; es empfiehlt sich, zugleich den Mietzins zu bestimmen. Hat das Gericht den Inhalt des Mietvertrages nicht näher geregelt (z. B. Kündigungsfrist), finden die allgemeinen Vorschriften Anwendung. Über Meinungsverschiedenheiten aus dem Mietverhältnis ist nach allgemeinen Vorschriften vor dem Prozeßgericht zu befinden. Anders verhält es sich, wenn eine Abänderung der Zuweisung nach § 17 HausratsVO begehrt wird.

7 Das Gericht wird eine endgültige Auseinandersetzung, d. h. Übertragung des Eigentums, vorziehen, wenn zu befürchten ist, daß das Mietverhältnis voraussichtlich eine Quelle ständiger Unzuträglichkeiten sein wird, oder wenn feststeht, daß der Gegenstand von dem anderen Ehegatten auf Dauer benötigt wird. Das Eigentum geht mit Rechtskraft der Entscheidung über, zum selben Zeitpunkt entsteht der Anspruch auf das festgesetzte Entgelt. Das Gericht kann Stundung oder Ratenzahlung bewilligen und die Verzinsung festlegen. Die Vorschriften über Mängelhaftung finden keine Anwendung.

§ 10

(1) Haftet ein Ehegatte allein oder haften beide Ehegatten als Gesamtschuldner für Schulden, die mit dem Hausrat zusammenhängen, so kann der Richter bestimmen, welcher Ehegatte im Innenverhältnis zur Bezahlung der Schuld verpflichtet ist.

(2) Gegenstände, die einem der Ehegatten unter Eigentumsvorbehalt geliefert sind, soll der Richter dem anderen nur zuteilen, wenn der Gläubiger einverstanden ist.

1 Die Vorschrift ist durch das 1. EheRG nicht geändert worden. Aus § 10 Abs. 2 HausratsVO folgt, daß die Zuteilung von Anwartschaften auf Eigentum zulässig ist. Das Einverständnis des Gläubigers wird nicht zwingend vorausgesetzt (*Erman-Ronke* § 10, 2; *Hoffmann-Stephan* § 10, 2; a. A. *RGRK* § 10, 2; *Soergel-Donau* § 10, 3, die das »soll« als »darf« verstehen). In Ausnahmefällen, insbesondere wenn die wirtschaftlichen Interessen des Gläubigers erkennbar nicht berührt werden, kann das Gericht auch gegen den Willen des Gläubigers den Gegenstand dem anderen Ehegatten zuteilen.
§ 10 Abs. 2 HausRVO gilt entsprechend. Im Fall der Sicherungsübereignung und in vergleichbaren Fällen (vgl. eing. *Kuhnt* AcP 150, 130, 143; *Hoffmann-Stephan* § 10, 2).

2 Mit dem Hausrat zusammenhängende Schulden, wie Restkaufpreis, Reparaturkosten, Versicherungsprämien (vgl. *Soergel-Donau* § 10, 1), darf das Gericht im Außenverhältnis, d. h. im Ver-

hältnis zum Gläubiger, nicht gestalten, da dessen Rechtsposition unberührt zu bleiben hat. Im Innenverhältnis, d. h. im Verhältnis der Ehegatten zueinander, kann das Gericht (es muß nicht) bestimmen, welcher der Ehegatten zur Bezahlung der Schuld verpflichtet ist (Abweichung von § 426). Die Bestimmung erschöpft sich zunächst in der nicht vollstreckbaren Regelung des Innenverhältnisses. Wird der Ehegatte, der die Lasten nicht tragen soll, von dem Gläubiger in Anspruch genommen, wozu dieser berechtigt ist, dann kann er von dem verpflichteten Ehegatten Erstattung verlangen. Das Gericht kann in einem Abänderungsverfahren nach § 17 i. V. mit § 15 HausratsVO den Zahlungsbetrag festsetzen; die Entscheidung hat vollstreckbaren Charakter.

4. Abschnitt. Verfahrensvorschriften

§ 11

(1) Zuständig ist das Gericht der Ehesache des ersten Rechtszuges (Familiengericht).

(2) Ist eine Ehesache nicht anhängig, so ist das Familiengericht zuständig, in dessen Bezirk sich die gemeinsame Wohnung der Ehegatten befindet. § 606 Abs. 2, 3 der Zivilprozeßordnung gilt entsprechend.

(3) Wird, nachdem ein Antrag bei dem nach Absatz 2 zuständigen Gericht gestellt worden ist, eine Ehesache bei einem anderen Familiengericht rechtshängig, so gibt das Gericht im ersten Rechtszug das bei ihm anhängige Verfahren von Amts wegen an das Gericht der Ehesache ab. § 281 Abs. 2, Satz 1 der Zivilprozeßordnung gilt entsprechend.

Überblick — Rdnr.

1 Allgemeines

1 Die Vorschrift ist durch das 1. EheRG neu gefaßt worden (Art. 11 Nr. 3 Buchst. e des 1. EheRG). Die Änderungen stellen eine Anpassung der Zuständigkeitsregeln für Familiensachen und für verbundene Familiensachen dar. Das Verfahren ist weiterhin eine Angelegenheit des FGG (vgl. auch § 13 Abs. 1 HausRVO). Die örtliche und die sachliche Zuständigkeit sind ausschließlicher Natur. Die in § 11 Abs. 2 a. F. HausratsVO vorgesehen gewesene Regelung, wonach das zuständige Gericht die Sache aus wichtigem Grund an ein anderes Gericht abgeben kann, ist mit Rücksicht auf den »möglichen Verbund der Hausratssachen mit Scheidungssa-

chen« gestrichen worden (*Amtl. Begr.* S. 223). Die Begründung überzeugt jedenfalls für die isolierten Hausratsverfahren nicht.

2 Zuständigkeit bei isolierten Verfahren (§ 11 Abs. 2 HausratsVO)

3 Wird ein Verfahren nach der HausratsVO anhängig, ohne daß eine Ehesache anhängig ist (z. B. nach Rechtskraft des Scheidungsurteils oder im Fall des § 18 a HausratsVO), ist das Familiengericht zuständig, in dessen Bezirk sich die gemeinsame Wohnung der Ehegatten befindet. Fehlt eine solche, ist die Zuständigkeit
4 nach der in § 606 Abs. 2, 3 ZPO vorgesehenen Leiter zu bestimmen. Bemerkenswert ist, daß die in § 606, Abs. 1 Satz 2 ZPO geregelte Zuständigkeit des Aufenthaltsorts der Restfamilie für das isolierte Verfahren nach der HausratsVO nicht begründet worden ist (wohl aber im Zusammenhang mit einer Ehesache).

3 Zuständigkeit der Ehesache (§ 11 Abs. 1, 3 HausratsVO)

5 Ist eine Ehesache anhängig, dann richtet sich die Zuständigkeit für die Hausratssache nach der Zuständigkeit für die Ehesache. Die Regelung entspricht § 621 Abs. 2 Satz 1 ZPO. Wird die Ehesache später anhängig, ist die Hausratssache (§ 1361 a, § 18 a HausratsVO) an das Gericht der Ehesache zu verweisen. Das gilt nicht, wenn die Hausratssache bereits in der 2. Instanz anhängig ist. Die Regelung entspricht insoweit § 621 Abs. 3 ZPO.

§ 12

Wird der Antrag auf Auseinandersetzung über die Ehewohnung später als ein Jahr nach Rechtskraft des Scheidungsurteils gestellt, so darf der Richter in die Rechte des Vermieters oder eines anderen Drittbeteiligten nur eingreifen, wenn dieser einverstanden ist.

1 In § 12 sind durch das 1. EheRG (Art. 11 Nr. 3 Buchst. f) die Wörter »nicht innerhalb eines Jahres« durch die Wörter »später als ein Jahr« ersetzt worden. Damit soll dem Umstand Rechnung getragen werden, daß das »Hausratsverfahren zukünftig bereits mit dem Scheidungsverfahren eingeleitet werden kann« (*Amtl. Begr.* S. 223).

2 Die Ausschlußfrist bezieht sich nur auf Eingriffe in Rechte beteiligter Dritter. Davon abgesehen wird die Einleitung des Hausratsverfahrens durch § 12 HausratsVO nicht eingeschränkt. Die Erklärung des Dritten über sein Einverständnis ist bis zur Entscheidung in der Tatsacheninstanz frei widerruflich (*BayObLG* 1957, 33). Bei einer Erbengemeinschaft genügt das Einverständnis

der Erben, die die Mehrheit der Erbanteile innehat (*KG* HW 1954, 152). Der Eingriff in Rechte Dritter kann mißbräuchlich sein, wenn das rechtzeitig beantragte Verfahren unangemessen lange nicht betrieben wird (*Hoffmann-Stephan* § 12, 3). § 12 gilt auch im Rahmen eines Änderungsverfahrens. Wird die Änderung nach § 17 später als ein Jahr nach Rechtskraft des Scheidungsurteils begehrt, darf in Rechte Dritter nicht mehr eingegriffen werden.

3 Ein Eingriff in die Rechte Dritter liegt vor, wenn die Rechtsposition des Dritten durch die Entscheidung berührt wird. Eine Regelung im Verhältnis der Ehegatten zueinander ist stets zulässig. So kann die Verpflichtung zur Zahlung des Mietzinses im Innenverhältnis geregelt werden. Das Gericht kann auch die Benutzung der Wohnung regeln und die Wohnung aufteilen, vorausgesetzt, das Mietverhältnis bleibt unberührt (*BayObLG* 1955, 202; *KG* FamRZ 1960, 443). Unzulässig wäre eine Anordnung, wonach das Mietverhältnis nur noch mit einem der Ehegatten fortgesetzt werden soll (*OLG Schleswig* SchlHAnz. 1955, 203).

4 Das Gericht kann bestimmen, daß einer der Ehegatten die Wohnung zu räumen hat und daß der andere im Innenverhältnis die Miete aufzubringen hat (str. *KG* FamRZ 1960, 443; *BayObLG* 1955, 202; *LG Berlin* FamRZ 1963, 95; a. A. *LG Wiesbaden* FamRZ 1963, 94; zurückhaltend *Soergel-Donau* § 12, 5), denn bleibt der weichende Ehegatte Schuldner des Dritten, werden dessen Rechte nicht berührt (vgl. *Erman-Ronke* § 12, 2).

§ 13

(1) Das Verfahren ist unbeschadet der besonderen Vorschrift des § 621 a der Zivilprozeßordnung eine Angelegenheit der freiwilligen Gerichtsbarkeit.

(2) Der Richter soll mit den Beteiligten in der Regel mündlich verhandeln und hierbei darauf hinwirken, daß sie sich gütlich einigen.

(3) Kommt eine Einigung zustande, so ist hierüber eine Niederschrift aufzunehmen, und zwar nach den Vorschriften, die für die Niederschrift über einen Vergleich im bürgerlichen Rechtsstreit gelten.

(4) Der Richter kann einstweilige Anordnungen treffen.

(5) *(gegenstandslos)*

1 Allgemeines

1 In § 13 Abs. 1 sind durch das 1. EheRG (§ 11 Nr. 3 Buchst. g) die Wörter »unbeschadet der besonderen Vorschrift des § 621 a der Zivilprozeßordnung« eingefügt worden; i. ü. ist der Wortlaut unverändert geblieben. Wegen der Änderung des Verfahrens auf Grund des § 621 a ZPO vgl. dort. Rdnr. 3 ff.

2 *a)* Das Verfahren wird nur auf Antrag betrieben. Der Antrag bedarf, wenn das Verfahren als isolierte Familiensache zu behandeln ist, keiner Form; er kann zu Protokoll der Geschäftsstelle erklärt werden. Wird das Verfahren als Folgesache geltend gemacht (§ 623 ZPO), dann besteht Anwaltszwang (§ 78 Abs. 1 Satz 2 Nr. 2 ZPO), der Antrag kann dann nur durch einen Anwalt gestellt werden. Die Vollmacht für die Scheidungssache erstreckt sich dann auch auf das Verfahren nach der HausratsVO (§ 624 ZPO). Eine Frist
3 für die Antragstellung ist nicht vorgesehen, doch kann einem unangemessen lange verzögerten Antrag der Einwand der Verwirkung entgegengesetzt werden (vgl. Rdnr. 11 zu § 1). Antragsberechtigt ist jeder Ehegatte, nicht der Dritte, auch wenn er Beteiligter i. S. von § 7 HausratsVO ist (*Breetzke* DRiZ 1956, 170). Der Antrag ist kein Sachantrag. Das Gericht ist an das Antragsbegehren nicht gebunden (*BGH* 18, 148; *BayObLG* 1956, 153), doch dürfte eine Einschränkung in dem Sinne zulässig sein, daß ein Ehegatte nur die Regelung über die Wohnung oder nur die Regelung über den Hausrat begehren kann (vgl. Rdnr. 11 zu § 1). § 607 Abs. 1 ZPO ist nicht anwendbar; die Verfahrensfähigkeit ist nach allgemeinen Vorschriften zu beurteilen.

4 *b)* Das Verfahren nach der HausratsVO ist ein streitiges Verfahren der FGG. Es ist nicht öffentlich. Das Gericht hat von Amts wegen zu ermitteln (§ 12 FGG). Die Parteien sind aber gehalten, die für die Entscheidung erheblichen Tatsachen und Beweismittel beizubringen, soweit sie dazu in der Lage sind (*BGH* 16, 378, 383; *BayObLG* FamRZ 1959, 504; 1965, 331). Den Nachteil eines nicht erbrachten Beweises trägt der Ehegatte, der aus der zu beweisenden Tatsache ihm günstige Rechtsfolgen ableiten will (*Erman-Ronke* § 13, 4). Die Beteiligten (§ 7 HausratsVO) können der Beweisaufnahme beiwohnen. Über die Beeidigung von Zeugen entscheidet das Gericht nach § 15 Abs. 1 Satz 2 FGG (diese Vorschrift ist in der Verweisung in § 621 a ZPO ausgespart), über die Zulassung der Beteiligten zur Versicherung an Eides Statt nach § 15 Abs. 2 FGG. Die Beeidigung Beteiligter ist zulässig (str. *BayObLG* NJW 1952, 789; *OLG München* JZ 1952, 178; *OLG Stuttgart* NJW 1952, 943; *OLG Hamm* NJW 1957, 1816; a. A. *BGH* NJW 1957, 1116).

5 Die Zustellung richtet sich nach § 176 ZPO, wenn die Beteiligten durch einen Anwalt vertreten sind (*BGH* NJW 1952, 1136). § 187 Satz 2 ZPO ist entsprechend anzuwenden. Die Endentscheidungen sind von Amts wegen zuzustellen (§§ 317, 621 c ZPO).

6 Die mündliche Verhandlung (mit den Beteiligten, § 7 HausratsVO) ist grundsätzlich obligatorisch (§ 13 Abs. 2 HausratsVO); nur in Ausnahmefällen darf aus triftigen Gründen

davon abgewichen werden (*BayObLG* FamRZ 1970, 36). Das gilt auch für das Verfahren im 2. Rechtszug (str. vgl. *Soergel-Donau* § 13, 3). Stirbt ein Ehegatte, ist das Verfahren gegenstandslos. Über die Kosten ist im Verhältnis zu den Erben nach § 20 HausratsVO zu entscheiden (*OLG Hamm* FamRZ 1969, 102). Auch wenn die Parteien das Verfahren in der Hauptsache für erledigt erklären, ist nicht nach § 91 a ZPO, sondern nach § 20 HausratsVO über die Kosten zu entscheiden (*BayObLG* MDR 1968, 934). Wegen der Kosten in einer verbundenen Sache vgl. Rdnr. 1 zu § 20.

7 *c)* Entscheidung
Die Endentscheidung im Hausratsverfahren ergeht durch Beschluß, wenn es sich um eine isolierte Entscheidung handelt. Wird zusammen mit der Scheidungssache entschieden, ergeht ein einheitliches Urteil (§ 629 Abs. 1 ZPO). Die Entscheidung ist zu begründen. Berichtigungen oder Ergänzungen sind nach §§ 319, 321 ZPO zu behandeln. Die Entscheidungen erwachsen in (auch materielle) Rechtskraft (*BGH* 6, 258; *OLG Hamm* JZ 1952, 634).

8 *d)* Einigung (§ 13 Abs. 3 HausratsVO)
Kommt eine Einigung zustande, dann ist darüber eine Niederschrift nach §§ 159 ff. ZPO aufzunehmen. Die Niederschrift ist, wenn sie einen vollstreckungsfähigen Inhalt hat, ein Titel i. S. von § 794 Abs. 1 Nr. 1 ZPO (vgl. auch § 16 Abs. 3 HausratsVO). Gegenstand einer Regelung nach § 13 Abs. 3 HausratsVO sind Angelegenheiten, die im Verfahren nach der HausratsVO geordnet werden können. Nach a. M. soll die Regelung auch auf Gegenstände erstreckt werden können, die vom Anwendungsbereich der HausratsVO nicht gedeckt sind (vgl. *Erman-Ronke* § 13, 7). Praktische Gründe sprechen für diese Auslegung.

9 *e)* Einstweilige Anordnung (§ 13 Abs. 4 HausratsVO)
Einstweilige Anordnungen kann das Gericht erlassen, wenn das Verfahren über Wohnung und Hausrat in der Hauptsache anhängig ist. Für die einstweilige Anordnung selbst wird ein Antrag nicht vorausgesetzt. Das Gericht sollte keine Maßnahmen treffen, die präjudiziellen Charakter haben (vgl. aber *OLG Kiel* JR 1947, 57).

10 Entscheidungen nach § 13 Abs. 4 HausratsVO (auch ablehnende) sind grundsätzlich nicht anfechtbar (jetzt h. M. *KG* FamRZ 1965, 571; *BayObLG* FamRZ 1971, 256; a. A. *LG Heilbronn* FamRZ 1973, 454; *Göppinger* FamRZ 1971, 584; *Kuhnt* AcP 150, 130, 153). Ein Rechtsmittel dürfte aber zuzulassen sein (sofortige Beschwerde), wenn das Gericht die gesetzlichen Grundlagen der Entscheidung verkannt hat (*BayObLG* FamRZ 1971, 256 m. w. N.; *Erman-Ronke* § 13, 8).

11 § 13 Abs. 5 HausratsVO ist gegenstandslos. Zwar gelten die Art. 1–3 und Art. 5 der Schutzverordnung noch (*Hoffmann-Stephan* § 13, 33), sie haben aber keine praktische Bedeutung.

Eine Beschwerde nach § 621 e der Zivilprozeßordnung, die sich lediglich gegen die Entscheidung über den Hausrat richtet, ist nur zulässig, wenn der Wert des Beschwerdegegenstandes fünfhundert Deutsche Mark übersteigt.

1 Allgemeines

1 § 14 HausratsVO ist durch das 1. EheRG neu gefaßt worden. Die Vorschrift enthält keine eigenständige Ausgestaltung der Rechtsmittel mehr. Sie beschränkt sich darauf, für die Anfechtung der den Hausrat betreffenden Entscheidung einen Beschwerdewert von 500,– DM vorzusehen (bisher 300,– DM). Das Beschwerdegericht hat von Amts wegen zu prüfen, ob der Beschwerdewert erreicht ist (*OLG Zweibrücken* FamRZ 1976, 699).

2 Rechtsmittel

2 Endentscheidungen nach der Hausratsverordnung sind mit der befristeten Beschwerde nach §§ 621 e, 621 Abs. 1 Nr. 7 ZPO anfechtbar. Soweit die Entscheidung über den Hausrat angefochten wird, muß ein Beschwerdewert von über 500,– DM erreicht sein. Ist die Endentscheidung Teil einer verbundenen Entscheidung nach § 629 Abs. 1 ZPO, ist zu unterscheiden: Wird die Entscheidung nur wegen der Hausratssache (ggf. auch wegen der Folgesachen nach § 621 Abs. 1 Nr. 1–3, 6, 7, 9 ZPO) angefochten, ist ebenfalls die befristete Beschwerde nach § 621 e ZPO gegeben (Verweisung in § 629 a Abs. 2 ZPO). Wird gleichzeitig die Entscheidung in der Scheidungssache (oder einer der zivilprozessualen Folgesachen i. S. von § 621 Abs. 1 Nr. 4, 5, 8 ZPO) angefochten, ist auch die Hausratssache (einheitlich mit der Berufung) anzufechten. Die Beschränkung der Beschwerde nach § 14 HausratsVO gilt auch für Rechtsmittel in Hausratssachen, die gegen eine Entscheidung in verbundenen Verfahren eingelegt werden.

3 Die weitere Beschwerde in Hausratsangelegenheiten ist nicht zulässig (Gegenschluß aus § 621 e Abs. 2 ZPO), und zwar auch dann nicht, wenn das OLG die Beschwerde für unzulässig verworfen hat. § 621 e Abs. 2 Satz 2 ZPO findet nur auf die in Satz 1 genannten Familiensachen Anwendung. Die Einschränkung der weiteren Beschwerde gilt auch im Fall der isolierten Anfechtung einer Hausratssache nach § 629 a Abs. 2 ZPO. Die Revision gegen eine in einem einheitlichen Urteil nach § 629 Abs. 1 ZPO enthaltenen Entscheidung in einer Hausratssache ist ebenfalls nicht zulässig (§ 629 a Abs. 1 ZPO).

Im übrigen vgl. die Ausführungen zu § 621 e ZPO.

4 Das Verbot der reformatio in pejus gilt sowohl im Fall der Anfechtung einer Entscheidung über die Ehewohnung (h. M. *BayObLG* FamRZ 1965, 513; FamRZ 1971, 34; *OLG Hamm*

FamRZ 1969, 428) als auch im Fall der Anfechtung der Entscheidung über den Hausrat (*BayObLG* FamRZ 1965, 513; insoweit a. A.: *Erman-Ronke* § 14 ,8; *Hoffmann-Stephan* § 14, 24; *Keidel* § 19, 90). Die von der *h. M.* befürwortete Differenzierung überzeugt nicht. Der Umstand, daß das Gericht ohne Rücksicht auf die Sachanträge der Parteien den gesamten Hausrat zu verteilen hat, hat kein entscheidendes Gewicht, wenn man berücksichtigt, daß das Gericht auch bei der Zuteilung der Wohnung nicht an die sachlichen Anträge der Parteien gebunden ist (vgl. Rdnr. 11 zu § 1).

5 Beschwerdeberechtigt sind die Beteiligten nach § 7 HausratsVO.

6 Auch das Beschwerdegericht ist an die Sachanträge der Parteien nicht gebunden. Zulässig ist eine Beschränkung auf die Entscheidung über die Wohnung oder den Hausrat (*BayObLG* FamRZ 1970, 31; *Erman Ronke* § 14, 7; *Soergel-Donau* § 14, 2; *Keidel* JZ 1955, 707) sowie auf Nebenentscheidungen, die selbständigen Charakter haben, z. B. über eine Räumungsfrist oder die Anordnung, Umzugskosten zu tragen (*OLG Hamm* FamRZ 1967, 105; FamRZ 1969, 428).

7 Die unselbständige Anschlußbeschwerde dürfte entgegen der für das bisher geltende Recht wohl *h. M.* (*BGH* 19, 196; *BayOBLG* 1965, 513; *KG* JR 1952, 174; FamRZ 1957, 176; *LG Düsseldorf* JMBl. NRW 1949, 114; *Erman-Ronke* § 14, 6; *Hoffmann-Stephan* § 14, 8; *Soergel-Donau* § 14, 4) zulässig sein (*RGRK* § 14, 7; *Keidel* § 22, 7; *Habscheid* JZ 1956, 372; *Peters* MDR 1952, 137).

§ 15

Der Richter soll in seiner Entscheidung die Anordnungen treffen, die zu ihrer Durchführung nötig sind.

1 § 15 HausratsVO ist durch das 1. EheRG nicht geändert worden. Die Vorschrift gibt dem Gericht die Möglichkeit, bei Entscheidungen, die einen vollstreckbaren Inhalt haben, die Voraussetzung für einen Vollzug zu schaffen. Ist es unterblieben, weil das Gericht davon ausgegangen ist, daß die Parteien der Entscheidung ohne Vollzugszwang folgen werden, kann es die erforderlichen Maßnahmen im Rahmen eines Änderungsverfahrens nach § 17 HausratsVO nachträglich treffen.

2 Die Art der anzuordnenden Maßnahmen richtet sich nach dem Inhalt der Entscheidung. Bei der Zuteilung der Wohnung wird eine Räumungsanordnung in Betracht kommen, auch kann der Zeitpunkt für die Räumung festgelegt oder eine Räumungsfrist bewilligt werden (*OLG Karlsruhe* NJW 1959, 342; *BayObLG* FamRZ 1964, 306; *OLG Hamm* FamRZ 1969, 217: Verlängerung der Frist, auch wenn die Voraussetzungen des § 17 nicht vorliegen).

Lebt der Ehegatte mit einem Dritten in einer »Rechtsgemeinschaft« i. S. von § 7 HausratsVO, ist der Vollzug auch im Verhältnis zum Dritten anzuordnen (*Hoffmann-Stephan* § 15, 2). Ist der Hausrat verteilt, hat das Gericht die Herausgabe anzuordnen. Die Gegenstände müssen so konkret bezeichnet sein, daß der Beschluß vollstreckt werden kann. Ist nach dem Inhalt der Entscheidung ein Ehegatte verpflichtet, Ausgleich zu leisten, die Umzugskosten zu ersetzen oder ein Entgelt zu zahlen, so setzt das Gericht den Betrag fest. Die Festsetzung kann auch später vorgenommen werden, wenn der Anspruch noch nicht beziffert werden kann.

§ 16

(1) Die Entscheidungen des Richters werden mit der Rechtskraft wirksam. Sie binden Gerichte und Verwaltungsbehörden.

(2) Die Änderung und die Begründung von Mietverhältnissen durch den Richter bedarf nicht der nach anderen Vorschriften etwa notwendigen Genehmigung.

(3) Aus rechtskräftigen Entscheidungen, gerichtlichen Vergleichen und einstweiligen Anordnungen (§ 13 Abs. 4) findet die Zwangsvollstreckung nach den Vorschriften der Zivilprozeßordnung statt.

Überblick

1 Die Vorschrift ist durch das 1. EheRG nicht geändert worden.

1 Rechtskraft

2 Die formelle Rechtskraft tritt ein,

a) wenn die Rechtsmittelfrist (§ 621 e Abs. 3, § 516 ZPO) verstrichen ist (ggf. die Frist für die unselbständige Anschlußbeschwerde, vgl. Rdnr. 7 zu § 14);

b) wenn die Beteiligten auf Rechtsmittel verzichtet haben;

c) wenn ein Rechtsmittel nicht zulässig ist, weil der Rechtszug erschöpft ist (in Hausratssachen auch, wenn der Beschwerdewert nicht erreicht ist, § 14 HausratsVO).

3 Die Endentscheidungen nach der HausratsVO haben materielle Rechtskraft, da es sich um Streitverfahren des FGG handelt (h. M. vgl. *BGH* 6, 258; *Hoffmann-Stephan* § 16, 4); die Befugnis nach § 17 HausratsVO steht dem nicht entgegen. Die Beurteilung der

Eigentumsverhältnisse, die als Vorfrage eine Rolle spielt, erwächst nicht in Rechtskraft (vgl. Rdnr. 3 zu § 8).

2 Vollstreckung

4 Die Zwangsvollstreckung richtet sich nach den Vorschriften der ZPO. Die Vollstreckungsklausel ist notwendig (a. M. *Kuhnt* AcP 150, 130, 152); zuständig ist die Geschäftsstelle des Gerichts des 1. Rechtszuges (§ 31 FGG). Die Art der Zwangsvollstreckung hängt vom Inhalt des Tenors ab. Zur Vollstreckung befugt ist nur der aus dem Titel Berechtigte im Verhältnis zu dem aus dem Titel Verpflichteten. Der Vermieter kann daher, auch wenn die Entscheidung für und gegen ihn wirkt (Beteiligter nach § 7 HausratsVO), daraus die Vollstreckung nicht betreiben (*OLG Hamm* JR 1952, 281).

5 Für die Vollstreckungsgegenklage nach § 767 ZPO dürfte in aller Regel das Rechtsschutzbedürfnis fehlen, da die HausratsVO das einfachere Abänderungsverfahren nach § 17 HausratsVO zur Verfügung stellt (str. vgl. *LG Mönchengladbach* NJW 1949, 229; *RGRK* § 16, 4). Ein Zurückbehaltungsrecht, das nach Erlaß der Entscheidung entstanden ist, kann ebenfalls nach § 17 HausratsVO geltend gemacht, anderenfalls kann es nur eingewendet werden, wenn es Gegenstand der Entscheidung geworden ist (*LG Münster* JMBl. NRW 1956, 101). Vollstreckungsschutz ist nach allgemeinen Vorschriften zu beurteilen (*Hoffmann-Stephan* § 16, 8).

3 Keine Genehmigung Dritter (§ 16 Abs. 2 HausratsVO)

6 Die Entscheidung des Gerichts macht notwendige Genehmigungen Dritter entbehrlich. Es kann sich wohl nur um öffentlich-rechtliche Genehmigungen handeln. Privatrechtliche Beziehungen werden durch die Beteiligungsregelung nach § 7 HausratsVO aufgefangen. § 16 Abs. 2 HausratsVO ist auf Vergleiche nicht anwendbar (*Erman-Ronke* § 16, 3).

§ 17

(1) Haben sich die tatsächlichen Verhältnisse wesentlich geändert, so kann der Richter seine Entscheidung ändern, soweit dies notwendig ist, um eine unbillige Härte zu vermeiden. In Rechte Dritter darf der Richter durch die Änderung der Entscheidung nur eingreifen, wenn diese einverstanden sind.

(2) Haben die Beteiligten einen gerichtlichen Vergleich (§ 13 Abs. 3) geschlossen, so gilt Absatz 1 sinngemäß.

 (3) Will der Richter auf Grund der Absätze 1 oder 2 eine Wohnungsteilung (§ 6) wieder beseitigen, so soll er vorher die Gemeinde hören.

Überblick Rdnr.

1 Allgemeines

1 Die Vorschrift ist durch das 1. EheRG nicht geändert worden. Sie ist eine Ausnahme von dem Grundsatz des § 18 Abs. 2 FGG; der Anwendungsbereich ist enger als der des § 18 Abs. 1 FGG. Das Verfahren wird auf Antrag eingeleitet (*Erman-Ronke* § 17, 4; *RGRK* § 18, 7). Die gegenteilige Auffassung, eine Abänderung nach § 17 könne auch von Amts wegen durchgeführt werden (*Hoffmann-Stephan* § 17, 7; *Soergel-Donau* § 17, 5), überzeugt nicht. Das Fehlen eines ausdrücklichen Antragserfordernisses in § 17 HausratsVO ist kein hinreichender Grund, eine Einleitung von Amts wegen zuzulassen, wenn man in Betracht zieht, daß das Antragserfordernis in § 1 Abs. 1 HausratsVO Leitbildcharakter für das gesamte Verfahren nach der HausratsVO hat. Eine entsprechende Anwendung dieser Bestimmung im Rahmen des § 17 HausratsVO bietet sich daher an.

2 Eine Frist für den Abänderungsantrag ist nicht vorgesehen. Stellt ein Beteiligter den Antrag nach § 17 HausratsVO unangemessen lange nach Eintritt der Änderung der Verhältnisse, kann ein Begehren mißbräuchlich sein, wenn die anderen Beteiligten sich auf den Fortbestand der Verhältnisse eingerichtet haben, zumindest wird in der Regel die vorausgesetzte »unbillige Härte« zu verneinen sein (h. M. vgl. *Müller* JR 1953, 294).

3 Zuständig ist das Gericht, dessen Entscheidung abgeändert werden soll (a. M. *Hoffmann-Stephan* § 17, 7). Im übrigen gelten für das Abänderungsverfahren die §§ 13 ff. HausratsVO.

2 Änderung der Verhältnisse

4 *a)* Vorausgesetzt wird eine Änderung der tatsächlichen Verhältnisse. Änderungen des Rechts oder der rechtlichen Beurteilung reichen nicht aus. Die Änderung muß grundsätzlich nach der Erstentscheidung eingetreten sein (vgl. aber Rdnr. 6) und wesentlich sein. Sie ist wesentlich, wenn das Gericht bei Kenntnis der neuen Umstände mit großer Wahrscheinlichkeit anders entschieden hätte. Die Voraussetzungen können vorliegen, wenn

sich die Bedürfnisse der Beteiligten entscheidend ändern (Beispiele: der Ehegatte heiratet wieder und benötigt dringend die Wohnung, *OLG Schleswig* JR 1949, 448); ihm wird das Sorgerecht über die Kinder übertragen, die er nun aufnimmt; ein Ehegatte erwirbt Vermögen, so daß er auf den ehelichen Hausrat oder auf Ausgleichszahlung nicht mehr angewiesen ist; die für die Zuteilung der Wohnung maßgebenden Gesichtspunkte – wie Nähe zum Arbeitsplatz – sind entfallen. Dagegen dürften Verhaltensweisen des anderen Ehegatten, etwa solche i. S. von § 57 Abs. 1 EheG kein Grund sein, eine Abänderung zu verlangen (anders für das bisher geltende Recht *Erman-Ronke* § 17, 1).

5 Die Änderung muß notwendig sein, um eine unbillige Härte zu vermeiden (zum Begriff der unbilligen Härte vgl. § 1587 h Nr. 1). Zweckmäßigkeitsgesichtspunkte scheiden aus. Die für den Ehegatten entstehenden Folgen, wenn die Abänderung unterbleibt, müssen von Gewicht sein.

6 *b)* § 17 Abs. 1 HausratsVO wird entsprechend angewendet, wenn nachträgliche Umstände bekannt werden, die die Entscheidung des Erstrichters als unbillig erscheinen lassen, ohne daß sich die Verhältnisse geändert haben. Dagegen bestehen keine Bedenken, wenn ein Ehegatte die Entscheidung oder den Vergleich dolos herbeigeführt oder einen Gegenstand vor Rechtskraft des Zuteilungsbeschlusses veräußert hat (vgl. § 162), oder wenn die Voraussetzungen vorliegen, die eine Wiederaufnahme eines Rechtsstreits rechtfertigen würden (*OLG Schleswig* SchlHA 1949, 269). Eine weitergehende Befugnis zur Abänderung wird man nur in sehr engen Grenzen in Betracht ziehen können (*OLG Schleswig* SchlHA 1949, 269). Anderenfalls würde die materielle Rechtskraft der Entscheidung unterlaufen werden (zu weitgehend *die Begründung* des *BayObLG* 1963, 286, bei der der Gesichtspunkt der Befriedung durch Rechtssicherheit nicht hinreichend gewürdigt wird).

3 Gerichtlicher Vergleich (§ 17 Abs. 2 HausratsVO)

7 § 17 Abs. 1 HausratsVO findet entsprechende Anwendung, wenn die Parteien eine Regelung im gerichtlichen Vergleich getroffen haben. Der Vergleich muß nicht in einem Verfahren nach der HausratsVO zustande gekommen sein (*OLG Celle* FamRZ 1964, 511). Haben sich die Parteien außergerichtlich geeinigt und tritt eine Änderung der Verhältnisse ein, wie sie § 17 Abs. 1 HausratsVO voraussetzt, ist die Vorschrift entsprechend anzuwenden. Es wäre unangemessen, den Parteien die Möglichkeiten der HausratsVO nur deshalb zu verschließen, weil sie sich außergerichtlich geeinigt haben, obwohl diese Art der Erledigung primär vorgesehen ist (§ 1 Abs. 1 HausratsVO; *OLG Celle* Fam RZ 1964, 511; *LG Berlin* FamRZ 1971, 31). Die für den Wegfall der Ge-

 schäftsgrundlage maßgebenden Voraussetzungen brauchen nicht vorzuliegen.

4 Kein Eingriff in Rechte Dritter (§ 17 Abs. 1 Satz 2 HausratsVO)

8 Im Abänderungsverfahren darf in Rechte Dritter nicht eingegriffen werden. Eine Regelung im Verhältnis der Ehegatten zueinander, die das Verhältnis zum Dritten nur mittelbar berührt, ist zulässig (vgl. Rdnr. 3 zu § 12).

5 Beteiligung der Gemeinde (§ 17 Abs. 3 HausratsVO)

9 Die Regelung hat keine praktische Bedeutung. Bestehende öffentlich-rechtliche Vorschriften, die einer Teilung der Wohnung oder der Beseitigung der Teilung entgegenstehen, muß das Gericht ohnehin beachten (vgl. Rdnr. 1 zu § 6)

§ 18

(1) Macht ein Beteiligter Ansprüche hinsichtlich der Ehewohnung oder des Hausrats (§ 1) in einem Rechtsstreit geltend, so hat das Prozeßgericht die Sache insoweit an das nach § 11 zuständige Familiengericht abzugeben. Der Abgabebeschluß kann nach Anhörung der Parteien auch ohne mündliche Verhandlung ergehen. Er ist für das in ihm bezeichnete Gericht bindend.

(2) Im Falle des Absatzes 1 ist für die Berechnung der in § 12 bestimmten Frist der Zeitpunkt der Klageerhebung maßgebend.

1 In § 18 HausratsVO ist das Wort »Amtsgericht« durch »Familiengericht« ersetzt worden (Art. 11 Nr. 3 Buchst. i des 1. EheRG); i. ü. ist die Vorschrift unverändert geblieben.

2 Angelegenheiten nach der HausratsVO können nur in diesem Rahmen verfolgt werden (§ 1 Abs. 2, § 13 HausratsVO). Dem trägt § 18 Abs. 1 HausratsVO Rechnung. Prozeßgericht ist nicht das Gericht der Ehesache, weil dessen Zuständigkeit für die Hausratssache vorgegeben ist (vgl. § 11 HausratsVO).

3 Die Abgabe ergeht von Amts wegen durch Beschluß, auch noch in der Berufungsinstanz (*OLG Celle* NJW 1947/48, 591; vgl. auch *BGH* MDR 1953, 544). Der Abgabebeschluß ist für das in ihm bezeichnete Gericht bindend (§ 18 Abs. 1 S. 3 HausratsVO). Die Bindungswirkung zwingt das Familiengericht nicht, nach der HausratsVO zu entscheiden, wenn es die Voraussetzungen für ihre Anwendbarkeit verneint. Es hat den Antrag abzuweisen (*Erman-Ronke* § 18, 1; *Hoffmann-Stephan* § 18, 1; *RGRK* § 18, 2; a. A. *OLG Düsseldorf* JMBl. NRW 1970, 99; *Keidel* § 1, 25).

Streitig ist, ob das Familiengericht in einem solchen Fall die Sache (auf Antrag) an das Prozeßgericht zurückgeben kann (für eine solche Kompetenz-Kompetenz des Familiengerichts *Erman-Ronke* § 18, 1; *Hoffmann-Stephan* § 18, 1; *Blunck* FamRZ 1969, 625; a. A. *Soergel-Donau* § 18, 1; für Entscheidung des übergeordneten Gerichts – analog § 5 FGG – *BayObLG* FamRZ 1968, 319). Die Rückverweisung bindet das Prozeßgericht (analog § 17 GVG) mit der Folge, daß es nicht mehr zurückverweisen, sondern nur noch weiterverweisen kann (*Erman-Ronke* § 18, 1).

4 Der Abgabebeschluß ist nur anfechtbar, wenn die Entscheidung jeder gesetzlichen Grundlage entbehrt (*OLG Hamm* JMBl. NRW 1960, 132; JMBl. NRW 1970, 99; *OLG Saarbrücken* FamRZ 1967, 488; für Anfechtbarkeit nach allgemeinen Vorschriften: *OLG Braunschweig* NJW 1964, 872; *OLG Düsseldorf* FamRZ 1967, 107; *OLG Karlsruhe* FamRZ 1976, 93).

§ 18 Abs. 2 HausratsVO läßt die Klageerhebung vor dem unzuständigen Prozeßgericht zur Wahrung der Frist nach § 12 HausratsVO gelten.

§ 18 a

Die vorstehenden Verfahrensvorschriften sind sinngemäß auf die Verteilung des Hausrats im Falle des § 1361 a des Bürgerlichen Gesetzbuchs anzuwenden.

1 Die durch Art. 5 GleichberG eingefügte Vorschrift ist unverändert geblieben. Anwendbar sind nur die Verfahrensvorschriften der HausratsVO (§§ 11–18), ebenso (analog) die Vermutung nach § 8 Abs. 2 (str. *OLG Frankfurt* NJW 1960, 1768; vgl. auch Rdnr. 6 zu § 1361 a). Ist eine Ehesache anhängig oder ist das Armenrecht für die Ehesache beantragt, kann auch eine einstweilige Anordnung nach § 620 Nr. 7 ZPO erlassen werden (vgl. Rdnr. 17 zu § 1361 a und Rdnr. 40 zu § 620 ZPO).

2 Materielle Rechtsgrundlage der Regelung nach § 18 a HausratsVO ist § 1361 a. Die Entscheidung wird unwirksam, wenn die Ehegatten nicht mehr getrennt leben oder wenn die Ehe rechtskräftig aufgelöst ist.

§ 19

(aufgehoben)

Die Vorschrift, die folgenden Wortlaut hatte:

(1) In Ehesachen kann das Prozeßgericht auf Antrag auch die Benutzung der Ehewohnung oder des Hausrats zwischen den Ehe-

gatten einstweilen regeln. Hierbei sind die §§ 627 und 627 c der Zivilprozeßordnung entsprechend anzuwenden.

(2) Die Regelung bleibt im Falle der Scheidung bis zu einer anderweitigen Regelung nach den Vorschriften dieser Verordnung wirksam.

ist weggefallen (Art. 11 Nr. 3 Buchst. k des 1. EheRG). Der Regelungsgegenstand ist nunmehr in § 620 Nr. 7 ZPO enthalten.

5. Abschnitt. Kostenvorschriften

§ 20

Welcher Beteiligte die Gerichtskosten zu tragen hat, bestimmt der Richter nach billigem Ermessen. Dabei kann der Richter auch bestimmen, daß die außergerichtlichen Kosten ganz oder teilweise zu erstatten sind.

1 Die Vorschrift ist unverändert geblieben. Sie gilt als Sondervorschrift zu § 13 a Abs. 3 FGG für isolierte Entscheidungen nach der HausratsVO. Wird über Wohnung oder Hausrat im Verbund mit der Scheidungssache entschieden, ist § 93 a Abs. 1 ZPO zu beachten, wird das Hausratsverfahren gegenstandslos, weil der Scheidungsantrag abgewiesen wird, findet § 93 a Abs. 2 ZPO Anwendung.

2 Das Gericht bestimmt über die Kosten des Verfahrens nach billigem Ermessen. Dabei können wirtschaftliche Gesichtspunkte eine Rolle spielen, ebenso das Verhalten der Parteien im Verfahren. Dagegen werden Gründe, die zum Scheitern der Ehe geführt haben, nicht allein deswegen berücksichtigt werden können. Wird über die Erstattung der außergerichtlichen Kosten nicht bestimmt, hat jeder der Beteiligten seine Kosten zu tragen.

3 Das Gericht hat nicht nur über die Kosten im Verhältnis der Ehegatten zueinander zu entscheiden. Auch andre Beteiligte können einbezogen werden, wenn Anlaß besteht, sie an den entstandenen Kosten partizipieren zu lassen, z. B. der Vermieter, wenn sein Verhalten zusätzliche Kosten verursacht hat (*BayObLG* MDR 1968, 934),

4 Die Entscheidung über die Kosten kann nicht isoliert (ohne die Hauptsache) angefochten werden (§ 20 a Abs. 1 FGG). Eine isolierte Kostenentscheidung (z. B. nach dem Tod einer Partei, vgl. dazu Rdnr. 6 zu § 13) oder nach Erledigung der Hauptsache aus sonstigen Gründen kann nach § 20 a Abs. 2 FGG angefochten werden. Die weitere Beschwerde ist in jedem Fall unzulässig (analog § 568 Abs. 3 – vgl. *BGH* 33, 205). Für die Kostenfestsetzung gelten § 13 a Abs. 2 FGG und §§ 103–107 ZPO (vgl. dazu *Soergel-Donau* § 20, 4).

§ 21

(1) Für das gerichtliche Verfahren wird die volle Gebühr erhoben. Kommt es zur richterlichen Entscheidung, so erhöht sich die Gebühr auf das Dreifache der vollen Gebühr. Wird der Antrag zurückgenommen, bevor es zu einer Entscheidung oder einer vom Gericht vermittelten Einigung gekommen ist, so ermäßigt sich die Gebühr auf die Hälfte der vollen Gebühr.

(2) Der Geschäftswert bestimmt sich, soweit der Streit die Wohnung betrifft, nach dem einjährigen Mietwert, soweit der Streit den Hausrat betrifft, nach dem Wert des Hausrats. Betrifft jedoch der Streit im wesentlichen nur die Benutzung des Hausrats, so ist das Interesse der Beteiligten an der Regelung maßgebend. Der Richter setzt den Wert in jedem Falle von Amts wegen fest.

(3) Für das Beschwerdeverfahren werden die gleichen Gebühren wie im ersten Rechtszug erhoben.

(4) *(aufgehoben)*

1 Die Vorschrift ist durch das 1. EheRG nicht geändert worden. Die Gerichtsgebühren werden nach der Kostenordnung berechnet. Die Höhe der Gebühren ist nach § 32 KostO festzusetzen. Der Geschäftswert für die bloße Benutzung des Hausrats ist nach freiem Ermessen zu bestimmen (§ 30 KostO).

2 Wird das Hausratsverfahren als Folgesache mit einer Scheidungssache betrieben (§ 623 ZPO), ist § 19 a GKG zu beachten. Die Scheidungs- und Folgesache gelten als ein Verfahren. Die Gebühren werden nach dem zusammengerechneten Wert des Gegenstandes berechnet.

§ 22

(aufgehoben)

Die Vorschrift, die sich mit den Rechtsanwaltsgebühren befaßt, ist außer Kraft (Art. 11 § 4 Abs. 5 Nr. 14 KostÄndG). Die Rechtsanwaltsgebühren beurteilen sich nach § 63 Abs. 1 Nr. 1 BRAGebO.

§ 23

Gibt das Prozeßgericht die Sache nach § 18 an das nach dieser Verordnung zuständige Familiengericht ab, so ist das bisherige Verfahren vor dem Prozeßgericht für die Erhebung der Gerichtskosten als Teil des Verfahrens vor dem übernehmenden Gericht zu behandeln.

§ 23 HausratsVO ist durch Art. X § 5 KostÄndG neu gefaßt worden. Die Abgabe nach § 18 HausratsVO ist keine Verweisung i. S. von

 § 281 ZPO. § 23 HausratsVO übernimmt den Grundsatz des § 281 Abs. 3 ZPO für den Fall des § 18 HausratsVO.

§ 24

(aufgehoben)

§ 24 HausratsVO ist durch Art. 5 Nr. 7 FamRÄndG aufgehoben worden.

§ 25

Wird eine Ehe aufgehoben oder für nichtig erklärt, so gelten die §§ 1 bis 23 sinngemäß.

Die HausratsVO gilt sinngemäß im Fall der Aufhebung oder Nichtigerklärung der Ehe. Das ist konsequent, da die vermögensrechtlichen Folgen der Eheauflösung in diesen Fällen nach den für die Scheidung geltenden Vorschriften zu beurteilen sind. Zweifelhaft ist, welche Bedeutung § 26 Abs. 2, § 37 Abs. 2 EheG haben, soweit es um den Ausschluß der vermögensrechtlichen Folgen für die Zukunft geht. Gibt der gutgläubige Ehegatte eine entsprechende Erklärung ab, findet eine Auseinandersetzung nach der HausratsVO nicht statt. Gibt er die Erklärung ab, nachdem das Verfahren abgeschlossen ist, hat es dabei sein Bewenden. Ein Abänderungsverfahren nach § 17 HausratsVO kommt dann nicht mehr in Betracht.

§ 26

(aufgehoben)

§ 26 HausratsVO ist durch Art. 5 Nr. 7 FamRÄndG aufgehoben worden.

§ 27

(1) Diese Verordnung tritt am 1. November 1944 in Kraft.

(2) *(aufgehoben)*

Absatz 2 des § 27 ist durch Art. 5 Nr. 7 FamRÄndG aufgehoben worden.

Ehegesetz (Gesetz Nr. 16 des Kontrollrats vom 20. Februar 1946, KRABl. S. 77, 294)

Überblick

1 Allgemeines

1 Das als Besatzungsrecht am 1. 3. 1946 in Kraft gesetzte Ehegesetz 46 (zur Entstehungsgeschichte und den späteren Änderungen vgl. *Soergel-Donau,* Einleitung zum EheG) wird durch das 1. EheRG auf unterschiedliche Weise berührt.

2 *a)* Die §§ 4 Abs. 2, 6 Abs. 1, 19, 22, 26, 27, 37 Abs. 2, 39 Abs. 2 Satz 2, 41 bis 47, 48 Abs. 1 u. 3, 49–70, 72, 73, 76 des EheG verlieren mit dem Inkrafttreten des 1. EheRG »ihre Wirksamkeit« (Art. 3 Nr. 1 des 1. EheRG). Die Formulierung zeigt an, daß diese Vorschriften noch als Besatzungsrecht angesehen worden sind; sie entspricht den für die Ablösung von Besatzungsrecht vorgesehenen Regeln (vgl. Art. 1 Abs. 1, 2 des

 Überleitungsvertrages i. d. F. vom 23. 10. 1954 [BGBl. 1955 II S. 405]).

3 Die Streitfrage, ob das EheG insgesamt bereits ohne weiteres zur Disposition des deutschen Gesetzgebers »freigegeben« worden ist (vgl. dazu *Gernhuber* § 6 III), ist nicht nur für die in Art. 3 Nr. 1 des 1. EheRG genannten Vorschriften des EheG gegenstandslos, sondern allgemein. Im Zusammenhang mit dem 1. EheRG sind die »Konsultationen« nach dem Überleitungsvertrag auf das gesamte EheG ausgedehnt worden, so daß das EheG den spezifischen Charakter als Besatzungsrecht insgesamt verloren hat. Daraus folgt, daß die noch fortgeltenden Vorschriften des EheG nunmehr uneingeschränkt am Grundgesetz zu messen sind.

4 Art. 3 Nr. 1 Satz 2 des 1. EheRG gilt nicht für das Land Berlin. Die Ablösung des EheG in Berlin unterliegt einem besonderen Verfahren.

5 *b)* Vorschriften des EheG, die bereits vorher vom deutschen Gesetzgeber nach Konsultation gemäß dem Überleitungsvertrag geändert worden sind, brauchten nicht außer »Wirksamkeit« gesetzt zu werden; sie sind gestrichen oder aufgehoben worden (vgl. z. B. Art. 3 Nr. 2, 3 des 1. EheRG).

6 *c)* Nach Art. 12 Nr. 3 Abs. 2 des 1. EheRG bestimmt sich der Unterhaltsanspruch eines Ehegatten, dessen Ehe nach den bisher geltenden Vorschriften geschieden worden ist, auch künftig nach bisherigem Recht; Unterhaltsvereinbarungen bleiben unberührt. Daraus folgt, daß die nach Art. 3 Nr. 1 des 1. EheRG außer Wirksamkeit gesetzten unterhaltsrechtlichen Vorschriften des EheG (§§ 58–72) als deutsches Recht für Altehen fortgelten. Die Fortgeltung bezieht sich nur auf das materielle Recht; das Verfahren und die Zuständigkeiten richten sich nach neuem Recht (z. B. § 621 Abs. 1 Nr. 5, Abs. 2, §§ 621 c ff. ZPO).

2 Überblick über die Anwendung der Vorschriften des Ehegesetzes

7 *a)* §§ 1–3 EheG gelten unverändert fort.

8 *b)* § 4 Abs. 1 und 3 gilt fort. Ersatzlos entfallen ist Absatz 2; in Absatz 3 Satz 1 sind die Worte »und Geschlechtsgemeinschaft« gestrichen worden. Damit besteht das Eheverbot der Geschlechtsgemeinschaft nicht mehr. Anhängige Verfahren zur Befreiung von dem Ehehindernis der Geschlechtsgemeinschaft sind gegenstandslos; Gerichtsgebühren entstehen nicht (Art. 12 Nr. 10 des 1. EheRG). Die Änderungen des Ehegesetzes, soweit sie die Aufhebung des Eheverbots der Geschlechtsgemeinschaft betreffen, sind bereits am Tage nach der Verkündung des 1. EheRG, also am 15. 6. 76, in Kraft getreten (Art. 12 Nr. 13 Buchst. c Nr. 2 des 1. EheRG).

9 *c)* § 5 EheG gilt unverändert fort.

10 *d)* § 6 ist entfallen. Die Vorschrift regelte das Ehehindernis des Ehebruchs (zum Zeitpunkt des Inkrafttretens vgl. Art. 12 Nr. 13 Buchst. c Nr. 2; die fehlende Bezugnahme auf § 6 Abs. 2 EheG ist ein Redaktionsversehen).

11 *e)* § 7 EheG gilt fort i. d. F. des Gesetzes über die Annahme als Kind vom 2. 6. 1976 (Art. 3 Nr. 3).

12 *f)* §§ 8–13 EheG gelten unverändert weiter.

13 *g)* Neu eingefügt worden ist § 13 a EheG, der § 1355 ergänzt. Die Vorschrift gilt wie die anderen namensrechtlichen Bestimmungen ab 1. 7. 1976 (Art. 13 Nr. 13 Buchst. b) i. V. mit Art. 3 Nr. 4 des 1. EheRG).

14 *h)* §§ 14–18, 20, 21 EheG sind unverändert geblieben.

15 *i)* Ersatzlos entfallen ist der Nichtigkeitsgrund der Namensehe (§ 19 EheG) vom Tage nach der Verkündung des 1. EheRG, also vom 15. 6. 1976 ab (Art. 12 Nr. 13 Buchst. c Nr. 2).

16 *k)* § 22 EheG ist ersatzlos entfallen (vgl. d).

17 *l)* §§ 23, 24 EheG sind unverändert geblieben.

18 *m)* § 26 EheG, der die vermögensrechtlichen Folgen der Nichtigkeit der Ehe regelt, hat eine neue Fassung erhalten (Art. 3 Nr. 5 des 1. EheRG; vgl. auch Art. 11 Nr. 2 des 1. EheRG). § 27 EheG ist entfallen.

19 *n)* §§ 28–36, 37 Abs. 1 EheG, die die Aufhebung der Ehe regeln, sind unverändert geblieben.

20 *o)* § 37 Abs. 2 EheG hat eine neue Fassung erhalten, die die vermögensrechtlichen Folgen der Aufhebung der Ehe behandelt (Art. 3 Nr. 6 des 1. EheRG). Die Änderung ist auf Grund der Abkehr vom Schuldprinzip im Unterhaltsrecht notwendig geworden.

21 *p)* § 38 EheG gilt unverändert fort, ebenso der bisherige § 39 EheG (mit Ausnahme von Absatz 2 Satz 2) der in Absatz 2 zwei neue Sätze erhalten hat (Art. 3 Nr. 7 des 1. EheRG).

22 *q)* Das gesamte Scheidungsrecht (§§ 41–53 EheG) und das Scheidungsfolgenrecht (§§ 58–73, 76 EheG) sind entweder außer Wirksamkeit gesetzt oder aufgehoben worden (Art. 3 Nr. 1 des 1. EheRG). Die namensrechtlichen Vorschriften (§§ 54–57 EheG) sind bereits am 1. 7. 1976 außer Kraft getreten (vgl. Art. 12 Nr. 13 Buchst. b in Verb. mit Art. 3 Nr. 1 des 1. EheRG).

23 *r)* Die §§ 58–72 EheG gelten (als deutsches Recht, vgl. Rdnr. 3) fort, soweit es sich um Ehen handelt, die nach bisher geltenden Vorschriften geschieden worden sind (Art. 12 Nr. 3 Abs. 2 des 1. EheRG).

23a *s)* §§ 73, 76 EheG sind außer Wirksamkeit gesetzt (Art. 3 Nr. 1 des 1. EheRG).

23b *t)* §§ 74, 75 EheG sind bereits durch das GleichberG (Art 8 Abs. 2 Nr. 1, 4) außer Wirksamkeit gesetzt worden.

23c *u)* § 77 EheG (Härtemilderungsklage) ist wegen Fristablaufs gegenstandslos geworden.

23d *v)* §§ 77 a bis 80 EheG gelten fort.

24 Obwohl das bisher geltende Recht für Ehen, die vor dem Inkrafttreten des 1. EheRG geschieden worden sind, fortgilt, wäre es voreilig, von einem insoweit unveränderten Rechtszustand auszugehen. Zwei Umstände zwingen zu einer Überprüfung des bisher geltenden Rechts. Die Bedenken, das Ehegesetz am Grundgesetz zu messen (vgl. Rdnr. 3), sind gänzlich entfallen, nachdem die §§ 58 ff. EheG ihren Charakter als Besatzungsrecht endgültig verloren haben. Zum anderen wird das Unterhalsrecht des 1. EheRG als Interpretationsgrundlage dienlich sein, soweit das Unterhaltsrecht nach dem EheG keine ausdrückliche Regelung enthält, die Regelung einen Ermessensspielraum einräumt oder unbestimmte Rechtsbegriffe auszufüllen sind. Dieser Einfluß erscheint gerechtfertigt, wenn man anerkennt, daß das 1. EheRG vom Gesetzgeber gewollte Tendenzen aufzeigt, die allgemein Beachtung verdienen (zutreffend *Engelhardt* JZ 1976, 577). Daraus ist für das Unterhaltsrecht nach dem EheG zu den noch anwendbaren Vorschriften folgendes abzuleiten:

4 Zu § 58 EheG

25 *»(1) Der allein oder überwiegend für schuldig erklärte Mann hat der geschiedenen Frau den nach den Lebensverhältnissen der Ehegatten angemessenen Unterhalt zu gewähren, soweit die Einkünfte aus dem Vermögen der Frau und die Erträgnisse einer Erwerbstätigkeit nicht ausreichen.*
(2) Die allein oder überwiegend für schuldig erklärte Frau hat dem geschiedenen Mann angemessenen Unterhalt zu gewähren, soweit er außerstande ist, sich selbst zu unterhalten.«

4.1 Gleichberechtigungsgrundsatz

26 § 58 EheG widerspricht dem (jedenfalls nunmehr) uneingeschränkt anzuwendenden Art. 3 Abs. 2 GG. Soweit diese Auffassung bereits für das bisher geltende Recht vertreten wurde, war es streitig, ob die Unterhaltspflicht sich für Mann und Frau nach § 58 Abs. 1 EheG (*Erman-Ronke* § 58, 3) oder nach § 1361 (*Soergel-Donau* § 58, 4) zu richten hätte. Da § 1361 in der bisher geltenden Fassung nicht aufrechterhalten worden ist (auch nicht soweit es um Unterhaltsansprüche von Ehegatten geht, die zum Zeitpunkt des Inkrafttretens des 1. EheRG bereits getrennt gelebt haben), liegt es nahe, der Auffassung den Vorzug zu geben, die § 58 Abs. 1 EheG als Grundlage eines Unterhaltsanspruchs für beide Ehegatten ansieht.

4.2 Schuldfrage

27 Der Wegfall des Schuldprinzips im nachehelichen Unterhaltsrecht hat keinen Einfluß auf Unterhaltsansprüche nach bisher geltendem Recht. Das bedeutet, daß der an der Scheidung allein oder überwiegend schuldige Ehegatte unter keinen Umständen nach-

träglich einen Unterhaltsanspruch erwerben kann. Der andere Ehegatte behält grundsätzlich seinen Unterhaltsanspruch ohne Rücksicht darauf, ob er nach neuem Unterhaltsrecht unterhaltsberechtigt wäre.

4.3 Dauer des Unterhaltsanspruchs nach bisher geltendem Recht

28 Art. 12 Nr. 3 Abs. 2 des 1. EheRG stellt nicht darauf ab, ob der geschiedene Ehegatte im Zeitpunkt des Inkrafttretens des 1. EheRG aktuell unterhaltsberechtigt war. Daraus folgt, daß § 58 Abs. 1 EheG auch anwendbar bleibt, wenn der dem Grunde nach berechtigt gewesene Ehegatte Unterhalt nicht bezogen hat, z. B. weil er noch eigene Einkünfte hatte, oder weil der unterhaltsverpflichtete Ehegatte nicht leistungsfähig war. Er kann seinen Anspruch auch nach dem 1. 7. 77 erstmalig oder erneut geltend machen, wenn die den Anspruch auslösenden Umstände erst dann eintreten. Der Grundsatz des Unterhaltsrechts nach dem 1. EheRG, wonach das Entstehen des Unterhaltsanspruchs von bestimmten zeitlichen Zusammenhängen abhängig ist (vgl. Rdnr. 6 zu § 1571 und Rdnr. 5 zu § 1572), ist nicht anzuwenden, soweit es um die Geltendmachung von Unterhaltsansprüchen nach altem Recht geht.

4.4 Bedürftigkeit

29 Der Unterhaltsanspruch setzt voraus, daß der Ehegatte bedürftig ist. Er ist es nach § 58 Abs. 1 EheG nicht, soweit er sich aus den Einkünften seines Vermögens oder den Erträgnissen seiner Erwerbstätigkeit selbst unterhalten kann. Den Vermögensstamm braucht der Ehegatte nicht anzugreifen (h. M. *Soergel-Donau* § 58, 15; *Brühl-Göppinger-Mutschler* 596, 597). Dagegen braucht ein Ehegatte nach neuem Recht (§ 1577 Abs. 3) den Stamm seines Vermögens nur dann nicht zu verwerten, soweit die Verwertung unwirtschaftlich oder unter Berücksichtigung der beiderseitigen wirtschaftlichen Verhältnisse unbillig wäre.

30 Zieht man in Betracht, daß die Verwertung des Vermögensstammes nach bisher geltendem Recht nicht grundsätzlich ausgeschlossen war (vgl. den Fall der Unterhaltspflicht des geschiedenen *Ehemannes* nach § 58 Abs. 2 EheG), wird man die Anwendung des in § 1577 Abs. 3 zugrundeliegenden Grundsatz nicht prinzipiell verneinen können.

31 Nimmt man in diesem Zusammenhang allein § 58 Abs. 1 EheG zum Ausgangspunkt der Überlegungen, dann spricht allerdings alles dafür, den § 1577 Abs. 3 außer Betracht zu lassen (*Engelhardt* JZ 1976, 577). Es erscheint aber zweifelhaft, ob dieser Ausgangspunkt des bisher geltenden Rechts ein auf Dauer angelegter unverrückbarer Grundsatz ist. Auch nach bisher geltendem Recht ist die Obliegenheit des Berechtigten, seinen Vermögensstamm zu verwerten, nicht grundsätzlich abgelehnt worden, sie war lediglich auf den Fall des § 58 Abs. 2 EheG beschränkt, der allein wegen Verstoßes gegen den Gleichheitsgrundsatz und nicht wegen seiner materiellen Ausgestaltung unanwendbar geworden ist. Eine dem

Gleichberechtigungsgrundsatz Rechnung tragende unterhaltsrechtliche Konzeption, die nicht nur den Abs. 1 des § 58 EheG einbezieht, sondern eine Kombination aus beiden Absätzen des § 58 EheG zugrunde legt, wäre eine denkbare Alternative zur *h. M.* gewesen.

Die in § 1577 Abs. 3 erkennbar gewordene Tendenz bestätigt das. Deshalb sollte die Frage, ob der Berechtigte seinen Vermögensstamm u. U. verwerten muß, auch für das bisher geltende Recht nicht apodiktisch verneint werden. Eine Anpassung dürfte nur mit äußerster Behutsamkeit vorzunehmen sein. Auf keinen Fall darf sie dazu führen, daß die Abänderung eines Unterhaltstitels nach § 323 ZPO allein aus diesem Grund begehrt werden kann.

32 Unter welchen Voraussetzungen der geschiedene Ehegatte einer Erwerbstätigkeit nachzugehen hat, um seinen Unterhalt zu bestreiten, ist im bisher geltenden Recht nicht im einzelnen geregelt (vgl. *Hoffmann-Stephan* § 58, 45 ff.).

33 Die §§ 1570–1576 regeln die wichtigsten Fälle, die einen Ehegatten an der Ausübung einer Erwerbstätigkeit hindern. Das bisher geltende Recht erkennt solche Gründe an, doch stellt es, jedenfalls nach der *h. M.*, den geschiedenen Ehegatten in einem weiteren Umfang von der Obliegenheit zur Erwerbstätigkeit frei. So wird, anders als in § 1570, nicht vorausgesetzt, daß das zu betreuende Kind ein gemeinschaftliches Kind ist; auch wird die Pflege von Angehörigen als beachtlicher Grund anerkannt (vgl. *Hoffmann-Stephan* § 58, 56, 57). Diese Maßstäbe sind weiter zu beachten.

34 Im übrigen unterscheidet sich die Regelung in § 1574 nicht prinzipiell von dem, was die Rechtsprechung im Rahmen des §58 EheG entwickelt hat. Deshalb ist es unbedenklich, in der Frage, welche Erwerbstätigkeit angemessen ist, von den Grundsätzen des § 1574 Abs. 2 auszugehen (*Engelhardt* JZ 1976, 576).

35 Ob und in welchem Umfang der Berechtigte sich Einkünfte aus einer von ihm nicht zu erwartenden oder einer nicht angemessenen Tätigkeit anrechnen lassen muß, ist in § 1577 Abs. 2 geregelt. Im bisher geltenden Recht ist die Frage streitig (vgl. *Hoffmann-Stephan* § 58, 61). Es dürfte vertretbar sein, in § 1577 Abs. 2 einen allgemeinen Billigkeitsgrundsatz zu sehen, der auch für Altehen gelten kann.

4.5 Leistungsfähigkeit

36 Für das bisher geltende Recht ist umstritten, auf welche Weise mangelnde Leistungsfähigkeit des Unterhaltsschuldners zu berücksichtigen ist. Nach der wohl *h. M.* wirkt sie sich im Rahmen des Anspruchs nach § 58 EheG aus, soweit sie darauf beruht, daß die zur Verfügung stehenden Mittel für den Lebensbedarf beider Ehegatten nicht ausreichen, während es im Rahmen des Anspruchs nach § 59 EheG auf die mangelnde Leistungsfähigkeit wegen bestehender Verpflichtungen gegenüber Dritten ankommt (vgl.

Hoffmann-Stephan § 59, 3); die unterschiedlichen Auffassungen führten im bisher geltenden Recht zu unterschiedlichen Ergebnissen, wenn es darum geht, ob der Stamm des Vermögens für Unterhaltszwecke zu verwerten ist. Im 1. EheRG ist diese Differenzierung nach dem Grund der fehlenden Leistungsfähigkeit beseitigt worden (vgl Rdnr. 1 zu § 1581; unklar die Schlußfolgerung
37 bei Engelhardt JZ 1976, 576). Nimmt man an, daß die Frage, unter welchen Voraussetzungen ein Ehegatte sein Vermögen zu verwerten hat, auch für Altehen nach den Grundsätzen des neuen Rechts beurteilt werden kann, dann entfällt schon deshalb der Grund für eine Aufspaltung des Begriffs der Leistungsfähigkeit. Folgt man dieser Annahme, dann sind für Gläubiger und Schuldner dieselben Grundsätze anzuwenden (§ 1577 Abs. 3, § 1581 S. 2).

4.6 Auskunftsanspruch

38 Im bisher geltenden Recht fehlt eine Regelung, unter welchen Voraussetzungen ein Ehegatte vom anderen Ehegatten Auskunft über Umstände begehren kann, die für die Geltendmachung eines Unterhaltsanspruchs relevant sind. Ein Auskunftsanspruch wird nicht grundsätzlich verneint, doch sind die Grenzen umstritten (vgl. Rdnr. 1 zu § 1580). Die Neuregelung in § 1580 dürfte als Fortentwicklung des bisher geltenden Rechts auch auf Unterhaltsansprüche des bisher geltenden Rechts anzuwenden sein.

5 Zu § 59 EheG

39 *»(1) Würde der allein oder überwiegend für schuldig erklärte Ehegatte durch Gewährung des im § 58 bestimmten Unterhalts bei Berücksichtigung seiner sonstigen Verpflichtungen den eigenen angemessenen Unterhalt gefährden, so braucht er nur so viel zu leisten, als es mit Rücksicht auf die Bedürfnisse und die Vermögens- und Erwerbsverhältnisse der geschiedenen Ehegatten der Billigkeit entspricht. Hat der Verpflichtete einem minderjährigen unverheirateten Kinde oder bei Wiederverheiratung dem neuen Ehegatten Unterhalt zu gewähren, so sind auch die Bedürfnisse und die wirtschaftlichen Verhältnisse dieser Personen zu berücksichtigen.*

(2) Der Mann ist unter den Voraussetzungen des Abs. 1 von der Unterhaltspflicht ganz befreit, wenn die Frau den Unterhalt aus dem Stamm ihres Vermögens bestreiten kann.«

5.1 Allgemeines

40 § 59 EheG regelt den sog. Billigkeitsunterhalt. Absatz 2 ist mit Rücksicht auf den Gleichberechtigungsgrundsatz gleichermaßen auf beide Ehegatten anzuwenden (»der unterhaltspflichtige Ehegatte ist unter den Voraussetzungen des Abs. 1 von der Unterhaltspflicht ganz befreit, wenn der unterhaltsberechtigte Ehegatte den Unterhalt aus dem Stamm seines Vermögens bestreiten kann«,

 h. M., vgl. *Soergel-Donau* § 59, 3). Im neuen Recht ist der Billigkeitsunterhalt in § 1581 geregelt. Zur Frage, ob der Anwendungsbereich des § 59 EheG auf den Fall mangelnder Leistungsfähigkeit wegen sonstiger Verpflichtungen zu beschränken ist, vgl. Rdnr. 36, zur Frage der Verwertung des Vermögensstammes vgl. Rdnr. 30 ff., 37.

5.2 Rangordnung der Unterhaltsansprüche

41 Nach bisher geltendem Recht haben die Unterhaltsansprüche des geschiedenen Ehegatten und die eines neuen Ehegatten gleichen Rang (*h. M.* vgl. *Erman-Ronke* § 59, 11 und Rdnr. 2 zu § 1582). Das 1. EheRG sieht in § 1582 ein kompliziertes System vor, mit dem ein Vorrang des Unterhaltsanspruchs des geschiedenen Ehegatten unter bestimmten Voraussetzungen gesichert werden soll. Auch wenn man davon ausgeht, daß im bisher geltenden Recht ein entwicklungsfähiger Ansatz zur Differenzierung der Unterhaltsansprüche unter dem Gesichtspunkt einer Rangfolge erkennbar geworden ist, ist es bedenklich, das spezifische System des § 1582 auf Unterhaltsansprüche alten Rechts anzuwenden (a. A. *Engelhardt* JZ 1976, 576).

6 Zu § 60 EheG

42 *»Sind beide Ehegatten schuld an der Scheidung, trägt aber keiner die überwiegende Schuld, so kann dem Ehegatten, der sich nicht selbst unterhalten kann, ein Beitrag zu seinem Unterhalt zugebilligt werden, wenn und soweit dies mit Rücksicht auf die Bedürfnisse und die Vermögens- und Erwerbsverhältnisse des anderen Ehegatten und der nach § 63 unterhaltspflichtigen Verwandten des Bedürftigen der Billigkeit entspricht. Die Beitragspflicht kann zeitlich beschränkt werden; § 59 Abs. 1 Satz 2 findet entsprechende Anwendung.«*

43 Der Beitrag zum Unterhalt nach § 60 EheG wird nach *h. M.* nicht als »echter« Unterhaltsanspruch angesehen (vgl. *Hoffmann-Stephan* § 60, 5, 6). Im neuen Recht wird zwischen einem Unterhaltsanspruch und einem Beitrag zum Unterhalt nicht unterschieden. Elemente des § 60 EheG, z. B. den Unterhalt aus Billigkeitsgründen zu mindern, sind auch dem neuen Recht nicht fremd (§ 1579). Doch wäre es unangemessen, die spezifischen Regeln des neuen Rechts zum Maßstab für die Auslegung des § 60 EheG zu machen.

7 Zu § 61 EheG

44 *»(1) Ist die Ehe allein aus einem der in den §§ 44 bis 46 und 48 bezeichneten Gründen geschieden und enthält das Urteil einen Schuldausspruch, so finden die Vorschriften der §§ 58 und 59 entsprechende Anwendung.*

(2) Enthält das Urteil keinen Schuldausspruch, so hat der Ehegatte, der die Scheidung verlangt hat, dem anderen Unterhalt zu gewähren, wenn und soweit dies mit Rücksicht auf die Bedürfnisse und die Vermögens- und Einkommensverhältnisse der geschiedenen Ehegatten und der nach § 63 unterhaltspflichtigen Verwandten des Berechtigten der Billigkeit entspricht. § 59 Absatz 1 Satz 2 und Absatz 2 finden entsprechende Anwendung.«

45 Absatz 1 knüpft an den Schuldausspruch im Scheidungsurteil an. Folgerichtig gilt das Unterhaltsrecht nach Maßgabe der §§ 58, 59 EheG. Daran ändert sich durch das Inkrafttreten des EheRG nichts. Die Billigkeitsklausel nach Absatz 2 befaßt sich mit Entscheidungen, die keinen Schuldausspruch enthalten. Insoweit beruht die Vorschrift (ungeachtet ihres engen Anwendungsbereichs im Rahmen des EheG) auf demselben Ansatz wie das Unterhaltsrecht nach dem 1. EheRG. Andererseits folgt sie, im Gegensatz zum neuen Unterhaltsrecht, dem Veranlassungsprinzip (»der die Scheidung verlangt hat«). Mit der Billigkeitsklausel des § 1576 ist § 61 EheG nicht vergleichbar.

46 Eine erweiterte Auslegung der Vorschrift in dem Sinn, daß auch derjenige Ehegatte, der die Scheidung verlangt hat, einen Unterhaltsbeitrag begehren kann, wäre unzulässig. Der Begriff der Billigkeit sollte auf der Grundlage der bisherigen Rechtsprechung aus dem Kontext des § 61 Abs. 2 interpretiert werden. Soweit es im neuen Unterhaltsrecht auf Billigkeit ankommt (§§ 1576, 1577 Abs. 2, 3, 1579, 1581), wird der Begriff in spezifischen Zusammenhängen verwendet. Eine unkritische Übernahme der dort gewonnenen Erkenntnisse zur Begründung der Voraussetzungen des § 61 Abs. 2 EheG ist problematisch.

8 Zu § 62 EheG

47 *»(1) Der Unterhalt ist durch Zahlung einer Geldrente zu gewähren. Die Rente ist monatlich im voraus zu entrichten. Der Verpflichtete hat Sicherheit zu leisten, wenn die Gefahr besteht, daß er sich seiner Unterhaltspflicht zu entziehen sucht. Die Art der Sicherheitsleistung bestimmt sich nach den Umständen.*

(2) Statt der Rente kann der Berechtigte eine Abfindung in Kapital verlangen, wenn ein wichtiger Grund vorliegt und der Verpflichtete dadurch nicht unbillig belastet wird.

(3) Der Verpflichtete schuldet den vollen Monatsbetrag auch dann, wenn der Berechtigte im Laufe des Monats stirbt.«

48 § 62 Abs. 1 S. 1, Abs. 2, 3 EheG entspricht dem § 1585. Sein Abs. 3 wird nach *h. M.* auch im Fall der Wiederverheiratung oder der Verwirkung des Anspruchs angewendet. § 62 Abs. 1 S. 2, 3 EheG, der sich mit der Sicherheitsleistung befaßt, hat im neuen Unterhaltsrecht eine abweichende Ausgestaltung gefunden

(§ 1585 a). Der wesentliche Unterschied besteht darin, daß die Sicherheitsleistung nach § 1585 a Abs. 1 regelmäßig verlangt werden kann, während sie in § 62 Abs. 1 S. 2 EheG eine Gefährdung des Anspruchs voraussetzt. Das Recht, Sicherheitsleistung zu verweigern, ist ebenfalls abweichend geregelt. Die Voraussetzungen sind gegeben, wenn die Unterhaltsleistung nicht gefährdet wird oder wenn der Schuldner unbillig belastet würde. Anders als im Fall des § 62 Abs. 1 S. 2 EheG entfällt bei unbilliger Belastung des Schuldners die Verpflichtung, Sicherheit zu leisten, selbst dann, wenn die Erfüllung des Unterhaltsanspruchs gefährdet erscheint. Die Neuregelung in § 1585 a hat keinen Einfluß auf die Auslegung des § 62 Abs. 1 S. 2, 3 EheG, der für das Unterhaltsrecht nach altem Recht uneingeschränkt anzuwenden ist.

9 Zu § 63 EheG

49 *»(1) Der unterhaltspflichtige geschiedene Ehegatte haftet vor den Verwandten des Berechtigten. Soweit jedoch der Verpflichtete bei Berücksichtigung seiner sonstigen Verpflichtungen den eigenen angemessenen Unterhalt gefährden würde, haften die Verwandten vor dem geschiedenen Ehegatten. Soweit einem geschiedenen Ehegatten ein Unterhaltsanspruch gegen den anderen Ehegatten nicht zusteht, haben die Verwandten des Berechtigten nach den allgemeinen Vorschriften über die Unterhaltspflicht den Unterhalt zu gewähren.*

(2) Die Verwandten haften auch, wenn die Rechtsverfolgung gegen den unterhaltspflichtigen Ehegatten im Inland ausgeschlossen oder erheblich erschwert ist. In diesem Falle geht der Anspruch gegen den Ehegatten auf den Verwandten über, der den Unterhalt gewährt hat. Der Übergang kann nicht zum Nachteil des Unterhaltsberechtigten geltend gemacht werden.«

50 Die Vorschrift entspricht in der Sache dem § 1584 des neuen Rechts. Soweit es auf das Verhältnis des geschiedenen Ehegatten zum neuen Ehegatten ankommt (vgl. *Amtl. Begr.* S. 145), ist bei der Anwendung des § 63 ein Vorrang des Unterhaltsanspruchs des geschiedenen Ehegatten, wie ihn § 1582 vorsieht, außer Betracht zu lassen (vgl. Rdnr. 41).

10 Zu § 64 EheG

51 *»Für die Vergangenheit kann der Berechtigte Erfüllung oder Schadenersatz wegen Nichterfüllung erst von der Zeit an fordern, in der der Unterhaltspflichtige in Verzug gekommen oder der Unterhaltsanspruch rechtshängig geworden ist, für eine länger als ein Jahr vor der Rechtshängigkeit liegende Zeit jedoch nur, soweit anzunehmen ist, daß der Verpflichtete sich der Leistung absichtlich entzogen hat.«*

52 § 64 EheG entspricht dem § 1585 b Abs. 2, 3. Nach *h. M.* ist § 64 EheG nicht anzuwenden, wenn Gegenstand des Unterhaltsanspruchs Sonderbedarf i. S. von § 1613 Abs. 2 ist (*Soergel-Donau* § 64, 5). In § 1585 b Abs. 1 wird diese Regel kodifiziert. Damit ist von einer vollen Übereinstimmung zwischen dem bisher geltenden und dem neuen Recht auszugehen.

11 Zu § 65 EheG

53 *»(1) Ein Unterhaltsberechtigter, der infolge sittlichen Verschuldens bedürftig ist, kann nur den notdürftigen Unterhalt verlangen.*

(2) Ein Mehrbedarf, der durch grobes Verschulden des Berechtigten herbeigeführt ist, begründet keinen Anspruch auf erhöhten Unterhalt.«

54 § 65 EheG ist teils enger, teils weiter als § 1579 Abs. 1 Nr. 3. Die Voraussetzungen sind nicht vergleichbar. Mutwillig herbeigeführte Bedürftigkeit (oder ein Mehrbedarf) ist nicht dasselbe wie eine durch sittliches Verschulden (oder grobes Verschulden) verursachte Bedürftigkeit. Deshalb ist die Vorschrift des § 1579 Abs. 1 Nr. 3 für die Auslegung des § 65 EheG nicht brauchbar (im Ergebnis ebenso *Engelhardt* JZ 1976, 576, der aber entscheidend auf eine Unterschiedlichkeit der Rechtsfolgen der beiden Regelungen abstellt; § 65 EheG beschränke den Unterhalt, während nach § 1579 Abs. 1 Nr. 3 »überhaupt kein Unterhaltsanspruch« entstehe. Das ist nicht zutreffend; auch § 1579 Abs. 1 Nr. 3 läßt eine Minderung zu, wie sich aus dem Eingangssatz ergibt [vgl. Rdnr. 21 zu § 1579]).

12 Zu § 66 EheG

55 *»Der Berechtigte verwirkt den Unterhaltsanspruch, wenn er sich nach der Scheidung einer schweren Verfehlung gegen den Verpflichteten schuldig macht oder gegen dessen Willen einen ehrlosen oder unsittlichen Lebenswandel führt.«*

56 Die 1. Alternative des § 66 EheG ist in § 1579 Abs. 1 Nr. 2 aufgenommen und einerseits eingeschränkt (der Kreis der Verfehlungen reduziert), zum anderen erweitert (auch Verfehlungen gegen nahe Angehörige sind beachtlich) worden. Unter Berücksichtigung dieser Besonderheiten ist eine Anknüpfung an § 1579 Abs. 1 Nr. 2 bei der Auslegung des § 66 EheG vertretbar (vgl. Rdnr. 9 ff. zu § 1579).

57 Die 2. Alternative des § 66 EheG ist als Versagungsgrund bewußt nicht in das neue Unterhaltsrecht aufgenommen worden. Sie widerspricht der Grundvorstellung des 1. EheRG, daß der Unterhaltsanspruch kein Mittel ist, den geschiedenen Ehegatten zu bestrafen, zu belohnen oder allgemein zu disziplinieren. Dieser Gesichtspunkt kann bei der Anwendung des § 66 EheG nicht völlig

außer Betracht bleiben. Er dürfte Anlaß geben, die Vorschrift insoweit mit gebotener Zurückhaltung anzuwenden.

13 Zu § 67 EheG

58 *»Die Unterhaltspflicht erlischt mit der Wiederverheiratung des Berechtigten.«*

59 Die Vorschrift findet sich unverändert in § 1586 Abs. 1. Der erloschene Anspruch lebt nach bisher geltendem Recht auch dann nicht wieder auf, wenn die zweite Ehe aufgelöst wird. Anders verhält es sich in bezug auf Unterhaltsansprüche nach neuem Recht (§ 1586 a). Diese Neuregelung kann auf Unterhaltsansprüche nach bisher geltendem Recht nicht angewendet werden (zutreffend *Engelhardt* JZ 1976, 576).

60 § 62 Abs. 3, § 69 Abs. 1 S. 2 EheG sind entsprechend anzuwenden (vgl. § 1586 Abs. 2).

14 Zu § 68 EheG

61 *»Bei Wiederverheiratung des Verpflichteten finden die Vorschriften des § 1604 des Bürgerlichen Gesetzbuchs über den Einfluß des Güterstandes auf die Unterhaltspflicht entsprechende Anwendung.«*

62 Die Vorschrift entspricht sachlich dem § 1583.

15 Zu § 69 EheG

63 *»(1) Der Unterhaltsanspruch erlischt mit dem Tode des Berechtigten. Nur soweit er auf Erfüllung oder Schadensersatz wegen Nichterfüllung für die Vergangenheit gerichtet ist oder sich auf Beträge bezieht, die beim Tode des Berechtigten fällig sind, bleibt er auch nachher bestehen.*

(2) Der Verpflichtete hat die Bestattungskosten zu tragen, soweit dies der Billigkeit entspricht und die Kosten nicht von den Erben zu erlangen sind.«

64 Die Regelung des § 69 Abs. 1 EheG ist in § 1586 übernommen worden. § 62 Abs. 3 EheG ist entsprechend anzuwenden.

Die Verpflichtung des Unterhaltsschuldners, unter den Voraussetzungen des § 69 Abs. 2 EheG die Bestattungskosten zu tragen, ist entfallen. Sie bleibt jedoch für Unterhaltsansprüche nach bisher geltendem Recht bestehen.

65 *»(1) Mit dem Tode des Verpflichteten geht die Unterhaltspflicht auf die Erben als Nachlaßverbindlichkeit über.*

(2) Der Erbe haftet ohne die Beschränkungen des § 59. Der Berechtigte muß sich jedoch die Herabsetzung der Rente auf einen Betrag gefallen lassen, der bei Berücksichtigung der Verhältnisse des Erben und der Ertragsfähigkeit des Nachlasses der Billigkeit entspricht.

(3) Eine nach § 60 einem Ehegatten auferlegte Beitragspflicht erlischt mit dem Tode des Verpflichteten.«

66 § 70 Abs. 1, 2 Satz 1 EheG ist unverändert geblieben (§ 1586 b Abs. 1 Satz 1, 2). Im übrigen ist an die Stelle der Befugnis des Erben, Herabsetzung der Rente zu verlangen, ein System der Haftungsbeschränkung getreten. Für Unterhaltsansprüche alten Rechts verbleibt es bei der Regelung des § 70 EheG, doch ist es nicht ausgeschlossen, die Haftungsgrenze nach § 1586 b als Maßstab für eine Billigkeitsregelung nach § 70 Abs. 2 EheG zugrunde zu legen (zutreffend *Engelhardt* JZ 1976, 576).

17 Zu § 71 EheG

67 § 71 ist durch Art. 8 Abs. 2 Nr. 1 GleichberG außer Wirksamkeit gesetzt worden. Die Vorschrift behandelte Beiträge zum Unterhalt der Kinder (vgl. jetzt § 1606 Abs. 3).

18 Zu § 72 EheG

68 *»Die Ehegatten können über die Unterhaltspflicht für die Zeit nach der Scheidung der Ehe Vereinbarungen treffen. Ist eine Vereinbarung dieser Art vor Rechtskraft des Scheidungsurteils getroffen worden, so ist sie nicht schon deshalb nichtig, weil sie die Scheidung erleichtert oder ermöglicht hat. Sie ist jedoch nichtig, wenn die Ehegatten im Zusammenhang mit der Vereinbarung einen nicht oder nicht mehr bestehenden Scheidungsgrund geltend gemacht hatten, oder wenn sich anderweitig aus dem Inhalt der Vereinbarung oder aus sonstigen Umständen des Falles ergibt, daß sie den guten Sitten widerspricht.«*

69 § 72 Satz 1 EheG entspricht wörtlich dem § 1585 c. § 72 Satz 2, 3 EheG ist ersatzlos entfallen, ohne daß sich daraus eine entscheidende Änderung des bisher geltenden Rechts ergeben hätte (vgl. Rdnr. 1, 4 zu § 1585 c). Die Rechtsprechung zu § 72 EheG kann deshalb zur Auslegung des § 1585 c ebenso herangezogen werden wie die künftige Rechtsprechung zu § 1585 c zur Auslegung des § 72 EheG.

Getroffene Unterhaltsvereinbarungen bleiben unberührt (Art. 12 Nr. 3 Abs. 2 Satz 2 des 1. EheRG). Gemeint sind Vereinbarungen, die über Unterhaltsansprüche nach bisher geltendem Recht getroffen worden sind. Eine Vereinbarung über Unterhaltsansprüche nach bisher geltendem Recht verliert diesen Charakter nicht dadurch, daß sie nach dem Inkrafttreten des 1. EheRG abgeändert wird, es sei denn, daß es sich um eine Novation handelt.

Verordnung zur Durchführung und Ergänzung des Gesetzes zur Vereinheitlichung des Rechts der Eheschließung und der Ehescheidung (1. DVO zum EheG) vom 27. Juli 1938 — RGBl. I 923

Die 1. DVO zum EheG ist bereits vor dem Inkrafttreten des 1. EheRG bis auf die §§ 13, 15–19 und 87 Abs. 1 aufgehoben gewesen (Art. 9 Abs. 1, 2 Nr. 11 FamRÄndG). Nach Art. 11 Nr. 2 des 1. EheRG fallen die §§ 16, 17, 18 Satz 2–4 und § 19 Abs. 2 weg, so daß nunmehr noch fortgelten:

§ 13

Das Verbot der Doppelehe (§ 5 des Ehegesetzes) steht einer Wiederholung der Eheschließung nicht entgegen, wenn die Ehegatten Zweifel an der Gültigkeit oder an dem Fortbestand ihrer Ehe hegen.

§ 15

Ausländer im Sinne des § 10 des Ehegesetzes sind Personen, die die deutsche Staatsangehörigkeit nicht besitzen.

§ 18 Satz 1

Wird in demselben Rechtsstreit Aufhebung und Scheidung der Ehe begehrt und sind die Begehren begründet, so ist nur auf Aufhebung der Ehe zu erkennen.

§ 19 Satz 1

In den Fällen des § 39 des Ehegesetzes kann die Aufhebung der Ehe nur binnen eines Jahres begehrt werden.

§ 87 Abs. 1

Diese Verordnung tritt, soweit nicht etwas anderes bestimmt ist, am 1. August 1938 in Kraft.

Verordnung zur Ausführung des Ehegesetzes vom 20. Februar 1946 (Kontrollratsgesetz Nr. 16) vom 12. Juli 1948 (VOBl. f. d. Brit. Zone, S. 210)

Die in der ehemaligen Britischen Besatzungszone geltende Verordnung entspricht der Regelung nach der 1. DVO zum EheG. Es gelten noch die §§ 13, 14, 17 Satz 1, 18 Abs. 1, 33 (vgl. Art. 11 Nr. 2 des 1. EheRG).

Durchführungsvorschriften im Saarland

Im Saarland gilt die Regelung nach der 1. DVO zum EheG auf Grund des Rechtsangleichungsgesetzes vom 22. Dez. 1956 (Amtsblatt des Saarlandes S. 1667). Die Rechtslage entspricht der Rechtslage nach der 1. DVO, wie sie durch das 1. EheRG geändert worden ist (vgl. Art. 11 Nr. 2 des 1. EheRG).

Gesetz über die Rechtswirkung des Ausspruchs einer nachträglichen Eheschließung vom 29. März 1951 (BGBl. I S. 215)

§ 2 des Gesetzes, der die Untersagung der Führung des Mannesnamens regelte, ist aufgehoben (Art. 11 Nr. 1 des 1. EheRG).

Die Verordnungen 2–4 zum EheG sind durch Art. 9 Abs. 1, Abs. 2 Nr. 12, 14, 16, 18 FamÄndG aufgehoben worden.

Leserinformation

Die Zahl derjenigen, die mit Ehevermittlungsinstituten vertraglich in Kontakt stehen — und die der ernsthaft Interessierten — geht in die Hunderttausende.
Im 20. Jahrhundert ist die Partnersuche immer noch traditionellen und moralischen Normen unterworfen, daß viele alleinstehende Personen sich einem Institut anvertrauen. Waren es einst Klein-Institute mit vertraulich-individueller Prägung, sind heute bereits überregionale, computergesteuerte Vermittlungsfirmen in diesem Dienstleistungsgewerbe tätig.
Diese Entwicklung brachte auch Mißstände in den Berufszweig. Das Diskretionsbedürfnis des Suchenden wird mit bedenklichen Geschäftspraktiken ausgenutzt und in der Regel vom Kunden aus Scheu vor Bloßstellung nicht angeklagt.
Der Zustand der Rechtsunsicherheit angesichts der wachsenden Bedeutung des Ehevermittlers soll und muß verhindert werden.
Von Prof. Dr. Peter Gilles ist jetzt im Luchterhand Verlag ein Band im handlichen Format erschienen, das die Rechtsgrundlagen der gewerbsmäßigen Ehevermittlung ausführlich darstellt und ein Leitfaden für die juristische Praxis ist. Der Band „Gewerbsmäßige Ehevermittlung — Rechtsgrundlagen und Rechtsanwendungen" kostet DM 6,80.